हिन्दी का लोकवृत्त

हिन्दी का लोकवृत्त 1920-1940

राष्ट्रवाद के युग में भाषा और साहित्य

फ्रांचेस्का ऑर्सीनी

अनुवाद

नीलाभ

वाणी प्रकाशन

वाणी प्रकाशन

'लोगो' वाणी प्रकाशन : मक़बूल फ़िदा हुसेन

वाणी प्रकाशन, 4695, 21-ए, दरियागंज, नयी दिल्ली-110002

वाणी प्रकाशन, अशोक राजपथ (पटना कॉलेज के सामने), पटना (बिहार)

HINDI KA LOKVRIT 1920-1940

by Francesca Orsini

Translated by Neelabh

Literature/Education/Linguistic

ISBN : 978-93-5000-507-1

प्रथम संस्करण

मूल्य : 700/-

वाणी प्रकाशन

फोन : 0091#11#23273167, फोन व फैक्स 23275710

वेबसाइट : www.vaniprakashan.in

ई-मेल : vaniprakashan@gmail.com

जी.एस. ऑफसेट द्वारा दिल्ली-110032 में मुद्रित

आलोक

और

राजुल

के लिए

दो शब्द

सबसे पहली बात तो यह है कि यह अनुवाद जिस हद तक मेरा किया हुआ है, उसी हद तक, या कहूँ कि उससे ज़्यादा फ्रांचेस्का का है। यह लिख कर न तो मैं अपनी ख़ामियों पर पर्दा डालने या उन्हें न्याय-संगत ठहराने की कोशिश कर रहा हूँ और न उनका दोष अंशतः फ्रांचेस्का पर ठेलने की चेष्टा कर रहा हूँ। सच तो यह है कि बड़ी मात्रा में यह अनुवाद एक सहयोगी प्रयास रहा है। अगर फ्रांचेस्का ने पूरे अनुवाद को पढ़ कर अपने अनेक और मूल्यवान सुझाव न दिये होते तो जाने इस अत्यन्त महत्त्वपूर्ण किताब का क्या कबाड़ा होता। कारण यह कि मैंने अब तक जो अनुवाद किये हैं, वे उपन्यासों, कविताओं और ललित साहित्य ही के हैं। किसी शास्त्रीय (ऐकेडेमिक) ग्रन्थ का अनुवाद हाथ में लेने का यह पहला अवसर था और चूँकि इस विषय में मेरी बराबर दिलचस्पी रही है, इसलिए जब फ्रांचेस्का ने लगभग दो वर्ष पहले मुझसे पूछा था कि क्या मैं इस पुस्तक का अनुवाद करना चाहूँगा तो मैंने बड़ी ललक के साथ हामी भर दी थी।

जब मैं महात्मा गांधी अन्तरराष्ट्रीय विश्वविद्यालय के लिए हिन्दी के साहित्यिक विवादों, साहित्यिक केन्द्रों और साहित्यकारों की स्मृतियों पर 'स्मृति संवाद' के नाम से तीन-वर्षीय परियोजना पर काम कर रहा था तो मुझे बारम्बार भाषा-सम्बन्धी विवादों से रू-ब-रू होना पड़ा था और उस क्रम में हिन्दी-उर्दू-हिन्दुस्तानी को ले कर एक समझदारी भी बनी थी। 'हमारी हिन्दी,' जैसी कि वह है, अब भी बनने के क्रम में है। अनेक अनसुलझी गुत्थियाँ हैं जिन्हें अनसुलझा छोड़ दिये जाने की वजह से वह अपनी असली शानो-शौकत हासिल नहीं कर पायी है और अब भी अंग्रेज़ी की 'चेरी' बनी हुई है।

फ्रांचेस्का की पुस्तक की सबसे बड़ी ख़ासियत यह है कि यह उस युग की झाँकी दिखाती है—साफ़-साफ़ और ब्योरेवार ढंग से—जब ये गुत्थियाँ बनी थीं। तथाकथित राष्ट्रीयतावाद, और 'हिन्दी-हिन्दू-हिन्दुस्तान' की भावना ने एक जीवन्त धड़कती हुई भाषा को कैसे स्फटिक मंजूषाओं में क़ैद कर दिया, इसका पता हमें 1920-40 के युग की भाषाई और वैचारिक उथल-पुथल से चलता है, जो इस पुस्तक का विषय है।

आज, इक्कीसवीं सदी में भी हिन्दी भाषा लगातार विवादों और चर्चा के केन्द्र में है। उसके रूप से ले कर (जिसमें वर्तनी और शब्द-भण्डार प्रमुख है) उसके आन्तरिक तत्व तक—सभी कुछ सवालों के घेरे में है। अंग्रेज़ी का हमला अगर उसे 'हिंग्लिश' बनाये दे रहा है तो पुरातनपन्थियों की जकड़बन्दी उसे 'हिंस्कृत' बनाने पर आमादा है। उसमें अब उतनी भी सजीवता नहीं बची जितनी हमें आचार्य द्विवेदी में नज़र आती है। वहाँ से आगे बढ़ने की बजाय, कहा जाय कि, वह पीछे ही गयी है। 1947 के बाद उर्दू के विरोध में हिन्दी को संस्कृत के नज़दीक ले जाने की जो कोशिशें हुई हैं, उन्होंने उसे नुक़सान ही पहुँचाया है।

ऐसी हालत में फ्रांचेस्का की यह किताब हमें बिना आँख में उँगली गड़ाये ऐसे बहुत-से सूत्र उपलब्ध कराती है जिन्हें हम अपनी भाषा को फिर से जीवन्त बनाने के लिए काम में ला सकते हैं। सितम्बर-नवम्बर 1903 में आचार्य द्विवेदी ने 'सरस्वती' में प्रकाशित लेख 'देश व्यापक भाषा' की अन्तिम कड़ी में आह्वान किया था :

> 'देश के मंगल के लिए, देश के कल्याण के लिए, देश को सचेतन करने के लिए एक भाषा होने की परमावश्यकता है। जिसने इस देश में जन्म लिया है, जिसने इस देश का अन्न जल ग्रहण किया है, जो इस देश से कुछ भी प्रीति रखता है, उसका धर्म है कि वह इसे सजीव करने के लिए यथाशक्ति प्रयत्न करे। उसका धर्म है कि इस मृत भारतवर्ष को एक भाषा-रूपी संजीवनी शक्ति द्वारा सजीव करे। ऐसा न करना और न करके इस मृतक के मृण्मय पिण्ड पर पक्षाघात करना घोर कृतघ्नता है। हमारा देश हिन्दुस्तान है, अतएव हमारी स्वाभाविक भाषा हिन्दी है।'

दिलचस्प बात है कि आचार्य द्विवेदी ने 'राष्ट्र' का नहीं 'देश' का उल्लेख किया था और भाषा का स्वाभाविक गुण 'मृण्मय पिण्ड' को 'सजीव' करना माना था। क्या आज इक्कीसवीं सदी की पहली दहाई में हम अपने को वैसी ही स्थिति में नहीं पा रहे, जैसी स्थिति द्विवेदी जी के सामने थी? अपने एक और लेख में आचार्य द्विवेदी ने लिखा था :

> 'जिस समय ब्रजभाषा के रूप में हिन्दी अपना आधिपत्य जमा रही थी, उसी समय उसकी एक दूसरी शाखा उससे पृथक हो गयी। इस शाखा का नाम उर्दू है। उर्दू कोई भिन्न भाषा नहीं है। वह भी हिन्दी ही है। उसमें चाहे कोई जितना फ़ारसी, अरबी और तुर्की शब्द भर दे, उसकी क्रियाएँ हिन्दी ही बनी रहती हैं, उसकी रचना हिन्दी ही के व्याकरण का अनुसरण करती है।'

द्विवेदी के इस तर्क को भी भुला दिया गया। जहाँ वे सारे हिन्दुस्तान की एक भाषा के रूप में हिन्दी को कल्पित कर रहे थे, जिसे सभी बोलेंगे, वहीं शुद्धतावादियों ने उसे केवल संस्कृत से जोड़ दिया। ज़ाहिर है अगर बंगाली, मराठी, गुजराती, पंजाबी दक्षिण भारतीय, आदि हिन्दी को पूरी तरह अपनाते/बोलते तो वे अपनी-अपनी शब्द सम्पदा और व्याकरणिक प्रयोग भी अपने साथ लाते। लेकिन शुद्धतावादियों ने अपनी नाक-भौं-सिकोड़ू प्रवृत्ति के कारण इस सम्भावना की भी भ्रूण हत्या कर दी। लिहाज़ा,

वही अधूरी लड़ाइयाँ अब भी लड़े जाने के लिए हमारा इन्तज़ार कर रही हैं। फ़्रांचेस्का की पुस्तक इसमें हमारी बहुत मदद कर सकती है।

न सिर्फ़ इतना, बल्कि अगर हम ध्यान से इस पुस्तक को पढ़ें तो 1920-40 के बीच के काल में हिन्दी पत्रकारिता का एक अनोखा युग हमारे सामने साकार हो उठता है। 'चाँद,' 'माधुरी,' 'सुधा,' 'सरस्वती,' 'विशाल भारत,' 'अभ्युदय,' 'हंस' और 'प्रताप' जैसी पत्रिकाएँ ही नहीं, बल्कि 'गृहलक्ष्मी' और 'स्त्री दर्पण' जैसी पत्रिकाएँ भी भाषा और साहित्य को दिशा देने के काम में जुटी हुई थीं। वैसी जीवन्तता फिर आगे के दशकों में देखने को नहीं आयी।

◆

जहाँ तक इस अनुवाद का सवाल है, मेरी कोशिश यथासम्भव मूल पाठ के प्रति वफ़ादार रहने की रही है। लेकिन चूँकि फ़्रांचेस्का की हिदायत थी कि अभिप्राय और आशय को बरक़रार रखने के लिए छूट लेने में कोई हर्ज नहीं, लिहाज़ा जहाँ लगा कि वाक्य संरचना बहुत जटिल होती जा रही है, वहाँ छूट लेने में संकोच नहीं किया गया है। कई बार फ़्रांचेस्का ने ही इसके लिए प्रेरित किया।

कुछ शब्दों ने खास दिक़्क़त पैदा की। मसलन 'पब्लिसिटी' और 'सब्जेक्ट।' आम तौर पर हिन्दी में 'पब्लिसिटी' के लिए 'प्रचार' रूढ़ हो चुका है। लेकिन इसका एक अर्थ 'पब्लिकनेस'—'सार्वजनिकता' या 'पब्लिक होना'—भी है। अनेक स्थानों पर इसी अर्थ में इसे इस्तेमाल किया गया है। 'सब्जेक्ट' के लिए भी हम 'विषय' लिखने के आदी हो गये हैं, जबकि इसका एक अर्थ 'रियाया' या 'प्रजा' भी होता है और एक व्याकरणिक अभिप्राय 'कर्ता'—सब्जेक्ट और प्रेडिकेट के सन्दर्भ में। जहाँ-जहाँ ठीक समझा गया है इन शब्दों के हिन्दी पर्यायों के बाद कोष्ठकों में अंग्रेज़ी रूप दे दिये गये हैं।

दूसरी बत यह है कि फ़्रांचेस्का ने अपनी पुस्तक में बेशुमार उद्धरण दिये हैं। सब-के-सब अंग्रेज़ी में अनुवाद करके। कहीं-कहीं उद्धरण किसी अंग्रेज़ी स्रोत से ले लिये गये हैं। ज़ाहिर है, उन्हें फिर से हिन्दी में करना अर्थ का अनर्थ करना होता। ऐसी हालत में मैंने उन उद्धरणों को उनके मूल रूप में ही देने की सोची। लेकिन फ़्रांचेस्का की अधिकांश सहायक सामग्री इधर-उधर हो चुकी थी। चुनांचे तय किया गया कि इन उद्धरणों को फिर से खोज कर मूल रूप में ही दिया जाय। यह इस अनुवाद का सबसे कठिन, सबसे ज़्यादा दिल तोड़ने वाला पहलू था। अनुवादक के चोले के साथ-साथ मुझे शोधकर्ता का बाना भी धारण करना पड़ा। और जिन्होंने हिन्दुस्तान में शोध किया है वे भली-भाँति जानते हैं कि हम सामग्री को सँजोने-सँभालने में कितने 'कुशल' हैं। तो भी, हिन्दी साहित्य सम्मेलन संग्रहालय का मैं आभारी हूँ कि उसकी पुस्तकालयाध्यक्षा श्रीमती साधना चतुर्वेदी तथा अन्य सहयोगियों ने हर सम्भव सहायता उपलब्ध करायी कि मूल सामग्री खोज ली जाय। इसके बावजूद कुछ उद्धरण नहीं ही मिले। वे शायद

बनारस के आर्य भाषा पुस्तकालय या नागरी प्रचारिणी सभा या लन्दन के इण्डिया ऑफ़िस संग्रह में हों, जहाँ जाना मेरे लिए सम्भव नहीं हो पाया। ऐसे दस-पन्द्रह उद्धरणों का खुला अनुवाद कर दिया है। जो ढूँढना चाहेगा, वह टिप्पणियों में दिये गये हवाले से खोज लेगा।

अन्त में, इस उपक्रम का सबसे हृदय-विदारक प्रकरण उस समय घटित हुआ, जब मैं कौसानी से अनुवाद को अन्तिम रूप दे कर दिल्ली लौटा। चूँकि टंकण आदि का सारा काम इलाहाबाद हो रहा था, मैंने अन्तिम प्रारूप को इलाहाबाद भेजने का फ़ैसला किया और उसके साथ पहले के प्रारूप, नोट्स, सम्मेलन संग्रहालय से एकत्र की गयी सामग्री, फ़ोटोकॉपी, आदि सब कुछ एक सूटकेस में रख कर अपने बेटे को दिया जो इलाहाबाद जा रहा था। आप सहज ही मेरी मनःस्थिति की कल्पना कर सकते हैं जब नयी दिल्ली रेलवे स्टेशन से मेरी पत्नी का फ़ोन आया कि वह सूटकेस चोरी हो गया है। मुझे एकबारगी टॉमस कार्लाइल का वह प्रसंग याद आया जब उनकी नौकरानी ने 'फ़्रांसीसी क्रान्ति का इतिहास' की पाण्डुलिपि रद्दी काग़ज़ समझ कर जला दी थी। ग़नीमत सिर्फ़ इतनी थी कि अन्तिम पाण्डुलिपि के पहले अध्याय का संशोधित रूप कम्प्यूटर में मौजूद था। संयोग से फ़्रांचेस्का ने शेष संशोधित सामग्री अपने पास फ़ोटोकॉपी करा के रख ली थी। तो भी दो-तिहाई काम दोबारा करना पड़ा। शायद यह अच्छा ही हुआ, क्योंकि बीच में वक़्फ़ा पड़ जाने के कारण कुछ अंशों को और गहराई से जाँचने का मौक़ा मिला।

मैं अपनी पत्नी रानी का आभार तो प्रकट करता ही हूँ, जिसने इस पूरे दौर में मुझे हर सम्भव सुविधा उपलब्ध करायी, युवा साथी अनुज वर्मा के प्रति भी कृतज्ञता अर्पित करता हूँ जिसने घण्टों सम्मेलन संग्रहालय में बैठ कर उद्धरण उतारे या फ़ोटोकॉपी कराये। श्री सन्तोष कुमार माथुर का भी मैं आभारी हूँ जिन्होंने इस अनुवाद को टाइप किया और माथे पर शिकन लाये बग़ैर बार-बार संशोधित किया। और अन्त में 'वाणी प्रकाशन' का आभार तो है ही जिन्होंने इस अत्यन्त महत्त्वपूर्ण कृति को हिन्दी पाठकों और प्रेमियों के सामने प्रस्तुत करने का बीड़ा उठाया।

इति।

12 जनवरी 2010 **नीलाभ**

219/9, ब्लॉक ए-2,
भगत कॉलोनी, सन्तनगर पश्चिम,
बुराड़ी, दिल्ली - 110084

आभार

❖

सबसे पहले मैं हिन्दुस्तान में उन लोगों के प्रति आभार प्रकट करना चाहूँगी जिन्होंने इस शोध को इतना जीवन्त और प्रासंगिक, साथ ही, अत्यन्त रोमांचक और आनन्ददायक अनुभव बनाया। इनमें प्रमुख लोग रहे :

इलाहाबाद में : डॉ मुश्ताक़ अली जिन्होंने अपना शोध-प्रबन्ध मुझे उपलब्ध कराया और उस युग के बचे हुए व्यक्तियों—स्वर्गीय रमादत्त शुक्ल, ठाकुर प्रसाद मिश्र और ठाकुर श्रीनाथ सिंह—से मिलवाया; हिन्दी साहित्य सम्मेलन संग्रहालय के पुस्तकालयाध्यक्ष और सहायक जिन्होंने सामग्री ढूँढने और फ़ोटोकॉपी कराने में बड़े धैर्य से सहयोग दिया; सरोजिनी नायडू छात्रावास की वॉर्डन जिन्होंने दो बार मुझे उस परिवेश में रहने की इजाज़त दी और वहाँ रोली और वन्दना जिनके संग-साथ से मेरा वहाँ रहना ख़ुशनुमा रहा; अशोक सहगल जिन्होंने मुझे चाँद प्रेस के अवशेष की झाँकी दिखायी; अमृत राय और सुधा चौहान, जो अब अफ़सोस है कि इस दुनिया में नहीं हैं, लेकिन जिन्होंने बड़ी गर्मजोशी से मेरी मेज़बानी की; आलोक और राजुल राय, रघु और माया सिन्हा, अरविन्द कृष्ण और वन्दना मेहरोत्रा, सारा और असलम जिन्होंने इलाहाबाद को मेरे लिए दूसरा घर ही बना दिया।

बनारस में : स्वर्गीय डॉ. धीरेन्द्र नाथ सिंह और राय आनन्द कृष्ण जिन्होंने मेरा मार्गदर्शन किया और मुझे इतनी सूचनाएँ दीं जितनी मैं इकट्ठा न कर पाती; आर्यभाषा पुस्तकालय जो मेरे लिए एक ख़ज़ाना साबित हुआ (और वहाँ के ज़िन्दादिल पुस्तकालयाध्यक्ष जो मेरी चीरती हुई निगाहों की परवाह न करते हुए हर किसी को बताते रहे कि मैं 'सोनिया गाँधी की बहन' हूँ; प्रवीण और नवीन शर्मा जिन्होंने अपेक्षित रूप से मुझे उदार आतिथ्य प्रदान किया और भारतीय संस्कृति पर बड़ी दिलचस्प चर्चाएँ कीं; रत्नशंकर प्रसाद जिन्होंने मुझे अपना घर और अपने पिता के दस्तावेज़ दिखाए।

दिल्ली में डॉ. पुरुषोत्तम अग्रवाल, कृष्ण कुमार और आलोक राय (हाँ, एक बार फिर) जिन्होंने मेरे साथ विचार-विमर्श किया और मेरे पहले प्रारूप को पढ़ा; जवाहर लाल नेहरू विश्वविद्यालय और नेहरू स्मारक संग्रहालय के कर्मचारीगण; नोरा

जिसने मित्रता और सतत आतिथ्य से मुझे कृतार्थ किया; केन्द्रीय हिन्दी संस्थान के अध्यापक जिन्होंने कई वर्ष पहले अनायास ही इस पुस्तक के अनेक प्रश्नों को मेरे मन में उठाया था।

लन्दन में : मेरे निर्देशक डॉ. अमरीक सिंह कलसी और डॉ. सुदीप्त कविराज, जिन्होंने प्रोत्साहन और आलोचना के बीच अनूठा सन्तुलन बनाये रखा; स्कूल ऑफ़ ओरिएण्टल ऐण्ड ऐफ़्रिकन स्टडीज़ और इण्डिया ऑफ़िस के पुस्तकालय जहाँ मुझे वे अधिकांश पुस्तकें मिलीं जिनकी मुझे ज़रूरत थी साथ ही और भी बहुत-सी किताबें उपलब्ध हुईं।

प्रमोद सिंह, रेचल ड्वायर, फ़्रान्सेस वेनराइट, लूसी रॉज़ेन्स्टाइन, वीना नरेगल, प्रगति महापात्र, संजय शर्मा, आइविण्ड और सुदेष्णा काह्र्स और अन्य अनेक मित्रों का हार्दिक आभार जिन्होंने 'कन्धा लगाया।' पंकज मिश्र का आभार जिन्होंने एक प्रारम्भिक प्रारूप पढ़ा और उसे अनेक गड़बड़ियों से बचाया। अन्ततः मुझे इस पुस्तक के सभी नायकों और पात्र-पात्राओं का आभार व्यक्त करना चाहिए जिन्होंने मेरी आँखों के सामने इतना मूर्त रूप लिया और मुझे अपने संग कई वर्षों तक विचरने का अवसर दिया। मुझे यही उम्मीद है कि मैंने इस कृति में उनके साथ न्याय किया है।

फ्रांचेस्का ऑर्सीनी

हिन्दी अनुवाद की भूमिका

मुझे बेहद ख़ुशी हो रही है कि मेरी यह किताब आख़िरकार अपने असली पाठकों तक पहुँच रही है, और इसके लिए मैं नीलाभ की आभारी हूँ जिन्होंने अनुवाद का काम अपने ऊपर लिया। मैं शायद ही कर पाती, और इसमें फिर पता नहीं कितने साल और लग जाते। असली पाठक इसलिए मैं कह रही हूँ चूँकि यह किताब शोध-प्रबन्ध की उपाधि के लिए अंग्रेज़ी में लिखी गयी थी, उसका वास्ता और प्रयोजन हिन्दी की दुनिया से है। 'शुद्ध हिन्दी' सीखने के बाद और आधुनिक हिन्दी के शैक्षिक और साहित्यिक संस्कारों को प्राप्त करने के बाद, जब रामविलास शर्मा की 'निराला की साहित्य साधना,' भाग 1 की जीवनी मेरे हाथ लगी तो अचानक ऐसा लगा कि, अरे ये संस्कार एक विशेष दौर की देन हैं। वह दौर और उसकी हस्तियाँ, उसके बाद-विवाद बेहद दिलचस्प लगने लगे। जैसे-जैसे हिन्दी की पुरानी पत्रिकाएँ—माधुरी, चाँद, विशाल भारत, आदि—पलटती गयी और जीवनियों तथा आत्मकथाओं द्वारा उस दौर के छोटे-बड़े बुद्धिजीवियों से परिचित होती गयी, वैसे-वैसे मुझे वह ज़माना और भी जीवन्त, विविध और गतिशीलता तथा सक्रियता से भरा हुआ लगा। आर्यभाषा पुस्तकालय, वाराणसी या हिन्दी साहित्य सम्मेलन, इलाहाबाद के पुस्तकालय में बैठ कर आस-पास बैठे, 'हिन्दी कहानी में दम्पति-चेतना' या 'महादेवी की कविता में नारी' पर शोध-प्रबन्ध करने वाले छात्र-छात्राओं पर कितना तरस आता थी, जो मौलिक खोज के रोमांच और उल्लास से वंचित थे। मेरे शोध के विषय में, मुझे लगता था, हज़ारों नये विषय खुलते जा रहे हैं। जहाँ तक सम्भव हुआ, मैंने उनको समेटने की कोशिश की, मगर गुंजाइश अभी भी बहुत है।

1980 के दशक में काम करते हुए लगता था कि यह आज की हिन्दी का इतिहास है। पिछले 10-15 सालों में हिन्दी की दुनिया बहुत बदल गयी है। अब शुद्ध हिन्दी और उसके मठाधीशों की पकड़, कम-से-कम मीडिया तथा बड़े शहरों और वहाँ के विश्वविद्यालयों में ढीली पड़ गयी है। वे काफ़ी हद तक अप्रासंगिक हो चुके हैं। मगर मेरी प्रार्थना है कि हिन्दी पाठक इस इतिहास को महज़ 'गड़े मुर्दों को उखाड़ना'

न समझें। अतीत को जानने-समझने से हमें वर्तमान को जानने-समझने में हमेशा मदद मिलती है। और मुझे आशा है कि हिन्दी के पाठक यह किताब पढ़ कर उस विविध तथा गतिशील अतीत के प्रति गर्व महसूस करेंगे, उसकी जटिलता से प्रभावित होंगे तथा कई भूले-बिसरे लेखकों और पत्र-पत्रिकाओं की फिर से पढ़ने की इच्छा महसूस करेंगे।

हिन्दी के लेखक, सम्पादक, प्रकाशक और साहित्य तथा समाज-सेवी जिस समाज की कल्पना कर रहे थे, और साहित्य तथा राजनीति का जो गहरा सम्बन्ध इस दौर में गढ़ा जा रहा था, उसका वर्णन करने के लिए जर्मन विचारक यूर्गेन हाबरमास की 'पब्लिक स्फ़ियर' की अवधारणा मुझे बहुत उचित लगी। उसकी व्याख्या किताब की भूमिका में मिलेगी, मगर उसका अनुवाद करना प्रायः असम्भव-सा साबित हुआ। उसमें मुख्यतः तीन पहलू मौजूद हैं। एक वे संस्थाएँ या संस्थान (institutions) हैं—जैसे स्कूल, महाविद्यालय तथा विश्वविद्यालय, साहित्यिक संस्थाएँ और मण्डलियाँ—जहाँ आपस में मिल कर लोगों में एक ही समाज या एक ही जाति के सदस्य होने का एहसास पैदा हो रहा था। इस अर्थ में पब्लिक स्फ़ियर का अनुवाद 'हिन्दी की दुनिया' से किया जा सकता है। दूसरी तरफ़ पब्लिक स्फ़ियर से भाषा-साहित्य-समाज-राजनीति सम्बन्धी वे सारी बहसें चिह्नित हैं, जिनके द्वारा लोग अपने समाज का जायज़ा ले रहे थे तथा आदर्श समाज की कल्पना कर रहे थे (अक्सर 'स्वर्णिम अतीत' की तरफ़ इशारा करते हुए)। इस अर्थ में पब्लिक स्फ़ियर का अनुवाद शायद समाज और साहित्य की कल्पना से किया जा सकता है। पब्लिक स्फ़ियर का तीसरा पहलू, जिसके प्रति हाबरमास के आलोचकों ने ही हमारा ध्यान आकर्षित किया है। यह कि भले ही सामाजिक तथा राजनीतिक कल्पना सभी को शामिल क्यों न करती हों (जिसकी झलक 'सार्वजनिक' विशेषण से मिलती है), यथार्थ में वह एक सीमा तक आ कर रुक जाती है। और कुछ ऐसे लोग या वर्ग या समूह होंगे जो इस कल्पना (और इस दुनिया की संस्थाओं, बहसों) से बाहर होंगे, नज़रन्दाज़ रहेंगे। इस दौर में हिन्दी की दुनिया और कल्पना की कौन-सी सीमाएँ थीं, यह इस किताब को पढ़ने से स्पष्ट होगा। चूँकि भाषा इस दुनिया का आधार था, ज़ाहिरन उर्दू तथा अंग्रेज़ी-भाषी उससे बाहर ही थे। हिन्दी के 'हम' में वे शामिल न थे। नन्दिनी गुप्तु तथा बद्रीनारायण के काम को पढ़ने के बाद, जो इस दौर के दलितों तथा 'छोटी जातियों' की गतिविधियों पर प्रकाश डालता है और जिसकी अनुगूँज मात्र मुझे 'माधुरी' की एक ही टिप्पणी में ही मिली यह ज़रूर लगता है कि स्वामी अछूतानन्द तथा दूसरे दलित आन्दोलनकारी भी हिन्दी की उस दुनिया और उसकी कल्पना से बाहर ही थे, या यूँ कह सकते हैं कि हाशिए पर रहे। स्वामी सहजानन्द इतने मुखर व्यक्ति थे, इसलिए उनकी तीखी आवाज़ कभी-कभार हिन्दी की दुनिया में सुनाई देती थी।

इसलिए पब्लिक स्फ़ियर के लिए एक सटीक हिन्दी शब्द ढूँढना मुश्किल रहा। हिन्दी की सार्वजनिक दुनिया सचमुच कितनी सार्वजनिक थी, यह सवाल इस किताब के लिए महत्वपूर्ण सवाल बना रहा।

दूसरा शब्द, जिसका अनुवाद करने में नीलाभ को काफ़ी सर खपाना पड़ा, वह 'subject' है। यह शब्द विशेष रूप से औरतों, किसानों तथा दलितों के लिए अहम है, जो बहुत समय तक दूसरों के लिए 'object' मात्र रहे थे। subject होने या बनने से मेरा अभिप्राय यह था कि वे इस दौर में पर-व्याख्यायित होने से स्व-व्याख्यायित हो गये। अब भला स्व-व्याख्यायित भी कोई शब्द होता है? इसलिए नीलाभ ने उसके लिए subject ही रहने दिया। कोई प्रबुद्ध पाठक इसके लिए कोई अच्छा-सा शब्द निकाले तो हम उसको सहर्ष स्वीकारेंगे।

इलाहाबाद, जनवरी 2010

फ्रांचेस्का ऑर्सीनी

अनुक्रम

♦

भूमिका

हिन्दी का जनपद

⌘

जब सम्पादक देवीदत्त शुक्ल दफ़्तर जाने के लिए अपनी मिर्ज़ई-लुंगी उतार कर कुर्ता, बढ़िया चुन्नटदार धोती और पम्प-शू पहन कर तैयार होते; जब साथी साहित्यकार किसी साहित्यिक गोष्ठी में देसी बोली में गपशप करना छोड़, शुद्ध हिन्दी का प्रयोग करने लगते; जब कवि मैथिलीशरण गुप्त 'हमारे पूर्वजों' के तौर पर वैदिक आर्यों का आह्वान करते, और जब 'राष्ट्र' (या जाति) का शब्द विचार-विमर्श और गतिविधि के हर क्षेत्र से नत्थी कर दिया जाता (जैसे जातीय शिक्षा, जातीय साहित्य, राष्ट्र भाषा), तब इसके पीछे एक ही प्रक्रिया के विभिन्न पहलू काम कर रहे होते। उन्नीसवीं सदी के पूर्वार्द्ध से ही, ब्रितानी विचारों और संस्थाओं के प्रभाव में, बहुत-से शिक्षित हिन्दुस्तानियों ने 'एकता,' 'प्रगति' और 'साझी सांस्कृतिक विरासत' सरीखी नयी अवधारणाओं की ज़रूरत को अभिव्यक्त करने के लिए एक नयी भाषा का विकास करना शुरू किया। इसके साथ-साथ उठने-बैठने और चाल-ढाल के नये तरीक़े भी विकसित किये। बहस-मुबाहिसे और विचार-विमर्श के लिए सार्वजनिक सभाएँ स्थापित की गयीं और ऐसे नियम-क़ायदे विकसित किये गये जिनसे लोग यह पहचान सकते कि वे एक ऐसे क्षेत्र में दाख़िल हो रहे हैं जो साझा और सार्वजनिक है। ऐसे मूर्त और अमूर्त क्षेत्र लोगों की सामाजिक अस्मिता को अपने अन्दर समोते हुए, उसके परे तक फैले होते यानी उनको एक नयी अस्मिता प्रदान करते।

देवीदत्त शुक्ल (1888-1970) बहुत-से दूसरे लोगों की तरह इस क्षेत्र में पहले-पहल शिक्षा और अख़बारों के माध्यम से दाख़िल हुए थे। 16 वर्ष की उम्र में जब वे छठे दर्जे में थे, उन्होंने पहली बार एक समाचार-पत्र देखा था, कलकत्ते से प्रकाशित होने वाला साप्ताहिक 'भारतमित्र।' जल्द ही उनके स्कूली मित्रों का छोटा-सा दायरा बंगाल की राजनैतिक गतिविधियों का ताज़ातरीन हाल जानने के लिए अख़बार मँगाने और मिल-बाँट कर पढ़ने लगा। आगे चल कर वे ख़ुद छपे हुए शब्दों की दुनिया का हिस्सा बन गये, जब वे एक प्रतिष्ठित प्रकाशन संस्थान, इण्डियन प्रेस से सम्पादक के रूप में जुड़े।[1]

हिन्दी का दायरा : भौगोलिक, सामाजिक और भाषाई सरहदें

मुद्रित भाषा सीमाओं का निर्माण करती है। जैसा कि बेनेडिक्ट ऐण्डरसन ने दिखाया, छपाई की भाषा 'मानक' बन कर अपने आस-पास की भाषाओं/बोलियों से अलहदा हो जाती है। लेकिन जिस दुनिया में देवीदत्त शुक्ल रहते थे, वह बहु-भाषा-भाषी थी : अंग्रेज़ी, उर्दू, हिन्दी, स्थानीय बोलियाँ और बांग्ला का दूरवर्ती प्रभाव, एक-दूसरे का अतिक्रमण करने वाले स्तरों को चिन्हित करते थे—सामाजिक, सांस्कृतिक और शहरी-ग्रामीण दरारों के अनुसार भाषागत प्रयोगों के स्पष्ट, लेकिन एक-दूसरे का अनुसरण करते हुए। यहाँ तक कि उसी इलाक़े से प्रकाशित होने वाले भारतीय स्वामित्व वाले अंग्रेज़ी और हिन्दी अख़बार दो सामाजिक तौर पर भिन्न पाठक-वर्गों का पता देते हैं।[2]

भौगोलिक रूप से हिन्दी का क्षेत्र पश्चिम में राजपूताना (वर्तमान राजस्थान) की रियासतों से ले कर पूर्व में बिहार तक, और उत्तर में पंजाब और गढ़वाल से ले कर दक्षिण में मध्य भारत और विरार तक फैला हुआ था। 'आगरा और अवध के उत्तर-पश्चिमी प्रान्त' (जिनका नाम बाद में बदल कर 'आगरा और अवध के युक्त प्रान्त' कर दिया गया, यहाँ संक्षेप में यू.पी. द्वारा संकेतित) और ख़ास तौर पर इलाहाबाद और बनारस के शहर 'हिन्दी पट्टी' के केन्द्र थे। यह इलाक़ा इससे पहले मुग़लों और बाद में नवाबों तथा अन्य उत्तरवर्ती रियासतों के अधीन रहा था। बिहार को छोड़ दें तो इस पूरे इलाक़े का उपनिवेशीकरण देर से और टुकड़ों-टुकड़ों में हुआ था; उत्तर पश्चिमी प्रान्तों का विलय 1805 में, मध्य भारत के नरबदा (नर्मदा) के इलाक़े का विलय 1819 में, और अवध, पंजाब और गढ़वाल के कुछ हिस्सों का विलय 1857 के बाद ही हुआ था। विस्तृत इलाक़े बराएनाम हिन्दुस्तानियों के शासन में अब भी बने रहे, मगर उन पर अंगेज़ों का प्रभुत्व था। उत्तर भारत में, जहाँ मुस्लिम और हिन्दू शिक्षित परिवारों में ज्ञान की स्थानीय परम्पराएँ मज़बूती से जड़ें जमाये मौजूद थीं, कलकत्ता के अंग्रेज़ी शिक्षा-प्राप्त द्विभाषी मध्यवर्ग का कोई सच्चा जोड़ नहीं था। इस विशाल भौगोलिक क्षेत्र पर हिन्दी सार्वजनिक रूप से, लेकिन असमान रूप में बोली जाती थी।

सामाजिक रूप से, मुग़ल साम्राज्य और उसके अधिकांश उत्तरवर्ती राज्यों की दरबारी भाषा, फ़ारसी, ने एक ऐसे हिन्दू-मुस्लिम और फ़ारसी-दाँ भद्र लोक, अधिकारी वर्ग और क़ानूनी पेशेवर तबक़े के अस्तित्व को बनाये रखा था जो मुख्य रूप से शहरी था। उनकी आपसी बोलचाल की भाषा 'हिन्दी' कही जाती थी, यानी हिन्द की भाषा, जो फ़ारसी रस्मुलख़त में लिखी जाती थी। 18वीं सदी के उत्तरार्द्ध में जॉन गिलक्रिस्ट और दूसरे प्राच्यविदों ने यह घोषित कर दिया कि दरअसल ये दो भिन्न भाषाएँ थीं, एक हिन्दुओं

के लिए और एक मुसलमानों के लिए और इस धारणा को फैलाने के लिए 'हिन्दी' और 'उर्दू' के नाम प्रचारित किये।[3] इन नामों के बावजूद, उन्नीसवीं सदी के पूर्वार्द्ध में फलती-फूलती उर्दू की अख़बारी दुनिया और उर्दू और फ़ारसी में प्रकाशन-व्यवसाय, इस मिले-जुले शहरी समूह के प्रभुत्व का सबूत था, और पंजाब, दिल्ली और अवध में बीसवीं सदी के पूर्वार्द्ध में काफ़ी समय तक उर्दू प्रमुख देसी भाषा के रूप में बनी रही।

आगे चल कर आधुनिक मानक हिन्दी बनने वाली, खड़ी बोली हिन्दी का इस्तेमाल कमोबेश कहीं कम, कहीं ज़्यादा हो रहा था। हिन्दुस्तानी के समरूप एक बोलचाल की भाषा के तौर पर वह समूचे उत्तर और मध्य भारत के बाज़ार की आम बोली, और पश्चिमी यू.पी. में मेरठ के इर्द-गिर्द के एक छोटे-से इलाक़े की मातृ भाषा थी। वह पाछिया (पश्चिमी) अग्रवालों सरीखी व्यापारी जातियों की भी मातृ भाषा थी जो समूचे उत्तर भारत में फैल गये थे और जो दूर पार के व्यापारिक समाचार-सन्देशों के लिए उसका प्रयोग करते थे। कविता का सर्व-स्वीकृत माध्यम खड़ी बोली की बजाय ब्रज भाषा था, लेकिन 1800 से पहले के खड़ी बोली गद्य के कुछ बचे हुए नमूनों को इस बात का संकेत माना गया है कि एक लिखित भाषा के रूप में खड़ी बोली का भी कुछ उपयोग था, ख़ास तौर पर उच्च शिक्षित वर्ग के हलकों के बाहर।[4] उन्नीसवीं सदी में ब्रज भाषा और अवधी की बजाय खड़ी बोली हिन्दी। कैथी या महाजनी लिपि की बजाय, देवनागरी लिपि में—'मानक हिन्दी' के रूप में स्वीकार होने लगी, ख़ास तौर पर फ़ोर्ट विलियम कॉलेज और मिशनरियों की पाठ्य पुस्तकों के माध्यम से। यह कहानी पहले भी बयान की जा चुकी है और यहाँ उसे दोहराने की ज़रूरत नहीं है (देखिए 1.1)।[5] उन्नीसवीं सदी के उत्तरार्द्ध में उत्तर भारत के शिक्षित हिन्दुओं द्वारा खड़ी बोली हिन्दी को अपनी सार्वजनिक भाषा के रूप में अपनाना एक ऐसे सांस्कृतिक आन्दोलन के उफान का द्योतक बना जिसे उर्दू बुद्धिजीवी समझ न पाने की वजह से हैरान हो गये थे। वे यह नहीं समझ पा रहे थे कि जिस उर्दू को अभी तक शिक्षित हिन्दू-मुसलमान, दोनों ख़ुशी-ख़ुशी इस्तेमाल कर रहे थे, उसका इतना विरोध क्यों होने लगा था। हिन्दी के अलमबरदार कुछ छोटे ज़मींदाराना, यहाँ तक कि किसान परिवारों से भी आते थे जिनके बाप-दादों ने किसी समय किसानी से आगे बढ़ कर अध्यापन, क़ानून, निचले दर्जे की सरकारी मुलाज़मत या फ़ौज को आजीविका का साधन बनाया था; कुछ ऐसे परिवारों से भी आते थे जो अब भी स्थानीय ज़मींदारों की सेवा में रह कर पटवारियों और क़ानूनगो का काम करते थे; कुछ संस्कृत के पण्डित थे, पठन-पाठन और पुरोहिताई करने वाले, जो गाँवों में कर्मकाण्ड और विधि-विधान सम्पन्न करते थे और कभी-कभी ग्रामीण पाठशालाओं में पढ़ाते भी थे; या फिर कई अग्रवाल और खत्री व्यापारी कुनबों से भी सम्बन्धित थे। यही उच्च और मध्यवर्ती जातियाँ थीं जो किसी समय बहु भाषा-भाषी रही थीं और अब खड़ी बोली हिन्दी के इर्द-गिर्द आ जुटी थीं। उन्हीं ने गतिविधियों और आन्दोलनों की पहली लहर पैदा की और पत्र-पत्रिकाओं, साहित्यिक और सार्वजनिक संगठनों और पाठ्य-पुस्तकों के रूप में हिन्दी के क्षेत्र का निर्माण किया।

1920 के बाद इनका जातिगत दायरा बहुत ज़्यादा विस्तृत नहीं हुआ : आधे से ज़्यादा हिन्दी साहित्यकार, पुरुष भी और महिलाएँ भी, ब्राह्मण थे, जिनमें कुछ भूमिहार भी थे, बाक़ी कायस्थ, अग्रवाल, खत्री और ठाकुर थे।

यह था हिन्दी का वह नवजात सार्वजनिक संसार जिसे वसुधा डालमिया ने बड़ी निपुणता से उस पीढ़ी के सबसे महत्वपूर्ण व्यक्तित्व, भारतेन्दु हरिश्चन्द्र (1850-85) पर लिखी अपनी पुस्तक में रेखांकित किया है।[6] बहुत-सी बातों में मेरी यह किताब बनारस, इलाहाबाद, आगरा और पटना जैसे शहरों में हिन्दी के जनपद के आरम्भिक चरणों के बाद के विकास का लेखा-जोखा लेने के सिलसिले में वसुधा के काम की ही अगली कड़ी है। हिन्दी के जनपद का मुक़ाबला पहले से ही स्थापित उर्दू (फ़ारसी लिपि में हिन्दी जिसमें अरबी शब्द-भण्डार का बढ़ता प्रभुत्व देखा जा सकता था) और विकसित होती उर्दू संस्थाओं के साथ था। भिन्न लिपियों का अस्तित्व हिन्दी और उर्दू के अलग होने का सबूत-सा था और एक ही क्षेत्र में अलग-अलग भाषाई और सांस्कृतिक पहचानों के बनने में सहायक हुआ। यही वह कारण था कि उत्तर भारत में एक नहीं, दो अलग-अलग सार्वजनिक संसार बन गये—एक उर्दू का, दूसरा हिन्दी का। (देखिए 1.1 और 2.1)।

और अन्त में, उन्नीसवीं सदी के दौरान उत्तर भारत का उपनिवेशीकरण अपने साथ न सिर्फ़ भद्र वर्ग की नयी भाषा, अंग्रेज़ी लाया था, बल्कि सरकारी मुलाज़िमों और पेशेवर तबक़े के तौर पर अंग्रेज़ी-शिक्षा-प्राप्त बंगालियों को भी, जो बिहार से ले कर पंजाब तक समूचे उत्तर भारत के प्रशासनिक केन्द्रों में बस गये थे। पहनावे और रहन-सहन में स्पष्ट रूप से शहरी, और अंग्रेज़ियत से रँगे हुए बंगाली, अक्सर बहुत पढ़े-लिखे थे और सार्वजनिक गतिविधियों के अगुआ भी थे। वे निर्विवाद रूप से एक ऐसा नमूना पेश करते जिसकी नक़ल करना हिन्दी वालों के लिए स्वाभाविक था। न सिर्फ़ वे अंग्रेज़ी और बंगाली, दोनों भाषाओं में निपुण थे, बल्कि वे अंग्रेज़ी के साथ-साथ अपनी मातृ भाषा की परवरिश करने में भी बड़े सफल रहे थे। उन्होंने अपनी मातृ भाषा को 'आधुनिक ज्ञान,' या नयी विद्या, को फैलाने में कामयाबी से इस्तेमाल किया था। बंगाल में (महिलाओं में भी) शिक्षा का प्रसार और प्रेस, रंगमंच और साहित्य का विकास उनकी 'उन्नत' अवस्था का स्पष्ट सबूत था। और इसकी तुलना में हिन्दी का इलाक़ा ज़ाहिरा तौर पर 'पिछड़ा हुआ' नज़र आता।

इसी टुकड़ों में बँटे, बिखरे हुए और विभिन्न शक्तियों की खींचा-तानी के बीच उभरते क्षेत्र पर हिन्दी छपाई की भाषा के रूप में धीरे-धीरे स्थापित होने लगी। हिन्दी के संगठन हिन्दी का सार्वजनिक प्रचार-प्रसार करने लगे, और हिन्दी लेखकों ने अपनी दावेदारी पेश की। विशेष रूप से 1920 और 1940 के बीच के दो दशकों में हिन्दी को अच्छी-ख़ासी सफलता हासिल हुई और वह सचमुच पूरे हिन्दुस्तान की राष्ट्रीय भाषा होने का अपना दावा पेश करने के क़ाबिल बनी। इसके बावजूद वह उस भाषाई श्रेणी-विभाजन

और ऊँच-नीच को नहीं त्याग सकी जिसकी वजह से अपनी सारी होड़ के बाद भी वह अंग्रेज़ी के नीचे थी। और इस प्रक्रिया में उसने उर्दू-फ़ारसी सांस्कृतिक परम्पराओं से किनारा कर लिया।

भाषा, साहित्य और राष्ट्रवाद

हिन्दी के बुद्धिजीवी जब उस अपेक्षाकृत बड़े समुदाय की तरफ़ संकेत करना चाहते जिससे जुड़े होने का वे दावा करते थे और साथ-ही-साथ जिसका निर्माण वे करना चाहते थे, तो वे दो शब्द इस्तेमाल किया करते थे : राष्ट्र और जाति। राष्ट्र से उनका अभिप्राय 'नेशन' होता। जबकि जाति का इस्तेमाल वे एक साझी सांस्कृतिक पहचान का संकेत देने के लिए करते थे। उन्नीसवीं सदी के हिन्दी लेखकों के लिए 'हिन्दी जाति' एक ऐसा सांस्कृतिक समुदाय था, जिसके नख-शिख और बुनियादी रूपाकार को भिन्न-भिन्न सांस्कृतिक और धार्मिक परम्पराओं वाले सामाजिक यथार्थ की अनेक तहों और परतों से निकाल कर गढ़ जाना था। इस विमर्श में भाषा और साहित्य का विशेष महत्व था।[7] राष्ट्रवादी दृष्टिकोण से भाषा और साहित्य प्रगति के एजेण्डे को स्पष्ट करने और प्रसारित करने का साधन थे। साथ ही वे अपने आप में जाति/राष्ट्र के रूपक भी थे : साहित्य की शक्ति राष्ट्र की शक्ति प्रदर्शित करती थी, भाषा का जीवन राष्ट्र का जीवन था। यह जाति का 'हम' था, जो भाषा और साहित्य के बुनियादी मूल्यों का प्रचार-प्रसार करते हुए, जाति को अभिव्यक्त करता। हिन्दी/उर्दू और अंग्रेज़ी के आपसी विभाजन के सन्दर्भ में हिन्दी को भारतीय परम्परा के विशिष्ट मूल्यों की वाहक के रूप में चुना गया। हिन्दी ही वह माध्यम थी जिससे समूची (हिन्दू) आबादी को एकजुट करके उस तक ये मूल्य पहुँचाने थे। (देखिए 2.1 और 2.2)। इन सुधारवादी आदर्शों को पूरा करने के लिए भाषा और साहित्य के मौजूदा विभिन्न रूपों को फिर से परिभाषित करने की ज़रूरत थी, दूसरी भाषाओं की तरह हिन्दी में भी।

'जाति' या 'जनता' के नज़रिये से हिन्दी का फिर से परिभाषित किया जाना उन्नीसवीं सदी के उत्तरार्द्ध में शुरू हुआ था और बीसवीं सदी के आरम्भिक वर्षों में मुख्य रूप से महावीर प्रसाद द्विवेदी (1864-1938) द्वारा विधिवत सम्पन्न हुआ। फिर से परिभाषित करने की यह प्रक्रिया आख़िर थी क्या? इसमें क्या कुछ किया गया? भारतेन्दु हरिश्चन्द्र और उनकी मण्डली सरीखे उन्नीसवीं सदी के लेखकों ने एकता और सुधार के उद्देश्य को अंगीकार करते हुए, अपने रचनात्मक लेखन में भाषा के सारे स्रोतों और संसाधनों और विभिन्न साहित्यिक परम्पराओं से शक्ति ग्रहण की थी। वे इस तरीक़े से देसी बोली-बानी और ठोस रूपकों का इस्तेमाल करते जो भाषागत विशेषताओं को बनाये रखता, जिससे हर पात्र की जाति, क्षेत्र और व्यवसाय उसकी भाषा से प्रकट होता।[8] एक पीढ़ी बाद महावीर प्रसाद द्विवेदी ने ठीक उलटा रास्ता अपनाया और दूसरे लेखकों से भी ऐसा ही करने का आग्रह किया। छपी हुई भाषा से बोल-चाल के शब्दों, क्षेत्रीय प्रयोगों

और 'उर्दू' के शब्दों को बाहर निकाल-निकाल कर, ठोस शब्दों पर अमूर्त शब्दों को तरजीह दे कर, तत्सम शब्दों के इस्तेमाल को नियम बना कर, और वाक्य-संरचना को नियमित कर्ता-विषय-क्रियापद के आधार पर निर्धारित करके महावीर प्रसाद द्विवेदी ने हिन्दी को एक गम्भीर लिखित भाषा के रूप में 'मानकीकृत' किया। यही मानक भाषा 'सार्वजनिक' मामलों के विचार-विमर्श, साहित्य-सृजन और जाति का प्रतिनिधित्व करने के योग्य हो सकती है, ऐसी उनकी मान्यता थी : संक्षेप में, ऐसी ही भाषा एक आधुनिक राष्ट्र के बहुमुखी उद्देश्यों को पूरा कर सकती थी। इस भाषा की 'भारतीयता' 'भारत माता' से मेल खाते रूपक से प्रकट की जाने लगी जो : हिन्दी संस्कृत की 'बेटी' थी और दूसरी नवभारतीय आर्य भाषाओं की 'बड़ी बहन' थी, जबकि उर्दू झगड़ालू 'सौत' थी।[10]

इस काया-पलट द्वारा न सिर्फ़ आधुनिक हिन्दी को नये रूप में ढाला गया, बल्कि इतिहास और साहित्यिक परम्परा उन साहित्यिक मानदण्डों का अंग बनी जिनकी रूप-रेखा साहित्यिक संस्थाओं और स्कूली पाठ्यक्रमों ने निर्धारित की।

साहित्यिक तन्त्र : एक नज़रिया

वह गम्भीर सुधारवादी साहित्य जो महावीर प्रसाद द्विवेदी की पत्रिका 'सरस्वती' में प्रमुखता से प्रकाशित होता था और हिन्दी साहित्य के इतिहासों में जगह पा गया है, उस युग में लिखे जा रहे और चाव से पढ़े जा रहे साहित्य का सिर्फ़ एक अंश मात्र था। इसलिए वह उस काल के हिन्दी संसार का सिर्फ़ एक अधूरा चित्र ही पेश कर सकता है। सिक्के का सिर्फ़ एक पहलू। अधिक व्यापक और आलोचनात्मक परिदृश्य प्राप्त करने के लिए हमें अपने दृष्टिकोण को और फैलाना पड़ेगा ताकि हम सुधारवादी साहित्य को उसके समुचित संस्थागत सन्दर्भ में समझ सकें। हमें साहित्यिक विधाओं के व्यावसायिक पहलू, साहित्य के वितरण तथा लोकप्रिय राजनैतिक अख़बारों और पुस्तिकाओं को ध्यान में रखना होगा जिनकी पहुँच अपेक्षाकृत व्यापक थी। लिहाज़ा प्रस्तुत पुस्तक का उद्देश्य शुद्ध रूपेण हिन्दी साहित्य नहीं है, बल्कि इसके विपरीत समूचा हिन्दी साहित्यिक तन्त्र है। ख़ास तौर पर वह, जिसे साहित्य के समाजशास्त्री और लक्षण-विज्ञानी 'संस्थागत व्यवस्थाएँ' कहते हैं, यानी, उत्पादन, प्रचार और उपभोग के अलग-अलग तौर-तरीक़े। इससे हिन्दी साहित्य की बहुमुखी परम्पराओं, रुचियों, पाठक-वर्ग और प्रसार के माध्यम सामने आ पायेंगे (देखिए 1.2) इसी से 1920 और 1940 के बीच का साहित्य अपनी समृद्ध विविधता के साथ समझ में आयेगा और लोकमत के विभिन्न रंगों को एक-दूसरे से जोड़ कर देखना सम्भव होगा। हिन्दी लोकमत में भाषा, इतिहास और राजनीति से सम्बन्धित विचार-विमर्श के अलग-अलग सूत्रों को सुलझाने के लिए साहित्यिक स्रोत विशेष रूप से पत्रिकाएँ उपयोगी सिद्ध होंगी।

मेरे लिए संस्थाएँ, ख़ास तौर पर समाचार-तन्त्र, स्कूल और प्रकाशन गृह विशेष रूप

से महत्वपूर्ण हैं। विलायत, यानी इंग्लैण्ड, से प्रेरित हो कर (जहाँ 'गाड़ीवान भी अख़बार पढ़ते हैं') उपनिवेशवादी उत्तर भारत में प्रगति और 'जनता' का एजेण्डा जड़ें ज़माने में सफल रहा था। वह इतनी भिन्न और असम्भव धरती पर ऐसा इसीलिए कर पाया, क्योंकि शिक्षित हिन्दुस्तानियों ने उसके लिए संस्थाएँ बनायीं। ये संस्थाएँ मूर्त भी थीं और अमूर्त और सैद्धान्तिक भी। अख़बार, शिक्षा और स्कूल, साहित्यिक विधाएँ, साहित्यिक संस्थाएँ और राजनीतिक गतिविधियाँ—ये सब ऐसे 'स्थान' थे जहाँ भाषा, विचार, साहित्यिक रुचियों और व्यक्तिगत और सामूहिक पहचानों को फिर से गढ़ा गया; सचेत रूप से भी और हर माध्यम की अपनी गति और दिशा के हिसाब से भी। पत्रिकाओं, संस्थाओं, विश्वविद्यालयों और स्कूलों में हिन्दी-हिन्दू के साहित्यिक और ऐतिहासिक विमर्श के संस्थागत आधार ने, उसे अधिनायकवादी बना दिया। ज्ञान के सामाजिक प्रसार पर इस नयी हिन्दी की पकड़ गहरी होती चली गयी। यह सब इस बात के बावजूद हुआ कि उसके ख़िलाफ़ आवाज़ें उठ रही थीं और दूसरे एजेण्डे भी मौजूद थे।

इसके अलावा, संस्थाएँ कार्यकर्ताओं को भी जन्म देती हैं। मिसाल के तौर पर अगर इस विचार ने लेखकों को एक नयी पहचान प्रदान की थी कि लेखन का कार्य साहित्य, जनता और राष्ट्र के प्रति 'सेवा' है तो दूसरी तरफ़ प्रेस, प्रकाशन और शिक्षा-व्यवस्था जैसी संस्थाओं ने उनकी गतिविधियों को दिशा दी और उनकी सामाजिक स्थिति को परिभाषित किया। साहित्यिक संस्थाओं ने श्यामसुन्दर दास जैसे विद्वान-कार्यकर्ता का निर्माण किया; पत्र-पत्रिकाओं और किताबों के बाज़ार ने स्वतन्त्र लेखक और पत्रकार और सम्पादक निर्मित किये, जैसे महावीर प्रसाद द्विवेदी और देवीदत्त शुक्ल; और स्कूलों ने राष्ट्रवादी विचारों वाले अध्यापक को पैदा किया। ये कार्यकर्ता इन संस्थागत क्षेत्रों में अपनी-अपनी भिन्न पृष्ठभूमियों, रवैयों और विश्वासों के साथ दाख़िल हुए। यह सब उनकी रुचियों और विचारों में प्रतिबिम्बित हुआ और हिन्दी तथा सार्वजनिक क्षेत्र की उनकी अवधारणा में भी। इस प्रकार, पाठ्य पुस्तकों के आम लेखकों, अध्यापकों, पत्रकारों, साहित्यकारों और कार्यकर्ताओं पर इस पुस्तक को सचेत रूप से केन्द्रित किया गया है, क्योंकि वे बेहतर तौर पर उस युग की सीमाओं और उम्मीदों की नुमाइन्दगी करते हैं।

1920 और 1930 के दशकों में हिन्दी के साहित्यिक क्षेत्र में जो बहुत-से और महत्वपूर्ण परिवर्तन हुए, वे किसी-न-किसी रूप में, प्रचार के भिन्न-भिन्न परिणाम कहे जा सकते हैं। सबसे पहले तो 'जाति' की सार्वजनीनता ही थी : हिन्दी के इर्द-गिर्द बहुत-सी सक्रियता और विमर्श इसी सम्भावित समुदाय का हवाला देता है। इसके अलावा छपे हुए शब्द की 'पब्लिकनेस' या सार्वजनिकता थी जिसके चलते लेखकीय या और किसी तरह के नियन्त्रण से छुटकारा मिला कि कौन क्या पढ़ सकता है, और लेखक को एक विविध-रूपी पाठक-वर्ग दिया। इस अमूर्त पाठक-वर्ग में दोनों शामिल थे—एक गुँथा हुआ साहित्यिक समुदाय जिससे उम्मीद थी कि वह उस लेखक या लेखिका की रचनाएँ पढ़ेगा, और जाति का अदृश्य, अनाम और खुला पाठक-वर्ग। साहित्य का हर पहलू अब

पत्र-पत्रिकाओं के पृष्ठों पर सार्वजनिक बहस-मुबाहसे के लिए खुला था, जिसमें शैली, अभिरुचि, आलोचना और लोकप्रियता अनिवार्य रूप से 'लोकहित' या 'जनकल्याण' की दृष्टि से देखी जाने लगी। कोई भी किसी पत्रिका को पत्र लिख कर ख़ुद को सार्वजनिक रूप से व्यक्त कर सकता था। एक नयी स्वाधीनता और संकल्प से लेखक अपनी कृतियों द्वारा 'जनता' से सीधे-सीधे रू-ब-रू होने लगे। हालाँकि ब्रज भाषा के कवि मोटे तौर पर एक परम्परागत समाज को सम्बोधित करते थे, जिन लेखकों ने खड़ी बोली का चुनाव किया, उन्हें मालूम था कि वे एक कहीं अधिक व्यापक और विविध पाठक वर्ग को सम्बोधित कर रहे थे। वे उत्तरोत्तर व्यवसायिक होते जा रहे साहित्यिक बाज़ार में विचर रहे थे और वे अक्सर रचनात्मक लेखन को सामाजिक विश्लेषण और परोक्ष राजनैतिक कार्रवाई के एक रूप में देखते। इस तरह साहित्यिक क्षेत्र पर 'पब्लिकनेस' या सार्वजनिकता का प्रभाव पड़ने लगा।

इसे सार रूप में बताना हो तो कहा जायेगा कि आलोचना का खुलापन और बहुलता, नये लोगों और समूहों को विचारों, विमर्शों, पहलक़दमी और भागीदारी का हस्तान्तरण और विस्तार, और विचारों अभिरूचियों और पहचानों का लचीलापन उसकी मूल प्रवृत्ति थी। इसी के साथ-साथ सार्वजनिक सक्रियता हिन्दी भाषा और साहित्य को संस्थाओं की शक्ल में ढालने और संगठित करने के पक्ष में काम कर रही थी। नतीजा था आधुनिक हिन्दी संस्कृति जैसा कि हम उससे परिचित हैं।

सार्वजनिक क्षेत्र

हालाँकि इस पुस्तक का प्रमुख केन्द्र-बिन्दु हिन्दी का साहित्यिक क्षेत्र है, तो भी उसके रूपान्तरण में हमें व्यापक सार्वजनिक-राजनैतिक क्षेत्र में विस्तार, संस्था-निर्माण और संगठन की सामान्य प्रक्रियाओं की झलक मिलती है। इस किताब में जिस अवधि पर नज़र डाली गयी है वह 1919-20 में गाँधी जी के नेतृत्व में चलाये जा रहे जन-अभियानों के साथ राष्ट्रवादी आन्दोलन के विलक्षण विस्तार से ले कर 1920 और '30 के दशकों के दौरान कांग्रेस पार्टी के संस्थानीकरण तक, और अन्ततः 1937-9 में, स्वतन्त्रता की लगभग दहलीज़ पर, कांग्रेस के प्रान्तीय मन्त्रिमण्डलों के गठन के साथ एक सत्ताधारी पार्टी के रूप में उसके संगठन तक फैली हुई है।[11] इस तरह एक ऐसे सामान्य ढाँचे की हमें ज़रूरत है जिसके दायरे में साहित्यिक, सामाजिक और राजनैतिक परिघटनाओं के साथ-साथ गतिविधियाँ, संस्थाएँ, कार्यकर्ता और विमर्श आ जायें। इस दृष्टि से जुर्गेन हेबरमास की 'पब्लिक स्फ़ियर' यानी 'सार्वजनिक क्षेत्र' की अवधारणा कई कारणों से काफ़ी आकर्षक लगती है। पहली बात तो यह है कि वह यूरोपीय (विशेष रूप से अंग्रेज़) सार्वजनिक क्षेत्र था, जिसे ध्यान में रख कर हिन्दी और दूसरे भारतीय बुद्धिजीवियों ने प्रगति और आधुनिक राष्ट्र की अपनी परिकल्पना को विकसित किया था। दूसरे, हेबरमास

द्वारा वर्णित यूरोपीय सार्वजनिक क्षेत्र और बीसवीं सदी के आरम्भ के हिन्दी सार्वजनिक क्षेत्र की तुलना करने पर उनके बीच के गहरे अन्तर नज़र आ जायेंगे जो यूरोपीय (अंग्रेज़) उदाहरण और उपनिवेशवादी भारत की विशिष्टताओं को स्थापित कर सकते हैं और यही नहीं, भारत के सन्दर्भ में कल्पना और यथार्थ के बीच के अन्तर को भी स्पष्ट कर सकते हैं।

'सार्वजनिक क्षेत्र' के बारे में हेबरमास ने सत्रहवीं और अट्ठारहवीं शताब्दी के यूरोप के बुर्जुवा समाज का जो विश्लेषण किया, उसी से 'सार्वजनिक क्षेत्र' की उनकी परिभाषा उपजी है। इस समाज में 'आम नागरिक जनता के तौर पर' एकजुट हुए थे ताकि वे 'सार्वजनिक सरोकार' या 'सामान्य हित' के मामलों की चर्चा कर सकें और निरंकुशतावादी राज्य की आलोचना करके उस पर दबाव डाल सकें।[12] परम्परागत सामन्ती समाज में शासक ही जनता था और लोगों के 'समक्ष' अपनी हैसियत और प्रभुत्व को जताता था। जनता श्रेणीबद्ध सामन्ती समाज में अपने-अपने निर्धारित स्थान से इस प्रदर्शन में हिस्सेदारी करती थी। हेबरमास का तर्क था कि एक निर्वैयक्तिक राज्य की ओर संचरण, बुर्जुवा अर्थतन्त्र के विकास और बुर्जुवा परिवार के निजी जगत के उभरने के साथ ही आम नागरिक, क्लबों, पत्रिकाओं और समाचार-पत्रों जैसी सामाजिक संस्थाओं के मध्यवर्ती क्षेत्र में, 'जनता' के रूप में एकजुट होने लगे।[13] इन नागरिकों ने विचारों के स्वतन्त्र और विवेकपूर्ण आदान-प्रदान द्वारा (विशेष रूप से सेन्सरशिप, अर्थात सूचनाओं पर प्रतिबन्ध, के क़ानूनों के हटाये जाने के बाद) आम राय या लोकमत का निर्माण किया और उसे व्यक्त करने के लिए एक भाषा, तौर-तरीक़े और परिपाटियाँ बनायीं। पहले की सदियों के दौरान साक्षरता के प्रचार-प्रसार ने शहरी संस्कृति, समाचार-तन्त्र, और व्यावसायिक प्रकाशन गृहों के विकास के साथ 'सामाजिक-सांस्कृतिक परिवर्तन का अम्बार' खड़ा कर दिया था।[14] जिस 'आम जनता' की बात ये नागरिक कर रहे थे वह दरअसल काफ़ी सीमित थी और उसमें मुख्य रूप से बुर्जुवा और सामन्ती भद्र लोक शामिल था। फिर भी अपनी आत्म-छवि में यह साहित्यिक क्षेत्र 'जनता' ही था और कम-से-कम सैद्धान्तिक तौर पर इस तक सबकी पहुँच थी। अलावा इसके, हालाँकि बुर्जुवाज़ी ने विवेकपूर्ण विमर्श और तार्किक विचार प्रक्रिया पर अपनी एकमात्र दावेदारी कर रखी थी, 'सार्वजनिकता का गुण' और 'तार्किक आदान-प्रदान का उदार अभीष्ट ग़ैर-बुर्जुवा, सबऑल्टर्न समूहों की भी पहुँच में आ गये, चाहे वे जेकोबिनिज़्म और उसके उत्तराधिकारियों का उग्रतावादी बुद्धिजीवी वर्ग हो या फिर किसानों और मज़दूरों सरीखे सामाजिक वर्गों का व्यापक हिस्सा... उदार सार्वजनिक क्षेत्र के सकारात्मक मूल्यों ने जल्दी ही अपेक्षाकृत व्यापक लोकतान्त्रिक स्वर प्राप्त कर लिया जिसके नतीजे के तौर पर प्रभावशाली लोकप्रिय आन्दोलन उभर कर सामने आये, जिनमें से हर एक का अपना स्पष्ट आन्दोलनात्मक संस्कार (यानी,

सार्वजनिक क्षेत्र का अपना स्वरूप) था।'[15]

संचार माध्यम, जन समुदाय और उनसे व्यक्त होने वाले समीक्षात्मक कार्य सबसे पहले ग़ैर-सियासी साहित्यिक सरोकारों के इर्द-गिर्द विकसित हुए, जिससे एक क़िस्म का 'साहित्यिक गणतन्त्र' उभर कर सामने आया।[16] फिर धीरे-धीरे हर क्षेत्र में तर्क और विवेक आलोचना का सर्वमान्य मापदण्ड बन गया और जल्दी ही आलोचनात्मक बहसें अभिरुचि के सवाल से सरक कर राज्य के प्रश्नों पर जा टिकीं, यानी राजनैतिक मुद्दों पर। मिसाल के तौर पर यह माँग होने लगी कि राज्य के काम-काज के बारे में जानकारी उपलब्ध होनी चाहिए जिससे राज्य की गतिविधियाँ आलोचनात्मक जाँच-परख का विषय बन सकें और जनमत के प्रभाव के अधीन आ सकें। ऐसी बहसों ने राज्य के नियमों और कार्यों पर सार्वजनिक बहस को बढ़ावा दिया, नागरिकता के आदर्शों को एक ठोस रूप प्रदान किया और एक अपेक्षाकृत अधिक अमूर्त विचार को जन्म दिया कि कार्य तार्किक रूप से स्वीकार होने योग्य तभी हो सकते थे जब वे जनता की जाँच-परख की प्रक्रिया से गुज़र चुके होते। इसमें भारी लोकतान्त्रिक सम्भावनाएँ निहित थीं : जैसा कि हेबरमास के एक आलोचक ने सुझाया है, इस बात का अभिप्राय यह था कि 'सार्वजनिक सरोकार' सरोकारों का कोई पूर्व-सिद्ध समूह नहीं थे; बल्कि यह कि जो बात सामान्य चिन्ताओं का विषय समझे जाने योग्य होगी, उसे सही तौर पर भागीदारों के बीच तर्कपूर्ण बहस-मुबाहिसे से ही तय किया जायेगा।'[17] इस स्थिति में लोकमत ऐसी बहसों का ही नतीजा बन जाता है—समान भलाई के बारे में एक सर्वानुमति यानी आम राय।[18] हेबरमास 'सार्वजनिक क्षेत्र' की एक सामान्य परिभाषा इन्हीं शब्दों में करते हैं :

> 'सार्वजनिक क्षेत्र' से हमारा अभिप्राय सबसे पहले, हमारे सामाजिक जीवन का एक ऐसा जगत है जिसमें जनमत सरीखी कोई चीज़ रूप ले सकती है। उस तक सभी नागरिकों की पहुँच है। सार्वजनिक क्षेत्र का एक अंश हर उस बातचीत में अस्तित्व ग्रहण करता है जिसमें सामान्य नागरिक एक सार्वजनिक संस्था स्थापित करने के लिए इकट्ठा होते हैं। फिर वे न तो निजी मामलों को निपटाने वाले व्यापारिक या पेशेवर व्यक्तियों की तरह व्यवहार करते हैं, न ऐसी संवैधानिक व्यवस्था के सदस्यों की तरह जो सरकारी नौकरशाही की क़ानूनी पाबन्दियों के अधीन हों। नागरिक एक सार्वजनिक संस्था के रूप में तब व्यवहार करते हैं, जब वे सामान्य हितों के विषयों के बारे में निर्बाध रूप से आपस में विचार-विमर्श करते हैं—यानी, एकत्र और संगठित होने और अपनी राय को व्यक्त और प्रकाशित करने की आज़ादी की गारण्टी के साथ। किसी बड़ी सार्वजनिक संस्था में इस तरह का परस्पर आदान-प्रदान जानकारी को प्रसारित करने और उसे प्राप्त करने वालों को प्रभावित करने के विशिष्ट साधनों की माँग करता है।[19]

सार्वजनिक क्षेत्र की इस अवधारणा के लिए बहस-मुबाहिसे की एक साझी भाषा का अस्तित्व अनिवार्य है। इसके अलावा, तार्किक-विवादपूर्ण बहसों की मोहलत देने का मतलब यह है कि इस दायरे में मान्यताएँ, कथन और कार्य एक ख़ास क़िस्म की मुलायमियत और लचीलापन ग्रहण कर लेते हैं : मौजूदा नियम-क़ायदों, विश्वासों और सामाजिक सम्बन्धों पर सवाल उठाये जा सकते हैं और वे सचेत रूप से अस्थायी बन सकते हैं। चारों तरफ़ का संसार और व्यक्ति की अपनी पहचान में नयी गतिशीलता और लचीलापन आ जाता है। समान एजेण्डे और संस्थाएँ स्थापित की जा सकती हैं और उन्हें लागू करने के लिए संसाधन और लोग जुटाये जा सकते हैं। यह साझा क्षितिज और क्षेत्र एक ऐसी जनसक्रियता को जन्म देता है, जो अनिवार्य रूप से भागीदारी की मौजूदा सीमाओं से नहीं बँधी होती : वह अपने सामने असाधारण रूप से महत्वाकांक्षी लक्ष्य रख सकती है, क्योंकि सैद्धान्तिक तौर पर उसमें हर कोई शामिल हो सकता है। हालाँकि हेबरमास ने भी यह माना है कि इस तरह का सार्वजनिक क्षेत्र हमेशा कुल मिला कर एक आदर्श ही रहा है और आलोचकों ने लिंग और वर्ग के आधार पर उसकी गम्भीर सीमाओं की ओर इशारा किया है तो भी हम कल्पना कर सकते हैं कि एक आदर्श के रूप में वह भारतीय राष्ट्रवादियों के लिए कितना शक्तिशाली और आकर्षक आदर्श रहा होगा जो अपने निजी जनवादी मुहावरे और संस्थाएँ स्थापित करने के लिए आतुर थे और ख़ास तौर पर 1920 के दशक के उषाकाल में उपनिवेशवाद विरोधी संघर्ष में समूची जनता को शामिल करने के लिए उत्सुक थे।

हिन्दी का सार्वजनिक क्षेत्र : कुछ विशिष्ट लक्षण

सार्वजनिक क्षेत्र का जो ख़ाका ऊपर पेश किया गया, उसमें जो पहलू शामिल माने जा सकते हैं, वे हैं विचार-विमर्श और संस्थाओं की उपस्थिति, समान भाषा, कार्य-पद्धति सम्बन्धी नियम और सिद्धान्त (उदाहरण के लिए तार्किक बहस और खुले विवाद के प्रति सम्मान), सक्रियता और अपने परे जनता की उपस्थिति का बोध। इसलिए इस बात की उम्मीद आसानी से की जा सकती है कि आलोचनात्मक स्वर और नये तबक़े सार्वजनिक बहस का हिस्सा बनेंगे : प्रस्तुत पुस्तक में लेखकों, महिलाओं और किसान-नेताओं के स्वर, सब शामिल हैं। भाषा से सम्बन्धित मामलों में, ऐसे लेखक भी थे जिन्होंने 'शुद्ध हिन्दी' और उसकी ऐतिहासिक परिकल्पना को ख़ारिज किया। इसके विपरीत उनका विश्वास था कि हिन्दी को सर्वसमावेशी और अधिक-से-अधिक व्यापक राजनैतिक समुदाय के प्रति ज़िम्मेदार होना चाहिए। साहित्य में, ऐसे लेखक थे जिन्होंने उस सांस्कृतिक और नैतिक जकड़बन्दी के प्रति चिन्ता व्यक्त की जिसे ऐसी 'शुद्धता' एक साझे और जीवन्त साहित्यिक यथार्थ पर लागू करती थी। महिलाओं ने पुरुष-निर्मित पारिवारिक सम्बन्धों और अपनी निजी भूमिकाओं पर सवाल उठाये, जबकि समाजवादियों

और किसान-नेताओं ने यह तर्क दिया कि बदले हुए आर्थिक और सामाजिक सम्बन्धों के बिना स्वराज्य का कोई अर्थ नहीं होगा। इन आलोचनात्मक स्वरों के लिए 'सार्वजनिक' का मतलब था एक ऐसा खुला मंच जहाँ विभिन्न दृष्टिकोणों से यथास्थिति पर सवाल उठाये जा सकें, और 'भारतीय' का मतलब था एक ऐसी लचीली पहचान जो उन भिन्नताओं को ध्यान में रखे जो वास्तविक जीवन में मौजूद थीं।

तिस पर भी 1920 और 1930 के दशकों के हिन्दी के साहित्यिक और राजनैतिक क्षेत्र का एक बार-बार उभरने वाला लक्षण सार्वजनिक विषयों, सार्वजनिक संचार माध्यमों और 'जनता' के प्रति एक ऐसा रवैया था जिसे मैं आदर्शमूलक कहती हूँ, क्योंकि वह इस धारणा पर आधारित था कि एक और सिर्फ़ एक मान्य नियम होना चाहिए जो सब पर लागू हो। बहस में उतरने के बावजूद, जिन साहित्यकारों और राजनेताओं का यही दृष्टिकोण था वे मतभेदों को नियम से भटकाव और एकता के लिए हानिकारक समझते थे। यह मानक या आदर्शमूलक रवैया मिसाल के तौर पर ऐसे विचारों में प्रकट होता था जिनमें शुद्ध हिन्दी की बात की जाती थी या फिर भारतीय जाति की सांस्कृतिक एकता की, 'ग्रामीण समन्वय' की या भारतीय समाज के सामंजस्य की बात की जाती थी, या फिर यह कि साहित्य को कैसा होना चाहिए, और भारतीय महिलाओं का स्वभाव कैसा होना चाहिए। इस दृष्टिकोण के अनुसार समाचार-तन्त्र और शिक्षा-प्रणाली जैसी संस्थाएँ इन प्रामाणिक आदर्शों का प्रचार-प्रसार करने के साधन मात्र थे।

भाषा के मामलों में विकल्प और चुनाव राजनैतिक क्षेत्र के प्रति रवैयों को प्रतिबिम्बित करते हैं।[20] हर बार जब 'शुद्ध हिन्दी' इस्तेमाल की जाती तो वह गम्भीर, समान, शिक्षित और जनोन्मुख भारतीय नागरिकों के एक (आदर्श) समुदाय को प्रतिबिम्बित करती और उसको अस्तित्व में ले आती थी। शिक्षा और सांस्कृतिक परम्परा के साथ परिचय के अलावा इस समुदाय और कोई प्रकट अन्तर नहीं होता था : यों जाति (वर्ण) और औकात के अन्तर (लिखित) भाषा के बाहर धकेल दिये जाते। इसी तरह, इस आदर्श सम्बन्धी रवैये के अनुसार वही मामले बहस के योग्य थे जो जातीय या 'राष्ट्रीय' चोले में प्रकट होते। कोई भी विषय जो विशिष्ट या भिन्न जातीय प्रतीत होता, वह, नतीजे के तौर पर, 'जनता' का हिस्सा नहीं था। इसका निश्चय ही यह मतलब नहीं है कि वह मसला ग़ायब हो जाता। बल्कि महज़ यह कि वह भारतीयता की सार्वजनिक आत्म-परिभाषा का हिस्सा नहीं बनता था।

हेबरमास के आलोचकों ने, सही तौर पर, इशारा किया है कि हेबरमास इस बात को नज़रअन्दाज़ कर देते हैं कि बुर्जुवा सार्वजनिक क्षेत्र से महिलाएँ (जो घर-गृहस्थी के निजी क्षेत्र तक सीमित कर दी जाती थीं) और निचले तबक़े बाहर ही रहे हैं।[21] बहिष्कार अव्यक्त और सूक्ष्म भी था : औरतों और निचले वर्गों के लोगों को प्रकट रूप से समान विमर्शात्मक क्रिया-प्रतिक्रिया से बाहर रखा जा सकता था। मिसाल के तौर पर ऐसा

सार्वजनिक क्रिया-प्रतिक्रिया में रीति-रिवाज और आचार-व्यवहार की ऐसी औपचारिकताओं द्वारा किया जा सकता था। जो 'अपने आप में वर्गीय-असमानता का चिह्न थीं।' या फिर हैसियत की ख़ानाबन्दी करते हुए 'मानो' उसका कोई अस्तित्व नहीं था, जबकि वास्तव में उसका अब भी महत्व था।[22] भारतीय सार्वजनिक क्षेत्र में बहिष्कार प्रकट और परोक्ष, दोनों प्रकार का था। अगर एक उदाहरण लें, तो भाषा अंग्रेज़ी के मामले में एक प्रकट सामाजिक दरार के रूप में काम करती थी, और आश्चर्य नहीं है कि अंग्रेज़ी भाषा उपनिवेशवादी विषमता का एक प्रतीक बन गयी।[23] लेकिन हिन्दी ख़ुद छिपे तौर पर बहिष्कारवादी हो सकती थी—भारतीय-फ़ारसी संस्कृति के प्रति भी और, एक व्यापक निरक्षर क्षेत्र में, अशिक्षित बोलने वालों के तईं भी, जिन्होंने 'शुद्ध हिन्दी' में निपुणता प्राप्त नहीं की थी। बहिष्कार का सवाल इस किताब में कई बार उठाया गया है, ख़ास तौर पर महिलाओं और किसानों के सन्दर्भ में और प्रतिष्ठा के मुद्दे को ले कर। मिसाल के लिए औरतों का मामला यह दिखाता है कि दरअसल 1920 के दशक में औरतों ने एक ही समय में साहित्यिक और राजनैतिक क्षेत्रों में प्रवेश की दावेदारी के माध्यम से बहिष्कार का उल्लंघन करना शुरू कर दिया था। महिलाओं की पत्रिकाओं ने इस धारणा का समर्थन करना शुरू किया, जो सार्वजनिक क्षेत्र के सिद्धान्तों में भी निहित थी, कि दृष्टिकोणों में अन्तर सम्भव था और यह कि नियम-क़ायदों को सभी पक्षों की बातचीत द्वारा ही तय किया जाना चाहिए। उन्होंने घरेलू और जात-पाँत सम्बन्धी प्रथाओं को सार्वजनिक जाँच-परख के लिए प्रस्तुत किया और स्त्रियों के कार्य-क्षेत्र का विस्तार करते हुए उसमें नयी और सार्वजनिक भूमिकाएँ शामिल कीं। इसमें यह दलील दी जा सकती है कि औरतों के संगठनों की तुलना में—जो स्वाभाविक तौर पर उच्चवर्गीय और 'प्रबुद्ध' महिलाओं तक सीमित थे जो उनकी कार्रवाई में बेरोक-टोक हिस्सा ले सकती थीं—पत्रिकाएँ कहीं ज़्यादा प्रभावकारी साबित हुईं थीं। तो भी, जैसे-जैसे सार्वजनिक पहुँच के लिए नैतिक प्रतिष्ठा अनिवार्य होती चली गयी, इस व्यापक आन्दोलन में परोक्ष बहिष्कारों, या कहा जाय आत्म-निषेधों, द्वारा सेंध लगा दी गयी।

इस पर ध्यान दिया जा सकता है कि हिन्दी के सार्वजनिक क्षेत्र का प्रमुख भाग सामाजिक रूप से दबे हुए हिन्दी के जिस मध्यवर्ग से बना है, वह हेबरमास के लेखे-जोखे में शामिल ऊर्ध्वगामी और आत्मविश्वास-भरे बुर्जुवा वर्ग से बहुत कम समानता रखता है। वह उस बंगाली भद्रलोक से भी भिन्न है जो अंग्रेज़ उच्च वर्ग और निचले तबक़े की आम जनता के 'मध्य' था।[24] हिन्दी के दावों की कर्कशता और उसकी आकांक्षाओं की भव्यता एक 'निम्नतर भद्रवर्ग' की महत्वाकांक्षाओं और कुण्ठाओं से जोड़ कर देखी जा सकती है। बंगाल की तुलना में ज़मींदार या धनी परिवारों के बहुत कम उत्तराधिकारी, या उच्चस्तरीय सरकारी मुलाज़िम हिन्दी के साथ सक्रिय रूप से सम्बद्ध थे। जो थोड़े-बहुत अपवाद थे, वे उस तरह का 'सांस्कृतिक द्विभाषावाद' नहीं प्रदर्शित करते जो हम अंग्रेज़ी और 'देसी भाषाओं' के जगत में समान रूप से सुविधापूर्वक विचरने वाले बंगाली भद्रलोक में पाते

हैं। इस तरह, विचारों, साहित्यिक रचनाओं और भावबोध को अंग्रेज़ी और देसी भाषा के बीच इधर से उधर अनुवाद करने, वर्गीय और सांस्कृतिक अन्तर की मध्यस्थता का महत्वपूर्ण काम हिन्दी में अमूमन अनाम और काम से लदे, वेतनभोगी कारकूनों के ज़िम्मे छोड़ दिया गया। हिन्दी साहित्यकारों के लिए जो दो सबसे अधिक सम्भावना-भरे क्षेत्र थे—अध्यापन और पत्रकारिता—उनमें आम तौर पर बहुत कम पारिश्रमिक मिलता था और उनके साथ अधीनता की एक परिस्थिति भी जुड़ी रहती थी—या तो शिक्षा विभाग की या फिर स्कूल या अख़बार के मालिकों की। यह उस युग का लक्षण है कि त्यागपत्र और झगड़े अपवाद की बजाय नियम ही थे। 'राष्ट्रीय संस्थाओं' में काम करना एक सुखद संकल्प था, चाहे वह कितना अस्थाई क्यों न हो। नतीजे के तौर पर हिन्दी के बुद्धिजीवी, विशेष रूप से अगर वे गाँव में जन्मे होते तो, अक्सर घुमन्तू ज़िन्दगियाँ बिताते। ज़मीन से सम्बन्ध मुश्किल से ही टूटता : अक्सर परिवार पीछे रह जाता जबकि अकेला बुद्धिजीवी इलाहाबाद, बनारस, लखनऊ, कानपुर, जबलपुर, दिल्ली, और निश्चय ही कलकत्ता और बम्बई के बड़े प्रान्तीय केन्द्रों में अपना भाग्य आज़माता। इस किताब के पृष्ठों में हिन्दी के जिन साहित्यकारों का ज़िक्र किया गया है, उनमें से अधिकांश अपने जीवन के इसी दौर में राष्ट्रीय आन्दोलन से सम्बद्ध रहे, कुछ कांग्रेस के पूर्णकालिक कार्यकर्ता बने, लेकिन सिर्फ़ मुट्ठी भर ही कांग्रेस पार्टी में शक्तिशाली पदों पर पहुँचे और राष्ट्रीय स्तर के नेता बने (परिशिष्ट में जीवनियाँ देखिए)।

अन्त में, हेबरमास के अध्ययन के अनुसार सार्वजनिक क्षेत्र का विकास उस प्रक्रिया से सम्बद्ध है जिसके तहत बुर्जुवा परिवार का निजी दायरा एक आर्थिक और प्रभावकारी इकाई के रूप में उभरता है। लिंगभेद पर आधारित विभाजन में, 'निजी' (प्राइवेट) दरअसल औरत का दायरा था और ऐसा एकान्त और सुरक्षित क्षेत्र भी था जिसमें निजी व्यक्तित्व विकसित होता और निजी भावनाओं, अभिरुचियों और विचारों का पालन-पोषण होता। 'सार्वजनिक' और 'निजी' वस्तुतः एक दूसरे की पूरक धारणाएँ बन गयी हैं और आम तौर पर उनका साथ-साथ उल्लेख किया जाता है। लेकिन उपनिवेशी भारत के मामले में ऐसा देखने को नहीं मिल रहा था, भले ही न्यूक्लियर(यानी केवल माता-पिता और उनके बच्चों से बने) परिवार और सुधारों से लाभान्वित गृहिणी कितने भी शक्तिशाली आदर्श क्यों न बने हों। उपन्यास जैसी ज़ाहिरा तौर पर 'निजी' विधा को ही लीजिए। 1920 और 1930 के दशकों में हिन्दी उपन्यास व्यक्तिगत, विशेष रूप से रूमानी, भावनाओं की अभिव्यक्ति के प्रति समर्पित नज़र आते हैं और मनोवैज्ञानिक आत्म-निरीक्षण की ओर बढ़ रहे थे। लेकिन उनमें भी मर्यादा और परिवार तथा समुदाय के प्रति कर्तव्य का महत्व लगातार व्यक्ति या पति-पत्नी की आकांक्षाओं की तुलना में कहीं अधिक भारी पड़ जाता। इस युग के यथार्थवादी उपन्यासों में वस्तुतः भावनाओं की निजी भाषा और परिवार तथा व्यक्तिगत आकांक्षाओं के लिए कोई स्थान नहीं दिखायी देता।[25] बल्कि उन असाधारण रूप से लोकप्रिय 'सामाजिक रूमानी कथाओं' में जिनका जन्म इन दशकों में हुआ (शायद फ़िल्मों के साथ?) ख़ुद उपन्यासों

का काल्पनिक जगत ही ऐसी एकमात्र जगह लगती है जहाँ निजी भावनाओं का आनन्द निरापद रूप से उठाया जा सकता है।[26]

मेरे ख़याल में, सार्वजनिक और निजी के दोहरे विभाजन की बजाय सार्वजनिक और निजी और जिसे किसी बेहतर परिभाषा के अभाव में हम 'पारम्परिक' या 'प्रथागत' कह सकते हैं, एक तिहरा दिभाजन नज़र आता है। यह तीसरा दायरा क्या है? जब देवीदत्त शुक्ल कृतज्ञ आश्चर्य से याद करते हैं कि जिन प्रकाशकों के लिए वे काम करते थे, वे उनसे, महज़ एक वेतनभोगी सेवक के साथ, आदर से पेश आते थे; जब किसी की जाति के बारे में कभी-कभार अजाने ही टीका-टिप्पणियाँ अचानक फूट पड़ती हैं; जब समाज सुधारकों के आग्रहों और उपदेशों, और उनकी व्यक्तिगत पसन्द-नापसन्द के बीच अन्तर्विरोध (मसलन शादी-ब्याह या मिल-जुल कर भोजन करने के मामलों में) अन्तर पैदा होते हैं; या जब निचले दर्जे के समुदायों द्वारा सक्रिय और बराबर की दावेदारी को अविश्वास और शत्रुता-भरे विरोध का सामना करना पड़ता है, तब हमें आभास होता है कि सार्वजनिक विमर्श का दायरा किसी भी हालत में समग्र और सम्पूर्ण नहीं था और सामाजिक और सांस्कृतिक आचार-व्यवहार के जगत से मेल नहीं खाता था। जैसा कि हम देखेंगे, वर्ण हिन्दी में सार्वजनिक विमर्श का विषय था, जात-पाँत नहीं (देखिए 3. 3)। महिलाओं के मामले में, जो विमर्श भारतीय 'नारी' को फिर से परिभाषित करते हुए उस बुनियादी तौर पर पश्चिमी महिलाओं और भारतीय पुरुषों, दोनों से बेहतर ठहराता था, वह एक 'सार्वजनिक' विमर्श था। यही हाल पहरावे और व्यवहार के नियम-क़ायदों का था जिन्हें शिक्षित महिलाएँ बाहर निकलते समय अपनाती थीं। महिलाओं की भावनाओं और आकांक्षाओं, उनके शोषण और उनके प्रति परिवारों की उदासीनता को व्यक्त करने वाला साहित्य और पत्र 'निजी' बने रहे। घर-गृहस्थी और 'व्यावहारिक ज्ञान' वास्तविक दुनिया के 'प्रचलित' या 'प्रथागत' की तरफ़ इशारा करता है (देखिए अध्याय 4)। मौजूदा पुस्तक विशेष रूप से सार्वजनिक जंगत से सरोकार रखती है, इसका यह मतलब नहीं है कि दूसरे पहलुओं के प्रति उदासीन है।

इस तरह यह पुस्तक उन संस्थाओं और कार्यकर्ताओं के काम-काज का ख़ाका तैयार करेगी जिन्होंने मिल कर हिन्दी के साहित्यिक क्षेत्र (अध्याय 1) और राजनैतिक क्षेत्र (अध्याय 5) को निर्मित किया; और समाचार-तन्त्र, शिक्षा व्यवस्था और दूसरे माध्यमों में प्रचलित विमर्शों का विश्लेषण करेगी, (अध्याय 2 और 3)। हिन्दी क्षेत्र तक पहुँच बनाने के लिए नये स्वरों को जिन रणनीतियों की आवश्यकता थी उन्हें महिलाओं के बारे में एक अलग परिच्छेद (अध्याय 4) में परखा जायेगा।

काल-खण्ड : 1920–1940

1920 और 1940 के बीच के दो दशकों ने साहित्यिक और राजनैतिक क्षेत्रों में उन प्रक्रियाओं का विकास देखा जो उन्नीसवीं सदी के उत्तरार्द्ध में शुरू हुई थीं। तो भी 1920

के दशक में साहित्यिक और राजनैतिक कार्यकर्ताओं, सार्वजनिक स्थानों और संस्थाओं, छपे हुए शब्द के बाज़ार और साहित्यिक और राजनैतिक पाठक-श्रोतावर्ग के परिमाणगत विस्तार ने एक गुणात्मक विकास भी पैदा किया। नये समूहों ने ऐसे आलोचनात्मक स्वर बुलन्द किये जिन्हें नज़रअन्दाज करना सम्भव नहीं था; बल्कि उन्होंने कभी-कभार वास्तविक 'प्रति-जनताएँ' निर्मित कीं। हिन्दी के साहित्यिक समाचार-तन्त्र के खुलेपन और उसकी व्यापकता ने साहसी प्रयोगों, नयी विधाओं और स्वाधीन लेखकों के अस्तित्व को सम्भव बनाया। इसके अलावा, ऐसा लगा कि उन्नीसवीं सदी के प्रयासों की सम्भावित जनता आख़िरकार सचमुच वजूद में आ गयी, एक शक्तिशाली तनाव उभर कर सामने आया जिसे पुस्तक में शुरू से आख़िर तक प्रमुखता से रेखांकित किया जायेगा। यह तनाव आदर्श या नियममूलक प्रवृत्तियों और आलोचनात्मक स्वरों के बीच था। मानक प्रवृत्तियों ने एक क़िस्म की हिन्दी व्यवस्था स्थापित की और उन्होंने संस्थाओं पर अपनी पकड़ मज़बूत करके जनता को अपने उद्देश्यों के प्रति आकृष्ट करने की कोशिश की। दूसरी ओर आलोचनात्मक स्वरों का विश्वास था कि वे समाचार माध्यमों के द्वारा जनमत को प्रभावित कर सकते हैं। भाषा और साहित्य पर इस तनाव के चिह्न बहुत स्पष्ट हैं। जो लोग हिन्दी जगत से सम्बद्ध थे उनके लिए यह उत्तेजक और मदमत्त करने वाला समय था; इनमें से बहुत-से लोग पहली बार किसी सार्वजनिक भूमिका में उतर रहे थे। हिन्दी में इसे आधुनिक हिन्दी साहित्य के 'स्वर्ण काल' के रूप में जाना जाता है और सचमुच यह काल सभी क्षेत्रों में असाधारण साहित्यिक रचनात्मकता का दौर था : कविता में छायावाद, कथा साहित्य में प्रेमचन्द (1880 से 1936) और अनेक दूसरे कथाकार, साहित्यिक आलोचना में रामचन्द्र शुक्ल (1884 से 1941) और दूसरे आलोचक जिन्होंने हिन्दी साहित्य का वह ढाँचा बनाया जिससे हम आज परिचित हैं।

टिप्पणियाँ

1. देवीदत्त शुक्ल, सम्पादक के पच्चीस वर्ष, इलाहाबाद, कल्याण मन्दिर, 1956, पृ. 3
2. 'ब्रिटिश मिल्कियत वाले ऐंग्लो-इण्डियन अख़बार,' जवाहर लाल नेहरू ने याद किया था, 'ऊँचे अधिकारियों के कारनामों से भरे होते; बड़े शहरों और पहाड़ी स्थानों में अंग्रेज़ों की सामाजिक ज़िन्दगी का ब्योरा—उनकी पार्टियों, फ़ैन्सी-ड्रेस वाले बॉल-रूम के नाच-गानों और शौक़िया नाट्य-प्रदर्शनों के साथ—बड़े विस्तार से दिया गया रहता।'(नेहरू, आत्मकथा, दिल्ली, ऑक्सफ़र्ड यूनिवर्सिटी प्रेस, 1998 (1936), पृ. 48।) उदार राजनेता सी.वाई. चिन्तामणि द्वारा सम्पादित भारतीय स्वामित्व वाला 'द लीडर' (इलाहाबाद) ऐसे समाचारों को जो अंग्रेज़ी अख़बारों की ख़ासियत होते, राष्ट्रीय सम्मेलनों के विस्तृत विचार-विमर्श, सरकारी क़ानूनों और बाज़ार-भावों के साथ मिला-जुला कर छापता था; सम्पादकीय, संसदीय मुहावरे के विशुद्ध नमूने होते जबकि क्षेत्रीय ख़बरें किसी हद तक तिरस्कार-भरे शीर्षक 'मुफ़स्सिल' के अन्तर्गत छापी जातीं। बैंकों और चीज़ों के विज्ञापन पाठकों को पूँजी और बचत की ताक़त के आधार पर आकर्षित करने की कोशिश करते; अंग्रेज़ी स्कूलों के

लिए दिये जाने वाले इश्तहार सामाजिक रूप से गतिशील वर्ग को लुभाने का प्रयास करते। इसके विपरीत, हिन्दी अख़बार एक सार्वजनीन और गहरी राजनीति-चेतना-सम्पन्न पाठक-वर्ग को सम्बोधित करते; मिसाल के तौर पर 'वर्तमान' (कानपुर, सम्पादक आर.अवस्थी) फ़ैक्टरी मज़दूरों के विशिष्ट पाठक वर्ग को मुख़ातिब था; उनका कलेवर और शैली गुटका अख़बारों सरीखी होती, जिसमें बड़ी और ध्यान खींचने वाली सुर्ख़ियाँ लगी होतीं ('चीन में बोलशेविक सरकार,' 'जज पर तवायफ़ों का जादू'); मज़दूरों के बारे में अन्तर्राष्ट्रीय समाचार छापे जाते और स्थानीय कम्यूनिस्ट गतिविधियों और साम्प्रदायिक उपद्रवों पर ख़ास नज़र रखी जाती। देखिए 'द लीडर' और 'वर्तमान,' 2 जनवरी 1925।

3. शम्सुर्रहमान फ़ारूक़ी, अर्ली उर्दू लिटरेरी कल्चर ऐण्ड हिस्ट्री, दिल्ली, ऑ.यू.पी., 2001

4. देखिए रामविलास शर्मा, 'गद्य और पद्य में खड़ी बोली 1800 के पहले,' भारतेन्दु हरिश्चन्द्र और हिन्दी भाषा की विकास परम्परा, नयी दिल्ली, राजकमल प्रकाशन, 1975।

5. आर.एस.मैक्ग्रेगर, हिन्दी लिटरेचर ऑफ़ दी नाइन्टीन्थ ऐण्ड अर्ली ट्वेन्टीएथ सेन्चुरीज़, वीसवाडन, हैरैसोविट्ज़, 1974; शारदा देवी वेदालंकार, द डेवलपमेंट ऑफ़ हिन्दी प्रोज़ इन द अर्ली नाइन्टीन्थ सेन्चुरी (1800-56 ई.), इलाहाबाद, लोकभारती प्रकाशन 1969; लक्ष्मी सागर वार्ष्णेय, आधुनिक हिन्दी साहित्य की भूमिका, इलाहाबाद, हिन्दी परिषद, 1952; क्रिस्टोफ़र किंग, वन लैंग्वेज, टू स्क्रिप्टस, द हिन्दी मूवमेंट इन नाइन्टीन्थ सेन्चुरी नॉर्थ इण्डिया, दिल्ली, ऑ.यू.पी., 1994; वसुधा डालमिया, द नैशनलाइज़ेशन ऑफ़ द हिन्दू ट्रेडीशन्स। हरिश्चन्द्र ऐण्ड नाइन्टीन्थ सेन्चुरीज़ बनारस, दिल्ली, ऑ.यू.पी., 1997; आलोक राय, हिन्दी नैशनलिज़्म, दिल्ली, ओरिएन्ट लौंगमैन, 2001

6. वसुधा डालमिया, द नैशनलाइज़ेशन ऑफ़ हिन्दू ट्रेडिशन्स।

7. भाषा और राष्ट्रवाद पर सामान्य अध्ययन में शामिल पुस्तकें हैं : बेनेडिक्ट ऐण्डरसन, इमैजिण्ड कम्यूनिटीज़, लन्दन, वर्सो, 1983 : और पॉल ब्रास, लैंग्वेज, रिलिजन ऐण्ड पॉलिटिक्स इन नॉर्थ इण्डिया, केम्ब्रिज, केम्ब्रिज यूनिवर्सिटी प्रेस, 1974। राष्ट्रवाद और साहित्य पर देखें, सुधीर चन्द्र, दि ऑप्रेसिव प्रेज़ेण्ट : लिटरेचर ऐण्ड सोशल कॉन्शसनेस इन कोलोनियल इण्डिया, दिल्ली, ऑ.यू.पी. 1992।

8. इसका एक उल्लेखनीय उदाहरण हरिश्चन्द्र का नाटक 'प्रेम जोगिनी' (1874-5) है, जो काशी (बनारस) में घटित होता है : पहले और दूसरे अंकों में पात्र हिन्दी के ख़ास और देसी रूपों का प्रयोग करते हैं, चौथे अंक में मराठी तक बोलते हैं; शुद्ध हिन्दी तीसरे अंक में इस्तेमाल की जाती है ताकि काशी के सार्वजनिक मुखड़े को उद्घाटित किया जा सके : भारतेन्दु समग्र, सं. एच. शर्मा, बनारस, हिन्दी प्रचारक संस्थान, 1987।

9. देखिए एरिक ऑवरबाख, मिमेसिस : द रिप्रेज़ेन्टेशन ऑफ़ रियैलिटी इन वेस्टर्न लिटरेचर, प्रिन्सटन, प्रिन्सटन यूनिवर्सिटी प्रेस, 1953, अध्याय 2।

10. भाषाई विवाद के सन्दर्भ में इस रूपक का विस्तार करने वाले नाटकों के लिए देखिए क्रिस्टोफ़र किंग, 'फ़ोर्जिंग ए न्यू लिंग्विस्टिक आइडेण्टिटी : द हिन्दी मूवमेंट इन बनारस,' एस.फ़ाइटेग, सं., कल्चरल ऐण्ड पॉवर इन बनारस, बर्कले, यूनिवर्सिटी ऑफ़ कैलिफ़ोर्निया प्रेस, 1989।

11. देखिए ज्ञान पाण्डेय, द असेण्डेन्सी ऑफ़ द कांग्रेस इन उत्तर प्रदेश : 1926-34. ए. स्टडी

इन इम्परफ़ेक्ट मोबाइलाइज़ेशन, दिल्ली, ऑ.यू.पी. 1978; सुमित सरकार, मॉडर्न इण्डिया, 1885-1947, दिल्ली, मैकमिलन, 1983।

12. जुर्गेन हेबरमास, द स्ट्रक्चरल ट्रान्सफ़ॉर्मेशन ऑफ़ द पब्लिक स्फ़ियर, केम्ब्रिज, एम.आई.टी. प्रेस, 1989 (मूल जर्मन संस्करण 1962), पृ. 27। प्रस्तुत व्याख्या काफ़ी हद तक सी. कैलहून, सं., हेबरमास ऐण्ड द पब्लिक स्फ़ियर, केम्ब्रिज मैसाचुसेट्स, एम.आई.टी.प्रेस, 1992, पृ. 109-42 पर दिये गये नैन्सी फ़्रेज़र के लेख 'रीथिंकिग द पब्लिक स्फ़ियर : ए कॉन्ट्रीब्यूशन टू द क्रिटीक ऑफ़ ऐक्चयुअली एक्सिस्टिंग डेमोक्रेसी' पर आधारित है।

13. मिसाल के लिए, बुर्जुवा परिवार में जिस व्यक्तिगत आत्मपरकता को बढ़ावा दिया जाता था वह एक ऐसे साहित्य की रचना कर सकता था और उसके प्रति सम्वेदित हो सकता था जो व्यक्तिगत उद्यम, बुद्धि और भावनाओं का गुणगान करता था। इसका उदाहरण है 18वीं सदी के दौरान अंग्रेज़ी का उपन्यास साहित्य। इसका उत्कृष्ट अध्ययन है : इयन वॉट, द राइज़ ऑफ़ द नॉवल, हार्मण्ड्सवर्थ, पेंग्विन, 1979 (1957 में पहली बार प्रकाशित)।

14. जेफ़ इले, 'नेशन्स, पब्लिक्स ऐण्ड पोलिटिकल कल्चर्स,' कैलहून, पृ. 290।

15. वही, पृष्ठ 304।

16. जैसा कि पीटर उवे होहेनडाल टिप्पणी करते हैं, यह साहित्यिक जनपद वास्तव में उच्चवर्गीय दरबारी दायरों में केन्द्रित था और उसने धीरे-धीरे ही ख़ुद को उनके प्रभाव से मुक्त किया; होहेनडाल, इनस्टीट्यूशन ऑफ़ क्रिटिसिज़्म, इथाका, कॉर्नेल यूनिवर्सिटी प्रेस, 1982, पृ. 53। इस पुस्तक में अभिरुचि और साहित्य के मूल्यांकन से सम्बन्धित उस विवाद पर भी एक रोचक विचार-विमर्श है जो जर्मन नवशास्त्रीय और रोमानी विचारकों के बीच हुआ था जिसमें 'लोकप्रियता' (फ़ोक्शटुमलिश्काइट, यानी लोकगाथा की निकटता) एक मुद्दा बन गया था; प्रस्तुत पुस्तक में तुलनीय 2.3।

17. फ़्रेज़र, 'रीथिंकिंग द पब्लिक स्फ़ियर,' पृ.129।

18. वही, पृ. 112-13।

19. जुर्गेन हेबरमास, 'द पब्लिक स्फ़ियर,' न्यू जर्मन क्रिटीक, 3, 1974, पृ. 49—इले, 'नेशन्स, पब्लिक्स ऐण्ड पोलिटिकल कल्चर्स,' पृ. 289 पर उद्धृत।

20. अंग्रेज़ी के सन्दर्भ में ऐसे ही एक तर्क के सिलसिले में देखिए इंग्लिश लिटरेचर इन हिस्ट्री 1730-80. ऐन ईक्वल, वाइड सर्वे, लन्दन, हचिन्सन, 1983 में जॉन बैरेल, 'द लैंग्वेज प्रॉपर्ली सो-कॉल्ड : द अथॉरिटी ऑफ़ कॉमन यूसेज।'

21. क्रान्तिकालीन फ़्रान्स में, 'एक विशिष्ट, अत्यधिक लिंग-भेद पर आधारित बुर्जुवा पुरुष विमर्श... महिलाओं के घरेलूपन पर और सार्वजनिक क्षेत्र में उतरने वाली सामन्ती और सामान्य वर्गों की महिलाओं को चुप कराने पर निर्भर था' : जॉन लैन्डेज़, विमेन ऐण्ड द पब्लिक स्फ़ियर इन द एज ऑफ़ द फ्रेन्च रिवोल्यूशन, इथाका, कॉर्नेल यूनिवर्सिटी प्रेस, 1988, पृ. 204; इले, 'नेशन्स, पब्लिक्स ऐण्ड पोलिटिकल कल्चर्स' भी देखें।

22. फ़्रेजर, 'रीथिंकिंग द पब्लिक स्फ़ियर,' पृ. 119।

23. भारत में अंग्रेज़ी के समाचार-पत्र एक 'बनावटी' भद्रवर्गीय पाठक वर्ग की ज़रूरतें पूरी करते थे, जबकि हिन्दी अख़बार असली राष्ट्र को सम्बोधित करते थे—इसके मूल्यांकन के लिए देखिए बाबूराव विष्णु पराड़कर का भाषण, 1.3.1 में उद्धृत : 5.1 भी।

24. तुलनीय पार्थ चटर्जी, द नेशन ऐण्ड इट्स फ्रैगमेन्टस, प्रिन्सटन, प्रिन्सटन यूनिवर्सिटी प्रेस, 1993।

25. मिसाल के लिए देखिए, प्रेमचन्द के उपन्यास विशेषकर 'ग़बन,' 1931, जहाँ नव विवाहित दम्पति अपनी वास्तविक इच्छाएँ और विश्वास सिर्फ़ अपने ख़यालों में ही व्यक्त कर सकते हैं : उनके बीच सम्वाद भी चीज़ों को छिपाने का एक जटिल सामाजिक खेल ही प्रतीत होते हैं। माधव प्रसाद ने एक बहुत ज़ोरदार दलील दी है जिसका सम्बन्ध हिन्दी फ़िल्मों में निजीपन के उस अनिवार्य ठप्पे–चुम्बन–के बारे में है। माधव प्रसाद के अनुसार हिन्दी फ़िल्मों में चुम्बन के प्रति स्वैच्छिक इनकार समाज के उच्चतर सामन्ती मूल्यों के आगे (जिनका प्रतिनिधित्व संयुक्त परिवार करता है) बुर्जुवा न्यूक्लियर परिवार के समर्पण का प्रतीक है; माधव प्रसाद, 'सिनेमा ऐण्ड द डिज़ायर फ़ॉर मॉडर्निटी,' जरनल ऑफ़ आर्ट्स ऐण्ड आइडियाज़, 25-6, दिसम्बर 1993, पृ. 71 से 86।

26. एक उदाहरण के लिए देखिए वसुधा डालमिया और थियो डॉमस्तेख़्त, सं., नेरेटिव स्ट्रैटिजीज़, दिल्ली, ऑ.यू.पी., 1999 में मेरा लेख–'रीडिंग ए सोशल रोमांस; पाण्डेय बेचन शर्मा उग्र'ज़ चन्द हसीनों के ख़ुतूत (1927)'।

अध्याय 1

भाषा और साहित्यिक क्षेत्र

⌘

1926 में चौथाई सदी के हिन्दी प्रयासों का जायज़ा लेते हुए, बम्बई के वरिष्ठ साहित्यकार, लज्जाराम मेहता (1863-1931), ने सन्तोष के साथ उस महत्वपूर्ण परिवर्तन का ज़िक्र किया जो उस समय के साथ तुलना करने पर नज़र आता था, जब अग्रेज़ीदाँ भद्रवर्ग हिन्दी को हँस कर उड़ा दिया करता था और हिन्दी के समर्थक 'उर्दू के ज़माने' में काम करते थे। इसका श्रेय राष्ट्रीय नेताओं के समर्थन को जाता था कि राष्ट्रभाषा के रूप में हिन्दी का लक्ष्य अब नज़दीक जान पड़ता था, और वह दिन दूर नहीं लगता था जब

> 'देश में एक ओर से दूसरे छोर तक हिन्दी का सार्वजनिक डंका बजेगा, भारत के भिन्न-भिन्न प्रान्तों के भिन्न-भिन्न भाषा-भाषी अपनी-अपनी भाषाओं की उन्नति करते हुए एक तन्त्र से नत-मस्तक हो, हाथ जोड़े हुए हिन्दी की आरती करेंगे और इसकी छोटी बहन, या यदि कोई छोटी कहने से बुरा मानते हों, तो बड़ी बहन, उर्दू पास खड़ी हुई इसकी बलैया लेगी, और राज-भाषा अंगरेज़ी अपने ठाठ, अपने गौरव, अपनी प्रतिभा और अपने आतंक को अपने हृदयकोण में धारण किए हुए भी इसे फूलों की माला पहनावेगी।'[1]

उन्नीसवीं सदी के उत्तरार्द्ध और 1920 के बीच, भाषाई अर्थ-व्यवस्था—भाषाओं की श्रेणीगत, कार्यगत और सांस्कृतिक व्यवस्था—उत्तर भारत में नाटकीय रूप से परिवर्तित हो गयी थी। हिन्दी में साहित्यिक लेखन, दूसरी भारतीय भाषाओं ही की तरह, काफ़ी बदल गया था। ऐसे नाटकीय परिवर्तनों का लेखा-जोखा कैसे लिया जाये और उनका विश्लेषण किस प्रकार हो? इस पुस्तक की एक आधारभूत मान्यता ही यह है कि नये विमर्शों, अभिरुचियों, विधाओं और साहित्यिक व्यक्तित्व के उभरने का श्रेय नयी संस्थाओं को ही दिया जाना चाहिए। यानी नये संस्थागत सन्दर्भों में ही नये विमर्श, अभिरुचियाँ, विधाएँ और साहित्यकार उभर सकते हैं। पत्र-पत्रिकाएँ, स्कूल और पाठ्य-पुस्तकें, साहित्यिक और दूसरी स्वयंसेवी संस्थाएँ और साहित्यिक प्रकाशन गृह ऐसी संस्थाएँ थीं जिन्होंने एक नयी

जनोन्मुखी मानसिकता वाली सक्रियता के लिए एक स्थान, एक अखाड़ा, उपलब्ध कराया। पत्र-पत्रिकाओं, प्रकाशन और पाठ्यपुस्तकों जैसी 'संस्थाओं' ने भाषा और साहित्य-सृजन के नख-शिख गढ़े, और किन्हीं भाषाई शैलियों और साहित्यिक अभिरुचियों को दूसरी शैलियों और अभिरुचियों के मुक़ाबले तरजीह दी। उन्होंने एक ऐसे हिन्दी पाठक-वर्ग की कलप्ना को प्रोत्साहित की जो एक ही समय में ज़्यादा खुला भी था और ज़्यादा आत्म-सजग भी।

इसलिए हिन्दी सार्वजनिक क्षेत्र में हमारी जाँच-पड़ताल उन्हीं संस्थाओं में होने वाले परिवर्तनों के एक सर्वेक्षण और विश्लेषण से शुरू होती है, जिन्होंने उन विमर्शों और कृतियों को सम्भव बनाया जिनकी चर्चा मैंने इस पुस्तक में आगे चल कर की है। पुस्तक में जिन प्रमुख व्यक्तियों, पत्रिकाओं, संस्थाओं, और अवधारणाओं का उल्लेख किया गया है, उनका परिचय यहाँ शुरू में ही देते हुए यह अध्याय एक सन्दर्भ भी उपलब्ध कराता है। पहला हिस्सा उस ऐतिहासिक पृष्ठभूमि को परखता है जिसमें भाषा के इर्द-गिर्द एक सामुदायिक चेतना का उद्भव हुआ। यह चेतना औपनिवेशिक काल से पहले की प्रथाओं में व्याप्त चेतना से काफ़ी हद तक भिन्न थी। दूसरे हिस्से में साहित्यिक परिपाटियों और अभिरुचियों के विविध रूपों का एक सामान्य जायज़ा लिया गया है। यह जायज़ा इस तर्क का समर्थन करता है कि हालाँकि पुरानी परिपाटियाँ और अभिरुचियाँ काफ़ी हद तक बची रह गयी थीं, उन पर उन नये तरीक़ों का असर पड़ने लगा था जिनसे पत्रिकाओं और स्कूलों के माध्यम से साहित्य का प्रचार-प्रसार हो रहा था। 'साहित्यिक संस्कार' (अर्जित अभिरुचि) की अवधारणा को विश्लेषण के एक उपकरण के तौर पर सुझाया गया है जिससे साहित्यिक अप्रेण्टिसशिप और प्रचार-प्रसार के विभिन्न तरीक़ों की रोशनी में अभिरुचियों के विभिन्न स्तरों का निर्माण परखा जा सके। अध्याय का बाक़ी हिस्सा उन प्रमुख क्षेत्रों–पत्र-पत्रिकाओं और शिक्षा व्यवस्था–का जायज़ा लेता है जिनमें हिन्दी साहित्य का सृजन, प्रचार-प्रसार और पठन-पाठन शुरू हुआ। और किस तरह (मौखिक) साहित्यिक प्रसार की एक पुरानी शैली, अर्थात कविता-गोष्ठी या कवि-सम्मेलन, बदलती हुई साहित्यिक व्यवस्था के अनरूप ढली।

1.1.1 भाषा का प्रश्न

निज भाषा उन्नति अहै सब उन्नति को मूल
बिना निज भाषा-ज्ञान के मिटत न हिय को सूल।[2]

भाषा उन्नीसवीं सदी में भारतीय सुधारकों का एक बुनियादी सरोकार थी : प्रगति और सुधार के उनके विमर्श का एक आधारभूत तत्व। हिन्दी को एक सार्वजनिक भाषा के रूप में स्थापित करना और उसके इर्द-गिर्द एक सामूहिक पहचान को सघन रूप में ज़माना अपने आप में इस सरोकार की उपज था। यह विचार अपने आप में नया था कि एक राष्ट्र की एक भाषा 'होती है'–भारतेन्दु की निज भाषा–जो एक ही साथ व्यक्ति और

समुदाय दोनों की अपनी होती है। यही भाषा सभी बोल-चाल की और लेखन की परिपाटियों को समाहित कर लेती है और अन्ततः राजभाषा और राष्ट्रभाषा बन कर स्वीकृति का ठप्पा लगवा लेती है। इस विचार को, जो राष्ट्रीय एकता के सम्बन्ध में यूरोपीय मान्यताओं[3] में रचा-बसा था, भारतीय सन्दर्भ में लागू करने पर समस्याएँ खड़ी होने वाली थीं, विशेष रूप से हिन्दी के मामले में। औपनिवेशिक अधिकारियों को अपने वर्गीकरण सम्बन्धी जोश में इस बात का जल्दी ही आभास हो गया। इसके बावजूद भारतीय सुधारकों के लिए इसमें एक प्रबल आकर्षण था : एक से अधिक भाषाओं में निपुण होने और उन्हें इस्तेमाल करने के बावजूद वे एक आदर्श और एक लक्ष्य के रूप में 'एक देश, एक भाषा' की ओर नज़रें गड़ाये रहते थे।

उन्नीसवीं और बीसवीं सदी के भारत में भाषाई परिवर्तनों पर विस्तृत शोध पहले ही की जा चुकी है।[4] विद्वान इस बात पर सहमत हैं कि छपे हुए शब्द का प्रभाव, अंग्रेज़ी भाषा का, उपनिवेशवादी भाषाविदों और नीति निर्धारकों का असर, और शिक्षा के क्षेत्र में मिशनरियों के प्रयास—ये सब ऐसे तत्व थे जो देसी भाषाओं के नये मानक रूपों को और उस नयी चेतना को उभारने में सहायक सिद्ध हो रहे थे, जो भाषा को समुदाय के लक्षण के रूप में कल्पित करती थी।[5] इन मानक भाषाओं ने, अपने तईं, पत्र-पत्रिकाओं और एक नये क़िस्म के 'उपयोगी साहित्य' के विकास को प्रेरित किया, जिसका लक्ष्य था व्यक्तिगत और सामुदायिक प्रगति। हालाँकि यह पता लगाना मुश्किल है कि इनमें से कौन-सा तत्व किस अनुपात में ज़िम्मेदार था, और हालाँकि छपे हुए शब्द ने मिसाल के तौर पर पहले की हस्तलिखित पाण्डुलिपियों और मौखिक परम्पराओं की कृतियों और विधाओं के पुनः प्रस्तुतिकरण को बढ़ावा दिया, हम बेखटके यह कह सकते हैं कि छापेख़ाने, उपनिवेशवादी शासन और मिशनरियों के प्रयासों ने मिल कर उन्नीसवीं सदी में उत्तर भारत की भाषाई अर्थ-व्यवस्था में महत्वपूर्ण परिवर्तन घटित किये। जन शिक्षा, और धीरे-धीरे, साहित्य के भी माध्यम के रूप में खड़ी बोली हिन्दी अपने क्षेत्रीय रूपों की तुलना में गद्य की प्रमुख छपाई की भाषा के रूप में स्थापित हो गयी। मुग़ल प्रभुत्व के ख़त्म होने के साथ और भाषाई नीति में उपनिवेशवादी असंगतियों के कारण फ़ारसी-उर्दू के हिमायतियों और हिन्दी तथा देवनागरी लिपि के समर्थकों के बीच एक लम्बा विवाद शुरू हुआ : जहाँ फ़ारसी-उर्दू के समर्थक प्रशासन तथा हिन्दु-मुसलमान पढ़े-लिखे शिक्षित वर्ग की भाषा के रूप में उर्दू की निरन्तरता और प्रमुखता को बनाये रखने के लिए दलीलें देते, वहीं हिन्दी और देवनागरी लिपि के समर्थक 'न्यायी और तटस्थ' यूरोपीय शासन के अधीन परिवर्तन की सम्भावनाओं पर ज़ोर देते (और मुस्लिम शासन से 'पूर्व', की स्थिति पर लौटने पर, जब उनका दावा था, हिन्दी व्यापक रूप से एक शासकीय भाषा के रूप में इस्तेमाल होती थी।) इन दोनों परिघटनाओं ने हिन्दी की प्रकृति और उसके व्यवहार, दोनों ही में भारी परिवर्तन घटित किये। हिन्दी एक ऐसी भाषा बन गयी जिससे एक सुनिश्चित, सांस्कृतिक बोध जुड़ा था (देखिए 2.1)। और उसकी प्रगति और प्रचार-प्रसार के लिए कई सार्वजनिक

संस्थाएँ स्थापित हुईं। शिक्षा और समाचार-तन्त्र सक्रियता के दो प्रमुख क्षेत्रों के रूप में सामने आये, जैसा कि इस अध्याय में आगे चल कर स्पष्ट होगा। चूँकि इस विषय पर पहले ही से कई प्रबन्ध मौजूद हैं, यह भाग भाषिक परिवर्तन की प्रक्रिया में केवल उन्हीं तत्वों पर केन्द्रित होगा जो हमारे अध्ययन के लिए प्रासांगिक हैं।

सबसे पहले, हमें यह याद करना चाहिए कि निज भाषा की यह धारणा ही अपने आप में नयी थी, जो भाषा कि साथ-साथ (फ़्रासीसी, अंग्रेज़ी या जर्मन की तरह) एक स्थान विशेष से सम्बन्धित व्यक्तिगत और सामूहिक भाषाई पहचान को अभिव्यक्त करे, और लिखित और मौखिक दोनों शैलियों को अपने में समो ले। हालाँकि (सिर्फ़ बोल-चाल की?) भाषा के रूप में हिन्दी (हिन्दवी/हिन्दुई) के अस्तित्व का पता तेरहवीं शताब्दी के कवि अमीर ख़ुसरो तक खोजा जा सकता है, यह बात सर्वमान्य थी कि दरबार और दफ़्तर, कविता और बोल-चाल, धर्म और घर के लिए अलग-अलग भाषाएँ या भाषा शैलियाँ होंगी। भाषाई विविधता, बहुभाषावाद और द्विभाषिकता आदर्श थे। जैसा डेविड लेलीवेल्ड लिखते हैं :

> भाषाओं का सम्बन्ध स्थानों से उतना नहीं था जितना कार्य से, और कई बार भाषा के नाम को ले कर ब्रिटिश जनसंख्या अभियानों के निदेशकों और इससे भी अधिक भारत का भाषाई सर्वेक्षण करने वालों को समस्या हुई। लोगों की अपनी एक भाषा नहीं होती थी, बल्कि अलग-अलग कामों के लिए अलग-अलग भाषा-शैलियाँ थीं। बाज़ार, स्कूल, मन्दिर, दरबार या उपासना के दायरों को तो छोड़ ही दीजिए, एक घर के भीतर भाषाई विविधता पायी जा सकती थी। इन भाषा-शैलियों के बीच ऊँच-नीच का वही भेद था जो लोगों के आपसी रिश्तों में भी पाया जाता था।[6]

उन्नीसवीं सदी के उत्तरार्द्ध में उत्तर भारत में छपने वाली सामग्री पर एक सरसरी नज़र इस दृष्टिकोण का समर्थन करती है। किताबें उर्दू, फ़ारसी, अरबी, खड़ी बोली हिन्दी, अवधी, ब्रजभाषा और संस्कृत, में तो छपती ही थीं; ढेर सारे द्विभाषिक प्रकाशन : बालपोथियाँ, कुंजियाँ, भाषा सीखने की किताबें, व्याकरण, शब्दकोश, टीकाएँ, आदि भी पाये जाते हैं। प्रत्येक द्विभाषी पाठ अलग-अलग उद्देश्य और अलग-अलग पाठक-वर्ग का संकेत देता है : उर्दू में अरबी और फ़ारसी के कोश, फ़ारसी व्याकरण और अर्ज़ीनवीसी की किताबें, मुंशीगिरी सीखने की निशानी हैं; फ़ारसी के तारीख़ी मज़मूनों और संस्कृत नाटकों के उर्दू अनुवाद इन कृतियों को एक मिले-जुले, उर्दूदाँ अवाम के लिए पेश करने की कोशिश का पता देते हैं; संस्कृत भाषा की कृतियों के हिन्दी अनुवाद और संस्कृत-हिन्दी कोश, सांस्कृतिक निरन्तरता बनाये रखने के प्रयास के चिह्न हैं; और लोकप्रिय उर्दू विधाओं के आरम्भिक देवनागरी संस्करण एक व्यापक सर्वजनीन पाठक-वर्ग की तलाश का पता देते हैं। जिसकी एक अच्छी मिसाल के लिए लखनऊ के दरबारी

अमानत का नाटक 'इन्दरसभा' है।[7] यह विविधता और द्विभाषिकता हिन्दी और उर्दू के अलग-अलग रास्तों के युग में भी बची रही। इसके बावजूद मानकीकरण और एकभाषी आदान-प्रदान की प्रक्रिया गति पकड़ती चली गयी और मिले-जुले हिन्दू-मुस्लिम उर्दू पाठक-वर्ग को कुतरती रही। जैसा कि सी.आर. किंग ने दिखाया है, 1868 और 1925 के बीच फ़ारसी और अरबी प्रकाशनों की तादाद में भारी गिरावट आयी; उर्दू प्रकाशनों में भारी वृद्धि हुई, लेकिन धीरे-धीरे उन्हें हिन्दी (देवनागरी) प्रकाशनों ने पछाड़ दिया, विशेष रूप से शिक्षा सम्बन्धी पुस्तकों ने : 1925 के आते-आते हिन्दी प्रकाशनों की तुलना में उर्दू किताबें 1/6 हिस्सा रह गयीं, और 1900 के बाद इनकी प्रतियों की कुल संख्या में भी गिरावट आयी।[8] बहुभाषावाद की इस पृष्ठभूमि में ही भाषा के मानकीकरण की प्रक्रिया और भाषाई आन्दोलनों के उभार को देखा जाना चाहिए। हालाँकि ब्रजभाषा जैसी साहित्यिक भाषाओं का मानकीकरण पहले ही शुरू हो चुका था, अब एक मानक लिखित और मौखिक रूप की माँग की जा रही थी। हिन्दी में हिज्जों और व्याकरण की असंगतियाँ और विविधताएँ उन्नीसवीं सदी से होते हुए बीसवीं सदी तक बनी रहीं, तो भी समूचे उत्तरी भारत को अपने दायरे में घेर लेने वाली एक मानक सार्वजनिक भाषा की माँग एक सार्वजनिक मुद्दे के रूप में और भारतीय साहित्यकारों के बीच एक आवश्यकता के रूप में उभर कर सामने आयी।

मानकीकरण की प्रक्रिया पर अंग्रेज़ी भाषा के प्रभाव का अध्ययन अब भी विस्तार से करने की ज़रूरत है। चाहे यह छपा हुआ पृष्ठ और उससे जुड़ी विधाएँ थीं या अंग्रेज़ी भाषा थी जिन्होंने मिल कर वाक्य संरचना में उल्लेखनीय परिवर्तन घटित किये—मिसाल के तौर पर वाक्य पहले से ज़्यादा लम्बे और ज़्यादा जटिल हो गये—यह अभी देखा जाना बाक़ी है। मैकॉले के प्रसिद्ध 1835 के कार्यवृत्त ने हिन्दुस्तानियों की शिक्षा के लिए भाषा के बारे में विवाद का निपटारा अंग्रेज़ी के पक्ष में कर दिया; लेकिन निश्चय ही इससे काफ़ी पहले से, अंग्रेज़ी ने अपना प्रभाव जताना शुरू कर दिया था। एक ऐसे नमूने के तौर पर भी जिसकी नक़ल हिन्दुस्तानी भाषाएँ कर सकें और एक ऐसी नयी भाषा के रूप में भी जो, राजनैतिक और सांस्कृतिक अभिप्रायों के साथ, भाषाई श्रेणी विभाजन में सबसे ऊपरी दर्जे पर मौजूद हो। जैसा कि एक विद्वान ने कहा है : 'साहित्य के इतिहास में आधुनिकता की अवधारणा का सम्बन्ध उस रिश्ते से भी था जो हर भारतीय भाषा और साहित्य अंग्रेज़ी के साथ क़ायम करता। संस्कृत और फ़ारसी के साहित्यिक आदर्शों पर पारम्परिक और मध्यकालीन का ठप्पा लगा दिया गया और अंग्रेज़ी के साहित्यिक आदर्शों को, चाहे वे किसी भी काल खण्ड के क्यों न थे, आधुनिक क़रार दिया गया।' उस समय जब ब्रिटिश विद्वान और प्रान्तीय अधिकारी यह पता करने में व्यस्त थे कि हर प्रान्त की देसी भाषा कौन-सी थी, यानी वह भाषा जो विदेशी शासकों और हिन्दुस्तानी जनसमुदाय के बीच संचार के माध्यम का काम करेगी, पुराने नौकरी-पेशावर्ग और नये बुद्धिजीवी अपने भाषाई भण्डारों में से किसी एक स्थानीय भाषा को मानक बनाने में जुटे हुए थे : भारतीय भाषाएँ

भी सीमित भाषिक समुदायों के सन्दर्भ में देखी जा रही थीं, जिनमें से हर समुदाय की अपनी 'निज भाषा' थी।[9] हालाँकि अतीत में भी राजनैतिक शासन के हर परिवर्तन के बाद किसी हद तक भाषिक पुनःसंयोजन, और इसलिए स्पर्द्धा भी, परम्परागत रूप से देखा जा सकता था, नवीनता यह थी कि अब भाषा को एक ऐसे समय सामुदायिक पहचान से नत्थी कर दिया गया था, जब एक नया सामुदायिक इतिहास भी लिखा जा रहा था (देखिए 3.1)।[10]

मानकीकरण के साथ-साथ विविधता भी आयी। उर्दू (फ़ारसी) और हिन्दी (देवनागरी) के बीच लिपियों का अन्तर साहित्यिक और धार्मिक परम्पराओं के साथ जुड़ गया और उसने भाषा को अलग-अलग सांस्कृतिक और धार्मिक पहचान का एक 'बहुसंगत' प्रतीक बना दिया।[11] अंग्रेज़ अधिकारियों और हिन्दुस्तानी बुद्धिजीवियों, दोनों के लिए हिन्दी और उर्दू इस वस्तुपरक रूप में भाषाएँ बन गयीं, यानी 'सार्वजनिक भाषाएँ' जिनका इस्तेमाल छपने-छपाने, सरकारी स्कूलों की व्यवस्था, सार्वजनिक सभाओं, संगठनों, आदि में किया जा सकता था। धार्मिक प्रचारकों ने भी हिन्दी और उर्दू का इस्तेमाल समूचे उत्तर भारत में हिन्दू और मुस्लिम श्रोताओं के बीच उपदेश देने के लिए करके उनके मानकों को विकसित करने में मदद दी।[12] जहाँ पहले अनेक भाषाई भण्डार मौजूद थे, अब एक मानक विकसित किया जा रहा था जिसमें मौखिक और लिखित, सांसारिक, साहित्यिक और धार्मिक—सभी प्रयोग एक अटूट निरन्तरता में समाहित हो सकें।

भाषा सम्बन्धी औपनिवेशिक नीतियों ने तर्कसम्मत, यूरोपीय मानदण्ड और कोटियाँ लागू करने की कोशिश की : सबसे पहले, शिक्षा और प्रशासन की भाषा के तौर पर देसी भाषा के प्रयोग की वकालत करते हुए, और फिर सबसे अच्छी या 'सच्ची' वर्णमाला और शैली को परिभाषित करने और उनके इस्तेमाल को प्रोत्साहित करने की कोशिश में। इसी के साथ औपनिवेशिक अधिकारीगण मौजूदा सहयोगियों में अलगाव की भावना पैदा करने से डरते थे : इसलिए भाषाई नीतियों में ज़्यादातर परिवर्तन अनिवार्य बता कर थोपे गये नहीं, बल्कि आंशिक और ऐच्छिक रहे। सरकारी नौकरी, क़ानूनी इस्तेमाल और शिक्षा की सरकारी भाषा से सम्बन्धी नीतियाँ भी अपने आप में असंगति और अन्तर्विरोध से रहित नहीं थीं और उन्नीसवीं सदी के पूरे अर्से के दौरान बार-बार बदलती रहीं।[13] सबसे प्रत्यक्ष असंगति 'हिन्दोस्तानी' शब्द के इस्तेमाल से जुड़ी थी : विभिन्न भाषाविदों और प्रशासकों के अनुसार—जिनमें से हर एक अपने सीमित अनुभवों और अलग-अलग व्यावहारिक और साहित्यिक उदाहरणों से इसे निर्धारित करता था—यह शब्द या हिन्दी या उर्दू इंगित कर सकता था। कई लोगों ने इस बात का हवाला दिया कि तटस्थ बिचौलिया होने की बजाय, अंग्रेज़ प्रशासन बाँटो और राज करो की नीति पर अमल करने के लिए भारतीय भाषाओं, हमारे मामले में हिन्दी और उर्दू, के आपसी तनावों का फ़ायदा उठाता था। इन दोनों भाषाओं के बीच प्रशासन में नहीं, मगर शिक्षा के क्षेत्र में फ़र्क करके उन्होंने 'शिक्षा व्यवस्था में हिन्दी बोलने वालों को नौकरियाँ दे कर एक

हिन्दी भाषी उच्च-वर्ग का पोषण किया, और इसी के साथ-साथ कई वर्षों तक उर्दू को ही एकमात्र सरकारी देसी भाषा के रूप में बनाये रख कर एक उर्दू भाषी उच्च-वर्ग की पुश्तपनाही की।'[14] यह नुक्ता हिन्दी बुद्धिजीवियों के बीच एक तकियाकलाम हो गया है। वे भाषाई संघर्ष और हिन्दू-मुस्लिम वैमनस्य की ज़िम्मेदारी पूरी तरह औपनिवेशिक कन्धों पर रख देते हैं। निःसन्देह यह बहुत हद तक सच है, भले ही हम औपनिवेशिक नीति-निधारकों को चालाक षड्यन्त्रकारी मानें या अपनी ही बेमेल और परस्पर विरोधी धारणाओं का अनुसरण करने वाले। बहरहाल, इस बात से इनकार नहीं किया जा सकता, कि पुराने और नये मुस्लिम और हिन्दू उच्च वर्गों के बीच हितों का टकराव और सांस्कृतिक प्रतिस्पर्द्धा एक सच्चाई थी जिसमें भाषा एक बहुसंगत प्रतीक, और समाज में ऊपर उठने या अपनी स्थिति की रक्षा करने का साधन बन गयी। इस तरह, यह सच है कि औपनिवेशिक नीतियों ने हिन्दी और उर्दू के इतिहास और गठन को प्रभावित किया था; मगर यह भी सच है कि दोनों भाषाओं के विचारकों ने उन औपनिवेशिक अधिकारियों के मतों को 'सरकारी आप्तवचन' के रूप में स्वीकार किया जो उनके अपने दृष्टिकोणों और दावों का समर्थन करते थे।

इससे भी ज़्यादा महत्वपूर्ण यह है कि सरकारी जाँच आयोगों के समक्ष भारतीय विशेषज्ञों और संगठनों की ओर से सार्वजनिक याचिकाओं, गवाहियों और वक्तव्यों को स्वीकार करके, अंग्रेज़ प्रशासकों ने शिक्षित भारतीयों को जनमत के प्रतिनिधियों और प्रवक्ताओं के रूप में कार्य करने के लिए प्रोत्साहित किया। इसके साथ-साथ शिक्षा की केन्द्रीकृत व्यवस्था और प्रकाशनों, शिक्षा और जनगणना सम्बन्धी सरकारी आँकड़ों के नियमित प्रकाशन द्वारा उन्होंने आँकड़ों की संस्कृति को पाला-पोसा। ऐसा करते हुए उन्होंने शिक्षा और प्रकाशनों को स्पर्द्धा के मुख्य अखाड़ों के रूप में चिह्नित करने में मदद की।

यहाँ यह याद रखना ज़रूरी है कि हिन्दी की दुनिया के भीतर भी भाषा की परिभाषा विवादों से घिरी हुई थी।[15] बनारस के रहने वाले और महत्वपूर्ण अधिकारी तथा पाठ्य-पुस्तकों के संकलनकर्ता, शिवप्रसाद सिंह 'सितारे हिन्द' (1823—95) सरीखे लोग हिन्दी की स्वतन्त्र 'प्रगति' के हामी थे, फ़ारसी-उर्दू परम्परा से उसके सांस्कृतिक अलगाव को स्वीकार करते थे, लेकिन उससे फ़ारसी मूल के शब्दों का 'सफ़ाया करने' पर आपत्ति उठाते थे। दूसरी तरफ़ शकुन्तला (1863) के हिन्दी अनुवादक लक्ष्मण सिंह (1826—96) जैसे लोग इससे अलग राय रखते थे : उन्होंने लिखा कि उनके विचार में हिन्दी और उर्दू दो भिन्न भाषाएँ हैं। हिन्दी हिन्दुओं द्वारा बोली जाती है और उर्दू मुसलमानों के साथ-साथ फ़ारसीदाँ हिन्दुओं द्वारा। हिन्दी में संस्कृत की शब्दावली और मुहावरों की प्रचुरता है और उर्दू में अरबी-फ़ारसी शब्दों और मुहावरों की। यह नहीं कहा जा सकता कि उर्दू शब्दों और मुहावरों के बिना हिन्दी जीवित नहीं रह सकती, और वे ऐसी किसी भी भाषा शैली को हिन्दी का नाम देने के लिए तैयार नहीं थे जिसमें अभिव्यक्ति की ऐसी विदेशी शैली की भरमार हो।

'सितारे हिन्द' और लक्ष्मण सिंह, दोनों के अलग-अलग रवैये महज़ उन पृष्ठभूमियों और साहित्यिक विधाओं के कारण नहीं थे जिनकी ओर वे उन्मुख हुए, बल्कि उनकी सार्वजनिक स्थितियों के कारण भी थे। दोनों ने औपनिवेशिक शिक्षा प्राप्त की थी और औपनिवेशिक प्रशासन के अंग थे—शिवप्रसाद शिक्षा विभाग में और लक्ष्मण सिंह डिप्टी कलेक्टर के तौर पर—लेकिन शिवप्रसाद शायद उर्दू और अंग्रेज़ों की राय के प्रति .ज्यादा जागरूक और संवेदनशील थे, जबकि लक्ष्मण सिंह को, जो इटावा में बैठ कर लिख रहे थे, सिर्फ़ हिन्दी जनता को सम्बोधित करना था। यह उल्लेखनीय है कि कैसे हिन्दी के कार्यकर्ताओं ने तर्कों के हथियारों से न सिर्फ़ अन्दरूनी भिन्नताओं (कैथी, ब्रज भाषा) से लड़ाई लड़ी, जैसा कि क्रिस्टोफ़र किंग ने दिखाया है, बल्कि हिन्दी की शैली के सिलसिले में भी, मानो उसे एक बार हमेशा-हमेशा के लिए पक्के तौर पर परिभाषित करना सम्भव था।

भाषिक आग्रह से सम्बन्धित इन बहसों का एक नया, महत्वपूर्ण अन्योन्याश्रयी पहलू उन संस्थाओं से निर्मित हुआ जिनमें वे प्रकट हुईं : हिन्दी पत्र-पत्रिकाएँ और स्वैच्छिक सभाएँ-संस्थाएँ, जिन्हें साहित्यिक कार्यकर्ता का नया व्यक्तित्व अनुप्राणित कर रहा था।[17] साहित्यिक सभाओं ने विशेष रूप से सार्वजनिक हस्तक्षेप के लिए स्वायत्त संस्थाएँ गठित कीं; उन्होंने प्रचार और साहित्यिक गतिविधियों के लिए स्थानीय केन्द्र स्थापित किये, अभियानों और प्रकाशनों के लिए आर्थिक और मानवीय संसाधन एकत्र किये, और हिन्दी साहित्यकारों के बीच क्रिया-प्रतिक्रिया को बढ़ावा दिया। संगठनों ने भाषा के मुद्दे को शिक्षा जैसे जाति-सम्बन्धी मुद्दों से जोड़ते हुए, और विशुद्ध रूप से गो-रक्षा जैसे हिन्दी प्रतीकों का प्रयोग करते हुए हिन्दी के साहित्यिक समुदाय को सार्वजनिक उद्देश्य (सेवा) की भावना की प्रेरणा दी। उन्हें अंग्रेज़ अधिकारियों का सहयोग प्राप्त था, और कुछ अफ़सर उनकी गतिविधियों से सीधे सम्बद्ध भी होते थे।[18] इस सन्दर्भ में बनारस की नागरी प्रचारिणी सभा (1893) की भूमिका उल्लेखनीय है।[19] सभा को बनारस में क्वीन्स कॉलिजिएट स्कूल के कुछ युवा छात्रों ने स्थापित किया था, जिनमें से अधिकांश शिक्षा के क्षेत्र में आजीवन कार्यरत रहने वाले थे। उन्होंने उसके उद्देश्यों को 'नागरी भाषा (यानी देवनागरी लिपि में हिन्दी) की प्रगति' के रूप में परिभाषित किया था। सभा के घोषणा-पत्र के अनुसार (क) सभा के सदस्यों का मुख्य कर्तव्य नागरी भाषा को सीखना, उसी भाषा को वार्तालाप तथा पत्र-व्यवहार में प्रयोग करना एवं अपनी मित्र-मण्डली में उसका प्रचार-प्रसार करना होगा। (ख) सभा के सदस्य नागरी भाषा में अन्य भाषाओं के ग्रन्थों का अनुवाद स्वयं करेंगे अथवा अन्य व्यक्तियों से करायेंगे (ग) सभा के सदस्य हिन्दी के समाचार-पत्रों में प्रकाशित कराने के लिए बहुधा हिन्दी भाषा की प्रगति के विषय पर लेख लिखेंगे।

यह धारणा भी ध्यान देने योग्य है कि सभा के संस्थापकों के अनुसार हिन्दी बोलने वालों को भी खड़ी बोली हिन्दी के उचित मानक रूप को 'सीखना' पड़ता था और उसे

बातचीत, पत्र-व्यवहार और सार्वजनिक लेखन में इस्तेमाल करने का प्रयास करना पड़ता था : ऐसी भाषा—शैली का निर्माण किया जाना था जो समुचित विमर्श और सभ्य वार्तालाप के अनुकूल हो। इस मामूली शुरूआत से सभा ने एक प्रभावशाली कार्यसूची विकसित की। वह हिन्दी पाठ्य पुस्तकों और रीडरों की एक महत्वपूर्ण उत्पादनकर्ता, और सम्पादित हिन्दी प्राचीन ग्रन्थों की प्रकाशक बन गयी। उसने पूरे उत्तर भारत में पुरानी पाण्डुलिपियों का एक महत्वपूर्ण और लम्बा खोज अभियान चलाया जो आगे आने वाले साहित्य के इतिहासों के लिए आधार प्रदान करने वाला था। सभा ने सरकारी अनुदान की मदद से प्रान्त में एक सर्वोत्कृष्ट हिन्दी पुस्तकालय स्थापित किया। वह स्थानीय रूप से और समूचे उत्तर भारत में हिन्दी विद्वानों और संगठनों का केन्द्र बन गयी, जिसके सदस्यों में जॉर्ज ग्रियर्सन और एडविन ग्रीव्स जैसे प्रतिष्ठित अंग्रेज़ प्राच्यवादी भी शामिल थे। सभा ने अदालतों, शिक्षा, और सार्वजनिक सूचनाओं में हिन्दी के इस्तेमाल के लिए प्रान्तीय सरकार पर दबाव डाल कर हिन्दी के सार्वजनिक प्रयोग को बढ़ावा देने में भी एक प्रत्यक्ष और महत्वपूर्ण भूमिका निभायी। कुछ वर्षों तक उसने हिन्दी अर्ज़ीनवीसों को भी काम पर रखा ताकि वे बनारस में कचहरी के बाहर बिना पैसा लिये अर्ज़ी-दावे लिखें और अदालतों में हिन्दी के इस्तेमाल को फैलायें।[21] जैसा कि इस अध्याय में स्पष्ट होगा, सभा को हिन्दी के साहित्यिक क्षेत्र में भारी प्रतिष्ठा मिली और वह हिन्दी साहित्य के पाठ्यक्रम के निर्माण में एक बहुत महत्वपूर्ण भूमिका अदा करने वाली थी।

जैसा कि पहले के विद्वानों ने दिखाया है, हिन्दी द्वारा ख़ुद अपनी परिभाषा करने के प्रारम्भिक प्रयासों का अभिप्राय वस्तुतः एक तिहरी प्रक्रिया थी—उर्दू से अलगाव, मानकीकरण और ऐतिहासिकीकरण। पूर्ण स्वायत्तता के दावे के साथ हिन्दी का ऐसा शब्द भण्डार और ऐसे ध्वनिशास्त्रीय तथा व्याकारणिक लक्षण विकसित करने पड़े जो उर्दू से बिलकुल भिन्न हों।[22] हिन्दी के दावों पर अगले अध्याय में विचार होगा, लेकिन यहाँ इस बात का नक्शा पेश करना ज़रूरी है कि उन्नीसवीं सदी में हिन्दी के आग्रह को ले कर स्पर्द्धा और वैमनस्य का कैसा वातावरण था। रस्सा-कशी की ज़मीन 1830 के दशक में तैयार हो गयी थी, जब न्यायपालिका के निचले स्तरों पर फ़ारसी के स्थान पर देसी भाषाओं को लागू कराने का फ़ैसला हुआ था और उनमें से हर प्रान्त के लिए एक क्षेत्रीय भाषा निश्चित की गयी थी।[23] लेकिन असली हिन्दी-उर्दू विवाद 1860 के दशक के अन्त में ही जा कर भड़का जब शिक्षा सम्बन्धी औपनिवेशिक प्रयासों के सन्दर्भ में यह सवाल एक बार फिर उभर कर सामने आया कि 'प्रान्त की सच्ची देसी भाषा कौन-सी है?' दोनों दृष्टिकोणों के समर्थन में लेख, पर्चे, यहाँ तक कि नाटक भी लिखे गये : हिन्दी के पक्ष में शिवप्रसाद ने अदालतों और स्कूलों में नागरी लिपि में हिन्दी को स्वीकार करने के पक्ष में दलील दी।[24] तीस वर्ष बाद जारी किये गये मदन मोहन मालवीय के पर्चे की तरह उनके प्रतिवेदन में 'मुस्लिम विजय' के पहले और बाद के युगों की चर्चा थी ताकि यह दिखाया जा सके कि उस 'हमले' से पहले हिन्दी देश की भाषा थी। समूचे उत्तर भारत की

भिन्न-भिन्न भाषा-शैलियों को एक समान-रूपी प्राकृतिक भाषा में मिला दिया गया, और हिन्दुस्तान की अन्य नव-आर्याई भाषाओं के साथ उसके सांस्कृतिक सम्बन्ध हमेशा के लिए स्थापित कर दिये गये। पैम्फ़लेटबाज़ी और सार्वजनिक सभाओं में व्यापक और जोशीले सार्वजनिक विवाद का मौक़ा दोबारा से 1882 में हण्टर आयोग ने उपलब्ध कराया, जिसने 'हिन्दुस्तान में शिक्षा की प्रगति की समीक्षा करने के लिए' उत्तर-पश्चिमी प्रान्तों और पंजाब का दौरा किया। दसियों-हज़ारों हस्ताक्षरों समेत सौ से भी ज़्यादा प्रतिवेदन विभिन्न जगहों पर हण्टर आयोग के समक्ष प्रस्तुत किये गये, और गवाहों में शिवप्रसाद, भारतेन्दु हरिश्चन्द्र और सर सैयद अहमद ख़ाँ जैसे उस युग के सर्वाधिक प्रमुख साहित्यिक कार्यकर्ता शामिल हुए। हालाँकि 1883 की हण्टर रिपोर्ट ने हिन्दी शिकायतों को स्वीकार नहीं किया, जो अभियान उससे प्रेरित हो कर उभरा, उसने हिन्दी समर्थकों को सक्रिय कर दिया और नागरी की हिमायत करने वाले सार्वजनिक संगठन पूरे उत्तर भारत में कुकुरमुत्तों की तरह पैदा हो गये, जिनमें से सबसे ज़्यादा महत्वपूर्ण संस्था थी काशी नागरी प्रचारिणी सभा।[25] 1895 और 1900 के बीच शिक्षा विभाग में नागरी समर्थक अधिकारियों को लक्ष्य करके सभा के तीव्र प्रचार-प्रसार का नतीजा था कि 1900 में नागरी लिपि अदालतों में वैकल्पिक उपयोग के लिए स्वीकृत हुई। यह कुल मिला कर प्रतीकात्मक विजय ही थी : अगले कम-से-कम चार दशकों तक अर्ज़ीदावे और कार्यवृत्त फ़ारसी-बहुल उर्दू में लिखे जाते रहे। अभियान के दौरान बहरहाल, नागरी लिपि में हिन्दी का सवाल सफलतापूर्वक हिन्दू सांस्कृतिक स्वत्व के प्रश्न में बदल दिया गया जिसने उर्दू के संयुक्त मुस्लिम-कायस्थ समुदाय को हिला दिया। यह महत्वूपर्ण बात थी कि हिन्दी क्षेत्र में नागरी समर्थक अभियान की सफलता ने उन लोगों की स्थिति को सुदृढ़ बना दिया जो हिन्दी और उर्दू की शैली के बीच ज़्यादा-से-ज़्यादा अन्तर स्थापित करने और एक आक्रामक हिन्दी-हिन्दू सांस्कृतिक नीति के हिमायती थे। यह भी महत्वपूर्ण था कि नागरी प्रचारिणी सभा जैसी स्वाधीन स्वैच्छिक संस्था ने सफलतापूर्वक सरकार और व्यापक हिन्दी समुदाय के सामने हिन्दी की विशेषज्ञ होने की दावेदारी कर दी थी। इस दावे में हिन्दी की सांस्कृतिक सरहद को तय करने की बात भी शामिल थी, यानी उर्दू शब्द भण्डार को 'विदेशी' बता कर बहिष्कृत करना।

> "सब पक्षों पर ध्यान दे कर हम लोगों का सिद्धान्त यह है कि हिन्दी लिखने में जहाँ तक हो सके फ़ारसी, अरबी तथा और विदेशी भाषाओं के ऐसे शब्दों का प्रयोग न किया जाय जिनके स्थान पर हिन्दी के अथवा संस्कृत के सुगम और प्रचलित शब्द उपस्थित हैं। पर विदेशी भाषाओं के ऐसे शब्द जो पूर्णतया प्रचलित हो गये हैं और जिनके स्थान पर हिन्दी के शब्द नहीं हैं अथवा जिनके स्थान पर संस्कृत के शब्द रखने से कष्टार्थ दूषण की सम्भावना है, उनका प्रयोग

होना चाहिए। सारांश यह कि उनका पहला स्थान शुद्ध हिन्दी के शब्दों को, उसके पीछे संस्कृत के सुगम और प्रचलित शब्दों को, इसके पीछे फ़ारसी आदि विदेशी भाषाओं के साधारण और प्रचलित शब्दों को और सबसे पीछे संस्कृत के अप्रचलित शब्दों को स्थान दिया जाय। फारसी आदि विदेशी भाषाओं के कठिन शब्दों का प्रयोग कदापि न हो।"[26]

चूँकि सभा के साथ जुड़े बहुत-से लेखक और विद्वान ऐसे पण्डित और विद्वान थे जिन्हें संस्कृत का अच्छा ज्ञान था, इसलिए 'कौन-से संस्कृत शब्द आसान हैं और कौन-से मुश्किल, इस बारे में उनका फ़ैसला संस्कृत शब्दों को दाख़िल करने की तरफ़ झुका रहा होगा।'[27] उनके संस्कारों (देखिए 1.2) के साथ-साथ एक 'उच्च स्तरीय' भाषा की सर्जना करने के उनके उद्देश्य का नतीजा संस्कृत-बहुल हिन्दी ही थी जो प्रचलित बोल-चाल की भाषा से बहुत दूर थी।

प्रस्तुत जायज़े से स्पष्ट होगा कि उन्नीसवीं सदी के उत्तर भारत का भाषाई अर्थशास्त्र कोई स्थायी व्यवस्था नहीं थी, उसमें तरह-तरह के परिवर्तन आते रहे। छपाई के माध्यम और औपनिवेशिक नीति ने सार्वजनिक और छपाई की भाषा के रूप में एक मानक देसी भाषा की आवश्यकता पर ज़ोर दिया था। हालाँकि उर्दू सबसे पहला विकल्प प्रकट हुई थी और दरअसल छापेख़ाने की क्रान्ति से सबसे पहले उसी ने फ़ायदा उठाया था, दूसरी शक्तियाँ भी गतिशील थीं। शिक्षा के क्षेत्र में किये जा रहे प्रयासों (और पाठ्य पुस्तकों) और 'मुस्लिम शासन' के अन्त ने, इस बात की अपेक्षाएँ जगा दीं कि हिन्दू बहुसंख्यकों की एक सम्भावित सार्वजनिक भाषा के रूप में अपने मानक खड़ी बोली वाले परिधान में, हिन्दी की गुंजाइशें पहले की तुलना में बढ़ जायेंगी। शिक्षा विभाग के अन्दर और बाहर के लेखक, जैसे शिव प्रसाद सिंह और भारतेन्दु हरिश्चन्द्र उन लोगों में से थे जिन्होंने हिन्दी के लिए सार्वजनिक सूचना संचार और साहित्य और 'उपयोगी ज्ञान' के प्रसार के लिए नयी सम्भावनाओं की परिकल्पना बनाने में प्रभावी भूमिका निभायी। साहित्यिक संस्थाएँ और पत्र-पत्रिकाएँ भाषा को एक 'सामुदायिक' मामला बनाने में विशेष रूप से असरदार साबित हुईं—कार्यसूचियाँ तैयार करते हुए, लोगों को इकट्ठा करते हुए और सामाजिक समूहों को भाषाई आधार पर पुनर्गठित करने की कोशिश करते हुए। इसलिए उन्नीसवीं सदी के उत्तरार्द्ध का हिन्दी-उर्दू विवाद महज़ पुराने नौकरी-पेशा भद्र-वर्ग और नये उभरते समूहों के बीच प्रतिस्पर्द्धा का, नौकरियों और हैसियत की होड़ का, मामला भर नहीं था; यह सांस्कृतिक स्वत्व के आग्रह का संघर्ष भी था जिसमें नये सांस्कृतिक प्रतीक निर्मित हो रहे थे। जहाँ उर्दू के समर्थक हिन्दी के अस्तित्व से इनकार कर रहे थे, उसके किसी भी आग्रह को अपने वजूद और महिमा के प्रति एक ख़तरा समझ कर नापसन्द कर रहे थे और उसे एक भदेस और ग्राम्य मुहावरा करार दे रहे थे, वहीं हिन्दी के समर्थकों द्वारा उर्दू को विदेशी (फ़ारसी) पहरावे में हिन्दी की जारज सन्तान घोषित

किया जा रहा था, जो और भी घृणित थी क्योंकि वह उन्हें विदेशी मुस्लिम शासकों के अधीन सदियों की 'ग़ुलामी' की याद दिलाती थी।[28] इस तरह भाषा, एक प्रतीक के रूप में, 'राष्ट्रीय इतिहास' के लिखे जाने से नत्थी हो गयी।

उर्दू के बरक्स हिन्दी ने ख़ुद अपनी जो परिभाषा की, उसने नयी और कठोर भाषाई सरहदें खींच दीं। हालाँकि उन्नीसवीं सदी के ज़्यादातर हिन्दी लेखक उर्दू में दक्ष थे, नाज़ुक मौक़ों पर वे सार्वजनिक और लिखित भाषा के रूप में हिन्दी की ही वकालत करने लगे और भाषा के उनके सार्वजनिक और निजी इस्तेमाल के बीच एक दरार पैदा हो गयी। हालाँकि निजी तौर पर वे उर्दू, फ़ारसी और अंग्रेज़ी पढ़ते, सार्वजनिक रूप से वे हिन्दी का पक्ष लेते हुए इन भाषाओं को ख़ारिज कर देते। वस्तुतः, हिन्दी लिखना और पढ़ना एक आत्म-सजग चुनाव बन गया, जिसमें धीरे-धीरे यह अभिप्राय जुड़ता चला गया कि हिन्दी पढ़ना-लिखना अपनी संस्कृति के प्रति वफ़ादारी निभाना है—उतना ही जितना उर्दू लिखना-पढ़ना अपनी संस्कृति से विश्वासघात करना है। इसके अलावा, बीसवीं सदी के आरम्भिक वर्षों में हिन्दी साक्षरता के प्रसार और औपचारिक हिन्दी शिक्षा ने फ़ारसी और उर्दू से अपरिचय पैदा करते हुए भाषा के सामाजिक आदान-प्रदान में एक परिवर्तन घटित किया। आँकड़े हिन्दी के पक्ष में थे ही। हिन्दी के कार्यकर्ता अंग्रेज़ अधिकारियों के साथ शिष्ट दबाव और सहयोग की अपनी नीति के बल पर जो चीज़ नहीं बदल सकते थे, वह थी अंग्रेज़ी की तुलना में हिन्दी की गौण स्थिति। जब हिन्दी को कांग्रेसी नेताओं का राजनैतिक समर्थन प्राप्त हुआ, ख़ास तौर पर गाँधी जी का, तभी यह सम्भव हुआ कि हिन्दी की इस गौण स्थिति पर कम-से-कम सवाल उठाये जाने लगे (देखिए, 5.4)। इसके अलावा, शिक्षा और अख़बारी दुनिया में एक सार्वजनिक भाषा के रूप में हिन्दी के प्रसार ने हिन्दी कार्यकर्ताओं को यह आभास दिया कि हिन्दी का क्षेत्र वास्तव में स्वायत्त हो चुका था और अन्ततः अंग्रेज़ी भाषी क्षेत्र की जगह लेने का सपना देख सकता था। एक ऐसा तनाव उत्पन्न हुआ जो इस पुस्तक में बार-बार उभर कर सामने आयेगा : हालाँकि साहित्यिक संस्थाओं की ज़्यादातर गतिविधियों का उद्देश्य था हिन्दी के लिए एक 'उच्च' स्तर का निर्माण जो हर विषय पर एक आधुनिक, सभ्य, साहित्यिक और यहाँ तक कि विद्वत्तापूर्ण अभिव्यक्ति का माध्यम बन सके और अंग्रेज़ी के समतुल्य हो, यह दावा कि हिन्दी 'जनता की भाषा' थी, वैसे-का-वैसा बना रहा। इस दावे ने, जिसके चलते हिन्दी एक 'देसी' बोली की हैसियत से, सीधे-साधे और पवित्र ग्रामीण भारत और हिन्दू धार्मिकता की भाषा थी, हिन्दी को उर्दू के विरुद्ध खड़ा कर दिया। उर्दू को भ्रष्ट और तानाशाह उच्चवर्ग की भाषा बताया गया, और अंग्रेज़ी को साम्राज्यवादी हुकूमत की भाषा। गाँधी की नज़र में ग्रामीण भारत आधुनिकता और विदेशी शासन पर भारत की नैतिक श्रेष्ठता का प्रमाण बन गया, और हिन्दी की हिमायत 'जनता की भाषा' के रूप में की गयी।

1.2 हिन्दी साहित्यिक क्षेत्र में विविधता

1920 का दशक आम तौर पर आधुनिक हिन्दी साहित्य के 'स्वर्ण काल' के रूप में याद किया जाता है, जब छायावादी कवियों, कथाकार और उपन्यासकार प्रेमचन्द, और आलोचक रामचन्द्र शुक्ल जैसे प्रतिभाशाली साहित्यकारों ने कविता, कथा साहित्य और आलोचना को 'प्रौढ़ता' और 'परिपक्वता' प्रदान की। इस काल में कला का यह फलना-फूलना राष्ट्रीय आन्दोलन के साथ सम्बद्ध माना जाता है, आम तौर पर 'गाँधी जी का प्रभाव' की सुर्ख़ी के तहत। अब तक साहित्य के इतिहासों में इसे एक तथ्य के रूप में स्वीकार करने की प्रवृत्ति रही है, हिन्दी साहित्य के क्रमिक विकास में एक स्वाभाविक क़दम। ऐसा नज़रिया व्यक्तिगत मेधा के अचानक प्रकट होने और संस्कृति और राजनीति के बीच एक समस्यारहित क्रमिक सम्बन्ध की मान्यता पर आधारित है : राष्ट्रीयता के युग में, निश्चय ही हर कलाकार राष्ट्रवादी था, हमें बताया जाता है। लेकिन क्या सभी लेखक उसी गाँधीवादी अवधारणा से राष्ट्रवादी थे? और क्या उनकी 'प्रौढ़ता' सारी-की-सारी एक ही क़िस्म की थी?

इस काल के लेखन का एक उल्लेखनीय लक्षण वास्तव में उसकी विविधता है, जो दरअसल दो तरह की है। पहले तो साहित्यिक परम्पराओं और प्रसार-माध्यमों की विविधता : दरबारी, भक्तिपरक और लोकप्रिय साहित्य, लिखित, मौखिक और मिले-जुले तरीक़ों से प्रचलन में था। इनमें से कुछ धाराएँ उस एकीकृत भाषाई और साहित्यिक क्षेत्र में पहली बार इकट्ठे प्रकट हुईं, जिसे छापेख़ाने और प्रचार-प्रसार ने निर्मित किया था, जैसे पत्र-पत्रिकाओं के छपे हुए पृष्ठ, साहित्यिक संस्थाओं के सार्वजनिक मंच, मानक निर्धारक पाठ्य पुस्तकें। दूसरों ने अपने मिले-जुले लिखित-मौखिक प्रसार को जारी रखा, जो अब छापेख़ाने की दुनिया के हाशिये पर आ चुका था। दूसरे, हम छपे हुए रूप में भी बहुत विविध प्रकार का साहित्य पाते हैं : साहित्यिक, शैक्षिक, और व्यावसायिक। प्रेमचन्द के सामाजिक यथार्थवादी और नयी ज़मीन तोड़ने वाले उपन्यासों के साथ बीसियों ऐतिहासिक रूमानी कथाएँ, सामाजिक नाटक और लोक-परम्परा की काव्य-शैलियों की छोटी-छोटी पुस्तिकाएँ छपती थीं। ब्रजभाषा की पारम्परिक प्रेम कविता उन्हीं पत्र-पत्रिकाओं में द्विवेदी युग के कवियों की नीति-परक कविताओं, छायावादी कवियों की नयी भाषा-शैली और स्वर, उर्दू शायरी के नमूनों और विभिन्न क्षेत्रों से इकट्ठे किये गये लोक-गीतों के साथ-साथ मौजूद रही।

ये दोनों प्रकार की विविधताएँ, एक जो साहित्यिक परम्पराओं और प्रसार की थी और दूसरी जो छपे हुए साहित्य की अपनी विविधता थी, स्पष्ट रूप से एक-दूसरे से जुड़ी हैं। ब्रज भाषा के काव्य-शास्त्र के पुराने ग्रन्थों का पाठ-सम्पादन पाण्डुलिपियों के आधार पर किया जा रहा था : लोकगीतों के संग्रह एक निरन्तर जारी मौखिक परम्परा से सामग्री प्राप्त करते थे। इसके बावजूद, निरन्तरता के पक्ष में, और छपे हुए शब्द द्वारा वाचिकता

तथा पहले से चली आ रही परम्पराओं को ख़त्म करने की बजाय उनके पूरक बनने के पक्ष में दिये गये तर्कों से हमें साहित्यिक व्यवस्था की संरचना में हो रहे परिवर्तनों की अनदेखी नहीं करनी चाहिए।[29] प्रेस और प्रकाशन जैसी संस्थाओं, साहित्यिक संस्थाओं और शिक्षा-व्यवस्था—सब ने साहित्य-सृजन, प्रसार और उपभोग को फिर से गढ़ने में योगदान दिया : उन्होंने इन प्रक्रियाओं में हिस्सा लेने वाले पाठकों और श्रोताओं, उनकी अभिरुचियों, और मतों को ऐसे तरीक़ों से नया रूप दिया, जिनका विश्लेषण इस पुस्तक में किया जायेगा। इस अध्याय और इसके अगले अध्याय का उद्देश्य यह दिखाना है कि कैसे साहित्य (और सामान्य रूप से ज्ञान) के प्रसार में संस्थाजनित परिवर्तनों ने उन तरीक़ों पर असर डाला जिनसे विभिन्न प्रकार की विधाओं में लेखन और उसका आस्वादन और मूल्यांकन होता था। इसका यह मतलब नहीं है कि छापेख़ाने या शिक्षा-व्यवस्था उन सामाजिक और आर्थिक परिवर्तनों से स्वाधीन थी जो उत्तर भारतीय समाज में घटित हो रहे थे। जो बात मैं सचमुच सुझाना चाहती हूँ वह यह है कि संस्थाएँ ख़ुद अपनी गति से भी चलती हैं, और जो लोग उन पर किसी हद तक नियन्त्रण रखते थे, मिसाल के लिए स्कूली पाठ्यक्रम पर, उन्हें उससे कहीं अधिक सांस्कृतिक प्रभुत्व मिल गया जो साहित्य के इतिहासों में उन जैसे लोगों को प्राप्त है।

एक विशेष ऐतिहासिक युग में एक ख़ास क़िस्म की विविधता क्यों मौजूद थी; क्यों सामान्य ऐतिहासिक परिस्थितियों ने बहुत भिन्न क़िस्म के रवैयों को जन्म दिया; और किस हद तक नयी साहित्यिक प्रवृत्तियों पर अत्यधिक बल देने से पुरानी अभिरुचियों के जारी रहने के प्रति हम सजग नहीं रहते—यही वे प्रश्न इस हिस्से का आधार हैं। सामाजिक प्रासंगिकता के आधार पर साहित्य का मूल्यांकन करने का जो नया तरीक़ा रामचन्द्र शुक्ल ने अपनाया था उसने रस और अलंकार के आधार पर साहित्यिक रचनाओं के मूल्यांकन और वर्गीकरण की व्यवस्था को अपदस्थ नहीं किया। नये साहित्य के प्रति शुक्ल जी का अपेक्षाकृत सन्देहात्मक दृष्टिकोण और सामाजिक रूढ़िवादिता से सामाजिक नियम-क़ायदों से मुक्त होने के छायावादियों के आग्रह और हिन्दू समाज के श्रेणीगत विभाजन के प्रति प्रेमचन्द के अश्रद्धापूर्ण रवैये का मेल नहीं बैठता—इसके बावजूद वे सब-के-सब उसी युग के उपज थे।

1920 और 1930 के दशकों में जिस साहित्यिक क्षेत्र में हिन्दी लेखकों ने प्रवेश किया वह पिछले दशकों की तुलना में काफ़ी व्यापक हो चुका था : एक जनोन्मुखी समाचार-तन्त्र के उभार ने, 'देसी भाषा' में शिक्षा के विस्तार, और प्रथम विश्व युद्ध तथा उसके फलस्वरूप होने वाले आर्थिक संकट और जनता में राजनैतिक जागरूकता को फैलाने वाले राष्ट्रवाद के उदय जैसी घटनाओं से प्रेरित हो कर, प्रकाशन के एक ऐसे बाज़ार और एक ऐसे साहित्यिक पाठक-वर्ग का विकास किया जो पहले से कहीं ज़्यादा व्यापक था। इस विस्तार ने अन्ततः उस धारणा को सही सिद्ध किया जो उन्नीसवीं सदी के मध्य से प्रचलित हो गयी थी, लेकिन अब तक वास्तविकता द्वारा साबित नहीं हुई थी कि लेखक

'जनता के अगुए' हैं, और अपने अधिकार तथा अपनी आजीविका, दोनों के लिए सामान्य जनता पर निर्भर हैं (2.2)। उत्तर भारत के सार्वजनिक क्षेत्र में हिन्दी भाषा और साहित्य के विस्तार और गठन की गतिशीलता की जाँच-परख इस अध्याय के अगले दो हिस्सों में की जायेगी, और अगले अध्याय में कुछ गुणात्मक परिणामों की चर्चा होगी जो परिमाण में हुए परिवर्तन ने घटित किये थे। यह हिस्सा उस इलाक़े की साहित्यिक गतिविधियों और संस्थाओं का एक क़िस्म से भौगोलिक परिदृश्य प्रस्तुत करता है। यह दृश्यावली, सतही और सीमित होते हुए भी, जो कि वह है, हमें कुछ प्रारम्भिक दिशा-निर्देश उपलब्ध करायेगी जिनके साथ-साथ हम इस किताब में उल्लिखित व्यक्तियों और घटनाओं को सजा कर रख सकेंगे। इससे यह भी दिखता है कि किस सीमा तक नयी अभिरुचियों ने पहले से चली आ रही रुचियों को मिटा नहीं दिया, बल्कि उनको दूसरे रूप में जीवित रखा। इस कशमकश से अक्सर ऐसे तनाव और अन्तर्विरोध पैदा हुए जो इस संक्रमण काल की पहचान हैं। इन्हीं विविध और बहुआयामी परिघटनाओं के ऊपर महावीर प्रसाद द्विवेदी से ले कर रामचन्द्र शुक्ल तक, बीसवीं सदी के आरम्भिक वर्षों के आलोचकों ने एक समान-रूपी सुधारवादी एजेण्डा लागू करने की कोशिश की। उनकी अभिरुचियों और साहित्य के इतिहास के प्रति उनके नज़रिये का ही नतीजा था कि हिन्दी साहित्य के 'स्वर्ण काल' का यह प्रचलित दृष्टिकोण सामने आया जिसका ज़िक्र ऊपर किया गया। वास्तविकता इसकी तुलना में कहीं अधिक व्यापक और विविधतापूर्ण थी।

1.2.1 साहित्यिक क्षेत्र

ज़रूरत इस बात की है कि बीसवीं सदी के आरम्भिक वर्षों में हिन्दी के साहित्यिक क्षेत्र की जो विविधता है, उसे राष्ट्रवादी इतिहास-लेखन की जकड़बन्दी से बाहर लाया जाय, जो ख़ुद उस काल की उपज था। इस विविधता का एक ख़ास ऐतिहासिक महत्व है। कारण यह कि यह विविधता मौखिक और लिखित परम्पराओं और छापेख़ाने की नयी संस्कृति, राष्ट्रीयता की पुकार और बाज़ार के प्रलोभनों, प्रतिमानों के निर्माण की अपरिहार्यता और आधुनिकता की उमंग के बीच ठिठकी हुई है। उसका सही आकलन बहुत दिन पहले ही किया जाना चाहिए था। सदी के आरम्भ में बनारस के हिन्दी साहित्यिक क्षेत्र का जायज़ा इस विविधता के विस्तार को स्पष्ट कर देता है। सबसे पहले तो हम रीति कवियों के एक समूह को पाते हैं जो इस विधा के आख़िरी महान प्रतिनिधि, जगन्नाथ दास रत्नाकर (1866-1932) के इर्द-गिर्द जमा थे, और वल्लभ सम्प्रदाय के गोपाल मन्दिर के जीवन लाल गोस्वामी के एक ढीले-ढाले कवि-समाज में संगठित थे। रसिकों के इस अनौपचारिक समूह की प्रमुख गतिविधि ब्रज भाषा में समस्या-पूर्ति थी (देखिए नीचे 1.3.3)। यह भक्ति और श्रृंगार दोनों प्रकार की ब्रजभाषा कविता में वणिक समाज की संलग्नता की सुदृढ़ परम्परा का अनुसरण था।[30] हालाँकि समस्या-पूर्ति एक आशु, मौखिक परिपाटी थी, कवि समाज 'विनोदार्थ' इन समस्या-पूर्तियों को छपे हुए रूप

में भी प्रसारित करता था।[31] रत्नाकर की नियमित और अनौपचारिक मित्र-मण्डली में भारतेन्दु मण्डल के बचे हुए सदस्य जैसे बाल मुकुन्द गुप्त (1865-1907), और किशोरी लाल गोस्वामी (1865-1932), हरिकृष्ण जौहर और देवकी नन्दन खत्री (1861-1922) भी शामिल थे।[32] अपेक्षाकृत युवा कवियों का एक और समूह लाला भगवान दीन (1876-1930) के इर्द-गिर्द इकट्ठा होता था जो ख़ुद समस्या-पूर्तियों में दक्ष थे, उर्दू और ब्रज भाषा काव्य के पारखी भी थे और खड़ी बोली में 'वीर पंचरत्न' (1918) के नाम से जिनका एक देशभक्तिपूर्ण कविताओं का संग्रह प्रकाशित हुआ था। जहाँ रत्नाकर पुराने नौकरी-पेशावर्ग की पृष्ठभूमि से आये थे और आयोध्या की महारानी के सचिव थे, भगवानदीन एक वेतनभोगी साहित्यकार थे, हालाँकि उन्हें साहित्य में अनौपचारिक शिक्षा ही मिली थी। वे पहले ऐनी बेसेन्ट के सेन्ट्रल हिन्दी स्कूल में फ़ारसी पढ़ाते थे और बाद में 1924 में बनारस हिन्दू विश्वविद्यालय में हिन्दी के अध्यापक बने। वे छात्रों को हिन्दी साहित्य सम्मेलन की परीक्षाओं के लिए तैयार करने के उद्देश्य से निःशुल्क हिन्दी साहित्य की कक्षाएँ भी चलाते थे।[33] उनके शिष्यों में भावी विद्वान विश्वनाथ प्रसाद मिश्र और नागरी प्रचारिणी सभा के कोषाध्यक्ष मुरारी लाल केडिया भी थे। मुरारी लाल केडिया शौक़िया पुरातत्ववेत्ता, संग्रहकर्ता और बनारस की गलियों में रात-रात भर चलने वाले ब्रजभाषा के आशु कवि सम्मेलनों—'पढ़न्त कवि सम्मेलन'—के आयोजक थे। युवा कवि गोवर्धन सराय में स्थित जयशंकर प्रसाद (1889-1937) के अनौपचारिक छायावादी आश्रय में एकत्र होते थे। इनमें कृष्णदेव प्रसाद गौड़ ('बेढब बनारसी') थे जो हास्य कविताएँ लिखते थे, व्यंग्य की पत्रिकाएँ सम्पादित करते थे और अंग्रेज़ी साहित्य पढ़ाते थे। उनके अलावा विनोद शंकर व्यास, रामनाथ लाल सुमन, और शान्ति प्रिय द्विवेदी भी इस मण्डल में शामिल थे, जिन्होंने छायावाद के इर्द-गिर्द उभरने वाले विवाद में छायावाद की पक्षधरता की (देखिए 2.2) और जागरण पत्रिका में योगदान किया।[34] रामघाट पर रायकृष्ण दास (1892-1980) के भव्य बैठके में कवि, विद्वान, चित्रकार, संगीतकार, कलाकृतियों के विक्रेता और दूसरे लोग लगभग आधी सदी तक जमा होते रहे।[35] पुराने कारमाइकल पुस्तकालय, नागरी प्रचारिणी सभा और बाद में बनारस हिन्दू विश्वविद्यालय ऐसे स्थान बने जहाँ नियमित साहित्यिक (और सामान्य) बातचीत और विद्वत्तापूर्ण वार्तालाप, कवि गोष्ठियाँ, भव्य वार्षिक समारोह, और दूसरे साहित्यिक कार्यक्रम आयोजित होते। संस्कृत के साथ-साथ हिन्दी और पश्चिमी शिक्षा के एक केन्द्र के रूप में बनारस की भूमिका ने वहाँ पुस्तकों और साहित्यिक कार्यक्रमों के लिए एक युवा साहित्यिक पाठक-वर्ग की मौजूदगी सुनिश्चित कर दी। इसके अलावा उद्यमी खत्रियों और कायस्थों ने उन्नीसवीं शताब्दी के उत्तरार्द्ध से ही बनारस को हिन्दी के व्यावसायिक प्रकाशन का एक केन्द्र बना दिया था—एक ऐसे समय जब प्रान्त के बाक़ी हिस्सों में किताबों का व्यापार मुख्य रूप से उर्दू और फ़ारसी में चलता था। काशी नरेश या अनगिनत धनी व्यापारियों के संरक्षण में राम-लीला, राम-कथा, संगीत और कविता के कार्यक्रम, या तो

मन्दिरों या निजी आवासों पर साल भर लगातार होते रहते। अमूमन टाउन हॉल के सामने खुले मैदान में कुछ स्थानीय शौक़िया नाटक मण्डलियों, घुमन्तू पारसी और लोक रंग मण्डलियों, और पहली-पहली फ़िल्मों ने नगरवासियों के व्यापक समुदाय को मनोरंजन के साधन उपलब्ध कराये।[36.] हालाँकि मनोरंजन की हर विधा—साहित्यिक या ग़ैर साहित्यिक—का अपना कलात्मक जगत था, पारम्परिक और आधुनिक शैलियों में एक सह-अस्तित्व की भावना भी रहती और उनके दर्शक और श्रोता किसी हद तक दोनों का आनन्द लेते। 'भद्र' बुद्धिजीवी उन्मुक्त भाव से त्योहारों में और मनोरंजन के कथित लोकप्रिय रूपों में भाग लेते : सच तो यह है कि जिस तरह की परिष्कृत उदारता हम उन्नीसवीं शताब्दी में भारतेन्दु हरिश्चन्द्र में और बीसवीं शताब्दी में रायकृष्ण दास और जयशंकर प्रसाद में पाते हैं, वह बनारस की अपनी निशानी थी।

इसकी तुलना में इलाहाबाद में हिन्दी का साहित्यिक परिदृश्य, जिसके साहसी अग्रदूतों में हिन्दी प्रदीप (1877-1910) के बालकृष्ण भट्ट (1844-1914) रहे थे, पश्चिमी शिक्षा, पत्रकारिता और प्रकाशन के साथ-साथ प्रान्तीय प्रशासन और राष्ट्रवादी राजनीति से गहरे तौर पर प्रभावित था।[37] विश्वविद्यालय, हाईकोर्ट, सरकारी दफ़्तरों और सिविल लाइन्स ने शहर को एक शिष्ट कुलीन छवि प्रदान की, जब कि चौक में बाज़ार का जाना-पहचाना शोर-ग़ुल सुनायी देता और संगम के नज़दीक दारागंज के इलाक़े में पण्डों और छोटे मुद्रकों-प्रकाशकों का भारी जमावड़ा मिलता था। 1922 में इलाहाबाद विश्वविद्यालय केवल परीक्षाएँ संचालित करने वाला बोर्ड न रह कर एक निवासी शिक्षा संस्थान बन गया, और प्रान्त के कई पुराने और अत्यन्त प्रतिष्ठित कॉलेज—मिसाल के लिए म्योर सेन्ट्रल कॉलेज (1872) और कायस्थ पाठशाला (1873)—उसमें विलय कर दिये गये। अपनी शानदार इमारतों और छात्रावासों, अपने अध्यापकों और छात्रों के साथ विश्वविद्यालय अंग्रेज़ी का एक गढ़ था और उसमें 'देसी भाषाओं' को बहुत धीरे-धीरे ही कुछ जगह मिली। सच तो यह है कि जब 1923 में पहले-पहल हिन्दी साहित्य का विभाग स्थापित हुआ तो वहाँ हिन्दी बाक़ी दूसरे विषयों की तरह अंग्रेज़ी में ही पढ़ायी जाने लगी। हिन्दी के अध्यापक धीरेन्द्र वर्मा (1897-1973), राम शंकर शुक्ल रसाल (1898-1980) और रामकुमार वर्मा (1905-?) ने शहर की साहित्यिक संस्थाओं में एक महत्वपूर्ण भूमिका अदा की—चाहे ग़ैर-सरकारी हिन्दी साहित्य सम्मेलन रहा हो या प्रान्तीय सरकार द्वारा प्रायोजित हिन्दुस्तानी एकेडमी—और वे हिन्दी पत्र-पत्रिकाओं में नियमित रूप से लिखते रहे। कवि सम्मेलन कॉलेजों और छात्रावासों में नियमित रूप से आयोजित होते थे : 'सुकवि समाज' युवा प्रतिभाओं को प्रोत्साहित करता और उन्हें काव्य-पाठ तथा विचार-विमर्श के लिए एक साप्ताहिक मंच उपलब्ध कराता। सुमित्रानन्दन पन्त (1900-77), रामकुमार वर्मा(1905-), महादेवी वर्मा (1902-87) और आनन्दी प्रसाद श्रीवास्तव उन बहुत-से नये कवियों में शामिल थे जो विश्वविद्यालय के सुरक्षित परिवेश में फले-फूले। 1930 के दशक के अन्त और 1940 के दशक में विश्वविद्यालय प्रगतिशील और मार्क्सवादी लेखकों और

आलोचकों का अड्डा बन गया।[38] एक और साहित्यिक समुदाय–'रसिक मण्डल'–अपेक्षाकृत निजी रूप में ब्रजभाषा कविता की अभिरुचि को जीवित रखे हुए था। हफ़्ते में एक बार रसिकों का समूह, जिसमें राम प्रसाद त्रिपाठी, 'रसाल' जी और राम नारायण चतुर्वेदी शामिल थे, चौक के पास एक कमरे में इकट्ठा होता और समस्या-पूर्तियों का आनन्द लेता।[39]

प्रकाशन गृहों की भूमिका और उनके विकास की चर्चा भाग 1.3.2 में की जायेगी। इण्डियन प्रेस और रामनारायण लाल द्वारा पाठ्य पुस्तकों के प्रकाशन का अधिकतर हिस्सा अपने हाथ में ले लेने के साथ ही, सदी के मोड़ पर इलाहाबाद, लखनऊ के नवलकिशोर प्रेस की अब तक चली आ रही इजारेदारी का मुक़ाबला करते हुए, प्रान्त में हिन्दी प्रकाशन के एक प्रमुख केन्द्र के रूप में उभरा। रामनरेश त्रिपाठी के 'हिन्दी मन्दिर' या फिर 'हिन्दी प्रेस' जैसे अपेक्षाकृत छोटे प्रकाशकों ने हिन्दी में साहित्य के उच्चतर पठन-पाठन के विकास का लाभ उठाते हुए पाठ्य पुस्तकें और संकलन प्रकाशित किये। प्रान्त में सबसे ज़्यादा अख़बारों का जमावड़ा इलाहाबाद में था, हिन्दी में भी और अंग्रेज़ी में भी। अंग्रेज़ी में ऐंग्लो-इण्डियन 'पायनियर' (1867) के अलावा 'लीडर' था जिसे मदन मोहन मालवीय (1861-1941) ने स्थापित किया था और जिसके सम्पादक सी.वाई. चिन्तामणि थे (यह अख़बार बाद में बिड़ला के पास चला गया)। इसके अलावा मोती लाल नेहरू का अख़बार 'इण्डिपेण्डेण्ट' और सच्चिदानन्द सिन्हा का समाचार-पत्र 'हिन्दोस्तान रिव्यू'–ये दो और समाचार-पत्र थे। हिन्दी में मदन मोहन मालवीय ने दो अख़बार स्थापित किये थे–'अभ्युदय' (1909) और 'मर्यादा' (1910)–जिनका सम्पादन और प्रबन्ध उनके भतीजे कृष्णकान्त मालवीय (1883-1941) के हाथ में था। 'लीडर' समूह ने 1928 में 'भारत' शुरू किया और इण्डियन प्रेस ने 1900 में प्रसिद्ध साहित्यिक पत्रिका 'सरस्वती' और बच्चों के लिए 1917 में 'बालसखा' की स्थापना की।[40] इण्डियन प्रेस के एक भूतपूर्व सेवक रामजी लाल शर्मा (1876-1931) ने बच्चों की दो और पत्रिकाएँ–'विद्यार्थी' (1913) और 'खिलौना' (1924)–प्रकाशित कीं। इलाहाबाद ने महिलाओं की पत्रकारिता में भी पहलक़दमी करते हुए 'गृहलक्ष्मी' और 'स्त्री दर्पण' जैसी पत्रिकाएँ प्रकाशित कीं, जो दोनों 1909 में स्थापित हुई थीं। उधर 1920 के दशक में चाँद प्रेस ने 'चाँद' (1922, देखिए 4.2) और राजनैतिक साप्ताहिक 'भविष्य' (1919) निकाला।

इस तरह इलाहाबाद ने हिन्दी साहित्यकारों को रोज़गार और आपसी मेल-जोल के भरपूर अवसर उपलब्ध कराये। इसके बावजूद इलाहाबाद हिन्दी के अन्तर्विरोध को रेखांकित करता है : हालाँकि वह हिन्दी समाचार-पत्रों और साहित्य का केन्द्र था, और मदन मोहन मालवीय और पुरुषोत्तम दास टण्डन (1882-1962) के साथ हिन्दी राजनीति का भी, हिन्दी का साहित्यिक दायरा, अंग्रेज़ी के दायरे से बिलकुल अलग-थलग बना रहा। एक ओर अगर युनिवर्सिटी का इलाक़ा और सिविल लाइन्स थी तो दूसरी ओर चौक तथा दारागंज। इन दोनों भौगोलिक और सामाजिक दायरों के बीच सम्पर्क कभी-कभार और कहा जाय कि फूँक-फूँक कर होता था, मुख्य तौर पर व्यक्तिगत परिचय और मैत्री के

सहारे। राष्ट्रीय राजनीति के प्रमुख केन्द्र, नेहरू के निवास आनन्द भवन में भी हिन्दी को उपेक्षा और बहुत करके परायेपन का सामना करना पड़ता था। इसके बावजूद हिन्दी जगत के अन्तर्गत, हिन्दी साहित्य सम्मेलन और हिन्दी अख़बारों के दफ़्तर अध्यापकों, शिक्षित छात्रों, उद्यमी लेखक-प्रकाशकों, वेतनभोगी बुद्धिजीवियों और परम्परागत साहित्यकारों के लिए मिलने-जुलने के स्थान और अवसर उपलब्ध कराते रहे।

लखनऊ एक़ अर्से से उर्दू-फ़ारसी संस्कृति का गढ़ रहा था और उन्नीसवीं सदी में उर्दू पत्रकारिता और पुस्तकों के प्रकाशन के एक केन्द्र के रूप में फलता-फूलता रहा।[41] शुरूआती हिन्दी विद्वान और लेखक जो वहाँ रहते रहे, मिसाल के लिए मिश्र बन्धु (श्याम बिहारी, शुकदेव बिहारी, और गणेश बिहारी), और रूप नारायण पाण्डेय (1884-1958), उन्हें इलाहाबाद की पत्र-पत्रिकाओं और प्रकाशकों से काम चलाना पड़ता था। यह 1920 के दशक में जा कर हुआ कि जब नवल किशोर परिवार के सदस्यों ने हिन्दी की तरफ़ क़दम बढ़ाये तो लखनऊ में हिन्दी को थोड़ा-बहुत सार्वजनिक स्थान प्राप्त हुआ। विष्णु नारायण और दुलारे लाल भार्गव ने दो पत्रिकाएँ शुरू कीं—'माधुरी' (1922) और 'सुधा' (1927), और इसके साथ ही साहित्यिक पुस्तकों का प्रकाशन गृह—'गंगा पुस्तक माला' (देखिए 1.3)। इन्होंने प्रेमचन्द, कृष्णबिहारी मिश्र, रूपनारायण पाण्डेय, इलाचन्द्र जोशी (1902-82), मातादीन शुक्ल और बद्रीनाथ भट्‌ट (1891-1934) जैसे सुप्रसिद्ध साहित्यकारों को आकर्षित किया। बद्रीनाथ भट्‌ट (देखिए 1.2.2) नये-नये स्थापित लखनऊ विश्वविद्यालय (1922) में पहले हिन्दी अध्यापक बने, जो कैनिंग कॉलेज (1864)—ताल्लुक़ेदारों के कॉलेज—किंग जॉर्ज मेडिकल कॉलेज और लड़कियों के लिए इज़ाबेला थोबर्न कॉलेज को मिला कर बनाया गया था। लखनऊ में निराला के इर्द-गिर्द जो नये लेखक जमा हुए उनमें अमृत लाल नागर (1913-85) के साथ रामविलास शर्मा (1912-2000) भी थे जो विश्वविद्यालय में उस समय अंग्रेज़ी के छात्र थे।

एक औद्योगिक और व्यापारिक शहर होने के कारण कानपुर को मुश्किल ही से एक साहित्यिक केन्द्र कहा जा सकता था, हालाँकि वहाँ भारतेन्दु काल के एक उर्वर सम्पादक और उपन्यासकार प्रताप नारायण मिश्र (1856-95) और कवि राय देवीप्रसाद 'पूर्ण' (1868-1915) उपस्थित थे।[42]

भगवतीचरण वर्मा ने उन दिनों का ज़िक्र करते हुए अपनी पुस्तक 'अतीत के गर्त से' में लिखा है :

> 'कानपुर की समस्त संस्कृति उन दिनों कनौजिया ब्राह्मणों की संस्कृति थे। अधिकांश व्यापार कनौजिया ब्राह्मणों के हाथ में था, बजाजा, सराफ़ा, अनाज की मण्डी—सभी जगह कनौजिया ब्राह्मण छाये हुए थे। यही नहीं, कानपुर ज़िले के अधिकांश ज़मींदार भी कनौजिया ब्राह्मण थे। वे शिकार करते थे, डाका डालते या डलवाते थे। ब्राह्मणों के बाद खत्रियों का स्थान आता था जो शुद्ध व्यापारी

थे। उनकी संख्या तो अधिक नहीं थी, लेकिन बड़े-बड़े व्यापार उनके हाथ में थे। मारवाड़ियों ने कानपुर में उद्योगपतियों के रूप में अपने क़दम ज़माने आरम्भ कर दिये थे।'[43]

उस काल के एक प्रमुख कथाकार विश्वम्भरनाथ शर्मा 'कौशिक' (1891-1942) ऐसे ही एक अनुपस्थित कनौजिया ज़मींदार थे : हालाँकि उनकी कहानियों से एक नैतिकतावादी व्यक्तित्व उभर कर सामने आता है, हम उनके मित्रों के संस्मरणों से यह जानते हैं कि वे साहित्य, संगीत, भाँग और हँसी-मज़ाक़-भरी बातचीत के रसिया थे।[44] साहित्यिक मित्रों की उनकी अनौपचारिक मण्डली में अन्य लोगों के अलावा युवा भगवतीचरण, रमाशंकर अवस्थी और कवि बालकृष्ण शर्मा 'नवीन' (1897-1960) भी शामिल थे। युवा भगवतीचरण, रमाशंकर अवस्थी और नवीन उस काल के अत्यन्त प्रसिद्ध सम्पादक और आन्दोलनकर्ता गणेश शंकर विद्यार्थी (1891-1931) से आकर्षित हो कर उनके पत्र 'प्रताप' (1913) और पत्रिका 'प्रभा' (1920) से भी जुड़े। 'प्रताप' का दफ़्तर कानपुर का सबसे महत्वपूर्ण साहित्यिक और राजनैतिक अड्डा बन गया और विद्यार्थी जी स्वयं हिन्दी लेखकों के एक विशाल दायरे का केन्द्र बने। इनमें कानपुर के अन्दर के लेखक भी थे माखनलाल चतुर्वेदी (1886-1964), गयाप्रसाद शुक्ल 'सनेही' (1873-1972), और कानपुर के बाहर के भी वृन्दावनलाल वर्मा (1889-1973), मैथिलीशरण गुप्त (1886-1934),[45] 1920 के दशक में विभिन्न सम्प्रदायों के स्थापित स्कूलों के विकास के साथ कानपुर शिक्षा का अच्छा-ख़ासा केन्द्र भी बन गया, और कॉलेजों में साहत्यिक आयोजन होने लगे।[46] हालाँकि बीसवीं सदी के आरम्भिक वर्षों के दौरान कानपुर में कोई स्थानीय नाट्य मण्डली नहीं थी, वहाँ मज़दूरों, दस्तकारों, कारीगरों, व्यापारियों और पेशेवर लोगों की भरमार घुमन्तू पारसी कम्पनियों को एक बड़ा दर्शक-वर्ग उपलब्ध करा देती थी, और वे अक्सर वहाँ अपने नाटक दिखाने आया करती थीं। 1920 के दशक में एक भूतपूर्व पहलवान और दर्ज़ी, श्रीकृष्ण खत्री ने नौटंकी के लोकप्रिय नाट्य रूप की कानपुर शैली विकसित की जिसने नौटंकी को अधिक व्यावसायिक नाट्य-प्रदर्शन में तब्दील कर दिया। श्रीकृष्ण खत्री ने उसमें आधुनिक और स्पष्टतः राष्ट्रवादी ऐतिहासिक कथानकों का समावेश किया और उसकी संगीत की शैली को भी बदल दिया। उनके नाटकों के गुटके स्थानीय प्रकाशनों से छपते थे और दूर-दूर तक बिकते थे।[47] हालाँकि कानपुर में संगठित या प्रायोजित सांस्कृतिक आयोजनों का सिलसिला नहीं था, मन्दिरों में रात-रात भर चलने वाले संगीत सम्मेलन आयोजित हुआ करते जिनमें न सिर्फ़ शिक्षित जनता, बल्कि शहर में रहने वाले कारीगर और मज़दूर भी भारी संख्या में मौजूद रहते।

अब तक जिन शहरों का ज़िक्र हुआ है, वे उस संसार की एक तस्वीर पेश करते हैं जिससे इनकी ओर खिंच कर आने वाले साहित्यिक व्यक्तियों का साबक़ा पड़ा। इसके विपरीत, लगभग उसी समय मध्य भारत के एक छोटे क़स्बे का साहित्यिक दायरा उस

परिवेश का एक नमूना उपलब्ध कराता है जिसमें हिन्दी के अधिकांश साहित्यकारों का जन्म हुआ और जिसका अनुभव उन्हें अपने प्रारम्भिक वर्षों में प्राप्त हुआ। अध्यापक, सम्पादक और लेखक पदुमलाल पुन्नालाल बख़्शी (1894-1971) द्वारा खैरागढ़ के संस्मरणों को हिन्दी के बहुत-से बुद्धिजीवियों की पृष्ठभूमि और अनुभवों का एक काफ़ी हद तक सामान्य नमूना माना जा सकता है। पहली बात तो यह है कि स्थानीय राजा का दरबार क़स्बे के जीवन का केन्द्र था : सभी निवासी किसी-न-किसी रूप में अपनी आजीविका के लिए राजा पर निर्भर थे। चूँकि राजा संगीत और हिन्दी साहित्य का संरक्षक था, इसलिए स्थानीय सांस्कृतिक जीवन उसकी अभिरुचियों को प्रतिबिम्बित करता था। साहित्यकारों के तीन समूह थे। पहला तो उन लोगों का था जो निरक्षर होते हुए भी भजनों और गीतों द्वारा आम लोगों का कलात्मक मनोरंजन करते थे। बरसात के मौसम में ढोलक की संगत पर वे लोकप्रिय महाकाव्य आल्हा के छन्द गाते, जिनमें वीर रस की गूँज होती। निरक्षर या अर्द्धसाक्षर भजनीकों का एक और समूह ऐसे गीत गाता जो कथित रूप से सूरदास, तुलसीदास और कबीर के होते, लेकिन वास्तव में अनाम कवियों की रचनाएँ थीं। एक तीसरा समूह शिक्षित साहित्य-प्रेमियों का था जिनमें कुछ व्याख्याता और कवि शामिल थे। पदुमलाल जी ने याद किया है कि वे अपने बचपन में स्थानीय मन्दिर में अनेक प्रकार के गीत सुना करते थे। इनमें तुलसीदास के रामचरितमानस की चौपाइयों से ले कर ब्रजभाषा की भक्तिपरक और दरबारी कविताएँ शामिल थीं जो 'क्लासिक' मान ली गयी थीं। इसके साथ ही केशवदास की रामचन्द्रिका और बिहारी की सतसई के पाठ भी होते। राजा ख़ुद काव्य-रचना करता था (या कवियों द्वारा रचना करवाता था) : दो-एक कविता संग्रह उसके नाम से भी छपे थे।[48] स्थानीय विक्टोरिया स्कूल और दन्तेश्वरी मन्दिर में भी बाहर से आने वाले विद्वानों और कवियों के कार्यक्रम आयोजित होते। विक्टोरिया स्कूल के कुछ प्राचार्य भी सम्मानित विद्वानों में गिने जाते थे, और यह स्कूल साहित्यिक गतिविधियों के लिए एक नया मंच उपलब्ध कराता था। उसकी 'डिबेटिंग सोसाइटी,' वाद-विवाद सभा, की बैठकों में जो पूरी-पूरी दोपहर चला करतीं, सिर्फ़ अध्यापक और छात्र ही नहीं, बल्कि क़स्बे के बहुत-से सुसंस्कृत व्यक्ति भी शामिल होते; श्रोताओं में बालक पदुमलाल भी मौजूद होते--वाद-विवाद में भाग लेने वाले वक्ताओं की गम्भीरता और गरिमा से प्रभावित।[49] क़स्बे के दौरे पर आये हुए उपदेशकों द्वारा आर्य समाज के शास्त्रार्थ भी एक क़िस्म के सार्वजनिक प्रदर्शन होते।

साहित्यिक मनोरंजन और शागिर्दी की इन मौखिक परम्पराओं के अलावा पदुमलाल पुन्नालाल बख़्शी जैसे साक्षर बच्चों ने स्कूल में प्राप्त या फिर छपे हुए शब्द के साथ अपने सम्पर्क से हासिल की गयीं साहित्यिक अभिरुचियों को भी आ़त्मसात किया। बहुत-से दूसरे लोगों की तरह बख़्शी जी की हिन्दी साहित्य सम्बन्धी शिक्षा का प्रमुख स्रोत एक लम्बे अर्से तक साहित्यिक पत्रिका 'सरस्वती' ही रही। इसके साथ ही देवकी नन्दन खत्री की 'चन्द्रकान्ता' और 'चन्द्रकान्ता सन्तति' (1894-1905) ने आल्हा की मौखिक

वसुन्धरा और पाठक के निजी संसार के बीच की खाई पर पुल का काम किया। बम्बई के प्रकाशन गृह हिन्दी ग्रन्थमाला द्वारा प्रकाशित बंकिम चन्द्र चटर्जी के निबन्धों, और 'भारत मित्र' तथा 'हिन्दी केसरी' जैसी पत्रिकाओं ने पदुमलाल जी को पहले-पहल राजनैतिक शिक्षा का पाठ पढ़ाया और उन्हें इस सार्वजनिक माध्यम में ख़ुद भी योगदान करने की प्रेरणा दी।[50]

इस संक्षिप्त-से जायज़े से भी उस काल की साहित्यिक अभिरुचियों के विभिन्न स्तरों का एक परिचय मिल गया होगा। कविता ही की बात करें जो सबसे ज़्यादा स्तरविन्यास यानी तहों का नमूना पेश करती है। अगर हम इस काल में हिन्दी के साहित्यिक दायरे के भीतर विभिन्न काव्य-रूपों का एक ख़ाका बनायें तो हमें सबसे पहले ब्रजभाषा काव्य को शामिल करना होगा, जो अनौपचारिक मण्डलियों और कुछ विशिष्ट पत्रिकाओं में पारम्परिक और रीतिबद्ध साहित्यिक शिक्षा द्वारा जीवित रखा जा रहा था। पन्द्रहवीं शताब्दी से ले कर अट्ठारहवीं शताब्दी तक के 'पुराने' हिन्दी (यानी मुख्य रूप से ब्रजभाषा) काव्य के छपे हुए संस्करणों और पिंगल के ग्रन्थों ने छपे हुए रूप में भी ब्रजभाषा को सबके सामने बनाये रखा था। जैसा कि हम आगे के अनुच्छेदों में देखेंगे, स्कूली पाठ्यक्रम, साहित्यिक पुरस्कार और कवि सम्मेलन सब-के-सब इस बात की गवाही देते हैं कि बीसवीं सदी के आरम्भ में ब्रज-भाषा की काव्य-परम्परा से परिचय बना ही नहीं रहा, बल्कि उसको 'क्लासिक' का ख़िताब भी मिला।[51] तुलसीदास के 'रामचरित मानस' को छपे हुए रूप में धार्मिक और सांस्कृतिक पहचान का आदर्श बन कर विलक्षण लोकप्रियता और महत्व मिला।[52] ब्रजभाषा और अवधी में भक्तिकाव्य का मौखिक प्रचार-प्रसार, भजन मण्डलियों के माध्यम से मन्दिरों में और सार्वजनिक और निजी धार्मिक क्रियाओं के अवसर पर गायन के माध्यम से होना जारी रहा। दूसरे स्थान पर द्विवेदी युग के उपदेशात्मक खड़ी बोली के कवि थे; वे सभी अब भी सक्रिय थे और उनका साहित्य जगत में बहुत सम्मान था। उनकी देशभक्तिपूर्ण कविताएँ निरन्तर पत्र-पत्रिकाओं में छपती थी और पाठ्य-पुस्तकों में संकलित हो कर पुनर्मुद्रित होती थी। वे अक्सर साहित्यिक समारोहों और कवि सम्मेलनों की अध्यक्षता करने के लिए बुलाये जाते थे। इनमें से मैथिलीशरण गुप्त 1930 के दशक में पहले राष्ट्रकवि के रूप में प्रतिष्ठित हुए (देखिए, 3.1)। दरअसल, खड़ी बोली और ब्रज भाषा में देशभक्तिपूर्ण काव्य कवि सम्मेलनों में कवियों द्वारा ख़ूब सुनाया जाता और अख़बारों, पत्रिकाओं, गुटकों और पाठ्य-पुस्तकों में ख़ूब छपता था। अपेक्षाकृत कम प्रसिद्ध स्थानीय कवि राष्ट्रवादी भजनों, आल्हा और स्वाँगों की रचना प्रस्तुत करते जो मुद्रित और वाचिक कविता तथा साक्षर और निरक्षर श्रोताओं के बीच की खाई को पाट कर, एक महत्वपूर्ण सांस्कृतिक और राजनैतिक भूमिका निभाती थी। अन्त में, रवीन्द्रनाथ ठाकुर की नयी काव्य शैली से परिचय और अचानक व्यक्तिगत कल्पना की ओर एक मोड़ ने छायावाद के रूप में खड़ी बोली कविता के एक नये स्वर को जन्म दिया। छायावाद एक परिष्कृत काव्य-सम्वेदना थी जो चौंकाने

वाले नये रूपकों के माध्यम से अभिव्यक्त हो रही थी और नये व्यक्तिवादी स्वर में पुराने रूपकों का इस्तेमाल कर रही थी। सुनने में बहुत मधुर लगते हुए भी छायावाद काव्य को छपे हुए रूप में पढ़ना ज़रूरी था ताकि उसका अर्थ समझ में आ सके। उसे समझने और उसका आनन्द लेने के लिए संस्कृत-तत्सम-बहुल शब्दावली से गहरा परिचय भी ज़रूरी था। इस तरह ज़्यादातर शिक्षित और युवा कवि ही थे, जिनमें कई महिलाएँ भी थीं, जो विभिन्न पत्र-पत्रिकाओं में उत्साह के साथ प्रसाद, पन्त, निराला और महादेवी की आकर्षक शैली का अनुसरण करते दिखायी देते।[53]

छपाई की महत्ता के बावजूद, मौखिक काव्य-रूप और साहित्यिक प्रसार ग़ायब नहीं हुआ। भारी संख्या में वाचिक पाठ के लिए भजनों तथा धार्मिक और देशभक्तिपूर्ण गीतों की पुस्तिकाएँ और नाटकों के गुटके इस बात का सबूत हैं कि ये काव्य-रूप बड़ी सफलता से व्यावसायिक प्रकाशन की दुनिया में ढाल लिये गये। लेकिन साहित्य के तन्त्र और साहित्यिक प्रचार-प्रसार में वाचिकता ने वह वर्चस्व किसी हद तक खो दिया था, जो पहले उसे हासिल था। जब साहित्य का मतलब 'छपा हुआ साहित्य' बन गया, तो उस कोटि में 'मानक' बने हुए पुराने ब्रज-भाषा और अवधी के छपे हुए सम्पादित ग्रन्थ भी शामिल हो गये और आधुनिक लेखन भी जो प्रकाशन के लिए ही रचा जा रहा था। साक्षर और अधिकतर शहरी बुद्धिजीवियों के लिए वाचिक साहित्य केवल अतीत-मोह और लगभग नृशास्त्रीय अभिप्राय के साथ याद किया जाता : यह 'साधारण' ग्रामीण जन की वाणी थी जैसा कि राम नरेश त्रिपाठी के अग्रणी संकलन 'ग्राम गीत' (तीन खण्ड, इलाहाबाद, हिन्दी मन्दिर, 1930) के सिलसिले में देखा जा सकता है या फिर उन गीतों के जो लोगों ने गाँव में बचपन के दौरान सुने थे। वाचिक काव्य समकालीन कवियों पर सूक्ष्म प्रभाव ज़रूर डालता रहा : जैसा कि महादेवी वर्मा के कविता संग्रह 'नीरजा' (1934), निराला के संग्रह 'गीतिका' (1936) में सोच-समझ कर प्रयोग की गयी लोक गीतों की शैली में देखा जा सकता है।[54] यह प्रभाव उद्धरणों, हवालों या संकेतों के रूप में तुलसी के मानस की लगभग सार्वभौमिक उपस्थिति में भी नज़र आता है।

इसी के साथ शिक्षा और छपाई के केन्द्रों के रूप में बनारस, इलाहाबाद, लखनऊ, और कानपुर का विकास शहरों में लोगों के धीरे-धीरे सघन रूप में एकत्र होने की प्रक्रिया की तरफ़ स्पष्ट इशारा करता है जो इस काल में और तेज़ होती चली गयी। इस प्रवृत्ति ने पत्र-पत्रिकाओं और प्रकाशन गृहों जैसी संस्थाओं के विकास और औपचारिक शिक्षा के बढ़ते हुए प्रभाव के साथ मिल कर एक संयुक्त भाषिक और साहित्यिक क्षेत्र के निर्माण में योगदान किया। विभिन्न पीढ़ियों के लेखक जो अलग-अलग पृष्ठभूमियों से आये थे, पत्र-पत्रिकाओं और साहित्यिक गोष्ठियों में उसी समान भाषिक और साहित्यिक क्षेत्र में साझेदारी करते थे; इस तरह उन्हें तुलना और आपसी आलोचना के रू-ब-रू होना पड़ता था (1.3, 2.2 और 2.3)। और जैसे-जैसे स्कूली शिक्षा और युग के लिए उपयुक्त कविता के प्रकार को ले कर होने वाले सार्वजनिक बहस-मुबाहिसों का प्रभाव पड़ने लगा (2.2),

अभिरुचियों की मौजूदा भिन्नता को स्वीकार करना और समाहित करना उत्तरोत्तर मुश्किल होता चला गया। एक ऐसे माहौल में जहाँ अधिकांश लेखकों और पाठकों के लिए भिन्नता एक सच्चाई थी, इसका अभिप्राय सुथरे वर्गीकरण की जानी-पहचानी ज़रूरत से बहुत आगे तक था : इसका मतलब था कि कुछ ही प्रवृत्तियाँ और अभिरुचियाँ सार्वजनिक विचार-विमर्श में व्यक्ति की पहचान के रूप में स्वीकार्य होने लगीं, जबकि दूसरी अभिरुचियों का आनन्द आलोचनात्मक चेतना के दायरे से बाहर जा कर ही उठाया जा सकता था। इसके बावजूद वास्तविकता यह थी कि पाठक और लेखक एक विधा के कलात्मक संसार को छोड़ कर दूसरी में अनायास आ-जा सकते थे।

1.2.2 साहित्यिक संस्कार

इस तरह 1920 का दशक तीव्र परिवर्तन और प्रयोग का युग था, लेकिन इसका मतलब पहले की विधाओं का ख़त्म हो जाना नहीं था। यह व्यक्तिगत रूप से लेखकों और पाठकों के बारे में भी सच था जो नयी शैलियों के प्रति ग्रहणशील थे, मगर इसके बावजूद जिनकी जड़ें पुरानी परम्पराओं में गहरे जमी हुई थीं। कवि खड़ी बोली की नयी ज़मीन पर क़दम रखते, बढ़ते और इस पर भी ब्रजभाषा और उर्दू में लिखते या उनका आनन्द उठाते। सवाल महज़ भाषा का नहीं था : कविता की हर परम्परा का अपना संस्कार और अपनी स्वाभाविक विशेषता थी, जो ब्रजभाषा और खड़ी बोली के मामले में बहुत भिन्नता लिये हुए थी। एक ऐसे युग में जब सांस्कृतिक समानता और एकता सार्वजनिक आदर्श बनता जा रहा था, यह स्वाभाविक था कि वास्तविकता से आदर्श का टकराव हो।

तो भी विभिन्न साहित्यिक परम्पराओं से साहित्यकारों और पाठकों का परिचय और घनिष्ठता और परिवर्तन के प्रति उनका खुलापन ही था जो इस काल के रचनाकारों को इतना उदार, लचीला, और उत्तेजक बना देता था। उनके द्वारा नये का ग्रहण किया जाना किसी भी हालत में प्रभावित होने की एक अकर्मक प्रक्रिया नहीं थी, न ही उनके तनावों को महज़ अन्तर्विरोध कह कर दरकिनार करना चाहिए (या उन्हें शर्मिन्दगी से छिपाया जाना चाहिए।) उस समय जब आलोचक छाँटने और चुनने, निर्देश देने, और ख़ारिज करने के काम में जुटे हुए थे, ऐसा लगता था कि निराला जैसे रचनाकार—अपने लिए और अपने पाठकों के लिए—यह कोशिश कर रहे थे कि उन सारे संसारों को जिनके प्रति वे जागरूक थे, एक कठिन आलिंगन में बाँध लें।

तो फिर इन सारे सूत्रों को उठा कर अलग-अलग लेखकों और पाठकों के भीतर इस विविधता और बहुलता को हम कैसे समझ-समझा सकते हैं? उसे प्रभाव की या क्रमिक विकास (मसलन ब्रजभाषा से खड़ी बोली या अयथार्थवाद से यथार्थवाद) की एक प्रक्रिया के रूप में देखने की बजाय यहाँ संस्कार की अवधारणा को बड़े सार्थक ढंग से अपनाया जा सकता है ताकि हम यह समझ सकें कि कैसे विभिन्न अभिरुचियाँ एक-दूसरी पर आच्छादित होती रहीं। संस्कृत और हिन्दी में यह शब्द 'संस्कार' अपने आप

में अर्थों और अभिप्रायों की अनेक परतों को समोये हुए है। मूलभूत रूप से इसका अर्थ होता है (क) माँजना, चमकाना, परिष्कृत करना; (ख) मानसिक शिक्षा (ग) मनोवृत्ति, स्वभाव आदि का परिष्कार (कल्चर), संस्कृति; (घ) शास्त्र विहित कृत्य जैसे नामकरण, अन्नप्राशन, उपनयन, आदि; (ङ) अन्त्येष्टि क्रिया; (च) शुद्ध करने वाला कोई कृत्य; (छ) मन पर पड़ी हुई छाप; (ज) पूर्व जन्म के कृत्यों की वासना (झ) धारणा।[55] इस तरह, सामान्य रूप से संस्कार का मतलब है कोई सक्रिय परिवर्तन या अनेक तहों वाले मस्तिष्क का एक पहलू। हिन्दी में प्रचलित मुहावरे—'साहित्यिक संस्कार'—का अभिप्राय अभिरुचि, रुझान और उसके स्रोत को इंगित करता है; अर्थात, साहित्यिक संस्कार वह है जो किसी को उसके परिवार से, स्थानीय परम्पराओं और अभिरुचियों से उत्तराधिकार में मिला है या शिक्षा और बाहरी जगत तथा साहित्यिक प्रवृत्तियों के साथ अपने सम्पर्क से प्राप्त हुआ है : इसका अभिप्राय उस अभिरुचि से भी है जो किसी व्यक्ति के अपने जीवनानुभवों के अनुसार अन्य अभिरुचियों पर हावी हो जाती है।[56] इस तरह, संस्कार की अवधारणा अभिरुचियों को अर्जित करने और उन्हें एक-दूसरे में मिलाने की रचनात्मक प्रक्रिया को रेखांकित करती है। वह सम्प्रेषण के माध्यम के महत्व पर भी बल देती है। इससे हमें 'परम्परागत' और 'आधुनिक' जैसे भ्रामक सरलीकरणों से बचने में मदद मिलती है : यह ज़रूरी नहीं है कि हर चीज़ जो उत्तराधिकार में प्राप्त है, वह 'पारम्परिक' हो; और वह सब जो अर्जित किया गया है, 'आधुनिक' हो। संस्कृत का संस्कार 'पारम्परिक' था । इसके बावजूद वह संस्कार जो किसी पण्डित को गुरु-शिष्य परम्परा के माध्यम से प्राप्त होता, उस संस्कार से गहरे अर्थों में भिन्न था जो मसलन कवयित्री महादेवी वर्मा को इलाहाबाद विश्वविद्यालय में संस्कृत में एम.ए. करने से प्राप्त हुआ था। इसके बावजूद कि कुल मिला कर दोनों की वस्तु एक-सी थी और एक प्राचीन संस्कृति से जुड़ाव की भावना भी समान थी, महादेवी के संस्कार एक दृढ़, व्यक्तिपरक और चयनधर्मी मस्तिष्क से छन कर उनके भीतर पहुँचे थे। महादेवी के मामले में यह किसी हद तक प्रतिकार की भावना से भी रंजित था, क्योंकि एक महिला उस पारम्परिक ज्ञान सम्पदा को अर्जित कर रही थी और उसकी व्याख्या भी कर रही थी जो हमेशा से पुरुषों के हाथों में रही थी। यह दोनों ही पहलू उनके विचारपरक और विद्वत्ता-भरे लेखों में प्रकट होते हैं।[57] साहित्यिक संस्कार कई बार शिक्षा की औपचारिक प्रक्रिया से नहीं प्राप्त होते। कवि निराला में, जो बंगाल की एक रियासत 'परदेस' में काम करने वाले उन्नाव के ब्राह्मण हवलदार के पुत्र थे, साहित्यिक अभिरुचि पहले-पहल ब्रजभाषा और संस्कृत काव्य को पढ़ते समय उपजी थी जिसने उनके अन्दर सौन्दर्य की चेतना जगा दी थी। फिर उनका परिचय रवीन्द्र नाथ ठाकुर की कविताओं से हुआ, और लगभग उसी समय तुलसीदास से भी जो उनके लिए एक तरह से साहित्यिक आदर्श बन गये। औपचारिक शिक्षा के अभाव में और अपने अनौपचारिक काव्य-प्रशिक्षण के कारण उनकी आगे की पढ़ाई मुख्य रूप से अव्यवस्थित

ही रही : उन्होंने धीरे-धीरे विद्यापति, ब्रजभाषा के अन्य प्रतिष्ठित काव्य ग्रन्थों और बंगला के वैष्णव कवियों को आत्मसात किया। फिर उन्होंने गम्भीरता से कुछ अन्य कवियों की रचनाओं को भी पढ़ा जिन्हें उन्हीं की तरह 'छायावादी' का नाम दिया गया था। उन्होंने अंग्रेज़ी के रोमाण्टिक कवियों को तब जा कर पढ़ा जब वे तीस पार कर गये थे। हालाँकि उन्हें औपचारिक रूप से उर्दू की शिक्षा नहीं मिली थी, उन्होंने उर्दू कवियों को (देवनागरी में?) पढ़ा और अपने कविता संग्रह बेला (1943) में उर्दू के छन्दों और ग़ज़लों के कुछ प्रयोग भी किये।[58] जम कर की गयी पढ़ाई का हर क्षेत्र एक अलग संस्कार बनता चला गया और निराला की अपनी अभिरुचियों और रचना में प्रतिबिम्बित होता रहा।

अगर हम सरसरी तौर पर संस्कारों को सामाजिक समूहों से जोड़ने की कोशिश करें तो हम पायेंगे कि पारम्परिक रूप से शिक्षित और साक्षर समूहों में कायस्थों और दूसरे नौकरी-पेशा वर्गों[59] के संस्कारों में जो अभिरुचियाँ सामान्य रूप से पायी जातीं, उनमें फ़ारसी के पुराने काव्य-ग्रन्थ, फ़ारसी और उर्दू में लिखने वाले ग़ालिब (1797-1869) जैसे हिन्दुस्तानी शायर, रतन नाथ सरशार (1845-1903) और अब्दुल हलीम शरर (1860-1926) के उर्दू उपन्यास शामिल होते। उर्दू का संस्कार मोटे तौर पर एक धर्म-निरपेक्ष संस्कार था, जैसा कि उर्दू प्रेस और प्रकाशन का उदार सर्वग्राही स्वभाव गवाही देता है। (देखिए 1.3।)

शिक्षित ब्राह्मणों के लिए, पारिवारिक संस्कारों का अर्थ था संस्कृत के शास्त्रों और काव्य का ज्ञान; इन से ब्रजभाषा के रीति काव्य का रसास्वाद करने और उसे सराहने में सुविधा होती। ब्रजभाषा काव्य की अभिरुचि, चाहे वह भक्तिपरक हो या दरबारी श्रृंगारपरक, व्यापारी परिवारों में भी व्यापक रूप से प्रचलित थी और उसे किसी गुरु के सीधे साहचर्य से अर्जित किया जाता था और वह रसिकों के छोटे-छोटे दायरों या फिर सम्प्रदायों के आधार पर फूलती-फलती थी। इस तरह हम पाते हैं कि हिन्दी के कई कवि शौक़िया ब्रजभाषा कवियों के पुत्र थे और उन्हें उनके चाचाओं, दादाओं या फिर पारिवारिक मित्रों ने प्रशिक्षित किया था। पारिवारिक परिस्थितियों के अनुसार कई अभिरुचियाँ एक साथ पायी जाती हैं। हस्तलिखित पाण्डुलिपियों के प्रचार-प्रसार का अध्ययन हमें बहुत दूर तक यह जानने में मदद कर सकता है कि ब्रजभाषा काव्य की कौन-सी कृतियों का प्रसार वास्तव में सबसे अधिक था और साहित्यिक प्रशिक्षण के लिए इस्तेमाल होता था।

जैसा कि ऊपर ज़िक्र हो चुका है, तुलसीदास के 'रामचरितमानस' और कबीर, सूरदास और मीराबाई के पदों का परिचय, साक्षर और निरक्षर सभी प्रकार के लोगों को उपलब्ध था, चाहे वह मौखिक पाठ के माध्यम से रहा हो या भजनों या प्रवचनों आदि के माध्यम से। इन पारिवारिक संस्कारों के अतिरिक्त छापेख़ाने और स्कूली व्यवस्था ने अंग्रेज़ी और बंगला के प्रभावशाली नमूने सामने ला कर प्रस्तुत कर दिये। इस काल के बहुत-से हिन्दी लेखकों ने बंकिमचन्द्र चट्टोपध्याय (1838-94) के निबन्धों और उपन्यासों, रवीन्द्रनाथ ठाकुर (1861-1941) के काव्य और बाद में शरतचन्द्र (1876-1938)

के उपन्यासों को प्रभावशाली और चित्ताकर्षक कृतियाँ बताया है। पन्त, प्रसाद और निराला जैसे हिन्दी कवियों ने उन्मुक्त भाव से रवीन्द्रनाथ ठाकुर के अनेक अंशों का अनुसरण किया जिसकी वजह से उन पर कई बार साहित्यिक चोरी के आरोप भी लगे।[60]

सच तो यह है कि साहित्यिक खड़ी बोली अपने आप में इस काल के अधिकांश लेखकों और पाठकों के लिए एक अर्जित संस्कार थी। दोनों तरह के लोगों के लिए–जो पारम्परिक रूप से शिक्षित परिवारों से आते थे और वे भी जो अपने परिवारों में शिक्षित होने वाले पहले-पहले लोग थे–साहित्यिक खड़ी बोली औपचारिक शिक्षा प्रणाली के माध्यम से और छपे हुए शब्दों के सम्पर्क से प्राप्त होती थी। और इसी के साथ वह एक व्यापक क्षेत्रीय और राष्ट्रीय समुदाय के साथ समरूपता स्थापित करने का साधन भी थी। इस तरह कई लोगों के लिए खड़ी बोली हिन्दी में पढ़ना-लिखना, हिन्दी के विकासमान सार्वजनिक क्षेत्र में क़दम रखने जैसा था। जैसा कि गोकुलपुरा (ज़िला आगरा) के भट्ट परिवार के सिलसिले में देखा जा सकता है। दो पीढ़ियों के अन्दर वे संस्कृत और हिन्दी पण्डितों से बढ़ कर व्यावसायिक हिन्दी लेखकों और अध्यापकों की श्रेणी में आ गये। रामेश्वर भट्ट हिन्दी और संस्कृत के एक जाने-माने विद्वान थे और अपने समय में तुलसी के एक प्रमुख टीकाकार भी। नये सार्वजनिक क्षेत्र में उनका पहला क़दम आगरा कॉलेज में संस्कृत और हिन्दी के प्रोफ़ेसर बनने और आगरा में अपना ख़ुद का छापाख़ाना स्थापित करने से शुरू हुआ। सार्वजनिक और निजी भूमिकाओं का एक-दूसरे से दिलचस्प मेल इस बात में देखा जा सकता है कि लोगों के अनुसार वे अपने छापेख़ाने से प्रूफ़ स्कूल ले आया करते थे और उन्हें वहाँ ख़ुद सुधारा करते थे; उन्होंने इलाहाबाद के इण्डियन प्रेस के लिए तुलसी की 'विनय पत्रिका' (1913) और 'मानस' (अमृत लहरी, 1926) की टीकाएँ भी तैयार की थीं।[61] सेवा मुक्त होने के बाद वे अपने गाँव लौट गये। इसके विपरीत उनके बेटे शायद उनके सम्पर्कों के बल पर पूरी तरह हिन्दी के सार्वजनिक क्षेत्र का हिस्सा बन गये। केदारनाथ भट्ट नियमित रूप से इण्डियन प्रेस के लिए बच्चों की किताबें लिखते रहे। बद्रीनाथ भट्ट (1891-1934) कुछ दिनों तक इण्डियन प्रेस में काम करने के बाद, जहाँ वे बच्चों की पत्रिका 'बालसखा' का सम्पादन और 'सरस्वती' में नियमित योगदान करते थे, और भी आगे बढ़ कर लखनऊ चले गये। वहाँ वे लखनऊ विश्वविद्यालय के पहले हिन्दी अध्यापक बने। उन्होंने प्रतिष्ठित हिन्दी प्रकाशकों के यहाँ कई हास्य-व्यंग्य-भरे नाटक प्रकाशित किये और हिन्दी के तन्त्र के एक सुदृढ़ स्थायी स्तम्भ बन गये।

अलग-अलग संस्कारों के लोगों के लिए हिन्दी लिखने और बोलने के अभिप्राय अलग-अलग भी हो सकते थे। ब्राह्मण पण्डितों के लिए उसका मतलब था एक आधुनिक, सार्वजनिक दायरे में प्रवेश करना और एक अपेक्षाकृत व्यापक माध्यम को स्वीकार करना। उर्दू शिक्षित लोगों के लिए उसका अर्थ था एक व्यापक हिन्दी-हिन्दू समुदाय के साथ

एकता की भावना का समर्थन करना और यों पहले से बड़ी और बढ़ती हुई जनता से सम्पर्क साधना। अंग्रेज़ी भाषियों के लिए इसका मतलब राष्ट्रवादी परिकल्पना का साथ देना, जनता के अधिक व्यापक हिस्से के सम्पर्क में आना और सम्भवतः स्थानीय और बाहरी संसार के बीच दुभाषियों की भूमिका निभाना। महिलाओं के लिए यह एक मुखर स्वर था, एक सार्वजनिक स्वर, जिससे वे अब तक वंचित रही थीं। किसी भी हालत में, हिन्दी एक अर्जित, कभी-कभी स्वयं चुना गया, सार्वजनिक स्वर था जो, गोकुलपुरा के भट्ट बन्धुओं के मामले में भी, अपनी पहचान को किसी हद तक बदलने की भी माँग करता था।

छापेख़ानों, स्कूली व्यवस्था, पत्र-पत्रिकाओं, सूचना-साहित्यिक मण्डलियों और गोष्ठियों ने अत्यन्त भिन्न पृष्ठभूमियों के पुरुषों और स्त्रियों को, जिनमें से हर एक के अलग-अलग पारिवारिक संस्कार थे, एक जगह एकत्र किया। केन्द्रीकृत शिक्षा और प्रेस ने नये समान संस्कार भी पैदा किये (देखिए 1.3 और 1.4)। लेकिन जब साहित्यिक संस्कारों और परम्परा से प्राप्त अभिरुचियों का सामना भाषाई पहचान की नयी भावना और साहित्य के बारे में राष्ट्रवादी विचारों से हुआ तो क्या घटित हुआ? बहुत कम लोगों को कोई सन्देह था कि राष्ट्र को किन्हीं ख़ास क़िस्मों के साहित्य की 'ज़रूरत' थी और दूसरी क़िस्मों की नहीं (2.2)। अनिवार्य रूप से इसका मतलब था कुछ अभिरुचियों को त्याग देना या बहिष्कृत कर देना। किन्हीं ख़ास साहित्यिक परम्पराओं को अश्लील और गँवारू ठहराने की कोशिश के पीछे यही नये आदर्श काम करते हुए दिखायी देते थे। श्रृंगारिक काव्य, जो रसिकों के लिए बिलकुल ठीक था, पत्रिकाओं और पाठ्य पुस्तकों जैसे सार्वजनिक माध्यम में स्वीकार-योग्य नहीं था (2.2); तो भी क्या एक समृद्ध काव्य-परम्परा को महज़ इसी वजह से निकाल बाहर किया जाना चाहिए?[62] हम इस समस्या का समाधान करने वालों में चार तरह की प्रतिक्रियाओं की शिनाख़्त कर सकते हैं। पहली में, व्यक्ति के संस्कारों का बोझ इतना अधिक था कि अस्वीकृति सम्भव नहीं थी; इस तरह के लोग सार्वजनिक और निजी अभिरुचियों के बीच एक अन्तर रखते और 'अनुचित'—मसलन श्रृंगारिक ब्रजभाषा काव्य से सम्बन्धित—अभिरुचियों का आनन्द सिर्फ़ निरापद परिस्थितियों में लेते : यह स्थिति कवि अयोध्या सिंह उपाध्याय 'हरिऔध', कहानीकार विश्वम्भर नाथ शर्मा 'कौशिक' और बीसियों दूसरे लेखकों के साथ देखी जा सकती थी। यह सिर्फ़ ख़ानेबन्दी का मामला था। इसके विपरीत आलोचक रामचन्द्र शुक्ल की प्रतिक्रिया भिन्न थी, जो साहित्यिक परम्पराओं को अपने युग-धर्म, अपने युग की प्रवृत्तियों के आधार पर पुनर्परिभाषित कर रहे थे। उनकी मान्यता थी कि हर युग की एक प्रमुख प्रवृत्ति और अभिरुचि होती है; श्रृंगारपरक दरबारी काव्य ह्रासोन्मुख सामन्तवादी युग की देन था, लेकिन अब ऐतिहासिक परिस्थितियाँ एक अलग क़िस्म की अभिरुचि की माँग कर रही थीं। एक तीसरी तरह की प्रतिक्रिया निराला की थी जो 'अनुचित' और

विविध-रूपी अभिरुचियों का समावेश इस तर्क के आधार पर करने की कोशिश कर रहे थे कि नैतिकतावादी आलोचना हानिकारक ढंग से साहित्य के दायरे को संकीर्ण बना देगी। एक चौथी प्रतिक्रिया, कहा जाय कि एक असाधारण क़िस्म की प्रतिक्रिया, प्रेमचन्द की थी जो 1930 के दशक के अधिकांश प्रगतिशील लेखकों की तरह अतीत के साहित्यिक संस्कारों को ज़्यादा महत्व नहीं देते थे।

इस दौर के साहित्यिक दायरे के भीतर, व्यक्तिगत लेखकों में और पाठकों के बीच अभिरुचियों और अभिव्यक्तियों की इस उल्लेखनीय विविधता का कारण मेरे विचार में वही अन्तःक्रिया है जो परम्परा से प्राप्त पारिवारिक संस्कारों और उन संस्कारों के बीच हो रही थी, जिन्हें हर व्यक्ति साझे साहित्यिक क्षेत्र में अपने-अपने निजी अनुभवों से अर्जित कर रहा था। इस साझे और संयुक्त साहित्यिक क्षेत्र के प्रभाव और वाचिक परम्पराओं के वैकल्पिक प्रसार-माध्यमों की अवनति ने आगामी पीढ़ियों के साहित्यिक संस्कारों को काफ़ी हद तक एक-सा बनाया। आन्तरिक मतभेद निश्चय ही बने रहे, लेकिन फिर विविधता ने एक भिन्न रूप ले लिया।

1.2.3 साहित्यिक पाठक-वर्ग

साहित्यिक विधाओं और परम्पराओं की जो विविधता ऊपर दिये गये जायज़े में दिखायी देती है, वह एक वैविध्यपूर्ण हिन्दी पाठक और श्रोता-वर्ग की मौजूदगी की भी गवाही देती है। किसी ख़ास पाठक-वर्ग का ख़ाका तैयार करना एक मुश्किल काम होता है और इसमें ऐसे आधारभूत काम की ज़रूरत होती है जो हिन्दी में दुर्भाग्य से अभी होना बाक़ी है। प्रकाशनों के सूची-पत्र और पुस्तकालयों की फ़ेहरिस्तें और अभिलेख पाठक-वर्ग के बारे में महत्वपूर्ण जानकारी उपलब्ध करा सकते हैं। हमें पाण्डुलिपियों के प्रसार और उत्पादन के अध्ययन और हिन्दी और उर्दू के प्रकाशनों और पत्र-पत्रिकाओं के बारे में तुलनात्मक शोध की ज़रूरत है। तभी हम पढ़ने की आदतों और बदलती अभिरुचियों के संकेत दे सकेंगे। वाचिक विधाओं पर किये गये काम को साहित्यिक पाठक वर्ग की हमारी तस्वीर में समाविष्ट करना भी आवश्यक है। यहाँ मैं पत्र-पत्रिकाओं की सामग्री, हिन्दी पुस्तक व्यवसाय में आये परिवर्तनों और अब तक की गयी चर्चा से प्राप्त सबूतों के आधार पर कुछ सुझाव ही पेश कर सकती हूँ।

पत्र-पत्रिकाओं, मुद्रित प्रतियों और प्रकाशकों की बढ़ती संख्या, और पुस्तकों के प्रकाशन में कुल मिला कर विविधता का बढ़ना पारम्परिक रूप से साक्षर और नवसाक्षर पाठकों के बीच एक स्पष्ट अन्तर का संकेत है (1.3.2)। पहले से शिक्षित पाठकों का रुझान, जिनमें मुख्य रूप से पण्डित, मुंशी और साहित्य-प्रेमी व्यवसायी शामिल थे, अधिकांशतः ब्रजभाषा और खड़ी बोली, दोनों के काव्य, और गम्भीर पत्र-पत्रिकाओं और विद्वत्तापूर्ण प्रकाशनों की ओर था। ब्रजभाषा और खड़ी बोली की 'रीतिबद्ध' कविता के

समर्थकों और 'स्वच्छन्द' काव्य के समर्थकों के बीच जो बहस चली और उपन्यासों के आलोचकों और पाठकों के बीच, वह अलग-अलग पीढ़ियों के बीच का विवाद भी था और पुराने बनाम नये संस्कारों का भी। वस्तुतः युवा पाठकों को दृष्टि में रख कर प्रकाशित की गयी पाठ्य पुस्तकों, पत्रिकाओं और बाल-साहित्य की भारी तादाद एक नये साक्षर पाठक-वर्ग के उभरने का संकेत थी, जिसके संस्कार मुख्य रूप से छपे हुए शब्द से निर्मित हुए थे और जो उपन्यासों, विदेशी साहित्य और नयी साहित्यिक प्रवृत्तियों के प्रति ज़्यादा उदार, ग्रहणशील और खुले थे। ब्रजभाषा के साथ परिचय स्कूली पाठ्यक्रम में उसकी भारी उपस्थिति के कारण किसी हद तक बना रहा (1.4)। लेकिन वास्तविक रुझान और रचनात्मक प्रेरणा स्पष्ट रूप से दूसरी ओर उन्मुख थी : मातादीन शुक्ल, विनोद शंकर व्यास और पदुमलाल पुन्नालाल बख़्शी को इस युवा और परिष्कृत पाठक-वर्ग के प्रतिनिधियों के रूप में देखा जा सकता है जिनके कथा-साहित्य में पात्रों के सम्वाद भी साहित्यिक ख़ड़ी बोली में थे और जो छायावाद को पसन्द करते थे। छायावाद के पाठक-वर्ग में ज़्यादातर कॉलेज के छात्र थे (लड़के और लड़कियाँ दोनों), जो सम्भव है अंग्रेज़ी के रूमानी कवियों और रवीन्द्रनाथ ठाकुर के सम्पर्क में आ चुके थे और जो उस अत्यन्त निजी स्वर और उदात्त भावनाओं के आह्वान से तादात्म्य स्थापित कर सकते थे।[63] इस काल में 'सामाजिक रूमानी उपन्यासों' में आया उछाल भी एक नये-नये साक्षर पाठक-वर्ग के उभरने का संकेत माना जा सकता है, जिसके लिए साहित्य एक गम्भीर, सांस्कृतिक या शास्त्रीय अनुशासन होने की बजाय मनोरंजन ही अधिक था। रूमानी या रोमांचकारी सामाजिक उपन्यास (देखिए 4.3) सामाजिक सुधार के मूल्यों को अतिनाटकीय, विशेषरूप से प्रेम सम्बन्धी कथानकों में भावुकता और उत्तेजना से मिला कर प्रस्तुत करते थे। हिन्दी प्रकाशन जगत पर भाग 1.3.2 में हिन्दी के लोकप्रिय पाठक-वर्ग पर कुछ और सामग्री दी जायेगी।

विशेष रूप से स्त्रियों को दृष्टि में रख कर किये गये प्रकाशनों का ऐसा ही विस्तार इस बात का संकेत है कि महिला पाठक-वर्ग में इतना विकास हो गया था कि उन्हें एक विशेष बाज़ार के रूप में देखा जाने लगा। यहाँ भी अधिक अध्ययन की आवश्यकता है। लड़कियों द्वारा स्कूलों में हाज़िरी के आँकड़े सीधे स्त्री-पाठक वर्ग में तब्दील नहीं हो सकते, क्योंकि स्कूल-कॉलेज जाने वाली लड़कियाँ पाठिकाओं के सिर्फ़ एक छोटे-से हिस्से का प्रतिनिधित्व करतीं थीं। साथ ही पढ़ने के प्रति महिलाओं का रवैया उनके पतियों के परिवारों द्वारा कड़ाई से निर्धारित होता था। किताबों के दाम, उन तक वास्तविक पहुँच और पढ़ने के लिए फ़ुर्सत का समय जैसे घटक पूरी तरह ध्यान में रखे जाने चाहिएँ और इसके बाद ही महिलाओं के पठन-पाठन के बारे में कोई निष्कर्ष निकालना सम्भव होगा। जिस बात से इनकार नहीं किया जा सकता, वह है इस दौर में औरतों के लिए सामग्री में भारी विकास, वृद्धि और विविधता : शिक्षा सम्बन्धी पुस्तकों के अलावा गीता प्रेस,

गोरखपुर (स्थापित 1926) और आर्य समाज द्वारा भारी संख्या में सस्ती किताबें, पुस्तिकाएँ और गुटके छापे जा रहे थे। 'चाँद' (1923), जो एक अत्यन्त सफल पत्रिका बनी, एक उत्सुक, बेचैन और प्रश्नाकुल महिला पाठकवर्ग की छवि प्रस्तुत करती थी, जो राजनीति सम्बन्धी ख़बरों, सामाजिक विवेचन, परिष्कृत काव्य और रोमांचकारी कथा-साहित्य के आतुर उपभोक्ताओं में से था (4.2 और 4.3)।

उर्दू जानने वाले पाठक-वर्ग का कुछ हिस्सा हिन्दी की तरफ़ मुड़ रहा था। इस तथ्य का संकेत हिन्दी पत्रिकाओं में उर्दू की रचनाओं की पहले से ज़्यादा, भले ही अल्पजीवी, उपस्थिति से और उर्दू शायरी के हिन्दी संस्करणों की सफलता से मिलता है।[64] 1920 के दशक के आरम्भ से ही हिन्दी पत्रिकाओं (उदाहरण के लिए 'चाँद' और 'माधुरी') में उर्दू शेर देवनागरी लिपि में नज़र आने लगे। ये शेर 'मालाओं' या शायरी के चुने हुए अंशों के रूप में प्रस्तुत किये जाते थे और लोकप्रिय ग़ज़लों के संग्रह फ़ारसी रस्मुल्ख़त की बजाय देवनागरी में कहीं अधिक संख्या में छपने लगे। इससे हिन्दी के नवसाक्षरों के पहले से बड़े और व्यापक पाठक-वर्ग में उर्दू शायरी के प्रति रुचि पैदा हो रही थी। शेरो-शायरी एक सुसंस्कृत व्यक्ति के काव्य-भण्डार का हिस्सा थी, जिसे सही मौक़ों पर सुनाने के लिए कण्ठस्थ किया जाता था और इसी रूप में वह कभी-कभी हिन्दी उपन्यासों में प्रकट भी होती है।[65] एक अकेला शेर स्मृति में उर्दू शायरी के पूरे सौन्दर्यबोध को ताज़ा कर सकता था (मिसाल के लिए इश्क़ या फिर ज़ालिम ज़माने से मोहभंग), ठीक उसी तरह जैसे महज़ ब्रजभाषा का प्रयोग नायक-नायिका के काल्पनिक जगत को पाठक के सामने ला खड़ा करता था। एक अधिक लोकप्रिय स्तर पर ग़ज़लें ग्रामोफ़ोन के रिकॉर्डों में, लोकप्रिय रंगमंच पर (मिसाल के लिए नौटंकी का कानपुर घराना),[66] फ़िल्मों में और उन मिले-जुले मंचीय कार्यक्रमों में प्रकट होती थीं जो फ़िल्मों से पहले प्रस्तुत होते थे। यह लोकप्रियता हिन्दी के दायरे में उर्दू शायरी के साहित्यिक संस्कार को बैठाने के लिए पर्याप्त नहीं साबित हुई। साहित्यिक संस्कार फ़ारसी और उर्दू की अच्छी जानकारी पर आधारित था, मगर ये दोनों भाषाएँ हिन्दी साहित्य के पाठ्यक्रम से बहिष्कृत थीं जिसमें सिर्फ़ वही मुस्लिम कवि शामिल थे जो हिन्दी (अवधी और ब्रजभाषा) में लिखते थे। यहाँ उस अन्तर को देखा जा सकता है जो उर्दू मुशायरों के धर्म-निरपेक्ष और परिष्कृत श्रोताओं और समकालीन हिन्दी कवि सम्मेलनों के श्रोता-वर्ग के बीच बराबर जारी रहा (देखिए, 1.3. 3)।

1920 के दशक में छपे हुए साहित्य की अभूतपूर्व विविधता में एक और विविधता छिपी हुई है—साहित्यिक परम्पराओं और प्रसार के तरीक़ों की। बीसवीं सदी के आरम्भ में हिन्दी साहित्य ऐसा बना-बनाया विषय नहीं था जिससे स्कूल में बच्चों का पहले-पहल साबक़ा पड़ता, न ही उसकी हैसियत इतनी स्पष्ट और सुनिर्धारित थी, जैसी अब नज़र आती है। कविता को दूसरे कवियों से या कवि सम्मेलनों में सुना जाता था और पुस्तकों

से सीखा जाता था। भजन और धार्मिक छन्द आम तौर पर घरों में, मन्दिरों में या फिर कीर्तन के अवसर पर सुने जाते थे। इसके बावजूद कविता का तात्पर्य वह होने लगा जो पत्र-पत्रिकाओं, पुस्तकालयों, किताबों और पाठ्य-पुस्तकों में पढ़ने में मिलती थी। पारम्परिक और आधुनिक अभिरुचियों में इतना अन्तर था कि लगता था एक का दूसरे के साथ निभाव सम्भव नहीं है। तो भी, इसके बावजूद कि हर विधा एक भिन्न प्रकृति को सम्बोधित करती थी और अपने से सम्बन्धित विशिष्ट प्रकार के साहित्यिक रसास्वादन की अपेक्षा रखती थी, लेखक और पाठक इतने उदार तो थे ही कि प्रतिक्रिया के जिस तरीक़े की ज़रूरत हो, उसे अपना सकें और एक से दूसरे तरीक़े में—कहा जाय कि—सन्तरण कर सकें। यह किसी हद तक आज भी सच है, जबकि प्रसार के वैकल्पिक तरीक़ों के मौक़े पहले से कम हैं।

हिन्दी के साहित्यिक क्षेत्र का यह विवरण जो शहरी और ग्रामीण पाठकों और श्रोताओं में अलग-अलग और परत-दर-परत मौजूद साहित्यिक अभिरुचियों के जारी रहने का एक मानचित्र है, हर हाल में यह दिखाता है कि दो प्रक्रियाएँ उभर कर सामने आ रही थीं जो पहले से चली आ रही तस्वीर को नाटकीय ढंग से परिवर्तित कर देने वाली थीं। पहली प्रक्रिया तो थी छापेख़ाने के प्रभाव और हिन्दी संस्थाओं (देखिए 1.3 और 1. 4) की गतिविधियों के तहत पहले की साहित्यिक शैलियों का पुनः संयोजन। छपाई के माध्यम में कुछ विधाएँ और साथ ही भाषा की शैलियाँ प्रमुख हो गयीं, जबकि अन्य या तो हाशिये पर चली गयीं या उनकी कायापलट हो गयी। पत्र-पत्रिकाओं में विधाएँ और शैलियाँ साथ-साथ मौजूद रहीं, लेकिन निबन्ध, खड़ी बोली की कविताएँ और कहानियाँ मुख्य स्थान पाती चली गयीं, जबकि पुराने ब्रज भाषा के कवि अध्ययन का विषय (शास्त्र) बन गये और बारहमासा और ऋतु-वर्णन सरीखे लोकगीत लगभग ग़ायब हो गये (1.3)। छपाई और सार्वजनिक आत्म-प्रस्तुति से जुड़े हुए संस्कार केन्द्रीय बन गये और व्यापक (सम्भवतः सार्वभौमिक) रूप से प्रचलित हो गये; दूसरे संस्कार ग़ायब तो नहीं हुए, लेकिन कहा जाय कि पृष्ठभूमि में मौजूद रहे, सार्वजनिक क्षेत्र की बजाय व्यक्तिगत और निजी क्षेत्र में। ऐसा ही एक पुनःसंयोजन पाठक और श्रोता-वर्ग के बीच भी हुआ; चूँकि छापाख़ाने ने साहित्य के गिर्द इस रूप में सीमा रेखा खींच दी थी कि साहित्य वही है जो छपे हुए रूप में प्रकट होता है, उसने श्रोताओं के लिए भी यह अनिवार्य कर दिया कि वे साक्षर हों, हालाँकि इसी के साथ यह घोषित किया कि उसके दरवाज़े सम्भावित रूप में औपचारिक शिक्षा अथवा अध्यवसाय के माध्यम से सबके लिए खुले हैं। साहित्य के प्रसार, मूल्यांकन और श्रेणी-विभाजन में इस पुनःसंयोजन के क्या नतीजे हुए, इसकी चर्चा अगले अध्याय में होगी।[67]

पुनःसंयोजन की इस प्रक्रिया में ही दरअसल एक चुनाव भी अन्तर्निहित था और यही वह दूसरी प्रक्रिया है। चयन दोनों से किया जा रहा था—अतीत की साहित्यिक परम्पराओं से भी और मौजूदा साहित्य से भी; इसी तरह 'उच्च स्तरीय' साहित्य और

अपेक्षाकृत निम्न स्तरीय सांगीत, क़िस्सों और जासूसी उपन्यासों में फ़र्क किया गया (1. 3.2 और 1.4)। हिन्दी की भाषाई और साहित्यिक परम्परा क्या है और आधुनिक हिन्दी भाषा और साहित्य कैसा होना चाहिए—इन सवालों पर बहस-मुबाहिसा उन्नीसवीं सदी के बाद से ही हिन्दी के सार्वजनिक विमर्श की एक बुनियादी विशेषता रही। 1920 और 1930 के दशकों में ख़ास बात यह थी कि चुनाव की यह प्रक्रिया दरअसल साहित्यिक विद्वानों द्वारा स्कूलों के लिए साहित्यिक पाठ्यक्रम के माध्यम से चलायी गयी। उसी वक़्त जब इसके साथ-साथ जीवन्त नया साहित्य उभर कर सामने आ रहा था।

1.3 साहित्य के अखाड़े : पत्र-पत्रिकाएँ, प्रकाशन उद्योग और कवि सम्मेलन

जिन साहित्यिक परिपाटियों, परम्पराओं और अभिरुचियों का ख़ाका हमने यहाँ तक दिया है, उनकी विविधता के बावजूद एक संयुक्त हिन्दी साहित्यिक क्षेत्र के बारे में बात करना सम्भव भी है और वास्तव में न्याय-संगत भी। पहले तो इसलिए, क्योंकि लेखकों, प्रचारकों और पाठकों ने इसे ऐसा माना, और दूसरे, क्योंकि साहित्यिक क्षेत्र की संस्थाओं ने ही—जिन्हें हम यहाँ अखाड़े कहते हैं—अपना भाग्य एक-दूसरे के साथ जोड़ दिया। लेकिन सवाल उठता है कि 1920 के दशक के साहित्यिक क्षेत्र का स्वरूप क्या था? इस पीढ़ी के लेखक विभिन्न पृष्ठभूमियों से आये थे। उनकी औपचारिक शिक्षा विभिन्न प्रकार की और विभिन्न स्तरों तक हुई थी, या नहीं भी थी, और उनके साहित्यिक संस्कार भी तरह-तरह के थे। ये लोग एक ऐसे साहित्यिक जगत में दाख़िल हो रहे थे जहाँ पुराने नियम-क़ायदे और आचार-व्यवहार (कम-से-कम कुछ हद तक) अब लागू नहीं थे और जहाँ प्रचार और व्यावसायिक दबावों ने उन्हें जीवन के नये ढर्रे अपनाने पर मजबूर कर दिया और यह सोचने पर भी मजबूर किया कि वे अपनी सार्वजनिक भूमिका का ताल-मेल अपनी असली हैसियत से और अपनी निजी अभिरुचियों का सामंजस्य जनता की अभिरुचियों से कैसे बैठायेंगे। हिन्दी का यह साहित्यिक जगत ख़ुद अपने आप में उस देसी सार्वजनिक क्षेत्र का हिस्सा था जो अंग्रेज़ी और अन्य भारतीय भाषाओं के लेखन से जुड़े होने के बावजूद, अधिकतर अपने पाठक-वर्ग, अपनी सम्भावनाओं, अपनी शक्तियों और कमज़ोरियों का जायज़ा लेने में संलग्न था। तो फिर 1920 और 1930 के दशकों का हिन्दी साहित्य किस हद तक साहित्यिक उत्पादन और प्रसार के माध्यमों में होने वाले आधारभूत परिवर्तनों से गढ़ा गया? और साहित्यकारों ने इन परिवर्तनों के प्रति कैसा रवैया दर्शाया? मैं यहाँ तीन प्रमुख साधनों के विकास को परखने जा रही हूँ—पत्र-पत्रिकाएँ, पुस्तकें और कवि सम्मेलन। इन्हीं 'अखाड़ों' में लेखकों, कवियों और विद्वानों ने अपने विचार और अपना कृतित्व जनता के समक्ष रखा और भिन्न-भिन्न रुचियों और विचारों वाले हिन्दी साहित्यकारों से और हिन्दी के पाठकों-श्रोताओं से रू-ब-रू हुए। पहले दो

माध्यम तो आधुनिक छापेख़ाने की संस्कृति की सीधी उपज थे, जबकि कवि सम्मेलन साहित्यिक मनोरंजन का एक परम्परागत रूप था, जिसमें राष्ट्रीयता के प्रसार और हिन्दी आन्दोलन के साथ नये पहलू जुड़ गये थे।

1.3.1 पत्र-पत्रिकाएँ

इन दशकों में पत्र-पत्रिकाओं का महत्व हिन्दी के साहित्यिक जीवन में कितना रहा, उसके बारे में जो भी कहा जाये, वह कम है। 1920 और 1930 के दशकों का सारा नहीं तो अधिकांश हिन्दी साहित्य पहले-पहल पत्र-पत्रिकाओं में ही सामने आया। हिन्दी लेखकों की एक बहुत बड़ी तादाद कम-से-कम कुछ हद तक या फिर अपने जीवन के किसी समय में व्यावसायिक रूप से सम्पादन के काम से जुड़ी हुई थी। उन्नीसवीं सदी में हिन्दी के अग्रदूतों ने पहले ही इस बात को समझ लिया था कि एक सार्वजनिक भाषा के रूप में हिन्दी के प्रयोग को बढ़ावा देने, सामाजिक और सांस्कृतिक सुधार के विषयों पर विचारों को फैलाने और बहस शुरू करने और साहित्य को रसिकों-मित्रों के एक छोटे-से दायरे के बाहर एक अस्पष्ट रूप से परिभाषित 'हिन्दू-हिन्दी पाठकवर्ग' के बीच ले जाने के लिए पत्र-पत्रिकाएँ एक अहम ज़रिया हैं। सच तो यह है कि भारतेन्दु मण्डल के सभी लेखकों ने, ख़ुद बनारस में भारतेन्दु से ले कर इलाहाबाद में बालकृष्ण भट्ट तक और कानपुर में प्रताप नारायण मिश्र से ले कर कलकत्ता में बालमुकुन्द गुप्त तक, कम-से-कम एक पत्रिका अवश्य शुरू की। अक्सर अकेले दम किये जाने वाले इन प्रयासों का उद्देश्य व्यावसायिक न हो कर 'हिन्दी की सेवा' था। और उनकी साहित्यिक उत्कृष्टता के बावजूद उन्हें पाठकों के अभाव की वजह से मुरझाना पड़ता था, क्योंकि उन्नीसवीं सदी में ऐसे प्रकाशनों के लिए पाठक-वर्ग सिर्फ़ उर्दू में मौजूद था। इसके बावजूद ये प्रारम्भिक हिन्दी पत्र-पत्रिकाएँ इसलिए बहुत महत्वपूर्ण थीं, क्योंकि उनमें उपनिवेशवाद की राजनैतिक समीक्षा का अंकुर फूटता नज़र आता है। साथ-साथ भारतीय देश-भक्ति का एजेण्डा तय करने और हिन्दी को एक चुस्त और तर्क-वितर्क-भरे गद्य की भाषा के रूप में विकसित करने और निबन्ध को एक लचकीली विधा के रूप में विकसित करने के लिहाज़ से भी ये प्रारम्भिक पत्र-पत्रिकाएँ एक अहमियत रखती हैं।[68]

उन्नीसवीं सदी के उत्तरार्द्ध में हिन्दी की संस्थाओं ने ख़ुद अपनी पत्र-पत्रिकाएँ भी निकालीं और समूची हिन्दी पट्टी में विद्वानों और सुसंस्कृत गण्य-मान्य व्यक्तियों का एक जाल बिछा दिया। इनमें से सबसे महत्वपूर्ण पत्रिका, 'नागरी प्रचारिणी पत्रिका' ने (बनारस, 1896 से त्रैमासिक के रूप में और फिर 1907 से 1920 तक मासिक के रूप में) भले ही यह दावा किया कि वह सभा के सदस्यों और दूसरे हिन्दी लेखकों के लिए अपने विचार प्रकट करने का एक मंच प्रदान कर रही है, तो भी वह कुल मिला कर एक विद्वत्तापूर्ण और शास्त्रीय उपक्रम ही बनी रही। वह रुक-रुक कर प्रकाशित होती रही और

उसका अत्यन्त सीमित प्रसार उसकी गतिविधियों की सीमित पहुँच का ही संकेत देता रहा। पत्रिका का महत्व मुख्यतः विद्वत्तापूर्ण था—उसमें अधिकांशतः मुस्लिम काल से पहले की या ग़ैर-मुस्लिम विरासत से सम्बन्धित निबन्ध और पश्चिम की वैज्ञानिक और साहित्यिक परम्पराओं से सम्बन्धित लेख हिन्दी में पहली बार प्रकाशित हुए—लेकिन उसकी इससे भी बड़ी एक अहमियत थी। उसने यह स्पष्ट रूप से घोषित किया कि वह उच्चस्तरीय हिन्दी के ही लेखन की पक्षधर है, जैसा कि 1896 में उसके नीतिगत वक़्तव्य ने पूरी तरह साफ़ कर दिया था कि सभा द्वारा स्वयं लिखे और प्रकाशित किये जाने वाले लेख, सूचनाएँ, आदि शुद्ध हिन्दी शब्दों का प्रयोग करेंगे, अर्थात, न क्लिष्ट संस्कृत शब्द, न अरबी और फ़ारसी भाषाओं के शब्द। अगर सभा के पास प्रकाशन के लिए बाहर से आने वाले लेखों में फ़ारसी और अरबी के शब्दों की प्रचुरता होगी, तो उन्हें समीक्षा समिति द्वारा स्वीकार नहीं किया जायेगा।[69]

यह तो सिर्फ़ बीसवीं सदी की शुरूआत में हुआ कि महावीर प्रसाद द्विवेदी के सम्पादकत्व में (इलाहाबाद, 1903-20) व्यावसायिक रूप से चलने-योग्य, मिली-जुली सामग्री वाली एक पत्रिका, 'सरस्वती,' हिन्दी में प्रकाशित होने लगी। एक शक्तिशाली प्रकाशक-स्वामी, इण्डियन प्रेस के चिन्तामणि घोष के समर्थन से 'सरस्वती' ने अकेले दम हिन्दी साहित्य में एक नये युग का समारम्भ किया और हिन्दी पत्रकारिता के केन्द्र को कलकत्ता से युक्त प्रान्त में लाने में सहायता दी।[70] महावीर प्रसाद द्विवेदी ने कई अर्थों में मानदण्ड निर्धारित किया और 'सरस्वती' के प्रमुख पहलुओं को देखें तो पता चलता है कि हिन्दी भाषा और साहित्य पर पत्र-पत्रिकाओं का कैसा और कितना प्रभाव पड़ा। सबसे पहले तो द्विवेदी जी की कार्यसूची का केन्द्र-बिन्दु यह था कि एक व्याकरण की दृष्टि से स्थिर, छपाई की मानक (हिन्दी) भाषा निर्विवाद रूप से प्रचलित की जाये। पहले ही भारतेन्दु जो हिन्दी के 'आचार्य' होने का दावा करते थे, 1873 में (जिस साल उन्होंने हरिश्चन्द्र मैगज़ीन शुरू की थी) 'हिन्दी नयी चाल में ढली' की घोषणा करके हिन्दी के लिए एक नये युग की शुरूआत का ऐलान कर चुके थे। लेकिन जहाँ भारतेन्दु ने, उदार प्रयोगकर्ता के तौर पर, छपाई की भाषा को ले कर अपनी परिभाषा काफ़ी ढीली-ढाली रखी थी, महावीर प्रसाद द्विवेदी ने इस मामले में एक अपेक्षाकृत कड़ा और आदर्श रवैया अख़्तियार किया। 'सरस्वती' में प्रकाशित होने वाली सभी रचनाओं के सिलसिले में जो मानक भाषा उन्होंने अनिवार्य रूप से लागू की, वह शुद्धता की ओर उन्मुख थी। उसमें नियमित वाक्य-रचना और शब्दों के क्रम, लम्बे-लम्बे उपवाक्यों और भाववाची संज्ञाओं और नामवाची क्रियापदों पर बल था। वस्तुपरक ढंग से अमूर्त विचारों की अभिव्यक्ति के लिए उपयुक्त समझी जाने वाली वही नियमित वाक्य-रचना वे गद्य और पद्य दोनों पर लागू किया करते थे, जबकि भावनाओं को व्यक्त करने का काम विशेषणों के ज़िम्मे छोड़ दिया जाता। दूसरे, 'सरस्वती' 'उपयोगी ज्ञान' और 'उपयोगी साहित्य' का एक

मिला-जुला संकलन था : उसमें ऐतिहासिक और सार्वजनिक रुचि के समकालीन विषयों पर लेख और रचनात्मक साहित्य शामिल रहता। इसी के साथ विषयों और भाषा का चुनाव यह संकेत देता कि महावीर प्रसाद द्विवेदी के मत में कौन-सा साहित्य युग के अनुकूल है (2.2) : सिर्फ़ खड़ी बोली में लिखी गयी कविताएँ या ऐतिहासिक या सुधारवादी विषयों पर लिखी गयी कहानियाँ 'सरस्वती' में छपने के लिए स्वीकार की जातीं। मिसाल के लिए, उन्होंने 'द्विवेदी मण्डल के कवियों' के एक दल को ख़ास तौर पर यह काम सौंपा कि वे रवि वर्मा के ऐतिहासिक और पौराणिक चित्रों के अनुरूप कविताएँ लिखें ताकि चित्र और कविताएँ, दोनों साथ-साथ प्रकाशित हो सकें : मैथिलीशरण गुप्त की 'भारत-भारती' को उस कविता का एक उदाहरण माना जा सकता है, जिसका अनुमोदन द्विवेदी जी करते थे (3.1)। भाषा और विषय-वस्तु के लिहाज़ से 'सरस्वती' में छपने वाली सामग्री की जाँच-परख कड़ाई से करते हुए और हिन्दी में प्रकाशित होने वाली पुस्तकों की समीक्षा नियमित रूप से और विस्तारपूर्वक करते हुए द्विवेदी जी ने एक शैक्षणिक माध्यम के रूप में 'सरस्वती' की सम्भावनाएँ तो प्रकट कीं ही, उसकी आदर्श और मानदण्ड स्थापित करने वाली सम्भावनाएँ भी उजागर कीं। वे इस बात के लिए प्रसिद्ध थे कि जो रचनाएँ उनके मानदण्डों पर खरी नहीं उतरती थी, उन पर वे तीखा व्यंग्य करते थे, और वे ब्रज भाषा काव्य और छायावाद, दोनों ही पर बराबर से चोट करके छायावाद को 'अनुपयोगी' और हिन्दी साहित्य के लिए हानिकारक ठहराते हुए ख़ारिज करते रहे।[71] इस तरह द्विवेदी जी व्यावसायिक समालोचक के अस्तित्व में आने से पहले सम्पादक-निर्णायक बने और उन्होंने 'सरस्वती' को हिन्दी के सार्वजनिक क्षेत्र में 'मानक' नियमों और मूल्यों के प्रसार के लिए इस्तेमाल किया।

इसके विपरीत, जयशंकर प्रसाद के उपक्रम 'इन्दु' (बनारस, 1909-) ने खड़ी बोली और ब्रज भाषा काव्य की उन रचनाओं को छाप कर नये क्षितिज उजागर किये जिन्हें 'सरस्वती' प्रकाशित करने से इनकार करती थी। तो भी उसकी उच्च स्तरीय कलात्मक दृष्टि इस बात को ज़्यादा इंगित करती है कि उसमें प्रसाद (1889-1937) और रायकृष्ण दास (1892-1980)—इन दो रसिकों की इच्छा अपनी अभिरुचियों और अपने प्रयोगों को लोगों के सामने लाने की थी, किसी योजनाबद्ध उपक्रम की नहीं। इस पत्रिका की कुछ 'किरणें' (अर्थात अंक) निकलीं और फिर बुझ गयीं। इसकी तुलना में जब दुलारे लाल भार्गव के सम्पादन में लखनऊ से जुलाई 1922 में 'विविध विषय-विभूषित, साहित्य सम्बन्धी, सचित्र' मासिक पत्रिका 'माधुरी' का प्रकाशन शुरू हुआ, तो साहित्यिक क्षेत्र में एक तहलका मच गया। जैसा कि एक प्रतिस्पर्धी का कहना था, 'श्री दुलारे लाल के ''माधुरी'' के निकालते ही हिन्दी का प्रेस चकित रह गया। उनके पहले कोई नहीं जानता था कि हिन्दी में इतनी बड़ी पत्रिका निकाली जा सकती है। निःसन्देह उन्होंने 'माधुरी' निकाल कर हिन्दी के मासिक साहित्य में एक प्रकार की क्रान्ति पैदा कर दी।'[72] बात

सिर्फ़ आकार और प्रस्तुति की नहीं थी (उसमें 100 से अधिक पृष्ठ थे जिनमें पर्याप्त रंगीन चित्र छपते, कई स्तम्भ होते और उसके रचनाकारों में हिन्दी के प्रसिद्ध लेखकों और कवियों में से अधिकांश शामिल थे)। 'माधुरी' एक और महत्वपूर्ण दृष्टि से 'सरस्वती' से भिन्न थी। वह था उसका खुलापन। महावीर प्रसाद द्विवेदी ने 'सरस्वती' को जिस नैतिकतावादी और सुधारवादी साँचे में ढाल दिया था, उसके बिना, किसी ख़ास एजेण्डा के बिना और अधिक व्यावसायिक नज़रिये के साथ 'माधुरी' ने अपने पृष्ठों को विविध प्रकार के स्वरों और शैलियों के लिए खोल दिया था। उसका उद्देश्य समकालीन जनमत को गढ़ने की बजाय उसे प्रतिबिम्बित करना था। वस्तुतः, हालाँकि दृष्टिकोण में 'माधुरी' अपनी पूर्ववर्ती पत्रिका 'सरस्वती' से बहुत ज़्यादा भिन्न नहीं थी,[73] उसने यह दिखा दिया कि सारा अन्तर केवल खुलेपन से पैदा किया जा सकता है। 'माधुरी' हिन्दी में साहित्यिक रचनाओं और वाद-विवाद का मंच बन गयी। जैसा कि 'सरस्वती' के सिलसिले में हुआ था, साहित्यिक या समकालीन विषयों पर अधिकतर विद्वान रचनाकारों के निबन्ध और लेख पत्रिका के आधे से अधिक हिस्से को घेरे रहते। इनमें राजनैतिक ख़बरें और सम्पादक की टिप्पणियाँ भी होती। साहित्यिक और सामान्य समाचारों के स्तम्भ होते। छोटी-छोटी टिप्पणियाँ होतीं, किताबों की समीक्षाएँ होतीं, आदि-आदि। बल पठनीय सामग्री की व्यापकता पर था, और उपदेश की बजाय सूचना पर। इस प्रकट रूप से छोटे-से अन्तर से भारी परिवर्तन घटित हुआ और इससे 'माधुरी' विविध प्रकार की अभिरुचियों और विचारों का एक खुला मंच बन गयी—ब्रज भाषा से ले कर खड़ी बोली के नवीनतम प्रयोगों तक। अपरिचित नामों से भी लेखों, टिप्पणियों और रचनाओं का स्वागत होता था। एक ही विषय को जाने-माने विद्वान भी हाथ में लेते, और नवोदित रचनाकार भी, और दोनों ही केवल अपने तर्कों के बल पर उसी पाठक-वर्ग को सम्बोधित करते। इस तरह नये-पुराने के लेखकों ने एक सार्वजनिक स्वर और ऐसी भूमिका अर्जित की जिसने उनकी व्यक्तिगत पहचान से आगे बढ़ कर उन्हें विचार-विमर्श के सार्वजनिक क्षेत्र के सदस्य बना दिया। पाठकों से भी यह उम्मीद की जाती थी कि वे भिन्न-भिन्न प्रकार के मतों को पढ़ कर ख़ुद अपना मत बनायें। जब रचनाकारों के मत सम्पादक के विचारों से बहुत भिन्न होते तो फिर सम्पादक की ओर से उस रचना के साथ एक छोटी-सी टिप्पणी भी प्रकाशित होती, अगर उसे यह लगता कि हर हाल में वह रचना उपयोगी है या पढ़ने में विचारोत्तेजना पैदा कर सकती है। इसी खुलेपन, जानकारी की विविधता और इन पत्रिकाओं के सहभागिता वाले स्वभाव ने उन्हें सांस्कृतिक और राजनैतिक शिक्षा के स्रोत के रूप में स्कूलों का एक महत्वपूर्ण पूरक या स्थानापन्न बना दिया था।

'माधुरी' का दूसरा बड़ा आकर्षण उसमें प्रकाशित रचनात्मक लेखन का था, यानी अधिकतर कविताएँ और कहानियाँ जो हर अंक के बाक़ी आधे हिस्से में प्रकाशित होतीं। यहाँ फिर अभिरुचियों की दृष्टि से दुलारे लाल भार्गव, महावीर प्रसाद द्विवेदी की तुलना में अधिक उदार रवैया रखते थे। ब्रजभाषा की कविताएँ खड़ी बोली की रचनाओं के

साथ-साथ छपतीं, चाहे स्वीकृत 'द्विवेदी मण्डल के कवियों' की, या फिर उग्र राष्ट्रवादियों की—जैसे गया प्रसाद शुक्ल सनेही 'त्रिशूल' (1883-1972), 'एक भारतीय आत्मा' (माखन लाल चतुर्वेदी), लोचन प्रसाद पाण्डेय, आदि या फिर नये कवियों की जैसे बद्री नाथ भट्ट, युवा बालकृष्ण शर्मा 'नवीन' (1897-1960) और भगवती चरण वर्मा (1903-81)। 'माधुरी' में प्रकाशित होने वाले रचनाकारों में विवादग्रस्त छायावादी भी थे : निराला की कुछ आरम्भिक कविताएँ, 'तुम और मैं' और 'अधिवास', 1923 के आरम्भ में प्रकाशित हुईं और प्रसाद का नाटक 'जनमेजय का नाग-यज्ञ' दिसम्बर 1922 में। ब्रजभाषा काव्य नियमित रूप से 'माधुरी' में नज़र आता, न सिर्फ़ प्रमुख हिन्दी विद्वानों के लेखों और टीकाओं में, बल्कि जनवरी 1925 से 'कवि चर्चा' के नाम से ब्रजभाषा काव्य और कवियों पर शुरू किये गये एक अतिरिक्त स्तम्भ में भी, जो ब्रजभाषा काव्य की लोकप्रियता और उसके अनवरत मानकीकरण की प्रवृत्ति की गवाही देता है। कहानियों को तो एक तरह से इन पत्रिकाओं ने एक विधा के रूप में जन्म ही दिया और सभी लोग मानने लगे कि कहानियाँ ही थीं कि जिनके बल पर पत्रिकाएँ बिकती थीं। 'माधुरी' इस प्रवृत्ति का समर्थन करती थी और ऐसे लेखकों की रचनाएँ नियमित रुप से आमन्त्रित करती थी, जिन्होंने एक निष्ठावान पाठक-वर्ग बना लिया था : प्रेमचन्द, विश्वम्भरनाथ शर्मा 'कौशिक' और सुदर्शन। सच तो यह है कि अपरिचित लेखकों की कहानियाँ भी धड़ल्ले से छपतीं और ये पहली रचनाएँ थीं जिनको अधिकार के तौर पर पारिश्रमिक मिलने लगा। निर्विवाद रूप से कहानियों और उपन्यासों ने प्रकाशन के अलग-अलग रास्ते अपनाये। हालाँकि सदी के आरम्भ में कुछ पत्र-पत्रिकाएँ ऐसी थीं जो सिर्फ़ उपन्यासों को धारावाहिक रूप से प्रकाशित करती थीं, 1920 के दशक में पत्रिकाओं में प्रकाशित होने वाले उपन्यासों की संख्या बहुत कम थी। कहानियाँ हमेशा पत्र-पत्रिकाओं में पहले छपतीं, जबकि उपन्यास अधिकतर प्रकाशक के हाथ सौंपे जाते जो इस बात का सम्भवतः संकेत हो कि अभी तक एक ऐसी वितरण प्रणाली बहुत विकसित नहीं हुई थी जो धारावाहिक पठन-पाठन को सुनिश्चित कर सके[74]

इस तरह 'माधुरी' जैसी पत्रिकाओं ने नये लेखकों के लिए रास्ता खोल कर, उन्हें स्थापित करने और उनका प्रचार-प्रसार करने की अत्यन्त महत्वपूर्ण भूमिका निभायी। वे ऐसे साहित्यिक क्षेत्र की भी छवि प्रस्तुत करती हैं जिसमें विविधता स्वीकृत तो थी ही, साथ ही नयेपन को प्रोत्साहित किया जाता था : 'माधुरी' जैसी पत्रिकाओं से ही समकालीन खड़ी बोली काव्य की मौलिकता और साहित्यिकता को वैधता प्राप्त हुई। इसी के साथ-साथ अत्यन्त श्रृंगारपरक रचनाओं को छोड़ कर ब्रजभाषा काव्य के प्रति अभिरुचि को सार्वजनिक क्षेत्र में मान्यता भी दिलायी जाती रही (2.2)। महावीर प्रसाद द्विवेदी ने 'सरस्वती' के इर्द-गिर्द साहित्यिक विद्वानों का जो दल इकट्ठा किया था, वह इस नयी, ज़्यादा चकाचौंध-भरी और ज़्यादा पारिश्रमिक देने वाली पत्रिका की ओर आकर्षित हुआ

: इनमें मिश्र बन्धु थे, रामचन्द्र शुक्ल, गुलाब राय और कभी-कभार स्वयं आचार्य द्विवेदी भी थे। इसी के साथ-साथ 'माधुरी' ने कवियों और स्नातकों की अपेक्षाकृत नयी पीढ़ी को भी स्थान दिया। जैसे—कृष्णदेव प्रसाद गौड़ (1895-1965), मातादीन शुक्ल और परशुराम चतुर्वेदी, जो नये साहित्य के प्रति सहानुभूति ही नहीं रखते थे, बल्कि उसकी रक्षा भी करने को तत्पर रहते थे। कुल मिला कर इन्हीं लोगों ने साहित्यिक बहस-मुबाहिसे के लिए हिन्दी में 'माधुरी' को सबसे बड़ा मंच बना दिया था।

सार्वजनिक संस्थाओं की बजाय ये पत्र-पत्रिकाएँ ही थीं जिनमें बहसें चलीं और ख़बरें बनीं। चूँकि साहित्यिक समीक्षा बहुत धीरे-धीरे विकसित हो रही थी, इसलिए पत्र-पत्रिकाएँ उस साहित्य पर, जो लिखा जा रहा था, धारावाहिक टीका-टिप्पणी भी उपलब्ध करा रही थीं। ऐसे लेखकों (और पाठकों) के लिए जो अलग-अलग स्कूली अनुभव और साहित्यिक संस्कार ले कर आ रहे थे 'माधुरी' जैसी पत्रिकाओं ने एक साझा और भरपूर साहित्यिक प्रशिक्षण उपलब्ध कराया। जैसा कि हम देख चुके हैं ये पत्र-पत्रिकाएँ पहले की अभिरुचियों को सँजोये रखने के साथ-साथ नयी अभिरुचियों को प्रोत्साहित और पुष्ट करने में बहुत प्रभावकारी साबित हुईं। अन्ततः पत्र-पत्रिकाओं की बढ़ती हुई केन्द्रीयता ही थी जिसने वाचिकता की बजाय छपे हुए शब्द को साहित्यिक प्रसारण का प्रमुख साधन बना दिया। कवि सम्मेलनों में सुनायी गयी कविताएँ भी प्रकाशित हो कर ज़्यादा दीर्घजीवी बनने लगीं। जहाँ पिछले ज़माने में कविताएँ सुनायी जाती थीं और 'दीवान' छपते थे, अब पत्रिकाओं ने छपाई के माध्यम से थोड़ी-थोड़ी मात्रा में और लगातार काव्य और गद्य का प्रकाशन सुनिश्चित कर दिया। बल्कि कहना यह चाहिए कि पत्र-पत्रिकाओं में साहित्य को एक विशेष प्रकार का अर्द्ध-स्थायित्व मिल गया। पत्र-पत्रिकाएँ जो निजी तौर पर या पुस्तकालयों में उपलब्ध होती थीं, ग्रामीण क्षेत्रों में भी, किताबों की बनिस्बत में ज़्यादा दूर तक और तेज़ी से फैल जाती थीं, लेकिन वे जल्दी ही ग़ायब भी हो जाती थीं, क्योंकि बहुत कम पुस्तकालय पुराने अंक सँजो कर रखते थे; सिर्फ़ कभी-कभी ऐसा होता था कि पत्र-पत्रिकाओं में छपने के बाद कविताएँ और कहानियाँ किताब के रूप में अधिक स्थायी अस्तित्व प्राप्त कर लेती थीं, लेकिन इसके बावजूद पत्र-पत्रिकाओं का उद्देश्य महज़ मनोरंजक पाठ्य सामग्री उपलब्ध कराने से अधिक कुछ और भी होता था। 'हिन्दी के स्थायी भण्डार को भरने' के अलावा वे एक जीवन्त साहित्यिक विवाद के क्षेत्र को प्रोत्साहित करती थीं जहाँ लेखक दूसरे लेखकों का हवाला देते थे और कवि दूसरे कवियों के प्रति अपनी प्रतिक्रिया एक समान सार्वजनिक क्षेत्र में प्रकट करते थे।

1920 के दशक में पत्र-पत्रिकाओं का विस्तार उनके व्यवसायीकरण के साथ-साथ घटित हुआ। पूँजी के भारी निवेश के लिए कम-से-कम 2000 प्रतियों की बिक्री ज़रूरी थी ताकि घाटा न लगे। इसलिए विज्ञापन और वितरण के तकनीकी पहलुओं पर ज़्यादा

ध्यान दिया जाने लगा। इण्डियन प्रेस और शिक्षा विभाग के बीच बढ़िया तालमेल की बदौलत पूरे उत्तर भारत में 'सरस्वती' सरकारी और उनसे सम्बद्ध स्कूलों तथा सार्वजनिक पुस्तकालयों तक पहुँच जाती थी। 'माधुरी' जैसे महँगे उपक्रम को दोनों चीज़ें चाहिए थीं–बड़ा आरम्भिक पूँजी निवेश और विशेष रूप से प्रबन्धकीय कौशल। जहाँ पूँजी को कोई प्रकाशन गृह उपलब्ध करा सकता था या पत्रिका को लिमिटेड कम्पनी बना कर उसे प्राप्त किया जा सकता था, वहीं प्रबन्धकीय कौशल सम्पादक-व्यवसायी के नये व्यक्तित्व पर निर्भर था। 'सरस्वती' का स्वामित्व इण्डियन प्रेस के पास था, 'माधुरी' का नवल किशोर के पास, 'विशाल भारत' का रामानन्द चटर्जी समूह के पास जो 'मॉडर्न रिव्यू' और 'प्रवासी' का प्रकाशन भी करता था। 'चाँद' जो निजी पूँजी से स्थापित हुआ था, आगे चल कर एक प्रेस और प्रकाशन गृह–चाँद कार्यालय–बन गया और फिर 1932 में लिमिटेड कम्पनी बना दिया गया। 'दैनिक आज' को, जिसकी स्थापना राष्ट्रवादी करोड़पति बाबू शिवप्रसाद गुप्त ने एक कम्पनी 'भारत समाचार समिति' के माध्यम से की थी, पहले साल में 40 हज़ार रुपये का घाटा हुआ था, जिसे कोई अकेला सम्पादक झेल ही न पाता; इसे शिवप्रसाद गुप्त के प्रकाशन संस्थान 'ज्ञान मण्डल' के साथ जोड़ कर 1940 में एक लिमिटेड कम्पनी बना दिया गया।[75] दुलारे लाल भार्गव और 'चाँद' प्रेस के रामरख सिंह सहगल नयी लहर के उन सम्पादकों में शामिल थे जिनमें प्रचुर प्रबन्धकीय क्षमता थी। दुलारे लाल भार्गव दरअसल इस दौर के साहित्यिक उद्योगपति का सबसे अच्छा उदाहरण साबित होते हैं : 'माधुरी' के माध्यम से लगातार खुल्लम-खुल्ला आत्म-प्रचार करके, और पृष्ठों, स्तम्भों और चित्रों की संख्या को लगातार बढ़ा कर, बेहतर काग़ज़ लगा कर और विशेषांक निकाल कर उन्होंने हिन्दी मासिक पत्रिकाओं में होड़ा-होड़ी का एक नया एहसास पैदा कर दिया। संक्षेप में कहें तो सतत नवीनता को उन्होंने एक मूल्य बना दिया। होड़ में बने रहने के लिए दूसरी पत्रिकाओं को 'माधुरी' का अनुसरण करना ही पड़ा और ऐसा करना पुराने, अकेले-दम चलाये जा रहे उपक्रमों की बिसात के बाहर था। इसके अलावा दुलारे लाल भार्गव और रामरख सहगल जैसे उद्यमी सम्पादकों ने वितरण को बढ़ाने की कोशिश में स्थानीय विक्रय प्रतिनिधि नियुक्त करके और अपनी पत्रिकाओं को पुस्तक विक्रेता ए.एच. ह्वीलर के साथ अनुबन्ध करके रेलवे स्टेशनों पर और किताबों की दुकानों पर बेचने का प्रबन्ध किया। उन्होंने अपनी पत्रिकाओं के पृष्ठों में आक्रामक आत्म-प्रचार करके अपने पाठकों के साथ एक प्रबल भावनात्मक सम्बन्ध भी बनाने की कोशिश की। आत्म-प्रचार का जो विशेष रूप दुलारे लाल भार्गव ने शुरू किया (और सहगल ने अपनाया) पत्रिका और उसकी सामग्री पर प्रमुख साहित्यकारों, दूसरी पत्रिकाओं और जाने-माने व्यक्तियों द्वारा सम्मतियों को नियमित रूप से प्रकाशित करना था।[76] विज्ञापन हासिल करने के लिए भी सक्रिय प्रयास शुरू हुए। ख़ास तौर पर सामने और पीछे के पृष्ठों पर : 'माधुरी,' 'सुधा,' 'चाँद,' 'सरस्वती' और 'आज' विज्ञापनों के कई पृष्ठ

प्रकाशित करते जिनमें .ज़्यादातर छोटे पैमाने की उपभोक्ता सामग्री नज़र आती। यह इस तथ्य की गवाही देता है कि उस वक़्त देसी जनता को उपभोक्ता बाज़ार के रूप में स्वीकार किया जाने लगा था। (चित्र 1.1)।

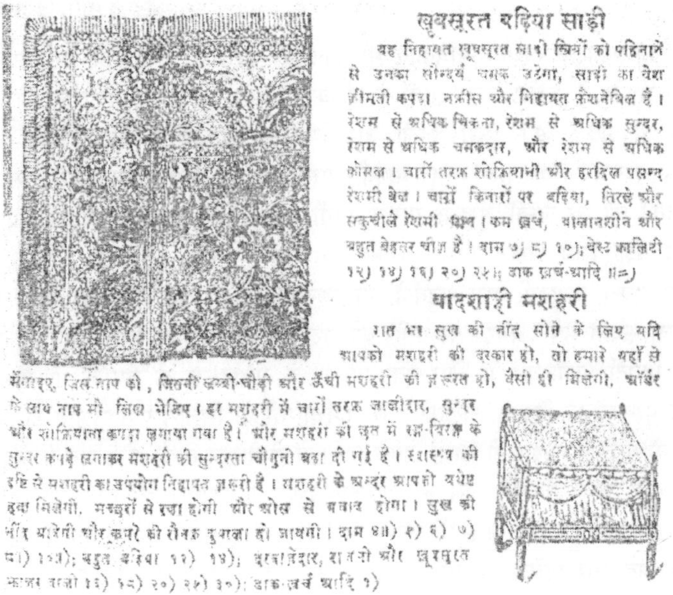

1920 के दशक में पत्र-पत्रिकाओं को पहले से अधिक व्यावसायिक बनाने के पीछे एक और कारक था—पत्र-पत्रिकाओं में प्रकाशित होने वाले सामयिक साहित्य और 'स्थायी' साहित्य के बीच सह-जीविता। 'सरस्वती' ने एक बार फिर रास्ता दिखाया था और अधिकांश महत्वपूर्ण हिन्दी पत्रिकाओं ने उसका अनुसरण किया। पत्रिकाएँ या तो पुस्तकों के प्रकाशन गृहों द्वारा निकाली जातीं या फिर उनके प्रकाशक .ख़ुद पुस्तक प्रकाशन का भी काम शुरू कर देते। सामयिक और 'स्थायी' साहित्य के बीच सह-जीविता आसानी से समझ में आ सकती है : किताबें उन कहानियों, कविताओं या उपन्यासों की सफलता को बढ़ा कर पुष्ट करती थीं जिनसे पाठकगण पत्रिकाओं के माध्यम से पहले ही परिचित हो चुके होते थे। वे मुनाफ़े को भी बढ़ाने का काम करती थीं, क्योंकि वही सामग्री दो बार इस्तेमाल की जा सकती थी और वह भी बिना अतिरिक्त लागत के, जब सम्पादक, प्रकाशक रचना के अधिकार .ख़रीद लेते जैसा कि दुलारेलाल भार्गव करते थे। पत्रिकाओं से प्रचार का काम भी सधता था, क्योंकि वे प्रकाशन गृह द्वारा प्रकाशित पुस्तकों के बड़े-बड़े विज्ञापन छापती थीं (दुलारेलाल भार्गव ने तो अपनी पत्रिका में .ख़ुद अपनी पुस्तक

की प्रशंसा करवायी थी), और किताबें और पत्र-पत्रिकाएँ, दोनों, वितरण की उन्हीं सरणियों का इस्तेमाल कर सकते थे। स्थायी ग्राहक बनने को आग्रहपूर्वक प्रोत्साहित करके, प्रकाशक और पाठक के बीच न केवल भावनात्मक जुड़ाव स्थापित होता था, बल्कि प्रकाशक को आर्थिक सुरक्षा उपलब्ध भी हो जाती थी और पाठक को रियायती मूल्य पर सामग्री।

जो प्रकाशन गृह पत्र-पत्रिकाएँ भी प्रकाशित करते थे, वे न सिर्फ़ उसी सामग्री को दोबारा छापते थे, बल्कि उन्हीं लोगों से पत्रिकाओं और पुस्तकों के प्रकाशन की देख-रेख भी करवा सकते थे। इससे पहली बार हिन्दी में वेतनभोगी बुद्धिजीवियों का एक व्यावसायिक वर्ग तैयार हुआ। ख़ुद महावीर प्रसाद द्विवेदी के बाद व्यावसायिक साहित्यिक सम्पादकों की जो लम्बी शृंखला सामने आयी उसके पहले-पहले सदस्यों में रूपनारायण पाण्डेय, शिवपूजन सहाय (1893-1963), नवजादिक लाल श्रीवास्तव (1888-1939), देवीदत्त शुक्ल, बनारसी दास चतुर्वेदी, माखनलाल चतुर्वेदी और मातादीन शुक्ल के नाम लिये जा सकते हैं।[77] अगर 'सरस्वती' को उदाहरण के तौर पर लिया जाये तो महावीर प्रसाद द्विवेदी प्रकाशकों के लिए एक साहित्यिक सलाहकार के रूप में भी काम करते थे। वे पुस्तकों के विषयों, लेखकों और कर्मचारियों के सिलसिले में सुझाव देते थे और हिन्दी के पहले सम्पादक थे जिन्हें अपने मालिकों से पेन्शन मिली थी। बाद में जब 1918 में देवीदत्त शुक्ल इण्डियन प्रेस के साहित्य विभाग में शामिल हुए तो उनसे कहा गया कि वे प्रकाशन गृह की बाल-पत्रिका 'बाल सखा' के सम्पादन में सहयोग दें, 'सरस्वती' के प्रूफ़ पढ़ें और पत्रिका के लिए लेखों के साथ-साथ इण्डियन प्रेस की अनेक पुस्तकों का अनुवाद भी करें। प्रेमचन्द को—जिन्हें 1927 में बाबू बिशनूनारायण भार्गव ने 'माधुरी' के सम्पादक बनने का प्रस्ताव दिया था (200 रुपये प्रतिमाह के वेतन पर जो उस समय किसी भी सम्पादक को दी जाने वाली सबसे ज़्यादा तनख़्वाह थी)—इसके साथ-साथ 'नवल किशोर प्रेस के लिए पाठ्य पुस्तकें तैयार करने के अलावा उन्हें पाठ्यक्रमों में स्वीकृत कराने का काम भी सौंपा गया था और... बनारस या कानपुर या पटना या नैनीताल की काफ़ी यात्राएँ भी करनी पड़ती थीं।' 1931 में उन्हें प्रकाशन गृह की दूसरी शाखा में स्थानान्तरित कर दिया गया—बुक डिपो में।[78] पत्रिकाओं में दोनों तरह के लोगों की ज़रूरत रहती थी—स्थायी-वेतन भोगी कर्मचारियों की भी, जो दफ़्तर में बैठ कर काम करते थे और नियमित-अनियमित लेखकों की भी, जो अपनी रचनाएँ डाक से भेज देते थे और कभी-कभी मिलने के लिए पत्रिकाओं के कार्यालयों में आते रहते थे। दुलारेलाल भार्गव ने विशेष रूप से पहली बार लेखकों को नियमित रूप से पारिश्रमिक देने की प्रथा शुरू की और पहली बार लेखकों को यह सोचने का अवसर दिया कि वे वास्तव में लेखन के बल पर आजीविका चला सकते हैं। फिर भी पारिश्रमिक का प्रश्न एक कँटीला मामला बना रहा। वेतन-भोगी कर्मचारी रखना और लेखकों को पारिश्रमिक देना सिर्फ़ बड़ी पत्रिकाओं की बिसात में ही था। वास्तव में ज़्यादातर शौक़िया लेखक इसी बात पर

सन्तुष्ट रहते थे कि उनकी रचनाएँ प्रकाशित हो रही हैं। (चित्र 1.2) इसके अलावा, साहित्य-सेवा के लिए पैसे माँगना अनुचित-सा लग सकता था। अपनी पूरी ज़िन्दगी जयशंकर प्रसाद यह मानते रहे कि अपनी रचनाओं के लिए कोई भी पारिश्रमिक लेना 'सरस्वती' के प्रति एकान्त निष्ठा को भंग कर देगा। कविताओं का पारिश्रमिक बाक़ी रचनाओं की तरह 'लाइन के हिसाब से' नहीं दिया जाता था। दुलारेलाल भार्गव ने एक सम्पादकीय टिप्पणी में बड़ी चालाकी से यह दलील दी थी कि 'उनका कोई मूल्य नहीं है और उनका पारिश्रमिक पृष्ठों के हिसाब से नहीं दिया जा सकता' और इसके बाद बहुत संक्षेप में यह निष्कर्ष निकाला था कि 'कविता पर पारिश्रमिक देना एक जटिल समस्या है। कवियों को उनके परिश्रम का मूल्य तो दिया नहीं जा सकता। कारण, कविता का तो कुछ मूल्य हो नहीं सकता, वह तो अमूल्य है। पृष्ठों के हिसाब से कविता पर पारिश्रमिक देना कविता और कवि का अपमान करना है।'[79]

चित्र 1.2 बेचारा सम्पादक ऐसे लोगों से घिरा है जो स्पष्ट ही 'लेखकनुमा' लोगों के रूप में पहचाने जा सकते हैं। 'हमारे लेख छापिए जो एक नये युग का सूत्र-पात हैं,' वे कहते हैं। सम्पादक का जवाब है, 'मेरे पास अलमारी भरके ऐसे लेख हैं और मैं पागल होता जा रहा हूँ।' स्रोत माधुरी, 3, भाग 1, 5 दिसम्बर 1924 पृष्ठ 663

दूसरी ओर नये निर्धन हिन्दी बुद्धिजीवी-वर्ग के लिए लेखन, चाहे जिस हद तक राष्ट्रवादी आवेगों से रंजित क्यों न रहा हो और उससे चाहे जितने कम पैसे क्यों न मिलें, जीवन-मरण का प्रश्न हो गया था। घटिया पारिश्रमिक से एक 'लेखक' की सार्वजनिक स्थिति के अनुसार गरिमापूर्ण जीवन-शैली बनाये रखने की सम्भावना ख़तरे में पड़ जाती थी। (देखिए 2.3)।[80] पत्रिकाएँ हिन्दी साहित्यकारों को आकर्षित करती थीं, चाहे स्थायी कर्मचारियों के तौर पर या कभी-कभार लिखने वालों के रूप में और पत्रिकाओं की वजह से साहित्यिक उत्पादन के केन्द्र गाँव और दरबार न रह कर शहरों में चले आये। पत्रिकाओं से साहित्यिक प्रशिक्षण और प्रसिद्धि में भी परिवर्तन आया : अब सम्पादक ही वह उस्ताद या गुरु बन गया जो किसी को लेखक के रूप में पास या फ़ेल कर सकता था : 'सरस्वती,' 'माधुरी,' 'प्रभा' आदि में छपना स्वीकृत होने की निशानी बन गया। सम्पादकों के दफ़्तर इस परिवर्तन के प्रतीक बन गये; साथ ही इन सम्पादकीय कार्यालयों से ही यह मार्मिक अस्पष्टता भी पैदा हुई कि साहित्यिक कर्म एक ओर तो 'सेवा' माना जाता था जबकि व्यवहार में वह 'नौकरी' था। कार्यालय का 'व्यावसायिक वातावरण' परम्परागत साहित्यकार को दुखद रूप से निर्वैयक्तिक लग सकता था : 1923 में शिवपूजन सहाय ने कलकत्ता में 'मतवाला' से त्यागपत्र दे दिया जहाँ वातावरण तो अनुकूल था, लेकिन वेतन बहुत कम था और वे कहीं अधिक वेतन पर दुलारेलाल भार्गव की 'माधुरी' में काम करने के लिए चले आये। लेकिन यहाँ का व्यापारनुमा माहौल इतना विचलित कर देने वाला था कि वे कुछ ही दिन बाद 'माधुरी' को छोड़ कर फिर से 'मतवाला' में चले गये।[81] जब किशोरी दास वाजपेयी ने, जो वैयाकरण के रूप में काफ़ी प्रसिद्ध हो चुके थे, अध्यापन को छोड़ कर 'देवताओं के बीच' (अर्थात सम्पादकों के बीच) जा कर काम करने का फ़ैसला किया तो उन्हें 'सुधा' के कार्यालय में 'दफ़्तरी' स्वागत पर बहुत खेद हुआ और वे तत्काल वहाँ से उठ कर चले आये। 'चाँद' कार्यालय का वातावरण हालाँकि उतना ही 'यूरोपीय' और व्यावसायिक था, लेकिन रामरख सहगल और उनकी पत्नी कर्मचारियों के प्रति घरेलू और संरक्षण-भरा व्यवहार अपना कर उसे अनुकूल बनाये रखतीं।[82] महावीर प्रसाद द्विवेदी पर चिन्तामणि घोष (और बाद में उनके पुत्र हरिकेशव घोष) को जो भरोसा था, वह मशहूर है। महावीर प्रसाद द्विवेदी, जो हमेशा श्रेणी और वर्ग को ले कर बहुत संवेदनशील रहते थे, इससे बहुत प्रभावित हुए थे, क्योंकि यह विश्वास इस तथ्य को छिपाये रखता था कि आचार्य महावीर प्रसाद द्विवेदी महज़ एक वेतनभोगी कर्मचारी थे; उन्होंने अपने प्रति प्रकाशकों के रवैये को व्यक्तिगत कृपा के रूप में वर्णित किया है। देवीदत्त शुक्ल ने भी, जिन्होंने इण्डियन प्रेस में 1919 से 1945 तक 26 वर्ष तक काम किया, अपने उस सुखद आश्चर्य को याद किया है जो उन्हें यह जान कर हुआ था कि कर्मचारियों के प्रति प्रकाशकों का व्यवहार मालिकों की बजाय घर के बड़े-बुज़ुर्गों की तरह अधिक था।[83]

बाक्स 1.1

हिन्दी राजनैतिक प्रेस

विभिन्न सामग्री प्रकाशित करने वाली पत्रिकाओं और पाठक-वर्ग के विस्तार को हिन्दी समाचार पत्रों, विशेष रूप से राजनैतिक साप्ताहिक और दैनिक पत्रों के आम विस्तार और विकास के सन्दर्भ में देखना चाहिए। हालाँकि उर्दू समाचार पत्र उन्नीसवीं सदी से फलने-फूलने लगे थे, पश्चिमोत्तर प्रान्तों में एकमात्र हिन्दी दैनिक (हिन्दोस्तान, 1883) की शुरूआत पहले से मौजूद माँग की बजाय एक प्रयोग का ही परिणाम अधिक थी। मारवाड़ी पूँजी और बंगला प्रकाशनों की सफलता और भरमार ने कलकत्ता को हिन्दी प्रेस के एक शुरूआती केन्द्र के रूप में स्थापित कर दिया और वहाँ 'प्रवासी' हिन्दी साहित्यकारों का अच्छा-ख़ासा जमावड़ा इकट्ठा हो गया जिनकी रचनात्मकता भी अच्छी-ख़ासी थी। यहाँ पहले महायुद्ध के साथ-साथ कुछ सफल राजनैतिक हफ़्तावार और आरम्भिक दैनिक समाचार-पत्र उभर कर सामने आये : 'भारतमित्र' (साप्ताहिक 1878, फिर दैनिक), 'हिन्दी बंगवासी' (1890), 'कलकत्ता समाचार' (दैनिक 1914-18), 'विश्वमित्र' (दैनिक 1916), 'स्वतन्त्र' (दैनिक, 1920-30)। इनमें सम्पादकों के रूप में बालमुकुन्द गुप्त, लक्ष्मीनारायण गर्दे, अम्बिका प्रसाद वाजपेयी और बाबूराव विष्णु पराड़कर जैसे मूर्धन्य लोग काम करते थे। उत्तर भारत में अग्रणी समाचार-पत्रों में इलाहाबाद में 'हिन्दी प्रदीप' (1877-1910) और बनारस में 'भारत जीवन' (साप्ताहिक, 1884) का नाम लिया जा सकता है।

लेकिन यह 1910 और 1920 के बीच के काल में ही हुआ कि राजनैतिक हफ़्तावार और 1920 के बाद दैनिक समाचार-पत्र हर शहर में विकसित हो कर राजनैतिक गतिविधि और अक्सर दलबन्दी के केन्द्र बन गये और कार्यकर्ताओं और लेखकों को आकर्षित करने लगे। इनमें इलाहाबाद में मदन मोहन मालवीय द्वारा स्थापित 'अभ्युदय' (साप्ताहिक, 1907) और 'मर्यादा' (मासिक, 1910-21, 1500 प्रतियाँ); बाद में उग्रवादी 'भविष्य' (1919, 1920 में दैनिक, सम्पादक सुन्दरलाल) जिसे जल्द ही बन्द करा दिया गया और लीडर प्रेस के लिए विश्वनाथ तिवारी द्वारा सम्पादित 'साप्ताहिक भारत' (1928, 1933 में दैनिक) का उल्लेख किया जा सकता है। कानपुर में गणेश शंकर विद्यार्थी का 'प्रताप' (साप्ताहिक, 1913, पहले महायुद्ध के दौरान और 1920 के बाद दैनिक) और 'प्रभा' (मासिक, 1920, 1921 में 3 हज़ार प्रतियाँ) और 'दैनिक वर्तमान' (1920 सम्पादक आर. अवस्थी) और 'आदर्श' (1921, 1921 में 4 हज़ार प्रतियाँ) ने एक लोकप्रियता

हासिल की जैसी कि आगरा में 'सैनिक' (सम्पादक श्री कृष्णदत्त पालीवाल, साप्ताहिक 1925, दैनिक 1935) ने भी अर्जित की। बनारस भी, 'आज' (दैनिक, 1920, सम्पादक बाबूराव विष्णु पराड़कर), 'जागरण' (साप्ताहिक 1929), और 'हंस' (मासिक, 1930, दोनों प्रेमचन्द द्वारा सम्पादित) के साथ, जल्द ही राष्ट्रवादी समाचार-पत्रों का एक केन्द्र बन गया। लखनऊ में हिन्दी दैनिक समाचार-पत्र 1924 के हिन्दू-मुस्लिम फ़सादों के बाद ही उभर कर सामने आये। 'आरती' (1924) और 'आनन्द' (1924) ने उर्दू 'हमदम' के साझे पाठक-वर्ग में सेंध लगाने का काम किया।[84] दिल्ली और पंजाब में अल्पजीवी 'दैनिक विजय' (दैनिक, 1918, 7 हज़ार प्रतियाँ), 'अर्जुन' (दैनिक, 1923), 'नवयुग' (1931) का संचालन आर्य समाजियों द्वारा होता था जो अक्सर गुरुकुल कांगड़ी से सम्बद्ध रहे होते। अन्य स्थानीय रूप से महत्वपूर्ण राष्ट्रवादी अख़बारों में अल्मोड़ा (शक्ति, 1918), गढ़वाल (विशाल कीर्ति), हाथरस (भारतबन्धु) और गोरखपुर (स्वदेश, 1919, सम्पादक डी.पी.द्विवेदी) शामिल थे। मध्य प्रान्त में जबलपुर में 'कर्मवीर' (1924), अजमेर में गांधीवादी 'त्यागभूमि' (1927), बिहार में 'बिहारबन्धु' (1874) 'पाटलिपुत्र' (1920) और समाजवादी 'जनता' (1937) का नाम लिया जा सकता है।[85]

तालिका 1.1 का 1921 और 1937 के बीच युक्त प्रान्त में महत्वपूर्ण पत्र-पत्रिकाओं की सूची दी गयी है

नाम	प्रकार	1921	1926	1930	1935	1937	मूल्य वार्षिक
							रू आ.
अंग्रेज़ी							
इण्डिपेण्डेण्ट	दै	4000	-	-	-	-	-
लीडर	दै	3600	7500	14000	15000	14500	20.0
पायनियर	दै	7000	16000	12000	8500	19000	24.0
उर्दू							
हमदम	दै	4500	2000	2500	5000	1000	18.0
मदीना	पाक्षिक	12500[अ]	6000	6500	7500	8000	6.0
ज़माना	मा.	2000	1600	1500	500	1000	5.0

हिन्दी							
अभ्युदय	सा.	6000	3000	3000	2500	6000	3.8
आज	दै.	2000	3000	5000	5000	6000	12.0
भारत	पा.	-	-	9000	5500	5000	20.0
भविष्य	सा.	2000	-	11000	-	-	-
चाँद	मा.	-	6000	15000	6500	5000	6.8
हंस	मा.	-	-	1500	2000	1000	6.0
हिन्दी केसरी	सा.	3600	700	3000	5000	300	2.4
माधुरी	मा.	-	6000	4000	2000	2000	6.8
प्रताप	सा.	9000	7500	16000	14000	1000	3.6
प्रताप	दै.	-	-	5000	12000	1000	10.0
सैनिक	सा.	-	1000	4500	7000	5000	3.0
सरस्वती	मा.	4000	3200	3500	2500	5000	6.8
शक्ति	सा.	1000	1500	-	1000	1200	2.8
सुधा	मा.	-	-	7200[ब]	2000	2000	12.0
स्वदेश	सा.	3500	1200	-	-	-	-
वर्तमान	दै	8000[अ]	2500	4000	4000	2500	12.0

अ = 1922, ब = 1928

स्रोत—सम्बन्धित वर्षों के लिए 'युक्त प्रान्त में प्रकाशित समाचार-पत्रों और पत्र-पत्रिकाओं का विवरण' (गर्वनमेण्ट प्रेस, इलाहाबाद)

कुछ राजनैतिक पत्र-पत्रिकाओं ने क़ीमतें कम करके और इस प्रकार बिक्री बढ़ा कर विस्तार किया। विचार-प्रधान पत्रों की बजाय समाचार-प्रधान पत्र बन कर अब हिन्दी अख़बारों ने अपनी पहुँच और आकर्षण को व्यापक बनाया और हिन्दी के सामान्य पाठक-वर्ग की ओर और अधिक ध्यान दिया। गणेश शंकर विद्यार्थी के 'प्रताप' और बाबूराव पराड़कर के 'आज' ने ऐसा ही किया : उन्होंने अंग्रेज़ी समाचार एजेंसियों पर निर्भर रहने की बजाय स्थानीय पत्रकारों का एक

जाल बिछा कर स्थानीय चिन्ताओं और सरोकारों को वाणी दी। इस महत्वपूर्ण पहलक़दमी ने हिन्दी के सार्वजनिक क्षेत्र को खोलने और व्यापक बनाने में महत्वपूर्ण योगदान किया। (देखिए 5.1) और यह दिखाया कि हिन्दी पाठक-वर्ग अपेक्षाकृत अभिजनवादी अंग्रेज़ी पाठक वर्ग की बनस्बित बुनियादी तौर पर कितना भिन्न था। सम्पादकों की आँखों में हिन्दी पाठक वर्ग अधिक सच्चा और वास्तविक भी था : हिन्दी पाठकों का जीवन 'सच्चा' था जबकि अंग्रेज़ी शिक्षा प्राप्त भारतीयों का जीवन कृत्रिम था। पराड़कर की दलील थी कि 'हिन्दी अख़बारों को अंग्रेज़ी अख़बारों की नक़ल करने की बजाय लोगों के जीवन को प्रतिबिम्बित करना चाहिए,' और उन्होंने 'आज' में ठीक यही किया :

'हमारे पाठक किन-किन श्रेणी के हैं, उनकी रहन-सहन कैसी है, उनकी जीविका के साधन क्या हैं, उनको जीवन-संग्राम के किन-किन कठिनाइयों से सामना करना पड़ता है, उनका आमोद-प्रमोद क्या है, उनकी रुचि कैसी है, वे क्या सोचते हैं, और क्या चाहते हैं, इन बातों का हम सम्पादकों को बिलकुल पता नहीं रहता।... इन बातों का हम पता लगाया करें, लोगों को वही समाचार दें जो वे चाहते हैं और उनके जीवन-संग्राम में सहायक बनने का प्रयत्न करें तो हमारे पत्रों का प्रचार देखते-देखते बढ़ जायेगा।... हम जब तक साधारण समाज को न अपनायेंगे और अपने पत्रों को उसके प्रतिबिम्ब न बना सकेंगे तब तक न हमारी उन्नति ही होगी और न हम प्रकृत देश की सेवा कर सकेंगे।'[86]

1920 के बाद हिन्दी पत्रकारिता और प्रकाशन के क्षेत्र में जो विस्तार हुआ, वह आधुनिक हिन्दी साहित्यिक उद्योग के वयस्क और परिपक्व होने की निशानी थी जो कुछ बड़े शहरों में केन्द्रित था; इसी के साथ-साथ, दूर-दराज़ की जगहों में बैठे लेखकों और क्षेत्रीय वितरण व्यवस्था के माध्यम से एक एकीकृत साहित्यिक इलाक़े का निर्माण भी हुआ। प्रथम विश्वयुद्ध की वजह से ख़बरों में बढ़ती हुई दिलचस्पी और प्रथम राष्ट्रीय जनान्दोलन की बदौलत हिन्दी पत्र-पत्रिकाएँ और राजनैतिक प्रेस पढ़े-लिखे और औपचारिक शिक्षा प्राप्त लोगों के दायरे को फलाँग कर कहीं अधिक व्यापक जनसमुदाय तक पहुँच गया; पत्रिकाओं और समाचार-पत्रों की भाषा के माध्यम से इस अधिक मिले-जुले पाठक-वर्ग को एक समान सांस्कृतिक और राजनैतिक शिक्षा और संस्कार मिला। इसी के साथ पत्र-पत्रिकाएँ भी हिन्दी के साहित्यिक दायरे में मौजूद विविध रूपी अभिरुचियों और स्वरों के प्रति और अधिक उदारता बरतने लगीं और उनमें समकालीन लेखन की झलकियाँ साफ़ नज़र आने लगीं। वस्तुतः, चाहे मासिक, साप्ताहिक या दैनिक पत्र-पत्रिकाएँ रही हों या चाहे उनका रुझान राजनैतिक या सामाजिक या धार्मिक रहा हो,

इस युग की सभी हिन्दी पत्रिकाएँ साहित्य को किसी-न-किसी रूप में स्थान देती थीं। इससे समकालीन लेखकों को लोकप्रिय बनने में मदद मिली और साहित्य की सामाजिक प्रासंगिकता पर भी ज़ोर बढ़ा। हालाँकि पत्रकारिता कोई अधिक आमदनी वाला या सुरक्षित काम नहीं था, वह राष्ट्रीय रुझान वाले हिन्दी बुद्धिजीवियों के लिए एक महत्वपूर्ण कार्य-क्षेत्र बन गया। शायद यह कहना ग़लत न होगा कि शुरू-शुरू में जिन लेखकों ने लेखन को व्यवसाय के रूप में चुना, उनके लिए उस युग में पत्रकारिता ही आजीविका का एकमात्र स्रोत था।

1920 के दशक में बड़ी साहित्यिक पत्रिकाओं के विकास से हमें यह निष्कर्ष नहीं निकालना चाहिए कि हिन्दी पत्रकारिता के क्षेत्र से छोटे-छोटे और एक ही व्यक्ति द्वारा चलाये जाने वाले पत्र ग़ायब हो गये। वास्तविकता इसके बिलकुल उलट थी। सच तो यह है कि उस युग का शायद ही कोई लेखक रहा होगा जिसने किसी पत्र-पत्रिका में सहयोग न दिया हो या उसका सम्पादन-प्रकाशन न किया हो। मिर्ज़ापुर, इटावा, गोरखपुर, खँडवा, जबलपुर, इन्दौर और अजमेर जैसे शहरों में जो दसियों छोटे से ले कर मझोले आकार के पत्र उस युग में 500 से ले कर 2000 प्रतियाँ की तादाद में छपते थे, वे इस बात के साक्षी हैं कि प्रचार में वृद्धि हुई थी और अन्ततः हिन्दी पाठक-वर्ग सचमुच अस्तित्व में आ गया था। (चित्र 1.3) हालाँकि बड़े उपक्रमों ने रफ़्तार तय की, इसके बावजूद विद्वत्तापूर्ण, स्थानीय या एक व्यक्ति द्वारा संचालित पत्र अभिव्यक्ति के लिए स्थानीय मंच प्रदान करके अपना अस्तित्व बनाये रखने में सफल रहे। भले ही ऐसा करते हुए अक्सर पत्र के सम्पादक-स्वामी को भारी आर्थिक नुक़सान भी सहना पड़ता था।[87] इस युग में हिन्दी पत्र-पत्रिकाओं के विलक्षण विकास को समग्रता में देखें तो पता चलता है कि इस माध्यम को कितना अधिक महत्व दिया जा रहा था। इस महत्वपूर्ण ऐतिहासिक मोड़ पर पत्रकारिता ही थी जिसने हिन्दी लेखकों को उनके सार्वजनिक स्वर और प्रभुत्व के प्रति जागरुक बनाया।

चित्र 1.3, 'इंग्लैण्ड में गाड़ीवान भी अख़बार पढ़ते हैं,' हिन्दी समाचार-पत्रों की शिकायत थी। 'हमारे देश में अनपढ़ लोगों में ही नहीं पढ़े लिखे और ऊँची श्रेणी वालों में भी अखबार खरीदने और पढ़ने का शौक नहीं पाया जाता। इसलिए किसी भी अख़बार की 15 हज़ार बिक्री हो जाना भी बड़ी बात समझी जाती है। पर विदेशों की हालत बिल्कुल दूसरी है। वहाँ पर छोटे से छोटा आदमी भी अख़बार खरीद का पढ़ता है और इस तरह अपने देश तथा संसार की हालत से परिचित रहना चाहता है। इसलिए वहाँ अख़बारों की लाखों प्रतियाँ बिक जाना भी आश्चर्य की बात नहीं समझी जाती।' स्रोत चाँद XVI भाग 2, 6, मई 1939,

1.3.2 प्रकाशन और साहित्यिक तन्त्र

हिन्दी में प्रकाशन का इतिहास वास्तव में अभी लिखना बाक़ी है। उत्तर भारत की कुछ महत्वपूर्ण प्रकाशन संस्थाओं के बारे में मुट्ठी भर पुस्तिकाएँ ही लिखी गयी हैं और अपने आप में मूल्यवान और महत्वपूर्ण होते हुए भी वे मुद्रण, पठन-पाठन और लेखन से सम्बन्धित अनेकानेक प्रश्नों पर रोशनी नहीं डाल सकतीं। मिसाल के लिए उन्नीसवीं सदी के हिन्दी साहित्य से सम्बन्धित वृत्तान्त इन प्रकाशकों को वीरतापूर्ण, जनसेवी अगुवों के रूप में वर्णित करते हैं, लेकिन फिर 1820 और 1840 के दशकों के बीच पूरे उत्तर भारत के छोटे-छोटे क़स्बों में भी छापेख़ानों के त्वरित विकास को किस रूप में देखा जाये ? वे क्या छापा करते थे? जैसा क्रिस बेली ने कहा है, हिन्दुस्तान में छपाई के सिलसिले में सबसे महत्वपूर्ण बात (महज़) यह नहीं है कि वह इतनी देर से फैली जबकि यह तकनीक तटवर्ती प्रदेशों में रहने वाले यूरोपीय लोगों को अर्से से मालूम थी, महत्वपूर्ण यह है कि वह 1820 और 1840 के बीच अचानक इतनी तेज़ी से फैली, और वह भी केवल आधुनिकीकरण करने वाले उच्च-वर्ग के हाथों नहीं।[88] कुल मिला कर क्या प्रकाशन को एक व्यावसायिक उपक्रम के रूप में देखा भी जाता था? कौन थे ये व्यावसायिक मुद्रक? क्या उन्हें प्रकाशकों से अलग करके चिह्नित किया जा सकता है? ज़रूरत इस बात की है कि एक उद्योग और एक बाज़ार के रूप में प्रकाशन का अध्ययन किया जाय। ऐसा अध्ययन, मैं यह तर्क देना चाहूँगी, साहित्यिक तन्त्र पर समग्रता में एक बिलकुल अलग रोशनी डालेगा, क्योंकि मौखिक विधाएँ भी मुद्रित हुईं, बल्कि सच तो यह है कि वे पहले मुद्रित हुईं। इसके विपरीत साहित्य के इतिहासों में अब तक सिर्फ़ ऐसी ही सामग्री या लेखकों को शामिल किया गया है जिनका चरित्र शैक्षणिक या सुधारवादी है। सस्ते लोकप्रिय प्रकाशनों को किस रूप में देखा जाय? वितरण और बिक्री का प्रश्न अब भी पूरी तरह जाँचा-परखा नहीं गया है और हमें बहुत कम अन्दाज़ा है कि किताबें, कविता-संग्रह और कहानियाँ कैसे वितरित होती थीं। किताबों और गुटकों की अलग-अलग क़ीमतों को मद्देनज़र रखते हुए, यह सब उस पाठक-वर्ग को समझने में हमारी मदद करेगा जिसकी ज़रूरतें ये प्रकाशन पूरी करते थे।

हिन्दी प्रकाशन का कोई भी जायज़ा अनिवार्य रूप से हिन्दी और उर्दू प्रकाशन का लेखा-जोखा ही होना चाहिए, क्योंकि ये दोनों एक ऐसे साहित्यिक तन्त्र के हिस्से थे जिसमें सहज रूप से आवाजाही होती रहती थी। उनकी परम्पराएँ निश्चय ही भिन्न थीं, शिक्षा और लिपि की वजह से उनके पाठक वर्ग भी बँटे हुए थे। मगर दरअसल छापेख़ाने की इस नयी दुनिया में वही क़िस्से-कहानियाँ, वही गीत, वही शेरो-शायरी हिन्दी-उर्दू में छपने लगीं। न सिर्फ़ उन्नीसवीं शताब्दी के मध्य से आगे की ओर भाषाई निष्ठा बदलने लगी थी, बल्कि जब-जब यह महसूस होता कि दूसरी तरफ़ एक बाज़ार

उपलब्ध है, एक भाषा से दूसरी भाषा में अनुवाद (या कहा जाये कि लिप्यन्तरण) तत्परता से किये जाने लगे थे।[89] आगे चल कर कुछ विधाओं की, ख़ासकर कथा साहित्य की, जैसे जासूसी, सामाजिक और ऐतिहासिक उपन्यासों की, जड़ें पहले उर्दू में जमीं और फिर हिन्दी में फैलीं;[90] दूसरी विधाएँ, मिसाल के लिए ग़ज़लों की पुस्तिकाएँ, भारी तादाद में और बड़ी संख्या में 1930 के दशक से लगभग पूरी तरह नागरी लिपि में प्रकाशित होने लगीं।[91] 1935 तक आते-आते उर्दू साहित्यिक प्रकाशनों की तादाद और मुद्रण संख्या में भारी कमी आयी (देखिए तालिका 1.2) : साहित्यिक और मिले-जुले प्रकाशन जारी रहे, लेकिन बाज़ार में वर्चस्व निश्चय ही हिन्दी का था। इससे क्या हम यह निष्कर्ष निकालें कि बुनियादी साक्षरता ने प्रारम्भिक शिक्षा के साथ-साथ लिपि भी बदल ली थी या यह कि यहाँ हमारा सामना दो भिन्न पाठक-वर्गों से है ?

1868 से उत्तरोत्तर प्रान्तीय शिक्षा विभागों ने अंग्रेज़ी और भारतीय भाषाओं में प्रकाशनों की सूचियाँ संकलित करनी शुरू कर दी थीं, जो 1867 के पंजीकरण अधिनियम के अनुसार पंजीकृत किये गये थे। ये सूचियाँ, जो लन्दन में ब्रिटिश लाइब्रेरी के 'प्राच्य और इण्डिया ऑफ़िस संग्रहों' में सँजो कर रखी गयी हैं, हमारे लिए अद्भुत स्रोत हैं; उनका उपयोग हाल के वर्षों में कुछ विद्वानों ने करना शुरू किया है[92] और यहाँ वे मेरे निष्कर्षों का आधार हैं। क्रिस्टोफ़र किंग ने उन्हें प्रकाशन के नमूनों और चलन के बारे में लिखने के लिए इस्तेमाल किया था। लेकिन हालाँकि उनकी तालिकाएँ प्रतियों की कुल संख्या दर्शाती हैं, मैंने यहाँ पुस्तकों की संख्या और प्रतियों का विवरण सिर्फ़ उन्हीं विधाओं के सन्दर्भ में दिया है जो पाठक-वर्ग के जायज़े के लिए प्रासंगिक हैं : कथा साहित्य, नाटक, कविता और पाठ्य-पुस्तकें (तालिकाएँ 1.2 और 1.3)

तालिका 1.2 युक्त प्रान्त में उर्दू प्रकाशन, 1915-1940

		1915	1920	1925	1930	1935	1940
कथा साहित्य*	पुस्तकें	52	56	93	56	19	19
	प्रतियों की संख्या	63,300	53,250	1,38,400	47,900	16,300	13,500
कविता	पुस्तकें	78	104	143	166	64	31
	प्रतियों की संख्या	79,700	96,000	1,26,500	2,00,900	68,000	31,400
पाठ्य पुस्तकें	पुस्तकें	80	45	90	110	74	43
	प्रतियों की संख्या	1,19,500	1,78,400	72,500	1,13,350	66,100	71,200
कुल पुस्तकें		334	331	472	556	306	203

* कथा साहित्य और नाटक

अवध में 1870 के दशक में जो परिस्थिति थी, वह तुलना के लिए आधार बन सकती है : उस समय जबकि उर्दू निश्चित रूप से प्रकाशन की आम ज़बान थी और फ़ारसी अब भी प्रासंगिक भाषा थी, संख्या और विस्तार के हिसाब से हिन्दी प्रकाशन सीमित थे। उनमें अधिकतर धार्मिक किताबें (रामायण, सूर सागर, प्रेम सागर, हनुमान चालीसा, आदि), कुछ पाठ्य-पुस्तकें और शैक्षणिक किताबें, पंचांग और इक्का-दुक्का क़िस्सों के नागरी प्रारूप होते थे।[93] बनारस के क्षेत्र के विवरण से शायद किसी हद तक भिन्न तस्वीर उभर कर सामने आये,[94] लेकिन यह स्पष्ट है कि उर्दू में और फ़ारसी में तो विशेष रूप से प्रकाशन अधिक विस्तृत और विविध-रूपी थे; उनमें हिन्दू, मुस्लिम और ईसाई धर्म ग्रन्थ, फ़ारसी तारीख़ों के अनुवाद और पाठ्यक्रम में इस्तेमाल होने वाले साहित्यिक पाठ, साहित्यिक कृतियाँ, उर्दू ग़ज़लें, उपयोगी ज्ञान की पुस्तकें और सरकारी क़ानूनों के अनुवाद शामिल थे।[95] सदी के मोड़ तक पहुँचते-पहुँचते लगभग सभी जगह हिन्दी में छोटे-छोटे धार्मिक प्रकाशक कुकुरमुत्तों की तरह उग आये थे—अक्सर तीर्थ स्थानों में—जो भारी संख्या में मामूली छपाई वाली भक्ति विषयक और कर्मकाण्ड से सम्बन्धित पुस्तकें और पुस्तिकाएँ छापते और वितरित करते थे।[96] बनारस और कलकत्ता सभी तरह की धार्मिक पुस्तकों और व्यावसायिक प्रकाशनों के मुख्य केन्द्र थे[97]

तालिका 1.3 यू.पी. में हिन्दी प्रकाशन, 1915-1940

	1915	1920	1925	1930	1935	1940
कथा साहित्य*पुस्तकें	105	119	186	169	283	184
प्रतियों की संख्या	1,49,000	1,73,200	2,87,900	2,53,700	4,80,200	2,41,400
कविता पुस्तकें	371	338	585	1014	1048	650
प्रतियों की संख्या	6,74,400	6,13,600	11,46,600	25,06,600	22,81,750	8,77,900
पाठ्य पुस्तकें	127	141	176	342	257	211
प्रतियों की संख्या	3,14,700	6,25,600	6,46,200	8,71,600	5,14,850	5,40,100
कुल पुस्तकें	870	393	1365	2039	2095	1548

* कथा साहित्य और नाटक

तालिका 1.4 यू.पी. में प्रकाशित पुस्तकें समग्रता में, 1915-1940

	1915	1920	1925	1930	1935	1940
उर्दू	334	331	472	556	306	209
हिन्दी	870	939	1365	2039	2095	1548

अंग्रेज़ी	164	137	301	289	313	230
बहुभाषी	469	271	401	447	518	218
संस्कृत	73	51	84	92	153	86
फ़ारसी	2	7	16	8	6	-
अरबी	4	-	7	-	3	2

(स्रोत : देखिए 'आगरा और अवध के युक्त प्रान्तों में पुस्तकों और पत्रिकाओं के प्रकाशन से सम्बन्धित विवरणिका,' सम्बधित वर्षों के लिए)

वस्तुतः ये धार्मिक पुस्तकें थीं और पाठ्य-पुस्तकों का मुनाफ़े वाला और बढ़ता हुआ बाज़ार जिसने हिन्दी में पहले-पहले बड़े प्रकाशकों की समृद्धि निर्मित की। जैसे लखनऊ में नवल किशोर (1858), बांकीपुर (पटना, 1880) में खड्ग विलास प्रेस और इलाहाबाद में इण्डियन प्रेस (1884)[98] इण्डियन प्रेस का उदाहरण सदी के मोड़ पर हिन्दी प्रकाशन की प्रकृति और स्वरूप को दर्शाने के लिए अच्छा नमूना है। उसके संस्थापक बाबू चिन्तामणि घोष (1854-1928) बंगाली थे और ख़ुद अपने बल-बूते पर ऊपर उठे थे। वे न सिर्फ़ नयी राहें खोलने वाले सम्पादक थे, बल्कि उस युग की भावना के अनुरूप सुधारवादी देशभक्त भी थे। पाठ्य पुस्तकों की सम्भावनाओं को समझ कर शिक्षा विभाग में अपने सम्पर्कों तथा महावीर प्रसाद द्विवेदी और श्यामसुन्दर दास की साहित्यिक दक्षता और कौशल के बल पर वे उत्तर भारत में हिन्दी और अंग्रेज़ी दोनों भाषाओं में स्कूली पाठ्य-पुस्तकों, संग्रहों, रीडरों, जीवनियों और स्कूली बच्चों के लिए अन्य पठनीय सामग्री के अग्रणी प्रकाशक बन गये।[99] इण्डियन प्रेस के साहित्य का विभाग लगभग पूरी तरह बंगला के अनुवाद प्रकाशित करता था। समकालीन हिन्दी साहित्य लगभग अनुपस्थित था।[100] तो भी इण्डियन प्रेस ने हिन्दी प्रकाशनों के लिए मुद्रण का एक ऊँचा स्तर स्थापित करने में महत्वपूर्ण भूमिका निभायी। चिन्तामणि बाबू को विशेष रूप से चरित्र निर्माण करने वाली जीवनियाँ (1909 और 1940 के बीच 43 पुस्तकें), 'उपयोगी साहित्य,' वयस्कों और बच्चों दोनों के लिए धार्मिक पुस्तकें और स्तरीय चित्र पसन्द थे।[101]

बाज़ार से देखने पर एक भिन्न और अधिक समग्र चित्र सामने आता है। आख़िरकार हिन्दी और उर्दू, दोनों में मनोरंजन-प्रधान पुस्तकें शैक्षणिक पुस्तकों से कहीं अधिक संख्या में प्रकाशित होती थीं। चूँकि 1920 के दशक में एक बड़ा परिवर्तन परिलक्षित होने लगा, इसलिए 1915 से शुरू करना लाभदायक होगा। उस समय तक प्रतियों की संख्या और पुस्तकों की तादाद के हिसाब से हिन्दी ने उर्दू को कभी का पीछे छोड़ दिया था, और ऐसा लगता है कि उर्दू अब फ़ारसी के लिए वाहन नहीं रही थी, जैसा

कि द्विभाषी प्रकाशनों में आयी कमी दर्शाती है। तो भी उर्दू प्रकाशन अब भी फल-फूल रहा था और हिन्दी की तुलना में उसमें विविधता अधिक थी और उसमें नये-नये प्रकाशनों और विधाओं और विभिन्न विषयों पर कथेतर साहित्य की अच्छी संख्या थी। यह एक परिपक्व पाठक-वर्ग का संकेत था जो साहित्यिक प्रकाशन व्यवसाय को सहारा देता था, राजनैतिक मामलों में दिलचस्पी रखता था और कविता और कथा साहित्य में नवीनता के प्रति विमुख नहीं था। हिन्दी प्रकाशनों को और अधिक निकट से देखने पर सबसे पहले यह पता चलता है कि सरकारी सूचियों के वर्गीकरण की कोटियों को जाँचने की ज़रूरत है : मिसाल के लिए काव्य और गद्य में नाटकीय कथाएँ— सांगीत—कभी तो नाट्य साहित्य में रखे जाते थे, कभी पद्य में और कभी कथा साहित्य में। अगर हम इन सारी कोटियों को भंग कर दें तो हम पाते हैं कि 1915 में प्रकाशनों के बाज़ार का लगभग 50 फ़ीसदी हिस्सा गीतों, भजनों और राम और कृष्ण कथाओं के पुनर्वाचन से बना था; 30 फ़ीसदी सांगीतों (साँग, ख़्याल आदि नाटक) क़िस्सों और आल्हा (पद्य, आख्यान या नाट्य रूप में कथाओं) से; लगभग 10 फ़ीसदी मसनवियों, कथा रूपान्तरणों और देवकीनन्दन खत्री तथा किशोरी लाल गोस्वामी के व्यावसायिक उपन्यासों, और आख़िरी 10 फ़ीसदी ब्रज भाषा और खड़ी बोली की ग़ैर-धार्मिक कविताओं से : फ़ाग, चैती, कजली, बारहमासा, झुलना जैसे ऋतुओं से सम्बन्धित गीतों; कवित्त और सवैयों जैसे रीति परम्परा के जाने-माने छन्दों और काव्य-रूपों में (जिन्हें श्रृंगार की कोटि में रखा जाता था) और ग़ज़लों, कव्वालियों, छप्पय, आदि से। इन किताबों की क़ीमत कुछ आने या कभी-कभी कुछ पैसे ही होती थी। वे इस पूरे इलाक़े में छपती थीं, जिससे पता चलता है कि मुख्य रूप से गीतों और क़िस्सों की मौखिक विधाएँ साहित्यिक बाज़ार पर छायी हुई थीं जो परम्परा से स्थापित अभिरुचियों को सन्तुष्ट करती थीं और जिनको पढ़ने के लिए केवल बुनियादी साक्षरता और साहित्यिक संस्कारों की आवश्यकता होती थी।[102] इन सभी विधाओं के प्रकाशकों में अपने पाठकों के प्रति इतना भरोसा था कि वे अज्ञात लेखकों के सिलसिले में भी एक या दो हज़ार प्रतियों के संस्करण छाप देते थे; इसके बावजूद ये सभी पुस्तकें साहित्य के इतिहासों से पूरी तरह ग़ायब हैं। इसके विपरीत साहित्य के इतिहासों में जगह पाने वाले श्रीधर पाठक और मैथिलीशरण गुप्त जैसे गम्भीर लेखकों की पुस्तकें थोड़ी संख्या में और काफ़ी अन्तर पर प्रकाशित होती थीं। सामान्य तौर पर हालाँकि हिन्दी में मौलिक कृतियों की मुद्रण संख्या वही थी (1000—2000) जो ऊपर बतायी गयी विधाओं की पुस्तकों की थी, उनकी क़ीमतें अपेक्षाकृत अधिक थीं; दूसरी ओर, आज़मायी हुई लीकों पर चलने वाले उपन्यासों की क़ीमत 4-8 आने होती थी, और क़िस्सों की क़ीमत तो 1 आना या इससे भी कम होती।[103] इस तरह दूसरा या तीसरा संस्करण क़ीमत कम करने के लिए महत्वपूर्ण था : यही मैथिलीशरण गुप्त की समृद्धि का राज़ था। क्योंकि उनकी ऐतिहासिक-पौराणिक कविताओं का एक पाठक-वर्ग बन गया था और वे 1940 के दशक तक उनको बराबर सस्ते संस्करणों में पुनर्मुद्रित करते रहे।[104]

1915 में हिन्दी प्रकाशनों के बारे में दूसरा महत्वपूर्ण बिन्दु यह है कि लगभग हर विषय के लिए कविता ही माध्यम था : रसास्वादन के अलावा धार्मिक वाद-विवाद, सामाज-सुधार, स्त्री-उद्धार और राजनैतिक जागरण के लिए छन्द का ही माध्यम प्रचलित था। इसके बरक्स उर्दू को देखें तो गद्य में लिखा गया कथा साहित्य पहले से ही सार्वजनिक विमर्श का माध्यम बन चुका था।[105] अन्त में, प्रथम विश्व युद्ध के साथ ही हिन्दी जनता का राजनैतिक जागरण प्रकाशन जगत द्वारा भी साबित हुआ जब शिव कुमार सिंह की योरोप की लड़ाई (1914) जैसी पुस्तक के, जिसकी क़ीमत 4 आने थी, 3 संस्करण हुए और एक वर्ष के भीतर उसकी 12,000 प्रतियाँ बिकीं।[106]

1920 के बाद अनेक दृष्टियों से परिस्थिति बदल गयी–पुस्तकों और उनकी मुद्रित होने वाली प्रतियों की संख्या में एक आम विस्तार और बाज़ार में आयी विविधता, दोनों के सन्दर्भ में। कथा साहित्य में रोमांचक, रूमानी और जासूसी कहानियों जैसी नयी विधाओं ने व्यावसायिक बाज़ार के एक अच्छे ख़ासे हिस्से पर क़ब्ज़ा कर लिया, पहले उर्दू में और बाद में हिन्दी में भी। हिन्दी में, जासूसी उपन्यास की आम सूची के अलावा बंगला और उर्दू से 'सामाजिक' और 'ऐतिहासिक' उपन्यासों के अनुवाद, मौलिक, ऐतिहासिक, सामाजिक और यहाँ तक कि राजनैतिक उपन्यास प्रकाशित होने लगे। नाटक में भी ऐसी ही प्रवृत्ति नज़र आयी, जहाँ सांगीत और बनारस में शिवराम दास गुप्त द्वारा प्रकाशित 'नाटक ग्रन्थमाला' जैसी नाटक-श्रृंखला के साथ-साथ पहले से अधिक मात्रा में ऐतिहासिक और मौलिक साहित्यिक नाटक और प्रहसन प्रकाशित होने लगे। आग़ा हश्र काश्मीरी (1879-1935), आरज़ू और हरिदास माणिक के नाटक भी इसी समय लोकप्रिय हुए और एक साथ उर्दू और हिन्दी में छपे। विभिन्न नाटकों से उठाये गये गीतों के संग्रह भी अलग पुस्तिका के तौर पर आने लगे जो व्यावसायिक रंगमंच के प्रभाव को प्रमाणित करते थे और फ़िल्मी गीतों के भावी प्रकाशन का संकेत देते हैं।[107] कविता में भी ऐतिहासिक-देशभक्तिपूर्ण कविताएँ पुस्तक रूप में प्रसारित होने लगी (मैथिलीशरण गुप्त किसी भी सूरत में ऐसे अकेले कवि नहीं थे; देखिए 3.1), जबकि धार्मिक और लोकप्रिय कविता की प्रतियों की संख्या बढ़ कर 5,000 से 10,000 पहुँच गयी।[108] कुल मिला कर हम यह कह सकते हैं कि कविता, कथा साहित्य और नाटक में नयी व्यावसायिक विधाओं को अपनाते हुए, लोकप्रिय पुस्तकों के बाज़ार में विविधता बढ़ती गयी, साथ ही साहित्यिक और राष्ट्रवादी पुस्तकों को एक बाज़ार उपलब्ध होने लगा।[109]

पत्रिकाओं के सम्पादक पुस्तकों के बाज़ार में आधुनिक साहित्य के लिए कुछ जगह बनाने के लिए महत्वपूर्ण साबित हुए, क्योंकि जब वे पत्रिकाओं के साथ-साथ पुस्तक प्रकाशन की दिशा में बढ़ते तो वे नियमित रूप से साहित्यिक पुस्तकें प्रकाशित करते। लखनऊ में दुलारे लाल भार्गव की 'गंगा पुस्तक माला' इस दिशा में शायद सबसे सफल प्रयास माना जा सकता है और उससे हिन्दी के साहित्यिक जगत पर गहरा असर पड़ा। आम 'उपयोगी साहित्य'–जीवनियाँ, इतिहास, बच्चों और महिलाओं की पुस्तकों[110]–के

अलावा दुलारे लाल भार्गव ने समसामायिक हिन्दी साहित्य की एक उल्लेखनीय सूची तैयार की, जिसमें उपन्यास, कहानियाँ, नाटक, कविताएँ, निबन्ध और साहित्यालोचन–सब शामिल थे।[111] बौद्धिक और लोकप्रिय, दोनों तरह के लेखकों के चुनाव, मोटे ऐण्टिक काग़ज़ और कपड़े की जिल्द के इस्तेमाल (राज संस्करण के साथ-साथ एक साधारण संस्करण निकाल कर) और आक्रामक विज्ञापनबाज़ी के माध्यम से दुलारे लाल भार्गव ने ऊँची अभिरुचि वाले पाठकों (और पुस्तकालयों) के साथ-साथ नये हिन्दी मध्यम-वर्गीय पाठक-वर्ग को भी पहचाना और उस पर क़ब्ज़ा किया। नयी-नयी व्यापारिक पहलक़दमियों की मदद से उन्होंने हिन्दी की बढ़ती हुई लहर को भाँपा और एक शुद्ध रूप से साहित्यिक संस्था को बनाये रखने में सफल हुए।[112] 1930 तक ढेर सारे छोटे-छोटे साहित्यिक प्रकाशक अस्तित्व में आ गये थे। जैसे लखनऊ में 'गंगा पुस्तक माला,' बनारस में 'भारती भण्डार,' लहरिया सराय (दरभंगा) में 'हिन्दी पुस्तक भण्डार' जो नये कवियों, नाटककारों, उपन्यासकारों और कथाकारों की उत्कृष्ट साहित्यिक पुस्तकें प्रकाशित करने के लिए कटिबद्ध थे।

हिन्दी के प्रकाशन और पाठक-वर्ग में 1920 के बाद की अवधि में जो विस्तार हुआ, विशेषकर 1920 और 1930 के बीच, उसका एक प्रमुख कारण था–राजनैतिक पुस्तकों के प्रकाशन में आया ज्वार। उन्हें तीन अलग-अलग क़िस्म के प्रकाशक छापते थे। सबसे पहले, 'अभ्युदय,' 'प्रताप,' 'आज' और 'चाँद' जैसे अख़बार थे, जिन्होंने आगे बढ़ कर पुस्तकों के प्रकाशन में क़दम रखा और राजनैतिक पुस्तकों के साथ-साथ सस्ती पुस्तिकाएँ, राष्ट्रवादी नेताओं के भाषणों के संकलन और जीवनियाँ और अपने-अपने अख़बारों में प्रकाशित लेखों और राष्ट्रवादी कविताओं के संग्रह प्रकाशित किये।[113] अजमेर में 'सस्ता साहित्य मण्डल' (स्थापित 1926) सस्ती राष्ट्रवादी पुस्तकों का एक और महत्वपूर्ण प्रकाशक था।[114] यहाँ एक विशेष उल्लेख बाबू शिवप्रसाद गुप्त[115] का किया जाना चाहिए, जिनकी प्रकाशन संस्था 'ज्ञान मण्डल' (1917) और समाचार-पत्र 'आज,' इतिहास और राजनीति-शास्त्र पर गम्भीर और विद्वत्तापूर्ण प्रकाशनों के केन्द्र बन गये : उन्होंने हिन्दी के पाठकों और छात्रों को राष्ट्रीयता-प्रेरित राजनैतिक और ऐतिहासिक विश्लेषण उपलब्ध कराये, साथ ही अनेक हिन्दी विद्वानों, राजनेताओं और प्रचारकों को आधारभूत विषयों पर काम करने का मौक़ा भी दिया।[116] अपनी व्यापकता और विस्तार, राष्ट्रवादी दृष्टि और व्यावसायिक दबावों से अपेक्षाकृत मुक्ति के कारण 'ज्ञानमण्डल' एक अनोखा उदाहरण और हिन्दी के सार्वजनिक क्षेत्र के लिए एक विशेष रूप से मूल्यवान अवसर था।[117] इसके अलावा, कुछ व्यावसायिक पुस्तक विक्रेता और प्रकाशक थे जो आगे बढ़ कर राष्ट्रवादी गीत और सांगीत प्रकाशित करने लगे। तीसरे, प्रकाशनों के सूची पत्र देखने पर भारी मात्रा में स्वप्रकाशित और स्थानीय रूप से मुद्रित विविध-रूपी राष्ट्रवादी पुस्तिकाएँ, पैम्फ़्लेट, पर्चे, भाषण, कहानियाँ,

नाटक, गीत, भजन और आल्हा की तर्ज़ पर रची गयी रचनाओं का पता चलता है, जिनमें से बहुत-सी सामग्री मुफ़्त या लगभग मुफ़्त वितरित की जाती थी। इससे राजनैतिक अखाड़े में छपाई के हस्तक्षेप का सीधा-सीधा उपयोग सामने आता है।[118] शारदा बिल या बाल विवाह निषेध अधिनियम ने शारदा बिल नाटक और कविताओं और पुस्तिकाओं का एक ज्वार पैदा किया (उसके पक्ष में भी और उसके विपक्ष में भी), साथ ही अधिनियम के हिन्दी और उर्दू में छपे अनुवादों का भी।[119] असहयोग और सविनय अवज्ञा आन्दोलनों के दौरान राष्ट्रवादी कविताएँ और गीत बाज़ार में छा गये (1930 में ही 240 प्रकाशन);[120] मिसाल के लिए एक संग्रह, जिसका शीर्षक था 'राष्ट्रीय डंका अथवा स्वदेश खादी' और जिसे किन्हीं चन्द्रिका प्रसाद जिज्ञासु ने संकलित और प्रकाशित किया था, पाँच बार मुद्रित हुआ था और 1930 में कुल प्रकाशित प्रतियों की संख्या 30,000 थी।[121] राष्ट्रवादी प्रकाशनों की बाढ़ उर्दू में भी नज़र आयी, हालाँकि कई पुस्तिकाएँ इन आन्दोलनों और किसान आन्दोलनों के ख़िलाफ़ भी प्रकाशित हुईं।[122] जो तस्वीर उभर कर सामने आती है, वह लोगों को 'लामबन्द' करने वाले किसी केन्द्रीय कांग्रेस प्रचार की नहीं है, बल्कि छपाई के माध्यम से राजनैतिक व्यापक हस्तक्षेप और विवादों की है।[123]

अन्त में, हिन्दी पाठ्य पुस्तकों का बाज़ार भी इसी अवधि में फैल कर मानो एक उद्योग बन गया; इससे हिन्दी के कई प्रकाशकों, जैसे इण्डियन प्रेस, रामनारायण लाल, नन्दकिशोर एण्ड ब्रदर्स और बहुत-से दूसरे छोटे प्रकाशकों की समृद्धि के रास्ते खुल गये। यह पुस्तकों, प्रतियों और संस्करणों के हर मामले में एक अनवरत विस्तार था। जबकि उर्दू की पाठ्य पुस्तकें किताबों की संख्या के लिहाज़ से इस अवधि में निश्चय ही बढ़ीं, लेकिन प्रतियों की संख्या के लिहाज़ से नहीं। (देखिए तालिका 1.2)। पाठ्य पुस्तकों के अलावा 'कुंजियों,' सामान्य पठनीय पुस्तकों और सामान्य रूप से बाल-साहित्य की पुस्तकों का एक उद्योग भी खड़ा हो गया : कई पुस्तक विक्रेताओं और प्रकाशकों ने ऐसी श्रृंखलाएँ शुरू कीं जो विशेष रूप से बच्चों और किशोरों के लिए बनी थीं। जैसे—इण्डियन प्रेस की 'बाल सखामाला,' रामनारायण लाल की 'बालोपयोगी पुस्तक माला,' रामजी शर्मा की 'सद्‌विचार ग्रन्थ माला' और 'शिशु पुस्तक माला' (ये सभी इलाहाबाद के प्रकाशक थे) और दरभंगा से 'बाल मनोरंजन माला' और अनेक दूसरी पुस्तक श्रृंखलाएँ। एक ओर अगर पाठ्य पुस्तकों के प्रकाशन से हिन्दी साहित्य के छोटे प्रकाशकों को बचे रहने में मदद मिली तो दूसरी ओर उससे शिक्षा तन्त्र पर हिन्दी पुस्तक बाज़ार की निर्भरता और पक्की हो गयी—जिससे हिन्दी साहित्य एक तरह का अनुदान प्राप्त विभाग बन गया।[124]

लिहाज़ा, 1940 तक हिन्दी प्रकाशन जगत फैल भी चुका था और विविध रूपी भी बन चुका था : कविता की लोकप्रिय और व्यावसायिक विधाएँ, नाटक और कथा साहित्य अब भी बाज़ार का मुख्य हिस्सा था; एक और हिस्सा शिक्षा सम्बन्धी पुस्तकों का था; जबकि भक्तिपूर्ण और उपदेशात्मक गीत सबसे अधिक संख्या में छपते थे।[125]

समकालीन लेखकों के साहित्यिक प्रकाशन भी बाज़ार के एक छोटे, लेकिन महत्वपूर्ण हिस्से में पैठ जमा सके थे; मुद्रित प्रतियों की संख्या कभी-कभार ही 2000 प्रतियों से अधिक होती, लेकिन कुछ लेखक जैसे प्रेमचन्द, मैथिलीशरण गुप्त और जयशंकर प्रसाद नियमित रूप से पुनर्मुद्रित होते रहते। इस तरह, आधुनिक हिन्दी कविता, नाटक और कथा-साहित्य तथा तॉलस्तॉय और ड्यूमा जैसे विश्व प्रसिद्ध लेखकों के गौरव-ग्रन्थों के अनुवादों का एक छोटा, लेकिन अच्छी तरह जमा-जमाया, पाठक-वर्ग निश्चित रूप से अस्तित्व में आ गया था।

बहरहाल, साहित्यिक प्रकाशनों की वृद्धि ने लोकप्रिय और साहित्यिक पुस्तकों के पाठकों के बीच सन्तुलन को परिवर्तित नहीं किया था : 1925 की 184 कविता की पुस्तकें 1940 तक बढ़ कर सिर्फ़ 189 ही हुई थीं और (लोकप्रिय विधाओं धार्मिक और सामान्य, दोनों ही) तथा साहित्यिक विधाओं के सन्दर्भ में भी आँकड़े मोटे तौर पर उतने ही बने हुए थे। (देखिए तालिका 1.5)

तालिक 1.5 हिन्दी 'कविता' पुस्तकें 1925-1940

	1925	1940
धार्मिक और भक्तिपूर्ण	70	64
सांगीत, ऋतु सम्बन्धी गीत और ग़ज़लें	67	69
शैक्षणिक और समसामयिक (खड़ी बोली में)	23	22
राष्ट्रवादी	15	16
साहित्यिक (नयी शैली कोष्ठक में)	9(2)	18(11)
योग	184	189

इस तरह, हम मान सकते हैं कि एक ऐसा हिन्दी पाठक-वर्ग था जो उन लोगों में विभाजित था जिनमें से एक समूह 2-3 रुपये क़ीमत पर 'सरस्वती' और पुस्तकें ख़रीद सकता था, और दूसरा जो कुछ आने क़ीमत पर भजन, सांगीत, कजलियाँ और राष्ट्रवादी गीत ख़रीदता था। यह अभी देखना बाक़ी है कि आज़ादी के बाद यह सन्तुलन किसी हद तक बदला या नहीं।

1920 और 1930 के दशकों के हिन्दी लेखकों और बुद्धिजीवियों ने निश्चय ही उस असन्तुलन पर ध्यान दिया होगा जो फलते-फूलते और सर्वत्र विद्यमान लोकप्रिय साहित्य तथा गिने-चुने 'गम्भीर' प्रकाशनों के बीच मौजूद था। साहित्य सुधारक लोग चिन्तातुर स्वरों में हिन्दी जनता से गम्भीर साहित्य पढ़ने का क्यों अनुरोध करते थे, यह उस असन्तुलन से स्पष्ट होता है। (देखिए 2.2 और 2.3)। पाठकों को समकालीन लेखकों से परिचित कराने और इन लेखकों का आर्थिक समर्थन करने में पत्रिकाओं की

भूमिका और भी साफ़ हो जाती है। जैसा कि दुलारे लाल भार्गव की 'गंगा पुस्तक माला' दर्शाती है, पत्रिकाओं ने सचमुच आधुनिक साहित्य के लिए बाज़ार में जगह बनाने में कारगर भूमिका निभायी थी; वे भूतपूर्व उर्दू पाठकों और नये-नये शिक्षित वर्गों में से खड़ी बोली की किताबों के लिए पाठक-वर्ग बनाने में वाक़ई कामयाब रहीं। लेकिन वे उनको उस व्यावसायिक सफलता के निकट भी नहीं पहुँचा सकीं जिससे समकालीन लेखकों को वैसा व्यापक सांस्कृतिक वर्चस्व उपलब्ध मिल पाता जो आम जनता के बीच लोकप्रियता से आम तौर पर मिलता है (देखिए 2.3 और 5.4)। न ही लेखन ने लेखकों को आम तौर पर इतनी समृद्धि उपलब्ध करायी जिससे उनकी सामाजिक प्रतिष्ठा सुनिश्चित हो सके। इस तरह पत्रिकाओं में लिखने और साहित्यिक पुस्तकें प्रकाशित कराने से जो सांस्कृतिक पूँजी हासिल होती थी, उसे लेखक व्यापक सार्वजनिक क्षेत्र में 'ख़र्च' नहीं कर पाते थे; अपवाद सिर्फ़ राष्ट्रवादी लेखक और विश्वविद्यालयों के प्रोफ़ेसर थे। पहले मामले में सांस्कृतिक पूँजी उनकी राजनीतिक भूमिका से और उस लोकप्रियता से आती जो अख़बारों और राष्ट्रीय कवि सम्मेलनों से हासिल होती (देखिए 1.3 और 3.3.); दूसरे मामले में प्रतिष्ठा उनकी संस्थागत भूमिका का फल थी जिस पर हम विस्तार से अनुच्छेद 1.4 में चर्चा करेंगे।

इस तरह हिन्दी प्रकाशन जगत की जो तस्वीर सामने आयी है, वह हिन्दी जनता के अन्दर एक विभाजन की है। यह विभाजन और भी प्रकट और समस्यापूर्ण हो गया जब पुरानी अभिरुचियाँ और नयी आकांक्षाएँ तथा पुराने और नये श्रोता कवि सम्मेलनों के मिले-जुले अखाड़े में आमने-सामने होने लगे।

1.3.3 कवि-सम्मेलन

कवि-सम्मेलनों की परम्परा विशेष रूप से इस बात को प्रदर्शित करती है कि कैसे मौजूदा साहित्यिक अभिरुचियों और वाचिक सम्प्रेक्षण ने अपने को लोक (पब्लिकनेस) और छपे हुए साहित्य जगत के प्रति दुहरी आकांक्षाओं के अनुकूल ढाला। पत्रिकाओं और प्रकाशन जगत की तुलना में कवि-सम्मेलन एक ऐसा अखाड़ा था जहाँ कवि स्थानीय श्रोता-वर्ग के ठोस मूर्त के आमने-सामने रहते। श्रोता ख़ुद अपने संस्कारों को ले कर इन आयोजनों में शामिल होते और मुखर रूप से अपनी प्रतिक्रिया व्यक्त करते। कवि-सम्मेलन कवियों के लिए उस शक्ति को अनुभव करने के अनूठे अवसर थे जो लोकप्रियता से मिलती है। इसलिए इस अखाड़े का विकास और इसकी सम्भावनाओं और समस्याओं के बारे में समसामयिक चर्चाएँ हमें हिन्दी के साहित्यिक जगत पर लोक (पब्लिकनेस) के प्रभाव में सीधी अन्तर्दृष्टि प्रदान करती हैं।

यह बताने की ज़रूरत नहीं है कि कवि-सम्मेलन कविता पाठ का एक अत्यन्त औपचारिक आयोजन होता है, जिसमें कवि अपनी कविताएँ बारी-बारी से श्रोताओं के सामने

पढ़ कर या गा कर सुनाते हैं, जो अक्सर मुखड़े को दोहराते हैं। उर्दू मुशायरों और ब्रजभाषा के दरबारी कविता दंगलों के नमूने पर उसमें कवि अपनी नयी कविताएँ सुनाते या किसी संरक्षक और चुने हुए श्रोता-वर्ग के सामने आशु रचना करते। अधिकांश मुशायरों में शायर एक ही ज़मीन (विषय) और रदीफ़ (छन्द) में शेर रच कर सुनाते। अदब-आदाब के मामलों में बहुत गम्भीरता बरती जाती, बुज़ुर्ग शायरों को सबसे आख़िर में पढ़ने के लिए बुलाया जाता और श्रोता-वर्ग की प्रतिक्रिया आवश्यक समझी जाती।[126] उन्नीसवीं सदी के दौरान मुशायरे दरबारी न रह कर अत्यन्त परिष्कृत शहरी जमावड़ों में सफलता से तब्दील हो गये थे। दरबारों में ब्रजभाषा के कविता पाठ में श्रेष्ठता की परीक्षा करने और आश्रित कवियों के बीच होड़ को बढ़ावा देने का एक तरीक़ा समस्यापूर्ति का था। यानी, कुछेक शब्द 'समस्या' के तौर पर प्रस्तुत किये जाते और कवियों को एक पूरी कविता के रूप में इन का 'समाधान' सामने रखना होता। सबसे अच्छी कविताओं को तत्काल राजा या संरक्षक की ओर से पुरस्कार मिल जाता और यह रिवाज तब भी चलता रहा जब यह प्रतियोगिता दरबार से हट कर एक सार्वजनिक स्थल पर चली आयी : वहाँ श्रोताओं में बैठे रईस लोग सफल कवि को स्वर्ण या रजत पदकों या फिर नगद पुरस्कारों से सम्मानित करते।[127]

परम्परागत रूप से कवि सम्मेलन एक चुनिन्दा समाज का मनोरंजन करके उसके काव्य परिष्कार का और रस के आनन्द में उसे शिक्षित करने का साधन रहे थे। इनमें प्रमुखता श्रृंगार की थी, प्रेम का वह भाव जो सदियों से राधा-कृष्ण के इर्द-गिर्द बुना जाता रहा था।

विषय-वस्तु का सीमित होना और रूपकों का अत्यन्त रूढ़ समूह इस बात को सुनिश्चित कर देता कि कवि और श्रोताओं के बीच तत्काल सम्प्रेषण हो सके। सच तो यह है कि अधिकतर आनन्द जाने-माने रूपकों को मिला कर उनसे सूक्ष्म क्रीड़ा करने में निहित था, किसी परिचित दृश्य को अचानक अनूठा मोड़ देते हुए जिसे भारत के साथ-साथ बाहर भी अधिकांश 'परम्परागत' काव्य का विशेष लक्षण माना गया है। कहने की ज़रूरत नहीं कि यह एक ऐसा तन्त्र था जो ख़ुद अपना सन्दर्भ था।

खड़ी बोली हिन्दी के नये सार्वजनिक क्षेत्र में कवि सम्मेलन अनिवार्य रूप से कई परिवर्तनों से गुज़रे, यह आश्चर्य की बात नहीं है। इनमें दरबार से उठ कर सार्वजनिक मंच पर आना, श्रृंगारिक विषयों की बजाय जोशीले राष्ट्रवादी विषयों और प्रयोगवादी काव्य-रूपकों की ओर झुकाव और एक चुने हुए रसिक समाज की बजाय छात्रों, राजनैतिक कार्यकर्ताओं और आम जनता के एक ज़्यादा खुले श्रोता-वर्ग का सामना करना स्पष्ट रूप से नज़र आने वाले इन परिवर्तनों में शामिल था। रसिक समाज अपनी बैठकों में सुनी और सुनायी गयी कविताएँ प्रकाशित ज़रूर करने लगा था, लेकिन अब केवल वही एकमात्र दायरा नहीं रह गया था। तन्त्र अब टूट चुका था और श्रोतागण अब पहले से कविता बिम्बों, शब्दों और भावों का अनुमान कर सकें, यह ज़रूरी नहीं था। सार्वजनिक क्षेत्र में जोशीली राष्ट्रीय कविताएँ, नयी अभिरुचियों की आसानी से न पकड़ में आने वाली

अमूर्त कविताएँ और लोकप्रिय कविताओं को पसन्द करने वाली जनता की अपेक्षाएँ परस्पर विरोधी लक्ष्य सामने रखती थीं। काव्य भाषा में ब्रजभाषा से खड़ी बोली की ओर परिवर्तन दिशा परिवर्तन का भी संकेत था : ब्रजभाषा और खड़ी बोली के मिले-जुले कवि सम्मेलनों में ब्रजभाषा के कवियों को एक समस्या दी जाती थी और खड़ी बोली के कवियों को एक विषय। महावीर प्रसाद द्विवेदी के समय में ये अक्सर 'सामाजिक' विषय होते थे जैसे 'अछूत' या 'विधवा'। राष्ट्रीय आन्दोलन के दौरान विषय 'खादी,' 'चरखा,' 'शहीद' आदि होने लगे।[128]

1920 के दशक के बाद से हिन्दी के कवि सम्मेलन उत्तरोत्तर लोकप्रिय होते चले गये : वे स्कूलों, कॉलेजों और हॉस्टलों के वार्षिकोत्सवों पर आदर्श 'सांस्कृतिक आयोजन' बन गये। कांग्रेस के अधिवेशनों तथा साहित्यिक संस्थाओं की वार्षिक बैठकों के भी वे अनिवार्य अंग बन गये।[129] हिन्दी साहित्य सम्मेलन द्वारा सार्वजनिक सभागारों या पण्डालों में टिकट ख़रीद कर आने वाले श्रोताओं के लिए विशाल बैठकें आयोजित होती थीं, जिनमें पूरे उत्तर भारत से हिन्दी कवि आ कर शामिल होते। इसके अलावा हिन्दी साहित्य सम्मेलन संयुक्त हिन्दी-उर्दू कवि सम्मेलन और अखिल भारतीय कवि सम्मेलन भी आयोजित करने लगा ताकि सम्भावित 'राष्ट्रभाषा' का बढ़ता हुआ आयाम चिह्नित किया जा सके। कवि सम्मेलन हिन्दी साहित्य सम्मेलन के देश-व्यापी हिन्दी प्रचार का अंग और हिन्दी समुदाय के भीतर बल और एकता का सार्वजनिक प्रदर्शन बन गये। साहित्यकारों के लिए वे उनकी सार्वजनिक राजनैतिक भूमिका की प्रमुख निशानी भी बन गये। हिन्दी कवि सम्मेलनों के नये राजनैतिक महत्व को यह तथ्य रेखांकित करता है कि ऐसे विशाल आयोजनों में खड़ी बोली की राष्ट्रीय कविताएँ ही आम तौर पर अत्यन्त लोकप्रिय होती थीं, वही कविताएँ जो राष्ट्रवादी पत्रिकाओं में बहुतायत से छपा करती थीं। खड़ी बोली के अपेक्षाकृत कमतर कवि जैसे माधव शुक्ल, सोहनलाल द्विवेदी और श्याम नारायण पाण्डेय कवि सम्मेलनों में अपनी जोशीली राष्ट्रवादी कविताओं की बदौलत काफ़ी प्रसिद्ध हुए। सोहन लाल द्विवेदी ने बीसियों प्रशंसक हासिल किये और जब उन्होंने गाँधी जी पर अपनी कविता :

न हाथ एक शस्त्र हो।
न साथ एक अस्त्र हो।
न अन्न नीर वस्त्र हो।
हटो नहीं डटो वहीं।
बढ़े चलो बढ़े चलो।

सस्वर पढ़ी, तो एक समकालीन ने लिखा कि 'पण्डाल में मौजूद हज़ारों की संख्या में श्रोताओं ने कवि की टेक को दोहराते हुए अपनी आवाज़ बुलन्द की—बढ़े चलो, बढ़े चलो।'[130] इस तरह राष्ट्रीय आन्दोलन की एक क़िस्म की काव्यात्मक स्वर-संगति लिखी जा रही थी और कवि सम्मेलनों के माध्यम से प्रचारित हो रही थी। कवि-सम्मेलन

राष्ट्रवादी पहचान के महत्वपूर्ण 'स्थल' बन गये। गया प्रसाद शुक्ल सनेही 'त्रिशूल,' मैथिलीशरण गुप्त, माखनलाल चतुर्वेदी और बाद में सुभद्रा कुमारी चौहान, दिनकर और बालकृष्ण शर्मा 'नवीन' जैसे प्रमुख राष्ट्रवादी कवि कवि सम्मेलनों में अक्सर बुलाये जाते थे।[131] जैसा कि युवा रामनाथ लाल 'सुमन' ने तब टिप्पणी की थी, 'साधारणतः जनता की रुचि राष्ट्रीयता की ओर अधिक होने के कारण ही इस श्रेणी के लोग कवि और सो भी प्रसिद्ध कवि के रूप में विख्यात हो रहे हैं। 'त्रिशूल,' पं. लक्ष्मीधर बाजपेई, पं. रामचरित उपाध्याय और पं. रूपनारायण पाण्डेय, इत्यादि इसी श्रेणी के कवियों में हैं। इनकी जो कुछ प्रसिद्धि हुई है वह राष्ट्रीय रचनाओं के कारण ही हुई है... आजकल श्रृंगार रस की अच्छी-से-अच्छी उक्ति कहने वाले प्रतिभाशाली 'कवि' (मेरी परिभाषा के अनुसार नहीं) की अपेक्षा साधारण राष्ट्रीय तुकबन्दी करने वाला, अधिक आदृत हो सकता है—हो सकता है, क्या होता ही है।'[132] वे कविताएँ समय की कसौटी पर भले ही न टिकी हों, लेकिन उनमें आधुनिकता का वह अनूठा गुण था जिसे सामयिकता कहते हैं। एक व्यापक, अनपढ़ समुदाय को आकर्षित करके उस तक देश-भक्ति का सन्देश पहुँचाने की जो क्षमता कवि-सम्मेलनों में थी, वह जल्द ही पहचान ली गयी और इस बात ने कवि-सम्मेलनों के कार्य और दृष्टिकोण को बहुत हद तक परिवर्तित कर दिया।

इसके बावजूद कवि सम्मेलनों में सुनायी जाने वाली अधिकांश कविताएँ ब्रजभाषा में ही थीं और राजदरबारों के तन्त्र की ही नक़ल थीं।[133] वस्तुतः, सच तो यह है कि कवि सम्मेलनों के माध्यम से ब्रजभाषा कविता को फिर से गति और लोकप्रियता हासिल हुई, जो इस बात का ही एक और सबूत था कि उसका काव्य-संस्कार कितना गहरे पैठा हुआ था। ख़ास तौर पर छोटे कवि सम्मेलनों में जहाँ ज़्यादातर स्थानीय और शौक़िया कवि होते, समस्यापूर्ति सबसे आसान और सबसे प्रचलित तरीक़ा था, और श्रृंगार रस सबसे पसन्दीदा मूड। एक सम्पादक ने आश्चर्य प्रकट किया कि इस खड़ी बोली के युग में ब्रजभाषा कविता इतनी लोकप्रिय क्यों है? इसका कारण उनके विचार में इस काव्य शैली से श्रोताओं का परिचित होना था। समस्यापूर्ति की परम्परा पहले ही से ब्रजभाषा में थी और जहाँ तक विषय और शैली का सवाल था, ब्रजभाषा कविता उर्दू मुशायरों के समान थी और उनसे होड़ भी लेती थी।[134]

बहरहाल, कवि सम्मेलन की संरचना में भी परिवर्तन आ ही गये। पहले के ज़माने में काव्यात्मक समस्याएँ रसिकों के समाज में किसी कवि के कौशल और उसकी प्रतिभा की संक्षिप्त और सुखद परीक्षा होती थी। यह उस कवि की रचनात्मकता को प्रेरित करने का एक साधन भी था जो कवि परिपाटी में कठोरता से दीक्षित था : नियमबद्ध होते हुए भी, एक समस्या कल्पना की उड़ान के लिए पर्याप्त छूट देती थी। दूसरी ओर, बीसवीं सदी के सार्वजनिक कवि सम्मेलनों में समस्यापूर्ति परीक्षा या प्रतियोगिता नहीं रह गयी थी : समस्याएँ पहले से तय हो कर घोषित की जाती थीं और छाप भी दी जाती थीं। अब एक सामान्य श्रोता-वर्ग की माँग को पूरा करने की ख़ातिर, आसान समस्याएँ या एक सामान्य

विषय सिर्फ़ आकांक्षाएँ जगाने और मनोरंजन प्रदान करने का साधन थे।[135] इस रूप में वे ऋतु सम्बन्धी गीतों और श्रृंगारिक कविताओं के गुटकों और पुस्तिकाओं के मिश्रित, वाचिक-मुद्रित सम्प्रेषण के ज़्यादा नज़दीक थीं। राष्ट्रवादी कविताओं के सिलसिले में यही बात थी : कवि सम्मेलनों में उनकी लोकप्रियता और उनकी ऊँची बिक्री में चोली-दामन का साथ था। जब महाराणा प्रताप और राजपूत वीरता पर श्याम नारायण पाण्डे की लम्बी राष्ट्रवादी कविता 'हल्दी घाटी' 1938 में छपी तो उनके उत्तेजक पाठ ने कविता को तत्काल सफलता प्रदान की। वह कई बार छपी और उसे प्रतिष्ठित देव पुरस्कार भी मिला (देखिए 2.3)।

इसके विपरीत, छायावाद जैसी नयी काव्य अभिरुचियाँ कवि सम्मेलनों के सामान्य श्रोताओं के बीच उतनी सफल नहीं हो पायीं। कविताओं का अर्थ अक्सर जान-बूझ कर अमूर्त और दुरूह होता था, शब्द भण्डार लम्बे और कठिन संस्कृत समासों से बोझिल होता और छन्द नये और अपरिचित : 'वे अभिव्यक्ति में ही अजीबो-ग़रीब नहीं थे, बल्कि वेश-भूषा में भी। जनता भौंचक्का हो कर उन्हें देखती और सुनती थी।... लोग सोचते थे वे किसी और जगत के प्राणी हैं जो पृथ्वी पर अवतरित हुए हैं और कुछ रहस्य उद्‌घाटित करने के बाद लुप्त हो गये हैं।'[136]

तब भी स्कूलों और कॉलेजों के कवि सम्मेलन छायावादी कवियों के लिए एक अधिक ग्रहणशील श्रोता-वर्ग और अनुकूल मंच प्रदान करते थे। यह 1921 में इलाहाबाद के जैन हॉस्टल के कवि सम्मेलन का अवसर था जब छात्र सुमित्रा नन्दन पन्त पहली बार सार्वजनिक रूप से कविता का पाठ करके तत्काल प्रतिष्ठित हुए थे।[137] इलाहाबाद में ही युवा कवयित्री महादेवी वर्मा, अपने स्कूल के प्रतिनिधि के तौर पर समस्यापूर्ति वाले कवि सम्मेलनों में भाग लेने के बाद सार्वजनिक मंचों से दूर रहीं और अपनी नयी कविताएँ सुकवि समाज जैसे छोटे और परिष्कृत रुचि वाले परिवेश में सुनाती रहीं।[138] यह आश्चर्यजनक नहीं था कि छायावादी कविता पाठ की सफलता का अकेला प्रभावकारी तत्व था, उसकी अदायगी, क्योंकि अधिकांश तो वैसे भी गा कर सुनाये जाने के लिए था। युवा कवियों में रामकुमार वर्मा और भवगतीचरण वर्मा सबसे अधिक लोकप्रिय थे, रामकुमार अपनी कोमल शब्दावली के लिए और भगवती बाबू अपने ओजपूर्ण कविता पाठ के लिए। निराला भी कभी-कभार अपने अच्छे गायन और गूँजती हुई आवाज़ के बल पर श्रोताओं को मुग्ध कर लेते थे, अपने काव्य की दुरूहता के बावजूद।

कुल मिला कर, सार्वजनिक कवि सम्मेलन हिन्दी की नवप्राप्त प्रौढ़ता और समृद्धि को प्रदर्शित करने का एक उत्तम स्थान थे और यह आश्चर्यजनक नहीं है कि हिन्दी साहित्य सम्मेलन ने उत्तरोत्तर बड़े-से-बड़े कवि सम्मेलन आयोजित किये। दिल्ली में फ़रवरी 1924 में उसके चौदहवें वार्षिक अधिवेशन में पहला हिन्दी-उर्दू कवि सम्मेलन आयोजित हुआ, जिसे गाँधी जी ने तार द्वारा शुभकामनाएँ और आशीर्वाद दिया। द्विवेदीयुगीन कवि नाथूराम शंकर शर्मा की अध्यक्षता में इस कवि सम्मेलन में ब्रजभाषा

और खड़ी बोली दोनों के कवि थे : उनमें हरिऔध, मिश्रबन्धु, पद्मसिंह शर्मा, जगन्नाथ प्रसाद चतुर्वेदी, सनेही (जिनकी कविता 'स्वदेशी' को बहुत प्रशंसा मिली), रामनरेश त्रिपाठी, माखन लाल चतुर्वेदी और रूप नारायण पाण्डेय, वहाँ मौजूद थे; साथ ही हिन्दी का लगभग पूरा-का-पूरा 'तन्त्र' भी, जिसमें पुरुषोत्तम दास टण्डन, रामदास गौड़, सेठ केदारनाथ गोयनका, और श्रीनारायण चतुर्वेदी शामिल थे (देखिए परिशिष्ट)। उर्दू शायरों में मौलाना आरिफ़ हसबी, महाराज बहादुर 'बर्क', और लतीफ़ हुसैन ने भी अपनी शायरी सुनायी। दिल्ली जैसे शहर में जो अब भी मोटे तौर पर हिन्दी के प्रति उदासीन रहा था, सभागार को खचाखच भरने के लिए मिले-जुले सत्र की शायद एक बड़ी भूमिका थी। सच तो यह है कि इतने सारे कवि इकट्ठा हो गये थे कि एक और दिन की ज़रूरत पड़ी थी।[139]

बाद में इससे भी भव्य आयोजनों की कोशिशों के सामने भारी समस्याएँ उठ खड़ी हुईं। सबसे पहले यह स्पष्ट हो गया कि ब्रजभाषा के श्रृंगारिक साँचे को तोड़ना आसान नहीं था। यह अगली ही कोशिश में नज़र आया, जब नवम्बर 1925 में वृन्दावन में हिन्दी साहित्य सम्मेलन के सोलहवें अधिवेशन के अवसर पर अखिल भारतीय हिन्दी कवि सम्मेलन आयोजित हुआ। जिस आयोजन का उद्देश्य था कि युवा कवि भारत के कोने-कोने से आये अपने प्रतिष्ठित और प्रसिद्ध अग्रजों से, हर तरह के फ़ासले को पाटते हुए और उद्देश्य की एकता के भाव को निर्मित करते हुए मिलें, वह एक निराशाजनक समारोह साबित हुआ।[140] ब्रजभूमि में ब्रजभाषा की कविताओं का साम्राज्य तो था ही; ब्रजभाषा की कुछ ही कविताओं में राष्ट्रवादी भावनाएँ नज़र आयीं। जैसा कि माधुरी में छपी रिपोर्ट में कहा गया, 'वृन्दावन में साहित्य-सम्मेलन के अवसर पर कवि-सम्मेलन भी हुआ था।... सम्मेलन में कई उत्तम कविताएँ पढ़ी गयीं।.... ब्रजभाषा की भी कई अच्छी कविताएँ पढ़ी गयीं। इनमें एकाध में राष्ट्रीय भावों का सुन्दर चमत्कार था। ब्रजभाषा की शेष कविताओं में वही श्रृंगार-रस और पुराने भाव थे, जिनको सुनते-सुनते चित्त ऊब गया है। अखिल भारतवर्षीय कवि-सम्मेलन में जो गम्भीरता और नियन्त्रण होना चाहिए, उसका वहाँ कहीं पता न था।... इस कवि-सम्मेलन में एक और भी अप्रिय घटना हो गयी। कविताएँ सुनने को कई महिलाएँ भी उपस्थित थीं। कनपुरिया साहित्य-मण्डल के एक कवि ने अपनी श्रृंगार-पूर्ण रचना पढ़ी। इसमें उरोजों का भी वर्णन था। कुछ लोगों ने आपत्ति की कि स्त्रियों के समक्ष ऐसे वर्णन न पढ़े जाने चाहिएँ। कवि महोदय ने इसका जो उत्तर दिया, उसे असन्तोषजनक मान कर स्त्रियाँ उठ कर छोड़ कर चली गयीं। उनको फिर बुला लाने का उद्योग किया गया; पर वह व्यर्थ हुआ। महिलाओं का इस प्रकार रूठ जाना कई सज्जनों को बुरा लगा, और उन्होंने उस परिस्थिति का तीव्र प्रतिवाद किया, जिसके कारण ऐसी घटना घटी थी।'[141] एक बार फिर राष्ट्रवाद ही था जो लोकप्रिय और साहित्यिक श्रोता-वर्ग के बीच एक तरह के पुल का काम कर सका। दिसम्बर 1925 में कांग्रेस के कानपुर अधिवेशन में एक अत्यन्त सफल कवि सम्मेलन आयोजित हुआ

जो चार दिन तक चला। इसका आयोजन-स्थल कुछ समय तक कांग्रेस के अधिवेशन का ही पण्डाल था; आयोजन के पीछे, शहर के सभी साहित्यकारों और साहित्य-प्रेमियों का मिला-जुला प्रयास था जिनमें अग्रणी थे गया प्रसाद शुक्ल 'सनेही'। इस बार खड़ी बोली और ब्रज भाषा की कविताएँ अलग-अलग सत्रों में रखी गयीं। कार्यक्रम में, जो कांग्रेस अधिवेशन के मेले का हिस्सा था, अनेक भाषण और कविताएँ शामिल थीं; उस समय के हिन्दी साहित्यिक जगत के अधिकांश लोग उपस्थित थे और श्रोताओं की संख्या लगभग 4 हज़ार थी।[142]

एकता के ऐसे प्रदर्शन से हमें यह नहीं मानना चाहिए कि हिन्दी में कवि सम्मेलनों ने सचमुच शिष्ट साहित्यिक श्रोताओं और लोकप्रिय श्रोताओं के बीच, या दरबारी और लोकप्रिय ब्रज भाषा और 'सार्वजनिक' खड़ी बोली के बीच एक समान साहित्यिक लोकाचार स्थापित कर लिया था। सच तो यह है कि बड़े और भव्य कवि सम्मेलन आयोजित करने का ख़तरा अप्रैल 1936 में लखनऊ में आयोजित अखिल भारतीय राष्ट्रभाषा कवि सम्मेलन के विनाशकारी कार्यक्रम में दस साल बाद सामने आया।[143] इस अनुभव ने उन सारे तनावों को उजागर कर दिया जो किसी परिष्कृत क्षेत्र को बिना सोचे-समझे आम जनता के लिए खोल देने से उभरते हैं, और जब भिन्न-भिन्न रुचियों और आकांक्षाओं का टकराव होता है। ब्रज भाषा काव्य के प्रशिक्षण, अभ्यास और सुधार की परम्परागत प्रणाली अधिकार को संरक्षकों, विद्वानों और प्रतिष्ठित कवियों के हाथ में सौंपती थी। सार्वजनिक कवि सम्मेलन के अखाड़े में ऐसी कोई कसौटी या नियन्त्रण नहीं था : ऐसे मौक़े पर लोकरुचि ही कसौटी बन गयी और प्रतिष्ठा प्रदान करने का अधिकार आम जनता के हाथों में आ गया। एक छोटे-से रसिक समाज के सामने सूक्ष्म श्रृंगारिक कविताएँ सुनाना एक बात थी, उन्हें टिकट ले कर आये विशाल श्रोता-वर्ग के सामने पण्डाल में सुनाना बिलकुल भिन्न, जहाँ व्यवस्था और नियन्त्रण की समस्याएँ खड़ी हो सकती थीं। 1936 के आयोजन में प्रवेश शुल्क बहुत कम (1 आना) रखा गया था, जिसका उद्‌देश्य था कि भारी संख्या में भीड़ आने से उसे एक 'विराट' आयोजन कहा जा सके, और हिन्दी की लोकप्रियता साबित हो सके। शोर-शराबा करते हुए श्रोता-वर्ग पर या जोश में आये कवियों के असंयत आचरण पर कोई प्रतिबन्ध नहीं था; कोई समुचित प्रबन्ध, ध्वनि व्यवस्था या बैठने का बन्दोबस्त नहीं था; प्रतिष्ठित जनों और अच्छे कवियों ने इस आयोजन से पूरी तरह किनारा कर लिया था। जब तक महादेवी वर्मा, जिन्हें इस आयोजन की अध्यक्षता करनी थी, मंच पर आयीं, स्थिति हाथ से बाहर जा चुकी थी; लोग चिल्लाने लगे थे, क्योंकि वे कविताएँ नहीं सुन पा रहे थे और कविगण पहले कविता सुनाने के लिए आपस में हाथापाई कर रहे थे। महादेवी जी बिना एक शब्द कहे तत्काल मंच को छोड़ कर चली गयीं; साफ़ था कि महिला आयोजकों और अध्यक्षों को मनोनीत करने का नया चलन बेहूदेपन को रोकने में विफल रहा था, बल्कि उसने उसे बढ़ाया ही था।

यह भयंकर हिन्दी कवि सम्मेलन उस उर्दू मुशायरे के मुक़ाबले और भी शर्मनाक प्रतीत हुआ जो अगली रात आयोजित किया गया। उसी पण्डाल में तरतीब थी; आसन, लाउडस्पीकर, और फूल क़रीने से सजे हुए थे; टिकटों की क़ीमत 9 रुपये, 2 रुपये या आठ आने थी और निमन्त्रण पत्रों ने शहर और साहित्य जगत के गण्यमान्य लोगों की उपस्थिति सुनिश्चित कर दी थी। सचिवों ने पहले ही एक छपी हुई पुस्तिका (जो 8 आने क़ीमत पर बिक रही थी) तैयार कर रखी थी, जिसमें शायरों की सूची, शेरों का एक चयन और जवाहर लाल नेहरू और सरोजिनी नायडू (जो अध्यक्ष थीं) के चित्र छपे थे। स्वागताध्यक्ष ने तयशुदा कार्यक्रम के हिसाब से ही सभा का संचालन किया। चूँकि वह 'क़ौमी मुशायरा' था इसलिए कोई समस्या नहीं रखी गयी थी और हर शायर ने ख़ुद अपना कलाम चुन कर पढ़ा; जिगर मुरादाबादी, असग़र गोंडवी और बिस्मिल इलाहाबादी जैसे शायरों ने ख़ासी वाह-वाही लूटी। हिन्दी कवि सम्मेलन के बाद प्रेमचन्द यह कहते सुने गये, 'हिन्दी वालों को मालूम नहीं कब तमीज़ आयेगी'।[144] बाद में खीझी हुई महादेवी जी ने यह दलील दी कि उर्दू मुशायरे इसलिए सफल होते थे क्योंकि (1) कविताओं के विषय और छन्द जनता के लिए भी जाने-पहचाने होते थे, इसलिए श्रोता फौरन उनका आनन्द उठा सकते थे; (2) हर भाव एक शेर में पूरा हो जाता था, जिसे श्रोता दोहरा सकते थे; और (3) शेरों के सिलसिले में शायरी के उस्तादों ने पहले ही सलाह की होती थी और किसी भी त्रुटिपूर्ण, कमज़ोर या अश्लील शेर को पढ़ने की इजाज़त नहीं दी जाती थी।[145] दूसरे शब्दों में वे परखे हुए रास्ते पर चलते थे, सुरुचिपूर्ण सभ्य श्रोता-वर्ग को सम्बोधित करते थे, कड़ाई से प्रथा का पालन करते और असंयत लोकप्रियता के लिए हाथ-पैर नहीं मारते थे। हिन्दी में जनोन्मुखी कवि सम्मेलन सिर्फ़ राष्ट्रवादी कविता को ले कर सही ढंग से काम करते थे, वरना इस बात का ख़तरा हमेशा मँडराता रहता कि वे असंयत और कुत्सित हुड़दंग में न पतित हो जायें। लोकप्रियता का यह विषय प्रकट ही विवादग्रस्त विषय था। (देखिए 2.4)

बाद की घटनाओं ने साबित किया कि सार्वजनिक कवि सम्मेलन उत्तरोत्तर हुल्लड़ और हंगामे से भरे फूहड़ आयोजनों में परिवर्तित होते गये। अपनी सूक्ष्म विषय-वस्तु और नये छन्दों के साथ या फिर छन्द मुक्त आधुनिक, खड़ी बोली कविता श्रोताओं के सामने एक ऐसी जटिल कविता प्रस्तुत करती जो उनके संस्कारों का हिस्सा नहीं थी, जिसका उद्‌देश्य मनोरंजन नहीं था और जिससे तत्काल अपनापा स्थापित करना आसान नहीं था। एक आलोचक के शब्दों में उसका श्रोता-वर्ग मजबूरन 'प्रशिक्षित जनता के सँकरे दायरों के भीतर घिरा हुआ था।'[146] इस गुत्थी को कुछ हद तक हरिवंश राय बच्चन (1907-2004) की उल्लेखनीय सफलता ने हल किया। उनकी मधुशाला (1935) ने भिन्न-भिन्न संस्कारों के बीच पुल बनाते हुए परिष्कृत और अर्द्ध-शिक्षित दोनों तरह के श्रोताओं को आकर्षित किया। इसमें शराब और इश्क़ की फ़ारसी-उर्दू परम्परा का मेल खड़ी बोली की आसान शब्दावली और रूबाई के प्रवहमान छन्द से बैठाया गया था।[147]

1920 के दशक में हिन्दी साहित्य का विस्तार और व्यवसायीकरण उस दौर के लोगों को शक्ति का संकेत लगता था और 'हिन्दी जनता' की अमूर्त चर्चा ठोस रूप ग्रहण करती जान पड़ती थी। पत्र-पत्रिकाएँ और प्रकाशन गृह समकालीन लेखकों को प्रचार के साधन ही नहीं प्रदान करने वाले थे, बल्कि स्थायी नौकरी, नये आदर्श और श्रोता-वर्ग भी। इसके अलावा, साहित्यिक पत्रिकाएँ साहित्यिक विधाओं को बढ़ावा दे कर, अभिरुचियाँ निर्धारित करते हुए और हिन्दी साहित्य तन्त्र में मौजूद भिन्न-भिन्न प्रकार की रुचियों को छपे हुए पृष्ठ पर एक नयी तरतीब देती हुईं, साहित्य जगत की अहम संस्था के रूप में प्रतिष्ठित हुईं। इन पत्रिकाओं से जो आत्म-विश्वास और समान उद्देश्य की भावना प्रकट होती है, वह इतनी अधिक है कि अगर हमें केवल पुस्तकों और पत्रिकाओं के आधार पर भी निश्चित करना होता तो हम एक स्वायत्त और स्वनिर्भर हिन्दी जनपद के अस्तित्व में विश्वास करने लगते। हिन्दी राष्ट्रवाद जैसा कि हम अगले अध्याय में देखेंगे, कम-से-कम औपचारिक रूप से अंग्रेज़ी के वर्चस्व से इनकार करने लगा, इस आश्वासन के बल पर कि हिन्दी समूचे भारत की सार्वजनिक भाषा के तौर पर अंग्रेज़ी की जगह लेने के लिए काफ़ी आगे बढ़ चुकी है (2.1)।

लेकिन इस सुलभता और लोकप्रियता की प्रवृत्ति के साथ कई तरह के तनाव भी उभर कर सामने आये। साहित्य के ऊँचे सामाजिक महत्व की अवधारणा और साधारण लेखक की मामूली और असुरक्षित हैसियत के बीच और लेखकों की स्वाधीनता की प्रतिज्ञा और बाज़ार तथा लोकप्रियता पर उनकी नयी निर्भरता के बीच एक प्रत्यक्ष अन्तर्विरोध था (2.3)। एक और तनाव हिन्दी साहित्य को और खुला और विस्तृत करने की इच्छा और, उच्च कोटि की साहित्य रचना के बीच पैदा हुआ चाहे यह साहित्य 'उपयोगी' होता या शुद्ध रूप से कलापूर्ण। पहली प्रवृत्ति ने कुछ पत्रिकाओं और प्रकाशकों को, ख़ास तौर पर जो राजनैतिक थे अपने मुहावरों को लोकप्रिय बनाने की प्रेरणा दी; यही उन विराट हिन्दी कवि सम्मेलनों के आयोजनों में भी व्यक्त हुई। दूसरी इच्छा साहित्य के पाठ्यक्रम में (देखिए 1.4) और परिष्कार की ओर उन्मुख उस प्रवृत्ति में अभिव्यक्त हुई जो स्वयं सम्पादकों के और सुशिक्षित और सुसंस्कृत पाठक वर्ग के भाषाई और साहित्यिक संस्कारों को प्रतिबिम्बित करती थी। अन्ततः सबने खुलेपन का स्वागत किया हो, ऐसा नहीं था; आलोचक और सम्पादक-निर्णायक अक्सर खुलेपन को अराजकता मानते थे (देखिए 2. 2) और विरोधी आलोचनात्मक स्वरों को मानकीकरण की परियोजना पर ग़ैर-ज़िम्मेदाराना हमले कह कर उनकी भर्त्सना करते।

1.4 हिन्दी शिक्षा और साहित्य

शुरू ही से छापेख़ाने और प्रकाशन के साथ हिन्दी जनपद के निर्माण में शिक्षा सबसे महत्वपूर्ण क्षेत्र रहा है। जैसा कि हमने इस अध्याय के आरम्भ में देखा, शिक्षा वह पहला

'सार्वजनिक विषय' था जिसके गिर्द उन्नीसवीं शताब्दी के मध्य से आगे हिन्दी बुद्धिजीवियों ने समाज में समर्थन जुटाने की कोशिश की। शिक्षा और अदालतें उनकी कल्पना में प्रतीकात्मक-से स्थान बन गये जहाँ हिन्दी के झण्डे को लगाना ही था, ताकि वह सार्वजनिक भाषा के रूप में सर्वमान्य हो सके। वस्तुतः, औपनिवेशिक दौर के अधिकांश भारतीय बुद्धिजीवी जो सांस्कृतिक औपनिवेशीकरण के ख़तरों और शिक्षा के एक आधुनिक केन्द्रीकृत तन्त्र के प्रभाव, दोनों ही के प्रति सम्वेदनशील थे, शिक्षा को एक अत्यन्त महत्वपूर्ण कर्मक्षेत्र मानते थे। हिन्दी बुद्धिजीवियों की गतिविधियाँ और दृष्टिकोण यह ज़ाहिर करते हैं कि वे इस बात के प्रति पूरी तरह सजग-सचेत थे कि शिक्षा ठोस संस्था के साथ-साथ आदर्श के रूप में भी महत्वपूर्ण थी। ठोस संस्था से मेरा मतलब है—वह जगह जो स्कूल घेरते थे और निर्मित करते थे : अक्सर भारी-भरकम भव्य सार्वजनिक इमारतें और सार्वजनिक आदान-प्रदान का स्थान, जो लड़कियों के लिए घर के बाहर पहली ऐसी जगह थी। स्कूल अक्सर साहित्यिक और राजनैतिक गतिविधियों के स्थानीय केन्द्र बन जाते और वहाँ राष्ट्रीय नेता और अग्रणी कवि आया करते और कक्षाएँ पाठ्यक्रम के दायरे के बाहर राजनीतिकरण के लिए स्थान उपलब्ध करातीं। अध्यापक या प्राचार्य के 'संस्थागत' व्यक्तित्व भी इस शिक्षा-व्यवस्था की उपज थे और बुद्धिजीवियों के लिए आजीविका और काम-काज का महत्वपूर्ण साधन भी। स्कूल ऐसी संस्थाएँ थीं जिन्होंने अपनी गति ख़ुद निर्मित की थी—अक्सर नगण्य-सी शुरूआत के बाद बढ़ते, फैलते और सम्पत्ति, नाम और वंशावली अर्जित करते हुए। छात्रों के माध्यम से हिन्दी पाठक-वर्ग के एक महत्वपूर्ण हिस्से को भी स्कूलों ने पैदा किया।

लेकिन शिक्षा एक विवादग्रस्त स्थान भी थी : शिक्षा-सम्बन्धी वाद-विवाद एक ऐसे समाज को दर्शाते हैं जो आधुनिकता, संस्कृति भारत और पश्चिम के बीच के 'अन्तर' से सम्बन्धित विचारों को स्पष्ट करने की कोशिश कर रहा था। इस तरह औपनिवेशिक बुद्धिजीवियों ने शिक्षा पर भारी राष्ट्रवादी एजेण्डा लाद दिया : 'राष्ट्रीय शिक्षा,' एक समान, मानक और सबके लिए थी और उसका उद्देश्य भारतीयों को मौजूदा पिछड़ेपन और पराधीनता की स्थिति से बाहर निकाल कर दुनिया के सबसे उन्नत राष्ट्रों के समकक्ष बैठाना था। विशेष रूप से पाठ्य पुस्तक को ऐसे एक प्राथमिक साधन के रूप में देखा जाने लगा जो चित्त में 'उपयोगी ज्ञान' के साथ-साथ देश-सेवा की भावना और एक समान 'राष्ट्रीय' पहचान बैठा दे। हिन्दी बुद्धिजीवी ख़ुद को सांस्कृतिक पहचान का प्रसार करने के लिए एक आदर्श स्थिति में देखते थे, क्योंकि अंग्रेज़ी भाषी बुद्धिजीवियों के विपरीत उन्होंने अंग्रेज़ी या पश्चिमी रंग-ढंग से 'भ्रष्ट' हुए बिना आधुनिक विचारों से लाभ उठाया था। इस तरह भारी व्यावहारिक बाधाओं के बावजूद—जिनमें व्यापक निरक्षरता, लोक शिक्षा के लिए धन और बुनियादी ढाँचे का अभाव और अंग्रेज़ी शिक्षा की तुलना में भारी हीनता प्रमुख थीं—शिक्षा-सम्बन्धी विवादों में बार-बार भव्य और क्रान्तिकारी कार्यक्रम प्रस्तुत होते रहे।

यह अनुच्छेद हिन्दी शिक्षा-सम्बन्धी संस्थाओं, विवादों और गतिविधियों की रूप-रेखा प्रस्तुत करता है : हिन्दी के लिए औपनिवेशिक शिक्षा-व्यवस्था के अन्दर बढ़ती हुई स्वीकृति और उसके राष्ट्रवादी तथा अन्य विकल्प और हिन्दी साहित्यकारों द्वारा लिखी गयी पाठ्य पुस्तकों से पैदा और प्रसारित होने वाले संस्कार। कृष्ण कुमार ने भारतीय औपनिवेशिक शिक्षा में पाठ्य पुस्तक के महत्व पर अधिकार के साथ लिखा है : उनकी दलील है कि केन्द्रीकृत शिक्षा और परीक्षा प्रणाली ने अध्यापकों से अधिकार छीन कर और उनको निष्क्रिय-सा बना कर पाठ्य पुस्तकों को ही शिक्षा का एकमात्र केन्द्र बना दिया। देशी स्कूलों में दरिद्रताग्रस्त छात्रों और अध्यापकों, दोनों के लिए पाठ्यक्रम से इतर पठनीय सामग्री के अभाव ने पाठ्य पुस्तकों पर इस निर्भरता को और भी तीखा बना दिया। इस सन्दर्भ में बच्चों के भीतर ज्ञान की अवधारणाओं और उनकी औपचारिक सांस्कृतिक पहचान को गढ़ने में पाठ्य पुस्तकों और पाठ्यक्रम की भूमिका को जितना महत्व दिया जाये, वह कम है।

> 'बच्चों और किशोरों को पढ़ाने के लिए जो उपयोगी समझा जाता है उसे ज्ञान के उपलब्ध भण्डार से चुन लिया जाता है और फिर शैक्षिक सामग्री में, मिसाल के लिए पाठ्य पुस्तकों में, प्रस्तुत किया जाता है। भारतीय सन्दर्भ में पाठ्य पुस्तकें शिक्षा के लिए इस्तेमाल की जाने वाली बहुत-सी सामग्रियों में से एक न हो कर, ज़्यादातर मामलों में एकमात्र सामग्री ही रही हैं जिसका इस्तेमाल अध्यापक कर सकता है। इसीलिए इस बात का महत्व है कि पाठ्य पुस्तकों में ज्ञान का प्रतिनिधित्व और प्रस्तुतिकरण कैसे होता है। भाषा शिक्षण के सम्बन्ध में बच्चों से यही अपेक्षा होती है कि वे केवल पाठ्य पुस्तक ही पढ़ पायेंगे।'[148]

चूँकि हिन्दी पाठ्य पुस्तकों को तैयार करने के लिए हिन्दी साहित्यकार ही लगभग पूरी तरह ज़िम्मेदार थे, हम भाषा और सामग्री से सम्बन्धित उन्हीं के चुनाव का विश्लेषण करेंगे। हिन्दी शिक्षा के क्षेत्र में 1920 का दशक भारी विस्तार, गतिविधि और परिवर्तन का काल था। इसी दशक के दौरान हिन्दी अन्ततः शिक्षा में एक स्थापित भाषा बन गयी—निचली कक्षाओं में अधिकांश विषयों के लिए शिक्षा का माध्यम और हाई स्कूलों, कॉलेजों और विश्वविद्यालयों में पढ़ाया जाने वाला एक विषय।[149] परिमाण में घटित हुआ यह विस्तार एक गुणात्मक परिवर्तन में रूपान्तरित हो गया; लोग इससे यह समझने लगे कि अन्ततः हिन्दी का जनपद अस्तित्व में आ गया था और नीचे से ऊपर तक, हर स्तर पर ज्ञान-प्रसारण करने की क्षमता रखता था। यह जब समुदाय की ओर से स्वतन्त्र सक्रियता और उस निरन्तर दबाव की सफलता का संकेत भी माना गया जो हिन्दी की साहित्यिक संस्थाएँ और हिन्दी के साहित्यकार औपनिवेशिक सरकार और शिक्षा विभाग पर लगातार डालते रहे थे। इसके अलावा शिक्षा को 'देसी' बनाने के क़दम भी एक हद

तक तेज़ होते गये और इसका हिन्दी के साहित्यिक क्षेत्र के विकास पर महत्वपूर्ण प्रभाव पड़ा। जैसा कि कृष्ण कुमार ने कहा है :

> 'कॉलेज स्तर पर हिन्दी का अध्यापन और उसके बाद इस सदी के पहले पच्चीस वर्षों में विश्वविद्यालयों में हिन्दी विभागों की स्थापना ने हिन्दी साहित्यकारों की सांस्कृतिक कार्यसूची, उनके सांस्कृतिक एजेण्डे की सफलता में एक बड़ा योगदान किया। कॉलेजों में हिन्दी पढ़ाने के लिए पाठ्यक्रमों और संकलनों की ज़रूरत थी। पाठ्यक्रम तैयार करने का मतलब था उपलब्ध ज्ञान को व्यवस्थित रूप दे कर उसे औपचारिक तरीक़े से नियमबद्ध करना। एक बार पाठ्यक्रम के रूप में नियमबद्ध होने पर इस ज्ञान को विश्वविद्यालय के नाम पर और उसकी परीक्षाओं की कड़ाई और प्रतिष्ठा के बल पर मान्यता प्राप्त हो गयी।[150]

एक विषय के रूप में हिन्दी का पाठ्यक्रम ज़्यादातर हिन्दी साहित्य से सम्बन्धित था। इसके लिए औपचारिक ढंग से हिन्दी साहित्य का एक मानक, एक 'कैनन' तैयार करना, ज़रूरी था, जिसको नागरी प्रचारिणी सभा जैसी संस्था दशकों से तैयार करती आ रही थी। फ़र्क बस इतना था कि उनके भाषाई और सांस्कृतिक चयन पर अब सरकारी मान्यता का ठप्पा लग गया, और वह भी राजनैतिक स्वाधीनता से अच्छे-ख़ासे बीस से अधिक बरस पहले। इस पाठ्यक्रम के अन्तर्गत छात्रों के बाज़ार के लिए भारी संख्या में पुस्तकें प्रकाशित हो गयीं (देखिए 1.3)। इससे पाठ्य पुस्तकों को—और उनके संकलित करने वाले प्रोफ़ेसरों और साहित्यकारों को—अतिरिक्त साहित्यिक अधिकार मिल गया, जो आम तौर पर पाठ्यक्रम बनाने वालों से कहीं अधिक था; समकालीन साहित्य के लिए एक बड़े बाज़ार की अनुपस्थिति में प्रोफ़ेसरगण पाठ्यक्रम बनाने वालों की अपनी भूमिका के बल पर ऐसे आलोचनात्मक निर्णय लागू कर सकते थे जो पत्र-पत्रिकाओं में आलोचकों द्वारा लागू किये जाने वाले निर्णयों से कहीं अधिक प्रभावशाली थे। और इसी तरह उनके बहिष्कारों का मतलब और नतीजा यह रहा है कि कई लेखक और रचनाएँ हिन्दी साहित्य के इतिहास से पूरी तरह ग़ायब हो चुकी हैं। और फिर, हिन्दी पाठ्य पुस्तकों और पाठकों द्वारा प्रचारित भाषिक और साहित्यिक संस्कार एकमात्र वैध संस्कार बनता गया और दूसरे रास्तों से अपनाये संस्कार बहिष्कृत-से हो गये। उसी स्वाधीनता के कारण जिसके बल पर हिन्दी के विद्वानों और कार्यकर्ताओं का एक संगठित गुट प्रभावशाली ढंग से हिन्दी शिक्षा का प्रबन्ध कर सका, 'हिन्दी व्यवस्था' या 'हिन्दी एस्टैब्लिशमेंट' की बात करना अनुचित नहीं होगा।

एक अर्थ में इस अवधि में पत्रिकाएँ और पाठ्य पुस्तकें विपरीत ध्रुवों पर काम करती दिखायी पड़ती हैं : पत्रिकाओं ने नये साहित्यिक रूपों और प्रयोगों का प्रसार करने और उन्हें मान्यता प्रदान करने का काम किया, दूसरी ओर पाठ्य पुस्तकों ने कुछ ही साहित्यिक रूपों और प्रयोगों को मान्य बता कर स्थापित कर दिया और दूसरों की निन्दा

करके उन्हें बहिष्कृत किया। इन सारे कारणों से पाठ्य पुस्तकें इस अध्ययन में ऐसे महत्वपूर्ण उपकरण के रूप में सामने आती हैं जिनके माध्यम से हिन्दी व्यवस्था सार्वजनिक भाषा और हिन्दी के जनपद को गढ़ने का प्रयास कर रही थी।

1.4.1 प्राथमिक शिक्षा और हिन्दी की पाठ्य पुस्तकें

यहाँ हिन्दी शिक्षा और पाठ्य पुस्तक लिखने का इतिहास बयान करने की गुंजाइश और ज़रूरत नहीं है।[151] हिन्दी विद्वानों और कार्यकर्ताओं के प्रयासों और आकांक्षाओं को एक सन्दर्भ में रखने के लिए औपनिवेशिक शिक्षा प्रणाली के ढाँचे और उन्नीसवीं शताब्दी की घटनाओं के बारे में कुछ टिप्पणियाँ ही काफ़ी होंगी।[152] सबसे पहले, उन्नीसवीं सदी की एकदम शुरूआत से ही सरकार की तरफ़ से नीतिगत दस्तावेज़ों, पत्र-व्यवहार, लिखित सन्देशों, रिपोर्टों, आँकड़ों, नियमित जाँचों और क़ानूनों की भरमार से यह लग सकता है कि हिन्दुस्तानियों को शिक्षित करना औपनिवेशिक शासन की एक प्राथमिकता थी। लेकिन औपनिवेशिक बजट में शिक्षा के नाम की गयी रक़म ही इस अनुमान को ग़लत साबित करने के लिए काफ़ी होगी। दस्तावेज़ों का यह अम्बार जिस बात को निश्चित रूप से इंगित करता है, वह है शिक्षा, निरीक्षण और परीक्षा की एक केन्द्रीकृत, व्यापक और मानकीकृत प्रणाली की स्थापना। इसके अलावा इस तथ्य से यह संकेत भी मिलता है कि ब्रिटिश अधिकारी जिस इलाक़े में प्रशासन के काम-काज को सँभाल रहे होते, उस क्षेत्र की उन्नति के प्रति ऐसे उनका स्थानीय स्तर पर व्यक्तिगत सरोकार रहता; इस प्रकार, ऐसा लगता है कि उन्नीसवीं सदी की अधिकांश संस्थाएँ सरकारी निर्देशों और व्यक्तिगत पहलक़दमियों का नतीजा थीं, और हिन्दी के मामले में भी यही कहा जायेगा।[153] दूसरे, हालाँकि सरकारी दस्तावेज़ लगातार लोक शिक्षा और स्थानीय भाषाओं के महत्व पर ज़ोर देते, असल में उस दिशा में सिर्फ़ छिटपुट और सीमित प्रयास किये गये। मुख्यतः धन और इतने विराट काम से निपटने के लिए उपयुक्त ढाँचे की कमी इस काम में बाधा बनी रही। जेम्स टॉमासन की 'कम्पलीट स्कीम ऑफ़ वर्नाक्युलर एजुकेशन' (देसी भाषा शिक्षा की सम्पूर्ण योजना, 1846) को पहले स्वीकृति नहीं मिली, फिर वह संशोधित रूप में स्वीकृत हो कर, आज़माने के लिए चुने गये ज़िलों में 1850 में कार्यान्वयन के लिए लागू की गयी, और फिर पाँच बरस बाद ताक में धर दी गयी। 1857 के विद्रोह ने दो साल तक स्कूली शिक्षा को ठप किये रखा, और उसके बाद के लिखित सन्देश और अधिनियम, स्थानीय भाषाओं में सामान्य शिक्षा के उद्देश्यों को दोहराने के बावजूद उच्चतर शिक्षा और अंग्रेज़ी के पक्ष में प्रयासों और धन को केन्द्रित करके, सक्रिय रूप से उनमें सेंध लगाते रहे। वस्तुतः 1880 के दशक से उच्चतर शिक्षा के तेज़ विस्तार के कारण, जिसने विश्वविद्यालय की एण्ट्रेन्स परीक्षा को दहलीज़ और अंग्रेज़ी को कक्षा में शिक्षा का प्रमुख विषय बनाया, स्थानीय भाषा में इण्टरमीडिएट शिक्षा की उपेक्षा, यहाँ तक कि उसकी

अवनति, हुई। एक ही तन्त्र के भीतर ऐसी विषमता उस स्पष्ट अन्तर को ठोस रूप से प्रतिबिम्बित करती है जो कुछेक सुसंगठित सरकारी स्कूलों और आर्थिक अभाव से ग्रस्त और बुरी दशा में चलने वाले निजी स्कूलों में नज़र आता था। यह अन्तर एक विभाजक रेखा की तरह अध्यापकों के वेतन, स्कूलों के शुल्क, पुस्तकालय के भण्डार, स्कूलों की वर्दी, छात्रों की प्रगति आदि को बाँटता चला जाता था। इस विषमता के कारण लोगों का झुकाव छात्रों के मामले में भी और स्कूलों के मामले में भी, स्थानीय भाषाओं से अंग्रेज़ी की ओर बढ़ा, और अंग्रेज़ी 'प्रगति' और स्थानीय भाषाएँ 'पिछड़ेपन' का पर्याय बन गयीं। ऐसी हालत में आश्चर्य नहीं होगा कि ऐसे तन्त्र ने हिन्दी कार्यकर्ताओं में उपेक्षा, हीनता और प्रतिस्पर्द्धा की भावनाएँ भर दीं। साथ ही ठुकराये जाने की भी।

जब वे अंग्रेज़ी शिक्षा की आलोचना भी कर रहे होते तो भी उनका रवैया ज़्यादा-से-ज़्यादा उसके प्रति दुचित्तेपन का होता। जैसा दूसरे विद्वानों ने पहले ही ध्यान दिलाया है, अंग्रेज़ी शिक्षा की आलोचना नैतिक आधार पर होती थी, यह कह कर कि उसमें धार्मिक शिक्षा का अभाव था या वह सक्रिय रूप से ईसाइयत का समर्थन करती थी; यह आलोचना अनगिनत लेखों, कहानियों और पश्चिमी शिक्षा के बुरे प्रभावों के बारे में छापे गये पर्चों में अनेक तरह से दोहरायी जाती रही। यह भी कहा जाता था कि अंग्रेज़ी शिक्षा भारत के लिए बहुत मँहगी भी है और इस कारण वह जनता की शिक्षा के लिए या किसी भी शिक्षा के लिए अनुपयुक्त है।[154] अधिकांश भारतीय बुद्धिजीवी ज्ञान और मूल्यों के प्रसार के सन्दर्भ में शिक्षा की केन्द्रीय व्यवस्था के पक्ष ही में थे। 'हमारा कहना है कि हमारी शिक्षा में जो एकमात्र चीज़ ग़लत है, वह यह कि वह पूरी तरह हमारे नियन्त्रण में नहीं है; नाव तो समुद्री यात्रा के योग्य है, बस पतवार हमारे अपने हाथों में होनी चाहिए ताकि उसे ध्वस्त होने से बचाया जा सके।'[155] नियन्त्रण अनिवार्य था। अगर शिक्षा को राष्ट्र निर्माण की अपनी भूमिका अदा करनी थी तो यह ज़रूरी था कि उसका नियन्त्रण हिन्दुस्तानियों के हाथों में हो। 'राष्ट्रीय शिक्षा' के विषय पर एक सम्पादक ने यूँ लिखा, 'संसार की सभी उन्नतिशील जातियाँ अपने ही आदर्शों के अनुसार अपनी सभ्यता और उसके भिन्न-भिन्न अंगों का निर्माण करती हैं।'[156]

अगर 'संस्थाओं का प्रशासनिक नियन्त्रण भारत के समाज सुधारकों की नज़र में देसी संस्कृति पर औपनिवेशिक पकड़ की स्पष्ट अभिव्यक्ति थी,'[157] तो औपनिवेशिक दौर के बुद्धिजीवियों द्वारा उसे निष्फल करने के प्रयासों ने दो रूप लिये; या तो उन्होंने भिन्न सांस्कृतिक विषय-वस्तु वाली पाठ्य पुस्तकें तैयार करने और स्थानीय भाषा के प्रयोग के लिए दबाव डालने का रास्ता अपनाया, या फिर स्वतन्त्र शिक्षा संस्थाएँ स्थापित करके शिक्षा का भारतीयकरण करने की कोशिश की। इस लिहाज़ से उत्तर भारत में आर्य समाज द्वारा स्थापित स्कूल भी उल्लेखनीय हैं और राष्ट्रीय आन्दोलन के दौरान स्थापित किये गये। 'नैशनल स्कूल' भी। जैसा कि हम आगे देखेंगे, ऐसे स्वतन्त्र स्कूल राष्ट्रवादियों के लिए

महत्वपूर्ण प्रतीक और प्रशिक्षण के मैदान बन गये। व्यवहार में ऐसे स्कूलों में और सरकारी स्कूलों में अक्सर बहुत कम अन्तर होता था : स्वायत प्रबन्ध-तन्त्र, धार्मिक शिक्षा, चरखा और रचनात्मक कार्य ही उनके विशिष्ट लक्षण थे।[158] इनमें से कुछ स्कूल अपना पाठ्यक्रम स्वयं तैयार करके वैकल्पिक पाठ्य पुस्तकें लिखवाते और प्रकाशित करते और शिक्षा में प्रतीकात्मक 'भारतीय' विकल्प उपलब्ध कराते (देखिए नीचे)। कुल मिला कर पहला रास्ता, अर्थात स्कूली पाठ्यक्रम और शिक्षा विभाग को 'भीतर से' प्रभावित करने का उपाय, अपेक्षाकृत निरापद और अधिक व्यावहारिक विकल्प साबित हुआ, ख़ास तौर पर जैसे-जैसे सरकारी शिक्षा-व्यवस्था के भीतर हिन्दी शिक्षा का दायरा बढ़ता गया। इसके अतिरिक्त, हिन्दी लेखकों और प्रकाशकों के सुधारवादी उद्देश्य और अपनी उन्नति ख़ुद करने की दृष्टि से उठाये गये उपाय, औपनिवेशिक प्रशासन के सम्बन्धित अधिकारियों के उद्देश्यों से काफ़ी हद मेल खाते थे।

उन्नीसवीं सदी में प्राइमरी और मिडल स्कूलों के लिए हिन्दी की पाठ्य पुस्तकें अधिकांशतः या तो मिशनरियों की देन थीं या फिर शिक्षा विभाग के अधिकारियों के सीधे निर्देशन की (अवध का शिक्षा विभाग 1864 में स्थापित हुआ था)।[159] इस चरण में बनारस में शिव प्रसाद सिंह और विलियम केम्पसन, बिहार में ए.डब्ल्यू. फ़ैलन, जॉर्ज ए. ग्रियर्सन और भूदेव मुखोपध्याय प्रमुख व्यक्ति थे। 'जनता की भाषा' के रूप में हिन्दी के लिए उनके समर्थन ने उन्हें पाठ्य पुस्तकें लिखने, अनूदित करने और लिखवाने के लिए प्रोत्साहित किया। गणित और इतिहास पर शिव प्रसाद सिंह की पाठ्य पुस्तकें और उनके हिन्दी संकलन (1867, गुटका के नाम से प्रचलित) दशकों तक समूचे उत्तर भारत में इस्तेमाल होते रहे। भूदेव मुखोपध्याय ने, जो 1877 में डाइरेक्टर ऑफ़ पब्लिक इन्स्ट्रक्शन (लोक शिक्षण निदेशक) के रूप में पटना आये थे, पाठ्य पुस्तकें छापने के लिए अपना ख़ुद का 'ब्रांच बोधोदय प्रेस' खोला और बाँकीपुर, पटना के 'खड्ग विलास प्रेस' के साथ मिल कर काम करना शुरू किया, जिससे 'खड्ग विलास प्रेस' को कम-से-कम 1930 तक बिहार में पाठ्य पुस्तकों के सिलसिले में इजारेदारी हासिल हो गयी। 'खड्ग विलास प्रेस' के मैनेजर साहब प्रसाद सिंह ने भाषा-सार (1881) के नाम से जो संकलन निकाला, वह 1936 तक बिहार में हाई स्कूल और इण्टरमीडिएट परीक्षाओं के लिए निर्धारित पाठ्य पुस्तक बना रहा।[160] शिव प्रसाद सिंह के 'गुटका' की तरह 'भाषा-सार' ने उन्नीसवीं सदी के उन खड़ी बोली लेखकों की रचनाओं को, जो पत्रिकाओं या पुस्तकों में छप चुकी थीं, और अधिक लोकप्रिय बनाने में काफ़ी काम किया; सच तो यह है कि ऐसी ही पाठ्य पुस्तकों से आधुनिक हिन्दी साहित्य के 'कैनन' की स्थापना की प्रक्रिया शुरू हो हुई।

अंग्रेज़ और भारतीय अधिकारियों और निजी लेखकों और प्रकाशकों के बीच यह सहयोग और आवा-जाही, एक ऐसी प्रवृत्ति का आरम्भ था जिसका वर्चस्व उस समय नज़र आने वाला था, जब पाठ्य पुस्तक समितियों ने निजी प्रकाशकों और लेखकों को नियमित पाठ्यक्रम के लिए पाठ्य पुस्तकें तैयार करने का ज़िम्मा सौंप दिया।[161] इस अवसर को

लपकने वाले सबसे पहले प्रकाशकों में इलाहाबाद का 'इण्डियन प्रेस,' जिसने युक्त प्रान्त में लगभग सम्पूर्ण एकाधिकार प्राप्त कर लिया था, कलकत्ता की 'मैकमिलन कम्पनी' और बिहार का खड्ग विलास प्रेस था।[162] प्राइमरें, एलिमेण्टरी रीडरें और गणित, भूगोल और इतिहास की पाठ्य पुस्तकें मुद्रित प्रतियों की भारी संख्या और नियमित प्रकाशन से अपने प्रकाशकों के लिए स्थायी आमदनी सुनिश्चित कर देती थीं, जिससे दूसरे 'गम्भीर' प्रकाशनों के लिए परोक्ष रूप से धन जुट जाता था। इस तरीक़े से निजी प्रकाशकों और उनके लेखकों को ख़ुद अपनी भाषाई और सांस्कृतिक अभिरुचियों के अनुसार पाठ्य पुस्तकें तैयार करने के साधन उपलब्ध हुए। हर प्रान्त की पाठ्य पुस्तक समिति प्रकाशकों, साहित्यिक संस्थाओं और शिक्षा विभाग में काम कर रहे अपने ही सदस्यों की ओर से अनौपचारिक दबाव का निशाना बन गयी। हिन्दी बुद्धिजीवी शिक्षा के साथ और भी घनिष्ठता से संलग्न हुए और उसके प्रति सम्वेदनशील भी। उनका सोचना था कि बच्चों के मन में पाठ्य-पुस्तकों के माध्यम से कच्ची उम्र में ही 'सही विचारों को' बैठा कर, उन विचारों को पूरे सार्वजनिक क्षेत्र में आसानी से फैलाया जा सकता था। वस्तुतः हिन्दी साहित्यकारों की पहली पीढ़ियों ने अधिकांशतः शिक्षा विभाग में या उससे जुड़े क्षेत्रों में नौकरियाँ कीं। इस तरह उनकी निष्ठाएँ शिक्षा विभाग और उसकी नीति तथा हिन्दी प्रचार के सांस्कृतिक कार्यक्रम के बीच विभाजित थी। हिन्दी पाठ्य पुस्तक उत्पादन पर नियन्त्रण प्राप्त करना हिन्दी प्रचार के सांस्कृतिक एजेण्डे को लागू करने का एक 'नरम' तरीक़ा था—बिना विभाग और उसकी नीतियों को ख़तरे में डाले; कम-से-कम जब तक कि पूरा वातावरण 1920 के बाद बदल नहीं गया। औपनिवेशिक प्रशासन में स्कूल निचले दर्जे का महकमा था और देसी भाषा के स्कूल तो और भी। कृष्ण कुमार ने यह तर्क दिया है कि 'धार्मिक, सांस्कृतिक चेतना को फैलाने के रूप में (हिन्दी) भाषा शिक्षण की भूमिका इतनी सूक्ष्म थी कि शिक्षा विभाग के नौकरशाह यह पहचान नहीं पाये कि वह विभाग की 'धर्म-निरपेक्ष' नीति से टकराता था'।[163]

यह स्थिति कुछ हद तक 1920 के दशक में आ कर बदली जब 'युक्त प्रान्त नगर निगम अधिनियम, 1916' और 'युक्त प्रान्त ज़िला परिषद अधिनियम, 1922' के तहत देशी स्कूलों के प्रशासन की ज़िम्मेदारी अधिकतर परिषदों और उनके चुने हुए अध्यक्षों के हाथों में आ गयी, जो स्थानीय देसी भाषा के स्कूलों के मुख्य कार्यवाहक और प्रभारी भी बने। शिक्षा विभाग ने पाठ्यक्रम, परीक्षाओं, स्कूलों की मान्यता और उनके निरीक्षण और अनुदानों पर कड़ा नियन्त्रण बरकरार रखा; इस पर भी जब 1922-23 में नगर पालिका चुनावों ने लखनऊ, कानपुर, इलाहाबाद और बनारस की नगर महापालिकाओं का नियन्त्रण कांग्रेसियों को सौंप दिया तो भूतपूर्व असहयोगी शिक्षा के सरकारी तन्त्र के भीतर कुछ पहलक़दमियाँ लेने की स्थिति में आ गये।[164] हालाँकि उनकी पहलक़दमियों के दायरे तथा स्वरूप का और अधिक अध्ययन करने की ज़रूरत है, लगता है कांग्रेसियों

ने सचमुच कुछ ठोस और मूल्य सम्बन्धी क़दम उठाये थे। मिसाल के लिए इलाहाबाद में 1921 के दूसरे नगर पालिका चुनाव में पुरुषोत्तम दास टण्डन (1882-1962) म्यूनिसिपल बोर्ड के चेयरमैन और संगम लाल अग्रवाल शिक्षा समिति के अध्यक्ष पुनर्निर्वाचित हुए : मिल कर उन्होंने महिलाओं के लिए एक राष्ट्रीय हिन्दी माध्यम का कॉलेज, प्रयाग महिला विद्यापीठ, खोलने की योजना बनायी। (देखिए 4.1) इसी तरह बनारस में 1923 के चुनाव में प्रसिद्ध दार्शनिक और कांग्रेसी नेता श्रीप्रकाश के पिता डॉ. भगवान दास म्यूनिसिपल बोर्ड के चेयरमैन चुने गये। सम्पूर्णानन्द शिक्षा समिति के ऊर्जस्वी अध्यक्ष बने, और उस हैसियत से उन्होंने शिक्षा विभाग द्वारा लिये गये पहले के एक निर्णय के ख़िलाफ़ फ़ैसला किया जिसके द्वारा शिक्षा विभाग ने 'राष्ट्रीय' स्कूलों के लिए लिखी गयीं रामदास गौड़ की कुछ पुस्तकें प्रतिबन्धित कर दी थीं। हालाँकि सम्पूर्णानन्द प्रतिबन्ध उठाने के लिए अधिकृत नहीं थे, वे नयी पाठ्य पुस्तकें लिखवाने का आदेश दे सकते थे। चूँकि रामदास गौड़ की तीसरी और चौथी रीडरें नगर पालिका के स्कूलों में इस्तेमाल हो रही थीं, सम्पूर्णानन्द ने दावा किया कि प्रतिबन्ध के बाद ऐसी पुस्तकों की आवश्यकता हुई जो उनका स्थान ले सकें, अर्थात, जो अन्य उपयोगी विषयों के साथ-साथ देश-प्रेम, स्वाधीनता के प्रति प्रेम, आत्म-निर्भरता, आत्म-नियन्त्रण, आत्म-त्याग और ऐसे ही अन्य गुण सिखा सकें।[165] राष्ट्रवादी प्रकाशक ज्ञानमण्डल के सम्पादकीय निदेशक मुकुन्दीलाल श्रीवास्तव (बी.ए. और हिन्दी साहित्य सम्मेलन के स्नातक) उन्हें तैयार करने के लिए नियुक्त हुए। जैसा कि होना था, नयी रीडरों में काफ़ी सारी राष्ट्रवादी सामग्री थी, जिनमें गाँधी जी के लिखे हुए लेख के अंश, 'त्रिशूल' और मैथिलीशरण गुप्त जैसे कवियों की राष्ट्रवादी कविताएँ, तिलक और चितरंजनदास की जीवनियाँ शामिल थीं।[166] इस तरह से राष्ट्रवादी पाठ्यक्रम सरकारी स्कूलों के भीतर भी किसी हद तक पढ़ाया जाने लगा, अलबत्ता सिर्फ़ प्राथमिक स्तर पर, और अध्यापक राजनीति के सीधे सम्पर्क में आये। 1933 में जब बनारस का म्यूनिसिपल बोर्ड कुप्रबन्ध के आरोप में भंग किया गया तो प्रेमचन्द ने विरोध में लिखा :

> "काशी म्युनिसिपल बोर्ड का शिक्षा-विभाग हमारे प्रान्त के सब शिक्षा-विभागों से अच्छा है, सुसंचालित है, सुव्यवस्थित है और इसकी पढ़ाई-लिखाई—औद्योगिक शिक्षा में वह जड़ता नहीं है, जो सरकारी, नौकरशाही-संचालित स्कूलों में पायी जाती है। यही नहीं, शिक्षा के साथ, बालक के कोमल मस्तिष्क को देश की दुर्दशा, राजनीतिक हीनता का ज्ञान कराने का, उन्हें भारत के भावी सुधारक बनाने का तथा अध्यापकों को सच्चे मास्टर बनाने का जितना प्रयत्न इस नगर की म्युनिसिपैलटी ने किया है, उतना किसी ने नहीं।"[167]

जिन दो पहलुओं पर हिन्दी के साहित्यकार प्राइमरों में अपनी छाप छोड़ सकते थे, वे थे भाषा का चुनाव और सांस्कृतिक विषय-वस्तु। जब इण्डियन प्रेस के संस्थापक

चिन्तामणि घोष ने महावीर प्रसाद द्विवेदी को टेलीग्राफ़ किरानी की उनकी गुमनाम-सी नौकरी से उठा कर इण्डियन प्रेस की हिन्दी पत्रिका का सम्पादक और अग्रणी साहित्यिक सलाहकार नियुक्त किया तो उन्होंने ऐसा द्विवेदी जी द्वारा दीन दयाल शर्मा और लाला सीताराम (1858-1938) द्वारा संकलित इण्डियन प्रेस की तीसरी हिन्दी रीडर (हिन्दी शिक्षावली, 1889) की द्विवेदी जी द्वारा की गयी एक समीक्षा (पुस्तिका के तौर पर 1899 में प्रकाशित) करने के बाद किया।[168] ऐसा करने के पीछे चिन्तामणि घोष के पास पर्याप्त कारण थे, अपने कड़े और व्यंग्य-भरे विश्लेषण में आचार्य द्विवेदी ने व्याकरण, वाक्य-रचना तथा मुहावरों की ग़लतियाँ बतायी थीं, और उपदेशात्मक अंशों और काव्य रचनाओं (जो सभी ब्रजभाषा में थीं) के, और मनुस्मृति से लिये गये अंशों के अनुचित चयन की ओर इशारा किया था। उनका पक्का भाषा-बोध और उचित-अनुचित नैतिक शिक्षण के प्रति निष्ठा, सुधारवादी विचार और देशभक्ति तथा राजभक्ति के मिश्रण ने ज़रूर ही चिन्तामणि घोष को प्रभावित किया होगा, जो ख़ुद काफ़ी हद तक उसी दिशा में सोचते थे।

> इस पुस्तक को हमने सद्यान्त पढ़ा परन्त इसमें कोई पाठ हमको न मिला जिसमें अंग्रेज़ी राज्य की प्रशंसा अथवा कथा होती। नादिरशाह का वृत्तान्त है, भारतेश्वरी विक्टोरिया का नहीं। बाबर की कथा बड़े प्रेम से वर्णन की गई है, किसी वाइसराय की नहीं। जिसके राज्य में हम लोग सुख से शयन करते हैं, जिसके राज्य में हिन्दी पाठशालाएँ नियत हुई हैं, और जिसके राज्य में आज किताबें लिखने का सौभाग्य हमको प्राप्त हुआ है, उसका अथवा उसके किसी प्रतिनिधि का परिचय लड़कों को दिलाना क्या कोई अनुचित बात थी?[169]

द्विवेदी जी ने इण्डियन प्रेस के लिए जो प्राइमर रोज़मर्रा की बोली [170] में तैयार की, उसमें पूरा ज़ोर नैतिक शिक्षा पर था, जिसमें अच्छे बच्चे (पाठ 7) और बुरे बच्चे (8), और कैसे बच्चों को गहने नहीं पहनने चाहिएँ (9) पर सबके शामिल थे। पशुओं से सम्बन्धित सारी कहानियों में, भारतीय परम्परा के अनुसार, सीख या ज्ञान समोया हुआ था। इस पुस्तक में गधा कड़ी मेहनत का नमूना था, तोता रट्टे लगाने वाले छात्र का, बन्दर बुरे व्यवहार का, आदि, आदि। बच्चों को यह शिक्षा दी जाती थी कि वे अपने माता-पिता की आज्ञा का पालन और उनसे प्रेम करें, समय का सदुपयोग करें और उद्यमी बनें। मिसाल के लिए उन्हें यह हिदायत दी गयी थी कि वे किसी दफ़्तर में नौकरी को ही अपना उद्देश्य न बनायें, न व्यावसायिक रोज़गार को नीची नज़र से देखें :

> "नौकरी करके कभी कोई अमीर नहीं हुआ। अमीर होने के लिए बैपार चाहिए. .. हम लोग बैपार करना नहीं जानते, यह अफ़सोस की बात है... नमक मिर्च मसाला तेल तक बेचने में शर्म न करना चाहिए। बैपार बनियों ही के लिए नहीं है—सभी के लिए है।"[171]

प्रकृति के सीधे-सादे और भौतिक वर्णन, शिक्षा की प्रशंसा में कोई कविता और एक कविता किसी भी धर्म विशेष के लक्षणों से रहित, स्रष्टा के रूप में ईश्वर को सम्बोधित करती हुई, किताब के अन्त में दी गयी थी। भाषा के सन्दर्भ में महावीर प्रसाद द्विवेदी ने निष्ठा से इण्डियन प्रेस की नीति का पालन किया था। इण्डियन प्रेस की यह नीति थी कि हिन्दी और उर्दू की पाठ्य पुस्तकों की भाषा को एक-सा रख कर शिक्षा विभाग की नीति का पालन किया जाय, फ़र्क सिर्फ़ लिपि का हो।[172]

शिक्षा की उचित भाषा को ले कर प्रान्त में जो तीखे विवाद हुए थे, उन्होंने सरकार को मजबूर किया कि वह एक सरकारी जाँच बैठाये और समाधान में समझौते की राह अपनाये। 1912-13 के पिगट आयोग के बाद सरकार ने एक 'समान भाषा' की अपनी नीति दोहरायी, लेकिन इसी के साथ हिन्दी और उर्दू में अलग-अलग सप्लिमेण्टरी रीडरों का आदेश दिया जो 1916 से उपयोग में आने लगीं। यह फ़ैसला इस बात को स्वीकार करने के बराबर था कि एक 'समान भाषा' के सिलसिले में सरकार की नीति विफल हो चुकी थी और इससे स्कूली पाठ्यक्रम में एक अधिक संस्कृत-निष्ठ हिन्दी, अधिक सुस्पष्ट और विस्तृत विषय-वस्तु वाले पाठ और हिन्दी साहित्य का समावेश हुआ। इस प्रकार सरकार ने पाठ्य पुस्तक उत्पादन को काफ़ी बढ़ावा दिया।[173] साथ ही यह भी स्पष्ट हो गया कि सार्वजनिक क्षेत्र में हिन्दी की गतिविधियों और बदला हुआ राजनैतिक वातावरण सरकार को एक अधिक अनुकूल रवैया अख़्तियार करने के लिए मजबूर करने में सफल हो गया था। इण्डियन प्रेस द्वारा 1910 में पहली बार प्रकाशित रामजी लाल शर्मा की पुस्तक 'बाल विनोद' (पाँचवी कक्षा के लिए भाग–5) में यह तब्दीली साफ़ दिखती है। द्विवेदी जी की प्राइमर से तुलना करने पर उसकी विषय-वस्तु कहीं अधिक विस्तृत और व्यापक थी : नैतिक मूल्यों (सच्चरित्रता, अध्यवसाय, मितव्ययिता, स्वच्छता) पर पाठों के साथ बीच-बीच में भारत के भव्य अतीत की कहानियाँ (तुलसीदास और कालीदास जैसे कवि और शूद्रक और युधिष्ठिर जैसे शासक, लेकिन साथ ही अहल्या बाई भी शामिल थीं) और दुनिया के दूसरे देशों (पुर्तगाल, रूस, जापान, इटली) की कहानियाँ दी गयी थीं। 'रानी अहल्या बाई का इतिहास' शीर्षक पाठ में भूगोल और धर्म आपस में घुलते-मिलते थे जो इस प्रकार शुरू होता था 'जिन लोगों ने एक बार भी काशी, प्रयाग और वृन्दावन की यात्रा की है... उन्होंने अवश्य ही रानी अहल्या बाई द्वारा बनवाये गये स्मारकों को देखा होगा।'[174] इस 'गद्य खण्ड' के साथ 'काव्य खण्ड' भी था जिसमें नीतिगत दोहों का एक अच्छा-ख़ासा चयन, तुलसी के रामचरित मानस के वर्णनात्मक अंश और राम के धनुष का प्रसंग, गिरधर और वृन्द के कुछ ब्रजभाषा के दोहे और 'भारतवर्ष' पर कोई कविता शामिल थी। कुल मिला कर 'बाल विनोद' एक रीडर के ज़्यादा करीब थी और हिन्दी के माध्यम से शिक्षित बच्चे को उसी आकार-प्रकार और समाज-सज्जा में सामग्री उपलब्ध कराती थी जो विक्टोरिया नक़्क़ाशीदार छपाई वाली किसी अंग्रेज़ी की पाठ्य पुस्तक की

थी, जिसमें नैतिक शिक्षा पर बल और वैसी ही थोड़ी-सी कौतुक और साहस से भरी कहानियाँ होती थीं।[175] यह बात ध्यान देने योग्य है कि रामजी लाल शर्मा की पाठ्य पुस्तक भारत में ब्रिटिश उपस्थिति को नज़रअन्दाज़ करके, या तो भारत के भव्य अतीत पर या आधुनिक भारतीय सुधारकों पर केन्द्रित थी। उसके साथ ही वह बच्चे का परिचय हिन्दी साहित्यिक परम्परा के नायक, तुलसीदास, से कराती थी, और हिन्दी कविता को नैतिक शिक्षा और सामुदायिक भावना, दोनों को सम्प्रेषित करने का माध्यम बनाती। वैसे तो हिन्दू धर्म प्रकट रूप से उपस्थित नहीं था, लेकिन उसे 'धर्म-निरपेक्ष' सांस्कृतिक सन्देश में समाहित कर लिया गया था। इसके अलावा लड़कों और लड़कियों, दोनों के लिए पाठ्य पुस्तकों में भाषा न केवल 1903 की द्विवेदी जी की रीडर की 'रोज़मर्रा की बोली' से बहुत दूर चली गयी थी, बल्कि हिन्दी आन्दोलनकर्ताओं के उस बढ़ते हुए दबाव को प्रतिबम्बित करती थी कि हिन्दी की पाठ्य पुस्तकों की भाषा उर्दू से बिलकुल भिन्न होनी चाहिए। इस प्रकार, शिष्ट और गम्भीर विमर्श की वही सार्वजनिक भाषा, जिसे पत्र-पत्रिकाओं में गढ़ा गया था, पाठ्य पुस्तकों की भी भाषा बन गयी। परिणामस्वरूप इस भाषा में दक्षता 'शिक्षित होने' का चिह्न बन गयी और दफ़्तरों में नौकरी की पूर्वापेक्षा भी।

1916 के बाद हिन्दी की अहमियत शिक्षा विभाग में धीरे-धीरे लेकिन लगातार बढ़ती चली गयी : वह 1922 में हाई स्कूल परीक्षाओं तक एक अनिवार्य विषय बन गयी और 1927 में इण्टरमीडिएट कॉलेजों में वैकल्पिक विषय। एक बार फिर अनेक नयी साहित्यिक रीडरों, संकलनों और छात्रों के संस्करणों का तैयार किया जाना ज़रूरी हो गया। जिससे पाठ्य पुस्तकों का अच्छा-ख़ासा उद्योग-सा विकसित हो गया। यह प्रक्रिया विश्वविद्यालयों में हिन्दी के शुरूआती विभागों में हिन्दी के साहित्यिक 'कैनन' निर्माण (देखिए 1.4.2) के साथ-साथ घटित हुआ। 1920 के दशक का अधिकांश पाठ्यक्रम निर्धारण और पाठ्य पुस्तकें चुनने और तैयार करने की प्रक्रिया में बीत गया। 1930 के दशक तक पाठ्यक्रम तैयार हो गया था और उसे उच्चतर, प्राथमिक और माध्यमिक कक्षाओं की अनगिनत रीडरों के लिए थोड़ी हेर-फेर करके पुनः प्रस्तुत किया जा सकता था। पाठ्य पुस्तकें तैयार करने के काम से अध्यापकों के लिए अतिरिक्त आमदनी का रास्ता खुल गया, लेकिन इससे भी ज़्यादा महत्वपूर्ण यह है कि इस माध्यम से उनके मूल्य, उनकी पसन्द और मान्यताएँ कहीं अधिक व्यापक प्रचलन में आ गयीं। उन छात्रों तक पहुँच गयीं जो वास्तव में विश्वविद्यालय की दहलीज़ लाँघने वाले छात्रों की संख्या से कहीं अधिक थे। इससे अध्यापकों की बौद्धिक सत्ता में वृद्धि हुई और हिन्दी की परम्परा के उत्तराधिकारियों के रूप में उनकी प्रतिष्ठा में भी। इसका श्रेय वास्तव में श्यामसुन्दर दास (1875-1945), हरिऔध, भगवानदीन, रामदास गौड़, रामचन्द्र शुक्ल, पीताम्बर दत्त बड़थ्वाल (1902-44), पदुमलाल पुन्नालाल बख़्शी और कामता प्रसाद गुरु जैसे लोगों को जाना चाहिए कि उन्नीसवीं सदी से आगे के हिन्दी बुद्धिजीवियों की कृतियों को साहित्यिक पाठों के एक समान भण्डार में सम्मिलित कर लिया गया।

शिवप्रसाद का 'गुटका' और साहब प्रताप सिंह का 'भाषा सार' जैसे उन्नीसवीं सदी के संकलन, ऐसे पाठों के मिले-जुले संग्रह हुआ करते थे जिन्हें पढ़ाये जाने योग्य समझा जाता था और जो या तो ख़ास तौर पर इस उद्देश्य से लिखे गये होते या फिर अनुवादों और पत्रिकाओं में छपे लेखों से सामग्री प्राप्त करते। इसके विपरीत, बाद में स्कूली रीडरें अधिक साहित्यिक बन गयीं और अनुवादों पर कम निर्भर रहने लगीं।[176] इसके अतिरिक्त, हाई स्कूल और इण्टरमीडिएट कॉलेजों के लिए तैयार किये गये संकलन हिन्दी भाषा और साहित्य के इतिहासों को भी शामिल करने लगे और चुनी हुई सामग्री को कालक्रमानुसार सजाने लगे, जिससे मध्यकाल के कवियों के साथ-साथ आधुनिक गौरव-ग्रन्थों और महत्वपूर्ण कृतियों की निरन्तर परम्परा स्थापित हुई। ये संकलन एक ऐसा साधन बन गये जिसके द्वारा हिन्दी की अपनी विशिष्ट भाषाई और सांस्कृतिक पहचान की अवधारणा को आधिकारिक तौर पर प्रचारित-प्रसारित किया जा सकता था। मिसाल के लिए लाला भगवान दीन और रामदास गौड़ द्वारा संकलित हिन्दी भाषा-सार (1916, चौथे संवर्द्धित संस्करण, 1927) में मुंशी सदासुख लाल आधुनिक हिन्दी गद्य के विधाता बताये गये थे और उस परम्परा में नज़ीर अहमद और रतन नाथ सरशार जैसे उर्दू लेखक भी शामिल किये गये थे। इससे लेखकों को यह दलील देने की मोहलत मिली कि भाषा लिपि द्वारा निर्धारित नहीं होती और हिन्दी की दो शैलियाँ थीं–'शुद्ध' और 'मिश्रित', जिसे 'उर्दू' भी कहते हैं (पृष्ठ 9) : दूसरे शब्दों में, (क) उर्दू हिन्दी की ही उपज थी और वास्तव में अलग भाषा नहीं थी, और यह कि (ख) हिन्दी गद्य (रिवाज के मुताबिक लल्लूजी लाल के साथ) सिर्फ़ फ़ोर्ट विलियम कॉलेज के संरक्षण में ही नहीं, बल्कि स्वाधीन रूप से ही विकसित हुआ था।[177]

गद्य का अर्थ हमेशा कथेतर साहित्य था, जिसमें कभी-कभार कोई कहानी शामिल होती थी, क्योंकि उपन्यासों को केवल मनोरंजन की सामग्री समझा जाता था और उन्हें संकलन से बाहर ही रखा जाता था। जहाँ निचली कक्षाओं के कविता संकलनों में देश-भक्तिपूर्ण काव्य की मात्रा ज़्यादा होती थी (मैथिलीशरण गुप्त, 'त्रिशूल', माखन लाल चतुर्वेदी 'एक भारतीय आत्मा'), वहीं ऊँची कक्षाओं के लिए संग्रहों में मध्यकालीन 'हिन्दी' (अर्थात अवधी, ब्रजभाषा) की परम्परा से आधुनिक ब्रजभाषा और खड़ी बोली काव्य तक एक अटूट रेखा पर बल दिया जाता था, और कभी-कभी छायावाद में कुछ 'साहसी' घुसपैठ भी कर ली जाती थी।[178]

लम्बी ऐतिहासिक भूमिकाएँ और जीवनीपरक टिप्पणियाँ कुछ आलोचनात्मक विश्लेषण का समावेश करने और पढ़ाने के परम्परागत तरीक़े में बदलाव लाने के प्रयास थीं, क्योंकि अब तक प्रश्न सिर्फ़ शब्दार्थ और वाक्यों और अलंकारों की व्याख्या तक ही सीमित रहे थे।[179] इसके बावजूद पाठ्य पुस्तकों और परीक्षाओं के लिए कुंजियों और उत्तर पुस्तिकाओं, तथा संकलनों में छन्द और अलंकारों पर परिशिष्टों और भावी अध्यापकों से

पूछे जाने वाले हिन्दी सम्मेलन के परीक्षा-पत्रों के प्रश्नों को देखते हुए, यह निष्कर्ष निकलता है कि पुरानी परिपाटी चालू रही होगी। संकलित पाठ स्वायत्त रचनाएँ माने जाते थे, जिन्हें छात्रों को कण्ठस्थ करना होता था, ख़ुद 'अपनी भाषा' या इम्तहान के लिए निर्धारित मानक भाषा में 'अनुवाद' करना पड़ता था, और एक तयशुदा ढंग से व्याख्यायित करना होता था। वही कुख्यात 'भावार्थ' और 'व्याख्या' का ढर्रा, जो आज भी परीक्षार्थी का नसीब बना हुआ है।

पाठ्यक्रम में हिन्दी का विस्तार और उसकी उन्नति हिन्दी के साहित्यिक विशेषज्ञों के प्रभाव में हुई और इससे उन्हें औपनिवेशिक युग में भी बौद्धिक वर्चस्व उपलब्ध हो गया था। पत्र-पत्रिकाओं के विपरीत, शिक्षा एक ऐसा अखाड़ा था जिसमें भाषा और साहित्य के सन्दर्भ में हिन्दी के विशेषज्ञों की पसन्द को कोई चुनौती नहीं मिलती थी। मानक भाषा–साहित्य सुधारकों की 'शुद्ध' हिन्दी–शिक्षा की भाषा और स्कूली दक्षता का चिह्न बन गयी। जैसा कृष्ण कुमार ने ध्यान दिलाया है, शिक्षा में भाषा का यह चुनाव, जो बोल-चाल की क़िस्मों को बाहर रखता था और उर्दू शब्दों को 'विदेशी' करार देता था, नतीजा लाये बिना नहीं रहा। इसका परिणाम हुआ 'भाषा विन्यास सम्बन्धी जटिलता का प्रकोप और शब्दावली का संस्कृत-बहुल होना। इन प्रवृत्तियों ने उलट कर शिक्षा की पुनरुत्पादनकारी भूमिका को सुदृढ़ किया जिसमें वह पहले से प्रतिष्ठित ज्ञान को ही दोहराती रही। सिर्फ़ ऊँची जाति की पृष्ठभूमि से आने वाले बच्चे ही इस स्कूली संस्कृति में सहजता महसूस कर सकते थे, जहाँ इस्तेमाल की जा रही भाषा इतनी सीमित थी।'[180]

सवाल सिर्फ़ भाषा का ही नहीं : अतीत और वर्तमान से लिये गये साहित्यिक अंश भी साफ़-सुथरी कोटियों में ज़बरदस्ती बैठाये और व्यवस्थित किये गये थे और उन्हें सिर्फ़ 'उपयोगी' या चरित्र-निर्माण-सम्बन्धी अर्थों से मण्डित किया गया था; हिन्दी साहित्य का 'कैनन' इसी प्रक्रिया की उपज है। छात्र जब अध्यापक बन जाते तो वे फिर उन्हीं भाषाई और साहित्यिक संस्कारों को दोहराते रहते। ऐसा लगता था इस परियोजना में ऐसे साहित्य के लिए कोई जगह नहीं थी जिसका उद्देश्य मनोरंजन हो या जो भाषा के सम्भावित विविध-रूपी प्रयोगों के माध्यम से अपने परिवेश या किसी दूसरे संसार की साहसिक खोज सरीखा हो और उस से उत्पन्न रोमांच से अनुप्राणित हो, जो सब साहित्य के विशेष गुण होते हैं।

1.4.2 विश्वविद्यालयों का हिन्दी पाठ्यक्रम

हिन्दी को विश्वविद्यालय के विषय के रूप में स्थापित करना एक ऐसी आकांक्षा थी जो 1910 और 1920 के दशकों की हिन्दी पत्र-पत्रिकाओं में बार-बार व्यक्त हो रही थी।[181] जन शिक्षा के माध्यम के रूप में हिन्दी पर तमाम बल देने के बावजूद यह स्पष्ट था कि हिन्दी के समर्थकों के लिए हिन्दी को शिक्षा व्यवस्था के शीर्ष पर स्थापित करना अगर

उससे अधिक नहीं तो उतना ही महत्वपूर्ण था। इसे 'अंग्रेज़ी की जागीरों'—विश्वविद्यालयों—का 'भारतीयकरण' करने का साधन माना जाता था : कॉलेजों में अंग्रेज़ी का वर्चस्व जाति से सुनिश्चित अलगाव का चिह्न था। कोई हिन्दी सम्पादक अफ़सोस प्रकट करके यूँ लिखता था कि हमारे राष्ट्र का निर्माण हो रहा था, इसमें कोई सन्देह नहीं था, परन्तु वह हिन्दू राष्ट्र नहीं होगा, वह कैनेडा और न्यू ज़ीलैण्ड की तरह इंग्लिश राष्ट्र होगा।[182] विश्वविद्यालय स्तर पर हिन्दी की स्थापना यह साबित कर सकती थी कि यह भाषा और उसका साहित्य पूरी तरह विकसित था, और वह अपना वर्चस्व यथासम्भव अंग्रेज़ी के समकक्ष स्थापित करने वाली थी। इस तरह हिन्दी विभागों का निर्माण और गठन, प्रतिष्ठा का प्रश्न था : इसके लिए यह ज़रूरी था कि विश्वविद्यालय के नियमों के अनुसार हिन्दी साहित्य का एक 'कैनन' विकसित और निर्धारित हो। हिन्दी में एम.ए. की परीक्षाएँ सबसे पहले कलकत्ता में शुरू हुईं, मगर पहले-पहले हिन्दी विभाग सारे-के-सारे युक्त प्रान्त में स्थापित हुए : शुरूआत बनारस हिन्दू विश्वविद्यालय से हुई, 1922 में (विश्वविद्यालय की स्थापना के पूरे 6 वर्ष बाद); इसके बाद बारी 1926 में इलाहाबाद विश्वविद्यालय की आयी, फिर लखनऊ, आगरा, इत्यादि।[183]

वस्तुतः, जब 10 साल तक मदन मोहन मालवीय द्वारा चन्दे इकट्ठा करने के प्रयत्नों के बाद 1916 में अन्ततः बनारस हिन्दू विश्वविद्यालय का उद्घाटन हुआ, तो हिन्दी के समर्थकों ने आशा लगा रखी थी कि हिन्दी का यह नायक बनारस हिन्दू विश्वविद्यालय को ऐसा पहला विश्वविद्यालय बना देगा जहाँ शिक्षा का माध्यम हिन्दी ही होगी। इससे पहले किसी भी सार्वजनिक संस्था के लिए चन्दे से कभी इतना पैसा नहीं इकट्ठा किया गया था, और कोई विश्वविद्यालय नहीं था जिसमें विभागों की संख्या इतनी अधिक हो। 'बनारस हिन्दू विश्वविद्यालय एक सामुदायिक परियोजना थी, प्रशासन का तोहफ़ा नहीं, इलाहाबाद की तरह। वह जल्दी ही एक ऐसी टकसाल बन गया, जहाँ उत्तर भारतीय मैदानों के आधुनिक सांस्कृतिक सिक्के ढाले जाने लगे और चलन के लिए अनुमोदित होने लगे...ऐसा माना जाता था कि बनारस हिन्दू विश्वविद्यालय का नाम हमारी शिक्षा से मैकॉले और उसकी विरासत के कलंक को धो कर साफ़ कर देगा।'[184] इसलिए जब हिन्दी के समर्थकों ने देखा कि अंग्रेज़ी वहाँ भी शिक्षा का माध्यम बनी रहेगी और यह कि कोई हिन्दी विभाग भी स्थापित नहीं होगा तो उनकी निराशा और भौंचक्केपन का अन्त न रहा। कई सार्वजनिक अनुरोध किये गये, विशेष रूप से राष्ट्रवादी लखपति बाबू शिव प्रसाद गुप्त द्वारा जिन्होंने विश्वविद्यालय को उदारता से अनुदान दिया था : उन्होंने 'भारत मित्र' को कई खुले पत्र लिखे, झाँसी प्रान्तीय हिन्दी साहित्य सम्मेलन और जबलपुर में भारतीय साहित्य सम्मेलन में कई प्रस्ताव पेश किये, और अन्ततः फ़ैसला किया कि वे अपने बल पर एक राष्ट्रीय विश्वविद्यालय स्थापित करेंगे—काशी विद्यापीठ—जहाँ उच्चत्तर शिक्षा सारी-की-सारी 'राष्ट्र भाषा' में होगी।

मदन मोहन मालवीय की दलीलें तिहरी थीं : सबसे पहले, बनारस हिन्दू विश्वविद्यालय (इलाहाबाद की तरह) प्रान्तीय विश्वविद्यालय नहीं, बल्कि राष्ट्रीय विश्वविद्यालय था, जो पूरे भारत से आने वाले छात्रों के लिए बना था; दूसरे, हिन्दुस्तान अभी हिन्दी को अपनी राष्ट्रभाषा के रूप में स्वीकार करने के लिए तैयार नहीं था, हालाँकि यही सबका उद्‌देश्य था; तीसरे, और इसे गुप्त रखा गया, एक स्वाधीन संस्था होने के बावजूद, बनारस हिन्दू विश्वविद्यालय को सरकारी अनुदान की आवश्यकता थी, और तत्कालीन शिक्षा सचिव, सर हारकोर्ट बटलर की यह शर्त थी कि शिक्षा का माध्यम अंग्रेज़ी होनी चाहिए।[185] 1920 में मुरादाबाद में युक्त प्रान्त प्रान्तीय हिन्दी साहित्य सम्मेलन के अधिवेशन में (जहाँ मदन मोहन मालवीय और शिव प्रसाद गुप्त, दोनों उपस्थित थे), अपने अध्यक्षीय भाषण में पद्‌म सिंह शर्मा ने इन दलीलों का तीखा प्रतिवाद किया:

> 'हिन्दू विश्वविद्यालय जैसे सफ़ेद हाथी के पालन-पोषण में ग़रीब पब्लिक का लाखों रुपया नष्ट करने से देश और जाति को क्या लाभ पहुँचा यह ज़रा गर्दन झुका कर सोचने की बात है। ग़रीब क़ौम को ऐसे तिलायी चर्खों की ज़रूरत नहीं है। इसके लिए देसी काठ के करघे, गुरुकुल महाविद्यालय, ऋषिकुल जैसी संस्थाएँ ही कहीं मुफ़ीद हैं जो यथाशक्ति राष्ट्रभाषा का प्रचार कर रही हैं। हिन्दू विश्वविद्यालय से हिन्दी का बहिष्कार इतना न अखरता यदि यह जाति की न हो कर सरकारी संस्था होती।'[186]

1921 में बनारस हिन्दू विश्वविद्यालय में पहले दो हिन्दी अध्यापकों, रामचन्द्र शुक्ल और लाला भगवान दीन की नियुक्ति ने देर से ही सही, पर जनमत को स्वीकार करने का संकेत दिया। इसने एक महत्वपूर्ण क़दम की तरफ़ इशारा भी किया : दोनों अध्यापक जाने-माने साहित्यकार थे, लेकिन उनके पास विश्वविद्यालय की कोई औपचारिक उपाधि नहीं थी। दोनों नागरी प्रचारिणी सभा से सम्बद्ध थे। यानी, सार्वजनिक क्षेत्र में तीस साल तक स्वैच्छिक सक्रियता के बाद हिन्दी साहित्यकारों की सबसे अग्रणी संस्था को साहित्य जगत में पूरी मान्यता प्राप्त हुई। विद्वान और कार्यकर्ता प्रोफ़ेसर बन गये थे। कुछ महीने बाद ही हिन्दी विभाग के अध्यक्ष के रूप में नागरी प्रचारिणी सभा के संस्थापक सदस्य, श्याम सुन्दर दास की नियुक्ति के साथ एक हिन्दी एस्टैब्लिशमेंट का निर्माण पूरा हो गया। लेकिन इसके बावजूद कि वे हिन्दी साहित्यिक जगत के अग्रणी अधिकारी विद्वान थे, बनारस हिन्दू विश्वविद्यालय के हिन्दी अध्यापकों ने जल्दी ही पाया कि विश्वविद्यालय के भीतर वे अब भी भेद-भाव के शिकार थे और उन्हें अपने सहकर्मियों की तुलना में कम वेतन मिल रहा था। एक 'सामुदायिक' संस्था के भीतर भी, शिक्षा प्रणाली का अंग्रेज़ी और स्थानीय भाषाओं के बीच ऊँच-नीच का भेद-भाव इतना गहरे पैठा हुआ था।[187]

नागरी प्रचारिणी सभा के विद्वानों की नियुक्ति कैनन के निर्माण के सन्दर्भ में भी महत्वपूर्ण क़दम थी, क्योंकि वे अपने साथ मानकीकृत पाठ्यक्रम में सभा द्वारा प्रकाशित ग्रन्थों के संस्करणों की दक्षता और विद्वत्तापूर्ण उपलब्धियाँ लाये थे। श्याम सुन्दर दास के सामने पाठ्यक्रम को गठित करने के सिलसिले में प्रमुख समस्या पाठ्य पुस्तकों का अभाव था : हिन्दी के गौरव ग्रन्थों के अच्छे संस्करण ख़ास तौर पर जिन्हें सभा ने ख़ुद तैयार किया था, अब तक छप चुके थे, लेकिन आसानी से उपलब्ध नहीं थे। ऊपर से भाषा विज्ञान और साहित्यालोचन जैसे विषयों की कोई भी पुस्तक मौजूद नहीं थी, न ही हिन्दी भाषा और साहित्य के इतिहास की। सभा के साथ अपने प्रकाशकीय अनुभव के आधार पर और नयी पहलक़दमी करने के निष्ठापूर्ण उत्साह के साथ तीनों अध्यापकों ने ऐसी पुस्तकें तैयार कीं जो दशकों तक मानक सन्दर्भ ग्रन्थों और समीक्षात्मक संस्करणों के रूप में स्थापित रहीं। लाला भगवान दीन ने, जो रीति काव्य के विशेषज्ञ होने के साथ-साथ ही ख़ुद भी सधे हुए कवि थे, ब्रजभाषा काव्य-ग्रन्थों पर टीकाएँ लिखीं और स्वतन्त्र कृतियाँ रची।[188] श्याम सुन्दर दास ने साहित्यिक आलोचना पर और हिन्दी भाषा के इतिहास पर लिखा[189] और रामचन्द्र शुक्ल का योगदान तो सचमुच प्रभावशाली रहा।[190]

बनारस हिन्दू विश्वविद्यालय के हिन्दी पाठ्यक्रम पर एक सरसरी नज़र डालें : हिन्दी कविता पर प्रवेश परीक्षा के प्रश्न पत्र में चन्द बरदाई, कबीर, सूरदास, तुलसीदास (104 पृष्ठों में से केवल इन्हीं के 56 पृष्ठ), बिहारी, केशवदास और केवल एक आधुनिक कृति, मैथिली शरण गुप्त की पुनरुत्थानवादी कविता 'भारत भारती' के अंश (3.1) थे। इस तरह बल भारी तौर पर मध्यकालीन हिन्दी कविता पर था और आधुनिक साहित्य सुधारवादी द्विवेदी युग के साथ समाप्त होता था; कथा साहित्य के साथ-साथ समकालीन कविता को पाठ्यक्रम में कोई जगह नहीं मिली थी। कैनन और समकालीन साहित्य के बीच तनाव निश्चय ही हिन्दी की ही विशेषता नहीं है, लेकिन उस समय जब आधुनिक हिन्दी की परम्परा बनने वाली थी, शिक्षा जगत में किये गये चयन-सम्बन्धी फ़ैसलों की गूँज साहित्यिक जगत में तत्काल सुनायी देती थी। प्रयोगात्मक समकालीन कवि-लेखकों के लिए इस सब से साहित्यिक अधिकार का विषय और भी जटिलता पैदा करता था, ख़ास तौर पर व्यापक लोकप्रियता के अभाव में जो शायद पलड़े को बराबर कर देती (देखिए 2.2 और 2.4)।

पाठ्यक्रम के अनुसार, साहित्यिक समालोचना ऐतिहासिक सन्दर्भ के कुछ ब्योरों और मनोवैज्ञानिक शब्दावली में रस की पुनर्परिभाषा तक सीमित थी, और उसमें नैतिक दृष्टि से की गयी स्थापनाओं और परम्परागत ब्रजभाषा के काव्य-शास्त्र का काफ़ी मिश्रण था। हिन्दी पट्टी का साहित्यिक अतीत एक राष्ट्रवादी आख्यान का हिस्सा बन गया। उसका वीरतापूर्ण उद्भव रासो काव्य के साथ राजस्थान में हुआ। भक्तिकाल के दौर में वह सूरदास और तुलसीदास के साथ सांस्कृतिक और साहित्यिक चरमोत्कर्ष पर पहुँचा

था, जिन्होंने मुस्लिम आधिपत्य के काले युग में भी जाति की लौ जिलाये रखी थी; उसके बाद वह रीतिकाल के दौरान अस्वस्थ और निरर्थक श्रृंगारिकता में पतित हो गया था और फिर उन्नीसवीं सदी में एक सुधारवादी पथ पर दोबारा उत्थान की ओर उन्मुख होने लगा। यह बहुत ही संक्षेप में रामचन्द्र शुक्ल का ऐतिहासिक वृत्तान्त था, जिस पर अब तक हिन्दी विद्वानों ने कभी प्रश्न नहीं उठाये, सिवा हज़ारी प्रसाद द्विवेदी द्वारा कबीर की पुनर्स्थापना के और नामवर सिंह द्वारा एक 'प्रगतिशील' लोकप्रिय हिन्दी परम्परा की खोज के।[191]

प्रान्त के पहले सरकारी विश्वविद्यालय, इलाहाबाद विश्वविद्यालय का एक बिलकुल अलग इतिहास है। मूल रूप से परीक्षाएँ संचालित करने वाली संस्था के रूप में स्थापित होने के बाद उसे 1921 में 'इलाहाबाद विश्वविद्यालय अधिनियम' द्वारा अध्यापन वाले विश्वविद्यालय में पुनर्गठित किया गया। प्रान्त के दूसरे हिस्सों और पड़ोस के इलाक़ों के कॉलेज इससे असम्बद्ध कर दिये गये और लखनऊ (1921), आगरा (1925) और नागपुर में अध्यापन करने वाले नये विश्वविद्यालय गठित किये गये। 1937 तक आते-आते इलाहाबाद विश्वविद्यालय में लगभग 100 प्रोफ़ेसर और 1500 छात्र थे। जिनमें से 1000 के करीब 8 छात्रावासों में रहते थे। इनमें से एक, हॉलैण्ड हॉल (स्थापित 1900), ऑक्सब्रिज कॉलेजों के नमूने पर बना था। पढ़ाई पहले भी मुख्य रूप से क़ानून और प्रशासनिक सेवाओं में जाने के लिए होती थी और अब भी यही हाल है, अलबत्ता कला सम्बन्धी विषयों (अंग्रेज़ी साहित्य, संस्कृत, अरबी, फ़ारसी, दर्शन-शास्त्र, इतिहास, आदि) पर उचित ध्यान दिया जाता था, और हर लिहाज़ से वातावरण निश्चय ही शिष्टतापूर्ण था। बनारस हिन्दू विश्वविद्यालय के विपरीत इलाहाबाद विश्वविद्यालय के हिन्दी विभाग में समकालीन साहित्य के विरुद्ध कोई भावना नहीं थी। सच तो यह है कि छात्रों और अध्यापकों के रूप में सुमित्रा नन्दन पन्त, रामकुमार वर्मा, महादेवी वर्मा, भगवती चरण वर्मा, हरिवंश राय बच्चन और बाद में धर्मवीर भारती, जगदीश गुप्त और बहुत-से अन्य लोगों के होते हुए इलाहाबाद विश्वविद्यालय निश्चय ही साहित्यिक मोर्चे की हिरावल पाँत में था।

इसके बावजूद हिन्दी का आगमन वहाँ भी विलम्ब से हुआ था। संस्कृत के विद्वान और विश्वविद्यालय के उपकुलपति गंगानाथ झा के प्रयासों के बावजूद हिन्दी का अध्यापन विश्वविद्यालय में संस्कृत के एक स्नातक धीरेन्द्र वर्मा की नियुक्ति के साथ 1923 में ही जा कर शुरू हुआ।[192] 1916 में गंगानाथ झा ने सेनेट की बैठक में प्रस्ताव रखा था कि 'देशभाषा' में शिक्षा मैट्रिक्यूलेशन के लिए अनिवार्य कर दी जाये, लेकिन उनका प्रस्ताव नामंज़ूर हो गया था। तब 1922 में धीरेन्द्र वर्मा द्वारा छात्रों की अन्य सोसाइटियों के नमूने पर 'हिन्दी परिषद' स्थापित की गयी थी। वाद-विवाद प्रतियोगिताएँ, कविता गोष्ठियाँ और निबन्ध-लेखन की प्रतियोगिताएँ आयोजित करते हुए 'हिन्दी परिषद' ने विश्वविद्यालय के 'अंग्रेज़ी' वातावरण में मातृभाषा हिन्दी के प्रति आदर, सहानुभूति और

स्नेह की भावनाएँ उत्पन्न करने में बहुत सहायता की।[193] सच तो यह है कि यह एक हद तक 'परिषद' की सफलता थी कि आख़िर में एक पूरमपूर हिन्दी विभाग स्थापित हुआ। 1924 में पाँच छात्रों के साथ अध्यापन शुरू हुआ और 1926 में उर्दू और हिन्दी औपचारिक रूप से उपाधि के विषय बन गये, जैसे फ्रेंच, जर्मन और इटैलियन पहले से थे।[194] जैसा कि अध्याय में पहले उल्लेख किया जा चुका है, शुरू-शुरू में हिन्दी अन्य सभी विषयों की तरह अंग्रेज़ी में पढ़ायी जाती थी, और हिन्दी पत्रिकाएँ विस्मय किये बिना नहीं रह सकीं कि कैसे धीरेन्द्र वर्मा और देवी प्रसाद शुक्ल जैसे दो 'हिन्दी प्रेमी' और हिन्दी साहित्य सम्मेलन के सक्रिय सदस्य ऐसे नियम का पालन कर रहे थे।[195] नियम बाद में बदल दिया गया (हालाँकि शोध प्रबन्ध 1947 तक अंग्रेज़ी में लिखे जाते रहे), और इलाहाबाद का हिन्दी विभाग, जो शुरू-शुरू में छोटा था और जिसमें थोड़े-से छात्र थे, हिन्दी पठन-पाठन का दूसरा बड़ा केन्द्र बन गया। धीरेन्द्र वर्मा और देवी प्रसाद शुक्ल के बाद विश्वविद्यालय से 'आर्ट्स' में स्नातक बनने वाले दूसरे लोग अध्यापकों के रूप में नियुक्त हो गये : रामशंकर शुक्ल 'रसाल' जो (1937 में) इलाहाबाद विश्वविद्यालय से हिन्दी में डी.लिट्. करने वाले पहले व्यक्ति थे और कवि रामकुमार वर्मा जो ख़ुद विभाग के छात्र रहे थे।[196] इसका मतलब यह था कि इलाहाबाद में हिन्दी के छात्र और अध्यापक या तो पहले से ही अंग्रेज़ी भाषी दुनिया से काफ़ी परिचित थे या फिर जल्दी ही हो जाते थे, और अंग्रेज़ी और हिन्दी क्षेत्रों के बीच आसानी से आ-जा सकते थे, जो काम कि हिन्दी के बहुत कम साहित्यकार तब तक कर पाये थे। इसके अतिरिक्त स्वतन्त्र संस्था की बजाय विश्वविद्यालयी प्रणाली की उपज होने के कारण इलाहाबाद विश्वविद्यालय के हिन्दी विभाग के पास पहले से निर्धारित हिन्दी की वैसी कोई परम्परा और पहचान नहीं थी। इसके विपरीत विभाग का रुझान आधुनिक शैली में हिन्दी साहित्य और साहित्यिक आलोचना के क्षेत्र का नया जायज़ा लेने का और उसका मानचित्र बनाने का था : हिन्दी भाषा का इतिहास, हिन्दी भाषा विज्ञान, तुलनात्मक साहित्यालोचन और शोध करने की विधि, ये सब-के-सब पाठ्यक्रम का हिस्सा थे और विभाग की विशिष्टता बन गये।[197] इलाहाबाद के हिन्दी अध्यापक उर्दू के प्रति वैसा परायापन भी नहीं महसूस करते थे जैसा बनारस के प्राध्यापक महसूस करते थे; उर्दू के जाने-माने शायर, रघुपति सहाय 'फ़िराक़', अंग्रेज़ी विभाग में पढ़ाते थे और हिन्दी और उर्दू दोनों के अध्यापकों ने संयुक्त रूप से हिन्दुस्तानी एकेडमी (देखिए 2.3) की स्थापना करके उस की गतिविधियों में हिस्सा लिया।

बनारस और इलाहाबाद के स्नातक धीरे-धीरे समूचे हिन्दी क्षेत्र के कॉलेजों और दूसरे विभागों में फैल गये—अपने साथ उस साहित्यिक पाठ्यक्रम को लिये हुए, जिसे दोनों विभागों ने हिन्दी साहित्य के लिए तैयार कर लिया था। छोटे विश्वविद्यालय कमोबेश उसी पाठ्यक्रम का अनुसरण करते जिसे बनारस और इलाहाबाद ने बनाया था और वही पाठ्य पुस्तकें भी इस्तेमाल करते।

इस तरह 1940 तक आते-आते, यानी जिस अवधि का जायज़ा हम ले रहे हैं उसके अन्त तक, हिन्दी साहित्य ने शिक्षा के उच्चतम स्तर पर शोध और अध्यापन के योग्य विषय के रूप में अपनी साख बना ली थी और विश्वविद्यालयों के हिन्दी विद्वान, हिन्दी के आन्दोलन के प्रतीक और प्रमुख अधिकारी बन चुके थे।[198]

1.4.3 आर्य समाजी स्कूलों में हिन्दी

हालाँकि केन्द्रीय शिक्षा तन्त्र ने सरकारी स्कूलों के प्रभाव को काफ़ी व्यापक बना दिया था, स्वायत्त संस्थाएँ भी उतनी ही महत्वपूर्ण थीं। उनका सांस्कृतिक प्रभाव शायद अधिक परोक्ष था, लेकिन वे शिक्षा में प्रतीकात्मक विकल्पों को पेश करती हुई प्रयोगशालाओं जैसी थीं। पहले भी ज़िक्र हो चुका है कि स्वायत्त स्कूलों में ऐसी संस्थाएँ शामिल थीं जो मोटे तौर पर सरकारी पाठ्यक्रम का अनुसरण करती थीं, लेकिन उनका प्रबन्ध भारतीयों के हाथ में था और उनके कुछ जातीय लक्षण भी थे, और कुछ संस्थाएँ ऐसी भी थीं जो पूरी तरह सरकारी तन्त्र से मुक्त थीं। आर्य समाज द्वारा स्थापित स्कूल दोनों ही कोटियों में आते हैं और वस्तुतः उत्तर भारत में इस क़िस्म के सबसे पहले और सबसे महत्वपूर्ण उपक्रम थे।

'आर्य समाज' शुरू से ही इस बात की प्रबल और मुखर आलोचना करता रहा था कि अंग्रेज़ी शिक्षा ईसाइयत में धर्मान्तरण का एक माध्यम और नैतिक ख़तरा है। दयानन्द सरस्वती स्वयं जाति की भाषा के रूप में हिन्दी के इस्तेमाल और उसकी सम्भावनाओं में दिलचस्पी व्यक्त कर चुके थे, जिसे वे आर्य भाषा कहते थे। 1872 में बंगाल के 'ब्रह्मो समाज' के नेताओं से मिलने के बाद प्रचार और उपदेश के माध्यम के रूप में संस्कृत छोड़ कर हिन्दी को अपना भी चुके थे, और उन्नीसवीं सदी के अन्त में आर्य समाज नागरी-प्रचार में बहुत सक्रियता से हिस्सा ले चुका था। 1875 में बम्बई में स्थापित आर्य समाज के 28 आधारभूत नियमों में से पाँचवाँ था : 'प्रधान समाज में वैदोक्तानुकूल संस्कृत और आर्यभाषा में नाना प्रकार के सदुपदेश की पुस्तक होगी'[199] अपने संस्कृत-बहुल रूप में हिन्दी 'उस पुनर्गठित हिन्दू समाज के बारे में आन्दोलन की परिकल्पना का हिस्सा बन गयी, जिसमें वैदिक आदर्श व्यवहार में लाये जाने वाले थे।'[200] प्रगति के पर्याय के रूप में शिक्षा, आर्य भाषा, और वैदिक आदर्श, आर्य समाज के प्रचार के बीज बन गये और पंजाब और पश्चिमी युक्त प्रान्त के हिन्दू समाज में उनका बहुत अच्छा स्वागत हुआ। सच तो यह है कि लाहौर में 1886 में जो पहला दयानन्द ऐंग्लो वैदिक (डी.ए.वी.) कॉलेज खुला वह सरकार से पूरी तरह स्वतन्त्र रहने में सफल रहा, जिसके पीछे हिन्दू समुदाय की ओर से चन्दा इकट्ठा करने के सिलसिले में कुछ दक्षतापूर्ण प्रयोग किये गये थे; 1893 तक आते-आते उसे सरकारी तौर पर मान्यता मिल चुकी थी।[201] अगले बीस वर्षों के अर्से में डी.ए.वी. स्कूलों और कॉलेजों की एक सफल श्रृंखला, जो अब सरकारी तन्त्र से सम्बद्ध थी, पूरे पंजाब और युक्त प्रान्त में कई स्थानों पर भी फैल गयी थी; कानपुर, देहरादून,

बनारस, लखनऊ, अनूप शहर, मेरठ। डी.ए.वी. स्कूल इस इलाक़े में भारतीय पश्चिमी शैली की शिक्षा के पहले-पहले स्वायत्त प्रयास थे। शिक्षा का माध्यम अंग्रेज़ी था और मोटे तौर पर सरकारी पाठ्यक्रम का अनुसरण करता था, हालाँकि कुछ पाठ्य पुस्तकें आर्य समाज के सदस्यों द्वारा लिखी जाती थीं और 'वैदिक' (अर्थात धार्मिक) शिक्षा भी दी जाती थी। इस तरह डी.ए.वी. स्कूलों ने पश्चिमी शिक्षा के फ़ायदों को एक पुनरुत्थानवादी और देशभक्तिपूर्ण भावना से जोड़ दिया था। जैसा केनेथ जोन्स का कहना है : 'आर्य समाजियों ने अंग्रेज़ी में साक्षर होने के लिए नयी दुनिया की माँग को पहचाना और इस साक्षरता को पुनरुज्जीवित हिन्दुत्व के परिवेश के भीतर खोजा।'[202] हिन्दी को अनिवार्य विषय के रूप में लाला हंसराज ने शुरू किया था और हालाँकि वह लड़कियों के लिए आर्य समाजी स्कूलों की तरह (देखिए 4.1) शिक्षा का माध्यम नहीं बनी। समूची हिन्दू बिरादरी के बीच इन स्कूलों की सफलता ने पूरे पंजाब में हिन्दी को हिन्दुओं की प्रतीकात्मक भाषा के रूप में लोकप्रिय बना दिया। लाला लाजपतराय की आत्मकथा के अनुसार यह 1880 की हिन्दी-उर्दू बहस थी, जिसने उन्हें 'हिन्दू राष्ट्रवाद के विचार से' जोड़ दिया था। इस्लाम से बहुत प्रभावित पिता के होते हुए और उर्दू के माध्यम से शिक्षित होने के बावजूद उन्होंने हिन्दी के पक्ष में भाषण देवनागरी लिपि सीखने से पहले ही देने शुरू कर दिये थे।[203] बहरहाल, जल्दी ही जालन्धर के लाला मुंशीराम (बाद में स्वामी श्रद्धानन्द, 1856-1926) जैसे आर्य समाज के अधिक उग्र शिक्षा-शास्त्रियों ने डी.ए.वी. स्कूलों के सरकारी रुझान पर हमले करने शुरू कर दिये थे, और वे अंग्रेज़ी शिक्षा प्रणाली के एक अधिक बुनियादी विकल्प की वकालत करने लगे। इस मुद्दे पर मुंशीराम और 'आर्य प्रतिनिधि सभा' नरमपन्थी या 'कॉलेज' आर्य समाजियों से अलग हो गये और 1898 में उन्होंने अपने स्कूल के लिए चन्दा इकट्ठा करना शुरू कर दिया जो प्राचीन हिन्दू विश्वविद्यालयों के नमूने पर बनाया जाना था।[204] हरिद्वार के पास गंगा नदी के किनारे (1900 में) और कांगड़ी में (1902 में) उन्होंने जो गुरुकुल स्थापित किया, वह सच्ची भारतीय शिक्षा की एक आदर्श संस्था होने वाला था। उसका स्पष्ट उद्देश्य कुछ बच्चों को ब्रह्मचारियों में रूपान्तरित करना था। छात्र और शिक्षक सीधे-सादे और पूरी तरह समर्पित परिवेश में साथ-साथ रहते। यह जगह ख़ास तौर पर अपने वार्षिकोत्सवों के समय राष्ट्रवादी नेताओं और हिन्दी साहित्यकारों के लिए एक प्रिय तीर्थस्थान बन गयी जो कुछ दिनों के लिए प्राचीन भारत की आबो-हवा में साँस लेने के लिए यहाँ आते। रामचन्द्र शर्मा के अनुसार गुरुकुल केवल आर्य समाज का ही नहीं था, न केवल आर्य जाति का था, न केवल पंजाब का था : वह सारे भारतवर्ष का था।[205] हालाँकि यह स्कूल फलता-फूलता रहा—1907 में महाविद्यालय विभाग खोला गया और 1921 में आर्य प्रतिनिधि सभा ने इसे एक मान्यता प्राप्त विश्वविद्यालय में परिवर्तित कर दिया—गुरुकुल ने कभी सरकारी स्कूलों का वैसा व्यवहारिक विकल्प नहीं उपलब्ध कराया जो डी.ए.वी. स्कूलों ने कराया था। पाठ्यक्रम सरकारी स्कूलों से बहुत अधिक भिन्न था, हालाँकि वृन्दावन (1911), कुरुक्षेत्र, इन्द्रप्रस्थ,

वैद्यनाथ (बिहार) में और पंजाब में कुछ अन्य स्थानों पर गुरुकुल की शाखाएँ बाद में सरकारी पाठ्यक्रम का अनुसरण करने लगीं।[206] 1907 में पण्डित नरदेव शास्त्री द्वारा हरिद्वार के निकट ज्वालापुर में स्थापित महाविद्यालय ऐसा ही उदाहरण उपलब्ध कराता है जो पश्चिमी शिक्षा प्रभावों से मुक्त था : 'यह महाविद्यालय अंग्रेज़ी के वातावरण से रहित है। यहाँ आते ही प्राचीन ऋषि आश्रम का साक्षात दर्शन होता है।'[207] पढ़ाई और भी अधिक मात्रा में वेदों पर, प्राचीन भारतीय दर्शन पर, और प्राचीन तथा आधुनिक संस्कृत साहित्य पर केन्द्रित थी; स्नातक आम तौर पर आर्य समाज के प्रचारक, शिक्षक या आयुर्वेद प्रणाली के चिकित्सक बनते थे।

क्योंकि ऐसी संस्थाओं में शिक्षा का माध्यम हिन्दी थी, सभी विषयों के लिए हिन्दी में पाठ्य पुस्तकों की एक भारी संख्या लिखने की ज़रूरत थी, मिसाल के तौर पर आचार्य रामदेव की इतिहास विषयक पाठ्य पुस्तक 'भारत वर्ष का इतिहास,' और संस्कृतनिष्ठ आर्य भाषा में निचली कक्षाओं के लिए रीडरें। इस तरह की हिन्दी, उर्दू और फ़ारसी शिक्षित पंजाबियों के लिए सुगम नहीं थी, भले ही वे आर्य समाज से सम्बद्ध थे।[208] बहरहाल, भाषा की दृष्टि से इस कार्य के लिए पूरी तैयारी के बिना भी आर्य समाजी पंजाबियों ने हिन्दी की पाठ्य पुस्तकें लिखने के प्रयास किये। आर्य भाषा पाठावली के संकलनकर्ता बिजनौर के भवानी प्रसाद ने अपनी भूमिका में टिप्पणी की कि गुरुकुल में हिन्दी पढ़ाने के लिए दूसरी पाठ्य पुस्तकें इस्तेमाल न करने के पीछे एक और कारण यह था कि हिन्दी की जो पाठ्य-पुस्तकें शिक्षा-विभाग द्वारा इस्तेमाल की जाती थीं वे ऐसी भाषा में लिखी होती थीं जो न उर्दू थी, न हिन्दी, और उनके पास अपने समर्थन के लिए शास्त्रीय भाषा का अभाव था।[209] आर्य भाषा पाठावली के उत्तरवर्ती 1923 के संस्करण में लेखक ने गर्व से टिप्पणी की थी कि सरकारी सहायता प्राप्त देसी भाषा के स्कूलों की पाठ्य पुस्तकें अब 'परिष्कृत हिन्दी' में लिखी जाने लगी थीं और उनमें प्रतिष्ठित हिन्दी लेखकों की कविताएँ और निबन्ध शामिल रहते थे।[210] चार साल बाद पाँचवें संस्करण (1927) की भूमिका में भवानी प्रसाद यह देख कर अत्यन्त प्रसन्न हुए थे कि इस पाठ्य-पुस्तकमें आर्य भाषा का जो परिष्कृत रूप दिखता था, वह अब सर्वत्र स्वीकार्य और स्थापित है। (पृष्ठ 10)। 1920 के दशक तक गुरुकुल की पाठ्य पुस्तक सरीखी संस्कृतनिष्ठ हिन्दी जो व्यवस्थित रूप से क्लिष्ट थी और देसी मुहावरों का निषेध करती थी, हिन्दी शिक्षा की स्वीकृत भाषा बन चुकी थी। मिसाल के लिए 'बिल्ली' शीर्षक पाठ (भाग 1) में 'सफ़ेद' की जगह 'श्वेत,' 'नाराज़' की जगह 'क्रुद्ध,' 'जीभ' की जगह 'जिह्वा' और 'साफ़' की जगह 'स्वच्छ' प्रयोग में लाया गया था : जहाँ सम्भव था, प्रचलित फ़ारसी-अरबी मूल के शब्द भी 'विदेशी' करार दे कर बहिष्कृत कर दिये गये थे और तद्भव शब्दों की जगह भी संस्कृत के तत्सम शब्दों से भर दी गयी थी। क्लिष्ट रूप की ओर इस परिवर्तन का प्रभाव बोलचाल की भाषा से अपरिचय उत्पन्न करने का था। 'दिन और रात्रि' शीर्षक पाठ तत्सम शब्दावली में 'अनुवाद' का एक नमूना था।

> 'रात्रि होते ही सब पशु और पक्षी विश्राम करते हैं। हमको भी अधिक रात्रि गए तक जागना उचित नहीं है अन्यथा प्रातःकाल उठने में विलम्ब होगा और इससे अगले दिन कार्य में बाधा पड़ेगी। इसलिए रात्रि को दस बजे से पूर्व ही सो रहो।'[211]

विषय-वस्तु की दृष्टि से भी आर्यभाषा पाठावली द्विवेदी जी के 'उपयोगी' और नैतिक उपदेशात्मक नमूने से मिलती थी, और वस्तुतः कई पाठ उनकी ही पाठ्य पुस्तकों से लिये गये थे और कई कविताएँ 'सरस्वती' से; सनातन धर्म बनाम आर्य समाज के विभाजन से परे दोनों पन्थों का व्यापक सांस्कृतिक रुझान एक-सा दिखायी देता है। लगता था कि बच्चे ऐसे जंगली जानवर समझे जाते थे जो हमेशा भटकने पर आमादा हों और जिन्हें नियन्त्रित करने, पालतू बनाने और आदेश देने की ज़रूरत हरदम पड़ती रहे।[212]

कुल मिला कर गुरुकुल में शिक्षा को पूरी तरह 'परम्परागत' नहीं कहा जा सकता था, क्योंकि वह पारम्परिक और नये विषयों को, पुराने आदर्शों और नये सरोकारों को प्रकट रूप से 'प्राचीन भारतीय' ढाँचे में पुनर्गठित करती थी। पाठ्यक्रम में हिन्दी साहित्य सिर्फ़ हाशिए पर ही मौजूद था। वहाँ जो साहित्यिक संस्कार प्रदान किया जाता था, वह भी पारम्परिक प्रकार के संस्कार का एक मिश्रित रूप था—संस्कृत काव्यशास्त्र और सुधारवादी भावना की उपज।[213] गुरुकुल शिक्षा प्रणाली से जुड़े हुए एकमात्र प्रतिष्ठित साहित्य के विद्वान पद्म सिंह शर्मा थे, जिन्होंने ज्वालापुर के गुरुकुल महाविद्यालय में जाने से पहले कुछ दिन गुरुकुल कांगड़ी में भी पढ़ाया था। वे संस्कृत के विद्वान और ब्रजभाषा (देखिए 2.2) के पारखी और महावीर प्रसाद द्विवेदी के घनिष्ठ मित्र थे। दोनों व्यक्तियों में सुधारवादी भावना और विद्वत्तापूर्ण दृष्टिकोण एक साथ।

हालाँकि शुरू-शुरू में गुरुकुल ने राजनीति से अपने को दूर रखा था, वहाँ का आध्यात्मिक और देशभक्तिपूर्ण वातावरण उपनिवेशवादी तन्त्र का एक विकल्प उपलब्ध कराता था और शिक्षा और संस्कृत के लिए उसका कार्यक्रम आसानी से राजनैतिक अर्थों में राष्ट्रवाद में परिवर्तित हो जाता था। इस तरह गांधी जी ने, जिन्होंने ख़ुद अपने बेटे को गुरुकुल में भेजा था, श्रद्धानन्द के बारे में यह टिप्पणी की थी : 'उनके प्रिय गुरुकुल में हम 1915 में मिले और उसके बाद से हर एक मुलाकात में हम दोनों परस्पर निकट आते गये और एक-दूसरे को ज़्यादा अच्छी तरह समझने लगे। प्राचीन भारत, संस्कृत और हिन्दी के प्रति उनका प्रेम असीम था। बेशक, असहयोग के पैदा होने के बहुत पहले से ही वे असहयोगी थे।'[214] श्रद्धानन्द और वहाँ के छात्र असहयोग और ख़िलाफ़त आन्दोलनों से सक्रिय रूप में सम्बद्ध हो गये थे और उन्होंने दिल्ली से राष्ट्रवादी दैनिक, 'विजय' भी निकालना शुरू किया था।[215] स्वामी श्रद्धानन्द ने बाद में अन्य लोगों के साथ मिल कर शुद्धि का उग्रतावादी आन्दोलन शुरू किया और 1926 में एक क्रुद्ध मुसलमान द्वारा मार दिये गये।

आर्य समाजी शिक्षा संस्थाओं के प्रभाव और महत्व को हिन्दी साहित्य पर सीधा प्रभाव नहीं कहा जायेगा। ऐसे भारतीय अतीत की संरचना में उनकी महत्वपूर्ण भूमिका रही जिसकी जड़ें आर्यों तथा वेदकाल की कल्पना में थीं। आधुनिक हिन्दुओं और वैदिक ऋषियों के आपसी सम्बन्ध को गुरुकुलों के स्वाधीन, शुद्ध और अनुशासनबद्ध परिसरों में जैसे प्रकट और जीवित कर दिया गया हो और ये गुरुकुल समकालीन भारतीयों को एक लगभग जीवित झाँकी दिखाते थे कि प्राचीन भारत में शिक्षा कैसी रही होगी (देखिए 3.1)। गुरुकुल जिस सांस्कृतिक आदर्श को ठोस रूप में प्रस्तुत करते थे, वह सिर्फ़ आर्य समाज को ही प्रबल रूप से आकर्षित नहीं करता था, बल्कि हिन्दी बुद्धिजीवियों और राष्ट्रीय आन्दोलन के नेताओं के एक काफ़ी व्यापक समुदाय को भी मुग्ध करता था। उनको गुरुकुल 'हिन्दू परम्परा' की जीवित शक्ति का प्रतीक दिखायी देता था। इस आकर्षण का विश्लेषण तीसरे अध्याय में अधिक विस्तार से किया जायेगा।

1.4.4. हिन्दी साहित्य सम्मेलन की परीक्षाएँ

शिक्षा सम्बन्धी एक और दिलचस्प प्रयोग, जो स्वाधीन होते हुए भी व्यावहारिक साबित हुआ और सरकारी तन्त्र से पूरी तरह विच्छिन्न भी नहीं था, उन हिन्दी साहित्यिक परीक्षाओं का था, जिन्हें हिन्दी साहित्य सम्मेलन संचालित करता था। 1915 में शुरू की गयी यह योजना शायद सम्मेलन का सबसे दूरगामी और सफल उपक्रम रहा। 1914 में, इससे पहले कि हिन्दी किसी भी विश्वविद्यालय में स्थापित हो, लखनऊ में हिन्दी साहित्य सम्मेलन के पाँचवें अधिवेशन के बाद गठित की गयी एक समिति ने हिन्दी में दक्षता की परीक्षाओं की योजना बनायी थी जिसे प्रान्तीय सरकार के समक्ष प्रस्तुत किया जाना था। प्रस्ताव के अनुसार परीक्षाओं की व्यवस्था और मूल्यांकन शिक्षा विभाग द्वारा होता : संक्षेप में हिन्दी साहित्य सम्मेलन अपनी प्रवीणता को सरकार की सेवा में समर्पित कर रहा था और साथ ही वैकल्पिक वैचारिक केन्द्र के रूप में अपना दावा भी पेश कर रहा था।[216] जब सरकार ने इस प्रस्ताव को स्वीकार नहीं किया, तो हिन्दी साहित्य सम्मेलन ने अपने आप उसे लागू करना शुरू कर दिया। यह योजना आरम्भ में सरकारी तौर पर मान्यता प्राप्त और सहायता प्राप्त स्कूलों के अध्यापकों को ही प्रशिक्षित करने के उद्देश्य से शुरू की गयी थी। बाद में इसे आम जनता के लिए खोल दिया गया और यह तेज़ी से बढ़ते हुए हिन्दी के सार्वजनिक क्षेत्र की बहुत-सी ज़रूरतों को पूरा करने में सफल हुई।

ये परीक्षाएँ हिन्दी में विश्वविद्यालयों की उपाधि का सस्ता विकल्प ऐसे समय प्रस्तुत करती थीं जब हिन्दी शिक्षकों की भारी माँग हो रही थी; प्राथमिक और माध्यमिक स्कूली पाठ्यक्रम का अधिकांश देसी भाषाओं में तब्दील हो रहा था। प्रशिक्षित अध्यापक दुर्लभ थे, नये शिक्षकों के अलावा पुराने शिक्षकों को देसी भाषा में पुनर्प्रशिक्षित करने की आवश्यकता हो रही थी और सरकार द्वारा संचालित बहुत कम प्रशिक्षण महाविद्यालय थे।

हिन्दी साहित्य सम्मेलन की परीक्षाओं के परीक्षार्थी अपनी नौकरियों को बनाये रखते हुए भी, सस्ते में घर पर तैयारी कर सकते थे और केन्द्रों की बढ़ती हुई संख्या में कहीं भी परीक्षा दे सकते थे। मूल योजना के अनुसार पहली परीक्षा में सात प्रश्न-पत्र शामिल थे जो मध्यकालीन और आधुनिक कविता और गद्य की जानकारी को परखते। इसमें व्याकरण, अलंकार-शास्त्र और छन्द-शास्त्र के नियमों के साथ अपठित गद्यांश और निबन्ध और संस्कृत से और संस्कृत में अनुवाद शामिल था। वास्तविक परीक्षा हिन्दी साहित्य पर तीन और कई अन्य प्रश्न-पत्रों की थी। पाठ्यक्रम को व्यापक बना कर अन्य विषयों के साथ-साथ इतिहास, भूगोल, गणित, अंग्रेज़ी, स्वास्थ्य और 1925 के बाद धर्म, राजनीति और केवल महिलाओं के लिए गृह विज्ञान सम्मिलित कर लिया गया था। मध्यमा परीक्षा इसी नमूने पर आधारित थी, लेकिन उसका पाठ्यक्रम इससे कहीं अधिक व्यापक था। उत्तमा परीक्षा केवल साहित्यिक विषयों (हिन्दी या संस्कृत) और कुछ अतिरिक्त प्रश्न-पत्रों में ही दी जा सकती थी। 'साहित्य विशारद' और 'साहित्य रत्न' की जो उपाधियाँ दी जाती थीं, उनकी मान्यता संरक्षकों और साहित्यिक संस्थाओं द्वारा प्रदान की जाने वाली, महज़ प्रतिष्ठासूचक पारम्परिक उपाधियों और व्यावहारिक मूल्य रखने वाली सरकारी शिक्षा तन्त्र की उपाधियों के बीच थी। कई हिन्दी साहित्यकारों ने अपने नामों के आगे 'विशारद' या 'साहित्य-रत्न' जोड़ना शुरू कर दिया था, जैसा कि पहले सिर्फ़ बी.ए. और एम.ए. की डिग्रियों के साथ होता था। सच तो यह है कि जैसे-जैसे ये परीक्षाएँ और अधिक लोकप्रिय होती चली गयीं, कांग्रेस के अधीन नगर निगम और ज़िला परिषदों और मन्त्रिमण्डलों और सरकारी इण्टरमीडिएट शिक्षा परिषद—दोनों में इन उपाधियों की स्वीकृति भी बढ़ती गयी।

'सम्मेलन पत्रिका' नियमित रूप से उन शिक्षकों के बारे में समाचार प्रकाशित करती थी, जिन्होंने हिन्दी साहित्य की परीक्षाएँ उत्तीर्ण करने के बाद नौकरियाँ या वेतन-वृद्धि प्राप्त की थी। पत्रिका में सम्मेलन के उपाधि-प्राप्त शिक्षकों के लिए नौकरियों के विज्ञापन भी छपते थे। 1940 तक आते-आते सम्पादक ने गर्व से यह घोषणा की कि युक्त प्रान्त की इण्टरमीडिएट शिक्षा परिषद ने सम्मेलन की मध्यमा परीक्षा को इण्टरमीडिएट की परीक्षा के समकक्ष स्वीकृति दे दी थी; बिहार सरकार ने इसका अनुसरण करते हुए प्रथमा को हाई स्कूल परीक्षा, मध्यमा को इण्टरमीडिएट परीक्षा और उत्तमा को बी.ए. की परीक्षा के समक्ष मान्यता दे दी, जिससे उम्मीदवारों को नौकरियों के वैसे ही अवसर प्राप्त होने लगे। मध्य भारत में सेण्ट्रल प्रॉविन्सेस की और जोधपुर, झालावाड़ और छतरपुर राज्यों की सरकारों ने सम्मेलन के उपाधि-प्राप्त शिक्षकों को औरों से अधिक वेतन प्रस्तावित किया।[217] इस तरह, उपनिवेशवादी सरकार ने, जो बड़े पैमाने पर अध्यापकों को प्रशिक्षित करने का कार्य पूरा करने के अयोग्य थी, हिन्दी साहित्य सम्मेलन के उद्यम और वर्चस्व को स्वीकार किया।[218]

हिन्दी साहित्य सम्मेलन की परीक्षाओं से लोगों को राष्ट्रभाषा और फलस्वरूप राष्ट्रीयता के उद्‌देश्य के प्रति समर्पण को प्रदर्शित करने का एक सुरक्षित और उपयोगी तरीक़ा प्राप्त हुआ। योजना की सफलता ने हिन्दी बुद्धिजीवियों को रोमांचित कर दिया और ये परीक्षाएँ एक विश्वासप्रद प्रमाण प्रस्तुत करती जान पड़ीं कि हिन्दी सचमुच राष्ट्रभाषा के रूप में स्वीकार की जा रही है। प्रारम्भ में ज़्यादातर परीक्षा-केन्द्र युक्त प्रान्त और बिहार में थे, लेकिन 1939 तक पूरे भारत में सैकड़ों केन्द्र खुल चुके थे।[219] आँकड़ों और संख्याओं के साथ वार्षिक रिपोर्टें योजना के निरन्तर विस्तार को उजागर करतीं, साथ-ही-साथ उस रास्ते को भी जो अब भी तय करना बाक़ी था; हिन्दी साहित्य सम्मेलन द्वारा भेजे गये घुमन्तू प्रचारक छोटे-छोटे क़स्बों में भी केन्द्र स्थापित करने के लिए स्थानीय स्कूलों के प्रधानाचार्यों से सम्पर्क साधते।

संक्षेप में, इन परीक्षाओं ने सम्मेलन को हिन्दी प्रचार का एक ठोस रूप उपलब्ध कराया, जो तब तक बड़ी मात्रा में अमूर्त बना रहा था और जिसकी सम्मेलन को बड़ी ज़रूरत थी। यह सारा उपक्रम सम्मेलन की केन्द्रीकरण की रणनीति में बख़ूबी बैठ जाता था, जो अब तक साधनों और विचारों के अभाव के कारण असफल रही थी। परीक्षाएँ लाभदायक व्यवसाय भी बन गयीं : हालाँकि उनमें बैठना बहुत सस्ता था,[220] लेकिन उनसे अच्छी आय होती थी, क्योंकि सभी परीक्षक स्वयंसेवी थे। विशेष रूप से इन परीक्षाओं ने पाठ्य पुस्तक उद्योग को भारी प्रोत्साहन दिया, क्योंकि यह निश्चित था कि हिन्दी साहित्य सम्मेलन की पाठ्य पुस्तकों, टीकाओं और संकलनों के कई-कई और बड़े संस्करण होते। इसने एक क़िस्म के प्रकाशक और पुस्तक विक्रेता समूह को आकर्षित किया जो सम्मेलन पर नियन्त्रण पाने के लिए होड़ लगाने लगा ताकि उसकी पुस्तकें स्वीकृत हो जायें। इससे सम्मेलन की अन्य गतिविधियों और उसके लोकतान्त्रिक प्रबन्ध में रुकावटें पैदा होती रहीं।[221]

एक ही केन्द्रीकृत पाठ्यक्रम के चलते साहित्य सम्मेलन को अपना सांस्कृतिक प्रभाव डालने में बहुत फ़ायदा हुआ। अब वह यह निर्धारित और निश्चित करता कि हिन्दी साहित्य क्या था और उसे कैसे पढ़ा जाना चाहिए। यह परीक्षाओं के पाठ्यक्रम को अध्ययन के विषय के रूप में और भी दिलचस्प बना देता है, क्योंकि हम देख सकते हैं कि किस तरह का पाठ्यक्रम हिन्दी के साहित्यकार (क्योंकि कई साहित्यकार पाठ्यक्रम निर्धारित करने और परीक्षकों का दायित्व निभाने के लिए आमन्त्रित होते थे) निर्धारित और प्रचारित करना चाहते थे। इसका भी पता लग सकता है कि वह सरकारी संस्थाओं से भिन्न था या नहीं और परीक्षार्थी उससे किस तरह के साहित्यिक संस्कार ग्रहण करते।

प्रथमा परीक्षा में भाषा की दक्षता, अलंकार-शास्त्र तथा चुने हुए साहित्यिक पाठों के सामान्य ज्ञान को जाँचा जाता। भाषा होती या साहित्य, परीक्षार्थियों द्वारा क्लिष्ट हिन्दी से ('सांगता' और 'प्रतिग्रह' जैसे शब्दों वाले) गद्यांशों को सरल हिन्दी में 'अनूदित' करने,

उनका भावार्थ बताने तथा अलंकारों के नाम बता कर उनकी व्याख्या करने की योग्यता को परखा जाता। परीक्षार्थियों को व्याकरण और छन्द की ग़लतियाँ सुधारने और विशेष शब्दों, मुहावरों और समासों से वाक्य बनाने के लिए भी कहा जाता।[222] कोई रचनात्मक या बौद्धिक प्रयास न तो अपेक्षित था और न आमन्त्रित ही किया जाता। साहित्यिक दक्षता का मतलब था छन्दों और अलंकारों को पहचानना और ढेर सारे साहित्यिक अंशों के एक भण्डार में पारंगत होना जो अधिकतर भक्त कवियों का होता और हिन्दी साहित्य सम्मेलन द्वारा सुविधा से तैयार किये गये संकलनों और टीका सहित संस्करणों में व्याख्यायित होता। हिन्दी जानने का मतलब था रोज़मर्रा के इस्तेमाल में आने वाली भाषा के अतिरिक्त एक दूसरी क्लिष्ट, संस्कृत-निष्ठ भाषा को प्रयोग करने के योग्य होना, और उन सांस्कृतिक मान्यताओं और सामाजिक सम्बन्धों को स्वीकार करना जो निम्नलिखित गद्यांश में अन्तर्निहित हैं :

> ''सरस्वती' भी धन्य है जो उनके मुखकमल के सम्पर्क का सुख अनुभव करती हुई ऐसे महात्मा के प्रसन्न गम्भीर मानस में राजहंसी सी वास करती है।
>
> अकेली गंगा है। लम्बी चौड़ी वासनाओं का निवास उस स्थान में नहीं। आकाश पाताल को एक करने वाले विचारों का वहाँ प्रवेश नहीं होता।
>
> ब्राह्मण लोग हिन्दू जाति के अगुए हैं। इसमें कुछ सन्देह नहीं कि बहुत से ब्राह्मणों ने पढ़ना-लिखना छोड़ दिया है। परन्तु यह समय की गति है। उनका प्रभुत्व ज्यों का त्यों बना है।''[223]

जहाँ तक चुने गये पाठों का सवाल है, वे पूरी तरह ब्रजभाषा और अवधी की परम्परा से ही लिये जाते थे : सम्मेलन की परीक्षाओं में खड़ी बोली कविता, नाटक और गद्य की हाल की प्रवृत्तियाँ पूरी तरह अनुपस्थित थीं।[224] आधुनिक साहित्य पर सिर्फ़ उत्तमा के प्रश्न पत्र में 1930 के दशक के अन्त तक पहुँचते-पहुँचते कुछ छायावादी कवियों को शामिल किया जाने लगा, बड़े प्रभावपूर्ण ढंग से, रामचन्द्र शुक्ल के निबन्ध 'हिन्दी काव्य में रहस्यवाद' के साथ जिसमें उन्होंने छायावाद की चुभती हुई आलोचना की थी।[225]

मोटे तौर पर कहें तो हिन्दी साहित्य का जो संस्कार सम्मेलन की परीक्षाओं द्वारा प्रचारित-प्रसारित हुआ, वह विश्वविद्यालय और हाई स्कूल के पाठ्यक्रमों से काफ़ी मिलता-जुलता था, और कैनन भी वही था। जो साहित्य, साहित्य कहाने योग्य था वह, एक राष्ट्रीय कालक्रम का अनुसरण करता हुआ, मुख्य रूप से अतीत का था। जो थोड़े-बहुत आधुनिक लेखक मौजूद थे भी, वे उनमें से थे जिन्होंने आधुनिक हिन्दी के उद्भव में योगदान किया था (मिसाल के लिए लल्लूजी लाल, इंशा अल्लाह ख़ाँ, श्रीनिवास दास, भारतेन्दु), और वे जिन्होंने आधुनिक 'गौरव ग्रन्थों' की प्रतिष्ठा अर्जित कर ली थी, जैसे मैथिलीशरण गुप्त और हरिऔध और वे भी जिन्होंने भले ही प्रयोग किये थे, लेकिन

साहित्यिक व्यवस्था में सेंध नहीं लगायी थी (सुमित्रा नन्दन पन्त और रामकुमार वर्मा)। साहित्य के इतिहास का मतलब था राम चन्द्र शुक्ल द्वारा निर्धारित 'वैज्ञानिक' सिद्धान्तों पर आधारित कालक्रम के हिसाब से वर्गीकरण जो लेखकों और रचनाओं को साफ़-सुथरी कोटियों और प्रवृत्तियों में बाँटता था : हर कोटि में एक विशेष प्रकार की कविता होती, जिसके लक्षण हर युग (2.2) की लोक-प्रवृत्ति के लक्षणों को प्रतिबिम्बित करते। आधुनिक युग को 'गद्य का युग' कहा गया था, लेकिन गद्य का मतलब प्रमुख रूप से निबन्ध और शिक्षाप्रद उपन्यास थे; प्रेमचन्द के उपन्यासों में से केवल 'गोदान' (1936) चुना गया था, ज़्यादा प्रसिद्ध और समस्यामूलक 'सेवा सदन' (1919), 'प्रेमाश्रम' (1921) या 'रंगभूमि' (1925) नहीं और लोकप्रिय कथा साहित्य तो बिलकुल नहीं।

पीछे मुड़ कर इन दो दशकों में हिन्दी की शिक्षा से सम्बन्धित प्रमुख प्रवृत्तियों पर नज़र डालते हुए, यह साफ़ नज़र आता है कि हिन्दी बुद्धिजीवियों के मन और कर्म में शिक्षा का कितना अधिक महत्व था—न केवल राष्ट्र-निर्माण की परिकल्पना और वाद-विवाद के 'तार्किक' स्तर पर, बल्कि उसकी सांस्कृतिक पहचान और उचित मूल्यों के प्रसार के लिए भी। जहाँ तक औपनिवेशिक शिक्षा-व्यवस्था में अपने लिए और अपने एजेण्डे के लिए जगह बनाने की बात थी, हिन्दी विद्वान और साहित्यिक संस्थाएँ अपने कार्य में सफल रहीं : वस्तुतः सरकारी तन्त्र में और स्वतन्त्र उपक्रमों में हिन्दी का पाठ्यक्रम बड़ी सीमा तक एक-सा ही नज़र आता है, क्योंकि उसे निर्धारित करने वाले विशेषज्ञ भी एक ही क़िस्म के लोग थे। हिन्दी विद्वान और संस्थाएँ ज्ञान का 'देसीकरण' करने में उतनी सफल नहीं हो पायीं, यानी शिक्षा व्यवस्था में प्रदान किये जाने वाले ज्ञान का समग्र रूप से रूपान्तरण करने में। हिन्दी साहित्य सम्मेलन की परीक्षाओं और रामदास गौड़ जैसे व्यक्तियों के साहसिक प्रयासों के बावजूद वैज्ञानिक विषय अंग्रेज़ी के ही ख़ेमे में बने रहे और यही उच्चतर कक्षाओं में सामाजिक विज्ञान के विषयों के सिलसिले में भी सच था। इसके पीछे हिन्दी संस्थाओं के सीमित संसाधन हो सकते थे, औपनिवेशिक शिक्षा की श्रेणीबद्ध प्रकृति हो सकती थी और वे विराट व्यवहारिक कठिनाइयाँ हो सकती थीं जिन्होंने इस अवधि में शिक्षा को उत्तरी भारत में यूँ भी काफ़ी सीमित मामला बना रखा था। इस विफलता का सम्बन्ध हिन्दी शिक्षा से जुड़े विद्वानों के संस्कारों, आदर्शमूलक रवैये, और सामाजिक और सांस्कृतिक संकीर्णतावाद से भी जोड़ा जा सकता है : आख़िरकार उनके लिए शिक्षा एक साधन था, जिससे वे अपने निजी सांस्कृतिक मूल्यों और हिन्दी की हैसियत को शिक्षा व्यवस्था में स्थापित कर सकें, न कि व्यवस्था और समाज में एक आमूल-चूल परिवर्तन घटित करें।

हिन्दी साहित्य की शिक्षा, चाहे सरकारी स्कूलों में हो या स्वतन्त्र स्कूलों में, हिन्दू जाति की उस ऐतिहासिक परिकल्पना के लिए एक संस्थागत जगह—'स्पेस'— उपलब्ध

कराती थी, जो राष्ट्रवादी विमर्श में गढ़ी गयी थी(3.1); निचली कक्षाओं में—उसमें समकालीन राष्ट्रवादी काव्य भी शामिल हो गया। वह समकालीन साहित्य के प्रति हिन्दी आलोचकों के सुधारवादी और आदर्शमूलक रवैये का अनुसरण करती थी(2.2)। शिक्षा के लिए साहित्य ने, पाठ्य पुस्तकों और निर्धारित पाठों, दोनों रूपों में निश्चय ही प्रकाशन उद्योग को काफ़ी बढ़ावा दिया, लेकिन एक आत्म-निर्भर साहित्यिक बाज़ार के अभाव में वह हिन्दी साहित्य को एक तरह के अनुदान-प्राप्त उद्योग में बदलने में सहायक भी सिद्ध हुआ। हिन्दी साहित्य 'पाठ्य पुस्तकीय संस्कृति' के हिस्से जैसा बन गया जिसने पाठों को उनके जीवित सन्दर्भों से काट दिया; पाठों को एक ही अर्थ देते हुए और हर प्रश्न के लिए एक निर्धारित उत्तर की अपेक्षा रखते हुए उसने आलोचनात्मक प्रवृत्ति को निरुत्साहित की। छात्रों के लिए बस यही बच गया कि वे टीकाओं और कुंजियों की मदद से निर्धारित पाठ से चुने हुए अंशों को पढ़ें और आलोचनात्मक 'स्थापनाओं' को तथ्यात्मक ज्ञान के रूप में कण्ठस्थ करें, बिना उन मूल्यों और मान्यताओं पर प्रश्न उठाये जो उनमें अन्तर्निहित थीं। शिक्षा के माध्यम से साहित्यिक ज्ञान के प्रचार-प्रसार ने इस तरह एक 'शुद्ध' भाषाई और सांस्कृतिक अस्मिता का निर्माण सुनिश्चित कर दिया। हिन्दी बुद्धिजीवियों द्वारा ऐसा पाठ्यक्रम लागू करने की सफलता, अन्य सांस्कृतिक और राजनैतिक परिणामों से जुड़ी थी, राष्ट्रीय आन्दोलन के दौरान और आज़ादी के बाद भी : हिन्दी शिक्षा एक ऐसा 'चोर दरवाज़ा' बन गया जिससे हो कर सांस्कृतिक राष्ट्रवाद औपनिवेशिक व्यवस्था में प्रवेश कर पाया। लेकिन उसने एक अपेक्षाकृत संकीर्ण भाषाई और सांस्कृतिक आदर्श भी लागू किया जो स्वतन्त्र भारत में भी अविचलित रूप से बचा रहने वाला था।[226]

◆

इस अध्याय की केन्द्रीय परिकल्पनाएँ दो रही हैं : पहली, कि नया साहित्य चाहे सुधारवादी था, या देशभक्तिपूर्ण या मौलिक, वह अब भी प्रचलित वैविध्यपूर्ण अभिरुचियों और साहित्यिक परम्पराओं के बीच बस एक तन्तु मात्र था; और दूसरे, कि आधुनिक हिन्दी साहित्य का अस्तित्व और विस्तार अपने आप में इस काल के विशेष संस्थागत क्षत्रों की उपज था। इसीलिए उन संस्थाओं की ओर मुड़ना आवश्यक है ताकि साहित्यिक उपज और प्रसार में विविधता और परिवर्तनों को व्याख्यायित किया जा सके। उन अखाड़ों को यहाँ दिखाने के बाद जहाँ भाषाई और साहित्यिक संस्कार निर्मित और प्रसारित हो रहे थे, अब हम अपनी परिकल्पनाओं को स्पष्ट और संशोधित करके आगे विकसित कर सकते हैं।

अगर हम इन अखाड़ों की और सार्वजनिक क्षेत्र में उनकी भूमिकाओं की परस्पर तुलना करें, तो हम पाते हैं कि पत्रिकाओं ने लोकमत के नाम पर संचालित सार्वजनिक

बहस के लिए स्थानों के रूप में ख़ुद अपनी सत्ता की सृष्टि की; वे सार्वजनिक क्षेत्र के आदर्शमूलक और समीक्षात्मक आकलन के लिए वाहनों की तरह थीं। साथ ही वे नये साहित्यिक प्रयोगों के लिए एकमात्र स्थान उपलब्ध कराती थीं।

शिक्षा और पाठ्यपुस्तकें सुधारवादी विद्वानों और साहित्यिक संस्थाओं के सक्रिय और सफल कार्य की उपज थीं। अंग्रेज़ी और काफ़ी हद तक पश्चिमी आधुनिकता के प्रति आलोचनात्मक रवैया रखते हुए भी उन्होंने भारतीय संस्कृति और समाज के लिए सहमतिपरक और आदर्शमूलक ज़मीन तैयार की, और साथ ही समकालीन हिन्दी में आलोचनात्मक ('अराज़क') प्रवृत्तियों की निन्दा की। तो भी स्कूलों में हिन्दी की शिक्षा ने छात्रों को छायावाद के जटिल विन्यास को पढ़ने और समझने के लिए तैयार किया और उस अधिक सुगम सामाजिक और ऐतिहासिक कथा साहित्य को भी जो 1920 के दशक में उत्तरोतर लोकप्रिय होता गया। किताबों के बाज़ार पर लोकप्रिय धार्मिक और धर्मनिरपेक्ष पुस्तकों का क़ब्ज़ा बना रहा जो इस बात का संकेत था कि सुधारवादी और प्रयोगवादी दोनों ही अभिरुचियाँ किसी भी हालत में प्रमुख नहीं बन पायी थीं (2.3)।

यह राष्ट्रवाद और बड़े पैमाने पर जनता का राजनैतिक जागरण था जिसने इन तीनों क्षेत्रों को पहले से अधिक नज़दीक ला दिया और काफ़ी हद तक उन्हें एक-दूसरे का अतिक्रमण करने की भी छूट दी। लोकप्रिय विधाओं के लेखक और प्रकाशक 1920 के दशक में परम्परागत रचनाओं के साथ-साथ 'राष्ट्रीय' भजन, सांगीत, नाटक, इत्यादि भी रचने और प्रकाशित करने लगे। लोकप्रिय प्रकाशन और सस्ते पैम्फ़्लेट भी अधिक सामयिक बन गये, जिससे समकालीन घटनाओं के प्रति आम जनता के बीच पहले से अधिक जागरूकता बढ़ी। 1920 का दशक हिन्दी में राजनैतिक पत्र-पत्रिकाओं के विराट विस्तार का साक्षी भी रहा। जिसका संचालन बुद्धिजीवियों के हाथ में था, लेकिन जिसका लक्ष्य आम जनता थी : इस प्रवृत्ति को न सिर्फ़ लेखन-शैली में साकार रूप मिला, जो अधिक सुगम और बोलचाल की मुहावरेदार भाषा के और अधिक निकट गयी, बल्कि नये विषयों और मुद्दों के प्रति खुलेपन में भी इसकी झलक मिलती है (5.2)। इसके अतिरिक्त राजनैतिक समाचार-तन्त्र के ही सहारे कई हिन्दी साहित्यकार, प्रमुखतः राष्ट्रवादी कवि जन साधारण के बीच लोकप्रिय बन गये, उनकी कविताएँ राजनैतिक दैनिकों में नियमित रूप से छपती रहीं और कविता गोष्ठी और कवि सम्मेलनों में सराही जाती रहीं। राष्ट्रीय आन्दोलन ने पत्रिकाओं में सार्वजनिक तर्क-वितर्क और लेखन (जो साहित्य सेवा कहलाने लगा) तथा राजनैतिक कार्य और देश सेवा के बीच एक और गहरा सम्बन्ध स्थापित किया। इस तरह रचनात्मक लेखन राजनैतिक कार्य करने के एक तरीक़े के रूप में देखा जाने लगा : न सिर्फ़ धरनों और सत्याग्रह के बारे में प्रेमचन्द की कहानियाँ, बल्कि निराला की 'बादल राग' जैसी कविताएँ भी लामबन्दी और आन्दोलन के प्रभावी आह्वानों के रूप में देखी गयीं। गाँधीवादी आन्दोलन ने हिन्दी क्षेत्र के अत्यधिक विस्तार

की सम्भावनाओं में और उसके भीतर स्वाधीन बुद्धिजीवी की अग्रणी भूमिका में भारी विश्वास भी जगाया।

लेकिन एकता और शक्ति की इस भव्य तस्वीर के नीचे हिन्दी जगत के भीतर कई दरारें और तनाव बचे रह गये, जो उन मूलभूत सीमाओं को उजागर करते हैं जिन्हें ऊपर रेखांकित किया गया—अंग्रेज़ी और उर्दू की बाहर की चुनौतियों को छोड़ कर हिन्दी की लोकप्रियता पर चाहे जितना बल दिया गया (मिसाल के लिए उर्दू के बरक्स), हिन्दी के साहित्यकारों के लिए लोकप्रियता का मुद्दा समस्याओं से भरा और विवादग्रस्त विषय ही बना रहा। बाज़ार के मूल्यांकन के लिहाज़ से भी और राजनैतिक सत्ता के लिहाज़ से भी (2.3)। जैसा कि हम देखेंगे जनता के मूल्यों को निर्धारित करने की आकांक्षा रखने वाली आदर्शमूलक दृष्टि से और समकालीन कवियों की सूक्ष्म अपेक्षाओं से लोकप्रियता का टकराव हुआ। इसी तरह, खुला आलोचनात्मक रवैया भी काफ़ी हद तक विवादग्रस्त विषय बन गया, जब उसके तहत नये लोग और पिछड़े वर्ग अपने दबे हुए स्वर बुलन्द करने लगे। चाहे महिलाएँ रही हों या चाहे किसान—विवाद का विषय होने से ले कर विमर्श और गतिविधियों का कारक होने तक की प्रक्रिया उनके लिए हलचल और संघर्ष-भरी थी। संस्कार की अवधारणा हमें इस अवधि के बुद्धिजीवियों के भीतर के विभिन्न और विरोधी कभी-कभी अन्तर्विरोध-भरे रेशों को सुलझाने का अवसर देती है, और उनकी विविधता और एकता और सर्वसम्मति के प्रति उनकी इच्छा दोनों को समझने में भी।

टिप्पणियाँ

1. 'मदरास(?) की दो-एक भाषाओं को छोड़ कर,' मेहता ने आगे लिखा, 'देश की जितनी भाषाएँ हैं सबकी जननी संस्कृत है;' इस तरह संस्कृत के शब्द-भण्डार के साथ एक सीधी-सादी भाषा को लज्जाराम मेहता ने राष्ट्र भाषा की हिन्दी शैली के लिए सुझाया। उन्होंने अन्त में निष्कर्ष के रूप में कहा कि सभी इस बात से सहमत होंगे, सिवा युक्त प्रान्त और पंजाब के मुसलमानों के; लज्जाराम मेहता, 'भारतवर्ष की राष्ट्रभाषा,' माधुरी, वर्ष 4, भाग 2, अंक 5, जून 1926, पृ. 620
2. भारतेन्दु हरिश्चन्द्र के काव्यात्मक भाषण 'हिन्दी की उन्नति पर व्याख्यान' में उनका प्रसिद्ध दोहा (1877), भारतेन्दु समग्र, पृ. 228।
3. एक तुलनात्मक विवरण के लिए देखिए ऐण्डरसन, इमैजिण्ड कम्यूनिटीज़। इस समस्या पर चर्चा के लिए, पी.जे.कॉरफ़ील्ड द्वारा सम्पादित लैंग्वेज, हिस्ट्री ऐण्ड क्लास, ऑक्सफ़र्ड, ब्लैकवेल, 1991 में देखिए डी.वॉशब्रुक, "टू इच ए लैंग्वेज ऑफ़ हिज़ ओन,' लैंग्वेज कल्चर ऐण्ड सोसाइटी इन कलोनियल इण्डिया।"
4. एक उपयोगी और सुविस्तृत लेखा-जोखा है सी. शैकल और रूपर्ट स्नेल, हिन्दी ऐण्ड उर्दू सिन्स 1800 : ए कॉमन रीडर, स्कूल ऑफ़ ओरिएण्टल ऐण्ड ऐफ़्रिकन स्टडीज़, लन्दन, 1990, दूसरी कृतियाँ इस प्रकार हैं : जुर्गेन लुट, हिन्दू-नैशलिज़म्स इन उत्तर प्रदेश 1867–1900। स्टुटगार्ट,

क्लेट, 1970; जे. दास गुप्ता, लैंग्वेज कॉनफ्लिक्ट ऐण्ड नैशनल डिवेलपमेंट : ग्रुप पॉलिटिक्स ऐण्ड नेशनल लैंग्वेज पॉलिसी इन इण्डिया, बर्कले, यूनिवर्सिटी ऑफ़ कैलिफ़ोर्निया प्रेस, 1970 : कैरिन डिटमर, डॉई इनडिशेन मुस्लिम उन्ड डाई हिन्दी-उर्दू कॉन्ट्रोवर्सी इन डेन यूनाइटेड प्रॉविन्सेस, वीसबाडन, हैरैसोविट्ज़, 1972 : ब्रास, लैंग्वेज, रिलिजन ऐण्ड पॉलिटिक्स इन नॉर्थ इण्डिया : आर.गुहा, द्वारा सम्पादित सब आलटर्न स्टडीज़ IV, दिल्ली, ऑक्सफ़र्ड युनिवर्सिटी प्रेस यू.पी. 1985, पृ. 276-329 में बरनार्ड कोह्न, 'द कमाण्ड ऑफ़ लैंग्वेज ऐण्ड द लैंग्वेज ऑफ़ कमाण्ड'; अमृत राय, ए हाउस डिवाइडेड : दि ओरिजन ऐण्ड डिवेलपमेंट ऑफ़ हिन्दी-उर्दू, दिल्ली, ऑक्सफ़र्ड युनिवर्सिटी प्रेस, 1991; पी.ब्रैकेनरिज और वैन डर वियर द्वारा सम्पादित ओरिएण्टलिज़्म ऐण्ड द पोस्ट कोलोनियल प्रिडिकामेंट, फ़िलाडेल्फ़िया, यूनिवर्सिटी ऑफ़ पेन्सिलवेनिया प्रेस, 1993 में डेविड लेलिवेल्ड : द फ़ेट ऑफ़ हिन्दुस्तानी : कलोनियल नॉलेज ऐण्ड द प्रोजेक्ट ऑफ़ ए नेशनल लैंग्वेज'; किंग, वन लैंग्वेज, टू स्क्रिप्ट्स। बोली समर्थक औपनिवेशिक प्राच्यवादियों की भूमिका के लिए देखें : तेज के. भाटिया, ए हिस्टरी ऑफ़ द हिन्दी ग्रैमैटिकल ट्रेडिशन, लाइडेन, ब्रिल, 1987; सी.ए.बेली, एम्पायर ऐण्ड इन्फ़ॉर्मेशन, केम्ब्रिज, केम्ब्रिज यूनिवर्सिटी प्रेस, 1996, अध्याय 8। दोनों देसी भाषाओं की भाषाई और साहित्यिक पुनर्परिभाषा के लिए प्रारम्भिक ढाँचा उपलब्ध कराने और उन्हें प्रेरित करने के सिलसिले में फ़ोर्ट विलियम कॉलेज की भूमिका के लिए देखिए : साउथ एशियन रिव्यू, 5, 2, 1972 में आर.एस. मैक्ग्रेगर, 'बंगाल ऐण्ड द डेवलपमेंट ऑफ़ हिन्दी, 1850-80', और शिशिर कुमार दास, साहिब्ज़ ऐण्ड मुंशीज़ : ऐन एकाउण्ट ऑफ़ द कॉलेज ऑफ़ फ़ोर्ट विलियम, कलकत्ता ओरायन पब्लिकेशन्स, 1978। हिन्दी में उन्नीसवीं सदी के दौरान हुए विकास की विस्तृत समीक्षा के लिए देखें वसुधा डालमिया, द नैशनलाइज़ेशन ऑफ़ हिन्दू ट्रेडिशन्स, अध्याय 4। उर्दू की एक मानक शैली स्थापित करने के सिलसिले में मुश्किलों पर एक दिलचस्प चर्चा के लिए देखें, पी.बर्क और आर.पोर्टर, द्वारा सम्पादित लैंग्वेजेज़ ऐण्ड जार्गन्स, कॉण्ट्रीब्यूशन ऑफ़ दि सोशल हिस्ट्री ऑफ़ लैंग्वेज, केम्ब्रिज, पॉलिटी प्रेस, 1995 में जे. मजीद, ' ''द जार्गन ऑफ़ इन्दोस्तान'' : ऐन एक्सप्लोरेशन ऑफ़ जार्गन इन उर्दू ऐण्ड ईस्ट इण्डिया कम्पनी इंग्लिश'।

5. उड़िया और बंगाली में तुलनीय प्रक्रियाओं के लिए देखें प्रगति महापात्र, 'द मेकिंग ऑफ़ ए कल्चरल आइडेण्टिटी, लैंग्वेज, लिटरेचर ऐण्ड जेण्डर इन उड़ीसा इन लेट नाइन्टीन्थ ऐण्ड अर्ली ट्वेण्टिएथ सेन्चुरीज़', अप्रकाशित पी.एचडी. शोध प्रबन्ध, लन्दन यूनिवर्सिटी, 1997; और अनिन्दिता घोष, 'लिटरेचर, लैंग्वेज ऐण्ड प्रिण्ट इन बंगाल, 1780-1905 ई.,' अप्रकाशित पी.एचडी. शोध प्रबन्ध, केम्ब्रिज विश्वविद्यालय 1998।

6. लेलीवेल्ड, 'द फ़ेट ऑफ़ हिन्दुस्तानी,' ओरएण्टलिज़्म एण्ड द पोस्ट कोलोनियल प्रिडिकामेंट में, पृ. 202।

7. देखिए कैटलॉग्स ऑफ़ बुक प्रिंटेड इन नॉर्थ वेस्टर्न प्रॉविन्सेज़। ये त्रैमासिक प्रकाशन थे जिनमें 1873-5 के वर्षों से सम्बन्धित सामग्री शामिल थी। मूल रूप से इलाहाबाद में छपे ये सूची पत्र अब लन्दन की ब्रिटिश लाइब्रेरी में ओरिएण्टल ऐण्ड इण्डिया ऑफ़िस लाइब्रेरी के संग्रहों में पाये जाते हैं।

8. किंग, वन लैंग्वेज टू स्क्रिप्ट्स, सारणियाँ पृ. 38-9 और 43-5। किंग ने प्रतियों की कुल संख्या दी है जिसमें पाठ्य पुस्तकों के उत्पादन पर बल देने की प्रवृत्ति है, क्योंकि सबसे बड़े संस्करणों वाली किताबें बालपोथियाँ होती थीं।

9. शिशिर कुमार दास, हिस्ट्री ऑफ़ इण्डियन लिटरेचर, खण्ड 8, नयी दिल्ली, साहित्य अकादमी, 1991, पृ. 30-1।

10. सूरत नगर के सन्दर्भ में बदलते हुए बाहरी शासकों के मुक़ाबले स्थानीय भद्र-वर्ग की इस विशेष द्विभाषिकता के लिए देखें, डगलस हेन्स, रेटरिक एण्ड रिचुअल इन कोलोनियल इण्डिया, द शेपिंग ऑफ़ ए पब्लिक कल्चर इन सूरत सिटी, 1852-1928, बर्कले, यूनिवर्सिटी ऑफ़ कैलिफ़ोर्निया प्रेस, 1991)।

11. 'बहुसंगत' प्रतीक की अवधारणा के लिए देखिए ब्रास, लैंग्वेज, रिलिजन ऐण्ड पॉलिटिक्स।

12. इस सन्दर्भ में सैयद अहमद बरेलवी और शाह मोहम्मद इस्माईल जैसे उपदेशकों द्वारा उर्दू का इस्तेमाल उल्लेखनीय है, जिन्होंने 1820 के दशक में उत्तर भारत का दौरा किया। और 1870 के दशक में दयानन्द सरस्वती द्वारा खड़ी बोली हिन्दी का प्रयोग; लेलीवेल्ड, 'द फ़ेट ऑफ़ हिन्दुस्तानी' पृ. 203।

13. उर्दू की बजाय हिन्दी के व्यापक प्रयोग के शुरूआती समर्थकों में जे.आर.बैलेन्टाइन, प्राचार्य, बनारस संस्कृत कॉलेज और प्रान्त में 1861 से 1877 तक सार्वजनिक शिक्षा के निदेशक, एम.केम्पसन शामिल थे; मैकग्रेगर, हिन्दी लिटरेचर ऑफ़ द नाइन्टीन्थ एण्ड अर्ली ट्वेन्टिएथ सेन्चुरीज़, पृ. 71, 74।

14. किंग, वन लैंग्वेज, टू स्क्रिप्ट्स, पृ. 54।

15. उदाहरण के लिए नागरी प्रचारिणी सभा के भीतर श्यामसुन्दर दास और पण्डित लक्ष्मीशंकर मिश्र के प्रारम्भिक विवाद को देखिए। पण्डित लक्ष्मीशंकर मिश्र 1894 से 1902 के बीच सभा के सभापति थे और भाषाई भेद-भाव की नीति पर असहमति के कारण उन्होंने त्यागपत्र दे दिया था। जैसा कि उन्होंने मई 1903 में युक्त प्रान्त के शिक्षा विभाग की हिन्दी उपसमिति को एक पत्र में लिखा था, 'सामान्य उद्देश्यों के लिए ऐसी पुस्तकें जो तकनीकी नहीं हैं और जिन्हें आम लोगों तक पहुँचाने का इरादा है, उनमें इस बात की कोशिश की जानी चाहिए कि दोनों शैलियों को एक भाषा में समाहित कर लिया जाय जिसे हिन्दोस्तानी कहा जा सकता है और जिसे या तो फ़ारसी अक्षरों में या नागरी अक्षरों में लिखा जा सकता है,' सी.आर.किंग 'द नागरो प्रचारिणी सभा ऑफ़ बनारस, 1893-1914 : ए स्टडी ऑफ़ द सोशल एण्ड पोलिटकल हिस्टरी ऑफ़ द हिन्दी लैंग्वेज,' अब प्रकाशित पी.एच.डी थीसिस, विसकॉन्सिन विश्वविद्यालय, 1974, पृ. 312 पर उद्धृत। इसके अलावा लाला सीताराम ने भी एतराज़ किया था कि बनारस में हिन्दी को संस्कृतनिष्ठ बनाने का चलन है, इसलिए सभा का दृष्टिकोण प्रान्त की साहित्यिक गतिविधि का प्रतिनिधि नहीं है; यू.पी. एजुकेशन डिपार्टमेन्ट, प्रोसीडिंग्स ऑफ़ द प्रोविन्शियल टेक्स्ट बुक कमेटी ऑफ़ इलाहाबाद, 2 अगस्त 1902, पृ. 37; के. डिटमर द्वारा डाई इन्डिशेन मुस्लिम, पृ. 114 पर उद्धृत।

16. रघुवंश (1878) के अनुवाद की भूमिका , शिशिर कुमार दास, हिस्ट्री ऑफ़ इण्डियन लिटरेचर, खण्ड 8, पृ. 143 पर उद्धृत।

(अनुवादक की टिप्पणी : हालाँकि हिन्दी के पठन-पाठन का दम भरने वाले लोगों ने उन्नीसवीं सदी के तीन प्रमुख व्यक्तित्वों—भारतेन्दु, राजा शिवप्रसाद सितारेहिन्द और राजा लक्ष्मण सिंह का बारम्बार उल्लेख किया है लेकिन अपनी थाती को सँजो कर रखने में भारी कोताही बरती है। भाषा विवाद में 'रघुवंश' के हिन्दी अनुवाद की भूमिका एक तरह से राजा

लक्ष्मण सिंह का घोषणा-पत्र है। प्रस्तुत पुस्तक की लेखिका ने यह उद्धरण शिशिर कुमार दास की अंग्रेज़ी पुस्तक से सीधे उद्धृत कर दिया था। लेकिन मुझे उचित यही लगा कि उसे मूल रूप में दूँ। लेकिन तमामतर प्रयासों के बावजूद राजा लक्ष्मण सिंह की पुस्तक देखने को न मिल सकी। कलकत्ता के राष्ट्रीय संग्रहालय में हो तो हो। इसलिए इसे अंग्रेज़ी से भावार्थ के रूप में अनुवाद करके दिया जा रहा है। क्या ऐसी महत्वपूर्ण सामग्री को खोज कर उसका पुनर्प्रकाशन नहीं होना चाहिए?)

17. बनारस की नागरी प्रचारिणी सभा की स्थापना (1893) से पहले उन्नीसवीं सदी की हिन्दी संस्थाएँ अधिकांशत एक या कुछ व्यक्तियों का उपक्रम थीं, अक्सर किसी स्थानीय अंग्रेज़ अफ़सर के समर्थन से : मिसाल के तौर पर, पी. गौरी दत्त की 'देवनागरी प्रचारिणी' सभा (मेरठ, 1882) बाबू तोता राम की 'भाषा संवर्द्धिनी सभा' (अलीगढ़, 1877) और इलाहाबाद की 'नागरी प्रवर्द्धिनी सभा' (1876); मैग्रेगर, हिन्दी लिटरेचर, पृ. 72।

18. मिसाल के लिए एम. केम्पसन, 1861 से 1877 तर्क उत्तर-पश्चिमी प्रान्तों के शासकीय शिक्षा विभाग के निदेशक और बरेली कॉलेज के भूतपूर्व अध्यक्ष ने 'बरेली तत्वबोधिनी सभा' की गतिविधियों का समर्थन किया था। वही, पृ. 74।

19. देखिए, किंग 'द नागरी प्रचारिणी सभा'।

20. 1893 का वक़्तव्य, बलाघात मेरे।

21. किंग, वन लैंग्वेज, टू स्क्रिप्ट्स, पृ. 162।

22. देखिए मिसाल के लिए, डालमिया, द नैशनलाइज़ेशन ऑफ़ हिन्दू ट्रेडिशन्स, पृ. 148।

23. एक ओर यह उन क्लर्कों और अधिकारियों के निहित स्वार्थों के लिए ख़तरा पैदा करता था जिन्हें महज़ उनके फ़ारसी ज्ञान के कारण नौकरी दी गयी थी, दूसरी ओर इसने इस प्रश्न के लिए रास्ता खोल दिया था कि किसी इलाक़े के लिए कौन-सी देसी भाषा उचित थी या सर्वाधिक प्रयोग में लायी जाती थी। हालाँकि पहले-पहल नागरी लिपि सेन्ट्रल प्रॉविन्सेज़ में और कैथी बिहार में लागू की गयी थी, यह क़दम यथास्थिति को प्रभावित करने में विफल रहा, जो फ़ारसी लिपि के पक्ष में थी। और इसीलिए एक मुखर नागरी समर्थक सार्वजनिक समर्थन के अभाव में फ़ारसी शब्दों और मुहावरों से भरी हुई उर्दू उत्तर-पश्चिमी प्रान्तों में भी अदालती भाषा बनी रही। मिसाल के लिए, 1839-40 में सेन्ट्रल प्रॉविन्सेज़ में नागरी के अनिवार्य नहीं, केवल वैकल्पिक, प्रवेश ने एक तब्दीली को घटित नहीं किया, क्योंकि ज़्यादातर कायस्थ क्लर्कों ने अपने एकाधिकार को छोड़ने से इनकार कर दिया; देखिए किंग, वन लैंग्वेज, टू स्क्रिप्ट, पृ. 62।

24. कोर्ट कैरेक्टर्स, इन दि अपर प्रॉविन्सेज़ ऑफ़ इण्डिया (1868) के शीर्षक से निजी प्रसार के लिए ज़ारी प्रतिवेदन में। इस पर चर्चा के लिए देखिए किंग, 'द नागरी प्रचारिणी सभा', पृ. 106।

25. सभा के पहले-पहले कार्यों में से एक था प्रान्तीय स्तर पर नागरी की सरकारी स्वीकृति के लिए अभियान : राधा कृष्ण दास ने प्रान्त के पश्चिमी ज़िलों का दौरा किया, श्यामसुन्दर दास ने इलाहाबाद और लखनऊ का, और मदन मोहन मालवीय ने अपने पर्चे और अपने विशाल, प्रभावशाली सम्पर्क-सूत्रों, और अपने नेतृत्व की योग्यता से योगदान किया। अभियान ने तब नतीजे दिखाने शुरू किये जब 'वैश्य सभा' (स्थापित 1891) और 'कायस्थ सभा' (स्थापित 1887) ने भी 1899 में नागरी के पक्ष में एक प्रस्ताव पारित किया और इस

आशय का एक प्रतिवेदन गवर्नर ऐण्टनी मैक्डॉनेल के समक्ष प्रस्तुत किया; श्यामसुन्दर दास, मेरी आत्मकहानी, इलाहाबाद, इण्डियन प्रेस, 1957, पृ. 19।

26. श्यामसुन्दर दास, मेरी आत्म कहानी, पृ. 72; किंग द्वारा, 'द नागरी प्रचारिणी सभा', पृ. 309 पर उद्धृत, बलाघात मेरे। 'हालाँकि वे प्रकट रूप से संयत प्रतीत होते थे,' किंग टिप्पणी करते हैं, 'व्यवहार में ये सिद्धान्त एक अत्यन्त संस्कृतबहुल हिन्दी की ओर ही ले जा सकते थे और ले भी गये।' (वही, पृ. 310)। पहले जिन आपत्तियों का ज़िक्र किया गया, उनके बावजूद यह वक़्तव्य महत्वपूर्ण था, क्योंकि उसने सरकारी दिशा-निर्देशों को प्रभावित किया था : मिसाल के तौर पर इसे प्रान्तीय टेक्स्ट बुक कमेटी के हिन्दी सदस्यों में से एक ने गवाही के तौर पर उद्धृत किया था; देखिए, डिटमर, डाई इण्डिशेन मुस्लिमस, पृ.114।

27. किंग, 'द नागरी प्रचारिणी सभा', पृ. 310।

28. एक पवित्र हिन्दू पत्नी के रूप में देवनागरी लिपि में हिन्दी की और एक बदनाम तवायफ़ के रूप में उर्दू की प्रतीकात्मक पहचान के लिए देखिए उस स्वाँग की चर्चा जो फ्राइटेग, कल्चर ऐण्ड पावर इन बनारस, पृ. 179 पर संकलित क्रिस्टोफ़र किंग के लेख 'फ़ोर्जिंग ए न्यू लिंग्विस्टिक आइडेण्टटी : द हिन्दी मूवमेन्ट इन बनारस, 1868-1914' में की गयी है।

29. तुलनीय, आर ड्वायर और सी. पिन्नी द्वारा सम्पादित प्लेजर ऐण्ड द नेशन : द हिस्ट्री, पॉलिटिक्स ऐण्ड कन्ज़म्पशन ऑफ़ पब्लिक कल्चर इन इण्डिया, दिल्ली, ऑ.यू.पी. 2001, में स्टुअर्ट ब्लैकबर्न, 'द टेल ऑफ़ ए बुक : प्रिंट ऐण्ड स्टोरी टेलिंग इन नाइन्टीन्थ सेन्चुरी तमिल।'

30. देखिए रायकृष्णदास, 'प्रसाद की याद', अप्रकाशित पाण्डुलिपि, पृ. 33।

31. जगन्नाथ दास (रत्नाकर), तुलनीय, समस्या-पूर्ति, अर्थात काशी कवि-समाज के द्वादश अधिवेशनों पर जो पूर्तियाँ काशिस्थ तथा अनेक देश-देशान्तर के कवियों की की हुई पढ़ी गयी थीं,' भाग-1 बनारस, सम्वत् 1951 (1894)।

32. देखिए मधुरेश, देवकी नन्दन खत्री, नयी दिल्ली, साहित्य अकादमी, 1980, पृ. 13।

33. देखिए 1.4 और परिशिष्ट।

34. रामविलास शर्मा, निराला की साहित्य साधना, भाग-1, दिल्ली, राजकमल प्रकाशन, 1969, पृ. 122।

35. रायकृष्ण दास के पुत्र डॉ. आनन्द कृष्ण से लिया गया साक्षात्कार, बनारस, अगस्त, 1992।

36. भारतेन्दु हरिश्चन्द के सम्बन्धियों द्वारा 1909 में स्थापित शौक़िया 'नागरी नाटक मण्डली' या तो उनके नाटक खेलती या फिर फ़ारसी कम्पनियों की शैली में दूसरे ऐतिहासिक नाटक। एक आपसी मतभेद ने 'भारतेन्दु नाटक मण्डली' को जन्म दिया : देखिए भूमिका धीरेन्द्र नाथ सिंह, द्वारा सम्पादित, जानकी मंगल नाटक, बनारस, नागरी प्रचारिणी सभा, 1996।

37. कारीन शोमर, महादेवी वर्मा ऐण्ड द छायावाद एज ऑफ़ मॉडर्न हिन्दी पोएट्री, यूनिवर्सिटी ऑफ़ कैलिफ़ोर्निया प्रेस, बर्कले, 1983, पुनर्मुद्रित दिल्ली, ऑ.यू.पी., 1998, पृ. 135।

38. प्रगतिशील आलोचक, जो सब-के-सब विश्वविद्यालय के ग्रैजुएट थे, 'प्रगतिशील लेखक संघ' (1936) के इर्द-गिर्द केन्द्रित थे। और इनमें शिवदान सिंह चौहान, अमृत राय, प्रकाश चन्द्र गुप्त और राम विलास शर्मा शामिल थे। अमृत राय और शिवदान सिंह चौहान ने प्रेमचन्द के देहान्त के बाद उनकी पत्रिका 'हंस' का काम-धाम सँभाला, प्रकाश चन्द्र गुप्त ने नया

साहित्य का सम्पादन किया। सुमित्रानन्दन पन्त की पत्रिका 'रूपाभ' (कालाकाँकर, 1938-9) ने प्रगतिशील आलोचना के लिए एक मंच उपलब्ध कराया।

39. श्रीनारायण चतुर्वेदी, मनोरंजक संस्मरण, इलाहाबाद, इण्डियन प्रेस, 1965, पृ. 96।
40. कुछ अन्य पत्र-पत्रिकाएँ प्रकाशित करने के प्रयास भी हुए लेकिन वे कुल मिला कर अल्पजीवी ही साबित हुए : देखिए मुश्ताक़ अली, 'हिन्दी साहित्य के इतिहास में इलाहाबाद का योगदान, इण्डियन प्रेस के विशिष्ट सन्दर्भ में,' अप्रकाशित शोध प्रबन्ध, इलाहाबाद विश्वविद्यालय, 1989।
41. देखिए नज़ीर अहमद, 'डिवेलपमेण्ट ऑफ़ प्रिंटिंग इन उर्दू, 1943-1857,' अप्रकाशित एम. फ़िल. शोध प्रबन्ध, स्कूल ऑफ़ लाइब्रेरी आरकाइव ऐण्ड इन्फ़र्मेशन स्टडीज़, लन्दन विश्वविद्यालय 1976।
42. मशहूर वकील और सनातन धर्म के प्रबल समर्थक, मॉडरेट कांग्रेसी और ब्रज भाषा के कवि। उन्होंने समस्या-पूर्तियों से सम्बन्धित कई रसिक पत्रिकाएँ सम्पादित कीं जैसे 'रसिक मित्र।'
43. भगवती चरण वर्मा, अतीत के गर्त से, दिल्ली, राजकमल प्रकाशन, 1989, पृ. 19।
44. वही, पृ. 26।
45. जीवन सम्बन्धी परिचयों के लिए देखिए परिशिष्ट।
46. सरकारी 'क्राइस्ट चर्च कॉलेज' और 'टेक्नोलॉजिकल संस्थान' के अलावा एक 'दयानन्द ऐंग्लो-वैदिक स्कूल एवं कॉलेज' 1919 में स्थापित हुआ और 1921 में एक 'सनातन धर्म कॉमर्स कॉलेज' : देखिए, माधुरी, 2, भाग 1, 3, अक्टूबर 1923, पृ. 384-8 में सम्पादकीय टिप्पणी।
47. देखिए कैथरीन हैन्सन, ग्राउण्डस फ़ॉर प्ले। द नौटंकी थियेटर ऑफ़ नॉर्थ इण्डिया, बर्कले, कैलिफ़ोर्निया विश्वविद्यालय प्रेस, 1992, पृ. 247।
48. पदुमलाल पुन्नालाल बख़्शी, मेरी अपनी कथा में 'स्मृति', इण्डियन प्रेस, 1972, पृ. 19।
49. बालक पदुमलाल, जो इन वाद-विवाद कार्यक्रमों की विषय-वस्तु नहीं समझ पाते थे, हैरत से सोचा करते, 'इन वक्ताओं में ज्ञान की वह कैसी गरिमा होगी जिसके कारण इतने लोग यहाँ मन्त्र-मुग्ध बैठे हैं।' वही, पृ. 23।
50. बाद में, इलाहाबाद विश्वविद्यालय में अपनी पढ़ाई के दौरान पदुमलाल जी समकालीन बंगाली और यूरोपीय साहित्य से परिचित हुए और फिर 1921 से 1928 के बीच जब वे स्वयं 'सरस्वती' के सम्पादक हुए तो उन्होंने पाठकों को इन साहित्यों से परिचित कराया; वही, पृ. 43।
51. 1900 के बाद प्रकाशित ब्रजभाषा कवियों में रत्नाकर, नाथूराम शंकर शर्मा, रायदेवी प्रसाद 'पूर्ण', श्रीधर पाठक, लाला भगवान दीन, अयोध्यासिंह उपाध्याय 'हरिऔध', गया प्रसाद शुक्ल 'सनेही', सत्य नारायण 'कविरत्न', वियोगी हरि और रामशंकर शुक्ल 'रसाल' शामिल हैं। इनमें से लगभग आधे कवि खड़ी बोली में भी लिखते थे; देखिए परिशिष्ट। बहुत-से दूसरे शौक़िया कवि, जिनकी कविताएँ समय-समय पर हिन्दी पत्रिकाओं में छपती रहीं और जो कवि गोष्ठियों में भाग लेते रहे, 1920 और 1930 के दशकों में भी ब्रजभाषा काव्य की निरन्तर लोकप्रियता की गवाही देते हैं। देखिए इसी पुस्तक में 2.2 और 2.3।

52. पिछली चार सदियों के दौरान तुलसीदास के पाठ् की बदलती हुई प्रतिष्ठा और उन्नीसवीं और बीसवीं शताब्दियों के दौरान छपे हुए रूप में उसकी लोकप्रियता के लिए देखिए, फ़िलिप लुटगेनडॉर्फ़, द लॉइफ़ ऑफ़ द टेक्स्ट, परफ़ॉर्मिंग द रामचरितमानस ऑफ़ तुलसीदास, बर्कले, कैलिफ़ोर्निया विश्वविद्यालय प्रेस, 1991। तुलसीदास स्वयं बीसवीं सदी के आरम्भ में हिन्दी बुद्धिजीवियों के लिए एक महत्वपूर्ण सांस्कृतिक नायक बन गये थे—एक ऐसे व्यक्ति के रूप में जिन्होंने भारतीय (हिन्दू) धार्मिक संस्कृति को विदेशी दमन के युग में 'बचाया' था; तुलनीय डब्ल्यू. कैलेवेअर्ट और रूपर्ट स्नेल, द्वारा सम्पादित, अकॉर्डिंग टू ट्रेडिशन : हेजिओग्रैफ़िकल राइटिंग इन इण्डिया, वीसबाडन, हैरेसोविट्स, 1994 में फ़िलिप लुटगेनडॉर्फ़ का लेख 'द क्वेस्ट फ़ॉर द लेजेन्ड्री तुलसीदास; और रूपर्ट स्नेल तथा आई. रेसाइड, सं., क्लैसिक ऑफ़ मॉडर्न साउथ एशियन लिटरेचर, में मेरा अपना लेख, वीसबाडन, हैरेसोविट्स, 1998।

53. अन्य प्रारम्भिक प्रयोगों में रायकृष्णदास की गद्य कविताएँ ('साधना' 1919, और 'प्रवाल,' 1928) शामिल थीं।

54. शोमर महादेवी वर्मा, पृ. 243।

55. वृहत हिन्दी कोष, बनारस, ज्ञानमण्डल, 1989, पृ. 1178 के अनुसार।

56. यह इसके पहले अर्थ में है कि शब्द 'संस्कार' का प्रयोग किया जाता है, मिसाल के लिए, अपने कविता संग्रह 'पल्लव' की भूमिका में सुमित्रानन्दन पन्त द्वारा इसका इस्तेमाल ब्रजभाषा के लिए एक रूढ़ अभिरुचि के नकारात्मक अभिप्राय के रूप में किया गया है; सुमित्रानन्दन पन्त, पल्लव, दिल्ली, राजकमल प्रकाशन, 1963 (प्रथम संस्करण, 1926), पृ. 21; देखिए, 2.2।

57. महादेवी वर्मा, श्रृंखला की कड़ियाँ, इलाहाबाद, भारती भण्डार, 1942; साहित्यकार की आस्था, इलाहाबाद, लोकभारती प्रकाशन, 1962।

58. देखिए, रामविलास शर्मा, निराला की साहित्य साधना, भाग-1।

59. बीसवीं सदी के पहले दशकों के काफ़ी हिस्से तक हिन्दी बुद्धिजीवियों में से अधिकांश लोग इन्हीं वर्गों से आते थे (उदाहरण के लिए मिश्र बन्धु, हरिऔध, श्यामसुन्दर दास, और प्रेमचन्द) उर्दू के एक प्रमुख मासिक पत्र, कानपुर से निकलने वाले 'ज़माना' का सम्पादन ऐसे ही एक कायस्थ मुंशी दयानारायण निगम करते थे।

60. निराला 1924 में एक लम्बे विवाद के केन्द्र में रहे, जो 'मनोरमा' (इलाहाबाद), 'प्रभा' और 'मतवाला' जैसी पत्रिकाओं के पृष्ठों पर चलता रहा। जब पन्त ने अपने कविता संग्रह 'पल्लव' (1926) की भूमिका में निराला द्वारा बंगला के मुक्त छन्द के प्रयोग की आलोचना की तो निराला ने पन्त पर (जिनके वे अन्ततः मित्र थे और जिनकी काव्यात्मक प्रतिभा स्वीकार भी करते थे) उसी 'पाप' का भागी होने का आरोप लगाया, जिसके लिए पन्त ने उनकी आलोचना की थी : दसियों उदाहरण दे कर उन्होंने यह दिखलाया कि कैसे पन्त ने ख़ुद रवीन्द्रनाथ ठाकुर से प्रभाव ग्रहण किया था। यहाँ कुछेक मिसालें दी जा रही हैं : गन्ध-मुग्ध हो अन्ध-समीरण। लगा थिरकने विविध प्रकार (पन्त) और तोमार मदिर गन्ध अन्ध वायु बहे चारि भिते (रवीन्द्रनाथ); नीरव-घोष भरे शंखों में (पन्त) और नीरव सुरेर शंख बाजे (रवीन्द्रनाथ); मेरे आँसू गूँथ (पन्त) गेंथेछि अश्रुमालिका (रवीन्द्रनाथ); गाओ गाओ विहग-बालिके। तरवर से मृदु-मंगल गान (पन्त) फिर गाओ चिड़ियो गाओ तुम आनन्द-भरा

एक गीत, Then sing ye birds, sing, sing a joyous song' (वर्ड्सवर्थ); निराला, 'पन्त जी और पल्लव', माधुरी, सितम्बर, 1927, अब निराला रचनावली, भाग-5 में, दिल्ली, राजकमल प्रकाशन, 1992, पृ. 176-7।

61. मुश्ताक अली, 'हिन्दी साहित्य के इतिहास में,' पृ. 120; देखिए परिशिष्ट।

62. यह गुत्थी निश्चय ही केवल हिन्दी की विशेषता नहीं थी। अधिकांश (सभी?) भारतीय भाषाओं के आधुनिक साहित्यिक विमर्श में अश्लीलता सम्बन्धी विवादों ने अत्यन्त महत्वपूर्ण भूमिका निभायी; सी.एफ़. घोष, 'लिटरेचर, लैंग्वेज ऐण्ड प्रिंट' और महापात्र 'द मेकिंग ऑफ़ ए कल्चरल आइडेण्टिटी।'

63. 'तुम और मैं' के विषय पर निराला, गुलाब राय, आदि की तीव्र भावावेग वाली कविताओं की नक़लें आलोचकों द्वारा उतारी जाती रहीं, मिसाल के लिए रामचरित उपाध्याय द्वारा 'तू-तू, मैं-मैं' (तोते की कविता), चाँद, 9, भाग 2, 3, जुलाई 1931, पृ. 337।

64. इसी प्रवृत्ति का नतीजा है कि राजेन्द्र सिंह बेदी, कृष्ण चन्दर, ख़्वाजा अहमद अब्बास, आदि हिन्दी लेखक माने जाते हैं, लेकिन आम तौर पर पाठ्यक्रम में शामिल नहीं किये जाते। 1960 के दशक में बलवन्त सिंह एक पत्रिका सम्पादित किया करते थे जिसका नाम 'उर्दू साहित्य' था और जो उर्दू रचनाओं को देवनागरी में प्रकाशित करती थी।

65. मिसाल के लिए पाण्डेय बेचन शर्मा उग्र का उपन्यास, 'चन्द हसीनों के ख़ुतूत।'

66. देखिए, हैन्सन, ग्राउण्ड्स फ़ॉर प्ले, अध्याय 7।

67. जैसा कि एजाज़ अहमद ने दलील दी है : 'एक प्रमुख रूप से निरक्षर समाज में छपे हुए शब्दों को जो विशेष सुविधा प्राप्त होती है, उसकी वजह से साहित्य-रचना की प्रक्रिया ही में सामाजिक सन्तुलन फ़ुरसतिया वर्ग और व्यावसायिक निम्न-मध्यवर्ग की तरफ़ खिसक गया है, संरक्षण और प्रसार के उन वैकल्पिक तरीक़ों से दूर जिन्हें छापेख़ाने की ज़रूरत नहीं होती और इसीलिए वे मूल्यांकन के उन तरीक़ों से भी सम्बद्ध होते हैं, जो छापेख़ाने की संस्कृति वाली मूल्यांकन पद्धति से भिन्न होते हैं।' एजाज़ अहमद, 'भारतीय साहित्य,' इन थ्योरी, क्लासेस, नेशन्स, लिटरेचर्स, लन्दन, वर्सो, 1992 पृ. 254-5।

68. देखिए, ब्रजरत्न दास, भारतेन्दु मण्डल, बनारस, श्री कमलमणि–ग्रन्थमाला–कार्यालय, 1949। भारतेन्दु युग में विवाद के एक क्षेत्र के रूप में पत्र-पत्रिकाओं की चर्चा के लिए देखिए, वसुधा डालमिया, द नैशनलाइज़ेशन ऑफ़ हिन्दू ट्रेडिशन्स, अध्याय 5 में बेशुमार मिसालों के साथ मौजूद उत्कृष्ट विवरण।

69. किंग, 'द नागरी प्रचारिणी सभा', पृष्ठ 318 पर उद्धृत।

70. देखिए, बॉक्स 1.1।

71. 'सुकवि किंकर' के छद्म नाम से, सरस्वती, मई 1922।

72. देवी दत्त शुक्ल ने, जो उस समय 'सरस्वती' के सहायक सम्पादक थे, स्वीकार किया है कि ख़ुद उनकी पत्रिका को 'माधुरी' का साथ निभाने के लिए पृष्ठों, चित्रों और स्तम्भों की संख्या बढ़ानी पड़ी थी, देवीदत्त शुक्ल, सम्पादक के पच्चीस वर्ष, पृष्ठ 20।

73. पहले अंक के उद्घाटन वक्तव्य में दुलारे लाल भार्गव ने सरस्वती को अपने आदर्श के रूप में स्वीकार किया था।

74. 'सरस्वती' में जो उपन्यास धारावाहिक रूप से प्रस्तुत किये गये, वे बंगला से अनूदित उपन्यास थे; 'चाँद' इस मामले में ज़्यादा साहसी पत्रिका थी, उसने अन्य उपन्यासों के

साथ-साथ प्रेमचन्द का 'निर्मला' (1925-26) और 'प्रतिज्ञा' (1927) और जी.पी. श्रीवास्तव का 'दिल की आग उर्फ़ दिल जले की आह' (1933) धारावाहिक रूप से प्रकाशित किया। 'माधुरी' के बाद दुलारे लाल भार्गव के अगले प्रयास, 'सुधा,' ने वृन्दावन लाल वर्मा का उपन्यास 'कुण्डली चक्र,' कौशिक का उपन्यास 'माँ' (1929) और निराला का पहला उपन्यास 'अप्सरा' (1930) प्रकाशित किया। उपन्यासों को धारावाहिक रूप से छापने वाली और निम्नस्तरीय बाज़ार की माँग को पूरा करने वाली अलग-अलग पत्रिकाओं में, किशोरी लाल गोस्वामी की पत्रिका 'उपन्यास' (1900), गोपाल राम गहमरी की पत्रिका 'जासूस' (1900) और देवकी नन्दन खत्री की पत्रिका 'उपन्यास लहरी' (1902) थीं, जो 1920 के दशक में भी औसतन 500 प्रतियों के हिसाब से प्रकाशित हो रही थीं। देखिए, वसुधा डालमिया और एस. ब्लैकबर्न द्वारा सम्पादित, न्यू लिटरेरी हिस्ट्रीज़ फ़ॉर साउथ एशिया में मेरा लेख 'डिटेक्टिव नॉवेल्स; ए कमर्शियल यानर इन नाइनटीन्थ सेन्चुरी नॉर्थ इण्डिया।'

75. आज के सम्पादक बी.वी.पराड़कर(1880-1955) ने 1925 में वृन्दावन में हिन्दी साहित्य सम्मेलन के सोलहवें अधिवेशन के अवसर पर सम्पादकों के पहले सम्मेलन में अपने अध्यक्षीय भाषण में कहा था : 'मालिक सम्पादक का समय गया। इसके लिए हम दुःखित अवश्य हैं, क्योंकि हमारी स्वतन्त्रता कम हो रही है तथा और भी होगी। पत्र निकालने का व्यय इतना बढ़ गया है कि लेखक केवल अपने ही भरोसे इसमें सफलता प्राप्त नहीं कर सकता। धनियों का सहयोग अनिवार्य हो गया है। दस जगह से अर्थ संग्रह कर आज कम्पनी बनावें अथवा एक ही पूँजीपति पत्र निकाल दे, सम्पादक की स्वतन्त्रता पर दोनों का परिणाम प्रायः एक-सा ही होता है।... पत्रों की उन्नति के साथ-साथ पत्रों पर धनियों का प्रभाव अधिकाधिक परिणाम (परिमाण) में अवश्य पड़ेगा। अभी तो धनी अपने अप्रत्यक्ष स्वार्थ से अथवा क्वचित, शुद्ध देशभक्ति से प्रेरित हो कर इस काम में धन लगाते हैं। आर्थिक दृष्टि से समाचार-पत्रों की सफलता दृष्टिगोचर होते ही व्यापारी इसमें लाभ करने की दृष्टि से पड़ने लग जायेंगे। यह भी हमारे ही परिश्रम का स्वाभाविक परिणाम होगा। समाचार-संग्रह के लिए जितना ही अधिक व्यय किया जायेगा, पत्र के ग्राहक उतने ही बढ़ेंगे। ग्राहक बढ़ेंगे पर सारा ख़र्च उनसे वसूल न हो सकेगा। वैसा करने से मूल्य की अधिकता प्रचार में बाधक होगी। व्यय बढ़ाना व्यर्थ हो जायेगा। अंगरेज़ी के बड़े-बड़े समाचार-पत्र, क्या भारत में और क्या भारत के बाहर, लागत से कम दाम में ग्राहक को दिये जाते हैं। हिन्दी-पत्र भी लागत की चरम सीमा तक पहुँच गये हैं। अब यह आवश्यकता हो गयी है कि मूल्य लागत से कम दिया जाय। अर्थात पत्र व्यय और लाभ के लिए विज्ञापनों की आय पर हमें अधिकाधिक परिमाण में निर्भर रहना पड़ेगा। यह निर्भरता जितनी ही बढ़ेगी उतनी ही लेखनपटु सम्पादक की स्वतन्त्रता घटेगी और कार्यकुशल व्यवस्थापक की बढ़ेगी।' सम्मेलन पत्रिका XIII, 4-5, 1925, पृ. 237। देखिए विश्वनाथ प्रसाद, ज्ञान मण्डल, कोई तिथि नहीं।

76. देखिए दूसरे अंक में विज्ञापन।

77. देखिए परिशिष्ट में जीवन परिचय।

78. देखिए अमृत राय, प्रेमचन्द : ए लाइफ़, दिल्ली ऑक्सफ़ोर्ड यूनिवर्सिटी प्रेस, 1991 पृ. 230 और 266।

79. माधुरी, II, भाग 1, 4, नवम्बर 1923, पृ. 512।

80. 1930 में एक बार इस सम्बन्ध में बनारसी दास चतुर्वेदी द्वारा प्रश्न पूछे जाने पर प्रेमचन्द ने जवाब दिया था कि उस समय तक लेखन से (1921-32 के बीच 130 कहानियाँ और 7 उपन्यास) उन्होंने 50 से 80 प्रतिमाह कमाये थे—जो अपने समय के सबसे अच्छे और लोकप्रिय हिन्दी कथाकार के लिए बहुत थोड़ी राशि थी; रॉबर्ट ओ स्वॉन, मुंशी प्रेमचन्द ऑफ़ लमही, डरहम, ड्यूक यूनिवर्सिटी प्रेस, 1969, पृ 28 पर उद्धृत। इस निष्कर्ष पर बाद में आलोचकों ने आपत्तियाँ भी उठायी हैं; उन्होंने प्रेमचन्द की आर्थिक समस्याओं के लिए उनकी उदारता और उनके द्वारा अपने प्रेस के कुप्रबन्ध की ओर इशारा किया है।

81. रामविलास शर्मा, निराला की साहित्य साधना भाग -1, पृ. 83।

82. देवी दत्त शुक्ल ने उस भय और विस्मय को याद किया है जो इण्डियन प्रेस कार्यालय की पहली झलक ने उनके अन्दर पैदा किया था, सम्पादक के पच्चीस वर्ष, पृ. 9। दरअसल उनका अनुभव काफ़ी हद तक एक हिन्दी साहित्य प्रचारक के अनुभव का प्रतिनिधित्व करता है; देखिए परिशिष्ट में जीवन परिचय। किशोरी दास बाजपेयी, साहित्यिक जीवन और संस्मरण, कनखल, हिमालय एजेंसी, 1953, पृ. 8-13 भी देखें।

83. देवीदत्त शुक्ल, सम्पादक के पच्चीस वर्ष, पृ. 10।

84. देखिए माधुरी 3, भाग-1, 4, नवम्बर 1924, पृ. 571—'लखनऊ से एक उर्दू दैनिक पत्र निकलता है। इसका नाम है 'हमदम'। इसकी बिक्री भी खूब होती है। असहयोग के दिनों में तो यह बहुत अधिक बिकता था। साधारणतः इसका संपादन भी अच्छा होता है, पर वास्तव में यह मुसलमानों का पत्र है और अधिकांश में उन्हीं के भावों की प्रतिध्वनि इसमें सुनाई पड़ती है। इधर जब से लखनऊ में हिन्दू-मुसलमानों का दंगा हुआ, तब से तो यह खुल्लमखुल्ला मुसलमानों का पक्षपात करता है। दंगे के दिनों में अंगरेज़ी पढ़े-लिखे लोग तो अधिकतर स्थानीय आई.डी.टी. पत्र पढ़ते थे, पर अंगरेज़ी न जानने वाले लोगों को इसी का आश्रय लेना पड़ता था। खेद है, हिन्दी का कोई दैनिक उस समय था ही नहीं। दंगे के कुछ ही समय बाद 'आरती' नाम की एक स्थानिक दैनिक पत्रिका निकल गई। यह एक पैसे में बिकती है। लखनऊ में इसका इतना अधिक प्रचार हुआ है कि लोगों को देख कर आश्चर्य होता है। अब 'आनन्द' भी दैनिक रूप में दर्शन देने लगा है। दोनों ही पत्र छोटे आकार के हैं। पर 'आरती' ने 'हमदम' से अच्छा मोर्चा लिया है। प्रायः दोनों में झड़प हो जाया करती है। यह तो स्पष्ट ही है कि 'आरती' की बदौलत 'हमदम' के बहुत-से ग्राहक टूट गये हैं, इससे वह 'आरती' से बहुत असंतुष्ट हैं। 'हमदम' तीन पैसे में बिकता है। यद्यपि इसे पढ़ने वाले बहुत-से पाठक अब 'आरती' को ही पढ़ते हैं, फिर भी इसका प्रचार कम नहीं हुआ। बात यह है कि हिन्दुओं की अपेक्षा मुसलमानों को अख़बार पढ़ने का शौक अधिक है। फिर दंगे के समय इसने मुसलमानी पक्ष का समर्थन भी खूब किया है। इस कारण इस समय मुसलमानों ने इसको विशेष रूप से अपना रक्खा है। लखनऊ के बाहर भी इसके ग्राहकों की संख्या बहुत है। इसके सम्पादक हैं सैयद जलीब देहलवी। आप उर्दू के अच्छे लेखक हैं, और बड़ी परिमार्जित विशुद्ध भाषा लिखते हैं। 'हमदम' के अग्रलेख प्रायः अच्छे होते हैं, यद्यपि उनमें इसलाम की वकालत का सदा ध्यान रहता है। उर्दू के पत्रों में 'हमदम' का स्थान बहुत ऊँचा है, और इसने प्रशंसनीय रीति से इसलाम की सेवा की है। इस पत्र के जन्मदाताओं में स्वर्गवासी लेफ़्टिनेंट शेख़ शाहिद हुसैन साहब भी थे। अब इस पत्र का मालिक कौन है, इस विषय में कुछ मतभेद-सा दिखलाई पड़ता है। हाल ही में गादिया के

ताल्लुक़दार श्रीयुत मुशी हुसैन किदवई ने एक पत्र छपवाकर यह प्रकट किया था कि शेख़ साहब के बाद अब 'हमदम' पत्र हमारा है, और शीघ्र हम उसके सुधार की चेष्टा करेंगे। उस पत्र में उन्होंने अपने को 'हमदम' की वर्तमान नीति का समर्थक नहीं बतलाया था। इस पत्र के उत्तर में सैयद देहलवी साहब ने किदवई साहब की बातों का प्रतिवाद करके पत्र पर उनकी मिल्कियत अस्वीकार की थी। इस पत्र के उत्तर में किदवई महोदय ने फिर दूसरा पत्र छपवाकर अपनी पहले की बातों का समर्थन किया है। इस प्रकार से यह विवाद बढ़ता जाता है। हम चाहते हैं, यह विवाद अधिक बढ़ कर 'हमदम' को हानि न पहुँचावे। 'हमदम' की उन्नति हमें अभीष्ट है, पर हम चाहते हैं कि वह इसलाभ की हिमायत करता हुआ भी हिन्दुओं का दिल न दुखावे।'

85. सन्दर्भ ग्रन्थ : अंग्रेज़ी में सिर्फ़ रामरतन भटनागर का सूचना-प्रधान लेकिन भारी-भरकम 'द राइज़ ऐण्ड ग्रोथ ऑफ़ हिन्दी जर्नलिज़्म' (इलाहाबाद, 1951) उपलब्ध है; हिन्दी में कृष्ण बिहारी मिश्र, हिन्दी पत्रकारिता (1968) कलकत्ता की पत्रकारिता के सन्दर्भ में मूल्यवान है; ब्रह्मानन्द का भारतीय स्वतन्त्रता आन्दोलन और उत्तर प्रदेश की हिन्दी पत्रकारिता (1986) हिन्दी प्रेस के माध्यम से राष्ट्रीय आन्दोलन का इतिहास और वृहद सर्वेक्षण है। हिन्दी और उर्दू अख़बारों की प्रसार संख्या और चन्दों के बारे में तुलनात्मक तालिकाएँ भटनागर की पुस्तक 'द रॉइज़ एण्ड ग्रोथ ऑफ़ हिन्दी ज़र्नलिज़्म, पृ. 368 पर उपलब्ध हैं।

86. बाबूराव विष्णु पराड़कर सम्पादक सम्मेलन में दिया गया भाषण, सम्मेलन पत्रिका, 13, 4-5 पृ. 233, 235।

87. 'हंस' और 'जागरण' को चलाने में प्रेमचन्द को जो आर्थिक परेशानियाँ सहनी पड़ीं, उनके बारे में सब जानते हैं और यह तथ्य व्यावसायिक कौशल की ज़रूरत के साथ-साथ, लेखक के मन में अपनी पत्रिका, अभिव्यक्ति के लिए अपने मंच, का मालिक होने की अटूट इच्छा का भी संकेत है।

88. बेली, एम्पायर ऐण्ड इनफ़र्मेशन, पृष्ठ 238। नवल किशोर प्रेस पर देखिए उलरीके स्टॉर्क का महत्वपूर्ण और वृहद ग्रन्थ 'ऐन एम्पायर ऑफ़ बुक्स,' नयी दिल्ली, पर्मानेण्ट ब्लैक 2007। और मेरी शीघ्र प्रकाश्य पुस्तक 'प्रिण्ट ऐण्ड प्लेज़र : कमर्शियल पब्लिशिंग इन नाइनटीन्थ सेंचुरी नॉर्थ इण्डिया, नयी दिल्ली, पर्मानेण्ट ब्लैक।

89. इस तरह 1860 के दशक से क़िस्से हिन्दी में छपने लगे; पुराण, रामायण के अलग-अलग प्रारूप और संकलन, देवकीनन्दन खत्री की 'चन्द्रकान्ता' (उनके पुत्र द्वारा हिन्दी और उर्दू, दोनों में प्रकाशित) और पाठ्य-पुस्तकें भी उर्दू में छापी गयीं; 'आगरा और अवध के संयुक्त प्रान्तों में पुस्तकों और पत्रिकाओं के प्रकाशन से सम्बन्धित विवरणिका,' मार्च 1915 में ख़त्म होने वाली तिहाई।

90. उदाहरण के लिए प्यारे लाल, रतननाथ धर और शम्भूदयाल सक्सेना के सामाजिक उपन्यास (कम-से-कम) 1914 से उर्दू में नज़र आने लगे, जबकि वे एक दशक बाद हिन्दी में प्रकट हुए, वही।

91. देखिए, 'आगरा और अवध के संयुक्त प्रान्तों में पुस्तकों और पत्रिकाओं के प्रकाशन से सम्बन्धित विवरणिका,' 1935

92. फ़्रांसेस प्रिचेट, मार्वलस एनकाउण्टर्स। फ़ोक रोमैन्स इन उर्दू ऐण्ड हिन्दी, दिल्ली, मनोहर, 1985; किंग, वन लैंग्वेज, टू स्क्रिप्ट्स; घोष, लिटरेचर, लैंग्वेज ऐण्ड प्रिंट; प्रिया जोशी,

कल्चर ऐण्ड कनज़म्पशन : फ़िक्शन, द रीडिंग पब्लिक, ऐण्ड द ब्रिटिश नॉवेल इन कोलोनियल इण्डिया, बुक हिस्ट्री, 1, 1, 1998।

93. देखिए आगरा और अवध के युक्त प्रान्तों में पुस्तकों और पत्रिकाओं के प्रकाशन से सम्बन्धित विवरणिका, 1873 और 1874 के वर्षों के लिए।

94. देखिए मेरा लेख : 'पण्डित्स ऐण्ड प्रिण्टर्स इन बनारस,' अभिजित गुप्त द्वारा सम्पादित प्रिंट ऐरियाज़, नयी दिल्ली, पर्मनेण्ट ब्लैक, 200 ?

95. यह जानी-मानी बात है कि 1861 में उर्दू में भारतीय दण्ड संहिता (ताज़ीरात-ए-हिन्द) के प्रकाशन के एकाधिकार से मुंशी नवलकिशोर की समृद्धि का सितारा बुलन्द हुआ था; उसकी 30,000 प्रतियाँ छापी गयीं और सरकार द्वारा 3.00 रुपये प्रति पुस्तक के हिसाब से ख़रीदी गयीं, जिस रक़म को नवल किशोर ने फ़ारसी, अरबी और उर्दू में विद्वत्तापूर्ण पुस्तकें छापने के लिए अलग सँजो कर रख दिया था; सैयद जलालुद्दीन हैदर, मुंशी नवलकिशोर (1836-95), मिरर ऑफ़ उर्दू प्रिंटिंग इन ब्रिटिश इण्डिया, लिबरी, XXXI, 3 सितम्बर 1987, पृष्ठ 232।

96. 'वेद संस्थान,' अजमेर, आर्य समाजी प्रकाशनों का मुख्य केन्द्र था, जबकि पुष्कर में 'ब्रह्मानन्द आश्रम' ने अपनी 'ब्रह्मानन्द भजनमाला' की लाखों प्रतियाँ बेची थीं और नागपुर में 'रामकृष्ण मिशन', रामकृष्ण और विवेकानन्द साहित्य प्रकाशित करता था। यू.पी. में अन्य केन्द्र थे मथुरा (जहाँ 'शिक्षा भारती,' 'श्यामाक्षी प्रेस,' आदि थे), गोरखपुर (गीता प्रेस) और बनारस (जहाँ संस्कृत और हिन्दी, दोनों प्रकाशनों की एक परम्परा थी।) बम्बई में 'खेमराज श्रीकृष्ण दास' के पास धार्मिक पुस्तकों की सबसे बड़ी संख्या थी, जिसके बाद 'निर्णय सागर प्रेस' और 'विपुल ट्रस्ट' का नाम आता था। इस जानकारी का अधिकांश कृष्ण चन्द्र बेरी के टंकित लेख 'हिन्दी प्रकाशन का इतिहास' से लिया गया है, जो लेखक के सौजन्य से प्राप्त हुआ, कोई तिथि नहीं, पृष्ठ 16।

97. उदाहरण के लिए महावीर प्रसाद पोद्दार की 'हिन्दी पुस्तक एजेन्सी,' मूल चन्द अग्रवाल की 'पॉपुलर ट्रेडिंग कम्पनी,' निहाल चन्द बेरी की 'निहाल चन्द एण्ड कम्पनी' और 'नरसिंह प्रेस' धार्मिक और लोकप्रिय, दोनों तरह की पुस्तकें छापते थे। अनेक हिन्दी प्रकाशक जैसे निहाल चन्द बेरी और आर.एस. बर्मन कलकत्ता और बनारस के बीच आवाजाही बनाये रखते थे; वही।

98. 'नवल किशोर प्रेस' जो युक्त प्रान्त में सबसे बड़ी प्रारम्भिक प्रकाशन संस्था थी, अधिकतर उर्दू किताबें, धार्मिक किताबें (कुरान, उपनिषदों, पुराणों) के अनुवाद और फ़ारसी और उर्दू क़िस्सों के हिन्दी तरजुमे प्रकाशित करता था। पटना के निकट बांकीपुर का 'खड्ग विलास प्रेस' बिहार का प्रारम्भिक अग्रणी प्रकाशन गृह था; उसने भारतेन्दु की पुस्तकें, बंगाली उपन्यासों और 'मुद्राराक्षस' और 'सत्य हरिश्चन्द्र' के रंगमंचीय गुटके प्रकाशित किये थे, जो 'दसियों हज़ारों की संख्या में बिके'; कृष्ण चन्द बेरी, हिन्दी प्रकाशन का इतिहास, पृष्ठ 4। इण्डियन प्रेस के बारे में जानकारी मुश्ताक़ अली की पुस्तक 'हिन्दी साहित्य के इतिहास में इलाहाबाद का योगदान' से ली गयी है।

99. वस्तुतः, श्यामसुन्दर दास के सौजन्य से 'इण्डियन प्रेस' ने 'नागरी प्रचारिणी सभा' द्वारा तैयार की गयी शैक्षणिक पुस्तकों को प्रकाशित करने का एक बहुत लाभदायक सौदा किया; 1928 में 'इण्डियन प्रेस' ने 'नागरी प्रचारिणी सभा' से उस संस्था के सभी प्रकाशनों को

मुद्रित करने का एक अनुबन्ध किया और इस उद्देश्य से 'इण्डियन प्रेस' की एक शाखा बनारस में खोली गयी। यह अनुबन्ध 1940 तक चलता रहा जब सभा ने श्यामसुन्दर दास द्वारा धनराशि का सही प्रबन्ध न किये जाने के सन्देह में इसे रद्द कर दिया। इन प्रकाशनों में सभा की सभी पुस्तक मालाएँ शामिल थीं : 'लोकप्रिय मनोरंजन पुस्तक माला,' इतिहास-प्रसिद्ध 'देवी प्रसाद ऐतिहासिक पुस्तक माला' और 'सूर्यकुमारी पुस्तक माला,' हिन्दी के गौरव ग्रन्थों के संशोधित संस्करणों की 'नागरी प्रचारिणी ग्रन्थ माला' और 'हिन्दी शब्द सागर' नामक वृहद शब्द कोष; मुश्ताक़ अली, हिन्दी साहित्य के इतिहास में... पृष्ठ 442। 'मेरी आत्म कहानी,' श्यामसुन्दर दास भी देखें।

100. बंकिम चन्द्र, रवीन्द्र नाथ ठाकुर, आर.सी. दत्त, चारु चन्द्र, प्रभात कुमार मुखोपाध्याय, शरतचन्द्र, आदि के अनुवाद अधिकांशतः 'इण्डियन प्रेस' के कर्मचारियों द्वारा किये गये थे, मिसाल के लिए जनार्दन झा, लल्ली प्रसाद पाण्डेय और रूप नारायण पाण्डेय जिन्होंने सबसे अधिक अनुवाद किये। 'इण्डियन प्रेस' की हैसियत को समझने के लिए यह ध्यान रखना काफ़ी है कि वह रवीन्द्र नाथ ठाकुर का प्रकाशक था जब तक कि रवि बाबू ने शान्ति निकेतन में अपने मुद्रणालय के हित में अपने प्रकाशनाधिकार वापस नहीं ले लिये। इसके अलावा, 'इण्डियन प्रेस' ने रामानन्द चटर्जी के 'प्रवासी' और 'मॉडर्न रिव्यू' जैसे पत्रों को तब तक प्रकाशित करना जारी रखा, जब तक कि रामानन्द चटर्जी वापस कलकत्ता नहीं चले गये। प्रकाशनों की समग्र सूची और 'इण्डियन प्रेस' के इतिहास के लिए देखिए मुश्ताक़ अली, वही। अंग्रेज़ी और बंगला उपन्यासों के हिन्दी अनुवादों की सूची के लिए देखिए गोपाल राय, हिन्दी उपन्यास कोश, पटना, ग्रन्थ निकेतन, खण्ड 1, पृष्ठ 362।

101. हिन्दी महाभारत का विशाल सचित्र संस्करण (बंगला से महावीर प्रसाद द्विवेदी द्वारा अनूदित, 1908) घर-घर में बड़े चाव से रखी ज़ाने वाली पुस्तक बन गयी। (बाल पुस्तकों की एक माला) 'बाल सखा पुस्तक माला' में बच्चों के लिए 'महाभारत,' 'भगवदगीता' और 'श्रीमदभागवत' भी प्रकाशित किये गये; 1920 में एक नये संस्करण में 8 आने मूल्य पर पुनर्मुद्रित 'बाल रामायण' एक साल में 12 हज़ार प्रतियाँ बिकीं।

102. मिसाल के लिए राम और कृष्ण के विवाहों पर बारह पृष्ठों की बड़ा 'गोपाल गारी' जिससे बैजनाथ प्रसाद ने श्रीलक्ष्मी वेंकटेश्वर स्टीम प्रेस से 3 पैसे क़ीमत पर 15 हज़ार प्रतियों के संस्करण में प्रकाशित किया था, कम-से-कम 1940 तक लगातार पुनर्मुद्रित होता रहा। इसी प्रकाशक ने धार्मिक गुटके ('कृष्ण लीला' के एक संग्रह की 15 हज़ार प्रतियाँ छापी थीं), लावणी और क़िस्से भी छापे थे और अपना आधार बनारस और दरभंगा में स्थापित किया था। 1915 और 1920 की यू.पी. और बिहार की सूचियों में हिन्दी प्रकाशकों, पुस्तक विक्रेताओं और मुद्रकों की एक मोटा-मोटी संख्या के अनुसार उनकी गिनती 250 थी जिसमें सबसे अधिक (31) बनारस में थे बाक़ी आगरा, अलीगढ़, हाथरस, इलाहाबाद, बरेली, बिजनौर, वृन्दावन, बुलन्दशहर, देहरादून, इटावा, फ़ैज़ाबाद, फर्रूखाबाद, गोरखपुर, झाँसी, कानपुर, लखीमपुर, लखनऊ, मैनपुरी, मेरठ, मुरादाबाद, मथुरा, भागलपुर, छपरा, दरभंगा, गया, मुज़फ़्फ़रपुर, पटना-बांकीपुर और राँची में थे।

103. सांगीत आमतौर पर 1 या 2 आने में, क़िस्से, ग़ज़ल, भजन और गीतों के संग्रह 1 आने या 6 पैसे में बिकते थे; 'मिस्ट्रीज़ ऑफ़ पेरिस' के एक अनुवाद की क़ीमत 1918 में 4 आने

थी, जबकि एक बंगाली उपन्यास के अनुवाद का पहला संस्करण जो शिवराम दास गुप्ता द्वारा प्रकाशित 'उपन्यास ग्रन्थमाला' का भाग था 1 रुपये 4 आने की क़ीमत पर बिका था।

104. उनकी कविता 'रंग में भंग' (1909, पृष्ठ द्वारा सम्पादित 31) का आठवाँ संस्करण 1920 में 2000-4000 प्रतियों का था और उसकी क़ीमत 4 आने थी।

105. मिसाल के लिए देखिए मोहम्मद हुसैन की 'इल्म की देवी' (1915) जो मुस्लिम महिलाओं के लिए पर्दे के पक्ष में लिखी गयी थी।

106. सारे विवरण 'स्टेटमेण्ट ऑफ़ पर्टिक्यूलर्स रिगार्डिंग बुक्स एण्ड पीरियॉडिकल्स पब्लिश्ड इन दी युनाइटेड प्रॉविन्सेस ऑफ़ आगरा एण्ड अवध फ़ॉर दी इयर 1915' से लिये गये हैं।

107. देखिए, मिसाल के तौर पर 'रागिनी थियेटर,' शिवराम दास गुप्ता के लिए मास्टर बच्चा लाल द्वारा संकलित, चौथा संस्करण, 1925, 5 आने, (1000 प्रतियाँ)।

108 देख़िए, मिसाल के तौर पर राधेश्याम, श्रीरामकथा, बरेली, पाँचवाँ संस्करण, 1920, तीन आने (4000 प्रतियाँ) और भजन रत्नावली, प्रकाशक गुल्लू प्रसाद केदार प्रसाद, बनारस, 1925, 3 आने, (15,000 प्रतियाँ)।

109. 'लोकप्रिय' पुस्तकों के बाज़ार के भीतर एक अन्तर किया जाना चाहिए—उन विधाओं के बीच जो छापेख़ाने से पहले की परम्परा से छपाई में आयी थीं और उन विधाओं के बीच, जो जासूसी उपन्यासों की तरह, छापेख़ाने के साथ ही पैदा हुई और जिन्हें मैंने 'व्यावसायिक' कहा है।

110. 'महिला-माला' और 'बाल-विनोद-वाटिका' श्रृंखला में।

111. लेखकों और पुस्तकों की यह सूची सचमुच प्रभावशाली हैः उसमें प्रेमचन्द की रंगभूमि (1925 में, जिसके लिए 1800 रुपये की अभूतपूर्व राशि दी गयी), करबला शीर्षक नाटक और कई कहानी संग्रह शामिल थे; इसके अलावा विश्वम्भर नाथ शर्मा 'कौशिक', चतुरसेन शास्त्री, भगवती चरण वर्मा, वृन्दावन लाल वर्मा, पाण्डेय बेचन शर्मा 'उग्र', निराला, गोविन्दवल्लभ पन्त, बदरीनाथ भट्ट, रूपनारायण पाण्डेय और प्रताप नारायण श्रीवास्तव, आदि थे। यानी हिन्दी के सभी श्रेष्ठ लेखक भी थे। दुलारे लाल भार्गव ने इस बात का ख़याल भी रखा कि वे बालकृष्ण भट्ट, महावीर प्रसाद द्विवेदी, श्रीधर पाठक, कृष्ण बिहारी मिश्र जैसे वरिष्ठ साहित्यकारों की कृतियों को भी शामिल करें। मोलियर, गॉल्ज़वर्दी, गोर्की और ऐलेक्ज़ैण्ड्रे ड्यूमा के अनुवाद भी प्रकाशित किये।

112. मैथिलीशरण गुप्त भी झाँसी के निकट अपने गाँव से ख़ुद अपनी पुस्तकें प्रकाशित करने में सफल रहे थे। रायकृष्ण दास ने 'भारती भण्डार' (1927) बनारस में स्थापित किया, एक सहकारी प्रकाशन गृह के रूप में जिससे लेखकों को अपेक्षाकृत अधिक रॉयल्टी—25 प्रतिशत—दी जा सके। लेकिन उन्हें 1935-36 में उसे इलाहाबाद के 'लीडर प्रेस' के हाथ बेच देना पड़ा जो बिड़ला की संस्था थी। बनारस में ही प्रेमचन्द ने अपना 'हंस' कार्यालय और विनोद शंकर व्यास ने 'पुस्तक मन्दिर' (1930-50) भी स्थापित किया।

113. मिसाल के लिए वेंकटेश नारायण तिवारी के जो लेख हिन्दी-हिन्दोस्तानी के विवाद के सिलसिले में 'सरस्वती' में प्रकाशित हुए थे और आगे चल कर इसी पुस्तक में उद्धृत किये जा रहे हैं (5.4), पुस्तिका के तौर पर भी सामने आये जिसकी 10,000 प्रतियाँ इण्डियन प्रेस ने 1939 में निःशुल्क वितरित की थीं। 'प्रताप प्रेस' द्वारा जो पैम्फ़्लेट और पुस्तकें प्रकाशित की गयीं उनमें कारावास के दौरान गाँधी जी के विवरण का अनुवाद, 'त्रिशूल' की राष्ट्रवादी

कविताएँ, रजवाड़ों पर विद्यार्थी जी की पुस्तक तथा रूस और कम्यूनिज़्म पर कई पुस्तिकाएँ शामिल थीं।

114. 'सस्ता साहित्य मण्डल' गाँधीवादी प्रकाशन गृह था, जिसे 1926 में घनश्याम दास बिड़ला और जमुनालाल बजाज ने स्थापित किया था। उसका प्रबन्ध गाँधीवादी समाचार-पत्र 'त्यागभूमि' के सम्पादक हरिभाऊ उपाध्याय के हाथ में था। वहाँ से अधिकांशतः गाँधी जी और तॉलस्तॉय की कृतियों तथा ऐतिहासिक और 'उपयोगी' पुस्तकों और जीवनियों के अनुवाद प्रकाशित होते थे; सारी सूचना पत्रिकाओं में छपी प्रकाशन सूचियों से ली गयी।

115. एक लम्बे विश्व भ्रमण के दौरान शिवप्रसाद गुप्त विदेशों में नज़र आने वाली बहुत-सी उत्कृष्ट और सस्ती पुस्तकों से प्रभावित हुए थे। भारत लौट कर उन्होंने पुस्तकों और विषयों की एक लम्बी सूची बनायी और हिन्दी लेखकों को आमन्त्रित किया था कि वे इन पर 'वैज्ञानिक मानदण्डों' को ध्यान में रखते हुए पुस्तकें लिखें। इनमें दुनिया भर के देशभक्तों की जीवनियाँ, गौरव-ग्रन्थों के संशोधित संस्करण और इतिहास, समाज-शास्त्र, राजनीति-शास्त्र, विज्ञान, दस्तकारी, धर्म और दर्शन पर पुस्तकें शामिल थीं। फिर उन्होंने अनुवाद के लिए अंग्रेज़ी की लोकप्रिय पुस्तकों की भी सूची बनायी जिसमें 'होम यूनिवर्सिटी लाइब्रेरी श्रृंखला,' विज्ञान की प्राथमिक पुस्तकें, 'जैक्स पीपल्स बुक्स श्रृंखला,' 'टेम्पल इनसाइक्लोपीडिक प्राइमर' तथा इतिहास पर महत्वपूर्ण पुस्तकें शामिल थीं, जैसे बरी की पुस्तक 'ग्रीस,' रीज़ डेविज़ की 'अर्ली बुद्धिज़्म,' विन्सेंट स्मिथ की 'अर्ली हिस्ट्री ऑफ़ इण्डिया,' मैकडॉनेल की 'हिस्ट्री ऑफ़ संस्कृत लिटरेचर,' लेकी की 'डिमॉक्रेसी ऐण्ड सिविलाइज़ेशन' तथा यूरोपी दर्शन, भौतिक-शास्त्र, रसायन-शास्त्र और वनस्पति-विज्ञान के आधारभूत ग्रन्थ शामिल थे।

116. ज्ञान मण्डल के साथ जो लेखक जुड़े थे, उनमें प्रमुख नाम थे छविनाथ पाण्डेय, जो कांग्रेस के एक कार्यकर्ता थे, पद्मसिंह शर्मा, रामदास गौड़, सम्पूर्णानन्द जो बाद में उत्तर प्रदेश के मुख्यमन्त्री बने, जनार्दन भट्ट और मुकुन्दी लाल श्रीवास्तव। जो पुस्तकें प्रकाशित हुईं उनमें श्रीप्रकाश द्वारा सम्पादित 'स्वराज्य का सरकारी मसविदा' (दो खण्ड), चन्द्रशेखर वाजपेयी, 'योरोप के प्रसिद्ध सुधारक' (1920), लक्ष्मी नारायण गर्दे, 'जापान की राजनीतिक प्रगति' (अनुवाद 1921), प्राणनाथ विद्यालंकार, 'राजनीति-शास्त्र' (1922), सम्पूर्णानन्द, 'अन्तर्राष्ट्रीय विधान' (1924), हरिहर नाथ, 'संसार के व्यवसाय का इतिहास' (अनुवाद 1924), अम्बिका प्रसाद वाजपेयी, 'चीन और भारत' और वह आधारभूत ग्रन्थ, हिन्दी में उन्नीसवीं सदी की पत्रिकाओं पर केन्द्रित पुस्तक 'समाचार पत्रों का इतिहास' (1953); प्रकाशनों की सूची, ज्ञानमण्डल प्रेस बनारस के सूची पत्र में उपलब्ध है।

117. भरपूर आर्थिक अनुदान के बावजूद वितरण की कमज़ोरी से प्रतिवर्ष ज्ञानमण्डल को भारी नुक़सान होता रहा। अन्त में वह अपनी पाठ्य पुस्तकों और विद्वत्तापूर्ण प्रकाशनों के बल पर ही बचा रह सका।

118. यह परिघटना और भी पहले से बिहार में नज़र आने लगी थी; मिसाल के लिए देखिए 1920 में प्रकाशित 'किसानों को मताधिकार मिला,' एक निःशुल्क पुस्तिका जो किन्हीं स्वामी विद्यानन्द ने अनूदित की थी और उसकी 5000 प्रतियाँ छापी थीं। इस पुस्तिका में किसानों के मताधिकार पर फ्रैंचाइज़ कमेटी की रिपोर्ट परिशिष्ट के रूप में शामिल थी।

119. उसकी भर्त्सना करने वाले प्रकाशनों में थे—सज्जाद अली, इस्लामी नक्कारा, मुरादाबाद में लेखक द्वारा प्रकाशित (दूसरा संस्करण, 1930, 1000 कापी, क़ीमत 1 आना प्रति पुस्तिका); और लछमी नारायण शर्मा, 'शारदा शतरंज,' बिल के बुरे परिणामों पर विचार करता हुआ एक प्रहसन, 1930 में बनारस में प्रकाशित (100 प्रतियाँ, क़ीमत 2 आना)। शारदा बिल के पक्ष में जो पुस्तिकाएँ सामने आयीं, उनमें : 'रुपये का लोभी बाप' (कविताएँ) लेखक रामदास पाण्डेय (गोरखपुर, तीसरा संस्करण, 1929, 6 पैसे, 8000 प्रतियाँ), और राधाकृष्ण प्रेमी रचित 'शारदा बिल क़ानून उर्फ़ बाल विवाह' (पटना, 1930, 1 आना, 5000 प्रतियाँ); और लीलावती देवी तथा हंसमुखी देवी की पैम्फ़्लेट 'भारत में बाल विवाह की भीषणता,' लेखिकाओं द्वारा बुलन्दशहर में 1930 में प्रकाशित (निःशुल्क, 500 प्रतियाँ)।

120. मिसाल के लिए प्रेमचन्द की राष्ट्रवादी कहानियाँ 1930 में 5000 प्रतियों के संस्करण में प्रकाशित हुई थीं, क़ीमत 2 आने 6 पैसे प्रति पुस्तक; कैटेलॉग ऑफ़ पब्लिकेशनस फ़ॉर दी ईयर 1930।

121. वही।

122. देखिए मिसाल के लिए पुस्तिका 'किसानों को नेक मशविरा' जिसमें किन्हीं चौधरी मोहम्मद मसूद ने काश्तकारों से कहा था कि वे अंग्रेज़ हुकूमत के प्रति वफ़ादार रहें; यह पुस्तिका लेखक द्वारा 1930 में बाराबंकी में प्रकाशित हुई थी (निःशुल्क, 500 प्रतियाँ)।

123. देखिए ज्ञान पाण्डेय, मोबिलॉइज़ेशन इन ए मास मूवमेण्ट : कांग्रेस प्रोपेगैण्डा इन द यूनाइटेड प्रॉविन्सेस, मॉडर्न ऐशियन स्टडीज़, IX, 2, 1975 पृष्ठ 205-26।

124. यह जटिल प्रश्न है, जो अब भी हिन्दी प्रकाशन जगत को परेशान करता है। इसके पीछे कई कारण नज़र आते हैं : साक्षरता की कमी और इस वजह से विशाल सम्भावनाओं के बावजूद हिन्दी साहित्य के लिए एक सीमित पाठक-वर्ग; वितरण की अपर्याप्त व्यवस्था जिससे साहित्यिक पुस्तकें मुख्य शहरी केन्द्रों के बाहर मुश्किल से ही उपलब्ध हो पाती हैं; और (स्कूल में पढ़े-पढ़ाये जाने वाले) 'अच्छे साहित्य' और मनोरंजनप्रद साहित्य के बीच गहरी खाई। ये सभी कारण 1920 और 1930 के दशकों में पहले से ही विद्यमान थे।

125. देखिए मिसाल के लिए वे 6 आने और 4 आने वाली जासूसी पुस्तक मालाएँ जिनकी पाँच-पाँच सौ प्रतियाँ बनारस के 'भार्गव भूषण प्रेस' के के.एन.भार्गव, कलकत्ता के आर. एल.बर्मन और 'हिन्दी प्रेस,' बनारस के हरिकृष्ण जौहर ने प्रकाशित की थीं।

126. मुनीबुर्रहमान, ऐन्युअल ऑफ़ उर्दू स्टडीज़, 3, 1983, पृष्ठ 75-84 में 'द मुशायरा'; और फ्रांसेस डब्ल्यू. प्रिचेट, नेट्स ऑफ़ अवेयरनेस : उर्दू पोयट्री ऐण्ड इटस क्रिटिक्स, बर्कले, युनिवर्सिटी ऑफ़ कैलिफ़ोर्निया प्रेस, 1994, पृष्ठ 70।

127. जैसा कि इलाहाबाद विश्वविद्यालय में हिन्दी प्राध्यापक और रीति काव्य के विशेषज्ञ और स्वयं ब्रजभाषा के कवि, राम शंकर शुक्ल 'रसाल' ने लिखा—समस्या के बारे में, कम-से-कम राजशेखर के समय तक, संस्कृत ग्रन्थों में कुछ भी मालूम नहीं है, न ही जगन्नाथ प्रसाद 'भानु' (1859-1945) के 'काव्य प्रभाकर' (1905) तक हिन्दी के ग्रन्थों में। लेकिन राजा भोज के समय के अनेक क़िस्सों में मध्यकालीन संस्कृत साहित्य में उसकी लोकप्रियता की चर्चा हुई थी। हिन्दी में भी समस्यापूर्ति सोलहवीं सदी के आस-पास फलने-फूलने लगी।

दरबारों में भी और कवियों और काव्य-प्रेमियों के छोटे-छोटे दायरों और मुख्य नगरों में भी; रामशंकर शुक्ल 'रसाल,' समस्यापूर्ति, माधुरी, VIII भाग-2, 1, फ़रवरी 1930, पृष्ठ 47-56।

128. अजित कुमार द्वारा सम्पादित 'बच्चन रचनावली' खण्ड-6 में हरिवंश राय बच्चन का लेख—'कवि सम्मेलन : एक सिंहावलोकन,' दिल्ली राजकमल प्रकाशन, 1987, पृष्ठ 447।

129. पंजाब में हिन्दी प्रचार के लिए हिन्दी के कवि सम्मेलनों के महत्व के लिए देखें जयचन्द्र विद्यालंकार द्वारा पंजाब प्रान्तीय हिन्दी साहित्य सम्मेलन की तीसरी वार्षिक रिपोर्ट, सम्मेलन पत्रिका, 12, 10, पृष्ठ 444।

130. अमृत लाल नागर, जिनके साथ जिया, दिल्ली, राजपाल ऐण्ड संस, 1973, पृष्ठ 124।

131. मिसाल के लिए सनेही ने, जो प्रताप के 'घरेलू कवि' थे, 1922 में इलाहाबाद विश्वविद्यालय के हिन्दू हॉस्टल में एक कवि गोष्ठी की अध्यक्षता की थी; लक्ष्मीधर वाजपेई ने आगरा में 1925 में नागरी प्रचारिणी सभा के वार्षिक उत्सव की अध्यक्षता की थी।

132. रामनाथ लाल 'सुमन', हमारे कवि और उनकी रचनाएँ, सम्मेलन पत्रिका, 11, 9, पृष्ठ 91-92।

133. देखिए 'कवि सम्मेलन' पर सम्पादकीय टिप्पणी, माधुरी 4, भाग 1, 3 सितम्बर, 1925 पृष्ठ 414।

134. वही।

135. रसाल, समस्यापूर्ति।

136. बच्चन, कवि सम्मेलन एक सिंहावलोकन, पृष्ठ 448।

137. देवीदत्त शुक्ल, सम्पादक के पच्चीस वर्ष, पृष्ठ 23।

138. दरअसल, महादेवी को ख़ास तौर पर आमन्त्रित किया जाता था ताकि सुकवि समाज की साप्ताहिक बैठकों को सामाजिक प्रतिष्ठा मिल सके और युवा कवयित्रियों को भी शामिल होने की इजाज़त मिल सके। 'अपने अस्तित्व के कुछ वर्षों के दौरान उसने (सुकवि समाज ने) युवा कवियों को अपने अग्रजों का ऐसा श्रोता-वर्ग प्रदान किया जो उनके हाल के लेखन को पसन्द कर सके और उस पर सुरुचिपूर्ण ढंग से टिप्पणी कर सके,' कारीन शोमर, महादेवी वर्मा, पृष्ठ 145।

139. देखिए रिपोर्ट सम्मेलन पत्रिका 11, 7-8, पृष्ठ 346-47; और माधुरी 2, भाग-2, 2 फ़रवरी 1924, पृष्ठ 270-71।

140. सम्मेलन पत्रिका 13, 2, पृष्ठ 76-78।

141. माधुरी, 4, भाग 1, 5, नवम्बर 1925, पृष्ठ 701 पर प्रकाशित रिपोर्ट। वर्षों बाद बलिया में नागरी प्रचारिणी सभा की स्थानीय शाखा की एक बैठक में राहुल सांकृत्यायन ने टिप्पणी की कि अब जब महिलाएँ साहित्य के क्षेत्र में आ रही थीं, संयम और सुरुचि अनिवार्य थी। चाँद 15, भाग 1, 3, जनवरी 1937, पृष्ठ 380 पर उद्धृत।

142. माधुरी 4, भाग 2, 1, जनवरी 1926, पृष्ठ 126-28 में रिपोर्ट।

143. महादेवी वर्मा, 'किस ओर?' सम्पादकीय, चाँद 14, भाग 2, 2, जून 1936, पृष्ठ 109-13 और पृष्ठ 175-79; देखिए शोमर, महादेवी वर्मा, पृष्ठ 235।

144. सम्पादकीय, चाँद, 14, भाग 2, 2, जून 1936, पृष्ठ 175।

145. महादेवी वर्मा, 'किस ओर?,' पृष्ठ 109। बच्चन ने याद किया है कि कैसे आरम्भिक हिन्दी

कवि सम्मेलनों ने ऐसे ही रिवाज का एक भिन्न मुहावरा गढ़ने की कोशिश की थी; वे तारीफ़ में 'ख़ूब,' 'बहुत ख़ूब' या 'वाह-वाह' की बजाय 'सुन्दर' या 'अति सुन्दर' चिल्लाते और 'मुकर्रर इरशाद' की जगह 'पुनर्वाद'; इससे प्रकट ही सारी कार्यवाही में एक अजीब बनावटी स्वर आ जाता था; बच्चन, 'कवि सम्मेलन', पृष्ठ 447-48।

146. वही पृष्ठ 52।

147. बनारस हिन्दू विश्वविद्यालय के शिवाजी हाल में मधुशाला के पहले पाठ के एक गवाह ने याद किया है कि कैसे जवान और बूढ़े सभी झूमने लगे। उसने ख़ुद अपने को मदमस्त पाया...आवाज़ की लहरों पर झूमते, नशे के आनन्द में झूलते और हर चौथी पंक्ति के बाद जब 'मधुशाला' शब्द आता तो उसे कवि के साथ दोहराते हुए; और हर श्रोता ऐसा ही अनुभव कर रहा था। उस दिन दर्शकों में छात्रों की संख्या अधिक नहीं थी,किन उसी शाम मधुशाला की पंक्तियाँ हर छात्र के होंटों पर थीं। वे उन्हें ले कर पागल थे; 'मनोरंजन' 'मधुशाला का सर्वप्रथम सम्मेलन : एक संस्मरण', बच्चन जी का जीवन तथा व्यक्तित्व, डी. शरण, कानपुर, साहित्य निकेतन, 1967, पृष्ठ 57-58।

148. कृष्ण कुमार, 'द पॉलिटिकल एजेण्डा ऑफ़ एजुकेशन', नयी दिल्ली, सेज, 1991, पृष्ठ 131; यह अनुच्छेद हिन्दी स्कूली साहित्य पर उनके अध्याय क्वेस्ट फ़ॉर सेल्फ़ आइडेण्टिटी (अस्मिता की खोज) का बहुत ऋणी है। अध्यापकों का हाल बहुत भिन्न नहीं था। 1929 में इटावा ज़िले के एक सर्वेक्षण के अनुसार 702 अध्यापकों में जिन्होंने सर्वेक्षण की प्रश्नावली के उत्तर दिये थे, 306 कोई अख़बार नहीं पढ़ते थे, 40 कोई पुस्तकें नहीं पढ़ते थे, और धार्मिक पुस्तकें निजी अध्ययन के लिए पहला चुनाव था। लेखक ने निष्कर्ष निकाला था कि 'ऊपर के आँकड़ों से यह स्पष्ट है कि अधिकांश अध्यापक बौद्धिक भुखमरी का शिकार हैं।' श्रीनारायण चतुर्वेदी, ऐन एजुकेशनल सर्वे ऑफ़ ए डिस्ट्रिक्ट, इलाहाबाद, इण्डियन प्रेस, 1935, पृष्ठ 232।

149. हालाँकि यह कोई आसान जीत नहीं थी : सच तो यह है कि हिन्दी का पाठ्यक्रम में जगह पाना एक बात थी और उसका सभी विषयों की शिक्षा का माध्यम बनना, बिलकुल दूसरी। यह तथ्य देखने में आया था कि हिन्दी निचली कक्षाओं में सभी विषयों को पढ़ाने के माध्यम के रूप में इस्तेमाल होती थी और यह कि हिन्दी में ग़ैर-साहित्यिक विषयों को उच्चतर कक्षाओं में पढ़ाने में समस्या खड़ी हो जाती थी। यह इस बात का लक्षण था कि हिन्दी के लिए किये जा रहे प्रयासों की दिशा क्या थी और यह कि हिन्दी को शिक्षा का एक सम्पूर्ण माध्यम बनाने में कठिनाई भी सामने आ रही थी। इस विषय पर बहुत बहस हुई थी, लेकिन नतीजा बहुत थोड़ा निकला; क्या ऐसा इसलिए था जैसा कि आम तौर पर दलील दी जाती थी कि हिन्दी में उपयुक्त विज्ञान सम्बन्धी पाठ्य पुस्तकें, सामान्य पुस्तकें और अच्छे अनुवाद सीमित संख्या में उपलब्ध थे? क्या यह हिन्दी पण्डितों के तईं इन विषयों के साथ परिचय और दिलचस्पी के अभाव की वजह से था। (सिर्फ़ रामदास गौड़ के एकमात्र अपवाद के सिवा) यह विषय भी अलग अध्ययन की माँग करता है।

150. कृष्ण कुमार, ' पॉलिटिकल एजेण्डा ऑफ़ एजुकेशन,' पृष्ठ 129।

151. आगरा स्कूल बुक सोसाइटी (1833), कलकत्ता बुक सोसाइटी, इलाहाबाद मिशन प्रेस, ऑर्फ़न प्रेस, मिर्ज़ापुर, आदि के योगदान के लिए देखिए जगन्नाथ प्रसाद सिंह, 'बाल

साहित्य का निर्माण और उसका विकास', माधुरी, 11, भाग-1, 3, अक्टूबर 1931, पृष्ठ 367-71; इसके अतिरिक्त उन्हीं का लेख, 'प्रारम्भिक शिक्षा की हिन्दी पुस्तकें,' सरस्वती, नवम्बर 1911 भी देखें।

152. औपनिवेशिक नीतियों और शिक्षा में उद्योगों पर अध्ययन हाल के वर्षों में उत्तरोत्तर बढ़ते गये; सामान्य सर्वेक्षणों में एस.नूरुल्ला और जे.पी.नायक, ए हिस्ट्री ऑफ़ एजुकेशन इन इण्डिया ड्यूरिंग द ब्रिटिश पीरियड, बम्बई, 1951, एम.एल.भार्गव, हिस्ट्री ऑफ़ सेकेण्डरी एजुकेशन इन यू.पी., लखनऊ, 1958, और ए. बसु, द ग्रोथ ऑफ़ एजुकेशन ऐण्ड पोलिटिकल डेवलेपमेण्ट इन इण्डिया, 1898-1920, दिल्ली, 1974 शामिल हैं; मिशनरी शिक्षा पर देखिए, गौरी विश्वनाथन, मास्क्स ऑफ़ कॉनक्वेस्ट, न्यूयॉर्क, कोलम्बिया यूनिवर्सिटी प्रेस, 1989; विशेष रूप से हिन्दी शिक्षा के लिए देखिए कृष्ण कुमार, द पोलिटिकिल एजेण्डा ऑफ़ एजुकेशन; किंग, वन लैंग्वेज, टू स्क्रिप्ट्स; वसुधा डालमिया, द नैशनलाइज़ेशन ऑफ़ हिन्दू ट्रेडिशन्स; पाठ्य पुस्तकों की चर्चा वेदालंकार, द डेवलपमेण्ट ऑफ़ हिन्दी प्रोज़ इन दि अर्ली नाइन्टीन्थ सेन्चुरी; टी. सिंह, आधुनिक हिन्दी साहित्य के विकास में खड्ग विलास प्रेस की भूमिका, पटना, बिहार राष्ट्र भाषा परिषद, 1986 और मुश्ताक़ अली, 'हिन्दी साहित्य के इतिहास में इलाहाबाद का योगदान' में भी की गयी है।

153. 'निर्देशों और निरीक्षण के सिलसिले में सामान्य नीति निगरानी और नियन्त्रण की एक अत्यन्त केन्द्रीकृत और अफ़सरशाही पर आधारित तन्त्र की ओर ले गयी। अनुदान-सहायता प्रणाली की स्थापना और विद्यालय निरीक्षण कार्यालय द्वारा संचालित परीक्षाओं के परिणामों पर आधारित अनुदानों के भुगतान ने इस तरह के शैक्षणिक प्रशासन को और मज़बूत किया। कलकत्ता विश्वविद्यालय द्वारा पाठ्यक्रम का निर्धारण और उसके साथ सभी संस्थाओं के सम्बद्ध होने की अनिवार्यता ने उन विषयों पर जिनकी पढ़ाई होनी थी और हर विषय को जो समय आबण्टित होना था, उस पर कड़ा नियन्त्रण लागू कर दिया। विषय वस्तु और शिक्षा-प्रणाली पर नियन्त्रण को पाठ्य पुस्तकों और सरकारी एजेन्सी के माध्यम से उनकी बिक्री पर नियन्त्रण द्वारा लागू किया गया'; एम.एल.भार्गव, हिस्ट्री ऑफ़ सेकेण्ड्री एजुकेशन इन यू.पी., लखनऊ, सुपरिण्टेण्डेण्ट प्रिंटिंग ऐण्ड स्टेशनरी, 1958, पृष्ठ 238। कृष्ण कुमार ने विस्तार से केन्द्रीकृत तन्त्र के भीतर, जहाँ पाठ्यक्रम, परिक्षाएँ, टाइम-टेबल और दण्ड–सब दूसरों के हाथों में थे, स्कूली अध्यापक के समानान्तर अधिकारच्युत होने की चर्चा विस्तार से की है। द पोलिटिकल एजेण्डा ऑफ़ एजूकेशन।

154. अंग्रेज़ी शिक्षा और पश्चिमी आधुनिकीकरण की तीखी आलोचना के लिए देखिए, मोहन दास करमचन्द गाँधी की पुस्तक हिन्द स्वराज (1907)।

155. रवीन्द्र नाथ ठाकुर, टुवर्ड्स यूनिवर्सल मैन (बम्बई, एशिया, 1961, पृष्ठ 204) में संकलित लेख 'द सेण्टर ऑफ़ इण्डियन कल्चर' (1919) का अंश, कृष्ण कुमार की पुस्तक 'द पोलिटिकल एजेण्डा ऑफ़ एजुकेशन' के पृष्ठ 117 पर उद्धृत।

156. सम्पादकीय, 'राष्ट्रीय शिक्षा', चाँद 7, भाग 2, 6, अक्टूबर 1929, पृष्ठ 630।

157. कृष्ण कुमार, द पोलिटिकल एजेण्डा ऑफ़ एजुकेशन, पृष्ठ 116।

158. जनरल रिपोर्ट ऑन पब्लिक इन्स्ट्रक्शन, पंचवर्षीय (1917-22) पृष्ठ 51।

159. 1870-1 तक प्रान्त में 20 सरकारी हाई स्कूल थे और 35 अंग्रेज़ी मिडल स्कूल और तहसीली स्कूल जिनमें 'एक ख़ासे ऊँचे स्तर की शिक्षा पूरी तरह स्थानीय भाषा में' दी जाती

थी। सरकारी स्कूलों में दाख़िल छात्रों की संख्या 11,500 मात्र थी और अनुदान प्राप्त स्कूलों में 16,200; यह उस समय की बात है जब विश्वविद्यालयी शिक्षा के विस्तार की वजह से इन 'पोषक' संस्थाओं से धन और ध्यान, दोनों में ही, आ गयी; एम.एल. भार्गव, 'ए हिस्ट्री ऑफ़ सेकण्डरी एजुकेशन', पृष्ठ 32।

160. धीरेन्द्र नाथ सिंह, आधुनिक हिन्दी के विकास में खड्ग विलास प्रेस की भूमिका, पृष्ठ 250।

161. 1894 में गठित युक्त प्रान्त पाठ्य पुस्तक समिति प्रान्त के हर शिक्षा मण्डल के लिए पहले की ऐसी समितियों की जगह बनायी गयी थी। उसके कर्तव्यों में सरकारी स्कूलों के लिए पाठ्य पुस्तकें चुनना, निर्धारित पाठ्य पुस्तकों में परिवर्तनों की सिफ़ारिश करना, नयी पाठ्य पुस्तकें तैयार करने के लिए सुझाव देना और स्कूल में पुरस्कार स्वरूप दी जाने वाली और पुस्तकालय में रखी जाने वाली पुस्तकों की सूची तैयार करना—सब शामिल था। यह काम मुख्यतः उपसमितियाँ ही करती थीं : प्रारम्भ में हिन्दी उपसमिति में कोई हिन्दी भाषी शामिल ही नहीं था! तो भी विभाग की अन्य शाखाओं में कुछ हिन्दी साहित्यकार काम करते थे और समिति की नीति और हिन्दी संस्थाओं की इच्छाओं के बीच की खाई को पाटने की भूमिका निभाते थे। क्रिस्टफर किंग, द नागरी प्रचारिणी सभा, पृष्ठ 297।

162. लेखक अक्सर स्वयं शिक्षा विभाग के अध्यापक या अधिकारी हुआ करते थे, जिन्हें स्वाभाविक रूप से पाठ्य पुस्तक समिति द्वारा अपनी पुस्तकें निर्धारित कराने में आसानी होती थी। इस तरह पाठ्य पुस्तकों के पहले-पहले लेखकों में हम डिप्टी कलेक्टर लाला सीताराम और भारतीय शिक्षा सेवा के मिस्टर मैकेंज़ी को पाते हैं, जो बाद में युक्त प्रान्त में डाइरेक्टर ऑफ़ पब्लिक इन्स्ट्रक्शन बन गये। अन्य प्रमुख लेखकों में रामजी लाल शर्मा थे जो मूल रूप से 'इण्डियन प्रेस' के लिए काम करते थे और बाद में जिन्होंने अपना ख़ुद का प्रेस और दो बाल पत्रिकाएँ शुरू कर दी थीं; इनके अलावा पण्डित रामदीन मिश्र, लाला भगवान दीन, बाबू रामलोचनशरण 'बिहारी', पण्डित रामलोचन शर्मा 'कण्टक', श्यामसुन्दर दास और महावीर प्रसाद द्विवेदी भी थे।

163. कृष्ण कुमार, पोलिटिकल एजेण्डा फ़ॉर एजुकेशन।

164. ज़िला परिषद का अध्यक्ष अन्य कार्यों के अलावा अध्यापकों की नियुक्ति, अवकाश, दण्ड, मुअत्तली और तबादले पर; नये स्कूलों के खोलने के प्रबन्ध पर; और स्कूलों को फ़र्नीचर की सप्लाई पर नियन्त्रण रखता था; लेकिन सीमित आर्थिक साधन आम तौर पर बुनियादी पहलक़दमियों पर काबू रखते थे। 1919 के मॉण्टेग्यू-चेम्सफ़र्ड सुधारों के परिणामस्वरूप 1922 में दो भारतीय नव निर्वाचित युक्त प्रान्त के मन्त्री मण्डल में मन्त्री बन गये (सी.वाई.चिन्तामणि और जाट नारायण और उन दोनों के इस्तीफ़ा देने के बाद राय राजेश्वर बली और ज्वाला प्रसाद श्रीवास्तव) इनमें से किसी की भी हिन्दी पृष्ठभूमि नहीं थी और कुल मिला कर उन्होंने शिक्षा में बहुत सीमित दिलचस्पी ज़ाहिर की थी। के.पी.किचलू 1920 से ले॰ कर अपने अवकाश प्राप्त करने तक देसी भाषा की शिक्षा के मुख्य निरीक्षक रहे थे और 'उनका दफ़्तर देसी शिक्षा से सम्बन्धित मामलों में सीधे ज़िला परिषदों और नगर पालिकाओं से सीधे सम्बन्ध रखता था'; एम.एल. भार्गव, ए हिस्ट्री ऑफ़ सेकेण्डरी एजुकेशन, पृष्ठ 153।

165. यह और आगे की सूचना मुकुन्दी लाल श्रीवास्तव की हिन्दी की चौथी पुस्तक, बनारस, ज्ञानमण्डल, 1925, पर सम्पूर्णानन्द की भूमिका से ली गयी है।

166. वही।

167. प्रेमचन्द, 'श्री रामेश्वर सहाय सिन्हा', जागरण, 14 मई 1933, विविध प्रसंग, भाग 2, इलाहाबाद, हंस प्रकाशन, 1980, पृष्ठ 528 पर उद्धृत; देखिए 5.1।

168. दीनदयाल शर्मा उस समय इलाहाबाद मण्डल में सहायक विद्यालय निरीक्षक थे और बाबू सीताराम, बी.ए., डिप्टी कलेक्टर और प्रशासनिक सेवा में पुराने हिन्दी लेखक थे; लाला सीताराम के कार्य सम्बन्धी विवरण के लिए देखिए परिशिष्ट।

169. क्रिटिसिज़्म ऑन द हिन्दी रीडर नम्बर; III, बाई महावीर प्रसाद द्विवेदी, झाँसी, 1899 पृष्ठ 33, यहाँ दोनों उल्लेखनीय हैं, वफ़ादारी जिसका उस समय के देशभक्तों में पाया जाता हैरत की बात नहीं थी, और दूसरी ओर द्विवेदी जी द्वारा बच्चों को समकालीन परिस्थितियों से परिचित कराने के सम्बन्ध में महसूस की जाने वाली ज़रूरत।

170. महावीर प्रसाद द्विवेदी, हिन्दी की पहली किताब, इलाहाबाद, इण्डियन प्रेस, 1911 का संस्करण, लेकिन कदाचित 1903, टाइटिल पेज।

171. वही पृष्ठ 21।

172. देखिए मिसाल के लिए डाइरेक्टर ऑफ़ पब्लिक इंस्ट्रक्शन के नाम युक्त प्रान्त की सरकार का पत्र (दिनांक 16.05.1903) जो 1876 से चली आ रही नीति की पुष्टि करता है : 'हाल में प्रकाशित कई स्कूली किताबें ख़ास तौर पर इस सिद्धान्त को व्यावहारिक रूप देने के लिए तैयार की गयी हैं कि उत्तर पश्चिमी प्रान्त के शिक्षित वर्गों की आम भाषा एक-सी है, चाहे वह फ़ारसी रस्मुलख़त में लिखी जाये या हिन्दी वर्णमाला में...' क्रिस्टोफ़र किंग, द नागरी प्रचारिणी सभा, पृष्ठ 298 पर उद्धृत।

173. वही, पृष्ठ 472।

174. रामजी लाल शर्मा, बाल विनोद, भाग-5, इलाहाबाद इण्डियन प्रेस, पृष्ठ 25। गद्य खण्ड के दूसरे भाग में भारतीयता, आधुनिकता, दुनिया की के अनोखे कारनामे और नैतिक मूल्यों का ऐसा ही मिश्रण था : नल-दयमन्ती की कथा की शक्ल में प्राचीन भारतीयता और विद्यासागर की जीवनी और 'वार्तालाप' पर बाल कृष्ण भट्ट के निबन्ध की शक्ल में नवीन भारतीयता; मुद्रण कला पर पाठ के रूप में आधुनिकता; रॉबिन्सन क्रूसो की कथा और दुनिया भर से अन्य कहानियों के रूप में कारनामों, और शारीरिक और नैतिक शिक्षा पर 13 में से 5 पाठों के रूप में नैतिक मूल्य।

175. अगर हम लड़कियों के लिए रामजी लाल शर्मा की समानान्तर पाठ्य पुस्तक, बालाबोधिनी, भाग-5 (इण्डियन प्रेस, 1912) देखें तो हम उसमें समूचा सरलीकरण पाते हैं। बाहर की दुनिया का कोई ज़िक्र नहीं मिलता और सिर्फ़ भारतीय कहानियाँ प्रस्तुत की गयी हैं : कोई रॉबिन्सन क्रूसो नहीं, कोई पुर्तगाल नहीं, कोई रूस नहीं। कुछ पाठ एक जैसे थे (कालीदास पर, अहल्या बाई पर) लेकिन लड़कियों वाले प्रारूप में इतिहास कथा में बदल दिया गया था जिसमें कोई तिथि नहीं थी न कोई ऐतिहासिक परिप्रेक्ष्य। पुस्तक में, जो लड़कों की पाठ्य पुस्तक से आकार में आधी है, कविता का काफ़ी कुछ अंश वही है और नीति कथाओं की संख्या लगभग उतनी ही है, अलबत्ता उनका उद्देश्य उनको अच्छी बेटियाँ, पत्नियाँ और माएँ बनाना ही था।

176. देखिए मिसाल के लिए (कानपुर में सनातन धर्म कॉलेज के अध्यापक द्वय) अयोध्या नाथ शर्मा और सद्गुरु शरण द्वारा देसी भाषा के स्कूलों की कक्षा 4 से 6 के लिए तीन भाग में सम्पादित 'साहित्य कुसुम,' जो 1916 में शिक्षा विभाग द्वारा निर्धारित पाठ्यक्रम

के अनुसार विशेष रूप से तैयार किये गये संग्रह थे, कानपुर, गौतम प्रेस, नोट : चूँकि अयोध्या नाथ शर्मा हाईस्कूल तथा इण्टरमीडिएट शिक्षा परिषद, संयुक्त प्रान्त, के सदस्य थे, इसलिए उनकी रीडर का निर्धारित होना तय था। देखिए (कालीचरण हाईस्कूल, लखनऊ के प्राचार्य) कालीदास कपूर द्वारा सम्पादित कक्षा 4 और 5 के लिए हिन्दी सार-संग्रह, इलाहाबाद, अग्रवाल प्रेस, 1933; हरिऔध और गिरिजादत्त शुक्ल 'गिरीश' द्वारा सम्पादित कक्षा 5 और 6 के लिए साहित्य माला (सचित्र), बनारस नन्दकिशोर ऐण्ड ब्रदर्स, 1932।

177. भगवान दीन और रामदास गौड़, हिन्दी भाषा-सार गद्य खण्ड, प्रयाग, हिन्दी साहित्य सम्मेलन, 1916, चौथा संस्करण 1927, पृष्ठ 2-3।
178. देखिए मिसाल के लिए केशव प्रसाद मिश्र और पीताम्बर दत्त बड़थ्वाल (दोनों बनारस हिन्दू विश्वविद्यालय के प्रवक्ता), 'पद्य पारिजात,' बनारस नागरी प्रचारिणी सभा, 1931; कामता प्रसाद गुरु, 'पद्य समुच्चय,' इलाहाबाद इण्डियन प्रेस, तीसरा संस्करण, 1934—दोनों हाईस्कूल कक्षाओं के लिए। एक नवीन प्रयोग के तौर पर 'पद्य पारिजात' में प्रसाद, पन्त, निराला और राय कृष्णदास की कविताएँ शामिल थीं।
179. श्यामसुन्दर दास हाईस्कूल की कक्षा 9 और 10 के लिए 'हिन्दी गद्य संकलन' की भूमिका, इलाहाबाद इण्डियन प्रेस, 1929, पृष्ठ 1
180. कृष्ण कुमार, द पोलिटिकल एजेण्डा ऑफ़ एजुकेशन, पृष्ठ 142।
181. देखिए मिसाल के लिए 'देश भाषा में शिक्षा,' सम्मेलन पत्रिका, 3, 7-8, फ़रवरी-मार्च 1916, पृष्ठ 205।
182. देखिए सम्पादकीय टिप्पणी, माधुरी, 3, भाग 2, 2 मार्च 1925, पृष्ठ 276।
183. यह तथ्य कि कलकत्ता हिन्दी को एक विषय के रूप में प्रारम्भ करने वाला पहला विश्वविद्यालय था, युक्त प्रान्त के बुद्धिजीवियों के लिए कम झेंप और लज्जा का कारण नहीं था। चूँकि भारतीय भाषाओं और विशेष रूप से बांग्ला को मुख्य विषयों के रूप में पढ़ाने का प्रावधान वहाँ 1916 से लागू रहा था, हिन्दी की शुरूआत का प्रश्न लगता है कि मुख्य रूप से आर्थिक साधनों और अनुदानों का प्रश्न रहा होगा। हिन्दी का अध्यापन एक छोटे स्तर पर 1922 में घनश्याम दास बिड़ला द्वारा दिये हुए अनुदान के बाद शुरू हुआ था। उपकुलपति सर आशुतोष मुखर्जी ने युक्त प्रान्त शिक्षा विभाग के अवकाश प्राप्त हिन्दी विद्वान लाला सीताराम से सम्पर्क किया और हिन्दी संचयनों के 6 खण्ड तैयार किये, जिन्हें प्रकाशक इण्डियन प्रेस ने कलकत्ता विश्वविद्यालय को उपहार के रूप में भेंट किया; भारत मित्र से सम्मेलन पत्रिका में उद्धृत, 6, 12, जून 1920, पृष्ठ 280-83।
184. कृष्ण कुमार, द पोलिटिकल एजेण्डा ऑफ़ एजुकेशन।
185. सम्मेलन पत्रिका, 8, 10, मई-जून, 1921, पृष्ठ 235 पर उद्धृत।
186. सम्मेलन पत्रिका, 8, 6, पृष्ठ 98 पर उद्धृत।
187. दोनों रामचन्द्र शुक्ल और भगवानदीन शुरू में किसी और अध्यापक से कम वेतन (60 रुपये प्रति महीने) पर नियुक्त हुए थे; श्याम सुन्दर दास के विरोध के बावजूद उन्हें एक प्रोफ़ेसर होते हुए भी एक सहायक प्रोफ़ेसर के पद पर दी जाने वाली तनख़्वाह मिलती थी, जिससे उन्हें हिन्दी के प्रति मदन मोहन मालवीय की भावनाओं की सच्चाई के प्रति सन्देह

हो गया; देखिए श्यामसुन्दर दास, मेरी आत्म कहानी, पृष्ठ 207, 210; इसकी तुलना में 1927 में इलाहाबाद विश्वविद्यालय का वेतनमान प्रोफ़ेसरों के लिए 800 से 1250 रुपये प्रति महीने; रीडरों के लिए 450 से 850 रुपये; प्रवक्ताओं के लिए 250 से 450 रुपये और जूनियर लेक्चरर के लिए 150 रुपये प्रति महीने था। 1922 में अनुदान प्राप्त प्राइमरी स्कूलों की तनख़्वाहें अप्रशिक्षित अध्यापकों के लिए 10 रुपये, प्रशिक्षित अध्यापकों के लिए 14 रुपये और स्कूल मास्टरों के लिए 20 रुपये प्रति महीना थीं; आगरा और अवध के युक्त प्रान्तों में सार्वजनिक शिक्षा के सम्बन्ध में पंचवर्षीय रिपोर्ट 1922-27, पृष्ठ 14 और 1917-22 पृष्ठ 78।

188. भगवान दीन ने निम्नलिखित टीकाएँ लिखीं : केशव दास ('केशव कौमुदी,' बनारस, 1923-24); बिहारी ('बिहारी बोधिनी,' बनारस 1925-26 और 'बिहारी और देव,' बनारस, 1926) तुलसीदास ('तुलसी पंचरत्न,' 1928; अयोध्या काण्ड और किष्किन्धा काण्ड पर एक टीका, 1926-27 और 'कवितावली' की टीका विश्वनाथ मिश्र के साथ 1931-32)। उन्होंने 1916 में काव्यालंकारों पर एक ग्रन्थ अलंकार मंजूषा लिखा था; 1927 में उन्होंने एक और पुस्तक लिखी—'व्यंग्यार्थ मंजूषा' और संस्कृत की पुस्तक 'अन्योक्ति कल्पद्रुम' का अनुवाद 1931-32 में किया, देखिए परिशिष्ट

189. श्यामसुन्दर दास ने अध्यापन करने के दौरान आलोचना पर एक पाठ्य पुस्तक तैयार की ('साहित्यालोचन,' 1922, देखिए 2.2); उन्होंने फिर भाषा विज्ञान पर एक ऐसी ही पाठ्य पुस्तक पद्‌म नारायण आचार्य की सहायता से तैयार की ('भाषा रहस्य,' इण्डियन प्रेस, 1935, जिसका सम्वर्द्धित संस्करण 1938 में भाषा विज्ञान के रूप में प्रकाशित हुआ)। खड़ी बोली के विकास से सम्बधित खण्ड ग्रियर्सन के आग्रह पर 'बुलेटिन ऑफ़ द स्कूल ऑफ़ ओरिएण्टल ऐण्ड ऐफ़्रिकन स्टडीज़' में अंग्रेज़ी में भी प्रकाशित हुआ; श्याम सुन्दर दास, मेरी आत्म कहानी, पृष्ठ 222।

190. तब तक नागरी प्रचारिणी सभा की परियोजनाओं पर काम करने वाले रामचन्द्र शुक्ल ने भारी संख्या में गौरव-ग्रन्थों का सम्पादन किया : लाला भगवान दीन और ब्रजरत्न दास के साथ 'तुलसी ग्रन्थावली' (1923) के तीन खण्ड; 'जायसी ग्रन्थावली' (1924), सूरदास के 'भ्रमर गीत' (1925) और 'भारतेन्दु रचनावली' (1928)। सौन्दर्यशास्त्र पर उनकी महत्वपूर्ण कृतियाँ जोड़ी जानी चाहिएँ : 'चिन्तामणि' (1939 और 1945) और रस मीमांसा के निबन्ध (1922, लेकिन समग्र रूप से 1949 में प्रकाशित) उनका 'हिन्दी साहित्य का इतिहास' (1923-9, संशोधित संस्करण 1940। जो मूल रूप से नागरी प्रचारिणी सभा के विराट शब्दकोष की भूमिका था, इस विषय का मानक ग्रन्थ बना रहा है—काल-निर्धारण ऐतिहासिक चरित्र-चित्रण और अलग-अलग लेखकों के समीक्षात्मक आकलन के सन्दर्भ में एक मील का पत्थर। तुलसीदास और मध्यकालीन हिन्दी साहित्य के 'स्वर्ण युग' के प्रति उनकी सराहना और समकालीन विकास (विशेष रूप से छायावाद) के प्रति उनके सन्देह ने बनारस हिन्दू विश्वविद्यालय के वातावरण का स्वर तय कर दिया (5.2)।

191. देखिए, नामवर सिंह, दूसरी परम्परा की खोज, नयी दिल्ली, राजकमल प्रकाशन, 1982, जहाँ हज़ारी प्रसाद द्विवेदी के समय में बनारस हिन्दू विश्वविद्यालय में आलोचना के वातावरण को विविधता से चित्रित किया गया है। इस विषय पर कहीं अधिक व्यापक चर्चा की ज़रूरत है जो एक अलग अध्ययन की माँग करता है।

192. म्योर सेण्ट्रल कॉलेज के छात्र के रूप में, आचार्य नरेन्द्र देव, परशुराम चतुर्वेदी, सुमित्रा नन्दन पन्त और बाबू राम सक्सेना जैसे अन्तेवासियों के साथ, धीरेन्द्र वर्मा हिन्दू बोर्डिंग हाउस में रहे थे। धीरेन्द्र वर्मा और बाबू राम सक्सेना, दोनों गंगानाथ झा के छात्र थे; बाद में बाबू राम सक्सेना और परशुराम चतुर्वेदी विश्वविद्यालय में नियुक्त भी हुए। धीरेन्द्र वर्मा के छात्रों में माता प्रसाद गुप्त, हरदेव बाहरी, लक्ष्मी सागर वार्ष्णेय, ब्रजेश्वर वर्मा और रघुवंश थे, जो सब-के-सब हिन्दी के साहित्यिक इतिहास में जाने-माने नाम थे।

193. परिषद निबन्धावली का आमुख भाग 1, 1929।

194. सम्मेलन पत्रिका 13, 7-8, 1926, पृष्ठ 205।

195. सम्मेलन पत्रिका, 13, 9, 1926, पृष्ठ 382।

196. धीरेन्द्र वर्मा के पूर्व छात्र और इलाहाबाद विश्वविद्यालय के हिन्दी विभाग के अध्यक्ष, राजेन्द्र कुमार वर्मा से इण्टर्व्यू, इलाहाबाद, जुलाई 1993।

197. उन कृतियों में जो विभाग के सदस्यों ने लिखीं, और जिन्हें पाठ्य पुस्तकों के रूप में इस्तेमाल किया गया धीरेन्द्र वर्मा की पुस्तक हिन्दी भाषा का इतिहास, 1933, हिन्दी भाषा और लिपि (पिछली पुस्तक का प्रारम्भिक अध्याय, 1935 में अलग से प्रकाशित), ब्रजभाषा व्याकरण (1937), अष्टछाप (1938); रामकुमार वर्मा की पुस्तक साहित्य समालोचना (1931), कबीर का रहस्यवाद (1930) और हिन्दी का आलोचनात्मक इतिहास (1939) थीं।

198. इस हद तक कि हिन्दी की पत्रिकाएँ तर्क देतीं कि सरकार हिन्दी के प्रवक्ताओं और अध्यापकों को नियुक्त करते समय हिन्दी साहित्य सम्मेलन की राय न ले कर उसका अपमान कर रही थी : केवल विश्वविद्यालय के स्नातकों को चुनने के बजाय उसे हिन्दी साहित्य सम्मेलन के साथ परामर्श करना चाहिए (जैसा कुछ रजवाड़े करते थे); देखिए, सम्पादकीय टिप्पणियाँ, माधुरी 4, भाग 2, 4 मई 1926, पृष्ठ 562-64।

199. लक्ष्मी नारायण गुप्त द्वारा उद्धृत, हिन्दी भाषा और साहित्य को आर्य समाज की देन, लखनऊ, लखनऊ विश्वविद्यालय, 1960, पृष्ठ 26।

200. कृष्ण कुमार, द पोलिटिकल एजेण्डा ऑफ़ एजुकेशन, पृष्ठ 128।

201. आटा फ़ण्ड, रैग फ़ण्ड, पैसा फ़ण्ड, जैसी तकनीकें बाद में राष्ट्रवादी आन्दोलन में भी इस्तेमाल की गयीं; देखिए केनेथ जोन्स, आर्य धर्म, हिन्दू कॉन्शसनेस इन नाइनटीन्थ सेन्चुरी पंजाब, बर्कले, युनिवर्सिटी ऑफ़ कैलिफ़ोर्निया प्रेस, 1976, पृष्ठ 81।

202. वही पृष्ठ 69।

203. सरकार, मॉर्डन इण्डिया, पृष्ठ 127 पर उद्धृत।

204. 'जैसा कि एक अध्यापक रामचन्द्र शर्मा ने कहा कि हम उस कृतघ्न व्यक्ति की तरह हैं जो दूसरों को मिठाइयाँ खिला रहा है जबकि ख़ुद उसकी माँ भूखी है, दूसरे शब्दों में अपनी भाषा को त्याग कर साहित्य और पठन-पाठन के लिए दूसरी भाषा पर निर्भर होना पूरी तरह पाप है; जो संस्थाएँ इस (साहित्यिक) उद्देश्य के लिए हिन्दी का उपयोग करती हैं, वे अपने धर्म का पालन कर रही हैं और प्रशंसा के योग्य हैं।। आर्य जगत, सम्मेलन पत्रिका 12, 3-4 : 1924, पृष्ठ 161 से उद्धृत।

205. वही।

206. पढ़ाई 14 साल चलती, 10 विद्यालय में और 4 महाविद्यालय में जिसके 3 विभाग थे—वैदिक विभाग, कला विभाग और आयुर्वेद विभाग। वैदिक विभाग के स्नातकों को सिद्धान्तालंकार कहा जाता था और वे वेदों के अलावा धर्म का तुलनात्मक अध्ययन करते थे; बाद में वे ख़ुद प्रचारक या अध्यापक बन जाते थे। कला के स्नातक पश्चिमी दर्शन, इतिहास, गणित, अंग्रेज़ी और हिन्दी पढ़ते थे और 'विद्यालंकार' कहलाते थे। आयुर्वेद के स्नातक तुलनात्मक औषधिशास्त्र पढ़ते थे और उन्हें ऐसी शिक्षा मिलती थी जो 'सरकारी चिकित्सकीय प्रशिक्षण से ज़रा भी कम नहीं होती थी'। 1925 तक 125 स्नातकों में से 10 पत्रकार बन गये थे, 15 आर्य समाज के प्रचारक थे, लगभग 30 अध्यापक थे; कोई भी, जैसी कि उम्मीद थी, सरकारी नौकरी में नहीं गया; सत्यव्रत, गुरुकुल कांगड़ी, माधुरी 3, भाग 2, 5 मई 1925, पृष्ठ 635-42। यशपाल ने लाहौर के डी.ए.वी. कॉलेज, आतंकवाद और हिन्दी साहित्य की ओर जाने से पहले यहीं पढ़ाई की थी।

207. गुप्त, हिन्दी साहित्य को आर्य समाज की देन, पृष्ठ 125 पर उद्धृत।

208. पद्‌म सिंह शर्मा ने द्विवेदी जी को लिखे कई पत्रों में आर्य कन्या महाविद्यालय के लिए लाला देवराज की पाठ्य पुस्तकों की अशुद्ध (पंजाबी प्रभाव के साथ, उर्दू निष्ठ) भाषा पर नापसन्दगी ज़ाहिर की है। ये पुस्तकें अन्य आर्य समाजी स्कूलों में चलती थीं; देखिए बैजनाथ सिंह, द्विवेदी युग के साहित्यकारों के कुछ पत्र, पृष्ठ 97-98, शायद यही कारण था कि पद्‌म सिंह शर्मा गुरुकुल को छोड़ कर ज्वालापुर के महाविद्यालय में चले आये थे।

209. भवानी प्रसाद, आर्य भाषा पाठावली, कांगड़ी, गुरुकुल प्रेस, छठा संस्करण, 1927; पहले संस्करण की भूमिका (1909)।

210. वही, भाग 2, पृष्ठ 9।

211. वही पृष्ठ 34।

212. देखिए गुरुकुल ब्रह्मचारी का दैनिक जीवन जैसा कि वह 'हमारा गुरुकुल' शीर्षक कविता में वर्णित है, जहाँ छात्र का हर क्षण अनुशासनबद्ध है और शिक्षकों के प्रति समर्पण पर बार-बार बल दिया गया, वही भाग 2, पृष्ठ 102-104।

213. वहाँ एक साहित्यिक गोष्ठी में प्रेमचन्द जो गुरुकुल की यात्रा पर आये हुए थे यह टिप्पणी करने से रुक नहीं पाये कि 'अधिकांश कविताएँ हास्यास्पद थीं मगर मैं ब्रह्मचारियों के साहस की तारीफ़ करूँगा कि उन्हें अपनी अण्ड-बण्ड रचनाएँ सुनाने में लेशमात्र भी संकोच न होता था।'' 'गुरुकुल कांगड़ी में तीन दिन', माधुरी 6, भाग 2, 3 अप्रैल 1928, पृष्ठ 364।

214. श्रद्धानन्द, इनसाइड कांग्रेस, बम्बई, फ़ीनिक्स, 1946, पृष्ठ 7।

215. वही, पृष्ठ 46, समाचार पत्र का सम्पादन उनके पुत्र इन्द्र विद्यावाचस्पति करते थे जो 1912 और 1920 के बीच गुरुकुल में अध्यापक, प्रधानाचार्य और उपकुलपति के रूप में काम कर चुके थे। बाद में वे दिल्ली में महत्वपूर्ण राष्ट्रवादी 'दैनिक अर्जुन' (जिसका नाम बाद में 'वीर अर्जुन' हो गया) के सम्पादक बने।

216. देखिए सम्मेलन पत्रिका 2, 10, 1914, पृष्ठ 276। इस समिति में रामदास गौड़, रामनारायण मिश्र, श्यामसुन्दर दास, पुरुषोत्तम दास टण्डन, मिश्र बन्धु और नागरी प्रचारिणी सभा तथा हिन्दी साहित्य सम्मेलन, दोनों के कई अन्य संस्थापक शामिल थे। इस तरह यह 1947 तक

पूरी तरह उपनिवेश विरोधी योजना नहीं थी, जैसा कि सम्मेलन के भूतपूर्व निदेशक का मानना था : प्रभात शास्त्री के साथ इण्टर्व्यू, इलाहाबाद जुलाई 1993।

217. देखिए मिसाल के लिए सम्मेलन पत्रिका 27, 8-9, जून-जुलाई, 1940, पृष्ठ 16।

218. लाहौर में पंजाब विश्वविद्यालय ने हिन्दी दक्षता परीक्षाएँ शुरू की थीं जो अनुदान प्राप्त स्कूलों के शिक्षकों में लोकप्रिय साबित हुई। लेकिन उनका प्रभाव सीमित था, क्योंकि वे दूसरे प्रान्तों के उम्मीदवारों के लिए खुली नहीं थीं। इलाहाबाद विश्वविद्यालय ने हिन्दी दक्षता परीक्षाएँ केवल प्रान्त के अध्यापकों के लिए गठित की थीं। लाहौर के पाठ्यक्रम में व्याकरण, अलंकार शास्त्र, महावीर प्रसाद द्विवेदी का 'सचित्र महाभारत,' मिश्र बन्धुओं और मार्सडन का 'भारत का इतिहास,' भारतेन्दु के नाटक, राधेश्याम कथावाचक का 'वीर अभिमन्यु' और 'प्रेमसागर' तथा 'रामचरित मानस,' बिहारी, देव, भूषण, केशवदास और आधुनिक साहित्यकारों में केवल मैथिलीशरण गुप्त शामिल थे; देखिए माधुरी 2, भाग 2, 1 फ़रवरी 1924, पृष्ठ 96-97।

219. 1939 में 562 केन्द्र थे, हिन्दी साहित्य सम्मेलन के हिन्दी विश्वविद्यालय की परीक्षाओं की विवरण पत्रिका के अनुसार सम्वत 1995-96 (1938-39) इलाहाबाद, 1939; नाम पृष्ठ 82-99 पर दिये गये हैं।

220. शुल्क की दर 1938 में प्रथमा के लिए 2.50 रुपये, मध्यमा के लिए 6.00 रुपये, उत्तमा और पत्रकारिता के लिए 11.00 रुपये थी; वही पृष्ठ 2, हिन्दी साहित्य सम्मेलन को जो आमदनी हुई वह 1936 में 7101.00 रुपये और 1942 में 22,321.00 रुपये थी। देखिए सम्मेलन पत्रिका 14, 3 और 30, 10।

221. किशोरी दास वाजपेयी, साहित्यिक जीवन के अनुभव और संस्मरण, पृष्ठ 106।

222. ठीक वैसी ही परीक्षा जैसी कि मुझे 70 साल बाद नयी दिल्ली के केन्द्रीय हिन्दी संस्थान में देनी पड़ी।

223. 1915 में हिन्दी साहित्य सम्मेलन की परीक्षाओं का पहला प्रश्न पत्र; हिन्दी साहित्य सम्मेलन की परीक्षाओं की विवरण पत्रिका सम्वत् 1982 इलाहाबाद, हिन्दी साहित्य सम्मेलन, 1915, पृष्ठ 7।

224. देखिए बद्रीनाथ भट्ट का समीक्षात्मक लेख, 'सम्मेलन परीक्षाओं की पाठ्य पुस्तकें', माधुरी 1, भाग 2, 3, सम्मेलन अंक, पृष्ठ 289-91, प्रथमा परीक्षा के लिए प्रारम्भिक पाठ्यक्रम में जायसी की 'पद्मावत,' तुलसीदास के 'अयोध्या काण्ड,' सूरसागर, सभा विलास और केशव दास की 'रामचन्द्रिका' के संकलित अंश शामिल थे। आधुनिक पाठों में हरिऔध का 'प्रिय-प्रवास,' श्रीधर पाठक की 'श्रान्त पथिक' और 'कश्मीर सुषमा' और कालीदास के 'मेघदूत' का राजा लक्ष्मण सिंह द्वारा, 'मृच्छकटिक' का लाला सीताराम द्वारा और 'मुद्राराक्षस' का भारतेन्दु द्वारा किया गया अनुवाद; लल्लू जी लाल का 'प्रेम सागर,' तीन प्रारम्भिक हिन्दी उपन्यास ('सौ अजान और एक सुजान,' 'परीक्षा गुरु' और 'कहानी ठेठ हिन्दी की') बालमुकुन्द गुप्त के निबन्ध, श्यामसुन्दर दास का 'हिन्दी भाषा की उत्पत्ति।' दूसरे शब्दों में हिन्दी में समकालीन साहित्य को छोड़, तब तक लिखे गये लगभग सभी ग्रन्थ। उच्च दक्षता परीक्षा के पाठ्यक्रम में पहली परीक्षा के लिए निर्धारित कृतियों में से बाद की आधी कृतियाँ तथा 'पृथ्वी राज रासो' के ग्यारह सर्ग, बिहारी और केशवदास, मिश्र बन्धु का 'हिन्दी साहित्य का संक्षिप्त इतिहास' और अन्य निबन्ध संकलन शामिल थे।

225. आधुनिक कविता के प्रश्न पत्र में आधुनिक ब्रजभाषा काव्य के एकमात्र प्रतिनिधि के तौर पर राय देवी प्रसाद 'पूर्ण', कुछ द्विवेदी युगीन कवि और ऐसी समकालीन कृतियाँ जिन्हें मंगला प्रसाद पारितोषिक मिला था, जैसे वियोगी हरि की 'वीर सतसई,' मैथिलीशरण गुप्त का 'साकेत,' सुमित्रा नन्दन पन्त का 'पल्लव,' जयशंकर प्रसाद का 'झरना और आँसू' और रामकुमार वर्मा की 'चित्ररेखा;' विवरण पत्रिका, उत्तमा परीक्षा, 1938, पृष्ठ 6।

226. कृष्ण कुमार, द पोलिटिकल एजेण्डा ऑफ़ एजुकेशन।

❐

अध्याय 2

भाषा, साहित्य, और प्रचार

⌘

पिछले अध्याय में हमने जिन संस्थाओं और स्थानों (स्पेसिज़) का ज़िक्र किया है उनके बल पर हमें उस दुनिया की कल्पना करने में मदद मिली जिसमें हिन्दी के साहित्यकार जीते और काम करते थे और जिसके क्षितिज और जिसकी सीमाएँ उनके भीतर उनको पार करने की ऊर्जा पैदा करती थीं। यह सन्दर्भ देना इसलिए ज़रूरी था ताकि हम समझ सकें कि भाषा और साहित्य के सम्बन्ध में उनकी मान्यताएँ क्या थीं। यही इस अध्याय का विषय है। उन्नीसवीं सदी से ही, जैसा कि हम देख चुके हैं, भाषा और साहित्य उन तीखे बहस-मुबाहिसों के केन्द्र में रहा था जो देश की प्रगति और सुधार के बारे में होते रहे थे : 'निज भाषा उन्नति अहै सब उन्नति को मूल,' भारतेन्दु ने कहा था। हिन्दी के सन्दर्भ में हम देख चुके हैं कि किस तरह ऐसी दलीलों ने एक विशाल भौगोलिक क्षेत्र में, और अंग्रेज़ी, उर्दू तथा पहले के बहुभाषी संस्कारों के बरख़िलाफ़, भाषा और संस्कृति की परस्पर जुड़ी हुई पहचान को जन्म देने में कारगर भूमिका अदा की थी। हिन्दी के लिए बढ़ते हुए समर्थन ने, और गाँधी के राष्ट्रवाद की लहर ने 1920 के दशक में, नाटकीय ढंग से भाषा के मुद्दे का सन्दर्भ बदल कर रख दिया : अचानक राष्ट्रभाषा का प्रश्न न केवल युक्ति-संगत परिकल्पना जान पड़ने लगा, बल्कि एक अपरिहार्य ज़रूरत भी। अब तक हिन्दी और उर्दू के विद्वानों के बीच जो एक प्रान्तीय स्तर का मुक़ाबला रहा था, वह राष्ट्रीय राजनीति का विषय बन गया। यह हिन्दी के बुद्धिजीवियों और कार्यकर्ताओं के भाषणों और उनकी आकांक्षाओं के बहुत अनुकूल और माफ़िक बैठता था। लेकिन इससे कुछ नयी और अन्ततः दुर्दम्य क़िस्म की समस्याएँ भी खड़ी हुईं, जैसा कि 1930 के दशक में हिन्दी और हिन्दुस्तानी के बीच छिड़ी बहस से नज़र आयेगा (5.4)। राष्ट्रवादी नज़रिये ने भाषा और साहित्य की धारणा को ले कर और लेखक की भूमिका से सम्बन्धित हिन्दी की बहसों पर क्या असर डाला? हिन्दी के बुद्धिजीवियों ने साहित्य-जगत की नयी सार्वजनिकता (पब्लिकनेन्स)

पर क्या प्रतिक्रिया व्यक्त की जो उनकी भूमिकाओं को ही नहीं बदल रहा था, बल्कि उनके कृतित्व और कार्य का मूल्यांकन करने के तरीक़ों में भी तब्दीलियाँ ला रहा था? ये कुछ सवाल हैं, जो इस अध्याय में परखे जायेंगे

2.1. भाषा का राष्ट्रवादी विमर्श :

मातृभाषा–देशव्यापक भाषा–राष्ट्रभाषा

> "आवश्यकता ने देशवासियों के हृदय में राष्ट्रभाषा का महत्व प्रकाशित किया। देशवासियों के हृदयों में जो लहर उठी वह फैली, और समस्त देश को प्लावित करने के लिए वह आगे बढ़ी। देश के समस्त दूरदर्शी विचारवानों ने इस विचार का स्वागत किया। राष्ट्रभाषा की आवश्यकता सब ने स्वीकार की। हमारे लिए यह गौरव की बात है कि वह पद हमारी मातृभाषा को ही मिला।... यह है सरस्वती देवी की आराधना। इसमें धनी गरीब का भेद नहीं, और बी.ए., एम. ए. का बखेड़ा नहीं। जिसके हृदय में भाव नहीं है और मातृ प्रेम है, उसी के लिए द्वार खुला है। वह अपना नैवेद्य अर्पण कर सकता है। न तो यहाँ नवीनों से प्रेम है और न प्राचीनों से द्वेष, न धनियों की ख़ुशामद और न ग़रीबों को दुत्कार, सभी माता सरस्वती के आराधक हैं, सभी अपना प्रेममय उपहार माता के चरणों में अर्पण करने के लिए आये हैं। सभी का एक लक्ष्य है, सभी का एक स्वार्थ है, यह एक आनन्दमय दशा है जिसका अनुभव हृदय वाले करते हैं। अतएव जब हम मातृमण्डप में जाते हैं उस समय समस्त बाह्य भावनाओं को भूल कर मातृ-प्रेमियों को गले-गले मिलते देखते हैं। हिन्दू, मुसलमान, पारसी इत्यादि, सभी एक ही राग अलापते हैं, एक ही गान गाते हैं, बिहार का शब्द सिन्ध में सुनायी देता है।"[1]

राष्ट्रभाषा के रूप में हिन्दी का दावा सैद्धान्तिक उपज था। ऊपर के उद्धरण में, एक ऐसी भारतीय भाषा को ऐतिहासिक 'अनिवार्यता' और राष्ट्रवादी भावनाओं की सीधी उपज बताया गया है जो समूचे बहु-भाषा-भाषी राष्ट्र का सम्पर्क-सूत्र बन कर उसे एकताबद्ध करेगी। इसी के साथ, इस भाषा में पारलौकिक गुणों का समावेश है : उसे प्रयोग में लाना और उसका सम्मान करना 'देवी सरस्वती की उपासना करना' और रहस्यमय आनन्द के स्रोत में डुबकी लगाने की तरह है। राष्ट्र-भाषा का सवाल इस तरह भक्तिपरक सर्व-समावेशी समुदाय की धार्मिक वाग्मिता में संस्थापित कर दिया जाता है। जैसे भक्ति का मार्ग सबके लिए खुला है और साध्य और साधन, दोनों ही है, ठीक उसी तरह राष्ट्रभाषा की कल्पना एक ऐसी राष्ट्रीय बिरादरी बनाने के साधन के रूप में हुई जो सब के लिए खुली होगी और एकता की भावना प्रदान करेगी। हिन्दू परम्परा में ज्ञान की अनुशासनप्रिय देवी सरस्वती, वह देवी जिसकी आराधना सभी कवि और विद्वान करते हैं,

यहाँ धर्म और सामाजिक परिस्थिति से ऊपर उठ कर सभी हिन्दुस्तानियों की 'माता' का पद ग्रहण कर लेती है, जो बुनियादी तौर पर 'भारत माता' ही का रूपक है। सर्वसम्मति कैसे हासिल होगी, यह सवाल वाग्मिता की इस सुपरिचित युक्ति द्वारा हल कर लिया दिखता है कि वह—अर्थात सर्वसम्मति—तो पहले ही से मौजूद है : 'देश के सभी दूरदर्शी बुद्धिजीवी,' बल्कि 'सभी लोग' हिन्दी को राष्ट्रभाषा बनाने की ज़रूरत को स्वीकार कर चुके हैं, और सभी भक्त, 'हिन्दू, मुस्लिम, पारसी वही धुन बजाते हैं।' ऐसी आनन्द-भरी एकता के इस चित्र पर किसी दुर्भावनापूर्ण खेल-बिगाड़ू के अलावा और कौन विरोध करेगा भला?

हालाँकि 'निज भाषा उन्नति' की बात हर भारतीय भाषा के सन्दर्भ कही गयी थी, हिन्दी का भविष्य इस दृष्टि से भी अनोखा था, क्योंकि उसे उन्नीसवीं सदी से ही कुछ विद्वान और राजनेता हिन्दुस्तान की सम्भावित राष्ट्रभाषा समझने लगे थे। (देखिए अगले कुछ पृष्ठ)। अपने ही प्रान्तों में हिन्दी के गौण महत्व और उर्दू से उसके मुक़ाबले की स्थिति को देख कर जिसकी चर्चा पिछले अध्याय में हो चुकी है, हिन्दी की राह काँटों से भरी नज़र आती थी। सच तो यह है कि 'माता के मन्दिर' वाले रूपक में दृढ़ विश्वास होते हुए भी, वास्तविक सर्वसम्मति की ओर रास्ता उतना आसान नहीं था जितना कि लम्बे-चौड़े भाषण सुझाया करते थे। घरों में बोली जाने वाली मातृ-भाषा हिन्दी को जनता की भाषा के रूप में स्थापित करने का हर क़दम, स्थानीय परिषदों में, शिक्षा-व्यवस्था में, विधान सभा में और ख़ुद कांग्रेस में, विवाद खड़े करने वाला था। 1930 के दशक में सुलह-समझौते के कुछ रास्ते उभर कर सामने आये जब यह साफ़ हो गया कि राजनैतिक सर्वसम्मति तक पहुँचना मुश्किल होगा। साथ ही हिन्दी की जो कल्पना हिन्दी की साहित्यिक संस्थाएँ और विद्वान कर रहे थे, उनसे ज़्यादा खुली, उदार और अनेकपक्षी धारणाएँ हिन्दी जगत में मौजूद थीं। (देखिए 5.4.1) लेकिन सबसे पहले, आइए प्रमुख अवधारणा पर विचार किया जाये।

आधुनिक हिन्दी के मानक रूप को स्थापित करने और लोकप्रिय बनाने के काम में महावीर प्रसाद द्विवेदी की महत्वपूर्ण भूमिका की चर्चा पहले ही हो चुकी है। यहाँ जो बात उल्लेखनीय है, वह यह कि विवेकपूर्ण, तार्किक दलीलों के बल पर द्विवेदी जी ने कैसे एक वैचारिक धारणा को भी स्थापित करने में मदद की जिसने निज भाषा के मुद्दे को राष्ट्रभाषा के मुद्दे से जोड़ दिया। निश्चय ही, ऐसा करने वाले वही अकेले नहीं थे; लेकिन बीसवीं सदी के आरम्भ में उनका जो दबदबा था, उनकी टिप्पणियाँ जितनी मुखर थीं और तर्क जितने स्पष्ट, वह सब उन्हें हमारे विश्लेषण के लिए आदर्श नमूना बना देते हैं। महावीर प्रसाद द्विवेदी ने 1903 में जब सरस्वती का सम्पादन शुरू किया तब उन्नीसवीं सदी का हिन्दी-उर्दू घमासान जारी था। इस तरह उनका पहला लक्ष्य था उर्दू-शिक्षित हिन्दुओं को उनकी 'मातृभाषा' में फिर से दीक्षित करना और

अंग्रेज़ीदाँ हिन्दुओं को एड़ लगाना कि वे निज भाषा की उन्नति के लिए अपने कर्तव्यों को पहचानें : 'हमारी प्रार्थना है कि अँगरेज़ी के विद्वान अपने देश और अपने समाज की दशा पर विचार करके अपनी भाषा में भी उपयोगी लेख लिखने की कृपा किया करें। लिखना नहीं आता, यह दलील किसी काम की नहीं। सचमुच ही नहीं आता तो सीखिए। अपना कर्तव्य पालन कीजिए।'[2] यह याद करने योग्य है कि 'मातृ भाषा' शब्द का प्रयोग पहले ही से एक वैचारिक, सैद्धान्तिक क़दम का संकेत था : उस समय खड़ी बोली का जो रूप छपाई में इस्तेमाल हो रहा था, वह शायद ही किसी की मातृभाषा रही होगी, सिवा उन लोगों के जो दिल्ली और अलीगढ़ के आस-पास के रहने वाले थे या उन समुदायों में शामिल थे जो वहाँ से पूरब और दक्खिन की तरफ़ जा बसे थे, जैसे अगरवाल और खत्री। मगर द्विवेदी जी की परिभाषा में 'मातृ भाषा' शब्द एक ऐसी मानक भाषा का सूचक था जो बोलने वाले की सांस्कृतिक और धार्मिक पहचान को प्रतिबिम्बित करती थी। छपाई की भाषा के रूप में खड़ी बोली की हैसियत ने उसे एक ऐसे जनपद में यह मानक दर्जा दिला दिया जहाँ हिन्दी की विभिन्न बोलियों का बोलबाला था। इसी के साथ 'माता' के रूपक ने मातृभाषा और मातृभूमि के बीच समानता और समरूपता को स्थापित करने में मदद दी। हिन्दी का प्रयोग इस तरह एक कर्तव्य और देश सेवा-सा बन गया। भारतेन्दु को प्रतिध्वनित करते हुए द्विवेदी जी ने 1903 में कहा था :

> 'देश की उन्नति उसकी भाषा की उन्नति पर अवलम्बित रहती है। जिस देश की भाषा अच्छी दशा में है, वह देश उन्नत हुए बिना नहीं रहता।...जिसने इस देश में जन्म लिया है, जिसने इस देश का अन्न-जल ग्रहण किया है, जो इस देश से प्रीति रखता है, उसका धर्म है कि वह इसे सजीव करने के लिए यथाशक्ति प्रयत्न करे।...हमारा देश हिन्दुस्तान है, अतएव हमारी स्वाभाविक भाषा हिन्दी है।'[3]

और कानपुर में हिन्दी साहित्य सम्मेलन के 13वें अधिवेशन (1923) की स्वागत समिति के अध्यक्ष के रूप में उन्होंने यह भी कहा था :

> 'मैं तो केवल इतना ही कहना चाहता हूँ कि मनुष्य की मातृभाषा उतना ही महत्व रखती है जितनी कि उसकी माता और मातृभूमि रखती है। एक माता जन्म देती है, दूसरी खेलने, कूदने, विचरण करने और सांसारिक जीवन-निर्वाह के लिए स्थान देती है; और तीसरी मनोविचारों और मनोगत भावों को दूसरों पर प्रकट करने की शक्ति दे कर मनुष्य-जीवन को सुखमय बनाती है। क्या ऐसी मातृभाषा का हम पर कुछ भी ऋण नहीं? क्या ऐसी मातृभाषा की विपन्नावस्था देख कर जानकार जनों की आँखों से आँसू नहीं टपकते? क्या ऐसी

मातृभाषा से अधिकांश लोगों को परामुख होते और इसका परित्याग करते देख मातृभाषाभिमानियों का हृदय विदीर्ण नहीं होता? जो अपनी भाषा का आदर नहीं करता, जो अपनी भाषा से प्रेम नहीं करता, जो अपनी भाषा के साहित्य की पुष्टि नहीं करता, वह अपनी मातृभूमि की कदापि उन्नति नहीं कर सकता। उसके स्वराज्य का स्वप्न, उसके देशोद्धार का संकल्प, उसकी देशभक्ति की दुहाई बहुत कुछ निःसार है।"[4]

द्विवेदी जी की 'मातृ भाषा' आगे कई और दलीलें पेश करने का आधार बन गयी, मसलन : कि हिन्दीयुक्त प्रान्त की असली भाषा थी ('हमारी भाषा हिन्दी है!')[5]; कि क्षेत्रीय भिन्नताओं के बावजूद, वह एक ही भाषा थी, यानी संयुक्त और मध्य प्रान्तों, बिहार, राजपूताना, पंजाब और मध्य भारत की विभिन्न रियासतों के सभी हिन्दुओं की मातृभाषा थी, भले ही वे इस बात को मानने के लिए तैयार थे या नहीं;[6] और अन्त में कि अदालत की ज़बान के रूप में उर्दू का दर्जा 'स्वाभाविक' नहीं था, बल्कि एक ऐसे विशेषाधिकार का नतीजा था जिसका राजनैतिक औचित्य ख़त्म हो चुका था।[7] इस तरह द्विवेदी जी ने भाषिक यथास्थिति में ऐतिहासिक परिवर्तन का पक्ष लेते हुए 'वस्तुपरक' शब्दावली में कई दलीलें पेश कीं। मातृभाषा की धारणा बोलचाल की विविध शैलियों और अन्य भाषिक परम्पराओं में शिक्षित हिन्दुओं का महत्व कमतर दिखाने का आधार बनी, और उन सबको एक समान रूपी समुदाय में एकमेक कर दिया गया। इसी तरह, हिन्दी को राष्ट्रभाषा के रूप में स्वीकृत कराने के लिए इतना कहना काफ़ी था कि उसकी 'वस्तुपरक ज़रूरत' थी। द्विवेदी जी ने सबसे पहले ऐसी ज़रूरत देश व्यापक सम्पर्क भाषा के रूप में व्यक्त कीः

> 'एक भाषा होने का प्रभाव विलक्षण होता है। बहुत भारी असर होता है। उससे मनुष्यों के हृदय में यह वासना जागृत हो उठती है कि हम सब एक हैं; यह देश हमारा ही है; इसकी उन्नति के लिए प्रयत्न करना हमारा धर्म है; देश का हित ही हमारा हित है। देश के हित को केन्द्र समझ कर जब सब लोग अपने हित की चिन्तना करते हैं, तभी देश का कल्याएा होता है और तभी प्रजा का भी कल्याण होता है। एक भाषा न होने से सच्चा देशाभिमान कभी नहीं उत्पन्न हो सकता। परस्पर एका कभी नहीं उत्पन्न हो सकता; परस्पर प्रेमभाव भी कभी नहीं उत्पन्न हो सकता। इसलिए एक देशव्यापक भाषा की परम आवश्यकता है।'[8]

उनके अधिकारपूर्ण वक्तव्यों में राष्ट्रवादी वाग्मिता और 'वस्तुपरक' तार्किकता का मेल नज़र आता है और वे दलीलों को निर्विवाद रूप से तथ्यों के रूप में पेश करते नज़र आते हैं :

> 'संयुक्त प्रान्त, मध्य प्रदेश, मध्य भारत, राजपूताना और बिहार की भाषा हिन्दी है। पंजाब में जो भाषा बोली जाती है वह भी हिन्दी ही है, क्योंकि उर्दू कोई

> भिन्न भाषा नहीं। वह हिन्दी ही की एक शाखा है।...हिन्दुस्तान के उत्तर में केवल दो ही भाषाएँ प्रधान हैं। एक हिन्दी, दूसरी बंगला।...बंगाल के निवासी मध्य प्रान्त, मध्य भारत, बिहार और पंजाब आदि में भरे पड़े हैं।...वे .खूब हिन्दी बोल सकते हैं।...महाराष्ध्र, गुजरात, तैलंग और द्रविड़ आदि प्रदेशों के रहने वाले जब भिन्न भाषा बोलने वाले प्रान्तों को जाते हैं तब उनको हिन्दी ही से काम पड़ता है।...अतएव सबको सहायता देने वाली यह दयामयी हिन्दी ही देशव्यापक भाषा होने के योग्य है।'[9]

लेकिन हिन्दी, ख़ास तौर पर महावीर प्रसाद द्विवेदी की हिन्दी, अब सिर्फ़ देश भर के बाज़ारों की बोल-चाल की भाषा ही नहीं रह गयी थी : अब छपे हुए रूप में मानकीकृत इस भाषा से कहीं अधिक व्यापक कार्य सम्पन्न करने की अपेक्षाएँ की जा रही थीं। 'राष्ट्र भाषा' का और भी उन्नत आसन ग्रहण करने के लिए लचकीली, मुहावरेदार बोलचाल की हिन्दी का स्थान शुद्ध हिन्दी को अर्थात ऐसी भाषा को लेना ही था जो सांस्कृतिक रूप से अधिक वैधता हासिल कर चुकी हो। जैसा कि पाठ्य-पुस्तकों से पता चलता है, लोकप्रिय बनने और बनाने की ऊर्जा के रहते हुए भी हिन्दी प्रचार संस्कृतनिष्ठ लिखित शैली पर बल देता था, कम शिक्षित लोगों के लिए भी (1.4)।

बोलचाल की हिन्दी से राष्ट्रभाषा की ओर क़दम रखते ही ख़ुद अपने प्रान्त में हिन्दी की गौण स्थिति का सवाल फ़ौरन उठ खड़ा होता था : अंग्रेज़ी की तुलना में भी गौण और—फ़ारसी-दाँ भारतीय उच्च-वर्ग की नज़र में—उर्दू की तुलना में भी। हिन्दी ऐसे हालात में 'सर्वोच्च सम्मान' तक कैसे पहुँच सकती थी? एक बार फिर महावीर प्रसाद द्विवेदी ने इस समस्या को तार्किक बहस के बल पर बाक़ी सब (उर्दू, बंगला और निश्चय ही अंग्रेज़ी के पक्ष में) दावों को .खारिज करते हुए और एक मान्यता को स्वीकृत तथ्य के रूप में प्रस्तुत करते हुए हल किया।[10] इस तरीक़े से कँटीले सवाल भी आसानी से हल किये जा सकते थे, मिसाल के लिए वे जो लिपि से जुड़े थे : 'भारत में एक भाषा की तरह एक-लिपि की भी आवश्यकता है और यह निलपि सर्वांगसुन्दर और सुबोध देवनागरी लिपि ही हो सकती है। इस बात को सारे देश के हिन्दुओं ही ने नहीं, किन्तु कितने ही विचारशील मुसलमानों और अँगरेज़ों तक ने स्वीकार कर लिया है।'[11] इस चरण में लिपि के मामले में जिसमें इतने भारी प्रतीकात्मक अभिप्राय जुड़ गये थे, आम विचार यही था कि उसे काग़ज़ पर या कलकत्ता की एक लिपि विस्तार परिषद (1905 देखें नीचे) जैसी विद्वानों की सभा द्वारा हल किया जा सकेगा, जिसके एक सदस्य महावीर प्रसाद द्विवेदी भी थे और जो इस मुक़ाबले को करने के लिए प्रत्येक लिपि के अपने गुण-दोषों का 'वैज्ञानिक' मूल्यांकन करती थी। यह बात बड़े आराम से भुला दी गयी कि बीती हुई सदियों के दौरान संस्कृत ख़ुद अनेक लिपियों में लिखी जाती रही थी। महावीर प्रसाद द्विवेदी का रुख यह दिखाता है कि मानकीकरण का नज़रिया हिन्दी पत्र-पत्रिकाओं के

सीमाबद्ध सार्वजनिक क्षेत्र में महज़ तर्कों के बल पर ही मामले को कैसे 'हल' करने का प्रयास कर रहा था। और चूँकि बहस का मुद्दा लिखित भाषा थी, इसलिए निर्विवाद रूप से इस मामले पर आख़िरी वक्तव्य पण्डितों और विद्वानों का ही होना था : उनकी विद्वत्ता उन्हें इस बात का अधिकारी बना देती थी कि वे जनता के लिए फ़ैसला कर सकें जिसकी ओर से वे वकालत कर रहे थे।

जो दलीलें महाबीर प्रसाद द्विवेदी ने इस्तेमाल कीं उन्हें 1950 तक हिन्दी प्रचारक बार-बार दोहराते रहे। लेकिन तार्किकता और वैज्ञानिकता, जो अंग्रेज़ प्रशासकों को राज़ी करने और हिन्दी साहित्यिक क्षेत्र में अधिकार जुटाने के लिए उपयोगी औज़ार साबित हुए थे, वे उस समय उतने कामयाब साबित नहीं हुए जब राजनैतिक क्षेत्र में दूसरी भाषाओं की दावेदारी से निपटने की नौबत आयी। हिन्दी समर्थकों ने उन्हें हर हाल में इस्तेमाल करने की कोशिश की, और वैज्ञानिक तर्कों और विशेषज्ञों की समितियों के 'निष्पक्ष' क्षेत्र में प्रस्तावों की मदद से दूसरे दावों को .खारिज करने की भी। लेकिन अब कोई 'निष्पक्ष' न्यायकर्ता था ही नहीं, न ही कोई 'निष्पक्ष' तर्क था। ज़रूरत एक नये सिद्धान्त की और सार्वजनिक क्षेत्र में एक व्यापक सांस्कृतिक और राजनैतिक समझौता करने की थी, लेकिन, हिन्दी और उर्दू, दोनों तरफ़ की कट्टरपन्थी साहित्यिक संस्थाओं ने अन्दरूनी बहस और आपसी समझौते के लिए बहुत कम गुंजाइश छोड़ी। ऐसा क्यों हुआ—वैकल्पिक, आलोचनात्मक सिद्धान्त-निरूपण क्यों विफल हो गये—इसका जवाब शायद साहित्यिक संस्कारों और संस्थागत अधिकारों की हमारी चर्चा से मिल पाये।

2.1.1. हिन्दी की वंशावली

हिन्दी और उर्दू की बहस में सबसे ज़्यादा संघर्ष तो इतिहास को ले कर हुआ। एक तरफ़ उर्दू के समर्थक खड़ी बोली हिन्दी को एक 'नयी' और कृत्रिम रूप से बनायी गयी भाषा कह कर .खारिज करते,[12] दूसरी ओर हिन्दी वाले यह दावा करते थे कि हिन्दी ज़्यादा पुरानी है और उर्दू के 'विदेशीपन' के मुक़ाबले उसमें 'स्वदेशी' होने का गुण भी है। साहित्य के इतिहास का भी सीधा हवाला दिया जाता था : नागरी प्रचारिणी सभा पहले ही 1894 की अपनी पहली वार्षिक रिपोर्ट में हिन्दी के उद्भव का ज़िक्र कर चुकी थी। उसकी ऐतिहासिक रूपरेखा में हिन्दी की गति 'हिन्दू राष्ट्र' से घनिष्ठ रूप में जुड़ी हुई थी—जो कभी एकताबद्ध रहा था, फिर पराजित हुआ और अब दोबारा उत्थान की ओर अग्रसर था (देखिए 3.1)। हिन्दी की 'भारतीयता,' स्वाभाविकता और प्राचीनता पर इस कारण बल दिया गया ताकि उर्दू को एक बनावटी और विदेशी भाषा बता कर उसका मूल्य कम करके आँका जाय, जो हिन्दी के एक बोल चाल के (यानी कमतर) रूप से उपजी थी। क्रिस्टोफ़र किंग ने इस स्थिति का सार-संक्षेप प्रस्तुत करते हुए लिखा है :

'हिन्दी राजा भोज (ग्यारहवीं सदी) के ज़माने से मौजूद रही थी, लेकिन चूँकि उस काल की कोई रचना अब तक प्राप्त नहीं हुई थी, इसलिए हिन्दी की शुरूआत पृथ्वीराज रासो (बारहवीं सदी) से मानी गयी, भारत पर मुसलमानों के आक्रमण ने, जो लगभग इस कृति के रचना-काल के आस-पास हुआ, आगे चल कर हिन्दी की प्रगति पर रोक लगायी। मुसलमानों ने, यह देखते हुए कि वे हिन्दी जाने बिना हिन्दुस्तान में बस नहीं सकेंगे, और यह महसूस करते हुए कि संस्कृत-मिश्रित हिन्दी उनके लिए कठिन थी, फ़ारसी-मिश्रित उर्दू ईजाद की। हालाँकि हिन्दी कविता मुस्लिम शासन के आरम्भ और उर्दू के उत्थान के बाद भी फलती-फूलती रही, और कभी-कभी उसे मुस्लिम शासकों की सरपरस्ती भी हासिल हुई, हिन्दी गद्य की भाषा पिछड़ गयी, क्योंकि उसे कुछ कम महत्व मिला। गद्य की सबसे महत्वपूर्ण भाषा संस्कृत ही बनी रही। धर्म, चिकित्सा, ज्योतिष और ऐसे ही विषयों पर इस काल में कुछ किताबें लिखी गयीं, लेकिन उनकी भाषा या तो ब्रज थी या फिर इतनी .ख़राब हिन्दी कि उन्हें साहित्य नहीं माना जा सकता था। गद्य को अंग्रेज़ों के आने के बाद अलबत्ता, ज़्यादा तवज्जो मिली, और लल्लू जी लाल ने डॉ. गिलक्रिस्ट की मातहती में हिन्दी गद्य की कुछ पहली-पहली कृतियाँ रचीं (जैसे प्रेम सागर)।'[13]

हिन्दी को यहाँ भारत की प्रमुख भाषा बताया गया है, आगे कोई विशिष्टता या लक्षण बताये बिना : एक राष्ट्रीय जाति की ख़ातिर वर्तमान में निर्मित भाषाई पहचान को इतिहास में पीछे भी वैसे-का-वैसा खोज निकाला गया है। जैसा कि किंग ने दिखाया है, इस निरन्तर और अटूट पहचान को साबित करने के लिए ज़रूरत बस इतनी थी कि 'हिन्दी' शब्द की छतरी-तले जिन भाषाओं को शामिल किया जाता था, उनका दायरा और व्यापक बना दिया जाय। 'सभा द्वारा ''हिन्दी'' शब्द का प्रयोग जैसे-जैसे अतीत की ओर बढ़ता, वैसे-वैसे और विस्तृत होता जाता, और जैसे-जैसे वर्तमान की दिशा में बढ़ता, संकुचित होता जाता। हिन्दी को एक महिमा-भरे अतीत से मण्डित करने के लिए, उसकी सभी बड़ी बहनों को शामिल करना ज़रूरी था, लेकिन जब वर्तमान की बात जब होती थी तो सिर्फ़ सबसे छोटी बहन—खड़ी बोली हिन्दी—ध्यान का विषय बनती।'[14] हालाँकि मुसलमानों की विजय ने उसकी प्रगति अवरुद्ध की थी, हिन्दी (अर्थात हिन्दुओं) की श्रेष्ठता और जीवट इस बात से प्रमाणित होता था कि मुस्लिम शासकों को भी बचे रहने और शासन करने के लिए उसे सीखना पड़ा था, उनके दरबारों में भी हिन्दी (ब्रजभाषा) कविता का बोल-बाला रहा था और संस्कृत ने अपना वर्चस्व बनाये रखा था। उर्दू और कुछ नहीं, फ़ारसी और हिन्दी की जारज सन्तान थी, और अब, मुस्लिम शासन के ख़त्म होने और अंग्रेज़ों के आने के बाद, हिन्दी में नवजीवन का संचार हुआ था और वह अपने प्रगति-पथ पर फिर से बढ़ सकती थी।

अगर उन्नीसवीं सदी वाले विवाद में उर्दू के समर्थकों का दावा था कि एक अलग भाषा के रूप में हिन्दी का कोई अस्तित्व नहीं था, तो अब हिन्दी वालों की बारी थी जो कह रहे थे कि उर्दू हिन्दी की एक शाखा से ज़्यादा और कुछ नहीं थी। दोनों भाषाओं के उद्‌भव के बारे में यह दृष्टिकोण और 'हिन्दी' की छतरी के नीचे सारी मध्यकालीन साहित्यिक भाषाओं के समावेश ने हिन्दी के साहित्यिक इतिहास-लेखन और हिन्दी की पाठ्‌य पुस्तकों को समान रूप से प्रभावित किया। लाला भगवान दीन और रामदास गौड़ का तर्क था कि 'पारसी गुजराती' की तरह, उर्दू 'मिलवाँ हिन्दी' थी, 'शुद्ध हिन्दी' से केवल शब्द-सम्पदा में अलग। इसलिए उन्होंने सम्मेलन और कॉलेज के छात्रों के लिए हिन्दी गद्य का जो संकलन तैयार किया उसमें उर्दू लेखकों के फ़ारसी रस्मुल्ख में लिखी गयी रचनाएँ भी शामिल कीं।[15] इंशा अल्लाह ख़ाँ की 'रानी केतकी की कहानी' (1803) को इसलिए शामिल किया गया ताकि 'हमारे मुसलमान भाई विचार करें कि एक प्रसिद्ध लखनऊ निवासी मुसलमान, उर्दू फ़ारसी का योग्य लेखक, नवाब सआदत अली ख़ाँ का मुँह लगा मुसाहब अैर उनके दरबार का कविराज हिन्दी भाषा में पुस्तक लिखने को कैसी बात समझता था। इस भाषा को तुच्छ और मुरदा समझता था वा इस भाषा में योग्यतासम्पादन अपने गौरव का कारण समझता था।'[16] एक बार हिन्दी के सभी पूर्वाधुनिक रूपों को 'हिन्दी' शब्द के अन्तर्गत समाहित कर लेने के बाद हिन्दी की परम्परा में मुस्लिम कवियों की देन और अकबर के समय तक मुस्लिम दरबारों में एक जन भाषा के रूप में हिन्दी की मौजूदगी इस बात का सबूत बन जाती कि 'पूर्वकालीन मुसलमान कवियों ने हिन्दी-भाषा को कैसे अटूट प्रेम से अपनाया था।...उनके हृदय-पटल आज कल के मुसलमानों की भाँति संकीर्ण विचारों के आवरण से कलुषित न थे। वे विशाल-हृदय और गुणग्राही थे।'[17] तर्क यह था कि अगर मुसलमान इतिहास से परिचित होते तो उन्हें भी एहसास होता कि अतीत में मुस्लिम दरबारों और मुस्लिम कवियों द्वारा हिन्दी को कितना सम्मानित दर्जा प्राप्त था। बाद में जितना अधिक औरंगज़ेब ने हिन्दी को दबाने की कोशिश की थी उतना ही अधिक हिन्दुओं ने उससे प्यार किया था और उसे अपने हृदय-मन्दिर में आसरा दिया था।[18] पाठ्‌य-पुस्तकों में हिन्दी के विद्वानों का इतिहास मैथिलीशरण गुप्त की कविता भारत-भारती (3.1) में वर्णित आर्य-हिन्दू समुदाय के इतिहास का अनुकरण करता था : हिन्दी-हिन्दू कविता और विद्वत्ता एक-दूसरे को सहारा देती रही थी। नतीजतन, संस्कृत की उत्तराधिकारी–हिन्दी–को मुस्लिम शासन के दौरान अपने वर्चस्व से वंचित कर दिया गया था; मुस्लिम शासन का अन्त उसके पुनरुत्थान का आरम्भ था, जिसका उत्कर्ष स्वतन्त्र भारत में राष्ट्रभाषा के रूप में हिन्दी की स्वीकृति और स्थापना में होने वाला था।

इसके बेरक्स, हिन्दी-उर्दू को एक भाषा समझने वाले एक अलग ही इतिहास-बोध को ले कर चलते थे। दोनों पक्षों के विद्वानों, कार्यकर्ताओं और संस्थाओं के आपसी

वैमनस्य को दूर करने के प्रयास में, उर्दू और हिन्दी के विद्वानों को हिन्दुस्तानी एकेडेमी के तहत भारतीय-मुस्लिम संस्कृति पर सार्वजनिक व्याख्यान देने के लिए आमन्त्रित किया गया (देखिए 3.1.1)। उदाहरण के लिए पद्‌म सिंह शर्मा (1877-1932) ने खड़ी बोली हिन्दी और उर्दू के अलग-अलग नामों की प्राचीनता को अमान्य करार देते हुए उनके बीच के फ़ासले को पाटने की कोशिश की : वे महज़ एक ही भाषा के दो अलग-अलग नाम थे :

> 'हमारी हिन्दी भाषा एक थी, और एक है; पर हिन्दी और उर्दू के नाम-भेद से उसके दो जुदा-जुदा रूप माने जाने लगे। उसके उपासकों ने, अपनी-अपनी रुचि और संस्कृति के अनुसार, उसकी विभिन्न आकार-प्रकार की दो मूर्तियाँ बना कर खड़ी कर दी हैं। भाषा देश को एकता के सूत्र में बाँधने का—जातीयता का—कारण होती है; लेकिन दुर्भाग्य से यहाँ उल्टी बात हो रही है। एक ही भाषा, मिथ्या नाम-भेद के कारण भयंकर सम्प्रदाय भेद का कारण बन रही है।'[19]

इस अनुच्छेद के आरम्भ में दिये गये चन्द्रशेखर शास्त्री के उद्धरण के विपरीत, अन्ध-श्रद्धा को यहाँ एकता की बजाय भ्रम और 'भेद के स्रोत के रूप में प्रस्तुत किया गया है। पद्‌मसिंह शर्मा ने यह तर्क देने में किसी रू-रियायत से काम नहीं लिया कि शायरों और विद्वानों के फ़ारसी और अरबी संस्कारों ने वास्तव में उर्दू को एक विदेशी भाषा में रूपान्तरित कर दिया था : हिन्दी शब्दों का धीरे-धीरे इतना अवमूल्यन हो गया था कि उत्तर भारत में रहने वाले उर्दू शायर यह दावा कर सकते थे कि वे तो हिन्दी को जानते तक नहीं थे। यहाँ तक कि ऐसे दृष्टिकोण को बदलने के इच्छुक उर्दू विज्ञान ख़ुद हिन्दी शब्दों का इस्तेमाल नहीं कर पाते थे।[20] पद्‌म सिंह शर्मा की राय में यह फ़ैसला अन्तर्निहित था कि साहित्यकारों के साहित्यिक और ऐतिहासिक संस्कार दोनों भाषाओं के बीच बढ़ते हुए फ़ासले और बेगानेपन के लिए ज़िम्मेदार थे : अब एक सच्चे राष्ट्रीय परिप्रेक्ष्य की माँग थी कि एक अधिक सर्वांगीण और निष्पक्ष दृष्टिकोण के लिए ऐसे संस्कारों से ऊपर उठा जाय। उनके व्याख्यान हर भारतीय परिवार के हौवे—'कुटुम्ब का बँटवारा'—की चिर-परिचित भाषा में एकता की अपील करते हुए समाप्त हुए। उनका विश्वास था कि हिन्दुस्तानी एकेडेमी जैसी संस्था के ज़रिये विद्वानों की सर्व-सहमति एक हल खोज सकती थी।[21]

इलाहाबाद विश्वविद्यालय में इतिहास के प्राध्यापक और एकेडेमी के सरगर्म सदस्य, डॉ. ताराचन्द ने हिन्दुस्तानी के समर्थन में इससे मिलता-जुलता तर्क पेश किया।[22] पत्र-पत्रिकाओं के सार्वजनिक मंच पर प्रेमचन्द हिन्दुस्तानी के मुखर समर्थकों में से एक थे : उनके निकट राष्ट्रभाषा के रूप में हिन्दी को ऐसी ही मिली-जुली भाषा बनना चाहिए था। उभरते राष्ट्रीय परिप्रेक्ष्य में इस बात की ज़रूरत थी कि हिन्दी परिवर्तित हो कर व्याकरण और शब्द भण्डार के सन्दर्भ में उतनी ही लचीली बने जितनी दिल्ली-मेरठ के

लाक़े की भाषा रही थी–लोगों और संस्कृतियों की एक कुठाली।[23] अधिक व्यावहारिक ज़रिये से धीरेन्द्र वर्मा ने, जो इलाहाबाद विश्वविद्यालय के हिन्दी विभाग के अध्यक्ष होने साथ-साथ हिन्दुस्तानी एकेडेमी के सक्रिय सदस्य भी थे, यह दलील पेश की कि हिन्दी हिन्दुस्तानी अधिक-से-अधिक भारत की सरकारी भाषा–राजभाषा–बन सकती थी : ह राज्य की भाषा के रूप में अंग्रेज़ी की जगह लेने की आकांक्षा रख सकती थी, लेकिन नियादी तौर पर जो भारत की विविध-रूपी संस्कृति थी, उसे एकताबद्ध नहीं कर सकती । इसके अलावा, राष्ट्रभाषा के सम्बन्ध में अपने अतिरिक्त आग्रह के चलते हिन्दी के ण्डाबरदार हिन्दी की अपनी कमज़ोरियों और हिन्दी के हृदय प्रदेश में उसकी गौण स्थिति ो भूल गये थे।[24]

एक ओर अगर हिन्दी की दावेदारी का समर्थन करने वाले गाँधी और प्रेमचन्द जैसे गों की नज़र में हिन्दी के लिए अपनी मौजूदा सांस्कृतिक सीमाओं को पार करना ज़रूरी ताकि वह सचमुच सभी हिन्दुस्तानियों की भाषा बन सके, हिन्दी के कार्यकर्ताओं, ान्दोलनकारियों और संस्थाओं, और मदन मोहन मालवीय तथा पुरुषोत्तम दास टण्डन से हिन्दी के नेताओं के विचार में हिन्दी की नियति राष्ट्रभाषा बनने की इसलिए थी, योंकि वही सांस्कृतिक रूप से हिन्दू राष्ट्र की भाषा थी (देखिए 5.3 और 5.4) एक मुदाय की प्राण-धारा के रूप में राष्ट्रभाषा का जो विमर्श हमें महावीर प्रसाद द्विवेदी में ज़र आया था, वह पश्चगामी था, पीछे की ओर ले चलने वाला था। मैथिली बाबू की तिहासिक कविता 'भारत भारती' की तरह यह तथ्य कि भारत एकताबद्ध नहीं था और सकी कोई राष्ट्रभाषा नहीं थी, अपने आप में इस बात का सबूत था कि कभी भारत कताबद्ध था और उसकी एक राष्ट्रभाषा थी जिसे उसने खो दिया था : हिन्दी वही भाषा । भारत का बहुभाषा-भाषी अतीत, जो हिन्दुस्तान का एक बुनियादी पहलू था, ज़रन्दाज़ किया गया और जातीय/राष्ट्रीय संस्कृति विजय-अभियान के चलते उसको नुचित मान कर .ख़ारिज किया गया।

2.1.2 दावे के लिए सार्वजनिक समर्थन

से-जैसे 'हिन्दुस्तान की देसी ज़बान' का विचार अंग्रेज़ी राज के सरकारी और मिशनरी यरों से हट कर हिन्दुस्तान के सार्वजनिक क्षेत्र का हिस्सा बना, वैसे-वैसे उन्नीसवीं दी और बीसवीं सदी के आरम्भ में राष्ट्रभाषा के पद के लिए हिन्दी के दावे के प्रति न-समर्थन में भी दिलचस्प परिवर्तन आये।[25] भारतीय दायरों में समर्थन सबसे पहले र्मिक संस्थाओं और, जैसा अपेक्षित था, उन्नीसवीं सदी के पूर्वार्द्ध ही से, कुछ बंगाली द्वानों से आया था, मिसाल के लिए भूदेव मुखोपाध्याय और केशवचन्द्र सेन।[26] सवीं सदी के आरम्भ में कम-से-कम सैद्धान्तिक तौर पर हिन्दी को भारत की ष्ट्रभाषा के रूप में और देवनागरी को राष्ट्रीय लिपि के रूप में कल्पित करने की इच्छा

अवश्य थी। विद्वज्जनों की सर्वसहमति ने कलकत्ता की 'एक लिपि विस्तार परिषद की स्थापना के साथ ठोस आकार ग्रहण किया था। उसका पहला उद्देश्य यह था 'ह जगह और ख़ासकर सभी भारतीय भाषाओं के लिए संस्कृत लिपि (देवनागरी) के इस्तेमाल को बढ़ावा देना,' और सदस्यों से अनुरोध था कि वे देवनागरी में विभिन्न भारतीय भाषाओं की पुस्तकें छाप कर, स्कूलों में, समाचार-पत्रों में और सार्वजनिक संस्थाओं में देवनागरी के प्रयोग के लिए प्रचार करके, और सरकार, राज घरानों औ भारतीय तथा विदेशी विद्वानों पर दबाव डाल कर इस उद्देश्य को पूरा करने में यो दें। परिषद के सदस्यों में इंस्पेक्टर ऑफ़ स्कूल्स, विश्वविद्यालय के अध्यापक, लेखक विद्वान, ऐडवोकेट और कुछ भारतीय राजे-महराजे भी शामिल थे, अधिकतर बंगाल औ उत्तरी भारत के, लेकिन देश के दूसरे भागों के भी, और उनमें हिन्दू तथा मुसलमा दोनों थे। चन्द्रकान्त तर्कालंकार परिषद के प्रतिष्ठित अध्यक्ष थे, न्यायमूर्ति शारदा चर मित्र उसके सचिव थे और प्रमुख सदस्यों में रवीन्द्रनाथ ठाकुर, एडविन ग्रीव्स, अयोध्या दरभंगा और कालाकांकर के महाराजा, कलकत्ता के कॉलेजों के कई प्रतिष्ठित संस्कृ अध्यापक, महावीर प्रसाद द्विवेदी, लाला सीताराम और नागरी प्रचारिणी सभा के संस्थापकगण। परिषद ने 1909 में बड़ौदा में देवनागरी सम्मेलन आयोजित किया थ जिसकी मेज़बानी वहाँ के महाराजा ने की थी। इसकी अध्यक्षता आर.सी.दत्त और आर जी. भण्डारकर ने की थी और इसमें भाग लेने वालों में अधिकतर ग़ैर-हिन्दी भाषी विद्वान थे।[27] जैसा कि स्वामी श्रद्धानन्द ने 1924 में दिल्ली में हिन्दी साहित्य सम्मेल के 14वें अधिवेशन में याद किया, 'एक लिपि विस्तार परिषद के अंग्रेज़ उपसभापति ने एक बार अपने भाषण में कहा था कि देवनागरी लिपि को पूरी दुनिया में प्रचारित किया जाना चाहिए क्योंकि इसके अलावा और कोई सम्पूर्ण लिपि नहीं है। एक मुस्लिम उपसभापति ने कहा था कि हिन्दुस्तानी मुसलमानों को कुरान का लिप्यन्तरण देवनागरी में कर लेना चाहिए।'[28] बहरहाल, जब यह मुद्दा संस्थाओं के सुरक्षित प्रांगण से बाहर निकल कर सार्वजनिक अखाड़े में उठाया गया तो विद्वानों की सर्वसहमति किसी ख़ास काम की साबित नहीं हुई, फिर भी हिन्दी के आन्दोलनकारी अपने दावे को बुलन्द रखने के लिए इसका हवाला देते रहे।

इस दावे को और अधिक संस्थागत समर्थन उन नवजात धर्म सुधारक संगठनों और हिन्दुओं के स्वैच्छिक संगठनों से मिला जो उन्नीसवीं सदी के उत्तरार्द्ध में समूचे उत्तर भारत के छोटे-बड़े शहरों में कुकुरमुत्तों की तरह उग आये थे। जैसा पहले ही उल्लेख किया गया, आर्य समाज के पाँचवें नियम ने (आर्यभाषा के नाम से) हिन्दी को सार्वजनिक भाषा के रूप में स्थापित कर दिया था; ख़ुद दयानन्द सरस्वती ने 1870 के दशक में उसे सार्वजनिक भाषणों और उपदेशों के लिए इस्तेमाल करना शुरू कर दिया था (1.1)। उन्होंने हिन्दी में वेदों का जो अनुवाद किया था, उसे लाला लाजपत

राय ने 'उनकी ज़िन्दगी का सबसे साहस-भरा काम' कहा था।[29] जिन पंजाबी हिन्दू नौकरी-पेशा वर्गों द्वारा आर्य समाज का गठन हुआ था, उनकी शिक्षा-दीक्षा वैसे तो फ़ारसी-उर्दू में होती आयी थी; उनके द्वारा धीरे-धीरे देवनागरी और हिन्दी अपनाये जाने से, और वह भी एक संस्कृतनिष्ठ रूप में, निस्सन्देह भाषा और धार्मिक अस्मिता के बीच समरूपता स्थापित करने में मदद मिली। हालाँकि पंजाबी आर्य समाजियों की आपसी बोलचाल की भाषा पंजाबी या उर्दू बनी रही, तब भी वे सार्वजनिक मंचों पर आर्यभाषा के रूप में हिन्दी का समर्थन करते रहे। यह तथ्य कि पंजाब में हिन्दी प्रचार के पीछे आर्य समाज ही एकमात्र शक्ति थी, दूसरे समूहों के मन में इसी धारणा को अनिवार्यतः पुष्ट कर सकती थी कि देवनागरी, हिन्दी और हिन्दू एक थे। इसी तरह, कई स्थानीय हिन्दू सभाओं के उद्देश्यों में अक्सर हिन्दी भाषा और देवनागरी लिपि का प्रचार शामिल रहता, मिसाल के लिए इलाहाबाद का प्रयाग हिन्दू समाज (1880) जहाँ मदन मोहन मालवीय पहले-पहल हिन्दी और गोरक्षा, दोनों के संरक्षकों के रूप में उभर कर सामने आये; युर्गेन लुट के अनुसार हिन्दी के पक्ष में और उर्दू के विरुद्ध लामबन्दी हिन्दू आत्म-चेतना की पहली अभिव्यक्ति रही थी।[30] 1920 के दशक में पुनर्जीवित हिन्दू महासभा ने जो कांग्रेस के भीतर आर्य समाज और हिन्दू सदस्यों की सम्मिलित राजनैतिक अभिव्यक्ति थी, अपने 1925 के कार्यक्रम के एक बिन्दु के रूप में 'हिन्दी साहित्य सम्मेलन के सहयोग से' हिन्दी प्रचार को शामिल किया था।[31] इस तरह, देवनागरी और हिन्दी के लिए समर्थन पूरी तरह 'हिन्दू हितों' की रक्षा से सम्बद्ध हो गया, जिसकी गूँज 'हिन्दी, हिन्दू, हिन्दुस्तान' जैसे पुनरुत्थानवादी नारे में मिलती है।

1910 में नागरी प्रचारिणी सभा से हिन्दी साहित्य सम्मेलन का जन्म रणनीति में एक महत्वपूर्ण परिवर्तन का संकेत माना जा सकता है। सभा लगातार पक्की राजभक्त बनी रही थी और उसने अंग्रेज़ी राज और उसकी एजेंसियों—न्यायपालिका और प्रशासनिक तथा शैक्षणिक तन्त्र—के ढाँचे के भीतर ही क्रमशः हिन्दी को मान्यता दिलाने के प्रयास जारी रखे थे। उसके बरक्स सम्मेलन ने एक ऐसे समय में हिन्दी बुद्धिजीवियों और कांग्रेसी राजनेताओं के बीच पुल बनाने का काम किया जब तिलक और गाँधी जैसे अनेक नेताओं ने एक राजनैतिक भाषा के रूप में हिन्दी के महत्व को पहचानना शुरू कर दिया था। पहला 'राष्ट्रभाषा और राष्ट्रीय लिपि सम्मेलन' दिसम्बर 1916 में आर्य समाज के तहत में लखनऊ में आयोजित हुआ; ठीक उसी समय कांग्रेस का वार्षिक अधिवेशन भी हुआ जिसमें पहली बार राष्ट्रवादी नेताओं की एक जमात ने हिन्दी राष्ट्रभाषा के विषय पर स्पष्ट मान्यता व्यक्त की। गाँधी जी अध्यक्ष थे, ऐनी बेसेन्ट, मदन मोहन मालवीय, स्वामी श्रद्धानन्द, रामास्वामी अय्यर, श्यामसुन्दर दास, सत्यदेव परिव्राजक और पुरुषोत्तम दास टण्डन के भाषण हुए और तिलक तथा अन्य लोगों ने समर्थन के सन्देश भेजे।

सम्मेलन ने प्रस्ताव पारित किया कि 'देश में एकता के बढ़ने और राष्ट्रीय-भावों के फैलने के लिए यह आवश्यक है कि उन कामों में जिनका देश भर से सम्बन्ध हो एक राष्ट्रलिपि और भाषा कामों में लाई जाय और इसके लिए देवनागरी लिपि और हिन्दी भाषा ही उपयुक्त है।'[32] सम्मेलन ने इसके बाद जो प्रयास किये, उनमें से अधिकांश औपनिवेशिक सत्ता की बजाय, कांग्रेस को मुख़ातिब थे ताकि कांग्रेसी नेताओं को इस प्रस्ताव पर टिके रहने के लिए बाध्य किया जा सके। लेकिन राष्ट्रवादी नेताओं के बीच हिन्दी के प्रश्न पर जो प्रकट रूप से सर्वसहमति थी उसके पीछे अलग-अलग उद्देश्य छिपे हुए थे। मालवीय, तिलक और लाजपत राय के बीच की सहमति का आधार था हिन्दी से सांस्कृतिक लगाव, क्योंकि उनकी नज़र में हिन्दी अपने हिन्दू मर्म के कारण अनिवार्य रूप से 'भारतीय' भाषा थी; इसके विपरीत हिन्दी के प्रति गाँधीजी का समर्थन इस बुनियाद पर टिका हुआ था कि हिन्दी स्वदेशी भाषा थी और उनकी नज़र में हिन्दी उस ग्रामीण भारत की बोल-चाल की भाषा थी जो साक्षरता, लिपि, क्षेत्र और धर्म की विभाजक रेखाओं से ऊपर था। इसी कारण से उन्होंने बाद में हिन्दी का समर्थन करना छोड़ दिया, क्योंकि उसकी पहचान बहुत ज़्यादा हिन्दू हितों से जुड़ी है और हिन्दुस्तानी का समर्थन करने लगे। (देखिए 5.4)।

हिन्दी आन्दोलनकारियों और संस्थाओं को इस चरण में जिस बात का आभास नहीं हुआ था, वह यह कि एक व्यापक राजनैतिक आन्दोलन के मुखर समर्थन और सरकार के समर्थन की प्रकृति अलग थी। सरकारी समर्थन के पीछे, प्रकट व्यावहारिक सीमाओं के बावजूद, क़ानून की मुहर और सरकारी सत्ता थी, जबकि व्यापक जनान्दोलन विभिन्न दावेदारों के दबावों और राजनैतिक सोच-विचार के समझौते के अधीन था। राष्ट्रीय स्तर के कांग्रेसी नेताओं ने हिन्दी के कार्यकर्ताओं और समर्थकों को आश्वासन तो दिया कि थोड़े ही दिनों में हिन्दी राष्ट्रभाषा के सम्मानित पद पर आसीन होगी, मगर इसके बावजूद वे टाल-मटोल करते रहे। अप्रैल 1917 में होम रूल लीग के सिलसिले में उत्तर प्रदेश का दौरा करते हुए तिलक ने कानपुर में दिये गये एक भाषण में इस बात पर खेद व्यक्त किया कि वे अपना भाषण हिन्दी में नहीं दे पा रहे हैं। कलकत्ता के लोकप्रिय पत्र 'भारतमित्र' के सम्वाददाता से तिलक ने कहा कि अब इस बात में कोई सन्देह नहीं रह गया है कि कांग्रेस की कार्रवाई 'राष्ट्रभाषा' में होनी चाहिए, अर्थात हिन्दी में; लेकिन यह फ़िलहाल सम्भव नहीं है। जब सम्वाददाता ने सुझाव रखा कि कांग्रेस के सभी प्रतिनिधियों को हिन्दी सीखनी चाहिए तो तिलक ने एक बार फिर सिद्धान्त रूप में सहमति प्रकट की, लेकिन भाषा के सवाल को तुरत-फुरत तय किया जाने वाला अपरिहार्य सवाल मानने से इनकार किया। जो काम हो सकता है, उन्होंने कहा, वह यह कि इसके लिए प्रचार किया जाये; और यों उन्होंने ज़िम्मेदारी हिन्दी संगठनों के हवाले कर दी। मदन मोहन मालवीय का रवैया भी अन्ततः टाल-मटोल और

अवसरानुकूल क़दम उठाने का था जैसा कि बनारस हिन्दू विश्वविद्यालय में अंग्रेज़ी को शिक्षा का माध्यम बनाने का फ़ैसला दर्शाता है (देखिए 1.4)। 1920 में नागपुर में कांग्रेस के विशेष अधिवेशन में हिन्दी-हिन्दुस्तानी भारत की राष्ट्रभाषा घोषित हुई, और कोकोनाडा में कांग्रेस के विशेष अधिवेशन में पुरुषोत्तम दास टण्डन द्वारा पेश किये गये प्रस्ताव ने कांग्रेस के नियमों में एक परिवर्तन किया जिसके अनुसार कार्रवाइयाँ 'जहाँ तक सम्भव हो' राष्ट्रभाषा ही में होंगी। 'लोग इस बात को मान गये कि अब बिना हिन्दी के काम चलना कठिन है।'... सम्मेलन पत्रिका ने लिखा, 'महासभा की भाषा जहाँ तक हो सके हिन्दुस्तानी रखा जाए।... आज हम अपने लक्ष्य के बहुत ही समीप पहुँच रहे हैं।... प्रारम्भिक अवस्था में हमें इस मन्तव्य को स्वीकार कर लेना चाहिए। और कुछ दिनों बाद 'जहाँ तक हो सके' यह शब्द समूह, विश्वास है, निकाल दिया जायेगा, और महासभा की भाषा हिन्दी-हिन्दुस्तानी हो जायेगी।'[34] उनके आश्चर्य का ठिकाना न रहा जब गाँधी जी और कई अन्य राष्ट्रीय नेताओं ने अगले दशक में अपना समर्थन वापस ले लिया या उसमें तरह-तरह की शर्तें जोड़ दीं और हिन्दी को संकीर्ण और साम्प्रदायिक करार दिया गया।

राजनैतिक समर्थन के सिलसिले में पहली समस्याएँ तब उठीं जब कांग्रेसियों ने हिन्दी को सरकारी दफ़्तरों और स्थानीय परिषदों में शामिल कराने के लिए ठोस क़दम उठाने शुरू किये। हिन्दी को अंग्रेज़ी के ख़िलाफ़, विरोध में प्रतीक-स्वरूप अपनाना एक बात थी, लेकिन राष्ट्रीय नेताओं को जल्दी ही आभास हुआ कि ये क़दम मुसलमानों की तरफ़ से कड़े एतराज़ भी पैदा कर रहे थे; स्थानीय परिषदों और प्रान्तीय असेम्बलियों में भाषा के विषय पर गर्मागर्म बहसें हुईं। मिसाल के लिए, जब फ़रवरी 1917 में 'लीडर' अख़बार के सम्पादक और उदारवादी नेता, सी.वाई.चिन्तामणि ने, जो हिन्दी समर्थक के रूप में नहीं जाने जाते थे, संयुक्त प्रान्त की विधान परिषद में यह माँग रखी कि 1900 के प्रस्ताव के अनुसार अदालतों के सभी पेशकार, मुहर्रिर और क्लर्क तथा न्यायाधीश हिन्दी सीखें, तो ब्रिटिश और मुस्लिम सदस्यों ने आपत्ति की और यह बहस फैल कर अख़बारों तक जा पहुँची। अक्तूबर में सीतापुर में हिन्दी साहित्य सम्मेलन के प्रान्तीय सम्मेलन में चिन्तामणि को सार्वजनिक रूप से धन्यवाद दिया गया, और राजनैतिक अधिवेशन में माहौल इतना गर्म हो गया कि अंग्रेज़ी में दिये गये हर भाषण का स्वागत उपहास और अवमानना और हिन्दी के पक्ष में बुलन्द किये गये नारों से हुआ। जैसा कि बम्बई के अख़बार 'श्रीवेंकटेश्वर समाचार' ने टिप्पणी की, 'लोगों ने समझ लिया है कि हिन्दी के बिना काम करना मुश्किल है।'[35] 'हिन्दी से काम नहीं चल सकता' कि बजाय 'बिना हिन्दी के काम नहीं चल सकता' कहना, लोगों के नज़रिये में आये ऐतिहासिक परिवर्तन का संकेत था। दूसरी तरफ़ मुस्लिम प्रचारकों ने इस प्रस्ताव को हिन्दू आक्रामकता का सबूत कह कर इसकी भर्त्सना की।

1920 के बाद, जब भूतपूर्व असहयोग आन्दोलनकारी स्थानीय परिषदों के चुने हुए सदस्य बने, तो वे भाषा-नीति को बदलने के लिए ठोस क़दम उठाने लगे और मुसलमानों ने इसके ख़िलाफ़ नियमित रूप से याचिकाएँ दायर कीं।[36] परिषदों में हिन्दी के सबसे मुखर समर्थक, बनारस में बाबू शिवप्रसाद गुप्त और सम्पूर्णानन्द, और इलाहाबाद में पुरुषोत्तम दास टण्डन और बाबू संगम लाल अग्रवाल, हिन्दी को म्यूनिसिपैलिटी और बोर्ड के दफ़्तरों में लागू कराने में ज़रूर सफल रहे। लेकिन यह 'राष्ट्रवादी' क़दम एक बार फिर विभाजनकारी साबित हुआ और सत्ता में कांग्रेस के नेताओं ने पाया कि अब उन्हें भिन्न-भिन्न प्रकार के लोकमतों का सामना करना था। जबकि हिन्दी के सार्वजनिक क्षेत्र में इस बात पर सर्वसहमति बन चुकी थी कि हिन्दी को सरकारी प्रशासनिक दायरे में लागू करने की ज़रूरत है; 'वैज्ञानिक' और बहुसंख्यक, दोनों आधारों पर उर्दू की ओर से किये गये एतराज़ बेबुनियाद जान पड़ते थे और सुलह-समझौता अनावश्यक प्रतीत होता था। समस्या और गम्भीर होती चली गयी। हिन्दी और उर्दू के बीच लिपि का अन्तर एक अलंघ्य खाई बन गया और उसने निष्ठाओं को धार्मिक आधारों पर बाँट दिया। मिसाल के लिए, फ़रवरी 1925 में इलाहाबाद में मुस्लिम लीग की एक बैठक ने स्थानीय परिषदों के दफ़्तरों में उर्दू की बजाय हिन्दी के इस्तेमाल के ख़िलाफ़ एक विरोध प्रस्ताव जारी किया; नागरी प्रचारिणी सभा ने सभी हिन्दू सभाओं, सनातन धर्म सभाओं और आर्य समाज की शाखाओं को इसके बारे में सावधान करते हुए प्रतिक्रिया व्यक्त की।[37] 1924 में बनारस म्यूनिसिपल बोर्ड द्वारा यह तय करने के लिए एक समिति नियुक्त की गयी कि हिन्दुस्तानी की कार्रवाई किस लिपि में होनी चाहिए; सभी मुस्लिम सदस्यों ने आग्रह किया कि वह दोनों लिपियों में लिखी जाये, जबकि एक हिन्दू सदस्य ने खीझ कर यह तक कह दिया कि ऐसी तूतू-मैं मैं से तो अंग्रेज़ी ही बेहतर होगी। शिव प्रसाद गुप्त ने इस बहस को सार्वजनिक क्षेत्र में ले जाने का फ़ैसला किया और एक समझौते का सुझाव देते हुए सभी हिन्दी अख़बारों को एक खुला ख़त लिखा : भाषा उर्दू कही जाय और लिपि देव नागरी हो।[38] माधुरी के सम्पादक का जवाब तर्क के आधार पर अपने हठी, अडिग रवैये के साथ, हिन्दी वालों की राय का सटीक नमूना था। एक क़िस्म के हिन्दू, 'बहुसंख्यकवाद' को प्रकट करते हुए उन्होंने कहा कि लिपि के बारे में तो कोई शक-शुबहा नहीं हो सकता था और उस भाषा को उर्दू कहना भारी भूल होगी, जिससे हिन्दी की वह सारी ज़मीन छिन जायेगी जो अब तक जीती जा चुकी थी।[39]

इस प्रकार भाषा, जो हिन्दी के सार्वजनिक क्षेत्र के लिए पहचान का एक अटूट और स्थायी तत्व तथा राष्ट्रवाद का शक्तिशाली प्रतीक बन चुकी थी, राजनैतिक क्षेत्र में आ कर विभाजनकारी साबित हुई। यह उस घटना से बहुत पहले की बात है जब तमिलनाडु में आत्म-सम्मान आन्दोलन हिन्दी को आर्य साम्राज्यवाद का एक प्रतीक

ठहराते हुए ठुकराने वाला था।[40] युक्त प्रान्त में विशेष रूप से, कांग्रेस के लिए हिन्दी दुधारी तलवार बन गयी। जब संगमलाल अग्रवाल, मदन मोहन मालवीय, पुरुषोत्तम दास टण्डन और दूसरे लोग विधान परिषद में हिन्दी बोलते तो हिन्दी स्वाधीनता का एक शक्तिशाली प्रतीक थी, क्योंकि वह अंग्रेज़ों के ख़िलाफ़ इस्तेमाल होती थी; लेकिन हिन्दी-उर्दू के बीच जो दरारें थीं, उनको पाटना असम्भव साबित हुआ : जब भी लिपि से सम्बन्धित प्रस्ताव पेश किये जाते या अमल में लाये जाते, वे सांस्कृतिक दरारों से जा टकराते और सार्वजनिक वैमनस्य पैदा करते। अब ऐसा माना जाने लगा था कि हिन्दू सदस्य हिन्दी के हितों की रक्षा करेंगे और मुस्लिम सदस्य उर्दू की, और सुलह-समझौते के लिए बहुत कम या नहीं जगह बचेगी। जब 1926 में हिन्दी पर एक प्रस्ताव बनारस म्यूनिसिपल बोर्ड में पारित नहीं हो पाया तो हिन्दी अख़बार (आज, हिन्दी केसरी, भारत मित्र, प्रताप, अभ्युदय) हिन्दू सदस्यों पर ग़द्दारी कराने का आरोप लगाने के लिए सदल-बल संगठित हो गये, और उसकी यों चर्चा की जैसे यह समूचे हिन्दू समुदाय के लिए कलंक था।[41]

हिन्दी को विद्वानों का व्यापक समर्थन तो मिला था, उसने सांस्कृतिक आन्दोलन पैदा किया था और वह राष्ट्रवादी शब्दावली में सूत्रबद्ध भी हुई थी, मगर अब उसका राजनैतिक और सांस्कृतिक विरोध हो रहा था। हिन्दी के दावे में विभाजन को घटित करने की जो सम्भावनाएँ थीं और जो हिन्दी के शब्दाडम्बर से ढँकी रही थीं, अब उजागर हो गयीं। जब कांग्रेस ने हिन्दी-हिन्दुस्तानी के बीच के समझौते पर ज़ोर देना शुरू किया तो हिन्दी के कार्यकर्ता पच्चीस बरस के प्रयासों का डाँवाडोल होना बरदाश्त नहीं कर पाये। उन्होंने विशेषज्ञों द्वारा यह फ़ैसला करवा के कि हिन्दी की कौन-सी 'शैली' राष्ट्रभाषा के लिए सर्वाधिक उपयुक्त होगी, एक बार फिर इस प्रश्न को राजनैतिक अखाड़े से विवेकधर्मिता की 'निष्पक्ष' ज़मीन पर लाने की कोशिश की। ऐसा करके वे उर्दू के साथ प्रान्तीय संघर्ष के लिए राष्ट्रीय समाधान तक पहुँचने की भी कोशिश कर रहे थे। 'हिन्दी की रक्षा' जो हिन्दी संस्थाओं और अख़बारों में 1930 के दशक में हुई, उससे वर्चस्व का कहीं अधिक व्यापक और जटिल संघर्ष परिलक्षित हुआ। कांग्रेस में राजनैतिक समर्थन तलाश करने के दौरान, हिन्दी समर्थक और संस्थाएँ अपनी संस्थागत सत्ता और 'हिन्दी विशेषज्ञों' के रूप में अपनी ताक़त के बल पर संघर्ष कर रहे थे, जो दोनों ही उन्होंने अंग्रेज़ी राज के भीतर से प्राप्त की थीं। (देखिए 5. 4)। अंग्रेज़ी के विरुद्ध संघर्ष में एक नये और संयुक्त विमर्श को विकसित करने की बजाय वे हिन्दी-उर्दू विवाद की पुरानी दलीलों को दोहराते रहे। इस प्रक्रिया में उन्होंने भाषा की सांस्कृतिक हदबन्दियों को और हिन्दी के सार्वजनिक क्षेत्र के भीतर भी भाषा पर अपने नियन्त्रण को और ज़्यादा कस दिया।

2.2 साहित्य की बदलती अवधारणा

चित्र 2.1 कविता कामिनी का आह्वान अलग-अलग कवियों द्वारा किया जा रहा है : रहस्यवादी कवि उसे अनन्त आकाश की ओर ऊपर आने का न्योता दे रहा है, दाहिनी और बैठा श्रृंगारिक कवि उसे आनन्दोत्सव में आमन्त्रित कर रहा है और बायीं ओर राष्ट्रवादी स्रोत उसे कर्तव्य-पथ पर उन्मुख कर रहा हैः माधुरी, 8, भाग 1, 1 अगस्त 1929।

> '(पहले) साहित्य आम लोगों के लिए नहीं रचा जाता था। कवियों और नाटककारों का सम्मान केवल कुछ गिने-चुने साहित्यिक अभिरुचि सम्पन्न राजाओं और धनिकों के दरबारों में होता था, इसलिए न तो कवि आम लोगों पर अपनी रचनाओं के प्रभाव की चिन्ता करते थे, न आलोचक इन रचनाओं को सामाजिक दृष्टिकोण से जाँचने-परखने की ज़रूरत महसूस करते थे।'[42]

जब 'लोक, जनता, जाति' विमर्श की सर्वोपरि कोटि बन गयी तो भाषा से ले कर साहित्य तक, समाज से ले कर राजनीति तक हर चीज़ पर पुनर्विचार करना ज़रूरी हो गया। साहित्य को ले कर जो बहसें हिन्दी पत्रिकाओं में उन्नीसवीं सदी के अन्त से शुरू हुईं, उनमें लेखक, विद्वान और आलोचक 'लोक' की कोटि से जूझते नज़र आये : यह शब्द किसी व्यापक समुदाय (अंग्रेज़ी जाति) और समाज की निचली श्रेणी (लोक-साहित्य)—दोनों

को इंगित करता है। इसलिए 'साहित्य' और 'लोक' को जोड़ने के गहरे अभिप्राय थे जिनका दायरा लेखक और बुद्धिजीवी की अपनी भूमिका से ले कर साहित्य तथा आलोचना के उद्देश्य तक था। यह हिन्दी के 'जनपद' (पब्लिक स्फ़ीयर) की हमारी चर्चा के लिए अत्यन्त प्रासंगिक है, क्योंकि 'साहित्य' और 'जनता' की चर्चा करते हुए बुद्धिजीवी सैद्धान्तिक और व्यावहारिक, दोनों रूपों में सार्वजनिकता (पब्लिकनेस) और उसके अभिप्रायों से जूझ रहे थे, उनसे तालमेल बैठा रहे थे। मिसाल के लिए, ऐसी बहसें इस तथ्य को उजागर करती हैं कि एक बार जब पुराने नियम-क़ायदे वक़्त की ज़रूरत या समय की माँग की रोशनी में जाँचे-परखे जाने लगे, तब नये नियम-क़ायदे और नयी अवधारणाएँ सार्वजनिक वाद-विवाद की प्रक्रिया से ही उभर कर सामने आ सकती हैं। इस बात ने, अपने तईं, अधिकार का सवाल खड़ा कर दिया, क्योंकि अगर हर कोई नियम-क़ायदों को प्रश्नों के कटघरे में खड़ा कर सकता है, तो उन्हें नये सिरे से निर्धारित करने का अधिकार किसके पास होगा? 1920 के दशक तक समकालीन साहित्यिक परिपाटियों की विविधता मात्र ने इस सैद्धान्तिक विवाद को एक विशेष धार दे दी। इसके अलावा, नये, खुले साहित्यिक दायरे में लेखकों पर ऐसी बहसों और सूत्रों का सीधा प्रभाव पड़ा : लेखकों और उनके आत्म-सम्मान के लिए प्रभावशाली सम्पादकों और आलोचकों की सार्वजनिक प्रशंसा या निन्दा का बहुत महत्व हो गया। पत्र-पत्रिकाओं के सार्वजनिक स्थान (स्पेस) में चलायी जा रही इन बहसों में विभिन्न पक्षों की विविधता एक तरफ़ हिन्दी साहित्यकारों के विभिन्न संस्कारों को, साथ ही पश्चिमी आलोचना के छँटे हुए प्रयोग को प्रतिबिम्बित करती है। यह साबित करने के लिए कि भारतीय दर्शन में भी सौन्दर्य-शास्त्र की परम्परा रही थी, संस्कृत काव्यशास्त्र की तुलना प्राचीन यूनानी विचारकों के साथ-साथ शैफ़्ट्सबरी, बर्क, ह्यूम, विकंलमैन, लेसिंग, हर्डर और काण्ट की परिभाषाओं से होती।[43] विनय धारवाडकर ने यह दलील दी है कि यूरोप से आयी साहित्य की नयी अवधारणा में कई पहलू एक साथ काम कर रहे थे। भारत पर काम करने वाले पश्चिमी प्राच्य-विदों की साहित्य की एक अवधारणा सर्व-समावेशी थी जो यूरोपीय नवजागरण की उपज थी और जिसमें ज्ञान की सभी शाखाएँ शामिल थीं। इसी के साथ-साथ, वे ऐतिहासिक भाषा-शास्त्र के विकसित हो रहे औज़ार प्रयोग में लाते रहे, जो उनका ध्यान संस्कृत और उसकी प्राचीन पाठ-परम्परा पर केन्द्रित करने की ओर ले गये। इसके अतिरिक्त, प्राच्य-विद साहित्य की उस रूमानी अवधारणा का भी इस्तेमाल कर रहे थे जिसके अनुसार साहित्य लोक की 'जातीय चेतना' की अभिव्यक्ति होता है।[44] इन सभी अवधारणाओं की गूँजें हिन्दी के साहित्य-सम्बन्धी विमर्श में सुनायी देंगी। इस विमर्श में जो बात नयी थी, वह थी मुख्यतः लोकरुचि और लोकधर्म का व्यापक परिप्रेक्ष्य : 'जनता' अर्थात 'लोक' को उच्च स्थान पर आसीन कर दिया गया था। इससे दो सवाल पैदा हुए : पहला सवाल, इस अवधारणा के आधार पर अतीत की साहित्यिक परम्पराओं की पुनर्व्याख्या करने का

था।[45] मध्यकालीन हिन्दी कवियों के बारे में लिखी गयी सबसे प्रारम्भिक आधुनिक आलोचनात्मक किताबों में से एक, मिश्र बन्धुओं की 'हिन्दी नवरत्न' (1911) में भक्त और दरबारी कवियों को साथ-साथ प्रस्तुत करने में एक उद्विग्नता-सी नज़र आती है, जैसा कि कारीन शोमर ने अपनी किताब में लक्षित किया है। उनकी भूमिका में भक्त कवियों को ऐसे कवि बताया गया था 'जिनका कोई सन्देश था' जबकि रीतिकाल के दरबारी कवियों का 'कोई महत्वपूर्ण सन्देश नहीं था, मगर उन्होंने अपनी बात सुन्दर ढंग से कही थी।' इसके अलावा जहाँ सभी रीति कवि सिर्फ़ कवि की उपाधि से सम्बोधित हो रहे थे कहा गया था, वहीं भक्त कवियों को धार्मिक उपाधियाँ दे दी गयी थी : 'गोस्वामी तुलसीदास,' 'महात्मा कबीर।'[46]

दूसरा प्रश्न था : अब किस तरह के साहित्य की आवश्यकता थी? 'साहित्य के भण्डार' को भरने जैसे रूपक से हिन्दी साहित्य की मौजूदा हालत के प्रति चिन्ता और सामूहिक उपक्रम का भाव झलकता था, लेकिन उसके पीछे चयनधर्मी रवैया भी था : भले ही हर प्रकाशित कृति 'भण्डार को भरने में' योगदान करती हो, लेकिन इस भूमिका के लिए केवल कुछ ही तरह की कृतियाँ उपयुक्त थीं। इस प्रश्न में स्वतः ही एक अकेली परिभाषा की लालसा निहित थी जो एक अकेली भाषा की ललक के समरूप थी : अब पहले की बहुविध अभिरुचियों के स्थान पर एक समान मानदण्ड की तलाश थी। यह प्रश्न—'अब किस तरह के साहित्य की आवश्यकता है?'—बदलते हुए और उदार साहित्यिक परिदृश्य में कुछ व्यवस्था लाने की ज़रूरत की ओर संकेत था, ख़ास तौर पर नयी प्रयोगशीलता और व्यावसायिक बाज़ार के होते हुए। विमर्श कविता-केन्द्रित इसलिए था क्योंकि इसी विधा में सबसे क्रान्तिकारी परिवर्तन हो रहे थे और इसलिए भी क्योंकि कविता ही वह साहित्यिक विधा थी जिसका पद साहित्य जगत में सबसे ऊँचा था, जहाँ अतीत की विरासत सबसे महत्वपूर्ण और चुनौतियों से भरी थी। कथा-साहित्य की बहसें (देखिए 2.3) समान चिन्ताएँ और रवैये तो प्रतिबिम्बित करती हैं, लेकिन कुछ हद तक उपन्यास की विधा के अपेक्षाकृत नयेपन के कारण और किसी हद तक प्रेमचन्द की उपस्थिति की वजह से वहाँ गर्मा-गर्मी की वैसी मात्रा नहीं दिखायी दी।

स्पष्टता के उद्देश्य से, हम साहित्य के अर्थ सम्बन्धी विमर्श के विभिन्न पक्षों को तीन पक्षों में बाँट सकते हैं : महावीर प्रसाद द्विवेदी जैसे विवेकपूर्ण सुधारकों का पक्ष, पद्मसिंह शर्मा जैसे परम्परा (यानी ब्रजभाषा) के हिमायतियों का पक्ष, और इलाचन्द्र जोशी जैसे आधुनिकतावादियों का पक्ष। चूँकि हिन्दी आलोचना की मुख्य धारा एक तरह से इन तीनों के समन्वय से बनी, इस अनुच्छेद में उसके विभिन्न स्रोतों की पहचान कराने की कोशिश की जायेगी। एक बार फिर, साहित्यिक संस्कार हमें इनमें से प्रत्येक पक्ष की वंशावली को समझने में मदद देंगे।

संस्कृत और ब्रजभाषा में परम्परागत साहित्यिक प्रशिक्षण का आधार काव्यशास्त्र

और अलंकारशास्त्र था और साहित्य का विश्लेषण रस, अलंकार, ध्वनि, छन्द इत्यादि के आधार पर होता था।[47] लेकिन महावीर प्रसाद द्विवेदी, श्यामसुन्दर दास और रामचन्द्र शुक्ल जैसे विद्वानों ने अंग्रेज़ी के तर्कवादी और उपयोगितावादी विचारकों को पढ़ा था और उनके अनुवाद किये थे और उनमें साहित्य के सामाजिक उद्देश्य से सम्बन्धित एक ऐसी अवधारणा को पाया था जो उनके सुधारवादी रुख़ के अनुकूल बैठती थी।[48] यही वे औज़ार थे उनके पास जब वे साहित्य की परम्परा और समकालीन साहित्य पर पुनर्विचार कर रहे थे और उनकी कोशिश संस्कृत और उपयोगितावादी काव्यशास्त्रों का समन्वय करने की रही। साहित्य के सम्बन्ध में महावीर प्रसाद द्विवेदी का मत पहले-पहल 'सरस्वती' के जून 1901 के अंक में 'नायिका भेद' शीर्षक लेख में ब्रजभाषा की एक कठोर समीक्षा के रूप में, और जुलाई 1901 के अंक में 'कवि कर्तव्य' शीर्षक लेख में कवियों के लिए नये नियम निर्धारित करते हुए प्रकट हुआ। अपने बहुत-से समकालीनों की तरह आचार्य द्विवेदी का विश्वास था कि समस्यापूर्तियों और अलंकारों वाला श्रृंगारिक ब्रजभाषा काव्य पुराना भी हो गया था और नैतिक मूल्यों से रहित था। उन्होंने काव्य भाषा के रूप में ब्रजभाषा का बहिष्कार करते हुए अंग्रेज़ी के रोमाण्टिक कवियों (और उपनिवेशवादी शिक्षा विभाग के समरूप) यह दलील दी कि कविता की भाषा और बोलचाल और गद्य की भाषा एक ही होनी चाहिए। उन्होंने रीति काव्य के श्रृंगारिक पहलू को भी ख़ारिज करके उसके स्थान पर इतिहास और अतीत के महान भारतीय व्यक्तित्वों से सम्बन्धित कविताओं और प्रकृति तथा नैतिक मूल्यों के बारे में शिक्षाप्रद और वर्णन-प्रधान रचनाओं का आह्वान किया।

> "सबसे अच्छी कविता वह है जिसमें, जीवन की सार्थकता के उपाय और उसके उद्देश मनोहारिणी भाषा में बतलाये जाते हैं, मनुष्य को अच्छी शिक्षा दी जाती है, उसे उन्नति का मार्ग दिखाया जाता है और उसके हृदय को उदार और सहानुभूतिपूर्ण बनाने का प्रयत्न किया जाता है। अच्छी कविता में उन्हीं विषयों का वर्णन होता है जो उसकी आत्मा और आध्यात्मिकता पर गहरा असर डाल सकते हैं।... बुद्धिमान लोग उसी कविता की कदर करते हैं जो उच्च विचारों को प्रकट करती हो, हृदय और बुद्धि के ऊपर अच्छा प्रभाव डालती हो और समयोपयोगी आवश्यक उपदेशों को ऐसे ढंग से देती हो जिससे मनुष्य बहुत जल्द उन्हें ग्रहण कर सके।"[49]

वस्तुतः द्विवेदी जी के लिए साहित्य का अर्थ था—सभी प्रकार का उपयोगी ज्ञान, और उसका उद्देश्य केवल या प्रथमतः मनोरंजन करना नहीं, बल्कि सूचना और शिक्षा प्रदान करना था। अन्तर सिर्फ़ अभिरुचि और आस्वाद का नहीं, बल्कि कविता की समूची अवधारणा का था। इस उद्देश्य के लिए महावीर प्रसाद द्विवेदी ने अपेक्षाकृत निकट की ब्रजभाषा परम्परा को रद्द करके और भी अतीत में जा कर संस्कृत में प्रेरणा खोजी : उसका

साहित्य भण्डार हिन्दी के लिए आदर्श का काम कर सकता था। सम्पादक के तौर पर द्विवेदी जी ने अपने आदर्श को कई युक्तियों से लागू किया। जैसा कि हमने पिछले अध्याय में देखा, उन्होंने कवियों को इन धाराओं में लिखने के लिए प्रेरित किया और अनुरोधपूर्वक लिखवाया, जैसा कि उन्होंने 'भारत भारती' के सन्दर्भ में मैथिलीशरण गुप्त के सिलसिले में किया (देखिए 3.1)। जिन कविताओं को उन्होंने अनुपयुक्त समझा उन्हें अस्वीकार किया और प्रचुर मात्रा में समकालीन रचनाओं की समीक्षा करके उन पर टीका-टिप्पणी लिखी। इस तरह वे बीसवीं सदी के आरम्भिक चरण में हिन्दी के सबसे प्रभावशाली आलोचक और अभिरुचि के निर्णायक बन गये। साथ ही, उन्होंने यह भी दिखा दिया कि कैसे किसी एक पत्रिका को सार्वजनिक क्षेत्र में मानदण्डों और मूल्यों को स्थापित और प्रसारित करने के एक साधन के रूप में इस्तेमाल किया जा सकता है। (देखिए 1.3.1)।

समकालीन आवश्यकताओं को ध्यान में रख कर साहित्य पर पुनर्विचार स्पष्ट शब्दों में 'साहित्य और राष्ट्रीयता' की लेख माला में अन्य लोगों के अलावा वेंकटेश नारायण तिवारी ने (1890-1965) व्यक्त किया, जो आचार्य द्विवेदी के प्रारम्भिक लेखकों में से थे, और ख़ुद भी सम्पादक और कांग्रेसी नेता थे। इन लेखों में तिवारी जी ने साहित्य के कार्य के बारे में आधुनिक चिन्ताओं को व्यक्त करने के लिए विशिष्ट रूप से संस्कृत और यूरोपीय सिद्धान्तों का सहारा लिया : उन्होंने साहित्य और जीवन और साहित्य और समाज के बीच के सम्बन्ध को रेखांकित करने के लिए सेंट-बोव, मैथ्यू आर्नल्ड और कार्लाइल जैसे पश्चिमी आलोचकों की परिभाषाओं को उद्धृत किया। उनके तर्कों का आधार यह था कि हिन्दी साहित्य आजकल अराजकता की स्थिति में इसलिए था, क्योंकि 'साहित्य' शब्द के अर्थ को ले कर ही भ्रम हो रहा था, साथ ही उनकी राय थी कि राष्ट्रभाषा हिन्दी को ऐसे साहित्य की ज़रूरत थी जो इस प्रतिष्ठा के योग्य हो। फिर उन्होंने साहित्य के व्यापक अर्थ से साहित्य के संकीर्ण अर्थ का अन्तर स्पष्ट किया—व्यापक अर्थों में किसी भी भाषा में लिखी गयी कोई भी गम्भीर रचना 'साहित्य' कही जा सकती है, जबकि संकीर्ण अर्थ में 'साहित्य उस कला का नाम है, जो कल्पना की अक्षुण्ण शक्ति से उत्पन्न हो, भाषा रूपी वेष-भूषा में सजधज कर, मानव जाति को चमत्कृत करती है।'[50] संस्कृत साहित्य तो पूरी तरह विकसित हुआ था, मगर हिन्दी अब तक दूसरी परिभाषा तक ही सीमित रही थी। साहित्य को केवल 'कलात्मक उक्ति'—रसात्मकम वाक्यम्—समझने के कारण हिन्दी ने उसकी आत्मा नष्ट कर दी थी। क्योंकि साहित्य में महत्व भाषा का नहीं, भाव का था : इस उद्देश्य से वेंकटेश नारायण तिवारी ने क्लासिक लेखक के बारे में सेंट बोव की परिभाषा को लेखक मात्र के लिए अपनाया :

> 'क्लैसिक वह लेखक है जिसने मानव-बुद्धि को परिवर्धित किया; जिसने सचमुच उसके ख़ज़ाने को बढ़ाया, जिसने उसको एक पद आगे बढ़ाने में उत्साहित किया, जिसने किसी निर्विवाद नैतिक सत्य को ढूँढ निकाला, या

किसी नित्य राग तक पहुँच गया, जो मनुष्य-हृदय में लुप्त पड़ा था, जहाँ की सब बातें, मानो, उसके पहले मालूम थीं और अच्छी तरह से जाँच ली गयी थीं; जिसने अपने विचार, खोज या अविष्कार को किसी ढंग से, चाहे जैसा ही क्यों न हो, वर्णित किया है, यदि वह उदात्त; विशाल, मर्मभेदी, न्यायसंगत, विवेकपूर्ण और ललित हो; जो अपनी विशेष शैली में सबसे बोलता है—यद्यपि वही शैली सब की शैली है—ऐसी शैली में जो एकदम से नवीन और प्राचीन है, और सब युगों में समकालीन है।'[51]

इसलिए, लेखक को लेखक कहलाने के योग्य होने की ख़ातिर एक द्रष्टा होना चाहिए और उच्चतर भावनाओं की प्रेरणा देनी चाहिए। यहीं राष्ट्रवाद या राष्ट्रीयता का सवाल सामने आया : चूँकि हर जाति या राष्ट्र की अभिव्यक्ति उसके अपने साहित्य में होती थी, और चूँकि उसका साहित्य उसकी राष्ट्रीयता के सार को व्यक्त करता था, इसलिए हिन्दी साहित्य को भी इसी परिप्रेक्ष्य में जाँचे जाने की आवश्यकता थी।[52] 'ऐसी दशा में जो हिन्दी के हितैषी है, जिन्हें मातृभाषा का अभिमान है और जो स्वराज्य को भी स्वभाषा के सामने नगण्य समझते हैं, उनका प्रथम कर्तव्य है कि हिन्दी को राष्ट्रीय सिंहासन पर प्रतिष्ठित करने के समय उसके गौरव के अनुकूल ही यथासम्भव निर्मल साहित्य की पुष्पमाला माता के चरणों में अर्पित की जाय। अतएव, यह आवश्यक है कि वर्तमान साहित्य की प्रवृत्तियों में जो कुछ कुसंस्कार दिखायी दे उन्हें हम निर्दयता के साथ समूल नष्ट करने का साहस करे।'[53]

संस्कृत काव्य-शास्त्र और साहित्य के साथ उपयोगितावादी रवैये का कुछ ऐसा ही मिश्रण पाठ्यक्रमों में साहित्य सिद्धान्तों का मुख्य आधार बना। श्यामसुन्दर दास की पुस्तक साहित्यालोचन (1922) ने जो साहित्यिक आलोचना की मानक पाठ्य-पुस्तक बनी, संस्कृत काव्यशास्त्र को साहित्य के सामाजिक और राष्ट्रवादी उद्देश्यों की आधुनिक चिन्ताओं से मिलाने की कोशिश थी।[54] परम्परागत शीर्षक के बावजूद वह कुल मिला कर विलियम हडसन की पुस्तक 'इण्ट्रोडक्शन टू द स्टडी ऑफ़ लिटरेचर' का अनुवाद थी, हालाँकि मूल पुस्तक से कुछ महत्वपूर्ण अन्तर भी थे।[55] मिसाल के लिए, दूसरा अध्याय 'साहित्य का विवेचन' (द स्टडी ऑफ़ लिटरेचर) उद्देश्य (aim), साहित्य दर्शन (पोएटिक्स) साहित्य और विज्ञान (लिटरेचर ऐण्ड साइंस) की चर्चा में काफ़ी निकटता से हडसन के कोटि-निर्धारण का अनुसरण करता था; लेकिन एक महत्वपूर्ण बिन्दु पर श्यामसुन्दर दास ने मूल में परिवर्तन कर दिया था। और जो बात एक व्यंग्यपूर्ण समीक्षक के लिए ग़लत अनुवाद था, वह मेरी नज़र में रस की भारतीय अवधारणा में एक सचेत रूपान्तरण है। जहाँ हडसन ने रचना-प्रक्रिया के केन्द्र में लेखक की भावनाओं (भाव) को रखा था, बनारस हिन्दू विश्वविद्यालय के हिन्दी अध्यापक ने रस सिद्धान्त के अनुसार रसिक की भावनाओं को केन्द्रीय स्थान दिया

था : 'A piece of literature appeals to us only when it activates in us the same resources of sympathy and imagination as went into its making' का अनुवाद श्यामसुन्दर दास ने यों किया : 'काव्य मनुष्य के हृदय को तभी अपनी ओर खींच सकता है जब उसमें अनुरागजनक और कल्पना की वही सामग्री हो जो पाठक श्रोता या द्रष्टा के हृदय में विशेष रूप से जागृत रहती है।'[56] और चूँकि आलोचक ही इस बात का निर्णायक था कि लोगों की भावनाएँ क्या होनी चाहिएँ, लेखक और पाठक, दोनों ही अधिकार और स्वायत्तता से वंचित हो गये।

साहित्य के अभिप्राय और उद्देश्य की नयी (पश्चिमी) धारणाओं को भारतीय काव्यशास्त्र की शब्दावली और विचारों से मिलाने के इस रचनात्मक प्रयास ने नये नियमों की स्थापना की, और यही मिश्रित अवधारणा साहित्य के पठन-पाठन का आधार बन गयी। बहुत कुछ उन्नीसवीं सदी के रूस की तरह जनता और लोकहित का महत्व, जिसका ढिंढोरा बुद्धिजीवी .खूब पीटते रहे, अन्ततः बुद्धिजीवियों की जातीय प्रामाणिकता को पुष्ट करने का ही काम करता था और जनता से किसी भी तरह के सीधे जुड़ाव का रूप नहीं लेता था। इसके अलावा, ऐसा रवैया समकालीन साहित्य के बारे में व्याख्यापरक रवैये की बजाय निर्देशात्मक रवैये में रूपान्तरित हो गया। भावों पर और राष्ट्र पर उसका ज़ोर साहित्य को ले कर एक नैतिकतावादी दृष्टिकोण को प्रेषित करने का साधन बन गया जो किसी भी क्रान्तिकारी या अन्तर-सांस्कृतिक प्रयोग को 'अभारतीय' कह कर ख़ारिज कर सकता था। जैसा कि हिन्दी साहित्य सम्मेलन के नेता और कांग्रेसी राजनेता पुरुषोत्तम दास टण्डन के शब्दों से पता चलता है :

> "जातीय कीर्ति का अमरत्व जातीय साहित्य पर निर्भर है। जातीय समृद्धि और जातीय साहित्य दोनों ही एक दूसरे पर अवलम्बित हैं। जो जाति अपने साहित्य को शक्तिशाली बनानी चाहे, उसे पहले स्वयं शक्तिशाली बनने का उद्योग करना आवश्यक है। दूसरी ओर, यह भी सत्य है कि जातीय साहित्य के उद्बोधन और उत्तेजन से ही जातीय उन्नति में सहायता प्राप्त होती है। संकुचित भावों की सहायता से बृहत् साहित्य की सृष्टि नहीं हो सकती। मत-मतान्तर के भेदभावों से पूर्ण सहस्रों ग्रन्थ विराजमान रहते भी कोई साहित्य अमर और समग्र जाति में आदरणीय नहीं बन सकता। किसी विशेष सीमा तक परिमित रहने वाले संकुचित भावों को तिलांजलि दे कर जो मानव हृदय सर्वकाल और सर्वदेश में एक है, उसी को हर्षित, उत्साहित, आनन्दित और आकर्षित करने के लिए जिस सत्-साहित्य की सृष्टि की जाती है, वही वास्तव में चिरस्थायी और सर्वप्रिय बन सकता है और उसी को कहते हैं–सार्वजनिक साहित्य!... जो विद्वान् मतमतान्तर सम्बन्धी अथवा विशेष सामाजिक मतों का प्रचार करने के लिए विविध ग्रन्थों की रचना करते हैं, उनका उद्देश्य सफल हो सकता है, परन्तु उनके ग्रन्थ विशुद्ध साहित्य

की सृष्टि में सहायता नहीं पहुँचा सकते।''[57]

बहरहाल, ब्रजभाषा जैसी समग्र काव्य-परम्परा और सम्वेदना इकतरफ़ा ढंग से और अकेले-दम ख़ारिज नहीं की जा सकती थी, जैसा कि कवि सम्मेलनों में समस्यापूर्तियों और छपे हुए ब्रजभाषा गीतों की निरन्तर लोकप्रियता साबित करती है (देखिए 1.3.3)। हालाँकि ब्रजभाषा से सहानुभूति रखने वाले आलोचक भी इस तथ्य पर खेद प्रकट करने से रह नहीं पाते थे कि आधुनिक ब्रजभाषा कवि समकालीनता को सम्पूर्ण रूप से ठुकराते जान पड़ते थे–ब्रजभाषा के कवि और रसिक इसके बावजूद उस परम्परा की हिमायत करते थे जो सदियों तक परिमर्जित होती गयी थी।[58] इसकी तुलना में समकालीन खड़ी बोली काव्य बेढंगा और अव्यवस्थित जान पड़ता था। 1920 में पटना में हिन्दी साहित्य सम्मेलन के दसवें अधिवेशन में 'हिन्दी साहित्य की वर्तमान दशा' पर पंडित गोविन्द नारायण मिश्र के भाषण में तीखे शब्दों में यह आलोचना प्रस्तुत की गयी। अंग्रेज़ी शिक्षा के प्रभाव में, उन्होंने दलील दी –

> 'हमने साहित्य की मुख्य परिभाषा छोड़ दी है। साहित्य दर्पण में 'वाक्यं रसात्मकं काव्यं' ऐसा काव्य का लक्षण लिखा है। हमने इस सिद्धान्त की नितान्त अवहेलना कर डाली है। हम रसादि का प्रयोग भूल चुके हैं। यही सब हमारे साहित्य के ह्रास का कारण हो रहा है। साहित्य का मुख्य अंश पद्यभाग है। जिसकी व्याप्ति हमारे हिन्दी साहित्य में सबसे अधिक है यदि संस्कृत भाषा के पद्य-साहित्य से कोई भाषा समता कर सकती है तो वह हिन्दी ही है।... वही कवि सजीव कविता लिख सकता है, जो उसमें तल्लीन हो जाता है। साहित्य की उच्च शिक्षा ऐसे ही महज्जनों के पास मिल सकती है, कालिजों में नहीं।.. लोग पुरानी कविता को भूल कर खड़ी बोली की नवीन कविता पर प्रेम करते हैं और इसी से साहित्य का सर्वनाश हो रहा है।'[59]

ब्रजभाषा के हिमायतियों की प्रतिक्रिया नियमों और साहित्यिक सत्ता की धारणा पर केन्द्रित थी। वे साहित्य की असम्भव रूप से व्यापक नयी धारणा पर चिन्ता और इस बात पर उलझन व्यक्त करते कि अब साहित्यिक कृतियों के मानक कौन स्थापित करेगा और उनका मूल्यांकन कौन करेगा। अक्तूबर 1921 में मुरादाबाद में यू.पी. हिन्दी साहित्य सम्मेलन के छठे अधिवेशन में जाने-माने आलोचक और विद्वान पद्मसिंह शर्मा का भाषण इस दृष्टिकोण को और समकालीन प्रवृत्तियों के प्रति पारम्परिक रूप से प्रशिक्षित आलोचक की हैरानी को सबसे अच्छी तरह व्यक्त करता है। पद्म सिंह शर्मा ने कहा कि हिन्दी की तीव्र प्रगति के आनन्द को भाषा के भ्रष्ट होने और उसके साहित्य के सौष्ठव के नष्ट होने के दृश्य ने भंग कर दिया है। उन्होंने 'साहित्य' शब्द के नये अर्थ पर आपत्ति की जिसमें आयुर्वेद, गणित और भूगोल तक शामिल थे, और कहा–

'पहले के युगों में साहित्य से हमारा अभिप्राय काव्य कला से सम्बन्धित अलंकार, रस, ध्वनि, आदि से युक्त एक शास्त्र विशेष से होता था, जो उसके गुण-दोषों का विवेचन करता था—जैसा साहित्य दर्पण में है। इसके अलावा, पहले साहित्य भाषा पर शासन करता था, काव्य व्याकरण पर, और साहित्य शास्त्री यह तय करने का सर्वोच्च अधिकारी था कि कोई शब्द सही है या नहीं। लेकिन जबसे बोल्शेविज़्म ने, समय के प्रवाह की तरह, साहित्य को एकरूपी लोकतन्त्र बना दिया है, भाषा के राज्य में एक ग़दर मच गया है। जो भी कोई व्यक्ति किसी शैली में, किसी विषय पर लिखे उसे 'साहित्य' कहा जाता है। हर लेखक जैसा वह चाहे लिखने के लिए स्वतन्त्र है। किसी क़ायदे-क़ानून को मानने की कोई पाबन्दी नहीं है, सच तो यह है कि मानने के लिए कोई क़ायदा है ही नहीं।'[60]

'क़ायदे-क़ानून' वाला रूपक बड़ी ख़ूबी से 'साहित्य के उस नये लोकतन्त्र' पर परम्परा-प्रेमी साहित्यकारों की खीझ को व्यक्त कर देता है, जिसने विशेषज्ञों और विधाओं की श्रेणियों को उलट दिया था। (देखिए 2.3),

उन्हें शौक़े इबादत भी है और गाने की आदत भी।
निकलती हैं ऋचाएँ उनके मुँह से ठुमरियाँ हो कर।।

पद्मसिंह शर्मा ने आगे टिप्पणी की कि जहाँ 'प्राचीन साहित्य शास्त्रियों ने प्रत्येक रस के लिए विशेष छन्द निर्धारित कर रखे थे, आजकल हर कोई नियमों की खिल्ली उड़ाता है और किसी भी रस के लिए किसी भी छन्द का प्रयोग करता है।'[61] कठोर काव्यानुशासन में दीक्षित विद्वान होने के कारण उन्हें छन्दों के उन प्रयोगों के प्रति बहुत कम सहानुभूति थी जो खड़ी बोली के कवि हर वक़्त कर रहे थे।[62] पद्म सिंह शर्मा की प्रतिक्रिया थी : 'कोई फ़ारसी बहरों की लहरों में पड़ा बह रहा है, कोई बंगला से पयाल और मराठी से अभंग माँगे जा रहा है, मानो हिन्दी छन्दों का दीवाला निकल गया है।'[63] महावीर प्रसाद द्विवेदी के घनिष्ट सहयोगी पद्म सिंह शर्मा, खड़ी बोली कविता के लिए तभी रियायतें देने को तैयार थे अगर उनके नये नियम-क़ायदे स्थापित हो जाते और फिर उनका अनुसरण होता।

इसके विपरीत नये छायावादी कवि जिस चीज़ के हिमायती थे—वह था कवि द्वारा प्रयोग करने और प्रचलित मानदण्डों को तोड़ने का निजी अधिकार। लेकिन जो उनके निकट कवि की मेधा की न्यायसंगत अभिव्यक्ति थी, वह परम्परा-प्रेमी साहित्यकारों को अस्वीकार्य धृष्टता और अराजकता की पूर्व पीठिका जान पड़ती थी। जो कौतुक की भावना और स्वाभाविक उदात्त प्रेरणा भगवती चरण वर्मा जैसे युवा छायावादी कवि के लिए था, कवि की हैसियत के लिए पर्याप्त योग्यता थी दूसरों के लिए अभूतपूर्व विचार था -

कौन हो तुम अग्नि-शिखा की ज्वाल?
तुम्हारा सुधा-पूर्ण गायन

मधुर, कोमल शिशु-का-सा हास-
कल्पना के सुख सागर!
तुम्हारा है अनुपम उल्लास -[64]

स्वच्छन्द काव्य-धारा की शुरूआती वकालत करते हुए छायावादी कवि सुमित्रानन्दन पन्त ने ब्रजभाषा की संकीर्ण वसुन्धरा की तुलना खड़ी बोली के विस्तीर्ण संसार से की थी। अत्यन्त लाक्षणिक भाषा का प्रयोग करते हुए पन्त ने ब्रजभाषा की काव्य परिपाटी की आलोचना की थी जिसने कविता के संसार को संकीर्ण बना दिया था, और जिसे अब खुला और ग्रहणशील होना चाहिए था।

> अधिकांश भक्त-कवियों का समग्र जीवन मथुरा से गोकुल ही जाने में समाप्त हो गया। बीच में उन्हीं की संकीर्णता की यमुना पड़ गयी; कुछ किनारे पर रहे, कुछ उसी में बह गये; बड़े परिश्रम से कोई पार भी गये तो ब्रज के द्वारका तक पहुँच सके, संसार की सारी परिधि यहीं समाप्त हो गयी। (पल्लव की भूमिका)

चित्र 2.2 झंझावात कहाने वाला युवा छायावादी कवि भारी-भरकम शब्दों वाली प्रतीकात्मक कविता सुनाता है जो श्रोताओं को आकर्षक नहीं जान पड़ती आह! वह पीड़ा का संसार...। (स्रोत चाँद, 9, भाग 2, 3 जुलाई 1931, पृ. 318)

ब्रजभाषा कवियों ने ब्रज से आगे के (जातीय) संसार का भ्रमण नहीं किया था, न संवेदना के उस विस्तार की खोज़ की थी जो ईश्वर-भक्ति अथवा नायिका के विभिन्न भावों से परे फैला हुआ था : 'इस तीन फ़ुट के नख-शिख के संसार से बाहर ये कवि-पुंगव नहीं जा सके।' स्थान-सम्बन्धी एक और रूपक के माध्यम से पन्त ने दावा किया कि खड़ी बोली में चाहे वैसे बेल-बूटेदार सुन्दर और भव्य मन्दिर न हों जैसे ब्रजभाषा में थे, पर उसके पास 'विस्तृत राजपथ,' देश-विदेश की नवोन वस्तुओं और 'उपभोग्य पदार्थों की हाट-बाट और तरह-तरह के नये फूलों से भरे हुए पार्क' हैं।[65]

इस तरह ब्रजभाषा के सौन्दर्य-बोध और काव्य-शास्त्र पर सिर्फ़ वही धारणा प्रश्न नहीं उठा रही थी जिसके अनुसार कविता 'जीवन की समीक्षा' होती है। रवीन्द्र नाथ ठाकुर या फिर यूरोप से बह कर आने वाले नये विचार-प्रवाह ब्रजभाषा परम्परा और द्विवेदी युग की उबाऊ कविता—दोनों पर चोट कर रहे थे। इसके अलावा 1920 के दशक के मध्य से इलाचन्द्र और हेमचन्द्र जोशी, सुमित्रा नन्दन पन्त और कृष्ण देव प्रसाद गौड़ जैसे युवा लेखक मेतरलिंक, येट्स और क्रोचे को उद्धृत कर रहे थे, ताकि भारतीय आलोचकों के मन-मस्तिष्क पर अंग्रेज़ी साहित्य और अंग्रेज़ी आलोचना की जकड़बन्दी को चुनौती दे सकें और साहित्य में व्यक्तिगत मेधा, मौलिकता और रहस्यवाद[66] की धारणा का झण्डा ऊपर उठा सकें। छायावाद के अनुसार कवि की व्यक्तिगत कल्पना को खुली छूट देना बौद्धिक उपनिवेशवाद से मुक्ति दिलाने सरीखा था। नये आदर्श भी सामने रखे जाने लगे जैसा कि हेमचन्द्र जोशी ने 1926 में लिखा –

> 'अँगरेज़ी बनियों और स्वार्थी वैज्ञानिकों की भाषा है।...इस भाषा ने शेक्सपियर को जन्म दिया, वर्ड्सवर्थ को जन्म दिया, किन्तु रूसो को नहीं उत्पन्न कर सकी। इसने सॉल्सबरी तो पैदा किया, लेकिन सेंट बोव नहीं पैदा कर सकी।...तात्पर्य यह कि पगली प्रतिभा, जो साहित्य-कला का प्राण है, इंगलैंड में नहीं पनपने पाई।'[67]

आगे बढ़ कर हेमचन्द्र जोशी ने कला के लिए कला के विचार का गुणगान किया, जो ठीक हडसन, महावीर प्रसाद द्विवेदी, श्यामसुन्दर दास और रामचन्द्र शुक्ल की धारणाओं के विपरीत जाता था और जिसका वे सब तिरस्कार करते थे।[68]

बहरहाल, हेमचन्द्र जोशी ने भी यह सतर्कता बरती कि इस अवधारणा को एक उपयुक्त संस्कृत परिभाषा में रूपान्तरित किया : कला के लिए कला की अवधारणा मैथ्यू आर्नल्ड की अवधारणा 'कला जीवन की समीक्षा है' से इसलिए ऊँची थी, उन्होंने लिखा, क्योंकि वह भगवदगीता के अनुसार निष्काम कलाधर्म का पर्याय थी। इसलिए जीवनोपयोगी कला इससे निम्नतर थी। अगर हडसन कृष्ण होते, हेमचन्द्र जोशी ने आगे लिखा, तो वे अर्जुन से कहते –

> 'बेटा, कौरवों को मारो-काटो, उनका राज्य जीतो, उसके बाद हम और तुम मिल कर मज़ा करेंगे। ज़िन्दगी का उद्‌देश्य ओल्माइटी दाल्लर अर्थात सर्वशक्तिमान डालर जोड़ना है। जिससे मनुष्य छोटी उमर में भोग-विलास से छक जाय।'[69]

जैसा कि इस व्यंग्यात्मक टिप्पणी से नज़र आता है, 'उपयोगी साहित्य' की औपनिवेशिक और सुधारवादी, दोनों तरह की अवधारणाओं का उपहास और भण्डाफोड़ उन्हें भौतिकतावादी अवधारणाएँ और यों एक निम्नतर आदर्श बताते हुए किया जा सकता था। निःस्वार्थ कला की भारतीय परम्परा ब्रिटेन की तुलना में भारतीय आध्यात्मिक वर्चस्व को प्रतिबिम्बित करती थी। साथ ही, वह एक भिन्न क़िस्म की आधुनिकता के प्रति झुकाव भी दिखाती थी, ऐसी आधुनिकता जो व्यक्तिगत स्वाधीनता और मौलिकता को मूल्यवान समझती थी।[70]

यही वह आधुनिकता थी जिसे छायावाद ने गले लगाया। छायावाद की जो तीखी आलोचना हुई, उससे यह साफ़ है कि वह महज़ एक नयी काव्य प्रवृत्ति ही नहीं थी, बल्कि साहित्य—और कहा जाय कि साहित्यिक व्यवस्था—की ऐसी अवधारणा थी जो ब्रज भाषा की कवि-परिपाटी और खड़ी बोली के सुधारवाद दोनों के प्रति अत्यन्त विध्वंसकारी थी। चूँकि छायावाद पर चली बहस हिन्दी और अंग्रेज़ी, दोनों में विस्तृत अध्ययन का विषय रह चुकी है, इसलिए उसे फिर से यहाँ दोहराने की ज़रूरत नहीं।[71] छायावादी कविता को इसलिए 'अनुपयोगी' करार दिया गया, क्योंकि वह समाजोपयोगी और शिक्षाप्रद काव्य की अवधारणा का समर्थन नहीं करता था; और छायावादी कवियों पर सामान्य रूप से यह आरोप था कि वे अपनी स्वच्छन्द, उच्छृंखल, छन्द मुक्त कविता से हिन्दी की प्रगति का नाश कर रहे हैं। बनारस हिन्दू विश्वविद्यालय के हिन्दी विभागाध्यक्ष श्यामसुन्दर दास ने गरजते हुए कहा :

> 'आजकल जो हिन्दी कविता की बाढ़ आ रही है, उसमें न जानें कहाँ-कहाँ का कूड़ा-करकट चला आ रहा है। अंग्रेज़ी और बँगला में जब मनमाने छन्दों में कविता ढाली जाती है, तब हिन्दी में क्यों न बेसुरी रागिनी छेड़ी जाय, ऊँची कविताएँ आजकल वही कही जाती हैं, जिनकी वर्णन-शैली बड़ी पेचीदा हो, साधारण-सी बात कहने के लिए जिनमें ब्रह्माण्ड की छान-बीन कर डाली गयी हो, या जिनमें अलौकिक और अनिर्वचनीय भावों की दुहाई दी गयी हो। छायावाद और समस्यापूर्ति से हिन्दी कविता को बहुत हानि पहुँच रही है। छायावाद की ओर नवयुवकों का झुकाव है और ये जहाँ कुछ गुनगुनाने लगे कि चट दो-चार पद जोड़ कर कवि बनने का साहस कर बैठते हैं। इनकी कविताओं का अर्थ समझना कुछ सरल नहीं है। कविता लिखने के अनन्तर बेचारा कवि भी उसके अर्थ को भूल जाता है। पूज्य रवीन्द्रनाथ का अनुकरण

> करके ही यह अत्याचार हिन्दी में हो रहा है। उस कवि श्रेष्ठ की विद्या-बुद्धि की समता करने में असमर्थ होते हुए भी कुछ ऐसी बातें कह जाना जिनका कोई अर्थ ही न समझ सके, ये कवि अपने कवित्व की पराकाष्ठा समझने लगे हैं।'[72]

इस आलोचना के पीछे जो डर मँडरा रहा था, जिसकी गूँज ऊपर उद्धृत किये गये पद्मसिंह शर्मा के भाषण में भी मौजूद थी, वह यह था कि कहीं कोई नये क़िस्म की अराजकता न पैदा हो; कि अपने अस्थिर सनकी व्यवहार और व्यक्तिगत स्वच्छन्दता की घोषणा करके छायावादी कवि सभी नियम-क़ायदों और सत्ता के प्रति ख़तरनाक अश्रद्धा को आमन्त्रित करके लिवा तो नहीं ला रहे हैं। सच तो यही था कि छायावादी कवियों और उनका पक्ष लेने वाले आलोचकों की अधिकांश शब्दावली नियम और परिपाटियों को 'तोड़ कर' क्रान्ति पैदा करने की बात करती थी।[73] अनुकूल आलोचकों का तर्क यह था कि छायावादी कविता अधिक ध्यान की माँग करती थी : वह नयी सम्वेदना अभिव्यक्त कर रही थी और उसे एक नये क़िस्म के सहृदय पाठक की आवश्यकता थी। वे उसे महज़ रवीन्द्र नाथ ठाकुर की नक़ल या साहित्यिक चोरी ठहराने की बजाय, उसके रहस्यवाद को व्यक्तिगत अनुभूति और राष्ट्रीय चेतना की अभिव्यक्ति के रूप में व्याख्यायित करना पसन्द करते थे। आधुनिक साहित्य में रहस्यवाद धार्मिक प्रकार का नहीं है और ज़रूरी भी नहीं कि वह ऐसा हो, भले ही रामचन्द्र शुक्ल ने भी 'कविता में रहस्यवाद' में घोषित कर दिया था : 'रहस्यवाद-छायावाद वह है जो हृदय की उस शक्ति को अभिव्यक्त करता है जिसके चलते मनुष्य विशालता को सीमित रूप में और अनन्त को ससीम रूप में अनुभव कर सकता है।'[74]

छायावादी कवियों ने कल्पना और एक निजी, आन्तरिक जगत का द्वार खोल दिया था जिसमें उनके पाठकों की साझेदारी थी। यह भावनात्मक और बौद्धिक जगत था—विशाल, उदात्त और आवेग-भरा, जो ज़रूरी नहीं कि असली ज़िन्दगी में भी अस्तित्वमान रहा हो, वैसे ही जैसे कि कवि का काव्यात्मक 'मैं' बुनियादी तौर पर कवि के निजी 'मैं' से अलग था। छायावादी कविता और उसका यह रुझान शिक्षित नौजवान और नयी पीढ़ी के आलोचकों के बीच लोकप्रिय हो गया। समय के साथ उसे साहित्य के कैनन में एक साहित्यिक प्रवृत्ति के रूप में शामिल कर लिया गया। (देखिए 1.4)।

इस खण्ड में ध्यान कविता सम्बन्धी बहसों पर ज़्यादा केन्द्रित किया गया है, क्योंकि उनकी संख्या अधिक थी और गहराई में पैठी अभिरुचियों और साहित्यिक रवैयों को प्रतिबिम्बित करती थीं। कथा सम्बन्धी विमर्श में, जैसा कि हम अगले खण्ड में देखेंगे, ठोस सैद्धान्तिक आधार और आलोचनात्मक कोटियों का अभाव था (2.3.3)। इसके अलावा, प्रेमचन्द के उत्कृष्ट उदाहरण ने यह दिखाया कि कैसे सामाजिक और राजनैतिक उद्देश्यों को मनोरंजन से और साहित्यिक और कल्पनाशील मूल्यों से

सफलतापूर्वक जोड़ा जा सकता था। पारखियों के 'रसिक समाज' की आलोचना की पेशबन्दी के तौर पर उन्होंने कहा : 'यह भी मानना पड़ेगा कि गत शताब्दियों में पाश्चात्य देशों में जितने सुधार हुए हैं, उनमें अधिकांश का बीजारोपण उपन्यासों ही द्वारा किया गया है।'[75]

साहित्य की प्रकृति को ले कर हुई सैद्धान्तिक बहसें समसामयिकता की गहरी अनुभूति को उजागर करती हैं। राष्ट्रीयता के युग में, नये मूल्यों की स्थापना करना, परिप्रेक्ष्य और मान्यताओं में परिवर्तन लाना उनका सरोकार था। इन बहसों में या तो ऐसी परम्परा (ब्रजभाषा) की पक्षधरता हो रही थी जिस पर हमले हो रहे थे या फिर एक नयी विषयपरक सम्वेदना (छायावाद) की। हालाँकि उनमें पत्र-पत्रिकाओं, साहित्यिक संस्थाओं, और विश्वविद्यालय के विभागों के सार्वजनिक क्षेत्र के विद्वान, कवि, साहित्य-पारखी और छात्र—सब शामिल थे, अन्ततः ये नये विशेषज्ञ और जानकार थे—विश्वविद्यालयों के प्राध्यापक—जिन्होंने अपनी सैद्धान्तिक स्थापनाओं के माध्यम से ब्रज भाषा के समर्थकों की, खड़ी बोली के सुधारवादी बुद्धिजीवियों और आधुनिकतावादियों की विभिन्न मान्यताओं को एक साथ पिरो दिया। नीचे हम हिन्दी के बुनियादी आलोचक-प्राध्यापक रामचन्द्र शुक्ल के सैद्धान्तिक समन्वय की रूप-रेखा पेश कर रहे हैं।[76]

सबसे पहले समाज के लिए साहित्य की और साहित्य के लिए समाज की प्रासंगिकता अब एक स्थापित तथ्य बन चुकी थी। साहित्य लोगों के प्रति उत्तरदायी था और उसका उद्देश्य था लोकरुचि को बदलना और उसका परिष्कार करना। दूसरे, हर युग का अपना एक विशिष्ट और व्यापक युगधर्म था, लोकरुचि के आदर्श का सार 'जिस प्रकार की लोकरुचि होती है उसके आदर्श ही युग धर्म कहलाने लगते हैं,' जिसे ग्रहण करना साहित्य और समाज, दोनों के लिए आवश्यक था।[77] तीसरा, साहित्य समाज की आँखें खोलने वाले दर्पण-सरीखा है—उस 'दैव दृष्टि' के बल पर जिसका वरदान हर कवि को मिला होता है, जिसका साक्ष्य मनुष्यों पर कविता के लगभग जादुई प्रभाव से मिलता है। यह शक्ति, जो मस्तिष्क पर हृदय की शक्ति है, कुछ हद तक वरदान है और कुछ हद तक कवि की साधना का परिणाम।[78] रचनाकार को साहित्य-सेवी और समाज-सेवी, तपस्वी और कर्मयोगी के गुणों से विभूषित मानने वाली यह अवधारणा छायावादियों के व्यक्तिवाद के सामने सौम्य आत्म-नियन्त्रण का आदर्श रखते हुए, उसे उदात्त बनाती थी। इस तरह कवि के अनुशासन में गम्भीर अध्ययन, 'व्यापक बौद्धिकता' का विकास, समकालीन समाज और उसकी समस्याओं पर सोच-विचार और बुज़ुर्ग, अधिक अनुभवी विद्वानों का संग-साथ और उनका परामर्श—यह सब शामिल था। केवल तभी वह 'साहित्य के क्षेत्र में प्रवेश कर सकता था और उस समय भी उसे बेधड़क मनमाने विलाप में फूट पड़ने की छूट नहीं मिल सकती थी।'[79]

यहाँ एक विशेष प्रकार का तनाव उभर कर हमारे सामने आता है। एक ओर लेखक की ऐसी अवधारणा ठोस रूप ले रही थी जिसके अनुसार लेखक समाज का नैतिक आदर्श और उसका अगुआ था जिससे प्रभुत्व लेखक के हाथ में आ जाता था। दूसरी ओर लेखक का सूक्ष्म (आत्म) नियन्त्रण भी इस अवधारणा से जुड़ रहा था जिसके अनुसार सिर्फ़ संयमी, निःस्वार्थ और नैतिकता की कसौटी पर खरा उतरने वाला व्यक्ति ही लेखक कहलाने का अधिकारी था। इससे, परोक्ष रूप से, प्रभुत्व आलोचक के हिस्से में आ गया, जो लेखक के व्यवहार और आचरण का मनोनीत निर्णायक बन कर इस बात का फ़ैसला कर सकता था कि कौन लोग अच्छी कविता लिख रहे हैं और कौन 'बेधड़क मनमाने विलाप' कर रहे हैं।

इस बहस पर साहित्यिक जगत के ढाँचे में हो रहे परिवर्तनों का सीधा असर पड़ा, जिनके तहत भिन्न-भिन्न संस्कारों वाले लेखक, विद्वान और रसिक एक-दूसरे के, और छपे हुए शब्दों की नयी, अनाम और सार्वभौम जनता के, सीधे सम्पर्क में आये। यह तथ्य परिप्रेक्ष्य और दृष्टिकोण में परिवर्तन का सबूत था कि 'लोकरुचि' और 'व्यक्तिगत स्वाधीनता' केन्द्रीय मुद्दे बन गये। इन दोनों यानी 'लोकरुचि' और 'व्यक्तिगत स्वाधीनता' के बीच के टकराव ने 1940 के दशक के साहित्यिक जगत में प्रगतिशीलों और प्रयोगवादियों का रूप ले लिया। प्रगतिशील आलोचकों के मार्क्सवादी रुझान ने उन्हें आधार और ऊपरी ढाँचे की शब्दावली में हिन्दी साहित्य के इतिहास की पुनर्व्याख्या करने पर मजबूर किया जो रामचन्द्र शुक्ल की संरचना से भिन्न तो थी, पर उसे चुनौती नहीं देती थी। साहित्य की सामाजिक उपयोगिता पर बल देते हुए, प्रगतिवादियों ने एक तरह से अपने को रामचन्द्र शुक्ल के वारिस घोषित किया। दूसरी ओर प्रयोगवादियों का दावा था कि 'व्यक्तिगत अनुभूति की प्रामाणिकता' ही अच्छी कविता का उचित प्रस्थान-बिन्दु है और उन्होंने राजनैतिक जुड़ाव के विचार को ही ठुकरा दिया।

मेरे दृष्टिकोण से, जो साहित्य और शिक्षा की संस्थाओं पर इन विमर्शों के प्रभाव के प्रति सम्वेदनशील है, पाठ्यक्रम पर रामचन्द्र शुक्ल के साहित्य को नियमबद्ध और सुव्यवस्थित करने वाले समन्वय के प्रभाव को आँकना महत्वपूर्ण है। पाठ्यक्रम में साहित्य का इतिहास जातीय इतिहास के उत्थान, पतन और पुनरुत्थान का अनुसरण करता था; साहित्य को पढ़ाने का अर्थ था एक सरलीकृत ऐतिहासिक सन्दर्भ में हर युग के कुछ प्रतिनिधि लेखकों का पाठ-आधारित विश्लेषण। पाठ-विश्लेषण के लिए संस्कृत काव्यशास्त्र के परम्परागत उपकरण काम में लाये जाते रहे, काव्य परिपाटी की गहरी पैठी अवधारणा को चिरन्तन बनाते हुए। इस कैनन में रीति साहित्य (संशोधित) और छायावादी रचनाएँ, दोनों शामिल हो सकती थीं। मगर उनके बीच अन्तर के गहरे अभिप्राय नज़रन्दाज़ कर दिये गये।

2.3 सार्वजनिकता और साहित्य का मूल्यांकन : पुरस्कार, लोकप्रियता और आलोचना

मूल्यांकन के रूप और मानदण्ड हमें ऐसी उत्कृष्ट कसौटी उपलब्ध कराते हैं जिसकी सहायता से लेखकों और साहित्यिक जगत पर पब्लिकनेस या सार्वजनिकता के प्रभाव को जाँचा जा सके। साहित्यिक तन्त्र और साहित्य की धारणा में, साहित्यिक प्रचार-प्रसार और शिक्षा में, जो ढाँचागत परिवर्तन होते हैं, उनका प्रतिबिम्ब मूल्यांकन के रूपों और उनके आधारभूत सांस्कृतिक मूल्यों और बौद्धिक वर्चस्व में भी दिखता है। आलोचक और लेखक सार्वजनिक मूल्यांकन के विभिन्न रूपों—पुरस्कार, समीक्षाओं, या पाठकों में लोकप्रियता—से कौन-से मानदण्ड और अपेक्षाएँ ले कर चलते थे? मूल्यांकन करने का अधिकारी कौन था? उसके मूल्य और कसौटियाँ क्या थीं? ये प्रश्न एक ओर लेखक और सम्पादक-आलोचक, उनके व्यवसायीकरण और आत्म-सजग सांस्कृतिक और राजनैतिक भूमिकाओं से जुड़े हैं, और दूसरी ओर उस ढर्रे से जिस पर चल कर हिन्दी पुस्तकों का बाज़ार रूप ग्रहण कर रहा था (1.3)। इस दौर में लोकप्रियता को, अर्थात पुस्तकों की अधिक बिक्री को, लेखक की योग्यता और मूल्य के पैमाने के रूप में निर्णायक, मगर सन्दिग्ध, महत्व मिल गया। अगर इससे लेखक की यह आकांक्षा इच्छा सन्तुष्ट होती थी कि वह ज़्यादा-से-ज़्यादा लोगों तक पहुँच कर छपे हुए शब्दों के माध्यम से उन्हें प्रभावित करे, तो दूसरी ओर इसमें नामहीन पाठक समुदाय की अभिरुचियों को आकर्षित करने और उनके अनुसार ढलने के नये—छल-भरे, आनन्ददायक, और निन्दित—कौशल की भी आवश्यकता पड़ती थी। तब क्या यह साहित्य के ऊँचे उद्देश्य के प्रति विश्वासघात था? एक ऐसे समय जब पाठकों की अभिरुचियों का परिष्कार करके उन्हें ऊपर उठाने की सख़्त ज़रूरत थी तब क्या यह बिक जाने जैसा था? क्या लोकप्रियता और प्रसिद्धि का अभाव दरअसल पाठकों और आलोचकों को यह सिखाने की विफल, लेकिन प्रशंसनीय, कोशिश थी कि उन्हें अपना ज्ञान बढ़ाना चाहिए? यही वे सवाल थे जिन्होंने साहित्य के मूल्यांकन को अत्यन्त महत्वपूर्ण विषय बना दिया था।

छापेख़ाने के आने से पहले किसी लेखक की योग्यता के निर्णायक उसके आश्रयदाता और सरपरस्त, अन्य कवि, विद्वान और रसिकगण हुआ करते थे। आश्रय निजी सम्बन्धों पर निर्भर रहता था, समीक्षा या तो काव्य-प्रतियोगिताओं द्वारा होती थी, या टीकाओं से, जो दोनों-की-दोनों साहित्यिक तन्त्र का अन्दरूनी मामला था। छापेख़ाने की संस्कृति और छपाई के बाज़ार के फलने-फूलने के साथ उन नियमों और निर्णय के अधिकार को, जिनके बल पर साहित्य का मूल्यांकन होता था, अब इस नये साहित्यिक जगत के अन्दर ही से उभर कर बाज़ार का सामना करना था। इस खण्ड में जिन परिवर्तनों को परखा गया है—आश्रय में बदलाव और साहित्यिक पुरस्कारों की स्थापना, बाज़ार का प्रभाव और स्वतन्त्र लेखक के लिए लोकप्रियता का अस्पष्ट मूल्य, और अन्ततः आलोचना

और पुस्तक-समीक्षा के माध्यम से पत्र-पत्रिकाओं में सार्वजनिक मूल्यांकन—वे सब-के-साथ उसी परिवर्तन के विभिन्न पहलू हैं।

2.3.1 पुरस्कार और आश्रय

उन्नीसवीं सदी और बीसवीं सदी के आरम्भ में ब्रजभाषा के कवियों और संस्कृत तथा ब्रजभाषा के विद्वानों को काशी, ओरछा, रीवा और छतरपुर जैसे राज दरबारों में संरक्षण मिल रहा था। कुछ हिन्दी विद्वान और कवि इन दरबारों में दरबारी, दीवान या पदाधिकारी के रूप में भी रहते थे। दरबारों के सुरक्षित, लेकिन कड़ाई से श्रेणीबद्ध, वातावरण में जो लोग काम कर रहे थे, उनमें अयोध्या में जगन्नाथ दास रत्नाकर और छतरपुर में शुकदेव बिहारी मिश्र और गुलाबराय थे।[80] इसके अलावा, अंग्रेज़ी राज भी फ़ोर्ट विलियम कॉलेज (1800) में एक संरक्षक के रूप में—वस्तुतः आधुनिक खड़ी बोली हिन्दी के गद्य के सिलसिले में पहले संरक्षक के रूप में—उभरा था जहाँ कनिष्ठ सरकारी कर्मचारियों को भारतीय भाषाएँ सिखाने के लिए पाठ्य-पुस्तकें तैयार की गयी थीं।[81] उन्नसवीं सदी में आगे चल कर, प्रान्तीय सरकारों और शिक्षा विभागों ने उन पत्र-पत्रिकाओं को भारी चन्दे दे कर, जिन्हें वे उपयुक्त समझते थे, और 'उपयोगी विषयों' पर पाठ्य-पुस्तकें और अन्य पठनीय पुस्तकें ख़रीद कर, हिन्दी और उर्दू को एक तरह का संरक्षण प्रदान किया। हिन्दी और उर्दू में कुछ पहले-पहले उपन्यास सरकारी पुरस्कार योजनाओं के ही फलस्वरूप लिखे गये, जैसे डिप्टी नज़ीर अहमद का 'मिरातुल उरूस' (1869), पण्डित गौरीदत्त का 'देवरानी जेठानी की कहानी,' और श्रद्धाराम फ़िल्लौरी का 'भाग्यवती' (1877)।[82] युक्त प्रान्त में उन्नीसवीं सदी की अनेक पत्रिकाएँ इन सरकारी चन्दों के बल पर ही खड़ी रह सकीं जो गिनती में कम, पर निरन्तर मिलते थे। प्रान्तीय सरकार हिन्दी की पाण्डुलिपियों की खोज और सार्वजनिक पुस्तकालय जैसी साहित्यिक गतिविधियों के लिए भी अनुदान देती थी। पुरस्कारों और ख़रीदों के माध्यम से औपनिवेशिक सरकार न सिर्फ़ हिन्दी साहित्यकारों को रोज़गार उपलब्ध कराने वाला एक प्रमुख आश्रयदाता बन गयी, विशेष रूप से शिक्षा विभाग में, बल्कि आधुनिक हिन्दी साहित्य के एक सम्भावित संरक्षक के रूप में भी।

अंग्रेज़ी के अलावा, आरम्भिक हिन्दी संस्थाएँ संरक्षण के लिए रजवाड़ों से भी अपेक्षाएँ रखती थीं। मिसाल के लिए नागरी प्रचारिणी सभा ने इस बात के लिए श्रमपूर्वक प्रयत्न किया कि वह प्राचीन हिन्दी पाण्डुलिपियों की जो खोज कर रही थी, या वृहद हिन्दी कोश तैयार कर रही थी, या फिर पक्की इमारत और पुस्तकालय बनाना चाहती थी, उस सब के लिए उसे रजवाड़ों से संरक्षण मिले और अनुदान भी। और हरेक संरक्षक को रिझाने के लिए उसके पास किसी क़दर अलग-अलग क़िस्म के तर्क भी थे।[83] अंग्रेज़ सरकार के सामने वह प्रगति और वैज्ञानिक कार्य के मुहावरे में दलीलें पेश करती थी, रजवाड़ों से समाज-सेवा और सत्कार्य की परम्परागत भाषा में बोलती थी। अपने संस्मरण में सभा

के प्रमुख कर्ता-धर्ता, श्यामसुन्दर दास ने रजवाड़ों के संरक्षण के लिए अपने कठिन प्रयासों को कटुता से याद किया है।[84] उन्हें आभास हुआ कि जहाँ रजवाड़ों का संरक्षण मनमाना और अस्थायी था, सरकारी संरक्षण, तयशुदा नियम-क़ायदों और निर्णायक समितियों के साथ संस्थागत और प्रकट रूप से 'निष्पक्ष' था और उससे एक विशेष प्रकार का अधिकार भी प्राप्त होता था। यही वह प्रभुत्व था जो हिन्दी संस्थाएँ अपने लिए हासिल करने की इच्छुक थीं, और जैसे-जैसे वे हिन्दी के साहित्य जगत में प्रबल होती गयीं, उन्होंने भी 'निष्पक्ष' संरक्षकों के रूप में वैसी ही भूमिका ग्रहण कर ली।

साहित्यिक पुरस्कार प्रदान करना सभा के लिए संरक्षण का एक प्रमुख मार्ग बन गया। शुरू-शुरू में ख़ुद साहित्यकारों और साहित्य-प्रेमियों ने सभा के माध्यम से पुरस्कारों और पदकों का अनुदान देना शुरू किया, आम तौर पर अपने नाम पर या किसी मृत सम्बन्धी की स्मृति में।[85] लोकहितकारिणी परोपकारी महत्वाकांक्षाओं वाले व्यापारिक परिवारों ने इनका अनुसरण किया।[86] ऐसे पुरस्कारों ने उपयोगी विषयों पर पुस्तकों को आर्थिक सहायता देने के औपनिवेशिक उद्यम को जारी रखा। इसी के साथ-साथ वे संस्थाओं में निहित हिन्दी जनता के स्वायत्त अधिकार के प्रदर्शन का माध्यम भी बन गये। इनके द्वारा हिन्दी संस्थाओं को इस बात का अधिकार मिला कि वे ही तय करें कि हिन्दी को किस तरह की किताबों की 'आवश्यकता' थी और उन्हें चिह्नित करना उनका 'कर्तव्य' था : फ़र्क़ बस इतना था कि अब एक बाज़ार के 'अभाव में' दिये जाने की बजाय, ये पुरस्कार व्यावसायिक बाज़ार के होने के 'बावजूद' दिये जाने लगे।

आने वाले वर्षों में साहित्यिक संस्थाएँ मान्यता और प्रसिद्धि के केन्द्र बन गयीं। नागरी प्रचारिणी सभा ने अपनी वार्षिक रिपोर्ट में वर्ष की सर्वश्रेष्ठ पुस्तकों की सूची प्रकाशित करना शुरू किया; जब यह क्रम 1910 में शुरू हुआ था, तो सूची में वर्ष की लगभग सभी नयी हिन्दी पुस्तकें शामिल थीं, लेकिन जैसे-जैसे पुस्तकों की संख्या तेज़ी से बढ़ी, इस सूची के लिए पुस्तकों के चयन में और अधिक सावधानी बरती जाने लगी। पठनीय पुस्तकों का सुझाव देने की बजाय संस्था अब औपचारिक रूप से बेहतर किताबों को मान्यता देने लगी। और जब दो पुरस्कारों ने अचानक पुरस्कार की धनराशि को अभूतपूर्व शिखर पर पहुँचा दिया तो इस प्रवृत्ति को और भी बल मिला। नागरी प्रचारिणी सभा की प्रबन्ध समिति द्वारा दिये जाने वाले मंगला प्रसाद पारितोषिक (1921) और देव पुरस्कार (1927) की धनराशियाँ क्रमशः 1200 रुपये और 2000 रुपये थीं। इन पुरस्कारों के अलावा महिला साहित्यकार की सर्वश्रेष्ठ पुस्तक पर 500 रुपये का सीताराम सेकसरिया पुरस्कार (1930) दिया जाने लगा। इन तीनों पुरस्कारों का महत्व केवल प्रतीकात्मक नहीं रहा था। इनकी घोषणा भारी धूम-धाम के साथ हिन्दी साहित्य सम्मेलन के वार्षिक अधिवेशनों में की जाती और घोषणा से पहले और बाद में काफ़ी हलचल पैदा होती।[87] जहाँ मंगला प्रसाद पारितोषिक के पीछे 'भण्डार निर्माण' का उद्देश्य झलकता

था और वह इतिहास, दर्शन, साहित्यिक आलोचना, या विज्ञान के विषयों पर लिखी गयी गम्भीर पुस्तकों पर दिया जाता था, देव पुरस्कार शुद्ध रूप से साहित्यिक पुरस्कार था।[88]

हिन्दी आर उर्दू साहित्य के लिए सरकारी सरपरस्ती भी एक अर्द्ध-सरकारी संस्था, इलाहाबाद की 'हिन्दुस्तानी एकेडेमी' (1927) पर निर्भर हो गयी जिसे प्रमुख रूप से इलाहाबाद विश्वविद्यालय के प्राध्यापक चलाते थे। सरकारी संरक्षण के नमूने को जारी रखते हुए, मगर इस बार हिन्दुस्तानी हाथों में, एकेडेमी हर साल हिन्दी और उर्दू की सर्वश्रेष्ठ पुस्तकों को नक़द पुरस्कार देती, और किसी लाभ के बिना उत्कृष्ट पुस्तकें (अधिकतर अनुवाद या विद्वत्तापूर्ण ग्रन्थ) प्रकाशित करती।[89]

इस तरह, 1930 के दशक तक आते-आते परम्परागत संरक्षण की जगह बड़े पैमाने पर परम्परागत और आधुनिक संरक्षण के एक दिलचस्प मिश्रण ने ले ली, जिसमें अभिजातवर्गीय, व्यापारिक या औद्योगिक पृष्ठभूमि से आने वाले संरक्षक प्रमुख हिन्दी संस्थाओं के माध्यम का उपयोग करने लगे। परम्परागत विदाई की बजाय, जहाँ धनराशि संरक्षक की मर्ज़ी पर निर्भर थी, कवि या लेखक को अब प्रकाशक की ओर से एक रक़म दी जाती थी और वह सार्वजनिक रूप से कोई पुरस्कार हासिल भी कर सकता था, दिलचस्प बात है कि दोनों को ही 'पुरस्कार' कहा जाता था। जैसा कि हिन्दुस्तानी एकेडेमी के सिलसिले में देखा जा सकता है, हिन्दी के बौद्धिकों ने भी नये–अंग्रेज़ी सरकार के–राजकीय संरक्षण में जगह बना ली थी।

पुरस्कार साहित्य जगत में मान्यता और प्रसिद्धि का नया रूप बन गये, ख़ास तौर पर जब वे विशुद्ध रूप से साहित्यिक कृतियों को दिये जाते। सच तो यह है कि बिरले ही कोई पुरस्कार किसी अजाने लेखक की पहली कृति को दिया जाता, या फिर उसे जो हिन्दी के तन्त्र से बाहर रहा हो, अपवाद शायद केवल एक दिखाई देता है जब 1931 में जैनेन्द्र कुमार के पहले उपन्यास 'परख' को पुरस्कृत किया गया। पुरस्कार उस संस्था के प्रभुत्व को तो पुष्ट करते ही थे जो पुरस्कार देती थी, वे संस्था की और आलोचक की भी उस स्व-निर्धारित भूमिका और अधिकार को बल प्रदान करते थे जिससे वे हिन्दी साहित्य की रूप-रेखा गढ़ रहे थे और यह तय करते थे कि लोगों को क्या पढ़ना चाहिए। बस, इनके पास यह चुनने की ताक़त तब भी नहीं रही कि लोग दरअसल क्या पढ़ना पसन्द करते हैं और यही हिन्दी के साहित्यकारों के लिए तनाव का कारण बन गया।

2.3.2 लोकप्रियता और बाज़ार

हिन्दी प्रकाशन जगत की जो रूप-रेखा पिछले अध्याय (1.3) में पेश की गयी थी, उससे यह दिखायी दिया था कि जहाँ हिन्दी किताबों के बाज़ार में बीसवीं सदी के आरम्भिक वर्षों में महत्वपूर्ण विस्तार हुआ, नयी साहित्यिक कृतियों के लिए उसमें बहुत धीमे-धीमे और मुश्किलों के साथ जगह बनी, और उनका प्रचार-प्रसार मुख्य रूप से पत्र-पत्रिकाओं

के माध्यम ही से होता रहा। हिन्दी प्रकाशनों के बाज़ार में गीतों और भजनों, अर्द्ध-मौखिक विधाओं के गुटकों, या फिर जासूसी, 'सामाजिक,' और 'ऐतिहासिक' कथा-साहित्य की नयी व्यावसायिक विधाओं का वर्चस्व रहा। बाज़ार का बाक़ी अच्छा-ख़ासा हिस्सा शैक्षणिक पुस्तकों और खुल्लम-खुल्ला राष्ट्रवादी प्रकाशनों ने घेर रखा था। संक्षेप में, 'गम्भीर' या 'उत्कृष्ट साहित्यिक' पुस्तकों की बिक्री और प्रसार के लिए उनका पुरस्कृत होना या स्कूली पाठ्यक्रम में शामिल होना ज़रूरी था।

जब ऐसे पूर्णकालिक हिन्दी लेखकों का एक समूह उभरा जिसके भीतर ऊँचे सुधारवादी और राष्ट्रवादी आदर्श थे तो लेखकों ने पाया कि पत्र-पत्रिकाएँ तो गम्भीर लेखन को प्रश्रय देती हैं, मगर धार्मिक या चालू साहित्य के बाज़ार की तुलना में उनकी किताबों का बाज़ार बहुत छोटा, बल्कि नगण्य था। तब लेखकों के आदर्श और उनकी प्रतिष्ठा तथा उनकी असली आर्थिक स्थिति के बीच एक तनाव पैदा होना स्वाभाविक था। एक ओर लेखन निःस्वार्थ सेवा समझा जाता था, जिसका मूल्यांकन धन से नहीं किया जा सकता था, मगर दूसरी ओर यह भी एक वास्तविकता थी कि अगर लेखक कंगाल की तरह रहता तो उसकी गरिमा और सामाजिक प्रतिष्ठा को बनाये रखना असम्भव था।

इस तरह, बाज़ार के प्रति रवैयों में दुचित्तापन नज़र आता है। एक ओर मौजूदा संकट का दोष बाज़ार के भ्रष्टाचार पर थोपा जाता और एक ऐसे स्वर्णिम अतीत से उसकी तुलना की जाती जब कवि उत्कृष्ट कला की साधना करने के लिए स्वतन्त्र थे। ब्रजभाषा के कवि रमाशंकर मिश्र के शब्दों में : 'उन दोष-रहित परिपुष्ट विचारों को जिन्हें एक सत्कवि वाणी अथवा शब्दों द्वारा सुस्पष्ट रीति से प्रकट कर काव्य के स्वरूप में संसार के सम्मुख रख देता है, हम साहित्य के नाम से पुकारते हैं। नवरस से परिपूर्ण, ओज और माधुर्य से परिपक्व रचना की वह रुचिर मन्दाकिनी, जो कल्पना के कुंजों में विहार करती हुई एक कोविद-हृदय से उमड़ निकलती है, साहित्य-सुधा की सुन्दर उपाधि से अलंकृत की जाती है।...' इस आदर्श के बरक्स, जिसे कालिदास, चन्द बरदाई, नानक, कबीर, तुलसीदास और सूरदास ने स्वर्ण युग में और भारतेन्दु, देवी प्रसाद 'पूर्ण' और श्रीधर पाठक ने निकट अतीत में पूरा किया था, रमाशंकर मिश्र ने मौजूदा साहित्यिक बाज़ार को रखा। मिसाल के लिए, उन्होंने अतीत के भव्य शीर्षकों—रघुवंश, कुमार सम्भव, मालती माधव, कादम्बरी—की तुलना आज के शीर्षकों से की जो ख़ुद-ब-ख़ुद एक व्यापक रूप से फैली हुई बीमारी के लक्षण थे—अप्सरा, व्यभिचार, पाप की ओर, गोरी, चमेली (इनमें से दो निराला की रचनाएँ थीं) : 'कल के साहित्य को देख कर जो देश अपने आप में फूला नहीं समाता था, आधुनिक साहित्य-सेवियों की प्रवृत्ति और महत्वकांक्षाओं को देख कर आज वही देश ग्लानि से मस्तक झुका लेता है।' यह परिवर्तन उन्हें सर्वव्यापी जान पड़ता था : यह अब गीता का युग नहीं, बंगला अनुवादों का युग था और 'रामायण और गीता को ले कर जो देश कल विश्व साहित्य के सिंहासन पर बैठा था, आज अपने सपूतों

के बंगला-अनुवाद देख कर और झंकृत-वीवर की स्वर-लहरी सुन कर डूबने के लिए स्थान नहीं पाता। जिस देश का समाज अपने आदर्श-चरित्र, साहित्य सेवियों की कृतियों के आधार पर अर्थ, धर्म, काम और मोक्ष सभी का भागी बनता था, आज उसी देश का समाज नवयोवन की मदिरा पीकर–प्याली ढुलका कर अपनी ही अश्रुधारा में रसातल की ओर बहा जा रहा है।'[90] यों, बाज़ार लेखकों, प्रकाशकों, आलोचकों–सभी की नज़र में भ्रष्ट करने वाली शक्ति बना हुआ था, जो उसके हाथों अपनी गरिमा और आत्मा गँवा देते थे।

> 'आज वे अपनी आत्मा का अध्ययन करने नहीं बैठते, वरन् बाज़ार की बिक्री का अध्ययन करते हैं। अपनी शक्ति को नहीं तौलते, किनतु प्रकाशकों की पूँजी तौलते, पुरस्कार का अंदाज़ा लगा कर वैसी पुस्तकें लिखते और वैसा ही सौदा करते हैं। किन्तु उन्हें ध्यान नहीं कि इस प्रकार की आत्मबलि का खून समाज और प्रकाशक के दामन से तो छूट जाता है, परन्तु लेखक के भाल का अमिट कलंक बन जाता है।... आज इन पूँजीपतियों को अपने मान-अपमान, यश-अपयश का ध्यान ज़रा भी नहीं है। हो भी कैसे? इनके कुकृत्यों की कटु-आलोचना करने वालों ने अपने-आपको जब इन्हीं के हाथों पहले ही से बेंच डाला है, अथवा लेखक जब इन्हीं की कृपा के भिखारी, इन्हीं के स्थूल चरणों के उपासक बने हैं तब कहना ही क्या इन्हीं के द्वार से दस आने पृष्ठ से ले कर पाँच रुपये पृष्ठ तक, फटकार से ले कर चित्र छाप देने के इक़रार या घूँसे की धमकी से ले कर एक हज़ार के पुरस्कार तक जब पाते ही रहते हैं तब फिर लेखकों में भला वह साहस कहाँ जो प्रकाशकों के विद्रोही बनें?... आज भारत के सुप्रसिद्ध औपन्यासिक बाबू प्रेमचन्द, समालोचक शिरोमणि अवध उपाध्याय, कविवर बाबू मैथिलीशरण गुप्त अथवा आचार्य महावीर प्रसाद द्विवेदी से यदि कोई प्रश्न कर बैठे कि आपको भी क्या कभी उस सम्मान या वैभव का स्वप्न दिखलाई पड़ा है, जिस वैभव या एश्वर्य की ओर मि. हचिन्सन, रोमें रोलाँ बर्नडशा आदि पाश्चात्य साहित्यिक महापुरुषों ने आँख तक नहीं उठायी, हो संभव है वे महानुभाव उत्तर देने के बजाय चुप हो जाना अधिक पसन्द करेंगे।[91.]

उन्होंने दलील दी कि हिन्दी लेखक महान साहित्य आजकल इसलिए नहीं रच सकते थे, क्योंकि वे बहुत कम कमाते थे और सम्पादकों तथा बिक्री पर बहुत निर्भर थे : वे कभी आर्थिक सुरक्षा, आत्म-सम्मान और स्वाधीनता की उस स्थिति तक नहीं पहुँच पाते थे जो उन्हें इस योग्य बना दे कि वे बाज़ार के लिए न लिखें।[92] बाज़ार की तानाशाही संरक्षक की तानाशाही से कहीं अधिक थी।

दूसरी ओर, बाज़ार को समृद्धि, और समृद्धि तथा लोकप्रियता के माध्यम से प्रतिष्ठा और प्रसिद्धि, उपलब्ध कराने वाले साधन के रूप में भी देखा गया। गम्भीर हिन्दी

साहित्यकारों की दयनीय स्थिति उस समय और भी उजागर हो जाती थी, जब सम्पादक और पत्रकार उनकी आर्थिक स्थिति की तुलना विदेशी लेखकों की आर्थिक स्थिति से करने लगते। स्पष्ट रूप से बाज़ार के दो पहलू थे : वह हिन्दी लेखकों को अपमानित कर सकता था और करता था, जबकि वह अंग्रेज़ी लेखकों की क़दर करता था और उन्हें सिंहासन पर बिठाता था। हिन्दी अनुवाद के लिए 8 या 10, यहाँ तक कि 4 रुपये या महज़ 2 रुपये प्रति फ़ार्म (16 पृष्ठ) के आँकड़ों की तुलना उन राशियों से की जाती जो वॉल्टर स्कॉट, चार्ल्स डिकेन्स, एडवर्ड गिबन और टॉमस मेकॉले अपनी रचनाओं के पारिश्रमिक के तौर पर ब्रिटिश मुद्रा में पाते और जिन्हें ललक और विस्मय से दोहराया जाता।[93]

बाज़ार लोकप्रियता का सूचक भी था। लोकप्रियता और बिक्री समृद्धि, प्रतिष्ठा और वर्चस्व की सम्भावनाएँ खोल देती थी। तो भी गम्भीर और प्रयोगधर्मी साहित्यकार सस्ते प्रकाशनों के साथ उसी पंगत में बैठने को विवश थे और स्पष्ट रूप से मलाई सस्ते प्रकाशनों के हाथ लगती थी। लिहाज़ा, जहाँ श्रीपति जैसे कवियों का रुख़ लोकप्रियता को गरिमा से च्युत हो जाने के रूप में देखने का था, अपेक्षाकृत तटस्थ आलोचक उसे एक मूल्य समझते थे और यह दलील देते थे कि लोकप्रिय लेखकों के भीतर जनता की ज़रूरतों की अधिक पैनी समझ और असली आन्तरिक शक्ति थी।[94] अन्त में, ऐसा नहीं था कि बाज़ार सभी लेखकों के लिए समस्या पैदा कर रहा था : जयशंकार प्रसाद जैसे कुछ लेखक नज़रन्दाज़ करते रहे; कुछ ने उसका लाभ उठाया और मिसाल के लिए अनुवाद को एक लाभकारी और सम्मानजनक व्यवसाय के रूप में अपनाया, मसलन रामचन्द्र वर्मा और रूपनारायण पाण्डेय; कुछ ने, प्रेमचन्द और भगवती चरण वर्मा की तरह, अच्छे और लोकप्रिय लेखन के बीच सन्तुलन क़ायम किया; और कुछ ऐसे भी थे जिन्होंने पाठकों को गुदगुदाने और निर्लज्ज भाव से लोकप्रिय होने का रास्ता चुना, जैसे पाण्डेय बेचन शर्मा 'उग्र,' जी.पी. श्रीवास्तव, धनीराम प्रेम, चतुरसेन शास्त्री, आदि।

हिन्दी में लोकप्रियता पर बहस 1920 और 1930 के दशकों में 'सामाजिक' उपन्यासों की बाढ़ से और समग्रता में उपन्यासों से बहुत घनिष्ठता से सम्बद्ध है। पाण्डेय बेचन शर्मा 'उग्र' के कहानी-संग्रह 'चाकलेट' (1927) पर जो बहस छिड़ी, वह उस तनाव को उजागर करती है जो बाज़ार की लोकप्रियता और सफलता ने पैदा किया था, ख़ास तौर पर हिन्दी बुद्धिजीवियों के सुधारवादी के सन्दर्भ में। 'सामाजिक उपन्यासों' के साथ 'समस्या' (और उनकी सफलता की वजह) थी उनकी अस्पष्टता और दोहरा उद्देश्य : वे समकालीन सामाजिक बुराइयों का 'पर्दाफ़ाश करने' के घोषित रूप से गम्भीर और सामाजिक सुधार वाले उद्देश्य को अतिनाटकीय कथानकों और विकृत रूमानीपन से जोड़ देते थे। उग्र विशेष रूप से एक क़िस्म के सनसनीख़ेज़ कथा-साहित्य के प्रणेता थे जिसमें समाज की कुरीतियों का भण्डाफोड़ और तीखी निन्दा हिन्दू समाज के सबसे विकृत पहलुओं और विधि-निषेधों की छान-बीन करने का बहाना बन जाती थी, मिसाल के लिए

समलैंगिकता, लड़कियों को अग़वा करके वेश्या बनाना, हिन्दू-मुस्लिम प्रेम सम्बन्ध, आदि।[95] 'चाकलेट' पुरुष समलैंगिकता से जुड़ी सामाजिक बुराइयों का 'पर्दाफ़ाश' करने वाली कहानियों का एक संग्रह था। इसके विज्ञापन में इस विधा की जटिलताओं को व्यक्त करते हुए बड़े गर्व से इसकी सफलता की घोषणा करते हुए कहा गया था कि इसमें उग्र जी की वे कहानियाँ शामिल थीं जो पाठकों को अपनी साँस रोक लेने के लिए मजबूर कर देंगी। हमारे समाज में बढ़ती हुई समलैंगिकता के भयावह असर की व्यापक मार्गदर्शिका इस पुस्तक में पाठकों को प्रतिष्ठित और सम्पन्न बदमाशों द्वारा किये गये दुष्कर्मों का ऐसा खुला और साफ़ चित्रण मिलेगा कि इसे पढ़ने के बाद अबोध-से-अबोध लड़के भी इन शैतानों को देखते ही पहचान लेंगे और न केवल उनके बहकावे से बचने में, बल्कि देश को बचाने में भी सफल होंगे जो इन पापियों की वासना के कारण खेंतरनाक ढंग से आत्म-विनाश की ओर जा रहा था। विज्ञापन में आगे कहा गया था कि इस पुस्तक की उपयोगिता और ज़रूरत का सबसे बड़ सबूत यही था कि इसका पहला संस्करण दो महीनों में बिक गया था। उम्दा ऐन्टीक काग़ज़ पर छपी 216 पृष्ठ की इस पुस्तक का मूल्य इसके प्रचार के महत्व के कारण केवल 1 रुपया रखा गया था।[96]

उग्र की पुस्तकें समकालीन लेखकों में भी लोकप्रिय थीं–अपनी अनोखी साफ़गोई और हास्य-व्यंग्य-भरी जीवन्त भाषा की वजह से भी, लेकिन उनकी लोकप्रियता से हिन्दी साहित्य में नैतिकता के पहरेदार बहुत ही क्षुब्ध हुए। 'मॉर्डन रिव्यू' और 'प्रवासी' से सम्बद्ध और कलकत्ते से निकलने वाली मासिक पत्रिका 'विशाल भारत' के सम्पादक बनारसी दास चतुर्वेदी (1892-1981) ने 1928 में 'घासलेटी साहित्य' के ख़िलाफ़ एक अनवरत अभियान शुरू किया जिसने पूरी तरह 'चाकलेट' को निशाना बना रखा था।[97]

बनारसीदास चतुर्वेदी कुशल आन्दोलनकारी थे और उन्होंने संग्रह की एक प्रति के साथ अपने अभियोग को ख़ुद गाँधी जी के पास सम्मति के लिए भेज दिया, यह जानते हुए कि गाँधी जी के समर्थन से उनके अभियान को भारी बल मिलेगा। शुरू में, बिना किताब को पढ़े, गाँधी जी ने बनारसी दास के वक्तव्य का समर्थन करते हुए एक छोटी-सी टिप्पणी लिख कर भेज दी। बनारसीदास चतुर्वेदी ने वर्षों बाद ही यह राज़ खोला कि किताब पढ़ने के बाद गाँधी जी ने उसके सुधारवादी उद्देश्य से प्रभावित हो कर बनारसी दास चतुर्वेदी को अपनी टिप्पणी का खण्डन भेजा था। चतुर्वेदी जी ने यह खण्डन प्रकाशित नहीं किया ताकि उनका अभियान, जो कई वर्षों तक चलता रहा, विफल न हो। 1950 में जा कर ही उन्होंने ख़ुद अपनी धोख़ेबाज़ी को स्वीकार किया।[98] 'चाकलेट' से उत्पन्न विवाद आदर्श मूल्यों के समर्थन में और 'अस्वास्थ्यकर' प्रभावों से जनता की 'रक्षा' करने के लिए आक्रामक आलोचना की मिसाल है। ऐसे आन्दोलनों का नतीजा जो भी रहा हो, लोकप्रिय उपन्यासों–और उनके बहाने मनोरंजन–के प्रति आलोचकों के शत्रुतापूर्वक रवैये ने एक स्थायी दरार पैदा कर दी। एक ओर वह साहित्य था जो 'आदर्श और कैनन'

में शामिल होने के कारण अनुदान और अनुमोदन प्राप्त करता था; दूसरी ओर वह साहित्य था जो लोकप्रियता के बल पर टिका हुआ था। हालाँकि प्रेमचन्द और देवकीनन्दन खत्री के साथ 'उग्र,' जी.पी.श्रीवास्तव और दूसरे लोकप्रिय कथाकार अपने समय के सबसे ज़्यादा पढ़े जाने वाले लेखक थे, उनकी किताबें पढ़ना छात्रों के लिए लगभग एक अपराध था। ऐसे साहित्य को पाठ्यक्रम और मानक सूचियों से, यहाँ तक कि हिन्दी साहित्य के इतिहासों से, बहिष्कृत करके विश्वविद्यालय के विभागों, साहित्यिक संस्थाओं और प्रभावशाली पत्र-पत्रिकाओं ने इस दरार को और भी गहरा बनाया। पाठ्यक्रमों से बाहर केवल बाज़ार में लोकप्रिय पुस्तकों का आयुष्य बहुत कम था।[99] चूँकि साहित्यिक क्षेत्र चयनधर्मी और ऊँच-नीच में विभाजित था और सर्वस्वीकृत साहित्यिक मूल्यों तथा गम्भीर साहित्य के एक बड़े पाठक-वर्ग का अभाव था, इसलिए आलोचकीय मान्यता और लोकप्रियता के बीच की विभाजक रेखा बहुत बारीक़ और कठिन बनी रही।

2.3.3 समीक्षाएँ और समालोचना

आलोचना भी एक दिलचस्प परिप्रेक्ष्य उपलब्ध कराती है जहाँ से उन लोगों को निरखा-परखा जा सकता है जो साहित्य के क्षेत्र में उन साहित्यिक धारणाओं को लागू करने में संलग्न थे जिनकी चर्चा पिछले खण्ड में हुई। व्यावहारिक समालोचना से क्या अपेक्षाएँ थीं, और उसने कौन-से और कैसे-कैसे रूप ग्रहण किये? इन प्रश्नों से हमें यह जाँचने में मदद मिलती है कि हिन्दी के साहित्य जगत में प्रचार का क्या प्रभाव पड़ा और साहित्य के विविध रूपों और व्यावसायिक बाज़ार के सन्दर्भ में विशेषज्ञों और लेखकों के सैद्धान्तिक और समीक्षा सम्बन्धी रवैया क्या रहा। अपने लेखों और समीक्षाओं के संग्रह 'साहित्य समालोचना' (1929) में आलोचक-समीक्षक कालीदास कपूर ने इस स्थिति का एक जायज़ा लेने की कोशिश की थी। अपने आशय की घोषणा करते हुए उन्होंने जो नुक़्ते सामने रखे थे, वे हमें इस महत्वपूर्ण और विस्तृत विषय के अनिवार्यतः सार स्वरूप निरूपण की ओर ले जायेंगे।

सबसे पहले, लोकहित के उद्देश्य को ले कर साहित्य की नयी अवधारणा आलोचना में एक दिशा-परिवर्तन की माँग करती थी।

> 'देश में जहाँ साहित्य था, उसके साथ सके समालोचक भी थे। परन्तु उनकी समालोचना का ढंग उस समय के लिए ही होता था। साहित्य की रचना साधारण जनता के लिए नहीं होती थी। इने-गिने साहित्य-प्रेमी राजाओं और रईसों के दरबारों में ही कवियों और नाट्यकारों की प्रतिष्ठा थी। इसलिए न कवियों को यह परवाह थी कि हमारी रचनाओं का जनता पर क्या प्रभाव होगा और न उनके समालोचकों को ही सामाजिक दृष्टिकोण ही इन रचनाओं को परखने की आवश्यकता थी। फल यह हुआ कि प्राचीन संस्कृति की

> आलोचना-पद्धति में अलंकार भेद, पिंगल और भाषा सम्बन्धी गुण तथा अवगुण, प्रसाद गुण, रूपक, शब्द गौरव या व्याकरणय निरंकुशता-इन्हीं का समावेश था।'

बहरहाल, अब जबकि साहित्य 'आम लोगों' के लिए लिखा जा रहा था, आलोचना को भी तदनुसार बदलना था। एक नयी क़िस्म की 'सामाजिक आलोचना' की ज़रूरत थी जो साहित्यिक कृतियों की सामाजिक और ऐतिहासिक पृष्ठभूमि के प्रति सम्वेदनशील हो। व्यावहारिक अर्थों में, कालिदास कपूर ने आलोचना को इस रूप में कल्पित किया कि वह लेखकों की कृतियों पर ऐतिहासिक और सामाजिक स्थितियों के असर और लेखकों के मनोविज्ञान का जायज़ा लेने का प्रयास है। नयी कृतियों की विशेषताएँ पुरानी और विदेशी कृतियों से उनकी तुलना करने और समानताओं और भिन्नताओं का बोध होने के बाद उभर कर सामने आयेंगी। इस योजना में ऐसी आलोचना की बहुत सीमित हिस्सेदारी थी जो छन्द और अलंकार आदि का ही विश्लेषण करके रह जाती हो।[100]

दूसरे, कालिदास कपूर ने समालोचक-समीक्षक के एक व्यावसायिक व्यक्तित्व की आवश्यकता व्यक्त की, जैसा इंग्लैण्ड में था। हिन्दी में अब तक सम्पादक यह भूमिका स्वयं निभाते आये थे, लेकिन वे हर विषय के विशेषज्ञ तो नहीं हो सकते थे। इसके अतिरिक्त, अब तक उनका रवैया मुख्य रूप से यही रहा था कि हिन्दी में लिखी गयी किसी भी रचना को साहित्य-भण्डार के 'विस्तार' के रूप में देखते हुए उस का स्वागत किया जाय जिससे समीक्षा का मतलब कमोबेश नयी कृतियों का महज़ प्रचार-प्रसार करना था। इसके विपरीत, इंग्लैण्ड में स्वतन्त्र आलोचक-समीक्षक कर्तव्य की भावना से परिचालित हो कर पाठकों के बीच आधिकारिक दर्जा रखते थे : 'उसकी आलोचना पर ही जनता अपनी राय क़ायम करती है।' हिन्दी में भी अब 'प्रतिष्ठित साहित्य सेवी' और 'विशेषज्ञ विद्वान' की ज़रूरत उठ खड़ी हुई थी जो चुन-चुन कर निर्णय दे और हानिकारक पुस्तकों की दिशा में अपना 'तीसरा नेत्र' खोले; इससे 'असन्तुष्ट लेखकों' का कोप झेलने और 'लोगों की उदासीनता' का सामना करने की नौबत आयेगी, लेकिन यही आलोचक का धर्म था।[101] और अन्त में, कालीदास कपूर ने पाठकों से अनुरोध करते हुए उनका ध्यान उस गुत्थी की तरफ़ आकर्षित किया जिसका सामना उनके द्वारा प्रचारित रुचि-परिष्कारक समालोचना मौजूदा साहित्यिक बाज़ार में करती थी। उन्होंने स्वीकार किया कि पाठकगण एक ऐसे ढंग से सम्मिलित समालोचना व्यक्त करते थे जो किसी भी व्यक्तिगत आलोचना को रद्द कर देती थी। इसके बावजूद, कालीदास कपूर ने पाठकों से समझदारी और विवेकपूर्ण रवैया अपनाने का आग्रह किया :

> '...अन्तिम निवेदन पाठक-समाज से है। कोई समय था जब हमें आपकी परवाह न थी।... परन्तु अब आप ही हमारे अन्नदाता हैं। इसलिए बहुत कुछ आज ही पर निर्भर है कि हम कैसे साहित्य की सृष्टि करें। आपकी सम्मिलित समालोचना के सामने किसी व्यक्ति की समालोचना नहीं ठहर सकती। यह

> समालोचना आप यों प्रकट करते हैं कि अमुक पुस्तक हाथों-हाथ बिक रही है या प्रकाशक की अलमारियों में शोभा दे रही है। आपकी रुचि पर हमें फ़ैसला सुनाने का कोई अधिकार नहीं है। एक विनम्र प्रश्न ही करना है। किसी देश-काल की सामाजिक अवस्था का इस बात की जाँच से बहुत अच्छा पता चल सकता है कि उसमे किस ठंग के साहित्य का विशेष प्रचार था। हमारी भावी सन्तान हमारी सामाजिक स्थिति का यों ही निर्णय करेगी। क्या यह आशा की जाय कि यह निर्णय हमारे पक्ष में होगा?'[102]

कालीदास कपूर द्वारा साहित्यिक समालोचना की विस्तृत चर्चा साहित्यिक क्षेत्र में नज़र आने वाली प्रवृत्तियों के बरक्स रखने पर विशेष रूप से उपयोगी साबित होती है। मिसाल के लिए, नया साहित्य विद्वान और आलोचक से ऐसी विधाओं के लिए व्यावहारिक आलोचना के सिद्धान्त विकसित करने की अपेक्षा रखता था जिनकी कोई भारतीय आलोचना-परम्परा नहीं थी। यह बात नये छायावादी काव्य और उपन्यास, दोनों पर लागू होती है। इसके बावजूद साहित्यिक संस्कारों और साहित्य की अवधारणाओं की विविधता (2.2) और हर अवधारणा में कभी प्रकट, कभी परोक्ष रूप से निहित मानदण्ड निर्धारक रवैयों के प्रलोभन ने मिल कर जिस व्यावहारिक समीक्षा को उत्पन्न किया, वह अत्यन्त विवाद-ग्रस्त थी। एक-दूसरे के प्रतिपक्षी गुट आपस में भिड़ते रहे, हर गुट एक काव्यात्मक अभिरुचि की हिमायत करता और बाक़ी सब की भर्त्सना करता। नौबत यहाँ तक पहुँची कि जब शुकदेव बिहारी मिश्र ने, जो उस समय 'माधुरी' के सम्पादक थे, छायावाद के बारे में प्रशंसात्मक टिप्पणी लिखी तो उन्हें सार्वजनिक रूप से अपनी प्रशंसात्मक और सहृदय आलोचना का औचित्य साबित करना पड़ा, क्योंकि उनके जैसे बाक़ी सभी 'पुराने' साहित्यकार छायावाद के भयंकर विरोधी थे; उन्हें यह भी स्पष्ट करना पड़ा कि यह उनका निजी मत था, उनके भाइयों (मिश्रबन्धुओं) का नहीं। यह कैसी विडम्बना थी कि जब कोई आलोचक पहले लेखक की प्रकृति और मन्तव्य को समझने की कोशिश कर सकता था, और एक ही समय में विभिन्न प्रवृत्तियों की प्रशंसा कर रहा था, तब उसे अपनी मान्यता के औचित्य की रक्षा करनी पड़े।[103] नये साहित्य का सामना ऐसी आलोचना से था जो आरम्भ ही से निष्पक्ष नहीं थी, चाहे अनुकूल हो या प्रतिकूल, और विभिन्न अभिरुचियों की स्वीकृति अमूर्त या सैद्धान्तिक स्तर पर ही बनी रही।[104]

हिन्दी में व्यावहारिक समीक्षा की दूसरी परिघटना थी, वर्गीकरण करने की प्रवृत्ति। नयी और मौलिक साहित्यिक कृतियों के मामले में यह प्रवृति गम्भीर और सूक्ष्म परीक्षण को (जैसा कि कालीदास कपूर ने सुझाव दिया था) वर्गीकरण की कोटियों के अधीन कर देती थी, जिनमें अँटने की अपेक्षा उन कृतियों से रखी जाती थी। इस धारणा के तहत कि हर नयी चीज़ कहीं और से ही आयी होगी, हिन्दी की हर नयी कविता और उपन्यास के लिए अंग्रेज़ी या बंगला का कोई नमूना ज़रूर खोजा जाता

था। साहित्यिक आलोचना में जैसा कि अक्सर होता है, रचना का वर्णन निर्देश में बदल गया। उपन्यासों के सन्दर्भ में अंग्रेज़ी उपन्यासों ने सारे प्रासंगिक लक्षणों से सुसज्जित ('सामाजिक,' 'ऐतिहासिक') वर्गीकरण उपलब्ध कराया; बंकिमचन्द्र, रवीन्द्र नाथ ठाकुर और शरतचन्द्र के बंगला उपन्यास भी नमूने बन गये, क्योंकि उन्होंने इस विधा को हिन्दुस्तान की ज़मीन पर सफलता से ढाल लिया था। इस वर्गीकरण का उपयोग प्रशंसा के लिए भी हो सकता था जैसा कि जैनेन्द्र के साथ हुआ जब उनको हिन्दी का शरतचन्द्र घोषित किया गया। लेकिन जब प्रेमचन्द के 'प्रेमाश्रम' के लिए कोई नमूना ढूँढने पर भी नहीं मिला तो समीक्षक ने इसे अपने नज़रिये की कमज़ोरी की बजाय उपन्यासकार की .ख़ामी ठहराया और कहा :

> 'बंकिमचन्द्रजी के उपन्यासों को देख कर अँगरेज़ी-साहित्य से परिचित समालोचक तुरन्त कह सकते हैं कि ये स्कॉट के ढर्रे के ऐतिहासिक उपन्यास हैं। रवीन्द्रनाथ जी के उपन्यासों को आप सामाजिक कह सकते हैं। आपको अँगरेज़ी-साहित्य में इनकी जोड़ के बहुत से उपन्यास-लेखक मिलेंगे। जार्ज इलियट, थैकरे या डिकेंस, इनके तथा रवीन्द्रनाथ जी के उपन्यास-क्षेत्र में कोई भारी भेद नहीं है। परन्तु प्रेमचन्द जी के उपन्यास इन श्रेणियों में से किसी में नहीं आ सकते।'[105]

इस रवैये की राजनीति, जिसके फलस्वरूप हिन्दी श्रेणीबद्ध सोपान की सबसे निचली सीढ़ी पर आसीन थी, अंग्रेज़ी (या फ्रांसीसी, या रूसी, आदि) सबसे ऊपर और बंगला उससे ठीक नीचे, बर्लिन में बैठे एक युवा और परिष्कृत रुचि वाले स्नातक हेमचन्द्र जोशी के सिलसिले में साफ़-साफ़ नज़र आती है। उन्होंने प्रेमाश्रम की जो तीखी आलोचना की उसमें उनके बंगला और विदेशी संस्कारों का दबाव साफ़-साफ़ नज़र आता है। उन आलोचकों का उत्तर देते हुए जो प्रेमाश्रम से तुलना करने के लिए दूसरी भाषाओं के साहित्य से बड़े-बड़े नामों को 'घसीट लाये' थे—शरतचन्द्र ने कथित रूप से रवीन्द्र नाथ का भी ज़िक्र किया था—हेमचन्द्र जोशी ने जवाब दिया :

> 'असम्भव से भी अधिक असम्भव।... 'प्रेमाश्रम में धरा ही क्या है? एक भी चरित्र नहीं, जो साहित्य का सम्मान रख सके। एक वाक्य ऐसा नहीं जो दिल पर असर करे। एक परिच्छेद ऐसा नहीं, जिसमें भद्दी-भद्दी भूलें न हों। मुझे तो यह भी पता न चला कि यह किस श्रेणी का उपन्यास है। संसार का प्रकृत चित्र है? भावुकता-पूर्ण है? आसमान से बातें करने वाला है, अथवा इन सबका घोल (mixture) है?'

'रवि बाबू' से तुलना करना 'पाप' था; जहाँ प्रेमाश्रम को चन्द दिनों की ही सफलता मिलने वाली, जोशी की भविष्यवाणी थी, ''प्रेमाश्रम' अपनी समुज्ज्वल ज्योतियों से सारे साहित्य संसार को आलोकित कर रहा है। कारण, वह हिन्दी में है, और हमने संसार को हिन्दी-भाषा-भाषियों में ही समाप्त समझ लिया है। इसलिए

'प्रभा' में एक उपदेश-कुशल गुमनाम साहित्यिक चिलमन के भीतर से अपनी सम्मति देते हैं कि हमें तुलना नहीं करनी चाहिए। हमें 'शरत्' और 'रवि' से क्या? हमारे हिन्दी-साहित्य की गति निराली है।...यदि मैं भूला नहीं हूँ, तो शायद पं. श्रीधर पाठक ने इस पुस्तक के लेखक को मंगलाप्रसाद-पुरस्कार के अयोग्य इसलिए बतलाया था कि पचास साल बाद इसका इतना महत्व नहीं रहेगा। क्यों ? इसलिए कि वर्तमान समस्याएँ उन दिनों पुरानी जचेंगी; लेकिन 'गोरा' आज का-सा ही आनन्द देगा। शेक्सपीयर का 'हैमलेट' आज भी नया है।'[107]

पत्र-पत्रिकाओं के खुले पन्नों में की जाने वाली इस तरह की व्यावहारिक समीक्षा आसानी से सनसनी का शिकार हो जाती थी : एक तरह की हिन्दी आलोचना प्रकट रूप से विदेशी उपन्यासों की चोरी करने वालों का पर्दाफ़ाश-सी हो गयी थी। ये अरुचिकर भण्डाफोड़ वस्तुतः उपन्यासों की समीक्षाओं में छाये रहने लगे थे; उनके माध्यम से पत्रिकाओं की बिक्री और समीक्षकों की ख्याति निश्चय ही बढ़ी, लेकिन लेखकों पर उनका गहरा दुष्प्रभाव पड़ा और सन्तुलित आलोचना की प्रथा के विकास में रुकावट आयी।[108]

जैसा कि कालीदास कपूर ने स्वीकार किया था, लोकप्रियता ऐसा न्यायाधीश थी जिसे बर्ख़ास्त करने में आलोचकों को दाँतों पसीना आ जाता। जब 'प्रेमाश्रम' को व्यावसायिक सफलता के साथ-साथ प्रतिष्ठित मंगला प्रसाद पुरस्कार मिला तो उपन्यास की अनेक समीक्षाएँ प्रकाशित हुईं।[109] किसी हद तक प्रेमाश्रम के वर्गीकरण के सिलसिले में आने वाली समस्या ने आलोचकों को अपनी कोटियों पर पुनर्विचार करने और उपन्यास को उसके अपने बल पर जाँचने के लिए विवश किया। उपन्यास की इस विशेषता को देख कर आलोचक हैरान थे कि ज़ाहिरा तौर पर उसमें उन सभी गुणों का अभाव था जो किसी उपन्यास को रोचक बनाते हैं : उसके पात्र साधारण लोग थे और कथानक ज़मीन और ज़मींदारी प्रथा से जुड़ी समस्याओं को केन्द्र में रख कर बुना गया था। एक समीक्षक ने लिखा कि किसे परवाह थी सुक्खू चौधरी, बलराज, .खरीफ़ की फ़सल, रोज़गार और समाजवाद की....'प्रेमाश्रम' में था क्या? दुखहरन भगत, मनोहर, बेगार और ग़ौस .ख़ाँ और क़ादिर मियाँ के झगड़े कैसे मनोरंजन कर सकते थे।[110] इसके अतिरिक्त, प्रेमाश्रम में समसामयिकता एक गुण बन गया था : राष्ट्रीय आन्दोलन और अवध के किसान आन्दोलन का उल्लेख सीधे-सीधे न होने के बावजूद किसानों के राजनैतिक जागरण में और 'अच्छे ज़मींदार' प्रेमशंकर के व्यक्तित्व के पीछे राष्ट्रीयता की भावना और 1920 के किसान आन्दोलन की भूमिका स्पष्ट नज़र आती थी। क्या इसका मतलब था कि पचास साल बाद इसका कोई महत्व नहीं रह जायेगा—और इसलिए यह ऊँची कलाकृति कहाने योग्य नहीं थी?[111] यह विषय-केन्द्रित मुद्दों पर आधारित उपन्यास था, विश्वसनीय पात्रों वाला और उसमें पाठक के लिए एक सन्देश था, जनार्दन झा ने अपनी सन्तुलित समीक्षा में लिखा कि जब साहित्य का उद्देश्य लोकहित का उपदेश देना हो तब इसमें कोई हर्ज नहीं अगर उसमें प्रचार के तत्व हों। सच तो यह है कि इससे उसकी मर्यादा घटने की

बजाय बढ़ती ही है।[112] अनेक समीक्षक इस बात से और भी चकरा गये थे कि प्रेमाश्रम में कोई नायक या नायिका नहीं थी : उपन्यास के आदर्श दम्पति, प्रेमशंकर और उसकी पत्नी विद्या, वास्तव में मुख्य पात्र भी नहीं थे; असली मुख्य पात्र तो ज्ञानशंकर और गायत्री थे, जो आदर्श पात्र नहीं कहला सकते थे। 'यहाँ यह प्रश्न होता है कि उपन्यास में कोई नायक तथा नायिका भी हैं या नहीं ? यदि हैं, तो कौन हैं, और नहीं हैं, तो क्यों नहीं? यह तो मान ही नहीं सकते कि इस उपन्यास में नायक और नायिका हैं ही नहीं। यदि चरित्र की उज्ज्वलता पर ही ध्यान दिया जाय, तो एक ओर प्रेमशंकर और दूसरी ओर विद्या, ये ही पात्र लेखक के आदर्श मालूम होते हैं।...परन्तु हमारा विचार है कि चरित्र की उज्ज्वलता ही की कसौटी पर नायक तथा नायिका की परख नहीं कर सकते। देखना यह चाहिए कि किस चरित्र के चित्रण में लेखक ने अधिक परिश्रम किया है, किस पात्र के सहारे कहानी आगे बढ़ती है, और किसके न होने उसका अन्त हो जाता है।... इस उपन्यास में ज्ञानशंकर का चरित्र आदरणीय नहीं है। गायत्री भी विद्या के सामने तुच्छ मालूम पड़ती है। परन्तु हैं ये ही उपन्यास के नायक और नायिका।'[113]

समीक्षकों में वर्गीकरण करने की उत्कण्ठा और लोगों की अभिरुचियों के प्रति उनकी अत्यधिक चिन्ता के साथ लोकप्रिय पुस्तकों के बाज़ार को ले कर उनकी बेचैनी जुड़ी हुई थी, और यह धारणा भी कि विधि-निषेध-भरे निर्णय लागू करना आलोचक का दायित्व था और उसका अधिकार लेखकों और पाठकों के अधिकार से कहीं ऊपर था (2. 2)। यही बेचैनी उपन्यासों के प्रति पहले से मौजूद शंका से जा मिली : आलोचक विधा के महत्व और उसके उद्देश्य को परिभाषित करते में झिझकते थे, और उनके लिए गम्भीर उपन्यास लेखन तथा चालू उपन्यास लेखन के बीच अन्तर करना भी आसान नहीं था।[114]आगे बढ़ने का रास्ता यह सुझाया गया था कि उपन्यास 'भारतीय आदर्शों' और 'मर्यादा' का पालन करें।[115] इससे पश्चिमी प्रभाव का ख़तरा कम हो जायेगा और 'भारतीय संस्कृति' के भावनात्मक स्तर पर प्रेरणादायक और निर्दोष नमूने उपलब्ध होंगे। जैनेन्द्र कुमार के पहले उपन्यास परख (1929) पर अपनी उत्साह-भरी समीक्षा में अवध उपाध्याय ने टिप्पणी की कि वह 'काफ़ी हद तक भारतीय आदर्शों को बनाये रखता है।' उनके अनुसार, प्रेम और विवाह के बारे में लिखते समय ऐसा कहना विशेष रूप से ज़रूरी था, क्योंकि भारत और पश्चिम के आदर्शों में बहुत अन्तर था—वास्तव में पश्चिम तो अभी एक आदर्श खोज रहा था। पश्चिम में लड़कियाँ प्रेम की वेदी पर अपने आप को 'कुर्बान' करने (अर्थात कौमार्य गँवाने) के लिए हमेशा तैयार रहती हैं और उसके बाद आत्महत्या करने के लिए। उनका निष्कर्ष था कि अगर पश्चिमी साहित्य में प्रेमियों की आत्महत्या करने के इतने उदाहरण हैं तो इसमें कुछ सच्चाई तो होगी ही। भारतीय लेखकों द्वारा ऐसे कथानकों की नक़ल करना अक्षम्य था, क्योंकि 'हिन्दू जीवन' में प्रेम का वह स्थान नहीं है जो 'पश्चिमी समाज' में। भारत में विवाह धार्मिक संस्कार और नैतिक आवश्यकता है, ताकि व्यक्ति जीवन में अपने कर्तव्य को पूरा कर सके।[116] कुछ-कुछ इसी से

मिलते-जुलते विचार मेरठ में प्रथम अखिल भारतीय गल्प सम्मेलन में प्रेमचन्द की विधवा शिवरानी देवी ने प्रकट करते हुए कहा : 'बाहर के लोग हमारी गल्पों को पढ़ कर यह सोचते होंगे कि यहाँ वालों को प्रेम-क्रीड़ा के सिवा कोई काम नहीं। देश नाना प्रकार के संकटों में पड़ा हुआ है, और हम हैं, कि कामुकता के नशे में मस्त हैं।'[117] यहाँ प्रश्न इस बात का उतना नहीं है कि उपन्यास में स्थान और पात्रों का यथार्थपरक चित्रण होना चाहिए, जितना 'भारतीय संस्कृति' के दृष्टिकोण के अनुसार उपयुक्त आत्म-चित्रण का। एक बार फिर, यहाँ आलोचक उपन्यासकार का दिशा-निर्देश और अनुशासन करना और पाठक को सावधान करना या उसे उपदेश देना चाहता था—इस तरह वह साहित्यिकता की बजाय नैतिकता की भाषा बोल रहा था।

यह ध्यान रखना आवश्यक है कि उपन्यासकारों ने ख़ुद सम्मानजनक विश्वसनीयता अर्जित करने के साथ-साथ इस बात के प्रयास किये कि उपन्यासों का विश्लेषण करने का अच्छा ढाँचा पेश करें। प्रेमचन्द और प्रतापनारायण श्रीवास्तव, दोनों ने इस बात का दावा किया कि मनोरंजन उपन्यासकार का अधिकार, बल्कि उसका कर्तव्य था। 'उपन्यास-रचना को सरल साहित्य (Light Literature) कहा जाता है, इसलिए कि इससे पाठकों का मनोरंजन होता है। पर उपन्यासकार को उपन्यास लिखने में उतना ही दिमाग लगाना पड़ता है, जितना किसी दार्शनिक को दर्शन-शास्त्र के ग्रन्थ लिखने में।'[118] उपन्यास का उद्देश्य सन्देश देते हुए पाठक का मनोरंजन करना था : यूरोप में ज़्यादातर समाज-सुधारों के पीछे उपन्यासों की प्रेरणा थी, प्रेमचन्द ने कहा। रही बात उपन्यास की संरचना के आवश्यक तत्वों की, जिनके आधार पर उसका मूल्यांकन होना चाहिए, तो प्रेमचन्द ने विषय, कथानक और मसाले का उल्लेख किया। एक अच्छे क़थानक की निशानी उसकी सरलता, मौलिकता और रोचकता है; मसाले की कोटि में अनुभव, अध्ययन, अन्तर्दृष्टि, उत्सुकता, निरीक्षण और कल्पना-सब शामिल हैं। 'उसे सबसे पहले उपन्यास का विषय खोजना पड़ता है। क्या लिखे? भौतिक वैभव की असारता दिखावे, या मनोभावों का पारस्परिक संग्राम? कोई गुप्त रहस्य चुने या किसी ऐतिहासिक घटना का चित्रण करे? लेखक अपनी रुचि और प्रकृति के अनुकूल ही इनमें से कोई विषय पसन्द कर लेता है। विषय निर्धारित हो जाने के पश्चात् उसे प्लाट की चिन्ता होती है। वह सोता हो या जागता, चलता या बैठा, इसी चिन्ता में डूबा रहता है। कभी-कभी उसे सोच-विचार में महीनों, बरसों लग जाते हैं। इस चिन्ता में लेखक जितना ही व्यस्त होगा उतनी ही उत्तम उसकी रचना होगी।...उपन्यास की बुनियाद पड़ गयी। अब हमें अपना भवन खड़ा करने के लिए मसाले की आवश्यकता होती है। उसके मुख्य साधन ये हैं : 1. अवलोकन, 2. अनुभव, 3. स्वाध्याय, 4. अन्तर्दृष्टि, 5. जिज्ञासा, 6. विचार-आकलन।'[119] प्रताप नारायण श्रीवास्तव यथार्थवादी उपन्यासों को इस विधा के ऐतिहासिक विकास क्रम में सबसे ऊँची उपलब्धि मानते थे, यानी, रूमानी और आदर्शवादी उपन्यासों के बाद। उपन्यासों में जिन गुणों का होना ज़रूरी था, वे थे चरित्र-चित्रण, भाषा-सौष्ठव, शैली,

मनोविज्ञान और रोचक घटनाएँ।[120] उपन्यास की इस समझ का गहरा सम्बन्ध रचनाकार के सामाजिक लक्ष्य से था जैसा कि प्रेमचन्द ने कहा, 'लेखक-वृन्द प्रायः अपने काल के विधाता होते हैं। उनमें अपने देश को, अपने समाज को, दुख, अन्याय तथा मिथ्यावाद से मुकत करने की प्रबल आकांक्षा होती है।' अतीत में 'राजनीतिक ज्ञान का इतना प्रसार न था। रईस लोग भोग विलास करते थे, कवि और लेखक उनकी विलास-वृत्तियों को और उत्तेजित करते थे। प्रजा पर क्या गुज़रती है, इधर किसी का ध्यान न गाि। यह समय जीवन-संग्राम का है। आज हम, जो शिक्षित कहलाते हैं, तटस्थ हो कर अन्याय होते नहीं देख सकते।'[121] इस दृष्टिकोण ने कभी-कभी एक समीक्षक के रूप में प्रेमचन्द को ऐसी कृतियों के सम्बन्ध में तीखी टिप्पणियाँ लिखने के लिए प्रेरित किया जिन्हें वे 'हानिकर' या 'बेकार' समझते थे, जैसे जयशंकर प्रसाद का ऐतिहासिक नाटक 'स्कन्दगुप्त,' जिस पर उन्होंने अपना प्रसिद्ध निर्णय सुनाया था—'इन गड़े मुर्दों को उखाड़ने से कोई फ़ायदा नहीं।'[122] लेकिन जहाँ कुल मिला कर, अन्य लेखकों की तरह, प्रेमचन्द किसी कृति को उसके आन्तरिक तर्क और शक्तियों के बल पर जाँचने-परखने के लिए अत्यधिक तत्पर रहते थे, पेशेवर आलोचक और समीक्षक किसी उपन्यास की व्याख्या और साहित्यिकता से अधिक अपने मानदण्डों के आधार पर निर्मम नकारात्मक फ़ैसले को सुनाने में ज़्यादा दिलचस्पी दिखाते थे।

इस तरह हमें एक ऐसी प्रक्रिया नज़र आती है जिससे हिन्दी साहित्य के प्रकाशन और उसके पठन-पाठन को प्रचारित-प्रोत्साहित करने की प्रवृत्ति में नियमित रूप से विधि-निषेधों, बहिष्कारों और चेतावनियों से सेंध लगायी जाती थी कि क्या नहीं पढ़ा और लिखा जाना चाहिए। प्रचार-प्रसार के खुलेपन से जो लेखकों को दुनिया की व्याख्या करने का अधिकार और स्वतन्त्रता मिली थी और पाठकों को उसे स्वीकार करने या ठुकराने का अधिकार और स्वतन्त्रता—सैद्धान्तिक और आदर्शमूलक चिन्ताएँ उसमें कटौती करती रहीं। हिन्दी में साहित्यिक समालोचना अनेक दबावों के बीच से विकसित हुई : पहला दवाब था, आलोचकों के साहित्यिक संस्कार का, उनकी साहित्य सम्बन्धी धारणाओं और रस, अलंकार, वर्गीकरण, आदि पर आधारित व्यावहारिक व्याख्या। दूसरा प्रभाव उनके सांस्कृतिक संस्कार और 'भारतीय संस्कृति' सम्बन्धी पूर्वाग्रह का था, जो उन्हें नवीनता को केवल 'विदेशीपन' के सन्दर्भ में देखने के लिए विवश करते थे। तीसरा दबाव, लोकहित और राष्ट्र निर्माण के प्रति साहित्यिक विशेषज्ञों का समग्र रूप से उन्मुख रहने का था, जिसमें पाठकों के प्रति पिता-सरीखा भाव और लेखकों के प्रति आदर्श-निर्देशक भाव निहित था, और इसके साथ-साथ बाज़ार और लोकप्रियता के बारे में उनकी सन्देह की भावना, विशेष रूप से उपन्यास जैसी 'हलकी' विधा को ले कर! इन परिस्थितियों में यह देख कर आश्चर्य नहीं होना चाहिए कि क्यों एक नये तरह की व्यावहारिक समालोचना का विकास बहुत धीरे-धीरे हुआ। कविता के क्षेत्र में, जो स्पष्ट रूप से अलग-अलग 'ख़ेमों' में विभाजित था, खेल कमोबेश खुला था। कविता की व्याख्या के

सामान्य नियम विकसित करना इसलिए मुश्किल था क्योंकि अभिरुचियाँ इतनी विविध थीं : द्विवेदी युग की खड़ी बोली कविता का मूल्यांकन अलंकारशास्त्र के आधार पर नहीं किया जा सकता था, क्योंकि वह सपाट भाषा को महत्व देती थी, और रस-सिद्धान्त पकड़ में न आने वाली छायावादी कविता के सन्दर्भ में एक सीमा तक ही काम करता था। व्यवहार में, वर्गीकरण की प्रवृत्ति रस और अलंकार की जारी आलोचना-परम्परा के साथ-साथ चलती रही, परीक्षा-प्रथा में विशेष रूप से। उपन्यास की समीक्षा करते समय वर्गीकरण का रवैया 'लोकहित' की जाँच-परख के साथ जुड़ गया।

इस तरह सार्वजनिकता या पब्लिकनेस एक दुधारी तलवार साबित हुआ : कुछ लोग अपने विचारों को मानक बता कर प्रचारित करते और पाते कि उन्हें चुनौती दी जा रही है। दूसरे लोग आलोचकों की स्थापित धारणाओं को चुनौती देने के बाद पाते कि वे स्थापनाएँ सर्वमान्य हो गयी थीं। प्रकाशन और प्रचार-प्रसार से लेखकों में आत्म-सम्मान की भावना बढ़ी और वे जनता के आमने-सामने आये, यहाँ तक कि बहुत-से साहित्यकार आश्रय की परम्परागत प्रणाली को ठुकरा कर स्वतन्त्र लेखकों के रूप में रह सकते थे। दूसरी ओर, जैसे-जैसे मूल्यांकन के नये स्वरूपों का वर्चस्व बढ़ा, लेखकों और बुद्धिजीवियों को अपने आदर्शों और आत्म-सम्मान की भावना को ठेस पहुँचाने वाली नयी और अभूतपूर्व चुनौतियों का सामना करना पड़ा। प्रमुख चुनौती बाज़ार की—अर्थात लोकरुचि—की थी जो मनोरंजन को सर्वोपरि महत्व देता था। दूसरी चुनौती पत्र-पत्रिकाओं में छपी हुई आलोचना की थी, जो अक्सर ऊँची अपेक्षाएँ रख कर सहानुभूतिरहित कड़े व्यक्तिगत हमलों का रूप ले लेती। इस तरह, स्वतन्त्र लेखक ख़ुद को एक अजीबो-ग़रीब स्थिति में पा सकते थे, उदासीन बाज़ार और ऐसे साहित्यिक तन्त्र की अपेक्षाओं के बीच पिसते हुए जो साहित्यिक प्रयोगशीलता या मनोरंजन को कृपा की दृष्टि से नहीं देखता था। पहले से व्यापक प्रचार और अधिक आवा-जाही के चलते स्वतन्त्र लेखक एक-दूसरे के समर्थन और प्रशंसा की अपेक्षा रख सकते थे, और कुछ लोकप्रियता और प्रतिष्ठा भी प्राप्त करते, लेकिन उनमें से अधिकांश हिन्दी की साहित्यिक परम्परा बनाने और आगे बढ़ाने से वंचित ही रहे। एक बार फिर ये साहित्यिक संस्थाओं ओर शिक्षाजगत के विद्वान ही थे। जो हिन्दी विशषज्ञों के रूप में अपनी निर्णायक स्थिति के बल पर, अपने सांस्कृतिक उद्देश्यों का अनुसरण करते हुए उन्हें जनता पर बलपूर्वक थोप सकते थे।

टिप्पणियाँ

1. चन्द्रशेखर शास्त्री, 'राष्ट्रभाषा और संस्कृतज्ञ,' सम्मेलन पत्रिका, 4, 4, दिसम्बर 1916, पृ. 145-61।
2. महावीर प्रसाद द्विवेदी, 'हिन्दुस्तानियों के अंग्रेज़ी लेख,' सरस्वती, सितम्बर 1914, भटनागर, द राइज़ ऐण्ड ग्रोथ ऑफ़ हिन्दी जर्नलिज़्म, पृ. 332 पर उद्धृत, इस उद्धरण में अनुरोध करने

वाले स्वर से आदेश-भरे स्वर की ओर सरकना ध्यान देने योग्य है।

3. द्विवेदी, देशव्यापक भाषा, सरस्वती, नवम्बर 1903, गौड़, सरस्वती और राष्ट्रीय जागरण, पृ. 97 पर उद्धृत।
4. सम्मेलन पत्रिका, 10, 8-9, 1923, पृ. 301 पर उद्धृत।
5. द्विवेदी, 'हिन्दी शिक्षा के विस्तार की महत्ता,' सरस्वती, अप्रैल 1915, गौड़, सरस्वती और राष्ट्रीय जागरण, पृ. 3332 पर उद्धृत।
6. द्विवेदी जी ने उन सारे सुझावों को ख़तरनाक उकसावे कहते हुए ख़ारिज कर दिया था कि हिन्दी कई उपभाषाओं के मेल से बनी थी : उन्होंने भाषाई सर्वेक्षण में ग्रियर्सन के वर्गीकरण पर तीखी प्रतिक्रिया व्यक्त की थी :'उर्दू को जो महत्व प्राप्त हुआ है, वह गवर्नमेंट ही की कृपा का फल है। यदि उसे गवर्नमेंट कचहरियों और अपने दफ़्तरों में स्थान न देती तो अंग्रेज़ी राज्य में उसकी बहुत ही कम कदर होती;' 'अपनी भाषा की बात,' सरस्वती, जुलाई 1914, भटनागर, द राइज़ ऐण्ड ग्रोथ ऑफ़ हिन्दी जर्नलिज़्म, पृ. 332 पर उद्धृत।
7. द्विवेदी जी ने यू.पी. पाठ्य पुस्तक आयोग के एक सदस्य, असग़र अली ख़ान को जवाब देते हुए, जिन्होंने हिन्दी की अलहदा पाठ्य-पुस्तकें शामिल करने के प्रस्ताव का विरोध इस आधार पर किया था कि हिन्दी जैसी कोई भाषा नहीं है, कहा,'गवर्नमेंटके कर्मचारियों ने हमारी भाषा के खण्ड-खण्ड करके एसकी व्यापकता के भाव को कम कर दिया है। उन्होंने उसके पश्चिमी हिन्दी, पूर्वी हिन्दी और बिहारी आदि कई विभाग कर डाले हैं। उसके आग्र भी वे गये हैं। हिन्दी और हिन्दुस्तानी ये दो विभाग उन्होंने किये हैं।...हिन्दी, हिन्दुस्तानी, उर्दू–ये तीन भाषाएँ अलग-अलग दिखायी गयी हैं। हिन्दुस्तानी और उर्दू, ये दो जुदा-जुदा भाषाएँ कौन-सी हैं, यह भगवान ही जानें, या जानें गेट साहब जिन्होंने यह रिपोर्ट लिखी है;' 'क्या हिन्दी नाम की कोई भाषा नहीं?' सरस्वती, दिसम्बर 1913, पृ. 707।
8. द्विवदी, 'देश व्यापक भाषा,' पृ. 27।
9. वही, बलाघात मेरे।
10. वही
11. महावीर प्रसाद द्विवेदी रोमन लिपि के प्रचार से हानियाँ, सरस्वती अप्रैल 1913 पृ. 248।
12. उदाहरण के लिए कायस्थ पाठशाला के प्रिन्सिपल, हिन्दुस्तानी एकेडेमी के सचिव और हिन्दुस्तानी के प्रमुख प्रवक्ता, डॉ. ताराचन्द का यह कथन कि 'हिन्दी 135 बरस पुरानी ही है'; ताराचन्द, 'हिन्दुस्तानी के बारे में कुछ ग़लतफ़हमियाँ,' लीडर प्रेस, इलाहाबाद में मुद्रित पुस्तिका, तिथि नहीं दी गयी है, लेकिन 1939 के आस-पास, पृ. 5, हरिमोहन मालवीय के सौजन्य से।
13. किंग, नागरी प्रचारिणी सभा, पृ. 316।
14. वही, पृ. 318, मिसाल के लिए देखिए दिसम्बर 1925 में कानपुर के पहले अखिल भारतीय कवि सम्मेलन के अवसर पर अयोध्या सिंह उपाध्याय 'हरिऔध' का अध्यक्षीय भाषण, माधुरी 4, भाग 2, 2, फ़रवरी 1926 में उद्धृत।
15. भगवान दीन और रामदास गौड़, द्वारा सम्पादित हिन्दी भाषा सार, पृ. 9 (देखिए 1.4.1) यहाँ जो रचनाकार शामिल किये गये वे थे–मुंशी सदासुख लाल, इंशा अल्लाह ख़ाँ, नज़ीर अहमद, और रतन नाथ सरशार। मुंशी सदासुख लाल को पहले हिन्दी गद्यकार के रूप में

शामिल किया गया : हालाँकि उनका 'सुरासुर निर्णय' शिकस्ता रस्मुल्खत में लिखा गया था, 'मुंशीजी ने अपने लेख निःस्वार्थ भाव से प्रयाग से ले कर दिल्ली तक की शिष्ट हिन्दू-समाज की साधारण बोलचाल की हिन्दी में लिखे हैं। इस लेख में एक विशेषता यह भी है कि अरबी फ़ारसी का विद्वान होते हुए भी लेखक ने विदेशी शब्दों का प्रयोग नहीं किया है।' वही पृ. 2-31।

16. वही, पृष्ठ 6-7।
17. एम.ए.वशिष्ठ, हिन्दी प्रभाकर, 'हिन्दी साहित्य और मुसलमान कवि,' चाँद, 10, भाग 1,2 दिसम्बर 1931, पृ. 275।
18. वही, पृष्ठ 274-5।
19. पद्मसिंह शर्मा, हिन्दी, उर्दू, हिन्दुस्तानी, इलाहाबाद, हिन्दुस्तानी एकेडेमी 1932 (तीसरा संस्करण 1951), पृ. 36।
20. वही, पृ. 81।
21. वही, पृष्ठ 150-1।
22. 'हिन्दुस्तानी के बारे में कुछ ग़लतफ़हमियाँ' नामक पर्चे में ताराचन्द ने हिन्दी साहित्य सम्मेलन की 'हिन्दी परम्परा' का खण्डन किया और आधुनिक खड़ी बोली को मध्यकालीन नव भारतीय-आर्याई बोलियों से अलग दर्जा दिया। उन्होंने 'हिन्दी' को उस अर्थ में इस्तेमाल किया जो उसे तेरहवीं सदी से फ़ारसी शायरों ने दिया हुआ था; उन्होंने हिन्दुस्तानी में साहित्यिक परम्परा को सोलहवीं और सत्रहवीं सदी तक चिह्नित किया और दावा किया कि उर्दू महज़ उस बोली का साहित्यिक रूप था जिसे हिन्दुस्तानी, खड़ी बोली या देहलवी के नामों से जाना जाता था, जबकि ध्वनि और संरचना के स्तर पर वह आधुनिक हिन्दी के समरूप थी। व्यवहार में उन्होंने हिन्दी-उर्दू विभाजन और एक अलग हिन्दी अस्मिता के उद्‌भव को ख़ारिज कर दिया था। उनके लेख 'हिन्दुस्तानी क्या है?' चाँद, 17, भाग 1, 1 जून 1939, पृ. 36 भी देखिए।
23. प्रेमचन्द, 'हिन्दी उर्दू और हिन्दुस्तानी,' कुछ विचार में, 'बनारस 1939, पृ. 101-131'।
24. धीरेन्द्र वर्मा 'हिन्दी राष्ट्रभाषा बनाने का मोह,' सरस्वती, जुलाई 1938, पृ. 2-4; देखिए उनकी पहले की पुस्तक 'हिन्दी राष्ट्र या सूबा हिन्दुस्तानी' (इलाहाबाद, लीडर प्रेस, 1930) जिसमें उन्होंने कई राष्ट्रवादी मान्यताओं पर प्रश्न उठाये थे।
25. देखिए लेलिवेल्ड, 'द फ़ेट ऑफ़ हिन्दुस्तानी।'
26. देखिए सिंह, 'आधुनिक साहित्य के विकास में,' पृ. 251-2।
27. देखिए, 'एक लिपि विस्तार परिषद-नियमावली,' कलकत्ता, कोई तिथि नहीं, आर्यभाषा पुस्तकालय, बनारस से, माधुरी, 1, भाग 2, 2 मार्च 1923, पृ. 239 भी देखें।
28. सम्मेलन पत्रिका, ,7-8, पृ. 275 पर उद्धृत।
29. देखिए, गुप्त, हिन्दी भाषा और साहित्य को आर्य समाज की देन, पृ. 26।
30. लुट, 'हिन्दू नैशनलिज़्मस,' पृ. 37, और उसके बाद प्रयाग हिन्दू सभा के सिलसिले में देखिए बेली, 'द लोकल रूटस ऑफ़ इण्डियन पॉलिटिक्स' पृ. 105 और आगे।
31. क्रेग बैक्सटर, 'द जन संघ,' पेन्सिलवेनिया, पेन्सिलवेनिया युनीवर्सिटी प्रेस, 1969, पृ. 141।
32. अभ्युदय से सम्मेलन पत्रिका में उद्धृत प्रस्ताव, 4, 5 जनवरी-फ़रवरी 1917, पृ. 180। ऐसे ही प्रस्ताव अगले वर्ष गुरुकुल कांगड़ी के वार्षिकोत्सव पर आर्यभाषा सम्मेलन में, और

तिलक की अध्यक्षता में कलकत्ता में द्वितीय राष्ट्रभाषा सम्मेलन के अवसर पर पारित हुए; सम्मेलन पत्रिका 4, 8 अप्रैल-मई 1917, पृ. 252-3 और 5, 7 फ़रवरी-मार्च 1918, पृ. 158 में उद्धृत।

33. देखिए लेलिवेल्ड, 'द फ़ेट ऑफ़ हिन्दुस्तानी।'

34. सम्मेलन पत्रिका, 11, 5, 1924, पृ. 206। यही कांग्रेस की कई अन्य बैठकों में दुहराया जाने वाला था, जो अपने आप में इस बात का संकेत था कि उसे अमल में लाने में देर लग रही थी।

35. सम्मेलन पत्रिका, 5, 2 अक्तूबर-नवम्बर 1917, पृ. 41 पर उद्धृत।

36. देखिए, भारतीय विधिक आयोग के समक्ष संयुक्त प्रान्त (हिन्दुस्तान) के मुसलमानों की याचिका, जुलाई 1928, पृष्ठ 30—डिटमर, डी इण्डिशेन मुस्लिम्स, पृ. 194 पर उद्धृत।

37. सम्मेलन पत्रिका, 12, 8, मार्च 1925, पृ. 379-80।

38. देखिए शिवप्रसाद गुप्त, 'एक लिपि का प्रश्न' सम्मेलन पत्रिका, XI, 4, 1924 पृ. 29-32।

39. सम्पादकीय, 'एक लिपि का प्रश्न और बाबू शिवप्रसाद गुप्त', माधुरी, 2,भाग 2, 1 फ़रवरी 1924 पृ. 128-29 'कुछ समय हुआ, काशी के सुप्रसिद्ध देश-भक्त और हिन्दी-प्रेमी बाबू शिवप्रसाद जी गुप्त ने उक्त शीर्षक दे कर अपनी एक चिट्ठी सभी हिन्दी पत्रों में प्रकाशित कराई थी। काशी के म्यूनिसिपल बोर्ड में यह प्रश्न उठाया गया था कि म्यूनिसिपल बोर्ड और उसके अन्तर्गत कमेटियों की कार्रवाई, जो हिन्दुस्तानी भाषा में होती है, किस लिपि में लिखी जाया करे? यहाँ यह तय पाया कि देवनागरी तथा अर्बी, दोनों लिपियों में वह लिखी जाय। इस वाद-विवाद में एक हिन्दू-मेम्बर ने तो झगड़ा मिटाने के लिए अंग्रेजी में लिखने की सलाह तक दे डाली। वास्तव में हिन्दुओं और मुसलमानों का मन रखने के ख़याल ने इस प्रश्न को जटिल बना दिया है, और इस पर विचार करना आवश्यक हो गया है। इसी से गुप्तजी ने इस प्रश्न को इतना महत्व दिया है। आपकी राय है कि यह प्रश्न केवल यू.पी. और बिहार में ही विशेष रूप से है। अन्य प्रान्तों के हिन्दू-मुसलमान एक ही प्रान्तीय भाषा बोलते हैं। और अर्बी लिपि में लिखते हैं। यू.पी. के मुसलमान उर्दू बोलते हैं और अर्बी लिपि में लिखते हैं। यद्यपि उन्हें भी हिन्दुओं की तरह हिन्दुस्तानी भाषा बोलना और देवनागरी-लिपि में लिखना चाहिए। मुसलमानों के सन्तोष के लिये हिन्दी और उर्दू को एक—'हिन्दुस्तानी'—नाम दे दिया गया है; क्योंकि वास्तव में हिन्दी और उर्दू दो भिन्न भाषाएँ नहीं है। आगे चल कर गुप्त जी सलाह देते हैं कि मुसलमानों से सहयोग प्राप्त करने के लिये ऐसा किया जाय कि देवनागरी-लिपि सार्वदेशिक कर दी जाय, और हिन्दू लोग हिन्दी भाषा को हिन्दी न कह कर उर्दू कहा करें। हमारी सम्मति में यह ठीक न होगा। हिन्दी को उर्दू नाम से पुकारना सरासर भूल है। सार्वदेशिक भाषा का हिन्दी या हिन्दुस्तानी नाम ही सार्थक है, उर्दू नहीं। उर्दू नाम प्रान्तीयता का सूचक है। मुसलमानों की प्रसन्नता के लिए हम हिन्दी को हिन्दुस्तानी कह सकते हैं। मगर उर्दू नहीं। रह गया लिपि का प्रश्न। सो जो लिपि सहज, सुबोध और सुन्दर हो, वही प्रचलित होनी चाहिए। देवनागरी-लिपि पर, इतने दिन यहाँ रहने के कारण, मुसलमानों का भी दावा है। वह हिन्दू और मुसलमान, दोनों चीज़ हो गई है। मुसलमान भाइयों को हठ छोड़ कर गुणों के लिहाज़ से, सार्वजनिक कामों में देवनागरी-लिपि को स्थान देना चाहिए। यह लिपि सीखने में उन्हें थोड़ा परिश्रम अवश्य

करना होगा। वह परिश्रम उन्हें स्वीकार करना चाहिए। अपने ख़ानगी कामों में, साहित्य-रचना में वे अर्बी-लिपि का ही प्रयोग करें।'

40. देखिए, सुमति रामास्वामी, 'राक्षसी हिन्दी से संघर्ष : तमिलनाडु में भाषाई विरोध की संस्कृति,' एस.फ्राइटैग, द्वारा सम्पादित, कल्चर ऐज़ ए कन्टेस्टेड साइट : पॉपुलर पार्टिसिपेशन ऐण्ड द स्टेट इन द इण्डियन सबकॉण्टिनेंट (शीघ्र प्रकाश्य)।
41. देखिए, सम्मेलन पत्रिका, 13, 7 फ़रवरी 1926, पृ. 231।
42. कालिदास कपूर, साहित्य समालोचना नामक पुस्तक में 'समालोचना' , साहित्यालोचन के एक नये प्रकार का प्रारम्भिक प्रयास; इलाहाबाद, इण्डियन प्रेस, 1929, पृ. 14।
43. देखिए, उदाहरणार्थ, बाण, सौन्दर्यशास्त्र, माधुरी 2, भाग 2, 1 फ़रवरी 1924, पृ. 9। 'कविता, सदाचार और नीति', माधुरी 4, भाग 1, 3 सितम्बर 1925 भी देखिए।
44. विनय धारवाडकर, 'ओरिएण्टलिज़्म ऐण्ड द स्टडी ऑफ़ इण्डियन लिटरेचर्स,' ब्रेकेनरिज ऐण्ड वैन डर विर, ओरिएण्टलिज़्म ऐण्ड द पोस्ट कोलोनियल प्रिडिकामेण्ट,' में संकलित, पृ. 158-85।
45. उर्दू साहित्य में ऐसी ही उलझन के सिलसिले में देखें एफ़. प्रिचेट, नेट्स ऑफ़ अवेयरनेस, 1994।
46. शोमर, महादेवी वर्मा, पृ. 57।
47. इन पारिभाषिक शब्दों की अंग्रेज़ी में चर्चा के लिए देखिए एडविन जेरो, 'ए ग्लॉसरी ऑफ़ इण्डियन फ़िगर्स ऑफ़ स्पीच,' ले हेग, मूतों, 1971 और उसी लेखक द्वारा इण्डियन पोएटिक्स। ए हिस्टरी ऑफ़ इण्डियन लिटरेचर, खण्ड 5, 3, वीसबाडन, हैरैसोविट्ज़, 1977।
48. रामचन्द्र शुक्ल ने एडिसन के लेख 'एसे ऑन इमैजिनेशन' का अनुवाद 'नागरी प्रचारिणी पत्रिका,' 9, 1905, में और जे.एच.न्यूमैन के निबन्ध 'लिटरेचर' का अनुवाद जून 1904 की 'सरस्वती' में किया था। महावीर प्रसाद द्विवेदी ने हर्बर्ट स्पेंसर की पुस्तक 'एजुकेशन' (1861) का अनुवाद 'शिक्षा' के नाम से किया था (इण्डियन प्रेस, 1910) साथ ही स्वाधीनता पर जॉन स्टुअर्ट मिल के निबन्ध का भी अनुवाद किया था; देखिए सिंह, द्वारा सम्पादित, द्विवेदी युग के साहित्यकारों के कुछ पत्र। हिन्दी के इन महान साहित्यिक सुधारवादियों पर पश्चिमी विवेकवादी विचारकों की छाप के स्वरूप और उसकी गहराई या व्यापकता पुनर्मूल्यांकन होना अभी बाक़ी है—राम विलास शर्मा द्वारा 'महावीर प्रसाद द्विवेदी और हिन्दी नव जागरण,' नयी दिल्ली, राजकमल प्रकाशन 1977, और 'रामचन्द्र शुक्ल और हिन्दी आलोचना,' नयी दिल्ली, राजमल प्रकाशन, 1973 में उनके उत्साह-भरे मूल्यांकन के बाद।
49. महावीर प्रसाद द्विवेदी, आधुनिक कविता, सरस्वती, मार्च 1912, भटनागर, द राइज ऐण्ड ग्रोथ ऑफ़ हिन्दी जर्नलिज्म में उद्धृत।
50. वेंकटेश नारायण तिवारी, 'साहित्य और राष्ट्रीयता,' भाग 1, सम्मेलन पत्रिका, V, 8-9 मार्च-मई, 1918, पृ. 163।
51. वही, पृ. 164।
52. वेंकटेश नारायण तिवारी, साहित्य और राष्ट्रीयता, भाग 2, सम्मेलन पत्रिका, 5, 10, मई-जून, 1918, पृ. 220-3।
53. वेंकटेश नारायण तिवारी, साहित्य और राष्ट्रीयता, भाग 1, पृ. 162।

54. साहित्य-रत्न-माला-कार्यालय, बनारस के लिए रामचन्द्र वर्मा द्वारा प्रकाशित यह पुस्तक विशेष रूप से एम.ए.के छात्रों के लिए संकलित की गयी थी। इसका एक संशोधित संस्करण अब भी उपलब्ध है और विश्वविद्यालय के पाठ्यक्रम में इस्तेमाल किया जाता है।
55. विलियम हडसन, 'इण्ट्रोडक्शन टू द स्टडी ऑफ़ लिटरेचर,' लन्दन, हैरेप, 1910। अपनी भूमिका में श्यामसुन्दर दास ने स्वीकार किया था कि उन्होंने दूसरी कृतियों से विचारों और सामग्री ले कर हिन्दी में अपने शब्दों में रूपान्तरित की थी।
56. श्यामसुन्दर दास, साहित्यालोचन, माधुरी में हेमचन्द्र जोशी द्वारा उद्धृत, भाग 2, 3, अप्रैल 1926, पृ. 292।
57. पुरुषोत्तम दास टण्डन, जातीय साहित्य, टण्डन निबन्धावली, वर्धा, राष्ट्रभाषा प्रचार समिति, 1970, पृ. 74-76, बल मेरा।
58. देखिए, 'ब्रजभाषा और समय का प्रवाह,' सम्पादकीय टिप्पणी, माधुरी, 4,भाग 1, 3 सितम्बर 1925, पृ. 414-15। ब्रजभाषा की ज़ोरदार वकालत तथा समकालीन हिन्दी की आलोचना के लिए देखिए 'साहित्य में सन्निपात,' कविरत्न पंडित रमाशंकर मिश्र श्रीपति, जो अक्सर माधुरी में प्रकाशित होते थे; माधुरी, 10, भाग 1, 1 अगस्त 1931, पृ. 96-100। दिचलस्प बात यह है कि अधिकांश दोष बाज़ार के मत्थे मढ़े गये हैं जहाँ साहित्यिक लोगों ने अपनी आत्मा, सिद्धान्त और चरित्र-बल बेच दिया था; देखिए 2.3।
59. सम्मेलन पत्रिका, 7, 8 दिसम्बर 1920, पृ. 225 पर उद्धृत।
60. सम्मेलन पत्रिका, 7, 6 अक्तूबर 1921 पृ. 100 पर उद्धृत।
61. वही पृष्ठ. 106।
62. खड़ी बोली में छन्दों के प्रयोगों और व्याकरण तथा छन्द के सिलसिले में छायावाद की 'स्वच्छन्दता' के लिए देखिए शोमर, महादेवी वर्मा, अध्याय 3, और रायकृष्ण दास, प्रसाद की याद, पृ. 44 और आगे।
63. पद्म सिंह शर्मा का भाषण, सम्मेलन पत्रिका, 7, 6 अक्तूबर 1921, पृ. 106।
64. भवगती चरण वर्मा, 'कवि', माधुरी, 5, भाग 2, 2 मार्च 1926, पृ. 179।
65. सुमित्रा नन्दन पन्त, पल्लव का प्रवेश, राजकमल प्रकाशन, 1963 (प्रथम संस्करण 1926) पृ. 9-18।
66. मैं यहाँ 'रहस्यवाद' का प्रयोग उन दोनों अर्थों में कर रही हूँ जो हिन्दी में प्रचलित हैं, जहाँ रहस्यवादी का मतलब भेद-भरा और आलौकिक, दोनों होता है।
67. हेमचन्द्र जोशी, साहित्यालोचन की समीक्षा, माधुरी, 4, भाग 2, 3 अप्रैल 1926, पृ. 291।
68. श्यामसुन्दर दास ने हडसन को यह कहते हुए उद्धृत किया थाः 'समय-समय पर हमें ज़रूरत से ज़्यादा मात्रा में "कला के लिए कला" की गुहार सुनायी देती है। लेकिन यह अस्पष्ट और धुँधला सिद्धान्त, जहाँ तक कविता का सम्बन्ध है, उन लोगों की हैसियत और स्तर के कारण भर्त्सना और तिरस्कार का निशाना बनता है, जो इस सिद्धान्त का समर्थन करते हैं; क्योंकि अधिकतर इसका सम्बन्ध छोटे-मोटे कवियों और शौक़िया आलोचकों से होता है;' हडसन, भूमिका, पृ. 120। इसका उत्तर देते हुए हेमचन्द्र जोशी ने कहा कि कला के लिए कला एक, महत्वपूर्ण अवधारणा थी जिसका महत्व हडसन और उन जैसे महज़ इसीलिए नहीं समझ सकते थे क्योंकि वे अंग्रेज़ थे; हेमचन्द्र जोशी, साहित्यालोचन, पृ. 291।
69. वही पृ. 300।

70. देखिए साहित्यिक प्रतिभा पर इलाचन्द्र जोशी का लेख जिसमें प्रतिभा को समाज और उसके नियम-क़ायदों से बहुत ऊपर की चीज़ बताया गया है, जबकि कौशल सांसारिक सफलता और प्रसिद्धि के द्वार खोलता है। इलाचन्द्र जोशी, प्रतिभा और उसका विकास, माधुरी, 6, भाग 2, 6 जुलाई 1928, पृ. 773-80।
71. छायावाद की तत्कालीन आलोचना के लिए देखिए गोवर्धन दास त्रिपाठी, आज की हिन्दी और उसकी कविता, चाँद, 15, भाग 1, 3 जनवरी 1937; अंग्रेज़ी में उत्कृष्ट चर्चा के लिए देखिए शोमर, महादेवी वर्मा, अध्याय 4।
72. कृष्ण देव प्रसाद गौड़, छायावाद की छानबीन में उद्धृत, माधुरी, 5, भाग 2, 6 जुलाई 1927, पृ. 791, अपने हास्य-व्यंग्य के स्तम्भ 'दुबेजी की चिट्ठी' में कथाकार विश्वम्भर नाथ शर्मा कौशिक ने छायावादी काव्य की कई हास्य-व्यंग्य-भरी नकलें छपायी थीं। एक बार उन्होंने लिखा कि छायावादी कविता लिखना उतना ही आसान है जितना खिचड़ी बनाना। आपको बस एक शब्दकोष खोल कर उससे 5-10 किलोग्राम शब्द चुन कर, छन्द और तुक की चिन्ता किये बिना कुछ क्रियापद जोड़ने की ही ज़रूरत होगी, और लीजिए आपकी कविता तैयार है। चाँद, 9, भाग 1, 1 नवम्बर 1930, पृ. 1551।
73. देखिए उदाहरण के लिए नामवर सिंह, छायावाद नयी दिल्ली, राजकमल प्रकाशन, 1951;
74. गौड़, छायावाद की छानबीन, पृ. 787; रामनाथ लाल सुमन 'वर्तमान हिन्दी कविता और छायावाद' माधुरी, 8९, भाग 1, 1 अगस्त-सितम्बर 1928 और नन्द दुलारे वाजपेयी, 'वर्तमान हिन्दी कविता,' माधुरी, 6, भाग 1, 6 जनवरी 1928।
75. प्रेमचन्द, उपन्यास रचना, माधुरी, 1, 4 अक्तूबर 1922, पृ. 358।
76. रामचन्द्र शुक्ल, चिन्तामणि, भाग 1, इलाहाबाद, इण्डियन प्रेस, 1939।
77. सागर प्रसाद राय साहित्यालंकार, 'साहित्य में लोकरुचि तथा युगधर्म,' चाँद, 17, भाग 1, 1 जून 1939, पृ. 52।
78. रामचन्द्र शुक्ल, चिन्तामणि, पृ. 227।
79. वही, पृ. 227।
80. देखिए परिशिष्ट में जीवनियाँ।
81. देखिए कोह्न, 'द कमाण्ड ओवर लैंग्वेज ऐण्ड द लैंग्वेज ऑफ़ कमाण्ड', पृ. 276--329; साथ ही किंग, 'वन लैंग्वेज टू स्क्रिप्ट्स; और मैक्ग्रेगर, हिन्दी लिटरेचर ऑफ़ द नाइनटीन्थ ऐण्ड अर्ली ट्वेण्टिएथ सेन्चुरीज़।
82. 1868 में श्रेष्ठ पुस्तकों के लिए उत्तर-पश्चिमी प्रान्तों की सरकार की पुरस्कार योजना के लिए देखिए अमरीक सिंह कलसी, 'रियलिज्म इन हिन्दी नॉवल इन द लेट नाइनटीन्थ ऐण्ड अर्ली ट्वेण्टिएथ सेन्चुरीज़' अप्रकाशित पी.एच.डी. शोध प्रबन्ध, केम्ब्रिज विश्वविद्यालय, 1975, पृ. 25-26; और सी.एम.नईम, 'प्राइज़ विनिंग अदब : ए स्टडी ऑफ़ फ़ाइव उर्दू बुक्स रिटन इन रिस्पॉन्स टू द इलाहाबाद गवर्नमेण्ट गज़ेट नोटिफ़िकेशन,' बारबरा मेटकाफ़ द्वारा सम्पादित 'मॉरल कॉण्डक्ट ऐण्ड अथॉरिटी,' बर्कले, युनिवर्सिटी ऑफ़ कैलिफ़ोर्निया प्रेस, 1984 में।
83. देखिए किंग, 'द नागरी प्रचारिणी सभा ऑफ़ बनारस'।
84. श्यामसुन्दर दास, मेरी आत्मकहानी, पृ. 123।
85. रामनारायण मिश्र ने 1916 में विज्ञान पर लिखी गयी पुस्तकों के लिए 200 रुपये का एक छुन्नूलाल पुरस्कार शुरू किया; जोधपुर के जोधसिंह मेहता ने सर्वश्रेष्ठ इतिहास विषयक

पुस्तक के लिए 200 रु. का वार्षिक पुरस्कार; जगन्नाथ दास रत्नाकर ने 1000 रु. की राशि का अनुदान दे कर हर तीन वर्ष पर ब्रजभाषा के सर्वश्रेष्ठ कविता संग्रह के लिए 200रु की राशि का पुरस्कार शुरू किया था और महावीर प्रसाद द्विवेदी ने द्विवेदी स्वर्ण पदक प्रदान किया; नागरी प्रचारिणी सभा का वार्षिक विवरण, काशी नागरी प्रचारिणी सभा, वर्ष 1920 और 1921 के लिए।

86. आर.बी. बटुक प्रसाद खत्री ने 1922 में सर्वश्रेष्ठ हिन्दी नाटक या उपन्यास के लिए 200 रु. का एक बटुक प्रसाद पुरस्कार स्थापित किया और राजा बलदेव प्रसाद बिड़ला ने 1931 में ऐसा ही पुरस्कार धर्म और नीतिशास्त्र पर सर्वश्रेष्ठ ग्रन्थों के लिए शुरू किया। नागरी प्रचारिणी सभा का वार्षिक विवरण, 1921 और 1934 के लिए।

87. इन पुरस्कारों की स्थापना बनारस के राजा मोतीचन्द के परिवार के बाबू गोकुलचन्द द्वारा अपने छोटे भाई की स्मृति में, और ओरछा नरेश बीर सिंह जूदेव द्वारा की गयी थी जो स्वयं ब्रजभाषा के कवि और केशवदास के आश्रयदाता के वंशज थे।

88. मंगला प्रसाद पारितोषिक पाने वालों में थे पद्मसिंह शर्मा (बिहारी सतसई पर अपनी टीका संजीवन भाष्य के लिए 1922 में), रामचन्द्र शुक्ल (चिन्तामणि के लिए); इतिहासकार गौरीशंकर हीराचन्द ओझा, सत्यकेतु और जयचन्द्र विद्यालंकार, दर्शनशास्त्री सुधाकर (मनोविज्ञान के लिए), गंगा प्रसाद उपाध्याय (अस्तित्ववाद के लिए), हिन्दी साहित्य सम्मेलन के कार्यकर्ता वियोगी हरि और शरीर विज्ञान और फोटोग्राफ़ी जैसे विषयों के लेखक। देखिए गृहलक्ष्मी, 14, 2 अप्रैल-मई 1923, पृ. 137-8।

89. पुरस्कृत लेखकों में थे प्रेमचन्द (रंगभूमि के लिए) और जगन्नाथ दास रत्नाकर (गंगावतरण के लिए) 1929 में, रामनरेश त्रिपाठी और जयशंकर प्रसाद (स्कन्दगुप्त के लिए) 1930 में, रामचन्द्र शुक्ल अपने हिन्दी साहित्य का इतिहास और जैनेन्द्र कुमार (परख के लिए) 1931 में, और मैथिलीशरण गुप्त साकेत के लिए 1933 में; देखिए द रिपोर्ट ऑफ़ द वर्किंग ऑफ़ द हिन्दुस्तानी एकेडेमी, युनाइटेड प्रॉविन्सेज़, इलाहाबाद (1927-1939) इलाहाबाद, 1939, पृष्ठ 12-14।

90. कविरत्न रमाशंकर मिश्र श्रीपति 'साहित्य में सन्निपात' माधुरी,10, भाग 1, 1 अगस्त 1931, पृ. 96-8।

91. वही पृ. 97-8 दुलारे लाल भार्गव ने बनावटी भोलेपन से एतराज़ किया था कि बहुत-से हिन्दी लेखक साहित्य सेवा के नाम पर पारिश्रमिक नहीं लेना चाहते हैं; कि साहित्य-सेवा व्यवसाय भी थी और लत भी, जिसके चलते कवियों को आम तौर पर आर्थिक तंगी का एहसास भी नहीं होता था; और फिर साहित्यिक रचनाओं, विशेषकर कविता का, मूल्य धन से नहीं आँका जा सकता था! दुलारे लाल भार्गव, कविता के लिए पुरस्कार, माधुरी 9, भाग 2, 4, मई 1931, पृ. 568-71, देखिए 1.3.1।

92. रमाशंकर मिश्र ने अन्त में कहा कि अगर हम यही प्रश्न प्रेमचन्द से, आलोचक अवध उपाध्याय से, मैथिलीशरण गुप्त से या महावीर प्रसाद द्विवेदी से भी पूछते तो वे शायद चुप रहने का फ़ैसला करते, जो गरिमा बनाये रखने का एकमात्र उपाय था। यहाँ सवाल यह नहीं है कि रमाशंकर मिश्र की राय सही या ग़लत या क्या उनकी अपेक्षाएँ अवास्तविक थीं, बल्कि यह कि हिन्दी लेखकों की संकटपूर्ण स्थिति को ले कर उनके भीतर हताशा की कैसी भावनाएँ थीं।

93. वही, देखिए रामकृष्ण गर्ग शास्त्री, पुरस्कार चर्चा, माधुरी 10, भाग 1, 4 नवम्बर 1931, पृ. 458-621 केवल प्रेमचन्द, रामदास गौड़, महावीर प्रसाद द्विवेदी और कुछ ही अन्य लेखक बलपूर्वक अपने पारिश्रमिक की माँग कर सकते थे और 20 रुपये प्रति फ़ार्म तक की राशि भी पा सकते थे; देखिए माधुरी 9, भाग 2, 4 मई 1931, पृ. 568।

94. भारत में व्यापक रूप से अनूदित और बहुत लोकप्रिय लेखिका मारी कोरेली की मृत्यु पर लिखी अपनी टिप्पणी में रामचन्द्र टण्डन ने, जो ख़ुद उर्वर समीक्षक और समकालीन यूरोपीय साहित्य के अनुवादक थे, आलोचना को प्रशंसा से मुलायम बनाया था। उन्होंने उस प्रतिकूल (और न्यायसंगत) आलोचना को याद किया था जिसका सामना मारी कोरेली को करना पड़ा था, और उन अनेकानेक संस्करणों को भी जो उनके उपन्यासों के प्रकाशित हुए थे और उनकी ख़ूबियों को भी। वे यह समझ गयी थीं कि 'आधुनिक समय के अधिकांश पाठक कौतूहल-तृप्ति के लिये उपन्यास पढ़ते हैं। चरित्र-मनन अथवा विशेष सूक्ष्मता के साथ पढ़ कर पुस्तक का ज्ञान प्राप्त करने की ओर उनका ध्यान नहीं होता। (पृ. 35) और उन्होंने इस जिज्ञासा का फ़ायदा विदेशी परिवेशों, शक्तिशाली वर्णनों और अतिनाटकीय प्रसंगों के बल पर उठाया था। रामचन्द्र टण्डन ने मारी कोरेली के अनेक प्रतिष्ठित प्रशंसकों (महारानी विक्टोरिया उनमें शामिल थीं) का ज़िक्र किया और उनकी आन्तरिक, आध्यात्मिक शक्ति का भी। माधुरी 3, भाग 1, 1 अगस्त 1924 पृ. 31-37, उनके अनूदित उपन्यासों में शैतान की शैतानी (सॉरोज़, ऑफ़ सेटन, 1926), प्रतिशोध (वेनडेटा, 1927), प्रेम परीक्षा (द ट्रेजर ऑफ़ हेवन, 1929), प्रेमिका (थेल्मा, 1936) शामिल हैं, गोपाल राय, हिन्दी उपन्यास कोश, भाग 1, पृ. 183 और आगे।

95. देखिए, चन्द हसीनों के ख़ुतूत (1927), चाकलेट (1927), दिल्ली का दलाल (1927), बुधुआ की बेटी (1928), शराबी (1930), आदि। वे कलकत्ते से निकलने वाली पत्रिका 'मतवाला' में अपनी रचनाएँ प्रकाशित कराते थे जिसका सम्पादन महावीर प्रसाद सेठ करते थे। उनकी पुस्तकें भी सेठ के ही निजी प्रकाशन गृह बीसवीं सदी पुस्तकालय, मिर्ज़ापुर से प्रकाशित होती थीं। मतवाला मण्डल के जीवन्त चित्रण के लिए देखिए रामविलास शर्मा, निराला की साहित्य साधना, खण्ड 1, पृ. 76 और आगे।

96. दिल्ली का दलाल, मिर्ज़ापुर, बीसवीं सदी पुस्तकालय 1927 के पहले संस्करण में छपा विज्ञापन, पृ. 31।

97. मिसाल के लिए चन्द्रगुप्त विद्यालंकार, घासलेट साहित्य, विशाल भारत, 2, भाग 2, 3 सितम्बर 1929।

98. देखिए चाकलेट के नये संस्करण की भूमिका, टण्डन ब्रदर्स, कलकत्ता, 1953।

99. गुरुदत्त, गुलशन नन्दा और दूसरे लेखकों के चालू उपन्यासों द्वारा अपदस्थ किये जाने के बाद 1920 और 1930 के दशकों के 'सामाजिक उपन्यास,' अपने आन्तरिक गुणों और ऐतिहासिक महत्व के बावजूद भुला दिये गये और आज तो उपलब्ध भी नहीं हैं।

100. 'जिस देश-काल से इन रचनाओं का सम्बन्ध हो, उसकी सामाजिक अवस्था से परिचय प्राप्त किया जाय।... साहित्यिक पुरुष की जीवन घटनाओं का उनकी रचनाओं पर प्रभाव पड़ता है। इसलिए उसकी जीवन-कथा का इस दृष्टि से ही अध्ययन किया जाय कि जो-जो मुसीबतें उस पर बीती हैं, जो-जो सुख उसने लूटे हैं, उनसे उत्पन्न मनोभाव उसकी रचनाओं में कहाँ-कहाँ छिपे पड़े हैं।... इसलिए निवेदन है कि तैयारी के साथ

आदरणीय साहित्यिकों की रचनाओं का ही अध्ययन किया जाय। उनकी परख के लिए समकालीन विदेशी रचनाकारों की रचनाओं और पूर्वकालीन स्वदेशी रचनाओं से उनकी तुलना की जाय।... हम नहीं कहते कि अलंकार, पिंगल, इत्यादि जो प्राचीन आलोचना पद्धति का अंग हैं, उनका अध्ययन न किया जाय। इन विषयों की जानकारी की भी आवश्यकता है, परन्तु इसके चक्कर में अधिक समय नष्ट करने की अब कोई आवश्यकता नहीं है। प्राचीन दरबारी आलोचना का समय अब बीत चुका, अब नवीन सामाजिक आलोचना का समय है।...' कालीदास कपूर, साहित्य समालोचन, इलाहाबाद, इण्डियन प्रेस, पृ. 14-18।

101. 'अंग्रेज़ी साहित्य-संसार में ऐसे समालोचकों का पद निर्दिष्ट हो गया है। वहाँ प्रत्येक विशेषज्ञ का यह भी कर्तव्य रहता है कि अपने विषय में प्रकाशित पुस्तककी वह आलोचना करे। उसकी आलोचना पर ही जनता अपनी राय क़ायम करती है। हिन्दी साहित्य में अभी यह बात नहीं है। अभी तक वहाँ तो प्रचार ही की फ़िक्र रही है।... परन्तु अब वह समय आ गया है कि हमारे प्रतिष्ठित साहित्य-सेवी साहित्य-क्षेत्र की निराई का कार्य हाथ में लें। इस कार्य के लिए साहस और धैर्य की तो आवश्यकता है ही, क्योंकि असन्तुष्ट लेखकों की 'प्रत्यालोचना' और जनता की लापरवाही का सामना करना है। साथ ही समालोचना की शैली को भी परिमार्जित करने की आवश्यकता है।... ऐसे ग्रन्थों पर समालोचक को अपनी त्रिनेत्र दृष्टि डालने की आवश्यकता है।' वही, पृष्ठ 18-20।

102. वही पृष्ठ 20।

103. देखिए, रायबहादुर पण्डित शुकदेव बिहारी मिश्र और पण्डित सुमित्रानन्दन पन्त, सम्पादकीय टिप्पणी, माधुरी 7, भाग 2, 5 मई-जून 1929, पृ. 716-17।

104. इस तथ्य की प्रारम्भिक स्वीकृति के लिए कि विदेशी काव्य में बिम्ब, प्रतीक और मूल्य भिन्न होंगे, देखिए 'काव्य में सदाचार और भावना,' माधुरी, 7, भाग 1, 5 जनवरी 1929 पृ. 956-7, और परशुराम चतुर्वेदी, 'कविता पर परिस्थिति का प्रभाव', माधुरी 2, भाग 1, 1 और 3, अक्तूबर और दिसम्बर 1923, पृ. 191-5 और 329-94। यह बड़ी आसानी से विभिन्न राष्ट्रीय परम्पराओं के सन्दर्भ में तात्विक और सारभूत दृष्टिकोणों का रूप ले सकता था, बजाय यह स्वीकार करने के कि उसी साहित्यिक जगत में बिम्बों, प्रतीकों और मूल्यों के विभिन्न तन्त्र विद्यमान हो सकते थे।

105. कालीदास कपूर, प्रेमाश्रम की समीक्षा, माधुरी 1, भाग 1, 3 दिसम्बर 1923, पृ. 365।

106. जनार्दन झा क उत्तर में उद्धृत, 'साहित्य कला और प्रेमाश्रम,' माधुरी। भाग 2, 5 मई 1923, पृ. 500।

107. हेमचन्द्र जोशी, प्रेमाश्रम और साहित्यकला, माधुरी II, भाग 1, 3, दिसम्बर 1923, पृ. 341।

108. मिसाल के लिए, यही अवध उपाध्याय के सन्दर्भ में देखा जा सकता है जो साहित्यिक महत्वाकांक्षाओं से प्रेरित गणितज्ञ थे और हिन्दी साहित्य सम्मेलन से सम्बद्ध थे। उन्होंने प्रेमचन्द का 'भण्डाफोड़' करना अपना लक्ष्य बना लिया। 1926 में उन्होंने देवीदत्त शुक्ल को सरस्वती में, जो आम तौर पर निष्कलंक चरित्र वाली पत्रिका थी, प्रेमचन्द के ख़िलाफ़ जो तब अपनी ख्याति के शिखर पर थे, तोहमतें लगाने वाले लेखों की एक माला प्रकाशित करने के लिए राज़ी कर लिया। उपध्याय ने घोषित किया कि 'रंगभूमि' (1925) में प्रेमचन्द ने 'वैनिटी फ़ेयर' से चोरी की थी और 'प्रेमाश्रम' में तॉलस्तॉय के 'रिज़ेरेक्शन' से। इन

लेखों का प्रकाशन जिन्हें 'सबने बड़े चाव से पढ़ा' प्रेमचन्द के व्यक्तिगत अनुरोध पर ही रोका गया, लेकिन इसके थोड़े ही दिन बाद उपाध्याय ने प्रेमचन्द के उपन्यास 'कायाकल्प' (1926) की समीक्षा में फिर दावा किया था कि यह उपन्यास 'दि इटर्नल सिटी' की नक़ल था। हालाँकि वे शौक़िया समीक्षक ही थे, इन समीक्षाओं के सहारे सम्पादक ने न सिर्फ़ पत्रिका की लोकप्रियता बढ़ा दी थी, बल्कि उन्हें उपन्यासकार के तौर पर प्रेमचन्द के लिए अपनी निजी अरुचि को भी व्यक्त करने का मौक़ा मिल गया था। देखिए देवीदत्त शुक्ल, सम्पादक के पच्चीस वर्ष, पृ. 331।

109. इन समीक्षाओं के विस्तृत विश्लेषण के लिए देखें वीर भारत तलवार, किसान, राष्ट्रीय आन्दोलन आर प्रेमचन्द : 1918-1922 प्रेमाश्रम और अवध के किसान आन्दोलन का विशेष अध्ययन, नयी दिल्ली, नॉदर्न बुक संटर, 1990, पृ. 225-37।
110. जनार्दन झा, साहित्य कला और प्रेमाश्रम,' पृ. 504।
111. 'प्रेमचन्द और साहित्य-कला' में हेमचन्द्र जोशी द्वारा उद्धृत श्रीधर पाठक।
112. जनार्दन झा साहित्य कला और प्रेमाश्रम, पृ. 504।
113. कालीदास कपूर, प्रेमाश्रम, पृ. 3661।
114. प्रताप नारायण श्रीवास्तव, उपन्यास और हिन्दी के वर्तमान उपन्यास लेखक, माधुरी 8, भाग 2, 1 फ़रवरी 1930 पृ. 20-4।
115. इसके अलावा देखिए हिन्दी में ऐसे उपन्यासों के अभाव पर शोक प्रकट करने वाला कालीदास कपूर का लिखा लेख, 'उपन्यास साहित्य,' मर्यादा, भाग 22, 6 मार्च-अप्रैल 1921, पृ. 327-8।
116. अवध उपाध्याय, परख, सुधा, 4, भाग 2, 4 मई 1931, पृ. 471-7।
117. सम्पादकीय टिप्पणी चाँद, 15, भाग 2, 2 जून 1937 पृ. 209-11।
118. प्रेमचन्द, उपन्यास रचना, माधुरी, ८, 4 अक्तूबर 1922, पृ. 354।
119. वही, पृ. 355-7।
120. अब यहाँ पर एक बड़ा भारी प्रश्न उठता है कि कहानी मनोविनोद के लिये लिखी जाती है, अथवा सामाजिक सुधार के लिये। या दूसरे शब्दों में कहानी का मुख्य लक्ष्य क्या है, मनोविनोद या आदेश? यदि इस प्रश्न का उत्तर एक ही शब्द में माँगा जाय, तो हम कहेंगे—उपदेश नहीं, मनोविनोद! एक कहानी का सम्पूर्ण लक्ष्य, आदि से अन्त तक केवल मनोरंजन ही है। साधारणतः उपन्यास में तीन गुण होने चाहिए—चरित्र-चित्रण, भाषा-सौष्ठव और घटना वैचित्र्य। यद्यपि यह तीनों स्तम्भ उपन्यास के सब गुणों को अपने में सम्मिलित कर लेते हैं, तथापि हमारे विचार के अनुसार दो गुण और होने चाहिए—वे हैं शैली और मानवविज्ञान। इस पर यह कहा जा सकता है कि यह दोनों उपविभाग भाषा सौष्ठव और चरित्र-चित्रण में सम्मिलित हैं।' प्रताप नारायण श्रीवास्तव, उपन्यास, पृ. 20-7।
121. प्रेमचन्द, उपन्यास रचना, पृ. 355।
122. स्कन्दगुप्त की समीक्षा, माधुरी, 7, भाग 1, 4 अक्तूबर 1928, कमल किशोर गोयनका, प्रेमचन्द का अप्राप्य साहित्य, दिल्ली, भारतीय ज्ञानपीठ, 1988, पृ. 450 पर उद्धृत।

अध्याय 3

इतिहास के उपयोग

⌘

3.1. इतिहास से मुठभेड़

> 'जब कोई जाति अन्धकार में पड़ अपने इतिहास को भूल जाती है, जब अपने महात्माओं को विस्मरण कर देती है, तब साथ ही साथ उन उच्च आदर्शों को भी भूल जाती है, और तुच्छ सांसारिक वासनाओं की पूर्ति में लग कर अधःपतन के मार्ग का अनुसरण करती है। फिर तो उस जाति का नाश होना केवल समय की बात रह जाती है। पर पतित जाति का उद्धार भी जनमेजय महाराज की तरह पूर्व-पुरुषों की कथा सुनने और विचारने ही से होता है। ठीक यही बात आज-कल, भारत-वर्ष में दृष्टिगोचर हो रही है। देश भर में एक कोने से दूसरे कोने तक जातीयता की लहरों की उमंगें फैल गयी हैं। और साथ ही साथ भारत-वासियों को अपने इतिहास में भक्ति उत्पन्न हुई है, वे अपने पूर्वपुरुषों को श्रद्धा और प्रेम से पूजने लगे हैं, और उनकी पावन कथाओं को सुनने की प्रबल अभिलाषा उन के हृदय में पैदा हुई है।'[1]

इलाहाबाद के हिन्दी पत्रकार और कांग्रेसी नेता वेंकटेश नारायण तिवारी (1890-1965) के इस उद्धरण से हमें बीसवीं सदी के आरम्भिक वर्षों में इतिहास को ले कर हिन्दी बुद्धिजीवी की चिन्ता की एक समुचित झलक मिलती है : इतिहास का उद्देश्य आधुनिक भारतवासियों को यह याद दिलाना था कि वे एक समान, भले ही अस्पष्ट रूप से परिभाषित, राष्ट्रीय जाति के सदस्य थे और उसका काम था इस जाति के महान लोगों की 'पावन कथाएँ' फिर से सुना कर इस समान बन्धन को सार्थक और दृढ़ बनाना। इतिहास में दिलचस्पी लेने का मतलब था 'अपने पूर्वजों की पूजा करना,' और पूजा तथा

भक्ति की इसी भावना से यह अपेक्षा की जाती थी कि वह आधुनिक भारतवासियों में देशभक्ति की चेतना और सक्रियता की भावना प्रेरित करेगी। इस उद्धरण से एक ऐसे इतिहास और एक ऐसी जाति का संकेत मिलता है जो पहले ही से 'वहाँ' मौजूद थी और एक सर्वसहमति का भी जो, जैसा कि हमने देखा, जनता के प्रति 'आदर्शमूलक' रवैये का हिस्सा था (देखिए भूमिका)। इसके बावजूद ऐतिहासिक विमर्श एक साथ और एक ही रूप में नहीं बना। वह भी पश्चिमी–औपनिवशिक तथा प्राच्यवादी–और भारतीय ज्ञान की मुठभेड़ से, और विकसित होती संस्थाओं और सार्वजनिक क्षेत्र की चिन्ताओं द्वारा गढ़ा गया था। सच तो यह है कि सांस्कृतिक राष्ट्रवाद के निर्माण में इतिहास ने एक प्रमुख भूमिका अदा की थी : सरकारी स्कूलों में पढ़ाया जाने वाला इतिहास बहस-मुबाहिसे का विषय बन गया : साहित्यिक संस्थाओं ने विशेष रूप से प्राचीन भारत के ऐतिहासिक शोध को बढ़ावा दिया, और पत्रिकाओं ने उनके निष्कर्षों को प्रचारित-प्रसारित करके इतिहास को सार्वजनिक बहस का विषय बना दिया। इसके अलावा, साहित्य को इतिहास में कहानियों का वैसा समृद्ध भण्डार मिला जो ऊपर उठाने और प्रेरित करने के उसके उद्‌देश्यों से मेल खाती थीं, और साथ-साथ हृदयग्राही भी थीं। इस तरीक़े से कविताएँ, उपन्यास और नाटक राष्ट्रवादी ऐतिहासिक चेतना को–एक वास्तविक ऐतिहासिक संस्कार को–फैलाने में बहुत कारगर साबित हुए।

बीसवीं सदी के आरम्भिक वर्षों तक आते-आते अन्य भाषाओं की तरह हिन्दी में भी इतिहास के राष्ट्रवादी विमर्श का ढाँचा और उसके नख-शिख तैयार हो चुके थे। इतिहास का इलाक़ा प्रमुख रूप से प्राच्यवादी इतिहास-लेखन द्वारा चिह्नित-परिभाषित किया गया था, और हालाँकि हिन्दी के इतिहासकार उससे गम्भीर मुठभेड़ें करते और अपने-अपने पूर्वाग्रहों के हिसाब से इसे आगे-पीछे खिसकाते रहे, लेकिन बुनियाद उन्हीं की डाली हुई थी, मिसाल के लिए 'इतिहास क्या है,' 'किसका इतिहास' और 'उचित' ऐतिहासिक स्रोतों के सिलसिले में। इस तरह गढ़ा गया भारत का इतिहास बीसवीं सदी में बहुत महत्वपूर्ण साबित हुआ : वह राजनैतिक लामबन्दी के लिए अत्यन्त सफल वाग्मिता में विकसित हुआ; उदाहरण के लिए, दूसरे इतिहासों की कलम जैसे साहित्य का इतिहास, इस शाखा में बाँध दी गयी। यह इतिहास आधुनिक 'भारतीय' अस्मिता को आधुनिक 'हिन्दू' अस्मिता के रूप में ठोस आकार देने में सहायक सिद्ध हुआ। इस ऐतिहासिक विमर्श के प्रचार-प्रसार में साहित्य और शिक्षा ने महत्वपूर्ण भूमिका निभायी, और पत्रिकाओं में उठी बहसें उसकी चिन्ताओं पर रोशनी डालती हैं। चूँकि इतिहास का उद्‌देश्य, जैसा कि वेंकटेश नारायण तिव.री ने लिखा था, एक सामूहिक गर्व (या लज्जा) की भावनाओं को प्रेरित करना था, कविताएँ, जीवनियाँ और 'ऐतिहासिक कहानियाँ' वास्तविक ऐतिहासिक शोध-ग्रन्थों से कहीं अधिक प्रभावकारी साबित हुईं। वे ही इस अध्याय की सामग्री हैं।[2] गेल ओम्वेट ने ध्यान दिलाया है कि कैसे, मराठी इतिहास-लेखन

में, आलोचनात्मक और परस्पर विरोधी मतों ने, प्रतिक्रिया के द्वारा, शिवाजी और मराठों पर प्रमुख विमर्श को आकार लेने में सहायता दी।[3] हिन्दी में ऐसा कोई 'वैकल्पिक' इतिहास लेखन उभर कर सामने आया नहीं जान पड़ता, लेकिन कभी महिलाओं और कभी निचली जातियों के आलोचनात्मक और विरोधी स्वरों ने भारतीय इतिहास के प्रमुख हिन्दी विमर्श का इस्तेमाल उसी के ख़िलाफ़ किया, जैसा कि हम देखेंगे।

जो इतिहास हम बयान करते हैं, वह उस इतिहास से किस तरह गुँथा हुआ है जिसमें हम विश्वास करते हैं, यह आज के हिन्दुस्तानियों के लिए बेहद तीखे ढंग से प्रकट हो चुका है। जैसे बहुत-से विद्वानों ने ध्यान दिलाया कि आज़ादी के बाद सरकारी संस्थाओं पर 'साझी संस्कृति' के विचार के माध्यम से जो धर्म-निरपेक्ष मुलम्मा चढ़ाया गया, वह 'आर्य,' 'हिन्दू' और 'मुस्लिम' युगों की सुथरी ख़ानेबन्दी वाले राष्ट्रीय (राष्ट्रवादी) इतिहास की संरचना से टकराता है। कुछ ने यह भी तर्क दिया है कि भारतीय इतिहास की तत्कालीन पाठ्य-पुस्तकें, अतीत के संघर्षों से बचते हुए या उन्हें कम करके आँकते हुए और राष्ट्रवादी ख़ानेबन्दी को अनछुआ छोड़ते हुए, भारतीय बच्चों के सामने एक भ्रामक और परस्पर विरोधी तस्वीर पेश करती हैं और उन्हें राष्ट्रवादी इतिहास की अपेक्षाकृत कच्ची, श्वेत-श्याम कोटियों की तरफ़ मुड़ने को विवश करती हैं, जिनसे कट्टरवादी और रूढ़िवादी समूह मुक्तहस्त सामग्री प्राप्त कर सकते हैं।[4]

बीसवीं सदी के प्रारम्भ के हिन्दी जगत में इतिहास पर सार्वजनिक विमर्श का, और उसके द्वारा उत्पन्न सामग्री का, विश्लेषण करने से पहले, यह देखना उपयोगी होगा कि यह क्षेत्र ख़ुद कैसे बना और बदला था।[5] जब प्राच्यवादियों ने उन्नीसवीं सदी में 'भारत का इतिहास' लिखने का काम शुरू किया तो हिन्दुस्तान में अतीत को दर्ज करने की और उसका लेखा-जोखा रखने की भी अन्य विधाएँ मौजूद थीं। एक ओर तो दरबारी इतिहासकारों द्वारा लिखे गये इतिहासों और फ़ारसी तवारीख़ों की परम्परा थी; आधुनिक अंग्रेज़ इतिहासकारों को यह सब सामग्री सबसे अधिक निष्पक्ष, वस्तुपरक और भरोसे-योग्य जान पड़ती थी; भारी संख्या में अनूदित हो कर वे भारतीय इतिहास के 'मुस्लिम काल' के लिए मानक सन्दर्भ बन गये।[6] फिर वंशावलियाँ और पुराण थे, जो उन्नीसवीं सदी के मध्य तक हिन्दी और उर्दू दोनों में छापे जा रहे थे। राजपूत वंशों के वृत्तान्त—ख्यात, वार्ता और वंशावलियाँ—शासकों और उनके दरबारों के लिए चारणों और भाटों के ख़ास समूहों द्वारा तैयार की गयी थीं और उनके ग्रन्थों में सुरक्षित थीं।[7] प्रशस्तियाँ दरबारी कवियों द्वारा रची गयी थीं ताकि किसी वीरतापूर्ण अतीत से निरन्तरता द्योतित हो सके; वार्ताएँ, भक्तमाल और सन्त-चरित धार्मिक सम्प्रदायों और उनके अनुयायियों के बीच प्रचारित-प्रसारित होते; व्यापारियों के निजी पारिवारिक इतिहासों में पीढ़ी-दर-पीढ़ी सामग्री जुड़ती रहती और उन्हें बही-खातों के साथ-साथ सुरक्षित रखा जाता; और अन्त में, शायरों और सूफ़ियों के तज़किरों को इसमें शामिल कर सकते हैं। अतीत सम्बन्धी अन्य अभिलेखों में तीर्थस्थलियों

के मन्दिरों में पण्डितों द्वारा रखे गये यजमानों के विवरण और राजस्थान में पाबू जी और उत्तरी भारत में आल्हा-ऊदल सरीखे मौखिक लोक-आख्यान भी शामिल किये जा सकते हैं। ये रचनाएँ अलग-अलग इतिहास बयान करती थीं, यह स्पष्ट है, क्योंकि हर विधा की चिन्ताएँ, सरोकार और विषय-विभाजन भिन्न थे और यही स्थिति उनके परिवेशों और श्रोताओं की थी : दरबार, भक्तजन या परिवार। उन्नीसवीं सदी में यह कटा-फटा क्षेत्र आंशिक रूप से प्राच्यवादियों तथा दरबार, सम्प्रदाय और परिवार से छपाई और सार्वजनिक क्षेत्र की ओर सरक आने के कारण रूपान्तरित और एकीकृत हुआ। उन्नीसवीं सदी के अन्तिम और बीसवीं सदी के प्रारम्भिक दौर में हिन्दी का इतिहास लेखन काफ़ी हद तक इस दुहरी प्रक्रिया की उपज था। ऐसा नहीं था कि छपाई का मतलब तत्काल व्यापक प्रचार और प्रसार था; राजस्थान में 'वीर विनोद' और 'वंश भास्कर' जैसी पहले-पहल मुद्रित वंशावलियाँ शायद उस दरबार के बाहर मुश्किल से ही उपलब्ध होती थीं जिसके लिए वे लिखी गयी थीं।[8] ऐसी ही दलील सम्प्रदायों के सन्त-चरितों, विभिन्न जाति-विशेष के इतिहासों और वंशावलियों के सिलसिले में दी जा सकती है : सन्त-चरित छपने पर केवल साहित्य के इतिहासकारों द्वारा उपयोग में लाये जाने वाले थे, जबकि बाक़ी दो, यानी जाति-विशेष के इतिहास और वंशावलियाँ, अब भी एक विशिष्ट और सीमित दायरे में सीमित थीं—औपनिवेशिक विचारों से प्रभावित होने और एक आँख भूमि बन्दोबस्त या परोपकार के मूल्य पर रख कर लिखे जाने के कारण।

टॉड की पुस्तक ऐनल्स ऐण्ड ऐण्टिक्विटीज़ ऑफ़ राजस्थान (1829) हिन्दी के आधुनिक इतिहास लेखन और इतिहास-बोध को गढ़ने में अत्यन्त प्रभावकारी हुई। उसका हिन्दी में अनुवाद 1880 के दशक में ही हो चुका था।[9] यह इस बात का अच्छा उदाहरण है कि कैसे भारतीय स्रोत भारतीय पाठकों के सामने फिर से प्रस्तुत होने से पहले अनुवाद और रूपान्तरण की एक प्रक्रिया से गुज़रे थे। राजपूत वंशों के इतिहास के माध्यम से राजस्थान के इतिहास को तैयार करते हुए टॉड ने चारणों और भाटों के वृत्तान्तों से बहुत सामग्री ली थी और यों उन्हें छपे हुए रूप में और पहली बार उनके मूल स्थान से बाहर व्यापक रूप से उपलब्ध कराया था : इसी के साथ-साथ टॉड ने उनकी भाषा और उनकी ऐतिहासिक प्रामाणिकता के प्रति गहरे विवेक-सम्मत सन्देह को व्यक्त करते हुए, और जहाँ उपलब्ध हों वहाँ स्थानीय भाषाओं के स्रोतों की बजाय संस्कृत स्रोतों को तरजीह दी थी। टॉड ने वंशावलियों से उनकी प्रमुख चिन्ता ग्रहण की थी—वंश की निरन्तरता। लेकिन जहाँ इन वंशावलियों में अलग-अलग राजपूत वंशों के उद्गम और चन्द्र और सूर्य वंशों के संस्थापकों (और मौर्यों या गुप्त सम्राटों) के साथ सम्बन्ध जोड़ने की प्रमुख चिन्ता शासक की वैधता थी, वहाँ उसे टॉड की प्रमुख चिन्ता व्यवस्थित कालक्रम की थी : इसी के अनुसार उन्होंने उद्गम के मत प्रतिपादित किये और ख़ाली जगहों का भरते हुए, सभी वंशों को एक भौगोलिक और कालक्रमानुसार व्यवस्था में ढाला। 'ऐतिहासिक सत्य' तक

पहुँचने के लिए टॉड ने वृत्तान्तों की प्रामाणिकता को अन्य स्रोतों के सहारे जाँचने के सिद्धान्त को भी प्रस्तुत किया। कुछ अर्थों में, जैसे राजपूतों की शुद्धता और निरन्तरता के मामले में, टॉड वंशानुक्रम और सगोत्रता की उसी भाषा का अनुसरण कर रहे थे जो वंशानुवलियों की अपनी ही थी।[10] दूसरे अर्थों में, जैसे कथाओं और ऐतिहासिक सत्य के अन्तर में, वे चारणों और भाटों की परम्परा से बिलकुल अलग दिशा में जा रहे थे। इस तरह, अंग्रेज़ी में लिखने के कारण और अपनी खोज-बीन की आधिकारिकता के बल पर, उन्होंने राजपूती शौर्य की कहानियाँ ऐतिहासिक नायकों की खोज कर रहे आतुर भारतीय पाठक-वर्ग को प्रदान कीं।[11]

उन्नीसवीं सदी में भारतीयों की अतीत की कल्पना पर, चाहे वे आर्यों के वर्चस्व के बारे में हों या राजपूतों के वीरतापूर्ण प्रतिरोध के बारे में, प्राच्यवादियों की विद्वत्ता का प्रभाव हाल के वर्षों में प्रखर और मेधावी अध्ययन और पाण्डित्यपूर्ण शोध-ग्रन्थों का विषय रहा है और उसे यहाँ दोहराने की ज़रूरत नहीं।[12] इससे पहले कि हम 1920 और 1930 के दशकों में हिन्दी के ऐतिहासिक लेखन की ओर उन्मुख हों, हमें हिन्दी के सन्दर्भ में केवल दो बातों का उल्लेख करना है। पहली, हमें खड़ी बोली हिन्दी में लिखने वाले नये बुद्धिजीवियों की पुरातत्व सम्बन्धी घनी दिलचस्पी पर ग़ौर करना चाहिए। उदाहरण के लिए जैसा कि वसुधा डालमिया ने बड़ी प्रखरता से दर्शाया है, जब भारतेन्दु हरिश्चन्द्र उस वल्लभ सम्प्रदाय की ऐतिहासिक परम्परा को व्यापक और आधुनिक बनाने की कोशिश कर रहे थे जिसके वे ख़ुद सदस्य थे तो वे ऐशियैटिक सोसाइटी और पुरातत्व-सम्बन्धी पत्रिकाओं में प्रकाशित होने वाली सामग्री को गहरी दिलचस्पी से पढ़ते थे; उन्होंने उनकी खोजों को ख़ुद अपनी पत्रिकाओं में अनूदित और प्रचारित किया और जिस भी प्रकार की 'ऐतिहासिक सामग्री' उनके हाथ लगी, उसे उन्होंने प्रकाशित, अनूदित, संक्षिप्त और एकत्र किया : शिलालेख, इतिवृत्त, और निजी व्यापारिक संग्रह के दस्तावेज़। उन्होंने 'कालचक्र' और 'अनेक शास्त्रों से संग्रहीत' खत्रियों के 'उद्‌भव' पर भी लिखा, और विभिन्न राजपूत और मुस्लिम वंशों की वंशावली भी तैयार की; उन्होंने जीवनियाँ लिखीं और गण्य-मान्य हिन्दुस्तानियों और अंग्रेज़ों की जन्म-कुण्डलियाँ भी बनायीं, और महाराष्ट्र, उदयपुर और बूँदी के 'इतिहास' लिखने का भी प्रयास किया।[13] यह सब सामग्री अब हिन्दुस्तान के इतिहास का अंग बन गयी थी जिसे लिखने की ज़रूरत थी, बशर्ते कि वह पक्के ऐतिहासिक स्रोतों पर आधारित हो और विद्वान के विवेकपूर्ण मानस से छन कर आये।

दूसरी बात, इस पुरातात्विक जिज्ञासा के समानान्तर, हिन्दी के अधिक लोकप्रिय इतिहासकारों ने बहुत करके अरबी और फ़ारसी सामग्री पर निर्भर रह कर यूरोपीय पदचिह्नों का अनुसरण किया। जैसा कि उन्होंने यूरोपीय सामग्री के साथ भी किया था, उन्होंने इन को भी ख़ुद अपने रुझान के ख़िलाफ़ 'हिन्दू जाति' पर ढाये गये 'अत्याचार'

और 'हिन्दू प्रतिरोध' के नज़रिये से पढ़ा : हिन्दी में इतिहास की पहली पाठ्य पुस्तक, राजा शिव प्रसाद सिंह का 'इतिहास तिमिर नाशक' (3 भाग, 1864-74) उदाहरण के तौर पर देखी जा सकती है।[14] यह तो बीसवीं सदी के आरम्भ में हुआ कि गौरीशंकर हीराचन्द ओझा (1863-1947) जैसे इतिहासकारों ने उन असम्भव ब्योरों की तरफ़ इशारा करके जो फ़ारसी तवारीख़ की मार्फ़त डाऊ, गिबन, मॉरिस, जेम्स मिल, प्राइस, एल्फ़िन्स्टन की यूरोपीय कृतियों में, यहाँ तक कि शिव प्रसाद के हिन्दी इतिहास में घुस आये थे, मुस्लिम वृत्तान्तों की ऐतिहासिक सच्चाई में अन्धे विश्वास को चुनौती दी थी।[15] लेकिन ओझा भी राजस्थानी चारणों और भाटों की ऐतिहासिक शैली से कठिनाई महसूस करते थे, जिसकी तुलना में उन्हें पुराणों जैसे संस्कृत स्रोत और शिलालेख और सिक्कों सरीखे ठोस ऐतिहासिक साक्ष्य अधिक पसन्द थे। इस तरह, चारणों और भाटों की रचनाओं से भली-भाँति परिचित होने के बावजूद, टॉड से प्रभावित और ख़ुद वंशावलियाँ तैयार करने में सलग्न गौरीशंकर हीराचन्द ओझा ख्यातों और वंशावलियों का उल्लेख केवल सामूहिक रूप से और नाम लिये बिना करते थे, और उन्होंने उनमें से केवल एक को सम्पादित करके प्रकाशित किया—मुँहणोत नैणसी की ख्यात, जिसकी ऐतिहासिक सच्चाई ज़्यादा आसानी से साबित थी। बीसवीं सदी के दौरान हिन्दी परम्परा में वीर रस की कविताओं की सघन खोज करते हुए भी—ताकि पतनशील शृंगारिकता के आरोपों को ग़लत ठहराया जा सके—हिन्दी विद्वान ख्यात जैसी रचनाओं को ऐतिहासिक स्रोतों के रूप में मानने से कतराते थे और उनका मूल्यांकन साहित्यिक रचनाओं, अतीत की राष्ट्रीय भावना की निशानियों के रूप में करना उचित समझते थे।[16]

3.1.1. हिन्दी में भारत का राष्ट्रीय इतिहास

प्राच्यवादियों का वर्गीकरण और सार्वजनिक क्षेत्र का उद्‌भव, दोनों-के-दोनों औपनिवेशिक काल में हिन्दी के इतिहास लेखन को समझने में महत्वपूर्ण घटक हैं। एशियैटिक सोसाइटी और आर्कियोलॉजिकल सर्वे के लेखों, रिपोर्टों और खोजों तथा प्रमुख प्राच्यवादियों की कृतियों पर बड़ी उत्सुकता से चर्चा होती थी; इतिहास पर लेख जो हिन्दी पत्रिकाओं की स्थायी सामग्री हुआ करते थे, उन्हें उद्धृत करने से कभी नहीं चूकते थे, उनके साथ मुठभेड़ भी करते थे, यहाँ तक कि हिन्दी इतिहास लेखन उभरते हुए देशप्रेमियों और उनके औपनिवेशिक नमूनों के बीच सम्वाद के हिस्से के रूप में देखे जा सकते हैं।[17] लेकिन यह एक संघर्षपूर्ण सम्वाद था, क्योंकि हालाँकि भारतीय इतिहासकार इतिहास की यूरोपीय विवेकधर्मी अवधारणा का अध्ययन करके उसे आत्मसात कर चुके थे, उनका ऐतिहासिक उद्यम बुनियादी तौर पर अलग था।[18] उन्होंने जनसमुदाय की कहानी के रूप में इतिहास की धारणा तो आत्मसात कर ली, बजाय सम्राटों और देवताओं की लीला के रूप में। साथ

ही, वे इतिहास लेखन को सामूहिक उपक्रम के रूप में देखने लगे थे, एक ऐसा काम जो इतिहासकार समुदाय की ओर से करता है। जैसा मत पार्थ चैटर्जी ने रखा है, ब्रिटिश इतिहासों पर निर्भर रहते हुए भी, भारतीय इतिहासकारों ने अंग्रेज़ी राज को भारतीय इतिहास का चरमोत्कर्ष होने के सम्मान देने से इनकार कर दिया। ऐसा सबसे पहले उन्होंने इतिहास के सब्जेक्ट (कर्ता, प्रजा) के रूप में ब्रिटिश 'हम' की बजाय भारतीय 'हम' को अपनाया, आर्य पूर्वजों पर बल दे कर दूसरे, इतिहास को सत्ता के इहलौकिक खेल के रूप में देखा, जहाँ विजय विजेताओं को अनिवार्य रूप से नैतिक श्रेष्ठता नहीं प्रदान करती।[19] इस ऐतिहासिक आख्यान में जो सब्जेक्ट धुरी का काम कर रहा था, उसने, मध्यकालीन इतिहास और ब्रिटिश विजय दोनों को नया अर्थ दे दिया। मुस्लिम आक्रमण और सल्तनतें 'आख्यान में अन्तराल' बन गयीं, आम तौर पर किसी 'विश्वासघात' के परिणाम से, और अंग्रेज़ी शासन महज़ राष्ट्रीय पुनरुत्थान की भूमिका था : दोनों समान रूप से 'पराये' थे।

हिन्दी की पत्रिकाओं और पुस्तकों में इतिहास सम्बन्धी विमर्श यह उजागर करता है कि किस हद तक इतिहास को सामुदायिक उपक्रम बना कर यूरोपीय स्थापनाओं को, उन्हें आत्मसात करते हुए भी, चुनौती दे रहा था। 1924 में देहरादून में हिन्दी साहित्य सम्मेलन के वार्षिक अधिवेशन में राष्ट्रवादी लखपति शिवप्रसाद गुप्त ने पहले-पहल भारत के भारतीय इतिहास की ज़रूरत पर प्रस्ताव प्रस्तुत किया।[20]

> 'जिस राष्ट्र का अपना प्रामाणिक इतिहास नहीं है, वह जीवित राष्ट्र नहीं। भारतीय स्कूलों और कालिजों में जो इतिहास की पुस्तकें पढ़ाई जाती हैं, वे बहुत ही अविश्वसनीय और भ्रमात्मक होती हैं। शिवा जी जैसे हमारे राष्ट्रीय वीरों को 'लुटेरा' कहा जाता है। हमारे वेद चरवाहों और किसानों के गीत कहे जाते हैं। क्या ऐसी इतिहास की पुस्तकों को इतिहास का नाम दिया जा सकता है? क्या कोई विद्वान और निष्पक्ष इतिहासवेत्ता ऐसी इतिहास की पुस्तकों के लिए यह कह सकता है कि इनमें भारत के भूत जीवन का वास्तविक चित्र खिंचा रहता है?'[21]

शिक्षा एक बार फिर संघर्ष और आन्दोलन का महत्वपूर्ण अखाड़ा बन गया (देखिए 1.4)। लेकिन चूँकि सरकारी शिक्षा तन्त्र, जो हिन्दी के अधिकांश प्रयासों का लक्ष्य था, राष्ट्रवादी इतिहास के लिए प्रकट ही प्रतिबन्धित था, बल्कि उसके प्रति विरोधी रवैया रखता था, इसलिए इस क्षेत्र में जो भी उपक्रम होने थे, वे हिन्दी जगत के अन्दर ही होने थे और उनका लक्ष्य, मिसाल के लिए, आर्य समाज जैसे स्वाधीन स्कूल ही हो सकते थे।[22] हालाँकि शिवप्रसाद गुप्त की परियोजना पूरी नहीं हो सकी, उनका प्रस्ताव बाद की बैठकों में याद किया जाता रहा, और कई लेख और पुस्तकें इन्हीं आधारों पर लिखी गयीं, जिनमें से कुछ लेख और पुस्तकें आगे की चर्चा का आधार हैं।

विवाद का पहला मुद्दा भारतीय इतिहास के आरम्भ को ले कर था, जिसमें भारत की ऐतिहासिकता के मूल दावे की स्थापना और भारतीय स्रोतों के उपयोग की बात भी शामिल थी। विन्सेण्ट स्मिथ[23] ने भारतीय इतिहास के आरम्भ को बौद्ध काल से माना था, सिकन्दर के अभियान और भारतीय बैक्ट्रियन और भारतीय पार्थियन राज्यों के साथ जब पहले 'ऐतिहासिक' (यानी यूनानी) स्रोत मिले थे। लेकिन इसका अर्थ था समूचे वैदिक युग को प्रागैतिहास या पुराकथा में धकेल देना, 'मानो इतिहास, सभ्यता आदि इस देश में वे (अर्थात यूनानी) लाये थे,' आर्य समाजी इतिहासकार जयचन्द्र विद्यालंकार ने लिखा। ठीक इसी आधार पर जयचन्द्र विद्यालंकार ने लाला लाजपतराय की हिस्ट्री ऑफ़ इण्डिया की भी आलोचना की। हालाँकि वह असहयोग आन्दोलन के समय विशेष रूप से राष्ट्रीय स्कूलों के लिए लिखी गयी थी, उसका कालक्रम और वर्गीकरण हू-ब-हू स्मिथ जैसा था। जयचन्द्र ने दलील दी कि भारत का एक सच्चा राष्ट्रीय इतिहास लिखने के लिए हमें समूचे स्वीकृत ज्ञान को नये ढाँचे में डालना होगा और इसका सम्बद्ध विश्वास और पहचान के बुनियादी विषयों से था।

> 'योरोपियन ऐतिहासिक जब उपर्युक्त कथन करते हैं, तो उनका यही अभिप्राय होता है। राम और सीता, कृष्ण और अर्जुन, दुष्यन्त और भरत उनके लिए कल्पित नाम हैं, उनकी कहानियाँ निरी देव-गाथाएँ या मिथ्या-कथाएँ (Mythology) है! क्या लालाजी भी ऐसा मानते हैं?... भारतवर्ष का इतिहास कब शुरू होता है; क्या दुष्यन्त और भरत, राम और लक्ष्मण, कृष्ण और अर्जुन का ऐतिहासिक अस्तित्व है या नहीं? यह हमारी जाति और हमारे इतिहास के लिए बहुत महत्वपूर्ण प्रश्न है।'[24]

जो भावना यहाँ सुस्पष्ट है वह रामायण और महाभारत को सर्वाधिक अर्थपूर्ण इतिहासों के रूप में सुरक्षित रख कर उन्हें ऐतिहासिक 'सत्य' में स्थापित करने की ज़रूरत की है।[25] जयचन्द्र विद्यालंकार का मानना यह था कि और अधिक शोध की ज़रूरत होने के बावजूद, महाभारत और पुराणों में दी गयी वंशावलियाँ बुद्ध-पूर्व कालानुक्रम को तय करने में मदद करती थीं और उन्हें ऐतिहासिक स्रोत मानना चाहिए। गौरीशंकर ओझा ने ठीक ऐसा ही किया। इस बात पर खेद व्यक्त करते हुए कि पुराणों की वंशावलियों और ऐतिहासिक महत्व के अन्य ग्रन्थों में किसी भी तरह का तिथि-अंकन नहीं है, उन्होंने बहरहाल पुराणों की वंशावलियों, महाभारत के भौगोलिक नामों और विवरणों के आधार पर विभिन्न राजपूत वंशों की तिथियाँ 'तय' करना शुरू कर दिया और उनके संस्कृत के अन्य साहित्यिक और वंशानुक्रम सम्बन्धी स्रोतों से मिलाना शुरू किया।[26] कठिन परिश्रम से वे 'प्राचीन राजवंशों' पर पुस्तकों की श्रृंखला में वे दृढ़तापूर्वक यह आग्रह कर सके कि मध्यकालीन राजपूत वंश मूल चन्द्र और सूर्यवंशों के सीधे वंशज थे, और उनका क्षत्रिय होना सन्देह से परे था।[27]

'राजपूत जाति को क्षत्रिय न मानने वाले विद्वानों की तद्विषयक दलीलों की जाँच कर सप्रमाण यह बतलाया है कि जो आर्य क्षत्रिय लोग हज़ारों वर्ष पूर्व भारत-भूमि पर शासन करते थे, उन्हीं के वंशधर आजकल के राजपूत हैं। आर्य क्षत्रिय जाति के राज्य भारत में ही नहीं, किन्तु सारे मध्य और पश्चिमी एशिया में तथा उससे परे, एवं पूर्व में भी स्थापित हुए थे और वहाँ भी आर्य सभ्यता का प्रचार था। वही आर्य क्षत्रिय जाति महाभारत से पूर्व तथा उसके पीछे आज तक राजपूताने पर शासन करती रही है। समय के परिवर्तन और देश-कालानुसार राजपूतों के रहन-सहन और रीति-रिवाजों में कुछ अन्तर पड़ना बिलकुल स्वाभाविक बात है, तो भी उनमें आर्यों के बहुत-से प्राचीन रीति-रिवाज अब तक पाये जाते हैं।'[28]

हालाँकि गौरीशंकर ओझा ने राजपूतों के 'विदेशी' और ग़ैर-क्षत्रिय उद्भव पर टॉड और विन्सेंट स्मिथ की मान्यताओं का खण्डन किया, मगर मुस्लिम-पूर्व भारत में नामों, तिथियों, घटनाओं और वंशों का ताना-बाना बुनने के लिए अब 'वैज्ञानिक रूप से' एक-दूसरे से मिलान किये हुए कालानुक्रम का इस्तेमाल करने में टॉड का ही अनुसरण किया। इस इतिहास ने महाकाव्यों के धुँधले, लेकिन सर्वप्रमुख संसार को मौर्य और गुप्त साम्राज्यों और उन वंशों से सम्बद्ध कर दिया जो अब भी मौजूद और (लगभग) शासन कर रहे हैं। इसका परिणाम निरन्तर इतिहास और 'चिर प्रतिष्ठित' राज्यव्यवस्था और संस्कृति थी, जिसका रूपाकार मन्दिरों के अभिलेख, संस्कृत साहित्य और महिमावान सम्राटों और उदार संरक्षकों की कथाएँ प्रदान कर सकती थीं। इसी से मिलते-जुलते तरीक़े से अपने में सिमटी जाति के रूप में राजपूत वंशों की अपेक्षाकृत हाल की आत्म-पहचान प्राचीन काल में ढूँढ कर, ऐतिहासिक नैरन्तर्य के इसी सिद्धान्त के अनुसार, पीछे की ओर प्रक्षेपित की गयी। समकालीन समीक्षकों ने उनके 'अकाट्य' तर्कों और उनके द्वारा अंग्रेज़ इतिहासकारों के 'नपे-तुले, साहसी और निर्भीक खण्डन' का अभिनन्दन किया।[29]

वेदों, ब्राह्मणों, महाकाव्यों और शास्त्रों में विश्वसनीय रूप से प्रतिबिम्बित स्वर्ण काल, 'आर्यों का युग' की कल्पना को इस तरह ठोस ऐतिहासिक आधार मिल गया। उसे अत्यधिक प्रासंगिकता भी मिली : 'भारत-भारती' (देखिए आगे) जैसी कविताओं के माध्यम से और आर्य समाज गुरुकुल द्वारा दहलाने वाली तात्कालिकता से ऐसा स्वर्ण-काल आँखों के सामने उभार कर लाया जा सकता था (देखिए 1.4)।[30] यहाँ तक कि सिन्धु घाटी की सभ्यता की खोज का इस्तेमाल भी अंग्रेज़ इतिहासकारों का खण्डन करने के लिए किया जा सकता था, : चूँकि सिन्धु घाटी में की गयी खुदाई ने सिन्धु सभ्यता को सुमेर सभ्यता से जोड़ दिया था, और इस तरह दिखा दिया था कि भारत ही संसार की सारी सभ्याताओं का 'आदिगुरु' है।[31]

एक बार आर्य जाति के स्वर्ण युग की कल्पना को स्वीकार करने के बाद—और उसे सभी हिन्दी लेखकों ने पश्चिमी प्राच्यवादियों की मदद से स्वीकार कर भी लिया गया

था—उससे नये ऐतिहासिक प्रश्न पैदा हो गये, और उनके उत्तर भी। पहला प्रश्न पतन के आरम्भ का था : अगर 'हमारी' महान सभ्यता इतनी महान थी तो फिर 'हम' पर 'मुस्लिम' हमलावरों ने कैसे हमला किया था और हमें पराधीन बना दिया था? (इस सवाल में अफ़गान, तुर्क और ईरानी, सबको एक ही कोटि में ठूँस दिया गया।) तिथियों और कारणों को ले कर मतभेद इस बात पर था कि क्या ह्रास आन्तरिक दुर्बलता और झगड़ों का नतीजा था या विदेशी हमलों का। किन्हीं प्रोफ़ेसर इन्द्र के अनुसार ह्रास शहाबुद्दीन गोरी के हाथों पृथ्वीराज चौहान की पराजय के साथ शुरू हुआ था। '1192 ईसवी में शहाबुद्दीन गोरी ने पृथ्वीराज को परास्त किया। उसी दिन भारतवर्ष का सूर्य अस्त हुआ, और वह आज तक भी उदित न हुआ।'[32] मैथिलीशरण गुप्त की काव्यात्मक दृष्टि से, ह्रास बहुत पहले, महाभारत के युद्ध के साथ ही शुरू हो गया था, यानी जब आर्य-हिन्दू राज-व्यवस्था की परिपूर्ण संगति आन्तरिक विग्रह से नष्ट होने लगी थी।[33] भारत भारती का काव्यात्मक उत्तर था कि इतिहास चक्राकार गति से चलता है : इसलिए प्राचीन भारत जिस शिखर पर पहुँचा था, उसके बाद अवनति और ह्रास होना ही था। वस्तुतः ह्रास अपने आप में अतीत की महिमा का सबूत था :

उन्नति तथा अवनति प्रकृति का नियम एक अखण्ड है।
चढ़ता प्रथम जो व्योम में गिरता वही मार्तण्ड है।
अतएव अवनति ही हमारी कह रही उन्नति-कला
उत्थान ही जिसका नहीं हुआ उसका पतन ही क्या भला? [34]

दोनों ही मामलों में, आर्य काल से सीधे निःसृत होने वाली और सभी क्षेत्रीय राज्यों को अपने में समाहित करने वाली हिन्दू/भारतीय जाति का असन्दिग्ध अस्तित्व था। गौरीशंकर ओझा (और काशी प्रसाद जायसवाल) जैसे इतिहासकारों के लिए जिन्होंने 'प्राचीन भारत' की पुनर्रचना उसके निष्कलंक सौन्दर्य में करने की ठान रखी थी, विदेशी शासकों के आगमन से आर्य-हिन्दू राज-व्यवस्था का 'पवित्र' आदर्श नष्ट हुआ था। जैसा कि पार्थ चैटर्जी ने दलील दी है, 'मध्यकालीन पतनशीलता का सिद्धान्त बड़ी ख़ूबी से उन्नीसवीं सदी के अंग्रेज़ इतिहासकारों के समग्र निर्णय से मेल खाता था कि "भारत में मुस्लिम शासन" तानाशाही, कुशासन और अराजकता का काल रहा था—कहने की ज़रूरत नहीं कि अंग्रेज़ इतिहासकारों की यह मान्यता औपनिवेशिक हस्तक्षेप का ऐतिहासिक औचित्य सिद्ध करती थी।' यह सिद्धान्त इस्लाम के बारे में उन पूर्वाग्रहों से भी मेल खाता था जिनके अनुसार इस्लाम 'सारतः' क्रूर, मतान्ध, कट्टर, लड़ाकू और लम्पट था।[35]

हिन्दी के 'राष्ट्रवादी' इतिहास की पहली पाठ्य-पुस्तक, शिव प्रसाद सिंह की 'इतिहास तिमिर नाशक' (तीसरा भाग, 1873) में पहले ही यह स्पष्ट है कि जाति को इतिहास का कर्ता (सब्जेक्ट) बनाने पर हिन्दी लेखकों के लिए 'तुर्क' हमलों की स्मृति

का मेल फ़ारसी तवारीख़ को अपने ढंग से पढ़ने की रीति से करके उस युग को अन्धकार का युग ठहराना/बताना आसान हो गया, जहाँ से पराधीनता और पतन की शुरूआत हुई थी। किसी समकालीन समीक्षक (शायद स्वयं हरिश्चन्द्र) का कहना था–'यह दिल्ली के बादशाहों द्वारा अपनी रियाया पर ढायी गयी हिंसा और दमन की भयानक फ़ेहरिस्त है।' जहाँ यूरोपीय इतिहासकारों ने मुग़ल बादशाहों के न्यायपूर्ण शासन के लिए उनकी प्रशंसा की थी, शिव प्रसाद को उनमें दोष-ही-दोष नज़र आ रहे हैं; जबकि वे अपने समय से काफ़ी आगे थे और उस काल के यूरोपीय शासकों की तुलना में कहीं अधिक प्रबुद्ध और सहनशील थे, समीक्षक ने आगे लिखा। शिव प्रसाद के दावों की सच्चाई जो भी हो, उन्हें स्कूली पाठ्य पुस्तकों में लिखना ग़लत था, क्योंकि बच्चे फिर कट्टरता और नफ़रत के वातावरण में बड़े होंगे।[36] फिर भी, यह शिवप्रसाद ही का दृष्टिकोण था जो इतिहास की अंकुरित होती राष्ट्रवादी पुनर्रचना में आगे चल कर इतिहास के तौर पर प्रचलित हुआ।

पतनशीलता के आरम्भ और पराजय के कारणों का प्रश्न 'पराजय' के बाद के इतिहास से सम्बन्धित था। क्या 'हम' पूरी तरह परास्त हो गये थे? जैसा कि अन्य विद्वानों ने ध्यान दिलाया है, दुर्बल हो गयी जाति की अवधारणा से मुस्लिम काल के इतिहास को प्रतिरोध के इतिहास के रूप में पुनर्व्याख्यायित करने की छूट मिल गयी। 'प्राचीन भारत में राजनीतिक स्वाधीनता' के शीर्षक से लिखे गये लम्बे लेख में प्रोफ़ेसर 'इन्द्र' ने यह दलील दी कि हिन्दू पराजय कभी पूरी तरह नहीं हुई थी : मुस्लिम शासकों को, सल्तनत और मुग़ल, दोनों युगों में, लगातार हिन्दू राजाओं के ख़िलाफ़ लड़ना पड़ा था, इसलिए उनकी विजय कभी सम्पूर्ण और अन्तिम नहीं कहला सकती। इल्तुतमिश ने मालवा के शासकों के ख़िलाफ़ लड़ाई लड़ी थी, बाबर ने रणथम्भौर, मालवा, कालिंजर के हिन्दू शासकों से, आदि आदि।[37]

> 'यदि हम रंगीन ऐनक उतार कर भारत के इतिहास का अध्ययन करें, तो निम्नलिखित परिणामों पर पहुँचेंगे–1. भारत में 1 हज़ार से अधिक वर्ष तक रह कर भी मुसलमान कभी पूरे देश के स्वामी नहीं हुए। 2. किसी भी मुसलमान-बादशाह का राज्य ऐसा नहीं गुज़रा, जिसमें उसे हिन्दुओं के साथ लड़ना न पड़ा हो, जिसका अभिप्राय यह है कि किसी समय भी भारतवासियों के हृदय से स्वाधीनता का भाव लुप्त नहीं हुआ। 3. भारतवासी सामाजिक तथा धार्मिक दृष्टि से पूरी तरह से स्वाधीन रहे। 4. विदेशियों और भारतवासियों के सदियों तक चलते हुए राष्ट्रीय युद्ध में अन्तिम विजय भारतवासियों की हो चुकी थी, जब कि एक और विदेशी शक्ति बीच में कूद पड़ी।'[38]

दिल्ली-आगरा में बैठे मुस्लिम बादशाहों और हिन्दू और मुस्लिम, दोनों तरह के स्थानीय शासकों, सरदारों और सूबेदारों-मनसबदारों के बीच जो जटिल सम्बन्ध रहे थे,

उन्हें धर्म और राष्ट्रीयता के ही आईने में देख कर अत्यन्त सरलीकृत ढंग से पुनर्व्याख्यायित किया गया। अपने निबन्ध में प्रो. इन्द्र ने स्पष्ट रूप से लिखा था कि 'भारतवासी' से 'हिन्दू' और 'विदेशी' से 'मुस्लिम' का अर्थ लगाया जाना चाहिए, उनका दावा था कि 'प्रजा' ने कभी विदेशी अधीनता नहीं स्वीकार की थी और वह 'उठ खड़ी हुई थी।' हालाँकि उसको विभिन्न भारतीय शासकों से कोई आपत्ति नहीं थी, 'वह म्लेच्छों के हाथों शासन बरदाश्त नहीं कर सकती थी, वही उसके लिए असली पराधीनता थी।' फिर 'स्वाधीनता के लिए उसकी नैसर्गिक इच्छा जागी।' और फिर सिखों, मराठों, जाटों ने, एक बार फिर 'हमारे' अनेक हिस्सों के रूप में, 'उन्हें' पराजित किया था।[39] आर्य जाति तो थे ही, लेकिन वे राष्ट्र तब तक नहीं थे, जब तक कि उन्होंने 'दूसरों' का सामना नहीं किया था। प्रो. 'इन्द्र' ने तर्क प्रस्तुत किया कि जैसे पराधीनता का स्वाद चखने के बाद ही स्वाधीनता का एहसास होता है, वैसे ही राष्ट्रीयता का भाव केवल 'दूसरों' से मुठभेड़ होने के बाद ही उभर सकता है।[40] 'इसलिए, यद्यपि सात सदी तक चलने वाला युद्ध हिन्दू-मुस्लिम युद्ध जान पड़ता है, दरअसल वह विदेशी हमलावरों के ख़िलाफ़ युद्ध था।'[41] गौरीशंकर ओझा ने अधिक सतर्क दृष्टिकोण अपनाया। उन्होंने लिखा कि शिवाजी ने दिखा दिया था कि उनका प्राथमिक उद्‌देश्य हिन्दुओं में एकता की भावना जगाना था ताकि भारत में मुस्लिम शासन को नष्ट किया जा सके और हिन्दुओं को जातीय आधार पर संगठित करके एक हिन्दू राज्य स्थापित किया जा सके। उन्होंने मराठा जाति में एक उत्साह जगाया, लेकिन चूँकि शिवाजी के राज्य की बुनियाद राष्ट्रीय भावना की ठोस चट्टान पर नहीं, बल्कि उथली रेत पर टिकी थी, मराठों के विराट राजनैतिक ढाँचे में रोग और आपसी फूट और शत्रुता फैल गयी। हर व्यक्ति अपने हितों को साधने के लिए दूसरे को पैरों के नीचे कुचलने लगा। साम्राज्य स्थापित करने के लिए आवश्यक सहिष्णुता और उच्च भावनाओं से अपरिचित मराठा जाति का विश्वास था कि राज करने का फ़ॉर्मूला लूट-मार, अन्याय और अत्याचार के बल पर अपने हित साधना था। परिणामस्वरूप एक तीसरी बुद्धिमान और नीतिनिपुण जाति ने, जो सागर के पार से आयी थी, मराठा जाति की शक्ति को नष्ट कर दिया और सत्ता उससे छीन ली।[42]

इस राष्ट्रीय परिप्रेक्ष्य में अस्मिताओं का भी पुनर्संयोजन हुआ। जहाँ उन्नीसवीं सदी से पहले के स्रोत यह दर्शाते हैं कि राजपूतों का विश्वास था कि उनके सिद्धान्त और मूल्य किसी हद तक मुस्लिम योद्धाओं से मिलते-जुलते थे,[43] वहीं अब उनके बीच की रेखा अलंघ्य बन गयी। सुल्तानों और मुग़लों के साथ राजपूतों के सम्बन्ध या तो 'ग़द्‌दारी' या 'शानदार प्रतिरोध' के शब्दों में फिर से ढाले गये : जिन राजपूत शासकों ने सेनापति बन कर मुग़लों की सेवा और उनसे सहयोग किया था, उन पर अब ग़द्‌दारी का कलंक लगा और वे जो लगातार लड़ते रहे, जैसे महाराणा प्रताप, वे जाति के नायक बन गये। चाँद के सम्पादक ने यूँ लिखा कि मुग़लों के ज़माने में राजपूतों ने राष्ट्रीय स्वाधीनता के प्रति

कोई विशेष प्रेम नहीं प्रदर्शित किया था और उनमें से अधिकांश मुग़लों के सिपहसालार बन कर ख़ुशी से अपने 'भाइयों' और शिवाजी जैसे राष्ट्र नायक से भी लड़ते रहे थे। 'लेकिन मानसिंह और उनके साथियों को हम क्या कहें, जिन्होंने अपनी बहिन और बेटियों को अपने हाथों से मुग़लों के सुपुर्द कर दिया। धन्य थीं वे देवियाँ, जिन्होंने अपने प्राणों का उत्सर्ग करके अपने कुल की प्रतिष्ठा को बचाया! परन्तु किन शब्दों में सम्बोधन करें उनको, जिन्होंने नश्वर वैभव और विलास की रक्षा के लिए अपनी बहिनों और बेटियों को गौ-भक्षक यवनों की दासियाँ बना दिया। ये पंक्तियाँ हम स्याही से नहीं, किन्तु आँसुओं से लिख रहे हैं।'[44]

जहाँ राजनैतिक पराधीनता से इनकार असम्भव था, अधिकांश हिन्दी लेखक यह मानते रहे कि धर्म और समाज जैसे महत्वपूर्ण क्षेत्र में हिन्दू स्वाधीन ही बने रहे थे। हिन्दू राजाओं के भीतर राष्ट्रीय भावना और राष्ट्रीय एकता के अभाव ने भले ही उनको पराधीन बना दिया हो, जनता ने धर्मान्तरण करके अपने रीति-रिवाज छोड़ने से इनकार करके राष्ट्रीय अस्मिता को जीवित रखा था। उत्तर भारत में भक्ति आन्दोलन के ज्वार ने, और विशेष करके सोलहवीं सदी में तुलसीदास द्वारा मर्यादा पुरुषोत्तम राजा रामचन्द्र को भगवान आभूषित करने की पहल ने सांस्कृतिक प्रतिरोध का ऐसा स्वर ग्रहण कर लिया जिसने 'भक्ति आन्दोलन' को ले कर हिन्दी वालों के मूल्यांकन को बहुत हद तक प्रभावित किया (देखिए 3.3)। सूफ़ी कवियों ने भी, भारतीय लोक गाथाओं के आधार पर आध्यात्मिक प्रेमाख्यानों की रचना हिन्दू संस्कृति की आकर्षण शक्ति के कारण ही की थी। इस परिप्रेक्ष्य में, भारत की मुस्लिम संस्कृति के रूप पहेली बन कर खड़े होते थे, जिनका मूल्यांकन करना आसान नहीं था, वैसे ही जैसे 'अच्छे' मुस्लिम शासकों का। अकबर का व्यक्तित्व सबसे दिलचस्प विरोधाभास प्रस्तुत करता था, और उसको ले कर भारतीय इतिहास में कई अलग-अलग मत थे : एक ओर तो ना आदर्श शासक माना जाता था, जिसने हिन्दू और मुस्लिम समुदायों के बीच सहिष्णुता और सामंजस्य को बढ़ावा दिया था; हिन्दुओं को राज्य के ऊँचे-से-ऊँचे पदों पर बैठाया था और भारतीय साहित्य, संगीत, ज्ञान और कला का सम्मान किया था। दूसरी ओर, उसकी यह नीति होशियार कूटनीति के रूप में भी देखी जाती थी, और महाराणा प्रताप तथा रानी दुर्गावती के ख़िलाफ़ उसके युद्ध उसे पूरी तरह एक खलनायक की भूमिका में रख देते थे (देखिए 3.2)।

मुस्लिम काल के इतिहास-सम्मत निर्णय का सम्बन्ध, अंग्रेज़ी और भारतीय इतिहास-लेखन दोनों में अंग्रेज़ी राज के निर्णय से भी जुड़ा था। प्रश्न यह था : क्या हम को अंग्रजों ने ही मुक्ति दिलायी थी? यहाँ ब्रिटिश श्रेष्ठता की धारणा और समकालीन युग का मूल्यांकन दाँव पर लगा हुआ था। हाँ, अंग्रेज़ों की विजय मुक्ति जैसी थी, मैथिलीशरण गुप्त ने विन्सेंट स्मिथ जैसे अंग्रेज़ इतिहासकारों के इस मत का अनुसरण करते हुए लिखा कि औरंगज़ेब की मृत्यु के बाद भारत को उथल-पुथल और अराजकता

की स्थिति से अंग्रेज़ों ने ही बचाया था।[45] हाँ, गौरी शंकर हीराचन्द ओझा ने भी अपने 'इतिहास' में लिखा, क्योंकि अंग्रेज़ों का शासन मराठों की छीना-झपटी तथा ज़बरदस्ती वसूली और पिण्डारियों की लूट-पाट के बाद शान्ति और ख़ुशहाली लाया था। इसके विपरीत मण्डन मिश्र जैसे लोगों ने आपत्ति दर्ज करते हुए कहा कि—नहीं, क्योंकि मुग़लों के उत्तराधिकारी प्रान्तीय शासक वास्तव में काफ़ी ख़ुशहाल, लोकप्रिय, और अपनी प्रजा की ज़रूरतों के प्रति सचेत रहे थे। भारतीय और यूरोपीय यात्रियों के वृत्तान्तों को उद्धृत करते हुए उन्होंने टिप्पणी की कि प्रान्तीय शासकों को अपनी प्रजा की तरफ़ ज़्यादा ही ध्यान देना पड़ता था और उसके समर्थन में बंगाल के अलीवर्दी ख़ान, अवध के नवाब सादत अली ख़ाँ, मालवा में होल्कर और सिन्धिया, पूना में मराठों, हैदराबाद में निज़ाम और मैसूर में हैदर अली के उदाहरणों को उद्धृत किया। कुल मिला कर स्थिति इतनी बुरी नहीं थी जितनी कि अंग्रेज़ इतिहासकार बयान करते थे, ख़ासकर सात वर्षीय युद्ध और फ्रान्सीसी क्रान्ति द्वारा उजड़े तत्कालीन यूरोप की तुलना में। 'केन्द्रीय' शासन का न होना अराजकता का सूचक मानना ग़लत होगा; अर्थ-व्यवस्था और व्यापार फल-फूल रहा था, मेलों के माध्यम से सामान और धर्म दोनों का प्रसार हो रहा था, और ग्रामीण अर्थ-व्यवस्था ने हिन्दू-मुस्लिम की परस्पर निर्भरता को सुरक्षित रखा था।[46] यह मान्यता आदर्श राष्ट्रवादी नेताओं के रूप में रानी लक्ष्मीबाई जैसे स्थानीय शासकों की उस पुनर्व्याख्या से मेल खाती थी, जिसकी झलक साहित्य में मिलती है (देखिए 3.2)। और शुरूआती ब्रिटिश गवर्नरों की निर्मम और अन्यायपूर्ण विलयन की नीति की निन्दा की भावना से भी।[47]

कई विद्वानों का मानना है कि औपनिवेशिक काल के भारत में मुस्लिम शासन के प्रति शत्रुता और 'पराया करार देने' की यह प्रवृत्ति एक 'स्थानान्तरित शत्रुता' का नतीजा थी, चूँकि औपनिवेशिक बुद्धिजीवी सीधे-सीधे अपनी भड़ास अंग्रेज़ों के ख़िलाफ़ नहीं निकाल सकते थे, वे उसे मुसलमानों पर निकाल देते थे।[48] इस दलील का पहला हिस्सा चाहे जितना सही हो, ज़रूरी नहीं कि दूसरा हिस्सा भी सही हो। हम यहाँ किसी अधिक जटिल प्रक्रिया को देख रहे हैं जिससे भारतीय इतिहासकारों ने कालक्रम और अस्मिता की कुछ विशेष कोटियाँ यूरोपीय इतिहास-लेखन से आत्मसात करके उन्हें पुनर्व्याख्यायित किया था। इन कोटियों ने आर्य-हिन्दू जाति के इतिहास के रूप में भारतीय इतिहास के लिए ढाँचा बनाया, जिसने ख़ुद अपने इतिहास सम्बन्धी प्रश्न और व्याख्याएँ उत्पन्न कीं। फिर उत्तरों तक पहुँचने के लिए संस्कृत और देसी भाषाओं के पाठ, फ़ारसी तारीखें और अंग्रेज़ों के इतिहास ऐतिहासिक दस्तावेज़ों का काम करने लगे।

ख़िलाफ़त आन्दोलन के समय से और 1920 के भयंकर दंगे-फ़सादों के बाद, गाँधी और गाँधीवादी मुस्लिम-विरोधी ऐतिहासिक बयानों को ले कर सतर्क हो गये, और दक्षिण में हिन्दी के प्रचार-प्रसार के लिए गाँधीवादी संस्था, दक्षिण भारत हिन्दी प्रचार सभा द्वारा तैयार की गयी हिन्दी की पाठ्यपुस्तकों में मुग़ल बादशाहों की अधिक सकारात्मक तस्वीर

पेश करने की कोशिश नज़र आती है।[49] विद्वानों और अर्द्ध सरकारी संस्था हिन्दुस्तानी अकेडेमी ने भी सल्तनत और मुग़लों के शासन काल में हिन्दू-मुस्लिम सम्बन्धों और परस्पर निर्भरता पर व्याख्यानों का आयोजन करके हिन्दी और उर्दू तथा भारतीय इतिहास के हिन्दू और मुस्लिम प्रारूपों के बीच बढ़ती हुई खाई को पाटने की कोशिश की[50] यह मेल-मिलाप समान उर्दू-फ़ारसी पृष्ठभूमि के हिन्दू-मुस्लिम अभिजन और नौकरी-पेशा वर्ग में ज़्यादा आसान था, और हिन्दी की ज़्यादातर पत्रिकाएँ ऐसी पहलक़दमियों को साम्प्रदायिक सद्भाव का झूठा इतिहास रचने के प्रपंच के रूप में कुछ सन्देह के साथ देखती थीं। 'अच्छे मुसलमानों' को अपवाद स्वरूप स्वीकार किया जा सकता था, मगर 'हमारे इतिहास' का कर्ता (सब्जेक्ट) हिन्दू ही बना रहा।

यहाँ जिन लेखों और ग्रन्थों का ज़िक्र किया गया उनसे निश्चित रूप से यह नज़र आता है कि बीसवीं सदी के दूसरे और तीसरे दशक तक भारतीय इतिहासकार अपने वृत्तान्त में ब्रिटिश नीतियों की आलोचना में कुछ ऐसे धागे गूँथ सकते थे जो उन्नीसवीं सदी में ही उभर कर सामने आ चुके थे, और मुस्लिम से ब्रिटिश शासन की ओर तब्दीली को पराधीनता के इतिहास के एक और अध्याय के रूप में जोड़ सकते थे। औपनिवेशिक इतिहास-लेखन के पीछे छिपे मन्तव्यों का 'पर्दाफ़ाश' करना सम्भव था, जैसा मण्डन मिश्र ने ऊपर उल्लिखित अपने लेख में किया था, और अंग्रेज़ों के शासन का आलोचनात्मक इतिहास स्वीकृत राष्ट्रवादी इतिहास बन गया जिसका उदाहरण था पण्डित सुन्दरलाल का प्रतिबन्धित 'भारत में अंग्रेज़ी राज्य' (1929) (देखिए 4.2)। जैसा कि हम आगे देखेंगे, भारत के भारतीय इतिहास की कोटियाँ ख़ुद अपने स्वत्व की तलाश करने वाले अन्य अधीनस्थ वर्गों/समूहों को उपलब्ध हो गयीं जिससे वे तत्कालीन राजनैतिक जागरण के लिए प्रासंगिक साबित हुईं। 1920 के दशक में शहरी इलाक़ों में धार्मिक जुलूसों, त्योहारों, मनोरंजन और अखाड़ों के सार्वजनिक क्षेत्र में कुछ तथाकथित निचली जातियों द्वारा अधिकारों का दावा क्षत्रिय अस्मिता के नाम पर हुआ। यादवों की 'महावीर सेना' के रूप में रामलीला में सक्रिय हिस्सेदारी, साथ-साथ बढ़ती हुई 'बीर' पूजा, यादव अखाड़ों और नौटंकी जैसे मनोरंजन ने भगवान राम में विश्वास को समसामयिक महत्व और जुझारू रूप दे दिया, और वे उत्तरोत्तर हिन्दू पुनरुत्थानवाद में और स्थानीय साम्प्रदायिक दंगों में सीधे जुड़ाव में घुलते-मिलते चले गये।[51]

अब हम एक ऐसी साहित्यिक रचना की तरफ़ मुड़ते हैं जिसने भारतीय इतिहास के इस दृष्टिकोण को जन-जन तक फैला कर और समकालीन भारत की व्याख्या-विश्लेषण के लिए इसे प्रासंगिक बनाने में महत्वपूर्ण भूमिका अदा की। इससे यह भी पता चलेगा कि कैसे साहित्य ने एक समान एकीकृत ऐतिहासिक संस्कार के निर्माण में योगदान किया जो 'धर्म निरपेक्ष' बुद्धिजीवियों के लिए भी आधार बन गया; यह है मैथिलीशरण गुप्त की लम्बी कविता 'भारत भारती'(1912)

3.1.2 'भारत भारती' और भारतीय इतिहास की व्याख्या

हम कौन थे, क्या हो गये हैं और क्या होंगे अभी
आओ विचारें आज मिल कर ये समस्याएँ सभी
यद्यपि हमें इतिहास अपना प्राप्त है पूरा नहीं
हम कौन थे, इस ज्ञान को, फिर भी अधूरा है नहीं।।[52]

खड़ी बोली हिन्दी को काव्य-भाषा के रूप में अपनाने वाले पहले कवि मैथिलीशरण गुप्त (1886-1964)[53] का परिचय द्विवेदी युग के सुधारवादी कवि के रूप में दिया जा सकता है; काव्य का उनका दृष्टिकोण, विषयों का चुनाव, भाषा-शैली और इतिहास-बोध मुख्य रूप से उनके गुरू महावीर प्रसाद द्विवेदी ने गढ़ा था। जब 26 वर्षीय मैथिलीशरण गुप्त ने 1911 में 'भारत भारती' की रचना शुरू की तब तक 'रंग में भंग' (1909) और 'जयद्रथ वध' (1910) के प्रकाशन के साथ वे प्रतिष्ठित कवि बन चुके थे। 'सरस्वती' में उनकी इतिहास-विषयक कविताएँ नियमित रूप से प्रकाशित होती थीं। प्राचीन भारत के प्रति गर्व और उसकी महिमा के बखान के साथ-साथ देश की मौजूदा हालत के प्रति कड़ा सुधारवादी रवैया आचार्य द्विवेदी के एजेण्डे में प्रमुख था। 'सरस्वती' में छपने वाली अधिकतर इतिहास-विषयक कविताएँ आर्यभूमि के रूप में भारत का गौरवगान थीं जैसे ख़ुद द्विवेदी जी की कविता 'आर्यभूमि' (1906)। महाकाव्यों और पुराणों के पात्रों को ऐतिहासिक और राष्ट्रीय पोशाक पहना कर आचार्य द्विवेदी ने राजा रवि वर्मा के रंगीन चित्रों के साथ छपने के लिए विशेष रूप से कविताएँ लिखवायीं।[54]

मैथिलीशरण गुप्त की 'भारत-भारती' अल्ताफ़ हुसैन हाली की 'मुसद्दस' (1869)[55] के नमूने पर लिखी गयी 702 पदों की लम्बी कविता थी जिसका विषय भारत की प्राचीन महिमा और वर्तमान अवनति था। यह 'सरस्वती' में धारावाहिक रूप से छपी और प्रकाशित होते ही इसे आश्चर्यजनक सफलता मिली। जल्दी ही यह आधुनिक क्लासिक बन कर उन गिनी-चुनी समकालीन काव्य कृतियों में शामिल हो गयी जिन्हें विश्वविद्यालयों के हिन्दी पाठ्क्रम में शामिल किया गया (देखिए 1.4.2)।[56] चूँकि रचना में काव्यात्मक गुणों का अभाव-सा पाया जाता है—अक्सर छन्द और तुक ही एकमात्र तत्व है जो गद्य से उसकी भिन्नता दर्शाता है—रचना की सफलता और उससे मिलने वाली प्रतिष्ठा का कारण केवल उसका विषय और ऐतिहासिक महत्व ही रहा होगा, ऐसा कहा जा सकता है। वह वस्तुतः भारतवर्ष के भारतीय इतिहास पर चल रहे विमर्श का पहला समग्र काव्यात्मक आख्यान था जिसका ज़िक्र ऊपर किया गया—औपनिवेशिक इतिहास का राष्ट्रवादी काव्यात्मक उत्तर। मैथिलीशरण गुप्त की एक पहले की कविता 'पूर्व दर्शन' (1910) का विस्तृत रूप, 'भारत भारती' का अभिप्राय, महत्वाकांक्षा और उद्देश्य हाली की 'मुसद्दस' की तरह, सुधारवादी था और उसका ढाँचा विवाद-सरीखा था। 'मुसद्दस' की तरह 'भारत भारती' नये क़िस्म की कविता का सचेत प्रयास था, जिसकी विषय-वस्तु

भी नयी थी और उद्देश्य भी। 1869 की अपनी भूमिका में हाली ने अपनी 'रूखी, फीकी, सीधी सादी' कविता की सफ़ाई पेश करते हुए, जिसमें 'तारीखी वाक़यात हैं या चन्द आयतों और हदीसों का तर्जुमा जिसमें आजकल (हिन्दुस्तानी मुस्लिम) क़ौम का हाल और उसका सही-सही नक़्शा खींचा गया है' यह कहा था कि इसकी रचना 'मज़ा लेने और वाह-वाह सुनने के लिए नहीं की गयी, बल्कि अज़ीज़ों को ग़ैरत और शर्म दिलाने के लिए की गयी है।'[57] इसी तरह मैथिलीशरण गुप्त ने अपनी भूमिका में लिखा कि

'संसार में ऐसा काम नहीं जो सचमुच उद्योग से सिद्ध न हो सके। परन्तु उद्योग के लिए उत्साह की आवश्यकता है। इसी उतसाह को, इसी मानसिक वेग को उत्तेजित करने के लिए कविता एक उत्तम साधन है।'[58]

जहाँ हाली की 'मुसद्दस' उर्दू की काव्य-परम्परा में एक ऐतिहासिक मोड़ का, दो युगों के बीच की विभाजन रेखा का चिह्न है, जैसे कि वे जानते थे 'भारत भारती' ने उन्नीसवीं सदी के अन्तिम दौर की सुधारवादी कविता की प्रवृत्तियों और अतीत के वैभव के बरक्स वर्तमान 'दुर्दशा' की थीम को पराकाष्ठा तक पहुँचाया।[59] अतीत के वैभव के प्रति शोक और वर्तमान के कारुणिक विश्लेषण में तर्क, ऐतिहासिक सबूत, कहानियाँ, नाटकीय दृश्य, एकालाप और विविध-रूपी स्रोतों से ली गयी टिप्पणियाँ जोड़ दी गयीं, इस कविता को ऐतिहासिक, शास्त्र-सम्मत और तथ्यात्मक सत्य पर स्थापित करके प्रामाणिक बनाने के लिए; 'भारत भारती' की टिप्पणियों में वेद, उपनिषद और शास्त्र, यूरोपीय इतिहास ग्रन्थ, आर.सी.दत्त की 'सिविलाइज़ेशन ऑफ़ एन्शिएण्ट इण्डिया,' समाचार-पत्रों में छपी सामग्री, परम्परागत कथाएँ आदि के उद्धरण थे। 'तथ्यपरक' और ऐतिहासिक स्रोतों का उपयोग करने के साथ-साथ कविता को यह छूट थी कि वह कल्पना के सहारे सामग्री को चुने और सजाये और इतिहास लेखन से अधिक सुसंगत और अर्थपूर्ण व्याख्या पेश करे, मिसाल के लिए हाली की 'मुसद्दस' और 'भारत भारती,' दोनों इतिहास की विशाल हिलोर का और भारतीय मुस्लिम या हिन्दू अधीनता का कहीं अधिक तीखा एहसास लोगों तक पहुँचाने में सफल रहीं। हाली की कविता ने दरअसल ऐतिहासिक प्रक्रिया के तीन अभिप्राय या बिम्ब सम्प्रेषित किये : ज्वार-सरीखी शक्तियों का एक चक्राकार बिम्ब, क़िस्मत के मनमाने उतार-चढ़ाव का एक अतीत मोहग्रस्त बिम्ब, और रेखीय प्रगति का एक बिम्ब।[60] वही जटिलता 'भारत भारती' में भी प्रकट होती है : पतन पर गहरे बल और अतीत तथा वर्तमान के बीच विरोध का निवारण पतन को एक विराट चक्राकार प्रक्रिया का अंग बनाते हुए किया गया, और पुराणों को प्रतिध्वनित करते हुए, उसने ऐतिहासिक समय को युगों और मन्वन्तरों के कहीं अधिक विराट विस्तार में उकेरा। आगे, रेखीय प्रगति और सुधार ने प्रलय से जुड़े अग्निकाण्ड की जगह ले ली। ऐतिहासिक समय की सापेक्षिकता स्पष्ट हो जाती है अगर हम पदों के बँटवारे को देखें : आर्य स्वर्ण युग को कहीं अधिक ध्यान दिया गया है (180 पद), और पतन के आख्यान में भी

मुस्लिम-पूर्व काल (26) ने मुस्लिम युग (15) से ज़्यादा जगह घेरी; इसे हिन्दू प्रतिरोध (5) के प्रति-आख्यान द्वारा और कम तवज्जो दी गयी; ब्रिटिश इतिहास को संक्षिप्त कर दिया गया (4) और वह केवल वर्तमान तक संक्रमण की अवधि के रूप ही में प्रकट हुआ था। इस प्रकार, अपनी संरचना में पहले ही से 'भारत भारती' सकारात्मक रूप से यह अभिप्राय सम्प्रेषित कर सकी थी, जिसके बारे में इतिहासकार सिर्फ़ बहस कर सकते थे, कि मुस्लिम भारत केवल एक अन्तराल, भारतीय काल के विराट कल्पान्तर में एक नगण्य-सा प्रसंग, रहा था।

जिस दूसरे तरीक़े से कविता इतिहास विषयक लेखन से ज़्यादा मुखर हो सकती थी वह इतिहास के विषय को निर्मित करने से सम्बन्धित था। हाली ने भारतीय मुसलमानों को एक समुदाय के रूप में सम्बोधित किया था; इसके अतिरिक्त, उन्हें अरबी वंशानुक्रम की एक लम्बी क़तार में रखते हुए और एक अखिल-अरब ब्रह्माण्ड के हिस्से के रूप में हाली ने भारतीय-ईरानी संस्कृति के साथ इस क़ौम के सम्बन्धों को ढीला करने का प्रयास किया था।[61] 'भारत भारती' में भी इतिहास का विषय ('हम') निर्विवाद और अडिग रूप से शुरू ही से आसीन किया गया है; वैदिक ऋषियों से 'हमारा' वंशगत सम्बन्ध कविता में बार-बार दोहराया जाता है, और आर्य सभ्यता का विकास 'हमारा उद्भव', 'हमारे पूर्वज' के शीर्षकों के अन्तर्गत प्रस्तुत किया गया है। समूचा परिप्रेक्ष्य भी स्पष्ट रूप से राष्ट्रीय है—अतीत के वीर नायक बिना किसी भेद-भाव के भारत के सभी क्षेत्रों और राज्यों से लिये गये हैं; वर्तमान नायकों में देश भर के नेता, शासक, कलाकार और वैज्ञानिक शामिल हैं। (भविष्य खण्ड, पद 123-30)[62] यह कम महत्व की बात नहीं है कि यही ख़ाका पाठकों के सिलसिले में भी काम करता है : कविता में हिन्दी-शिक्षित समुदाय के छोटे-से पाठक-वर्ग को सम्बोधित किया गया है मानो वही पूरा राष्ट्र-समुदाय हो। इस तरह, वास्तविक पाठकों को एक ऐसी भूमिका से मण्डित किया जा रहा था जो उनको अपनी सीमित अस्मिता और पहचान से ऊपर उठाती थी। हिन्दी-शिक्षित समुदाय में जो बाधाएँ विद्यमान थीं और उसे जाति के अन्य पाठक-वर्गों से अलग करती थीं, उन्हें शब्दों के खेल से दूर कर दिया गया है। इस तरह साहित्य वह स्पेस बन सकता था जहाँ अविभाजित राष्ट्रीय चेतना की 'पुनः प्रतिष्ठापना' और पुनर्संयोजना सचमुच सम्भव थी। मैथिलीशरण गुप्त के अनुसार, इसका सम्बन्ध कविता की शक्ति से भी उतना ही है जितना इतिहास को बयान करने की शक्ति से : दोनों एक मुर्दा राष्ट्र को पुनर्जीवित कर सकते हैं।

संसार में कविता अनेकों क्रान्तियाँ कर चुकी।
मुरझे मनों में वेग की विद्युत्प्रभाएँ भर चुकी।
है अन्ध-सा अर्न्तजगत कवि-रूप सविता के बिना।
सद्भाव जीवित रह नहीं सकते सु-कविता के बिना।।
मृत जाति को कवि ही जिलाते रस-सुधा के योग से।[63]

मैथिलीशरण गुप्त की कविता में 'हमारा इतिहास', भारत का इतिहास, हिन्दुओं का इतिहास है। जब वर्तमान समय के कल्पित हिन्दू समुदाय का आर्य 'पूर्वजों' से जोड़ने वाला बन्धन सबसे महत्वपूर्ण हो तो समुदाय और राष्ट्रीय जाति की विभाजक रेखा का धुँधला हो जाना अवश्यम्भावी है और वे एक-दूसरे को आच्छादित करते हैं। इस इतिहास में ग़ैर-हिन्दू या तो सिर्फ़ विदेशी ही हो सकते हैं या फिर मुख्य धारा में विलीन होने की कोशिश कर सकते हैं।[64] पुरुषोत्तम अग्रवाल ने इसे मैथिलीशरण गुप्त के 'बद्धमूल संस्कार' कहा है; उनके अनुसार हालाँकि मैथिलीशरण गुप्त में ईमानदारी से एकता और सच्ची राष्ट्रीय चेतना की कामना थी, लेकिन अपने संस्कारों की वजह से वे भारतीय जाति को हिन्दू जाति के पर्याय के रूप में ही देख सकते थे। यह परिप्रेक्ष्य कुछ हद तक बदला जब मैथिलीशरण पर गाँधीजी का और एक सार्वभौमिक 'मानव जाति' के उनके विचार का असर पड़ा, लेकिन जब भी वे अपने संस्कारों से प्रेरित हो कर रचना करते तो वह पुरानी दृष्टि फिर उन पर हावी हो जाती, जैसा कि उनकी बाद की कविता 'हिन्दू' (1927-28) में देखा जा सकता है।[65]

हम यह भी जोड़ सकते हैं कि 'भारत भारती' जैसी कविताएँ ही थीं, जिन्होंने मौजूदा समाज की आलोचना इतिहास-बोध से जोड़ कर यह संस्कार निर्मित करने में मदद की। संस्कार और राष्ट्रवादी विचारधारा के बीच वस्तुतः यह प्रायः अदृश्य अन्तर ही है जिसके बल पर मैथिलीशरण गुप्त जैसे कवि उनके असंख्य पाठक और आम हिन्दी राष्ट्रवादी इस कविता में व्यक्त हिन्दू आत्म-निष्ठता (सब्जेक्ट) पर आधारित अस्मिता और इतिहास के बोध को बनाये रखते हुए बाद में धर्म-निरपेक्ष उदार-मना विचार धारा का भी समर्थन कर सके।

आइए, अब कविता ही की तरफ़ ध्यान दें। तीन खण्डों में विभाजित भारत भारती, इस प्रश्न का उत्तर देने का प्रयास करती है कि 'हम कौन थे, क्या हो गये हैं और क्या होंगे अभी।' मौजूदा पहचानें, वर्तमान अस्मिताएँ प्रकट ही इस प्रश्न का उत्तर देने के लिए अपर्याप्त थीं, और यह उत्तर वैदिक अतीत में ही खोजा जा सकता था और कहीं नहीं। पहले दो खण्ड वर्णन प्रधान और इतिवृत्तात्मक हैं, मानो प्राचीन आर्य वहाँ सामने हों और सिर्फ़ उनका वर्णन करने की ज़रूरत हो। अतीत और वर्तमान दोनों का सम्बन्ध विरोध और निरन्तरता का है, जिसमें वर्तमान बड़े सूक्ष्म ढंग से अतीत का उलट प्रतीत होता है। क्योंकि अगर सत्य यह है कि पूर्वजों के गौरव से ही 'हमारा' पतन हो गया है, तब यह तथ्य कि 'हम' उनके वंशज हैं अपने आप में इस धारणा को झुठला देता है कि यह पतन हमेशा के लिए होगा। अतीत और वर्तमान के बीच का सम्बन्ध राष्ट्रवाद से इतिहास के सम्बन्ध का प्रतीक-सा मालूम होता है : अतीत, इतिहास की तरह, आदर्श सामने रखता है—वह रूप-रेखा जो वर्तमान में एकता और व्यवस्था स्थापित करेगी। भविष्य से सम्बन्धित तीसरा खण्ड उत्साहवर्द्धक है और पहले दो खण्डों द्वारा निर्मित मार्ग पर आगे बढ़ता है : चूँकि इतिहास चक्राकार है, अगर 'हम' मौजूदा अवनति से उबरने वाले हैं तो

हम वही बनेंगे जो हम थे। अतीत से भिन्न किसी भविष्य की कल्पना करने की कोई ज़रूरत नहीं। बीच की सदियों का इतिहास, उसके विभिन्न पहलू और बहुस्तरीय समझौते आसानी से किनारे किये जा सकते हैं, मानो वे कभी हुए ही न हों।

हाली की 'मुसद्दस' की तरह 'भारत भारती' के पहले दो खण्ड गहरी विषमता-भरे चित्र प्रस्तुत करते हैं। प्रचीन भारत में सब कुछ उत्तम और पवित्र था, जबकि वर्तमान भारत में सब कुछ बुरा, बहुत बुरा है—'हा, हाय!' पंक्तियों की आम टेक है। अतीत और वर्तमान दरअसल एक-दूसरे के पूरक हैं, और अतीत का वैभवशाली चित्र वर्तमान की कार्य सूची-सी सुनिश्चित कर देता है। अतीत से सम्बन्धित खण्ड 'हमारी श्रेष्ठता' से शुरू होता है : आर्य भूमि, भारतवर्ष सृष्टि का केन्द्र, 'भूलोक का गौरव' और 'ऋषि भूमि' था। मनु स्मृति से, पुराणों से, टॉड, सर वॉल्टर रैले, ईसा के चरित और कुरान से लिये गये उद्धरण सभी भारत की प्राचीनता और श्रेष्ठता को साबित करते हैं। विलोम किसी गीत की स्थायी टेक की तरह, प्राचीन आर्यों का मुक़ाबला बाक़ी दुनिया से करते हैं। जब दूसरे लोग दिगम्बर रूप में घूम रहे थे, तब हम खेती करने लगे थे (अतीत खण्ड, पद 47)[66] भारत ने ही दुनिया को ज्ञान, विज्ञान, दर्शन यहाँ तक कि धर्म भी प्रदान किया था:

संसार को पहले हमीं ने ज्ञान-भिक्षा दान की
आचार की व्यापार की व्यवहार की विज्ञान की (अतीत खण्ड, पद 45)

हमने ही सबसे पहले 'अखिल उपदेश' दिये, यूनान को हमीं ने सभ्य बनाया (पद 191); जापान ने भारतवर्ष से सीखा, और ईसा भी 'हिन्दुओं का शिष्य' था (पद 67-68)। यहाँ महत्व हिन्दू श्रेष्ठता के इस दृष्टिकोण की मौलिकता का नहीं है, वरन इसके सामान्य और व्यापक चलन का है : अतीत सम्बन्धी खण्ड के ये अंश निरपवाद रूप से वही थे जो स्कूली पाठ्यक्रम में शामिल किये जाते थे (देखिए 1.4.) और ऐसे ही विचार पूरी गम्भीरता से प्रतिष्ठित हिन्दी पत्र-पत्रिकाओं में व्यक्त होते थे।

आर्य पूर्वजों का वर्णन सम्पूर्ण उत्कृष्टता का है; सामान्य सद्गुणों के साथ मैथिलीशरण गुप्त आर्य पुरुषों, नारियों और बच्चों को ठीक उन्हीं गुणों से सुशोभित कर देते हैं जिनका उनके ख़याल से आधुनिक हिन्दुओं में अभाव था और जिनकी उन्हें ज़रूरत थी : स्वाधीनता, निःस्वार्थ भाव, आत्म-नियन्त्रण और 'आचार की व्यापार की व्यवहार की विज्ञान की' प्रौढ़ता (पद 45)। विश्व समुद्री (और हवाई!) व्यापार, विज्ञान ('हमको विदित थे तत्व सारे नाश और विकास के, कोई रहस्य छिपे न थे पृथ्वी तथा आकाश के', पृ. 29), शिक्षा और वाङ्मय में, अर्थात मानवीय उद्यम के सभी क्षेत्रों में प्राचीन हिन्दुओं की श्रेष्ठता का पूरा-पूरा वर्णन है। सबसे अहम बात यह थी कि आर्य जाति में राष्ट्र के सभी चिह्न मौजूद थे, यथा भाषा और अनुभूति की एकता :

थी एक भाषा एक मन था एक सबका भाव था
सम्पूर्ण भारतवर्ष मानों एक नगरी थी बड़ी
पुरा और ग्राम-समूह-संस्था थी मुहल्लों की लड़ी (अतीत खण्ड, पद 73)

मन्दिरों और इमारतों की पृष्ठभूमि में प्राचीन भारत की एक 'झलक' दिखाते हुए कवि हमें आर्य पुरुषों, महिलाओं और बच्चों के दैनन्दिन जीवन से परिचित कराता है। भारत वर्ष की भूमि 'ब्राह्मी-स्वरूपा, जन्मदात्री, ज्ञान-गौरवशालिनी' अब भी वैसी ही है—कवि हमें आश्वस्त करता है; सिर्फ़ हम बदल गये हैं। हालाँकि इस बात पर ज़रूरत से ज़्यादा बल नहीं दिया गया है, उसी से दूसरा खण्ड आरम्भ हो जाता है : इमारतें और खँहडर अतीत के स्मरण-चिन्ह हैं। मन्दिर अब 'उजाड़' हो गये हैं, जहाँ बच्चे 'सुगायक श्रुति-सुधा' घोलते थे, वहाँ अब 'उल्लू बोलते हैं' और हिन्दुओं पर व्यंग्य करते हैं—'सोते रहो हिन्दुओ, हम मौज करते हैं यहाँ।'[67] मैथिलीशरण गुप्त विशेष रूप से प्राचीन शिक्षा की विस्तृत चर्चा करते हैं, अंग्रेज़ी शिक्षा की आलोचना करते हुए मौजूदा शिक्षा प्रणाली से उसकी तुलना करते हैं। अतीत में शिक्षा लड़कों और लड़कियों, दोनों को ही दी जाती थी, पहले घर पर माता-पिता द्वारा(चूँकि, माँएँ भी पढ़ी-लिखी थीं), फिर गुरुकुलों में जहाँ शिक्षा मुफ़्त थी और गुरुओं का आदर किया जाता था। वेद मन्त्रों का पाठ करते बालकों का अलौकिक और मर्मस्पर्शी चित्र आर्य समाज के गुरुकुलों के उत्साही यात्रियों की रिपोर्टों की याद दिला देता है।[68] इसके विपरीत अंग्रेज़ी शिक्षा बच्चों के मन में 'विदेशी भाव' भरती है। वह नैतिक और बौद्धिक रूप से नुक़सानदेह है, क्योंकि वह हिन्दुओं से यह सत्य छिपाती है कि वे कभी जगद्गुरु थे। और वह वेदों की बजाय 'फ़्री थॉट' सिखाती है (अतीत खण्ड, बन्द 148)[69] परम्परागत भारतीय शिक्षा के विपरीत अंग्रेज़ी शिक्षा बिकाऊ माल है, वह मन में आत्म-सम्मान न बैठा कर, और सिर्फ़ कम तन्खाह वाली क्लर्की या भीख माँगने की दिशा में ले जाती है :

हा! आज शिक्षा-मार्ग भी संकीर्ण हो कर क्लिष्ट है, कुलपति-सहित उन गुरुकुलों का ध्यान ही अवशिष्ट है।

बिकने लगी विद्या यहाँ अब शक्ति हो तो क्रय करो,
यदि शुल्क आदि न दे सको तो मूर्ख रह कर ही मरो।

प्राचीन भारत में राजसी शक्ति का जो वर्णन मैथिलीशरण गुप्त ने किया है, वह भी ध्यान देने योग्य है : प्राचीन राजाओं की वीरता, आर्यों के अद्भुत शस्त्रों और दक्षिण पूर्वेशिया की विजय का गुणगान करने के बाद वे कहते हैं कि 'हम' केवल आत्म-रक्षा में ही हिंसा पर उतारू हुए। शौर्य, निःस्वार्थ कार्य और 'शान्तिप्रियता' भारत की छवि में घुल-मिल जाती है।[70] राजा की शक्ति 'प्रजापालक' के पितृत्ववादी आदर्श द्वारा स्वाभाविक रूप से मर्यादित रहती थी। समाज चारों वर्णों में सुव्यवस्थित था। स्पर्द्धा और संघर्ष का नामो-निशान न था।

व्यवस्था-शक्ति बनाम विग्रह-दुर्बलता की थीम मैथिलीशरण गुप्त की कल्पना का महत्वपूर्ण घटक है।[71] मिसाल के लिए, अवनति की व्याख्या आन्तरिक त्रुटियों के परिणाम के रूप में की गयी है, यानी, आर्य-आदर्शों से विचलन की वजह से। एक क़िस्म

से ग़ुरूर और हेकड़ी के पाप के साथ 'हमारे' अभिमान ने 'शील, श्रद्धा, भक्ति' का स्रोत अवरुद्ध कर दिया, और 'स्वार्थ-ईर्ष्या-द्वेष' के 'विष बीज' अन्दर से हिन्दू जाति को कुतरने लगे। महाभारत का युद्ध इसी प्रक्रिया की उपज और अवनति के आरम्भ का संकेत है। मुस्लिम विजय ह्रास की इस प्रक्रिया में केवल एक और क़दम है।[72] यह जता कर कि ह्रास का बीज बहुत पहले ही बोया गया था—नैतिक भूमि पर और पूरी तरह जाति के भीतर (अर्थात् विदेशी हमलों के परिणामस्वरूप नहीं)—मैथिलीशरण गुप्त अपने पाठकों को एक ख़ास सन्देश देने में सफल हुए : अगर अवनति अव्यवस्था की नैतिक प्रक्रिया का नतीजा है तो प्रगति भी एकता और व्यवस्था की नैतिक प्रक्रिया का परिणाम होगा। इतिहास को चाहिए कि हिन्दुओं को बता दे, प्रगति की कुंजी ऐतिहासिक परिस्थितियों में नहीं, बल्कि उनकी अपनी एकता, शुद्धता और शक्ति में है, अतीत के आदर्शों की ओर लौटने में है। इस प्रकार, इतिहास के इस दृष्टिकोण में आधुनिक समाज के प्रति आदर्शमूलक मानक-धर्मी रवैया निहित था (देखिए 3.3) जो प्रगति और व्यवस्था लाने वाले आदर्श और धर्म को प्रस्तुत करता था।

कविता के दूसरे भाग, 'वर्तमान खण्ड' में मैथिलीशरण गुप्त ग़रीबी, अकाल, कृषि और उद्योगों की दुर्दशा की भी व्याख्या नैतिक ढंग से करते हैं : दुर्दशा का कारण यह है कि लोग अपने कर्तव्यों को भूल चुके हैं। यों, मैथिलीशरण गुप्त ने धनवानों और उनके बच्चों, समाज के विफल नेताओं के प्रति विशेष कड़ाई बरती। अपने साथी देशवासियों के भाग्य के प्रति उदासीन किसी एक अहंकारी और आत्मतुष्ट रईस के एकालाप[73] के बाद राजा-रइसों में देश-हित और जातीयता की भावना के अभाव और उनके खुले भोग-विलास और शिक्षा के प्रति उनकी उदासीनता को ले कर कड़ी टिप्पणी है (वर्तमान खण्ड 108-32) यही आलोचना समाज के अन्य हिस्सों पर भी लागू होती है अपनी-अपनी भूमिका के अनुसार जैसे सुधारक, उपदेश, साधु, महन्त, चारों वर्ण और अन्ततः महिलाएँ और बच्चे। (177-247)

वर्तमान खण्ड में कवि पहले की गेय, करुणामयी शैली को त्याग कर तकरार करने वाला, गद्य-सरीखा स्वर अपना लेता है, सच तो यह है कि अगर छन्द और तुक न होता तो यह कविता भारत दुर्दशा पर सीधे द्विवेदी जी के कलम से निकले बहुत-से लेखों में से एक हो सकती थी। आचार्य द्विवेदी की छाप स्पष्ट रूप से दिखायी देती है—सबसे पहले आर्थिक स्वाधीनता की आवश्यकता को ले कर खेती-बारी की हालत और शिक्षा के महत्व को ले कर। मैथिलीशरण गुप्त ने समकालीन भारत की निर्मम आलोचना की है : शिक्षा अपर्याप्त और हानिकारक है; साहित्य, चाहे कविता हो या कथा साहित्य, निरर्थक, अपवित्र और अपने असली कर्तव्य के प्रति उदासीन है (या फिर निपट फूहड़ और कुत्सित); संस्थाएँ सिर्फ़ भेदभाव और अशान्ति के अखाड़े हैं; धर्म पाखण्डी और अविचारी महन्तों के हाथ में है और साधु वैदिक ऋषियों के प्राचीन आदर्श भूल गये हैं।[74]

समकालीन (हिन्दू) समाज पर अन्तिम फ़ैसला 'सामाजिक बुराइयों' की जानी-पहचानी सूची है : अनमेल विवाह, भ्रष्टाचार, अदालत में फ़ालतू मुक़दमेबाजी, शराब की लत, व्यभिचार, गृह-कलह, पाखण्ड तथा स्वावलम्बन का अभाव। मैथिलीशरण गुप्त द्वारा भारत के आर्थिक, सामाजिक, धार्मिक और सांस्कृतिक दीवालियेपन की भर्त्सना और द्विवेदी जी की 'सरस्वती' के अनुरूप उनके सुधार के कार्यक्रम को यहाँ ऐतिहासिक गहराई और तर्क प्राप्त हो जाता है : आर्थिक गतिरोध, सामाजिक उथल-पुथल और सांस्कृतिक मतिभ्रम के पीछे एकता का अभाव और पूर्वजों के प्रति उदासीनता है। सामाजिक बुराइयाँ मूल रूप से अच्छे सिद्धान्तों के भ्रष्ट रूप हैं। इस तरह दूसरे और तीसरे खण्डों में आमूल-चूल सुधार की अपील, चारों वर्णों और समाज के 'नैसर्गिक नेताओं' से वर्णाश्रम धर्म की पवित्रता की ओर लौटने का अनुरोध है (देखिए 3.3)। एक बार फिर, भविष्य की कल्पना अतीत से कहीं भिन्न रूप में की जाने की कोई आवश्यकता महसूस नहीं होती है। जहाँ 1860 के दशक में हाली अतीत के नमूने और प्रगति ('मुर्दा तरक्क़ी', पृ. 73 आगे और भी) के सम्बन्ध को ले कर दुविधा से रहित नहीं थे, मैथिलीशरण गुप्त के लिए तकनीकी प्रगति, उद्योग और आर्यों के सुव्यवस्थित आदर्श के संयोग से यह समीकरण बैठाना सम्भव था। इस सब में, ब्रिटिश राज उनकी नज़र में आधुनिकता की विडम्बना का प्रतीक बन जाता है। एक और प्रगति और उसकी सम्भावनाओं के सारे रास्ते खुल गये हैं, औपनिवेशिक शासन की आत्म छवि के अनुसार : सुरक्षा नागरिक सुविधाएँ, अच्छा प्रशासन, रेल, तार, हस्पताल और स्कूल, वगैरा [75] शायद इसी वजह से 'भारत-भारती' का राष्ट्रवाद 1920 के दशक तक आते-आते पुराना जान पड़ने लगा, जब राष्ट्रवादी कविताएँ खुल्लम-खुल्ला अंग्रेज़ विरोधी रुख़ अपनाने लगी थीं।[76] लेकिन आर्थिक स्वदेशी और पूर्वजों के सांस्कृतिक आदर्श का दमन करता, ब्रिटिश राज विनाशकारक और अलगाव पैदा करने वाला भी प्रकट होता है। विदेशी माल पर आर्थिक निर्भरता, भौतिक और मानसिक, दोनों तरह की पराधीनता का प्रतीक बन जाती है। बहस का रुख़ यहाँ आधुनिक नगर-निवासियों की तरफ़ है जो विदेशी सामान ख़रीदने में गर्व का अनुभव करते हैं और ईश्वर को न मानने की हद तक पश्चिम-परस्त हो गये हैं—एक शब्द में कहें तो, जो अब भारतीय नहीं रहे।[77]

'भारत-भारती' का अन्त एक आह्वान से होता है जो काफ़ी हद तक 'वर्तमान खण्ड' के नमूने पर तैयार किया गया है। मैथिलीशरण गुप्त का आग्रह सबसे पहले ता समग्र रूप से हिन्दू समाज से है, और फिर हर समूह के नेताओं से—रईसों, महन्तों, पण्डितों, चारों वर्णों, धर्म गुरुओं, छात्रों, युवाओं, धनिकों, कवियों और अन्ततः महिलाओं और बच्चों से हरेक को उसके धर्म की याद दिलाते हुए। संक्षेप में, सन्देश दोहरा है : नये तकनीकी युग के अनुरूप बनो, लेकिन अपने सांस्कृतिक उद्‌गम को हरगिज़ मत भूलो और अपने पूर्वजों के पदचिह्नों पर चलो (भविष्य खण्ड, पद 35)। 'भारत भारती' की

सामाजिक कल्पना आदर्शमूलक है, अलग-अलग, एक-दूसरे के पूरक इकाई-नुमा समूहों के जोड़, जहाँ आपस में टकराते हित और विचार केवल सांस्कृतिक भ्रम का नतीजा हैं, और किसी वास्तविक विसंगति का प्रतिबिम्ब नहीं। समूचा समाज सामंजस्यपूर्ण ढंग से प्रगति कर सके, इसके लिए बस इतना आवश्यक है कि हर समूह अपने पूर्वजों के धर्म पर आगे बढ़ता रहे।

इस तरह महावीर प्रसाद द्विवेदी का तर्कवादी एजेण्डा अतीत के आदर्शीकृत दृष्टिकोण में गूँथ दिया गया। इस इतिहास के प्रति श्रद्धा अस्मिता का निर्विवाद स्रोत बन सकता है, इतना स्पष्ट, लेकिन इतना सम्भावनाओं के लिए इतना खुला कि विविध प्रजाजनों (सब्जेक्ट्स) को आकर्षक प्रतीत हो सकता था। विश्वयुद्धों के बीच शहरी ग़रीबों के बीच राजनैतिक जागरूकता पर अपने अध्ययन में नन्दिनी गूप्तू ने दिखाया है कि कैसे निचली जातियाँ दो अलग-अलग दिशाओं में गतिशील हुईं। 'स्वच्छ' शूद्र जातियाँ (जैसे कलवार और यादव) जो औपनिवेशिक अर्थव्यवस्था के अन्तर्गत सम्पत्ति और शिक्षा अर्जित करने में सफल रही थीं, 'संस्कृतिकरण' के जाने-बूझे पथ पर, किसी उच्च वर्ग से अपना एकात्म का दावा करते हुए अग्रसर हुईं। इसी के साथ उन्होंने पाया कि वे अंग्रेज़ों के सामने ख़ुद को आर्थिक और सामाजिक रूप से 'पिछड़ी जातियों' के रूप में प्रस्तुत करके, जिन्हें विशेष अधिकारों और संरक्षण की ज़रूरत है, प्रशासन से फ़ायदे और रुसूख हासिल कर सकती थीं। उनके लिए आर्य वंश-परम्परा और राष्ट्रवादी ऐतिहासिक संस्कार आत्म-उन्नति के बहुत ही उपयोगी वाहन बन गये और उन्होंने उत्साहपूर्वक उस आक्रामक ऐतिहासिक विमर्श को आत्मसात कर लिया जिसके अनुसार हिन्दू मुसलमानों के विरुद्ध अनवरत संघर्षशील रहे थे। वे धार्मिक जुलूसों, त्योहारों, नौटंकी और अखाड़ों तथा दंगलों के सार्वजनिक क्षेत्र में 'क्षत्रिय,' सामरिक हिन्दू कौशल के दावेदार बन गये। 1920 के दशक के साम्प्रदायिक दंगों में 'महावीर सेना' जैसे स्थानीय दलों ने प्रमुख भूमिका निभायी। इसके विपरीत, उन्नीसवीं सदी के अन्त और बीसवीं सदी के आरम्भ में उत्तर भारत के शहरी इलाक़ों में आ कर बसने वाले तथाकथित अछूत जातियों के लोगों ने पाया कि जहाँ सार्वजनिक और निजी क्षेत्रों में उनके लिए रोज़गार के रास्ते खुल गये थे, शिक्षा, बेहतर जीवन-सुविधाओं, और आजीविका के विविध स्रोतों तक उनकी पहुँच अब भी काफ़ी हद तक प्रतिबन्धित थी, क्योंकि सामाजिक रवैये नहीं के बराबर बदले थे। ऐसी हालत में, जब उनकी आकांक्षाएँ पहले से कहीं बढ़ गयी थीं, मगर आर्थिक और सामाजिक सुधार के मार्ग बन्द थे, वे उन धार्मिक, सम्प्रदायों और पन्थों के आश्रय में आये जो मध्यकालीन निर्गुण सन्तों की समतामूलक आध्यात्मिकता से प्रेरित थे।[78] जैसा कि हम देखेंगे, इतिहास के राष्ट्रवादी विमर्श के प्रति उनकी प्रतिक्रिया बहुत भिन्न हुई। उनके लिए वर्णऋव्यवस्था और एकता के आर्य अतीत को आदर्श के रूप में स्वीकार करना असम्भव था, क्योंकि उससे उनकी हीनतर स्थिति की ही पुष्टि होती। इसलिए उन्होंने

उसका विरोध करके अतीत की एक अलग संरचना सामने रखी। हालाँकि इस समीक्षा का प्रभाव, और उस आन्दोलन का भी जिसने उसे प्रस्तुत किया, स्थानीय और अस्थायी था, तो भी वह ऐतिहासिक कल्पना के क्षेत्र में काम कर रही सार्वजनिकता (पब्लिकनेस) की गतिशीलता तो दिखाता ही है। दूसरे शब्दों में, इतिहास के राष्ट्रवादी विमर्श में जो सर्वसहमति पहले से मौजूद मानी जा रही थी उसके लक्षण साहित्य में आसानी से तो मिल जाते हैं, लेकिन सार्वजनिक और राजनैतिक क्षेत्रों में वह विमर्श उन लोगों के हाथों व्याख्या और आलोचना के लिए खुला था जो अपने ऊपर थोपी गयी पहचान पर एतराज़ करते थे।

3.1.3 अन्य कर्ताओं (सब्जेक्ट्स) के हाथ में इतिहास

'भारत-भारती' ने इतिहास के आख्यान का एक शक्तिशाली ढाँचा खड़ा किया था। जैसा हमने देखा है, भारतीय इतिहासकार, यूरोपीय इतिहास लेखन से कोटियाँ और उपकरण उधार लेते हुए, उसके अर्थ का खण्डन करके एक प्रबल राष्ट्रवादी अस्मिता निर्मित करने में सफल रहे थे। वही कोटियाँ और उपकरण सार्वजनिक क्षेत्र में अन्य प्रजाजनों को भी उपलब्ध हो गये, जैसे दलित विचारक और आर्य समाज द्वारा शिक्षित महिलाएँ। दोनों ने राष्ट्रवादी आख्यान का इस्तेमाल अपने-अपने उद्देश्यों के लिए किया : दलितों ने उद्भव के विमर्श को एक क़दम आगे बढ़ा कर ओर यह दलील दे कर कि दरअसल शूद्र ही भारतवर्ष के मूल निवासी थे; और महिलाओं ने इस धारणा को सामने रख कर कि वैदिक युग में महिलाएँ उच्च शिक्षा प्राप्त, सक्रिय और सम्मानित होती थीं, और इस तर्क द्वारा समकालीन भारत में अपने सशक्तीकरण की माँग बुलन्द करके। प्रचलित ढाँचे के विपरीत इतिहास-लेखन करने की बजाय इन दोनों समूहों ने स्थापित ढाँचे के भीतर ही काम किया और बहस उस ढाँचे में अपनी जगह को ही ले कर उठायी। ऐसा करके, आदि हिन्दू विचारकों और आर्य समाज द्वारा शिक्षित महिलाओं ने अव्यक्त रूप से भारतीय इतिहास के राष्ट्रवादी वृत्तान्त और उसकी कोटियों के गहरे प्रभाव और लचीलेपन को ही प्रदर्शित किया।

हालाँकि हिन्दी में हिन्दू धर्म और इतिहास की वैसी व्यापक और सर्वांगीण समीक्षा नहीं थी जैसी उन्नीसवीं सदी में ज्योतिराव फुले ने मराठी में प्रस्तुत की थी, 1920 के दशक में उत्तर प्रदेश के आदि हिन्दू आन्दोलन द्वारा विकसित समीक्षा की शब्दावली और स्थापनाएँ काफ़ी हद तक उससे मिलती-जुलती हैं। यह आन्दोलन शहरी दलितों के बीच भक्ति के पुनरुत्थान की राजनैतिक अभिव्यक्ति थी और वर्ण-विभाजित समाज की अपनी समीक्षा के अन्तर्गत ही उसने इतिहास के राष्ट्रवादी विमर्श की भी समीक्षा प्रस्तुत की। 1910 के दशक में इस आन्दोलन के आध्यात्मिक नेता वास्तव में आर्य समाज से सम्बद्ध रहे थे, जो उस समय 'शुद्धि' (देखिए 3.3) द्वारा तथाकथित अछूतों को आर्य समूह में शामिल करने का प्रचार कर रहा था, ताकि ईसाई धर्म या इस्लाम में उनका धर्म-परिवर्तन

रुक जाये। 1920 के दशक तक जब उन्होंने देखा कि आर्य समाज में भी वर्ण-विभेद बना हुआ है तो उन्होंने अपना रास्ता अलग कर लिया। दलित विचारकों अच्युतानन्द और रामचरण में आर्यसमाज के इतिहास-बोध से जो तत्व बचा रह गया, वह था (आर्य समाज की विचारधारा में) इस्लाम द्वारा बलात धर्मान्तरण। उन्होंने बलात धर्मान्तरण की दलील पेश करते हुए दावा किया कि आर्य आक्रमणकारियों ने भारत के मूल निवासियों पर, यानी आदि हिन्दुओं पर, ज़बरदस्ती वैदिक हिन्दू धर्म थोपा था। इस तरह दलित समुदाय आदि हिन्दू समुदाय ही था, भारत के मूल, प्राचीन निवासी और भक्ति ही उनका धर्म था, यानी भारत का बुनियादी समतामूलक धर्म। इसी तरह, वैदिक स्वर्ण काल की धारणा आदि हिन्दू स्वर्ण काल में रूपान्तरित हो गयी। आदि हिन्दू नेताओं ने दावा किया कि प्राचीन भारत में आदि हिन्दू राज्यों की राजधानियाँ, क़िले और एक फलती-फूलती सभ्यता रही थी। इसके बाद आर्यों ने देश पर हमला करके बल, छल, दमन और विश्वासघात से उन पर जीत हासिल की। साहसी, मगर भले, न्यायपूर्ण, और छलरहित आदि हिन्दुओं और कपटी आर्यों के बीच कोई मुक़ाबला नहीं था।[79] आदि हिन्दू विचारकों ने भारत के इतिहास की मुख्यधारा के आख्यान की कोटियाँ बरक़रार रखते हुए भी उसे सिर के बल खड़ा कर दिया, जिसमें आर्यों ने विदेशी उत्पीड़कों की जगह ले ली और दलितों ने आज़ादी के लिए संघर्षरत जाति की।

इस दृष्टि ने आदि हिन्दू आन्दोलन को एक ऐसी स्थिति की ओर धकेल दिया जो राष्ट्रवादियों की नज़र में अंग्रेज़ी राज के प्रति भड़काने वाली राजभक्ति थी। जैसा कि युक्त प्रान्त की विधान परिषद के क़ानूनन दलित सदस्य, जे.पी.गवई ने दिसम्बर 1927 में इलाहाबाद में आयोजित आदि हिन्दू सम्मेलन में कहा : 'मेरी राय में स्वराज्य की कोई आवश्यकता नहीं; क्योंकि स्वराज्य होने से हमारी शिकायतें दूर नहीं होंगी। मैं तो यही समझता हूँ कि हम लोगों की कठिनाइयों को दूर करने के लिए विदेशी सरकार ही अच्छी है। प्राचीन हिन्दू-राज्य के अनुभव यही सिद्ध करते हैं कि स्वराज्य मिलने पर हम लोग और भी अधिक ग़ुलाम बना लिये जायेंगे।' सम्मेलन में पारित प्रस्तावों में से एक में 'सरकार का ध्यान 'मनुस्मृति' के उस भाग को ज़ब्त करने की ओर दिलाया गया, जिसमें आदि-हिन्दुओं के लिए अपमानजनक तथा निर्दय व्यवहार करने का आदेश दिया गया है।'[80] उस वक़्त आन्दोलन की राजनैतिक अभिव्यक्ति और प्रभाव छिट-पुट और सीमित ही रहा, और कांग्रेस तथा युक्त प्रान्त के शहरों में रहने वाले दलितों के सम्बन्ध ढीले ही बने रहे। जैसा कि भली-भाँति ज्ञात है, गाँधी ने अछूतों को हिन्दू समाज से अलग मानने से इनकार कर दिया था, हालाँकि सवर्ण हिन्दुओं पर उनके हरिजन उद्धार कार्यक्रम का कुछ ख़ास प्रभाव नहीं पड़ा था।

बिलकुल इसी तरह, आर्य समाजी संस्थाओं में शिक्षित और उस के इतिहास-बोध से परिचित महिलाओं ने ऐतिहासिक कोटियों और पतन के आख्यान को अपने हित के

लिए इस्तेमाल किया। उन्होंने दलील दी कि वैदिक काल के बाद हिन्दुओं ने स्त्री-पुरुष की बराबरी के आर्य आदर्श को नज़रन्दाज़ कर दिया था : जहाँ वैदिक नारी का सम्मान होता था और वह पुरुषों के बराबर शिक्षित होती थी। मनु के प्रसिद्ध श्लोक ने, जिसके अनुसार स्त्री हमेशा किसी और के अधीन होती है चाहे वह पिता, पति या पुत्र हो, बाद में ग़लतफ़हमियों को जन्म दिया था और अन्ततः स्त्रियों को शक्ति से पूरी तरह वंचित कर दिया था। मनु के बाद, बुद्ध, शंकर और सारी हिन्दू संस्कृति ने औरतों को पशुओं के समान माना था, मनुष्यों के नहीं। सुशीलादेवी विद्यालंकार ने लिखा कि 'यदि (इतिहास के) उत्तरार्ध के पन्ने पलटायें जायें तो हृदय क्रान्ति की ज्वाला से जल उठता है, बल उठता है, उबल उठता है।'[81] इस तरह मौजूदा रवैयों और प्रथाओं को मूल आदर्श से भटकाव ठहरा कर बरख़ास्त किया जा सकता था।

ऐसी हालत में, आर्यों से पहले का और आर्ययुगीन आदर्श महिलाओं और कुछ निचली जातियों जैसे प्रजाजनों (सब्जेक्ट्स) के हाथ में सशक्तीकरण की ज़ोरदार दलील बन सकते थे। उल्लेखनीय बात यह है कि अन्य प्रजाजनों की नुक्ताचीनी के बावजूद भारत के इतिहास का यह नमूना कैसे बचा रह गया था। उसमें ('भारत भारती' को ही देखिए) राजभक्ति और उसके ठीक विपरीत राज के उन्मूलन की कामना, दोनों के लिए जगह थी; अपना ढाँचा नष्ट किये बिना, इस नमूने में दृष्टिकोण और अर्थ में परिवर्तन की गुंजाइश रहती ही थी। वस्तुतः यह इतिहास-बोध, विशेषकर हिन्दी के जनपद में, विभिन्न राजनैतिक मतों के लोगों के लिए समान रूप से भाषा और इतिहास सम्बन्धी संस्कार की बुनियाद बन गया। मदन मोहन मालवीय की हिन्दू दक्षिणपन्थी राजनीति से ले कर गणेशशंकर विद्यार्थी के उग्र राष्ट्रवाद, यहाँ तक कि नरेन्द्र देव के समाजवाद तक (देखिए 5.2 और 5.3) आर्य समाज-सनातन धर्म के विभाजन के आर-पार, यह इतिहास-बोध भारत के राष्ट्रवादी इतिहास के तौर पर व्यापक रूप से प्रचारित भी हुआ। स्वामी सत्यदेव परिव्राजक और देवीदत्त द्विवेदी जैसे उपदेशकों और प्रचारकों का उदाहरण यह दिखाता है कि कैसे यह इतिहास-बोध साक्षरता की खाई को भी पार कर गया। ये दोनों व्यक्ति मूल रूप से आर्य समाज के साथ जुड़े थे, लेकिन विविध प्रकार के राष्ट्रीयता मुद्दों में—देवनागरी लिपि से स्वदेशी तक, नशाबन्दी से ले कर गोरक्षा तक और शुद्धि से ले कर जात-पाँत उन्मूलन तक—वे स्वतन्त्र रूप से काम करते।[82] आर्य-हिन्दू पुराकथा को निराला और विद्यार्थी जैसे लेखकों ने भी मान लिया था, जिन्होंने 1920 और 1930 के दशकों में साम्प्रदायिकता के ख़िलाफ़ कड़ा और सक्रिय रवैया अख़्तियार किया, हालाँकि वे आर्य समाज की उस अतिवादी सीमा तक नहीं पहुँचे जो दावा करती थी कि आर्यों ने सारे आविष्कार किये थे—वायुयान और रॉकेट से ले कर टेलिफ़ोन तक। बहरहाल, इतिहास सम्बन्धी इस पूरे विमर्श को साम्प्रदायिक घोषित करने की बजाय, जो क़वायद सरलीकरण करना भी है और पानी मथने के समान भी, यहाँ कोशिश यह समझने

की है कि कैसे वह औपनिवेशिक मुठभेड़ में, सार्वजनिक क्षेत्र के रूपान्तरणों में, और राष्ट्रवादी अस्मिता के गठन में ऐतिहासिक रूप से अन्तर्निहित था। मेरी दलील यह होगी कि इस इतिहास-बोध को बदलने या इसे पार करने में उस ज़माने के व्यक्तियों को सचेत रूप से प्रयास करना पड़ा और सामान्य रूप से कहें तो ये तब्दीलियाँ ज़्यादातर आंशिक ही रहीं।

कथा साहित्य को ऐकेडमिक इतिहास की बनिस्बत इस मामले में ज़्यादा छूट थी। सुदीप्तो कविराज के शब्दों में कथा साहित्य 'वह सब कह सकता था जो इतिहास नहीं कह सकता था।'[83] जैसा कि हम अगले अनुच्छेद में देखेंगे, यह घटनाओं का क्रम तय करके उनका 'असली' अर्थ निर्धारित कर सकता था : इस तरह पराजय को अस्थायी विफलताओं के रूप में, यहाँ तक कि वीरतापूर्ण प्रतिरोध के उदाहरणों के तौर पर कम करके आँका जा सकता था और अस्थायी जीत भविष्य की विजयों की पूर्वसूचक बन सकती थी। इससे भी ज़्यादा महत्वपूर्ण ढंग से, जैसा 'भारत भारती' ने दिखाया, कथाकार और कवि कर्ता (सब्जेक्ट) अर्थात इतिहास के 'हम' और जाति के अर्थ में 'अवधारणा-सम्बन्धी अनिश्चय' को ला कर उसका फ़ायदा उठा सकते थे। इस तरीक़े से भारतीय राष्ट्रीय जाति वैदिक अतीत से एक हिन्दू राष्ट्र के रूप में उभर कर सामने आ सकती थी, स्थानीय शक्तियों, नायकों और जातियों को शामिल कर सकता था, यह तय कर सकती थी कि मुस्लिम 'अपवादों' की व्याख्या कैसे की जाये और ऐसे व्यक्तियों और घटनाओं को चुन कर समकालीन 'भारतीय' पाठकों के सामने रख सकती थी जिनसे वे तादात्म्य स्थापित कर सकें।[84]

3.2 दर्पण के रूप में इतिहास

अब तक हमने देखा है कि कैसे भारत के इतिहास का राष्ट्रवादी आख्यान पश्चिमी और भारतीय स्रोतों और कोटियों के चुने हुए उपयोग से निर्मित हुआ, और कैसे उसमें प्राचीन (हिन्दू) भारत अस्मिता के एक मज़बूत आधार के रूप में चिह्नित हुआ। जहाँ प्राचीन भारत के इतिहास ने उत्कृष्टता का आदर्श उपलब्ध कराया, मध्यकालीन इतिहास ने इतिहासकारों और लेखकों को अधिक पीड़ादायक और विवादास्पद अतीत से जूझने पर विवश किया : एक ऐसा अतीत जो उनके आख्यान के अनुसार पतन, पराजय और पराधीनता से भरपूर था। वह पराधीनता अंग्रेज़ी राज के अधीन वर्तमान का प्रतिबिम्ब भी था। उस कष्टकर अतीत में आत्म-सम्मान और गरिमा को खोजने का मतलब था वर्तमान काल में आत्म-सम्मान और गरिमा को खोजना। लेकिन पराजय में गर्व कहाँ से प्राप्त हो सकता था? उससे कौन-सी सीख मिल सकती थी? एक बार फिर विद्वत्ता से भरे इतिहास की जगह कथात्मक आख्यानों ने ही इन प्रश्नों के उत्तर देने के लिए कल्पनाशील तरीक़े सुझाये—पराजय को कम दिखा कर, प्रतिरोध की कल्पना करके, कल्पित चरित्रों का

समावेश करके और पराजित नायकों के गिर्द राष्ट्रवादी प्रभामण्डल निर्मित करके।[85] ऐतिहासिक नाटकों और उपन्यासों ने लोक गाथाओं, गीतों ओर नाटकों में सदियों से प्रसिद्ध, और अपेक्षाकृत निकट अतीत के भी स्थानीय वीरों-वीरांगनाओं की लम्बी क़तार से पात्रों को चुनते हुए ठीक यही किया। इस विशेष मोड़ पर ये चरित्र राष्ट्रवादी गूँज हासिल कर के और राष्ट्रीय इतिहास के प्रमुख आख्यान का हिस्सा बन गये।

इस तरह इतिहास एक भिन्न प्रकार के उपयोग के लिए उपलब्ध हो गया। लोकप्रिय लेखकों के हाथ में वह पृष्ठभूमियों, दृश्यों, चरित्रों और प्रसंगों का भण्डार बन गया : एक क़िस्म का टट्टर जो रूमानी और वीरता-भरे कारनामों को सहारा देता था। इस हद तक कि हिन्दी में 'ऐतिहासिक उपन्यास' का मतलब एक ऐसे रूमानी नाटक से अधिक नहीं रह गया जिसमें केवल वेश-भूषा से उस काल और परिवेश का संकेत मिलता है, और जिसके मुख्य लक्षण स्थानीय परम्पराओं या ऐतिहासिक सच्चाई की जगह अतिनाटकीय चरित्र, वीरता, उद्‌दात्त कल्पनाशीलता और राष्ट्रीय गर्व है। जैसा कि इस विधा के पहले-पहले लेखकों में से एक, किशोरी लाल गोस्वामी (1865-1932) ने 'तारा वा क्षात्रकुलकमलिनी' (1910) की भूमिका में लिखा कि अपने उपन्यासों में उन्होंने कल्पना को इतिहास पर तरजीह दी थी; कहीं-कहीं कल्पना की .ख़ातिर इतिहास को पूरी तरह किनारे कर दिया गया था। इसलिए पाठक को उनका इरादा साफ़-साफ़ समझ लेना चाकहिए था; वह उपन्यास था, इतिहास नहीं।[86] कल्पना की प्रमुखता का सम्बन्ध शायद इस तथ्य से भी था कि ऐतिहासिक उपन्यास सरलता से प्रभावित होने वाले युवा पाठकों से मुख़ातिब, जिससे हमारी नज़र में उस ऐतिहासिक संस्कार का महत्व बढ़ जाता है जिसका प्रसार ये उपन्यास करते थे।[87]

इस अनुच्छेद में कुछ राष्ट्रवादी वीर-वीरांगना कथाकृतियों की तुलना उनसे एक बिलकुल भिन्न प्रयास से की जायेगी—उन गिने-चुने उपन्यासों में से एक जो कि लेखक की व्यक्तिगत छान-बीन, शोध और इतिहास-चिन्तन का नतीजा था : वृन्दावन लाल वर्मा का 'झाँसी की रानी लक्ष्मी बाई' (1946)। हालाँकि यह 1940 के बाद प्रकाशित हुआ, मैंने इसे इस कारण चुना है, क्योंकि यह कई दशकों की व्यक्तिगत खोज-बीन की उपज था और भारत के इतिहास तथा राष्ट्रवाद से पैदा हुए प्रश्नों से निपटने की कोशिश है।

3.2.1 वीरता के आख्यान

इस दौर में हिन्दी में पुरुषों और स्त्रियों की वीरता के आख्यान कई विधाओं और चिन्ताओं के चौराहे पर खड़े थे।[88] सुधारवादियों की नज़र में वीर रस का साहित्य राष्ट्रवादी साहित्य का अनिवार्य लक्षण था। वीर-वीरांगनाओं के आख्यान शौर्य, पौरुष और शक्ति के सबसे उपयुक्त सन्देशवाहक थे। यह बात कि सदियों के 'मुस्लिम शासन' के दौरान हिन्दी साहित्य का मुख्य स्वर श्रृंगारिक रहा था, पराधीनता का कारण और लक्षण, दोनों ही समझी

जाती थी : शासक इतने नामर्द हो गये थे कि युद्ध के बारे में सोच ही नहीं पाते थे और इसीलिए वे सांसारिक आनन्द और भौतिक सुखों की ओर मुड़ गये थे। वीर रस के गिने-चुने उदाहरण राष्ट्रवादी जागरूकता के लक्षण समझे जाते थे। हिन्दी पाण्डुलिपियों की खोज में ऐसी रचनाओं का उत्साह-भरा स्वागत होता था और वे इस बात का सबूत बन जाते कि वीर रस की काव्य-परम्परा पूरी तरह गुम नहीं हुई थी। इस तरह भगीरथ प्रसाद दीक्षित ने भारतीय साहित्य में वीर काव्य की परम्परा को वैदिक युग से ही खोज निकाला था :

> 'वैदिक काल में इसी वीर-रस की प्रधानता थी। आर्यों का सदाचार विश्व-विख्यात और आदर्शरूप था। तभी उनके उपनिवेश अमेरिका, जावा, बालि, मिश्र, बलख, बुखारा और मेक्सिको तक फैले हुए थे। उनकी विजय-वैजयन्ती दिग्-दिगन्तव्यासिनी हो रही थी। परन्तु आगे दशा वैसी नहीं रही, क्रमशः श्रृंगार रस वृद्धिगत होने लगा, जिसके कारण आचार-विचार में भी परिवर्तन होने लगा। नायिका भेद का भारतवर्ष पर जो प्रभाव पड़ा, वह प्रत्यक्ष है। उसने समाज में स्थायी रूप धारण कर लिया था तथा हमारे सामाजिक जीवन में घुन का काम कर रहा था। साहस, पुरुषार्थ, उत्साह, विचार स्वातन्त्र्य और संगठन आदि उत्तम गुण लुप्त हो गये थे। दुराचारादि दुर्गुणों का प्राबल्य हो रहा था। जुआ और चोरी भी धर्म के अंग माने जाने लगे थे। साहित्यिक प्रगति शताब्दियों से बिगड़ी चली आ रही थी। संस्कृत, प्राकृत और अपभ्रंश भाषाओं में तो श्रृंगारिक बाहुल्य था ही, हिन्दी-कवियों ने भी इसे चरम सीमा तक पहुँचाने में कुछ भी न्यूनता नहीं की।' सदियों के अन्धकार के बाद अट्ठारहवीं और उन्नीसवीं सदियाँ स्वर्ण काल था, ख़ास तौर पर महाराष्ट्र में शिवा जी और उनके समर्थ गुरु रामदास के साथ जिन्होंने 'हिन्दू-आदर्श को सामने रखते हुए समाज को संगठित किया, जिसके कारण सदाचार और नैतिक बल से सारा समाज उद्बुद्ध हो गया।' उत्तर भारत में 'महाकवि भूषण ने शिवाजी का आदर्श लेकर सारे भारतवर्ष में दौरा लगाया और हिन्दू-समाज में अपूर्व जागृति भर दी।... इसका प्रत्यक्ष फल यह हुआ कि यवन-साम्राज्य छिन्न-भिन्न हो गया।'[89]

वीर रस का साहित्य रचने की इच्छा बरक़रार रही (देखिए 2.2)। बाल-साहित्य और पत्र-पत्रिकाओं में बहुत बड़ा अनुपात वीर-वीरांगनाओं की जीवनियों का होता; जब तक सभी अंग्रेज़ विरोधी लक्षण छिपा दिये जाते, ये देशभक्तिपूर्ण किताबें, राष्ट्रीय साहित्य पर सरकारी निगरानी को धता बताते हुए स्कूली पुस्तकालयों में अपेक्षाकृत सरलता से पहुँच जातीं।[90] 1910 और 1920 के दशकों में नौटंकी की लोकप्रिय नाट्य-शैली के कथानकों में भी वीर-वीरांगनाएँ अधिक मात्रा में शामिल किये जाने लगे, हालाँकि सबमें मुखर राष्ट्रवादी स्वर नहीं होता था।[91]

वीरतापूर्ण आख्यान स्वाभाविक रूप से योद्धाओं और राजाओं के कारनामों के गिर्द बुने गये थे। अतीत में उनकी गाथाएँ और क़िस्से-कहानियाँ आपस की प्रतिद्वन्द्विता, उत्तराधिकार, बेदख़ली और भूमि, निष्ठा तथा सम्मान के दावों पर केन्द्रित रही थीं।[92] राष्ट्रवादी इतिहास के ढाँचे में, वीरता की ऐसी कहानियाँ हिन्दू प्रतिरोध की करुणा से स्पन्दित हो गयीं। चूँकि ऐतिहासिक स्रोतों की कमी बाधा होने की बजाय छूट देती थी, इसलिए ऐतिहासिक आख्यान एक क़िस्म का मंच प्रदान करते दिखायी देते हैं जहाँ मध्यकालीन इतिहास के पीड़ादायक विषय अभिनीत हो सकते थे। इन विषयों में वीरता और पराजय (महाराणा प्रताप), प्रतिरोध और पराधीनता, सुशासन बनाम संकीर्ण स्वार्थ (दुर्गावती), आत्मगौरव और अपमान, साम्प्रदायिक सद्भाव और ग़द्दारी (लक्ष्मीबाई), विदेशी शासन और राष्ट्रीय पुनरुत्थान (शिवाजी) शामिल थे। यही उनके मुख्य मूल्य और सवाल थे।

जहाँ महाराणा प्रताप, राजा छत्रसाल, शिवाजी और अमर सिंह राठौर पौरुष के प्रतिनिधि थे, अहिल्याबाई, दुर्गावती और लक्ष्मीबाई जैसी वीरांगनाएँ लिंगभेद के विभाजन से परे थीं। वे वर्तमान के लिए आदर्श राष्ट्रवादी प्रतिमाएँ बन गयीं, इस अर्थ में कि वे निःस्वार्थ सक्रियता, वीरता, ज्ञान, सुशासन, स्वाधीनता के गुणों से सुसज्जित, सरस्वती और भारत माता का समन्वय थीं। राम राज्य के आदर्श से भिन्न, वीरांगना का आदर्श सक्रियता का था—भावी स्वराज्य के उद्देश्य से वीरता और आत्म-बलिदान को तैयार करता हुआ। चूँकि इन जुझारू रानियों ने अपने स्वार्थ के लिए या शक्ति की लालसा में युद्ध नहीं किया था, बल्कि अपने राज्य की रक्षा के लिए और वह भी अपने बेटों के हित में, उन्हें सार्वजनिक रूप से स्वीकृति भी निश्चय ही मिलनी थी, क्योंकि उन्होंने मर्यादा का, स्त्रियों से अपेक्षित आचरण की सीमाओं का उल्लंघन नहीं किया था।[93] बदरीनाथ भट्ट द्वारा 1925 में लिखा गया ऐतिहासिक नाटक 'दुर्गावती' जो उस गोंड रानी पर केन्द्रित था जिसने 1564 में अकबर के हाथों पराजित होने से पहले दो बार उसकी सेना को हराया था, इस विधा के राष्ट्रीय स्वर का नमूना है। यहाँ सांगीत और नौटंकी में लोकप्रिय वीरांगना के प्रकरण (मोटिफ़) को वीर रस पर आधारित 'गम्भीर' नाटक के लिए इस्तेमाल किया गया है जो पढ़ने के उद्देश्य से लिखा गया, मंचन के लिए नहीं।[94] इसमें इस विधा के सभी लक्षण और तत्व मौजूद हैं : भला, शायद ज़रूरत से ज़्यादा दयालु, शासक; ग़द्दारी; और अन्तिम पराजय से पहले वीरतापूर्ण आत्म-रक्षा। राष्ट्रवादी दृष्टिकोण से देखे गये मध्यकालीन भारत की सभी कोटियाँ भी मौजूद हैं—मुसलमानों के फ़ौजी हमलों के ख़िलाफ़ हिन्दू विरोध, विश्वासघात और फूट के परिणामस्वरूप पराजय, और साम्राज्य में पद-प्रतिष्ठा के लिए मुग़लों के हाथ राजपूतों का बिकना। दुर्गावती के गोंड, अर्थात 'जनजातीय' रानी होने से कोई फ़र्क नहीं पड़ता : वह हर लिहाज़ से 'हिन्दू' रानी है।

दुर्गावती, जो आदर्श हिन्दू शासक और साहसी योद्धा है, अकबर की विस्तारवादी नीति का शिकार बन जाती है। हालाँकि वह शान्तिपूर्ण समझौता करने के लिए राज़ी थी, वह अपने से कहीं अधिक शक्तिशाली मुगल सम्राट के ख़िलाफ़ अपना राज्य बचाने के लिए संघर्ष करने को मजबूर हो जाती है। उसके योग्य मन्त्री को आगरा में बन्दी बना कर कोई दरबारी, जिस पर वह ज़रूरत से ज़्यादा मेहरबान है, उसके साथ विश्वासघात करता है। दिलचस्प बात यह है कि इस नाटक में अकबर की स्थिति बड़ी नाज़ुक है; एक ओर तो वह इन्साफ़-पसन्द बादशाह है और दूसरी तरफ़ मुख्य खलनायक। बदरीनाथ भट्ट खलनायकी का अधिकतर हिस्सा अकबर के मन्त्री आसफ़ ख़ान के मत्थे मढ़ कर और अकबर को न्यायपूर्ण मगर ग़लत सलाह पर चलने वाले शासक के रूप में प्रस्तुत करके इस अन्तर्विरोध से बच जाते हैं। जहाँ दुर्गावती के अदम्य प्रतिरोध की प्रशंसा स्पष्ट राष्ट्रवादी मुखरता से करते हैं, बीकानेर के पृथ्वीराज, बीरबल, टोडरमल और मानसिंह जैसे मुग़ल मनसबदारों के चरित्र बदरीनाथ भट्ट को इस बात का मौक़ा दे देते हैं कि वे विदेशी शासक की ख़ातिर अपने हिन्दू 'भाइयों' को बलि चढ़ाने वाले राजपूतों के विषय में अपने विचार व्यक्त कर सकें। (देखिए 3.1)

हिन्दी में शुरूआती ऐतिहासिक उपन्यास मुख्यतः बांग्ला के उपन्यासों के अनुवाद थे, जहाँ यह विधा 1860 के दशक में पहले ही से फल-फूल रही थी। बंकिम चन्द्र का 'दुर्गेशनन्दिनी' (1865) पहले-पहल 1882 में अनूदित हुआ था, धारावाहिक रूप से छपा और प्रकाशित हुआ था; आर.सी.दत्त का 'बंग विजेता' (1874) 1879 में धारावाहिक छपा और 1886 में प्रकाशित हुआ; उनका 'महाराष्ट्र जीवन प्रभात' (1878) पहली बार 1889 में अनूदित हुआ।[95] इन उपन्यासों ने हिन्दी साहित्यकारों के बीच भारी दिलचस्पी जगायी, विशेष रूप से बनारस के बढ़ते हुए प्रकाशन केन्द्र में। बांग्ला के उपन्यासों के अनुवाद और रूपान्तरण चलन बन गये, इस हद तक कि मध्यकालीन राजपुताने की तरह अट्ठारहवीं सदी का बंगाल, ऐतिहासिक आख्यानों की आम पृष्ठभूमि बन गया जैसा किशोरी लाल गोस्वामी के उपन्यास 'हृदयहारिणी' और उसके अगले भाग 'लवंगलता' (1904; पूर्ण 1890) में;[96] देवकी नन्दन खत्री ने अपने उपन्यास 'चन्द्रकान्ता' (1891) में राजपूत वीरता और फ़ारसी और उर्दू दास्तान की परम्परा को मिलाया था। 'चन्द्रकान्ता' की आश्चर्यजनक सफलता ने ऐतिहासिक उपन्यासकारों को, जो मनोरंजन से तो पहले से जुड़े ही थे, चन्द्रकान्ता का ढाँचा और उसकी विशेषताएँ अपनाने के लिए प्रेरित किया।[97] ऐतिहासिक उपन्यास रोमानी आख्यानों में बदल गये, झीनी ऐतिहासिक पृष्ठभूमि और अतिनाटकीय चरित्र चित्रण और कहीं-न-कहीं हिन्दू राष्ट्रवादी सन्देश के साथ। इस प्रवृत्ति का जो बीसवीं सदी में काफ़ी दूर तक चलती रही और जिसमें जाने-माने लोग दक्ष थे, सबसे बड़ा उदाहरण थे किशोरी लाल गोस्वामी के ऐतिहासिक रूमानी उपन्यास।[98] वस्तुतः जी.डब्ल्यू. रेनल्ड्स की पुस्तक 'मिस्टरीज़ ऑफ़ द कोर्ट ऑफ़ लण्डन' (1850-6)

के अनुवाद ने इन अनुवादों को और भी सनसनीख़ेज़ और नाटकीय बना दिया जिसके नमूने रामकृष्ण शुक्ल के 'मुग़ल दरबार रहस्य' (लखनऊ, चाँद कार्यालय 1928) और सुदर्शन लाल त्रिवेदी के 'प्यासी तलवार' (1936) हैं।[99] ऐसे रूमानी आख्यान 1920 और 1930 के दशकों में एकमात्र उपलब्ध होने वाले ऐतिहासिक उपन्यास हैं, भले ही अब मंच पर मुख्य स्थान सामाजिक उपन्यासों ने लिया था। हालाँकि साहित्य के इतिहास में उनका नाम लगभग मिट चुका है, उनकी उस दौर की लोकप्रियता इस बात का सबूत है कि उस राष्ट्रवादी इतिहास को प्रचारित करने में ऐसे उपन्यासों की कितनी भूमिका थी जो राष्ट्रवादी विमर्श की कोटियों को अपना कर राजपूत राजाओं और रानियों की वीरतापूर्ण कहानियों से हिन्दू जाति के अन्तर्निहित गुणों का बखान करता था। जैसा कि 1857 के विप्लव को (जिसे 1930 तक नया नाम –'भारत का पहला स्वाधीनता संग्राम'–मिल चुका था) को सीधे-सीधे चित्रित करने वाले गिने-चुने उपन्यासों में से, ऋषभ चरण जैन के 'ग़दर' (1930) से प्रदर्शित होता है, ऐतिहासिक उपन्यास शक्तिशाली राष्ट्रवादी सन्देश को तराशे गये, हृदयग्राही, नाटकीय आख्यानों से जोड़ने में सक्षम थे।

जब ऋषभ चरण जैन (1912-?) ने 1930 में 'ग़दर' को प्रकाशित किया, वे युवा पीढ़ी के एक उर्वर कहानीकार और 'भाई' (1923), 'मास्टर साहब' और 'दिल्ली का व्यभिचार' (दोनों 1929) जैसे व्यावसायिक 'सामाजिक उपन्यासों' के लेखक के रूप में पहले ही से प्रसिद्ध हो चुके थे। इस 'मौलिक क्रान्तिकारी उपन्यास' में ऋषभ चरण जैन ने अज़ीमुल्लाह और दूसरे हिन्दुस्तानियों के 'दाग़ धोने' का बीड़ा उठाया जो कानपुर में जून 1857 की घटनाओं के दौरान अंग्रेज़ औरतों और बच्चों की हत्या के लिए ज़िम्मेदार माने जाते थे। औपनिवेशिक इतिहास की उस कुख्यात घटना की इस विपरीत झाँकी को 'सच्ची कहानी' का रूप देने के लिए कथाकार बताता है कि उसने अपने गाँव की किसी बूढ़ी और बीमार मुसलमान औरत से इसे सुना था, जो बाद में पता चलता है कि और कोई नहीं, ख़ुद अज़ीमुल्लाह की माँ है। प्रकाशित होते ही प्रतिबन्धित यह उपन्यास आज़ादी के बाद कई बार पुनर्मुद्रित हुआ।[100]

कहानी चन्द प्रभावशाली दृश्यों में भरपूर नाटकीय सम्वादों के साथ बतायी जाती है। पहला दृश्य बिठूर में बेदख़ल मराठा पेशवा के निवास का है जहाँ कुछ अंग्रेज़ साहबों और मेम साहिबाओं को पेशवा, नाना साहब ने चाय पार्टी पर आमन्त्रित कर रखा है। जब बग़ावत की ख़बरें उन तक पहुँचती हैं तो अंग्रेज़ मेहमान आशंकित हो जाते हैं, जबकि नाना साहब केवल इसलिए निराश हैं कि उनकी पार्टी अब नहीं हो पायेगी। मेहमान महिलाओं और नाना के भाई बहादुर रामचन्द्र राय के बीच मुठभेड़ शुरू होती है जब वह उन्हें फटकारते हुए गाँववालों से बेगार लेने से रोकता है। मेमें नाना से शिकायत करती हैं, जिससे नाना अज़ीमुल्लाह के बीच-बचाव के बावजूद सज्जन रामचन्द्र राव को सज़ा देने पर मजबूर हो जाते हैं। इस तरह पहला दृश्य अज़ीमुल्ला की न्याय-परायणता

को स्थापित कर देता है और क़ानून के पालन, न्याय और हिन्दुस्तान में अंग्रेज़ों के नैतिक दीवालियेपन के बारे में एक बहस का मौक़ा भी पेश करता है। दूसरे अध्याय में कुछ ऐतिहासिक पृष्ठभूमि दी जाती है : जहाँ नाना तड़क-भड़क वाले, निठल्ले, तुच्छ शासक के रूप में पेश होते हैं, वहीं अज़ीमुल्लाह ग़रीब, उद्यमी, दरबारी है, स्व-शिक्षित ओर महत्वाकांक्षी। इंग्लैण्ड में नाना की पेंशन के सिलसिले में उनकी वकालत करने के बाद लौटते समय वह युद्ध को देखने के लिए क्रीमिया में रुका था और वहाँ उसे एहसास हुआ था कि इंग्लैण्ड की ताक़त हिन्दुस्तान के संसाधनों पर टिकी है : 'भारतवर्ष से छीनी हुई रोटी के बल पर ही उन्होंने योरोप-भर में अपना आतंक जमा रखा था।' हिन्दुस्तान लौट कर उसने कुछ अन्य भारतीय 'क्रान्तिकारियों' के साथ मिल कर विद्रोह को संगठित करना शुरू कर दिया :

> 'काम बड़ी तेज़ी से शुरू हुआ। प्रत्येक शहर में षडयन्त्र समिति के केन्द्र स्थापित किये गये। चुपचाप प्रचार होने लगा। हज़ारों युवक तीव्र उमंग में भर कर क्रान्ति के समुद्र में कूद पड़े। प्रत्येक छावनी में समिति के सदस्य सिपाहियों के वेष में जा घुसे और चुपचाप बड़ी शीघ्रता से अंग्रेज़ी प्रभाव अपनी कमर से उतार फेंकने के लिए देश सेवा में तैयार होने लगे।'[101]

राष्ट्रवाद के प्रचार की शब्दावली ऐतिहासिक व्याख्या और अज़ीमुल्लाह के कार्यों में रची-बसी है। वास्तव में, जब मेरठ का एक 'क्रान्तिकारी' अज़ीमुल्लाह से पूछता है कानपुर में भी उसी समय बग़ावत क्यों नहीं हुई तो वह जवाब देता है कि उसने अंग्रेज़ नागरिकों को क़त्ले-आम को बचाने के लिए जान-बूझ कर सिपाहियों को रोके रखा था और ऐलान करता है : 'घबराओं नहीं, बिरादर, हिन्दोस्तान आज़ाद होगा और होगा।' (पृ. 60) तब फिर क्यों अब तक निर्दोष और भले अज़ीमुल्लाह ने, आगे चल कर कानपुर के बीबीघर में बन्दी अंग्रेज़ औरतों और बच्चों की हत्या का आदेश दिया? ऋषभ चरण जैन इसकी व्याख्या अज़ीमुल्लाह और नाना की बेटी मैना के बीच के रूमानी उपकथानक द्वारा पेश करते हैं, जो अन्तधार्मिक, देशभक्तिपूर्ण प्रेम का नमूना है। मैना भी एक आदर्श राष्ट्रवादी हे, जिसके मन में राष्ट्रीय स्वाधीनता की ललक है और जो उन 'अधनंगी' अंग्रेज़ 'छिनालों' से नफ़रत करती है जो यों घूमती-फिरती हैं मानो हिन्दुस्तान की वे ही मालकिन हों। 'अभी देखो, ये बेहया मेमें महीनों से हमारी ही खा रही हैं और हम पर ही हुक्म चलाती हैं। एक वह बदकार लिली है - कभी सीधे मुँह बोलती तक नहीं।... बेशर्म, आधी नंगी रण्डी-सी बनी सब जगह फिरती है।' वह अज़ीमुल्लाह की प्रेरणा-देवी और 'पथ-प्रदर्शक' है; वह भी उससे प्रेम करती है, क्योंकि वह सच्चा देशभक्त है, मगर स्वराज्य प्राप्त करने के बाद ही वह उससे शादी करेगी। इस बीच जब एक अंग्रेज़ उसे छेड़ता है तो वह इसे बरदाश्त करती है, इस अपेक्षा में कि उसके स्वामिभक्त पिता ग़ुस्सा हो कर बग़ावत पर आमादा हो जायेंगे। लेकिन जब मैना 'इस जीवन में' अज़ीमुल्लाह की बीवी बनने से

इनकार कर देती है तो वह बिलकुल दीवाना बन जाता है, और इसी दीवानगी में वह अंग्रेज़ बन्दियों से बदला लेता है। इसके बाद जब वह भाग कर बिठूर आता है तो उसे पता चलता है कि मैना सती बन चुकी है; वहीं वह भी चिता पर कूद पड़ता है, अपनी तलवार से ख़ुद अपना सिर काटने का कारनामा कर दिखाने के बाद।

कानपुर की बग़ावत की फ़ौजी कामयाबी बहुत थोड़े दिन रहती है, मगर इतनी देर तक कि सफलता की झलक दिखा सके। ऋषभ चरण जैन का सरोकार घटनाओं के वर्णन से कम, इतिहास के प्रतीकात्मक अर्थ से ज़्यादा है। एक कल्पना प्रसूत विचित्र-से दृश्य में जेनरल ह्वीलर, जो नाना की क़ैद में है, उदात्त भाषण देता है जिसमें वह नाना द्वारा अपनी बेटी के अपमान का बदला लेने की इच्छा का सम्मान करता है; वहाँ उपस्थित अज़ीमुल्लाह समेत सभी हिन्दुस्तानियों की आँखें भर आती हैं; इस भाषण का वृहत्तर-सन्देश यह है कि ऋषभ चरण जैन और सामान्य रूप से भारतीय राष्ट्रवादी, इज़्ज़त-आबरू के सैनिक नियम-क़ानून का आदर करते हैं और अंग्रेज़ों से उनकी कोई निजी दुश्मनी नहीं है। उपन्यास का उपसंहार विषाद-भरा शोकगीत है :

> 'अफ़सोस! स्वतन्त्रता के उन्मत्त पुजारियों को हर बारी भरी नुकसान के साथ पीछे हटना पड़ा, आज़ादी के दीवानों का गर्म, कीमती ख़ून आज़ादी के सूखे पौधे को सींचने में व्यर्थ होने लगा। इस 17 जुलाई को हज़ारों असफल देश-भक्तों का नाम-निशान मिट गया और एक ख़ूनी और अत्याचारी जनरल का नाम अंग्रेज़ी इतिहास में अमर हो गया।' (पृ. 174)

हालाँकि इतिहास बदला नहीं जा सकता, उसका अर्थ ज़रूर बदला जा सकता है यह इस उपन्यास का सन्देश है। इस उद्‌देश्य से ऋषभचरण जैन ने ब्रिटिश इतिहास लेखन का खण्डन करने के लिए और हृदयग्राही नाटकीय कहानी के लिबास में राष्ट्रवादी सन्देश देने के लिए ऐतिहासिक सामग्री को कल्पनाशील ढंग से 'इस्तेमाल' किया। हालाँकि वृन्दावन लाल वर्मा के शुरूआती उपन्यासों 'गढ़ कुण्डार' (1927) और 'विराटा की पद्‌मिनी' (1929) काफ़ी कुछ इसी परम्परा के हैं, लेकिन 1857 के विद्रोह में रानी लक्ष्मीबाई की इतनी ही तकलीफदेह पराजय पर जो उपन्यास उन्होंने लिखा वह बिलकुल ही भिन्न उद्योग और उपक्रम था।

3.2.2 वृन्दावनलाल वर्मा की वीरांगना

हिन्दी में 1920 के दशक के बाद के सबसे प्रसिद्ध और दक्ष ऐतिहासिक उपन्यासकार, वृन्दावनलाल वर्मा (1889-1973) ने अपने लेखकीय जीवन की शुरूआत बुन्देलों के इतिहास पर आधारित ऐतिहासिक रूमानी उपन्यास, 'गढ़ कुण्डार' से की थी। वास्तव में जब वे शोध-आधारित ऐतिहासिक जीवनियों की ओर भी मुड़ गये, तब भी वे इस विधा की ओर लौटते रहे।[102] ऐतिहासिक रूमानी उपन्यासों की इस पृष्ठभूमि के बरक्स उनका

'झाँसी की रानी लक्ष्मीबाई' (1946) और उसके पीछे की शोध विशेष दिलचस्पी जगाती है।[103] चूँकि उसके दस्तावेज़ मौजूद हैं, इसलिए सबसे पहले इतिहास के साथ वृन्दावनलाल वर्मा के रिश्ते का जायज़ा लेना दिलचस्प होगा। एक ऐसे कायस्थ परिवार में जन्मे, जिसमें कोई पूर्वज रानी के लिए लड़ते हुए मारा गया था, वृन्दावनलाल वर्मा ने, जिनके पिता क़ानूनगो थे, पढ़े-लिखे कायस्थ परिवारों के लड़कों की-सी शिक्षा हासिल की। घर पर वे अपनी परदादी से बहादुर, न्यायप्रिय और प्यारी रानी की कहानियाँ सुनते बड़े हुए : 'वह धरोहर अद्‌भुत होते हुए भी अस्पष्ट थी और उसकी रूपरेखा धुँधली तथा सत्य के आधार पर कम, भक्ति के ऊपर अधिक थी। इधर इतिहास के अध्ययन और तथ्यों के अनुशीलन ने उस धरोहर के मूल्य को कम कर दिया।...'[104] इस तरह स्कूल में 'वस्तुपरक' इतिहास से मुठभेड़ ने उन कहानियों के बारे में सन्देह जगाये, लेकिन कड़ी और क्रुद्ध प्रतिक्रियाएँ भी पैदा कीं :

> 'पाँचवी छठवीं कक्षा में ई. मार्सडन रचित "भारत का इतिहास" अंग्रेज़ी में पढ़ाया जाता था। पुस्तक हमारे जैसों के लिए महँगी थी। परन्तु ख़रीदनी पड़ी। उसमें एक जगह पढ़ा कि भारत के लोग गरम मुल्क के होने के कारण ठण्डे देशों के आक्रमणकारियों के सामने हारते रहे हैं, परन्तु आगे नहीं हारेंगे, क्योंकि अंग्रेज़ ठण्डे देश वाले हैं, यहाँ आ कर फिर ठण्डे देश को लौट जाते हैं और यहाँ के प्रवास में गरमी के मौसम में पहाड़ों पर चले जाते हैं; और उनके इंगलैण्ड चले जाने पर दूसरे ताज़ा जवान अंग्रेज़ आ जाते हैं। बस हिन्दुस्तान आगे किसी से न हारेगा। यानी हमारा देश अनन्त काल तक अंग्रेज़ों का ग़ुलाम बना रहेगा। लक्ष्मीबाई जो इतनी बहादुरी के साथ लड़ीं मरीं, वह सब व्यर्थ चला गया। मन में आग लग गयी। पुस्तक का वह सफ़ा फाड़ डाला! घर पहुँचा तो पुस्तक के अंग-भंग की बात काका को मालूम हो गई। पड़ी मार मेरे ऊपर। उतने स्नेहिल काका भी वह नुक़सान कैसे सह पाते? जब उन्हें कारण मालूम हुआ तब बहुत पछताये। मुझे पुचकारा! बोले, 'पुस्तक में अंग्रेज़ ने हम सबको उल्लू बनाये रखने के लिये वैसा लिखा है, पर एक किताब का सफ़ा फाड़ डालने से क्या होता है? वह तो हज़ारों की गिनती में छपी होगी।...इतिहास के अध्ययन की ओर रुचि उसी दिन से हुई। मैंने निश्चय किया कि ख़ूब पढ़ूँगा, खोज करूँगा और इन झूठी पुस्तकों की कलई खोलने के लिये कुछ लिखूँगा भी। उसी दिन से व्यायाम की मात्रा बढ़ा दी—शायद कभी, किसी दिन, किसी अंग्रेज़ से मुक़ाबला हो गया तो बिना चित किये न रहूँगा।'[105]

बाद में, मैक्स मुलर की पुस्तक 'भारत हमें क्या सिखा सकता है?' पढ़ने के बाद युवा वृन्दावनलाल वर्मा ने ख़ुद भारत का इतिहास लिखने का फ़ैसला किया लेकिन बीस पृष्ठों से आगे नहीं बढ़ सके। उसके बाद उन्होंने वॉल्टर स्कॉट के उपन्यासों 'आइवन हो'

और 'द टैलिस्मन' की तर्ज पर ऐतिहासिक उपन्यास लिखने का फ़ैसला किया। लेकिन एक बार फिर जब उन्होंने राजपूताना की पृष्ठभूमि पर एक उपन्यास शुरू किया तो उन्हें एहसास हुआ कि उन्हें तो उस जगह का भूगोल नहीं मालूम है। और जब उन्होंने रानी लक्ष्मीबाई पर एक उपन्यास लिखने की कोशिश की तो उन्हें आभास हुआ कि उनके पास ऐतिहासिक सामग्री का अभाव है। उनके पास एकमात्र लिखित स्रोत डी.बी.पारसनीस का मराठी वृत्तान्त था। 'सामने केवल पारसनीस की पुस्तक ''रानी लक्ष्मीबाई का जीवन-चरित्र'' थी। वह इतिहास का कंकाल मात्र न थी; परन्तु दादी-परदादी की बतलायी हुई परम्परा के विरुद्ध थी।'[106] वह उन कहानियों से ज़्यादा प्रामाणिक था जो उन्होंने बचपन में सुनी थीं, लेकिन वह 1857 के बारे में अंग्रेज़ों के दृष्टिकोण का पक्ष भी लेता था कि वह सिपाही ग़दर था, और लक्ष्मीबाई सिर्फ़ इसलिए लड़ रही थी कि वह ख़ुद अपना राज्य बचाये रख सके। 'पारसनीस के अन्वेषण काफ़ी मूल्यवान होते हुए भी उनका विचार कि रानी झाँसी का प्रबन्ध अंग्रेज़ों की ओर से 'ग़दर' के ज़माने में करती रहीं, परदारी और दादी की बतलाई हुई परम्पराओं के सामने मन में खपता नहीं था। तो भी मैं सोचता था, शायद ये परम्राएँ जनता के इच्छा-संकल्पों (wishful thinking) का फल है; इसलिए छुटपन से जिस मूर्ति की मन में निष्ठापूर्वक पूजा करता चला आ रहा था, उसके प्रति कुछ नास्तिकता उत्पन्न हो गयी। सुनता रहता था कि रानी स्वराज्य के लिए लड़ीं थीं, पारसनीस के ग्रन्थ में पढ़ा कि उनका शौर्य विवशता की परिस्थितियों में उत्पन्न हुआ था।'[107]

अपनी दादी की कहानियों की सच्चाई और ऐतिहासिक सामग्री की सच्चाई के बीच फँसे हुए, वृन्दावन लाल वर्मा यह नहीं तय कर पा रहे थे कि कौन-सी सच्चाई 'सही' थी, जब तक कि उन्होंने, जैसा कि ख़ुद लिखा है, आगरा में पढ़ाई के दौरान कॉलेज के छात्रावास में सपना देखा जिसमें वे रानी की ओर से हॉकी के मैदान में स्वराज्य की लड़ाई लड़ रहे थे। इस तर्कातीत प्रोत्साहन के बावजूद, वृन्दावन लाल वर्मा की शिक्षा-दीक्षा उन्हें केवल उस सपने के आधार पर लिखने की छूट नहीं दे सकती थी। यह सारा मामला 1932 तक हाशिये में पड़ा रहा जब तक कि उन्हें, जो अब एक तिरालिस वर्षीय वकील थे, झाँसी की अदालत में 1858 के लगभग 40-50 पत्रों का एक बण्डल मिला। ये पत्र किसी अंग्रेज़ सिपाही ने लेफ़्टिनेंट गवर्नर को लिखे थे। इन पत्रों ने इसके सिवा और बहुत कुछ नहीं उद्‌घाटित किया कि रानी ने केवल आत्म-रक्षा के लिए या परिस्थितियों से विवश हो कर लड़ाई नहीं लड़ी थी।

तो भी आँखों-देखी गवाही पेश करने वाले पत्रों की इस दूसरी चामत्कारिक प्रेरणा ने वृन्दावन लाल वर्मा को, जो पहले ही दो उपन्यास लिख चुके थे, ऐसी यात्रा पर रवाना कर दिया जो हिन्दी के ऐतिहासिक उपन्यासकारों में अभूतपूर्व और विलक्षण थी : वे न सिर्फ़ अपने वृत्तान्त के लिए ऐतिहासिक स्रोत 'इस्तेमाल' करने जा रहे थे, बल्कि वे उनकी

'खोज' क़रने जा रहे थे। इस प्रक्रिया में उन्होंने 1857-8 में रानी की लड़ाई के एक सामुदायिक इतिहास को निर्मित करने के लिए झाँसी के अधिक-से-अधिक निवासियों को शामिल करना शुरू कर दिया, ज़िन्दा गवाहों को भी और उनके वंशजों को भी।[108] इनके अलावा दूसरे दस्तावेज़ों और बयानों ने भी उनकी दादी की कहानियों की पुष्टि की। अब वृन्दावनलाल वर्मा औपनिवेशिक इतिहास के 'सच' का खण्डन करने और भारत का भारतीय इतिहास बयान करने का अपना रास्ता पाने के लिए तैयार हो गये। स्वराज्य के उद्देश्य से सहायता माँगने के लिए पड़ोस के किसी राजा को लिखे गये रानी के एक पत्र ने खोज के मूल प्रश्न के बारे में वृन्दावनलाल वर्मा के विश्वास को पुष्ट कर दिया, यानी, क्या रानी अपने लिए लड़ी थी या अपने देश के लिए। अब वृन्दावन लाल वर्मा लक्ष्मी बाई को—राष्ट्रीयता के संघर्ष की प्रतिमा को—झाँसी के लोगों के इतिहास और ठोस ऐतिहासिक परिस्थितियों में स्थापित करने की स्थिति तक पहुँच गये थे।

उपन्यास ऐतिहासिक भूमिका से ही शुरू होता है जिसमें विलियम बेंटिंक के गवर्नर जनरल रहने के दौरान प्रशासनिक सुधार का परिचय है, जब झाँसी के भूतपूर्व मराठा शासक को राजा की पदवी मिली थी। रजवाड़ों, ईस्ट इण्डिया कम्पनी से उनके सम्बन्ध, डलहाउज़ी की वर्चस्ववादी नीति और कम्पनी के बन्दोबस्त की चर्चा आलोचनात्मक ढंग से, लेकिन बहुत सटीक और सच्चे ढंग से की गयी है। ग्वालियर की राजशाही में, रानी के भावी ससुर रघुनाथ राव के समय में :

> 'कुराज्य था, कुशासन था। परन्तु गाँवटी पंचायतें बनी हुई थीं। पूरा लगान वसूल नहीं होता था। पंचायत की रक्षा प्रत्येक ग्रामीण को सहज ही प्राप्त थी। पंचायतों के अधिकार ज़ब्त हो कर अदालतों के हवाले नहीं हुए थे। ज़रा-ज़रा-सी सड़ी-गली बात के लिए राज्य पदाधिकारियों के घरों पर हाज़िरी नहीं देनी पड़ती थी।...शासन-शक्ति का केन्द्रीयकरण नहीं हुआ था। लोगों को अपने औसान और पराक्रम का सहारा पकड़ने के बहुधा अवसर मिलते रहते थे। समाज में सन्तुलन यथेष्ट नहीं था, असमानता, विषमता स्पष्ट थी। परन्तु आर्थिक श्रृंखलाओं की कड़ियाँ मज़बूती के साथ जुड़ी हुई थीं। धन एक जगह इकट्ठा हो-हो कर बँट जाता था। एक-एक आश्रय पर शत-शत आश्रित टँगे हुए, लिप्त और संलग्न थे। आश्रय और आश्रित सब क्रियाशील।[109]

इसी के साथ-साथ भारतीय शासकों की अदूरदर्शिता और भोलेपन पर टिप्पणी की गयी है। रघुनाथ राव स्थानीय अंग्रेज़ अफ़सरों की आव-भगत करके अपने राज्य और कम्पनी की कृपा, दोनों को बनाये रखना चाहते हैं, जबकि अंग्रेज़ अफ़सर काइयाँ और दूरदर्शी हैं। क्लब में उनके बीच एक गर्मागर्म बहस भविष्यवाणी-सी जान पड़ती है :

> 'धीरे-धीरे बेवकूफ, अभी कसर है। इस समय चोर, डाकुओं और फ़सादियों को ठण्डा करके व्यापार और खेती को बढ़ाना है। जनता हमको श्रद्धा की दृष्टि से

> देखेगी। जो हिन्दुस्थानी अंग्रेज़ी पढ़-लिख जाएँ उनको छोटी-मोटी नौकरियाँ दे कर अंग्रेज़ों का अदब करना सिखाया जाएगा। वे उस अदब को जनता में फैला देंगे। जनता हमेशा कृतज्ञ रहेगी और हमारे हाथ जोड़ते नहीं अघावेगी। हमारे छोकरे सदा-सर्वथा हमारा आतंक बनाए रखेंगे। वही आतंक हमारा सब कुछ होगा।'[110]

वृन्दावन लाल वर्मा की ऐतिहासिक परिकल्पना में मनुष्य की इच्छा-शक्ति और बुद्धि की भूमिका अत्यन्त महत्वपूर्ण है। इसलिए लक्ष्मीबाई को महान दिखाने की बजाय नन्ही मनु का लक्ष्मीबाई में क्रमशः रूपान्तरण दिखाना ज़रूरी था। हालाँकि वृन्दावनलाल वर्मा ने पूर्वनिर्धारण के सिद्धान्त को नज़रन्दाज नहीं किया (देखिए उपन्यास के पृष्ठ 26 पर मनु की असाधारण जन्मपत्री) उन्होंने एक न्यायपूर्ण, नियन्त्रित और धैर्यवान रणनीतिज्ञ में उस उत्साही, चंचल, निडर बालिका के क्रमशः रूपान्तरण पर कहीं अधिक बल दिया था। निहित सन्देश कुछ यों था : हिन्दुस्तानी ग़ुलाम या वीर पैदा नहीं होते थे; एक सामान्य लड़की भी इच्छा-शक्ति के बल पर और अपनी क्षमता का इस्तेमाल बुद्धिमत्ता से करके वीरांगना बन सकती है। 1857 के बारे में लिखे गये इस उपन्यास के बारे में यह उल्लेखनीय है कि लड़ाई का वास्तविक चित्रण, अब तक ऐतिहासिक दृष्टि से इस घटना का सबसे अधिक प्रामाणिक और सबसे अधिक उत्तेजक पहलू, पुस्तक का केवल अन्तिम एक तिहाई भाग ही घेरता है। पहला दो तिहाई हिस्सा युद्ध की तैयारी को समर्पित है—लक्ष्मीबाई की अपनी ऐतिहासिक भूमिका की तैयारी, झाँसी के लोगों की जनसेना बनने की, और झाँसी की औरतों की तैयारी, ताकि वे सबल बनी प्रजा की बराबर की नागरिक बन सकें। इस प्रक्रिया में शासक और शासित के बीच का सम्बन्ध हिस्सेदारी के लोकतान्त्रिक ढाँचे में पुनर्परिभाषित किया गया है।

आत्म-सुधार और अपने को शक्तिशाली बनाने की क्रमिक प्रक्रिया में लक्ष्मीबाई हठी, सरकश लड़की से (जो लड़कों सरीखा व्यवहार करती है) कर्तव्यपरायण, मगर ऊर्जावान पत्नी में बदल जाती है। वह पहले अपनी शादी के समय पुरोहित से मुँह खोल कर यह कहते हुए हलचल पैदा कर देती है कि वह गाँठ ठीक से बाँधे। (पृ. 65) बाद में, जब उसे पर्दे में रहना पड़ता है तो वह महल की स्त्रियों को योग्य लड़ाकों में परिवर्तित कर देती है। अपने पति के देहान्त के साथ ही वह योद्धा का बाना धारण करके (पृ. 199) कुशल रणनीतिज्ञ में बदल जाती है और जिस बीच ईस्ट इण्डिया कम्पनी शासन कर रही होती है, वह अपनी सेना और हथियारों को जुटाती है। 1857 के विद्रोह के बाद वह न्यायप्रिय शासक और स्वराज्य के लिए संघर्षरत नेता के रूप में उभरती है; और अन्ततः राष्ट्रीयता के उद्देश्य से आत्म-बलिदान करने के लिए तैयार, वीरांगना बन जाती है। इन अन्तिम चरणों में ही रानी को एक क़िस्म की अतिमानवीय प्रभा प्राप्त हो जाती है : जब वह देवत्व से मण्डित हो कर भारत माता, अपनी प्रजा का पालन-पोषण करने वाली माँ,

स्वाधीनता की देवी, और अपने वाहन पर सवार दुर्गा के रूप में प्रकट होती है तो उससे उमर में बड़े नाना साहब और ताँत्या टोपे, दोनों उसके पैर छूते हैं।(पृ. 220)

रानी के चरित्र-चित्रण में वृन्दावनलाल वर्मा की ऐतिहासिक कल्पना दो विशेष सन्दर्भों में काम करती है। पहला, हालाँकि रानी के भीतर परम्परागत आचार-व्यवहार के प्रति सम्मान है, इसके बावजूद लकीर के फ़कीर की तरह उसका पालन करने की बजाय वह परम्परा की आत्मा पर अधिक महत्व देती है। इस तरह वह (पत्नी और फिर विधवा के रूप में) आचार-व्यवहार और अपने धर्म का पालन करते हुए भी उनमें परिवर्तन ला कर स्त्री-धर्म की परिधि को और व्यापक बना देती है (देखिए 4.4)[111] झाँसी की औरतें, जिनकी मिसाल बख़्शिन, झलकारी बाई और वे सारी औरतें हैं जो उपन्यास में (पृ. 92-5 और 324 पर) वर्णित दो सिन्दूरोत्सवों पर रानी के इर्द-गिर्द इकट्ठा होती हैं, पहले-पहल रानी के मर्दानेपन से अचम्भित होती हैं, लेकिन जल्दी ही उत्साह के साथ समग्र सैन्यीकरण की योजना में जुट जाती हैं और एक बहादुर फ़ौज बना लेती हैं। जेनरल रोज़ को काफ़ी आश्चर्य होता है (पृ. 343) कि झाँसी का दस्ता मुख्य रूप से हर जाति की बुन्देलखण्डी औरतों से मिल कर बना है। लेखक (रानी को प्रतिध्वनित करते हुए) स्वराज्य के अनिवार्य तत्व के रूप में सभी औरतों की आज़ादी और उनके सशक्तीकरण पर बल देते हैं; यह सबसे अधिक स्पष्ट रूप से झलकारी बाई के चरित्र में प्रतिबिम्बित है जो उपन्यास में पहले बुनकर और फिर अफ़सर और रानी के प्रतिरूप की भूमिका अदा करती है। लेखक टिप्पणी करते हैं 'यदि लक्ष्मीबाई स्वराज्य स्थापना के प्रयत्न में सफल हो जातीं तो भारत की नारी उस गिरी हालत में कदापि न होती, जिसमें उसका एक अं आज है।' दूसरे, वृन्दावनलाल वर्मा रानी को शासक और रियाया के बीच नये प्रकार के सन्तुलन का पक्ष लेते हुए दिखाते हैं। इस मामले में अपने पति गंगाधर राव से उसका अन्तर स्पष्ट और तीखा है : जहाँ गंगाधर राव आम अविवेकी नाटकों का प्रेमी, अच्छे दिलवाला मगर बुनियादी तौर पर स्वार्थी और अस्थिर-चित्त रईस है, रानी कमख़र्च, व्यावहारिक और प्रजा-हित-चिन्तक है।[112] जब वह अपने दत्तक पुत्र की ओर से शासन सँभालती है, उसका शासन न्यायपूर्ण हो कर सर्वसहमति के बल पर चलता है। उसके इस रवैये में और एक जन सेना के निर्माण में आम जनता–सर्वसाधारण–की बराबरी और उनकी हिस्सेदारी का सन्देश ध्वनित है जो गाँधीवादी राष्ट्रीयता का भी सूत्र है (देखिए 5.1 और 5.2। वह कई बार ताँत्या टोपे को जनाधार स्थापित करने की है :

'जनता असली शक्ति है। मुझको विश्वास है कि वह अक्षय है। छत्रपति ने जनता के भरोसे ही इतने बड़े दिल्ली सम्राट् को ललकारा था। राजाओं के भरोसे नहीं।...जनता मुख्य साधन है। राजा और नवाब की पीढ़ी, दो पीढ़ी ही योग्य होती है। परन्तु जनता की पीढ़ियों की योग्यता कभी नहीं छीजती।'[113]

यही रवैया सभी औरतों और निचली जातियों के प्रति उसके सम्मान में भी प्रतिबिम्बित होता है। जब उसका सेनापति ग़ौस खान जासूसों का सरदार बनी मोती बाई के बारे में उपेक्षापूर्ण टिप्पणी करता है तो रानी हिकारत से सोचती है : 'आत्म-त्याग में वह वेश्या पुत्री किस ख़ानदान वाले से कम है। हे भगवान, त्याग में भी ऊँच-नीच!' एक और सेनापति से वह कहती है : 'हमारे देश में ऊँच-नीच का भेद न होता तो कितना अच्छा होता।' वह उत्तर देता है 'भेद तो भगवान ने ही बनाया है सरकार' और इसके बाद की चुप्पी रानी की सारी शंकाएँ व्यक्त कर देती है।[114] इस तरह, आदर्श शासक के रूप में रानी को कल्पनाशील ढंग से प्रस्तुत करके वृन्दावनलाल वर्मा सिर्फ़ यही नहीं व्यक्त करते कि दूसरी परिस्थितियों में क्या-क्या सम्भावनाएँ होतीं, बल्कि भावी भारत के अपने आदर्श को भी।

लक्ष्मीबाई का आन्तरिक रूपान्तरण उनके इर्द-गिर्द के लोगों में भी प्रतिबिम्बित होता है : उनकी सहेलियों में, झाँसी की सामान्य औरतों में और फिर उनके सिपाहियों और झाँसी के आदमियों में, जो सब-के-सब वीर नायकों की फ़ौज बन जाते हैं। रानी की सहेली-बनी-सेविकाएँ उनके सबसे निकट प्रतिरूप हैं : ग़रीब परिवारों की लड़कियाँ पहले रानी की दासियाँ बन जाती हैं, फिर उसकी सहेलियाँ, युद्ध-कला में प्रशिक्षित सखियाँ, और अन्ततः वीरांगनाओं की तरह जगमगा उठती हैं, इस हद तक कि लड़ाई के अन्तिम समय में उनमें से हरेक को भूल से रानी समझ लिया जाता है। चरित्र-चित्रण में वृन्दावन लाल अपनी कल्पना का पूरा उपयोग करके गौण पात्रों और मामूली लोगों को भी इतिहास दृष्टि से मण्डित कर देते हैं और उनके कार्यों में राष्ट्रवादी उद्देश्य भर देते हैं। उनकी मामूली वीरता और ऐतिहासिक ज्ञान पराजय के विषाद को आशा में बदल देता है। इसी तरह, भविष्यवाणियाँ और सपने राष्ट्रीय पुनरुत्थान की 'लम्बी अवधि' में आकस्मिक पराजय का गुप्त अर्थ बताते हैं। झाँसी के घेरे के दौरान एक बहुत ही ख़राब दिन के बाद रानी को एक सपना आता है : 'एक गौरवर्ण युवती, सुन्दर आकृतिवाली। बड़े-बड़े काले नेत्र, लाल रंग की साड़ी का अंचल बाँधे हुए। आभूषणों से लदी हुई। वह स्त्री किले की बुर्ज पर खड़ी हुई अंग्रेज़ों के लाल-लाल गोलों को अपने कोमल करों में झेल रही है। वह कह रही है–लक्ष्मीबाई, देख, इन गोलों को झेलते-झेलते मेरे हाथ काले हो गए हैं, चिन्ता मत कर। स्वराज की देवी अमर है।' (पृ. 364)। उसके सपने की ख़बर पा कर थके-हारे नगरवासियों की हिम्मत फिर से बँध जाती है। ग्वालियर के बाहर अपनी आख़िरी हार के बाद लक्ष्मीबाई को तब तक चैन नहीं मिलता जब तक साधु, बाबा गंगादास, उसके सामने हिन्दुस्तान की आज़ादी की भविष्यवाणी करता है : अब वह अपने भाग्य और संघर्ष को एक क्रमिक ऐतिहासिक प्रक्रिया के रूप में देख सकती है जिसकी परिणति भविष्य के हाथ में है।[115] इस तरह वास्तव में अंग्रेज़ हैं जो अन्धे आत्मविश्वास से भरे दिवास्वप्नी हैं :

'अंग्रेज़ों को ऊपर की तह चिकनी और समतल दिख रही थी। नीचे के कोलाहल का उनको पता न था। हिन्दुस्थान एक सपने में उनकी चुटकी में आया, सपने में ही चुटकी में बना रहेगा और यह सपना कभी न टूटेगा। वे लोग इस बात को नहीं जानते थे, उन्होंने कभी इस बात को नहीं जाना, कि हिन्दुस्थान जीता भले ही आसानी के साथ जाए, लेकिन बहुत समय तक इसको मुट्ठी में रखे रहना असम्भव है। बाहर से आए हुए शासकों को इस देश को पराजित करने में बहुत समय नहीं लगा। शान के साथ अपना अभिषेक करवा लिया। राजगद्दियाँ भी तोड़ीं-मरोड़ीं, परन्तु शासक की हैसियत से उनका इस देश में रहना केवल छावनी का प्रवास मात्र रहा। असल में, जनता को रुष्ट, असन्तुष्ट और क्षुब्ध करके यहाँ तो क्या, संसार के किसी कोने में कोई भी राज्य नहीं कर सकता। (पृ. 205-06)

संक्षेप में, उपन्यास भारत के उस भारतीय इतिहास का-सा अध्याय जान पड़ता है जिसे ख़ुद वृन्दावन लाल वर्मा लिखना चाहते थे। इसमें वही भावना रची-बसी है जा युवा वृन्दावनलाल के मन में तब जागी थी जब उन्होंने मार्सडेन की पाठ्य पुस्तक पढ़ी थी, और उपन्यास उसके जवाब-सरीखा है। जहाँ ब्रिटिश-पूर्व रियासती भारत का मूल्यांकन सन्तुलित और विस्तृत है, अंग्रेज़ी राज पर लगाये गये आरोप प्रामाणिक होने के साथ-साथ समग्र भी हैं। ईस्ट इण्डिया कम्पनी की विलयन की कुख्यात नीति उसके बन्दोबस्त की मीठी तानाशाही, ग्राम-पंचायतों का विनाश, शिक्षा के माध्यम से ग़ुलामी, नस्ली घृणा, भारतीय प्रजा द्वारा सह गये अनगिनत अपमान—सब हिसाब में लिये गये हैं। जब कम्पनी 1854 में झाँसी का शासन सँभालने लगती है, वह राजा की छोटी-सी फ़ौज को बरखास्त और प्रशासन को भंग कर देती है :

'जहाँ सैकड़ों और सहस्रों की तादाद में जनता के पढ़े-लिखे लोग रियासत में थोड़ा वेतन पा कर भी अपनी गुज़र करते थे, वहाँ रियासत के लोग केवल थोड़े-से ऊँचे कर्मचारी और छोटे-छोटे जागीरदार अंग्रेज़ी राज्य में छोटे-छोटे पदों पर कुछ अधिक वेतन दे कर नियुक्त कर दिये गये। बाक़ी बड़े-बड़े पदों पर मोटा वेतन पाने वाले थोड़े-से अंग्रेज़ मुकर्रर हो गये। ठीक तो है—राजा की जगह अंग्रेज़ कमिश्नर, एक दर्जन दीवानों की जगह अंग्रेज़ कमिश्नर और दो-तीन सौ अंग्रेज़ सैनिक। दरबार समाप्त—कवि, चित्रकार, धुरपदिए, सितारिए, नर्तकियाँ-नर्तक, साँटमार, कारीगर सबकी विदा! उनकी जगह क्लब, डाक बँगला और ऊँचे-नीचे, छोटे-बड़े सब हिन्दुस्थानियों का अनिवार्य माथा-टेकू सलाम।'[116]

मार्च 1858 में झाँसी को लूटते अंग्रेज़ सिपाहियों द्वारा गंगाधर राव के पुस्तकालय का जलाया जाना प्रतीकात्मक चरम बिन्दु है क्योंकि यह घटना अन्ततः इस मिथक को चूर-चूर कर देती है कि अंग्रेज़ भारत को 'सभ्य' बनाने के लिए ही आये थे : 'और इसके बाद जो कुछ हुआ उससे उन बर्बरों की पाशविकता इतिहास में अमिट अक्षरों में लिखी गयी—महल के सामने वाले विशाल पुस्तकालय में आग लगा दी गई! थोड़ी ही देर में

कलाओं का वह भण्डार अग्नि की गगन भेदी लौ फेंकने लगा। कभी रोम, सिकन्दरिया और राजगृह में भी ऐसा हुआ था; परन्तु वह बर्बर युग था! और यह विज्ञान का सभ्य युग!!'[117] रानी की पराजय के वास्तविक कारण इतिहास के तथ्य हैं, जिनके साथ कोई छेड़-छाड़ सम्भव नहीं, लेकिन उपन्यासकार उनकी धारा के विरुद्ध भविष्यवाणियाँ और 'अगर' के धागों में बुना हुआ वैकल्पिक भविष्य, खड़ा करके सामूहिक वीरता का एक वृत्तान्त लिख सकता है। औपनिवेशिक पराधीनता को, किसी दैवी योजना या काल चक्र के भाग या अंग्रेज़ों की श्रेष्ठता के प्रमाण से कोसों दूर, संचित ऐतिहासिक परिस्थितियों के परिणाम के रूप में चित्रित किया गया है, जिनमें से कुछ परिस्थितियाँ मानवीय सम्भावनाओं के क्षेत्र में आती हैं। वीरता, जनता की भागीदारी, न्यायप्रिय शासन और भविष्यवाणी, इस उपन्यास में पीड़ादायक पराजय के वर्णन को सकारात्मक सन्देश में बदल देती है।

अगर इसकी तुलना पड़ोस के चिरगाँव में (3.1.2) मैथिलीशरण गुप्त की रचना से की जाय तो यह मालूम पड़ेगा कि वृन्दावनलाल वर्मा का ऐतिहासिक उपक्रम आधारभूत रूप से भिन्न है। हालाँकि दोनों अतीत से और राष्ट्रवादी अस्मिता से एक व्यक्तिगत मुठभेड़ की उपज हैं, वृन्दावनलाल वर्मा के इतिहास की जड़ें, क्षेत्र और यथार्थ के सन्दर्भ में, हाल के अतीत में जमी हुई हैं और वह पारिवारिक संस्मरणों, ज़िन्दा गवाहों की यादों और सरकारी तथा ग़ैर-सरकारी दस्तावेज़ों के बहुआयामी भण्डार को जोड़ता है। वह आदर्श चरित्र और सोद्‌देश्य इतिहास तो प्रस्तुत करता है, लेकिन सामाजिक ताने-बाने की आलोचना किये बिना महज़ उसकी सतह पर तैरता हुआ नहीं चला जाता।[118] हालाँकि वृन्दावन लाल वर्मा का पूरा ध्यान इस बात पर है कि भारतीय आत्म-छवि सकारात्मक ढंग से पेश हो लेकिन उनका रवैया आदर्श बघारने का नहीं, बल्कि आलोचनात्मक है। उनकी कल्पना में विस्तार और विविधता राष्ट्रीय एकता के रास्ते में रुकावट नहीं जान पड़ते और हर स्त्री-पुरुष को अभिव्यक्ति और हिस्सेदारी की इजाज़त है। सम्वादों में बोलचाल की भाषा का इस्तेमाल करके वे गली-बाज़ार के लोगों के (पृ. 139-43) या बैरक में रह रहे सिपाहियों के (पृ. 225-7) दृष्टिकोण को स्वर दे कर एक ऐसा इतिहास सुझाते हैं जिसमें सबकी हिस्सेदारी है। कल्पना पर काफ़ी हद तक आधारित होते हुए भी वृन्दावनलाल वर्मा का उपन्यास मुख्य धारा के ऐतिहासिक रूमानी आख्यानों और वीर-वीरांगनाओं के क़िस्सों से बुनियादी तौर पर अलग है : इस उपन्यास में प्रेम का बहुत कम स्थान है, और वह भी परोक्ष रूप से और राष्ट्र के इतिहास के अपेक्षाकृत वृहत्तर उद्‌देश्य के आगे बलि चढ़ा कर।[119]

इतिहास और वीर-वीरांगना के अभिप्राय (मोटिफ़) को राष्ट्रवादी भावना के भीतर भी अलग-अलग रूपों में काम में लाया जा सकता था। लोक और क्षेत्रीय नायक, हिन्दू-भारतीय इतिहास की कोटियों और उसके वृहद आख्यान में जगह पा कर, राष्ट्रीय

नायक बन जाते, और मध्यकालीन तथा और निकट अतीत के दौरान प्रतिरोध के उदाहरण बन जाते; वे अब राष्ट्र के संरक्षक कहलाते। वे या तो शौर्य-भरे अतीत की प्रतिमाएँ, या आक्रामक हिन्दू राष्ट्रवाद के नमूने, या नयी तथा और अधिक लोकतान्त्रिक व्यवस्था के शिल्पी हो सकते थे। वे ऐतिहासिक कथाएँ मुस्लिम खलनायकी के बने-बनाये साँचा-ढले प्रतिरूप का प्रतिपादन नहीं भी कर रही होतीं, जैसा कि उन आख्यानों में देखा जाता जहाँ दुश्मन के रूप में अंग्रेज़ थे, तब भी ऐसी कथाएँ 'भारतीय इतिहास' की कोटियों और काल निर्धारण को स्वीकार करके परोक्ष रूप से मुसलमानों को इस वृहत्तर आख्यान से बाहर ही रखतीं। साम्प्रदायिक भाईचारा कभी-कभार उन कृतियों में नज़र आता जिनका सम्बन्ध अंग्रेज़ी राज के इतिहास से था, लेकिन जैसे ही 'मुस्लिम काल' की कोई कथा होती, रूढ़ियाँ फिर से सतह पर आने लगतीं। इस तरह, साम्प्रदायिक भाईचारा ऊपर से थोपा गया लक्षण जान पड़ता था जो भारत के इतिहास के बुनियादी ढाँचे को चुनौती नहीं देता था, बल्कि संघर्ष की केवल लीपा-पोती कर देता था। भारत के इतिहास के इस दृष्टिकोण में अन्तर्निहित कोटियाँ और उसके बहिष्कार सर्वव्यापी ऐतिहासिक संस्कार बन कर, जीवनियों, पाठ्य-पुस्तकों, नाटकों, उपन्यासों, खण्ड काव्यों, कविताओं और फ़िल्मों के माध्यम से लोकप्रिय बन गये। आर्यों की गाथा और इतिहास की इस दृष्टि ने समकालीन समाज की चर्चा और उसकी कल्पना को कैसे सुनिश्चित किया, वे अगले अनुच्छेद का विषय हैं।

3.3 समाज का स्वरूप

यह खण्ड एक सीधी-सादी, लेकिन मेरी राय में उचित धारणा पर टिका हुआ है : कि समकालीन भारतीय समाज के बारे में सोचते हुए हिन्दी के बुद्धिजीवी और कार्यकर्ता इतिहास की उस तस्वीर के असर में काम करते थे जो उन्होंने बना रखी थी। मेरा तर्क यह है कि आर्य जाति और वैदिक समाज के आदर्शों ने समाज का इतना शक्तिशाली प्रतिरूप उपलब्ध कराया था कि भारतीय राष्ट्रवादियों के सामने इस बात की गुंजाइश ही नहीं बची थी कि वे समाज के बारे में—वह कैसा था और उसे कैसा होना चाहिए, इस बारे में—किन्हीं और शब्दों अथवा सन्दर्भ में सोच सकें। यहाँ तक कि समाजवादी नेतागण इस नमूने का समर्थन करते थे, चाहे एक सांस्कृतिक आदर्श के सन्दर्भ में (नरेन्द्र देव) या सम्पूर्णानन्द के 'वेदान्ती समाजवाद' के सन्दर्भ में (देखिए 5.3)। मैथिलीशरण गुप्त की कविता की तरह, आर्यों का आदर्श न सिर्फ़ गर्व पैदा करने वाला था ('कभी हम सर्वश्रेष्ठ थे') बल्कि वर्तमान के साथ तुलना के लिए पैमाना भी पेश करता था; उस अतीत की व्यवस्था और समन्वय ऐसा आदर्श थे जिसके साथ बिखरे हुए और कलहग्रस्त वर्तमान की नकारात्मक तुलना की जाती थी। इस दृष्टिकोण के साथ, जैसा कि हम आगे देखेंगे, अक्सर मूल्यांकन भी जुड़ा रहता था : चूँकि आर्यों का समाज मूलतः सामन्वयपूर्ण और

संघर्षरहित था, भारतीय समाज के भीतर कलह पतनशीलता का चिह्न और आर्यों के आदर्शों से भटकाव ही हो सकता था। बल्कि संघर्ष और कलह पश्चिम की विशेषता थी जैसे समन्वय पूर्व की। इसलिए समाज सम्बन्धी सोच पर इतिहास सम्बन्धी संस्कार का जो प्रभाव पड़ा, उसके महत्वपूर्ण राजनैतिक आशय निकले।

राष्ट्रवाद शुरू ही से सामाजिक आलोचना और सुधार का प्रबल तत्व अपने साथ लिये हुए था; जैसे-जैसे भारतीय समाज की ज़्यादा-से-ज़्यादा और व्यापक वर्ग उसके दायरे में आ कर राजनैतिक तौर पर जागरूक हो गये, वैसे-वैसे सामाजिक समीक्षा का यह तत्व बढ़ता गया और उसने अभूतपूर्व रंग अख़्तियार किये। रूसी क्रान्ति की प्रेरणा से भारतीय समाज और राष्ट्रीय आन्दोलन के नेतृत्व की वर्ग-परक व्याख्या भी व्यापक रूप से प्रचलित हुई। लेकिन उस इतिहास-बोध से जिसका ज़िक्र ऊपर किया गया, भारतीय समाज में उभरते सामाजिक और आर्थिक संघर्ष कम महत्वपूर्ण या फिर राष्ट्रीय आन्दोलन के प्राथमिक उद्देश्य की तुलना में विपथगामी माने गये। नतीजा यह हुआ कि हिन्दी समाचार-पत्रों के सामाजिक विमर्श में दो तरह के तनाव उभर कर सामने आये। एक तनाव सिद्धान्त के स्तर पर तीन अलग-अलग अवधारणाओं के बीच था : एक तरफ़ जातियों को विभाजनकारी और आपसी होड़ में संलग्न गुटों के रूप में देख कर उनकी समीक्षा करने की अवधारणा, दूसरी तरफ़ पुरुष-सूक्त की वैदिक सृष्टि-कथा के अनुसार वर्ण-व्यवस्था को रूपक बता कर व्यावहारिक लाभ के आधार पर उसकी हिमायत और तीसरी तरफ़ एक अखण्ड जाति के निर्माण की आकांक्षा। दूसरा तनाव, ऊँची जाति के, अक्सर ब्राह्मण बुद्धिजीवियों और उनके संस्कारों के आदर्शमूलक रवैये और उन कार्यकर्ताओं और लेखकों के आलोचनात्मक रुख़ के बीच था जो सामाजिक न्याय को समाज की अपनी परिकल्पना की आधारशिला मानते थे।

वर्तमान की तुलना में अतीत के बारे में सर्वसम्मति जुटाना कहीं आसान है, जैसा कि हिन्दी के बुद्धिजीवियों और कार्यकर्ताओं ने पाया जब 1920 के दशक की पत्रिकाओं में केवल एक आवेग-ग्रस्त पुकार बारम्बार गूँज रही थी : संगठन। चाहे जो भी अर्थ इस शब्द के साथ नत्थी हो जाय, (आत्म-) संगठन की यह पुकार अधिक बड़ी और ज़्यादा गुँथी हुई इकाइयों को बनाने की लालसा व्यक्त करती थी, स्थानीय स्तर पर या क्षेत्रीय और राष्ट्रीय स्तरों पर। संगठन की पुकार समाज के सर्वव्यापी चित्र और समाज के लिए एक कार्यक्रम की दिशा में अभियान की इच्छा को भी उजागर करती थी। 'माधुरी' के मार्च 1925 के अंक में मालवीप्रसाद श्रीवास्तव ने लिखा कि एक नयी राजनैतिक जाजि गठित हुई थी, भारतीय, जो राजनैतिक उद्देश्यों से हिन्दुओं, मुसलमानों, पारसियों, जैनियों और ईसाइयों को अपने में समेट लेगी। इसी तरह, ब्राह्मणों, क्षत्रियों, वैश्यों, शूद्रों और ब्रह्मचारियों, गृहस्थों, वानप्रस्थियों और संन्यासियों द्वारा एक नया गोत्र गठित होना था : वे सभी हिन्दू थे।[120] हिन्दी में इस दौर की समाज और समाज सुधार से सम्बन्धित बहसें

अवधारणा की उधेड़-बुन और सक्रिय जनोन्मुखी और राजनैतिक ऊर्जा—दोनों को प्रदर्शित करती हैं। जहाँ संगठन की गतिविधियों को हिन्दू धर्म के विनाश के ख़तरे की चर्चा और उसकी रक्षा का विमर्श सहारा देता, वहीं हिन्दी पत्रिकाओं में संगठन सम्बन्धी बहस सामाजिक एकीकरण और राष्ट्र निर्माण के लिए संसाधन की सकारात्मक और रचनात्मक खोज को व्यक्त करती थी।[121] जैसा कि इस खण्ड के आरम्भ में संगठन पर उद्धृत उक्ति की मान्यता थी, सभी राजनैतिक उद्देश्यों के लिए राष्ट्र की 'कोटि' (जाति) में सभी समूहों को एक-दूसरे में मिला कर समाहित हो जाना था, और सभी हिन्दुओं को अपने मौजूदा गोत्र के साथ-साथ, या उसकी जगह पर, एक साझे गोत्र को अपनाना था। इसलिए मैं शुरू में यह परखूँगी कि सम्पादक और लेखक मौजूदा हिन्दी शब्दों और अवधारणाओं से किस तरह जूझे ताकि वे उन्हें पुनर्परिभाषित करके व्यापक रूप से प्रयुक्त अंग्रेज़ी शब्द 'सोसाइटी' के नज़दीक ला सकें।

हिन्दी में 'समाज' शब्द को ले कर ही जो अर्थ विषयक अनिश्चय था, वह पुनर्परिभाषा के इन प्रयासों और चार वर्णों के आदर्श अतीत पर एक जाति के वर्तमान आदर्श की क़लम बाँधने की कोशिशों के पीछे के तनावों को उजागर कर देता है। जैसा किशोरीदास वाजपेयी इसे व्यक्त करते हैं, 'आजकल यह प्रथा है कि जब कोई हमसे पूछता है कि आप किस जाति के हैं? तो हम लोग उत्तर देते हैं - ब्राह्मण अथवा क्षत्रिय, वैश्य आदि। यह शूद्र, ब्राह्मण, क्षत्रिय आदि जातियाँ नहीं, वर्ण हैं। इनके फिर कितने ही भेद और उपभेद हैं। जाति तो 'हिन्दू' है जब कोई जाति पूछे, तो हिन्दू जाति बतलाना या लिखना चाहिए।'[122] हिन्दी में 'सोसाइटी' के लिए दो शब्द इस्तेमाल होते थे—समाज और जाति—दोनों अनेक तात्पर्यों में और दोनों ही अंग्रेज़ी शब्द 'सोसाइटी' के पर्यायों के रूप में। 'चाँद' का विशेष 'समाज-अंक' (नवम्बर 1937) इस अर्थ विषयक अनिश्चय का अच्छा संकेत देता है : समाज का अर्थ एक जाति या क्षेत्र था (जैसा राजस्थान में जातिवाद पर 'मारवाड़ में जातीयता का रूप' शीर्षक लेख में);[123] या लिंग-विशेष (जैसे 'युक्त प्रान्त का महिला समाज'), या फिर समग्र रूप से समाज जैसा अंग्रेज़ी शब्द 'सोसाइटी' का अर्थ है। सम्पादक ने इस अर्थ विषयक भिन्नता को ऐतिहासिक शब्दों में समझाने की कोशिश की : समाज आदर्श रूप से 'सोसाइटी' था, और प्राचीन काल में वैदिक समाज प्रगति का शिखर रहा था, लेकिन वर्तमान समाज टूट कर छोटे-छोटे समूहों का ढीला-ढाला मिश्रण बन गया था :

> 'हमारा समाज अब प्राचीनकाल का सुसंठित मानव-समूह नहीं रहा जिसके हाथ में राजनैतिक, धार्मिक, सामाजिक आदि सभी व्यवस्थाएँ थीं। अब भिन्न-भिन्न समाज स्वयं अपना शासन नहीं करते अतः सदस्यों में वह सम्बन्ध रहना सम्भव नहीं जो प्राचीन संगठनों में मिल सकता था।... इस समय समाज से हमारा अभिप्राय सम्प्रदाय विशेष या जाति विशेष ही रहता है, जिसके भिन्न-भिन्न

स्थानों में फैले हुए सदस्यों के आचरण और रीतियों में एक विशेष समानता रहती है।' (पृ. 9-10)

'समाज और व्यक्ति' शीर्षक के सम्पादकीय ने, शायद पहली बार, समाज को समूहवाची गुटों की बजाय व्यक्ति से जोड़ कर परिभाषित करने की भी कोशिश की, लेकिन वह लगातार 'समाज' शब्द की सम्भावित परिभाषाओं के बीच डोलता रहा : या तो एक बन्द, सजातीय सम्प्रदाय के रूप में और दूसरी तरफ़, कम-से-कम आदर्श रूप से, न्यायपूर्ण आर्थिक और स्त्री-पुरुष सम्बन्धों पर आधारित सभी व्यक्तियों के परस्पर-निर्भर समूह के रूप में।[124] अभिप्राय सम्बन्धी यह अनिश्चय बहस की मूलभूत शब्दावली को घेरे तनावों को उजागर करता है–आर्य वर्णाश्रम व्यवस्था और मौजूदा विविध-रूपी वास्तविकता के बीच, चार वर्णों की व्यवस्था के भीतर जातियों के समायोजन के बीच, और स्थान विशेष की 'जात-बिरादरी' और राष्ट्रीय जाति के बीच।

1920 के दशक में 'माधुरी' पत्रिका समाज पर बहसों को निरखने-परखने के लिए अच्छा मंच है, क्योंकि हिन्दू जाति के संगठन का आह्वान हर अंक में दोहराया जाता था। 'माधुरी' में छपने वाले इन लेखों के अधिकांश लेखक या तो ब्राह्मण थे या आर्य समाजी और, अगर पुरुष-सूक्त के मूल रूपक का सहारा ले कर कहें तो, एक, सुगठित शरीर के रूप में भारतीय समाज के चित्र में उनका अक्षरशः विश्वास था। जैसे रामसेवक त्रिपाठी ने, जो बाद में 'माधुरी' के सम्पादक बने, लिखा, 'हिन्दू-जाति (आर्य-जाति) को सबल, सुदृढ़ और सुसंगठित बनाने के लिये हमारे दूरदर्शी ऋषि मुनियों ने 'वर्ण-व्यवस्था' की आयोजना की थी। संसार की समस्त जातियों की ओर देख लीजिए, परन्तु संगठन का ऐसा अमोघ सूत्र आपको कहीं मिलना असम्भव है। आज जो लोग अपने को संसार की सभ्यता का ठेकेदार बतलाते हैं, उनमें भी ऐसी नियम-बद्धता का आदर्श प्राप्त होना दुस्तर है।... महामना पं. मदनमोहन मालवीय ने अनेकों बार कहा है–हिन्दू-जाति का अस्तित्व उसकी वर्ण-व्यवस्था पर ही निर्भर है। जिस दिन इसका सर्वथा लोप हो जायगा, उस दिन इस भूमण्डल पर आर्य-जाति का नाम भी सुनने को न मिलेगा। इनका यह भी कहना है कि हिन्दू-जाति के अन्दर यही एक ऐसी विशेषता पायी जाती है जो संसार भर की किसी जाति में नहीं है और जिसके कारण ही भी भारतवर्ष गर्व से अपना मस्तक उन्नत किए हुए है।'[125] किशोरी दास वाजपेयी और बलवीर ने दुहराया–यह एक ऐसी सामाजिक कल्पना थी, जिसका सानी दुनिया में कहीं और न था।[126] ऐसी विशिष्ट रूप से अभिमान-विभोर शुरूआत से हिन्दू समाज की समूची बहस का स्वर और ढाँचा निर्धारित हो जाता : हिन्दू समाज के बारे में बात करने का मतलब था वर्णाश्रम व्यवस्था के बारे में बात करना; यहाँ तक कि अनगिनत जातियों में समाज में बँटे होने की आलोचना भी मूल वर्णों के सकारात्मक मूल्यांकन का रूप ले लेता था, जातियाँ जिनका एक भ्रष्ट रूप के सिवा और कुछ नहीं थीं।[127] इस तरह, आर्यों की गाथा के जादू में बँध

कर जो कभी मूलतः ब्राह्मणधर्मी दृष्टिकोण रहा था, वह सर्वव्यापी और प्रभुत्वशाली बन गया, जब दरअसल एक सर्व-समावेशी आदर्श की ज़रूरत थी।[128] चाहे उसकी आलोचना करने के लिए या प्रशंसा, हिन्दी के बुद्धिजीवी चार वर्णों के वर्गीकरण को हमेशा भारतीय समाज व मौलिक और आधारभूत नमूना मानते हुए उसी के सन्दर्भ में चर्चा करते। अंग्रेज़ी-भाषी भारतीय सुधार की भी बहस इन्हीं शब्दों में करते।[129] चार वर्णों से वर्तमान समय की जातियों की तुलना या अन्तर्ग्रहण बिना दोनों के बीच के गुणात्मक अन्तर को देखे किया जाता; जब भी समकालीन समाज और जाति-व्यवस्था पर बहन सैद्धान्तिक स्तर पहुँचती, तो जाति यानी बिरादरी का समीकरण अपने आप जाति यानी वर्ण में बदल जाता।

हिन्दी के सार्वजनिक क्षेत्र में, एक कोटि के रूप में वर्ण की हिमायत तार्किक शब्दावली में की जाती। हिन्दी जनपद में मुख्यतः आर्य समाज द्वारा फैलाये गये तर्क का अनुसरण करते हुए, वर्ण की व्याख्या मूल रूप से लचकीली कोटि के रूप में की जाती, जो जन्म प्रधान न हो कर कर्म प्रधान थी। लेकिन जैसा कि आर्य समाजी दर्शन के स्नातक सत्यव्रत सिद्धान्तालंकार ने दलील दी, केवल श्रम विभाजन पर आधारित समाज भौतिकवाद, पूँजी का असमान वितरण और सामाजिक संघर्ष पैदा करता, जैसा कि पश्चिम के इतिहास में दिखायी दे रहा था। इसलिए, प्राचीन 'भारतीय समाजशास्त्रियों' ने यह महसूस करते हुए कि मनुष्य केवल आर्थिक प्राणी ही नहीं है, व्यक्ति के समग्र विकास को सुनिश्चित करने के लिए वर्ण-व्यवस्था स्थापित की थी। वर्ण की व्युत्पत्ति को 'वरण करना' से व्याख्यायित करके सत्यव्रत सिद्धान्तलंकार ने वर्ण का पक्ष अधिक सूक्ष्म, मनोवैज्ञानिक आधार पर लिया : उस युग में मूल रूप से जाति का चुनाव व्यक्ति की मनोवैज्ञानिक प्रवृत्ति के आधार पर होता था। स्वधर्म की अवधारणा के अधिक निकट, वर्ण की इस व्याख्या ने उसे जन्म या व्यवसाय के बन्धनों से तो ढीला कर दिया, लेकिन साथ ही उसकी पुष्टि अपरिवर्तनीय कोटि के रूप में फिर से हो गयी। जैसे हमें अपने स्वधर्म से बच कर नहीं भागना चाहिए, उसी तरह हम अपनी प्रवृत्ति नहीं बदल सकते। और चूँकि सत्यव्रत की परिकल्पना में प्रवृत्तियों की संख्या भी चार ही थी और वे कुछ हद तक वंशक्रमानुगत थीं, इसलिए आरम्भ में जन्मना जाति की धारणा की आलोचना करने के बावजूद, अन्त अधिक सूक्ष्म, मनोवैज्ञानिक रूप में उसका समर्थन हो गया।[130]

'पतनशीलता' भी, उस ऐतिहासिक ढाँचे के अनुरूप जिसकी रूपरेखा इस अध्याय में थोड़ा पहले प्रस्तुत की गयी, भारतीय समाज में तब्दीलियों और परिघटनाओं की व्याख्या करने का वैचारिक साधन बन गयी। जात-पाँत की संख्या-वृद्धि, वर्ग-और जाति-संघर्ष इन सब की व्याख्या अतीत के नियमों के अज्ञान का परिणाम बताते हुए की जाती : जैसे रामसेवक त्रिपाठी ने लिखा कि भारतीयों ने नियमों को विस्मृत कर दिया था, व्यवस्था

की अनदेखी कर दी थी और इसीलिए आज वे दबे-कुचले, उत्पीड़ित, ग़ुलाम, निर्धन, असहाय, हताश और हर चीज़ के लिए दूसरों पर निर्भर थे।[131] किशोरीदास वाजपेयी ने लिखा, जात-पाँत के नाम पर दमन और आपसी संघर्ष वर्ण-व्यवस्था के अन्तर्निहित दोष नहीं थे, बल्कि अज्ञान और दूषित समझ उनका कारण था; भेदभाव दरअसल 'पाश्चात्य हवा' की देन थी।[132] इस प्रकार यह विश्वास कि संघर्ष का अभाव स्वस्थ समाज का लक्षण है वर्ण की पक्षधरता का स्वाभाविक परिणाम था : वर्ण, वर्ग या किसी और क़िस्म का संघर्ष अस्वस्थ समाज की निशानी थीं और कलियुग का चित्र। तुलसीदास ने सोलहवीं सदी में कलियुग का जो वर्णन रामचरितमानस में किया था उसमें हिन्दी के बुद्धिजीवियों को समकालीनता की गूँज सुनायी देती थी :

वर्ण धर्म नहिं आश्रम चारी श्रुति विरोधरत सब नर नारी
शूद्र द्विजन उपदेसहिं जाना मेलि जनेऊ लेहिं कुदाना

इतिहास, धर्मशास्त्रों और विवेक सम्मत तर्कों के अधिकार ने मिल कर वर्ण-संकरता की आपत्ति को, जो परम्परागत रूप से ब्राह्मण करते आये थे, एक ऐसा सामान्य अर्थ दे दिया जो सामाजिक परिवर्तन के लिए होने वाले सारे संघर्षों को अपने में समेट लेता था। राम सेवक त्रिपाठी ने तुलसीदास के कलियुग को समकालीन भारतीय सन्दर्भ में रखते हुए लिखा कि कुछ शूद्र जनेऊ धारण करके ऊँची जाति से आने का नाटक करते थे; इस तरह वे संकर जातियों की सृष्टि करते हुए और वेदों और शास्त्रों का पालन करने से इनकार करते हुए, पूरी हिन्दू जाति को डुबोये दे रहे थे।[134] तुलसीदास के प्रति रामचन्द्र शुक्ल का पक्षपात कुछ इस विश्वास पर आधारित था कि 'जिस समय नये-नये सम्प्रदायों की खींच-तान के कारण आर्य धर्म का व्यापक स्वरूप आँखों से ओझल हो रहा था, एकांगदर्शिता बढ़ रही थी...शैवों, वैष्णवों, शाक्तों और कर्मठों की तू-तू मैं-मैं तो थी ही, बीच में मुसलमानों से अविरोध प्रदर्शन करने के लिए भी अपढ़ जनता को साथ लगाने वाले कई नये-नये पन्थ निकल चुके थे जिनमें एकेश्वरवाद का कट्टर स्वरूप, उपासना का आशिक़ी रंग-ढंग, ज्ञान-विज्ञान की निन्दा, विद्वानों का उपहास, वेदान्त के दो-चार प्रसिद्ध शब्दों का अनधिकार प्रयोग, आदि, सब कुछ था; पर लोक को व्यवस्थित करने वाली वह मर्यादा नहीं थी जो भारतीय आर्य धर्म का प्रधान लक्षण है।...'भक्ति' का यह विकृत रूप जिस समय उत्तर भारत में अपना स्थान जमा रहा था, उसी समय भक्तवर गोस्वामी जी का अवतार हुआ जिन्होंने वर्ण-धर्म, आश्रम-धर्म, कुलाचार, वेद-विहित कर्म, शास्त्र-प्रतिपादित ज्ञान इत्यादि सबके साथ भक्ति का पुनः सामंजस्य स्थाचित करके आर्य-धर्म को छिन्न-भिन्न होने से बचाया।'[135] अब भी, भारतीय समाज और आर्य धर्म के सामने (रामचन्द्र शुक्ल ने 'आर्य' और 'हिन्दू' इन दोनों शब्दों को एक-दूसरे के लगभग पर्यायवाची की तरह इस्तेमाल किया था) अनेक विरोधी शक्तियों के दबाव में और अलग-अलग प्रकार के सुधारकों के आह्वान के चलते खण्ड-खण्ड हो जाने का ख़तरा था।

एक दिलचस्प ऐतिहासिक छलाँग लगाते हुए रामचन्द्र शुक्ल ने चेतावनी दी कि 'क्रान्तिकारक, प्रवर्तक, आदि कहलाने का उन्माद यूरोप में बहुत अधिक है। इन्हीं उन्मादियों के हाथ में पड़ कर वहाँ का समाज छिन्न-भिन्न हो रहा है...ऊँची श्रेणियों के कर्तव्य की पुष्ट व्यवस्था न होने से ही यूरोप में नीची श्रेणियों में ईर्ष्या, द्वेष और अहंकार का प्राबल्य हुआ जिससे लाभ उठा कर लेनिन अपने समय में महात्मा बना रहा...मूर्ख जनता के इस माहात्म्य-प्रदान पर न भूलना चाहिए...जड़ जनता के सम्मान का पात्र वही होगा जो उसके अनुकूल कार्य करेगा।'[135] इस तरह सामाजिक व्यवस्था का कुल मतलब था अपने स्थान और अपने धर्म पर डटे रहना। महान कवि से कही ज़्यादा तुलसीदास एक सांस्कृतिक नायक बन गये जिन्होंने सुधार और समाज-व्यवस्था, भक्ति और सत्ता के बीच समन्वय का मार्ग दिखाया था।[136] इस काल में हिन्दी के अनेक बुद्धिजीवियों को यूरोप—प्रथम विश्वयुद्ध, रूसी क्रान्ति, जर्मनी और इटली में समाजवादी लोकतन्त्र के उदय, और पूँजी तथा मज़दूरी के बीच महान संघर्षों और हड़तालों की वजह से—असन्तोष का विशाल खौलता हुआ सागर जान पड़ता था। जैसा कि किशोरीदास वाजपेयी ने लिखा : 'योरोप में बड़ी-बड़ी दलबिन्दयाँ होती हैं। पर विशेषतः राजनैतिक। इन दलबन्दियों के कारण प्रजावर्ग में बड़ा विषैला मनोमालिन्य बढ़ता है, जिसका प्रभाव अच्छा नहीं होता। प्रत्येक प्रकार की व्यर्थ दलबन्दी से जनता का अहित ही है। सो, देश की दलबन्दियों का कारण वर्ण-व्यवस्था नहीं, मूर्खता है।'[137]

इसकी बजाय आदर्श भारतीय समाज, समानता की मरीचिका, वर्ग संघर्ष के ख़तरे और भौतिकवाद की बुराई का निवारण करती मालूम पड़ती थी, और भारत की श्रेष्ठता के दावे को पुष्ट करती थी। वर्ण व्यवस्था अपने मौलिक, शुद्ध रूप में, सभी संघर्षों, यहाँ तक कि अन्तर्राष्ट्रीय संघर्षों का भी एकमात्र समाधान पड़ता था। बलवीर ने लिखा कि 'पश्चिम में भिन्न-भिन्न प्रकार से अनेक महात्माओं ने समाज की समस्याओं को हल करने का प्रयत्न किया; परन्तु वैदिक आदर्श से च्युत होने के कारण उनकी तेजोमय जीवन-ज्योति भी व्याधियों के उमड़ते हुए मेघों में सिर्फ़ अपनी चमक दिखला कर निस्तेज हो गयी। अशान्ति तथा असन्तोष का साम्राज्य जारी रहा। प्रतिदिन नये-नये आन्दोलनों का जन्म होने लगा। साम्यवाद का आन्दोलन भी असफलता के गहरे कूप में गोता लगाता प्रतीत होता है। कारण स्पष्ट है। मनुष्य का स्वभाव ही प्राकृतिक असमानता पर निर्धारित है।' प्रगति भी कोई इलाज नहीं है, क्योंकि उसके नाम पर मज़दूरों का ख़ून हर जगह चूसा जाता है। बलवीर ने आगे लिखा कि 'प्रकृतिवाद के मद में मस्त योरप को उस आदर्श संगठन का पाठ आध्यात्मिकतावाद के गुरु भारत से पढ़ना होगा' और प्राचीन भारत की सभ्यता पूरे विश्व पर राज करेगी।[138] यहाँ तक कि सत्यव्रत सिद्धान्तालंकार का लेख भी, जो भारत में किसानों, दलितों और ग़ैर-ब्राह्मणों द्वारा न्याय की पुकार को स्वीकार करने और यह पहचानने से शुरू हुआ था कि जाति-भेद ही स्वराज्य के मार्ग में मुख्य बाधा है,

सैद्धान्तिक रूप से इस बात की पुष्टि करते हुए समाप्त हुआ कि वर्णाश्रम धर्म ही सामाजिक संगठन की सर्वश्रेष्ठ प्रणाली है।[139]

छुआछूत पर हमले और उनकी प्रतिक्रिया ने उस दुविधा और उन सीमाओं को और भी उजागर कर दिया जो संगठन की गतिविधियों और समाज के इस विमर्श, दोनों में मौजूद थीं। साथ ही उन्होंने सत्ता, नियन्त्रण और शोषण के अनकहे विषयों को उठा दिया। आर्य समाज और पुनर्जीवित हिन्दू महासभा ने अछूतों और धर्मान्तरित मुसलमानों को हिन्दू घेरे में समाहित करने के उद्देश्य से जो प्रतीकात्मक कार्य शुरू किये, उन्हें पहले-पहल सामाजिक संगठन के पूर्वानुभव के रूप में सराहा गया।[140] लेकिन पुनर्समावेशीकरण के ऐसे सभी प्रतीकात्मक कार्य—जैसे शुद्धि, मन्दिर प्रवेश या सार्वजनिक कुएँ से दलितों को पानी लने की छूट—तब पलट जाते थे जब उनके पीछे-पीछे सवर्ण आत्मशुद्धि करते या इन कार्यों के महत्व को कम करने वाले बयान देते। तब इन क़दमों को महज़ पाखण्ड बताते हुए सवर्ण हिन्दुओं के इस समूचे उपक्रम का सार्वजनिक भण्डाफोड़ हो जाता था। तेजस्वी सम्पादक गणेश शंकर विद्यार्थी ने व्यंग्य और भर्त्सना के साथ उझियानी गाँव (ज़िला बदायूँ) की एक घटना की सूचना दी, जहाँ चमारों के एक समूह को गाँव के कुँए से पानी लेने की इजाज़त दे कर उनको मुसलमान बनने से रोका गया था; लेकिन, इस प्रतीकात्मक चेष्टा के बाद कुँओं को जल्दी ही गंगाजल से शुद्ध कर दिया गया था और अब फिर संकट पैदा हो गया था।[141] हिन्दू महासभा द्वारा अछूतों की 'शुद्धि' का कार्यक्रम शुरू करने के एक ही साल बाद उसकी सीमाएँ साफ़-साफ़ उजागर हो गयीं : यह 'धार्मिक कर्तव्य' दलितों के लिए शिक्षा के प्रावधान मिश्रित स्कूलों में उपलब्ध कराता था, लेकिन उनमें नहीं जो केवल ब्राह्मणों के लिए थे; मन्दिरों में प्रवेश की अनुमति वहीं होती 'जहाँ भी मर्यादा के अनुसार सम्भव' थी; दलितों को हर बस्ती में अपना कुँआ इस्तेमाल करने का अधिकार था, लेकिन दूसरे कुँओं तक उनकी पहुँच नहीं थी। वेदों की शिक्षा, जनेऊ धारण करना, और अछूतों के साथ बैठ कर खाना 'शास्त्रों और लोक मर्यादा के विरुद्ध है,' यह बताया जाता था; हिन्दू धर्म में धर्मान्तरण की इजाज़त है, लेकिन किसी विशेष जाति में नहीं। 'महासभा मन्दिरों के अधिकारियों से प्रार्थना करती है कि वे जहाँ मर्यादा के अनुसार इसका प्रबन्ध कर सकते हों, वहाँ उनको देव-दर्शन कराने की सुविधा कर दें।. .. महासभा की सम्मति में प्रत्येक बस्ती की हिन्दू सभा की अपनी बस्ती के लोगों की राय मिला कर ऐसा प्रबन्ध करना चाहिए, जिससे किसी अन्त्यज भाई को कुएँ से पानी लेने का संकट न रहे और जहाँ आवश्यक है, उनके लिये अलग कुएँ बनवा दिए जायँ।. .. महासभा की सम्मति में अन्त्याजों को जनेऊ देना, वेद पढ़ना और उनके साथ सहभोज करना सनातन धर्मानुसार शास्त्र और लोकमर्यादा के विरुद्ध है।... अछूतों के उद्धार का अर्थ यही नहीं है कि उनके हाथ की रोटियाँ सब वर्ण खाने लगें। उनके उद्धार का अर्थ यही है कि उनमें सफ़ाई और पवित्रता से रहने का शौक़ पैदा किया जाय, उनमें शिक्षा

का अधिकाधिक प्रचार किया जाय, उनकी आय बढ़ाने के उपाय सोच कर उन्हें बताये जायँ।'[142] जब कांग्रेसी उद्योगपति जमना लाल बजाज से, किसी आश्रम में उनके द्वारा कुछ दलित बच्चों के हाथों से भोजन ग्रहण करने के बाद, इण्टर्व्यू लिया गया, तो उन्होंने इस बात पर बल दिया कि छुआछूत हटाने के सार्वजनिक प्रश्न को एक ही पंगत में भोजन करने के निजी प्रश्न से नहीं जोड़ना चाहिए। उन्होंने एक बार सार्वजनिक रूप से ऐसा कर लिया था, लेकिन उसे वे रिवाज नहीं बनाने वाले थे।[143] ऐसी घटनाएँ और सीमाएँ दो अलग-अलग रवैयों की ओर संकेत करती हैं जो समाज और सामाजिक सुधार से जुड़े मामलों में भी आदर्शमूलक और आलोचनात्मक कहला सकते हैं। आदर्शमूलक दृष्टिकोण, जिसका प्रतिनिधित्व ऊपर उद्धृत लेख और मदन मोहन मालवीय जैसे हिन्दू महासभा के नेता करते थे, समाज के संगठन सम्बन्धी सिद्धान्तों के एक सुव्यवस्थित नमूने को अंगीकार करता था, लेकिन सामाजिक आचार-व्यवहार के वास्तविक नियमों और रिवाजों को निजी फ़ैसले पर छोड़ देता था। वे एकता, संगठन और क्रमिक सुधार की बात करते थे लेकिन सामाजिक सम्बन्धों में परिवर्तन लागू करने से कतरा जाते थे। जनार्दन भट्ट ने व्यंग्य-भरे लहजे में टिप्पणी की थी कि,'हिन्दू-संगठन के जन्मदाता पण्डित मदन मोहन मालवीय नीच मालवीय के यहाँ भोजन भी न करेंगे, ब्याह-शादी करना तो दरकिनार।'[144] और अल्पभाषी, वृद्ध लज्जाराम मेहता ने 1927 में कहा, 'महात्मा गाँधीजी ने चाहे एक डेढ़ की लड़की को गोद ले कर उसे उच्च वर्ण में शामिल कर लिया हो, किन्तु मौखिक बात के बतंगड़ के सिवा अभी तक यह कहीं से जानने में नहीं आया कि कांगड़ी-गुरुकुल की टकसाल ने अपने पचीस-तीस वर्ष के जीवन में कितने भंगी-चमारों को वेद अध्ययन करा कर ब्राह्मणत्व का सर्टिफ़िकेट दिया और उन नवजात द्विजों ने देश का किस पैमाने में उद्धार किया।'[145] इसक अलावा, जब सवर्ण हिन्दू छुआछूत के आंशिक सुधार के पक्ष में तर्क देते भी थे क्योंकि उन्हें अपवित्र कार्यों के लिए अछूतों की ज़रूरत थी, तो वे ऐसा दलित सम्वादियों की अनुपस्थिति में करते थे। इसके विपरीत, उग्र समाज सुधारक समाज-सुधार और छुआछूत उन्मूलन के विमर्श और व्यवहार, कथनी और करनी, के बीच संगति के अभाव को रेखांकित करते और ख़ुद निचली जातियों के हाथों आम फेंटा-फेंटी के पक्ष में सामाजिक व्यवस्था के आदर्श को त्यागने के लिए तैयार थे। जैसा गणेश शंकर विद्यार्थी ने लिखा :

> 'दोनों बातों का यह अनिवार्य फल होगा कि उत्तरी भारत की समस्त ऐसी हिन्दू उप-जातियों में, जो इस समय कुत्ते-बिल्लियों से भी हीन समझी जाती हैं, चेतना की ऐसी प्रबल लहर उठेगी जिसे न शंकराचार्य भरतीय कृष्णतीर्थ दबा सकेंगे और न पं. दीनदयालु और उनके संगी-साथी ही। वे चिल्लाते रहेंगे कि धर्म डूबा और सनातन धर्म का नाश हुआ और यह लहर आगे बढ़ती हुई किसी शास्त्र के श्लोक के आधार पर नहीं, किन्तु मानव धर्म की जीती-जीगती प्रेरणा के बल पर वर्तमान

> कूप-मण्डूक आचार्यों और धर्मोपदेशकों के सिर पर से गुज़र जायेगी और समस्त दिशाओं को इस ध्वनि से गुँजा देगी कि धर्म की रक्षा मनुष्य के दबाने से नहीं होती, धर्म-रक्षा सदाचार से होती है, और यदि विश्व-जननी की गोद में ऐसे बालक हैं जो जन्म से छोटे ही सही, किन्तु कर्म और सदाचारों में हीन न हों तो क्यों न आगे बढ़ें, उन्हें आगे बढ़ने का रास्ता क्यों न मिले ?[146]

और निराला ने :

> 'अतः अब जिस जागरण की आशा से पूर्वाकाश अरुण हो रहा है, उसमें सबसे पहले तो वे ही जातियाँ जागेंगी जो पहले की सोई हुई—शूद्र, अन्त्यज जातियाँ हैं। इस समय उनके जो जागने के लक्षण हैं, वही आशाप्रद हैं, और जो ब्राह्मण-क्षत्रियों में दीख पड़ते हैं, वे जागने के लक्षण नहीं, वह पीनक है—स्वप्न के प्रलाप हैं। विरासत में पहले के गुण अब शूद्र और अन्त्यज ही अपनावेंगे। यहाँ की सभ्यता के ग्रहण करने का क्षेत्र वहीं तैयार है।'[147]

इस दूसरे, उग्र सुधारवादी रवैये में पाखण्ड और दमन को वर्ण-व्यवस्था का अन्तर्निहित अंग मान कर (प्रेमचन्द) उसकी आलोचना करते हुए न्याय का और परिवर्तित सामाजिक सम्बन्धों का ऐसा विमर्श भी जोड़ दिया जाता था जो निचली जातियों और निचले-वर्गों पर केन्द्रित था (देखिए 5.2)। अलबत्ता, निचली जाति को कर्ता (सब्जेक्ट) बनाता यह विमर्श उसकी ओर से होता था, ख़ुद उसकी शिरकत उसमें नहीं होती थी : हिन्दी क्षेत्र की यह विशेषता थी कि इस अवधि में सार्वजनिक बहसों के सभी भागीदार ऊँची जाति की पृष्ठभूमि के लोग थे। आलोचक बस यही कर सकते थे कि निचली जाति के प्रजाजनों (सब्जेक्ट्स) से तादात्म्य स्थापित करने का सुझाव दें। ऊपर उद्धृत राम सेवक त्रिपाठी के लेख का जवाब देते हुए आर्य समाज के 'जात-पाँत तोड़क मण्डल' के संस्थापक सन्तराम ने शुद्धि के पाखण्ड और रामसेवक त्रिपाठी द्वारा वर्ण-व्यवस्था की हिमायत को पक्षपात-भरा कहते हुए उसकी भर्त्सना की : अगर रामसेवक त्रिपाठी चमार या डोम होते तो क्या वे यही सब कहते? 'हिन्दू जाति वर्ण-व्यवस्था के कारण ही आज तक जीवित है, यह एक ऐसी ही उक्ति है, जैसे कोई कहे कि भारत में अँगरेज़ों का राज्य इसलिए है, क्योंकि वे मदिरा और चुरट पीते हैं।'[148] तादात्म्य की यह रणनीति, पाठक को किसी और व्यक्ति की जगह लेने के लिए प्रेरित करना, सैद्धान्तिक बहसों में उतनी कारगर नहीं हुई जितनी साहित्य में। हिन्दी साहित्य में छुआछूत की आलोचना ने बड़ी शक्तिशाली कृतियों को जन्म दिया, जिनमें न्याय और व्यक्ति के अधिकारों का सामान्य ऐलान भी था। हम यहाँ ऊँची जाति की क्रूर उदासीनता के बारे में भर्त्सना से भरी प्रेमचन्द की कहानियाँ (दूध का दाम, ठाकुर का कुँआ, सद्गति) याद कर सकते हैं या फिर ज़हूर बख़्श के सनसनीखेज़ 'आत्मकथ्य' (देखिए 4.3), निराला के विडम्बना-भरे और सम्वेदनशील स्केच 'चतुरी चमार' (1935) और 'कुल्ली भाट'

(1939) और एक अछूत की आत्म-कथा की शक्ल में नागार्जुन का हृदय ग्राही उपन्यास बलचनमा (1952)।

रूसी क्रान्ति के बाद हिन्दी के क्षितिज पर समाज की एक अत्यन्त भिन्न कल्पना भी प्रकट हुई जिसको सार्वजनिक क्षेत्र में कुछ प्रचार-प्रसार (और कुछ अपयश) मिला। यह दृष्टि भी संगठन के सन्दर्भ में व्यक्त हो सकती थी, क्योंकि संगठन के आह्वान में भी समाज के उपेक्षित अंगों को भी सम्मिलित करने की लालसा व्यक्त हुई—किसान, मज़दूर, दलित और स्त्रियाँ। अगर क्रान्तिकारी समाज सुधारक हमेशा से यह माँग कर रहे थे कि भावी राष्ट्रीय जाति की कल्पना में सामाजिक न्याय शामिल होना चाहिए, तो समाजवाद ने एक नया सैद्धान्तिक ढाँचा उपलब्ध कराया। इस सन्दर्भ में, जहाँ असहयोग आन्दोलन हिन्दी बुद्धिजीवियों की राजनैतिक कल्पना में एक मोड़ था, रूसी क्रान्ति और अवध में 1919-21 का किसान आन्दोलन, उनकी सामाजिक कल्पना में आये मोड़ थे। जहाँ राष्ट्रीय नेताओं ने अक्तूबर क्रान्ति का स्वागत मुख्य रूप से साम्राज्यवाद विरोधी संघर्ष के रूप में किया, हिन्दी के उग्र विचारकों के लिए वह दमनकारी ज़मींदारों और पूँजीपतियों के ख़िलाफ़ संघर्ष था।[149] 'आने वाला ज़माना अब किसानों और मज़दूरों का है,' प्रेमचन्द ने 1919 में अपने लेख 'पुराना ज़माना, नया ज़माना' में लिखा था।[150] पाँचवे अध्याय में हम और अधिक विस्तार से किसानों के प्रति हिन्दी बुद्धिजीवियों के बदलते हुए रवैये का, और हिन्दी क्षेत्र में कांग्रेसी समाजवादियों की भूमिका का विश्लेषण करेंगे। जन आन्दोलन पर गाँधी का बोल-बाला और रूस में समाजवाद की विजय ने समाज की ऐसी दृष्टि का पोषण किया जो सर्वग्राही और समतावादी थी, जहाँ संघर्ष और मतभेद स्वीकार्य और मुख्यतः आर्थिक शब्दावली में व्याख्यायित होते थे, और जहाँ श्रम एक विशेष प्रकार की गरिमा से मण्डित था। 1920 के दशक में हिन्दी में समाज का एक बिलकुल भिन्न आदर्श पैदा हो गया : वर्ग और वर्ण अन्याय की आलोचना में भावी समता और सामंजस्य की कल्पना सम्मिलित हो गयी। वीर भारत तलवार के अनुसार हिन्दी पत्रिकाओं में साम्यवाद पर पहली-पहली कुछ कविताओं में यह दृष्टि रची-बसी मिलती है : '1918-20 की हिन्दी कविता में बोल्शेविज़्म का जो संगीत सुनायी पड़ता है, वह एक दिव्य तान है। उसमें बोल्शेविज़्म झरने के पानी जैसा निर्मल है, प्रकाश जैसा उज्ज्वल है। वह हृदय में प्रेम और समानता के भाव जगाता है। इससे आगे बढ़ कर वह समाज में ऊँच-नीच के भेद को, धनियों और ग़रीबों के बीच विषमता को दिखलाता है। वह किसानों और मज़दूरों पर ज़मींदारों और पूँजीपतियों के शोषण को दिखलाता है। इस अन्याय की व्यवस्था को नष्ट कर देने के लिए वह ईश्वर से प्रार्थना करता है, प्रकृति की शक्तियों का आह्वान करता है।'[151] भारतीय समाज का विमर्श अब जाति और जातीय सामंजस्य की बजाय वर्ग और वर्ग संघर्ष के शब्दों में व्यक्त होने लगा।[152] 1930 के दशक तक तर्क और शब्दावली निश्चित रूप से आर्थिक अभिप्रायों वाली हो गयी थी, और

मेहनतकश वाला—चाहे वह किसान हो या मज़दूर—केन्द्रीय विषय के रूप में उभर कर सामने आया।[153] 'आजकल दो ही जातियाँ हैं, एक समाजवादी पर्चे का निष्कर्ष था, '1. पटेल, ज़मीनदार ठाकुर, नवाब राजा या रईस, ठेकेदार, दुकानदार, साहूकार नौकर, मकानदार, कारखानेदार या दलाल, एजेन्ट, वकील या अफ़सर। 2. गरीब, किसान और मज़दूर।'[154]

सामाजिक बराबरी, सामाजिक और आर्थिक न्याय और व्यक्तिगत गरिमा की धारणाओं को उचित ठहराने और उन्हें लोकप्रिय बनाने में यह विमर्श निश्चय ही महत्वपूर्ण रहा। समाज की ऐसी तस्वीर पेश करके जहाँ जाति के वजूद के लिए न तो कोई जगह थी, न कारण, यह जातियों और वर्णों को अप्रासंगिक बनाता जान पड़ता था। रघुपति सहाय फ़िराक़ की कहानी 'अब से सौ बरस बाद' (1925) बिलकुल बराबर और लक्षण रहित व्यक्तियों का पूरी तरह धर्म-निरपेक्ष, जातिविहीन समाज प्रस्तुत करती है। बीस से पच्चीस साल तक के अन्तर्राष्ट्रीय प्रलय के बाद नया समाज कल्याणकारी राज्य के बल पर सब को समान अधिकार प्रदान करेगा। भौतिक प्रगति—रोज़गार, यातायात, मकान, खाना—आर्थिक कल्याण ही नहीं, बल्कि सबके लिए व्यक्तिगत विकास का अधिकार भी सुनिश्चित करेगा (जिस के लिए 4-5 घण्टे की मेहनत से अधिक नहीं करनी पड़ेगी।) शिक्षा सबके लिए होगी और नये सामाजिक और स्त्री-पुरुष रिश्ते भी पैदा होंगे : महिलाओं के लिए समान अधिकार, यौन सम्बन्धों में भी, और शादी की ज़रूरत के बिना खुले और स्वस्थ यौन सम्बन्ध। वैसा सच्चा लोकतन्त्र सम्पत्ति का राष्ट्रीयकरण कर देगा और वर्ग या वर्ण भेद मिटा देगा।[155] 1930 के दशक में सार्वजनिक बहसों से वर्ण और जाति के ग़ायब होने की घटना से, जैसा कि पुरुषोत्तम अग्रवाल ने टिप्पणी की है, इस प्रश्न को हल करने की बजाय उसे टाल दिया था : वर्ण और जाति धर्मनिरपेक्ष और समाजवादी विमर्श से धकेल कर बाहर कर दिये गये, लेकिन सामाजिक और राजनैतिक व्यवहार में अनिवार्य बने रहे।[156] कई तरह के सैद्धान्तिक ताल-मेल की तलाश भी हुई; मिसाल के तौर पर शुद्धि और संगठन के आर्य समाजी पक्षधर, भाई परमानन्द ने यह दलील दी कि भारत में समाजवाद का अस्तित्व हमेशा से रहा था, और चार वर्णों में तथा समता के आदर्श में कोई मूलभूत विरोध नहीं था।[157] यहाँ तक कि नरेन्द्र देव और सम्पूर्णानन्द जैसे समाजवादी बुद्धिजीवी भी आर्थिक शब्दावली में समाज की समीक्षा करते हुए ठीक उसी समय प्राचीन भारतीय समाज की अन्तर्निहित अच्छाई और समन्वय में भी विश्वास रखते थे।[158] इतनी शक्ति थी भारतीय अतीत और उसके पूर्ण तथा निर्दोष सामाजिक संगठन की सुनहरी छवि में!

इस प्रकार, 1920 का दशक संगठन और जनान्दोलन के नाम पर समाज के स्वरूप पर एक विस्तृत बहस का समय था। यह आर्य पूर्वजों के आदर्श के साथ-साथ रूसी क्रान्ति के समकालीन उदाहरण द्वारा प्रेरित सैद्धान्तिक प्रयास भी था और दूसरी तरफ़

धार्मिक और राजनैतिक आन्दोलनकारिता के चलते व्यावहारिक प्रचलन। हमेशा की तरह लेखकों की सामाजिक कल्पना पर उनके संस्कारों (देखिए 1.2.2) की छाप पड़ी हुई थी : सैद्धान्तिक स्तर पर वर्ण के चार तहों वाले श्रेणीबद्ध नमूने की पकड़ बहुत ही मज़बूत रही, पत्र-पत्रिकाओं के खुले मैदान में भी। इसलिए, समाज सुधार विषयक दसियों लेखों के बावजूद समाज की चर्चा शुद्ध रूप से 'हिन्दू समाज' के सन्दर्भ में होती रही, जिसका मूल 'आर्य आदर्श' में था। यह उस आर्य और हिन्दू इतिहास की ताक़त और कमज़ोरी दोनों थी जिसकी रूपरेखा पिछले अनुच्छेदों में प्रस्तुत की गयी। ताक़त इसलिए क्योंकि आर्य/हिन्दू इतिहास पर आधारित समाज दर्शन वह निश्चय ही 'पश्चिम' से श्रेष्ठ भारतीय समाज की शक्तिशाली, गौरवशाली और निष्कलंक छवि प्रस्तुत करता था। यह बात कि वर्ण की कोटि जातियों की निकटतम सामूहिक पहचान से एक क़दम दूर थी, वस्तुतः उसके लिए फ़ायदेमन्द था, क्योंकि इससे वर्ण-आधारित आदर्श सवर्ण हिन्दुओं के वृहत्तर निर्वाचन क्षेत्र के लिए अधिक आकर्षक और सुगम बन गया। उल्लेखनीय है कि ब्राह्मण-भक्ति का परम्परागत धार्मिक आग्रह बहुत हद तक इन लेखों से ग़ायब था : 'ब्राह्मणत्व' और 'क्षत्रियत्व' समूह विशेष की निशानियों की बजाय सामान्य गुणों की तरह उल्लिखित होते हैं। और आख़िरी बात यह कि बहस को वर्ण के धरातल पर रख देने से कर्मकाण्डी प्रथाओं और वास्तविक जातीय सम्बन्धों को सार्वजनिक विमर्श से खिसक कर बाहर करने की छूट मिल गयी। जहाँ एक ओर वर्ण-व्यवस्था सैद्धान्तिक विन्यास और समाधान उपलब्ध कराती थी, वहीं दूसरी ओर जातियों की रोटी-बेटी के रिश्ते काफ़ी हद तक सार्वजनिक बहस-मुबाहसे के बाहर ही रहे, वैसे ही जैसा कि बाद में जाति-आधारित चुनावी राजनीति में हुआ। इस समाज दर्शन की कमज़ोरी उसी आदर्शमूलक दृष्टि की दुर्बलता थी : वह आलोचना को ठुकरा कर, हितों या मान्यताओं के अन्तर नज़रन्दाज करते हुए, आदर्श आत्म-छवि, सत्य और वास्तविकता के बीच एक झोल पैदा करती थी। यह झोल आलोचना और नये विचारों के ख़िलाफ़ गद्दे का काम करता था : पतनशील वर्तमान की आलोचना कभी आदर्श के सत्य को कलंकित नहीं कर सकती थी।

रूसी क्रान्ति के उदाहरण ने एक शक्तिशाली विकल्प, और समाजवाद ने भारतीय समाज की चर्चा के लिए एक नया ढाँचा उपलब्ध करा दिया। उसने हिन्दी के सामाजिक चिन्तकों को प्रेरित किया कि वे समाजवाद को भारतीय आदर्श के रूप में अभिव्यक्त करें। इसके अनुसार भारतीय चिन्तकों ने गाँधीवाद यहाँ तक कि वैदिक काल से समाजवाद का ताल-मेल बैठाने की कोशिश की। जो भी हो, समाज के घटक के रूप में व्यक्ति की बहुत कम चर्चा हुई। इससे भारतीय सन्दर्भ में एक स्वाधीन, गुण-धर्मरहित इकाई के रूप में व्यक्ति के सीमित स्थान और अभिप्राय की अनुभव-सिद्ध धारणा का संकेत मिल सकता है, लेकिन यह इस बात को भी उजागर करता है कि कैसे समाज पर होने वाली बहसें अनुभव सिद्ध व्यक्तिगत, प्रथागत और पारिवारिक सरोकारों को सार्वजनिक विमर्श

से बाहर रखती रहीं। जैसा कि हम देखेंगे, यह स्त्रियों की उग्र सुधारवादी पत्रिकाओं के साथ हुआ कि घरेलू और पारिवारिक आचार-व्यवहार, और साथ ही व्यक्तिगत भावनाएँ और आकांक्षाएँ, सार्वजनिक जाँच-परख का विषय बन गयीं और (समाज और राष्ट्र के रूप में) जाति के और व्यक्ति के विकास से जोड़ दी गयीं (देखिए 4.3)।

व्यावहारिक स्तर पर जब 1925 में माधुरी के सम्पादक ने पूछा, 'हिन्दू संगठन का कार्य कितना हुआ?' तो उत्तर निराशाजनक ही था।[159] 1920 के दशक के अन्त तक यह स्पष्ट हो गया था कि हिन्दू जाति के निर्माण के लिए संगठन को जिस छिट-पुट सामाजिक फेर-फार की ज़रूरत थी उस पर भी मुश्किल से सर्वसहमति नहीं हो पायी थी। इसके बावजूद स्वैच्छिक युवा सक्रियता के रूप में और सामाजिक आत्मोन्नति के रूप में संगठन ने उस आर्य-हिन्दू ऐतिहासिक संस्कार की सफलता और लोकप्रियता साबित की, जिसकी रूप-रेखा इस अध्याय में प्रस्तुत की गयी है, और उसे एक जुझारू धार दी। एक राष्ट्रवादी पुराकल्पना स्थान ग्रहण चुकी थी जिसने शक्तिशाली आत्म-छवि उपलब्ध करायी और सुगठित, आक्रामक आदर्श के गिर्द सवर्ण हिन्दुओं की वैचारिक संसक्ति सुनिश्चित की। यह नया हिन्दू मोर्चा आर्य समाज की सक्रियता, उसके मूल्यों और सामाजिक समीक्षा तथा मदन मोहन मालवीय के नेतृत्व में हिन्दू महासभा के राजनैतिक ज़ोर-दबाव और धार्मिक रूढ़िवाद के मिलन की उपज था, वही आर्य-हिन्दू खिचड़ी जो 'भारत भारती' के ऐतिहासिक सन्देश में भी मिलती है। वस्तुतः आर्य समाज ने लाला लाजपत राय, (गुरुकुल कांगड़ी के) स्वामी श्रद्धानन्द और भाई परमानन्द के रूप में उत्तर भारत में संगठन की मानस शक्ति प्रदान की।[160] हालाँकि समाज की सर्वसमावेशी परिकल्पना साकार रूप नहीं ले सकी, प्रतिरक्षात्मक, मुस्लिम-विरोधी संगठन के आह्वान को अधिक सफलता मिली : मुस्लिम शासन के दौरान हिन्दुओं के प्रतिरोध के वीरतापूर्ण उदाहरणों और हिन्दू-मुस्लिम दंगों ने अतीत और वर्तमान के बीच की खाई को पाट दिया। हिन्दुओं की आत्म-रक्षा के सवाल ने, जो दंगों से ग्रस्त 1920 के समूचे दशक में हिन्दी प्रेस पर प्रेत की तरह मँडराता रहा, सामाजिक पुनर्गठन के विषय को किनारे करके और संगठन को केवल आक्रामक अर्थ में परिभाषित किया। यह ठीक उसी समय हुआ जब आर्य समाज और हिन्दू महासभा ने निचली जातियों को हिन्दू त्योहारों में शामिल करने और अखाड़ों तथा स्वयं सेवकों की सेना में भरती करने का आह्वान दिया,[161] और दंगों के समय छात्रों की आत्म-रक्षात्मक टोलियाँ संगठित की होने लगीं।[162] बहरहाल, जैसा नन्दिनी गुप्तू ने सुझाया है, धार्मिक या राजनैतिक गतिविधियों में समान भागीदारी से यह अभिप्राय अनिवार्य रूप से नहीं निकलता कि हिन्दुओं की विभिन्न जातियों के बीच सामुदायिक एकता की एक गुथी हुई भावना निर्मित हो रही थी।[163] भाई परमानन्द और स्वामी श्रद्धानन्द जैसे आर्य समाजी सुधारक वर्ण-व्यवस्था को सम्पूर्ण रूप से समाप्त करने की वकालत करते थे

ताकि एक हिन्दू जाति बनायी जा सके, और जात-पाँत-तोड़क-मण्डल जैसी संस्थाएँ जातिगत बन्धनों को तोड़ने के लिए अन्तर्जातीय विवाह आयोजित करती थीं। लेकिन हिन्दू मोर्चे में बहुसंख्यक लोग हिन्दू 'जाति' के वैचारिक और व्यावहारिक पक्षों को अलग-अलग ही रखते थे : एक 'सत्य' था, दूसरा वास्तविकता। उनकी मान्यता थी कि वर्ण-व्यवस्था का ताल-मेल हिन्दू संगठन से बैठ सकता था, ठीक जैसे हिन्दू हितों की रक्षा का ताल-मेल भारतीय राष्ट्रवाद के उद्देश्य से बैठ सकता था।[164] जातियों की तमाम आलोचना के बावजूद, व्यावहारिक स्तर पर जातियों और जातीय संस्थाओं को सामाजिक आन्दोलन के सकारात्मक केन्द्र के रूप में स्वीकृति प्राप्त थी, बशर्ते कि वे एक ही राष्ट्रीय जाति के समग्र, एकतामूलक विमर्श को स्वीकार करें।[165]

3.4 समापन

भारत के बच्चे बच्चे को हम अर्जुन भीम बनायेंगे
इस देश के बाँके वीरों को शस्त्र विद्या सिखाएँगे

हैं कत्ल किये लाखों हिन्दू मन्दिर भी सभी गिराये हैं
जो ज़ुल्म किये हैं दुष्टों ने हम पर उनका मज़ा चखाएँगे

भारत...

रग रग में ख़ून है अर्जुन का हम हनुमान के साथी हैं
पापों की अधर्मी लंका का दुनिया से भ्रम मिटाएँगे

भारत....[166]

इस अध्याय का उद्देश्य हिन्दी के साहित्य जगत में इतिहास के साथ मुठभेड़ के विभिन्न पहलू और उनके अभिप्रायों पर रोशनी डालना रहा है। हमने देखा कि कैसे एक समेकित ऐतिहासिक अस्मिता ऐतिहासिक संस्कार बन कर प्राच्यवादी इतिहास-लेखन के साथ और उसके विरोध में निर्मित हुई, और राष्ट्रवादी विचारधारा का महत्वपूर्ण घटक बन गयी। समरूपीकरण, सकारात्मक आत्म-छवि, और हिन्दू शूर-वीरता और सामरिकता के आदर्श इस संस्कार के प्रमाण-चिह्न थे, जिन्हें गीतों, धार्मिक और रंगमंचीय प्रदर्शनों, भाषणों और सार्वजनिक उपदेशों समेत बैठाया और रचा गया था। इस सन्दर्भ में स्वामी सत्यदेव परिव्राजक या देवीदत्त द्विवदी जैसे आर्य समाज के उपदेशकों की भूमिका अधिक अध्ययन की माँग करती है; उन्होंने भारत के इतिहास की ऐसी धारणाओं के प्रचार-प्रसार में सहायता दी, और उस तुलनात्मक लचकीलेपन को रेखांकित किया जिससे इन धारणाओं को स्थानीय, विशेष श्रोताओं/पाठकों के लिए और उनके द्वारा रूपान्तरित और व्याख्यायित किया जा सकता था।

हिन्दी के इतिहासकारों और लेखकों ने भाषा और सिद्धान्त के स्तर पर नवीन

ऐतिहासिक विषय 'हम' का निर्माण किया जिसका सम्बन्ध राष्ट्रीय जाति से था। औपनिवेशिक इतिहास-लेखन को इस बिन्दु पर दोषी ठहरा कर यह दावा किया जाता था कि एक राष्ट्रीय जाति के रूप में 'हम' का इतिहास वैदिक काल से ले कर आज तक निरन्तर और अटूट चला आया था। इस इतिहास-विशेष ने आख्यान के स्तर पर नया गठीलापन और एक वीरतापूर्ण स्वर प्राप्त किया; अलावा इसके, समाज के भीतर तथा शासकों और शासितों के बीच के राजनैतिक और सामाजिक सम्बन्ध कुछ सामान्य और समरूप कोटियों के अनुसार पुनर्गठित हुए, जैसे 'हम' हिन्दू-भारतीय, 'वे' मुसलमान-विदेशी। पराजय या समझौते के कोई भी तकलीफ़देह या अटपटे उदाहरणों से निपटने के लिए उनसे कतरा कर बढ़ जाने या उन्हें लुप्त कर देने के उपयुक्त तरीक़े विकसित हुए।

लोगों के बीच भारत के इतिहास की इस विशिष्ट कल्पना को फैलाने का सबसे प्रभावकारी साधन साहित्य ही था। और मैथिली शरण गुप्त की कविता 'भारत-भारती' की लोकप्रियता, जो मध्य प्रान्तो के 'हर घर में' पायी जाती थी, इस विशिष्ट ऐतिहासिक संस्कार के विराट आकर्षण का प्रमाण है। 'भारत भारती' इन अर्थों में भी एक महत्वपूर्ण रचना है, क्योंकि उसने नयी ऐतिहासिक परिकल्पना में विश्वास के सभी पहलुओं को अपने में समो लिया था : अविभाजित अतीत की भावना, संयुक्त हिन्दू राष्ट्रीय जाति की महिमा, शुद्ध आर्य आदर्शों से भटकाव के परिणामस्वरूप हिन्दू जाति की अवनति और ह्रास, मुस्लिम शासन का मध्यवर्ती काल। दलित विचारकों और आर्य समाज की शिक्षा प्राप्त महिलाओं की आलोचना के बावजूद भारत के इतिहास का यह प्रारूप, जिसे पहले-पहल राजनैतिक और सांस्कृतिक उपनिवेशवाद-विरोधी फ़िज़ा में लोकप्रियता मिली, विविध प्रकार की राष्ट्रवादी विचारधाराओं पर लगातार छाया रहा, मदन मोहन मालवीय के रुढ़िवाद से ले कर नरेन्द्र देव के समाजवाद तक। यह बात कम महत्वपूर्ण नहीं थी कि आज़ादी के काफ़ी पहले इतिहास का यह आख्यान भाषा और साहित्य सरीखे अन्य राष्ट्रीय इतिहासों का मेरुदण्ड बन गया, और उनके माध्यम से ऐतिहासिक संस्कार की अपेक्षा कहीं अधिक व्यापक और परोक्ष ढंग से चेतना में रच-बस गया। और जहाँ आज़ाद भारत में इतिहास का पाठ्यक्रम, कम-से-कम जब तक भारतीय जनता पार्टी के स्कूल अस्तित्व में नहीं आये, मोटे तौर पर जवाहर लाल नेहरू की 'भारत की खोज' के अधिक समावेशी और समझौतापरक ढाँचे का अनुसरण करता रहा, हिन्दी साहित्य का पाठ्यक्रम उस ऐतिहासिक संस्कार के ज़्यादा नज़दीक रहा जिसकी रूपरेखा इस अध्याय में प्रस्तुत हुई है। इस तरह यह संस्कार आज़ादी से पहले ही हिन्दी पाठ्यक्रम में दृढ़ता से पैठ गया और काफ़ी हद तक आज भी बरक़रार है। दिलचस्प बात यह है कि स्वाधीनता के बाद के साहित्य में सिर्फ़ आंचलिक लेखकों ने ही स्थानीय संस्कृति और समाज के परिवेश को समग्र रूप से चित्रित करने के उद्देश्य से इस राष्ट्रवादी इतिहास और उसकी कोटियों

को ठुकरा दिया है।

मैथिली शरण गुप्त सरीखे लेखकों ने जिस ऐतिहासिक चेतना को अंकित किया था, वह 1920 के दशक में भारतीय समाज के पुनर्गठन तक या जैसा कि तकियाकलाम बन गया था, संगठन—के बारे में चल रही बहसों में भी प्रभावशाली साबित हुई। जैसे-जैसे एक के बाद एक कई विचारकों ने सामाजिक संगठन के आदर्श के रूप में वर्ण-व्यवस्था का झण्डा बुलन्द किया, भारतीय नमूनों की तलाश ने यहाँ रुढ़िवादी रुझान अख़्तियार कर लिया। जातियों की भरमार, जाति के नाम पर शोषण और असन्तोष की लहरें उस मूल आदर्श का पतित रूप ही माना गया जहाँ पहले संघर्ष और विषमता अनुपस्थित थी। 1917 की रूसी क्रान्ति ने भारतीय समाज पर बहस-मुबाहसे के लिए एक और क़िस्म का वैचारिक ढाँचा उपलब्ध कराया और व्यक्तिगत अधिकार तथा सामाजिक और आर्थिक न्याय की धारणा का समावेश करके उन्हें लोकप्रिय बनाया। लेकिन अन्ततः समाजवादी विचारधारा का भी अतीत के सुसंगठित भारतीय समाज की अवधारणा से और वर्णाश्रम व्यवस्था से सामंजस्य बैठाया जाने लगा। हिन्दी बुद्धिजीवियों के लिए भावी भारतीय समाज की कल्पना अतीत की कल्पनाओं से अलग नहीं हो पायी। अस्पृश्यता या स्त्री-अधिकार जैसे सम्भावित विस्फोटक विषय या तो टाल दिये जाते या उनका सीमित ही असर होता।

इन विचारों की उल्लेखनीय बात इनका जीवट और जिजीविषा है। न केवल वे 1920 और 1930 के दशकों की वैचारिक उथल-पुथल वाले दौर से गुज़र कर बचे रह गये, बल्कि वे स्वातन्त्र्योत्तर भारत में भी प्रचलित रहे; किन्हीं अर्थों में वे अतीत और वर्तमान दोनों के भारतीय समाज की धारणा पर होने वाली सभी बहसों का आधार निर्मित करते रहे। हिन्दी के सार्वजनिक क्षेत्र की ऐतिहासिक चेतना दूसरे ऐसे सामाजिक और सांस्कृतिक अभियानों से इन अर्थों में भिन्न थी कि वहाँ बुद्धिजीवियों के मत या तो बहुत कम या बिलकुल नहीं बदले। इसके अतिरिक्त यह ऐतिहासिक अस्मिता और उसमें निहित सामाजिक कल्पना संस्कृतिकरण का हिस्सा बन गया और उस रूप में यह अपने मूल समर्थकों के गुटों और जातियों की संख्या से अधिक व्यापक जन समुदाय के आकर्षण का केन्द्र बन गया। इस विस्तार का वृहत्तर परिणाम व्यापक हिन्दी समाज में आलोचनात्मक शक्तियों का गम्भीर ह्रास था और परोक्ष रूप से, विशेषकर शिक्षा और साहित्यिक संस्थाओं में ब्राह्मणवादी व्यवस्था की हिमायत।

अगले अध्याय में हम यह देखेंगे कि कैसे सार्वजनिक क्षेत्र में महिला-स्वरों के उभार ने इस अध्याय में रेखांकित ऐतिहासिक और सामाजिक दृष्टि को अपने ढंग से इस्तेमाल भी किया और उसको चुनौती भी दी। स्त्रियों ने इस बात पर ज़ोर भी दिया कि अमूर्त बहस और सक्रियता और यथार्थ के ठोस आधार के बीच मेल होना चाहिए। अपने दावे में व्यक्तिगत और भावनात्मक पहलू को जोड़ कर और उन्हीं दलीलों को इस्तेमाल करके

जो पुरुष प्रतिरूप इस्तेमाल करते थे, महिला बुद्धिजीवियों ने व्यक्तिगत विकास और सार्वजनिक भागीदारी के सार्वभौमिक, लेकिन लिंग-भेद-सापेक्ष अधिकार के लिए समाज की आवश्यकता बतायी। हालाँकि उनके ख़ुद के दावे में भी कुछ लोग बहिष्कृत ही रहे।

टिप्पणियाँ

1. वेंकटेश नारायण तिवारी, भगवान बुद्धदेव, सरस्वती, जनवरी, 1910 (एच.पी.गौड़, 'सरस्वती और राष्ट्रीय जागरण' में उद्धृत)।
2. प्राचीन भारत पर मुंशी देवी प्रसाद, गौरीशंकर हीराचन्द ओझा, विश्वम्भर नाथ रेऊ, काशी प्रसाद जायसवाल आदि के मौलिक शोध-ग्रन्थों के अलावा हिन्दी के ऐतिहासिक प्रकाशनों में अधिकतर अंग्रेज़ी भाषा के आधार पर लिखित सामग्री थी, जैसे 1908 और 1912 के बीच इण्डियन प्रेस, इलाहाबाद के लिए भारत, जर्मनी, रूस, इंग्लैण्ड और जापान के इतिहास पर श्याम बिहारी और शुकदेव बिहारी मिश्र द्वारा तैयार की गयी पुस्तकों की श्रृंखला (देखिए मुश्ताक़ अली, 'हिन्दी साहित्य के इतिहास' में इलाहाबाद का योगदान, पृ. 383-5); इसके अलावा अनगिनत 'ऐतिहासिक कथाओं' का पुनर्वर्णन भी था, विशेष रूप से स्कूली छात्रों के लिए, जैसे नागरी प्रचारिणी सभा की 'मनोरंजन पुस्तक माला' के लिए द्वारिका प्रसाद चतुर्वेदी की 'ऐतिहासिक कहानियाँ' और देवनारायण मुखोपाध्याय की 'मेरे देश की कथा' (इण्डियन प्रेस, 1938) और कविताएँ, उपन्यास, नाटक तो थे ही।
3. गेल ओम्वेट, 'कल्चरल रिवोल्यूशन इन अ कोलोनियल सोसाइटी,' बम्बई, साइण्टिफ़िक सोशलिस्ट एजुकेशन ट्रस्ट, 1976।
4. कृष्ण कुमार, लर्निंग फ़्रॉम कॉनफ़्लिक्ट, नयी दिल्ली, लौंगमैन, 1996।
5. इन संक्षिप्त बिन्दुओं का बहुत-सा श्रेय नॉर्बर्ट पीबॉडी के साथ की गयी चर्चा को जाता है; क्षेपक, त्रुटिपूर्ण सम्प्रेषण या नासमझी-भरे अनुमान मेरे हैं।
6. देखिए फ़ारसी स्रोतों पर आधारित ऐलेक्ज़ैण्डरा डाओ का 'हिस्टरी ऑफ़ हिन्दुस्तान' (1770); 1867 और 1877 के बीच एच.एम.एलियट और जे. डाउसन द्वारा प्रस्तुत आठ खण्डों में 'हिस्ट्री ऑफ़ इण्डिया ऐज़ टोल्ड बाई इट्स ओन हिस्टोरियन्स' और ब्रिग्स द्वारा फ़रिश्ता का अनुवाद, जिसके उर्दू तर्जुमे को उन्नीसवीं सदी में नवल किशोर ने प्रकाशित किया था। ये सभी हिन्दी इतिहासकारों द्वारा सुविस्तृत रूप से उद्धृत किये गये हैं, और मुंशी देवी प्रसाद द्वारा अल-बरूनी और 'आईन-ए-अकबरी' का अनुवाद।
7. नॉर्मन पी.त्सीगलर, 'मारवाड़ी हिस्टॉरिकल क्रॉनिकल्स : सोर्सेस फ़ॉर द सोशल ऐण्ड कल्चरल हिस्टरी ऑफ़ राजस्थान,' इण्डियन इकोनॉमिक ऐण्ड सोशल हिस्टरी रिव्यू, 13, 1976, पृ. 219-50।
8. मौखिक सूचना, जॉन डी. स्मिथ, मई 1998।
9. खड्ग विलास प्रेस पर धीरेन्द्र नाथ सिंह का वैसे सुविस्तृत प्रबन्ध इसका उल्लेख नहीं करता, पर गौरी शंकर हीराचन्द ओझा 'राजपूताने का इतिहास' में एक 'खड्गविलास प्रेस के संस्करण' का उल्लेख करते हैं।
10. नॉर्बर्ट पीबॉडी, 'द किंग इस डेड, लौंग लिव द किंग! : ऑन कार्मिक किन्(ग) शिप इन

कोटा,' एस.सी.वेल्च द्वारा सम्पादित 'गॉड्स, किंग्स, ऐण्ड टाइगर्स; द आर्ट ऑफ़ कोटा में संकलित, म्यूनिख़, प्रेस्टेल-वर्लैग, 1997; डर्क एच.ए.कॉल्फ़, 'नौकर, राजपूत ऐण्ड सिपॉय : दि एथनोहिस्टरी ऑफ़ द मिललिटरी लेबर मार्केट इन हिन्दुस्तान,' 1450-1850, केम्ब्रिज, केम्ब्रिज, यूनिवर्सिटी प्रेस, 1990।

11. देखिए नॉर्बर्ट पीबॉडी, 'टॉड्ज राजस्थान ऐण्ड द बाउण्डरीज़ ऑफ़ इम्पीरियल रूल इन नाइनटीन्थ सेन्चुरी इण्डिया,' मॉडर्न एशियन स्टडीज़, 30, 1, 1996;

12. यह कहानी कि कैसे इतिहास उपनिवेशाधीन भारतीयों की चिन्ता का केन्द्र बना, कैसे इतिहास 'राष्ट्रीयता का एक स्रोत' बना और कैसे भारतीय बुद्धिजीवियों ने यूरोपीय विवेकवादियों और उपनिवेशवादियों द्वारा लिखे गये भारत के इतिहासों का खण्डन किया, हाल के विद्वानों द्वारा बंगाली बुद्धिजीवियों के विशेष हवाले से विभिन्न रूपों में कही गयी हैं : मिसाल के लिए, रणजीत गुहा, ऐन इण्डियन हिस्टीरियोग्रैफ़ी ऑफ़ इण्डिया : ए नाइनटीन्थ सेन्चुरी एजेण्डा ऐण्ड इट्स इमप्लिकेशन्स, कलकत्ता, के.पी.बागची, 1998; तपन राय चौधुरी, 'यूरोप रीकन्सिडर्ड;' सुधीर चन्द्र, 'दि ऑप्रेसिव प्रेजेण्ट;' पार्थ चैटर्जी, 'द नेशन ऐण्ड इट्स फ्रैग्मेंट्स;' सुदीप्त कविराज, 'दि अनहैपी कॉन्शसनेस : बंकिमचन्द्र ऐण्ड द फ़ॉर्मेशन ऑफ़ नैशनलिस्ट कॉन्शसनेस इन इण्डिया,' दिल्ली, आ.यू.प्रे. 1994।

13. वसुधा डालमिया, द नैशनलाइज़ेशन ऑफ़ हिन्दू ट्रेडिशन्स।

14. सिर्फ़ तीसरे भाग में, जो 1874 में प्रकाशित हुआ, राजा शिव प्रसाद ने, गुटका में मनुस्मृति का संक्षिप्त प्रारूप लिखने के बाद, और अधिक विस्तार से प्राचीन भारत पर महाकाव्यों और संस्कृत के दूसरे पाठों से सामग्री लेते हुए लिखने की कोशिश की।

15. सोमनाथ के मन्दिर की मूर्ति के भीतर रत्नों के होने का जो क़िस्सा था; फ़रिश्ता ने महमूद ग़ज़नवी के इस लिंग को लूटने से जोड़ दिया था ऊपर उल्लिखित सभी इतिहासकारों ने उद्धृत किया था; गौरीशंकर हीरा चन्द ओझा, 'राजूताने का इतिहास,' भाग 1, अजमेर, वैदिक कार्यालय, 1925, पृ. 264-5।

16. इसके विपरीत, कैप्टन पॉगसन को पन्ना के बुन्देले राजा छत्रसाल पर लाल कवि की कविता, छत्रप्रकाश को बुन्देलों का इतिहास (1822) के रूप में अनूदित करने में कोई शंका नहीं हुई। भूषण के साथ-साथ लाल कवि, जो शिवाजी और छत्रसाल के दरबारी कवि रहे थे, वीर-रस में विद्वानों की देशभक्तिपूर्ण रुचि के केन्द्र बने : बनारस की नागरी प्रचारिणी सभा ने 'छत्रप्रकाश' को 1904 में और 'भूषण ग्रन्थावली' को 1907 में प्रकाशित किया था।

17. सच ही, हरिश्चन्द्र और उनके मण्डल के समय से ऐसा रहा था; देखिए मिसाल के लिए सुधीर चन्द्र, 'दि ऑप्रेसिव प्रेज़ेण्ट,' चैप्टर 1; बीसवीं सदी में, 'नागरी प्रचारिणी पत्रिका,' 'सरस्वती' और 'मर्यादा' के हर अंक में ऐतिहासिक निबन्ध प्रकाशित होते थे; वे नियमित रूप से नागरी प्रचारिणी सभा और हिन्दी साहित्य सम्मेलन की बैठकों में पढ़े जाते थे, और इतिहास परिषद हिन्दी साहित्य सम्मेलन के वार्षिक अधिवेशनों का एक विशेष अंग होती थी। गौरीशंकर हीरानन्द ओझा की पहली कृति थी 'कर्नल टॉड की जीवनी' (1902), जबकि टॉड की कृति के अनुवाद पर उनकी टिप्पणियाँ अप्रकाशित ही रहीं; देखिए श्यामसुन्दर दास, 'हिन्दी के निर्माता,' भाग 2, इलाहाबाद, इण्डियन प्रेस, 191, पृ. 10। आर.सी.दत्त की 'हिस्टरी ऑफ़ सिविलाइज़ेशन ऑफ़ एन्शिएण्ट इण्डिया' और उनके ऐतिहासिक उपन्यास हिन्दी में 1880 से ही पढ़े जाने लगे थे, यही हाल बंकिमचन्द्र के

निबन्धों और उनके 'आनन्दमठ' का था; देखिए गोपाल राय, हिन्दी उपन्यास कोश, भाग 1 पृ. 306 और उसके बाद।

18. 'अगर विवेकधर्मी और तार्किक (रैशनलिस्ट) कसौटी पर परखे जायें तो जाति के अतीत का विश्वसनीय विवरण तैयार करने का जो उद्‌देश्य यूरोपीय इतिहास-लेखन का था, उसमें उनके प्रयास अक्सर बहुत पीछे रह जाते थे; मगर दूसरी दृष्टि से, जाति के अतीत को कल्पनाशील एकता प्रदान करने में, वे उससे कहीं आगे निकल जाते थे'; सुदीप्तो कविराज, 'दि अनहैपी कॉनशसनेस,' पृ. 108।

19. पार्थ चैटर्जी, 'द नेशन ऐण्ड इट्स फ्रैगमेंट्स,' पृ. 83 और उसके बाद। अंग्रेज़ों की नैतिक श्रेष्ठता और सैनिक अजेयता भारतीय स्कूली बच्चों की इतिहास सम्बन्धी पाठ्य-पुस्तकों में अन्तर्निहित थी, जैसे एडमण्ड मार्सडेन की पुस्तक 'ए हिस्टरी ऑफ़ इण्डिया' (1900) जिसका हिन्दी अनुवाद रामचन्द्र प्रसाद ने 'भारतवर्ष का इतिहास' के रूप में किया, मैकमिलन, 1920 देसी स्कूलों की पाँचवीं और छठी कक्षाओं के लिए।

20. उन्होंने एक लाख रुपये की एक सार्वजनिक निधि शुरू करने का सुझाव दिया और इस परियोजना को अन्तिम रूप देने क लिए एक समिति गठित की गयी जिसमें स्वयं शिव प्रसाद गुप्त, नरेन्द्र देव, गौरीशंकर हीराचन्द ओझा, पुरुषोत्तम दास टण्डन और जोधपुर के रामकृष्ण असोपा शामिल थे।

21. देखिए सम्मेंलन पत्रिका XII, 4-5, पृ. 216-17।

22. जयचन्द्र विद्यालंकार, 'भारतवर्ष का एक राष्ट्रीय इतिहास,' माधुरी 5, भाग 1, 2, सितम्बर 1926, पृ. 167। जयचन्द्र जिन्होंने शिवप्रसाद गुप्त की योजना को पूरा करने का प्रस्ताव रखा था, आर्य समाजी स्कूलों और 'राष्ट्रीय' संस्थाओं में अध्यापक रहे थे जैसे लाहौर का नैशनल कॉलेज (जहाँ भगत सिंह और सुखदेव उनके विद्यार्थियों में से थे) और पटना का बिहार विद्यापीठ; देखिए परिशिष्ट में जीवन परिचय। अन्य आर्यसमाजी इतिहासकारों में गुरुकुल कांगड़ी के उपकुलपति आचार्य रामदेव और सत्यकेतु विद्यालंकार भी थे जिन्हें मंगलाप्रसाद पुरस्कार भी मिला।

23. जिनकी 'ऑक्सफ़ोर्ड हिस्टरी ऑफ़ इण्डिया' (1904) और 'दि ऑक्सफोर्ड स्टूडेण्ट्स हिस्टरी ऑफ़ इण्डिया' (1908) मानक सन्दर्भ ग्रन्थ थे।

24. जयचन्द्र विद्यालंकार, 'भारतवर्ष का एक राष्ट्रीय इतिहास,' पृ. 167।

25. वस्तुतः हालाँकि रामायण तकनीकी रूप से 'इतिहास' नहीं, 'महाकाव्य' है, हिन्दी के इतिहासकार उत्साह से उसके ऐतिहासिक सत्य की वकालत करते रहे। 'एक प्रति-इतिहास की खोज को इस कारण भी सुविधा मिली क्योंकि परम्परागत रूप से पुराकथा और इतिहास के बीच कोई अन्तर नहीं था,' सुधीर चन्द्र का विचार है, 'लिहाज़ा, अतीत के साहित्यिक और अर्द्ध-ऐतिहासिक गौरव ग्रन्थ, दोनों ही की–मिसाल के तौर पर रामायण, महाभारत और पुराण को–उत्तरोत्तर जाति की पुराकथाओं, ज्ञान और परम्पराओं के भण्डार होने से कहीं अधिक महत्व मिलने लगा। उनमें वह इतिहास और वह अर्थ है जो भारत के अतीत की पुनर्रचना के लिए सामग्री उपलब्ध कराने में प्रासंगिक और सहायक हो सकता है। वे इतिहास थे'; सुधीर चन्द्र, 'दि ऑप्रेसिव प्रेज़ेण्ट,' पृ. 57। देखिए सुदीप्तो कविराज दि अनहैपी कॉन्शसनेस में 'इमैजिनरी हिस्टरी' पृ. 107-57।

26. गौरीशंकर हीराचन्द ओझा, 'सोलंकियों का प्राचीन इतिहास,' अजमेर, वैदिक कार्यालय

1907।

27. इसी दिशा में इससे पहले का काम कविराय श्यामलदास का 'वीर विनोद' था जो 1880 में पहली बार लकड़ी के ठप्पे से छापा गया था और फिर बीसवीं सदी के आरम्भ में ही पुनर्मुद्रित हुआ था। मैं सन्दर्भ के लिए नॉर्बर्ट पीबॉडी की आभारी हूँ और इस सचमुच अद्‌भुत कृति की एक झलक के लिए जॉन डी.स्मिथ की।
28. ओझा, 'राजपूताने का इतिहास,' खण्ड 1, पृ. 303।
29. 'राजपूताने का इतिहास' (1926) के दूसरे खण्ड में परिशिष्ट स्वरूप दिये गये 'राजपूताना का इतिहास' के खण्ड 1 पर सम्मतियों के सारांश'।
30. देखिए मिसाल के लिए, कुमकुम सांगरी और एस.वैद द्वारा सम्पादित 'रीकास्टिंग विमेन,' में उमा चक्रवर्ती का लेख 'व्हॉट एवर हैपंड टू द वैदिक दासी? ओरिएण्टलिज्म, नैशनलिज्म ऐण्ड ए स्क्रिप्ट फॉर द पास्ट,' नयी दिल्ली, काली फ़ॉर विमेन, 1989।
31. जनार्दन भट्ट, 'भारतीय पुरातत्व में नयी खोज,' माधुरी, III, भाग 2, 2 मार्च 1925, पृ. 149;
32. प्रो. इन्द्र (शायद लेखकीय नाम; अभी तक लेखों के शीर्षक ' ' के बिना ही छपे हैं) 'प्राचीन भारत में राजनीतिक स्वाधीनता,' माधुरी, 4, भाग 2, 2 फ़रवरी 1926, पृ. 186।
33. मैथिली शरण गुप्त, 'भारत भारती' अतीत खण्ड, पद 195-6, चिरगाँव, साहित्य सदन, 1991 (मूल से 1912) देखिए 3.1.2. यहाँ।
34. वही, पद 6, पृ. 12।
35. चैटर्जी, 'द नेशन ऐण्ड इट्स फ्रैगमेंट्स,' पृ. 101।
36. 'हरिश्चन्द्र पत्रिका,' फ़रवरी 1974 में छपी समीक्षा, वसुधा डालमिया द्वारा 'द नैशनलाइज़ेशन ऑफ़ हिन्दू ट्रेडिशंस' में उद्धृत, पृ. 330-1।
37. मुगलों और हिन्दू राजाओं के बीच लड़ाइयों की सूची के लिए देखिए गौरीशंकर ओझा, 'राजपूताने का इतिहास,' खण्ड 13, पृ. 274-5।
38. प्रो. 'इन्द्र,' 'प्राचीन भारत में राजनीतिक स्वाधीनता,' भाग 2, माधुरी 5, भाग 1, 3 अक्तूबर 1926, पृ. 326।
39. वही, भाग 1, पृ. 182।
40. वही पृ. 185।
41. वही, भाग 2, पृ. 328।
42. गौरीशंकर ओझा, 'राजपूताने का इतिहास,' खण्ड 1, पृ. 274-5।
43. पीबॉडी, 'द किंग इज डेड, लौंग लिव द किंग।'
44. 'वर्तमान राजपूताना,' चाँद का सम्पादकीय, 'राजपूताना अंक,' X, भाग 1, 1 नवम्बर 1931, पृ. 51। देखिए इसी पुस्तक में 3.2 इस तीखे हमले के वास्तविक लक्ष्य के लिए।
45. मैथिलीशरण गुप्त, 'भारत भारती,' वर्तमान खण्ड, पद 243-7, पृ. 91।
46. मण्डन मिश्र, 'ब्रिटिश साम्राज्य के पूर्व भारत,' माधुरी, 9, भाग 2, 1 फ़रवरी 1931, पृ. 47-54।
47. देखिए मिसाल के लिए चतुर्वेदी पण्डित द्वारका प्रसाद शर्मा द्वारा लिखी गयी रॉबर्ट क्लाइव और वॉरेन हेस्टिंग्स की जीवनियाँ जिनके कारण उन्हें अपनी सरकारी नौकरी से हाथ धोना पड़ा· विद्यानिवास मिश्र द्वारा सम्पादित 'हिन्दीमय जीवन पण्डित श्री नारायण चतुर्वेदी' में,

उदय नारायण तिवारी, 'भैयासाहब पण्डित श्री नारायण चतुर्वेदी,' दिल्ली, प्रभात प्रकाशन ।

48. सुधीर चन्द्र ने दलील पेश की है कि अत्याचार और राष्ट्रीयता के लिए संघर्ष के आख्यानों में मुस्लिम और/या ब्रिटिश किसी को भी शत्रु की भूमिका में ढाला जा सकता था : यह और/या का गँठजोड़ ढीला रखा गया था, ताकि अक्सर सन्दर्भ और अवसर को देखते हुए मुसलमान या अंग्रेज़ खलनायक की भूमिका अदा कर सकते थे। देखिए सुधीर चन्द्र, 'द ऑप्रेसिव प्रेज़ेण्ट,' पृ. 116 और उसके आगे। बहरहाल, इससे भारतीय इतिहास में मुसलमानों की हिस्सेदारी की सकारात्मक छवि और धारणा के लिए ज़्यादा गुंजाइश नहीं रहती।

49. देखिए, अवधनन्दन और सत्यनारायण, 'हिन्दी की दूसरी पुस्तक,' मद्रास, हिन्दी प्रचार पुस्तक माला 18वाँ संस्करण, 1939, पृ. 19-21, देखिए पाण्डे, 'द असेण्डेन्सी ऑफ़ द काँग्रेस इन उत्तर प्रदेश,' पृ. 148 और उसके आगे।

50. 1928 और 1933 के बीच अब्दुल्ला यूसुफ़ अली, गौरी शंकर हीराचन्द ओझा, गंगानाथ का, आज़मगढ़ की शिबली अकेडमी के मौलाना सैयद सुलेमान नदवी, ताराचन्द, कलकत्ता के मुहम्मद अमीन अब्बासी, डॉ. भगवान दास, मौलाना अब्दुल हक़, पद्म सिंह शर्मा आदि को 'मुस्लिम संस्कृति को हिन्दुओं की देन' और 'हिन्दू संस्कृति को मुसलमानों का योगदान' जैसे विषयों पर व्याख्यान दने के लिए आमन्त्रित किया गया था; देखिए, 'द रिपोर्ट ऑफ़ द वर्किंग ऑफ़ द हिन्दुस्तानी अकादेमी, युनाइटड प्रॉविन्सेज़, इलाहाबाद' (1927-1933) पृ. 11-13।

51. नन्दिनी गुप्तू, 'द पोलिटिकल कल्चर ऑफ़ द अर्बन पुअर : द युनाइटेड प्रॉविन्सेज़ बिटवीन टू वर्ल्ड वॉर्स,' अप्रकाशित पी.एच.डी. शोध प्रबन्ध, केम्ब्रिज विश्वविद्यालय, 1991 पृ. 122 और आगे भी (अब किताब भी छप गयी है) फ़्राइटैग, 'कल्चर ऐण्ड पावर इन बनारस' में फ़्राइटैग, कोक्करी, हैनसन और मार्कस के लेखों को भी देखिए।

52. यहाँ कृति का सैंतीसवाँ संस्करण इस्तेमाल किया गया है जो मैथिलीशरण गुप्त के अपने प्रकाशन गृह साहित्य सदन, चिरगाँव, झाँसी से 1991 में प्रकाशित हुआ, अतीत खण्ड, बन्द 14, पृ. 14।

53. संक्षिप्त मूल्यांकन के लिए देखें मैक्ग्रेगर, 'हिन्दी लिटरेचर इन द लेट नाइनटीन्थ ऐण्ड अर्ली ट्वेण्टिएथ सेन्चुरीज़,' पृ. 109-10; साथ ही 'आलोचना' का विशेषांक, अक्तूबर-दिसम्बर 1986।

54. बाद में 'कविता कलाप' में संकलित, इलाहाबाद, इण्डियन प्रेस, 1909।

55. मैथिलीशरण गुप्त को 'मुसद्दस' की एक प्रति कुर्री सिधौली के राजा राम पाल सिंह ने भेंट की थी और उसके साथ एक पत्र भी लिखा था कि वे हिन्दुओं के लिए ऐसा कुछ लिखें। मैथिली बाबू ने हाली की कविता और उससे प्रेरित कैफ़ी की 'मुसद्दस' को इस्तेमाल किया; देखिए 'भारत भारती' में कवि का प्राक्कथन, पृ. 9-10; हाली की 'मुसद्दस' से प्रभावित अन्य उर्दू कविताओं के लिए देखिए शैकल और मजीद द्वारा सम्पादित 'मुसद्दस' अंग्रेज़ी अनुवाद, दिल्ली ऑक्सफ़र्ड यूनिवर्सिटी प्रेस, 1997।

56. 1930 तक इसके 10 संस्करण हो चुके थे। दसवाँ संस्करण 4000 प्रतियों का था।

57. हाली, मुसद्दस का दीबाचा, 1869।

58. मैथिलीशरण गुप्त, 'भारत भारती,' पृ. 60।

59. देखिए, सुधीरचन्द्र, 'दि ऑप्रेसिव प्रेज़ेण्ट।'
60. शैकल और मजीद, 'हाली की मुसद्दस,' पृ. 74।
61. वही पृ. 31।
62. इस प्रभावशाली सूची में भविष्य की आशा के संकेत के रूप में राम मोहन राय और दयानन्द सरस्वती, तिलक और मदन मोहन मालवीय, राजेन्द्र लाल मिश्र और देवेन्द्रनाथ ठाकुर, दरभंगा और मैसूर के महाराजा, चित्रकार अवनीन्द्र नाथ ठाकुर और राजा रवि वर्मा, संगीतकार पलुस्कर और सत्यबाला, रवीन्द्रनाथ और मूर्तिकार महात्रे, गोखले और गाँधी के नामों का उल्लेख है; दिलचस्प है कि आर.सी.दत्त का 'महाराष्ट्र जीवन प्रभात' उन दो उपन्यासों में से एक है जिन्हें आशा की किरण बताया गया है। मदन मोहन मालवीय हिन्दी की पृष्ठभूमि से आने वाले एकमात्र व्यक्ति हैं जिनका उल्लेख मिलता हुआ है और जिनकी प्रशंसा बनारस हिन्दू विश्वविद्यालय की स्थापना के सन्दर्भ में दरभँगा के महाराजा के साथ-साथ मिलती है।
63. भविष्यखण्ड, पद 97-8, पृ. 1।
64. शकों के पहले-पहले हमलों से ले कर शुरूआती मुस्लिम हमलावरों तक का हज़ार साला इतिहास (अतीत खण्ड के 255 में से) केवल 20 बन्दों में बयान किया गया है : बुद्ध, जिन, शंकर, विक्रमादित्य, भोज ही उस धुँधले होते आकाश के एकमात्र चमकते सितारे हैं। मुस्लिम शासन वाला अंश भी आश्चर्यजनक रूप से छोटा है, केवल 20 बन्द, और स्पष्ट रूप से हिन्दू सभ्यता वाले हिस्से से कम महत्वपूर्ण है। यहाँ हमें भारतवर्ष के भारतीय इतिहास के सभी प्रचलित लवाज़गात मिलते हैं : 'हम' ने इस्लामी झुण्ड को न्योता दिया था; जयचन्द का स्वार्थ-प्रेरित विश्वासघात; 'यवनों' का शासन मूलतः विनाशकारी था (सबसे लम्बा हिस्सा 'अत्याचार' के शीर्षक के अन्तर्गत है।) सिवा अकबर जैसे चन्द अपवादों के (इस तर्क से कि पूरा समुदाय कभी बुरा नहीं हो सकता, न समूचे (हिन्दू) समुदाय से पूरी तरह अलग-थलग रह सकता है।) लेकिन औरंगज़ेब एक कालिमा युक्त उपसंहार है। 'यवन' शासन के बरक्स हिन्दू गौरव के प्रतीक महाराणा प्रताप, राजपूत स्त्रियों का जौहर, शिवाजी। एक बार फिर यवन शासन का अन्त एक चक्र की समाप्ति के साथ होता है। (अतीत खण्ड, 242, पृ. 90) : 'अन्यायियों का राज्य भी क्या अचल रह सकता कभी? आखिर हुए अँगरेज शासक राज्य है जिनका अभी 11 सम्प्रति समुन्नति की सभी हैं प्राप्त सुविधाएँ यहाँ। सब पथ खुले हैं भय नहीं विचरो जहाँ चाहो वहाँ।' (अतीत खण्ड, 243, पृ. 90।
65. पुरुषोत्तम अग्रवाल, 'राष्ट्रकवि की राष्ट्रीय चेतना,' 'आलोचना' नयी दिल्ली, अक्तूबर-दिसम्बर 1986, पृ. 127-36।
66. हरिश्चन्द्र की 'भारत दुर्दशा' के समय ही से यह थीम हिन्दी पत्र-पत्रिकाओं और साहित्य में आम थीम रही थी। इन पदों के साथ दी गयी टिप्पणी में किन्हीं डी.ओ.ब्राउन साहब का मत उद्धृत किया गया है जिन्होंने 20 फ़रवरी 1884 के डेली ट्रिब्यून में लिखा था : 'यदि हम पक्षपातरहित हो कर भली-भाँति परीक्षा करें तो हमको स्वीकार करना पड़ेगा कि हिन्दू ही सारे संसार के साहित्य, धर्म्म, और सभ्यता के जन्मदाता हैं।' मैथिलीशरण गुप्त, 'भारत भारती,' पृ. 218।
67. अतीत खण्ड, पद 143, और उसके बाद, पृ. 65 और उसके बाद, वर्तमान खण्ड, बन्द 6,

पृ. 96।

68. 'आधार आर्य्यों के अटल जातीय-जीवन प्राण का। है पाठ कैसा हो रहा श्रुति शास्त्र और पुराण का। हे राम! हिन्दू जाति का सब कुछ भले ही नष्ट हो। पर यह सरस संगीत उसका फिर यहाँ सु-स्पष्ट हो!' अतीत खण्ड, बन्द 175, पृ. 72।

69. 'फ़्री थॉट,' (मुक्त चिन्तन) जो हिन्दी के सुधारवादी चिन्तकों के लिए विशेष रूप से निन्दनीय था, उसकी व्याख्या यहाँ 'विचारों की निरंकुशता, यहाँ तहाँ कहना' के शब्दों से है। वही, पृ. 129।

70. 'गा कर कहाँ हमने जलाई आग युद्ध-अशान्ति की? थे घूमते सर्वत्र पर हमने कहाँ पर क्रान्ति की?' अतीत खण्ड, बन्द 137, पृ. 63।

71. हाली की मुसद्दस में अव्यवस्था और व्यवस्था का वैषम्य एक भिन्न तरीक़े से प्रतिपादित किया गया था : अव्यवस्था वह है जो व्यवस्था से पहले आती है, जैसे अरब क़बीलों में मुहम्मद द्वारा एकता और व्यवस्था लाने से पहले जाहिलिया की स्थिति थी। 'अरब प्रायद्वीप में नबी द्वारा क़ायम की गयी व्यवस्था और भारतीय उपमहाद्वीप में अंग्रेज़ों द्वारा लायी गयी व्यवस्था के बीच सम्बन्ध को वह सादृश्य बल प्रदान करता है जो जाहिलिया के अरबों और समकालीन भारतीय मुसलमानोंके वर्णन में नज़र आता है, ख़ास तौर पर उच्चवर्गीय मुसलमानों में जिन्होंने अब तक 'यूरोपीय' प्रगति के फ़ायदे से ख़ुद को महरूम रखा है।' शैकल ऐण्ड मजीद, हार्लीज मुसद्दस, पृ. 78।

72. अतीत खण्ड, बन्द 195, पृ. 98।

73. 'तुम मर रहे हो तो मरो तुमसे हमें क्या काम है? हमको किसी की क्या पड़ी है, नाम है, धन-धाम है। तुम कौन हो जिनके लिए हमको यहाँ अवकाश हो। सुख भोगते हैं हम, हमेंक्या जो किसी का नाश हो।' वर्तमान खण्ड, बन्द 107, पृ. 120।

74. वर्तमान खण्ड, बन्द 157-200, पृ. 130-9।

75. अतीत खण्ड, बन्द 243-7, पृ. 90-1।

76. देखिए, रामनाथ लाल सुमन, 'वर्तमान हिन्दी कविता और छायावाद,' माधुरी, 17, भाग 1, 1, अगस्त-सितम्बर 1928।

77. स्वर वही है जो पश्चिमी चाल-ढाल वाले बाबू के ख़िलाफ़ बांग्ला की व्यंग्यात्मक कटूक्तियों का होता है, लेकिन यहाँ लानत-मलामत मुख्य रूप से अमीर व्यापारियों, रईसों को लक्ष्य बनाती है, जिन्हें आदर्श रूप में उद्यमी और समाज सुधारक होना चाहिए और आर्थिक आत्म-निर्भरता और सामाजिक प्रगति के रास्ते पर देश का नेतृत्व करना चाहिए; वर्तमान खण्ड, बन्द 106-22, पृ. 120.-3।

78. गुप्तू, 'द पोलिटिकल कल्चर ऑफ़ दि अर्बन पुअर।'

79. वही पृ. 97-100; ज्योतिबा फुले के साहसी उद्यम के मूल्यांकन के लिए देखिए गेल ओमवेट, 'कल्चरल रिवोल्ट इन ए कोलोनियल सोसाइटी,' और रोज़लिंड ओ'हैनलन, 'कास्ट, कॉनफ़्लिक्ट ऐण्ड आइडियॉलोजी : महात्मा ज्योतिराव फुले ऐण्ड लो कास्ट प्रोटेस्ट इन नाइनटीन्थ सेन्चुरी वेस्टर्न इण्डिया,' केम्ब्रिज युनीवर्सिटी प्रेस, 1985।

80. जिस हिन्दी पत्रिका ने सम्मेलन की कार्रवाई की रिपोर्ट प्रकाशित की उस के सम्पादक ने सुधार की विषय-वस्तु की बजाय सुधार के कर्ताओं के रूप में अछूतों के अलग आन्दोलन पर प्रकट रूप से चिन्तित होने के बावजूद इस आख़िरी बात पर अनुकूल टिप्पणी की थी।

लेकिन यह दिलचस्प है कि उन्होंने स्त्री और दलित-विरोधी अंशों के लिए दोष मनु पर नहीं, बल्कि उनके बाद के ब्राह्मण टिप्पणीकारों के माथे मढ़ा; इसके अलावा, उन्होंने आग्रह किया कि ये संशोधन 'विवेकपूर्ण, धर्मपरायण और न्यायप्रिय' विद्वानों के समूह द्वारा किये जाने चाहिएँ, सरकार द्वारा नहीं, यों ऐसा कुछ भी होने की सम्भावना को पहले ही हथियाते हुए; सम्पादकीय, चाँद, 6, भाग 1, 4 फ़रवरी 1928 पृ. 430।

81. सुशीला देवी विद्यालंकार, 'आर्य संस्कृति और स्त्रियाँ,' चाँद 15, भाग 2, 5 सितम्बर 1937 पृ. 462-67।

82. सत्यदेव परिव्राजक के लम्बे और रंगा-रंग जीवन की एक झलक के लिए देखिए परिशिष्ट; सत्यदेव परिव्राजक, जीवानन्द शर्मा 'काव्यतीर्थ' और राजाराम शर्मा को नागरी प्रचारिणी सभा ने 1912 से 1916 के बीच नागरी प्रचार के लिए नियुक्त किया था : गाँवों, जात-बिरादरी की सभाओं, मन्दिरों आदि में उनके भाषण शिक्षा से ले कर धर्म और राष्ट्रवाद पर होते और शहरी और ग्रामीण अन्तर को पार कर जाते; विषयों के संगम और उपदेशक की भाषण-शैली के उदाहरण के लिए देखिए देवीदत्त द्विवेदी, 'भारत की वर्णव्यवस्था और स्वराज्य,' जिसे लेखक ने ख़ुद फ़तहपुर से 1929 में प्रकाशित किया था और जिसकी भूमिका पण्डित सुन्दर लाल ने लिखी थी। इन प्रचारक उपदेशकों की भूमिका और सांस्कृतिक समन्वय अलग से अध्ययन-योग्य है।

83. ऐतिहासिक कथाएँ 'इतिहास का विस्तार' थीं 'वह कहते हुए, जिसे इतिहास नहीं कह सकता था... ऐतिहासिक ग्रन्थों से उपन्यासों का गहरा आन्तरिक सम्बन्ध था, क्योंकि वे उन्हीं विचारों को महज़ अलग तरीक़े या शैली में कहने की कोशिश करते; वे जनता के अतीत से सम्मानजनक सम्बन्ध को निरूपित करने की कोशिश करते, वैसे ही जैसे गम्भीर इतिहास प्रयास करता;' सुदीप्तो कविराज, दि अनहैपी कॉन्शसनेस, पृ. 111।

84. 'कथाकारों ने जाति के विचार की अस्पष्टता का इस्तेमाल अपने पाठक-वर्ग को ऐसी जाति उपलब्ध कराने के लिए किया जो पहले अस्तित्व में नहीं थी; ऐसा उन्होंने राष्ट्र कहलाने वाली जाति को धीरे-धीरे कल्पित करके किया था, या इनमें से किसी एक जाति को राष्ट्रीय जाति का नाम दे कर;' वही।

85. सुदीप्त कविराज, 'दि अनहैपी कॉन्शसनेस।'

86. अमरीक सिंह कलसी द्वारा अनूदित और 'रियलिज़्म ऐण्ड द हिन्दी नॉवल' में उद्धृत, पृ. 118।

87. रामचन्द्र मिश्र के 'प्रेमपथिक' (1926) की समीक्षा करते हुए प्रेमचन्द ने टिप्पणी की थी : 'यह ऐतिहासिक उपन्यास है। इसमें मुग़लों और मराठों के संघर्षकाल का दिग्दर्शन कराया गया है, जो भारतीय पुनरुत्थान का एक अद्‌भुत, यद्यपि अल्पकालीन युग था। हमारी आयु के साथ-साथ हमारी साहित्यिक अवस्था में भी परिवर्तन होता रहता है। ऐतिहासिक उपन्यास कैशोर की प्रिय वस्तु है जब कल्पना आकाश में उड़ती है और संसार की साधारण वस्तुएँ फीकी, नीरस, चमत्कारहीन-सी जान पड़ती हैं। हमें आशा है युवक-वृन्द इस वीर रस की कथा को चाव से पढ़ेंगे और उनके मन में भी 'माधव' बनने की उमंग उठेगी।' गोपाल राय के हिन्दी उपन्यास कोश, खण्ड दो, पृ. 126 पर उद्धृत।

88. देखिए कैथरिन हैनसन, 'द वीरांगना इन नॉर्थ इण्डियन हिस्टरी। मिथ ऐण्ड पॉपुलर कल्चर,'

ईकोनॉमिक ऐण्ड पोलिटिकल वीकली 23, 18, 30 अप्रैल 1988, विमेन्स स्टडीज़, पृ. 25-33।

89. देखिए भगीरथ प्रसाद दीक्षित, माधुरी, 8, भाग 2, 3 अप्रैल 1930, पृ. 354-8।
90. देखिए मिसाल के लिए ईश्वरी प्रसाद शर्मा की ऐतिहासिक कहानियाँ। वियोगी हरि की 'वीर सतसई' (1927) ब्रजभाषा में वीररस की कविताओं का संग्रह जिसे 1928 में मंगला प्रसाद पारितोषिक भी मिल गया। बच्चों के लिए वीर रस की कविताओं का एक और लोकप्रिय संकलन था लाला भगवानदीन का 'वीर पंचरत्न,' कलकत्ता, बर्मन प्रेस, 1918।
91. हैनसन, 'ग्राउण्ड्स फॉर प्ले,' पृ. 108 और उसके आगे।
92. मिसाल के लिए देखिए अमर सिंह राठौर की कहानी, जहाँ राजपूत सरदार और मुग़ल बादशाह के बीच का संघर्ष नाटक का मुख्य विषय नहीं है, जो राजपूत सम्मान और निष्ठा के बारे में है; या रानी बीरमती की कहानी, जिसमें कोतवाल के ख़िलाफ़ रानी की वीरतापूर्ण आत्म-रक्षा का प्रसंग बघेली राजपूतों के उत्तराधिकार सम्बन्धी झगड़ों की पृष्ठभूमि में घटित होता है : लाला नानकचन्द, अमर सिंह राठौर, मुरादाबाद, 1910; और श्रीकृष्ण खत्री, सांगीत बीरमती, कानपुर, 1921। हालाँकि श्रीकृष्ण खत्री द्वारा रची गयी दूसरी ऐतिहासिक नौटंकियों का सम्बन्ध छत्रपति शिवाजी, महारानी पद्मिनी, रानी दुर्गावती जैसे राष्ट्रीय वीरों से था; देखिए आगे।
93. इस दलील के लिए मैं सुदीप्त कविराज की आभारी हूँ।
94. गंगा पुस्तक माला, लखनऊ द्वारा प्रकाशित यह नाटक युक्त प्रान्त (उत्तर प्रदेश) और पंजाब में इण्टरमीडिएट की परीक्षा के पाठ्यक्रम में शामिल किया गया। 1929 और 1933 में इसका पुनर्मुद्रण हुआ; मेरी जानकारी में अब इसे महत्वपूर्ण कृति नहीं समझा जाता।
95. गोपाल राय, हिन्दी उपन्यास कोश, खण्ड 1, पृ. 306 और उसके आगे। इन उपन्यासों की चर्चा के लिए देखिए सुधीर चन्द्र, 'दि ऑप्रेसिव प्रेज़ेण्ट।'
96. मैकग्रेगर, 'इण्डियन लिटरेचर इन द नाइनटीन्थ ऐण्ड अर्ली ट्वेण्टिएथ सेन्चुरीज़,' पृ. 102।
97. फ़ारसी और उर्दू की दास्तान परम्परा के लिए देखिए प्रिचेट, 'मार्वलस एनकाउण्टर्स।'
98. हिन्दी की कदाचित पहली कहानी 'इन्दुमती' (सरस्वती, 1900) के लेखक किशोरी लाल गोस्वामी अनेक ऐतिहासिक रूमानी उपन्यासों के उर्वर लेखक थे। सदी के मोड़ पर इस विधा के अन्य रचनाकारों में जय रामदास गुप्त (किशोरी वा वीरबाला, 1907; कश्मीर पतन, 1907; वीरांगना वा आदर्श ललना, 1909, आदि), कार्तिक प्रसाद खत्री, गंगा प्रसाद गुप्त आदि। इतिहासकार मुंशी देवीप्रसाद, ब्रजनन्दन सहाय, बलदेव प्रसाद मिश्र और ठाकुर बलभद्र सिंह अपेक्षाकृत कम सनसनीखेज लेखक थे। यह दिलचस्प है कि रामनरेश त्रिपाठी और मिश्र बन्धु जैसे साहित्यकारों ने भी इस विधा में हाथ आज़माया था (पद्मावती वा वीरबाला, 1891; और 'वीरमणि,' 1917) देखिए गोपाल राय, 'हिन्दी उपन्यास कोश,' खण्ड 1, पृ. 136 और उसके बाद; मैक्ग्रेगर, 'इण्डियन लिटरेचरश' और कलसी, 'रियलिज़्म इन द हिन्दी नॉवल।'
99. 1920 के दशक के बाद अन्य ऐतिहासिक उपन्यासों में गोविन्द वल्लभ पन्त का 'सूर्यास्त' (1922), रामचन्द्र मिश्र का 'प्रेम पथिक' (1926), भगवती चरण वर्मा का 'पतन' (1927), जमुनादास मेहरा का 'बंगाल की बुलबुल' (1928), रामप्यारे त्रिपाठी का 'दिल्ली की शहज़ादी' (1933) शामिल हैं; देखिए गोपाल राय, 'हिन्दी उपन्यास कोश,' खण्ड 2, पृ. 123

और उसके आगे।

100. ऋषभ चरण जैन, 'ग़दर,' दिल्ली, हिन्दी पुस्तक कार्यालय, 1930; एक प्रति लन्दन की ब्रिटिश लाइब्रेरी में इण्डिया ऑफ़िस कलेक्शंस में उपलब्ध है।

101. वही पृ. 45, 47-48।

102. उनके जीवन और कृतित्व के लिए देखिए परिशिष्ट।

103. संक्षेप में उपन्यास का कथानक यह है : उपन्यास शुरू होता है झाँसी के राजघराने और अंग्रेज़ों के साथ उसकी सन्धियों के ऐतिहासिक विहगावलोकन से और फिर वर्तमान शासक गंगाधर राव से जो कला-प्रेमी और संरक्षक होने के कारण शासन के प्रति बहुत कम दिलचस्पी रखते हैं और अंग्रेज़ रेज़िडेण्ट के साथ मित्रतापूर्ण सम्बन्ध बनाये रखना चाहते हैं। इस बीच, बिठूर में मनु (विवाह के बाद लक्ष्मीबाई) निष्कासित पेशवा बाजीराव के सलाहकार, मोरोपन्त की तेरह वर्षीया बेटी, बाजीराव के दत्तक पुत्रों, नाना और राव, के साथ बड़ी होती है और पढ़ना-लिखना सीखने के साथ-साथ सैनिक कौशल भी सीखती है। अकेली वही है जो महाभारत की वीरतापूर्ण कहानियों और शिवाजी के राष्ट्रवादी आदर्शों को याद करके उनमें विश्वास करती है। उसे अंग्रेज़ों के साथ व्यवहार में राजों-महाराजों की मतिहीनता से नफ़रत है, और वह अपनी उमर की लड़कियों की तुलना में बहुत मुँहफट है। गंगाधर राव के साथ शादी हो जाने के बाद वह पर्दा करने लगती है, लेकिन अपनी नौकरानियों (जिन्हें वह 'सहेली' कह कर पुकारती है) और झाँसी की औरतों को सैनिक कौशल सीखने के लिए प्रेरित करती है। थोड़ी-सी हिचक के बाद सभी औरतें उत्साह से इस काम के लिए तैयार हो जाती हैं। एकमात्र बेटे की अकाल मृत्यु के बाद गंगाधर राव का भी 1853 में देहान्त हो जाता है। लेकिन मृत्यु से पहले गंगाधर राव जल्दी से एक दत्तक पुत्र को गोद ले लेते हैं, जिसे लेफ़्टिनेंट जेनरल द्वारा मान्यता मिलनी बाक़ी है। इस बीच, ईस्ट इण्डिया कम्पनी झाँसी में सत्ता सँभाल लेती है, जबकि रानी चुपके से अपना प्रशिक्षण और तैयारी जारी रखती है और ताँत्या टोपे और पेशवा के दरबार की मदद से स्वराज्य के लिए लड़ने की ख़ातिर अवध, दिल्ली और अन्य रियासतों के राजा-नवाबों और जनता को संगठित करना शुरू करती है। 4 जून 1857 को झाँसी में सिपाही बग़ावत कर देते हैं, और हालाँकि रानी बग़ावत में कोई भाग नहीं लेती, जैसे ही सिपाही सारे अंग्रेज़ अफ़सरों का सफ़ाया कर देते हैं, रानी के रूप में उसकी जयकार होने लगती है। जब सिपाही दिल्ली के लिए रवाना होते हैं, प्रशासन की, और एक नयी, जनता की फ़ौज खड़ी करने की ज़िम्मेदारी रानी पर आ जाती है। हथियारों, प्रशिक्षण और तोपों पर उसका बल देना तब काफ़ी काम का साबित होता है जब उसे गद्दी के एक पुराने दावेदार से और ओरछा की ओर से होने वाले एक हमले से झाँसी की रक्षा करनी पड़ती है। ये तो उसकी बनिस्बत छोटी परीक्षाएँ हैं, जब 1858 में जनरल रोज़ झाँसी को घेर कर उस पर हमला कर देता है। कालपी से आये ताँत्या टोपे द्वारा बचाने की विफल कोशिश और समूची जनता की तरफ़ से वीरतापूर्ण प्रतिरोध के बाद जब अंग्रेज़ फ़ौज (एक ग़द्दार के सहारे) नगर में टूट पड़ती है और क़िले पर हमला कर देती है तो रानी को भागना पड़ता है। कालपी में रानी नाना साहब की फ़ौज को फिर से संगठित करने की कोशिश करती है और कालपी की पराजय के बाद वे ग्वालियर पर विजय प्राप्त करने में सफल हो जाते हैं। अब तक शान्त और निरुद्विग्न रहने वाली रानी को यह बात कचोटने लगती है कि वह अपनी ज़िन्दगी में स्वराज्य नहीं हासिल

कर पायेगी, जब तक कि एक बाबा उसे यह नहीं याद दिलाता कि हर लड़ाई मंज़िल की तरफ़ एक क़दम है। रोज़ के ख़िलाफ़ अगली लड़ाई में वह अपने बहादुर रक्षकों के साथ मारी जाती है, और इससे पहले कि अंग्रेज़ उसके शव को क़ब्जे में ले सकें, उसे चिता के हवाले कर दिया जाता है।

104. लेखक की भूमिका, 'झाँसी की रानी,' झाँसी, मयूर प्रकाशन, 1987, पृ. 1।

105. वृन्दावन लाल वर्मा, 'अपनी कहानी,' दिल्ली, प्रभात प्रकाशन, 1993, पृ. 14-15।

106. हिन्दी में पारसनिस, 'झाँसी की रानी लक्ष्मीबाई' के रूप में अनूदित, इलाहाबाद, साहित्य भवन, 1964: मैं दुर्भाग्य से इस पुस्तक को देख नहीं पायी हूँ।

107. देखिए लेखक की भूमिका, 'झाँसी की रानी,' पृ. 1।

108. उन्हें पता चला कि अदालत में किसी मुहर्रिर के पास, जो रानी के ससुर रघुनाथ राव का वंशज था, रघुनाथ राव के औरस पुत्र और मुख्य खलनायक अली बहादुर (पीर अली) का एक रोज़नामचा था जिसमें उसने अपनी दग़ाबाजी और पीर अली के साथ अपने सम्बन्धों को उजागर किया था। जब अली बहादुर पाला बदल कर अंग्रेज़ों के साथ जा मिला था तो उसने अपनी वफ़ादारी साबित करने के लिए उन्हें कुछ बयान भी दिये थे; वृन्दावन लाल वर्मा ने उन्हें भी जुटाया। उन्हें तब अपने पहले ज़िन्दा गवाह मिले, मुंशी तुराब अली जो 1936 के आस-पास 115 साल के हो कर दिवंगत हुए। वे 1857 में अंग्रेज़ों की सेवा में थानेदार रहे थे और उनकी कहानियाँ, वृन्दावनलाल वर्मा की परदादी की कहानियों का समर्थन करती थीं। इस ज़िन्दा गवाह को ढूँढ लेने के बाद वर्मा ने झाँसी के बूढ़े-बुढ़ियों को परेशान करना शुरू कर दिया। 'परन्तु वे जिस उत्साह और भक्ति के साथ रानी की बातें बतलाते थे, उससे मैं यह सोचता हूँ कि वे परेशान न हुए होंगे।' वही पृ. 3। वृन्दावन लाल प्रतिरोध में झाँसी के लोगों की हिस्सेदारी के बारे में जानना चाहते थे और उन्होंने रानी की जन सेना के विभिन्न अफ़सरों, तोपचियों, जातियों के बारे में पता लगाया, ख़ास तौर पर उनकी जानी-मानी औरतों की घुड़सवार सेना के बारे में। वृन्दावनलाल वर्मा को अभिनेत्री मोतीबाई समेत गौण चरित्रों के बारे में और भी प्रमाण मिले, साथ-साथ उस ज़माने के एक दस्तावेज़ ने यह साबित किया कि एक सदी पहले लिखी जाने वाली हिन्दी आज की हिन्दी से लगभग हूबहू मिलती है; वही, पृ. 3-4।

109. वही पृ. 5।

110. वही पृ. 121।

111. वही पृ. 475। चोट यहाँ हिन्दी की संस्कृति और राष्ट्रवादी आन्दोलन के नये केन्द्र, लेकिन स्त्री-स्वाधीनता के मामले में बेहद रूढ़िवादी, युक्त प्रान्त पर है; देखिए आगे अध्याय 4।

112. उपन्यास में नाटकों के प्रति गंगाधर राव का जबर्दस्त लगाव न केवल सूक्ष्म ऐतिहासिक ब्योरा है, बल्कि उनके मूलभूत अन्तर को भी उजागर करता है जब वह गंगाधर राव के नायिका-भेद को भूषण के वीर-काव्य के बरक्स रखती है। 'झाँसी की रानी,' पृ. 72 और उसके आगे।

113. वही, पृ. 131-2।

114. वही, पृ. 341, 306।

115. पृ. 356, 373 आदि पर भी रानी की भविष्यवाणियाँ देखिए, और पृ. 403 पर रोज़ की

भविष्यवाणी।

116. वही, पृ. 156।

117. पहली और आख़िरी बार रानी को रुलाई आती है : उन्होंने अपने लोगों को यही बताया था कि 'युद्ध वास्तव में है ही किसके निमित्त?... अपने जीवन और धर्म की रक्षा के लिए, अपनी संस्कृति और अपनी कला को बचाने के लिए;' अब उन्हें संघर्ष व्यर्थ लगता है, जब तक कि उनकी वीरता उन्हें 'शेरनी की तरह' अपने कर्तव्यों के प्रति जगा नहीं देती; वही पृ. 391-2।

118. उपन्यास में विभिन्न जातियों का विस्तृत वर्णन है, और कई गौण कथानक वर्ण-संघर्षों को (जिनमें से कुछ ऐतिहासिक हैं) और उनसे निपटने के तरीक़ों को रेखांकित करते हैं : जहाँ गंगाधर राव ने एक मामले को एक तानाशाही-भरे फ़ैसले से हल किया था (अध्याय 8), लक्ष्मीबाई एक जुलूस के रास्ते के अधिकार को ले कर एक ऐसे ही (शिया-सुन्नी-हिन्दू) विस्फोटक प्रसंग का समाधान सूझ-बूझ वाले बढ़ई की व्यावहारिक सलाह को सुन कर निकालती है; वही, पृ. 280-4।

119. जासूस बनी अभिनेत्री मोतीबाई और जुही के साथ रानी की दो सहेलियाँ जो किसी समय रानी के दिवंगत पति की कृपापात्र थीं, उपन्यास के मुख्य नायकों के साथ संयत, मर्यादित प्रणय सम्बन्ध बनाती हैं, लेकिन प्रेम का किसी भी परिणति तक पहुँचना तब तक मुलत्वी रख दिया जाता है जब तक स्वराज्य न मिल जाय; वही, पृ. 381।

120. मालवी प्रसाद श्रीवास्तव, संगठन, माधुरी, 3, भाग 2, 2 मार्च, 1925, पृ. 20।

121. इस चिन्ता के राजनैतिक परिणामों से यहाँ मेरा सीधा सरोकार नहीं है, अर्थात 1923 के बाद से हिन्दू महासभा और शुद्धि सम्मेलन की गतिविधियों से; इसकी बजाय, मैं उस गूँज पर ध्यान दूँगी जो ऐसे तर्कों ने हिन्दी पत्र-पत्रिकाओं में पैदा की, और समाज की उन धारणाओं पर जो प्रचलित थीं। हिन्दू महासभा की राजनीति के लिए देखिए बैक्सटर, 'द जन संघ' और क्रिस्टोफ़र जैफ़्रेलॉट, 'द हिन्दू नैशनलिस्ट मूवमेंट ऐण्ड इण्डियन पॉलिटिक्स,' लन्दन, हर्स्ट, 1996। 'ख़तरे में हिन्दू धर्म' पर एक नमूना लेख के लिए देखिए 'हिन्दुओं का ह्रास' माधुरी 1, भाग 2, 4, अप्रैल 1923 (पुनर्जीवित हिन्दू महासभा की पहली बैठक के समय)।

122. किशोरी दास वाजपेयी, 'आर्यों की वर्ण-व्यवस्था,' माधुरी, 4, भाग 2, 4, मई 1928, पृ. 540।

123. 'मारवाड़ी समाज और हिन्दी संसार' भी देखिए, माधुरी, 4, भाग 1, 5, दिसम्बर 1927, पृ. 782-83।

124. समाज की प्रारम्भिक परिभाषा में एक रूसो के सामाजिक अनुबन्ध की गूँज है : 'समाज ऐसे व्यक्तियों का समूह है जिन्होंने व्यक्तिगत स्वार्थों की सार्वजनिक रक्षा के लिए अपने विषम आचरणों में साम्य उत्पन्न करने वाले कुछ सामान्य नियमों से शासित होने का समझौता कर लिया।' चाँद, 16, भाग 1, 1 नवम्बर 1937, पृ. 3-41।

125. रामसवेक त्रिपाठी, 'हिन्दू जाति और वर्ण व्यवस्था,' माधुरी, 5, भाग 2, 4, मई 1927, पृ. 525-8। मदन मोहन मालवीय का भी यही दृष्टिकोण था, उदाहरणार्थ, 'वर्णाश्रम धर्म' में, अभ्युदय, 1 मई 1908—मालवीय जी के लेख, द्वारा सम्पादित पद्मकान्त मालवीय, दिल्ली, नैशनल पब्लिशिंग हाउस, 1962, पृ. 174-5।

126. किशोरीदास वाजपेयी, 'आर्यों की वर्ण व्यवस्था,' पृ. 534; बलबीर 'सामाजिक संगठन का

भारतीय आदर्श,' माधुरी, 4, भाग 1, 6 दिसम्बर 1925, पृ. 775।

127. 'भारतीय समाज-शास्त्रियों ने अपने समाज का विकास अन्धी प्रकृति पर नहीं छोड़ा था। इनके समाज की रचना केवल भौतिक आवश्यकताओं को दृष्टि में रख कर श्रम-विभाग के सिद्धान्त के अनुसार नहीं हुई थी। समाज-विषयक उनकी दृष्टि एकांगी या अधूरी न थी। उन्होंने समाज का विकास अंधी प्रकृति के हाथ में छोड़ने के स्थान पर अपने हाथों में लिया था।...वे यह भी समझते थे कि समाज के विकास को अपने हाथ में ले कर इस प्रकार चलाया जा सकता है, जिससे समाज के किसी सदस्य को किसी प्रकार का भी असंतोष न हो। समाज के इसी विकास को सुप्त नहीं परनतु जागृत विकास की प्राचीन काल में वर्ण-व्यवस्था का नाम दिया गया था, और मेरा दृढ़ विश्वास है कि आज तक समाज-शास्त्र में समाज की रचना के लिए इससे उत्तम सिद्धान्त नहीं सोचा गया।...वर्ण-व्यवस्था का उद्‌देश्य समाज के सब व्यक्तियों की स्वाभाविक शक्तियों का पता लगा कर तद्‌नुसार पेशे का निश्चय करना है।...यह तभी हो सकता है जब भिन्न-भिन्न व्यक्ति के स्वभाव को देख कर तद्‌नुसार जीवन का निश्चय किया जाय। यह व्यवस्था राज्य की तरफ़ से होनी चाहिए, और इसी व्यवस्था को वर्ण-व्यवस्था कहते हैं।... 'वर्ण' का अर्थ पेशा या व्यवसाय नहीं है, इसका अर्थ है–वृता वरणे–वरण करना, चुनना। चुनने का अभिप्राय प्रवृत्ति अथवा स्वभाव के अनुकूल अपने जीवन-पथ के चुनने से है। वर्ण पेशा या वृत्ति नहीं, स्वभाव या प्रवृत्ति था।... वर्ण-विभाग पेशों का विभाग न हो कर प्रवृत्तियों का विभाग है। अव्यवस्था के कारण मनुष्य पेशा बदल सकता है, परन्तु प्रवृत्ति नहीं बदलती; इसलिये वर्ण-विभाग क्षण-क्षण में बदलने वाली वस्तु नहीं अपितु सत्य वस्तु है।...विचारपूर्वक देखा जाय तो वर्ण व्यवस्था का जन्मपूर्वक होना ही उचित है। इसमें क्या संदेह है कि पिता की जैसी प्रवृत्तियाँ रही हैं, पुत्र की स्वभावतः वही होती है। पिता ब्राह्मण प्रवृत्ति का होगा तो पुत्र उस प्रवृत्ति को और भी आगे ले जा सकेगा और क्योंकि, पेशा प्रवृत्ति के अनुसार ही होना चाहिए, अतः यदि पुत्र अपने पिता के पेशे को ही हाथ लगायेगा तो उसमें अधिक उन्नति कर सकेगा। इस प्रकार प्रत्येक कार्य में दक्षता (efficiency) बढ़ेगी।...वर्ण-व्यवस्था प्रत्येक देश तथा काल के सामाजिक संगठन का सर्वोत्तम उपाय है। प्राचीन आर्यों ने इसी सिद्धान्त पर अपने समाज की रचना की थी और आज का टूटा-फूटा हिन्दू समाज उसी की ओर संकेत कर रहा है। समाज-शास्त्र में सामाजिक-संगठन पर अब तक जितनी भी कल्पनाएँ (theories) बनी हें, उनमें हिन्दुओं की वर्ण-व्यवस्था ही सामाजिक संगठन की सर्वोत्तम कल्पना है;' सिद्धान्तालंकार 'हिन्दुओं के सामाजिक संगठन की कल्पना,' माधुरी, 6, भाग 1, 2 सितम्बर 1927, पृ. 224-361)

128. पिछले दशक के दौरान 'जाति' की औपनिवेशिक संरचना और उसके अभिप्रायों पर काफ़ी काम हुआ है। प्रारम्भिक प्राच्यविदों और औपनिवेशिक नृशास्त्रियों ने चार वर्णों में परम्परागत ब्राह्मण केन्द्रित वर्गीकरण को हिन्दू समाज के मूल चित्र के रूप में ग्रहण किया था। स्थानीय जातिगत झगड़ों को निपटाने के लिए बुलाये गये औपनिवेशिक प्रशासकों ने विभिन्न प्रकार की व्यावसायिक, स्थानीय, 'धुँधली' और बदली हुई पहचानों में से जातियों को स्थिर और मानकीकृत कोटियों में अंगीभूत किया, और हिन्दू धर्म-शास्त्रों में ऐतिहासिक वंशावलियों की खोज की। यों एक समूह-विशेष द्वारा मान्य समाज की आंशिक और आदर्श दृष्टि सच्चा और समग्र चित्र बन कर क़ानून में बदल गयी। विशेष रूप से 1901 की जनगणना ने सभी

स्थानीय जातियों को परम्परागत ब्राह्मण केन्द्रित चार वर्णों के वर्गीकरण में समाहित करने का प्रयास किया, जिससे जातीय संस्थाओं द्वारा जातिगत वर्चस्व के लिए विकट जोड़-तोड़ शुरू हो गयी, और पहले की किसी हद तक अपेक्षाकृत ढीली-ढाली पहचानों की जगह जाति की समग्रतामूलक अवधारणा जन्मी। व्यापक सर्वेक्षण और चर्चा के लिए देखें रश्मि पन्त, 'द कॉग्निटिव स्टेटस ऑफ़ कास्ट इन कोलोनियल एथनोग्राफ़ी : ए रिव्यू ऑफ़ सम लिटरेचर ऑफ़ द नॉर्थ वेस्टर्न प्रॉविन्सिज़ ऐण्ड अवध', इण्डियन इकोनॉमिक ऐण्ड सोशल हिस्टरी रिव्यू, 24, 2, 1987 पृ. 145-62़ इण्डेन, इमैजिनिंग इण्डिया भी देखें।

129. देखिए सूज़न बेली, 'हिन्दू "मॉडनाईजर्स" ऐण्ड द "पब्लिक" एरीना : इनडिजिनस क्रिटीक्स ऑफ़ कास्ट्स इन कोलोनियल इण्डिया'; हिन्दू धर्म के आधुनिकीकरण के विषय पर लन्दन में 1993 में स्कूल ऑफ़ ओरिएण्टल ऐण्ड ऐफ़्रिकन स्टडीज़ के सम्मेलन में प्रस्तुत प्रबन्ध।
130. सत्यव्रत सिद्धान्तालंकार, 'हिन्दुओं में सामाजिक संगठन की कल्पना,' पृ. 235।
131. रामसेवक त्रिपाठी, 'हिन्दू जाति और वर्णव्यवस्था,' पृ. 526;
132. किशोरीदास वाजपेयी, 'आर्यों की वर्ण व्यवस्था,' पृ. 536।
133. 'रामचरितमानस,' 7, 98, 1 और 99, 1; वाजपेयी द्वारा उद्धृत; (अशुद्ध पाठ)।
134. रामसेवक त्रिपाठी, 'हिन्दू जाति और वर्ण व्यवस्था,' पृ. 527।
135. रामचन्द्र शुक्ल, 'गोस्वामी तुलसीदास,' बनारस, नागरी प्रचारिणी सभा, 1983, पृ. 19, 25, 35।
136. देखिए रूपर्ट स्नेल और एम.पी. रेसाइड द्वारा सम्पादित, 'क्लासिक्स ऑफ़ मॉडर्न साउथ एशियन लिटरेचर' में मेरा लेख 'तुलसीदास ऐज़ ए क्लासिक,' वीसबाडन, हैरैसोविट्ज़, 1998 और वाक् 2, नयी दिल्ली, वाणी प्रकाशन।
137. किशोरी दास वाजपेयी, 'आर्यों की वर्ण व्यवस्था,' पृ. 537।
138. बलवीर, 'सामाजिक संगठन का भारतीय आदर्श,' माधुरी IV, भाग 6, दिसम्बर 1925, पृ. 775, 776, 779।
139. सत्यव्रत सिद्धान्तलंकार, 'हिन्दुओं में सामाजिक संगठन की कल्पना,' पृ. 236।
140. हिन्दी पत्र-पत्रिकाओं में हिन्दू महासभा की बैठकों के साथ-साथ इन गतिविधियों की गूँज सुनायी देती थी। 'माधुरी' के सम्पादकों में से, रूपनारायण पाण्डेय ने, जो पहले बनारस के 'भारत धर्म महामण्डल' की पत्रिका के सम्पादक रहे थे, हिन्दू संगठन के प्रबल समर्थक होने के नाते इस विषय की ओर बहुत ध्यान दिया। इस विषय पर अनेक लेखों और सम्पादकीयों में ये सब लेख भी शामिल थे : देवकी नन्दन विभव, 'हिन्दू संगठन,' भाग 1, माधुरी 2, भाग 2, 3 अप्रैल 1924, पृ. 350; दयाशंकर दुबे, 'भारत में हिन्दुओं की दशा,' माधुरी 4, भाग 1, 2 अगस्त 1925, पृ. 146, 'हिन्दू जाति की अक्षमता,' माधुरी 1, भाग 2, 2 फ़रवरी 1923, पृ. 216; चाँदकरन शारदा, 'हिन्दू जाति की दुर्दशा के कारण और उनके निवारण के उपाय,' माधुरी, 3, भाग 1, 3 अक्तूबर 1924, पृ. 290-5।
141. गणेश शंकर विद्यार्थी, 'हिन्दू रहें या मुसलमान बनें,' प्रताप, 1 जून 1925; राधाकृष्ण अवस्थी द्वारा सम्पादित 'क्रान्ति के उद्घोष' खण्ड 2 में संकलित, कानपुर, गणेश शंकर विद्यार्थी शिक्षा समिति, 1978, पृ. 814-17।
142. 'माधुरी' में उद्धृत, II, भाग 2, 1 फ़रवरी 1924, पृ. 141-2।

143. प्रेम, II, भाग 2, 1 मार्च-अप्रैल 1928, पृ. 333-4।
144. जनार्दन भट्‌ट, 'हिन्दू संगठन का ढोंग,' चाँद, IV, भाग 1, 4 फ़रवरी 1928, पृ. 438।
145. लज्जाराम मेहता, 'हिन्दुओं में छुआछूत, 'माधुरी,' V, भाग 1, 6 जनवरी 1927, पृ. 822।
146. गणेश शंकर विद्यार्थी, 'हिन्दू रहें या मुसलमान बनें,' पृ. 816।
147. 'प्रबन्ध प्रतिमा' (1948) में संकलित निबन्ध, रामविलास शर्मा, निराला की साहित्य साधना, खण्ड 2, पृ. 239 पर उद्धृत।
148. सन्तराम, 'बुलबुलशाह और वर्ण व्यवस्था,' माधुरी, V, भाग 2, 6 जुलाई 1927, पृ. 812।
149. 'अभ्युदय' और 'मर्यादा' के सम्पादक कृष्ण कान्त मालवीय, 'प्रताप' और 'प्रभा' के गणेश शंकर विद्यार्थी और रमाशंकर अवस्थी, सत्यभक्त, राधा मोहन गोकुल जी और रामचन्द्र वर्मा ने भारतीय किसानों और मज़दूरों की मुक्ति के नमूने के तौर पर बोल्शेविस्ट रूस से हिन्दी पाठकों का परिचय कराया। देखिए आगे 5.2। रामचन्द्र वर्मा की पुस्तक, 'साम्यवाद,' बम्बई 1919, रमाशंकर अवस्थी की 'रूस की राज्य क्रान्ति,' कानपुर, प्रताप प्रेस, 1920 और विनायक सीताराम सर्वटे, 'बोल्शेविज़्म,' इन्दौर, 1921 भी देखिए। वीर भारत तलवार, किसान राष्ट्रीय आन्दोलन और प्रेमचन्द पृ. 179-93 पर उद्धृत।
150. फ़रवरी 1919 में ज़माना में प्रकाशित, अब प्रेमचन्द, विविध प्रसंग, भाग 1 में संकलित। इलाहाबाद, हंस प्रकाशन, 1962, पृ. 258-69।
151. वीरभारत तलवार, 'किसान, राष्ट्रीय आन्दोलन और प्रेमचन्द।'
152. हम यहाँ उन लेखों का हवाला दे सकते हैं जो सम्पूर्णानन्द ने लिखे थे : 'गाँधीवाद और साम्यवाद,' 'विशाल भारत, अप्रैल 1936, पृ. 413-16; 'समाजवादी समाज की कुछ विशेषताएँ,' और 'रामराज्य और साम्यवादी'–'समाजवाद का बिगुल' में, काशी पुस्तक भण्डार, बनारस, 1936, पृ. 1-7 और 61-7, आगे 5.2 भी देखें।
153. देखिए मिसाल के लिए प्राणनाथ विद्यालंकार, 'भारतीय किसान,' बनारस, राष्ट्रीय संजीवनी ग्रन्थ माला, भाग 1, 1920; अज्ञात, 'हम भूखे नंगे क्यों हैं ?' कानपुर, किसान मज़दूर पुस्तक माला, 1935।
154. 'हम भूखे नंगे क्यो हैं?' पृ. 5।
155. रघुपात सहाय फ़िराक़, अब से सौ बरस बाद, माधुरी, 4, भाग 1, 4 अक्तूबर 1925, पृ. 467-71 किसी भी सामाजिक व्यवस्था या श्रेणीबद्धता के बिना और खुली स्त्री यौनता के साथ यह तस्वीर शायद अधिक रूढ़िवादी समकालीनों को साक्षात कलियुग का चित्र प्रतीत हुई होगी।
156. पुरुषोत्तम अग्रवाल, 'जातिवादी कौन', राजकिशोर द्वारा सम्पादित, 'हरिजन से दलित' में दिल्ली, वाणी प्रकाशन, 1994।
157. 'हिन्दू साम्यवाद क्या है?' में, माधुरी 8, भाग 1, 1, अगस्त-सितम्बर 1928, पृ. 343-451।
158. देखिए मिसाल के लिए वी.वी.केसकर और वी.के.मेनन द्वारा सम्पादित 'आचार्य नरेन्द्र देव : ए कमेमोरेशन वॉल्यूम' में संकलित लेख, नयी दिल्ली, नैशनल बुक ट्रस्ट, 1971 : 'भारतीय समाज और संस्कृति,' 'भारतीय धर्म' और 'समाजवाद का सांस्कृतिक आदर्श'। पहले दो लेखों में नरेन्द्र देव समझाते हैं कि समन्वय भारतीय समाज और संस्कृति का विशेष लक्षण है; तीसरे लेख में वे वर्ग संघर्ष को आत्म-विकास के लिए ज़रूरी बता कर स्थापित करते हैं। देखिए आगे 5.3।
159. सम्पादकीय, 'हिन्दू संगठन का कार्य कितना हुआ,' माधुरी, III, भाग 2, 1 जनवरी 1925,

पृ. 133-4।

160. देखिए बैक्सटर, 'जनसंघ,' पृ. 17।

161. गुप्तू, 'द पोलिटिकल कल्चर ऑफ़ द अर्बन पुअर,' पृ. 136-7।

162. मिसाल के लिए, शिक्षित युवकों के छोटे-छोटे समूह आर्यसमाज के प्रधान रामसेवक त्रिपाठी द्वारा और श्रीनारायण चतुर्वेदी द्वारा 1924 के लखनऊ फ़सादों के दौरान आत्म-रक्षा दलों के रूप में संगठित किये गये। रामसेवक त्रिपाठी इस खण्ड में उद्धृत अनेक लेखों के लेखक थे और श्री नारायण चतुर्वेदी कान्यकुब्ज कॉलेज के प्रधानाचार्य। सम्पादकीय टिप्पणी, माधुरी, 2, भाग 2, 3, अप्रैल 1924, पृ. 350। 1940 के दशक में प्रान्त के शहरों में राष्ट्रीय स्वयंसेवक संघ द्वारा अधिकतर उच्च जाति के युवकों की भरती आरम्भ में आर्य समाजी स्कूलों की श्रृंखला पर निर्भर थी, देखिए जैफ्रेलॉट, 'द हिन्दू नैशनलिस्ट मूवमेंट,' पृ. 661।

163. नन्दिनी गुप्तू, 'द पोलिटिकल कल्चर,' पृ. 140।

164. इन्द्र, 'हिन्दू संगठन का आधार', माधुरी 2, भाग 2, 6 जुलाई 1924।और 1925 में कलकत्ता में आठवीं अखिल भारतीय हिन्दू महासभा में लाला लाजपत राय का भाषण जिसमें उन्होंने इस बात का पक्ष लिया था कि हिन्दुओं को राष्ट्रवादी आन्दोलन का हिस्सा होते हुए भी अपने निजी उद्‌देश्यों को पूरा करने की कोशिश करने का अधिकार।

165. देखिए मिसाल के लिए 'भारत भारती,' भविष्य खण्ड के बन्द 74-83, पृ. 177-9 में विभिन्न गुटों और जातियों से किया गया अनुरोध। इस बात में, हिन्दी बुद्धिजीवी उस अखिल-भारतीय प्रवृत्ति को प्रतिबिम्बित करते थे जिसके माध्यम से नयी जातिगत संस्थाएँ (उन्नीसवीं सदी के उत्तरार्द्ध ही से) स्थानीय स्तर से ऊपर के गुटों और गँठजोड़ों को घेरने की कोशिश कर रही थीं, ताकि वे संस्कृतिकरण के ज़रिये समाज के ब्राह्मण केन्द्रित चार श्रेणियों वाली वर्ण-व्यवस्था में बैठा दिये जा सकें और साथ ही शिक्षा तथा रोज़गार के बेहतर अवसरों द्वारा आत्मोन्नति के धर्म-निरपेक्ष मूल्यों को उपलब्ध करने की कोशिश कर सकें। 1880 और 1935 के बीच जातीय संस्थाएँ पुरानी (और भंग कर दी गयी) पंचायतों के आधार पर विकसित हुईं मगर वे (क) जातियों और उपजातियों को सम्मिलित करते हुए स्थानीय स्तर से ऊपर के जातीय गँठजोड़ों की दिशा में अग्रसर औपनिवेशिक प्रवृत्ति और (ख) आधुनिक संगठनों को भी प्रतिबिम्बित करती थीं जो आत्मोन्नति तथा शिक्षा के धर्म निरपेक्ष मूल्यों के प्रति समर्पित थे जिनकी ताक़त और अधिकार (कथित रूप से) जाति के सदस्यों की सामान्य सामूहिक इच्छा से निःसृत होते थे। विस्तृत व्याख्या के लिए देखिए जैकी असायाग, 'द मेकिंग ऑफ़ डेमोक्रैटिक इनइक्वॉलिटी। कास्ट, क्लास, लौबीज़, ऐण्ड पॉलिटिक्स इन कण्टेम्पोरेरी इण्डिया (1880-1995),' पॉण्डिचेरी 1995; इसके साथ लूसी कैरल, 'कोलोनियल पर्सेप्शन्स ऑफ़ इण्डियन सोसाइटी ऐण्ड द इमर्जेन्स ऑफ़ कास्ट्(स) ऐसोसिएशंस,' जर्नल ऑफ़ एशियन स्टडीज़, 37, 2 फ़रवरी 1978, पृ. 233-50; और पन्त, 'कॉग्निटिव स्टेटस ऑफ़ कास्ट'।

166. प्रकाश भजन सत्संग, लक्ष्मीनारायण गुप्त द्वारा हिन्दी भाषा और साहित्य को आर्य समाज की देन में उद्धृत, पृ. 92।

अध्याय 4

स्त्रियाँ और हिन्दी की दुनिया

4.1 शिक्षा और कार्य-क्षेत्र

चित्र 4.1 'चाँद' में सम्पादकीय विभाग का शीर्षक। हालाँकि उस समय 'चाँद' का सम्पादन एक पुरुष ही कर रहा था, काम में जुटी हुई तीन औरतों का चित्र यह सूचित करता था कि यह स्थान केवल स्त्रियों के लिए है। बिजली की बत्तियों, लम्बी-चौड़ी मेज और काँच के दरवाज़ों वाली अलमारी से लैस इस आधुनिक और सुव्यवस्थित कमरे पर ध्यान दीजिए। स्रोत : 'चाँद,' 4, भाग 2, 5, सितम्बर 1926, पृ. 434।

1920 के दशक के आते-आते स्त्रियों के स्वर हिन्दी पत्र-पत्रिकाओं और हिन्दी साहित्य में सुनायी देने लगे। निस्सन्देह इसके पीछे हिन्दी साक्षरता, शिक्षा और छपाई के

सामान्य विस्तार का हाथ था, साथ ही प्रथम विश्व युद्ध और असहयोग आन्दोलन के बाद राष्ट्रवादी आन्दोलन में लोगों की अधिक व्यापक हिस्सेदारी का भी। फिर भी स्त्रियों का मामला ख़ास था। सार्वजनिक क्षेत्र में स्त्रियों का प्रवेश कुछ ख़ास तनावों से जुड़ा हुआ था, विशेष रूप से जब वे 'इज़्ज़तदार', ऊँची जाति की स्त्रियाँ होतीं। पर्दे की वजह से न सिर्फ़ उन्हें सबके सामने आने या पुरुषों के साथ बातचीत और उठने-बैठने की मनाही थी, उनके जीवन और उनकी भूमिकाएँ भी उनके हाथों में नहीं थीं। हर क़दम पर संरक्षक, बुज़ुर्ग और परिवार के लोग उन पर नियन्त्रण रखते। स्त्रियों को हमेशा किसी-न-किसी पर निर्भर या उसके अधीन समझा जाता था, हमेशा किसी पुरुष के अधीन। जिन सुधारकों ने उन्नीसवीं सदी से ही स्त्रियों की स्थिति में किसी-न-किसी क़िस्म के सुधार की वकालत करनी शुरू की थी, और इसे जातीय उन्नति के लिए ज़रूरी क़दम बताया था, उन्होंने भी इस प्रक्रिया को कड़ी निगरानी में करने पर बल दिया था। उद्देश्य स्त्रियों को बेहतर पत्नियाँ और माँएँ बनाना ही था।[1] 'स्त्री का प्रश्न' जैसा कि उसे कहा जाता था, इस बात से अत्यन्त प्रभावित था कि स्त्रीत्व 'भारतीयता' का प्रतीक-सा बन गया था, अर्थात, भारतीय नारी में भारत का वह विशिष्ट आध्यात्मिक तत्व, जो उसे पश्चिम से श्रेष्ठ और मूलभूत रूप से भिन्न बनाता था।[2] इस तरह, सार्वजनिक क्षेत्र में सक्रिय स्त्रियों को, चाहे वे पत्र-पत्रिकाओं या शिक्षा या राष्ट्रीय आन्दोलन में काम करती थीं, बहुत-सी सीमाओं के भीतर काम करना पड़ता था और भारतीय स्त्रीत्व की परम्परागत और सुधारवादी, दोनों धारणाओं के साथ ताल-मेल बैठा कर काम करना पड़ता था।

इसके बावजूद, इन पहली औरतों ने जिन्हें हिन्दी में नियन्त्रित प्रवेश पहले-पहल 'प्रदान' किया गया था, अपने बारे में, स्त्रियों की भूमिकाओं और समाज के नियम-क़ायदों के बारे में सवाल उठाने और अभूतपूर्व ढंग से सार्वजनिक गतिविधियों में हिस्सा लेने के लिए उन महत्वपूर्ण औज़ारों को उठा लिया जो उन्होंने हासिल किये थे। ऐसा करने में, वे किसी हद तक भारतीय नारीत्व की प्रचलित धारणाओं और प्रतीकों (औचित्य, सेवा, मर्यादा आदि) से प्रभावित तो हुईं, लेकिन इसी के साथ-साथ उन्होंने भी इन प्रतीकों को नये अर्थ देते हुए फिर से ढाला—चाहे यह क्षेत्र साहित्य का था, या पत्र-पत्रिकाओं का, अध्यापन का था या फिर राजनैतिक सक्रियता का। इस अध्याय में हमने उन जगहों, 'स्पेसेज़' का जायज़ा लिया है जो औरतों को उपलब्ध हुईं और उन तौर-तरीक़ों और मुहावरों का भी जिन्हें उन्होंने सार्वजनिक स्वर हासिल करने और अपने क्षितिज और कार्य-क्षेत्र का विस्तार करने के लिए इस्तेमाल किया।

जैसा कि स्पष्ट होगा, कुछ सीमाएँ तो बनी ही रहीं। हालाँकि स्त्रियों द्वारा उठाये गये कुछ विषय सभी महिलाओं के लिए प्रासंगिक थे, और राष्ट्रीय अभियानों और किसान-आन्दोलनों में निरक्षर और ग्रामीण महिलाओं की महत्वपूर्ण हिस्सेदारी रही, हिन्दी के सार्वजनिक क्षेत्र में जो स्त्रियाँ उभर कर आयीं, वे सभी शहरी भद्र महिलाएँ थीं। जाति

तथा वर्ग के आधार पर जो भेद-भाव या बहिष्कार पुरुषों के हिन्दी क्षेत्र में था, स्त्रियों में भी उसका प्रतिबिम्ब मिलता है।

स्त्रियों की शिक्षा से ही शुरू करेंगे, क्योंकि उससे सार्वजनिक क्षेत्र में सक्रिय स्त्रियों और लड़कियों की संख्या का एक अनुमान मिलता है और इसलिए भी कि यही वह स्थान (स्पेस) है जहाँ से अधिकतर स्त्रियों की सक्रियता पहले-पहल शुरू होती थी। जो अहम मुद्दे थे वे कुछ हद तक उनसे भिन्न थे जिन्हें हमने शिक्षा सम्बन्धी खण्ड (1.4) में जाँचा-परखा था, लेकिन नतीजा वही था : शिक्षा अक्सर सार्वजनिक गतिविधियों और राष्ट्रीय आन्दोलन में भागीदारी का रास्ता खोलती थी। फिर भी, यह दलील दी जा सकती है कि स्त्रियों के मामले में, स्कूलों से भी ज़्यादा महिलाओं की पत्र-पत्रिकाओं ने लड़कियों को उनकी परिचित दुनिया के दायरे से बाहर के संसार से परिचित कराया, इतिहास से और समकालीन भारत से (4.2)। स्त्रियों की पत्रिकाओं और साहित्य ने नये-नये कोणों से परिवार और परिवार में औरतों की हैसियत को ले कर सवाल उठाने की अनिवार्य भूमिका भी निभायी; सबसे महत्वपूर्ण यह था कि उन्होंने निजी कर्तव्यों के साथ-साथ निजी भावनाओं को भी स्वीकार करने की ज़रूरत पर बहस चलायी, जैसा कि समकालीन सामाजिक उपन्यासों में दिखता है (4.3)। शायद यही हिन्दी में महिलाओं की सबसे प्रमुख पत्रिका, 'चाँद' (इलाहाबाद, 1922) की अपार लोकप्रियता का कारण था, जो सबसे ज़्यादा पढ़ी जाने वाली पत्रिका बन गयी।[3] जैसा पहले उल्लेख हो चुका है, सार्वजनिक क्षेत्र तक औरतों की वास्तविक पहुँच का सवाल सीधा-सादा नहीं था : अगर स्त्रियाँ आर्थिक स्वाधीनता अथवा राजनैतिक सक्रियता हासिल करेंगी तो स्त्री-धर्म का पालन कैसे करेंगी? राष्ट्रवादियों का विश्वास था कि राष्ट्रवादी आन्दोलन की सफलता के लिए औरतों का नैतिक बल और संख्या की शक्ति सचमुच आवश्यक थी, तो भी समाज की 'नैतिक पवित्रता' पर भारी ख़तरा पड़ सकता था। अध्याय का अन्तिम खण्ड उन कल्पनाशील तरकीबों को परखेगा जो इस दुविधा से निपटने के लिए लेखकों ने अपनायीं।

हिन्दी भाषी इलाक़ा उन बहसों और पहलक़दमियों से बड़ी हद तक अप्रभावित रहा था जो उन्नीसवीं सदी के दौरान अंग्रेज़ों द्वारा शासित भारत में महिलाओं की शिक्षा को ले कर अधिकांशतः बंगाल और बम्बई की प्रेसिडेन्सियों में दिखायी दी थीं।[4] महिला मिशनरियों द्वारा संचालित थोड़े-से स्कूल हिन्दू के साथ-साथ मुस्लिम परिवारों से लड़कियों को आकर्षित करने में विफल रहे थे, जिन्हें धर्मान्तरण के प्रयासों की आशंका थी। इसके अलावा औपचारिक शिक्षा के लिए बहुत थोड़ा या नहीं के बराबर प्रावधान था। भद्र मुस्लिम परिवारों में कहीं-कहीं उस्तानियाँ रखी जाती थीं, हर घर के अपने साधनों और चेतना पर निर्भर, मगर उनका रिवाज आम नहीं था।[5]

लड़कों की बनिस्बत लड़कियों की शिक्षा में हिन्दी ने ज़्यादा प्रमुख भूमिका अदा की। देशभक्त सुधारक इसे स्त्रियों की शिक्षा की आदर्श भाषा मानते थे। मुख्य रूप से

उर्दू शिक्षित पंजाब में भी, लड़कियों के लिए जालन्धर का प्रख्यात कन्या महाविद्यालय (स्थापित 1893) जैसी शिक्षा संस्थाओं में माध्यम हिन्दी ही था। शिक्षित घरों में जहाँ लड़कों को अक्सर उर्दू और अंग्रेज़ी में शिक्षा दी जाती थी, वहीं लड़कियों को हिन्दी में पढ़ाया जाता था—नेहरू परिवार ऐसी ही एक मिसाल थी। काफ़ी हद तक इसका कारण यह था कि स्त्रियों की शिक्षा का उद्देश्य रोज़गार नहीं, केवल आत्म-सुधार था। दूसरा कारण था धर्म और भक्ति के साथ हिन्दी का सम्बन्ध।

1920 के दशक तक उत्तर भारत में कई शिक्षित स्त्रियाँ सामने आ चुकी थीं और उन्होंने पुरुष प्रधान हिन्दी क्षेत्र में अपनी आवाज़ हासिल कर ली थी। पहली-पहली हलचल पंजाब में उन्नीसवीं सदी के अन्त में आर्य समाज के स्कूलों की बदौलत देखने में आयी।[6] शुरूआती मुखर और सक्रिय हिन्दी-शिक्षा-प्राप्त महिलाओं में से अधिकांश आर्य समाजी स्नातक और छात्राएँ ही थीं। कुल मिला कर, इस स्थिति में परिवर्तन धीरे-धीरे केवल बीसवीं सदी के दूसरे और तीसरे दशकों में जा कर ही आया।

तालिका 4.1 संयुक्त प्रान्त में लड़कियों के स्कूल और छात्राएँ*

	प्राथमिक		माध्यमिक		कॉलेज	
	स्कूल	छात्राएँ	स्कूल	छात्राएँ	कॉलेज	छात्राएँ
1913	1067	46,693	85	8290	4	41
1920	1269	43132	144	15284	3	49
1930	1723	63652	231	33136	5	155
1940	1724	80775	432	76482	13	556

* स्रोत : '1913 के लिए सरकारी रिपोर्ट,' स्त्री दर्पण, XIV, 3, मार्च 1916 में उद्धृत, पृ. 178; अन्य वर्षों के लिए 'जेनरल रिपोर्ट ऑन पब्लिक इन्स्ट्रक्शन,' वर्ष 1920, 1930, 1940 के लिए; ओरिएण्टल ऐण्ड इण्डिया ऑफ़िस लाइब्रेरी कलेक्शंस।

औपचारिक शिक्षा का वास्तविक प्रभाव और विकास कुल मिला कर सीमित ही रहा। भारत के अन्य देशों की ही तरह, उत्तर भारत में भी लड़कियों के स्कूल अधिकांशतः शहरों ही में स्थित थे, और छात्राओं की संख्या में प्राथमिक स्तर पर ही भारी गिरावट दिखायी देती, क्योंकि लड़कियों की शादी हो जाती या उन्हें वयस्क होने से पहले ही स्कूल से हटा लिया जाता। युक्त प्रान्त के आँकड़े बंगाल, बम्बई और मद्रास की तुलना में प्राथमिक स्तर पर कमतर लगते हैं, मगर माध्यमिक तथा उच्चतर चरणों में ज़्यादा समान-रूपी हो जाते हैं।[7] कुल मिला कर युक्त प्रान्त में स्त्रियों की आबादी की लगभग 1 फ़ीसदी लड़कियों को ही कुछ औपचारिक शिक्षा प्राप्त होती थी।[8] 1920 में लड़कों की

तुलना में लड़कियों का अनुपात, जो मोटा-मोटी निचले प्राथमिक स्तर पर 1/10 था, गिर कर उच्च प्राथमिक स्तर पर 1/40, मिडल के स्तर पर 1/200 और हाई स्कूल के स्तर पर 1/250 था।[9]

औपनिवेशिक व्यवस्था में प्राथमिक शिक्षा निरपवाद रूप से सबसे अव्यवस्थित और आर्थिक साधनों की दृष्टि से सबसे उपेक्षित थी, इस तथ्य के बावजूद कि उसका सम्बन्ध सबसे अधिक छात्र संख्या से था। जिन दो दशकों का अध्ययन हम कर रहे हैं, उनके दौरान लड़कियों की पाठशालाओं की संख्या लगातार बढ़ती रही, जिनका प्रबन्ध मुख्य रूप से स्थानीय परिषदों के हाथ में था या फिर सरकारी सहायता-अनुदान के बल पर निजी व्यक्तियों के हाथ में था। 1929 में चन्द्रकुमारी हण्डू ने लिखा :

> 'जहाँ-जहाँ देखिए, तंग गलियों में गन्दी मोरियों के किनारे, मक्खियों के भिनकने की जगह में हमारी सुकुमारी कन्याएँ गन्दे टाट पर बैठ कर तख़्ती पर लिख रही हैं।...चलिए पाठक, अब हम आपको अपनी पुत्री-पाठशालाओं के दर्शन करावें। सबसे पहले आरम्भिक श्रेणी को देखिए। अध्यापिका जी गर्व से कहती हैं कि मैं 130 कन्याओं को पढ़ाती हूँ! आपके कपड़े मैले हैं। और आप करें भी क्या? आपको पन्द्रह रुपये मासिक मिलता है और उसी से आपका निर्वाह होता है। आपके हाथ में एक लम्बी-सी लकड़ी है, उससे आप उठने का इशारा करती हैं। कन्याएँ खड़ी हो जाती हैं। पुनः आप आये हुए सज्जनों को अपना सुयोगय शासन दिखाने को अत्यन्त कठोर आवाज़ में कहती हैं "चुप।" इस समय आप सत्य ही काली का कराल रूप धारण कर लेती हैं। कमरे में शान्ति छा जाती है। कन्याएँ भी अत्यन्त मैले वस्त्र पहने हैं। हाथ-मुँह गन्दे, केश बिखरे हुए और दण्ड के भय से मुख ज्योतिहीन दिखाई पड़ता है, बालकों के स्वाभाविक आनन्द की छटा कहीं ग़ायब हो गयी है। दृष्टि में न कौतूहल है, न चंचलता। अध्यापिका ने कहा "पढ़ो।" उन्होंने पढ़के सुना दिया। ऐसा विदित होता है कि कोई निर्जीव मशीन हैं।[10]

चन्द्रकुमारी हण्डू ने आगे लिखा कि दूसरी कक्षा में बच्चियाँ पहाड़े याद कर रही हैं। वे सब-की-सब चिल्ला रही हैं और उनमें से एक भी समझ नहीं रही कि वह क्या कह रही है। दो लड़कियाँ दीवार की तरफ़ मुँह किये खड़ी हैं : उन्हें सबक़ याद नहीं था। एक सुबक रही है, दूसरी ग़ुस्से में है और बदला लेने की योजना बना रही है। उसमें वे सारे गुण हैं जिनकी देश को ज़रूरत है : तीव्र बुद्धि, पक्का इरादा और अन्याय न सहने की भावना। लेकिन शिक्षिका का क्रूर व्यवहार उसे धीरे-धीरे एक हठी बच्ची में बदल रहा है।

यह धूसर चित्र लड़कियों की बौद्धिक क्षमता को जातीय संसाधन और आत्म-विकास के उपकरण के रूप में स्वीकार करने, पहचानने के उस उद्देश्य से कोसों दूर था जिसकी

कल्पना राष्ट्रवादी सुधारक कर रहे थे। वह आर्थिक और मानवीय, दोनों प्रकार के संसाधनों के अभाव को प्रतिबिम्बित करता था—प्रशिक्षित अध्यापिकाएँ बहुत ही कम थीं—इसके साथ वह लड़कियों की शिक्षा के अर्थ और दायरे के सिलसिले में अन्तर्विरोध भी दर्शाता था। शिक्षित स्त्रियाँ स्कूलों की सचिव और प्रबन्धिकाएँ कैसे बन सकती थीं जब सम्मानित घरानों की औरतों से यही अपेक्षा थी कि वे पर्दा करें, सारे घर का प्रबन्ध करें और जाति की माताएँ बनें? यह प्रश्न कई लेखों और कहानियों में जाँचा-परखा गया जिनका सरोकार इस बात से था कि क्या औरतों की शिक्षा उनकी पूर्वनिर्धारित भूमिका के अनुकूल होनी चाहिए या नहीं।

अगर गली-मुहल्लों की ज़्यादातर पाठशालाएँ वह निराशाजनक चित्र प्रतिबिम्बित करती थीं जो ऊपर अंकित किया गया, कुछ अधिक दमदार संस्थाएँ भी थीं जो बढ़ रही थीं और 1920 के दशक में इण्टरमीडिएट और अण्डरग्रेजुएट कक्षाएँ चलाने लगी थीं।[12] सच तो यह है कि जब 1920 के दशक में लड़कियों के लिए ग़ैर-साम्प्रदायिक और ग़ैर-मिशनरी स्कूल स्थापित किये गये, जहाँ पढ़ाई लगभग पूरी तरह स्थानीय भाषा में होती थी, तो लड़कियों की मिडल और उच्चतर शिक्षा में भारी बढ़ोत्तरी हुई। क्रॉस्थवेट हाई स्कूल (स्था. 1895) और प्रयाग महिला विद्यापीठ (स्था. 1922), इलाहाबाद, इज़ाबेला थोबर्न स्कूल तथा कॉलेज, लखनऊ (स्था. 1880) और इन्द्रप्रस्थ गर्ल्स हाईस्कूल तथा कॉलेज, दिल्ली थीं, ऐसी प्रमुख संस्थाएँ जो दूसरे प्रान्तों से भी छात्राओं को आकर्षित करती थीं, कन्या महाविद्यालय, जालन्धर।[13]

जो बहुत थोड़ी पहली-पहली बी.ए. और एम.ए. पास मुस्लिम और हिन्दू लड़कियाँ थीं, बराबर की संख्या में, वे अंग्रेज़ी भाषी उच्चवर्ग से आयी थीं और आम तौर पर सरकारी अधिकारियों या पेशेवर लोगों की बेटियाँ थीं। उनके चित्र सार्वजनिक रुझान वाली रानियों के साथ पत्र-पत्रिकाओं में 'असाधारण औरतों' के रूप में छपते थे; उनकी शैक्षणिक उपलब्धियों की प्रशंसा बड़े गर्व से की जाती थी, लेकिन वे पहरावे और जीवन-शैली के लिहाज़ से पाठकों की दुनिया से काफ़ी दूर थीं।[14] ऐसी औरतों के प्रति रवैया वास्तव में गर्व, व्यंग्य, और शंका का मिला-जुला रवैया था। सारन के आर्य समाज कन्या गुरुकुल की सत्यवती देवी के अनुसार जो औरतें अंग्रेज़ी शिक्षा के शिखर तक पहुँच जाती थीं, वे दरअसल 'भारतीय सभ्यता' की तरफ़ पीठ कर चुकी थीं। अंग्रेज़ी शिक्षा देशभक्ति की प्रेरणा नहीं देती थी और 'अंग्रेज़ी शिक्षा के वर्तमान वायुमण्डल में पल कर सचमुच स्त्री-समाज भारतीय वेश-भूषा और भावों से बहुत दूर होता जा रहा है।'[15] इसके बावजूद उनके परीक्षाफल गर्व के साथ महिलाओं की पत्रिकाओं में छापे जाते थे।[16]

1920 के दशक तक आते-आते मामूली पृष्ठभूमियों से आने वाली लड़कियों ने बढ़ती हुई संख्या में इन स्कूलों में पढ़ना शुरू कर दिया, और इन्हीं स्कूलों से हिन्दी के जनपद की अधिकांश स्त्रियाँ आयीं : चन्द्रावती लखनपाल, महादेवी वर्मा, सुभद्रा कुमारी चौहान, विद्यावती सहगल, तेजरानी दीक्षित, रामेश्वरी गोयल, आदि (देखिए बॉक्स 4.

1)।[17] जाति के लिहाज़ से, हिन्दी दुनिया के पुरुषों ही की तरह, वे लगभग सभी कायस्थ, ब्राह्मण, ठाकुर और खत्री जाति की थीं। सामाजिक रूप से मुख्यतः वे नौकरी पेशा घरानों से आती थीं, शिक्षा प्राप्त करने में उन्हें माता-पिता, भाई या जीवन साथी का सक्रिय समर्थन और सहारा मिला था, अक्सर परिवार के व्यापक दायरे के विरोध के बावजूद, और वे अपने-अपने क्षेत्र की अगुआ थीं। 1920 के दशक के अन्त में जब वे ऊँची उपाधियों के लिए डी.ए.वी. कॉलेजों या इलाहाबाद, बनारस और लखनऊ विश्वविद्यालयों में दाख़िल होने लगीं तो पहरावे के नियम-क़ायदों पर गाँधीवादी राष्ट्रीयता का असर पड़ने लगा था। वे अब 'अंग्रेज़ी शिक्षा व्यवस्था के शिखर तक' घर की बुनी-कती खादी और भारतीय मूल्यों के साथ ही पहुँच सकती थीं।[18]

हालाँकि पाठ्यक्रम लड़कों के स्कूलों के पाठ्यक्रम से भिन्न था, लड़कियों की शिक्षा भी काफ़ी व्यापक थी : मिसाल के लिए प्रयाग महिला विद्यापीठ में हालाँकि 'मिडल स्कूलों में लड़कियों के लिए परम्परागत बाधा,' गणित को वैकल्पिक बना दिया गया था, लड़कियों को हिन्दी, इतिहास, भूगोल और गृह विज्ञान पढ़ाया जाता था, और प्राकृतिक विज्ञान, धर्म, अंग्रेज़ी, अन्य भारतीय भाषाओं के साथ-साथ संगीत और कताई वैकल्पिक विषय थे। लेखन में रचनात्मकता को भी प्रोत्साहित किया जाता था, और लड़कियों की रचनाएँ स्कूल की पत्रिका और दूसरे पत्रों में छपती थीं।[19]

जैसा कि मधु किश्वर ने जालन्धर के कन्या महाविद्यालय के सन्दर्भ में दिखाया है, स्त्रियों की भूमिका के बारे में सीमित और संकीर्णतावादी दृष्टिकोण वाली संस्था भी आज़ादी की लड़ाई के दौरान सार्वजनिक भागीदारी के अप्रत्याशित मार्ग खोल सकती थी। वैसे, कन्या महाविद्यालय के उद्देश्यों में से एक था आर्य समाज के लिए प्रचारिकाएँ तैयार करना, जो कि अपने में सार्वजनिक भूमिका थी।[20] बाद में, कन्या महाविद्यालय की छात्राओं को 1919 में कांग्रेस के ऐतिहासिक लाहौर अधिवेशन के उद्घाटन-समारोह में गीत गाने के लिए भेजा गया। तबसे साहित्यिक और राजनैतिक, दोनों प्रकार के आयोजनों में राष्ट्रीय गीत गाने वाली छात्राएँ उद्घाटन-समारोहों का स्थायी अंग बन गयीं।।[21] इलाहाबाद के कॉस्थवेट कॉलेज और महिला विद्यापीठ की छात्राओं को आनन्द भवन ले जाया जाता था, और जालन्धर में कन्या महाविद्यालय की लड़कियाँ नैशनल सोशल कॉन्फ़रेन्स और कांग्रेस के वार्षिक अधिवेशनों में नियमित रूप से ले जायी जाने लगीं जहाँ वे भाषण भी देती थीं। हालाँकि तब भी ज़्यादातर लड़कियों का विवाह पढ़ाई पूरी करने से पहले ही हो जाता था, कई बार कन्या महाविद्यालय या फिर इलाहाबाद के क्रॉस्थवेट स्कूल और महिला विद्यापीठ के देशभक्तिपूर्ण वातावरण ने लड़कियों को असहयोग आन्दोलन और सविनय अवज्ञा आन्दोलनों में सक्रिय भागीदारी के लिए भी तैयार किया।[22] हिन्दी के लेखकों से कहीं अधिक लेखिकाएँ हमेशा सार्वजनिक जीवन में भी हिस्सा लेती थीं या तो रचनात्मक कार्य (अध्यापन, समाज सेवा आदि) या फिर सीधी

राजनैतिक सम्बद्धता के माध्यम से (देखिए बॉक्स 4.1)। सार्वजनिक क्षेत्र में प्रवेश और शिक्षा के बीच का निकट सम्बन्ध इस बात से और भी स्पष्ट होता है कि आन्दोलन की हर लहर के बाद वयस्क महिलाओं की शिक्षा में वृद्धि हुई।

शिक्षा और सक्रियता

आर्य समाजी महिलाएँ

उर्मिला देवी शास्त्री, चन्द्रावती लखनपाल, रामेश्वरी गोयल, पार्वती देवी, विद्यावती सेठ, हुक्मा देवी गुप्त, और जालन्धर की सत्यवती विशारद—ये सब-की-सब या तो आर्य समाजी परिवारों में पैदा हुई थीं या इनका विवाह आर्य समाजी घरों में हुआ था, और वे आर्य समाजी स्कूलों में पढ़ी थीं या उनमें काम करती थीं। **चन्द्रावती लखनपाल** (1904-69) देहरादून की महिला कांग्रेस कमेटी की अध्यक्ष थीं; सविनय अवज्ञा के दौरान वे कांग्रेस की डिक्टेटर बनीं और उन्हें एक साल जेल की सज़ा मिली; 1932 में उन्होंने आगरा में युक्त प्रान्त प्रान्तीय राजनैतिक सम्मेलन का सभापतित्व किया। **उर्मिला शास्त्री** (1909-?) मेरठ की महिला सत्याग्रह समिति की सदस्य थीं; उन्होंने 1930 में छै महीने जेल में बिताये और 1936 के इलेक्शन में मेरठ से विधायक चुनी गयीं थीं। **विद्यावती सेठ** (1889-1974) इज़ाबेला थोबर्न कॉलेज से 1917 में बी.ए. पास करने वाली प्रान्त की पहली हिन्दू लड़की थी। स्त्री शिक्षा को अपना जीवन समर्पित कर देने के उद्देश्य से उन्होंने ब्रह्मचारिणी बने रहने का व्रत लिया, और पहले देहरादून की महादेवी कन्या पाठशाला की प्रधानाचार्या बनीं, फिर 1920 के आस-पास नये-नये स्थापित कन्या गुरुकुल (दिल्ली, फिर देहरादून) की; साथ ही राजनीति से भी प्रतिबद्ध रहीं। **पार्वती देवी** (1888-?) लायलपुर के ऐसे आर्य समाजी घराने में पैदा हुई थीं, जिसके सारे सदस्य राष्ट्रवादी थे : उनके एक भाई थे जयचन्द्र विद्यालंकार; पार्वती देवी स्वयं संस्कृत में 'प्राज्ञा' (स्नातक) थीं। विधवा होने के बाद उन्होंने अपना जीवन स्त्रियों की शिक्षा और सामाजिक तथा राजनैतिक सेवा को समर्पित कर दिया, पहले अध्यापिका और आर्य समाज की प्रचारिका के रूप में, और 1920 के बाद मेरठ में नये-नये बने स्वराज्य आश्रम में कांग्रेसी कार्यकर्ता के रूप में। 'भड़काऊ भाषणों' के लिए गिरफ़्तार होने पर वे किसी भी महिला कार्यकर्ता को दी गयी सबसे लम्बी—दो वर्ष—की जेल की सज़ा के लिए मशहूर हुईं। **रामेश्वरी गोयल** (1911-1936) झाँसी में बसे एक उल्लेखनीय आर्य समाजी और राष्ट्रवादी परिवार से थीं; उनके दादा देहरादून के डी.ए.वी.कॉलेज के

प्रिन्सिपल रहे थे; उनकी माँ पिष्ठा देवी झाँसी की जानी-मानी कवयित्री और कांग्रेसी कार्यकर्ता थीं और उन्होंने अपनी नौ-की-नौ बेटियों को पढ़ाया था; रामेश्वरी गोयल अपनी अकाल मृत्यु से पहले इलाहाबाद की आर्य कन्या पाठशाला में पढ़ाती रहीं। **सुभद्रा कुमारी चौहान** (1904-47) इलाहाबाद के क्रॉस्थवेट स्कूल में शिक्षा पाने के बाद अपने पति लक्ष्मण सिंह के साथ कुल-वक़्ती कांग्रेसी कार्यकर्ता बनीं और 1922 में कांग्रेस के झण्डा फहराने वाले सत्याग्रह के दौरान गिरफ़्तार हो कर जेल गयीं। उन्होंने गाँवों के साथ-साथ जबलपुर में भी कांग्रेस प्रचार किया जहाँ वे रहती थीं; जबलपुर में वे उन गिनी-चुनी महिलाओं में से थीं जो पर्दा नहीं करती थीं। शहर और गाँव-गाँव घूम कर प्रचार का काम करती थीं : नतीजे के तौर पर जबलपुर में कांग्रेस के सदस्यों की एक-चौथाई संख्या महिलाओं की थी, जो उल्लेखनीय अनुपात था; सुभद्रा कुमारी चौहान ने सभी प्रमुख आन्दोलनों में हिस्सा लिया, कई बार जेल गयीं और 1936 में विधायक भी चुनी गयीं। **महादेवी वर्मा** (1907-87) ने भी क्रॉस्थवेट स्कूल में शिक्षा प्राप्त करके इलाहाबाद विश्वविद्यालय से संस्कृत में एम.ए. किया। उन्होंने सक्रिय राजनैतिक भूमिका तो नहीं अपनायी, लेकिन सविनय अवज्ञा के दौरान गाँधी की चन्दा इकट्ठा करने वाली यात्रा के बाद, खादी पहननी शुरू कर दी और इलाहाबाद के बाहर के दो गाँवों में स्वयंसेवी अध्यापिका के रूप में पढ़ाना शुरू कर दिया, यह प्रतिज्ञा करते हुए कि वे अब भारत की धरती पर कभी अंग्रेज़ी नहीं बोलेंगी। वे प्रसिद्ध कवयित्री बनीं, और अपने पति के साथ रहने से इनकार करने के बाद प्रयाग महिला विद्यापीठ की प्रधानाचार्य बनीं। **शिवरानी देवी** बाल-विधवा थीं जब वे प्रेमचन्द की दूसरी पत्नी बनीं; वे लखनऊ में महिला कांग्रेस समिति से सम्बद्ध हुईं और जब सविनय अवज्ञा आन्दोलन में गिरफ़्तार हुईं तो प्रेमचन्द को बहुत गर्व हुआ; शिवरानी देवी ने लेखन भी किया। **कमला चौधरी** (1908-70) मेरठ की महिला सत्याग्रह समिति की सदस्य थीं और 1930 में छै महीने के लिए जेल गयीं; वे नगर और प्रान्तीय कांग्रेस कमेटी की सदस्य बनीं, और फिर 1947 में कंस्टीट्यूएण्ट असेम्बली की।[23]

लड़कियों की वास्तविक संख्या जो भी रही हो, विवाद के विषय के रूप में स्त्रियों की शिक्षा के प्रश्न का महत्व बहुत व्यापक और दूरगामी था और इससे महिलाओं की सामान्य भूमिका पर विचार करने का रास्ता खुला। सांस्कृतिक परतन्त्रता को निष्फल करने और एक शक्तिशाली स्वस्थ जाति का निर्माण करने के लिए लड़कों और लड़कियों, दोनों की शिक्षा अनिवार्य है, यह इस विवाद का प्रस्थान-बिन्दु था। उन्नीसवीं सदी की बहसों में भारतीय स्त्रियों की वर्तमान 'अज्ञानता' की तुलना भारत के सुनहरे अतीत में

उनकी शिक्षा और ऊँचे पदों से की जाती थी लेकिन शिक्षा पर बस यहाँ तक बल दिया जाता था कि वे पत्नी और माँ की अपनी भूमिका अच्छी तरह निभा सकें।[24] स्त्रियों के जीवन में मातृत्व को केन्द्रीय अनुभव के रूप में अलग कर उसको नयी राष्ट्रीय गरिमा से मण्डित कर दिया गया था : बच्चे सिर्फ़ निजी घरेलू बच्चे नहीं, बल्कि राष्ट्रीय जाति के बच्चे और कल के भारत के निर्माता थे। जब बीसवीं सदी के आरम्भ में यह बहस नये-नये विकसित हिन्दी जगत तक पहुँची, तो वह पहले ही इन सुस्पष्ट सांस्कृतिक और धार्मिक अभिप्रायों से लैस हो चुका था। औपचारिक शिक्षा का उद्देश्य लड़कियों की पितृसत्तात्मक तरबियत को बदलने की बजाय उसका पूरक बनना था।[25] स्त्रियों की शिक्षा माता और सुगृहणी की भूमिका के अनुसार ही पुरुषों द्वारा परिकल्पित और नियोजित हो गयी। स्त्री की जगह घर ही होनी चाहिए; और उसकी गतिविधियाँ और आचरण मर्यादा के नियमों के अनुसार होना चाहिए।

पुरुषोत्तम दास टण्डन ने 1916 में लिखा कि बीसवीं सदी के आरम्भ में लड़कियों को शिक्षा मिलनी चाहिए या नहीं, इस प्रश्न की बजाय प्रश्न यह उठा कि लड़कियों को कैसी शिक्षा मिलनी चाहिए'[26] आधुनिक शिक्षा से लड़कियों का परिचय किस मात्रा में होना चाहिए? इन दो दशकों के दौरान महिलाओं की शिक्षा के पक्ष में लेखों की विशाल संख्या के मुक़ाबले छात्राओं की छोटी-सी वास्तविक संख्या यह दिखाती है कि लड़कियों की शिक्षा के प्रति व्यापक स्वीकृति अभी नहीं मिली थी। लेकिन विवाद के दूसरे दौर में तरह-तरह की आवाज़ें उठीं, जिनमें शिक्षित लड़कियों और महिलाओं ने बढ़ती हुई संख्या में हिस्सा लिया : जैसा कि हम देखेंगे, शिक्षा के बारे में बहस करना औरतों के लिए ख़ुद अपनी भूमिका को परिभाषित करने के अधिकार की माँग करने का एक तरीक़ा बन गया।

'प्रत्येक व्यक्ति की शिक्षा उस कार्य को आँख के सामने रखते हुए होनी चाहिए जो उसे संसार में बड़े होने पर करना है। यही सिद्धान्त स्त्री-शिक्षा के सम्बन्ध में भी घटित होता है।...थोड़े से शब्दों में मेरे विचार में समस्त स्त्री-शिक्षा का आदर्श स्त्रियों को सुगृहिणी बनाना होना चाहिए,' पुरुषोत्तम दास टण्डन ने लिखा।[27] चूँकि स्त्री का सच्चा धर्म पातिव्रत्य धर्म है, शिक्षा का लक्ष्य होना चाहिए इस भूमिका को दृढ़ बनाना, न कि इसे डाँवाडोल करना। वरना, टण्डन जी का आगे कहना था, लोग उन औरतों की तुलना में जो शिक्षित थीं, लेकिन अपने धर्म का पालन नहीं करती थीं, अशिक्षित, लेकिन विनम्र और कर्तव्यपरायण स्त्रियों को पसन्द करते रहेंगे।

स्त्री-भूमिका-आधारित शिक्षा के इस दृष्टिकोण की मुख्य चिन्ता स्त्रियों पर पुरुषों के नियन्त्रण और स्त्री-धर्म की चौहद्दियों को ले कर एक आग्रह था, जो हिन्दी में मर्यादा की शक्तिशाली अवधारणा द्वारा व्यक्त होता है जिसकी कल्पना कई बार सीमा या लक्ष्मण-रेखा के रूप में होती है। यह शिक्षा स्त्री में आत्म-सम्मान और व्यक्तिगत अधिकारों की भावना लायेगी, यह बात 'ख़तरा' और 'मर्यादा के उल्लंघन' जैसे शब्दों में

व्यक्त होती थी। किन्हीं श्रीमती द्रौपदी को जवाब देते हुए जिन्होंने 'पातिव्रत्य' पर एक लेख में (स्त्री दर्पण, 1913) स्त्रियों की स्वतन्त्रता के अधिकार की वकालत की थी, ब्रह्मदीन सक्सेना ने व्यक्तिगत स्वतन्त्रता के विचार पर ऐसे ही समाज सुधारकों की चिन्ता को स्वर दिया। कैसी स्वतन्त्रता, उन्होंने पूछा, अपरिमित या परिमित? उन्होंने आगे लिखा कि सभी जानते थे कि किन कारणों से पहले प्रकार की स्वतन्त्रता हानिकारक थी और कहा : 'हम प्रथम श्रेणी वाली स्वतन्त्रता को हानिकारक समझते हैं; जिसके विशेष कारण हैं, और वह प्रत्येक मनुष्य को कुछ न कुछ ज्ञात है—ऐसी स्वतन्त्रता के नाम से पुकारे जाने योग्य नहीं है। हम परिमित समर्यादा स्वातन्त्र्य के पक्षपाती हैं अर्थात हम उतनी ही स्वतन्त्रता देना चाहते हैं जितनी स्त्री को पुरुष की अर्द्धांगिनी बनाने और गृह की सुख वृद्धि के लिए आवश्यक है।'[28]

यह ऐसा दृष्टिकोण था जिसका समर्थन अनेक महिलाएँ भी करती थीं। मगर पुरुष लेखक हमेशा पति या पुरुष सुधारक की नियन्त्रणकारी भूमिका पर बल देते। मिसाल के लिए, पुरुषोत्तम दास टण्डन ने सिर्फ़ 16 या 17 साल तक की लड़कियों के लिए एक पाठ्यक्रम की योजना बनायी। उनका विचार था कि इसके बाद शायद उनके पति ही उनके शिक्षक होंगे और उनकी आगे की उच्चतर शिक्षा का भार उनके पतियों पर ही छोड़ देना अच्छा होगा।[29] लड़कियों के लिए टण्डन जी के इस अलग पाठ्यक्रम ने प्रयाग महिला विद्यापीठ में ठोस रूप ले लिया। लेकिन अपनी सीमाओं के बावजूद, अध्यापिकाओं और बेसहारा औरतों के लिए रोज़गार की ज़रूरत के चलते और गाँधी जी द्वारा राजनैतिक और रचनात्मक गतिविधियों में भाग लेने के आह्वान के कारण, भूमिका-आधारित शिक्षा भी स्त्री-मुक्ति का माध्यम बन गयी।

स्त्रीत्व को मातृत्व के रूप में परिभाषित करने की सारी बहस ने भी, अपने राष्ट्रवादी स्वरों के साथ कि भारत माता की सेवा सबको करनी चाहिए, अप्रत्याशित रास्ते खोले। जैसा कि हम इस अध्याय में आगे चल कर देखेंगे, मातृभूमि की सेवा का आह्वान मर्यादा की सीमाओं के भीतर रहते हुए भी 'घर और बाहर' के बीच की दीवार को तोड़ने का सबसे ताक़तवर औज़ार बन गया। (4.4) 'राष्ट्रीय दृष्टि से स्त्री शिक्षा की आवश्यकता' के शीर्षक से दो भागों में प्रकाशित लेख में चाँद के भावी संस्थापक, रामरख सिंह सहगल ने सीता और सावित्री के प्राचीन आदर्शों के पुनरुज्जीवन और राष्ट्रवादी संघर्ष में हिस्सेदारी का सीधा सम्बन्ध बताया। ऐनी बेसण्ट की पुस्तक वेक अप इण्डिया से विस्तृत उद्धरण देते हुए सहगल ने इस विचार का समर्थन किया कि भारतीय महिलाएँ जन्म से अज्ञानी नहीं हैं, उनका पालन-पोषण ही उन्हें अज्ञानी बना देता था। सहगल ने आगे कहा कि हमारी माताओं और बहनों को उन वीर नारियों की कहानियों को मन में रख कर बाहर मैदान में उतर आना चाहिए।[30] तर्क-वितर्क के औज़ार और घर के बाहर घुलने मिलने की जगह उपलब्ध कराके लड़कियों के स्कूल शुरू के समाज सुधारकों के हाथ से निकल

कर ऐसे महत्वपूर्ण स्थल बन गये जहाँ लड़कियाँ सार्वजनिक चेतना विकसित कर सकती थीं और कई बार साहित्यिक अभिव्यक्ति और राजनैतिक सक्रियता भी।

भूमिका-आधारित शिक्षा पर बहसें स्त्रियों की भूमिकाओं और योग्यताओं की तार्किक समीक्षा करने का भी मौक़ा उपलब्ध कराती थीं। स्त्री की भूमिका, धर्म और प्रकृति को ले कर परस्पर विरोधी तर्क एक-दूसरे से टकराते थे और एक स्व-निर्धारित मर्यादा के पक्ष में दलीलें पेश होती थीं। मिसाल के लिए, भारत के इतिहास के आर्य समाजी दृष्टिकोण का हवाला देते हुए लड़कियों के लिए बराबर की शिक्षा के पक्ष में दलील दी गयी, परम्परागत रिवाजों को पुरुष-निर्मित बता कर उनका विरोध किया गया और अपना जीवन-साथी चुनने के अधिकार पर स्त्रियों की स्वतन्त्रता की हिमायत की गयी।[31] सार्वजनिक क्षेत्र में स्त्रियों के प्रवेश और उनके रोज़गार के प्रश्न इस हवाले से उठे थे कि बहुत-सी औरतों के लिए सम्मानजनक रोज़गार सच्ची ज़रूरत था और वह राष्ट्र की सेवा का एक रूप भी बन सकता था। भारत के दूसरे प्रदेशों की तरह, स्त्री-शिक्षा का सवाल बहुत-से ज्वलन्त मुद्दों पर बात करने का बहाना बन गया, जैसे पर्दा, बेमेल विवाह, दहेज प्रथा, और आगे चल कर औरतों के अधिकार और उनकी आर्थिक आत्म-निर्भरता।[32] जो लोग रामरख सिंह सहगल ही की तरह इस दृष्टिकोण का समर्थन करते थे कि हर हाल में शिक्षा अपने आप में महत्वपूर्ण थी और ख़ुद को शक्तिशाली बनाने का एक साधन भी, वे कहते थे कि औरतों को शिक्षा ख़ुद अपने हाथों में ले लेनी चाहिए और स्त्री की भूमिका के दायरे को समाज और राष्ट्र के अधिक व्यापक क्षेत्र तक फैला देना चाहिए। शिक्षा इस अर्थ में निपट साक्षरता ही नहीं थी, बल्कि आत्म-सम्मान और आत्म-चेतना के प्रति जागरूकता भी थी।[33]

रोज़गार के साधन के रूप में शिक्षा के विषय पर गर्मा-गर्म बहस होती रही, क्योंकि यह स्त्रियों की निर्भरता और उन्हें घर में सीमित रखने वाली भूमिका के मर्म पर चोट थी। इससे भारतीय नारी के बुरे 'दूसरे' रूप की विकराल छवि भी उभर आती थी : निर्लज्ज और मुक़ाबला करने वाली पश्चिमी (चाल-ढाल वाली) औरत। दिलचस्प बात यह है कि सुधारकों और लेखिकाओं ने रोज़गार के लिए शिक्षा का सवाल पहले 'अबलाओं'—अक्सर बाल-बच्चेदार विधवाओं और परित्यक्त औरतों—की समस्या के समाधान के रूप में प्रस्तुत किया; इस दलील के साथ कि वेश्यावृत्ति या ईसाइयत अथवा इस्लाम में धर्मान्तरण का यही एकमात्र सम्मानजनक विकल्प था। इन बड़े ख़तरों से जूझते हुए क्या साधनहीन औरतों के लिए यह बेहतर नहीं था कि वे काम करके आत्म-निर्भर हो जायें? सबूत के तौर पर 'चाँद' के स्तम्भ 'चिट्ठी-पत्री' में अमूमन हिन्दी मिडल की परीक्षा तक शिक्षित कई औरतों के पत्र छपे, जो अध्यापिका की नौकरी खोजने में मदद माँग रही थीं। सम्पादक ने इन औरतों का ज़ोरदार समर्थन किया और अक्सर बाद के अंकों में उत्तर भी छापे जिनमें स्कूलों के या विवाह-प्रस्ताव के लिए राज़ी पुरुषों के नाम दिये गये थे। यह उल्लेखनीय

है कि सहायता की याचना कर रही औरतें नियम के तौर पर शादी की जगह रोज़गार को तरजीह देतो थीं, शायद इसलिए कि पुनर्विवाह में सामाजिक कलंक और भावनात्मक पीड़ा की सम्भावना रहती थी।

औरतों के लिए 'बाहर की दुनिया' में काम-काज का दरवाज़ा इस तरह पहले-पहल असाधारण परिस्थितियों में दुखियारी औरतों के लिए खुला। यहाँ तक कि प्रयाग महिला विद्यापीठ को भी, जिसे पुरुषोत्तम दास टण्डन की अध्यक्षता में इलाहाबाद की पहली कांग्रेसी नगर पालिका ने स्थापित किया था, एक भूमिका-आधारित शिक्षा के भारतीय, आदर्श और छात्राओं की ज़रूरतों के बीच सन्तुलन बनाना पड़ता था। हालाँकि पाठ्यक्रम सरकारी स्कूलों के पाठ्यक्रम से भिन्न था, छात्राओं को शिक्षा परिषद की मिडल परीक्षाओं के लिए तैयार किया जाता था, क्योंकि रोज़गार की दृष्टि से औपचारिक उपाधि का मूल्य अधिक था। प्रयाग महिला विद्यापीठ में सांस्कृतिक अस्मिता और व्यावहारिक लाभ के बीच बड़ी सफलता से तालमेल बिठाया गया। हिन्दी साहित्य सम्मेलन के उदाहरण का अनुसरण करते हुए, वह पहले परीक्षा संचालित करने वाली संस्था के रूप में शुरू हुई। वर्ष में दो सत्रों का प्रबन्ध या तो इलाहाबाद में या कम-से-कम तीन परीक्षार्थियों वाले किसी भी केन्द्र में होता था।[34] कोई आयु सीमा नहीं थी और प्रत्याशी एक बार में एक विषय की भी परीक्षा दे सकते थे : इस युक्ति से विवाहित कन्याएँ बैठे-बैठे घर पर जैसे और जब वे चाहतीं, पढ़ाई कर सकती थीं या उसे दोबारा शुरू कर सकती थीं।[35] इलाहाबाद में महिला विद्यापीठ का पहला अध्यापन और आवासी खण्ड महिला सेवा सदन (1930) शुरू-शुरू में ज़रूरतमन्द औरतों के लिए ही खुला था; वहाँ अधिकतर विधवाएँ, ग़रीब घरानों की लड़कियाँ और फिर उत्तरोत्तर बढ़ती मात्रा में राष्ट्रीय आन्दोलन के दौरान जेल जाने वाले लोगों की बेटियाँ या पत्नियाँ शामिल थीं।[36]

बहरहाल, एक बार उठने के बाद रोज़गार का सवाल इस पूरी अवधि के दौरान स्त्रियों को ले कर होने वाली सभी बहसों के केन्द्र में बना रहा, और उसके सारे पहलुओं पर तर्क-वितर्क होता रहा : अध्यापिकाओं, महिला डॉक्टरों, नर्सों और वकीलों की भारी माँग थी; देश के प्रति कर्तव्य उतना ही प्राथमिक और प्रबल है जितना परिवार के प्रति; माँ का प्यार सिर्फ़ अपने ही बच्चों तक सीमित क्यों रहना चाहिए, आदि, आदि। राष्ट्रीय आन्दोलन ने एक ऐसा दरवाज़ा खोल दिया था जिसे मुश्किल से ही दोबारा बन्द किया जा सकता था, और हालाँकि मातृत्व की प्राथमिकता, पातिव्रत धर्म और मर्यादा के महत्व पर बिरले ही प्रश्न उठते, इन बहसों में औरतों की अस्मिता और भूमिका की पूरी परिभाषा ही दाँव पर थी।

औरतों द्वारा ख़ुद को परिभाषित करने का पक्ष शायद सबसे महत्वपूर्ण ढंग से चन्द्रावती लखनपाल ने अपनी पुस्तक 'स्त्रियों की स्थिति' (1932) में पेश किया है।[37] चन्द्रावती ने, जो स्वयं इलाहाबाद और बनारस में पढ़ी थीं, आगे चल कर आर्य समाजी

विद्वान और प्रोफ़ेसर सत्यव्रत सिद्धान्तालंकार से विवाह किया था और कैथरीन मेयो की पुस्तक 'मदर इण्डिया' के उत्तर में लिखी गयी अपनी पुस्तक 'मादर इण्डिया का जवाब' के बल पर हिन्दी में काफ़ी ख्याति अर्जित की थी। 'स्त्रियों की स्थिति' में शिक्षा से सम्बन्धित अध्याय औरतों को घर में बन्द करने की भर्त्सना के साथ शुरू होता है :

> 'स्त्रियों का कार्यक्षेत्र सदियों से घर समझा जाता रहा है। घर से बाहर को दुनिया के साथ भी उनका क्या सम्बन्ध हो सकता है, इस पर मानव-समाज ने बहुत देर से विचार नहीं किया। विवाह करना, पति की आज्ञा पालन, सन्तानोत्पत्ति—यही उनके जीवन का ध्येय रहा है। इतने काम के 1लिए शिक्षा की क्या आवश्यकता? अगर उन्हें थोड़ा-बहुत पढ़ना भी हो, तो उतना ही काफ़ी है, जितना पति के जी-बहलाव के लिए पर्याप्त हो। उन्हें चिट्ठी लिखना आना चाहिए, इससे आगे स्त्री-शिक्षा निरर्थक हो जाती है।'[38]

अपनी बेलाग और आग्रह-भरी शैली में, चन्द्रावती ने स्त्रियों की स्थिति को ग़ुलामी के समकक्ष ठहराया : जैसे एक आदमी ग़ुलाम ख़रीद सकता था और एक से ज़्यादा ग़ुलामों का मालिक बन सकता है, हिन्दुस्तान में पति पत्नी को ख़रीद सकता था और एक से अधिक पत्नियाँ रख सकता था। 'स्त्री को सदियों से ग़ुलामी की हालत में रख कर पुरुष ने उसकी जो दशा कर दी है, कहा जाता है, स्त्री की यह स्वाभाविक दशा है।' यानी औरतें स्वाभाविक रूप से पुरुषों पर निर्भर होती हैं और स्वाभाविक रूप से उनकी छत्र-छाया की माँग करेंगी (पृ 125)। चन्द्रावती का उत्तर यह था कि महिलाएँ अब भी विवाह की उम्मीद रखेंगी, लेकिन असहाय स्थिति से नहीं। आगे उन्होंने अबला के रूप में नारी की धारणा को, कि वह शारीरिक और बौद्धिक रूप से पुरुष से कमज़ोर है, महज़ कल्पना बता कर ख़ारिज कर दिया : केवल दो सदियों के अर्से में उनकी चकित कर देने वाली प्रगति यह साबित करती थी कि असल में उसका उलट ही सही था। योग्यता के मापदण्ड से पुरुष और स्त्री की बराबरी को देखते हुए, स्त्री को घर से बाहर के अवसरों से वंचित रखना एक अपराध के बराबर था, उन्हें ग़ुलाम बनाने जैसा था। इसलिए लड़कियों के लिए पाठ्यक्रम उतना ही व्यापक होना चाहिए और लड़कों के पाठ्यक्रम के बराबर होना चाहिए।

सिर्फ़ अन्त में जा कर चन्द्रावती ने विवाह की अनिवार्यता का प्रश्न उठाया था : क्या औरतें शादी के बिना समाज के लिए उतना ही, अथवा उससे अधिक, उपयोगी नहीं हो सकतीं? किसी भी हालत में, उन्हें छूट मिलनी चाहिए कि अगर वे न चाहें तो शादी न करें। इसके अलावा, रोज़गार तो शादीशुदा औरतों के लिए भी उतना ही फ़ायदेमन्द था, क्योंकि वे घर के खर्चों में हिस्सा बँटा सकती थीं और विधवा या परित्यक्ता होने की सम्भावित स्थिति में, वे अपना ख़र्च ख़ुद चला सकती थीं। स्त्रियों को शिक्षा और घर के

बाहर क़दम रखने के अधिकार से वंचित रखना उनके और समाज के प्रति अन्याय था। यह, चन्द्रावती ने अन्त में कहा, औरत के दृष्टिकोण से शिक्षा के प्रश्न को देखने का सही तरीक़ा था।[39]

इस तरह 1930 के दशक तक शिक्षा और ख़ुद को परिभाषित करने के अधिकार को ले कर स्त्रियों का शक्तिशाली स्वर हिन्दी में उभर कर सामने आ चुका था। अधिकतर शिक्षित लड़कियों के लिए, जो ख़ुद संख्या में बहुत कम थीं, शादी अब भी एकमात्र रास्ता था, लेकिन शिक्षित कामकाजी औरत की छवि—अविवाहित अध्यापिका, समाज सेविका या राजनैतिक कार्यकर्ता के रूप में लोगों की सामूहिक कल्पना में जगह बना चुकी थी और उसे सामाजिक स्वीकृति भी मिलने लगी थी। वास्तव में, 1930 के दशक के अन्त में महिला कथाकारों की कुछ कहानियों में ऐसी ही शिक्षित पत्नियों का चित्रण मिलता है जो घर पर बैठे-बैठे अपने को क़ैदख़ाने में बन्द महसूस करती हैं।[40]

फिर भी कुल मिला कर, 'शिक्षित महिला' के प्रति आम रवैया दुविधापूर्ण बना रहा। पश्चिमी शिक्षा-प्राप्त महिला आलोचना और अवहेलना का पात्र थी : उसने मर्यादा का उल्लंघन करके, सारे पारिवारिक और सामाजिक रिश्तों को तहस-नहस कर दिया था, उसका हश्र बुरा होना था और वह सीधी-सादी, भोली, अशिक्षित युवती की तुलना में नीच ठहरती थी। यह रवैया विशेष रूप से व्यंग्य-चित्रों में नुमायाँ होता था, 'चाँद' में छपने वाले व्यंग्य चित्रों में भी, बावजूद इसके कि पत्रिका स्त्रियों की शिक्षा के उद्देश्य का ज़ोरदार समर्थन करती थी : व्यंग्य चित्र ऐसा कहते जान पड़ते थे कि चाहे 'घर में' या 'बाहर' महिलाओं की उन्नति पर हमेशा भारतीयता की छाप रहनी चाहिए।[41] दूसरी ओर कॉलेज की लड़कियों का व्यापक चित्रण रूमानी उपन्यासों में भी मिलता है, बिना किसी क़िस्म के कलंक की छाया के : धनीराम प्रेम, पाण्डे बेचन शर्मा 'उग्र,' और निराला ने पात्रों के रूप में शिक्षित नायिकाएँ चुनी थीं जिनमें न केवल 'स्त्रियोचित गुण' थे बल्कि हाज़िर-जवाबी, बुद्धि, आवेग और दृढ़ता भी थी।[42] शिक्षित नायिका नायक की चुनौतीपूर्ण साथिन बनती थी, या आधुनिक सम्वेदनशील नारी का प्रतीक, जैसे जैनेन्द्र कुमार के उपन्यास 'त्यागपत्र' (1937) में (देखिए 4.4)। 1920 के दशक के अन्त से स्त्रियों की पत्रिकाओं में, बल्कि सभी पत्रिकाओं में छपने वाली कहानियों और सम्वादों में स्कूल या कॉलेज जाने वाले स्त्री-पात्रों का बाहुल्य यह आभास देता है कि कम-से-कम लेखिकाएँ स्कूली अनुभव से भली-भाँति परिचित थीं; साथ ही शिक्षा स्त्री की निजी पहचान को विकसित करने का मुख्य साधन नज़र आती है। आम तौर पर शिक्षित नारी पात्र ज़्यादा निर्भीक हैं, वे बोलते और बहस करते हैं, और उनकी एक निजी ज़िन्दगी है।

इसके बावजूद, स्त्रियों की शिक्षा के बारे में बात करने का मतलब है उसकी सीमाओं और पाबन्दियों के बारे में बात करना। वह बहुत करके एक शहरी परिघटना ही थी जिसमें से ग्रामीण औरतें और निचले तबक़ों और निचली जातियों की लड़कियाँ

पूरी तरह वंचित रहीं। शिक्षित महिलाओं में वही ऊँच-नीच का भाव नज़र आता, जो शिक्षित पुरुषों में भी मौजूद था : कुछ ही शिक्षित महिलाएँ अंग्रेज़ी-भाषी अभिजात-वर्ग की थीं; हिन्दू और मुसलमान छात्राएँ हिन्दी-उर्दू विभाजन का प्रतिरूप प्रस्तुत करतीं; और बहुत-सी औरतों के सिलसिले में यह स्कूली साक्षरता नहीं, बल्कि राजनैतिक सक्रियता ही थी जिसके माध्यम से वे सार्वजनिक क्षेत्र में खिंच कर आयी थीं (देखिए 4.2)। इस अध्याय का बाक़ी हिस्सा उस प्रक्रिया को रेखांकित करेगा जिससे शिक्षित महिलाओं ने उस स्त्री-भूमिका को फैलाया, उसको चुनौती दी और पुनर्परिभाषित किया जो उन्हें राष्ट्रीय पुनरुत्थान की अर्थ-व्यवस्था ने सौंपी थी। ऐसा उन्होंने मुख्य रूप से पत्र-पत्रिकाओं द्वारा किया, उन विषयों को और बढ़ा-फैला कर जिनके बारे में जानने की उम्मीद औरतों से की जाती थी; उन सामाजिक और नैतिक अपेक्षाओं पर सवाल उठाते हुए जो उनसे रखी जाती थीं और ख़ास तौर पर उनके लिए भारी पड़ती थीं, और स्त्रियों की परम्परागत भूमिका को पुनर्परिभाषित करके, नयी भूमिकाएँ प्रस्तुत करते हुए।

4.2 बढ़ते सरोकार : हिन्दी में स्त्रियों की पत्रिकाएँ

हालाँकि स्त्री-शिक्षा आम वाद-विवाद का प्रमुख विषय बनी रही, वह इतना सीमित रही थी कि केवल उसी को 1920 और 1930 के दशकों के दौरान स्त्रियों के स्वर और सक्रियता के लिए ज़िम्मेदार नहीं माना जा सकता। अनौपचारिक रूप से घर पर शिक्षित या थोड़ी-बहुत स्कूली शिक्षा-प्राप्त लड़कियों और महिलाओं तक पहुँचने वाली पत्रिकाएँ और पुस्तकें औपचारिक शिक्षा की तुलना में कहीं ज़्यादा कारगर साबित हुईं। विशेष रूप से पत्रिकाओं ने पाठ्यक्रम से उपलब्ध होने वाले ज्ञान से कहीं अधिक व्यापक जानकारी उपलब्ध करायी। वे औरतों में सार्वजनिक सरोकार और समान-रूपी सांस्कृतिक-राजनैतिक भावना को पुष्पित-पल्लवित करने का महत्वपूर्ण साधन रहीं। इन पत्रिकाओं को 'नारीवादी' कहना मुश्किल, और ज़्यादातर मामलों में भ्रामक होगा,[43] क्योंकि जैसा हम देखेंगे स्त्रियों की आवाज़ और उनके मुद्दों का समर्थन करने में इस्तेमाल की गयी रणनीति और भाषा यूरोप और अमरीका में सफ़्राजेट आन्दोलनकारियों के उग्र संघर्षकामी रवैये से स्पष्टतया भिन्न थी। इसके अलावा, स्त्री-शिक्षा और साहित्य की ही तरह, पत्रिकाओं से भी सब से अधिक उम्मीद यही लगायी जाती थी कि वे लड़कियों को घर-परिवार के भीतर सुगृहणी की भूमिका के लिए तैयार करेंगी और उन्होंने धीरे-धीरे ही उनके सरोकारों को व्यापक बनाया।[44] इस प्रक्रिया में, 'स्त्री-उपयोगी' ज्ञान और साहित्य क्या है, इसकी सीमाएँ नाटकीय रूप से पुनर्परिभाषित हुईं।

स्त्री-उपयोगी साहित्य[45] नैतिक साहित्य की पुरानी भारतीय परम्परा का सबसे नया नमूना था जैसा इतिहासकारों ने हाल में दिखाया है, अनेक भारतीय भाषाओं में स्त्री-उपयोगी साहित्य की विशेषता यह थी कि उसमें स्त्री-धर्म की पुरानी धार्मिक-नैतिक

धारणाओं और मूल्यों का मेल स्त्रीत्व को ले कर विक्टोरिया-युग के 'नये,' घरेलू मूल्यों और विचारों से था। यही मेल घर-परिवार के आधुनिक आदर्श के लिए आवश्यक समझा जाने लगा। स्त्रियों को विक्टोरिया-युगीन औरत के भारतीय प्रतिरूप बनाने के लिए उन्हें विनम्रता, मर्यादा, मितव्ययिता, मृदुता, आज्ञाकारिता, सादगी, पवित्रता और समर्पण जैसे गुण सिखाना ज़रूरी था। स्त्रियों की भाषा और मनोरंजन को भी 'सुधारना' ज़रूरी था, उन्हें उत्पादन-प्रक्रिया से बाहर खींचते हुए और सम्पत्ति के अधिकार से वंचित रखते हुए : नतीजा यह हुआ कि घर के भीतर की भद्र महिला और सड़क की अपेक्षाकृत कम पराधीन और आर्थिक रूप से अधिक स्वतन्त्र निम्नवर्गीय औरत के बीच गहरी रेखा खिंच गयी।[46]

बीसवीं सदी में महिलाओं द्वारा सम्पादित पहली हिन्दी पत्रिका ने इसी नमूने को दोहराया और पत्रिका को साफ़ तौर पर शिक्षा का साधन बताया। 'गृहलक्ष्मी' के, जिसे 1909 में श्रीमती गोपाल देवी और उनके पति, मशहूर वैद्य सुदर्शनाचार्य इलाहाबाद से निकालने लगे, नाम ही से कोई सन्देह नहीं रहता था कि उस शिक्षा का उद्देश्य क्या था।[47]

आइए, कुछ और निकट से देखें कि 'गृहलक्ष्मी' की नज़र में 'स्त्री-उपयोगी' का क्या अर्थ था। 'गृहलक्ष्मी' ने (सुगृहणी की भूमिका पर आधारित) स्त्री-शिक्षा का बीड़ा उठाया और निजी आकांक्षाओं तथा पारिवारिक कर्तव्य के बीच के समझौते के लिए भी लड़कियों को तैयार करना उचित समझा।[48] यह शिक्षा निम्न-मध्यवर्गीय लड़कियों के लिए विशेष रूप से उचित होगी, यह बात माँ-बेटी के बीच के एक वार्तालाप से स्पष्ट है जब माँ यह टिप्पणी करती है कि कम ख़र्च होना और हर काम सीखना ज़रूरी है, क्योंकि उनके घर में नौकर नहीं हैं। अंग्रेज़ी भाषा इस शिक्षा का हिस्सा है, लेकिन बिना आगे पढ़ने-पढ़ाने, रोज़गार पाने, या समाज में उठने-बैठने की गुंजाइश के :

> 'मैं अंगरेज़ी क्यों पढ़ूँ? क्या मुझे कभी इंग्लैण्ड में रहना है?' बेटी पूछती है। 'नहीं (माँ जवाब देती है) पर अंगरेज़ी में बहुत से ऐसे ग्रन्थ हैं जो कि पढ़ने योग्य हैं और कदाचित तुम्हें कभी ऐसा अवकाश मिल जाय कि तुम्हें विदेशियों का संग करना पड़े, और जब वे अपनी भाषा में कुछ तुमसे पूछें तो ठीक-ठीक उत्तर दे सको।'[49]

कहने की ज़रूरत नहीं कि बल पूरी तरह घर-परिवार पर था। बाहरी जगत से सम्बन्धित सामग्री केवल कुछ विचित्र सूचनाएँ और स्त्री-सम्बन्धी समाचार ही थी। एक अंक में कहानियाँ, नैतिक उपदेश वाले बहुत-से छोटे-छोटे वार्तालाप, वीरांगनाओं पर ऐतिहासिक टिप्पणियाँ, बच्चों के पालन-पोषण पर या लड़कियों की शिक्षा पर और पर्दे की प्रथा पर सम्वाद, स्त्री-धर्म और पातिव्रत धर्म पर या घर-परिवार के भीतरी तनावों और उन्हें (बड़े-बुज़ुर्गों की इच्छा का पालन करके) सुलझाने के तरीक़ों पर , बुरी संगति और नुकसानदेह पढ़ाई आदि से बचने की सलाह, आदि पर लेख शामिल होते। सम्पादकीय

खाना बनाने की विधियों और स्कूली छात्राओं से लेखादि मँगाने और कपड़े धोने के तरीक़ों पर सुझाव देने तक सीमित रहते थे।[50] पश्चिम के मुक़ाबले भारतीयता की धार्मिक योग्यता का और महिलाओं की बराबरी के संकर मुहावरे का उदाहरण 'गृहलक्ष्मी' ग्रन्थमाला के पहले खण्ड, 'गृहिणी' के विज्ञापन में देखा जा सकता है :

> 'स्वामी-स्त्री का परस्पर सम्बन्ध : हिन्दू शास्त्रों के अनुसार स्वामी और स्त्री दोनों मिल कर एक हो जाते हैं, उनमें भेद नहीं रहता; स्त्री-स्वामी की सहधर्मिणी है। परन्तु आज कल अंगरेज़ी पढ़ने वाले पतियों की शिक्षा ने स्त्री की सहधर्मिणी के पद से उतार कर उसको प्रणयिनी बना दिया है, स्त्री अब सहधर्मिणी नहीं रही।'[51]

पति-पत्नी के बीच समानता और साहचर्य की वकालत करने के लिए हिन्दू शास्त्रों की सनद पेश हो रही है, आपसी आकर्षण और प्रेम पर आधारित विवाह की 'पश्चिमी' धारणा से दूरी बनाते हुए। कुल मिला कर 'गृहलक्ष्मी' नरम, सीमित शैक्षणिक और सुधारवादी अभियान चला रही थी। वार्तालाप और लेखों द्वारा औरतों, यहाँ तक कि स्कूली छात्राओं, को भी अपने विचारों को सबके सामने लाने का अभूतपूर्व अवसर प्राप्त था जिससे उनका आत्म-विश्वास बढ़ ही सकता था। मिसाल के लिए, कमला नाम की स्त्री ने 'औरतों की शिक्षा के फल' की दुविधा की तरफ़ ध्यान आकर्षित करने के लिए एक पुरुष स्वर अपनाया। प्रथम-पुरुष में अपनी बात कहने वाला आदमी विश्वविद्यालय का एक छात्र है जिसे उसकी इच्छा के विपरीत एक अनपढ़ लड़की से ब्याह दिया गया। उसने फिर अपनी पत्नी को शिक्षित करने का दायित्व अपने ऊपर लिया ताकि वह अगर 'मिल्टन' (कोष्ठकों में : अंग्रेज़ी के महान कवि') नहीं तो कम-से-कम तुलसीदास और सूरदास को पढ़ कर सराह सके। दो साल बाद जब वह बी.ए. पास कर चुका है और उसकी पत्नी भी अच्छी तरह हिन्दी पढ़-लिख लेती है और थोड़ी-सी अंग्रेज़ी भी सीख गयी है तब नतीजा एक दृश्य में दिखाया गया है जिसमें पत्नी शुद्ध हिन्दी बोलती है और उसकी सास गाँव की बोली : जब सास देखती है कि बहू खाना बनाते समय अंग्रेज़ी की किताब पढ़ रही है तो उसे बुरा-भला कहने लगती है। और जब बहू आदर से जवाब देती है और अपने किये की तार्किक वकालत करती है तो सास और भी आग-बबूला हो जाती है। सास की आख़िरी गाली है कि वह यानी बहू, 'क्रिस्तानिन' है।[52] पीढ़ियों के बीच खाई कैसे पटेगी?

एक युवा 'पाठिका' उत्साह के साथ भूमिका-आधारित शिक्षा को स्वीकार करने के बाद ('अनुपयोगी और सतही उपन्यासों और कहानियों' पर समय बरबाद नहीं करना चाहिए) यूरोपीय शिक्षा-प्राप्त जापान का हवाला देते हुए अनुरोध करती है कि 'शिक्षा को आजकल भिन्न होना चाहिए।'[53] किसी विद्यापति देवी ने बड़े उत्साह के साथ जरौली गाँव (ज़िला मैनपुरी) की सुशिक्षित, लेकिन अपने पति के प्रति पूरी तरह समर्पित

आधुनिक सती की चामत्कारिक कथा बयान की। रिपोर्ट में हिला देने वाले चामत्कारिक ब्योरे भरे हुए थे जिन से विद्यावती को यह टिप्पणी करने का अवसर मिला : 'प्रिय पाठिकाओ। देखिए यद्यपि इस समस्त पृथ्वी पर कलियुग छाया है और कोई अपने धर्म पर स्थिर नहीं है। परन्तु फिर भी कोई-कोई भारत ललनाएँ अब भी पातिव्रत व पतिप्रेम का प्राचीन नमूना दिखाती हैं।'[54]

'गृहलक्ष्मी' की तुलना में 'स्त्री दर्पण' (स्थापित जुलाई 1909) जिसका सम्पादन नेहरू परिवार की महिलाओं (रामेश्वरी, रूपकुमारी, कमला और उमा) के हाथ में था और जिसमें रचनाएँ भेजने वाले पुरुषों और स्त्रियों का दायरा काफ़ी व्यापक था, अपने स्त्री-सम्बन्धी दृष्टिकोण' में और स्त्रियों के अधिकारों की रक्षा करने में अधिक खुली और मुखर थी। 1919 में पत्रिका में किये गये प्रचार में यह दावा किया गया था कि यही एकमात्र पत्रिका थी जो स्त्रियों को उनके धर्म के साथ-साथ उनके अधिकारों की शिक्षा भी देती थी, क्योंकि पति, भाई और पिता स्त्रियों के साथ पशुओं जैसा बर्ताव करते हुए देश का कल्याण नहीं कर सकते थे।[55]

स्त्री-उपयोगी विषयों और संख्या का दायरा 'गृहलक्ष्मी' की अपेक्षा 'स्त्री-दर्पण' में कहीं अधिक व्यापक था। पर्दे की प्रथा, महिलाओं की उत्कृष्टता के ऐतिहासिक उदाहरणों, और स्वास्थ्य और साफ़-सफाई पर सामान्य लेखों के अलावा उसमें भूमिका-आधारित शिक्षा के ख़िलाफ़ लेख, भारत और विदेश में स्त्रियों की उपलब्धियों की ख़बरें और स्त्री-संगठनों की बैठकों की रिपोर्टें भी छपती थीं, साथ ही राष्ट्रीय और अन्तर्राष्ट्रीय समाचार भी—जैसे यूरोप में चल रहा युद्ध, भारत पर उसका बोझ और चीन में विद्रोह। पत्रिका में पास के बंगाल और पंजाब में स्त्रियों के जागरण का जायज़ा बड़ी दिलचस्पी से लिया जाता था और युक्त प्रान्त में स्त्रियों की दुर्दशा से उसकी तुलना की जाती थी। पत्रिका के रूप में 'स्त्री-दर्पण' एक सीमित पारिवारिक उपक्रम ही बनी रही, वह कभी 1000 प्रतियों की दहलीज़ को पार न कर पायी, और 'अखिल भारतीय महिला सम्मेलन' जैसे अभिजन-वर्गीय महिला आन्दोलन से जुड़ी रही।[56]

यह पहले विश्वयुद्ध, और फिर 1919-21 के राष्ट्रीय आन्दोलन, के साथ-साथ हुआ कि 'स्त्री-दर्पण' और 'गृहलक्ष्मी,' दोनों की विषय-वस्तु में भारी परिवर्तन आया। राजनैतिक समाचार और सूचनाएँ नियमित रूप से उनमें छपने लगीं और दोनों पत्रिकाओं ने आन्दोलन और महात्मा गाँधी के सन्देश का पूरा समर्थन किया। ऐनी बेसेण्ट, सरोजिनी नायडू और अली बन्धुओं की माँ के लेख और भाषण 1918 ही से 'गृहलक्ष्मी' में प्रकाशित होने लगे, और 1921 के बाद ने महात्मा गाँधी के लेखों और खुले पत्रों के अनुवाद छपने लगे। 1922 में नया सम्पादकीय स्तम्भ और ख़बरें छपने लगीं जिनमें साम्प्रदायिक दंगों के समाचार, अखिल भारतीय महिला सम्मेलन के नीतिपरक प्रयास और महिला कार्यकर्ताओं के चित्र और जीवन परिचय भी शामिल थे। असहयोग आन्दोलन ने स्वदेशी

को मुख्य रूप से महिलाओं का सरोकार बना दिया, उन्हें पर्दे से बाहर आ कर देश की सेवा करने के लिए प्रेरित करते हुए और यह सुझाते हुए कि देश सेवा उतना ही ऊँचा धर्म था जितना पातिव्रत धर्म। तो भी पत्रिकाएँ पातिव्रत धर्म की अहमियत को घटाने से हिचकिचा रही थीं। एक 'अभिमानी महिला असहयोगी' ने जब नवम्बर 1921 में यह लिखा कि वह भारत माता की सेवा करना तो चाहती थी, लेकिन उसका पति बाधा डाल रहा था, क्योंकि उसके विचार भिन्न थे, तो 'स्त्री-दर्पण' की सम्पादिका ने समझौते का एक मार्ग सुझाया। उस महिला की इच्छा का समर्थन करते हुए भी सम्पादिका ने सुझाव दिया कि वह घर पर चर्खा कात कर भारत माता की सेवा कर सकती थी। इसके बावजूद स्त्री-धर्म का दायरा बढ़ रहा था। इसके अलावा, स्त्रियाँ अधिक-से-अधिक मात्रा में रचनाएँ भेज रही थीं जिनमें उच्च शिक्षा-प्राप्त महिलाएँ भी थीं और वे भी जो प्रकट रूप से स्व-शिक्षित थीं। अब हमारे लिए उनकी पहचान करना मुश्किल है, क्योंकि उनके छपे हुए नामों के पीछे 'देवी' की गरिमा-भरी पदवी के अलावा कोई कुल नाम नहीं छपा था।

घरेलू मोर्चे पर भी पत्रिकाओं में अधिक निर्भीकता आयी। पाठिकाओं के पत्र के एक नये स्तम्भ में 'सच्ची कहानियों' के लिए जगह बन गयी, और 'एक नवविहिता वधू' द्वारा लिखे गये लेखों ने पुरुषों की इच्छाओं के आगे स्त्रियों की परवशता और पुरुषों की आँखों में असली औरतों की छवि को ले कर असुविधाजनक प्रश्न उठाये।[57] दुखियारी स्त्रियों के पत्र, महिला रचनाकारों की तुलना में विशेष रूप से अधिक उद्विग्न स्त्री छवि को उजागर करते (देखिए 4.3)। उन्हें सदा-सर्वदा सम्पादक की सहानुभूति मिलती हो, ऐसा नहीं था। और यह उस दुविधा और असमंजस की ओर संकेत है जो नारी-मुक्ति के प्रति सीमित सुधारवादी या पुरुष प्रतिक्रियाओं की विशेषता थी। मिसाल के लिए कलकत्ता के एक हिन्दी लेखक की शिक्षित बेटी ने गाँव के एक मूर्ख और दुराचारी युवक से अपने बेमेल विवाह की शिकायत करते हुए लिखा। उसने अपने पिता को लिख कर अनुरोध किया था कि या तो वे उसका विवाह किसी और से कर दें या फिर उसे विधवा की ज़िन्दगी बिताने की अनुमति दें, लेकिन पिता ने क्रोध-भरे उत्तर में अफ़सोस किया कि उन्हें उसको कभी शिक्षित ही नहीं करना चाहिए था क्योंकि 'मैं तुम्हें मूर्ख ही रखता तो अच्छा था। पढ़ाने का यह नतीजा हुआ कि तुम मेरी (अपने पिता की) नाक कटवाने पर आमादा हो रही हो। क्या शिक्षा का यही आदर्श है?' सम्पादिका ने लड़की के दुर्भाग्य पर सहानुभूति जतायी, साथ ही उसके पिता से भी, और लड़की से आग्रह किया कि वह अपने विवाह की सच्चाई को स्वीकार करके 'ऐडजस्ट' हो जाये : 'आप के इस पति-त्याग से महिला समाज में एक भीषण खलबली मच जाने की सम्भावना है। हमारी समाज के सामने ऐसा आदर्श कदापि न आना चाहिए। आप इस विषय पर पुनः विचार करें।'[58] जब एक शिक्षित ब्राह्मण विधवा ने पुरुषों को दोष दिया कि उन्होंने उसे फुसला कर कुमार्ग पर डाल दिया तो दूसरे पाठकों ने जवाब में उसकी काम-वासना और आत्म-नियन्त्रण के

अभाव के लिए उसे ही दोषी ठहराया और किसी अन्य 'निम्न जाति' की औरत का उदाहरण सामने रखा जिसने अपनी इज़्ज़त गँवाने की बजाय अपनी जान ही दे दी थी।[59] समय की नयी माँग के साथ-साथ अपने परम्परागत धर्म, दोनों को स्वीकार करने वाली सदाचारी और शिक्षित आधुनिक नारी की छवि पर मानवीय दुर्बलता का कलंक नहीं पड़ना चाहिए।

1920 तक स्त्रियोचित और सामान्य पत्रिकाओं के बीच जो फ़ासला था वह कम होता गया। एक ओर, महिलाओं की पत्रिकाओं में स्थापित रचनाकारों के और पहले से कहीं ज़्यादा सामयिक लेख बड़ी तादाद में छपने लगे थे,[60] दूसरी ओर 1920 के दशक तक मुख्य धारा की सभी हिन्दी पत्रिकाओं में स्त्रियों के ख़ास-ख़ास खण्ड नज़र आने लगे थे, जिनमें पर्दे की प्रथा, बाल विधवाओं और शिक्षा की समस्याओं पर लेख, और महिला रचनाकारों की छोटी-छोटी कविताएँ और टिप्पणियाँ आदि छपतीं। यह महिला पाठकवर्ग के स्वीकृत हो जाने की निशानी थी जिसकी अब भी अलग समूह के रूप में अपनी विशेष चिन्ताएँ और सरोकार थे। अन्ततः यह 'चाँद' पत्रिका ही थी जिसने न केवल स्त्री-उपयोगी साहित्य का साँचा ही तोड़ दिया, बल्कि स्त्रियों के विषयों को राष्ट्रीय अभियान के केन्द्र में स्थापित कर दिया, वैसे ही जैसे एक दशक बाद किसानों और आर्थिक प्रश्नों के सिलसिले में समाजवादी करने वाले थे।

'चाँद' का राष्ट्रवाद उसके दृष्टिकोण से ही स्पष्ट था : शुरू ही से हिन्दी जनपद में महिलाओं की जागृति और उनकी गतिविधियाँ देशव्यापी, वस्तुतः विश्वव्यापी परिघटना के परिप्रेक्ष्य में देखी जाने लगीं। हालाँकि अधिकांश अपेक्षाकृत लम्बे लेख और विशेषांक उत्तर भारतीय महिलाओं और समाज पर ही केन्द्रित थे, समाचार वाला भाग समूचे भारत और विदेश की महिलाओं की जानकारी, तथ्य और आँकड़े प्रस्तुत करता था मानो वे सभी उसी अदम्य लहर का हिस्सा थीं। ऐसा करने से औरतों की पहलक़दमियों को वैधता मिलती थी, साथ ही और आगे तक जाने के उनके आत्मविश्वास को बढ़ावा भी। इसके अतिरिक्त, शिक्षित और नयी-नयी साक्षरता प्राप्त महिलाओं को सम्बोधित करते हुए 'चाँद' उन्हीं से सम्बन्धित विषयों तक सीमित न रह कर, सामाजिक और राजनैतिक पुनर्जन्म की उसी परियोजना के अन्तर्गत किसान और मज़दूर औरतों के मुद्दों को भी उठाने लगा : स्वराज्य की खोज में सभी तरह का दमन और उत्पीड़न भर्त्सना का विषय था।[61]

लाहौर के उद्यमी खत्री, रामरख सिंह सहगल (1896-1952) ने जिनका कांग्रेस के साथ सम्बन्ध और भगतसिंह तथा चन्द्रशेखर आज़ाद के क्रान्तिकारी दल के साथ सम्पर्क का एक इतिहास था, इलाहाबाद में 1922 में 'चाँद' को शुरू किया। आकार (100 पृष्ठ) और सामग्री में पहले की सभी महिला पत्रिकाओं को पीछे छोड़ कर, 'चाँद' मुख्यधारा की हिन्दी साहित्यिक पत्रिकाओं से ज़्यादा मिलती-जुलती थी। 'चाँद' में स्त्रियोचित और

मुख्य धारा की पत्रिकाओं के सभी स्तम्भ और लक्षण मौजूद थे (पत्र, समीक्षाएँ, समाचार, सम्पादकीय, व्यंग्य-चित्र, आदि)। साथ ही कविताओं, कहानियों और धारावाहिक उपन्यासों की शक्ल में पठनीय सामग्री प्रचुर मात्रा में थी और आक्रामक विज्ञापनबाज़ी द्वारा 'माधुरी' ही की तरह बड़े पैमाने का अभियान शुरू किया गया। जल्द ही उसे युक्त प्रान्त, पंजाब, बिहार और राजस्थान के शिक्षा विभागों के सार्वजनिक और स्कूली पुस्तकालयों के लिए अनुमोदन मिला और प्रारम्भिक 1000 प्रतियों के संस्करण से उछाल मार कर 1927 में 8000 प्रतियों और 1930 में 15000 प्रतियों के संस्करण तक पहुँच कर वह सबसे अधिक पाठक-संख्या वाली पत्रिका बन गयी।[62] अनेक आकर्षक विशेषांक (विधवा-अंक, विदुषी अंक, गल्पांक, अछूत अंक, मारवाड़ी अंक, कायस्थ अंक, राजपूताना अंक, समाज अंक, आदि), उत्कृष्ट और नवीनतम लेखकों की रचनाएँ, लोकप्रिय कथा साहित्य के प्रति नैतिक निषेध का अभाव,[63] लम्बे सामयिक सम्पादकीय और अपने उद्देश्यों के प्रति समर्पण की दृढ़ भावना इस सब से सुसज्जित 'चाँद' ने निश्चय ही स्त्री-उपयोगी साहित्य का दायरा बदल दिया था।[64]

'चाँद' ने यह काम उन सीमाओं को तोड़ कर कर दिखाया कि 'औरतों को क्या जानना चाहिए' तथा 'औरतों को क्या बोलना चाहिए।' पहले उद्देश्य को पूरा करने में, जिसकी चर्चा इस खण्ड में हो रही है, विविध प्रकार के क़दम उठाये गये : पहला क़दम था स्त्री को भारतीय समाज की और राष्ट्रीय पुनरुज्जीवन के आन्दोलन की नायिका और सक्रिय सदस्य के रूप में सम्बोधित करना, केवल (वीरांगना और भारत माता की तरह) प्रतीकात्मक रूप में ही नहीं, बल्कि शक्ति-सम्पन्न व्यक्तियों के रूप में भी। दूसरा महत्वपूर्ण क़दम स्त्री को हर तरह के राजनैतिक, आर्थिक, सामाजिक और ऐतिहासिक प्रश्नों के बारे में बराबर की जानकार बनाना, बिना किसी तरह के प्रतिबन्ध के; अन्त में महिला सत्याग्रहियों और नेताओं की ख़बरें छापते रहना और ख़ुद पत्रिका की पहचान को राष्ट्रीय आन्दोलन से जोड़ देना। रामरख सिंह सहगल की अपनी जोशीली सम्पादकीय टिप्पणियाँ, 'चाँद' प्रेस पर सरकारी प्रतिबन्ध और सहगल का कारावास—इस सबसे राष्ट्रीय आन्दोलन के साथ पत्रिका और उसके पाठकों की पहचान और मज़बूत हो गयी।

स्त्रियों की दूसरी किसी भी पत्रिका की तुलना में 'चाँद' समाचारों को अधिक स्थान देती थी। सम्पादकीय और छोटी-छोटी सम्पादकीय टिप्पणियों के अलावा ख़बरों का अलग भाग था जैसे 'समाचार संग्रह,' जिसमें देश भर से विविध प्रकार की घटनाओं, क़ानूनों, जनता की उपलब्धियां, राजनैतिक सभाओं, परीक्षाओं के नतीज़ों और महिलाओं की नियुक्तियों की ख़बरें छपती थीं। स्वाभाविक रूप से, स्त्रियों से सम्बन्धित क़ानूनों की ख़बरें विस्तार और गहराई से छापी जाती थीं, जैसे शारदा बिल और अन्तर्जातीय विवाह से सम्बन्धित गौड़ बिल।[65] अप्रैल 1923 के अंक को अगर नमूना मान लें तो उसमें दूसरी ख़बरों के अलावा रजवाड़ों की जानकारी, जेलों और क़ैदियों, समाचार-पत्रों, बम्बई प्रान्त में मजूरों की संख्या,

युक्त प्रान्त की नगर पालिकाओं की फ़ण्डिंग, भारतीय पुलिस, सरकारी क़र्ज़ और भारतीय आयात-निर्यात पर विवरण छपा था। साफ़-सफाई के बारे में सुझावों के बीच बिखरे इन प्रकट रूप से 'तटस्थ' समाचारों में दरअस्ल इतनी व्यापक और अधिक राजनैतिक शिक्षा निहित थी जितनी स्कूल से कभी हासिल नहीं हो सकती थी—वह भी महज़ औरतों को ऐसी ख़बरों के सम्पर्क में ला कर जिनसे वे और कहीं रू-ब-रू नहीं हो सकती थीं। उसी अंक के एक अन्य स्तम्भ में ज़िला बेइनीसाल के गाँव में 'रसोई की सती' का सन्दिग्ध मामला; अम्बाला ज़िले में एक विधवा विवाह; इलाहाबाद की नगर पालिका में उमा नेहरू का सभासद चुना जाना; भारतीय सैनिकों के हाथों मेवाड़ राज्य की किसान औरतों को तंग किया जाना; राज्य की विधान परिषद में वधुओं के बेचे जाने के ख़िलाफ़ अधिनियम; और लाहौर में गाँधी दिवस मनाने के लिए महिलाओं की सार्वजनिक सभा और इस सभा में पार्वती देवी, दुर्गा देवी और पूर्णा देवी के भाषण, साथ ही शाम को तिलक कोष के लिए चन्दा इकट्ठा करने और खादी बेचने की ख़बरें छपी थीं।[66]

सूचना के इस निर्बाध प्रवाह में यह विचार छिपा हुआ था, जो सार्वजनिक क्षेत्र के हेबरमास की अवधारणा के लिए अत्यन्त महत्वपूर्ण है, कि सूचना के सम्पर्क से ही सार्वजनिक मुद्दों को हर प्रभावित पाठक का सरोकार बना कर आप-से-आप आलोचनात्मक रवैया और राजनैतिक चेतना विकसित हो जाती है। इस तरीक़े से 'चाँद' महिलाओं के अन्दर नागरिक और राजनैतिक चेतना का वैसा ही पोषण कर रहा था जैसा 1903 में महावीर प्रसाद द्विवेदी ने 'सरस्वती' में किया था (1.3.2)।

सार्वजनिक जीवन में महिलाओं के प्रवेश की पुष्टि करने वाली एक प्रबल धारणा सेवा-धर्म की थी। सेवा की इस धारणा से घर के बाहर महिलाओं की गतिविधियों को मान्यता मिलती और वे नैतिक मूल्यों से मण्डित हो जातीं, साथ ही घर के भीतर भी स्त्री की भूमिका पुनर्परिभाषित हो रही थी। जैसा कि हम इस अध्याय के अन्तिम खण्ड में देखेंगे, गृहिणी से ले कर स्वयं सेविका और अध्यापिका तक स्त्री की भूमिका को फिर से परिभाषित करने की प्रक्रिया में सेवा-धर्म की धारणा की बार-बार दुहाई दी गयी थी। 'चाँद' इस सन्दर्भ में विशेष रूप से मुखर और स्पष्टवाची थी। भारतीय समाज सेवा धर्म पर आधारित है, 'चाँद' के सम्पादक ने लिखा था।[67] अपने मूल रूप में जाति व्यवस्था, यहाँ तक कि भारतीय इतिहास के चार युग भी, सेवा और स्वार्थ के सन्दर्भ में देखे जा सकते हैं, सेवा से स्वार्थ की ओर बढ़ते हुए क्रम में। 'येागीश्वर गाँधी' के आगमन ने अलबत्ता एक दिशा परिवर्तन का संकेत दिया : 'हम बड़े आनन्द के साथ यह देख रहे हैं कि हमारी प्यारी मातृभूमि की गोद में फ़िर से सेवा देवी पधार रही हैं।' (पृ. 8)। सेवा की इस प्राथमिकता ने महिलाओं को अलग और गतिशील दर्जा दे दिया : 'हमारे देश का नारी-मण्डल सदा से सेवा-धर्म के परिपालन में रत रहा है। सच पूछिए तो नारी जीवन सेवा का मूर्तिमान स्वरूप है।' (पृ. 9)।

बहरहाल, सेवा की पुनः परिभाषा अब घर और बाहर के बीच पुराने विभाजन को भी चुनौती दे रही थी : सेवा को केवल व्यावहारिक (यानी घरेलू काम काज के) सन्दर्भ में ही नहीं देखना चाहिए, और न ही वह परिवार तक ही सीमित रहनी चाहिए। आख़िरकार, रामरख सिंह सहगल ने आगे चल कर लिखा, सीता केवल राम की पत्नी, राम दशरथ की पुत्रवधू और रानी कौशल्या की दुलारी बहू ही नहीं थी, वह अयोध्या की रानी, 'समाज का रत्न' भी थी (वही)। बहुत हद तक केवल अपने पति ही की इसी तरह, सेवा करना हानिकारक था, क्योंकि यह स्वत्वा अधिकार और ईर्ष्या की भावना को जन्म देता था और इस तथ्य के प्रति उपेक्षा अथवा उदासीनता भर देता था कि मातृभूमि का भी स्त्री के पति और पुत्रों पर अधिकार था : 'एक समय वह था जब सती शिरोमणि देवी गान्धारी ने अपने अन्धपति धृतराष्ट्र का अनुकरण करके स्वयं ही अपनी आँखों पर सदा के लिए पट्टी बाँध कर अन्ध व्रत स्वीकार किया था और एक समय आज है कि हमारी नारी जाति अपने अन्धेपन का अनुकरण करने के लिए अपने उपास्य देवों, अपने प्रेमपात्रों एवं अपने हृदय के टुकड़ों को विवश करती हैं। पति और पुत्र को अपने अन्ध स्नेह के बन्दी गृह में बन्द कर देना ही हमारी अधिकांश ललनाएँ अपनी सेवा और प्रीति की पराकाष्ठा मानती हैं।' (पृ. 11)। इस तरह सार्वजनिक क्षेत्र में 'रमणी-मण्डल' का प्रवेश राष्ट्रीय आन्दोलन के भविष्य के लिए वांछनीय और आवश्यक दोनों था : 'रमणी मण्डल की जागृति देश के लिए आवश्यक है—सेवा के क्षेत्र में तो उनका प्रविष्ट होना एकान्त अनिवार्य है।' (पृ. 12)।

> 'हमें तो नारी शक्ति को फिर से स्फूर्तिमयी बना कर उसे क्रान्ति की सफलता में नियोजित करना है। हम तो अपने हृदय में एक ऐसे अजेय नारी-मण्डल की कल्पना कर रहे हैं जो मूर्तिमती प्रेरणा और प्राणमयी स्फूर्ति का केन्द्र बन कर समस्त देश को नूतन विचार, नवीन आवेश एवं विशुद्ध त्याग की तरंगों से एक बार उद्वेलित कर दे। वह दिन भारतीय युग का सुवर्ण दिन होगा जिस दिन आर्य जाति की देवियाँ, सत्य के संकल्प से अटल हो कर, विजय की भावना से अजेय बन कर एवं सेवा की प्रवृत्ति से रसमयी हो कर, समाज और देश की उद्धार साधना में योग देंगी।' (पृ. 12)।

सेवा की इस परिभाषा से ही औरतों के लिए परम्परागत भूमिका और स्थान से निकल कर, बिना गरिमा खोये, बाहर की दुनिया में क़दम रखना सुगम और सम्भव हो गया। और जैसे-जैसे महिलाएँ राजनैतिक पहलक़दमी कर रही थीं, 'चाँद' उनकी सराहना करने के लिए हाज़िर था। 1923 में असहयोग आन्दोलन के काम में हिस्सा लेने पर एक वर्ष की कड़ी सज़ा भुगतने वाली श्रीमती डुब्बुरी सुबम्मा को 'भारतीय नारियों के लिए एक आदर्श' बताया गया था।[68]

1930 से पहले 'चाँद' में राष्ट्रीय सन्देश और प्रचार ज़्यादातर लुका-छिपा था, इशारों-इशारों में व्यक्त था, छोटी-छोटी ख़बरों में छिपा हुआ, जबकि अधिकांश बल

समाज सुधार पर था। जनवरी 1929 में रामरख सिंह सहगल ने यह घोषणा की कि वे प्रसिद्ध कांग्रेसी कार्यकर्ता पण्डित सुन्दर लाल (1886-1981) की पुस्तक 'भारत में अंग्रेज़ी राज' का धारावाहिक प्रकाशन शुरू करेंगे, जो भारत में ब्रिटिश शासन का खुल्लम-खुल्ला राष्ट्रवादी इतिहास था। किताब पर तत्काल पाबन्दी लगा दी गयी।[69] और इस प्रतिबन्ध ने पत्रिका के प्रति सरकारी सहृदयता को समाप्त कर दिया : वर्षों तक स्कूलों और सरकारी पुस्तकालयों में ख़रीदे जाने के लिए स्वीकृत रहने के बाद जून 1929 में 'चाँद' पर अचानक पाबन्दी लगा दी गयी। यह उन पाबन्दियों और ज़मानतों की श्रृंखला की पहली कड़ी थी,[70] जो राजनैतिक पत्रिका 'भविष्य'[71] के साथ रामरख सिंह सहगल को आर्थिक संकट के कगार पर ला खड़ा करने वाली थी। सहगल का लम्बे समय तक क्रान्तिकारियों से सम्पर्क रहा था; 1931 में आम जनता की भावनाओं के अनुरूप उनका झुकाव भी प्रकट हो गया जब उन्होंने फ़रवरी 1931 के अंक में उन लोगों के चित्र प्रकाशित किये जिन्हें शोलापुर में मौत की सज़ा सुनायी गयी थी और फिर नवम्बर 1931 में प्रसिद्ध, 'फाँसी-अंक' प्रकाशित किया जिस पर तत्काल पाबन्दी लगा दी गयी।[72] पत्रिका के नये आदर्श-वाक्य की घोषणा थी : 'आध्यात्मिक स्वराज हमारा ध्येय, सत्य हमारा साधन और प्रेम हमारी प्रणाली है। जब तक इस पावन अनुष्ठान में हम अविचल हैं, तब तक हमें इसका डर नहीं, कि हमारे विरोधियों की संख्या और शक्ति कितनी है।' लेकिन पत्रिका और प्रेस अब तक आर्थिक संकटों का शिकार हो कर तूफ़ान के घेरे में पड़ चुके थे : और अन्ततः रामरख सिंह सहगल को मजबूर हो कर पत्रिका छोड़नी पड़ी।[73]

रामरख सिंह सहगल के सम्पादन में 'चाँद' की इस अभूतपूर्व सफलता का कारण क्या था? बीस साल पहले की 'सरस्वती' ही की तरह 'चाँद' अपने पाठकों में पत्रिका से अभिन्नता की भावना जगाने और उसे बढ़ाने में सफल रही थी। 'हमारी सफलता ही में स्त्री समाज का हित है'—अप्रैल 1923 में पहले छै अंकों के बारे रामरख सहगल ने लिखा। उन्होंने 'चाँद' के पाठक-वर्ग की पहचान करते हुए कहा,'समाज सुधार के उत्साही प्रेमियो, स्त्रियों की अभिमाननी आत्माओ 'चाँद' को तारना या मारना आप ही के हाथ है।' सहगल ने आगे लिखा,'यदि आप अज्ञान सागर में डूबी हुई करोड़ों स्त्रियों को वास्तव में उबारना चाहते हैं, यदि भारत की साढ़े तीन करोड़ विधवाओं की करुणाजनक आहें आपके दिल पर कुछ असर डालती हैं, यदि आप बाल-विवाह, दहेज, इत्यादि कुप्रथाओं को, जो कि भारत के समाज रूपी वृक्ष को कीड़ों की तरह अन्दर-ही-अन्दर पोला कर रही हैं, नष्ट करना चाहते हैं, तो आइए मैदान में क़दम रखिए।'[74] प्रतिक्रिया सचमुच उत्साह-भरी थी जैसा कि ग्राहकों की संख्या और पाठकों के पत्रों में व्यक्त हो रहे विश्वास से स्पष्ट होता है। 'चाँद' की एक और ताक़त यह भी थी कि उसने अपने दायरे को केवल शिक्षित महिलाओं तक ही सीमित नहीं रखा (जो उसकी वास्तविक ग्राहक थीं) बल्कि उसने देश भर की और

तमाम सामाजिक वर्गों की सभी स्त्रियों की वाणी बनने का प्रयास किया। उसने 'समाज सुधार' का अभिप्राय ही बदल दिया : स्त्रियों पर केन्द्रित पहले की पत्रिकाओं के विपरीत समाज-सुधार का मतलब अब स्त्रियों को 'सिखाना' या 'सुधारना' नहीं, बल्कि उनकी ओर से समाज को सुधारना था। इस तरह उसका रवैया 'स्त्री उद्धार' का नैतिक उपदेशपरक रवैया न हो कर, स्त्रियों की ओर से समाज की मुखर और तीखी आलोचना करने वाला रवैया था। इसलिए भले ही सम्पादक और उप सम्पादक पुरुष थे, 'चाँद' महिलाओं की जागरूकता और आत्म-सजगता का महत्वपूर्ण मंच तथा हिन्दी क्षेत्र के राजनीतिकरण का महत्वपूर्ण साधन बनने में सफल रही।[75]

रामरख सहगल के त्यागपत्र के बाद,[76] 'मतवाला' के नवजादिक लाल श्रीवास्तव ने सम्पादन सँभाला जब तक कि उन्हें सितम्बर 1935 में बर्ख़ास्त नहीं किया गया। उसके बाद 'चाँद' का सम्पादन महादेवी वर्मा (1935-8) और उनके बाद चतुरसेन शास्त्री के हाथ में आया। हालाँकि ये सभी योग्य सम्पादक थे और 'चाँद' एक बहुत आकर्षक पत्रिका बनी रही, पत्रिका की तीखी, राजनैतिक और परिवर्तनकामी धार जाती रही। महादेवी जी के सम्पादन में 'चाँद' महिलाओं की पत्रिका अधिक बन गयी (उन्होंने सामग्री में लेखिकाओं को प्रश्रय देना शुरू किया) और साथ ही उसकी साहित्यिकता भी बढ़ गयी। चिन्ताओं और सरोकारों का जो सतत विस्तार सहगल ने अपनी महत्वाकांक्षी योजना के अन्तर्गत परिकल्पित किया था, वह अब ऐसी शिक्षित महिलाओं की सुरुचिपूर्ण पत्रिका के सरोकारों में बदल गया, जो सामाजिक समस्याओं के प्रति जागरूक और राजनैतिक स्वाधीनता से प्रतिबद्ध थी, मगर स्त्रीत्व की मध्यवर्गीय धारणा के अनुसार, जहाँ मर्यादा का आत्म-सम्मान द्वारा फिर से परिभाषित किया गया था। (देखिए 4.4)

'चाँद' और स्त्रियों की अन्य पत्रिकाओं के माध्यम से हमें हिन्दी के सार्वजनिक क्षेत्र में दो समानान्तर प्रक्रियाएँ दिखायी देती हैं। एक तो है स्त्री-उपयोगी ज्ञान और साहित्य को धीरे-धीरे दी जा रही चुनौती, जिसके चलते स्त्रियों के सम्बन्ध में पुरुषों की परिभाषा पर भी सवाल किये जाने लगे। स्त्रियों की चिन्ताओं को व्यापक बना कर ताकि उनमें अधिक-से-अधिक आम विषय शामिल हो जायें और इस बात पर ज़ोर दे कर कि स्त्रियों का जीवन अपनी समग्रता में बहस का विषय है, पत्रिकाओं ने महिलाओं के राजनीतिकरण में एक महत्वपूर्ण भूमिका निभायी। पत्रिकाओं ने राष्ट्रवादी परियोजना के अभिन्न अंग के रूप में ही स्त्रियों के सशक्तीकरण और उनकी पहलक़दमियों का स्वागत किया। उन्होंने जाँच-परख और आलोचना-मूल्यांकन के महत्वपूर्ण साधन और राजनैतिक तथा ऐतिहासिक चेतना विकसित करने में मदद की, जिसके बल पर महिलाएँ पितृसत्ता के दोहरे मानदण्डों पर सवाल करने लगीं और सार्वजनिक जीवन में हिस्सेदारी का दावा भी। विस्तार और उग्र आलोचना की इस प्रक्रिया ने, जैसा कि हम अगले खण्डों में देखेंगे, घर-परिवार के भीतर भी और सार्वजनिक क्षेत्र में भी दोनों क्षेत्रों में स्त्रियों की भूमिका को

नये सिरे से परिभाषित किया। दूसरी प्रक्रिया, जो 1930 के दशक में 'चाँद' के विकास में परिलक्षित होती है, यह उजागर करती है कि जब वह परिवर्तनकामी धार गँवा दी गयी तो स्त्री की भूमिका की नयी परिभाषा महज़ मध्यवर्गीय सुसंस्कृत स्त्री के निर्माण तक सीमित रह गयी, ऐसी सुसंस्कृत स्त्री जो वर्गों और जात-पाँत के ऊँच-नीच का भेदभाव और लिंग-भेद पर आधारित सीमाएँ स्वीकार करती थी। यह परिवर्तन, जो मुख्यधारा की अन्य हिन्दी पत्रिकाओं में भी प्रकट होता है, भाषा के प्रयोग में (अधिक शिष्ट और नियन्त्रित आर्यभाषा), छायावाद और विदेशी काव्य की ओर अधिक उन्मुख अभिरुचियों में, और चिन्ताओं की अधिक सीमित और अमूर्त बनने में नज़र आता है।[77]

इस परिवर्तन के आने के साथ पाठकों की संख्या में गिरावट और पत्रिका के पृष्ठों पर अब प्रतिनिधित्व न पाने वाली अर्द्ध-शिक्षित, ग्रामीण और क़स्बाई औरतों का बहिष्कार, एक ऐसा प्रश्न खड़ा कर देता है जिसका कोई उत्तर नहीं है। क्या सुरुचि और भद्र मध्यवर्गीय संस्कृति के पक्ष में इस झुकाव ने हिन्दी को उसके अपेक्षाकृत अधिक व्यापक और विशालतर प्रभाव-क्षेत्र से वंचित नहीं कर दिया था?

4.3 अनुभूति का अधिकार

'चाँद' ने स्त्री-उपयोगी साँचे को केवल राजनीति की शिक्षा दे कर ही नहीं तोड़ा था। बुनियादी मानवीय मूल्यों के आधार पर सामाजिक और पारिवारिक नियम-क़ायदों को उसने जो चुनौती दी, वहऔर भी उल्लेखनीय थी। इसका सम्बन्ध स्त्रियों को सम्वेदनशील प्राणियों के रूप में स्वीकार करने, घर की दहलीज़ से बँधे उनके अस्तित्व पर प्रश्न करने और नयी सार्वजनिक भूमिका की परिकल्पना करने से भी था। (4.4)

स्त्री-उपयोगी साहित्य स्त्रियों से पूर्ण आत्म-बलिदान की अपेक्षा करता था, उसका ध्यान एकान्त भाव से स्त्री के कर्तव्यों पर था, कभी उनकी ज़रूरतों पर नहीं। यह सच है कि इस ढंग से भी स्त्री के अहं को सूक्ष्म रूप से स्वीकृति मिल जाती थी : पहले-पहल तो स्थूल रूप में सम्वादों के माध्यम से या 'भली' और 'बुरी' बहू, या बहन की तुलना करते हुए, उपदेशपरक साहित्य युवा पाठिका को सम्बोधित करता और आदर्श चुनने के लिए कहता।[78] जैसा हमने देखा, पत्रिकाओं ने स्त्रियों को शिक्षित करने की यह भूमिका कुछ-कुछ अपना ली थी जिसमें महिला और पुरुष लेखक, दोनों, कर्तव्यों और आदर्शों पर ही बल देते थे। वस्तुतः स्त्रियों के आदर्शों और कर्तव्यों पर बल देना एक ऐसा सुदृढ़ आधार उपलब्ध कराता था जिसके तहत महिलाओं की योग्यता का समर्थन करना सम्भव हो जाता। इसलिए आदर्शवाद स्त्रियों की भूमिका की पुनर्परिभाषा का भी आवश्यक अंग बना रहा। (देखें 4.4) बहरहाल, स्त्रियों के पत्रों और 'सच्ची कहानियों' को छाप कर पत्रिकाओं ने दूसरी आवाज़ को जगह दी। 'चाँद' ने ख़ास तौर पर एक ऐसा स्थान उपलब्ध कराया जहाँ महिलाओं की ज़िन्दगी के अन्य पक्ष और आयाम भी अभिव्यक्त हो सकते

और उनकी भावनात्मक ज़रूरतों का समर्थन किया जा सकता था। 'चाँद' ने 'सम्वेदना के अधिकार' की धारणा को प्रचलित बनाने में महत्वपूर्ण भूमिका निभायी। इससे व्यक्ति और समाज के बीच के तनाव उजागर हुए, और समाज और परिवार के नियम-क़ायदों पर फिर से बहस करने की ज़रूरत महसूस होने लगी।

हम विशेष रूप से यह देखेंगे कि 'सम्वेदना के अधिकार' का दावा पहले-पहल किन शब्दों में और किस ढंग से पेश किया गया और कैसे उसने ऐसे भावुकता-भरे साहित्य को जन्म दिया जो व्यावसायिक सिनेमा से काफ़ी मिलता-जुलता था। हालाँकि समकालीन साहित्यालोचकों ने इस साहित्य को सनसनीख़ेज़ और कहीं-कहीं अश्लील क़रार दिया और नज़रन्दाज किया, तो भी इस साहित्य ने भावुकता और सामाजिक आलोचना को मिला कर उन तमाम तनावों को कहानियों का जामा पहनाया जो व्यक्तिगत आकांक्षाओं, मानक आदर्शों और सामाजिक नियम-क़ायदों के बीच मौजूद थे।

स्त्रियों से सम्बन्धित दूसरे मामलों ही की तरह, 'सम्वेदना के अधिकार' के मामले में भी विधवाओं ने एक तरह से अग्रणी भूमिका अदा की। हिन्दू विधवाओं की असहायता और उनके द्वारा सहे गये अत्याचार भारतीय नारी की स्थिति के प्रतीक बन गये। कोई भी भावनात्मक लगाव या सन्तोष पाये बिना, कठिन कर्तव्य-भरी ज़िन्दगी जीने का आग्रह उनके लिए भारी होता, विशेषकर बाल विधवाओं के लिए। क़िस्मत के नाटकीय उलट-फेर के चलते ऊँची जाति के सम्पन्न घरों में विधवाएँ सुहागिनों की तुलना में मूलभूत रूप से भिन्न प्राणी बन जातीं। जहाँ समाज सुधारकों के प्रयत्न उन्नीसवीं सदी से ही क़ानून और सार्वजनिक प्रदर्शनों पर केन्द्रित हुए थे,[79] स्त्रियों की पत्रिकाओं और कहानियों ने इस मूलभूत भिन्नता की जाँच-परख की और विधवाओं को कथानकों में ढालते हुए उनको स्त्रियों के रूप में, या कम-से-कम इन्सान के रूप में दर्शाया। इसलिए, जहाँ पुरुष सुधारक अकसर विधवा विवाह का ऐलान कर देते या परिवारों से विनम्रतापूर्वक अनुरोध करते कि वे विधवाओं से मानवोचित व्यवहार करें,[80] स्त्रियों के लेख और पत्र अलग ही लक्ष्य की बात करते थे। उनका कहना था कि विधवाओं को अपने परिवार के अन्दर ही रहने की ज़रूरत होती थी; सम्मानजनक आजीविका और रहने की जगह की ज़रूरत थी और अपने सम्पत्ति पर अधिकार की। अगर वे 'पतित' हो जातीं तो उनके साथ वही व्यवहार होना चाहिए जो उन्हें बहकाने वाले पुरुषों या यारों के साथ किया जाता था। इसके अलावा, निवारक कार्रवाई पर ज़ोर देते हुए, वे विधवाओं की क़िस्मत को बाल-विवाह, दहेज और अनमेल विवाह जैसी दुष्प्रथाओं से जोड़तीं।

केवल छै महीने छपने के बाद ही 'चाँद' ने अपना पहला विशेषांक विधवाओं की स्थिति पर निकाला और इसमें ऊपर लिखे दूसरे मार्ग का समर्थन किया। 'इस बार पाठकों से हम इतना कहना ही काफ़ी समझते हैं कि "चाँद" का यह "विधवा अंक" बिना आद्योपान्त देखे इस बात की कल्पना कर लेनी, कि विधवाओं के पुनर्विवाह कराने

के लिए ही इस मास का "चाँद" विधवा अंक के रूप में निकाला गया है, न्याय का गला घोटना होगा।'[81] सम्पादकीय में राम रख सहगल ने लिखा 'हमारे समाज में विधवा एक बेकार-सी चीज़ है। अधिकांश लोग तो इसे बेकार ही नहीं, बल्कि निश्चित रूप से समाज के लिये हानिकर समझते हैं और इसलिए विधवा का जीवन हिन्दू समाज में विशेष रूप से यातनापूर्ण है। यों तो विधवाएँ हर एक देश में अभागी समझी जाती हैं, किन्तु अन्य देशों में विधवाओं को इतनी अधिक तकलीफ़ें नहीं उठानी पड़तीं, जितनी हिन्दुस्तान में।... किसी विधवा को अगर उसके माँ-बाप, देवर, श्वसुर, सास आदि सम्बन्धी लाड़-प्यार से रक्खें, उसकी असहाय अवस्था का स्मरण मात्र भी उसके सामने न आने दें, अपने चरित्र से कुटुम्ब का वायुमण्डल पवित्र रक्खें तो 100 में से 75 विधवाओं की तकलीफ़ें कम हो जायें और शायद ही दो-चार ऐसी मिलें जो ऐसी अवस्था में सचरित्रता के साथ पथ का उल्लंघन करें।' मुख्य प्रश्न आजीविका का है, किन्हीं भगवती देवी ने कहा : तलाक़ का अधिकार महत्वपूर्ण और ज़रूरी है, और विधवाओं का पुनर्विवाह केवल युवा और सुन्दर विधवाओं के लिए ही सम्भव है; दूसरी विधवाओं के लिए भीख माँगने या वेश्या बनने के अलावा कौन-सा रोज़गार है और रोज़गार के लिए पर्दे की प्रथा का पूरा उन्मूलन आवश्यक है।[82] 'चाँद' ने विधवाओं के सम्बन्ध में और प्रकारान्तर से सभी औरतों के सम्बन्ध में कुछ ऐसे विषय भी सार्वजनिक रूप से उठाये जो निषिद्ध माने जाते थे ताकि धारणाओं और नियम-क़ायदों पर फिर से बहस हो सके, उन्हें पुनः परिभाषित किया जा सके, जिससे दहेज और बाल-विवाह जैसी प्रथाओं की रोक-थाम करने वाले उपायों का औचित्य सिद्ध किया जा सके और सम्मानजनक रोज़गार के विकल्पों को स्वीकृति मिले।

पत्रों और प्रथम-पुरुष में लिखी गयी काल्पनिक कथाओं ने विधवापन की समस्या की गम्भीरता को उजागर किया और आपबीती होने की वजह से शक्तिशाली अपनापन भी जोड़ दिया। इसका मतलब था कि पाठक उस क्रूरता के रू-ब-रू होने के लिए मजबूर होता था जिसे औरतें सहती थीं और उन सहज-ज्ञान पर आधारित धारणाओं पर पुनर्विचार करने के लिए भी जो ऐसी क्रूरता का समर्थन करती थीं। इसके अलावा, आपबीतियाँ महिलाओं की आवाज़ को, नाते-रिश्तों में भावात्मक लगाव की ज़रूरत को, और अपनी समस्याओं के लिए ख़ुद समाधान सुझाने के महिलाओं के अधिकार को वैधता प्रदान करती थीं, उन्हें उचित ठहराती थीं। इस से औरतों में निजी महत्व और सम्वेदनात्मक धरातल पर जीवन जीने का भाव भरने लगा। ऐसी आपबीतियाँ सामाजिक और पारिवारिक मान-दण्डों और नियमों की निर्भीक समीक्षा भी करती थीं। विधवाओं के चरित्र-भ्रष्ट होने को नरमी से देखते हुए 'चाँद' कड़े शब्दों में पुरुषों और स्त्रियों के लिए दोहरे मानदण्डों की निन्दा-भर्त्सना करती थी। 'आश्चर्य तो इस बात का है कि, क्या पुरुषों ने स्त्रियों को मिट्टी या लोहे का समझ रक्खा है, जो बाल-विधवाओं को आजन्म संयम से रहने का

आदेश देते हैं, जबकि स्वयं एक स्त्री-व्रत को भी नहीं निभा सकते।' [83] परित्याग, वधुओं की ख़रीद-बेच, बहुपत्नी प्रथा, क़ानूनी मान्यता दिये बग़ैर की गयी शादियों और परिवार के भीतर यौन-सम्बन्धों की ये 'सच्ची कहानियाँ' आर्य परिवार के आदर्श को झूठा ठहराती थीं। वे औरतों के भीतर की काम-भावना और उनकी भावात्मक आवश्यकताओं की तरफ़ भी ध्यान आकर्षित करती थीं, अक्सर विवाह और वेश्यावृत्ति के बीच की पतली-सी रेखा को अपने कथानकों में बुनती हुईं, कम-से-कम एक नारी के दृष्टिकोण से।

आइए ज़रा इनमें से कुछ प्रथम-पुरुष में लिखी गयी कथाओं को देखें, पहले कुछ आपबीतियों को और बाद में काल्पनिक कथाओं को। दिल्ली की एक सत्रह-वर्षीय खत्री विधवा ने, जो 'चाँद' को अपना 'मार्गदर्शक या पथ प्रदर्शक' समझती थी, मार्च 1923 में कि रिश्तेदारों का विरोध विफल करने के लिए इस विषय को एक राजनैतिक विषय बनाने की ज़रूरत पर बल देते हुए लिखा :

> 'मैं भी एक अच्छे घराने की लड़की और उससे भी अच्छी खत्री घराने की बहू हूँ। मेरे पिता कट्टर सनातन धर्मी और भारत-धर्म महामण्डल के सदस्य भी हैं। पर चूँकि मैं विवाह के केवल 21 दिन बाद विधवा हो गयी और तब से उनके गले पड़ी हूँ। इसलिए उन्हें मेरी दशा पर दया आयी और उन्होंने मेरा पुनर्विवाह निश्चय किया।

> जिस समय मेरा विवाह हुआ उस समय मेरे पति को पहिले से ही संग्रहणी की बीमारी थी। जो शायद शादी विवाह में कुपथ्य (बदपरहेज़ी) के कारण बढ़ गयी और ठीक 21वें दिन तार आया कि वे परलोक सिधार गये। उस समय मेरी उम्र 9 वर्ष की थी। मैंने सुना था कि वे (पति) पहले से ही बीमार रहते थे। उनकी आयु जब विवाह हुआ, तो 35 साल की थी और उनकी पहली

> दो स्त्रियाँ प्रसूति रोग से मर चुकी थीं।... पर घर में मेरे पिता जी की निन्दा हो रही है और लोग उन्हें बहुत दिक्क कर रहे हैं। हमारे रिश्तेदारों ने भी हम लोगों को छोड़ देने की धमकियाँ दीं और बहुत ही नीचता का परिचय दिया।' पत्र का अन्त इस आशय से हुआ कि जल्द ही उसकी जैसी विधवाएँ 'जिनका जीवन भी आज मेरे जैसा ही हो रहा है, स्वयं अपनी सहायता करें और शीघ्र एक बड़ा भारी आन्दोलन महात्मा गाँधी जी, और उनके अनुयाइयों के सामने उपस्थित कर दें, और इन्हें इस बात के लिए बाध्य करें कि राजनैतिक आन्दोलन करते हुए वे अपनी विधवा बहिनों की दशा पर भी ज़रा ध्यान दें।'[84]

राजपूताने की एक महिला ने सम्मानजनक शरणस्थली और रोज़गार की ज़रूरत की बात की। उसकी एक सहेली, दो बच्चों वाली 25 बरस की मिडल-पास एक औरत को उसके पति ने त्याग दिया था। वह अब ऐसी किसी संस्था के बारे में जानकारी चाहती थी जहाँ उसे आसरा मिल सके। 'एक औरत है जिसकी दो लड़की हैं, एक 9 साल की दूसरी 8 वर्ष की। उस स्त्री की ख़ुद की उमर 25 वर्ष की है। तीन वर्ष हो गये हैं कि उसका पता कुछ नहीं मिला। वह बेचारी बड़ी मुसीबत में है। वह पढ़ना चाहती है लेकिन पढ़ने के लिए पैसा नहीं। अगर आप वहीं अपने पास उसको पढ़ाने का कोई इन्तज़ाम कर दें तो आप की बड़ी कृपा होगी। वह पढ़ कर फिर नौकरी पर अपना निर्वाह करना चाहती है। वह जयपुर में मिडिल तक पढ़ी हुई है। उसका नाम चम्पावती है। यदि उसका वहाँ अच्छा इन्तज़ाम हो सके तो मुझे जल्दी इत्तला देवें और ठीक-ठीक लिखें कि वहाँ कोई वज़ीफ़ा बग़ैरा भी मिलेगा या नहीं। और यदि मिलेगा तो कितना?'[85]

मथुरा ज़िले की एक औरत ने इसके विपरीत घर-परिवार के भीतर भी बहू की असुरक्षित स्थिति का सवाल उठाया था : 'जब से मेरा विवाह हुआ है, मुझ पर नाना प्रकार के अत्याचार होते हैं। इन अत्याचारों से घबरा कर मैंने आपकी शरण ली है। आपकी बड़ी कृपा होगी, यदि मेरा पत्र "चाँद" में छाप कर मेरी सहायता करेंगे। विवाह के कुछ दिन बाद जब मैं ससुराल आई तो एक दिन कुछ लोग मेरी सास से मिलने आये और कहने लगे कि अगर बहू को भी अपनी तरह बना ले तो वह पचास रुपये महीना कमा सकती है। मेरी समझ में नहीं आया कि ये क्या कह रहे हैं। इसके कई दिन बाद जब मैं कोठे में सोयी थी, तो मेरे जेठ ने आ कर मुझे दबा लिया। परन्तु मैं उसे धक्का दे कर कमरे से बाहर चली आयी। इस पर मेरी सास मुझसे लड़ने लगी और बोली कि मेरे दोनों लड़के एक ही पेट से निकले हैं, दोनों को मैंने एक ही प्रकार का अन्न खिला कर पाला-पोसा है। तुझे भी दोनों को एक ही तरह समझना चाहिए।' उसने आगे लिखा था कि उसके जेठ पर परिवार चलाने का जिम्मा था जबकि पति निकम्मा आदमी था और नाटकों और रास-मण्डिलयों में नाचता-फिरता था।[86]

किसी रियासत की एक 'बहन' ने स्त्रियों की काम-भावना को स्वीकार करने की रूरत पर बल देते हुए लिखा कि वह 20 की उमर को पार करने के बाद भी अविवाहित ी, क्योंकि उसके माता-पिता पर्याप्त दहेज नहीं जुटा पाये थे। तब 'अपनी जवानी के ग को न रोक' पाने के कारण उसने अपनी पसन्द के एक लड़के से गुप्त रूप से 'विवाह' र लिया था। तीन सुख-भरे वर्षों के बाद उस युवक से उसे एक बच्चा भी पैदा हुआ ा और माता-पिता का घर छोड़ने को विवश होने के बाद वह अपने प्रेमी के साथ रहने गी थी। पिता और दूसरे अभिभावकों ने तब उसे इस वादे के साथ वापस घर आने के तए राज़ी किया कि उन दोनों की विधिवत शादी कर दी जायेगी। मगर फिर उन्होंने सके प्रेमी को बाहर निकाल दिया और अब उसका विवाह एक 40 बरस के आदमी करने की धमकी दे रहे थे।[87]

व्यापारी परिवार की एक 'अभागी' गुजराती लड़की ने, जिसे 11 साल की उमर में क अनपढ़ और ग़रीब लड़के से ब्याह दिया गया था, हिन्दू परिवार में औरतों के धिकारों के अभाव की व्यापक आलोचना करते हुए औरतों द्वारा ख़ुद अपने आदर्शों को रिभाषित करने का सवाल उठाया। उसने अपने पति की आम ग़ैर-ज़िम्मेदारी और ार-पिटाई के बारे में लिखते हुए कहा कि जब उसका भाई उसे वापस ले जाने आया ा तो उसे गालियाँ दे कर भगा दिया गया था। उसने आगे लिखा था कि पारिवारिक म्पत्ति में उसका कोई हक नहीं था। 'हिन्दू-समाज और हिन्दू-लॉ भी मेरी कुछ सहायता हीं कर सकते।...आर्य संस्कृति और वैदिक विवाह-प्रणाली संसार भर में प्रसिद्ध है और ति-सेवा स्त्री का परम धर्म और कर्तव्य बतलाया जाता है। पर कब? जब पति को अपनी म्मति से वरण किया हो और वह गुणवान हो।'[88]

सम्पन्न घराने में विवाहित मध्य भारत की एक विधवा बाल-वधू ने विधवा की क़िस्मत में लिखी भीषण असहायता के बारे में लिखा। तीन साल और चार महीने के दो च्चों की माँ, इस युवती के पति की मृत्यु के बाद उसके देवर ने उससे 'कलुषित प्रस्ताव केया।' मना करने पर घर से निकालने का भय दिखलाया। 'एक दिन मैं अपनी इज़्ज़त चा कर वहाँ से चल पड़ी और शाम होने पर एक धर्मशाला में ठहर गयी। शाम होने र देवर के भेजे चार गुण्डे आये और मुझे ज़बर्दस्ती पकड़ कर मेरे गाँव के एक मकान ें ही ले गये, जिसकी ताली देवर जी के पास थी। रात्रि के समय आ कर उन्होंने मुझे हुत तंग किया, पर मैं किसी प्रकार अपने सतीत्व की रक्षा करती रही। पर इस तरह ब तक निर्वाह हो सकता था। 10-15 दिन बाद उन्होंने मुझ पर अत्याचार करके मुझे क नीच यवन के सुपुर्द कर दिया...' जो उसे बुर्के में अपने साथ रेलगाड़ी में बम्बई ले ाया था। रास्ते में रेल के अन्य मुसाफिरों के मन में शक पैदा हुआ था और आख़िरकार े उसे बचाने में सफल रहे। उसे अब एक दयालु लेकिन ग़रीब आदमी ने आसरा दे रखा था, मगर कब तक? इसके अलावा वह उस 'पाप के कुँए' से भी सन्तप्त भी जिसमें वह

गिर गयी थी और दिन-पर-दिन यह सन्ताप उसे खाये जाता था।[89]

ये सिर्फ़ कुछेक मिसालें हैं, लेकिन वे इस बात की गवाही देती हैं कि सहगल ने कितनी कुशलता से 'चाँद' को अपनी पाठिकाओं के लिए ऐसा विश्वासपात्र, ऐसा अन्तरंग मित्र और राज़दार बना दिया था जिस से वे भरोसे के साथ सहायता और समर्थन की माँग कर सकती थीं, चाहे राज़ कितने ही 'दिल हिला देने वाले' क्यों न हों।[90] इन पत्रों ने एक शक्तिशाली आलोचनात्मक स्वर भी बुलन्द किया : उनमें घरेलू क्रूरता और असुरक्षा का पर्दाफ़ाश होता था और विधवाओं, परित्यक्त स्त्रियों और अकेली औरतों की दमित यौन-भावना की और उनके लिए वैकल्पिक घर और जीवन-यापन के सम्मानजनक साधनों के अभाव की चर्चा होती। सहगल के 'चाँद' छोड़ने के बाद क्रमशः कम-से-कमतर पत्र प्रकाशित होने लगे। सहगल के भीतर जो सहज बोध था कि पत्रों से, पत्रिका और उसके पाठकों के बीच परस्पर विश्वास और सहारे की अन्तरंगता निर्मित होती थी और उनके एकजुट होने के लिए एक (अमूर्त) स्थान उपलब्ध होता था, यह सहजबोध तिरोहित होता चला गया जैसे-जैसे 'चाँद' अधिक साहित्यिक और भद्रजनोचित पत्रिका बनती चली गयी।

इन पत्रों में जो राय बदल देने की शक्ति थी, उसने 'सच्ची कहानियों' के कल्पित पत्र की पूरी-की-पूरी विधा को जन्म दिया जहाँ कथावाचक या वाचिका प्रथम पुरुष में आप बीती सुनाता या सुनाती थी। 'चाँद' में ये कल्पित कथाएँ 'समाज' को ज़िम्मेदार ठहराते हुए, महिलाओं और परिवार से सम्बन्धित सनसनीख़ेज़ (और एक तरह से गुदगुदाने वाली) कहानियों को बेबाकी से बयान करने में और भी दूर तक गयीं। अक्सर ख़ूबसूरती से तराशी गयी, अति नाटकीय कहानियों में 'स्त्रियों के दृष्टिकोण से' समाज की आलोचना के साथ-साथ, जिसका समर्थन कथावाचक करता था, कोई भावुक उप-कथानक भी होता था। 1926-7 के बीच ज़हूर बख़्श (1897-1964) ने, जो पेशे से अध्यापक थे और प्रचुर बाल साहित्य के रचयिता भी, 'समाज का अग्निकुण्ड' के ज़ोरदार शीर्षक से 'चाँद' के लिए 'सत्य घटना के आधार पर' धारावाहिक 'आपबीतियाँ' लिखनी शुरू कीं।[91] इनमें से पहली कहानी, 'मैं पतित कैसे हुई' (चाँद, जनवरी 1926) में इस विधा के रगो-रेशे साफ़ नज़र आते हैं और यह कुछ विस्तार से विश्लेषित करने योग्य है। कहानी लड़की के पथ-भ्रष्ट हो कर सतीत्व खो बैठने को बेमेल विवाह का 'स्वाभाविक' नतीजा ही बताती है। लड़की की भावनाएँ महत्वपूर्ण और उचित हैं और उसे अपने स्त्री-धर्म को परिभाषित करने का अधिकार है; उसके धीरे-धीरे भ्रष्ट होने का सीधा-सीधा कारण समाज का पाखण्ड और अकेली औरत के लिए सम्मानजनक आजीविका का अभाव है। इस तरह कुकर्म की ज़िम्मेदारी लगातार लड़की के कन्धों से हटा कर समाज पर डाली जाती है और लड़की को अपना दिल खोल कर अपनी बात कहने और अपनी सफ़ाई पेश करते हुए, अपने आप को सही ठहराने का मौक़ा मिलता है।

किसी अपेक्षाकृत, सम्पन्न ब्राह्मण कम्पाउण्डर की बेटी कमला की यह 'करुण कथा' ज़हूर बख़्श ने कथा-वाचक को 'उसी के शब्दों में' सुनायी है। कमला की पढ़ाई 10 साल की उमर तक हुई थी; 14 वर्ष की होने पर उपयुक्त वर से उसका विवाह तय तो हुआ था लेकिन जब बहुत ज़्यादा दहेज की माँग हुई तो बात-चीत टूट गयी। जब उसके बूढ़े पिता इस अनुभव से खिन्न हो कर लौट आये थे, तो बुआ ने किसी अधेड़ 'पचास बरस के' वर का सुझाव दिया। जो शादी का ख़र्च ख़ुद उठाने को तैयार था। शादी कमला के लिए पहला मानसिक आघात हुई : 'चारों ओर ख़ुशी-ही-ख़ुशी नज़र आ रही थी, पर मैं घर में बैठी सिसक-सिसक कर रो रही थी। कोई मुझसे यह भी न पूछता था कि तेरे दिल पर क्या बीत रही है।...' (पृ. 276) उसके मन में अपने 'लालची बाप' और बुआ के प्रति तीखे ग़ुस्से की और अपने कुरूप पति के लिए नफ़रत की भावना जागती है। अपने परिवार से विदाई के समय वह माँ से ख़ुद को नौकरानी ही की तरह रख लेने की भीख माँगती है, लेकिन नाराज़ पिता उसे चेतावनी देते हुए कहते हैं कि वह अपनी भावनाओं को खुली छूट न दे : ' जान पड़ता है तू दोनों कुलों में दाग़ लगाएगी। ख़बरदार! जो अब कभी मुँह से ऐसी बात निकाली, नहीं तो ज़बान पकड़ कर खींच लूँगा।...' (पृ. 287)

वैसे यह स्थिति अपने आप में काफ़ी आम थी। लेकिन कमला के दृष्टिकोण से बयान होने से और उसकी भावनाओं को उजागर करने से, पाठकों में 'अजनबीपन' का एहसास पैदा कर देती है (रूसी रूपवादियों का ऑस्त्रानेनी) जिससे उन्हें कमला के साथ किये गये अन्याय की भीषणता को महसूस करने के लिए मजबूर होना पड़ता है। हालाँकि नियमतः कमला बोलने, यहाँ तक कि महसूस करने के अधिकार से भी वंचित होती है, कहानी उसे अपनी भावनाएँ व्यक्त करने का मौक़ा देती है, एक तो कहानी के ही माध्यम से और फिर घटनाओं पर उसकी टिप्पणियों द्वारा भी। जैसे, मिसाल के लिए, बाप की धमकी सुन कर वह सोचती है : 'अच्छी बात है। तुम मेरी ज़बान ही खींच लेना अगर मैंने तुम्हारी नाक पर चूना न लगाया, तो मेरा भी नाम कमला नहीं...' वह आगे कहती है : 'मैं ख़ूब जानती हूँ कि पति से प्यार करना, उसकी सेवा करना ही पत्नी का मुख्य धर्म है। पति ही स्त्री का परमेश्वर है–वही उसकी गति है। पर ये बातें हृदय से होती हैं। हृदय ही प्रेम का–पुण्य का और धर्म-कर्म का स्थान है। जिस आदमी को मैंने कभी हृदय में स्थान नहीं दिया–जिसे हृदय ने कभी पति स्वीकार ही नहीं किया वह पति हुआ कैसे?' (वही)।

पति के घर में पहली बार पलट कर जवाब देने पर उसकी पिटाई होती है, जब तक कि बूढ़े वर का जवान ख़ूबसूरत चचेरा भाई कमला का बीच-बचाव नहीं करता। उसका भी बेमेल विवाह हुआ है, पाँच बरस की लड़की से। चूँकि घर में (पति, उसका चचेरा भाई और कमला) केवल वही तीन लोग रहते हैं, इसलिए चचेरा भाई प्रेम का

जाल फैलाने में देर नहीं करता। जहाँ स्त्री-उपयोगी साहित्य उसे खलनायक की भूमिका में पेश करता और सदाचारी युवती, अपना सतीत्व अक्षुण्ण रखने की ख़ातिर, अपनी जान दे देती, यह कहानी बिलकुल ही अलग दिशा ग्रहण करती है।[92] यहाँ एक ही उमर के युवक-युवती के बीच रागात्मक सम्बन्ध स्वाभाविक ही है और वधू की प्रतिक्रिया सहज और अपराध-रहित है : 'पीछे से मुझे कुछ ग्लानि तो हुई, पर यह सोच कर सन्तोष भी हुआ कि इसमें मेरा क्या दोष!...' यह प्रेम-सम्बन्ध और भी प्रकट होता जाता है, यहाँ तक कि कमला का ग़ुस्साया पति उस चचेरे भाई को चोरी से ज़हर दे कर मार देता है; जब वह कमला को भी धमकाता है तो वह अपने मायके चली आती है, और अपने किसी चाचा के पास रहने लगती है। चाचा विधुर है और उसकी एक ठकुराइन रखैल है जिसके पास दूसरे पुरुष भी आते हैं। ठकुराइन कमला को धोखा दे कर उनके यहाँ आने वाले उनके किसी दोस्त, एक जवान मुसलमान ठेकेदार से कमला का बलात्कार करवाती है : ज़ोर-ज़बरदस्ती परिवार की रज़ामन्दी से होती है, यह कहानी का सन्देश है। लाचार कमला अपने बुरे नसीब से समझौता कर के ठेकेदार के साथ रहने लगती है, और इस तरह उसका धर्म छूट जाता है; ठेकेदार की एक बीवी भी है, जो मायके से लौटने पर कमला को देख कर आग-बबूला हो जाती है और कमला को उसके मुसलमान प्रेमी की नज़रों के सामने घर से बाहर निकाल देती है और वह कुछ नहीं करता। अपने हत्यारे पति के पास लौटने की बजाय कमला एक और मुसलमान युवक के साथ भाग कर कानपुर चली आती है, जहाँ उन्हें कोई नहीं जानता। वहाँ वे कमला के गहने बेच-बेच कर कुछ दिनों तक किसी तरह गुज़ारा करते हैं। जब यह युवक भी आख़िरकार ग़ायब हो जाता है तो कमला अरकाटी के एक जत्थे में शामिल हो कर दिसम्बर 1916 में उनके साथ जहाज़ पर सवार हो कर दक्षिण अफ़्रीका के लिए रवाना हो जाती है, जहाँ उसे गिरमिटिया मज़दूर के रूप में काम मिल जाता है। वह गिरी हुई औरत है जो पाँच बार गर्भपात करा चुकी है ('मैं एक बात लज्जावश करना भूल गई थी पर जब सभी बातें साफ़-साफ़ कह रही हूँ तो फिर चार ही क्यों? मुझे 5 बार गर्भ रहा और भ्रूण हत्याएँ करनी पड़ीं!!') (पृ. 280) मगर उसमें अब भी आकर्षण है। इसलिए वहाँ वह अंग्रेज़ मेट की नज़रों में चढ़ जाती है जो बारह अन्य साथियों के साथ उससे बलात्कार करता है। बीमारी की वजह से खेतों में काम करने के क़ाबिल न रह पाने पर उसे 'वेश्यावृत्ति का घृणित पेशा स्वीकार करना' पड़ता है और 'नित्य ही प्रायः 15-20 पुरुषों की काम-पिपासा को शान्त करना पड़ता' है। वह यौन रोग से पीड़ित हो कर असहाय अवस्था में हिन्दुस्तान लौट आती है, जहाँ उसके लिए 'भिक्षा माँग कर उदरपूर्ति' करने के सिवा और कोई चारा नहीं।...

व्यंग्य चित्रावली

एक सच्ची घटना के आधार पर

1

तन में आई अगर बुढ़ाई तो क्या? मन है अभी जवान!
रमणी छूट नहीं सकती है, चाहे निकल जाय यह जान!!
यही सोच कर मन में विधि से वृद्ध महोदय करते ब्याह!
कुटुम्बियों को, पड़ोसियों को दिखलाने को गन्दी राह!!

2

साथ पुत्र को ले करते थे वृद्ध महोदय नित भोजन!
उसी समय माँ औ' बेटे की लड़ती थीं आँखें छन-छन!!
दोनों ही में नया रक्त था, दोनों का था मन बेहाल!
वृद्ध भाँप क्या पाते, उनका निकट आ रहा था अब काल!!

3

वृद्ध छोड़ अपनी पत्नी को आख़िर गये नरक के धाम!
उनके घर में इस घटना से मचा बड़ा भारी नुक़सान!!
पर क्या होता, रंग यही तो लाता बूढ़ेपन का ब्याह!
धन्य बुद्धि है उनकी जो जन, करते मन में ऐसी चाह!!

4

जब यों कण्टक दूर हो गया, होने लगा ऐश-आराम!
छोड़ पिता सम्पत्ति भोगना, और कौन बेटे का काम?
दोनों को यौवन के मद में सूझ न पड़ता था परिणाम!
हो यह सब कुछ, किन्तु बुरा है बस "विधवा-विवाह" का नाम!!

5

गर्भ रह गया जब, तब मूँदे बेटे ने हाथों से कान!
क्या अनिष्ट करती हो तुम यह, घर में बैठी अम्मी जान!!
'क्या कहते हो' माँ बोली, ले कर एक दीर्घ निश्वास!
बोला बेटा 'कौन करेगा ऐसी बातों पर विश्वास!!

6

गयी निकाली अबला घर से, तब पहुँची वह तीर्थ-स्थान!
पड़ी दृष्टि पण्डों की उस पर, किया गया समुचित सम्मान!!
'माता-पिता' कह कर उसको घर ले गये; हुई जब रात!
फरसा औ' तलवार दिखा कर उसकी लज्जा पर की घात!!

7

जब पण्डे ने उसे निकाला भटकी तब वह बन-बन में!
अपने सारे दुखड़े रोती, हुई विवश अपने मन में!!
कुटनी मिली और फुसलाया–और ले गयी अपने घर!
फूली नहीं समायी वह भी उसका देख रूप सुन्दर!!

8

वेश्या बन कर अब उसने ही पाया है सब से सम्मान!
जिन लोगों ने उसे निकाला, वही आज उस पर कुर्बान!!
इसी तरह करता है चौपट, कुल-ललनाएँ 'वृद्ध विवाह'!
खोल रहे हो यों समाज तुम, अपने लिए नरक की राह!!

देख रहे हो बोलो कैसे, जीते जी यह अन्तिम दृश्य?
यदि देखे जाओगे यों ही, हो जाओगे कभी अदृश्य!!

चित्र 4.3 'बेमेल विवाह' पर इस असाधारण रूप से वृहद व्यंग्य चित्र के साथ 'चाँद' के अपने कवि आनन्दी प्रसाद श्रीवास्तव की पद्यात्मक टिप्पणी भी थी। स्रोत : चाँद, VII, भाग 1, 3, जनवरी 1929, पृ. 501-8

इसमें तनिक भी सन्देह नहीं है कि कमला का क्रमशः मान-प्रतिष्ठा, सतीत्व, जाति, परिवार, धर्म, देश, आज़ादी और आत्म-सम्मान गँवाने के साथ-साथ पतन के गर्त में उतरते जाना, और उसका साफ़-साफ़ ब्योरा 'स्त्रियोचित साहित्य' के सामान्य मान-दण्डों में अँटता नहीं है। इसके बावजूद कहानी के साथ जो नैतिक उपदेश जुड़ा है वह उसे समाज सुधार के साहित्य की कोटि में रख देता था : 'उस बूढ़े-भेड़िये की काम लिप्सा पर एक भारत की होनहार बालिका निछावर कर दी गयी। पैसे के लाभ से पण्डितों ने झूम-झूम कर वेद के पवित्र मन्त्रों की खिल्ली उड़ायी थी।' (पृ. 281)। दोष बालिका का नहीं, वरन समाज का था।

'पतिता' को समाज की शिकार के रूप में और उसकी आत्म-कथा को नीति-कथा के रूप में प्रस्तुत करके, ऐसी कहानी तथ्यों का उल्लेख करने और इस बालिका के विनाश में उसके माता-पिता की ज़िम्मेदारी को उजागर करने के सारे 'टैबू,' विधि-निषेध तोड़ सकती थी। दूसरे, नायिका को 'पतिता' की स्थिति से भी समाज व्यवस्था पर सवाल उठाने और फ़ैसला सुनाने की मोहलत देती थी : 'माता-पिता के जघन्य पापपूर्ण कृत्य का परिणाम मेरे रोम-रोम को भोगना पड़ा... पिता, क्रूर कस्साई पिता भी 500 की थैली पा कर निहाल हो गये। इस समय मेरी सहायता करने वाला एक भी हाथ आगे बढ़ता दिखायी नहीं देता। पराकाष्ठा है सामाजिक अत्याचारों की। आज न जाने मुझ अभागिनी जैसी कितनी भारतीय महिलाएँ अपने दामन में मुख छिपा कर सिसक-सिसक कर रो रही हैं और इस पतित हिन्दू समाज को कोस रही हैं' (वही)। इससे एक ऐसी बात की पुष्टि हुई जो पाठिकाओं के पत्रों में केवल संकेत रूप में कही गयी थी : कि खुल कर बोलने का अधिकार सिर्फ़ 'आर्य' आदर्शों की हिमायत करने वाली शिक्षित और धर्मपरायण स्त्रियों को ही नहीं मिलना चाहिए। इसके अलावा, जहाँ सदाचारी महिला का सम्बोधन एक शिष्ट अनुरोध और याचना होती थी, पतित स्त्री का बयान अभियोग था, एक आक्रामक मुठभेड़ जो समाज से उत्तर की अपेक्षा रखती थी।[93]

मैं यह तर्क देना चाहूँगी कि समाज सुधार सम्बन्धी लेखों और बहसों से कहीं अधिक ये संकर विधाएँ (कल्पित आत्म-कथाएँ, पत्र-शैली में रचे गये उपन्यास, सनसनीख़ेज़ सामाजिक उपन्यास)[94] थीं जो वास्तविकता को कल्पना के साथ, शिक्षा को मनोरंजन के साथ मिलाती थीं, और महिलाओं से सम्बन्धित निषिद्ध ('टैबू') विषयों को, स्पष्ट और अतिनाटकीय बयान की उत्कट प्रभावोत्पादकता के साथ, उठाने की छूट दे रही थीं। इनमें आपबीती का, मानवीकरण का तत्व था, कहानी 'भारतीय महिलाओं' के बारे में नहीं थी, वह कमला के बारे में थी, एक मामूली लड़की जिसके साथ पाठकों का तादात्म्य शुरू ही

से स्थापित हो गया था—वह नैतिक आलोचना, समीक्षा या जाँच-परख के लिए कोई जगह नहीं छोड़ती थी, बल्कि वह कमला के पतन के विभिन्न पड़ावों पर बार-बार सहभागिता और अनुमोदन के लिए आग्रह करती थी। कमला की अन्तिम टिप्पणी घरेलू क्रूरता और सामाजिक ढोंग-पाखण्ड की सार्वजनिक भर्त्सना की माँग करती थी।

प्रतिक्रियाएँ भी, जैसा कि अनुमान किया जा सकता है, इतनी ही तीव्र थीं। कहानी के आक्रामक रवैये और नारी की काम-भावना के औचित्य-निरूपण पर उन लोगों की ओर से सबसे कड़ी आपत्तियाँ हुईं जो मानते थे कि सुधार की गति धीमी होनी चाहिए। उनके मन में न केवल कुछ प्रथाओं को सार्वजनिक रूप से उजागर करने की हिचक थी,[95] और हिन्दू परिवार और समाज की स्नेह-भरी छवि को कलंकित करने का डर था (ख़ास तौर पर तब, जब पहले ही से पश्चिमी और मुस्लिम समाज की छवियों से टकराव चल रहा था), बल्कि समाज-सुधार के छद्म वेश में मुठभेड़ के रवैये को ले कर प्रतिरोध था। इसके अलावा, इस बात से कि व्यभिचार और अनैतिक सम्बन्धों की कहानियाँ स्त्रियोचित साहित्य के रूप में प्रस्तुत हो सकती थीं और भारी लोकप्रियता पा सकती थीं। नैतिकतावादी सुधारक कायल हो जाते थे कि यह सब समाज-सुधार की आड़ में पाठकों को भ्रष्ट करने की साज़िश थी।[96]

इसके बावजूद, सामाजिक उपन्यासों में रूमानी और भावुक तत्व उत्तरोत्तर प्रबल होते चले गये, यहाँ तक कि हम 'सामाजिक प्रेम-कथाओं' की विधा की भी बात कर सकते हैं। पत्र-शैली के उपन्यासों से एक लोकप्रिय उप-विधा पैदा हो गयी जिसमें प्रथम-पुरुष में आलोचनात्मक महिला स्वर बोलता था और जिसके कथानक भावनाओं तथा प्रेम को उचित ठहराते थे। सीधा, अन्तरंग और बाँधने वाला पत्र निजी अभिव्यक्ति का सर्वोत्कृष्ट साधन था। वह रू-ब-रू व्यक्त होने वाली निषिद्ध ('टैबू') भावनाओं और विचारों को सम्प्रेषित करता था। इन सामाजिक प्रेमकथाओं में पत्र केवल प्रेम के सन्देश ही नहीं, एक ऐसी एकान्त की निजी दुनिया भी निर्मित करते थे जहाँ कल्पना और अरमानों का राज था।[97] लेकिन पत्र बहस और आत्म-चिन्तन के लिए भी एक महत्वपूर्ण गुंजाइश मुहैया कराते थे : चाहे प्रेमी को सम्बोधित हों या किसी हमदर्द मित्र को, उनमें प्रेम के पक्ष में लिखने वाले की दलीलें, उसका ख़ुद अपनी स्थिति पर विचार-विमर्श और इसके साथ-साथ सामाजिक टीका-टिप्पणी भी मौजूद होती।[98] शिल्प के स्तर पर, पत्र-शैली के उपन्यास बहुमुखी दृष्टिकोणों को अपना कर इस आधुनिक मान्यता को प्रतिबिम्बित करते थे कि व्यक्ति स्वीकृत नियमों और सच्चाइयों पर सवाल उठा सकता था, और यह भी कि नयी सच्चाइयाँ और नियम बहस-मुबाहसे से ही उभर कर सामने आ सके हैं। रूमानी कल्पना, नियमों की आलोचना और भूमिकाओं का पुनर्निर्धारण—इन्हीं तत्वों का मेल 'सामाजिक प्रेम कथाओं' है।

मिसाल के लिए, 1926 में ही 'चाँद' में धारावाहिक रूप से प्रकाशित पत्र-शैली के उपन्यास, 'स्मृति कुंज' को प्रस्तुत करते हुए सम्पादकीय टिप्पणी को देखें : 'इस सुन्दर

लेख के कुशल लेखक ने सामाजिक कुरीतियों तथा युवक-युवतियों पर समाज के द्वारा होने वाले अत्याचारों का जो स्वाभाविक चित्रण किया है, वह एक बार ही दहला देने वाला है।' उपन्यास पत्र-शैली में एक मध्यवर्गीय छात्र और छात्रा के बीच सीधी-सादी प्रेमकथा के रूप में शुरू होता है, और बाद में ही हमें पता चलता है कि नायिका जिसने अभी-अभी स्वीकार किया है कि वह अपने भाई के मित्र से प्रेम करने लगी है, बाल-विधवा है। उसकी भावनाओं का, जो अब तक काफ़ी सामान्य-सी जान पड़ती थीं, अचानक दूसरा अभिप्राय हो जाता है और प्रेम-कथा एक अतिनाटकीय भावुक कहानी में बदल जाती है जिसमें 'हिन्दू समाज के राक्षसी कृत्यों के कारण' दोनों प्रेमियों का मिलन नहीं हो सकता : 'हिन्दू समाज में सब पापों का प्रायश्चित है, पर इसका नहीं।'

एक विधवा को नायिका के रूप में प्रस्तुत करना इन कहानियों में अनहोनी बात नहीं थी। सबसे पहले तो विधवा-पत्र तत्काल सहानुभूति और सम्वेदना जगाते थे। दूसरे, जैसा पहले उल्लेख किया गया, वह बड़ी आसानी से आम स्त्रियों की असहाय स्थिति का प्रतीक बन सकती थीं; तीसरे, समाज के हाशिये पर होने के नाते वे कर्तव्य और 'सम्वेदना के अधिकार' के बीच के तनाव को नाटकीय ढंग से उजागर करती थीं।[100] जब कभी नियम और मानदण्ड तोड़े नहीं भी जाते थे और विधवा नायिका अपनी प्रेम कथा पूरी नहीं कर पाती थी जैसा जैनेन्द्र कुमार के परख (1929) में तो भी उसके आत्म-सम्मान और सम्वेदना के अधिकार की बात दृढ़ता से प्रस्तुत की जा सकती थी। कम-से-कम इस पर भी नियम-क़ायदे बहस के विषय बन ही जाते। तयशुदा शादियों के तन्त्र से प्रेम का टकराना अनिवार्य था और लेखक प्रेमियों को खलनायक बनाये बग़ैर प्रेम को पुष्पित-पल्लवित करने के लिए विवश होते थे। इसका मतलब था हाशिये के पात्रों की या अनोखी स्थितियों की (विधवाएँ, सहृदय वेश्याएँ, छात्र-छात्राएँ; और कॉलेज, मेले, रेलगाड़ियाँ, पार्क आदि) तलाश करना जहाँ वे लीक से हट कर चल सकते थे।[101]

सामाजिक प्रेमकथाएँ यथार्थ और कल्पना के बीच सन्तुलन बनाये रखती थीं। विधा की रीतियाँ ऐसा सत्य-सरीखा जगत निर्मित करती थी जिसमें अनोखी घटनाएँ और असली भावनाएँ वास्तविक लगने वाले परिवेश में व्यक्त की जा सकती हैं। अब लगभग भुला दिये गये, मगर अपने ज़माने के अत्यन्त लोकप्रिय लेखक धनीराम प्रेम (1904-79) की कहानी 'मातृमन्दिर' इस विधा के नमूने के तौर पर देखी जा सकती है। उसमें प्रेम और सामाजिक समीक्षा का सम्मिश्रण है और यथार्थ का आभास भी जिससे असाधारण घटनाओं के लिए परिचित लगने वाला परिवेश उपलब्ध कराया जा सके। यह अलीगढ़ की एक 16 वर्षीय विधवा कथावाचिका और नायिका फूलमती के सफल हालाँकि विपदा-भरे प्रेम की कथा है।[102]

जब भारी घूँघट में छिपी फूलमती भीड़-भरे रेलवे स्टेशन पर अपनी सास के साथ बनारस जाते समय उससे बिछुड़ जाती है और एक युवक द्वारा बचायी जाती है जो उसका

टिकट ख़रीद देता है और यात्रा के दौरान उसकी देख-भाल करता है, तो युवक के दया-भरे शब्द उस पर फ़ौरन असर करते हैं—'मैं मन-ही-मन एक अज्ञात आनन्द का अनुभव कर रही थी। आज तक गालियों और कटु वाक्यों के अतिरिक्त और कुछ मेरे भाग में न आया था। आज यह सहानुभूति, यह दयार्द्रता।'(पृ. 49) बनारस में, जहाँ युवती पर इतनी कड़ी पाबन्दी नहीं है, वह फिर उस युवक से घाट पर मिलती है। वह उसी की जाति का है, कॉलेज में पढ़ता है और स्थानीय आर्य समाज का सदस्य है। हालाँकि शुरू-शुरू में वह अपने कर्तव्य पर अटल रहती है और ख़ुद अपनी भावनाएँ स्वीकार नहीं करती, अन्ततः वह उसके प्रेम का प्रत्युत्तर देती है : 'मेरा हृदय दलित था, परन्तु था तो वह हृदय। मेरी भावुकता मृत प्राय थी, परन्तु तो वह भावुकता। मैं विधवा थी, परन्तु मेरा शरीर तो हाड़-मांस का शरीर था। फिर मैं उस आशा-स्रोत से, उस उमंगों के केन्द्र से, बिलकुल ही विमुख कैसे रह सकती थी?' (पृ. 58) घर लौट कर वह, उस युग के महावरे में कहें तो, अपना 'सर्वस्व' मुरारी को दे देती है। 'मैं मुरारी में इतनी अनुरक्त हो गयी थी कि मैंने अपना 'सर्वस्व' तक उसके समर्पण कर दिया।'[103] मन को शान्त करने के लिए जो धार्मिक पुस्तकें उसे दी जाती हैं उनसे उसकी प्यास नहीं बुझ पाती। 'मन बहलाने के लिए घण्टों गीता, रामायण तथा विष्णु सहस्रनाम पढ़ती। परन्तु कुछ फल नहीं। लोग कहते हैं कि ये पुस्तकें मन के भावों पर विजय प्राप्त करने के लिए अनुपमेय हैं। होंगी। अपने अपने हृदय की बात है। मेरी यह मानसिक शिथिलता हो, परन्तु मेरे हृदय के भाव गीता से शान्त न हुए।'(पृ. 71) और उसके अन्दर फिर से जीने की इच्छा जागती है। प्रेम का एक सुखान्त नज़र आने लगता है : मुरारी उससे विवाह की बात करता है, उसकी आशंकाओं को आर्य समाजी तर्कों से काटते हुए। लेकिन जब यह पता चलता है कि वह माँ बनने वाली है तो मुरारी का संकल्प कमज़ोर पड़ जाता है और वह उसे छोड़ देता है, हालाँकि वे भाग कर शादी करने पर राज़ी हो गये थे। मुरारी की जगह उसका कठोर चाचा एक पत्र ले कर आ जाता है जिसमें मुरारी अपनी कायरता स्वीकार करते हुए लिखता है कि फूलमती से विवाह नहीं कर सकेगा।

फूलमती डूब कर मर जाने के लिए नदी की राह लेती है—मगर अचानक एक उच्चतर कर्तव्य, अर्थात मातृत्व, की पुकार पर उसके पैर ठिठक जाते हैं : अपने होने वाले बच्चे का ख़याल उसे रोक लेता है। एक बूढ़ी मुसलमान औरत के पास आसरा मिलने पर फूलमती कुछ समय बाद मुसलमान बन जाती है, हालाँकि वह अपने हिन्दू रीति-रिवाज भी क़ायम रखती है : 'कुछ दिनों बुढ़िया के साथ रहने पर मुझे अपने ही धर्म-वालों से घृणा होने लगी। कोई हिन्दू ऐसा था, जो मुझे अपने यहाँ शरण दे देता? कोई ऐसी संस्था थी, जो मेरे बच्चे की रक्षा के लिए तत्पर होती? इन विचारों से और बुढ़िया की शिक्षा के प्रभाव से कुछ दिन बाद ही चुपचाप मैं मुसलमान हो गयी।... बुढ़िया एक दिन बोली—"बेटी! तू नौजवान है, किसी के साथ निकाह करके क्यों नहीं बैठ जाती?"

"नहीं माँ, मैं इसलिए मुसलमान नहीं हुई। मैं सिर्फ़ हिन्दुओं से बदला लेने के लिए मुसलमान हुई हूँ।" (पृ. 87) सोलह साल बाद, हिन्दू-मुस्लिम फसाद के दौरान फूलमती का बेटा अब्दुल, जो कट्टर हिन्दू विरोधी है, लड़ाई-झगड़े में हिस्सा लेने जाता है। कोई घायल हिन्दू, जान बचाने के लिए भागता हुआ, फूलमती के झोंपड़े में शरण लेता है—वह दरअसल मुरारी है, पछतावे का मारा और अब ख़ुद भी विधुर! जैसे ही वे गले लगते हैं (वह अब भी फूलमती का 'देवता' है), अब्दुल झपाटे से झोंपड़े में दाख़िल हो कर अपनी माँ को एक हिन्दू पुरुष के साथ पाता है :

'ख़बरदार, हाथ न चलाना।'

'क्यों?'

'यह तेरे बाप हैं।' (पृ. 92)

पिता और पुत्र का मिलन होता है, और उपसंहार में मुरारी के चाचा भी प्रवेश करते हैं, जिन्हें अब्दुल ने घातक रूप से घायल कर दिया है। वे उस नाइन्साफ़ी की क़ीमत अपनी जान से चुका कर ख़ुश(!) हैं जो उन्होंने कभी फूलमती के साथ की थी और उन्हें यह काम सौंपते हैं कि वे उनकी सम्पत्ति से अविवाहित माताओं के लिए एक घर बनायें। यही मातृमन्दिर है : पाँच साल बाद फूलमती और मुरारी अपने नये मकान की खिड़की से झाँक कर स्वर्गिक भविष्य की ओर देखते नज़र आते हैं। इस तरह कहानी का अन्त गार्हस्थ्य (सुखी दम्पति) और समाज सुधार (मातृ मन्दिर) के मिले-जुले चित्र से होता है।

सामाजिक प्रेमकथा 1920 और 1930 के दशकों की सबसे लोकप्रिय विधा थी। चूँकि इन प्रेम कथाओं की लोकप्रियता स्त्री-पत्रिकाओं की सीमा से कहीं व्यापक थी, इसलिए हमें मानना होगा कि उन्हें पढ़ने वाले कई तरह के लोग रहे होंगे। और इसमें शक नही कि जो आनन्द ये प्रेमकथाएँ देती थीं, वह भी अनेक प्रकार का था और 'गृहलक्ष्मी' और 'चाँद' में प्रकाशित पत्रों से इनकी समानताएँ दिखायी देती हैं। शिल्प के स्तर पर तो हमें व्यक्ति-चित्रण, पत्र के उपयोग, हाशिये के पात्रों की उपस्थिति, समाज के अभ्यारोपण में समानता केन्द्रित दिखायी देती है; एक अधिक गहरे स्तर पर, दोनों तरह की रचनाओं में प्रकट विधागत अन्तर के बावजूद, दो मूल तत्व एक-से हैं।

पहला तत्व है, हिन्दू परिवार पर सार्वजनिक विमर्श की समीक्षा-आलोचना। एक ऐसे समय जब मध्यवर्गीय नैतिकता प्रचलित हो रही थी, जिसे (कम-से-कम सार्वजनिक रूप से और सिद्धान्ततः) बहुपत्नीवाद, अगम्यागमन और अन्य अवैध वैवाहिक सम्बन्ध स्वीकार्य नहीं थे और जो स्त्री-धर्म के ऊँचे आदर्श पर बहुत बल देती थी, इन पत्रों और उपन्यासों में पत्नी के रूप में औरत की स्थिति कहीं अधिक असुरक्षित और पराधीन नज़र आती थी। महिलाओं के पत्र और आत्म-कथाएँ स्त्री-धर्म का गुप्त पक्ष उद्घाटित करके मुखर रूप से यह तर्क देती थीं कि ऐसे कठोर धर्म के कुछ लाभकारी पहलू भी होने चाहिएँ, जैसे औरत का इन्सान के रूप में स्वीकार होना और ख़ुद अपनी भूमिका और धर्म निर्धारित

करने का अधिकार। इस तरह स्त्री-धर्म के आदर्श की फिर से पुष्टि हुई, लेकिन लेख, पत्र और रचनाएँ—सभी परिवार से सम्बन्धित नियम-क़ायदों को विचार-विमर्श से पुनः निर्धारित करने और महिलाओं की भूमिका और कार्यक्षेत्र को फिर से परिभाषित करने की आवश्यकता को व्यक्त करती थीं। ख़ास तौर पर लेखिकाएँ कड़े पारिवारिक अनुशासन की अपमानजनक स्थिति और क्रूरता के बारे में लिखते नहीं थकती थीं।[104]

दूसरा तत्व जिससे इन पत्रों ने, असली और काल्पनिक, दोनों, लोगों को परिचित कराया, वह 'अनुभूति के अधिकार' की धारणा थी। एक ऐसे समय जब बार-बार कर्तव्य और धर्म की बात हो रही थी और जब रीति काव्य और लोक साहित्य की श्रृंगारिक और भावुक प्रवृत्तियों की आलोचना हो रही थी, 'चाँद' और सामाजिक प्रेमकथाओं ने स्त्री और पुरुष, दोनों की व्यक्तिगत भावनाओं की हिमायत की और उन्हें मान्यता प्रदान की। व्यक्तिगत भावनाओं पर ऐसा ही बल उन बहुत-सी कवयित्रियों में भी प्रकट है जिन्होंने सामने आ कर छायावादी शैली में कविता की। उनमें से सबसे अग्रणी, महादेवी वर्मा के सम्बन्ध में अत्यन्त रूमानी काव्यात्मक 'मैं' और निबन्धों और रेखा-चित्रों के गम्भीर गद्यात्मक 'मैं' के बीच स्पष्ट अन्तर दिखायी देता है।[105] इस तरह, अगर 'सम्वेदना का अधिकार' बढ़ती व्यक्तिगत आत्मपरकता की दिशा में इशारा करता है, तो फिर कहानी और कविता में साहित्यिक 'मैं' और वास्तविक 'मैं' की दूरी बनाये रखने की कोशिशों से संकेत मिलता है कि आत्मपरकता उलझनों से रहित नहीं थी। इस सन्दर्भ में साहित्य व्यक्तिगत भावनाओं की विजय के लिए सुरक्षित स्थान उपलब्ध कराता था, लेकिन वास्तविकता से उसका सम्बन्ध हर हाल में सीधा नहीं समझा जाना चाहिए। जैसा कि अगले खण्ड में महिलाओं की छवि के सिलसिले में, या अगले अध्याय में राजनैतिक कहानियों के सिलसिले में देखा जा सकता है, इस काल का साहित्य 'कल्पना प्रधान' था, जो नये पात्रों और नये सम्बन्धों की कल्पना सत्य का आभास देने वाले परिवेश की सीमाओं के भीतर रहते हुए करता था।

4.4 नारीत्व की छवियाँ

सुगृहिणियों, माताओं और बहुओं के रंगमहल को ले कर स्त्री-उपयोगी साहित्य का कुल उद्देश्य था आदर्श नारीत्व के नमूने उपलब्ध कराना। पालन-पोषण करने वाली, आत्म-बलिदानी, त्याग और सेवा की भावनाओं से भरी और दृढ़ता की प्रतिमूर्ति के रूप में 'भारतीय नारी' के ऐसे चरित्र-चित्रण में, भारत माता और परोक्ष रूप से सरस्वती और लक्ष्मी जैसी देवियों के प्रतीकात्मक संकेत भी गुँथे रहते थे। 'भारतीय नारी' का यह आदर्श या तो भारतीय पुरुष के या फिर पश्चिम के भौतिकतावाद और पश्चिमी नारी के बरक्स खड़ा कर दिया जाता था। औरतों की हिमायत करते हुए, स्त्री-पत्रिकाओं और साहित्य में इस छवि का भरपूर उपयोग होता था, लेकिन वह ऐसा महिलाओं की भावनाओं के लिए

स्थान और सम्मान की माँग करने और उपयुक्त भूमिका में सार्वजनिक क्षेत्र में उतरने के अधिकार पर बल देने के लिए होता था।

राष्ट्रवादी आन्दोलन, ख़ास तौर पर गाँधीजी का राष्ट्रवाद, औरतों को सम्मानपूर्वक सार्वजनिक क्षेत्र में उतारने में बड़ा प्रभावकारी सिद्ध हुआ। जैसा मधु किश्वर ने ध्यान दिलाया है, गाँधी जी को दक्षिण अफ़्रीका में ही इस बात का आभास हो गया था, कि किसी भी जनान्दोलन में महिलाओं का सहयोग अत्यन्त महत्वपूर्ण होता है। हिन्दुस्तान में, परिचित प्रतीकों का इस्तेमाल करके, ऐसे 'दैनन्दिन जीवन की मामूली नज़र आने वाली मगर बुनियादी चीज़ों' के गिर्द घूमते कार्यक्रम नियोजित करके जैसे कपड़ा, नमक, छुआछूत जो महिलाओं को घर के अन्दर और बाहर छूती थीं, और पुरुषों और स्त्रियों (यहाँ तक कि पति और पत्नी) के बीच नये, भाईचारे के सम्बन्ध की परिकल्पना प्रस्तुत करके 'उन्होंने महिलाओं को सार्वजनिक जीवन में एक नयी गरिमा, राष्ट्रीय मुख्य धारा में नया स्थान, नयी आत्म-छवि और यह चेतना प्राप्त करने में सहायता दी कि वे ख़ुद दमन और उत्पीड़न के ख़िलाफ़ क़दम उठा सकती थीं।' इसी के साथ-साथ, उनके करिश्मे और उनकी भाषा ने पुरुषों से प्रतिद्वन्द्विता के हाव-भाव अपनाये बिना सार्वजनिक जीवन में 'महिलाओं के प्रवेश को सुनिश्चित करने में भी मदद की।' गाँधी जी के करिश्मे ने, चाहे व्यक्तिगत सम्पर्क में या दूर से, और उनकी सन्त-सरीखी छवि और प्रतिष्ठा ने क़दम उठाने और निषेधों (टैबू) को तोड़ने में बेहद कारगर भूमिका निभायी। और हालाँकि गाँधी जी 1930 के नमक सत्याग्रह में महिलाओं के हिस्सा लेने से आरम्भ में हिचक रहे थे, तो भी गाँवों और क़स्बों में हज़ारों महिलाओं ने हिस्सा लिया।[106] इसमें, हमने देखा है, 'चाँद' जैसी पत्रिकाओं ने उनका ज़ोरदार समर्थन किया था। महिलाओं के आलोचनामक स्वर और आत्म-परक कथाओं की यह माँग थी कि नारीत्व को केवल पुरुषों के बनाये हुए नियम न परिभाषित करें।

इस उलट-फेर को देखते हुए, इस बात से हैरत नहीं होगी कि इस अवधि का हिन्दी साहित्य और स्त्री-पत्रिकाओं में नारी पात्रों की एक चकित कर देने वाली विविधता नज़र आती है। ऐसी छवियों पर विचार करना इसलिए ज़रूरी है, क्योंकि वे हमारे सामने उन तनावों और विषयों को उजागर करती हैं जो स्त्री की भूमिका को फिर से परिभाषित करने के सिलसिले में दाँव पर लगे थे। यहाँ छवि से मेरा मतलब 'वास्तविकता' की प्रतिच्छाया नहीं है। बल्कि छवि का प्रयोग यहाँ या तो आदर्श का संकेत देने के लिए होगा, जिसके अनुसार उद्द्देश्य पाठकों की चेतना निर्मित होना चाहिए था,[107] या फिर वह काल्पनिक स्थान ('स्पेस') जो कथा का पात्र कोई नयी भूमिका (जैसे स्वयं सेविका) को गढ़ते हुए या फिर स्थापित भूमिका (जैसे गृहिणी) के नये पहलू उजागर करते हुएए उपलब्ध कराता है। जैसा कि सामाजिक प्रेम कथाओं के सन्दर्भ में देखा जा सकता है, अन्तःकेन्द्रीकरण और आत्मपरकता पर नये बल की वजह से पात्रों की आकांक्षाएँ और भावनाएँ सही

ठहरायी जा सकती थीं। जैसा कि हम देखेंगे, सेवा की भाषा बड़े असरदार ढंग से पतित नायिकाओं को भी नैतिकता से मण्डित करने के लिए इस्तेमाल हो सकती थी या फिर लक्ष्मण रेखा पार करती हुई परम्परागत नायिकाओं को मान-सम्मान से वंचित न करने के लिए, बल्कि उनकी प्रतिष्ठा बढ़ाने के लिए भी। हम मोटे तौर पर अलग-अलग विधाओं की महिला और पुरुष रचनाकारों की कृतियों में नारीत्व की छवि पाँच कोटियों में बाँट सकते हैं : (1) वीरांगना; (2) आधुनिक दृष्टिकोण से पुनर्व्याख्यायित सीता और सावित्री जैसी परम्परागत नायिका; (3) विधवा और भले दिल वाली वेश्या; (4) स्वयंसेविका; (5) गृहिणी। इन सबके चित्रण में उनको बाहर की दुनिया में किसी-न-किसी क़िस्म का दख़ल हासिल है, सेवा के एक-न-ए रूप में।

यहाँ इनमें से पहली कोटि पर विस्तार से चर्चा करने की कोई ज़रूरत नहीं है (देखिए 3.2)। हमारे लिए केवल यह याद करना आवश्यक है कि वीरांगनाएँ विशेष रूप से पाठिकाओं के लिए, इस विचार को झुठलाती थीं कि स्त्री असहाय और अबला है। वे दिखाती थीं कि स्त्री-पुरुष में बराबर बौद्धिक और सामरिक कौशल है और महिलाओं ने भी जातीय इतिहास में योगदान किया था। रानियों का चित्रण निःस्वार्थ शासकों के रूप में था, वे उस राज्य की रक्षा करती थीं जिसे दूसरों ने उनके सुपुर्द किया था और यह काम वे दूसरों (पुरुष उत्तराधिकारियों) की ख़ातिर कर रही थीं।[108] हालाँकि स्त्रियों के नेतृत्व के ठोस उदाहरण प्रस्तुत करने की दृष्टि से ये नमूने आज के समय के कुछ ज़्यादा ही दूर थे, तो भी उनसे यह सन्देश तो मिल ही जाता था कि स्त्री में शक्ति की सम्भावना है और वह पुरुषों की दुनिया में अपना सिक्का मनवा सकती है। 'ख़ूब लड़ी मरदानी वह झाँसी वाली रानी' एक लोकगीत की पंक्ति थी जो सुभद्राकुमारी चौहान द्वारा लक्ष्मीबाई पर लिखी सबसे मशहूर कविता की टेक बन गयी। इसी के साथ-साथ इन वीरांगनाओं में सतीत्व और पवित्रता आत्म-बलिदान, और दयालु स्वभाव जैसे स्त्रियोचित गुण भी भरपूर मात्रा में शामिल थे।

सीता प्राचीन काल से भारतीय नारी का मूलभूत आदर्श मानी जाती रही है। दिलचस्प बात यह है कि अब सार्वजनिक क्षेत्र में महिलाओं की हिस्सेदारी को मान्यता दिलाने के लिए भी सीता के नये पहलू रेखांकित होने लगे। गाँधी जी अपने भाषणों में महिलाओं से कहा करते थे कि जब तक हिन्दुस्तान में सीता जैसी सती स्त्रियाँ नहीं होंगी तब तक राम-राज्य नहीं होगा; और उसी साँस में वे कहते थे कि जब तक स्त्रियाँ हिन्दुस्तान के सार्वजनिक जीवन में भाग नहीं लेंगी, देश प्रगति नहीं करेगा। केवल वही स्त्रियाँ सार्वजनिक जीवन में भाग ले सकती हैं जो तन-मन से पवित्र हैं, जिनका तन-मन उसी लक्ष्य का पालन करता है।[109] इस तरह सीता के आदर्श में एक दृढ़ इच्छा-शक्ति और पवित्रता का मेल आन्दोलन में महिलाओं की हिस्सेदारी के लिए एक रूप-रेखा प्रदान करने वाला था।[110] यहाँ तक कि हरिऔध के महाकाव्य, 'प्रिय प्रवास' (1914) में राधा

भी ऐसे ही रूपान्तरण से गुज़र कर आदर्श समाज सेविका बन जाती है।

लेकिन तत्कालीन समाज से सम्बन्धित चर्चा में बाहर की दुनिया में महिलाओं की पहुँच का सवाल कई उलझनों से जुड़ा था। पर्दा-प्रथा, पतिव्रत-धर्म की प्रमुखता, और पश्चिमी रंग में रँगी 'उन्मुक्त' नारी की निन्दनीय छवि ने उत्तर भारत के शहरों में रहने वाली प्रतिष्ठित महिलाओं के लिए 'देश सेवा' के आदर्श की कल्पना करना भी मुश्किल बना दिया। पहरावे और उठने-बैठने के नये नियम-क़ायदे इसलिए बनाने पड़े ताकि यह दर्शाया जा सके कि पर्दे के बाहर आ कर भी मर्यादा का पालन हो सकता, क्योंकि अब मर्यादा आत्म-नियन्त्रण का सवाल बन गया था।[111] इस परिवर्तन को तीन छवियाँ साकार करती है : विधवा और/या वेश्या, स्वयंसेविका, और शिक्षित पत्नी।

पहले के खण्डों में महिलाओं से सम्बन्धित विषयों पर बातचीत करने के दौरान विधवाओं के महत्व की चर्चा विस्तार से हो चुकी है : भले दिल वाली वेश्या और विधवा का उद्धार करके उन्हें फिर से स्त्री के पद पर आसीन करना ठीक वैसा ही था जैसे महिलाओं का उद्धार करके उन्हें मनुष्य के पद पर आसीन करना।[112] बशर्ते कि वे सही नैतिक फ़ैसले करतीं और सेवा को अंगीकार करतीं, विधवाएँ ऐसी मानवीय सम्भावनाएँ थीं जिन्हें राष्ट्रीयता के उद्देश्य में संलग्न किया जा सकता था। घरेलू ज़िम्मेदारियों से मुक्त और किसी-न-किसी काम की माँग करने वाली विधवाएँ सेवा के लिए सर्वाधिक उपयुक्त थीं। जैसा कि रामरख सिंह सहगल ने अपना मत प्रकट करते हुए लिखा,"हमारा विश्वास है कि विधवा नारी का प्रधान कर्मक्षेत्र है सेवा...और आज जो हमारी विपुल नारी-शक्ति चारदीवारी के अन्दर बन्दी-जीवन व्यतीत करती है; वह सहसा विधवा-मण्डल की इस दिव्य स्फूर्ति को देख कर बाहर निकल आयेगी।"[113]

इस तरह विधवाएँ और कुछ हद तक वेश्याएँ भी, बाहर की दुनिया में स्त्रियों के स्थान का सवाल उठाने में महत्वपूर्ण थीं, प्रत्यक्ष और परोक्ष, दोनों रूपों में। वे हिन्दू समाज सुधारकों के सामने एक-सी समस्याएँ खड़ी करती थीं : एक बार सतीत्व को खो देने के बाद हिन्दू समाज में वस्तुतः स्त्री के लिए कोई जगह नहीं रहती थी। घर की चारदीवारी से और मायके और ससुराल से बहिष्कृत हो कर, उसे कहीं कोई सहारा नहीं मिलता था, न वह कोई काम-धन्धा ही जानती थी, इसलिए वह कुटनियों का आसान शिकार बन जाती थी। जहाँ निस्सहाय विधवा का नसीबा सभी स्त्रियों पर लागू होने वाले सामाजिक और पारिवारिक नियम-क़ायदों की कठोरता को दर्शाता था, वहीं वह पाठिकाओं के लिए एक अमंगल सूचक चेतावनी भी देता था : दुर्गति किसी भी औरत के साथ हो सकती थी जो संयोग या दुर्भाग्य से घर के दायरे के बाहर अकेली रह गयी हो। अज्ञान अथवा पर्दे के कारण बाहर की दुनिया में अपना रास्ता खोजने में असमर्थ वह जल्दी ही भटक जाती थी।

इन्हीं प्रश्नों को प्रेमचन्द ने तत्कालीन बनारस की पृष्ठभूमि पर रचे गये अपने पहले प्रमुख उपन्यास 'सेवा सदन' में उठाया।[114] शायद यह पहला हिन्दी उपन्यास था जिसने

राजनीति और नगरपालिका परिषदों को कथानक में गूँथा था और सार्वजनिक सभाओं और भाषणों को शामिल करके उन्हें चित्रित किया था। पूरा उपन्यास इसी सवाल के गिर्द घूमता है : हमें वेश्याओं को कहाँ रखना चाहिए?[115] यह प्रश्न अभिधा और व्यंजना, दोनों अर्थों में लिया जा सकता है : शाब्दिक अर्थ में यह सवाल उस सार्वजनिक प्रस्ताव से जुड़ा है कि तवायफ़ों को शहर के बीचों-बीच चौक में बने कोठों से उठा कर बाहर के इलाक़े में ले जाया जाना चाहिए जहाँ वे अपेक्षाकृत कम ग्राहकों को आकर्षित करेंगी और वातावरण को कम मात्रा में दूषित करेंगी। लाक्षणिक अर्थ में यह उपन्यास आम औरतों और तवायफ़ों के लिए जगह और मान-सम्मान के प्रश्न को परखता है। यह धर्मसंकट कि 'पतिता' हिन्दू समाज के भीतर फिर से किसी जगह कैसे बहाल हो सकती है, अच्छे घर की महिला सुमन की कहानी के माध्यम से दर्शाया और जाँचा गया है। जब उसका पति पड़ोस के घर में उसके आने-जाने से रुष्ट हो कर एक रात उस पर घर का दरवाज़ा बन्द कर देता है तो उसको किसी तवायफ़ के घर जा कर ही शरण मिलती है और अन्ततः वह उसी कोठे पर बैठ जाती है। शहर के समाज सुधारक उसके लिए जगह खोजने की कोशिश तो करते हैं, लेकिन जिस क्षण उसने अपने पति के घर के बाहर क़दम रखा है, वह 'गृह लक्ष्मी' की पद-प्रतिष्ठा और सतीत्व के दायरे के भी बाहर आ गयी है। इस क़दम का विनाशकारी प्रभाव सुमन के साथ-साथ उसके समूचे परिवार पर पड़ता है : उसका पति संन्यासी बन कर घर से भाग जाता है, उसके पिता आत्महत्या कर लेते हैं और उसकी छोटी बहन का होने वाला रिश्ता टूट जाता है। सुमन के आगे लम्बी नरक-यात्रा और नयी समाजोपयोगी भूमिका के माध्यम से आंशिक पुनरुउद्धार–वह सुधरी हुई तवायफ़ों के आश्रम (सेवा सदन) की प्रबन्धिका बन जाती है–का कठिन मार्ग पड़ा है। अन्त में, सुमन और उसकी भूतपूर्व और प्रतिष्ठित सहेली, सुभद्रा की मुलाकात दो संसारों को जोड़ने वाला सँकरा-सा पुल है। सुमन उल्लसित है, अपनी क्षणिक भूल के लिए जो भीषण तपस्या उसे करनी पड़ी है, वह थोड़ी-सी स्वीकृति और प्रतिष्ठा पाने की तुलना में नगण्य है।[116]

समाज के हाशिये पर खड़ी औरतें–विधवाएँ, भूतपूर्व तवायफ़ें, वेश्याओं की बेटियाँ, या विपदामारी लड़कियाँ–उन पहली औरतों में भी शामिल थीं जिन्हें सबसे पहले समाज या देश-सेवा के नाम पर घर के बाहर काम-धन्धा अपनाते दिखाया गया।[117] इस छवि ने या तो आत्म-निर्भर काम-धन्धे वाली औरत के रूप में या फिर राजनैतिक कार्यकर्त्रियों के रूप में शक्तिशाली महिला पात्रों की कथात्मक सम्भावनाओं को दर्शाया।[118] निराला के उपन्यास, 'अप्सरा' (1930) में सुरुचि सम्पन्न वेश्या की (पवित्र) कन्या ही 'नयी नारी' का आदर्श प्रस्तुत करती है–शिक्षित, परिष्कृत, सम्वेदनशील, स्वाधीन और निर्भीक। सच्ची छायावादी नायिका बन कर, कनक में बुद्धि, पहलक़दमी, सम्वेदनशीलता और आत्म-त्याग की पूरी-पूरी सम्भावनाएँ इस तरह पुष्पित-पल्लवित होती हैं जिस तरह इज़्ज़तदार लड़कियों के लिए कभी नहीं होतीं। आगे शुद्धि कराके वह एक विनम्र हिन्दू

वधू बन जाती है। इसके अलावा काल्पनिक प्राचीन काल की गर्वीली, बुद्धिमती और स्वाधीन गणिका है—भगवती चरण वर्मा द्वारा लिखे गये 1930 के दशक के अत्यधिक लोकप्रिय उपन्यास, 'चित्रलेखा' (1934) की नायिका। विवाह के घेरे के बाहर, मगर समाज के घेरे के नहीं, चित्रलेखा बहस भी कर लेती है, फ़ैसले भी करती है और अन्त में अपनी सारी शक्ति प्रदर्शित करने के बाद प्रगति-पथ पर निकल जाती है जो उसे 'परख' में जैनेन्द्र कुमार की नायिका कट्टो के त्याग और आत्म-समर्पण के जीवन के निकट ले जाता है जो उसने ख़ुद अपने लिए चुना है। त्यागमयी, समर्पित स्त्री के आदर्श की पुष्टि एक बार फिर होती है, लेकिन इस बार उसकी भूमिका और नैतिकता स्व-निर्धारित है।

सार्वजनिक पहुँच-प्रवेश और निजी चुनाव के इससे बहुत मिलते-जुलते मुद्दे स्वयंसेविका की छवि में भी उठाये गये; यहाँ भी सेवा और त्याग का गुणगान था, अन्तर बस इतना था कि इस बार उसकी चर्चा आम औरतों के सशक्तीकरण के सन्दर्भ में हो रही थी। स्वयंसेविका के आख्यानों में गाँधी जी के प्रभाव का स्पष्ट उल्लेख होता है, और वह उल्लास और तनाव भी रेखांकित होता है जिन्हें ये औरतें महसूस करती थीं। राजनैतिक, आर्थिक और लिंग-भेद सम्बन्धी मुद्दे नये और दिलचस्प तरीक़ों से इस छवि में गुँथ गये।

बहुत ही सतही स्तर पर, यहाँ काल्पनिक छवि ऐतिहासिक सच्चाई को प्रतिबिम्बित कर रही थी, यानी राष्ट्रीय आन्दोलन में महिलाओं की भागीदारी। मगर स्वयंसेविका की छवि प्रचार का काम भी करती थी, दूसरी महिलाओं को आन्दोलन में शामिल होने की प्रेरणा और प्रोत्साहन देती थी। 1920 तक उत्तर भारत में शिक्षित और ऊँची जाति के प्रतिष्ठित परिवारों की मुट्ठी भर औरतों ने ही किसी क़िस्म की राजनैतिक गतिविधि में हिस्सा लिया था।[119] 1919-20 के असहयोग आन्दोलन में पहली बार लाहौर में महिलाओं की अच्छी-ख़ासी भूमिका रही : उन्होंने अलग सभाएँ और प्रदर्शन किये, खादी बेची और विदेशी वस्त्रों की होलियाँ जलायीं। 'महिलाओं में भारी उपलब्धि की, नये विस्तारों के खुलने की भावना थी।'[120] यह भी महत्वपूर्ण है कि 1920 में जो थोड़ी-सी महिलाएँ सक्रिय रहीं, वे बाद में पूर्णकालिक कार्यकर्ता और स्थानीय कांग्रेस नेता बनीं (देखिए 4.1)। ग्रामीण महिलाओं ने भी किसान प्रदर्शनों में भाग लिया और सार्वजनिक सभाओं में मौजूद रहीं।[121] वैसे, यह 1930 का सविनय अवज्ञा आन्दोलन था जब पहली बार महिलाओं की भारी हिस्सेदारी देखी गयी : एक दशक तक राजनैतिक प्रचार और महिला केन्द्रित परिवर्तनकारी पत्रकारिता के साथ-साथ, राष्ट्रीय मुद्दे के रूप में बुनियादी घरेलू आवश्यकता की वस्तु—नमक—का चुनाव, इन सबने मिल कर यह नतीजा पेश किया। ब्रिटिश क़ानून की अवज्ञा करते हुए नमक बनाना 'रोज़मर्रा के जीवन में स्वाधीनता की घोषणा करने और साथ ही रसोई और राष्ट्र, निजी और राजनैतिक के

आपसी जुड़ाव के बारे में अपने ख़यालों में क्रान्तिकारी परिवर्तन करने' का तरीक़ा बन गया।[122] जैसा कि गाँधी जी ने ख़ुद टिप्पणी की, आन्दोलन में वर्गीय विभाजनों के पार जाने की भी ख़ूबी थी[123] : विभिन्न पृष्ठभूमि से आयी साक्षर और निरक्षर औरतों ने जुलूसों, धरनों, प्रभात फेरियों और जेलों में एक-दूसरे को साथ-साथ कन्धा रगड़ते पाया।[124] जैसा कि मधु किश्वर ने टिप्पणी की है, महिलाओं की राजनैतिक गतिविधि का क्षेत्र घर से बाज़ार तक और सड़क से जेल तक विस्तृत हो गया। कुल मिला कर भारत भर में लगभग 3000 महिलाओं ने सविनय अवज्ञा आन्दोलन के दौरान जेल की सज़ा काटी और हिन्दी समाचार-पत्रों ने नयी राष्ट्रीय नायिकाओं, नयी वीरांगनाओं के रूप में उनकी जय-जयकार की। तो भी, लगता है कि ख़ास तौर पर अधिकांश शिक्षित महिला कार्यकर्ताओं के लिए राष्ट्रीय कार्य और मान-सम्मान की चिन्ता में चोली-दामन का रिश्ता था। महिला कार्यकर्ता आम तौर पर अपनी आवाजाही में अधिक संयम और पाबन्दी से काम लेती थीं : बहुत कम शहरी, शिक्षित महिलाएँ पुरुष कार्यकर्ताओं की तरह गाँव-देहात का दौरा करके, ग्रामीण औरतों से सम्पर्क कर लेती थीं।[125] जेल में भी वे मामूली कार्यकर्ताओं और आम महिला क़ैदियों से अलग-थलग ही रहती थीं।[126] ए, बी और सी क्लास के राजनैतिक क़ैदियों के बीच मौजूद अन्तर और तीखा भेद-भाव सामाजिक विभाजन को प्रतिबिम्बित करता था।[127] जहाँ यह अन्तिम विषय सिर्फ़ आत्मकथाओं में सामने आया है, कदाचित शर्म के एहसास की वजह से, स्वयंसेविकाओं के बारे में लिखे गये आख्यान महिलाओं की निर्भीकता और एकता पर और पुरुषों के वैमनस्य पर बल देते थे।

साहित्य में भी 1930 एक मोड़ का संकेत था। देश और काल में दूर या हाशिये के, और निन्दित-कलंकित औरतों तक सीमित, काल्पनिक-चरित्रों से आगे बढ़ कर अब राजनीति में सक्रिय सम्मानित महिला-पात्र समाज में ऐसी औरतों के प्रति अधिक स्वीकृति के सूचक हैं और हमें स्वाधीन-चेता स्वयंसेविका की सकारात्मक छवि मिलने लगती है। राजबहादुर वर्मा की कहानी 'स्वयंसेविका' (1931) में देश सेवा ही लिंग-भेद, जाति और आर्थिक जकड़बन्दी और गतिरोध से बाहर निकलने का एकमात्र रास्ता दर्शाया गया है। मारवाड़ के छोटे-से ठिकाने में एक ग़रीब और निरक्षर अछूत पासवान बाँदी केसर बम्बई में सविनय अवज्ञा के दौरान महिलाओं के एक दल की कप्तान बन जाती है।[128]

शुरू में अबला का प्रतिरूप केसर एक कमज़ोर लड़की है, जिस पर रियासत के युवा और अंग्रेज़ी रंग-ढंग में रँगे (अर्थात क्रूर और बिगड़े हुए) ठाकुर का ख़तरा मँडराता रहता है। वह धीरज से काम का बोझ, अपमान, यहाँ तक कि पिटाई भी सहती है, लेकिन उसका आत्म-सम्मान उसे अपने मालिक की कामुकता के आगे झुकने नहीं देता, हालाँकि इसके फलस्वरूप पैदा होने वाला तनाव उसके पूरे परिवार के लिए जोखिम खड़ा कर देता है। राष्ट्रवाद ही उसे बाहर निकलने का रास्ता उपलब्ध करा सकता है : उसकी मार्ग-दर्शक एक पुरोहित की पत्नी है जिसने अजमेर की आर्य-कन्या पाठशाला में कुछ वर्षों के दौरान

थोड़ी-सी शिक्षा प्राप्त की थी और हवन के कुछ मन्त्र और कई आर्य समाजी भजन सीखे थे। नमक सत्याग्रह के शुरू होते ही उसने अख़बार पढ़ने भी शुरू कर दिये हैं और चन्दा भेज कर 'चाँद' और 'प्रताप' पत्रिकाएँ मँगाने लगी है। गाँधी जी की तस्वीर उसके कमरे में टँगी है। केसर उस साल कभी-कभार उसके यहाँ आ कर भजनों में शामिल होती है और गाँधी जी तथा आज़ादी की लड़ाई की कहानियाँ सुनती है।

अपने संकट के चरम पर, जब उसके मालिक के प्रस्ताव और भी आक्रामक हो उठे हैं, केसर एक बार फिर पुरोहित की पत्नी से मिलने जाती है। पुरोहित की पत्नी जो भजन गाती है, उसका अर्थ केसर के लिए दुहरा है : रावण, ठाकुर भी है और अंग्रेज़ भी, और राष्ट्रीय गर्व और स्त्री का सम्मान एक-दूसरे में घुल-मिल जाते हैं :

अरे रावण तू धमकी दिखाता किसे
मुझे मरने का खौफ़ो-ख़तर ही नहीं
क्या तू सोने की लंका का मान करे
मेरे आगे वह मिट्टी का घर भी नहीं।

केसर भौंचक्की रह जाती है। उसे विश्वास नहीं होता : सीधे-सादे लोग दुष्ट और शक्तिशाली लोगों को कैसे चुनौती दे सकते हैं, कैसे उनका मुक़ाबला कर सकते हैं? सम्मान और धर्म की सहज-सरल शक्ति को कोई परास्त नहीं कर सकता, पुरोहित की पत्नी उसको जवाब देती है, 'चरित्र को खोने से प्राणों का खोना अच्छा है।'[129] उसके शब्द केसर को क़दम उठाने के लिए प्रेरित करते हैं। देर तक आँसू बहाती हुई वह गाँधी जी के चित्र को अपनी मौन श्रद्धा अर्पित करती है—पुरोहित की पत्नी और गाँधी ही उसके असली माता-पिता हैं—और जब रात को उसे अपने मालिक की तरफ़ से आख़िरी बार बुलावा आता है, तो घुटने टेकने की बजाय वह हवेली की एक खिड़की से कूद कर भाग निकलती है और पहली गाड़ी पर चढ़ कर चल देती है। अगली बार हम उसे बम्बई में किसी बड़े प्रदर्शन में देखते हैं : गाँधी, दूसरे नेता, 15000 स्वयंसेवक और 3000 स्वयंसेविकाएँ जेल जा चुकी हैं, लेकिन स्वयंसेवकों और जनता का उत्साह ठण्डा नहीं पड़ा है। धरना और प्रदर्शन, उल्लास के क्षण और धैर्य तथा कौशल की परीक्षा हैं। स्वयंसेविकाएँ हंसा मेहता (जो ऐतिहासिक पात्र है) के घर यह तय करने के लिए इकट्ठा हैं कि उस रोज़ कौन कप्तान बनेगी। अनेक युवतियाँ आगे बढ़ती हैं, लेकिन चुनी जाती है केसर बहन। सिर्फ़ दो हफ़्तों में नेताओं को उसके गुणों का आभास हो गया है—उसके धैर्य, सहनशीलता, त्याग और कठिन परिश्रम का।[130] केसर ने शिक्षा द्वारा ख़ुद को समर्थ भी बनाया है : दो महीनों में वह हिन्दी पढ़ना-लिखना और अंग्रेज़ी के कुछ शब्द सीख गयी है। अपने दल के आगे-आगे, गेरुआ साड़ी पहने और कांग्रेस का झण्डा उठाये, केसर सचमुच 'राजपूत वीरांगना' की नयी प्रतिमा है। संयोग से केसर के पिता के साथ बम्बई आया हुआ ठाकुर उसे एक दुकान पर धरना देते देखता है। जब वह उसी भजन को गाना

शुरू करती है जो पहले पुरोहित की पत्नी ने उसे सुनाया था तो उसका बाप गर्व से फूल उठता है, जबकि ठाकुर शर्म से गड़ जाता है, और इस बीच 'महात्मा गाँधी की जय' और 'केसर बहन की जय' के नारे आकाश भेद देते हैं।

स्वयंसेविका की छवि में सेवा, त्याग, मर्यादा, नैतिकता और सतीत्व के साथ-साथ वीरांगना की निर्भीकता का भी समावेश मिलता है और इसी के साथ, राजनैतिक आन्दोलन में हिस्सेदारी को यहाँ शक्ति, सम्मानजनक सार्वजनिक भूमिका और नैतिक प्रतिष्ठा प्राप्त करने के मार्ग के रूप में प्रस्तुत किया गया है। यौन, जाति और आर्थिक उत्पीड़न से केसर का पलायन उसे वेश्यावृत्ति की ओर नहीं, बल्कि एक नयी भूमिका, एक सक्रिय और परिपूर्ण जीवन और एक राजनैतिक बिरादरी की ओर ले जाता है।

इसी थीम पर आगे चल कर आन्दोलन से सीधी जुड़ी एक लेखिका द्वारा लिखी गयी कहानी में लिंग-भेद और राजनैतिक मुद्दे फिर एक-दूसरे में घुल-मिल जाते हैं। किसान आन्दोलन ही की तरह स्वराज्य का तभी कोई अर्थ हो सकता था, अगर वह सामाजिक परिवर्तन की ओर ले जाता : औरतों के मामले में इसका समीकरण लिंग-भेद मिटा कर स्त्री-पुरुष समानता स्थापित करने से बैठाया जाता था, अलबत्ता विफलता से। प्रेमचन्द की विधवा, शिवरानी देवी की कहानी 'बलिदान' (1937) में प्रसिद्ध और समर्पित महिला कार्यकर्ता प्रभादेवी को विश्वास है कि 1935 की चुनावी विजय से आंशिक राजनैतिक शक्ति की प्राप्ति स्त्रियों के सशक्तीकरण को सुनिश्चित करेगी।[131] लेकिन चुनावी जीत और उसे भारत माता के प्रतिरूप की तरह—वह दृढ़ भी है ('लगता था जैसे भारत माता की आत्मा प्रभादेवी में प्रवेश कर गयी है,' पृ. 112) और उचित रूप में विनम्र भी (वह औरों के साथ पैदल चलने पर ज़ोर देती है)—लिये चलने वाले जुलूस के बाद मोहभंग हो जाता है। प्रभादेवी का प्रस्ताव कि स्त्रियों को राजनीति, सम्पत्ति, समाज, और धर्म समेत हर चीज़ में बराबरी के अधिकार दिये जायें, असेम्बली में उसके साथी कांग्रेसियों के ही वोटों द्वारा भारी मतों से पराजित हो जाता है। नतीजे के तौर पर प्रभादेवी इस्तीफा दे कर 'उच्चतर' क़िस्म की राजनीति की ओर मुड़ जाती है, जहाँ उसके साथ पूरी तरह महिलाओं का एक समुदाय है। वह सार्वजनिक भूख हड़ताल का नेतृत्व करती है और लखनऊ के पार्क में बैठ कर समाज की संकीर्णता की भर्त्सना करती है। ऐसा लगता है मानो अनगिनत दुखिनियाँ जो अनगिनत वर्षों से ख़ामोश रही थीं उसके मुँह से अपने विचार व्यक्त करने लगी थीं। (पृ. 113) वह अन्य स्वयंसेविकाओं को निर्देश देती है कि वे गाँवों में जा कर ग्रामीण महिलाओं को संगठित करें, और सब प्रतिज्ञा करती हैं कि जब तक स्त्रियों को उनका उचित स्थान नहीं मिलेगा वे चैन की नींद नहीं सोयेंगी। (पृ. 115) भीड़ में मौजूद लोगों की आँखों में आँसू आ जाते हैं; उनमें कई वेश्याएँ भी हैं जिन्हें अपने कर्मों पर पश्चाताप है पर सामने आने से घबरा रही हैं। गाँधी जी से, जो अन्ततः उससे भूख हड़ताल (आख़िरकार वह उन्हीं का हथियार है) वापस लेने का अनुरोध

करते हैं, वह कहती है कि बापू जी मेरा खेल खत्म हो चुका है, मैं जा रही हूँ, लेकिन हम जीत गये हैं। उसकी अन्त्येष्टि, जिसमें 50,000 लोग शामिल होते हैं, मनुष्य स्मृति की भी अन्त्येष्टि है। सबने कहा कि बीसियों, नहीं अनगिनत जीवन मनुष्य स्मृति पर बलि चढ़ा दिये गये थे (वही)। सामाजिक रूमानी कथाओं ही की तरह यहाँ यथार्थ का-सा परिवेश एक काल्पनिक पात्र को सामाजिक स्वप्नशीलता के लिए काम करने का स्थान उपलब्ध कराता है : वह पात्र पाठकों के लिए प्रेरणा का काम कर लेता है। राजनैतिक (और नारीवादी?) प्रचार की इस ज्वलन्त कहानी में नायिका प्रकट रूप से कोई असाधारण महिला नहीं है : वह अपनी पाठिकाओं में से कोई एक हो सकती थी, हालाँकि पुरुष सम्बन्धी की अनुपस्थिति के कारण नारी की पहलक़दमी पर पुरुष-नियन्त्रण का प्रश्न यहाँ नहीं उठता। सेवा और त्याग काफ़ी क्रान्तिकारी सन्देश देते हैं : स्त्री-उद्धार का सवाल राष्ट्रीय स्वाधीनता के समकक्ष रख दिया गया है।

'मैं इस बात को स्वीकार करती हूँ और बारम्बार स्वीकार करती हूँ कि स्त्रियों का पूर्ण विकास अन्तःपुर में ही आबद्ध नहीं है, कथा लेखिका उषा देवी मित्रा ने 1931 में एक सभा में कहा, उनके विकास के लिए अन्तःपुर तथा उससे बाहर भी उनके लिए क्षेत्र खुला हुआ है और उन दोनों पर उनका पूर्ण अधिकार है। किन्तु इस बात को न बिसर जाना चाहिए कि अन्तःपुर सम्बन्धी कर्तव्य-कर्म सुचारू रूप से सम्पादित कर लेने के बाद ही बाहर की बातों का विचार हो सकता है।... प्रयोजन पड़ने पर स्त्री-जाति का परम धर्म है कि माताओं का असीम शक्ति-जाज्वल्य रूप धारण करके अन्तःपुर के बाहर निकले, किन्तु साथ ही साथ यह भी ध्यान रहना चाहिए कि अपने अनुरूप मातृमूर्ति को संगठित कर बाहर भेजने का भार भी उसी पर है।'[132] घर के बाहर की गतिविधियों में संलग्न स्त्रियों की सकारात्मक छवि से हमें इस तथ्य को नज़रन्दाज नहीं करना चाहिए कि घर की—अथवा स्त्री-धर्म के रूप में मातृत्व और पत्नीत्व की—केन्द्रीयता को खुले तौर पर शायद 1930 के दशक के अन्त से पहले कभी चुनौती नहीं दी गयी थी। बल्कि, 1930 के दशक के हिन्दी कथा साहित्य में हम गृहिणी की छवि को फिर से परिभाषित किये जाते देखते हैं। उसे अब भावनात्मक और बौद्धिक गहराई से मण्डित करके यह दिखाया गया है कि उसे घर-परिवार के भीतर भी कुछ आज़ादी और चुनाव की गुंजाइश है, साथ ही बाहरी दुनिया और पुरुषों के संसार के साथ उसके सम्बन्धों में भी। एक दिलचस्प आवर्तन के साथ साहित्य सम्वेदनशील और जागरूक गृहिणी को पूरमपूर कर्ता (सब्जेक्ट) के रूप में स्थापित कर देता है जो स्वयं घर को अपने तपोवन के रूप में चुन लेती है। शायद वास्तविकता वैसी-की-वैसी बनी रही—औरतों को अनवरत हर प्रकार की स्थिति से ताल-मेल बैठाना पड़ा—लेकिन कम-से-कम साहित्य ने व्यक्तिगत आत्म-निर्णय के लिए कुछ जगह ज़रूर हासिल करायी। इस तरह पात्रों और कथा-वाचकीय टिप्पणियों से यह संकेत मिलता कि घर में बन्द स्त्री की मर्यादा बहुत हद तक ख़ुद तय की हुई थी, उसकी

अपनी व्यक्तिगत धारणा का परिणाम थी, (केवल) समाज के थोपे हुए मूल्यों का नहीं।

नये क़िस्म की घरेलू नायिका के सबसे शक्तिशाली उदाहरण जैनेन्द्र कुमार (1905-88) ने रचे जिनकी जयकार उस समय 'हिन्दी के शरतचन्द्र' के रूप में हो रही थी। हालाँकि उनके बारे में यह तर्क दिया जा सकता है कि उन्होंने फिर से नारीत्व का एक और पुरुष-जनित चित्र प्रस्तुत किया, तो भी अनेक पीढ़ियों के पुरुष और स्त्री, दोनों तरह के पाठकों में जैनेन्द्र और शरतचन्द्र की लोकप्रियता कम-से-कम यह तो सिद्ध करती ही है कि यह ऐसी तस्वीर थी जो स्त्री-पुरुष दोनों समुदायों के लिए भारी आकर्षण रखती थी।

सम्वेदनशील, शिक्षित और अपने विनयशील और उदार पति के प्रेम की पात्र, सुनीता–जैनेन्द्र के इसी नाम से लिखे गये उपन्यास की नायिका–अब भी अपने को अपूर्ण महसूस करती है। सतह पर कोई गड़बड़ी नहीं है, और कर्तव्य के प्रति उसकी प्रबल निष्ठा और समर्पण उसे पछतावे का लेशमात्र भी अनुभव नहीं करने देता, लेकिन ऐसा लगता है कि एक औरत के रूप में उसकी क्षमता और सम्भावना अभी जाग्रत नहीं हुई है। तभी उसके पति के अर्से से बिछुड़े, झक्की मित्र, हरिप्रसन्न का प्रवेश होता है और इससे स्थिति बदल जाती हैं। सुनीता का पति श्रीकान्त अपने मित्र को ढब से लगाने पर दृढ़ प्रतिज्ञ है, दूसरे शब्दों में उसे नौकरी और पत्नी ढूँढ देने और उसे रुपये-पैसे और सांसारिक सन्तोष के मूल्य से अवगत कराने पर। हरिप्रसन्न के इर्द-गिर्द ख़तरे का वातावरण बना रहता है, क्योंकि वह क्रान्तिकारियों के एक दल से सम्बद्ध है। तो भी सुनीता ख़ुद को उसके प्रति आकर्षित होने देती है (शुरू में अत्यन्त प्रच्छन्न रूप में)। उसका मस्त-मौला पति भी उनकी अन्तरंगता को बहुत बढ़ावा देता है, क्योंकि उसे महसूस होता है कि हरिप्रसन्न को सही मार्ग की ओर लाने में सुनीता उसकी तुलना में अधिक प्रभावकारी साबित हो सकती है। नाटकीय चरमोत्कर्ष में एक रात हरिप्रसन्न के साथ अकेले छोड़ दिये जाने पर सुनीता उसके क्रान्तिकारी दल के सामने प्रेरणा की प्रतिभा, भारत माता का रूप धरने को तैयार हो जाती है।[133] नाटकीय परीक्षण का अवसर, उसकी परम स्वच्छन्दता के क्षण में–जब वह पर पुरुष के साथ जंगल में अकेली और नग्न है–उसकी अन्तःशक्ति के आविर्भाव का क्षण है। हरिप्रसन्न, जो वास्तव में उससे प्रेम करता रहा है, उसे छू नहीं पाता : उसकी मर्यादा इतनी प्रबल है कि वह उसे तोड़ नहीं सकता।

इस तरह हरिप्रसन्न सुनीता की शक्ति को, जो गृहिणी की मर्यादित और सादी वेश-भूषा के नीचे छिपी हुई थी, निकाल कर बाहर लाने में निमित्त बनता है। वह सुनीता को एक पत्नी की अपनी भूमिका के अलावा एक स्त्री के रूप में अपनी अस्मिता की खोज के लिए प्रेरित करने में भी सहायक होता है, और यह अस्मिता पूरी तरह आध्यात्मिक, रहस्यमयी अस्मिता है :

'हमने हरिप्रसन्न और सुनीता नाम दिये हैं, वे नाम झूठ नहीं है। पर नाम ही हैं। सुनीता स्त्री है, हरिप्रसन्न पुरुष है। उन नामों के बहुत नीचे जा कर उन दोनों में एक केवल स्त्री रह जाती है; दूसरा पुरुष रह जाता है। अपने चलन व्यवहार में चलने वाले नाते-रिश्ते और नाम-धाम असत्य वस्तु नहीं हैं पर प्राणी के प्राणों में बहुत गहरे जा कर मानों वे सब कुछ ऊपर सतह पर ही छूट जाता है।'[134]

इस तरह यह दर्शाया जा सकता था कि गृहिणी की परम्परागत छवि भी अपने अन्दर सार्वभौम व्यक्तिपरकता छिपाये रहती है। वस्तुतः, सुनीता के स्त्रियोचित (जेण्डर्ड, लिंगबद्ध) व्यक्तित्व में एक विशिष्ट 'स्वाभाविकता' है, बिना अधिक सोचे-विचारे काम करने की आदत। पूरे उपन्यास में सुनीता दूसरों के प्रभाव से लगभग अछूती रहती है : उसके इस लचीलेपन के नीचे अपनी जगह पर दृढ़ता से टिके रहने की धीरज-भरी और अटल क्षमता छिपी हुई है। एक औरत के रूप में वह जानती है कि क्या सही है, क्या ग़लत है और वह अपनी शक्ति का प्रदर्शन किये बिना ही दृढ़ और शक्तिशाली है। इस स्थिति में, भारतीय वीरांगना का नवीनतम अवतार वह शान्त और सौम्य गृहिणी है, जो घर के भीतर से ही विभिन्न प्रकार के कार्य सम्पन्न कर सकती है। जब हरिप्रसन्न उसे चुनौती देता है :

'उस पत्नी से क्या होगा जो साली पतिव्रता हो। मुझे चाहिए कि एक प्रतिमा भी, जो पतिव्रता चाहे न हो, पर अटूट हो जो विपत्तियों में ऐसे चमके जैसे घोर घन में बिजली। मुझे माता भी चाहिए, मुझे दासी भी चाहिए। लेकिन सबसे अधिक चाहिए मुझे वह जो स्फूर्ति की यन्त्र हो, जिसमें प्रेम इतना हो कि हिंसा से वह डरे नहीं। जो लाल लहू बहता देखे।'[135]

चरमोत्वर्ष की अवस्था में, सुनीता हरिप्रसन्न को दिखाती है कि वह वास्तव में यह सब कुछ है—परम माता, सेविका, पत्नी और एक व्यक्ति भी—लेकिन बिना अपना घरेलू आचरण अथवा अपना धर्म खोये।[136] जैनेन्द्र की नायिकाएँ अपनी सलज्ज, अनाक्रामक छवि के पीछे स्त्री की शक्ति और दृढ़ प्रतिज्ञा की प्रतिमाएँ हैं वे 'भारतीय नारी' के आदर्श को चुनौती नहीं देतीं, लेकिन उसमें स्वनिर्णय और आत्म-परिभाषा के शक्तिशाली तत्व का समावेश कर देती हैं।

यह दिलचस्प है कि जैनेन्द्र की नायिकाएँ उस आदर्श नारी के अनुरूप थीं जिसकी परिभाषा 'चाँद' ने प्रस्तुत की थी जब वह प्रकाशन के लगभग 10 वर्ष बाद अन्ततः उसे स्पष्ट शब्दों में वर्णित करने के लिए विवश हुआ था। इस तथ्य ने कि 'चाँद' ने भारतीय नारी के अपने आदर्श को स्पष्ट करने से इतना गुरेज़ किया था, निस्सन्देह उसके लिए फ़ायदेमन्द साबित हुआ, क्योंकि पत्रिका पर सुधारवादी, या क्रान्तिकारी राजनैतिक होने का ठप्पा लगने से बचा कर उसे तरह-तरह की पहचानों और आकांक्षाओं को व्यक्त करने

योग्य बना दिया था, तब भी जब हिन्दू समाज के प्रमुख समुदायों पर उसके सीधे प्रहारों ने बहुतों को पत्रिका के असली उद्देश्य को पहचानने की कोशिश में सोच में डाल दिया था। 'चाँद' का आदर्श, अन्ततः सम्पादक ने स्वीकार किया था, पुरुष-स्त्री समानता है। 'चाँद' पुरुषों से महिलाओं का सम्मान करने का अनुरोध करती है, उनकी अलौकिक शक्ति को पहचानने और उसे विकसित होने का अवसर देने की प्रार्थना करती है। सम्पादकीय ने आगे चल कर पहली बार 'चाँद' की आदर्श नारी की परिभाषा दी :

> ''चाँद'' के पठन-पाठन के आधार पर अपने निजी अनुभव से मैं ''चाँद'' के इस आदर्श को नीचे नीचे लिखे भागों में विभाजित करता हूँ। ''चाँद'' की आदर्श महिला—1. आजकल की अविद्या, कुसंस्कार और दुर्भावनाओं से मुक्त होनी चाहिए। 2. पति-परायणा, सती-साध्वी होती हुई गृह-कार्य में दक्ष एवं कुशल होनी चाहिए। 3. पर्दारहित होनी चाहिए; परन्तु यह आशय नहीं कि स्त्रियाँ पर्दे की अनुपस्थिति में सज-धज कर निकलें और बहुमूल्य वस्त्राभरणों द्वारा अपनी शान जमायें; क्योंकि ऐसा होने से पुरुष—वर्ग की दृष्टि नाहक आकर्षित होती है, सदाचार गिरता है, दुर्भावनाएँ बढ़ती है और धन का अपव्यय होता है। (अखिल भारतीय महिला-सभा के लाहौर अधिवेशन की सभानेत्री ने भी स्त्री-समाज को इसी आशय का उपदेश मात्र सुनाया था)। 4. पढ़ी-लिखी, विदुषी होनी चाहिए; कम से कम स्त्री को इतनी शिक्षा तो अवश्य मिलनी चाहिए कि वह वर्तमान काल की प्रगति को भली-भाँति समझा कर बाह्य ज्ञान लाभ कर सके। 5. आजकल के अनुचित बन्धनों से मुक्त होनी चाहिए। उसको कौटुम्बिक जीवन में अपना मत प्रकट करने एवं अपने मन को कार्यान्वित करने का पूर्ण अधिकार होना चाहिए। 6. सेवा और त्याग का जीवन व्यतीत करना जानती हो। कौटुम्बिक जीवन में सास, ननद, देवरानी आदि से प्रीतिपूर्वक रहे। 7. अत्याचार का प्रतिवाद करना जानती हो और अपने हाथ से आत्म-रक्षा कर सके। 8. उसका शारीरिक स्वास्थ्य अच्छा होना चाहिए। इसके लिए उसे व्यायाम करना अथवा खुली हवा में घूमना भी चाहिए। 9. गायन और प्रमोद उसके आभूषण हैं, परन्तु गायन ऐसे, जो की इज़्ज़तदार स्त्रियों को शोभा दें। 10. वीर-पत्नी और सिंह-जननी के सदृश्य गुणवती हो और अपनी कोख से ऐसे लाल उत्पन्न करे, जो भारत की परतन्त्रता की बेड़ियों से मुक्त कर दें।'[137]

सम्पादकीय ने सार्वजनिक गतिविधियों का नाम नहीं दिया, न उनकी मनाही की। इसके विपरीत वह सार्वजनिक जीवन में प्रवेश, शिक्षा और अभिव्यक्ति की स्वतन्त्रता को मान कर चला। दूसरी ओर, स्पष्ट ही बल नये सिरे से परिभाषित घरेलू भूमिका और सम्बन्ध और स्व-निर्धारित मर्यादा पर था। आधुनिक शिक्षित, और जागरूक मध्यवर्गीय

नारी के इस चित्र में कलात्मक और भावनात्मक अभिव्यक्ति और पहलक़दमी के लिए कुछ गुंजाइश निकलती थी, साथ ही उचित नौकरी के लिए भी।

इन दो दशकों के अन्त में महादेवी वर्मा के 'आधुनिक नारी' के समुचित ब्योरे में राष्ट्रीय कार्यकर्ता और अध्यापिका अवश्य शामिल हो गयी थी। इन आधुनिक महिलाओं ने काम करने और रचने की अपनी शक्ति और क्षमता पहचान ली थी, हालाँकि पुरुषों ने उनके विकास के अनुरूप ताल-मेल बैठाने के लिए समान प्रयास नहीं किये थे :

> 'इन सबके आचरणों को भिन्न-भिन्न रूप से प्रभावित करने वाले दृष्टिकोणों का पृथक-पृथक अध्ययन करने के उपरान्त ही हम आधुनिकता के वातावरण में विकसित नारी की कठिनाइयाँ समझ सकेंगे। उनकी स्थिति प्राचीन रूढ़ियों के बन्धनों में बन्दिनी स्त्रियों की स्थिति से भिन्न जान पड़ने पर भी उससे स्पृहणीय नहीं है। प्राचीन विचारों का उपासक पुरुष समाज अवहेलना की दृष्टि से देखता है, आधुनिक दृष्टिकोण वाले समर्थन का भाव रखते हुए भी क्रियात्मक सहायता देने में असमर्थ का भाव रखते हुए भी क्रियात्मक सहायता देने में असमर्थ रहते हैं और उग्र विचार वाले प्रोत्साहन दे कर भी उन्हें अपने साथ ले चलना कठिन समझते हैं। वस्तुतः आधुनिक स्त्री जितनी अकेली है उतनी प्राचीन नहीं; क्योंकि उसके पास निर्माण के उपकरण मात्र हैं, कुछ भी निर्मित नहीं। चौराहे पर खड़े हो कर मार्ग का निश्चय करने वाले व्यक्ति के समान वह सबके ध्यान को आकर्षित करती रहती है। किसी से कोई सहृदयतापूर्ण सहानुभूति नहीं पाती।'[138]

महादेवी के अनुसार, शिक्षित नारी के सामने दो संसारों के बीच फँसे रहने का ख़तरा था, 'उनके सामने नवीन युग का आह्वान और पीछे अनेक रूढ़ियों का भार था।' उन्हें जो बात चिन्तित करती थी, वह थी आन्दोलन के दौरान घर से बाहर निकल आने वाली महिलाओं का भविष्य : संघर्ष में उन्हें अपनी शक्ति का एहसास हो चुका था, ख़ुद को कठोर बना चुकीं थी और स्त्रियों की दुर्बलता और अक्षमता के बारे में पुरुषों के मत को झुठला चुकी थीं; लेकिन 'समाज उनके त्याग पर श्रद्धा रखता है, परन्तु उनकी विद्रोहमयी रक्षता से सभीत है? जीवन का पहले से सुन्दर और पूर्ण चित्र उनमें नहीं मिलता, अतः अनेक आधुनिकता के पोषक भी उन्हें सन्दिग्ध दृष्टि से देखते हैं।'[139] इस तरह घर-परिवार और समाज के ताने-बाने में जगह तलाशने की ज़िम्मेदारी फिर इन्हीं औरतों पर आ जाती : समाज में भिन्न-भिन्न स्थान ढूँढते और हासिल करते हुए उन्हीं की ज़िम्मेदारी बनती थी कि वे अपने 'नारीत्व को न भूलें,' विरोध और अकेलेपन का सामना करें, और पुरानी और नयी स्त्री-भूमिकाओं के बीच, अपने और अपने इर्द-गिर्द के समाज के बीच समझौता करें। महादेवी वर्मा ने, जो स्कूल की प्रधानाचार्या और पुरुषों की दुनिया में लेखिका बन कर स्वतन्त्र व्यावसायिक जीवन बिताने वाली पहली-पहली

महिलाओं में से एक थीं, ख़ुद ऐसा लगता है कि बड़ी सावधानी से अपनी निजी धारणाओं और सामाजिक अपेक्षाओं के बीच सन्तुलन क़ायम कर लिया था।

इस अध्याय में यह खोजने का प्रयास हुआ है कि क्या घटित हुआ जब हिन्दी की दुनिया में मध्यवर्ग में उच्च जाति के शिक्षित पुरुष के अलावा कोई दूसरा समूह स्वर हासिल करके सार्वजनिक विमर्श का विषय होने के बदले विचार, आत्म-परीक्षण और आदान-प्रदान का कर्ता बन गया। ख़ुद महिलाओं के लिए 'भारतीय नारी' के आदर्श की शक्ति को स्वीकार करते हुए भी ज़रूरत इस बात की है कि हम 'स्त्री के प्रश्न' के या पितृसत्ता के नये साँचे के आगे जायें। एक बार महिलाओं के सामने शिक्षा और सार्वजनिक समाचार-तन्त्र तक पहुँचने का मार्ग खुल गया, तो उनमें से कुछ ने वहाँ से अर्जित किये हुए आलोचनात्मक उपकरणों को, अपने बारे में, स्त्री की भूमिका और समाज के नियम-क़ायदों के बारे में सवाल उठाने के लिए इस्तेमाल करना शुरू कर दिया। शिक्षा, आलोचना और पौरुष-प्रधान सार्वजनिक क्षेत्र तक पहुँच की प्रक्रिया कई अर्थों में अंग्रेज़ी राज के बरअक्स भारतीय बुद्धिजीवियों की ऐसी ही प्रक्रिया को प्रतिबिम्बित करती थी। मगर महत्वपूर्ण बात यह है कि महिलाओं ने केवल विवेकधर्मी तर्क नहीं इस्तेमाल किये, बल्कि न्याय और भावना को भी सम्बोधित किया, जैसा उनके पत्र और आख्यानों ने दिखाया, और स्वीकृत धारणाओं और स्त्री की भूमिका के लिए नये अर्थ भी गढ़े (जैसे सेवा के साथ हुआ)। हालाँकि महिलाओं के स्वर अधिकांशतः वर्चस्वशाली मूल्यों द्वारा निर्धारित हुए थे, और कुछ हद तक वे स्वयं उन्हें व्यक्त भी करती थीं, तब भी स्त्री-सम्बन्धी विषयों पर पुरुषों और स्त्रियों के स्वरों में अन्तर पाया जाता है। शिक्षा के मामले में पुरुषों का विचार था कि औरतों की शिक्षा बुनियादी तौर पर पुनर्गठित, परिष्कृत घर-परिवार के निमित्त ही होनी चाहिए। इसके विपरीत महिलाएँ विस्तृत होते परिदृश्य पर बल देती थीं (विशेष रूप से महिलाओं की पत्रिकाओं के माध्यम से) और उस व्यक्तिगत सशक्तीकरण पर भी जो शिक्षा का स्वाभाविक परिणाम था; कुछ महिलाएँ और आगे बढ़ कर शिक्षा को सम्मानजनक रोज़गार के मुद्दे से जोड़ती थीं और 'समाज सेवा' के नाम पर अध्यापन का पेशा अपनाती थीं। जहाँ तक परिवार का सम्बन्ध था, पुरुष त्याग-भरे मातृत्व पर बल देते थे, साथ ही घर-बाहर के क्षेत्रों के सावधानीपूर्वक विभाजन का पालन करते हुए विवाह के ऐसे उन्नतिशील आदर्श की भी सोचते थे जिसमें स्त्री-पुरुष एक-दूसरे के संगी हों। महिलाएँ अक्सर विस्तृत ऐतिहासिक और सामाजिक तर्क पेश करते हुए, औरतों और मर्दों के लिए मौजूदा नैतिक दुहरे मानदण्डों का कड़ा विरोध करती थीं, और मौजूदा पारिवारिक ढाँचे को औरतों की ज़रूरतों के प्रति क्रूर और सम्वेदनहीन कह कर उसकी भर्त्सना करती थीं। जैसा कि एक कहानी की नायिका ने टिप्पणी की—वह ख़ुशी से स्त्री-धर्म स्वीकार कर लेगी, मगर तभी जब वह हृदय से आये, उस पर लादा न जाये। महिलाओं के स्वर आत्मपरकता पर बल दे कर यह माँग करते थे कि परिवार भावात्मक इकाई बने जो उनकी भावनाएँ सुने जाने के अधिकार को स्वीकार करे। बेशक,

पुरुषों का महिलाओं की ओर से बोलना जारी रहा, लेकिन अब उनको औरतों के दृष्टिकोण पर भी ध्यान देना पड़ता था।

जहाँ मुख्यधारा के पत्र-पत्रिकाओं और राष्ट्रीय आन्दोलन में धीरे-धीरे औरतों का प्रवेश निस्सन्देह इस दौर की महत्वपूर्ण विशेषता था, वहीं महिलाओं की संस्थाओं और स्कूलों, स्त्री-पत्रिकाओं और धरने-प्रदर्शन जैसे स्थानों (स्पेसेज़) के महत्व को जितना अधिक आँका जाय, उतना कम है। यहाँ महिलाओं के स्वर उभर कर 'स्त्री सम्बन्धी विषयों' को नयी अनोखी दिशाओं में ले जा सकते थे और लड़कियाँ आत्म-विश्वास और आत्म-शक्ति के प्रति जागरूक हो सकती थीं। 'गृहलक्ष्मी,' 'स्त्री-दर्पण' और 'चाँद' जैसी पत्रिकाओं ने स्त्री-उपयोगी को नये अर्थों और अभिप्रायों से लैस किया और समाज सुधार का अर्थ, निश्चय ही 'चाँद' के सन्दर्भ में, महिलाओं के हित में समाज का सुधार बन गया। पत्रिकाएँ महिलाओं के बीच स्त्री-संगठनों और संस्थाओं के सीमित दायरे से परे बिखरी हुई, मगर व्यापक राजनैतिक जागरूकता और राष्ट्रवाद की साक्षी हैं। और अन्त में, स्त्री-पत्रिकाओं में छपे पत्रों, कविताओं और कथाओं के माध्यम से, महिलाओं की आत्मपरक और भावनात्मक जीवन के लिए एक आवाज़ और जगह (स्पेस) स्थापित करने में भी पत्रिकाओं ने महत्वपूर्ण भूमिका निभायी।

लेकिन महिलाओं को महज़ एक स्वर और बहस-मुबाहसे के स्थान (स्पेस) से अधिक भी कुछ हासिल हुआ। आने-जाने और बाहर निकलने की पहले से अधिक स्वतन्त्रता और सार्वजनिक क्षेत्र में महिलाओं की स्वीकृति, जो एक पीढ़ी पहले भी कल्पनातीत थी, निस्सन्देह इन दशकों की हलचल का नतीजा थी। शिक्षा का क्रमिक प्रसार, राष्ट्रवादी आन्दोलन का असर और समाज-सुधार के विचारों का पहले से अधिक प्रचार—ये सब महत्वपूर्ण तत्व थे। इस तरह महिलाओं के सन्दर्भ में यह देखा जा सकता है कि बहस-मुबाहसे से हट कर दूसरी ताक़तें थीं जो सार्वजनिक क्षेत्र में महिलाओं के प्रवेश या निषेध के लिए महत्वपूर्ण, बल्कि अक्सर निर्णायक थीं : किसी मामले को सार्वजनिक रूप से अख़बारों में उठाना काफ़ी नहीं है। मिसाल के लिए इस तर्क को लीजिए कि लड़कियों की शादी उनके वयस्क होने से पहले नहीं करनी चाहिए जो आम रिवाज था, कम-से-कम उन ऊँची जातियों में, जो उत्तर भारत में सार्वजनिक क्षेत्र के मुख्य कर्ता-धर्ता थे। ऐसा तर्क प्रचलित रिवाज के पीछे काम कर रहे सामाजिक दबाव के ख़िलाफ़ तब तक बहुत कुछ नहीं कर सका था जब तक कि लड़कियों के स्कूल और दूसरे दबावों, मसलन पढ़ी-लिखी बीवी की कामना ने, या इससे भी अधिक क्रान्तिकारी विकल्प ने जैसे अध्यापन, लेखन और राष्ट्रीय आन्दोलन में महिलाओं की हिस्सेदारी ने वयस्कता के बाद लड़की की शादी करने के विचार को इतना 'नरम' बना दिया कि वह स्वीकार हो सके।

सार्वजनिक क्षेत्र में प्रवेश या आत्म-विश्वास अर्जित करना तनाव से भरा हुआ रहा। निश्चय ही इसका मतलब बराबरी हासिल करना नहीं था। राजनैतिक संगठनों और दलों

में महिलाओं की उपस्थिति अक्सर प्रतीकात्मक थी।[140] दफ़्तरों में पुरुषों के लिए महिलाओं को बराबरी के स्तर पर स्वीकार करना कठिन था, या इससे भी कठिन, अफ़सरों या वरिष्ठ सहयोगियों के रूप में ख़ासकर अगर महिलाएँ उमर में उनसे छोटी होतीं; और घर-परिवार में इस बात की सम्भावना थी कि शिक्षित बहू को घमण्डी और बेशर्म होने का लांछन सहना पड़े।[141]

'भारतीय नारीत्व' के मूल्य—मर्यादा, सतीत्व, त्याग की अटल भावना और आत्म-समर्पण का गुण (चाहे सेवा में या मातृत्व में)—उन सभी छवियों में मौजूद है जिन्हें इस अध्याय में परखा गया, चाहे उन्हें पुरुष अथवा महिला रचनाकारों ने सृजा हो और चाहे जो भी अभिप्राय रहा हो। ये गुण इतने स्वीकृत हो गये थे कि अगर किसी महिला-पात्र में इनमें से कोई भी गुण न होता—अगर एक आदर्श औरत सतीत्व की घेरेबन्दी से बाहर आ जाती या सेवा-सुश्रूषा से इनकार कर देती, अगर वह पुरुष-सरीखा व्यवहार करने की कोशिश करती, या मर्यादा का उल्लंघन करती या फिर अपने निर्धारित क्षेत्र से बाहर जाती (जिसके लिए 'लक्ष्मण रेखा' अति स्मरणीय शब्द है)—तब पाठक यह विश्वास कर सकता था कि या तो आख़िरकार वह अच्छी औरत साबित नहीं होगी या फिर उसकी दुर्गति होगी। सार्वजनिक क्षेत्रों में महिलाओं की उपस्थिति से पैदा हुए तनावों को देखते हुए, भारतीय नारी का सदा-उपस्थित आदर्श और मर्यादा की अवधारणा वास्तव में भिन्न-भिन्न उद्देश्य व्यक्त करती थी। (अधिकांश) पुरुषों के लिए उनका अभिप्राय 'पितृ सत्ता के पुनर्गठन' के अन्तर्गत महिलाओं की स्वाधीनता को नियन्त्रित करने का था। महिलाओं के सन्दर्भ में 'नैतिक प्राथमिकता' और स्वयं परिभाषित मर्यादा की व्याख्या अन्तःशक्ति के स्रोत के रूप में कर सकते हैं (जैसा जैनेन्द्र की सुनीता के सिलसिले में) या फिर प्रतिबन्धों, नयी भूमिकाओं की और सामाजिक परिवर्तन की आलोचना से बचने के तरीक़े के रूप में। जैसा कि महादेवी का उदाहरण दर्शाता है, सार्वजनिक जीवन जीने वाली महिलाएँ नैतिकता और प्रतिष्ठा के कड़े नियम-क़ायदों का स्वयं पालन करती थीं, कि कहीं उन्हें सामाजिक नुक्ताचीनी का सामना न करना पड़े और दूसरी महिलाओं के इस मार्ग को चुनने में बाधा न बने। हालाँकि व्यक्तिगत रूप से उनके जीवन के पहले से अधिक खुलेपन और पुरुषों के साथ उठने-बैठने ने शिक्षित महिलाओं के लिए तरह-तरह के नये सम्बन्धों को जन्म दिया, जैसे साहित्यिक मित्रताएँ और राजनैतिक सौहार्द और इसके साथ-साथ प्रेम और यौन सम्बन्धों की सम्भावनाएँ भी, तो भी इन सबको जनता की निगाहों से दूर रखना ज़रूरी था। जहाँ यह तर्क दिया जा सकता है कि इस तरह का आत्म-नियन्त्रण खुलेपन और महिलाओं के बीच बहस को बाधित करता था, इस अध्याय में प्रस्तुत सामग्री से यह दिखता है कि यह कुछ हद तक ही सही था।[142]

यह सही है कि 'चाँद' का प्रगति-पथ सामाजिक और जातीय उत्पीड़न के ख़िलाफ़ विभिन्न मोर्चों और स्त्री और देश मुक्ति के पक्ष में जोशीले अभियानों से ले कर एक ऐसी

संयमित, शहरी मध्यवर्गीय संस्कृति को ठोस रूप देने तक खिसकता रहा जो उच्च-जाति की आर्थिक रूप से सुखी, शिक्षित, गृहिणी की अस्मिता को प्रतिबिम्बित करती थी। 'चाँद' द्वारा सारी औरतों के पक्ष में और उनके बारे में बोलने के दावे में क्रान्तिकारी और परिवर्तनकामी शक्ति थी : दहेज, घरेलू उत्पीड़न, यहाँ तक कि आर्थिक और यौन शोषण जैसे विषयों को आपस में जोड़ कर इस तरह पेश किया जाता था मानो वे कुछ ही दुखियारी औरतों के नहीं, बल्कि सभी औरतों के और समाज के सरोकार हों। इस मामले में स्त्री-समाज जैसी सामूहिक और एकरूप कोटि ने तर्कों के उत्तेजक प्रभाव को बढ़ाने का काम किया। फिर, सम्पादक के रूप में रामरख सिंह सहगल के जाने के बाद यह उत्तेजक धार जाती रही। जो विषय उठाये जाते रहे, वे पत्रिका की वास्तविक पाठिकाओं के अधिक अनुरूप थे जो शहरी, उच्च या मध्य जाति की औरतें थीं और पक्के तौर पर मध्यवर्गीय थीं। सारी महिलाओं का प्रतिनिधित्व करने के दावे ने दूसरे महिला समूहों को अब चुपके से अपने दायरे के बाहर कर दिया।[143] स्वतन्त्रता के बाद मुख्य धारा की स्त्री-पत्रिकाएँ बड़े पैमाने पर मध्यमवर्गीय संस्कृति की वाहक बन गयीं। तो भी दरवाज़ों को खोलने, स्थानों (स्पेसेज़) और स्वर को उपलब्ध करने और आकांक्षाओं को व्यक्त करने वाले शब्दों और छवियों का भण्डार बनाने में काफ़ी कुछ हासिल किया गया था जिनसे व्यक्तिगत निजी-आकांक्षाओं, सांस्कृतिक अपेक्षाओं, और सामाजिक भूमिकाओं का तालमेल बिठाया जा सकता था।

टिप्पणियाँ

1. उन्नीसवीं सदी के दौरान 'महिला सुधार' के समर्थन में की गयी गतिविधियों और इस पर हुई बहस की विस्तृत व्याख्या के लिए देखिए, राधा कुमार, द हिस्टरी ऑफ़ डूइंग : ऐन इलस्ट्रेटेड अकाउण्ट ऑफ़ मूवमेंट्स फॉर विमेन्स राइट्स ऐण्ड फ़ेमिनिज़्म इन इण्डिया, 1800-1990, लन्दन, वर्सो, 1993।
2. चैटर्जी, द नेशन ऐण्ड इट्स फ़्रैगमेंट्स, पृ. 6।
3. देखिए तालिका 1.1 में आँकड़े, पृ. 64 (1.3.1।)
4. कुमार, द हिस्टरी ऑफ़ डूइंग, विशेषकर अध्याय 2।
5. उत्तर भारत में शिक्षा और मुस्लिम औरतों पर अपने हाल के अध्ययन में गेल मिनॉल्ट ने दलील दी है कि इसके बावजूद कि उस्तानियों की माँग बढ़ रही थी, उन की तादाद हक़ीक़त में कम होती जा रही थी क्योंकि निजी ख़ैराती अनुदान (औकाफ़) और सरपरस्ती जो उन्हें सहारा देती थी, भरभरा रही थी और इज़्ज़तदार घराने की औरतों को अब भी घर के बाहर तनख़्वाह पर काम करने की मंज़ूरी नहीं मिलती थी; गेल मिनॉल्ट, सिक्लूटेड स्कॉलर्स : विमेन्स एजुकेशन ऐण्ड मुस्लिम सोशल रिफ़ार्म इन इण्डिया, नयी दिल्ली, ऑक्सफ़र्ड युनिवर्सिटी प्रेस, 1998, पृ. 29।
6. देखिए मधु किश्वर, 'आर्य समाज ऐण्ड विमेन्स एजुकेशन, कन्या महाविद्यालय जालन्धर,' इकोनॉमिक ऐण्ड पोलिटिकल वीकली, XXI, 17, 26 अप्रैल 1986। विमेन्स स्टडीज़, पृ.

9-24।

7. 1914 में युक्त प्रान्त में कुल 55,049 लड़कियाँ पढ़ रही थीं जिसकी तुलना में मद्रास में 2,59,024, बंगाल में 2,20,891, बम्बई में 1,49,107 और पंजाब में 1,06,100 थीं; देखिए 'भारत में स्त्री शिक्षा का प्रचार,' स्त्री-दर्पण, XIV, 3 मार्च 1916, पृ. 178। यह ध्यान रखा जाना चाहिए कि स्त्री-शिक्षा सम्बन्धी अधिकांश आँकड़ों और बहसों में सिर्फ़ युक्त प्रान्त का सन्दर्भ दिया जाता है, और कभी-कभी पंजाब का।
8. गोवर्द्धन दास त्रिपाठी, 'हमारे प्रान्त में बालिकाओं की शिक्षा,' 'चाँद', VII,भाग 2, 6, अक्तूबर 1929, पृ. 697।
9. वर्ष 1921 के लिए जेनरल रिपोर्ट, पृ. 28।
10. चन्द्रकुमारी हण्डू, 'हमारी पुत्री पाठशालाएँ,' 'चाँद', टप्प, भाग 2, 6 अक्तूबर 1929, पृ. 697।
11. वही, पृ. 698।
12. 1919 में प्रान्त के एकमात्र लड़कियों के कॉलेज, लखनऊ के इज़ाबेला थोबर्न में, सिर्फ़ 3 छात्राएँ थीं। 1920-1 में तीन संस्थाओं में नयी इण्टरमीडिएट कक्षाएँ शुरू की गयीं : बनारस में ऐनी बेसेण्ट के थियोसॉफ़िकल कॉलेज, लखनऊ में मुस्लिम हाई स्कूल और इलाहाबाद में क्रॉस्थवेट हाई स्कूल में; जेनरल रिपोर्ट ऑन पब्लिक इन्स्ट्रक्शन इन द युनाइटेड प्रॉविन्सिज़, 1918-19, पृ. 17; वही 1921 के लिए, पृ. 24।
13. आर्य समाज की शिक्षा परियोजना की उपज, कन्या महाविद्यालय के विस्तृत अध्ययन के लिए देखिए मधु किश्वर, 'आर्य समाज ऐण्ड विमेन्स एजुकेशन'; क्रॉस्थवेट स्कूल के लिए देखिए कारीन शोमर, महादेवी वर्मा; इज़ाबेला थोबर्न के लिए देखिए 'महिला मनोरंजन' नामक स्तम्भ में कौशल्या देवी का लेख, माधुरी, IV, भाग 1, 6। यह आख़िरी संस्था आगे चल कर लखनऊ विश्वविद्यालय का हिस्सा बन गयी जबकि इलाहाबाद विश्वविद्यालय की कक्षाएँ क्रॉस्थवेट कालेज में लगती रहीं, इलाहाबाद विश्वविद्यालय में अब तक सह शिक्षा रही थी, लेकिन अब प्रबन्ध समिति द्वारा महिला विद्यार्थियों के लिए विशेष बन्दोबस्त करने पर गर्मागर्म सार्वजनिक बहस उठ खड़ी हुई और इससे प्रेरित हो कर शहर में महिलाओं की दो सभाएँ हुईं। एक सभा ने जिसमें प्रकट रूप से अधिक अंग्रेज़ियत थी, इस फ़ैसले का विरोध यह दलील देते हुए किया कि इस तरीक़े से विश्वविद्यालय पीछे की ओर क़दम बढ़ा रहा है। दूसरी सभा ने जिसकी अध्यक्षता किन्हीं श्रीमती सुशीला देवी ने की, फ़ैसले का समर्थन किया कि मौजूदा सामाजिक स्थिति को देखते हुए अलग शैक्षणिक प्रबन्ध करना इस नाते उचित है कि इससे दाख़िलों में वृद्धि होगी। माधुरी 4, भाग 1, 1 जुलाई 1925, में सम्पादक ने तटस्थ रहते हुए टिप्पणी की, 'हमें इस बात का हर्ष है कि हमारे समाज में शिक्षित महिलाओं की ऐसी संख्या मौजूद है जो इन प्रश्नों पर स्वतन्त्रतापूर्वक गम्भीरता के साथ विचार करती है।'
14. मिसाल के लिए लखनऊ के मुस्लिम हाई स्कूल की वाइस-प्रिंसिपल, मिस नूरजहाँ मुहम्मद युसुफ़, एम.ए. जिनका ज़िक्र 'चाँद' में किया गया : उन्हें प्रान्तीय सरकार ने विदेश में आगे पढ़ाई जारी रखने के लिए एक छात्र-वृत्ति दी थी; 'चाँद' III भाग 2, 1-2 मई-जून 1925, पृ. 117। 'चाँद' नियमित रूप से पूरे भारत से ऐसी औरतों के चित्र और जीवन परिचय छापता था; यह बात कि इनमें से कुछ अपने ही प्रान्त की थीं, उन्हें अधिक सुलभ या कम

अनोखा नहीं बनाती थी।

15. सत्यवती देवी, 'स्त्रियों को कैसी शिक्षा और साहित्य की आवश्यकता है?' माधुरी, X, भाग 1, 6, जनवरी 1932, पृ. 788।

16. देखिए मिसाल के तौर पर 'चाँद', 3, भाग 2, 1-2 मई जून, 1925 पृष्ठ 117।

17. परिशिष्ट में जीवन-परिचय भी देखिए।

18. ऐसी ही एक आदर्श भारतीय नारी के रूप में कुमारी शकुन्तला भार्गव, बी.ए. की सराहना की गयी थी; उनका 'गम्भीर सात्विक स्वरूप' इण्टर्व्यू लेने वाले के लिए एक रहस्यमय पारलौकिक अनुभव था। ('मैंने मन-ही-मन नतमस्तक हो उस देवी को प्रणाम किया।') 1925 में देहरादून के डी.ए.वी. कॉलेज में दाख़िल होने से पहले उन्होंने अपने पिता से प्रार्थना की थी कि उन्हें 'विवाह बन्धन में न जकड़ें।' अपने पिता के सम्पूर्ण समर्थन से उन्होंने 1927 में इण्टरमीडिएट की परीक्षा दी और 1926 में बनारस हिन्दू विश्वविद्यालय से बी.ए.किया; इण्टर्व्यू के समय वे संस्कृत में एम.ए.की पढ़ाई कर रही थीं। उनका चेहरा-मोहरा 'अत्यन्त ही पवित्र, सादा तथा आडम्बर-रहित है।' बताया गया था; वे खादी पहनती थीं, अपने ऊपर बहुत कम ख़र्च करती थीं और बाक़ी पैसे ज़रूरतमन्द छात्रों को दे दी जाती थीं। हालाँकि वे मुखर रूप से 'सामाजिक क्रान्ति' के पक्ष में नहीं थीं, लेकिन वे ख़ुद उसकी 'साकार प्रतिमा बनी हुई हैं।'। उन्होंने भार्गव महिला समिति में पर्दे के ख़िलाफ़ भाषण दिया था। 'कुमारी जी का महत्व केवल इसीलिए नहीं है कि आपने बी.ए. की उपाधि प्राप्त की है, वरन् आपने आज स्त्री-समाज के सम्मुख आत्मबल, चरित्रबल और देश-प्रेम का जो उच्च आदर्श स्थापित किया है, इसमें आपका महत्व है।' माधुरी VIII, भाग 1, 4, नवम्बर, 1929, पृ. 768-70।

19. एस. अग्रवाल और पी.डी. टण्डन, 'प्रयाग महिला विद्यापीठ,' गृहलक्ष्मी, XII, 9 नवम्बर-दिसम्बर 1921, पृ. 297। शोमर, महादेवी वर्मा, पृ. 215-16, भी देखिए। चूँकि 'चाँद' की प्रबन्धिका, विद्यावती सहगल क्रॉस्थवेट में टीचर रह चुकी थीं, छात्राओं को वहाँ रचनाएँ प्रकाशित करने के लिए प्रोत्साहित किया जाता था; महादेवी वर्मा की आरम्भिक कविताएँ 'चाँद' में पहले अंक से ही प्रकाशित हुईं। प्रयाग महिला विद्यापीठ में, प्राचार्य के रूप में महादेवी वर्मा के होते हुए, साहित्य और रचनात्मक लेखन को भारी बढ़ावा मिला, और कुछ 'प्रगतिशील' पुस्तकें जैसे चन्द्रावती लखनपाल की 'स्त्रियों की स्थिति' (1932, देखिए आगे) पाठ्यक्रम में शामिल थीं। 1933 में प्रबन्धक संगम लाल अग्रवाल ने पहला महिला कवि सम्मेलन आयोजित किया जिसमें बहुत-सी लड़कियाँ शामिल हुईं जो आम तौर पर ऐसे कार्यक्रमों में भाग न लेतीं। महादेवी वर्मा और सुभद्रा कुमारी चौहान, दोनों इसमें शामिल हुईं और कविता-गोष्ठियाँ में अध्यक्षाओं का एक नया चलन शुरू हो गया। (देखिए 2.47) वही, पृ. 217-18।

20. लड़कियों को आर्य समाज के सिद्धान्त और पाठ सिखाये जाते थे, सन्ध्या उच्चारण, हवन मन्त्र, रामायण, मनुस्मृति, गीता और थोड़े-बहुत वैदिक मन्त्र। यह उन शास्त्रों के उद्धरणों से भरे विद्वत्तापूर्ण लेखों का आधार था जिन्हें इस पाठ्यक्रम से गुज़रने वाली महिलाएँ हिन्दी की पत्र-पत्रिकाओं के लिए लिखती थीं।

21. देखिए राधा कुमार, द हिस्टरी ऑफ़ डूइंग, पृ. 62। छात्राओं का गीत या भजन गाना साहित्यिक समारोहों की एक परिचित विशेषता बन गया।

22. 'कन्या महाविद्यालय की लड़कियाँ और अध्यापिकाएँ लगता है कि पंजाब द्वारा पैदा की गयी पहली-पहली महिला राजनैतिक कर्मी थीं...' राष्ट्रीय नेता दोनों स्कूलों में भाषण देने आते थे और 'कन्या महाविद्यालय के परिसर पर तो इमारतों, कक्षों, बग़ीचों और पथों के नाम भी प्रमुख राष्ट्रीय नेताओं के नाम पर रखे गये थे,' मधु किश्वर, 'आर्य समाज ऐण्ड विमेन्स एजुकेशन।'

23. पहली तीन महिलाओं के जीवन परिचय के लिए देखें परिशिष्ट। उर्मिला शास्त्री के लिए विशाल भारत, II, भाग 2, 3 सितम्बर 1929 पृ. 365-6 भी देखें ओर मनमोहन कौर, रोल ऑफ़ विमेन इन द फ्रीडम मूवमेण्ट (1857-1947) नयी दिल्ली, स्टर्लिंग, 1986, पृ. 152। सुभद्रा कुमारी चौहान, महादेवी वर्मा, रामेश्वरी गोयल के लिए देखें परिशिष्ट में जीवन परिचय।

24. देखिए, चक्रवर्ती, 'वॉट हैपन्ड टू द वैदिक दासी?' संगारी और वैद, रीकास्टिंग विमेन में।

25. संगारी और वैद, रीकास्टिंग विमेन के लेख देखिए।

26. पुरुषोत्तम दास टण्डन, 'स्त्री शिक्षा की रीति पर विचार,' 'गृहलक्ष्मी,' VIII, 3 मई-जून 1916, पृ. 111-13। 'मर्यादा' (इलाहाबाद 1910) में जिस से टण्डन जी सम्बद्ध थे, इस विषय पर लगभग हर अंक में एक लेख प्रकाशित होता था।

27. वही पृ. 111-13।

28. आख़िरकार, सक्सेना ने तर्क दिया था, शिक्षा को हमेशा और अधिक सुख का मार्ग प्रशस्त करना चाहिए; अगर वह कलह या संघर्ष की ओर ले जायेगी, तो वह निश्चित रूप से ग़लत होगी; 'पातिव्रत धर्म और वर्तमान शिक्षा क्रम,' स्त्री दर्पण, X, 3 मार्च 1914, पृ. 174, बल मेरा।

29. पुरुषोत्तम दास टण्डन 'स्त्री शिक्षा की रीति पर विचार,' पृ. 115।

30. रामरख सिंह सहगल, 'राष्ट्रीय दृष्टि से स्त्री-शिक्षा की आवश्यकता, स्त्री दर्पण, XV, 1 जुलाई 1921, पृ. 13।

31. ऐसी एक पुस्तिका की लेखिका ने हवाला दिया कि 'आर्य' युग में लड़कियों को बराबर की शिक्षा दी जाती थी, और सीता, सावित्री, दमयन्ती, द्रौपदी, आदि के सर्वज्ञात उदाहरणों का उल्लेख करते हुए दूसरों द्वारा तय की गयी शादियों के विरुद्ध तर्क दिये : इन सारी नायिकाओं ने अपने पति स्वयंवरों में चुने थे। लेखिका ने तर्क दिया था कि पुराणों में औरतों की शिक्षा के विरुद्ध श्लोक पुरुषों द्वारा बनाये हुए थे और यह ह्रास मुस्लिम शासन के दौरान जारी रहा था; बाल-विवाह की प्रथा, जो उस समय ज़रूरी थी, ख़तरा निकल जाने के बाद भी जारी रही। अंग्रेज़ी शिक्षा के अगामन ने आग में घी का काम किया—लड़कों की शिक्षा इतनी मँहगी बन गयी थी कि लड़कियों के लिए कुछ नहीं बचता था। गोपाल देवी, 'क्या पढ़ लिख कर लड़कियाँ कुमारी रहेंगी? 'चाँद', V, भाग 2, 6 अक्तूबर 1927, पृ. 689-91। सुभद्रा देवी का संलाप, 'पति-पत्नी का कन्या के विषय में वार्तालाप' भी देखिए : यहाँ भी वह (शिक्षित) पिता है जो अपनी लड़की को ऊँची शिक्षा दिलाने के पक्ष में दलीलें देता है, जबकि उसकी पत्नी जल्दी ही उसकी शादी कराने के पक्ष में है; वह स्वयंवर के एक सुधरे हुए रूप के पक्ष में और पर्दे के विरुद्ध तर्क देता है, क्योंकि सच्ची मर्यादा, उसका कहना है, व्यक्ति के भीतर होती है: सुभद्रा देवी, 'पति-पत्नी का कन्या के विषय में वार्तालाप,' गृहलक्ष्मी, VI, 10, दिसम्बर-जनवरी 1914, पृ. 519-23।

32. देखिए वीर भारत तलवार, 'फ़ेमिनिस्ट कॉन्शसनेस इन विमेन्स जर्नल्स इन हिन्दी : 1910-20,' संगारी और वैद, रीकास्टिंग विमेन में।
33. रामरख सिंह सहगल, 'राष्ट्रीय दृष्टि से स्त्री शिक्षा पर विचार।'
34. 'पर्दा, बाल-विवाह तथा थोड़ी आयु में सन्तानोत्पत्ति आदि के कारण महिलाओं की एक बड़ी संख्या को एक स्थान पर उच्च शिक्षा के लिए इकठ्ठा करना प्रायः असम्भव है। इसके अतिरिक्त ऐसी शिक्षा का व्यय भी इतना अधिक पड़ता है, जिसे अधिकांश लोग उठाने के लिए तैयार नहीं होते। उन्होंने यह भी देखा कि बालिकाओं की प्राथमिक शिक्षा अधिकतर स्थानीय बोर्डों और ग़ैर-सरकारी संस्थाओं के हाथ में है जिन्हें अध्यापिकाओं की सबसे बड़ी आवश्यकता है, और जिन्हें लोअर और मिडिल के विषय पढ़ाने के लिए भी पुरुषों को रखना पड़ता है, क्योंकि सुशिक्षित और अध्यापिकाएँ उचित वेतन पर नहीं मिल सकती हैं, इसलिए उन्होंने ऐसी संस्था स्थापित करने का निश्चय किया, जो हमारी महिलाओं को माध्यमिक और उच्च शिक्षा कम-से-कम समय में दे सके, और साथ ही उनके स्वास्थ्य पर कम से कम ज़ोर पड़े, कम धन व्यय हो, उनके प्रतिदिन के गृहस्थी के कार्यों में बिलकुल बाधा न पड़े और किसी सामाजिक रीति-रिवाज की अवहेलना न की जाय।' विशाल भारत, जुलाई 1930, पृ. 84-85। शोमर, महादेवी वर्मा, पृ. 214 पर उद्धृत।
35. उद्धरण वही।
36. मिसाल के लिए, सम्पूर्णानन्द, लाल बहादुर शास्त्री और राजेन्द्र प्रसाद ने अपनी बेटियों को वहाँ भेजा था; वही, पृ. 219।
37. सबसे पहले 1932 में गुरुकुल कांगड़ी द्वारा प्रकाशित; इसे आगे चल कर 1934 में सेकसरिया और सम्मेलन पुरस्कारों के मिलने के बाद गंगा पुस्तक माला ने पुनर्प्रकाशित किया था।
38. चन्द्रावती लखनपाल, स्त्रियों की स्थिति, लखनऊ, गंगा पुस्तक माला, तीसरा संस्करण, 1941, पृ. 123।
39. वही पृ. 141।
40. देखिए तेजरानी दीक्षित, 'ज्वाला' 'चाँद', XIV, भाग 2, 2 जून 1936, और तेजरानी पाठक, 'मैं कैसे हँसूँ,' 'चाँद' XV, भाग 1, 4 फ़रवरी 1937।
41. देखिए मिसाल के लिए कुमार चन्द्र किरण, 'एजुकेटेड वाइफ़,' 'चाँद' XVIII, भाग 1, 3 अगस्त 1940, पृ. 194-7। हमेशा की तरह, इस कहानी में भी, ठगा गया पति उतनी ही भर्त्सना का पात्र है जितना उसकी निर्लज्ज पत्नी। हमें प्रेमचन्द के उपन्यास 'गोदान' (1936) की बेलाग, इंग्लैण्ड-पलट डॉक्टर मिस मालती की याद हो आती है।
42. देखिए, धनीराम प्रेम की कहानी 'जला-भुना' में वह चतुर नायिका जो मुख्य पात्र के आवेग-भरे प्रेम निवेदन को ठुकरा देती है, 'चाँद', 9, भाग 2, 4 अगस्त 1931; या उग्र के उपन्यास 'चन्द हसीनों के ख़ुतूत' (1927) में हिन्दू-मुस्लिम प्रेम कहानी की मुस्लिम नायिका; और अन्ततः 'अलका' (1933) और 'निरुपमा' (1934-35) की नायिकाएँ।
43. देखिए मिसाल के लिए तलवार, 'फ़ेमिनिस्ट कॉन्शसनेस इन विमेन्स जर्नल्स इन हिन्दी : 1910-20।'
44. मिसाल के लिए हिन्दी में महिलाओं की पहली पत्रिका भारतेन्दु की 'बाला बोधिनी' (1874-78), पत्रकारिता के क्षेत्र में भारतेन्दु के अन्य उपक्रमों की तुलना में बिलकुल

विपरीत रवैया प्रदर्शित करती थी : महिला पाठकों के लिए सम्पादकीय अपनी पहलक़दमी पर सूचनाएँ और हिदायतें, अर्थशास्त्र और आदर्श चरित्र प्रस्तुत करता था, मगर एक भी ब्रज भाषा की कविता नहीं जो अपने भक्तिपरक रूप में भी ख़तरनाक ढंग से श्रृंगारिकता के बहुत नज़दीक थीं, और निश्चय ही समाज सुधार के विषयों की कोई चर्चा नहीं, जिनमें से बहुतों का सम्बन्ध स्त्रियों से था, और जो आम जनता के समक्ष पत्र-पत्रिकाओं में ज़ोरदार बहस का केन्द्र थे। डालमिया, द नैशनलाइज़ेशन ऑफ़ हिन्दू ट्रेडिशन्स, पृ. 245।

45. हिन्दी उपन्यास के विकास पर स्त्री-उपयोगी साहित्य के प्रभाव के लिए देखिए, कलसी, 'रियलिज़्म इन द हिन्दी नॉवल' पृ. 27। उर्दू में इससे मिलती-जुलती प्रवृत्ति के लिए देखिए नईम, 'प्राइज़ विनिंग अदब'; और मिनॉल्ट, सिक्लूडेड स्कॉलर्स।

46. देखिए संगारी और वैद, रिकास्टिंग विमेन; बैनर्जी, द पार्लर ऐण्ड द स्ट्रीट; राधा कुमार, द हिस्टरी ऑफ़ डूइंग; पी.चैटर्जी, द नेशन ऐण्ड इट्स फ्रैग्मेंट्स; दीपेश चक्रवर्ती, 'द डिफ़रेन्स-डिफ़ेरल ऑफ़ कोलोनियल मॉडर्निटी : पब्लिक डिबेट्स ऑन डोमेस्टिसिटी इन ब्रिटिश बंगाल,' डी. आर्नल्ड और डी हार्डिमैन द्वारा सम्पादित, सबऑल्टर्न स्टडीज़, VIII में, ऑक्सफ़र्ड युनिवर्सिटी प्रेस, 1994; और कुमकुम सांगरी, द पॉलिटिक्स ऑफ़ द पॉसिबल, दिल्ली, तूलिका, 1999। विशेष रूप से डी.चक्रवर्ती ने बड़ी सूक्ष्मता से गृहलक्ष्मी शब्द की व्याख्या सम्पन्नता की देवी लक्ष्मी के, जिसे घर में वधू साकार करती थी, धार्मिक गुणों और उस आधुनिक राष्ट्रवादी योजना के भरपूर मेल के रूप में की जो 'गृह' को जनजीवन की परियोजना के अधीन, मगर उसके हिस्से के रूप में देखती थी, वही पृ. 80।

47. पत्रिका 4000 की सदस्य संख्या के साथ शुरू हुई थी, जो उन वर्षों में एक हिन्दी पत्रिका के लिए उल्लेखनीय आँकड़ा था, और इस बात पर गर्व करती थी कि वह केवल पाठकों के बल पर चल रही है। वह उस अग्निकाण्ड से कभी पूरी तरह उबर नहीं पायी जिसने उसके कार्यालय को ध्वस्त कर दिया था; पाठकों की संख्या 1920 में 2500 तक गिर गयी थी और 1923 में 1000 तक नीचे आ कर 1924 में प्रकाशन बन्द होने से कुछ पहले फिर 2000 तक चढ़ गयी थी। देखिए गृहलक्ष्मी, XV, मार्च-अप्रैल 1924, पृ. 41-45। 1920 के दशक के आरम्भ में उसका लेखन-सम्पादन गोपाल देवी के नाम से ठाकुर श्रीनाथ सिंह करते थे जो नेहरू परिवार के निकट एक युवा लेखक थे जिन्होंने बाद में इण्डियन प्रेस में शामिल हो कर 'बालसखा' और 'सरस्वती' का सम्पादन किया जिसके बाद महिलाओं के लिए ख़ुद अपनी पत्रिका 'दीदी' 1940 के दशक में शुरू की। ठाकुर श्रीनाथ सिंह से इण्टर्व्यू, इलाहाबाद, जुलाई, 1993।

48. इसीलिए हर अंक में लड़कियों की शिक्षा के पक्ष में लेख छपते थे, और इसके साथ उतने ही लेख पातिव्रत धर्म पर और इस बात पर कि कैसे शिक्षा का उद्देश्य अहंकार पैदा करना नहीं था; देखिए 'स्त्रियों का मान करना अनुचित है,' गृहलक्ष्मी, IV, 3 मई-जून 1913।

49. प्यारे लाल गर्ग, 'क्या क्या सीखना चाहिए?' गृहलक्ष्मी, IV,मई-जून, 1913, पृ. 149, बल मेरा।

50. देखिए गृहलक्ष्मी का अप्रैल-मई 1913 का अंक IV, 2। बर्तन-भाँडों को साफ़ करने के भारतीय और विदेशी तरीक़ों के बारे में एक और टिप्पणी में छुआछूत को एक तथ्य के रूप में स्वीकार किया गया है; वही, पृ. 109।

51. गृहलक्ष्मी, VY, 2, अप्रैल-मई 1913 में उद्धृत। 1918 तक प्रकाशित इस माला की पहली पाँच किताबों में गृहिणी, छोटी बहू, लक्ष्मी बहू (एक युवा और गुणी बहू के बारे में जो सारी

कठिनाइयाँ सहती है...स्कूलों के लिए बहुत उपयोगी), प्रेमलता (एक शिक्षाप्रद उपन्यास) और आदर्श बहू शामिल थी।

52. कमला, स्त्री शिक्षा का फल, गृहलक्ष्मी, VI, सितम्बर-अक्तूबर 1915, पृ. 357-9।

53. एक पाठिका, स्त्री शिक्षा, VII,4 जून-जुलाई 1916, पृ. 175-7।

54. इस बात के दो महीने बाद कि रामदेवी ने गंगा तट पर प्रतिज्ञा की थी कि वह सती हो जायेगी, उसके पति की मृत्यु हो जाती है। जिस समय वह तैयारियों में व्यस्त है, उसके ससुर को डर है कि कहीं वह पीछे न हट जाय और परिवार को उपहास का निशाना बनना पड़े; उसे यह भी चिन्ता है कि पुलिस कुछ शोर-शराबा न मचाये। रामदेवी ख़ुद सुझाती है कि वह पुलिस को बुलाये, और जब वह तयशुदा वक़्त पर आती है तो पुलिस में उसे रोकने का साहस नहीं होता। आस-पास के गाँवों से हज़ारों लोग इस घटना को देखने के लिए आये हुए हैं। रामदेवी का ससुर उसे अपने पति की चिता को आग लगाने का सम्मान देता है; उसे आग की ज़रूरत नहीं, वस्तुतः हाथों को आपस में रगड़ना ही काफ़ी है। जब पुलिस शव की अनुमति की माँग करते हैं तो एक आवाज़ आती है, 'हाँ आओ।' रामदेवी तब अपने गहने उतार देती है, उन्हें अपने दो महीने के शिशु के लिए छोड़ती हुई और जब वह चिता पर लेटती है तो उसके कपड़े उसकी देह के साथ-साथ जलते हैं जिससे उसकी लाज बची रहती है। विद्यावती, 'सती समाचार', गृहलक्ष्मी, IV, 7 सितम्बर-अक्तूबर 1913 पृ. 377-80;

55. पत्रिकाओं में किये गये प्रचार का अंश।

56. 1923 में पत्रिका रामेश्वरी देवी के हाथ से निकल कर कानपुर आ गयी जहाँ उसका सम्पादन सुमति देवी और फूलकुमारी मेहरोत्रा करती थीं, जो शायद 'प्रताप प्रेस' के नज़दीक थीं। अखिल भारतीय महिला सम्मेलन की राजनीति और सामाजिक संरचना के लिए देखिए जेरल्डीन फ़ोर्ब्स, विमेन इन इण्डिया, केम्ब्रिज, केम्ब्रिज युनिवर्सिटी प्रेस 1996 और राधा कुमार, ए हिस्टरी ऑफ़ डूइंग।

57. गृहलक्ष्मी, XIV, 9, नवम्बर-दिसम्बर 1923; XIV, 11, जनवरी-फ़रवरी 1924 और XV, 1, मार्च-अप्रैल 1924 में 'एक नवविवाहिता वधू'; मिसाल के लिए 'हमारी बहुएँ बहुत शर्मीली क्यों जान पड़ती हैं' में उसने पर्दे के औचित्य और युवा वधुओं के बहु-सम्मानित लजीलेपन पर सवाल खड़े किये थे और अपने बचपन के दिनों की निर्बाध स्वतन्त्रता के लिए लालसा व्यक्त की थी; गृहलक्ष्मी, XV, 1 मार्च-अप्रैल, 1924।

58. गृहलक्ष्मी XV, 1, मार्च-अप्रैल 1924, पृ. 307 ।

59. चिट्ठी पत्री, गृहलक्ष्मी, XIV,4 जनवरी-फ़रवरी 1924, पृ. 118।

60. मिसाल के लिए विश्वम्भर नाथ जिज्जा, रामरख सिंह सहगल, ज़हूर बख़्श, रामसेवक त्रिपाठी और श्रीनाथ सिंह।

61. देखिए मिसाल के लिए रमेश प्रसाद, 'कारखानों में स्त्री-मज़दूर', 'चाँद', IV, भाग 1, 4 जनवरी 1926, पृ. 309। इसी तरह, जब कौलिया नामक एक कोइरी औरत को उसकी इच्छा के विरुद्ध उसके पति द्वारा (जो एक चमार लड़की को घर ले आया था) 'तलाक़' दिये जाने के बाद उसे गुज़ारा भत्ता देने का फ़ैसला सुनाया गया तो 'चाँद' के सम्पादक ने लिखा, 'इलाहाबाद-हाईकोर्ट ने हाल ही में पति-पत्नी के झगड़े-सम्बन्धी एक मुक़दमे में बड़ा ही महत्वपूर्ण फ़ैसला सुनाया है, जिस पर प्रत्येक भारतवासी को साधारणतया और

महिलाओं को विशेष रूप से ध्यान देना चाहिए।' हाई कोर्ट ने पंचायत और मैजिस्ट्रेट का फ़ैसला पलट दिया था, जिनकी दलील थी कि 'जिस श्रेणी के ये लोग हैं, उसमें पत्नी का जैसा व्यवहार हुआ करता है, उस पर विचार करने से यह नहीं कहा जा सकता कि मुसम्मात कौलिया के साथ जो दुर्व्यवहार किये जाते थे, वे बहुत ही कठोर थे अथवा उससे सतत और स्वभावतः क्रूर व्यवहार किया जाता था।...कोरी बहुत सभ्य नहीं होते और अभी भी वे अपने सामाजिक नियमों के अनुसार आचरण करते हैं।' सम्पादक की टिप्पणी थी कि 'प्रथम श्रेणी के मजिस्ट्रेट महोदय के फ़ैसले का स्पष्ट अर्थ यह है कि ब्रिटिश न्याय कोरी जाति की सताई हुई महिलाओं की रक्षा करने लिए नहीं है। ऐसी स्त्रियों को मूक भाव से अपने दुर्भाग्य पर आँसू बहाते हुए जीवन के शेष दिनों को व्यतीत कर देना चाहिए;' सम्पादकीय टिप्पणी, 'पत्नी के अधिकार,' 'चाँद' VII, भाग 2, 6, अक्तूबर 1929, पृ. 735-6।

62. स्रोत : स्टेटमेण्ट ऑफ़ न्यूज़ पेपर्स ऐण्ड पीरियॉडिकल्स पबलिश्ड इन युनाइटेड प्रॉविन्सेज़, गवर्नमेण्ट प्रेस, इलाहाबाद, सम्बन्धित वर्षों के लिए, ओरिएण्टल ऐण्ड इण्डिया ऑफ़िस लाइब्रेरी कलेक्शंस, ब्रिटिश म्यूजियम, लन्दन।

63. प्रेमचन्द का उपन्यास 'निर्मला,' 1925 में धारावाहिक छपा था; महादेवी वर्मा की कविताएँ पहले अंक से प्रकाशित की गयी थीं; राम कुमार वर्मा की कविताएँ भी नियमित रूप से छापी जाती थी; आनन्दी प्रसाद श्रीवास्तव और चण्डी प्रसाद हृदयेश जैसे युवा छायावादी कवि सम्पादकीय मण्डल में थे (हृदयेश 1927 में अपने देहावसान तक); यही स्थिति जी.पी. श्रीवास्तव, धनीराम प्रेम और चतुरसेन शास्त्री की थी। अन्य सह सम्पादक थे नन्द किशोर तिवारी और कुछ अर्से तक भुवनेश्वर मिश्र।

64. विविधता और सुधार के अनवरत प्रयास का अनुमान घरेलू दवाओं, पाक शिक्षा, चुटकुले और समाचार संग्रह से शुरू करके विविध प्रकार के स्तम्भों की बढ़ती हुई संख्या से किया जा सकता है; अगले वर्षों के दौरान नये-नये स्तम्भ शुरू किये गये, जैसे चिट्ठी-पत्री, साहित्य संसार (पुस्तक समीक्षाएँ), हमारे सहयोगी (अन्य पत्रिकाओं से उद्धृत लेख 1925 में); शान्ति कुटीर (आध्यात्मिक टिप्पणियाँ, 1926 में); विनोद वाटिका (जी.पी.श्रीवास्तव के चुटकुले और कहानियाँ) 1927 में; दुबे जी की चिट्ठी (बालमुकुन्द गुप्त के शिवशम्भू के चिट्ठे की शैली में विश्वम्भर नाथ शर्मा कौशिक के बड़े लोकप्रिय हास्य-भरे पत्र, संसार चक्र (दुनिया की ख़बरें), विज्ञान तथा वैचित्र्य, सिनेमा और रंगमंच (किसी भी हिन्दी पत्रिका में फ़िल्मों पर पहला स्तम्भ), दिलचस्प मुक़दमे, श्रीजगदगुरु का फ़तवा (धार्मिक कट्टरता के विरुद्ध) केसर की क्यारी (बिस्मिल इलाहाबादी द्वारा उर्दू शायरी का चयन) 1931 में; आदि।

65. देखिए 'चाँद' में समाचार संग्रह, टप्प, भाग 2, 6 अक्तूबर 1929 और VIII, भाग 1, 6 अप्रैल 1930।

66. 'चाँद', 1, 6 अप्रैल 1923, पृ. 350-1। अगले अंक में नक़ली साधुओं द्वारा औरतों का अपहरण करने की दो ख़बरों के साथ एक समाचार जर्मनी के रूह्र ज़िले की समाजवादी और कम्यूनिस्ट पार्टियों की औरतों की एक बैठक के बारे में और किसी विदेशी ज्योतिषी द्वारा एक टिप्पणी गाँधी जी की जन्म-पत्री पर छापी गयी थी; 'चाँद' 1, भाग 2, 1 मई-जून 1923, पृ. 532-3।

67. देखिए 'सेवा धर्म का आदर्श,' सम्पादकीय, 'चाँद', III, भाग 2, 1-2 मई-जून 1925, पृ. 3-13। आगे के उद्धरण इस लेख से लिये गये हैं और कोष्ठकों में पृष्ठ संख्या दी गयी है। इस तर्क में गाँधी जी के उस अनुरोध की गूँज है जो उन्होंने आन्दोलन में महिलाओं की हिस्सेदारी के लिए किया था।।

68. 'चाँद', 1, भाग 2, 1, मई-जून 1923, पृ. 532।।

69. पण्डित सुन्दर लाल, भारत में अंग्रेज़ी राज : इस मोटे ग्रन्थ का प्रकाशन, जिसका उद्देश्य उसे एक राष्ट्रीय पाठ्य पुस्तक बनाना था, हिन्दी पत्र-पत्रिकाओं में व्यापक रूप से प्रचारित किया गया था। इस पर लगाया गया प्रतिबन्ध अपने आप में एक प्रमुख राजनैतिक मामला बन गया था और उसने 'चाँद' को सरकार का कोप भाजन और राष्ट्रवादी आन्दोलन का कृपा पात्र बना दिया था। 18 मार्च 1929 को पहले से बिकी 2000 प्रतियों के संस्करण पर युक्त प्रान्त की सरकार ने फ़ौरन पाबन्दी लगा दी थी, जिसके हफ़्ते भर बाद मध्य प्रान्त ने भी इसे निषिद्ध क़रार दिया था। 1700 प्रतियाँ किसी-न-किसी तरह ग्राहकों तक पहुँचने में सफल रहीं और केवल 300 प्रतियाँ रेल और डाक में ज़ब्त की गयीं। इसके बाद सरकार ने बाक़ी प्रतियाँ खोजने के लिए एक मुहिम शुरू की जिसने देश्व्यापी विरोध को उकसाया। यहाँ तक कि गाँधी जी ने भी इसे 'यंग इण्डिया' में दिन-दहाड़े डकैती कहा और लोगों को घरों की तलाशी के अपमान का प्रतिरोध करने के लिए प्रेरित किया। सेठ जमना लाल बजाज उन लोगों में से थे जिन्होंने उनकी सलाह मानी। जुलाई 1937 में कांग्रेस द्वारा युक्त प्रान्तों में सरकार में शामिल होने के बाद सुन्दर लाल ने नयी सरकार को लिखा और नवम्बर 1937 में निषेधाज्ञा वापस ले ली गयी। दूसरा संस्करण 'चाँद प्रेस' से नहीं छपा क्योंकि रामरख सिंह सहगल ने काफ़ी पहले ही प्रेस छोड़ दिया था; इस बार उसकी 10,000 प्रतियाँ छपीं और प्रकाशित होने से पहले ही बिक गयीं; इसी समय इसके गुजराती और उर्दू संस्करण भी प्रकाशित हुए। देखिए इस संस्करण की दूसरी आवृत्ति पर सुन्दर लाल की भूमिका। यह संस्करण भी 10,000 प्रतियों का था और इसे ओंकार प्रेस, इलाहाबाद से त्रिवेणी नाथ वाजपेयी ने प्रकाशित किया था। यह प्रति दिवंगत सुभद्रा कुमारी चौहान के यहाँ मौजूद है।

70. दूसरी हिन्दी पत्रिकाओं की तरह 'चाँद' भी 1930 के प्रेस अधिनियम की दमनकारी नीतियों के घेरे में आ गयी : जुलाई 1930 में 'चाँद प्रेस' से 4000 रुपये की (जो बाद में घटा कर 1000 रुपये कर दी गयी) ज़मानत माँगी गयी, और अगस्त-सितम्बर 1930 के अंक में 'सत्याग्रह संग्राम' और 'स्त्रियों के आदर्श' पर राजनैतिक कविताओं के छपने के बाद फिर 1000 रुपये की ज़मानत तलब हुई। रामरख सिंह सहगल को जेल जाना पड़ा और मई 1931 के अंक में उनकी रिहाई की तस्वीर छपी।

71. पण्डित सुन्दरलाल के सम्पादन में 1930 में 11,000 की ग्राहक संख्या के साथ कुछ महीनों के लिए शुरू की गयी 'भविष्य' भी प्रेस अधिनियम का शिकार हुई।

72. देखिए 'चाँद' 8, 2, 6 अक्तूबर 1930 और 9, भाग 1, 1 नवम्बर 1930 विशेष रूप से 'अधिनियम ठग' पर सम्पादकीय।

73. आर्थिक संकट के कारण दोनों सहगल बन्धुओं—पत्रिका के सम्पादक और निर्भीक राष्ट्रवादी रामरख तथा पत्रिका के प्रबन्धक, व्यवहार कुशल और अंग्रेज़ अधिकारियों के साथ बेहतर सम्पर्कों वाले नन्द गोपाल—के बीच मनमुटाव की शुरूआत हुई। पत्रिका ओर प्रकाशन विभाग को बचाने के लिए 'चाँद प्रेस' को 1932 में 10-10 रुपये के शेयर जारी

करके लिमिटेड कम्पनी में परिवर्तित कर दिया गया। डायरेक्टरों के नये बोर्ड में सहगल बन्धुओं के अलावा स्थानीय व्यापारी, व्यावसायिक व्यक्ति और ताल्लुक़ेदार शामिल थे; नन्द गोपाल के समर्थन से बोर्ड ने सम्पादक पर अपनी नीति बदलने के लिए दबाव डाला; साल भर बाद रामरख सहगल ने इस्तीफ़ा दे दिया। ''चाँद' प्रेस लिमिटेड, इलाहाबाद। 31 मई 1933 को समाप्त होने वाली अवधि के लिए डायरेक्टरों की रिपोर्ट तथा बैलेन्स शीट', पृ. 1 से और अक्तूबर 1994 में इलाहाबाद 1994 में इलाहाबाद में अशोक सहगल के साथ की गयी भेंट-वार्ता से।

74. सम्पादकीय टिप्पणी, 'चाँद' 1, 6 अप्रैल 1923, पृ. 495।

75. 'चाँद' के जिन पाठकों से पूछा गया, उन सभी ने पुष्ट किया कि 'चाँद' घर की महिलाओं की दुलारी पत्रिका थी, मगर उसे पुरुषों समेत घर भर पढ़ता था। पत्रिका के सकारात्मक मूल्यांकन के लिए देखें जनवरी 1933 की प्रेमचन्द की टिप्पणी, अब विविध प्रसंग, खण्ड 3, पृ. 424 पर संकलित।

76. 'मैंने इस संस्था को व्यापारिक दृष्टि से जन्म नहीं दिया था। मेरा एकमात्र लक्ष्य देश तथा समाज की सेवा करना था और मुझे इस बात का सन्तोष है कि पिछले लगभग ग्यारह वर्षों में मैंने अपने इस व्रत का ईमानदारी से पालन किया है, पर उस समय मैं संस्था का एकमात्र स्वामी था। मेरी नीति में हस्तक्षेप करने का किसी को अधिकार नहीं था। मैंने जो चाहा किया और अपने साहस के कारण लाखों रुपया स्वाहा भी कर दिये... कम्पनी के डाइरेक्टर्स भविष्य में जिस व्यापारिक नीति से संस्था का संचालन करना चाहते हैं, उससे मेरा घोर मतभेद है। इस प्रकार के मामलों में समझौता हो भी नहीं सकता। आत्मा की पुकार के सामने अपना सर्वस्व बलिदान कर देना ही एक ऐसी वसीयत है, जो मुझे बाप-दादा से मिली है और मैं भी अन्त तक उसकी रक्षा करने का पक्षपाती रहा हूँ,' रामरख सहगल ने अपने त्याग-पत्र में नयी कम्पनी की 'व्यापारिक नीति' के ख़िलाफ़ विरोध दर्ज करते हुए जनवरी 1933 में लिखा। रामरख कर्मयोगी को पुनर्जीवित करने के लिए लखनऊ चले गये और 'चाँद' नन्द गोपाल के हाथों में बनी रही। विविध प्रसंग में प्रेमचन्द की टिप्पणी, वही।

77. देखिए 'श्रृंखला की कड़ियाँ' महादेवी वर्मा के विचार-प्रधान और सन्तुलित सम्पादकीय; देखिए यहाँ 4.4।

78. अन्यथा ऐसे उपन्यासों की लोकप्रियता को समझना कठिन होगा जैसे नज़ीर अहमद ने लिखे; देखिए नईम, 'प्राइज़-विनिंग अदब।'।

79. उन्नीसवीं सदी से ही समाज सुधारकों के दिमाग़ों में विधवाओं का सवाल विराट रूप धर कर मँडराता रहा था : उनकी भारी संख्या के कारण, ख़ास तौर पर कलकत्ता और बनारस जैसे नगरों में; धर्मान्तरण, अपहरण (चाहे बलपूर्वक चाहे सहमति से) और पवित्रता के भंग होने के ख़तरों की वजह से, और उस वजह से जिसे धिक्कार और रोष की अत्यन्त आधुनिक भावना कहा गया है; राधा कुमार, द हिस्टरी ऑफ़ डूइंग, अध्याय।

80. देखिए 1850 के दशक में विधवाओं के पुनर्विवाह पर लगे प्रतिबन्ध को हटवाने के लिए विद्यासागर का अभियान; हिन्दी क्षेत्र में 1915 में आर्य समाज के एक हिस्से ने लाहौर में विधवा विवाह सहायक सभा शुरू की–विधवाओं को पुनर्विवाह में मदद देने के लिए एक संस्था–जिसकी शाखाएँ 1920 के दशक में बनारस और कानपुर में भी फैली; यह संस्था

ऐसी विधवाओं के लिए एक आश्रम चलाती थी जो पुनर्विवाह की इच्छुक थीं, उनके विवाह आयोजित करती थी और उर्दू में एक मासिक पत्रिका 'विधवा सहायक' प्रकाशित करती थी; देखिए 'चाँद', 1, भाग 1, 6 अप्रैल 1923, पृ. 532 और 562-5; और 7, भाग 2, 6 अक्तूबर, 1929।

81. विधवा अंक, 'चाँद', 1, 6 अप्रैल 1923, पृ. 5563, 565-6।
82. भगवती देवी, नारी समस्या, 'चाँद,' 8, भाग 2, 6 अक्तूबर 1929, पृ. 701-3। उन्होंने एक निराशाजनक स्वर में अपनी टिप्पणी का अन्त किया और किसी भी त्वरित परिवर्तन में अपना अविश्वास प्रकट किया क्योंकि 'भारतीय स्त्रियाँ बेहोशी की जड़ता में पड़ी हुई हैं।' सम्पादक ने इससे असहमति प्रकट की : परिवर्तन में सदियाँ नहीं, बल्कि महज़ कुछ दशक लगेंगे।
83. रमाशंकर अवस्थी, विधवाओं के दो आँसू, 'चाँद,' 1, 6 अप्रैल, 1923, पृ. 485।
84. चिट्ठी पत्री, 'चाँद,' वही, पृ. 496-7।
85. चिट्ठी-पत्री, 'चाँद' 4, भाग 2, 6 अक्तूबर 1926, पृ. 604-5।
86. चिट्ठी पत्री, 'चाँद,' 12, भाग 2, 1 मई 1934, पृ. 99-100। सम्पादक ने 'मथुरा में किसी से' उस महिला की मदद करने के लिए कहा था।
87. वही पृ. 100-1। यह पत्र बहुत-सी सामाजिक बुराइयों को रेखांकित करता था—दहेज, दमन, आदि—सम्पादक ने (जो अब सहगल के सिवा कोई और थे) टिप्पणी की थी; उसने छिप कर विवाह करने में ग़लती की थी लेकिन अब उसे अपने फ़ैसले पर टिके रहना चाहिए और क़ानून की शरण लेनी चाहिए।
88. 'चाँद,' 15, भाग 2, 1 मई 1927, पृ. 86-7।
89. वही।
90. देखिए पिछले खण्ड में एक पतित ब्राह्मण विधवा का पत्र जिस पर 'गृहलक्ष्मी' के सम्पादक और पाठकों ने दया दिखायी थी और फटकारा था।
91. ज़हूर बख़्श, 'समाज का अग्निकुण्ड'; इस श्रृंखला में 'एक मुसलमान की आत्मकथा' (नवम्बर 1926), 'मैं मुसलमान कैसे हुई?' (दिसम्बर 1926), 'मैं इसाई कैसे हुई?' (मार्च 1927), 'अछूत की आत्मकथा' (मई 1927) भी शामिल थीं। इनमें समानता के बिन्दु ये थे कि धर्मान्तरित या 'पतित' नायक/नायिका में पश्चाताप की भावना नहीं थी, और यह कि सम्बन्धित व्यक्ति के पतन या धर्मान्तरण के पीछे हिन्दू समाज के अन्याय का हाथ था। ज़हूर बख़्श कामता प्रसाद गुरु के शिष्य थे और सागर म्यूनिसिपल प्राइमरी स्कूल में 1913 से 1948 तक हिन्दी पढ़ाते रहे; देखिए क्षेमचन्द्र 'सुमन,' दिवंगत हिन्दी-सेवी, दिल्ली, शकुन प्रकाशन, 1981।
92. इसके विकल्प के रूप में, हम प्रेमचन्द के स्वनामवाची उपन्यास 'निर्मला' (जो उसी दौरान 'चाँद' में धारावाहिक छपा) की नायिका के भाग्य को याद कर सकते हैं, जो अपने अधेड़ पति द्वारा इस सन्देह में लगभग अलग फेंक दी जाती है कि (पहले के एक विवाह से हुए) उस व्यक्ति के बड़े बेटे के साथ शायद उसका सम्बन्ध है; बदले में, यह बेटे के विराग का, और अन्ततः उसकी मृत्यु का कारण बनता है। एक दुखान्तकी।
93. मुझे इस बात का आभास है कि 'आत्म-स्वीकारोक्ति' वाली इस विधा के, जो यूरोप, चीन की आदि के बाज़ारू व्यावसायिक साहित्यों में समान रूप से पायी जाती है, भिन्न-भिन्न

अर्थ और अभिप्राय रहे हैं—कभी अश्लील साहित्य की हद तक चटपटा और गुदगुदाने वाला, कभी राजनैतिक रूप से उग्र परिवर्तनकामी, अक्सर इन दोनों का एक द्विविध, अस्पष्ट मेल। यहाँ मेरी दिलचस्पी इस बात में है कि 1920 के दशक के हिन्दी जगत में ऐसी विधा का क्या अर्थ-विशेष था। सत्रहवीं सदी के फ़्रान्स और बीसवीं सदी के आरम्भ में चीन से लिये गये विभिन्न उदाहरणों के लिए देखें जोन डी जीन, टेण्डर जियॉग्रैफ़ीज़। विमेन ऐण्ड द ओरिजिन्स ऑफ़ द नॉवल इन फ़्रान्स, न्यू यॉर्क, कोलम्बिया युनिवर्सिटी प्रेस, 1991, और ई. पेरी लिंक, मैण्डरिन डक्स ऐण्ड बटरफ़्लाइज़। पॉपुलर फ़िक्शन इन अर्ली ट्वेण्टिएथ-सेंचुरी चाइनीज़ सिटीज़, बर्कले, युनिवर्सिटी ऑफ़ कैलिफ़ोर्निया प्रेस, 1981।

94. देखिए विधवा, या अभागिनी कामिनी की आत्मकथा, अप्रैल 1923 से 'चाँद' में प्रकाशित धारावाहिक उपन्यास जिसमें भारत में विधवांओं के बारे में जानकारी और आँकड़े भी पेश किये गये थे।

95. मारवाड़ियों, कायस्थों और राजपूताने पर 'चाँद' के 'स्तब्ध करने वाले' विशेषांकों ने एक चीख़-पुकार पैदा कर दी थी और समाज के उन प्रभावशाली हिस्सों और उनके समर्थकों की ओर से विरोध की झड़ी लग गयी थी। मिसाल के लिए नवम्बर 1929 के 'मारवाड़ी अंक' पर इतना हो हल्ला हुआ कि नौबत रामरख सहगल के ख़िलाफ़ मानहानि का मुक़दमा दायर करने तक जा पहुँची। घनश्यामदास बिरला ने गाँधी जी तक को उसके विरुद्ध लिखने के लिए उकसाया; बनारसी दास चतुर्वेदी ने गोरखपुर के हिन्दी साहित्य सम्मेलन के अधिवेशन में उसकी भर्त्सना का प्रस्ताव पेश किया; और रामनरेश त्रिपाठी ने 'चाँद' द्वारा मारवाड़ी साहित्य पर 'ख़राब रोशनी' फेंके जाने के विरोध में 'मारवाड़ के मनोहर गीत' (इलाहाबाद, 1930) के नाम से एक पुस्तिका ही निकाल दी।

96. घासलेटी वह विशेषण था जो बनारसीदास चतुर्वेदी ने, जिन्होंने 'विशाल भारत' के पृष्ठों पर एक नैतिकतावादी अभियान शुरू किया था, ऐसे साहित्य के लिए गढ़ा था (देखिए 2.3.3) देखिए उदाहरण के लिए चन्द्रगुप्त विद्यालंकार, 'घासलेट साहित्य,' विशाल भारत, II, भाग 2, 3 सितम्बर 1929।

97. हम इन निजी गोपनीय पत्रों की तुलना स्त्री-उपयोगी साहित्य के उस व्यापक रूप से फ़ार्मूलाबद्ध पत्र-व्यवहार से कर सकते हैं जिसका उद्‌देश्य पारिवारिक सूचनाएँ और शिक्षा देना था, जैसे कि नज़ीर अहमद के उपन्यास 'मिरात-अल-अरूस' (1869) की असग़री और उसके पिता के बीच और पण्डित गौरीदत्त के उपन्यास 'देवरानी जेठानी की कहानी' की भली बहू और उसके पिता के बीच होने वाली ख़तो-किताबत, जो स्पष्ट ही सस्वर पढ़े जाने के लिए थी।

98. मिसाल के लिए 1927 की एक सर्वाधिक बिकने वाली पुस्तक—एक हिन्दू युवक और एक मुस्लिम युवती के बीच प्रेम पर आधारित—पाण्डे बेचन शर्मा 'उग्र' का सनसनीख़ेज़ रूमानी उपन्यास, 'चन्द हसीनों के ख़ुतूत।' देखिए, डालमिया तथा डॉमस्तीख़्त द्वारा सम्पादित, नैरेटिव स्ट्रैटेजीज़, लाइडेन 1998 और नयी दिल्ली ऑक्सफ़र्ड युनिवर्सिटी प्रेस, 1999 में मेरा लेख 'रीडिंग ए सोशल रोमैन्स। चन्द हसीनों के ख़ुतूत।

100. देखिए जैनेन्द्र के पहले उपन्यास 'परख' (1929) की बाल-विधवा नायिका कट्टो का नसीब : उसके दुर्भाग्य और अबोधता से द्रवित हो कर सत्यधन पहले सम्पन्न और धनी गरिमा

की बजाय उससे विवाह करने का फ़ैसला करता है; बाद में वह अपने फ़ैसले से पलट जाता है, और एक संकेत है कि उसकी बजाय उसका दोस्त बिहारी शायद कट्‌टो से शादी कर ले। दरअसल, उनके बीच एक प्रकार का आध्यात्मिक मेल होता है, लेकिन सिर्फ़ कट्‌टो को सत्यधन और गरिमा की सेविका के रूप में अपने धर्म का पालन करने और बिहारी को स्वघोषित संन्यासी बन कर अपनी विरासत को त्याग कर एक किसान की 'सीधी-सादी ज़िन्दगी' अपनाने का अवसर देने के लिए।

101. देखिए निराला के पहले उपन्यास 'अप्सरा' (1930) की नायिका कनक जो एक तवायफ़ की प्रतिभाशील, शिक्षित बेटी है।
102. 'चाँद' में पहले-पहल प्रकाशित होने के बाद इस कहानी को 'चाँद प्रेस' द्वारा 1932 में प्रकाशित संकलन 'वल्लरी' में शामिल किया गया था; पृष्ठ संख्याएँ इसी संकलन की हैं।
103. वही पृ. 66।
104. यह एक सवाल था जो सुधा चौहान ने अपनी माँ के लेखन के बारे में उठाया था और अचरज प्रकट किया था कि क्यों सुभद्राजी ने 'परिवार के कठोर अनुशासन में जकड़ी' महिलाओं के बारे में लिखा था जबकि उन्हें अपने पति, कांग्रेसी कार्यकर्ता और नाटककार लक्ष्मण सिंह चौहान की ओर से भारी स्वतन्त्रता और सम्मान प्राप्त था; सुधा चौहान, मिला तेज़ से तेज, इलाहाबाद, हंस प्रकाशन, 1975, पृ. 141।
105. देखिए कारीन शोमर, महादेवी वर्मा, विशेष रूप से अध्याय 9।
106. 'उनकी इच्छा महिलाओं की हिस्सेदारी को शराब और नशीले पदार्थों की दुकानों के सार्वजनिक धरने तक ही सीमित रखने की थी, क्योंकि उनकी दृष्टि में यह एक ऐसा विषय था जो महिलाओं के लिए आदर्श रूप में अनुकूल था, न सिर्फ़ इसलिए कि वे अपने पतियों द्वारा ग्राहकों के नाते इन दुकानों को प्रश्रय देने के कारण तकलीफ़ सहती थीं, बल्कि इसलिए भी कि यह विषय पवित्रता और नैतिकता से सम्बन्धित था;' मधु किश्वर, गाँधी ऑन विमेन, दिल्ली, मानुषी प्रकाशन, 1986, पृ. 18-19।
107. इन्द्राणी चटर्जी, 'द बंगाली भद्र महिला 1930-34,' अप्रकाशित एम.फ़िल. शोध-प्रबन्ध, जवाहर लाल नेहरू विश्वविद्यालय, नयी दिल्ली। 1986, पृ. 57।
108. इस तरह भोपाल के एक दुर्दशाग्रस्त क्षत्रिय की सुन्दर और मेधावी बहन, वीर पद्‌मावली को त्याग दिये जाने के बाद पुरुषों की वेश-भूषा अपना कर सिन्धिया की सेना में भरती होना पड़ता है। अंग्रेज़ों के ख़िलाफ़ सफलता से युद्ध करने के बाद उसे पहचान लिया जाता है, अपने भाई से उसका मेल हो जाता है, और वह सिन्धिया दरबार में अपने पिता और एक दूल्हे को खोज लेती है। अहमदनगर की चाँद बीबी, में जिसकी शादी बीजापुर के अली आदिल शाह से हुई थी, स्त्रियोचित गुणों और शारीरिक और बौद्धिक प्रशिक्षण का यही मेल दिखायी देता है। अपने पति की मृत्यु के बाद एक लम्बे समय तक उसका राज-काज चलाना सेवा के रूप में ही बताया जाता है : साहसी और निष्ठावान योद्धा और एक कुशल रणनीतिज्ञ, 'चाँद' बीबी से 'अनुरोध' किया जाता है कि वह अहमदाबाद में उत्तराधिकार की लड़ाई में हिस्सा ले और वह शहज़ादा मुराद से राज्य की रक्षा करती है। एक ग़द्‌दार शहज़ादा मुराद के सामने उसे एक 'कुलटा स्त्री' कह कर चित्रित करता है, इसे बावजूद वह 'धीरज की मूर्ति' बन कर अपने टेक पर क़ायम रहती है। सत्यवती 'वीर पद्‌मावती,' गृहलक्ष्मी, 4, 8, अक्तूबर-नवम्बर 1913 पृ. 398-402 और गंगा शंकर मिश्र, 'चाँद बीबी,'

गृहलक्ष्मी, 4, 3, मई-जून 1913 पृ. 126-131।

109. 'महिला परिषद में महात्मा जी' शीर्षक टिप्पणी में उद्धृत, माधुरी 3, भाग 1, 1 जनवरी 1925, पृ. 125।

110. नैतिक और यौन शुचिता को ले कर गाँधी जी की 'सनक' के लिए देखिए मधु किश्वर, 'गाँधी ऐण्ड विमेन।'

111. देखिए एमा टार्लो, क्लोदिंग मैटर्ज़, लन्दन, हर्स्ट, 1996।

112. देखिए मिसाल के लिए भले दिल वाली वेश्याओं के बारे में लिखी गयी बहुत-सी कहानियों में से एक धनीराम प्रेम की कहानी 'वेश्या का हृदय' की अति पवित्रतावादी नायिका गुलाब। गुलाब धीरे-धीरे उस धर्मप्रेरित घृणा को जीत लेती है जो एक ब्राह्मण के बेटे और लाहौर में पढ़ने वाले युवक केशव के मन में उसके प्रति है। उसकी घृणा धीरे-धीरे करुणा में बदलती है और अन्ततः प्रेम में। लेकिन सेवा की प्रतिमा गुलाब केशव को प्रेरित करती है कि वह उस रिश्ते को स्वीकार कर ले जो उसके पिता ने गाँव में उसके लिए तय किया है, और फिर जब वह इसकी बजाय उसके साथ भाग जाने का इरादा करता है तो वह एक रात पहले ख़ुद चली जाती है। विदाई के पुर्ज़े में वह उसे लिखती है कि वह उसे इसलिए छोड़ कर जा रही है ताकि केशव अपने कर्तव्य का पालन करे और यह कि वह उससे सदा प्रेम करती रहेगी। यही वह पुर्ज़ा है जिसे केशव, जो अब एक पुजारी है और विवाहित भी, सबसे अधिक पूजता है, 'मन्दिर में रखी प्रतिमा से भी अधिक।' 'चाँद' में पहले-पहल प्रकाशित होने के बाद यह कहानी बाद में 'वल्लरी' नामक संग्रह में प्रकाशित हुई। वल्लरी, इलाहाबाद, 'चाँद' प्रेस, 1932, पृ. 97-132।

113. रामरख सिंह सहगल, 'सेवाधर्म का आदर्श,' सम्पादकीय टिप्पणी, 'चाँद', III, भाग 2, 1-2, मई-जून 1925, पृ. 12।

114. इस उपन्यास की लोकप्रियता पर एक टिप्पणी के लिए देखिए पदुमलाल पुन्नालाल बख्शी, मेरी अपनी कथा, 'विज्ञों का कथन है कि 'गोदान' प्रेमचन्दजी की सर्वश्रेष्ठ रचना है, पर मेरे समान हिन्दी के तत्कालीन पाठकों के लिए 'प्रेमा' और 'सेवा-सदन' दोनों ही में एक विशेष अपूर्वता थी। उन्होंने प्रेमचन्दजी की कीर्ति को साहित्य के क्षेत्र में जितना बढ़ावा नहीं, उतना उनको लोकप्रिय बना दिया।' पृ. 65। 1917-18 में लिखा गया और 1919 में प्रकाशित इस उपन्यास का पहला संस्करण एक वर्ष में पूरा बिक गया था। यहाँ पृष्ठ संख्या राजकमल प्रकाशन, दिल्ली द्वारा 1994 में पुनर्मुद्रित संस्करण का हवाला देती है।

115. वही, अध्याय 15।

116. ऐसा ही एक प्रस्ताव बनारस की एक 'जानी-मानी तवायफ़' ने उस भेंट-वार्ता के दौरान किया था जो 'चाँद' के विशेष 'वेश्या अंक' (फ़रवरी 1927) में छपी थी और अगस्त 1927 में पुनः प्रकाशित हुई थी। उसने कहा था, 'इस पवित्र काशी नगरी में वेश्याओं से भी ज़िल्लतपूर्ण जीवन व्यतीत करने वाली अभागी युवतियों की संख्या शायद दस हज़ार से कम न होगी।... लेकिन वैधव्य और सामाजिक अत्याचार ही विशेष कारण हैं। भले-भले घर की जवान लड़कियाँ ज़रा-सा पैर ऊँचा-नीचा पड़ जाने से घर से निकाल दी जाती हैं। अथवा तीर्थ स्थानों में ला कर छोड़ दी जाती हैं।... मैं जिन औरतों की बात आप से कह रही हूँ, उन 100 में 99 स्त्रियाँ हिन्दू-घरानों की होती हैं। हिन्दू से मेरा मतलब सब ही जाति के हिन्दुओं से है। इनमें ऊँच और नीच जाति सभी शामिल समझिए। यहाँ सैकड़ों बंगालिनें भी

ऐसे गुप्त अड्डों में मिलेंगी, मैंने उन्हें भी हिन्दुओं की श्रेणी में ही रक्खा है।' यह सुझाव देने पर कि काम-धन्धा सिखाने वाले आश्रमों जैसी संस्थाएँ उन तवायफ़ों की मदद कर सकती हैं, जो अपने जीवन सुधारना चाहती हैं, तवायफ़ ने हँस कर कहा था : 'आज अगर हमारे हिन्दुस्तानी भाइयों को इतनी ही बुद्धि होती, तो पुण्य महात्मा जी (गाँधी जी) का चलाया हुआ असहयोग-आन्दोलन इस तरह मटियामेट न हो गया होता।... क्या देश के डेढ़ करोड़ रुपए...से 50,000 चर्ख़े भी नहीं ख़रीदे जा सकते थे?... स्त्रियों के सुधार के लिए यदि 25 लाख भी व्यय किया जाता, तो आज कम-से-कम 25 बड़े-बड़े आश्रम तो खुल ही गये होते, जिनके द्वारा हज़ारों लाखों स्त्रियों का जीवन-निर्वाह हो सकता था।' वह इस काम के लिए अनुदान देने के लिए तैयार थी, पर जिस चीज़ का अभाव था, वह थी तवायफ़ों को 'समाज में स्थान' दिलाने के प्रति सामाजिक इच्छा–'हमारे देशवासियों ने कभी ध्यान ही नहीं दिया है। नहीं तो, आज इस आवश्यक सुधार के प्रति इतनी उदासीनता न दिखाई देती।...मैं इतना ज़ोरों के साथ कह सकती हूँ कि 90 फ़ीसदी वेश्याओं का जीवन पवित्र और त्यागमय बनाया जा सकता है।' वेश्याओं के उद्‌गार, 'चाँद', V, भाग 2, 4 अगस्त 1927, पृ. 455।

117. मिसाल के तौर पर जी.पी.श्रीवास्तव के उपन्यास 'दिल की आग उर्फ़ दिलजले की आह' (इलाहाबाद 'चाँद' प्रेस, 1936) की शिक्षित नायिका और एक वेश्या की अनुमानित बेटी तारा, जो एक टेढ़े-मेढ़े और उलझे हुए घटना-क्रम के बाद एक अबला आश्रम स्थापित करती है और अध्यापिका के रूप में काम करती है, या फिर धनीराम प्रेम की कहानी 'मातृमन्दिर' (1932) की नायिका फूलमती; देखिए ऊपर 4.3।

118. 'दिल की आग' में तारा से कहा जाता है कि अकेले उसके आश्रम से इतने फ़ायदे दिखायी दिये हैं जितने दसियों स्त्री संगठनों, पर्दा क्लबों और भाषणों से नहीं दिये।

119. जैसा कि नेहरू परिवार की महिलाओं के सन्दर्भ में देखा जा सकता है, वही थीं जो बाद में सम्वैधानिक राजनीति के उच्चतम पदों तक पहुँचने वाली थीं; देखिए युक्त प्रान्तों की विधान सभा में शामिल महिलाओं पर 'सरस्वती,' 1937 में ज्योति प्रसाद 'निर्मल' की टिप्पणी। कांग्रेस मिनिस्ट्री विशेषांक, पृ. 462-4; और, कौर, रोल ऑफ़ विमेन इन द फ्रीडम मूवमेंट (1857-1947)।

120. राधा कुमार, द हिस्टरी ऑफ़ डूइंग, पृ. 83।

121. गाँव की औरतें 'किन्हीं ख़ास चरणों में विरोध-प्रदर्शनों में शामिल हुईं, और उनकी हिस्सेदारी से आन्दोलन में नया जोश और जुझारूपन आया;' संगारी तथा वैद द्वारा सम्पादित, रीकास्टिंग विमेन में कपिल कुमार, 'रूरल विमेन इन अवध 1917-47 : बाबा रामचन्द्र ऐण्ड द विमेन क्वेश्चन', पृ. 355। राष्ट्रवादी और किसान आन्दोलनों के दौरान महिलाओं की भूमिका का और अध्ययन होना आवश्यक है। मधु किश्वर ने राजा राव के उपन्यास 'कन्धापुर' (1937) का हवाला दिया है जो हमें बताता है कि 'आन्दोलन का स्वरूप कैसा था और ग्रामीण महिलाओं के लिए उसका अर्थ क्या था... और संकेत देता है कि क्यों ग्रामीण औरतें ऐसी नेतृत्वकारी भूमिका में नहीं आ पायीं जो आन्दोलन की दिशा को प्रभावित कर सकता था;' मधु किश्वर, गाँधी ऐण्ड विमेन, पृ. 24।

122. वही, पृ. 17।

123. वही, पृ. 19।

124. प्रभात फेरियाँ 'महिलाओं में प्रचलित और लोकप्रिय एक धार्मिक प्रथा थी। सुबह के समय

औरतें अपने घरों से निकलती और पैदल मन्दिर तक जातीं। रास्ते में वे भजन गातीं। लेकिन अब गीत बदल गये थे। परम्परागत धार्मिक भजनों की जगह राष्ट्रीय गीतों ने ले ली थी;' वी.ऐग्न्यू, इलीट विमेन इन इण्डियन पॉलिटिक्स, नयी दिल्ली, विकास, 1979, पृ. 57। चूँकि वह एक धार्मिक प्रथा थी इसलिए सरकार उस पर पाबन्दी लगाने से हिचकती थी। लेकिन, प्रभात फेरियाँ, ख़ास तौर पर युवा और बलिष्ठ कांग्रेसी कार्यकर्ताओं और कांग्रेस के अखाड़ों के सदस्यों द्वारा, शहरों में सार्वजनिक स्थान का दावा करने का एक आक्रामक तरीक़ा, और साम्प्रदायिक तनाव का कारण बन गयीं।

125. किश्वर, गाँधी ऑन विमेन, पृ. 19।

126. जब प्रोफ़ेसर धर्मेन्द्रनाथ की पत्नी और मेरठ की कार्यकर्ता उर्मिला शास्त्री 1930 में पहली बार जेल गयी तो उन्होंने शिकायत की कि दूसरे सामान्य क़ैदी 'अच्छी सोसाइटी' नहीं थे और उर्मिला जी को उनके फूहड़ मनोरंजन से नफ़रत हुई थी। उन्होंने लिखा था,' नाचने और गाने के भी कई ढंग होते हैं। ऐसा अश्लील नाच और गान मुझे अपनी आयु में क्यों देखने और सुनने को मिला था।...वैसे मैं नृत्य-गान के विरूद्ध नहीं, वे उच्च श्रेणी की कलाएँ हैं। प्राचीन काल में भारत में इनका अच्छा प्रचार था। और यहाँ तक की नृत्य-गान का सम्बन्ध धार्मिक कार्यों में विशेष कर भक्ति मार्ग से था। पर जिस नृत्य-गान का मैं वर्णन कर रही हूँ वह तो बहुत अश्लील और गन्दा था, कोई भी सभ्य व्यक्ति इसे देखना पसन्द नहीं कर सकता।' उर्मिला शास्त्री, कारागार, आत्माराम ऐण्ड संस, दिल्ली, 1931 (पुनर्मुद्रित 1980) पृ. 37-8।

127. जब सुभद्रा कुमारी चौहान 1942 में गिरफ़्तार हुईं तो उन्होंने इस भेद-भाव-भरे व्यवहार का बहुत बुरा माना था और इससे भी ज़्यादा इस बात का कि इसमें जो वर्गीय भेद अन्तर्निहित था, उसे क़ैदी कितने स्वाभाविक ढंग से स्वीकार करते थे। जैसा कि उन्होंने बाद में याद किया, ए और बी क्लास की महिला क़ैदी सी क्लास की क़ैदियों से अच्छा व्यवहार नहीं करती थीं और उनके साथ खाने से या सी क्लास के कैदियों के विरोध में शामिल होने से इनकार कर देती थीं; सुधा चौहान, मिला तेज से तेज, पृ. 212।

128. राजबहादुर वर्मा, 'स्वयंसेविका', 'चाँद', राजपूताना अंक, 10, भाग 1, 1, नवम्बर 1931, पृ. 90-9। इस अंक में बिजौलिया, मेवाड़ में किसानों के आन्दोलन और उनके गीतों पर रिपोर्टें भी थीं; देखिए आशा सिंह, 'जाग्रत राजस्थान के कतिपय गीत,' वही, पृ. 113-19। केसर के लिए बाँदी शब्द का प्रयोग किया गया जिसके अर्थ नौकरानी और गुलाम औरत दोनों हैं।

129. केसर वास्तविक सन्देह प्रकट करती है : 'बाँदियों की यह कहाँ औक़ात! कहाँ उनके पास तलवार, कहाँ बन्दूक़? थोड़ी हुकुमउदूली करते ही तो बेचारियों को काली कोठड़ी में डाल कर चक्की, पिसवायी जाने लगती है और जो अपनी इज़्ज़त देने पर तैयार नहीं होतीं तो उनको गरम लोहे से जलाया जाता है। ऐसी दशा में क्या करना चाहिए?' वही पृ. 96।

130. 'धूप में घण्टों तक खड़े रहना, दो दिन तक बिना खाए-पिए काम करते रहना, ज़मीन पर सोना और कठोर से कठोर कष्ट को शान्तिपूर्वक सहना, केसर के लिए साधारण बात थी।' वही, पृ. 98।

131. शिवरानी देवी, बलिदान, 'चाँद', 16, भाग 1, 1, समाज अंक नवम्बर 1937।

132. उषा देवी मित्रा, स्त्रियों का स्थान, भाषण, स्थान अज्ञात, 'चाँद', 9, भाग 2, 6 अक्तूबर

1931, पृ. 750 पर उद्धृत। पत्नी के लिए वास्तविक तपोवन के रूप में घर-परिवार पर संवाद-शैली में ऐसे ही वक्तत्व के लिए देखिए रामेश्वरी नेहरू,'पातिव्रत धर्म,' 'चाँद' 18, भाग 1, 1, 1840, पृ. 23-7; साथ ही सम्पादकीय, विवाह और साहित्य, 'चाँद', 5, भाग 1, अप्रैल 1927, पृ. 582-4।

133. बंकिम की देवी चौधरानी का सन्दर्भ यहाँ स्पष्ट है जब हरिप्रसन्न चाहता है कि सुनीता इस अवसर पर अपना श्रृंगार करे और कहता है : ''भाभी, हमारे दल के युवक भी देखें कि उनकी देवी चौधरानी सौन्दर्य की भी देवी है। सौन्दर्य ईश्वर के ऐश्वर्य का एक रूप है भाभी, सौन्दर्य शक्ति है। सौन्दर्य आदर्श है। वह स्फूर्ति देता है, पवित्रता देता है। बलि की प्रेरणा देता है। जो असुन्दर है वह फिर सत्य भी कैसे है?' जैनेन्द्र कुमार, सुनीता, दिल्ली, पूर्वोदय प्रकाशन, 1990, पृ. 208।

134. वही पृ. 126।

135. वही पृ. 148।

136. प्रेमचन्द की सुमन और जैनेन्द्र के 'त्यागपत्र' (1937) में अपने पति द्वारा त्यक्त बुआ मृणाल में फ़र्क़ यही है कि मृणाल अपने को 'बचाये जाने' नहीं देती, न वह समाज की आलोचना करती है जिसने उसे बिना उसके किसी दोष के उसे बहिष्कृत कर दिया है। मृणाल बिना सभझौता किये अपनी सच्चाई पर अडिग रहती है, छोटा-मोटा काम-धन्धा ढूँढती है, और अन्ततः ख़ामोशी से ऐसी हालत में मर जाती है जो बाहरी तौर पर नरक में पतन सरीखी लगती है।

137. वृन्दावनदास, 'चाँद' के प्रति असन्तोष, 'चाँद', 8, भाग 1, 6, अप्रैल 1930 पृ. 968। आगे के उद्धरण इस लेख से लिये गये हैं।

138. महादेवी वर्मा, आधुनिक नारी की स्थिति पर एक दृष्टि 'चाँद' 16, भाग 1, 3, जनवरी 1938, पृ. 268।

139. वही।

140. वी.ऐग्न्यू., इलीट विमेन इन इण्डियन पॉलिटिक्स, पृ. 86।

141. दो महत्वपूर्ण उदाहरणों के लिए देखिए यशपाल के 'झूठा सच' (1963) की पात्र तारा और राजेन्द्र यादव के उपन्यास 'सारा आकाश' (1968) की प्रभा, दोनों उपन्यासों में वर्णित काल स्वतन्त्रता के आस-पास का है।

142. महादेवी, सुभद्रा कुमारी चौहान, कमला चौधरी, आदि की साहित्यिक दोस्ती बहुत प्रसिद्ध और दस्तावेज़ी रूप में उपलब्ध हैं, जब कि प्रेम सम्बन्ध अफ़वाहों के रूप में ही विद्यमान हैं।

143. देखिए जी. मिनॉल्ट द्वारा सम्पादित 'दि एक्सटेंडेड फैमिली। विमेन ऐण्ड पोलिटिकल पार्टिसिपेशन इण्डिया ऐण्ड पाकिस्तान,' में जी.पियर्सन का लेख, 'नैशनलिज़्म, युनिवर्सलाइज़ेशन ऐण्ड दि एक्सटेंडेड फ़ीमेल स्पेस,' दिल्ली, चाणक्य पब्लिकेशन्स, 1981, पृ. 175-6।

अध्याय 5

हिन्दी का राजनैतिक क्षेत्र

⌘

भारत में राजनैतिक संस्कृति के इतिहास में 1920 का साल राष्ट्रवादी आन्दोलन में नये चरण की शुरुआत माना जा सकता है। राजनीति के मंच पर आम जनता की राजनीति, स्थानीय भाषाएँ, निचले तबक़े के लोग तथा स्थापित प्रतीकों और सत्ता का विरोध सामने आया। ऐसा महसूस होने लगा कि 'जनता,' जिसकी चर्चा राष्ट्रवादी भाषणों में हुआ करती थी, आख़िरकार अब सचमुच जागी थी। आन्दोलन के इस दौर में नये नेता और एक नयी कांग्रेस पार्टी उभर कर सामने आयी, और 1930 के दशक के अन्त तक वह देश की बागडोर को हाथ में लेने के लिए तैयार हो गयी थी।[1] उत्तर भारत में 1920 के आन्दोलन के दौरान जो कार्यकर्ता और नेता उभर कर सामने आये उनमें से कई हिन्दी पत्रकारिता की दुनिया से ही आये थे। लेखक भी विश्वास करते थे कि वे अपनी लेखनी से संघर्ष करके आन्दोलन की सेवा कर रहे हैं। साहित्य, पत्र-पत्रिकाएँ और राजनीति एक ही पंक्ति में देखी जाती थीं—देश को स्वाधीन कराने का एक संयुक्त प्रयास।

इसके बावजूद साहित्य और राजनीति के क्षेत्रों के आपसी सम्बन्ध उससे कहीं अधिक जटिल थे जितना कि उनके बारे में वृत्तान्त हमें विश्वास दिलाना चाहते हैं। सच तो यह है कि जैसा कि हम आगे देखेंगे यह सम्बन्ध कठिन और अक्सर बहुत कटु था। इसका एक कारण था हिन्दी भाषा की दुविधापूर्ण स्थिति—एक ओर इस भाषा को अहिन्दी भाषी राजनेता ठुकराते थे, मगर दूसरी ओर जिसे राष्ट्रभाषा के रूप में चुना गया था। दूसरी मुश्किलें राष्ट्रीय राजनैतिक परिदृश्य के अपने विकास की उपज थीं। हिन्दी साहित्य के क्षेत्र और इस विस्तृत होते राजनैतिक क्षेत्र के सम्बन्ध को समझने के लिए अनेक पहलुओं से देखने की ज़रूरत है। सबसे पहला पहलू 'संस्थाओं' और गतिविधियों का है, जो औपनिवेशिक सत्ता व्यवस्था के भीतर और बाहर विकसित हुई थीं, जिसे मैं 'सम्वैधानिक' और 'ग़ैर-सम्वैधानिक' क्षेत्र कहूँगी। (5.1) यहाँ कई प्रश्न उठते हैं। राजनैतिक संस्थाओं

तक किसकी पहुँच थी? क्या भाषा का अन्तर बाधा थी, और अगर थी तो उसे कैसे पार किया गया? क्या 'सम्वैधानिक' और 'ग़ैर-सम्वैधानिक' राजनीति का अभिप्राय सत्ता के प्रति और जनता के प्रति दो भिन्न रवैयों से था? दूसरा पहलू है राजनैतिक क्षेत्र में खुलेपन का (5.2)। जो नये समूह आन्दोलन में शामिल हुए और स्वराज्य के बारे में अपने-अपने परिप्रेक्ष्य ले कर आये उनके प्रति हिन्दी का राजनीतिक क्षेत्र कितना खुला? पहुँच और बहिष्कार का प्रश्न पहले भी पिछले अध्याय में महिलाओं के सम्बन्ध में उठाया जा चुका है। इस अध्याय में वही प्रश्न किसानों और किसान आन्दोलन के सम्बन्ध में उठाया जायेगा ताकि उत्तर भारत के समाज और हिन्दी के राजनैतिक क्षेत्र दोनों को किसान आन्दोलन और उनके नेताओं की समीक्षा द्वारा जाँचा-परखा जाये, और उन कठिनाइयों को भी जिनका सामना उन्हें अपनी आवाज़ पर ध्यान दिलाने के सिलसिले में करना पड़ा। जब किसानों ने महसूस किया कि राष्ट्रवादी 'हम' में वास्तव में उनका हम शामिल नहीं था, तो क्या उन्होंने कोई 'सबऑल्टर्न जनता' (नैन्सी फ्रेज़र के शब्द) का गठन किया? क्या उन्होंने एक समानान्तर विवादी क्षेत्र निर्मित किया 'जहाँ अधीनस्थ सामाजिक समूहों के सदस्य अपनी अस्मिता, अपने हितों और अपनी आवश्यकताओं की प्रतिपक्षी व्याख्याओं को सूत्रबद्ध करने के लिए प्रतिविमर्श आविष्कृत और प्रचारित करते हैं?'[2]

तीसरा पहलू नेतृत्व का है : यहाँ हिन्दी के अनेक राजनैतिक नेताओं की पृष्ठभूमि, उनके संस्कार, उनकी पहुँच, और राजनैतिक जीवन के सन्दर्भ में उनके जीवन-चरितों का विश्लेषण और तुलनात्मक अध्ययन पेश किया जायेगा। (5.3) वे किन हितों का प्रतिनिधित्व करने का दावा करते थे? हिन्दी की आम जनता और अंग्रेज़ी सरकार से और हिन्दी बुद्धिजीवियों और हिन्दी साहित्य के क्षेत्र से उनके सम्बन्ध कैसे थे? ये सवाल हमें चौथे और अन्तिम पहलू की ओर ले जायेंगे यानी सांस्कृतिक और राजनैतिक वर्चस्व की प्रतिष्ठा के पहलू की ओर (5.4)। क्या जो 'नैतिक पूँजी' लेखन से या राजनैतिक सक्रियता के माध्यम से प्राप्त होती थी उसका सिक्का व्यापक सार्वजनिक क्षेत्र में चलता था या नहीं? क्या राजनैतिक सत्ता सांस्कृतिक प्रतिष्ठा को और सांस्कृतिक प्रतिष्ठा राजनैतिक सत्ता को स्वीकार करती थी या नहीं? 1930 के दशक का हिन्दी-हिन्दुस्तानी विवाद अच्छा उदाहरण है, क्योंकि जब साहित्यिक और राजनैतिक नेता एक-दूसरे के विरुद्ध खड़े हो गये तो उन्हें अपने विरोधियों को पराजित करने के लिए अपनी सारी सत्ता काम में लानी पड़ी थी।

5.1 सम्वैधानिक और ग़ैर-सम्वैधानिक क्षेत्र

हमें कौंसिलों द्वारा स्वराज्य कैसे मिल सकता है?

श्रीकृष्ण दत्त पॉलीवाल

अंग्रेज़ी राज हट जायेगा स्कूल छोड़ने से?

सुमंगल प्रकाश के बाबा[3]

हिन्दी साहित्य के क्षेत्र में स्वायत्त सक्रियता और संस्था-निर्माण अंग्रेज़ सरकार पर दबाव डालने और उसके साथ सहयोग करने के साथ-साथ चलता रहा। उन्नीसवीं सदी के बाद से ही साहित्यिक संस्थाएँ न केवल अपने स्वायत्त साहित्यिक कार्यक्रम पूरे करती रहीं वे इस बात की भी क़ायल थीं कि स्वतन्त्र गतिविधियों को हमेशा सरकारी समर्थन से ही अधिक बढ़ावा मिल सकता है—जब औपनिवेशिक सरकार का कल्याणकारी मुखौटा उतारा जा चुका था, हिन्दी आन्दोलन से सहानुभूति रखने वाले राष्ट्रवादी रुझान के अधिकारियों की उपस्थिति हमेशा संवाद का रास्ता खुला रखती थी। हमें ऐसी ही दुहरी पटरी राजनीति के क्षेत्र में भी दिखायी देती है। राष्ट्रीय आन्दोलन दोनों ही विचारों पर अमल कर रहा था—एक तरफ़ औपनिवेशिक संस्थाओं में प्रवेश करके, धीरे-धीरे सरकार पर क़ब्ज़ा करना ताकि उसे अन्दर से बदला जा सके, और दूसरी तरफ़ स्वायत्त सक्रियता के रास्ते पर चलना, जन समूहों की बढ़ती हुई संख्या को लामबन्द करना, सत्ता का विरोध करके एक प्रति-सत्ता की सृष्टि करना। भारतीय राष्ट्रवाद की राजनैतिक संस्कृति का विश्लेषण करते समय इन दोनों पहलुओं पर ध्यान देना आवश्यक है।

इसलिए इस खण्ड में सम्वैधानिक और ग़ैर-सम्वैधानिक राजनीति दो शैलियों को संकेतित करती है—समाज के भीतर मध्यस्थता करने की राजनीति और समाज और सत्ता के बीच मध्यस्थता करने की राजनीति। सम्वैधानिक राजनीति से मेरा मतलब एक ऐसी राजनैतिक संस्कृति से है जिसे बहुत हद तक औपनिवेशिक अपेक्षाओं और औपनिवेशिक सत्ता ने ही रूप दिया था, और जिसने इन अपेक्षाओं को देशी भाषा में पुनः प्रस्तुत किया। ग़ैर-सम्वैधानिक राजनीति से मैं ऐसी राजनैतिक संस्कृति को चिह्नित करना चाहती हूँ जो और अधिक स्वायत्त रूप ले कर मौलिक सांस्कृतिक विषय-वस्तु और स्वाधीन संस्थाओं को बना कर विकसित हुई। उसने नया माहौल पैदा किया। जहाँ औपनिवेशिक संस्कृति की जगह जातीय संस्कृति लेने लगी। इसका यह मतलब नहीं है कि उस पर भी औपनिवेशिक प्रभाव न पड़ा हो, मतलब सिर्फ़ इतना है कि उसकी आत्म-छवि में सचेत रूप से स्थानीय परम्पराओं और मौलिक मुहावरों पर ज़ोर था। इसी माहौल में जनता राजनीति के क्षेत्र में घुस पायी और जैसा कि हम देखेंगे, उसने सुशिक्षित साक्षर उच्चवर्गीय लोगों को अपनी उपस्थिति का एहसास कराया।

इन राजनैतिक कर्मियों को जिस सत्ता का सामना करना होता था उसकी कुछ विशेषताओं को यहाँ समझने की ज़रूरत है।[4] हेबरमास ने जिस यूरोपीय बूर्ज्वा सार्वजनिक क्षेत्र (पब्लिक स्फ़ीयर) का वर्णन किया है, उसने इस बात के लिए संघर्ष किया था कि राजनैतिक सत्ता की निर्वैयक्तिक धारणा लागू करके निरंकुश सत्ता को धीरे-धीरे सीमित सम्वैधानिक सत्ता में बदल दिया जाये जो सार्वजनिक जाँच-परख, दबाव और (चाहे सीमित ही) प्रभाव के अधीन हो। सार्वजनिक क्षेत्र की भाषा, विमर्श और संस्थाएँ इसी संघर्ष की सामाजिक भूमि से उपजे थे। भारत में ये संस्थाएँ और विमर्श एक बिलकुल

भिन्न सामाजिक संसार और राजनैतिक व्यवस्था के अन्तर्गत शुरू किये गये : उन्हें इंग्लैण्ड तथा भारत की औपनिवेशिक सत्ता की ओर से और भारतीय प्रजा के विभिन्न समूहों की ओर से भिन्न दबावों से जूझना पड़ा।

उन्नीसवीं सदी के अन्त और बीसवीं सदी के आरम्भ में हिन्दी बुद्धिजीवी जिस औपनिवेशिक राज का सामना कर रहे थे वह प्रकट रूप से कल्याणकारी और उदार सरकार थी जो विवेकपूर्ण तर्कों के प्रति अनुकूल जान पड़ती थी और यह दावा करती थी कि वह अपनी सारी-की-सारी भारतीय प्रजा के प्रति बराबरी का बरताब करती थी। अंग्रेज़ी हुकूमत के अन्तर्गत सभी भारतीय नागरिक, अपनी अलग-अलग हैसियत के बावजूद समान निर्वैयक्तिक क़ानूनों के और सार्वजनिक अदालतों के अधीन थे : इस तरह क़ानून के ख़िलाफ़ या किसी अन्य नागरिक के विरुद्ध कोई भी शिकायत याचिकाओं, मजिस्ट्रेटों और अदालतों की सार्वजनिक प्रक्रिया के माध्यम से होती थी।

लेकिन यही सरकार जो उदार सिद्धान्तों की सौगन्ध खाती थी, इंग्लैण्ड के अपने हितों के अधीन थी। उस समय भी वे हित भारतीय प्रजा के हितों से भिन्न होते थे। भारत में अंग्रेज़ी राज को जवाबदेही की अनेक परस्पर विरोधी माँगों का सामना करना पड़ता था और अपनी मान्यताओं का दावा कई शक्तियों के सामने करना पड़ता था। सर्वप्रथम वह इंग्लैण्ड की हुकूमत और ब्रिटिश जनमत के प्रति उत्तरदायी थी। लेकिन, इसी में औपनिवेशिक सत्ता का पहला अन्तर्विरोध सामने आता है, भारत में अंग्रेज़ी राज इंग्लैण्ड की अपनी सरकार की तुलना में कहीं अधिक शक्तिशाली था जो लोकतान्त्रिक नियमों, पाबन्दियों और माँगों से बँधी हुई थी दूसरी बात यह कि वह भारतीय हुकूमत थी यानी उसे भारतीय प्रजा से उसकी अपनी भाषा में बोधगम्य और प्रभावशाली तरीक़े से निपटना था। भारतीय समाज के परस्पर भिन्न और बहुत हद तक असम्बन्धित जनसमूहों के साथ और भारत और इंग्लैण्ड दोनों में अपनी वैधता का दावा करते हुए, भारत में अंग्रेज़ी राज भिन्न-भिन्न रवैये और मुहावरे अपनाता रहा। सुदीप्त कविराज के शब्दों में, 'ब्रिटिश जनमत के साथ वह विवेक की भाषा बोलता था; भारतीय मध्यवर्ग के साथ वह शिक्षा और क़ानूनों के माध्यम से संवाद जारी रखता था; जबकि अबोध-अज्ञान में डूबे दूरस्थ जनसमूहों के प्रति वह मुख्यतः बल-प्रयोग के एकालाप से काम लेता था।'[5]

धन खींचने के अपने पहले प्रकार को त्यागे बिना 1858 के बाद अंग्रेज़ी राज पहले से अधिक 'शक्तिशाली' राष्ट्रीय राज्य बन गया। उसने अर्थ-व्यवस्था, समाज (शिक्षा तथा समाज सुधार के अधिनियमों आदि के माध्यम से) और सरकार और समाज के सम्बन्धों का पुनर्गठन करने के लिए हस्तक्षेप करना शुरू किया और इस तरह भारतीय प्रजा के विभिन्न हिस्सों से सार्वजनिक टक्कर के नये आयाम खुले। द्विभाषावाद—अंग्रेज़ी और भारतीय 'देशी भाषाओं की श्रेणीबद्धता—सरकार और उसके प्रजाजनों के बीच सभी सम्बन्धों का आधार बन गया और वही ऊँच-नीच और भेदभाव भारतीय समाज में दुहराया

जाने लगा। और फिर हालाँकि औपनिवेशिक हुकूमत की शक्ति एक तरह से सार्वजनिक तो थी, चूँकि वह कम-से-कम औपचारिक और निर्वैयक्तिक क़ानूनों और संस्थाओं के रूप में थी, चाहे वे ज़्यादातर जनता के लिए कितने भी अन्यायपूर्ण क्यों न रहे हों, वह ज़मींदारों और ताल्लुक़ेदार जैसे स्थानीय लोगों में 'मूर्तिगत' थी जो अकसर निर्वैक्तिक और 'क़ानूनी' राज्य-तन्त्र, पुलिस और अदालतों पर कुछ नियन्त्रण रखते थे।

बहरहाल, जिस सीमा तक औपनिवेशिक सत्ता की शक्ति निर्वैयक्तिक और सार्वजनिक थी, और कम-से-कम सैद्धान्तिक रूप से निरंकुश नहीं थी, उसमें लोकतान्त्रिक विमर्श की सम्भावना निहित थी जिसका फ़ायदा साम्राज्यवादी और राष्ट्रवादी, दोनों ही अपने-अपने उद्देश्यों से उठाने की कोशिश करने लगे।[6] इससे याचिकाओं की और राज्य संरक्षण में विश्वास की संस्कृति को बढ़ावा मिला जो राज्य के प्रचार का सीधा नतीजा थी : अगर राज्य का दावा था कि उसके क़ानून सब पर लागू होते थे, और प्रजाजन सार्वजनिक साधनों से अपील कर सकते हैं और उन्हें करना भी चाहिए, तो औपनिवेशिक बुद्धिजीवियों का विश्वास था कि क़ानूनी परिवर्तन वास्तविक परिवर्तन घटित कर देगा।

सीमित ही सही, अंग्रेज़ी राज ने हिन्दुस्तानियों की भागीदारी के लिए भी कुछ स्थान निश्चय ही खोले थे और एक हद तक 'भारतीय जनमत' को बनाने और उसकी अभिव्यक्ति को प्रोत्साहित करने का काम किया था। नामांकन के माध्यम से चुने गये हिन्दुस्तानियों के दो समूह थे : वे 'स्थानीय सरदार'—राजे-महाराजे—थे जिनके बारे में यह राय थी कि उनके प्रति जनता की स्वाभाविक निष्ठा थी या फिर वे पश्चिमी शिक्षा प्राप्त, द्विभाषी सरकारी अफ़सर और रईसों से जुड़े लोग, अक्सर वकील, होते थे जो फलते-फूलते शिक्षित जनमत का प्रतिनिधित्व करते थे।[7] चूँकि ये सीमित सम्वैधानिक कार्रवाइयाँ अंग्रेज़ी में ही होती थीं, इसलिए द्विभाषी पेशेवर लोग स्थानीय गण्य-मान्य लोगों से, जिन्हें ये भाषा नहीं आती थी, बेहतर स्थिति में थे।[8] वे राज-तन्त्र को समझने और उसके साथ काम करने के लिए सरकारी 'सार्वजनिक मुहावरे' को बोलने और लिखने, दोनों के अभ्यस्त हो गये थे, ये शुरुआती नेता जिनका उत्कृष्ट उदाहरण पण्डित मदन मोहन मालवीय हैं, फिर इन अवधारणाओं और मुहावरों को स्थानीय भाषा में अनूदित करते थे और अंग्रेज़ी हुकूमत को अपने ही नियमों के कटघरे में खड़ा कर देते थे।[9] यह एक रचनात्मक प्रक्रिया थी; मिसाल के लिए मालवीय जी के लिए इसका मतलब था कि ब्रिटेन के कल्याणकारी अभियान का समर्थन यह माँगने के लिए करना कि उदारपन्थी राज्य के नियम भारतीय राज्य पर भी लागू किये जायें और इस धारणा का खण्डन किया जाय कि हिन्दुस्तानी लोग अपना शासन ख़ुद चलाने के अयोग्य हैं।[10] उन्होंने इस तर्क की पुष्टि कि प्राचीन भारत में स्वराज्य का अस्तित्व था, अर्थात आधुनिक भारतीयों द्वारा इसकी माँग ब्रिटिश लोकतन्त्र की नक़ल नहीं थी शास्त्रीय ग्रन्थों का हवाला देते हुए की—'यह बात स्पष्ट है कि प्राचीन समय में भारत की राज्य-पद्धति उसी ढंग की जिस प्रकार आजकल

योरुप और अमेरिका में स्वराज्य का ढंग है।'[11]

सम्वैधानिक नेता सर्वसाधारण के नाम पर बात तो करते थे, लेकिन हिन्दी के सुधारवादी बुद्धिजीवियों ही की तरह वे जिस जनता का प्रतिनिधित्व करने का दावा करते थे उसकी परिभाषा अस्पष्ट-सी थी और उसकी पहुँच बहुत ही सीमित थी। जैसे हम मदन मोहन मालवीय के मामले में देख सकते हैं। सम्वैधानिक राजनीति अपनी दावेदारी उन्हीं जगहों में और उन्हीं रूपों में कर सकती थी जो औपनिवेशिक सत्ता को मान्य थे; स्वराज्य की उनकी परिकल्पना भी क्रमिक उन्नति और पितृवादी लोकतन्त्र के रूप तक ही सीमित थी। विशेष अवसरों पर उग्र धधकते हुए स्वरों का इस्तेमाल करने के बावजूद जिस लोक तान्त्रिक हिस्सेदारी की माँग मदन मोहन मालवीय करते थे, वह बहुत सीमित थी। उनके लिए यह ज़्यादा ज़रूरी था कि सरकार के साथ सहयोग और सम्वाद न रुके। इस तरह मालवीय जी ने 1929 में प्रिंस ऑफ़ वेल्स को बनारस हिन्दू विश्वविद्यालय में आमन्त्रित करके उन्हें मानद उपाधि प्रदान की, जबकि कांग्रेस ने पूरे प्रान्त में इस यात्रा का बहिष्कार किया था और काले झण्डों के साथ प्रदर्शन भी किये थे।

सम्वैधानिक राजनीति की यह शैली सचेत रूप से जीवन के विभिन्न क्षेत्रों के बीच दूरी बनाये रखने के पक्ष में थी : एक ओर परिषद-असेम्बली-क़ानून-अदालत का सरकारी सार्वजनिक क्षेत्र था, फिर नागरिकों का सार्वजनिक क्षेत्र था जो धर्म और राजनीति के सन्दर्भों में 'जाति' के बराबर हो सकता था और फिर सामान्य जाति-बिरादरी का क्षेत्र था जिसमें हर बिरादरी के अपने तौर-तरीक़े और रीति-रिवाज थे। फिर से मालवीय जी का उदाहरण लें तो—संसद में वे शुद्ध रूप से सम्वैधानिक मुहावरे का प्रयोग करते थे; इसके साथ-साथ वे 'जाति' के क्षेत्र में गाय और हिन्दी जैसे प्रतीकों के इर्द-गिर्द हिन्दू जाति बनाने में जुटे रहते थे, और इसके बावजूद वे निजी और पारिवारिक रीति-रिवाज में सरकारी और ग़ैर-सरकारी हस्तक्षेप का कड़ा विरोध करते थे। (देखिए 5.3)

आर्थिक बोझ को बाँटने और भारतीय सहयोगियों के अपेक्षाकृत व्यापक दायरे की ज़रूरत—इन दो आवश्यकताओं द्वारा प्रेरित एक के बाद एक किये गये सम्वैधानिक सुधारों ने इस सम्वैधानिक क्षेत्र को कुछ-कुछ विस्तृत तो कर ही दिया, पहले स्थानीय और फिर प्रान्तीय स्तर पर। धीरे-धीरे चुनावों ने नामांकन का स्थान ले लिया।[12] कितने ही महत्वहीन और निष्प्रभावी क्यों न रहे हों, चुनावों ने सम्वैधानिक राजनीति को पहले से अधिक मात्रा में राजनैतिक अखाड़ा बना दिया और उम्मीदवारों को मजबूर किया कि वे 'जनता की ओर' मुड़ें और देशी भाषा में समुचित मुहावरे विकसित करके उनका इस्तेमाल इस तरह करें कि उनके अभिप्राय सावधानी से हर समूह-विशेष से मेल खाये।[13] नामांकन की नीति से लाभान्वित होने वाले 'परम्परागत नेता' को भी अब अपने पुराने प्रभाव को बनाये रखने के लिए सक्रिय प्रयास करना पड़ा;[14] जबकि अलग-अलग चुनाव-क्षेत्र या मतदाता-समूह धार्मिक जाति की राजनीति और मुहावरे के पक्ष में काम करते थे।

जब कांग्रेसी कार्यकर्ता और नेता ग़ैर-सम्वैधानिक आन्दोलन द्वारा मान्यता प्राप्त करने के बाद परिषदों और प्रान्तीय कांउसिलों में चुने जाने लगे तो इसकी जयकार जनता की जीत के रूप में हुई, इन अर्थों मे कि ऐसा लगता था कि 'सत्ता पर क़ब्ज़ा' कर लिया गया है। हालाँकि वे परिवर्तन के किन्हीं लक्षणों पर बल देते थे (वेशभूषा, देशी बोली का इस्तेमाल और निश्चय ही विचारधारा), कांग्रेसी नेताओं ने मोटे तौर पर ख़ुद को सम्वैधानिक ढाँचे में ढाल दिया। इस सम्वैधानिक शैली का मतलब चेहरे-मोहरे की गम्भीरता और औपचारिकता, संसदीय नियमों का पालन और सरकारी मुहावरे को इस्तेमाल करने की क्षमता था, अलबत्ता अब स्थानीय भाषा में। वस्तुतः सम्वैधानिक राजनीति के मुहावरे में निपुण होने की योग्यता एक बुनियादी कौशल बना रहा, उस द्विभाषाबाद का प्रतीक जिस पर भारतीय नेताओं को पकड़ पानी थी। जब 1926 के चुनाव के बाद सम्पूर्णानन्द ने युक्त प्रान्त की विधान परिषद को सम्बोधित किया तो उन्होंने अपना भाषण हिन्दी में शुरू कियाः

> स्पीकर डॉ. सीताराम ने फौरन मुझे टोका क्योंकि नियम यह था कि जब तक कोई सदस्य अंग्रेज़ी बोलने में समर्थ था, उसे अंग्रेज़ी में ही बोलना पड़ता था, दिल-ही-दिल में मैंने अध्यक्ष को धन्यवाद दिया, क्योंकि मैं चाहता था कि जो मैं कहने जा रहा हूँ, वह सामने बैठे अंग्रेज़ सदस्यों को समझ में आ जाय। लेकिन हिन्दी लेखक होने के नाते मुझे हिन्दी को तरजीह देनी ही थी, इसलिए मैंने अध्यक्ष के आदेश का हल्का-सा विरोध करके अंग्रेज़ी में अपना भाषण जारी रखा।[15]

इस तरह सम्वैधानिक अखाड़े में हिन्दी एक प्रतीक थी, जबकि अंग्रेज़ी वास्तविक भाषा थी।

यह स्वाभाविक था कि सम्वैधानिक राजनीति में कांग्रेस की भागीदारी से परिस्थितियाँ जितना इजाज़ देतीं उनसे ज़्यादा ही लगायी जातीं। गाँधी जी के नेतृत्व में जनोन्मुखी, ग़ैर-सम्वैधानिक राजनीति के आगमन के साथ ही परिषदों की आलोचना में मूलभूत अन्तर आया। जहाँ पहले व्यक्तिगत दुराचरण की आलोचना होती थी, अब ख़ुद सम्वैधानिक ढाँचा ही गोलीबारी की ज़द में आ गया। हिन्दी सम्पादक और कांग्रेसी नेता श्री कृष्ण दत्त पालीवाल ने 1936 में यह लिखा कि जनता की राय बहुत हद तक विधान परिषद के ख़िलाफ़ है जिसे वह 'उचित ही माया का मन्दिर' समझती थी :

> 'क्योंकि प्रत्यक्ष में वे जनता को शासन में योग देने के लिए बतायी जाती हैं; परन्तु वास्तव में वे हैं सत्ताधारी तथा पूँजीवादी श्रेणियों की स्वार्थ-सिद्धि के लिए चुनाव की समस्त प्रथा आदि से अन्त तक राक्षसी माया है। अपने देश में अभी तक सब लोगों को वोट देने का अधिकार नहीं। जिनको है, उनके नाम रजिस्टर

में दर्ज करना अपने हाथ में नहीं। फलतः वोटों की लिस्ट के रजिस्टर बनाने में काफ़ी गोलगाल होता है। म्यूनिसिपैल्टियों में तो यह अनाचार चरम सीमा तक पहुँच गया है।'[16]

इसके अलावा सम्वैधानिक परिषदों में आमने-सामने सत्ता का प्रदर्शन करना महज़ दिखावा था : 'कौंसिलों और एसेम्बली में आप शक्ति और सम्पत्ति के आमने-सामने आ खड़े होते हैं।...शासकों के अधिकार तो एक ऐसे मन्दिर में सुरक्षित कर दिये हैं, जिसमें प्रतिनिधि-रूपी अछूतों के लिए प्रवेश सर्वथा निषिद्ध है।'[17] मगर असेम्बलियों के भीतर राजनैतिक गतिविधि की भारी सीमाओं की भर्त्सना करने के बाद भी और जनता की भावना से सहमत होते हुए कि परिषदें स्वाँग थीं, पालीवाल इस निष्कर्ष तक पहुँचे कि, 'शत्रु के गढ़ में घुसना' स्वराज्य प्राप्त करने की व्यापक राजनीति का एक हिस्सा था।[18]

निर्वाचित कांग्रेसी परिषदों के काम से निराशा को भी 'हमारी परिषदों' और विदेशी हुकूमत के बीच के संघर्ष की भर्त्सना में बदला जा सकता था। जब 1932 में बनारस म्यूनिसिपल बोर्ड को भ्रष्टाचार के आरोप में निलम्बित करने की धमकी दी गयी और फिर निलम्बित कर दिया गया तब प्रेमचन्द ने लिखा कि परिषदों को अब भी इसलिए महत्वपूर्ण समझना चाहिए क्योंकि उनके द्वारा जनता के लिए प्रशासन में भाग लेने और उस पर अधिकार ज़माने की सम्भावना रहती थी। उनकी उपलब्धियों (मिसाल के लिए शिक्षा के क्षेत्र में) को कम करके नहीं आँकना चाहिए और ऐसे उत्साही सदस्य जो अधिकारी नहीं थे हमेशा सुधार की सम्भावनाएँ ला सकते थे। 'फिर भी, हमारी धारणा है कि इस बोर्ड में कई ऐसे कर्मचारी हैं, जो बहुत ही योग्य हैं, कई ऐसे मेम्बर हैं जो बड़े परिश्रमी तथा निस्पृह सेवक हैं, पर अभी तक अनेक कारणों से उनको पर्याप्त सेवा का अवसर नहीं मिला है। राजनीतिक कारणों से नगर के प्रथम श्रेणी के नागरिक बोर्ड की ओर से उदासीन रहे हैं, कुछ को जेल यातनाओं के कारण काम करने का मौक़ा नहीं मिला है। बोर्ड के कार्यों में पूरी दिलचस्पी स्वयं उनके सदस्य या चेयरमैन भी नहीं लेते, इसके सबसे ताज़े उदाहरण हमारे सामने कई हैं, पर यदि राजनीतिक परिस्थिति सुधरे तथा सरकार नगरवासियों की निर्वाचक योग्यता बढ़ा, पुनः निर्वाचन करा दे तो कोई कारण नहीं है कि नगर का पूरा सुधार न हो जावे, तथा बोर्ड का काम ठीक रास्ते पर आ जावे।... काशी की जो कुछ उन्नति हुई है, वह ग़ैर-सरकारी बोर्ड के ही कार्य-काल में, और हमारी सम्मति में ग़ैर-सरकारी प्रबन्ध सदैव उत्तम होता है। कम-से-कम निरंकुश नहीं होता।'[19]

कृष्ण दत्त पालीवाल की आलोचना में यह धारणा निहित थी कि मान्यता 'जनता' के हाथ में ही थी, वह 'सच्ची' राष्ट्रीय जाति जो 'माया के मन्दिरों' से बाहर थी। एक झोंपड़ी वाले का काल्पनिक चरित्र अपनाते हुए कवि, सम्पादक और कांग्रेसी कार्यकर्ता माखनलाल चतुर्वेदी ने 'हम जनसाधारण हैं' के शीर्षक से 'राष्ट्रीय पथ के पथिकों का आह्वान किया। बड़े लोगों के प्रति छोटे लोगों के विनम्र आदरपूर्ण रवैये की नक़ल उतारते

हुए माखनलाल जी ने सम्वैधानिक राष्ट्रवादियों और आम जनता की आकांक्षाओं के बीच के अन्तर को मापने की कोशिश की।

दुखिया की आवाज़। जनसाधारण हैं हम निरे अज्ञान। सेवा करना ही है बस अभिमान। तुम नेता हो आत्मबली मतिदान। हम दुखिया हैं रोते देते प्रान।

> 'आपका रिफार्म बिल पास हो गया, बड़े आनन्द की बात है। हम भी बड़े आनन्द के साथ आप लोगों की महिमा गाते हैं। पर जब झोंपड़ी में हमारी स्त्री हमसे पूछती है कि क्या अब इस नये कानून से हमें भर पेट खाने को मिलेगा? शिक्षा की आवश्यकता है, हम भी समझते हैं, पर खाली पेट तो शिक्षा नहीं भर सकेगी। शिक्षा के लिए जो समय चाहिए उस समय हम कठिन परिश्रम से थके हुए रहते हैं। इसीलिए उच्चादर्शका अनुभव करने वाले महात्माओं, हम आपको प्रणाम करते हैं। आपको धन्यवाद देते हैं ओर हमारे पास केवल आँसू हैं, उनसे आपके चरण धोते हैं, पर हमारी पुकार, किसी ने न सुनी। रास्ता ऊँचाई पर साफ हो रहा है। नीचे तक आने में सदियों की देर है। हमें कल के लिए खाने को नहीं, हम कैसे सदियों तक धीरज धरें?'[20]

सम्वैधानिक राजनीति की यह आलोचना और जनता के असली क्षेत्र के रूप में ग़ैर-सम्वैधानिक क्षेत्र की स्वीकृति के कई अभिप्राय थे। सबसे पहले उससे सार्वजनिक क्षेत्र की संस्थाओं के महत्व पर बल दिया जाता था, राजनैतिक गतिविधियों के रूप में समाचार-पत्रों से ले कर पुस्तक प्रकाशन और शिक्षा तक। और राष्ट्र पुरुषों के रूप में साहित्यकारों पर। लेखन या अध्यापन 'रचनात्मक' कार्य था और राष्ट्र की 'सेवा' करने तथा राष्ट्रीय आन्दोलन को आगे बढ़ाने की दृष्टि से किसी भी अन्य कार्य जितना महत्वपूर्ण था। 1920 और '30 के आन्दोलनों के दौरान लिखी हुई प्रेमचनद की राष्ट्रवादी कहानियाँ इस बात का अच्छा उदाहरण हैं : प्रेमचन्द के लिए वे अपने क़लम को आन्दोलन की सेवा में समर्पित करने और उसके सन्देश का प्रचार करने का माध्यम थीं। पाठकों के लिए वे यथार्थवादी भार्मिक कहानियों के माध्यम से राष्ट्रीय नारों को समझने का साधन थीं। इन कहानियों की ख़ासियत यह थी कि पात्र का राष्ट्रवादी 'हृदय-परिवर्तन' ही कहानी का अन्त अथवा चरम बिन्दु होता था जिससे पाठक को भी ऐसा क़दम उठाने की मानो प्रेरणा मिलती थी।[21]

दूसरा अभिप्राय यह था कि ग़ैर-सम्वैधानिक राजनीति लोकमत की वाहक होने की वजह से समाचार-पत्रों की राजनैतिक भूमिका पर विशेष बल देती थी। देशी भाषाओं के समाचार-पत्रों का यह विशेष कर्तव्य था कि वे वास्तविक राष्ट्र की छवि प्रस्तुत करें। हिन्दी के राजनैतिक समाचार-पत्र सचमुच कुछ शिक्षित जनों के लिए 'विचारों के पत्र' होने से बदल कर ऐसे अख़बार बने जिनकी जड़ें स्थानीय समाज में थीं और जो 'साधारण समाज' को प्रतिबिम्बित भी करते थे और सम्बोधित भी :

'हम आशा कर सकते हैं कि आगामी अधिवेशन में बहुत से व्याख्यान देवी भाषा में ही होंगे। अब समय आ गया है कि हमारे राजनैतिक विचार और आन्दोलन अंग्रेज़ी पढ़े-लिखे लोगों तक ही सीमाबद्ध न रहें, किन्तु सामान्य जनता में भी फैले और भारतीय लोकत इने-गिने पढ़े-लिखे लोगों का मत नहीं, किन्तु देश के सब वर्गों के विचारों का प्रतिबिम्ब हो। जब हम स्वराज्य के लिए आन्दोलन कर रहे हैं तब हमें एक प्रख्यात राजनीतिशास्त्र-विशारद के इस सिद्धान्त को न भूलना चाहिए कि प्रजा सत्तात्मक शासन वास्तव में लोकमत का शासन है। विस्तृत सुविज्ञ लोकमत की सृष्टि का बड़ा भारी साध ान यह है कि हमारे राजनैतिक वार्तालाप और विवाद में अंग्रेज़ी के साथ-साथ देशी भाषाओं का भी प्रयोग हो।'[22]

कानपुर में गणेश शंकर विद्यार्थी, आगरा में कृष्ण दत्त पालीवाल, जबलपुर में माखनलाल चतुर्वेदी, गोरखपुर में दशरथ प्रसाद द्विवेदी और बनारस में बाबूराव विष्णु पराड़कर (देखिए बाक्स 1.1) इस परिवर्तन के अगुआ थे। जनान्दोलनों के दौरान जब सेंसरशिप और दमन में कड़ाई आती तो गिरफ़्तार हो कर और कारावास की सज़ा पा कर वे अक्सर स्थानीय नायक भी बन जाते। ऐसी घटनाओं से समाचार-पत्र की पहचान राष्ट्रीय आन्दोलन से और भी अधिक जुड़ जाती और ये हिन्दी के समाचार-पत्र ही थे जिन्होंने सबसे पहले समाज के व्यापक वर्गों को, मुख्य रूप से किसानों और महिलाओं को, आन्दोलन में शामिल करने की ज़रूरत को व्यक्त किया (5.2 और अध्याय 4)[23] 'चलिए गाँवों की तरफ़', गणेश शंकर विद्यार्थी ने आग्रह किया था : 'जिन्हें काम करना है, वे गाँवों की तरफ़ मुड़ें। शहरों में काम हो चुका।'[24] इस रुझान ने गाँधी पूर्व कांग्रेस की सीधी आलोचना करने की प्रेरणा दी : अगर वह सचमुच 'संयुक्त भारत की आवाज़' होने का दावा करती थी तो 'अब... वे दरवाज़े खोल देने पड़ेंगे जो अभी तक किसी कारण से बन्द रखे गये हैं।' विद्यार्थी जी ने लिखा।[25]

ग़ैर-सम्वैधानिक राजनीति का एक और अभिप्राय यह था कि सड़क की राजनीति धीरे-धीरे 'पुस्तकालय की राजनीति' से अधिक महत्वपूर्ण समझी जाने लगी।[26] 1920 से पहले भी युक्त प्रान्त में नरमपन्थी प्रान्तीय कांग्रेस के प्रति असन्तोष के स्पष्ट संकेत मौजूद थे।[27] असहयोग आन्दोलन के दौरान, आन्दोलन में शामिल होने के लिए लड़ाई और संग्राम की शब्दावली का प्रयोग होता था, वह ऐसा रणक्षेत्र और अखाड़ा था जिसमें आदमी 'कूद पड़ता था।' इसके बावजूद राष्ट्रवादी धरने-प्रदर्शनों में जो भीड़ इकट्ठा होती थी, उसको ले कर कांग्रेसियों के मन में दुविधा की भावना थी।

एक ओर तो भीड़ की प्रशंसा 'सच्चे राष्ट्र' और उसकी शक्ति के नज़र आने वाले प्रतीक के रूप में की जाती थी; आम भागीदारों के दृष्टिकोण से, भीड़ का अनुभव उल्लास-भरे सशक्तीकरण का अनुभव था, जिसमें वह अंग्रेज़ी राज का तिरस्कार करके गाँधी और नेहरू 'के नाम पर' ख़ुद के लिए वैधता और अधिकार का दावा करता।[28]

हिन्दी साहित्य में भी भीड़ अक्सर वीरतापूर्ण राष्ट्रवादी कार्यों के लिए मंच प्रदान करती हुई नज़र आती है। वह दर्शक समुदाय भी है जिसके सामने अंग्रेज़ों और उनके पिट्ठुओं की क्रूरता उघड़ कर सामने आ जाती है।[29] ख़ासकर महिलाओं के लिए, जब स्वदेशी आन्दोलन ने उन्हें घर के भीतर ही राष्ट्रवादी बनने के विभिन्न तरीक़े उपलब्ध करा दिये थे, धरनों, सभाओं और प्रदशनों में हिस्सा लेने के लिए दहलीज़ को लाँघना एक अत्यन्त मुक्तिकारक अनुभव था, और यह एक भीड़ की उपस्थिति थी, उसकी भावनात्मक ऊर्जा और उसकी स्वनिर्धारित वैधता थी, जो औरतों को व्यक्तिगत स्तर पर पहला क़दम उठाने और नतीजों का सामना करने के लिए प्रेरित करती थी। इसी तरह, किसान नेता सहजानन्द सरस्वती ने विशाल किसान रैलियों और प्रदर्शनों द्वारा पैदा किये गये भावात्मक प्रभाव का लाभ उठाना सीखा।

दूसरी ओर भारी जनसमुदाय से कांग्रेसी नेताओं को सदा डर लगता था—उसकी 'अराजकता' के कारण भी और कांग्रेसी स्वयंसेवकों की आदर्श रणनीति के तहस-नहस हो जाने के ख़तरे के कारण भी, और कभी-कभी उसके भोलेपन के कारण वे भीड़ को तुच्छ भी समझते थे। यहाँ उच्चवर्ग के दृष्टिकोण और लोकमत के बीच अक्सर टकराव होता था।[30] जैसा कि स्वदेशी की अवधारणा से ही स्पष्ट होता है, ग़ैर-सम्वैधानिक शैली में अलग-अलग दायरों की सीमाओं को पार करने और जन-समूहों को एक-दूसरे में मिलाने की प्रवृत्ति अन्तर्निहित थी। ऐसे बहुत-से तरीक़े थे जिनसे कोई 'राष्ट्रवादी' बन सकता था, बहुत-से प्रतीकात्मक परिवर्तन सम्भावित थे—पहरावे से ले कर बोली तक, काम-काज से ले कर सहभोज तक, परिवार के भीतर सम्बन्धों से ले कर साथी-स्वयंसेवकों के साथ सम्बन्धों तक। गाँधी जी की भाषा और उनकी विचारधारा ने मूल्यों में जो उलट-फेर किया—वर्ग श्रेणियों को पलट कर सर्वसाधारण को अहमियत देते हुए हाशिये से केन्द्र में ले आना, सांसारिक सफलता की तुलना में आत्म-बलिदान और त्याग तथा आधुनिक/पश्चिमी संस्कृति के बरक्स 'भारतीयता' को तरजीह देना—इस सब ने हिन्दी कार्यकर्ताओं और बुद्धिजीवियों के अन्दर महत्व के भाव को बढ़ावा दिया। कम-से-कम कथनी में अंग्रेज़ी का मूल्य देशी भाषाओं की तुलना में घटा दिया गया। अपने मामूलीपन की वजह से ही हिन्दी लेखक 'सच्चे राष्ट्र' के ज़्यादा नज़दीक जान पड़ते थे और इससे आम जनता से सम्पर्क बनाने में उन्हें जैसे आसानी हो जाती थी। दरअसल, जैसा कि हमने देखा है, हिन्दी लेखकों के लिए लोकप्रियता का सवाल जटिल सवाल था (2.3. 2), क्योंकि 'जनता' की अभिरुचि उनकी अपेक्षाओं से मेल ही नहीं खाती थी। उन्होंने यह भी पाया कि सच्चे राष्ट्र को ले कर कांग्रेस की भाषणबाज़ी, दरअसल, भाषणबाज़ी ही थी। लेकिन इसके बारे में और अधिक चर्चा इस अध्याय में आगे चल कर होगी।

अगर हम सम्वैधानिक और ग़ैर-सम्वैधानिक राजनीति की शैली की तुलना करें तो उसमें हमें हिन्दी और अंग्रेज़ी के बीच सम्बन्धों में, और अंग्रेज़ी राज तथा राजाओं-महाराजाओं

के प्रति, जनता के प्रति, हिन्दी साहित्यिक बुद्धिजीवियों के प्रति और राजनैतिक और सामाजिक परिवर्तन के प्रति रवैये में अनेक दिलचस्प अन्तर दिखायी देंगे। सम्वैधानिक राजनीति अंग्रेज़ी की शब्दावली का अनुवाद हिन्दी में करती थी, लेकिन एक राजनैतिक भाषा के रूप में हिन्दी का समर्थन सिर्फ़ द्विभाषिक श्रेणी के भीतर करती थी। ग़ैर-सम्वैधानिक राजनीति की प्रवृत्ति (कम-से-कम प्रतीकात्मक रूप से) द्विभाषिक श्रेणी को पूरी तरह ख़ारिज करके अंग्रेज़ी की जगह देशी भाषा को रखने की थी। इस दिशा में एक हद तक सफलता भी प्राप्त हो गयी थी, हालाँकि राष्ट्रभाषा के रूप में हिन्दी को लाने के अपने उत्साह में हिन्दी बुद्धिजीवियों ने उर्दू के साथ संघर्ष को हवा ही दी और क्षेत्रीय स्तर के ऊपर सचमुच अंग्रेज़ी को हटाने की कठिनाइयों को नज़रअन्दाज़ करते रहे (5.4)। कभी-कभार की तेज़-तर्रार लफ़्फ़ाज़ी के बावजूद अंग्रेज़ी राज और राजाओं-महाराजाओं के साथ अपने सम्बन्धों में सम्वैधानिक राजनीति समझौतावादी रुख अपनाती थी। इसके विपरीत ग़ैर-सम्वैधानिक राजनीति में मुठभेड़ करके आन्दोलन के भीतर वैकल्पिक संस्थाएँ और वैकल्पिक अधिकार स्थापित करने की प्रवृत्ति नज़र आती है। इसके अलावा, जहाँ सम्वैधानिक राजनीति विभिन्न दायरों के बीच सीमाओं को बनाये रखना चाहती थी, राष्ट्रीय चेतना को सरकारी या नागरिक दायरे के बाहर फैलने से रोकने की कोशिश करती थी, ग़ैर-सम्वैधानिक राजनीति सीमाओं को मिटा कर साहित्य को, घर-परिवार को, स्त्री-पुरुष की पहचान और उनकी भूमिकाओं तथा सामाजिक प्रथाओं को राष्ट्रीय चेतना के रंग से रँगना चाहती थी। इस तरह जहाँ सम्वैधानिक नेता सामाजिक परिवर्तन किये बिना राजनीतिक परिवर्तन का लक्ष्य ले कर चलते थे, कम-से-कम समाज के निचले तबक़ों के लिए, ग़ैर-सम्वैधानिक नेता सामाजिक परिवर्तन को अपने राजनैतिक कार्यक्रम के केन्द्र में रख कर चलते थे। सम्वैधानिक नेता भारतीय समाज के श्रेणीबद्ध विभाजन को स्वीकार करते थे और वे ख़ुद अपनी भूमिका महज़ इसी रूप में देखते थे कि उच्चवर्ग और आम जनता के बीच और इसके साथ-साथ भारतीय समाज के बीच मध्यस्थ हो कर वे सर्वसाधारण के शिक्षक और मार्गदर्शक थे। नेता और बुद्धिजीवी ग़ैर-सम्वैधानिक राजनीति में विश्वास करते थे, अपनी भूमिका को और साथ ही राष्ट्रवादी आन्दोलन का लक्ष्य भारतीय समाज के अन्दर 'बेड़ियों को तोड़ कर,' नये सम्बन्धों का निर्माण करना और नये जन-समूहों को सशक्त करना ही समझते। जैसा कि हम महिलाओं के सिलसिले में देख चुके हैं और दोबारा किसानों के सिलसिले में देखेंगे, ये दोनों समुदाय ग़ैर-सम्वैधानिक राजनीति के क्षेत्र में ही उत्साह के साथ संघर्ष में हिस्सा लेते थे, जबकि उनकी सम्वैधानिक हिस्सेदारी और प्रतिनिधित्व नगण्य बना रहा। मिसाल के लिए कांग्रेस की ऊपरी पाँतों में महिलाओं की उपस्थिति का वर्णन करने के लिए 'प्रतीकात्मक' शब्द कभी-कभी इस्तेमाल होता है।[31]

निश्चय ही यह सब सरलीकरण है, असल में दोनों शैलियाँ एक-दूसरे में घुल-मिल जाती थीं और एक-दूसरे पर आच्छादित होती थीं : सम्वैधानिक परिषदें अनिवार्य बुराई बन गयीं और मदन मोहन मालवीय ने भी किसी हद तक सामाजिक परिवर्तन को स्वीकार कर लिया। इन दो दशकों के दौरान ये दोनों धारणाएँ एक-दूसरी में मिलती हुई आगे बढ़ीं; अलग-अलग अवसरों पर कोई एक धारा दूसरी से अधिक प्रबल साबित होती रही। अन्त में, द्विभाषिकता देशी भाषा के नेताओं के लिए बाधा बनती रही और संसदीय शैली को शासन के लिए ज़रूरी माना गया। जिन दो दशकों का हम अध्ययन कर रहे हैं, उनके दौरान कांग्रेस की प्रगति दरअसल दो परस्पर विरोधी, लेकिन सहगामी प्रवृत्तियों को दर्शाती है। ग़ैर-सम्वैधानिक राजनीति वैधता का महत्वपूर्ण मन्त्र बन गयी, साथ ही साहित्य और राजनैतिक क्षेत्र के बीच आवाजाही का भी। उसने नये जनसमूहों और नये विषयों तक पहुँचने का अवसर भी प्रदान किया। हिन्दी राजनैतिक क्षेत्र में इसका प्रतिबिम्ब इस तथ्य में दिखता है कि हिन्दी सम्पादक और कार्यकर्ता प्रमुख स्थानीय और क्षेत्रीय नेता बनने में सफल रहे। वे विधान सभाओं में चुने भी गये, अक्सर पुराने रईसों और ज़मींदार-ताल्लुक़ेदारों को पराजित करके। लेकिन एक बार जब वे सम्वैधानिक अखाड़े में धँस गये तो उन्होंने सम्वैधानिक राजनीति की शैली अपना कर जनता की आकांक्षाओं और जनमत के प्रतिनिधियों की अपनी भूमिका को भुला दिया। इतिहासकारों ने इस प्रवृत्ति को, जो ख़ास तौर पर 1930 के दशक में स्पष्ट नज़र आती है, एक ऐसे राजनैतिक दल के लिए आवश्यक समझौते की शर्त माना है जो सबका प्रतिनिधित्व करने की आकांक्षा रखता था और जिसे उन प्रभावशाली वर्गों को जीत कर अपने पक्ष में लाना था जो अब तक अंग्रेज़ी राज के प्रति वफ़ादार रहे थे। लेकिन अधिकांश हिन्दी बुद्धिजीवियों के लिए यह अनुभव चकरा देने वाला था, ख़ास तौर पर 1937 में, जब पहले कांग्रेसी मन्त्रिमण्डल बने : सम्वैधानिक सफलता का समय जनमत और कांग्रेस पार्टी के बीच सबसे अधिक दूरी का समय भी था। इन दो प्रवृत्तियों का विरोधाभास जितना किसानों और राष्ट्रवादी आन्दोलन में उनकी हिस्सेदारी के प्रति रवैयों में दिखता है, उतना और कहीं नहीं नज़र आता होगा।

5.2 कर्ता (सब्जेक्ट) के रूप में किसान

हिन्दी की जनता में समूचे उत्तर भारत का समाज, विशेष रूप से उस के निचले तबक़े शामिल : यह शायद अंग्रेज़ी के बरक्स हिन्दी के दावे की सबसे बड़ी ताक़त थी। यह दावा 1920 के दशक में उस राष्ट्रवादी नारे से जा मिला कि किसान ही असली राष्ट्र हैं और कांग्रेस किसानों की कांग्रेस है। इसके बावजूद जब किसान सचमुच संघर्ष में आ कूदे और उन्होंने सार्वजनिक क्षेत्र में एक स्वर अर्जित किया तो फिर क्या देखने में आया? दूसरे शब्दों में जब वे राष्ट्रवादी विमर्श के विषयों (ऑब्जेक्ट्स) से बदल कर राजनैतिक

गतिविधि के कर्ता (सब्जेक्ट) बन गये? यह प्रश्न हिन्दी के सार्वजनिक क्षेत्र में खुलेपन और बहिष्कार के मुद्दे से जुड़ा हुआ है।

हेबरमास के आलोचक ध्यान दिलाते आये हैं कि उन्होंने जाने-अनजाने सार्वजनिक क्षेत्र तक पहुँच को बराबरी के समतुल्य ठहराया है : मगर इसमें कुछ समूहों के लिए प्रवेश सैद्धान्तिक रूप से प्रतिबन्धित होना, इस बात का सबूत नहीं है कि सब को बराबरी से प्रवेश मिला हुआ है। मिसाल के लिए नैन्सी फ्रेज़र ने न सिर्फ़ बुर्जुवा सार्वजनिक क्षेत्र में खुले प्रवेश की सम्भावना से वास्तविक बहिष्कारों पर बल दिया है (हेबरमास ने भी माना था कि व्यवहार में खुला प्रवेश कभी पूरी तरह नहीं हो पाता) बल्कि उस अधिक सूक्ष्म भेदभाव को भी रेखांकित किया है जो इस प्रकट रूप से समान बहस-मुबाहसे में छिपा हुआ है। पत्र-पत्रिकाओं में सभी लिख सकते हैं; पद, सामाजिक हैसियत या जाति का कोई प्रतिबन्ध नहीं है, मगर दरअसल नैन्सी फ्रेजर का कहना है, इन सबके महत्व को नकारना (मानो उनकी कोई अहमियत ही न हो) या फिर एक विशेष शैली या आचार-पद्धति पर ज़ोर देना हैसियत की ना-बराबरी का चिह्न है और स्त्रियों और निम्न वर्गों के लोगों को हाशिये पर धकेल देता है। राजनैतिक विचार-विमर्श की भाषा अपने आप में (प्रकट रूप से सर्व-सम्मतिपूर्ण जान पड़ने वाले) 'हम' की छतरी लागू करते हुए सूक्ष्म नियन्त्रण का संकेत दे सकती है : 'अधीनस्थ समूह अपने विचारों को व्यक्त करने के लिए कभी-कभी सही स्वर या शब्द नहीं खोज पाते, और जब वे ऐसा कर पाते हैं, वे पाते हैं कि उन्हें सुना नहीं जा रहा' या फिर यह 'हम' वास्तव में उनका प्रतिनिधित्व नहीं करता।[32] ऐसी स्थिति में, फ्रेजर का कहना है, यह समूह अक्सर 'सबऑल्टर्न प्रति-जनता' को स्थापित करके 'समानान्तर वाद-विवाद के अखाड़े' बना लेते हैं, जहाँ वे 'अपनी अस्मिता, अपने हितों और अपनी आवश्यकताओं की प्रति-व्याख्या को सूत्रबद्ध करने के लिए प्रति-विमर्श प्रसारित कर सकते हैं।'[33]

कांग्रेस और किसानों के सम्बन्ध में बहुत काम हो चुका है। उसे दोहराये बिना[34] मैं यहाँ सबसे पहले हिन्दी साहित्य और राष्ट्रवादी विमर्श में किसानों को विषय बनाने और हाशिये पर रखने के तरीक़े पर ध्यान देना चाहती हूँ। इसके बाद मैं उस समय के सबसे अहम और मुखर किसान नेता, स्वामी सहजानन्द सरस्वती (1889-1950) की आलोचना और उनके विश्लेषण पर रोशनी डालना चाहती हूँ। उसके बाद मैं यह जाँचने की कोशिश करूँगी कि किसानों के विश्लेषण और उनकी सक्रियता का हिन्दी के सार्वजनिक क्षेत्र पर क्या असर पड़ा। ऐसा करने के लिए मैं सहजानन्द सरस्वती के अनुभव, उनके विश्लेषण और उनके कार्यक्रम पर ध्यान देने से पहले किसानों के प्रति साहित्यिक और राजनैतिक रवैयों को भी परखूँगी। 'किसानों के प्रश्न' पर मेरा दृष्टिकोण इन्हीं सवालों और मुद्दों तक सीमित होने के कारण सामग्री को बहुत छाँट कर परखा गया है।

इलाहाबाद से निकलने वाली प्रभावशाली पत्रिका 'अभ्युदय' का विशेष 'किसान अंक' हमें किसानों और किसान आन्दोलन से सम्बन्धित हिन्दी वालों की राय, उनके तर्क और मुद्दों की एक झलक दिखाता है। गाँधी-इरविन समझौते के बाद और सविनय अवज्ञा के दूसरे चरण के शुरू होने से ठीक पहले प्रकाशित होने वाले 'अभ्युदय' के इस अंक में शहरी कांग्रेसी बुद्धिजीवियों और नेताओं ने आन्दोलन में किसानों की सक्रिय हिस्सेदारी खुले दिल से सराही।[35] उनका एहसास था कि राष्ट्रवादी आन्दोलन तो क्या, विश्व इतिहास नये राजनैतिक कर्ता (सबजेक्ट) के साथ नये चरण में प्रवेश कर रहा था। वेंकटेश नरायण तिवारी ने अपने सम्पादकीय में इसे एक नया अध्याय कहा जिसमें किसान भारत के पुराणों और इतिहासों से अनुपस्थित रहने के बाद मंच पर आ कर बीचों-बीच खड़े हो गये हैं। 'ग़ैर-किसान युग' से 'किसान युग' में परिवर्तन और गाँधीवादी राष्ट्रवाद ने मूल्यों का उलटफेर करके अब सामान्य सामाजिक पद-प्रतिष्ठा को धक्का दिया था; गाँधी की कृपा से अब कांग्रेसी गाँव-देहात की जर्जर चरपाइयों को गर्वनर की कुर्सी से ज़्यादा ऊँचा और सम्मानजनक समझने लगे हैं।[36]

जैसी कि आशा थी, 'किसान युग' ने शहरी हिन्दी बुद्धिजीवियों के बीच व्यापक प्रतिक्रिया को जन्म दिया। उत्साह की मात्रा एक-सी नहीं थी। कुछ लोगों ने कहा कि किसान के साथ कांग्रेस की पहचान का नत्थी किये जाने का मतलब उनकी 'पक्षधरता' नहीं लगाना चाहिए; वस्तुतः कांग्रेस बीच-बचाव करने और स्थिति को स्थिर बनाने का काम कर रही है। जैसा कि सरदार नर्मदा प्रसाद सिंह ने कहा कांग्रेस वास्तव में किसानों की संस्था है, उसके लगभग 70 फीसदी सदस्य किसान हैं। तहसील समितियाँ जो ऊँची समितियों के लिए प्रतिनिधि चुनती हैं, पूरी तरह किसानों के हाथ में हैं, इसलिए यह स्वाभाविक है कि कांग्रेस किसानों का इतना ज़ोरदार समर्थन करेगी, यह सचमुच प्रशसनीय है कि किसानों की संस्था होने के बावजूद कांग्रेस ने किसानों की ओर से ऐसा कोई अनुरोध नहीं किया है जो पक्षपात पूर्वक किया गया हो।[37]

किसानों की पहलक़दमी को काबू में रखने की ज़रूरत नैतिक अपील की भी शक्ल ले सकती थी। मदन मोहन मालवीय ने किसानों से आग्रह किया कि वे निर्भीक, एकताबद्ध, न्यायपूर्ण, सत्यनिष्ठ रह कर धर्म का पालन करें : 'धर्म मनुष्य का प्राण है, जिसका धर्म नहीं वह मरे के बराबर है, इसलिए तुम अपने धर्म की रक्षा करो। धर्म तुम्हारी रक्षा करेगा।'[38] कुछ ने यह तर्क दिया कि 'सच्चे राष्ट्र' के प्रतिनिधि, किसानों का संघर्ष (केवल?) औपनिवेशिक सत्ता के ख़िलाफ़ था। मिसाल के लिए पुरुषोत्तम दास टण्डन ने अपने लेख में किसान को 'हमारे देश के जीवन का प्राण' बताते हुए उसका गुणगान किया था, साथ ही किसानों से उतने ही जोश से उतनी ही आडम्बरपूर्ण अपील भी की कि वे कांग्रेसियों के साथ पुलिस की गोलियों का सामना करते हुए शहीद बनें।[39] जहाँ कुछ लेखकों ने कहा कि किसान को कर्ता (सब्जेक्ट) के रूप में स्वीकार करने का मतलब

राष्ट्रवादी अर्थ-व्यवस्था और समाज का नया ख़ाका बनाना था,[40] वहीं दूसरों ने कांग्रेस समर्थक ताल्लुक़ेदारों की पहलक़दमियों का स्वागत करते हुए उन्हें ऐसे परिवर्तन का रास्ता बताया जो ग्रामीण और सामाजिक सामंजस्य को ख़तरे में नहीं डालेगा। मिसाल के लिए भदरी के ताल्लुक़ेदार राय बजरंग बहादुर सिंह ने लिखा कि किसान और ज़मींदार दोनों ही क़ीमतों में गिरावट से प्रभावित हुए थे, और यह कि अधिकांश ज़मींदार लगान अदा करने की ख़ातिर पैसे जुटाने की मजबूरी में अपने किसानों को तंग करने पर दुखी थे। लेकिन जहाँ पहले के ज़मींदार किसानों को अपनी सम्पत्ति का स्रोत समझते थे, अब वे ख़ुद को किसानों से अलग समझते थे और यही समस्या की जड़ थी। यह परम मूर्खता है, उन्होंने कहा, और ज़मींदारों को जल्दी ही यह समझ लेना चाहिए कि किसान उनकी 'पूँजी' हैं, जिसे उन्हें वैसे ही सँभाल कर रखना चाहिए, जैसे एक महाजन अपनी पूँजी को सँभाल कर रखता है।[41] सिर्फ़ किसान संघ के सचिव और कांग्रेस के भावी समाजवादी सदस्य, मोहन लाल गौतम का विश्वास था कि किसान-संघर्ष का अपना स्वायत्त राजनैतिक कार्यक्रम था और उन्हें एक स्वायत्त संगठन की भी ज़रूरत थी। इस मान्यता को बाद में कांग्रेस समाजवादी पार्टी और किसान सभाओं ने भी दोहराया। मोहन लाल गौतम ने 'कैसा स्वराज्य?' का प्रश्न उठाया और एक ऐसे लोक की कल्पना पेश की जहाँ किसानों की बहुसंख्या राज करेगी। उन्होंने लिखा कि किसानों को ग़लती से यह नहीं सोचना चाहिए कि उनकी सारी समस्याएँ स्वराज्य के साथ ग़ायब हो जायेंगी; बल्कि उन्हें किसान संघ में संगठित हो जाना चाहिए ताकि स्वाधीनता के बाद वे सत्ता अपने हाथ में लेने के लिए तैयार हो जायें।[42] इस तरह, जब किसान आख़िरकार राष्ट्रवादी आन्दोलन की अगली पाँत में शामिल हुए तो अलग-अलग और भिन्न-भिन्न स्तर पर प्रतिक्रियाएँ हुईं : प्रतिकात्मक, राजनैतिक, आर्थिक स्तर पर। आइए, संक्षेप में इन प्रतिक्रियाओं के इतिहास पर नज़र डालें।

यह आश्चर्य की बात है कि हिन्दी पट्टी प्रमुख रूप से ग्रामीण इलाक़ा और खेती-बाड़ी करने वाला समाज होते हुए भी हिन्दी के अख़बारों में 1920 से पहले कृषि और किसान का ज़िक्र बिरले ही नज़र आता है।[43] 'सम्पत्ति के निकास' और व्यापक देशोन्नति की आवश्यकता पर बहसें अन्य भाषाओं की तरह हिन्दी में 19वीं सदी के अन्त तक ठोस रूप ग्रहण कर चुकी थीं। इसके बावजूद कृषि सम्बन्धी उत्पादन और ग्रामीण सम्पत्ति की अवनति पर अत्यन्त अस्पष्ट शब्दों में ही चर्चा हुई थी। व्यापार और बैंकिंग को इससे कहीं अधिक प्रमुख स्थान मिलता था जिसमें भारतीय वाणिज्य और बैंकिंग प्रणाली की समृद्ध परम्परा, औपनिवेशिक सत्ता द्वारा सम्पत्ति का निचोड़ा जाना और राष्ट्रीय उन्नति के प्रमुख साधन के रूप में व्यापार और उद्योग के विस्तार को ले कर तर्क दिये जाते थे। हिन्दी में महावीर प्रसाद द्विवेदी ने एक बार फिर नया रास्ता खोलने का काम किया। अपनी पुस्तक 'सम्पत्ति शास्त्र' (1907) में जो हिन्दी

में, राजनैतिक अर्थशास्त्र पर पहली मौलिक कृति थी, आचार्य द्विवेदी ने एक छोटे-से खण्ड में मेहनत और सम्पत्ति के सन्दर्भ में भूमि की उपज के प्रश्न को रेखांकित किया। उन्होंने पश्चिमी देशों की तुलना में भारतीय कृषि की कम उपज को पट्टेदारी की असुरक्षा और पूँजी के निकास के सन्दर्भ में व्याख्यायित किया। भारत की आर्थिक अवनति के कारणों में द्विवेदी जी ने हिन्दुस्तानियों के 'पुरानेपन' और उनकी मितव्ययिता, आत्मोन्नति, होशियारी, उद्यम और पूँजी निवेश जैसे (अंग्रेज़ी) गुणों के अभाव को बताया। पुस्तक एक ताल्लुक़ेदार को समर्पित थी।[44]

किसानों की स्थिति हिन्दी में सबसे पहले कविता का विषय बन कर सामने आयी। ऐसा विषय द्विवेदी जी के अपेक्षित सामयिक, उपयोगी और मार्मिक साहित्य का आदर्श उदाहरण था (देखिए 2.2)[45] यह एक ऐसे रुझान की शुरुआत थी जिसके तहत अनेक नये और स्थापित कवियों ने किसान पर हृदय विदारक कविताएँ रचीं, अक्सर 'दुखी किसान' की पहचान अपनाते हुए और शिक्षित शहरी पाठकों के सामने सहानुभूति और मान्यता के लिए गुहार लगाते हुए (इसीलिए शीर्षक थे : आर्तनाद, क्रन्दन)। भाषा आम तौर पर मानक खड़ी बोली ही थी, अक्सर द्विवेदी युग की कविता की विशिष्ट संस्कृतनिष्ठ शैली में : किसानों की बोली या लोकगीतों की भाषा को उद्धृत करने का कोई विशेष प्रयास नहीं किया गया था। एक उल्लेखनीय अपवाद था, भोजपुरी में पटना के अज्ञात हीरा डोम की कविता 'अछूत की शिकायत' जो 1914 में 'सरस्वती' में प्रकाशित हुई और 1980 के दशक तक सम्पूर्ण हिन्दी साहित्य की मुख्य धारा में किसी दलित कवि (अगर वह सचमुच दलित था तो) का इकलौता उदाहरण थी।

शुरू में किसान मूक और अज्ञात सेवक के रूप में पृष्ठ-भूमि में ही खड़ा रहा था। धीरे-धीरे वहाँ से आगे बढ़ कर साहित्य के क्षेत्र में उसकी अपनी जगह बननी शुरू हुई भले ही कविगण ऐसे अरुचिकर विषय को उठाते हुए आरम्भ में माफ़ी माँगते।[46] इन कविताओं का एक उल्लेखनीय लक्षण है तदात्मीकरण : जैसा कि महिलाओं की फ़र्ज़ी आत्म-कथाओं के सिलसिले में हम देख चुके हैं, कवियों द्वारा किसान का व्यक्तित्व धारण करके बोलने से किसानों को वाणी मिल गयी और उन्होंने पाठकों को किसानों की कहानी उनके ही पक्ष से सुनने के लिए मजबूर किया। फ़र्क़ बस इतना था कि इन कविताओं में किसान अक्सर मौन रहते या विलाप करते और ख़ुद अपनी कहानी बताने में असमर्थ होते थे। जैसा वीर भारत तलवार कहते हैं किसानों को, भले ही सहानुभूति में, 'बेचारे' और 'मूर्ख' बताया जाता, या वे ईश्वर की मदद के लिए प्रार्थना करते या प्रतीक्षा। इस तरह 'किसान के विलाप' वाली कविताएँ किसानों को शहरी, समृद्ध पाठकवर्ग की सहानुभूतिपूर्ण दृष्टि का विषय बना कर उन्हें निष्क्रिय भी कर देतीं।[47] इस विषय पर सबसे मुखर और क्रान्तिकारी कवि 'त्रिशूल' ने भी दया-भरे शब्दों में किसानों की हालत बयान की थी :

कौन सुनेगा दीन जनों की राम कहानी
दीनबन्धु भी भूल गए वह बात पुरानी।
रहे बहुत दिन मौन सही सबकी मनमानी
आँखों से बह गया धैर्य हो-हो कर पानी।
कल न सही तो काल ही किसी तरह कट जाएगा
रोयेंगे कुछ देर तो कुछ तो दुख घट जायेगा।

इन हृदय विदारक वर्णनों में यह धारणा निहित थी कि किसानों की दुर्दशा का करुण दृश्य उदासीन समृद्ध नगर निवासियों को झकझोर कर जगाने और परिवर्तन लाने के लिए काफ़ी होगा। इन कविताओं में सम्वेदना और अर्थशास्त्र का मेल होता था। मैथिलीशरण गुप्त की कविता 'भारत-भारती' (1912; देखिए 3.1) में द्विवेदी जी के तर्क के आधार पर ग्रामीण दुर्दशा की चर्चा के बाद किसानों की असहाय अवस्था की एक 'झाँकी' प्रस्तुत की जाती है। किसानों के सीधे सादे जीवन और नगर निवासियों की फ़िज़ूल-ख़र्ची की तुलना सुखी अतीत और दुखी वर्तमान के विलाप में समा जाती है। अगर इस प्रक्रिया ने किसान का एक शक्तिशाली और सकारात्मक प्रतीक खड़ा करके किसानों को नैतिक ऊँचाई तक पहुँचाया, उन्हें अंग्रेज़ राज विरोधी भारत के सबसे सच्चे प्रतिनिधि और आदर्श सत्याग्रही घोषित करते हुए, तो फिर इसने अतीत के एक ऐसे स्वर्गिक ग्रामीण जगत की सृष्टि में भी सहायता दी जो आसानी से ब्रज के कृष्ण लोक के समतुल्य बन सकता था, जहाँ शोषण या दरिद्रता का लेश भी नहीं था।[49] कवि मुकुटधर पाण्डेय ने बिना किसी व्यंग्य का संकेत दिये, किसान के सम्पत्तिहरण को किसान की उदारता और उसकी दरिद्रता को तपस्या घोषित किया और उसका अपमानों को सहना नैतिक वर्चस्व का चिह्न बताया।[50] बुद्धिजीवियों और किसानों के बीच की खाई गहरी थी। बुद्धिजीवी अपने अज्ञान और किसानों से अपनी दूरी को छिपाने के लिए किसानों के कठिन जीवन को नैतिकता का आवरण दे रहे थे।

किसानों के आदर्श काव्य-चित्रण और उनकी निर्धनता के कारणों के राजनैतिक विश्लेषण के बीच एक और बढ़ती हुई खाई भी देखी जा सकती है। 1910 के दशक के अन्त से सैद्धान्तिक बहसों का ध्यान भूमि उर्वरता और धन-निकासी से हट कर आर्थिक और राजनैतिक कर्ता (सब्जेक्ट) के रूप में किसान पर ही केन्द्रित हो गया। अवध के आन्दोलन के चलते उसे ख़बरों की सुर्ख़ियों में लाने से पहले ही हिन्दी में प्रान्त की ग्रामीण आर्थिक स्थिति के मुखर विश्लेषण सामने आ चुके थे। किसानों के मुद्दे में दिलचस्पी के इस 'बौद्धिक भूगोल' का केन्द्र कानपुर में था जहाँ से उर्दू पत्रिकाएँ 'ज़माना' और 'आज़ाद' और हिन्दी पत्र 'प्रताप' प्रकाशित होता था। इलाहाबाद में कृष्ण कान्त मालवीय की पत्रिका 'अभ्युदय' और मर्यादा,' 'सरस्वती,' सी.वाई.चिन्तामणि का अख़बार 'लीडर' और नेहरू का समाचार पत्र 'इण्डिपेण्डेंट' इसके अगुआ थे। बनारस में 'आज' और

ज्ञानमण्डल प्रेस; इन्दौर में 'हिन्दी नवजीवन' और सरस्वती सदन प्रेस भी इस बढ़ती दिलचस्पी के प्रमुख केन्द्र थे। हिन्दी में किसानों के सवालों पर लिखने में गंगाधर पन्त, दयाशंकर दुबे, प्राणनाथ विद्यालंकार और रमाशंकर अवस्थी प्रमुख थे। इन्हीं लोगों ने पहले-पहल रूसी क्रान्ति और 'जनता के युग' के आने के बारे लेख लिखने शुरू किये।[51] 'वही लोग जो अपनी गणना विशेष कोटि के मनुष्यों से करते हैं, जो उन लोगों को जो उनके सुख के सामान जुटाने के लिए दरिद्रता और कठोर परिश्रम का जीवन व्यतीत कर रहे हैं, 'कमीना' के नाम से पुकारने में अपने हृदय की संकीर्णता और जल्ला नहीं बोध करते... वही लोग देश के उन करोड़ों प्राणियों को 'अन्नदाता' के नाम से पुकारने में हमारे साथ एक स्वर न होंगे, जो देश के झोंपड़ों में रहते हैं, और धूप, वर्षा और जाड़े में एक समान मेहनत करते हुए, अपने, और साथ ही संसार की उत्पत्ति का केवल अध्ययन करने वाले लोगों के लिए भी, बिना किसी ईर्ष्या के भाव के अन्न उत्पन्न करते हैं।' विद्यार्थी जी ने मई 1915 में लिखा 'केवल शहरों में रहने वाले पढ़े-लिखे ही आदमी नहीं, देहातों में निवास करने वाले अपढ़-कुपढ़ हमारे मजदूर ओर किसान भाई भी इस महासभा के काम में उत्साह के साथ योग दें।'[52] चम्पारन में गाँधी जी के हस्तक्षेप से मानो नया अध्याय शुरू हो गया था, जो हिन्दी पत्र-पत्रिकाओं में ग्रामीण स्थिति के प्रति पहले से अधिक जागरूकता और दिलचस्पी की निशानदेही करता था। बुर्जुवा सार्वजनिक क्षेत्र में पहली बार किसान एक मुद्दा बन कर सामने आये और ऐसे मुद्दे उठाये गये और उन पर बहस की गयी जो सीधे-सीधे उनके लिए प्रासंगिक थे—जैसे क़र्ज़दारी, बेगार और क़ानून की सामान्य अनुपस्थिति।[53] भारतीय किसान के जागरण और रूसी क्रान्ति की सफलता के बीच स्पष्ट समानता खोजी गयी और भारत में व्यापक किसान आन्दोलन की ज़रूरत व्यक्त होने लगी।[54] 1919 में बिजौलिया के आन्दोलन की और 1920 और 1922 के बीच अवध के किसान आन्दोलन की ख़बरें हिन्दी पत्र-पत्रिकाओं में प्रमुखता से छपीं, जिनमें ज़मींदारों के उत्पीड़न और किसानों की माँगों को विशेष रूप से रेखांकित किया गया।[55]

इन किसान आन्दोलनों ने हिन्दी के राष्ट्रवादी प्रेस के एक हिस्से और कुछ कांग्रेसी कार्यकताओं को समाजवाद की ओर जाने की और किसान तथा मज़दूर संगठनों में सीधे काम करने की प्रेरणा दी।[56] कानपुर में 'प्रताप परिवार' ने 1920 के दशक के आरम्भ में ज़मींदारी व्यवस्था-विरोधी भाषण छापने शुरू किये और आन्दोलन के बाद पास के गाँव में एक कांग्रेस आश्रम की स्थापना की। आश्रम 1930 में सत्याग्रही स्वयंसेवकों का प्रशिक्षण केन्द्र बन गया। उसी समय हिन्दुस्तानी सेवा दल के प्रशिक्षित सदस्य गाँवों में काम करना शुरू कर रहे थे। बनारस में हरिहर नाथ शास्त्री और कमलापति त्रिपाठी जैसे काशी विद्यापीठ के स्नातक और उनके शिक्षक नरेन्द्र देव और सम्पूर्णानन्द कांग्रेस सोशलिस्ट पार्टी के आरम्भिक सदस्य बने; 1921 में और सविनय अवज्ञा आन्दोलन के

समय उन्होंने प्रचार कार्य के लिए गाँवों के भी दौरे किये। बिहार में रामवृक्ष बेनीपुरी, राहुल सांकृत्यायन और बाद में बैद्यनाथ मिश्र नागार्जुन किसान सभा में शामिल हुए। बेनीपुरी कांग्रेस सोशलिस्ट पार्टी के संस्थापकों में थे और उनका साप्ताहिक पत्र 'युवक' (पटना, 1929), बिहार में कांग्रेस सोशलिस्ट पार्टी का मुखपत्र बन गया। राहुल और नागार्जुन बाद में कम्यूनिस्ट पार्टी में शामिल हो गये। 1930 के दशक में प्रकाशित ढेर सारी पुस्तिकाओं और लेखों से साफ़ दिखता है कि किसानों के मुद्दे से सम्बन्धित तर्क और शब्दावली समाजवादी बनती गयी और इन पुस्तिकाओं और लेखों में श्रम (मेहनत), उत्पादन के औज़ार या साधन, कुदरती चीज़ें और पूँजीवाद जैसी कोटियाँ इस्तेमाल होने लगीं। इस परिप्रेक्ष्य में किसान और मज़दूर–श्रमिकों और उत्पादकों के रूप में–प्रमुख कर्ताओं (सब्जेक्ट्स) के रूप में सामने आये और ज़मींदार और पूँजीवादी दोनों की व्याख्या हानिकारक नुक़सानदेह परजीवी के शब्दों में होने लगी, जिनसे वर्चस्व और नियन्त्रण छीनना ज़रूरी था।

> 'आजकल दो ही जातियाँ हैं। (1) पटेल, ज़मींदार, ठाकुर, नवाब, राजा या रईस, ठेकेदार, दुकानदार, साहूकार, बैंकर, मकानदार, कारख़ानेदार या दलाल, एजेन्ट, वकील या अफ़सर। (2) ग़रीब किसान या मज़दूर।'[57]

इस नज़रिये ने 1934 में कांग्रेस सोशलिस्ट पार्टी की स्थापना के साथ संस्था का रूप लिया। पार्टी के उद्देश्यों में कांग्रेस के भीतर दबाव डालने वाला गुट बना कर किसान-मज़दूर के पक्ष में नीति निर्धारित करना और ग़ैर-सम्वैधानिक राजनीति के क्षेत्र में किसान-मज़दूरों को संगठित करना था।[58] यह ग़ौरतलब है कि युक्त प्रान्तों और बिहार में कांग्रेस सोशलिस्ट नेताओं का अधिकांश 'हिन्दी नेताओं' का था, जैसे आचार्य नरेन्द्र देव, सम्पूर्णानन्द और जयप्रकाश नारायण। हालाँकि उनकी राजनैतिक निष्ठा अन्ततोगत्वा कांग्रेस के प्रति ही थी, उन्होंने किसान सभाओं को कांग्रेस के दायरे में लाने और उनके तथा प्रतिकूल कांग्रेसी नेताओं के बीच समझौता कराने में एक कारगर भूमिका निभायी। समाजवादियों के मन में स्वाभाविक रूप से विपरीत हितों वाले समाज की जो अवधारणा थी, उसका मेल भारतीय (हिन्दू) समाज के 'सामंजस्य' की प्रचलित धारणाओं के साथ नहीं खाता था (देखिए 3.3)। सामाजिक सामंजस्य का आदर्श चाहे ब्रिटिश पूर्व या मुस्लिम पूर्व भारत में परिकल्पित किया जाता तो वह जैसा कि हम देख चुके हैं भारतीय समाज की मौजूदा स्थिति और सामाजिक तथा वर्ग-संघर्ष से आक्रान्त आधुनिक पश्चिमी समाज का सकारात्मक जवाब पेश करता था। इस सन्दर्भ में हिन्दी के प्रमुख आलोचक रामचन्द्र शुक्ल ने 'नॉनकोऑपरेशन ऐण्ड नॉनमर्केन्टाइल क्लासेस' ('एक्सप्रेस' पटना, 1921) शीर्षक से जो लेख लिखा था और जो हाल ही में सामने आया है, विशेष महत्व प्राप्त कर लेता है।[59] सीधी राजनैतिक टिप्पणी करने का रामचन्द्र शुक्ल का यह प्रयास विशेष रूप से प्रासंगिक है, क्योंकि असहयोग की समीक्षा के माध्यम से यह एक ऐसे

दृष्टिकोण को स्पष्ट करता है जो 'ग्रामीण सामंजस्य' पर लिखे गये अधिकांश लेखों में भी निहित था, यानी इस बात से इनकार की ग्रामीण समाज में अलग-अलग और आपस में टकराने वाले विपरीत हित मौजूद थे। शुक्ल जी के तर्कों में बटाईदार किसान और खेत-मज़दूर की बजाय, छोटे, निर्धन ज़मींदार को केन्द्र में रखने की वजह से ही उन्हें ग्रामीण दुर्दशा के लिए भूमि के व्यापारीकरण को दोषी ठहराने का तर्क दे पाये : 'वह घृणित धन-लोलुपता' जिसने औपनिवेशिक युग से पहले के समाज के दो सुथरे वर्गों, वणिक और ग़ैर-वणिक का एक ख़तरनाक संकर (जिसमें जातियों के मिश्रण की गूँज, वर्ण-संकर) पैदा कर दिया। ग़ैर-वणिक वर्गों में ग्रामीण और नौकरीपेशा, दोनों ही वर्ग शामिल थे। पहले के युग में हर वर्ग अपने स्थान पर क़ायम था और वह दूसरे के क्षेत्र में हस्तक्षेप नहीं करता था। इस तरह समाज में पूर्ण सन्तुलन था... ब्राह्मण और कृषक वर्ग अपनी स्थिति या भूमि में अपने हिस्से के अनुसार जो कमाते उसे सन्तुष्ट रहते थे। इस हस्तक्षेप ने, लगान की बेहिसाब वसूली के साथ मिल कर, 'कृषक वर्गों' को —ज़मींदारों और किसानों, दोनों को समान रूप से—बरबाद कर दिया था। इस विश्लेषण ने शुक्ल जी द्वारा असहयोग आन्दोलन के नकारात्मक मूल्यांकन की पृष्ठभूमि तैयार की। उनके विचार में असहयोग आन्दोलन वणिक वर्ग द्वारा कृषक वर्ग को नियन्त्रित करने की कोशिश थी। गाँधी जी के कार्यक्रम को उन्होंने 'अस्पष्ट,' एक 'सतही विद्रोह' और 'महज़ शोर-शराबा' बताया 'जिसमें लोग बिना सोचे-समझे हिस्सा ले रहे थे।' व्यक्तिवाद जो पश्चिमी शिक्षा की उपज था, और जिसने हमारे युवाओं के मस्तिष्क में व्यक्तिगत स्वाधीनता के विचार भर दिये थे जो सामाजिक और नैतिक अनुशासन के सारे विवेक को नष्ट कर देती है, इसका एक और कारण था।[60]

इस स्थिति में शुक्ल जी के दृष्टिकोण के अनुसार राष्ट्रवादी स्वयंसेवकों और किसान आन्दोलन का गठजोड़ अत्यन्त सन्दिग्ध था और सामाजिक विग्रह तथा सामाजिक उथल-पुथल की ओर एक क़दम था, जिसका चित्रण उन्होंने कठोरता से कलियुग कह कर किया। इस कलियुग में व्यक्तिवाद और पूँजीवाद के दो सिरों वाले राक्षस के नेतृत्व में छात्र अपने अध्यापकों की अवज्ञा करना सीखेंगे और मज़दूर ज़मींदारों की मर्यादा का पालन कोई नहीं करेगा और परिणाम होगा सम्पूर्ण अव्यवस्था।[61] इसलिए मर्यादा की सीमाओं की रक्षा करना परम आवश्यक था। शुक्ल जी के लिए ग्रामीण दरिद्रता की समस्या का समाधान आर्थिक सुधार के ऐसे कार्यक्रम में था जिसकी कोई सामाजिक या आर्थिक क़ीमत ही न थी : सामाजिक परिवर्तन परस्पर सद्भावना से ही घटित होगा और होना चाहिए (पृष्ठ 52)। किसानों की व्यथा को सहानुभूतिपूर्वक देखते हुए भी सामाजिक और आर्थिक टकराव को भारतीय समाज के लक्षण के रूप में स्वीकार करने में यह हिचक ऐसा लगता है कि हिन्दी के सार्वजनिक क्षेत्र में, व्यापक रूप से बनी रही, चाहे कोई राष्ट्रवाद के रंग में रँगा हो या नहीं। वस्तुतः हम स्वामी सहजानन्द के जीवन

को 'ग्रामीण सामंजस्य' के इसी दृष्टिकोण से धीरे-धीरे मुक्त होने के क्रम में परख सकते हैं। ऐसा परिवर्तन किसान-संघर्षों के साथ उनके सीधे सम्पर्क में आने की वजह से ही आया था। जैसा कि उनके सिलसिले में देखा जा सकता है, किसान को पूरी तरह राजनैतिक कर्ता (सब्जेक्ट) के रूप में समर्थन देने से पहले एक सांस्कृतिक रूपान्तरण की आवश्यकता थी।[62] स्वामी सहजानन्द सरस्वती के लिए ऐसा क़दम उठाने का मतलब था गाँधीवादी राष्ट्रवाद से इनकार, संस्था के रूप में कांग्रेस की कड़ी आलोचना, और एक किसान 'प्रति-जनता' की सृष्टि।

स्वामी सहजानन्द सरस्वती एक युवा संन्यासी थे जो हाई स्कूल परीक्षा के ठीक पहले घर छोड़ कर भाग गये थे। पहले-पहल वे अपनी धार्मिक शिक्षा से खिंच कर भूमिहार ब्राह्मण 'समाज' के एक मुद्दे पर 'सामाजिक काम' करने की तरफ़ आकर्षित हुए। यह मुद्दा भूमिहारों के ब्राह्मण होने का दावा था। क्योंकि अपने शब्दों में, 'यह तो घटनाओं ही का काम है जो मानस-पटल पर उसकी महत्ता, उसकी अहमियत, उसकी कर्तव्यता को अंकित कर दे।... यह भी जान लेना चाहिए कि यह जो जन-सेवा की बात मेरे दिल में उठी, वह पहले-पहल जन साधारण की सेवा न थी। मैंने तो यही सोचा कि चलो एक भूमिहार ब्राह्मण समाज का उद्धार कर दो। फिर अपने पठन-पाठन और ब्रह्मज्ञान का मजा उठायेंगे।'[63] इसके विपरीत उन्होंने 'प्रताप' जैसे राष्ट्रवादी अख़बार पढ़ने शुरू किये और शाहाबाद ज़िले में कट्टर गाँधीवादी तथा कांग्रेसी कार्यकर्ता बन गये।[64] 1922 में एक साल की सज़ा काटने के बाद उन्होंने ग़ाज़ीपुर में कांग्रेस और खादी का प्रचार जारी रखा और यू.पी.कांग्रेस कमेटी तथा अखिल भारतीय कांग्रेस कमेटी के सदस्य बन गये। बाद में कई बार गाँधी के प्रति उनकी आस्था की परीक्षा हुई, ख़ास तौर पर किसान-ज़मींदार सम्बन्धों को ले कर गाँधी जी के समझौतावादी रवैये के कारण।[65] वर्षों बाद सहजानन्द ने किसानों से यह आग्रह किया कि वे अपना स्वाधीन विवेक और निर्णय-शक्ति बनाये रखें और नेताओं की त्याग वाली छवि पर लट्टू होने की बजाय उन्हें किसान हितों की खरी कसौटी पर कस कर परखें।

> 'ग़ैरों के त्याग और बलिदान पर बहू बन के अपने हिताति का विचार न करना और आँख मूँद कर उनकी या किसी की बातें मानना आत्मघात के बराबर है। अन्ध परम्परा को छोड़ कर हमें नेताओं और उपदेशकों की हर बात की अपने किसान-मज़दूरों के) सामूहिक स्वार्थ की कसौटी पर कस कर उसकी कड़ी जाँच करनी चाहिए। इतना ही नहीं, कभी-कभी नेताओं को, जो लम्बी दलीलें दिया करते हैं, हक्का-बक्का भी करना चाहिए, जेसा कि रूस या अन्य देशों की जनता ने समय-समय पर किया है।'[66]

किसानों के साथ उनकी सम्बद्धता असल में उनके राष्ट्रवादी कार्य का ही विस्तार थी। जो आश्रम उन्होंने पटना के नज़दीक बिहटा में शुरू में भूमिहार बच्चों ही की धार्मिक

शिक्षा-दीक्षा के लिए स्थापित किया था, वह एक ऐसे इलाक़े में था जो ज़मींदारों द्वारा उत्पीड़न के लिए कुख्यात था। सहजानन्द को शुरू में विश्वास था कि एक किसान संगठन काश्तकारों और ज़मींदारों के बीच समझौता कराके राष्ट्रवादी आन्दोलन की एकता को ही सींचेगा। जिस पहले किसान संगठन के साथ वे सम्बद्ध हुए, 'पश्चिमी पटना किसान सभा' (1927; बाद में 'बिहार प्रान्तीय किसान सभा,' 1929) उसका घोषित उद्देश्य था 'किसान आन्दोलन का मार्गदर्शन इस प्रकार करना जिससे ज़मींदार-काश्तकार-संघर्ष रोका जा सके, और विधान परिषदों में कांग्रेस के चुनाव में उसकी मदद की जा सके।' पहली बैठक के बाद यह फ़ैसला किया गया कि किसान सभा राजनैतिक मामलों में कांग्रेस के ख़िलाफ़ नहीं जायेगी।[67] शुरू के दौर में पहली बार उन बहिष्कारवादी रणनीति से सहजानन्द सरस्वती का सामना हुआ जिसे ज़मींदार और कांग्रेसी नेता किसानों की राजनैतिक शक्ति को घटाने के लिए इस्तेमाल में लाते थे। जैसे, जाली किसान संगठन खड़े करना, परस्पर सम्मानजनक आदान-प्रदान और अपने हित में सम्वैधानिक राजनीति के आचरण की अवहेलना, पिछलगुएपन को पोसना और कांग्रेस के राजनैतिक वर्चस्व की अपीलें करना।

इस तरह, सहजानन्द की पहली मुहिम ज़मींदारों की उन चालों का विरोध करना था, जिनसे वे जाली किसान सभाएँ बना रहे थे ताकि कृषि सम्बन्धी क़ानून उन्हीं के पक्ष में बनें। उस सार्वजनिक सभा में सहजानन्द ने क़ायदे की गुहार लगाते हुए यह आग्रह किया कि किसानों की राय जानने के लिए उनके बीच एक व्यापक सार्वजनिक बहस छेड़ी जाये, और इस तरह उन्होंने ज़मींदारों की भारी व्यक्तिगत सत्ता का विरोध सफलता से किया।[68] उसके बाद नयी किसान सभाओं ने क़ानून की व्याख्या करते हुए जाली संगठन को ठप्प कर दिया और वही नतीजा सामने आया जो सहजानन्द चाहते थे, फिर भी अन्ततः ज़मींदार और कांग्रेस के भीतर उनके पिट्ठू नेता अन्ततः सम्वैधानिक क्षेत्र में सफल ही हुए और विधान परिषद में नये क़ानून को पारित करा ले गये। लेकिन दूसरे अवसरों पर, जब उन्हें ज़मींदारों और किसानों के बीच मध्यस्थता के लिए बुलाया जाता, सहजानन्द को अभास हुआ कि ज़मींदार सिर्फ़ उनकी जाँच को प्रभावित करना और उन्हें ख़ामोश कराके दबाना चाहते हैं।[69] इसी तरह उन्होंने पालतू बनाये जाने की ऐसी ही एक कोशिश का अनुभव 'राष्ट्रवादी' उद्योगपति रामकृष्ण डालमिया के साथ किया।[70]

किसान नेता के तौर पर सहजानन्द के काम में किसानों की जागरूकता बढ़ाने के लिए प्रान्त का दौरा करना, किसानों को और उनकी ओर से आम जनता को सम्बोधित पुस्तिकाएँ लिखना और ख़ास-ख़ास शिकायतों पर स्थानीय अभियान चलाना शामिल था। धीरे-धीरे उनके मन में ज़मींदारी प्रथा और कांग्रेसी राजनीति की खुली आलोचना ने समझौतावाद का स्थान ले लिया। सहजानन्द की पुस्तिकाओं में यह बात स्वराज्य के बुनियादी पहलू के तौर पर आर्थिक न्याय और मानवीय सम्मान की माँग से व्यक्त होती

थी। वे किसानों की माँगें राष्ट्रवादी कार्यक्रम के केन्द्र में रख कर उन्हें कांग्रेस के सामने पेश करते थे : सहजानन्द का कहना था कि इन्हें पूरा किये बग़ैर कांग्रेस किसानों की कांग्रेस नहीं कहला सकती थी। इस तरह किसान सभा, बिहटा का आश्रम और पुस्तिकाएँ छापने वाला छापाख़ाना किसानों की 'प्रति-जनता' की बुनियादी संस्थाएँ बन गये, ग़ैर-सम्वैधानिक अखाड़े में उनकी गतिविधियों के व्यापक जाल का केन्द्र।

'किसानों के दोस्त और दुश्मन' (1942) में सहजानन्द ने ग्रामीण सामंजस्य की अवधारणा की क्रान्तिकारी समीक्षा किसानों के ही दृष्टिकोण से पेश की। सबसे पहले उन्होंने ऐतिहासिक तर्क के माध्यम से ज़मींदारी प्रथा की वैधता को नकारा और फिर औपनिवेशिक सत्ता की दिखने में निर्वैयक्तिक और निष्पक्ष शक्ति के साथ ज़मींदारों की हिंसक निर्बाध व्यक्तिगत शक्ति के गँठजोड़ का पर्दाफ़ाश किया। तमाम क़ानूनों की अवहेलना करते हुए ज़मींदारी प्रथा महज़ हिंसक सत्ता और औपनिवेशिक तन्त्र की सक्रिय सहायता से ही जीवित चली आ रही थी 'यदि ज़ुल्म और अत्याचार बन्द हो जाय, ज़मीन्दारी एक मिनट भी टिक नहीं सकती।' वास्तव में दूरस्थ औपनिवेशिक शासन की बजाय ज़मींदार ही थे जो किसान की असली सरकार थे। और जो लोग ज़मींदारों के ख़िलाफ़ लड़ने से हिचकते थे, वे इस सच्चाई का सामना करने से इनकार कर रहे।[71]

सहजानन्द के ही शब्दों में 'कांग्रेस और किसान के दृष्टिोण में यह मौलिक अन्तर है कि जहाँ कांग्रेस राजनीतिक आईने में अर्थनीति और रोटी को देखती है और राजनीति से ही उस पर आती है तथा उसे राजनीति का साधन समझ कर ही अपनाती है, वहाँ किसान-सभा अर्थनीति और रोटी के शीशे में ही राजनीति को देखती और वहाँ तक पहुँचाती है, उसे साधन समझ कर ही।'[72] दूसरे शब्दों में स्वराज्य को आर्थिक न्याय के साँचे में ढालना ज़रूरी था। किसान सभा का एक नारा था 'सिर्फ़ एक किसान मज़दूर राज्य ही असली स्वराज्य है,'[73] सहजानन्द के शब्दों और नारे के दो उद्‌देश्य थे : पहला उद्‌देश्य था स्वराज्य की परिभाषा करते समय आर्थिक परिवर्तन को प्राथमिकता देना; और दूसरा उद्‌देश्य था किसानों और मज़दूरों के लिए सम्पूर्ण नागरिक और राजनैतिक अधिकार की माँग।

किसान को कर्ता (सब्जेक्ट) के रूप में पहचानने की इस प्रक्रिया ने सहजानन्द को इस के प्रति भी सचेत कर दिया कि किसान की कोटि में कई आयाम थे, जैसे निर्धन ज़मींदार, खाते-पीते किसान और भूमिहीन खेत-मज़दूर—जिनके हित आपस में टकराते थे।[74] आर्थिक और व्यवहारिक समस्याओं की उनकी समझ सांस्कृतिक और धार्मिक पहलुओं की समझ के साथ जुड़ी हुई थी। हर बार उन्होंने उन मुद्‌दों के बीच अन्तर किया जिन पर समझौता हो सकता था और उन बुनियादी, आर्थिक और नागरिक अधिकारों के बीच, जो सब को मिल जाने चाहिएँ थे।

सहजानन्द को किसानों की स्वाधीन पहलक़दमी और निरन्तर सक्रियता के महत्व का एहसास होता गया। हमने पहले ही सहजानन्द की दी हुई चेतावनी का उल्लेख किया कि किसानों को अपने घोषित नेताओं पर कड़ा नियन्त्रण रखना चाहिए। इस चेतावनी में सीमित, सार्वजनिक रूप से जवाबदेह सत्ता के लोकतान्त्रिक सिद्धान्त पर ज़ोर था। इसी तरह वे इस समझ तक भी पहुँचे कि उनकी संख्या किसानों की एक सबसे बड़ी ताक़त है, इसलिए इसको दिखाना ज़रूरी है यानी ज़रूरी है कि किसानों को अपनी सशरीर उपस्थिति से सार्वजनिक स्थानों पर क़ब्ज़ा करके ऊँची आवाज़ में अपने अधिकारों की घोषणा करनी चाहिए। 1933 में गया की पहली विशाल किसान रैली में पुलिस की रोक-टोक के बावजूद हज़ारों किसान शहर में ठसाठस भर गये। और जब सहजानन्द ने धारा 144 के अन्तर्गत नोटिस पाने की वजह से सभा को सम्बोधित करने से इनकार किया तो उन्हें किसानों ने, जो हज़ारों की तादाद में वहाँ मौजूद थे, झिड़की भी दी। 'ठीक ही था। वह तो मेरे मालिक ही ठहरे। मेरे भगवान ठहरे। उनकी आज्ञा तो वैसी चाहिए ही। मैं भीतर-ही-भीतर खुश हुआ कि ये किसी को भी छोड़ने वाले नहीं हैं। देखिए, हाज मेरे पर भी बिगड़ रहे हैं। ठीक है, जब तक ज़रूरत होने पर नेता लोगों की छाती पर भी चढ़ने और उन्हें तमाचे लगाने को ये तैयार न होंगे तब तक इनका निस्तार न होगा। इसलिए उस दिन की उनकी इस मनोवृत्ति का, इस ग़ुस्से का मैंने हृदय से स्वागत किया।'[75] 1937 और 1938 में कांग्रेस सरकार के दौरान जब संघर्ष अपने चरम पर था तो पटना और दूसरी जगहों पर किसानों की विशाल रैलियाँ हुईं। मिसाल के लिए, विधान सभा के पहले सत्र के दौरान किसानों ने पटना के असेम्बली भवन में अन्दर तक घुस कर कुछ देर तक सम्वैधानिक राजनीति से बहिष्कृत होने के ख़िलाफ़ विरोध प्रकट करने के लिए उस पर क़ब्ज़ा जमाये रखा।[76] जब राजेन्द्र प्रसाद ने पटना की पहली रैली के बाद सहजानन्द से 'भीड़ से ख़बरदार रहने' को कहा तो उन्होंने उपेक्षा से सोचा :

> '(राजेन्द्र प्रसाद ने कहा) 'स्वामी जी, इस हंगामे (mob) से सजग रहिए।' मैं चुप सुनता रहा। मगर भीतर-ही-भीतर सोचा कि एक दिन इसी किसान समूह को मास (mass) कहते थे यही लोग। आज वही मॉब (mob) हो गया! ये किसान समूह पहले भी 'मॉब' ही थे। बीच में प्रयोजनवश 'मास' बने। फिर वही 'मॉब' के 'मॉब' रह गये।'[77]

किसानों की स्वाधीन संस्था के रूप में किसान सभा के उदय ने, और उसके द्वारा कांग्रेस की सम्वैधानिक राजनीति की आलोचना ने, एक तरह का विरोधाभास पैदा कर दिया। जैसे ही ज़मींदार और किसान के बीच विभाजक रेखा खींची गयी, तथाकथित 'किसान कांग्रेस' स्पष्ट रूप से ज़मींदारों के ख़ेमे में खड़ी जान पड़ी। वस्तुतः यह 1937-39 के कांग्रेसी मन्त्रिमण्डल के दौरान था जब कांग्रेसी नेतृत्व और समाजवादियों तथा किसान सभाइयों के बीच फ़ासला बढ़ता चला गया। चुनाव के ठीक पहले न केवल

किसान सभा के उम्मीदवार कांग्रेस की चुनाव-सूचियों से ख़ारिज कर दिये गये, उन्हें कांग्रेस के ज़मींदार उम्मीदवारों का प्रचार करके शर्मिन्दगी भी उठानी पड़ी।[78] जैसा विनीता दामोदरन ने टिप्पणी की है : 'ज़मींदारों की मनोवैज्ञानिक और व्यावहारिक स्थिति को इस आभास ने बल प्रदान किया कि कांग्रेस उनकी कम-से-कम उतनी रक्षा करने को राज़ी थी जितनी औपनिवेशिक सरकार ने की थी।'[79] बाद में, इसी समझौतेवादी रवैये ने ज़मींदारी उन्मूलन योजना की रूपरेखा को भी निर्णायक रूप से प्रभावित किया, और यों ग्रामीण सामंजस्य की वही पुरानी कल्पना और बिना सामाजिक उलट-फेर अथवा संघर्ष के, आर्थिक प्रगति की योजना दुहरायी गयी।[80]

कांग्रेस के लिए और राष्ट्रीय विमर्श के लिए सर्वसम्मति की धारणा एक महत्वपूर्ण राजनैतिक हथियार और प्रतीक थी; वह 'एकता में बल' की लोकसिद्ध कहावत का साकार रूप थी। लेकिन (सैद्धान्तिक रूप से) सार्वजनिक क्षेत्र के खुले अखाड़ों में उतर कर जो भी खेल में हिस्सा लेना चाहता, वह सभी विचारों और नारों की आलोचना या पुनर्व्याख्या कर सकता था। साहित्यिक, आर्थिक और राजनैतिक कर्ताओं (सब्जेक्ट्स) के रूप में किसानों का धीरे-धीरे उभर कर सामने आना एक जटिल और अन्तर्विरोधों से भरी प्रक्रिया थी। राष्ट्रवादी आन्दोलन और साहित्य सचमुच 'राष्ट्रीय' होने के लिए उन्हें शामिल करना चाहता था और किसान, विशेष रूप से हिन्दी लेखकों के लिए, असली राष्ट्र का प्रतीक थे। लेकिन 1930 के दशक में भी बावजूद इसके कि समाजवादी विचारधारा तथा क्रान्तिकारी कार्यक्रम कांग्रेस और हिन्दी प्रेस में लोकप्रिय होते जा रहे थे, उनका वास्तविक असर कम ही नज़र आता रहा। सुमित सरकार की व्याख्या में : '1935 और विशेषकर 1936 के वर्षों में भारतीय राजनीति में एक ऐसा नमूना उभरता नज़र आया जो आज़ादी के पहले और बाद में कई बार दुहराया जाने वाला था। बाहरी तौर पर सारे संकेत उल्लेखनीय वामपन्थी रुझान के थे... इसके बावजूद, कांग्रेस के भीतर मौजूद दक्षिणपन्थी बड़ी कुशलता और प्रभावकारी ढंग से आँधी की ज़द से बच कर उसका इस्तेमाल कर सके।'[81]. इस विरोधाभास से जूझने वाले इतिहासकारों ने इसके पीछे दो कारण खोजे हैं— कांग्रेस के भीतर मौजूद दक्षिणपन्थी विरोध और कांग्रेस के राष्ट्रीय स्तर के वामपन्थी नेताओं द्वारा भी किसान आन्दोलनों पर लगाम कसे रखना।[82]

सार्वजनिक क्षेत्र के हमारे परिप्रेक्ष्य से यह बात स्पष्ट नज़र आयी है कि राजनैतिक समूह के रूप में किसानों के उभरने से भारतीय समाज की राष्ट्रवादी परिकल्पना और 'ग्रामीण सामंजस्य' की अवधारणा की आलोचना शुरू हुई और उसे चुनौती दी जाने लगी। किसान सभा, सहजानन्द की पुस्तिकाएँ और किसान आन्दोलन—सब मिल कर बिहार में एक 'प्रति-जनता' के बनने की तरफ़ इशारा करते हैं। एक ऐसा जन समूह, जो हाशिये पर मौजूद था, जिसके अपने सम्बन्ध-सूत्र और कार्यक्रम थे और जिसे अभी तक राष्ट्रीय आन्दोलन के अन्दर भी बड़े पैमाने पर सम्वैधानिक क्षेत्र से बाहर रखा गया था। इसके

अलावा हमने उन प्रतिरक्षात्मक रणनीतियों को भी देखा जिन्हें बिहार के कांग्रेसी नेतृत्व ने किसानों की गतिविधियों को रोकने और विफल करने के लिए इस्तेमाल किया, यू पी की बनिबस्त, जहाँ संगठित किसान आन्दोलन उभरने में नाकाम रहा कहीं अधिक मात्रा में। इन रणनीतियों में सम्वैधानिक अखाड़े पर नियन्त्रण, स्वाधीनता के लिए राजनैतिक संघर्ष को प्राथमिक बताने का तर्क, राजनैतिक नेतृत्व पर कांग्रेस पार्टी की एकमात्र दावेदारी और यह दावा कि कांग्रेस समूचे समाज का प्रतिनिधित्व करती है—सब शामिल था। सभी वर्गों का प्रतिनिधित्व करने का कांग्रेसी दावा किसानों की माँगों को धूमिल कर देता था और उनके आन्दोलन को आर्थिक संघर्ष कह कर उनकी स्वाधीन राजनैतिक वैधता पर प्रश्न चिन्ह लगा देता था।[83] दूसरी ओर सहजानन्द ने बिहार कांग्रेस को 'बैनामी सूबा' कह कर उस के भीतर 'सर्वसहमति के कलंक' की निन्दा की और कांग्रेस की राजनैतिक संस्कृति के बारे में उपेक्षा से चर्चा की जो अन्दरूनी, असहमति को ख़ारिज करती थी।[84] बिहार में कांग्रेसी मन्त्रिमण्डल की जो लगातार मुखर आलोचना सहजानन्द ने की, उस पर उन्हें पार्टी की ओर से गाली-फटकार सुननी पड़ी और अन्ततः उन्हें अवांछित व्यक्ति घोषित करके 1940 में पार्टी से निकाल दिया गया।

ज्ञान पाण्डेय ने नेहरू के पक्ष में यह तर्क दिया है, और हम इस तर्क को और व्यापक बना कर कांग्रेस के समाजवादी नेताओं को भी शामिल कर सकते हैं, कि नेहरू का रवैया शुरू में किसानों को 'खोज' लेने और उन्हें आन्दोलन की आधारशिला के रूप में देखने की उत्कट इच्छा का था। बाद में यह रवैया बदल कर किसानों को राष्ट्र का एक अंग 'बनाने' का हो गया, जिससे किसान समग्र परियोजना में समाहित हो गये।[85] इस तरह अंग्रेज़ी सरकार, ज़मींदारों और कांग्रेसी दक्षिणपन्थियों के बरक्स नेहरू के प्रबल किसान-समर्थक रवैये में किसानों का प्रतिनिधित्व करने और उनकी ज़िम्मेदारी उठाने की आत्मघोषित भूमिका घुल-मिल गयी। लेकिन शुरू में जो ज़िम्मेदारी वे किसानों के भरोसे के प्रति महसूस करते थे, उस पर बाद में क़ानून और व्यवस्था और स्वराज्य के 'उच्चतर उद्देश्य' के प्रति उनकी ज़िम्मेदारी का भाव हावी हो गया। इस रवैये में किसान जनता की राजनैतिक रहनुमाई, अनुशासन और शिक्षा का एक सरपरस्ताना रवैया निहित था जो समाजवादी नेताओं में भी पाया जा सकता है। जैसा कि नरेन्द्र देव ने कहा :'निरंकुश तानाशाही द्वारा रौंदे गये और अन्धविश्वासों की दलदल में गहरे डूबे ये नासमझ लोग सिर्फ़ एक उपाय जानते हैं और वह है उपद्रवी कार्रवाइयों में सिर झुकाये कूद पड़ना। फिर सरकार उन्हें ठीक-ठिकाने लगा देती है। सिर्फ़ क्रान्तिकारी बुद्धिजीवी ही उन्हें अनुशासित कार्रवाई के लिए संगठित कर सकते हैं।'[86]

सम्वैधानिक अखाड़े में जनता के प्रति ज़िम्मेदारी के सवाल को कांग्रेस पार्टी द्वारा शासन चलाने के तर्क के नीचे रखा जाता था। सम्वैधानिक और ग़ैर-सम्वैधानिक राष्ट्रवादी राजनीति के बीच बढ़ता हुआ फ़ासला, जिसकी रूपरेखा पिछले अनुच्छेद में दी गयी,

1930 के दशक में बढ़ता चला गया। सम्वैधानिक अखाड़े में उतरते ही जनान्दोलन के दबाव पीछे चले गये। जहाँ स्थानीय समाजवादी कार्यकर्ताओं ने ग़ैर-सम्वैधानिक अखाड़े में किसान सभा की गतिविधियों में सक्रिय रह कर 1942 में बड़ी संख्या में स्थानीय नेतृत्व उपलब्ध कराया,[87] वहीं किसानों के संगठनों के प्रतिनिधि कांग्रेस की कार्यकारिणी समिति में शामिल नहीं किये गये। कुछ हद तक मताधिकार प्राप्त करने के बाद भी तथा जनान्दोलन में सक्रिय रहने के बावजूद, किसानों अथवा उनके नेताओं को सार्वजनिक क्षेत्र में बराबरी का प्रवेश या सुने जाने का हक़ नहीं ही मिला।

दूसरी ओर, सामाजिक और आर्थिक अन्याय की आलोचना और सबके लिए इज़्ज़त की जो बात किसान सभा ने शुरू की थी, उसने हिन्दी साहित्य पर अच्छा-ख़ासा असर छोड़ा। पहले की निरीह हमदर्दी की जगह दमन-उत्पीड़न, संघर्ष और राजनैतिक जागरूकता के मार्मिक और शक्तिशाली वर्णन ने ले ली। यह उल्लेखनीय है कि प्रेमचन्द के बाद बिहार के लेखकों ने ही जिनमें से अनेक सीधे-सीधे किसान सभा की गतिविधियों से जुड़े हुए थे, इन विषयों को अपनाया[88] इसके बाद जब 1970 के दशक में नक्सलवादी आन्दोलन के साथ किसान-संघर्ष फिर से सतह पर उभरे तो किसान सभा एक महत्वपूर्ण नज़ीर भी बन गयी।

जब प्रचार और सार्वजनिक कार्रवाई के काम का बीड़ा एक ऐसे कर्ता (सब्जेक्ट) ने उठाया जो उत्पीड़न का शिकार रहा था तो इसके अनेक और जटिल परिणाम हुए। किसानों और उनके नेताओं ने अपने ही मुद्‌दों को सार्वजनिक मनवाने का प्रयत्न किया। उन्होंने तमाम मुश्किलों के प्रति सचेत होते हुएसार्वजनिक कार्रवाई के अधिक व्यापक मंच पर एकजुट मोर्चा बनाने की कोशिश की। किसानों की राजनैतिक सक्रियता के प्रति मध्यवर्गीय बुद्धिजीवियों का रवैया उत्साह और हमदर्दी से ले कर बेचैनी तक का था। मिसाल के लिए, बहुत-से लोग ग्रामीण और सामाजिक सामंजस्य के विचार को त्यागने में हिचकिचाये—ऐसा सांस्कृतिक मूल्य जो संघर्ष की वास्तविकता से रू-ब-रू होते हुए और लोकतन्त्र तथा सामाजिक न्याय के उद्‌देश्य से प्रतिबद्ध होते हुए भी जड़ें जमाये हुए था। यह महत्वपूर्ण प्रश्न अगले अनुच्छेद में और अधिक विस्तार से परखा जायेगा, जहाँ अलग-अलग राजनैतिक पृष्ठभूमियों से आने वाले 'हिन्दी नेताओं' के सांस्कृतिक मूल्यों का जायज़ा लिया गया है।

5.3 हिन्दी नेता

ऐसे लोगों का जन्म देश के भावी अभ्युदय को उसी प्रकार सूचित करता है जैसे कि अरुणोदय सूर्योदय को। ऐसे ही लोगों के चित्त में पहले-पहल राष्ट्रीय मनन का स्वप्न होता है और वे उस भवन का चित्र बना कर उसे अपने व्याख्यानों और लेखों द्वारा सर्वसाधारण के सामने प्रकाशित करते हैं और उस भवन को

> बनाने में जिस शक्ति और जिस सामग्री की आवश्यकता होती है, उसको वे अपने व्याख्यानों और लेखों के द्वारा उत्पन्न करते हैं।
>
> मदन मोहन मालवीय[89]

जनान्दोलन तथा शासन, राजनैतिक द्विभाषिकता और जनवादी वक्तृता, प्रान्तीय और राष्ट्रीय महत्वाकांक्षाओं, और अन्त में हिन्दी-हिन्दू सांस्कृतिक सम्बद्धता तथा राष्ट्रवादी खुलेपन की समानान्तर और परस्पर विरोधी प्रवृत्तियों ने 'हिन्दी नेताओं' को विशिष्ट राजनैतिक प्राणी बना दिया था। हिन्दी नेताओं से मेरा तात्पर्य उन राष्ट्रवादी राजनेताओं से है जो हिन्दी के सार्वजनिक क्षेत्र में सक्रिय रहे। मदन मोहन मालवीय जैसे कुछ नेताओं को जल्दी ही एहसास हो गया था कि उन्हें अंग्रेज़ी-शिक्षा-प्राप्त हिन्दुस्तानियों और अंग्रेज़ी राज के अधिकारियों के साथ-साथ स्थानीय भाषाएँ बोलने वाली जनता को भी सम्बोधित करने की ज़रूरत है। उनके लिए हिन्दी एक संस्कृति का प्रतीक और हिन्दी-हिन्दू राष्ट्रवाद का अभिन्न अंग थी। गणेश शंकर विद्यार्थी सरीखे दूसरे नेताओं के लिए हिन्दी जनता की भाषा थी और ग़ैर-सम्वैधानिक अखाड़े में आम जनता तक पहुँचने का माध्यम। ये सभी हिन्दी को राजनैतिक विमर्श और प्रशासन की भाषा के रूप में स्थापित करने में निमित्त बने। इसमें कई स्तरों पर अनुवाद करने की कोशिश भी जुड़ी हुई थी—अंग्रेज़ी सम्वैधानिक अवधारणाओं को हिन्दी में करने की और इसके साथ-साथ मध्यस्थता करने, इन अवधारणाओं में स्थानीय तथा अधिक लोकप्रसिद्ध प्रतीकों और विचारों को बुनने की। यह एक ऐसा विषय है जो अधिक और विशिष्ट अध्ययन तथा ध्यान की अपेक्षा रखता है, जितना यहाँ सम्भव नहीं हो पायेगा।

हिन्दी राजनेता हिन्दी संस्थाओं और समाचार-पत्रों को स्थापित करने में सक्रिय रूप से सम्बद्ध थे। इसी के साथ-साथ, स्थानीय संगठनकर्ताओं के रूप में अपनी उपलब्धियों के बल पर वे सम्वैधानिक संस्थाओं में मनोनीत होने या चुने जाने वाले लोगों में भी अग्रणी थे। सबसे सफल हिन्दी राजनेता वे थे जो ग़ैर-सम्वैधानिक से सम्वैधानिक अखाड़े में दाख़िल होने में कामयाब रहे। आन्दोलन के दौरान देशसेवक होने के नाते उन्हें जो अनौपचारिक अधिकार हासिल हुआ था, वह इस तरह सरकार में शामिल होने पर औपचारिक बन गया। उनकी अपनी राजनैतिक शैली पर और हिन्दी के सार्वजनिक क्षेत्र में उनकी भूमिका पर इसका जो असर पड़ा, उसकी चर्चा पहले ही पिछले अनुच्छेदों में हो चुकी है और आगामी अनुच्छेद में भी हिन्दी के बुद्धिजीवियों के विशिष्ट सन्दर्भ में होगी। यहाँ मैं पाँच महत्वपूर्ण नेताओं का सिंहावलोकन प्रस्तुत करने जा रही हूँ, ताकि हिन्दी नेताओं के कुछ विशिष्ट लक्षणों की—जैसे राज्य और जनता के प्रति उनके रवैये की, हिन्दी और औपनिवेशिक द्विभाषिकता के बारे में उनकी समझ की, हिन्दी के सार्वजनिक क्षेत्र में उनकी भूमिका और प्रभाव की और राष्ट्रीय सरकार में उनकी स्थिति की रूपरेखा—पेश कर सकूँ। कम-से-कम तीन भिन्न धुरियाँ (ऐक्सीज़) ज़रूरी हैं :

वामपन्थ और दक्षिणपन्थ की राजनैतिक धुरी (ऐक्सिस्स), और दो सांस्कृतिक धुरियाँ (ऐक्सीज़)—एक हिन्दी और अंग्रेज़ी के बीच जो कुछ हद तक लोकप्रिय और शिष्ट के बीच के दूसरे ऐक्सिस्स के समरूप होते हुए भी उससे अलगाया जा सकता है। सिर्फ़ इसी तरीक़े से उनकी सांस्कृतिक समानता और अलग-अलग राजनैतिक शैलियाँ और दिशाएँ उभर कर सामने आ सकती हैं। मदन मोहन मालवीय, पुरुषोत्तम दास टण्डन, गणेश शंकर विद्यार्थी, आचार्य नरेन्द्र देव और बाबू सम्पूर्णानन्द न केवल उल्लेखनीय हिन्दी राजनेता थे, बल्कि उनमें दृष्टिकोणों और मान्यताओं की अच्छी-ख़ासी विविधता भी नज़र आती है।[90]

मदन मोहन मालवीय (1861-1946) शुरू करने के लिए उपयुक्त व्यक्ति हैं। उन्हें पहला हिन्दी राजनेता कहा जा सकता है, यों कि वे पहले व्यक्ति थे जिसने सार्वजनिक भाषणों और लेखों में हिन्दी को राजनीति की भाषा के रूप में अपनाया,[91] और इसलिए भी कि 1880 ही से हिन्दी और देवनागरी लिपि को सरकारी स्वीकृति दिलाना उनके राजनैतिक कार्यक्रम में मौजूद था।[92] मदन मोहन मालवीय के लिए हिन्दी एक हिन्दू राजनैतिक जाति निर्मित करने और उसके प्रतिनिधि बनने के उनके प्रयासों का अंग थी, और इस उद्देश्य से वे सार्वजनिक क्षेत्र में गतिशील हुए, जैसे हिन्दू सभाएँ, गोरक्षा, हिन्दू छात्रों के लिए शैक्षणिक सुविधाएँ, हिन्दी और अंग्रेज़ी में अख़बार, त्योहारों या फ़सादों के समय 'हिन्दुओं की रक्षा' के लिए स्वयंसेवकों के दल, और बाद में शुद्धि और संगठन के आन्दोलन।[93] इसके बावजूद मालवीय जी के लिए हिन्दी उनके तरकश में मौजूद राजनैतिक मुहावरों में से केवल एक मुहावरा था : उन्होंने अंग्रेज़ अधिकारियों को सम्बोधित करने या फिर सम्वैधानिक राजनीति के लिए अंग्रेज़ी पर सवाल नहीं उठाया, न भारत भर में आम इस्तेमाल की भाषा के रूप में अंग्रेज़ी की प्रमुखता को ख़ारिज किया।

मदन मोहन मालवीय का सार्वजनिक जीवन 1880 में 'प्रयाग हिन्दू समाज' की स्थापना के साथ शुरू हुआ, जिसने स्थानीय माघ मेले में सरकारी हस्तक्षेप के ख़िलाफ़ धरना-प्रदर्शन किया। अपने उत्तराधिकारी 'मध्य हिन्दू समाज' (1884) की तरह, 'प्रयाग हिन्दू समाज' ने भी फ़ारसी लिपि की बजाय नागरी लिपि और गोरक्षा के मुद्‌दों पर 1887 और 1890 के बीच आन्दोलन किये। यह उन संगठनों की श्रृंखला में सबसे पहली कड़ी थी जो मालवीय जी द्वारा प्रान्त में शुरू किये गये और जिनकी परिणति 1923 में 'हिन्दू महासभा' की स्थापना में हुई। हिन्दू महासभा इन अर्थों में उल्लेखनीय और नवीन थी कि इसमें सभी हिन्दुओं के लिए जगह थी और जनता को सम्बोधित करने और एक स्थानीय और अधिक व्यापक दायरा बनाने के लिए सूचना-संचार के आधुनिक साधनों का उपयोग किया गया था। इस मामले में यह आर्य समाज जैसा संगठन था। वहाँ भी भाषा, लिपि और धर्म की प्रतीकात्मक बहुलता निर्मित हो गयीथी,[94] एक आत्म-चेतस हिन्दू अस्मिता की पहली-पहली अभिव्यक्ति! लेकिन आर्य समाज के विपरीत मदन मोहन मालवीय की

सभा धार्मिक दक़ियानूसी की हिमायत करती थी और समाज सुधार को शक की निगाह से देखती थी। इसके अलावा उसके लिए धनराशि समुदाय की ओर से नहीं, वरन धनी संरक्षकों से प्राप्त होती थी।[95]

इलाहाबाद के अहियापुर मुहल्ले के एक साधारण ब्राह्मण व्यास (शिक्षक) के पुत्र, मदन मोहन मालवीय स्थानीय हाई स्कूल में संस्कृत अध्यापक की मामूली हैसियत से उन्नति करके हाई कोर्ट में ऐडवोकेट के प्रतिष्ठित पद तक शक्तिशाली संरक्षणों के बल पर पहुँचे थे।[96] इन अर्थों में वे इस बात का आरम्भिक उदाहरण हैं कि कैसे शक्तिशाली संरक्षकों का एक 'संरक्षी' स्वाधीन जातीय नेता बन सकता था और कैसे ब्राह्मण वर्चस्व आधुनिक धार्मिक और राजनैतिक अधिकार में बदल सकता था।[97] उनकी शैली और राजनैतिक रणनीति की विविधता इस बात का प्रमाण है कि उनमें मध्यस्थता करने और ख़ुद को भिन्न-भिन्न राजनैतिक दायरों के अनुकूल ढालने की कैसी विलक्षण क्षमता थी। इस तरह वे हिन्दुस्तानी राजों-महाराजों और रईसों के साथ याजक-यजमान के सम्बन्ध भी उसी सहजता से निभाते थे जिस सहजता से वे अंग्रेज़ अधिकारियों के प्रति ब्रिटिश साम्राज्य के शिक्षित प्रजाजन का आदरपूर्ण, मगर आत्म-सम्मान से भरा रवैया अपनाते थे, या फिर त्यागी नेता की शक्तिशाली भूमिका में उतरते थे—निस्वार्थ समाज-सेवी, पण्डित और राजनेता, सब एक साथ। इस सब के ऊपर उन्होंने बड़ी कुशलता से सार्वजनिक क्षेत्र में भाषण देने, संगठन बनाने और धन जुटाने की अपनी क्षमताओं को सम्वैधानिक राजनीति की भाषा और रणनीति से जोड़ दिया। हिन्दू विश्वविद्यालय के लिए पैसे जुटाने का उनका भगीरथ प्रयास इलाहाबाद के मुख्य मन्दिर में एक महीने तक तपस्या करने और गायत्री मन्त्र का जप करने से शुरू हुआ, और उन्हें देश भर के रजवाड़ों-रियासतों में ले गया; यह सम्बन्ध आजीवन पारस्परिक सम्मान की भावना में विकसित हुआ जिसकी परिणति 1920 और 1930 के दशकों में इण्डिपेण्डेण्ट कांग्रेस पार्टी और राष्ट्रीय कांग्रेस पार्टी के साथ गँठजोड़ में हुई। हिन्दू शिक्षा तथा संगठन की गतिविधियों के लिए राजों-रजवाड़ों और धन कुबेरों से परम्परागत संरक्षण की माँग करते हुए, वे दान-दक्षिणा की अवधारणा में नये राष्ट्रवादी स्वर भर देते थे। इस तरह दान-दक्षिणा स्थानीय बिरादरी या अज्ञात साधु-संन्यासियों या तीर्थयात्रियों के लिए नहीं, बल्कि एक-सी सांस्कृतिक और राजनैतिक जाति में हिन्दुओं के लिए थी। जहाँ गाँधी के धन संग्रह का उद्देश्य एक प्रति-सत्ता स्थापित करना था, राजाओं से संरक्षण स्वीकार करके मदन मोहन मालवीय संरक्षकों और अंग्रेज़ अधिकारियों को संकेत देते थे कि उनकी जातीय गतिविधियाँ सरकार तथा समाज की व्यवस्था को भंग नहीं करेंगी। सम्वैधानिक अखाड़े में उन्होंने प्रतिनिधिपरक राजनीति की भाषा को जाति की भाषा से जोड़ दिया ताकि लोकतान्त्रिक राजनीति 'हिन्दू हितों' की रक्षा के लिए काम में लायी जा सके। उदाहरण के लिए, अलग निर्वाचन क्षेत्रों के मामले में, उन्होंने एक व्यक्ति एक मत का समर्थन इसलिए किया क्योंकि वह हिन्दू

बहुसंख्यकों के पक्ष में था।[98]

यहाँ यूरोपीय (अंग्रेज़ी) लोकतन्त्र की अवधारणाओं के अनुवाद और रूपान्तरण पर ध्यान देना आवश्यक है। मिसाल के लिए सुशासन के बुनियादी तत्व के रूप में 'बहस' (discussion) के सिलसिले में मालवीय जी का रवैया ही देखें। यहाँ प्रजातन्त्र का मतलब ठीक-ठीक 'डेमोक्रेसी' नहीं है, बल्कि ऐसा राज्य जिसमें प्रजा राजा के सामने अपने विचार व्यक्त कर सकती है : 'ये सब ख़राबियाँ उस समय दूर हो जाती हैं जबकि प्रजा को स्वयं ही उन विषयों पर विचार और विवाद करने का समय दिया जाय...राजा को प्रजा की असली दशा मालूम हो जावेगी और फिर राज्य के सम्पूर्ण कार्य न्याय संगत होंगे।' इस सन्दर्भ में 'स्वराज्य से उसका मतलब यह है कि हमको अपने राज्य-कार्यों पर विचार करने का अधिकार मिले।' यह साबित करने के लिए कि स्वराज्य के लिए माँग राज्य के लिए अमंगल की इच्छा नहीं है, मालवीय जी ने बहस के गुण बताने के लिए 'एक अंग्रेज़ राजनेता' को उद्धृत किया :

> Discussion has incentives to progress peculiar to itself. It gives a premium to intelligence. To set out the argument to determine political action with such force and effect that really should determine it, is high and great exertion of intellect. Government by discussion has been [sic] principal organ for improving mankind.

'प्रगति के लिए बहस में ऐसी प्रेरणाएँ हैं जो अपने आप में विलक्षण हैं। वह बुद्धि को तरजीह देती है। राजनैतिक गतिविधि और कार्य को निर्धारित करने के तर्कों को इस शक्ति और प्रभाव से प्रस्तुत करना कि वह सचमुच निर्धारित हो सके, बुद्धि का बड़ा भारी प्रयास है। बहस द्वारा शासन(?) मानवता के सुधार का सबसे बड़ा साधन रहा है।'[99]

मालवीय जी का अनुवाद शब्दशः है। मगर अंग्रेज़ विचारक से सहमति व्यक्त करने के लिए बाद मालवीय जी इसमें एक शर्त भी रख देते हैं 'यदि थोड़ा सा भी विचार किया जाय, तो उपर्युक्त कथन की सत्यता स्पष्ट दिखायी पड़ती है, परन्तु वाद-विवाद करना अत्यन्त नाजुक विषय है। जिस प्रकार कि इसको रीति के अनुसार करने से महान लाभ है, उसी प्रकार इसमें तनिक भी ख़राबी आने से बड़ी-बड़ी हानियाँ पहुँच सकती हैं। वाद-विवाद में पक्षपात का लेश भी नहीं रहना चाहिए।...जहाँ इसमें तनिक भी गलती हुई तो फल भी बिलकुल ही उलट जाता है। वाद-विवाद वालों में सहिष्णुता के गुण का होना आवश्यक है। शान्तिपूर्वक कार्य करना सफलता का चिन्ह है।' उनका तर्क था कि भारत में मौजूद दलबन्दियाँ इनमें से कोई भी गुण नहीं दर्शातीं। राजनैतिक बहस के लिए इतना ऊँचा मान-दण्ड निर्धारित कर देने के बाद, मालवीय जी के लिए भारत में राजनैतिक बहस के स्वरूप की आलोचना करना आसान है। चूँकि बहस को उसके व्यावहारिक गुण

से वंचित कर दिया गया है, कोई भी वास्तविक वाद-विवाद आदर्श पर खरा नहीं उतरेगा। उसी लेख में मालवीय जी देशभक्ति को अपने स्वार्थ से ऊपर उठने की क्षमता के रूप में परिभाषित करते हैं और एकमत को वांछनीय स्थिति बताते हैं। दूसरे शब्दों में मालवीय जी की दृष्टि में, अधिकार के रूप में बहस की ताईद सिर्फ़ इसलिए की जा सकती है ताकि भारतीय प्रजा अंग्रेज़ी राज तक अपने विचार पहुँचा सके। मगर उसे देशभक्ति के अभाव और भारतीय राजनीति के मामले में हानिकारक मतभेद समझ कर ख़ारिज भी करना चाहिए। इसी तरह, राष्ट्रीय आन्दोलन के बारे में भी उनका नज़रिया एक ऐसे आन्दोलन का था जिसमें प्रजा धीरता और एकमत से समर्थन करेगी जबकि गम्भीर, दृढ़ और बुद्धिमान नेता ज़िम्मेदारी से मार्गदर्शन करेंगे। उन्होंने मर्यादा-बद्ध आन्दोलन और मर्यादा-विरुद्ध आन्दोलन के बीच अन्तर करके मर्यादा में प्रबल राजनैतिक अभिप्राय जोड़ दिये। उनकी नज़र में मर्यादा-विरुद्ध आन्दोलनों की गतिविधियों से बचना ही बेहतर था।[100]

यह मालवीय जी की सार्वजनिक क्षेत्र की अपनी समझ से मेल खाता है जिसके अनुसार वह एक राष्ट्रीय बिरादरी है जिसका एक और केवल एक ही समान हित है। उनकी परिभाषा में राष्ट्र एकता का पर्याय था–सभी मतभेदों और धर्मों से ऊपर उठ कर, सबका समान धर्म। यह आर्थिक विषमता से उपजने वाले विग्रहों की विषहर औषधि थी, क्योंकि भाई चारा और आपसी प्रेम दान-दया को प्रेरित करेगा : 'जो आपके ख़र्च में आता है, वह रखिए मगर अधिक ग़रीब भाइयों को दे दीजिए। अगर ऐसा नहीं करते तो आपस में कोई प्रेम नहीं है। इसके लिए आप हर घर में अन्नपूर्णा रख सकते हैं। यह अन्नपूर्णा क्या है? चरखा। अगर हर घर में चरखा हो जाय तो गरीबी तुरन्त चली जाय। आप जानते हैं कि एक मुट्ठी अन्न देने से क्या सुख होता है। आप अच्छी पोशाक पहनते हैं। अगर उसका उतार ग़रीब भाई को दें तो उसको कितना सुख होगा। अगर उसके बच्चे के लिए थोड़ा-सा अन्न देंगे तो उसको कितना आनन्द होगा।'[101] सामाजिक न्याय के रूप में दान का यही नज़रिया था जिसका विरोध सहजानन्द और परिबर्तनकामी हिन्दी लेखक करते थे। (देखिए 5.2)

हिन्दू जनता ही समग्र राष्ट्रीय समुदाय के भीतर मालवीय जी का सबसे निकट का सरोकार थी। उस को भी वे एक सघन राजनैतिक समुदाय के रूप में देखते थे, जो सार्वजनिक कार्रवाई में एकताबद्ध होते हुए भी अन्य मामलों में अपने परम्परागत रीति-रिवाजों के अनुसार चलने के लिए स्वतन्त्र था। वस्तुतः राजनीति की उनकी शैली का उद्देश्य जाति-बिरादरी के रीति-रिवाजों को सरकारी हस्तक्षेप से दूर रखना था और वे इस विषय पर सार्वजनिक आलोचना और बहस को स्वीकार नहीं करते थे।[102] वर्णाश्रम धर्म के मूलभूत गुणों में दृढ़ता से विश्वास करने वाले मालवीय जी विधवाओं और अस्पृश्यता से सम्बन्धित सीमित सुधार का ही समर्थन करते थे और वह भी बड़ी बुराइयों

और बड़े सुधारों को रोकने के लिए और इस सन्दर्भ में उनके क़दम प्रतीकात्मक ही कहलायेंगे। 'आप खान-पान में चाहे विचार करें, अछूत भाईयों के साथ चाहे न खायें, लेकिन सामाजिक व्यवहार में उनको अपना भाई समझें।'[103] इस तरह सार्वजनिक आदान-प्रदान परम्परागत जात-पाँत पर आधारित आचरण से अलग रखा गया।

सनातन धर्मी ब्राह्मण, पढ़े-लिखे विद्वान और अंग्रेज़ अधिकारियों द्वारा सम्मान से देखे जाने वाले पेशेवर राजनीतिज्ञ के रूप में भारी आर्थिक संरक्षण प्राप्त करने वाले और अथक समाज सेवी के रूप में मालवीय जी कई प्रकार के अधिकारों से मण्डित थे : विद्वान और धर्मपरायण ब्राह्मण का परम्परागत अधिकार; निःस्वार्थ, समर्पित राष्ट्रीय कार्यकर्ता का अधिकार; सरकार के बरक्स बिरादरी के चुने हुए मुखर नेता का अधिकार; और स्थानीय तथा व्यक्तिगत स्तर के अलावा, राजनैतिक-सार्वजनिक स्तर पर एक प्रभावशाली और प्रतिष्ठित व्यक्ति का अधिकार। हिन्दू नेता और बनारस हिन्दू विश्वविद्यालय के कुलपति के नाते हिन्दी जगत में उनकी प्रतिष्ठा और अधिकार का झण्डा तब भी ऊँचा रहा जब उनका राजनैतिक प्रभाव कांग्रेस के दक्षिणपन्थ तक ही सीमित रह गया और क्रमिक सम्वैधानिक सुधार की उनकी विचारधारा कम लोकप्रिय हो गयी। पहले हिन्दी राजनेता मदन मोहन मालवीय कई अर्थों में सबसे अधिक 'द्विभाषी' नेता भी रहे, सन्दर्भ के अनुसार अपने मुहावरे और भाषा की अदला-बदली करने में माहिर। इसी द्विभाषिकता के बल-बूते पर उन्हें वह राष्ट्रीय प्रतिष्ठा हासिल हुई जिससे हिन्दी के अन्य राजनेता वंचित रहे।

मालवीय जी के शिष्य और ख़ुद भी ऐडवोकेट, पुरुषोत्तम दास टण्डन (1882-1962) की सार्वजनिक गतिविधियाँ वैसे ही शुरू हुईं। वे भी इस धारणा के समर्थक थे कि राजनेता को त्यागी होना चाहिए। इसके पीछे कुछ हद तक राधास्वामी सम्प्रदाय का प्रभाव था जिसमें उनका पालन-पोषण हुआ था, और आम लोगों में वे 'यू पी के गाँधी' के नाम से प्रसिद्ध हो गये थे।[104] हिन्दी जगत में टण्डन जी का नाम हिन्दी साहित्य सम्मेलन से जुड़ा हुआ है, जिसके वे कई दशकों तक कर्ता-धर्ता रहे, और हिन्दी को राष्ट्रभाषा बनाने के संघर्ष से। इसके अलावा, वे प्रभावशाली हिन्दी पत्रों 'अभ्युदय' और 'मर्यादा' के लेखक और सम्पादक और कांग्रेस के स्थानीय संगठनकर्ता और अनेक पार्टी तथा निर्वाचित पदों पर आसीन रहे। नगर पालिका के पार्षद और अध्यक्ष से आगे बढ़ कर वे 1937-9 के दौरान युक्त प्रान्त में कांग्रेसी सरकार के संसदीय सचिव (मुख्य सचेतक) बने। वहाँ उन्होंने संसदीय नियमों के दृढ़ समर्थक के रूप में अपनी क्षमता प्रदर्शित की। उन्होंने इन पदों को हिन्दी के उद्देश्य को आगे बढ़ाने के लिए इस्तेमाल किया, विशेषकर शिक्षा में (देखिए 2.5, 5.4)। इस तरह हिन्दी जगत में उनका अधिकार हिन्दी की मुख्य साहित्यिक संस्था के प्रमुख की भूमिका से, उनके सरकारी पद से और कांग्रेस के राष्ट्रीय नेताओं तक उनकी सीधी पहुँच से स्थापित हुआ था।

सांस्कृतिक दृष्टि से टण्डन जी में एक खाँटी पंजाबी खत्री की प्रवृत्ति नज़र आती थी, उर्दू-फ़ारसी को ख़ारिज करके भारतीय (हिन्दू) संस्कृति की 'महान परम्परा' को तरजीह देने का रुझान दिखायी देता था।[105] हालाँकि टण्डन जी कई वर्षों तक हिन्दी साहित्य सम्मेलन के प्रमुख रहे, उन्होंने समकालीन साहित्य में बहुत कम दिलचस्पी दिखायी। किसान राज़नीति और ज़मींदारी उन्मूलन के प्रति निष्ठा होते हुए भी वे निर्विवाद रूप से 'हमारी प्राचीन सभ्यता' के 'सामाजिक सामंजस्य' में विश्वास करते थे।[106] इस तस्वीर में हिन्दी एक सांस्कृतिक प्रतीक के रूप में मौजूद थी :

> 'हमको आगे जो स्वराज्य मिलेगा, उसकी भाषा हिन्दी ही होनी चाहिए, न कि अंग्रेज़ी। हमारा स्वराज्य क्मउवबतंबल के सिद्धान्तों के आधार पर न होगा, वरन् हमारे स्वराज्य में हमारी पुरानी सभ्यता, भाषा तथा अन्य राष्ट्रीय अंगों की रक्षा होगी। यह बात सिद्ध ही है।'[107]

इसी का पूरक था साहित्य के बारे में टण्डन जी का उपयोगितावादी और नैतिकतावादी दृष्टिकोण जिसका हिन्दी के साहित्य-जगत पर काफ़ी असर पड़ा। टण्डन जी ने कहा था कि राष्ट्रीय कीर्ति की अमरता, राष्ट्रीय साहित्य पर निर्भर करती है। राष्ट्रीय सम्पदा और राष्ट्रीय साहित्य परस्पर निर्भर हैं। जो जाति अपने साहित्य को शक्तिशाली बनाना चाहती है उसे पहले स्वयं शक्तिशाली बनने का प्रयास करना चाहिए... महान साहित्य का सृजन संकुचित भावों से नहीं हो सकता। कोई साहित्य अमर और सारे देश के सम्मान के योग्य नहीं हो सकता अगर उसमें ऐसे बीसियों अंश हों जिसमें अलग-अलग मत प्रकट किये गये हों... जो विद्वान विवादास्पद मान्यताओं या विशिष्ट सामाजिक विश्वासों के प्रचार-प्रसार के लिए अलग-अलग लेख लिखते हैं वे अपने उद्देश्य में भले ही सफल हों, लेकिन उनका कृतित्व विशुद्ध साहित्य के सृजन में सहायक नहीं हो सकता।[108]

साहित्य भी एक समग्रतावादी राष्ट्रीय परिप्रेक्ष्य में ही देखा जा सकता था। अपने भिन्न-भिन्न व्यक्तिगत विचारों को अनावश्यक रूप से विवादास्पद, अशुद्ध और 'संकुचित भावों' की उपज कह कर ख़ारिज किया जाता था। साहित्य का यह उपयोगितावादी और मानकीकरण की ओर झुकाव रखने वाला दृष्टिकोण हिन्दी में दुर्लभ तो नहीं था जैसा कि हम पहले ही देख चुके हैं (2.2) लेकिन एक प्रतिष्ठित और प्रभावशाली राजनैतिक हस्ती के मुँह में ये विचार और अधिक बलवान हो जाते थे, ख़ास तौर पर जब वह नेता राजनैतिक क्षेत्र में हिन्दी का सबसे बड़ा समर्थक और हिन्दी की सबसे प्रभावशाली संस्था का प्रमुख भी था। हिन्दी लेखकों के लिए, जैसा कि हम आगे देखेंगे, यह राजनीतिज्ञों द्वारा साहित्यिक बिरादरी और उनकी रचनाओं पर पूरा नियन्त्रण रखने की इच्छा का, और स्वयं लेखकों के अपने प्रयासों के प्रति नेताओं की उदासीनता का, द्योतक था। टण्डन जी के व्यक्तित्व में हम एक सच्ची लोकतान्त्रिक चेतना के साथ-साथ नियमपरक

कठोरता पाते हैं। लेखकों और राजनीतिज्ञों के आपसी रिश्तों और पूरे में हिन्दी साहित्य पर उनके रवैये का गहरा असर हुआ।

सम्पूर्णानन्द (1891-1969) शायद कांग्रेसी नेताओं की सफल 'दुहरी-पटरी' और हिन्दी नेताओं की सांस्कृतिक चेतना के सबसे अच्छे उदाहरण हैं। वे सड़क की राजनीति में भी उतने ही आराम से विचर सकते थे जितना बनारस के स्थानीय सम्वैधानिक अखाड़े और विधान सभा के गलियारों में। वे आसानी से अंग्रेज़ी, हिन्दी और उर्दू में बदल-बदल कर बात कर सकते थे, लेकिन हिन्दी को अपनी सांस्कृतिक अस्मिता की भाषा मानते थे, और उनमें आधुनिक, व्यावहारिक दृष्टिकोण के साथ-साथ 'भारतीय परम्परा' की प्राचीन जड़ों में गहरा विश्वास भी था।

सम्पूर्णानन्द बनारस के औसत साधनों और शिक्षा-प्राप्त पुराने कायस्थ परिवार में पैदा हुए थे। जैसा कि उन्होंने ख़ुद लिखा : 'मेरा शुरुआती जीवन उत्तर भारत के बड़े शहरों में रहने वाले निम्न-मध्यवर्गीय परिवार के किसी भी लड़के से भिन्न नहीं था।'[109] उनका परिवार इस मानी में भी औसत परिवार था कि उसने पुराने नौकरी पेशा वर्ग की आर्थिक अवनति को आधुनिक शिक्षा प्राप्त कर के अंग्रेज़ी प्रशासन में रोज़गार के नये अवसरों को खोज कर दूर करने का प्रयास किया था। ख़ुद सम्पूर्णानन्द के भीतर 'वैज्ञानिक मानसिकता' और व्यक्तिगत दार्शनिक और आध्यात्मिक खोज का मेल था जो उन्हें विरासत में प्राप्त धार्मिक सम्बन्धों से अलग हटा कर 'मूल' शास्त्रीय स्रोतों के क़रीब ले गया, जिससे बाद में उन्हें विद्वान के रूप में भी कुछ ख्याति मिली।[110] टण्डन जी की तरह वे भी विवाह की रस्मों के बारे में हिन्दी में लिख कर और अनुवाद करके उन में और अधिक सचेत भागीदारी के पक्षधर थे। अपने राजनैतिक जीवन के अन्त में वे बनारस में संस्कृत महाविद्यालय के कुलपति बने जो अब उन्हीं के नाम से जाना जाता है।

सभी दूसरे हिन्दी राजनीतिज्ञों की तरह, सम्पूर्णानन्द भी अध्यापक और पत्रकार के रूप में हिन्दी की संस्थाओं से सम्बद्ध रहे। (देखिए परिशिष्ट)। वे सम्पादक, लेखक और अध्यापक के तौर पर बनारस में शिवप्रसाद गुप्त की आर्थिक सहायता से चलने वाली शिक्षा और प्रकाशन से जुड़ी संस्थाओं—काशी विद्यापीठ और ज्ञानमण्डल—से जुड़े हुए थे।[111] उनका राजनैतिक जीवन काफ़ी हद तक टण्डन जी के राजनैतिक जीवन से मिलता-जुलता है। उनमें भी संगठनकर्ता की अपूर्व क्षमता थी जो राजनैतिक आन्दोलन की हड़बड़ी में बड़ी मूल्यवान साबित होती थी।[112] इसके साथ-साथ वे एक तर्कपूर्ण और प्रभावशाली वक्ता और सम्वैधानिक राजनीति के व्यवहार-कुशल नेता थे। टण्डन जी की तरह वे भी असहयोग आन्दोलन के बाद पहले नगर पालिका चुनावों में पार्षद बने और शिक्षा समिति के अध्यक्ष होने के नाते काफ़ी सक्रिय रहे—उन्होंने 'नैशनल स्कूलों' को बढ़ावा दिया और राष्ट्रवादी पाठ्य-पुस्तकें तैयार करवायीं (देखिए 1.4)। इसके बाद उन्होंने

हिन्दू महासभा के उम्मीदवार को आसानी से हरा कर 1926 में यूपी की विधान परिषद का चुनाव जीता और फिर 1937 में प्रान्तीय असेम्बली के लिए निर्वाचित हुए। 1938-39 की कांग्रेस प्रान्तीय सरकार में वे शिक्षा मन्त्री बने। हिन्दी-हिन्दुस्तानी विवाद जब चरम पर था तो शिक्षा मन्त्री की हैसियत से उनके बयान और प्रस्ताव हिन्दी का समर्थन करने वाले माने जाते थे। उन्होंने प्राथमिक और माध्यमिक स्कूलों पर नियन्त्रण को केन्द्रीकृत करने के लिए जो 'आचार्य नरेन्द्र देव समिति' गठित की थी, उससे गाँधी जी द्वारा प्रतिपादित बुनियादी शिक्षा की वर्धा योजना की ताईद हुई। मुस्लिम नेताओं ने उसे कांग्रेस की हिन्दी-समर्थक नीति बताते हुए उसका विरोध किया जबकि हिन्दी प्रेस और भी निर्णायक क़दम उठाये जाने की अपेक्षाएँ लगाये रहा।[113] दूसरे हिन्दी नेताओं की तुलना में सम्पूर्णानन्द का निजी अधिकार, जो शुरू में उनकी सार्वजनिक सेवा की उपज था, आगे चल कर सत्ताधारी शक्ति और सरपरस्ती में बदल गया (देखिए 5.4); विशेषकर स्वाधीनता के बाद सम्पूर्णानन्द के 'वेदान्ती समाजवाद' के वैचारिक सम्मिश्रण और राजनैतिक व्यवहारिकता को कहीं अधिक ध्यान से परखे जाने की ज़रूरत है जो यहाँ सम्भव नहीं है। आचार्य नरेन्द्र देव की तरह सम्पूर्णानन्द जन संगठनकर्ता की तुलना में बुद्धिजीवी और नेता अधिक थे : सम्वैधानिक अखाड़े में कांग्रेस के दक्षिणपन्थियों से लड़ने में 'कड़ी भाषा' ही उनका सबसे असरदार हथियार था।[114] चतुर राजनीतिज्ञ होने के नाते सम्पूर्णानन्द कांग्रेस समाजवादी पार्टी से, जिसके वे संस्थापक सदस्य थे, इस्तीफ़ा दे कर कांग्रेस के टिकट पर ही चुनाव लड़े थे, क्योंकि उनके ख़याल में समाजवादी पार्टी के पास उतनी ताक़त नहीं थी, कम-से-कम यूपी में।[115]

हिन्दी के जिस पत्रकार-राजनीतिज्ञ को राजनैतिक भाषा के रूप में हिन्दी की सम्भावित लोकप्रियता में सबसे अधिक विश्वास था और जिसे हिन्दी के जनपद को वास्तव में जनोन्मुखी बनाने की सबसे अधिक चिन्ता थी, वे गणेश शंकर विद्यार्थी (1890-1931) थे। विद्यार्थी जी की यह संलग्नता ग़ैर-सम्वैधानिक क्षेत्र में उनकी अपनी सक्रियता में प्रतिबिम्बित होती थी : 'प्रताप' के संस्थापक और सम्पादक होने के नाते उन्होंने बोल-चाल की भाषा का प्रयोग किया, उसमें किसानों और मज़दूरों के आन्दोलनों और माँगों की विस्तृत रिपोर्टें छापीं, और सक्रिय रूप से उनकी गतिविधियों का समर्थन किया। इस तरह उन्होंने बाबू राव विष्णु पराड़कर की आकांक्षाओं को पूरा किया कि हिन्दी प्रेस को जनता की आवाज़ को व्यक्त करना चाहिए (देखिए 5.1)। विद्यार्थी जी कानपुर के पहले-पहले ट्रेड यूनियन वालों में थे और उन्होंने कानपुर ज़िले में कांग्रेस का ग्रामीण आश्रम भी स्थापित किया था। सांसद बनने से कतराते हुए भी उन्होंने प्रान्तीय विधान परिषद में किसानों और मज़दूरों को ले कर कई बार सवाल उठाये।[116] अन्ततः उनकी अपनी उच्चवर्ग विरोधी छवि और व्यवहार ने 'आम आदमी' की उनकी पहचान को और बल प्रदान किया।

विद्यार्थी जी के सिलसिले में हम इस बात को साफ़-साफ़ देख सकते हैं कि कैसे कोई अख़बार सचमुच जनमत का वाहक बन सकता है और कैसे सम्पादक और नेता के अधिकार एक-दूसरे के पूरक बन सकते हैं। हालाँकि विद्यार्थी जी व्यक्तिगत रूप से साधन-सम्पन्न नहीं थे, अपनी सार्वजनिक सेवा से अर्जित अधिकार की वजह से उनको कानपुर का 'बेताज का बादशाह' कहा जाता था, और 'प्रताप' का असर ग्रामीण क्षेत्र में दूर-दूर तक फैल गया था।[117] साहित्य जगत में भी उन्होंने साहित्य और राष्ट्रीय राजनीति के बीच विशेष रूप से महत्वपूर्ण भूमिका अदा की। 'प्रताप' और मासिक पत्रिका 'प्रभा' में राष्ट्रवादी कविता को प्रमुख स्थान दिया जाता था, विद्यार्थी जी ख़ुद अनेक नये और पुराने साहित्यकारों को प्रोत्साहित करते रहे और कानपुर के फ़ीलख़ाना मुहल्ले में 'प्रताप' कार्यालय साहित्यकारों और राजनेताओं का अड्डा ही बन गया था। उनकी कायस्थ पृष्ठभूमि और धर्मनिरपेक्ष स्वभाव ने सम्भवतः उनके अन्दर आधुनिक अभिरुचियों और विचारों के प्रति और अधिक खुलापन पैदा किया था। उनकी पसन्दीदा किताबों और 'प्रताप' की ओर से प्रकाशित पुस्तकों से राजनैतिक साहित्य और ऐतिहासिक उपन्यासों के प्रति उनकी रूचि कापता चलता है। ख़ुद उन्होंने जेल की सज़ा काटते हुए विक्टर ह्यूगो के उपन्यास 'नाइण्टी थ्री' का हिन्दी में अनुवाद किया। अंग्रेज़ी राज के सभी विरोधियों की ही तरह विद्यार्थी जी भी भारत की महान परम्परा के प्रति गर्व महसूस करते थे, और भावी 'अन्तर्राष्ट्रीय भाषा' के रूप में हिन्दी के भविष्य को ले कर बहुत आशान्वित थे।[118]

अन्त में, आचार्य नरेन्द्र देव (1889-1956) अग्रणी कांग्रेसी समाजवादी नेता और हिन्दी और अंग्रेज़ी, दोनों के विचारक थे। नरेन्द्र देव की अपेक्षाकृत अच्छी सामाजिक हैसियत और शैक्षणिक योग्यता के कारण वे, मालवीय जी ही की तरह, हिन्दी राजनेताओं में सबसे अधिक द्विभाषी नेता थे। हालाँकि उनकी पृष्ठभूमि भिन्न थी, क्योंकि वे फ़ैज़ाबाद के सम्पन्न व्यापारी परिवार से ताल्लुक़ रखते थे, जो प्रतिष्ठा बढ़ाने के लिए व्यापार, ज़मीन और सुरुचि-सम्पन्नता की ओर उन्मुख हो चुका था।[120] सम्पूर्णानन्द ही की तरह नरेन्द्र देव ने आधुनिक शिक्षा से प्राप्त विवेकसम्मत ज्ञान को स्वाध्याय और साधु-सन्तों से व्यक्तिगत सम्पर्कों से प्राप्त भारतीय परम्परा के प्रति अपनी श्रद्धा से मिलाने का प्रयास किया। नरेन्द्र देव के सिलसिले में क्रान्तिकारी राजनीति न्याय के बुनियादी सरोकार और समाजवाद के अध्ययन की वजह से इस मिश्रण के साथ आ जुड़ी।[121] नरेन्द्र देव ने इन्हें कांग्रेस और समाजवादी पार्टी के साथ काम और बनारस में राष्ट्रीय महाविद्यालय, काशी विद्यापीठ में प्राचीन इतिहास और राजनीतिशास्त्र का अध्यापन करके एक-दूसरे से जोड़ दिया। उनके और सम्पूर्णानन्द तथा श्रीप्रकाश के कारण काशी विद्यापीठ युवा सोशलिस्टों, ट्रेड यूनियनों के कार्यकर्ताओं और भावी नेताओं का पालना बन गया। बौद्धिक स्तर पर नरेन्द्र देव तीन नज़रियों के बीच मँडराते रहे। एक ओर राष्ट्रवादी आन्दोलन और किसान

समस्या का मार्क्सवादी विश्लेषण था, दूसरी ओर समाज के प्रति सोशलिस्ट दृष्टिकोण जो जाति और सामाजिक श्रेणीबद्धता को ख़ारिज करता था और तीसरी तरफ़ भारतीय सभ्यता की बुनियादी एकता और सामंजस्य के प्रति सांस्कृतिक चेतना और श्रद्धा थी।[122]

अगर हिन्दी के साहित्यिक जगत में विद्वान के रूप में नरेन्द्र देव आदर के पात्र थे, तो राजनैतिक क्षेत्र में उनका प्रभाव राजनैतिक विचारक का था; वे संगठन कार्य की बजाय कहीं अधिक समय लेखन, पार्टी की बैठकों और कांग्रेस तथा विधान परिषद में दबाव डालने में ख़र्च करते थे।[123]

इस खण्ड में हिन्दी के जिन नेताओं को परखा गया, वे हिन्दी क्षेत्र में संगठनकर्ताओं और विभिन्न प्रकार की सार्वजनिक गतिविधियों का नेतृत्व करने वालों के रूप में उभर कर सामने आये। ऐसी सक्रियता ने उनकी अक्सरहा मामूली सामाजिक हैसियत के बावजूद उन्हें अधिकार और सत्ता प्रदान की; कांग्रेस में उनकी तरक़्क़ी के पीछे व्यावहारिक राजनैतिक सत्ता के साथ-साथ संरक्षण और प्रभाव का भी हाथ था। राजनीतिज्ञों के रूप में वे काफ़ी हद तक सम्वैधानिक और ग़ैर-सम्वैधानिक राजनीति के बीच आवा-जाही करने में सफल रहे। लेकिन यह भी सच है कि जितना अधिक वे पार्टी के ढाँचे का हिस्सा बनते गये, जनमत के वाहक होने के सिलसिले में उनकी भूमिका उतनी ही सिकुड़ती चली गयी। वे अब भी अंग्रेज़ी राज के मुखर आलोचक थे और उसके विरुद्ध जनमत के वाहक भी थे, लेकिन सार्वजनिक क्षेत्र में वे असहमति व्यक्त करने वाली आवाज़ों और कांग्रेस की आलोचना को दबाते थे। यही वह राजनैतिक संस्कृति थी जिसका सहजानन्द ने इतनी तीखेपन से विरोध किया था जब उन्होंने 'सर्वसम्मति के कलंक' की बात कही थी।

इन नेताओं के राजनैतिक जीवन के सिंहावलोकन से जो बात उभर कर सामने आती है, वह यह कि विचारधारा की दृष्टि से वे राजनैतिक परिदृश्य के एक छोर से दूसरे छोर तक जाते थे—मदन मोहन मालवीय के हिन्दुत्ववादी दक्षिणपन्थ से ले कर नरेन्द्र देव के समाजवाद तक। लेकिन हिन्दी-अंग्रेज़ी और अभिजन-लोकप्रिय की सांस्कृतिक धुरियाँ(axes) एक और ही तस्वीर पेश करती हैं। वैचारिक मतभेदों और राजनीति के क्षेत्र में भिन्न-भिन्न भूमिकाओं के बावजूद अभी तक जितने राजनीतिज्ञों का उल्लेख हुआ, उनके बीच एक ख़ास क़िस्म की सांस्कृतिक समानता दिखायी देती है। उनकी एक समान सांस्कृतिक चेतना थी जो 'हिन्दी राजनीतिज्ञ' की कोटि में उनको डाल देती है। उन्होंने हिन्दी को सांस्कृतिक चेतना और परम्परा की भाषा के रूप में अंगीकार किया था, भारतीय संस्कृति के 'सामंजस्य' के प्रति उनका व्यक्तिगत भावात्मक जुड़ाव था, प्राचीन भारत और उसकी कथित रूप से समरूपी सांस्कृतिक परम्परा को वे महत्वपूर्ण मानते थे, और (शायद गणेश शंकर विद्यार्थी ही को छोड़ कर) साहित्य के नैतिक दृष्टिकोण की ताईद करते थे। इस रूप में, वे हिन्दी की उस लोकप्रिय संस्कृति को प्रतिबिम्बित करते थे जिसकी रूपरेखा

मैं इस किताब में प्रस्तुत कर रही हूँ। यह संस्कार उनके द्वारा की गयी हिन्दी की पक्षधरता में झलकता है : जहाँ वे हिन्दी का समर्थन राजनीति की लोकभाषा के रूप में करते हैं, वे उसे संस्कृत की बेटी और भारतीय संस्कृति की वाहक भी मानते हैं। इस तरह, बावजूद इसके कि भाखा के राजनीतिज्ञ होने के नाते वे जनाकांक्षाओं और लोकतान्त्रिक माँगों को आगे बढ़ाने की दृष्टि से सबसे अच्छी जगह स्थित थे, सांस्कृतिक दृष्टि से उन्होंने संकीर्णतावादी भूमिका अदा की। सामाजिक तथा आर्थिक न्याय को ले कर प्रतिबद्धवामपन्थी हिन्दी नेताओं के लिए भी इस बात ने उनकी सांस्कृतिक और सामाजिक चेतना के बीच एक तनाव पैदा किया।

वस्तुतः, हिन्दी के अपनाये जाने और इस सांस्कृतिक चेतना के पीछे हिन्दी-अंग्रेज़ी के सवाल को ले कर भिन्न-भिन्न रवैये तो थे ही, इस प्रश्न को ले कर भी थे कि वह कौन-सी और कैसी सांस्कृतिक-राजनैतिक जाति थी जिसे हिन्दी को अपने में समाहित करना था। विद्यार्थी जी के लिए हिन्दी एक तरह से अंग्रेज़ी का उलट थी, क्योंकि वह आम लोगों को सम्बोधित करने के साथ-साथ उनका प्रतिनिधित्व भी करती थी। टण्डन और सम्पूर्णानन्द के लिए हिन्दी 'भारतीय' (विदेशी की उलट) संस्कृति का प्रतिनिधित्व करती थी और भारत की प्रमुख, देशव्यापी भाषा होने के नाते अंग्रेज़ी की जगह लेने के लिए तैयार थी। अपेक्षाकृत अधिक द्विभाषी राजनेताओं, मसलन नरेन्द्र देव, या फिर भिन्न रूप में मालवीय जी, का रवैया अधिक व्यावहारिक था—इस रूप में कि अंग्रेज़ी राष्ट्रव्यापी श्रोताओं को सम्बोधित करने के काम आती थी, जबकि अपनी विभिन्न भाषिक शैलियों में हिन्दी, स्थानीय जन समुदाय को सम्बोधित करती थी। जहाँ स्थानीय श्रोता स्पष्ट रूप से मिले-जुले या प्रधानतः मुस्लिम होते, या जब किन्हीं अन्य तरीक़ों से यह उनके लिए फ़ायदेमन्द होता तो वे उर्दू भी इस्तेमाल कर सकते थे, करते भी थे। जहाँ उनके लिए हिन्दी को प्रचलित राष्ट्र भाषा, अंग्रेज़ी के समकक्ष लाने की ज़रूरत थी, अन्य लोगों के लिए हिन्दी वह भाषा थी जो अंग्रेज़ी की जगह लेगी और उसके सभी कार्यों को आत्मसात करेगी। दोनों ही मामलों में 'शुद्ध' हिन्दी को सत्ता की राष्ट्र-भाषा के रूप में वैधता प्रदान करते हुए, उन्होंने ख़ुद को उस शासक वर्ग के रूप में वैधता प्रदान की जो देश की बागडोर सँभालेगा।

हालाँकि यह सांस्कृतिक चेतना अनिवार्य रूप से हिन्दू या अभिजनवादी राजनीति में नहीं ढलती थी, तो भी उसने हिन्दी के राजनीतिज्ञों की सामाजिक और राजनैतिक दृष्टि को अवश्य प्रभावित किया।[124] जहाँ टण्डन जी के मामले में यह रवैया उन्हें स्वाधीनता के बाद संकीर्णतावादी राजनीति की ओर ले गया जब उन्होंने प्रान्तीय राजनीति में मालवीय जी का चोला धारण कर लिया, सम्पूर्णानन्द और नरेन्द्र देव के मामले में इसमें उनकी राजनैतिक और सांस्कृतिक दृष्टि में एक अधिक सूक्ष्म फाँक पैदा की।[125] 'हमारी संस्कृति की सबसे बड़ी विशेषता यह है कि वह अलग-अलग जीवन-प्रणालियों में एकता

तथा हर क्षेत्र में समन्वयव की स्थापना करती है,' नरेन्द्र देव ने लिखा, 'भारतीय संस्कृति की दूसरी विशेषता उसकी नैतिक व्यवस्था की स्थापना है,' मूल्यों की एक श्रेणी जिसमें मोक्ष सबसे ऊपर है।[126] जैसा कि हमने पिछले अध्यायों में और विशेष रूप से पिछले हिस्से में देखा है, समन्वय और एकता के आदर्श और मूल्य बहुत आसानी से बदल कर वर्णनात्मक होने की बजाय आदेशात्मक बन सकते थे। हालाँकि उनमें अपने आप में कोई बुराई नहीं थी, भारतीय संस्कृति को एक ठोस पिण्ड के रूप में प्रस्तुत करके वे आसानी से ऊपर-नीचे के भेद-भाव को छिपा सकते थे। राजनैतिक धरातल पर विद्यार्थी, नरेन्द्र देव, सम्पूर्णानन्द और किसी हद तक टण्डन ने 'सामाजिक सामंजस्य' की धारणा को चुनौती तो दी थी और यह भी माना कि नये युग को प्रजातन्त्र की नयी राजनैतिक संस्कृति की आवश्यकता है, और आर्थिक न्याय के बिना स्वराज्य का कोई मतलब नहीं होगा। लेकिन सांस्कृतिक धरातल पर वे एकता, सामंजस्य और प्राचीन 'भारतीय संस्कृति' पर गर्व की भाषा बोलते थे। जहाँ राजनैतिक क्षेत्र में वे जनवादी और लोकतान्त्रिक आकांक्षाओं के प्रतिनिधि थे, सांस्कृतिक दृष्टि से उनकी भूमिका प्रमुख रूप से रूढ़िवादी ही कहलायेगी। यह तथ्य कि ऐसे समय जब राष्ट्रीय एकता का लक्ष्य पकड़ाई में नहीं आ रहा था, राजनीति के तनाव-भरे धरातल की तुलना में संस्कृति के अमूर्त धरातल पर सामंजस्य और राष्ट्रीय एकता के मूल्यों का समर्थन करना ज़्यादा आसान था—इस बात को समझने में मदद कर सकता है कि इन सभी राजनेताओं ने इस चेतना को इतनी आसानी से कैसे अंगीकार किया। समन्वय का आदर्श एक ऐसे दर्पण की तरह सामने रखा जाता रहा जिसमें तनावग्रस्त राष्ट्रीय जाति अपनी छवि देख सके। इस आदर्श ने आदेश-सा बन कर, आलोचना को सेंसर करते हुए, साहित्यिक क्षेत्र में कई लोगों को हाशिये पर धकेला, यह बात उन्हें विचलित करती नहीं जान पड़ती है (देखिए 5.4)। क्या स्थिति इससे अलग हो सकती थी? क्या किसी लोकप्रिय और प्रभावशाली हिन्दी नेता की मदद से हिन्दी संस्कृति अधिक खुली और आलोचना-सह बन सकती थी? इस सवाल को विद्यार्थीजी की अकाल मृत्यु ने अधूरा ही छोड़ दिया।

हिन्दी राजनीतिज्ञों की सांस्कृतिक संकीर्णता के साथ मिल कर, उनकी सीमित द्विभाषिकता का एक और नतीजा हुआ : स्थानीय प्रभाव और संरक्षण को हासिल करने के बाद भी वे राष्ट्रीय स्तर के नेता नहीं बन पाये। एक तरह से यह हिन्दी के अपने संकट को प्रतिबिम्बित करता था। ठीक वैसे ही जैसे हिन्दी, अपने व्यापक विस्तार और पैठ के बावजूद, और हिन्दी प्रचार के सारे ताम-झाम के बावजूद, अंग्रेज़ी सरीखा विस्तार और पैठ और अंग्रेज़ीदाँ वर्ग नहीं हासिल कर सकी, उसी तरह सम्पूर्णानन्द और पुरुषोत्तम दास टण्डन, जो हिन्दी राजनीतिज्ञों में सबसे अधिक सफल हुए, प्रान्तीय नेता, निहित स्वार्थों और हिन्दी के संस्थाबद्ध स्वरूप के रक्षक ही बने रहे। और जैसे-जैसे सत्ता और वर्चस्व का केन्द्र दिल्ली की तरफ़ खिसका, उनकी सांस्कृतिक भूमिका भी विकसित न हो कर

एक क़िस्म की सांस्कृतिक घेरेबन्दी में तब्दील हो गयी, एक ऐसे रूढ़िवादी 'हिन्दी संस्कार' में जो उन संस्थाओं से प्रसारित होता रहा जिनकी स्थापना में उन्होंने सहायता की थी।

हिन्दी के साहित्यिक जगत में भी हिन्दी राजनीतिज्ञों के सांस्कृतिक रूढ़िवाद के उल्लेखनीय परिणाम हुए। हिन्दी साहित्य जगत में जो विभिन्न स्वर थे, उनमें से कुछ ने तो इस हिन्दी संस्कार का समर्थन किया, कुछ ने कड़ी आलोचना की और अन्य स्वरों ने साहित्यिक कल्पना के लिए स्वायत्तता की माँग की। शायद विद्यार्थी जी को ही छोड़ कर, बाक़ी हिन्दी राजनीतिज्ञों ने इन विभिन्न स्वरों और हिन्दी के समकालीन साहित्य के प्रति उदासीनता और सम्वेदनहीनता ही दर्शायी। इस उदासीन रवैये ने गम्भीर तनाव पैदा किये, जैसा कि अगले हिस्से में हम देखेंगे। हिन्दी के नेता हिन्दी बुद्धिजीवियों और जनमत तथा राष्ट्रीय नेताओं के बीच सम्पर्क सूत्रों का काम करने की आदर्श स्थिति में थे। लेकिन वे एक ही दिशा में काम करते रहे, यानी राष्ट्रीय नेताओं की ओर से हिन्दी रचनाकारों और जनमत का मार्गदर्शन करने का काम। इससे हिन्दी के स्वाधीन बुद्धिजीवी उस नैतिक और बौद्धिक अधिकार और राजनैतिक प्रभाव से वंचित हो गये, जिस पर उनके ख़याल में उनका अधिकार था। इसके विपरीत नेताओं ने उन रूढ़िवादी हिन्दी बुद्धिजीवियों को ही अपना समर्थन दिया और स्वाधीन स्वरों की क़ीमत पर उन्हीं को हिन्दी की सांस्कृतिक और शैक्षणिक संस्थाओं के सिरमौर या इस्टैब्लिशमेंट बनने का बढ़ावा दिया। ऐसा करके उन्होंने आगे हिन्दी के लोकतान्त्रिकीकरण और उसकी लोकप्रियता के रास्ते में बाधा डाल दी। साहित्य उनके विचार में प्रजातन्त्र नहीं था जिसमें हर कोई सहयोग कर सकता था और जिसमें हर किसी को अपने निजी विचार व्यक्त करने का अधिकार था। इसके विपरीत वह एक राजतन्त्र था जिसमें लेखकों को बताया जाता था कि वे कैसे लिखें और ऐसा न करने पर उन्हें फटकारा जाता था।

5.4 अधिकार का सवाल

हिन्दी-हिन्दुस्तानी का जो विवाद 1930 के दशक के उत्तरार्द्ध में साहित्य और राजनीति के क्षेत्रों में छिड़ा रहा उसे कई प्रकार से उन प्रक्रियाओं का परिणाम कहा जा सकता है जिनकी चर्चा अब तक की गयी है। पहली बात तो यही है कि इस बहस का नतीजा भारत की एकमात्र सार्वजनिक भाषा के रूप में राजभाषा और राष्ट्रभाषा हिन्दी को स्थापित करने का चरमोत्कर्ष था। दूसरे, हिन्दी के समर्थन में आम बहस ने हिन्दी संस्कार की रूप-रेखा उजागर कर दी। तीसरे, इस विवाद ने हिन्दी साहित्य सम्मेलन जैसी साहित्यिक संस्थाओं का वर्चस्व न सिर्फ़ साहित्यिक जगत में, बल्कि व्यापक सार्वजनिक क्षेत्र में भी ज़ाहिर किया। अन्त में, यह बहस और उसका फल हमारे सामने हिन्दी के सार्वजनिक क्षेत्र के अन्दर वर्चस्व और अधिकार को ले कर हुई मुठभेड़ को भी उजागर करता है।

सार्वजनिक क्षेत्र में वर्चस्व का प्रश्न एक जटिल प्रश्न है। यहाँ, इस पुस्तक के साहित्यिक लक्ष्य को ध्यान में रखते हुए मेरा सरोकार मुख्य रूप से साहित्य जगत में वर्चस्व और अधिकार के सवाल से रहेगा, और मुख्यतः दो मुद्दों से : पहला मुद्दा बौद्धिक वर्चस्व का है और इस बात से सम्बन्धित है कि यह बौद्धिक वर्चस्व किसके हाथ में रहेगा। दूसरा मुद्दा राजनैतिक और बौद्धिक वर्चस्व के आपसी सम्बन्ध का है। हिन्दी के जनपद के लिए इस विवाद के अभिप्राय क्या थे और आज़ाद भारत में हिन्दी के भविष्य के लिए उसके क्या परिणाम निकले, इसे सुलझाने में ये दो मुद्दे हमारा मार्गदर्शन करेंगे। मेरी दलील यह होगी कि हिन्दी-हिन्दुस्तानी विवाद ने हिन्दी के राजनीतिज्ञों और उन हिन्दी बुद्धिजीवियों के आपसी सम्बन्धों को सुदृढ़ किया जो साहित्यिक और शैक्षणिक संस्थाओं के सिरमौर थे। वे स्वाभाविक साझीदार थे क्योंकि, जो भी उनके राजनैतिक रुझान रहे हों, वे समान रूप से एक विशेष प्रकार के सांस्कृतिक रूढ़िवाद से परिचालित थे, हिन्दी को एक सांस्कृतिक प्रतीक के रूप में देखते थे, साहित्य के प्रति एक नैतिक रवैया रखते थे और समकालीन लेखकों के प्रति प्रायः उदासीन ही थे। इस साझेदारी ने राष्ट्रीय स्तर पर हिन्दी को राजभाषा और राष्ट्रभाषा बनाने और हिन्दुस्तानी के प्रचार को विफल करने में बुनियादी भूमिका निभायी। मगर इसके साथ-साथ इसने स्वाधीन लेखकों और मतभेद के स्वरों के साहित्यिक और सांस्कृतिक अधिकार में सेंध भी लगायी। 'हिन्दी ख़तरे में है' की पुकार ने निश्चय ही अधिकांश हिन्दी बुद्धिजीवियों और संस्थाओं को एकजुट किया, मगर उसने मानकीकरण की प्रवृत्तियों को मज़बूत किया और आलोचनात्मक स्वरों के प्रति सन्देह को बढ़ावा भी दिया।

5.4.1 हिन्दी या हिन्दुस्तानी?

हिन्दी साहित्य सम्मेलन (1910) हिन्दी को राष्ट्रभाषा बनाने के लिए कांग्रेस पर दबाव डालने वाली सबसे प्रमुख संस्था के रूप में उभरा था (देखिए 2.1)। हिन्दी-हिन्दुस्तानी विवाद के दौरान वह मुख्य संघर्ष-स्थली भी बन गया : पहले उस पर हिन्दुस्तानी-समर्थक कांग्रेसियों ने क़ब्ज़ा किया और फिर यह क़ब्ज़ा हिन्दी के पक्षधरों ने दोबारा हासिल किया। दूसरे अध्याय में हमने देखा था कि कैसे साहित्यिक संस्थाओं, मुख्य रूप से सम्मेलन, ने 1920 के दशक में अंग्रेज़ी सरकार से अपीलें करना बन्द करके कांग्रेस को अपने पक्ष में करने के लिए ज़ोर-दबाव डालना शुरू कर दिया था। हमने यह भी देखा कि उनके लिए 'वैज्ञानिक' लाभ और आत्म-सुधार की भाषा की जगह जिसे उन्होंने अंग्रेज़ी हुकूमत के साथ इस्तेमाल किया था, कांग्रेस जैसी राष्ट्रीय संस्था से अपील करते समय राजनैतिक सर्वसम्मति की भाषा बोलना कितना कठिन था। उन्हें इस उद्देश्य में भी आश्चर्यजनक रूप से दाँतों पसीना आ गया कि कांग्रेसी नेता उनका पक्ष तो कम-से-कम सुन लें(देखें 2.1)।

कांग्रेस का समर्थन, जो हिन्दी के लिए राष्ट्रभाषा का ओहदा दिलाने के लिए अत्यन्त आवश्यक था, उस समय पक्का महसूस हुआ था जब 1918 में इन्दौर में हिन्दी साहित्य सम्मेलन के आठवें अधिवेशन के अध्यक्ष पद पर गाँधी जी विजयी भाव से आसीन हुए थे।[127] 'हिन्दी भाषा में जब तक सब सार्वजनिक कार्य नहीं होगा तब तक देश की उन्नति नहीं हो सकती। राष्ट्रीय सभा में जब तक राष्ट्रभाषा द्वारा ही सब काम न होगा तब तक स्वराज्य नहीं मिल सकता,' गाँधी ने एक इण्टर्व्यू में यह बात बहुत पहले 1917 में ही कह दी थी।[128] जब गाँधी जी ने इन्दौर में दक्षिण में हिन्दी के प्रचार के लिए एक योजना सुझायी तो लगा जैसे गाँधी जी ने सम्मेलन के उद्देश्य को पूर्ण रूप से साकार कर दिया हो। इसके लिए उन्होंने आर्थिक सहायता और राजनैतिक आशीर्वाद प्रदान किया, जबकि सम्मेलन ने मानव संसाधन और दक्षता उपलब्ध करायी।[129] आने वाले वर्षों में, दक्षिण में हिन्दी प्रचार, विशेष रूप से मद्रास में, सम्मेलन का सबसे रोमांचकारी उपक्रम साबित हुआ और परीक्षाओं के साथ-साथ, सबसे सफल भी (देखें 2.4.3)। सम्मेलन के केन्द्रों में हिन्दी सीखने वाले दक्षिण भारतीयों की बढ़ती हुई तादाद भाषा के माध्यम से राष्ट्र निर्माण और एकता का सबसे ठोस उदाहरण था।[130]

हिन्दी के बारे में गाँधी जी का नज़रिया सम्मेलन के दृष्टिकोण से बहुत भिन्न था। दोनों इस बात पर सहमत थे कि हिन्दी को अंग्रेज़ी की जगह लेनी ही थी, मगर गाँधी के लिए हिन्दी गाँवों की भाषा थी, बोल-चाल की ज़ुबान जो साक्षरता और लिपि को लाँघ जाती थी : वे कहते थे कि जो कोमलता उन्हें गाँव-देहात की बोली-बानी में मिलती थी वह न तो बोलने के उस ढंग में मिलती थी जिसमें लखनऊ के मुस्लिम भाई या प्रयोग के पण्डित बोलते थे।[131] जब-जब उन्हें महसूस होता था कि यह बात स्पष्ट होनी चाहिए कि वह दोनों लिपियों में लिखी जा सकती थी, ख़ास तौर पर 1930 के दशक के साम्प्रदायिकीकरण के युग में गाँधी जी उसे हिन्दी-हिन्दुस्तानी या महज़ हिन्दुस्तानी कहते थे।[132]

शुरू-शुरू में तो सम्मेलन ने ख़ामोशी से गाँधी जी की परिभाषा को स्वीकार कर लिया था, शायद इतने प्रभावशाली और लोकप्रिय संरक्षक की छत्र-छाया उपलब्ध होने पर ख़ुशी के मारे। गाँधी जी द्वारा हिन्दी साहित्य सम्मेलन की अध्यक्षता से निश्चय ही ऐसा लगा कि हिन्दी कांग्रेस की कार्यसूची पर पहले से कहीं अधिक प्राथमिकता के साथ दर्ज हो गयी है; सम्मेलन के अगले कुछ वार्षिक अधिवेशनों में राष्ट्रीय नेताओं का ताँता लगा तो रहा, लेकिन हिन्दी-हिन्दुस्तानी के बारे में गाँधी जी का नज़रिया हिन्दी के लिए हिन्दी के पत्रों और साहित्यिक संस्थाओं के पचास वर्षों के सार्वजनिक प्रयासों के बिलकुल विरुद्ध था, और कहने की बात नहीं कि सम्मेलन के भी। गाँधी जी को एक बार फिर 1935 में इन्दौर में हिन्दी साहित्य सम्मेलन के चौबीसवें अधिवेशन की अध्यक्षता करने के लिए आमन्त्रित किया गया—निस्सन्देह 1918 के सफल प्रदर्शन को दोहराने और

संगठन को नयी आभा से मण्डित करने के लिए [133] और कांग्रेस के भीतर सम्मेलन की दावेदारी को और पुख़्ता करने के लिए; मगर अपनी तरफ़ से गाँधी जी ने औपचारिक रूप से हिन्दी-हिन्दुस्तानी परिभाषा को सम्मेलन से मंज़ूर करा लिया। तब घोर विवाद उठ खड़ा हुआ और बहुतों ने गाँधी जी की नीति को 'अचानक मोड़' यहाँ तक कि विश्वासघात भी कहा। मगर 1918 में जब गाँधी जी ने हिन्दी की बात की थी तो उनका आशय स्पष्ट रूप से दोनों लिपियों में लिखी जाने वाली हिन्दुस्तानी ही था।

हिन्दी पत्र-पत्रिकाओं में अत्यन्त तीखी प्रतिक्रिया हुई। 'सुधा' के जनवरी 1936 अंक में एक सम्पादकीय ने इसका उल्लेख 'हिन्दी की हत्या' करने के सम्मेलन के मुस्लिम-समर्थक प्रयास के रूप में किया। अन्त्येष्टि के रूपकों का इस्तेमाल करते हुए सम्पादक ने भविष्यवाणी की कि सारे हिन्दी साहित्य की चिता जलानी पड़ेगी, क्योंकि उसमें से कुछ भी 'मुसलमानों के उस अन्धे पुजारी' गाँधी के हिन्दुस्तानी के ढाँचे में नहीं बैठता। गाँधी की पवित्र इच्छाओं के कारण बेचारी हिन्दी को अपने भव्य वस्त्रों को त्याग कर एक अटपटा, अर्द्ध-ग्रामीण, अर्द्ध-मुस्लिम लिबास धारण करना पड़ेगा; लेकिन हिन्दी जो संस्कृत की बेटी और गो-रक्षक अहिंसक मूर्तिपूजकों की भाषा थी, जो भारत को ही सदा अपनी पुण्यभूमि मानते आये थे, कैसे गो-भक्षक मूर्तिमंजकों की साम्प्रदायिक भाषा से ताल-मेल बैठा सकेगी, जो अरब और ईरान को अपनी मातृभूमि मानते थे और जिनकी विदेशी संस्कृति हिंसक और पाशविक थी और हमेशा एक मुस्लिम साम्राज्य का हवाला देती रहती थी? सौभाग्य से सावरकर जैसे कुछ देश-भक्त सही समाधान की तरफ़ इशारा कर रहे थे : मुसलमानों को व्यर्थ रिझाना बन्द कर देना चाहिए।

'सरस्वती' के अपेक्षाकृत अधिक मितभाषी देवीदत्त शुक्ल ने जुलाई 1935 के अंक में व्यंग से टिप्पणी की कि हिन्दी भाषियों को भ्रम में रखते हुए अब तक यह विश्वास दिलाया गया था कि हिन्दी को राष्ट्रभाषा के रूप में स्वीकार कर लिया गया था। मगर अब यह सम्मान एक ऐसी भाषा को दिया जा रहा था जिसका अभी तक अपना कोई साहित्य भी नहीं था; और अगर हिन्दुस्तानी एकेडेमी अब तक उसके लिखित रूप को स्थापित नहीं कर पायी थी, तो फिर नया सम्मेलन उस कार्य में सफल होने की उम्मीद कैसे कर सकता था?[134] अधिकांश हिन्दी बुद्धिजीवियों ने अपने ख़ुद के अस्तित्व पर और जो उनका आजीवन लक्ष्य रहा था, उस पर ख़तरा मँडराता देखा। हिन्दुस्तानी पर गाँधी जी द्वारा दिये गये बल के सम्बन्ध में उनकी प्रतिक्रिया का विश्लेषण कई तरह से किया जा सकता है। मिसाल के लिए, हिन्दी बुद्धिजीवियों का विश्वास था कि राष्ट्रभाषा के पद पर आसीन होने के लिए लोकप्रियता की तुलना में प्रतिष्ठा और इसलिए एक 'उच्च' साहित्य और 'शुद्ध' भाषा, ज़्यादा ज़रूरी थी। वे यह भी मानते थे कि साहित्य हिन्दी की सांस्कृतिक विशेषताओं, और धरोहर को व्यक्त करता था; वह लेखकों की आत्माभिव्यक्ति का मुख्य माध्यम भी रहा था। इस परिप्रेक्ष्य में यह तथ्य कि कांग्रेस के नेता हिन्दी

आन्दोलन को नज़रन्दाज़ कर रहे थे और हिन्दी साहित्य को ले कर अपने अज्ञान की घोषणा कर रहे थे, लेखकों के मन में सन्देह और अवमानना के भाव पैदा करता था। इस तरह भाषा-विवाद अधिकार और वर्चस्व का प्रश्न बन गया : क्या वर्चस्व राष्ट्रीय नेताओं के हाथ में रहना चाहिए या हिन्दी के विशेषज्ञों के?

कांग्रेस की रणनीति सम्मेलन पर क़ब्ज़ा करके हिन्दी प्रचार के काम को अपने हाथ में ले कर अपने अधिकार का प्रदर्शन करने की थी।[135] इस तरह 1935 के इन्दौर सम्मेलन के बाद कांग्रेस के नेता और कार्यकर्ता बड़ी तादाद में सम्मेलन की तरफ़ आये और सभापति चुने गये।[136] हिन्दी जगत स्वयं दो ख़ेमों में बँट गया। हिन्दुस्तानी के ख़ेमे में राजेन्द्र प्रसाद, जवाहर लाल नेहरू, विनोबा भावे, काका कालेलकर, राजगोपालाचारी, पण्डित सुन्दर लाल और जमना लाल बजाज जैसे कांग्रेसियों के अलावा फ़ारसी-दाँ बुद्धिजीवी, गाँधी जी के अनुयायी और ऐसे लोग थे जो इसके बारे में किसी भी पक्ष समर्थक या विरोधी नहीं थे, जैसे प्रेमचन्द, डॉ. ताराचन्द, जैनेन्द्र कुमार और रायकृष्णदास।[137] हिन्दी के ख़ेमे में टण्डन जी, सम्पूर्णानन्द, वेंकटेश नारायण तिवारी, बालकृष्ण शर्मा 'नवीन' और वे लोग भी थे जो विश्वास करते थे कि हिन्दी में उदार और सर्व-समावेशी भाषा होने की शक्ति है, जैसे शिवप्रसाद गुप्त, बाबूराव विष्णु पराड़कर, निराला और रामविलास शर्मा; इस ख़ेमे में फिर वे लोग थे जो हिन्दी और हिन्दू इतिहास (अध्याय 3 में रेखांकित) की धारणा के समर्थक थे और यह विश्वास करते थे कि अब हिन्दी का शासन करने का समय आ गया है, जैसे लक्ष्मीधर वाजपेयी, श्रीनारायण चतुर्वेदी, अम्बिका प्रसाद वाजपेयी, वियोगी हरि, किशोरी दास वाजपेयी और देवीदत्त शुक्ल। भाषा नीति और पुराने सम्मेलन के रवैये को ले कर आन्तरिक तनावों के बावजूद हिन्दी समर्थकों ने हिन्दी और सम्मेलन पर क़ब्ज़ा करने के इस प्रयास का एकजुट हो कर प्रतिरोध किया। वास्तव में पहली बार राष्ट्रवादी हिन्दी साहित्यकारों ने सार्वजनिक रूप से कांग्रेस के राष्ट्रीय नेताओं की तानाशाही की आलोचना की। 1938 और 1941 के बीच शिमला, बनारस और अबोहर में सम्मेलन के अधिवेशनों में गरमा-गरम बहसें होती रहीं और हिन्दी समर्थक अन्ततः हिन्दी साहित्य सम्मेलन पर फिर से नियन्त्रण प्राप्त करने में सफल रहे।[138] कांग्रेस के राष्ट्रीय नेता हिन्दुस्तानी का समर्थन मूलतः राजनैतिक कारणों से करते थे, ताकि मुसलमानों में अलगाव की भावना न बढ़े; उन्होंने जिस बात पर विचार नहीं किया था, वह यह कि हिन्दी के सार्वजनिक क्षेत्र के लिए हिन्दी का समर्थन महत्वपूर्ण मुद्दा था। फिर हिन्दी का संस्थानीकरण अब काफ़ी आगे बढ़ चुका था और अब उसे उलटना सम्भव नहीं था। इसके अलावा, एक हिन्दी संगठन के अखाड़े में ज़ोर-आज़माई करते हुए वे पूरी तरह हिन्दी जनता और प्रेस के घेरे में थे जहाँ हिन्दी के पक्ष में जनमत बड़ी आसानी से तैयार किया जा सकता था। वास्तव में, 1939-40 के बीच कांग्रेसी नेता वेंकटेश नारायण तिवारी ने ही, जो यूपी विधान परिषद में कांग्रेस के भूतपूर्व मुख्य सचेतक थे,

हिन्दी के पक्ष में लेखों की एक श्रृंखला लिख कर निर्णायक रूप से दूसरे कांग्रेसी नेताओं की राजनैतिक जोड़-तोड़ को विफल कर दिया और राजनैतिक क्षेत्र में हिन्दी की दावेदारी पुख़्ता कर दी थी।[139] और अन्ततः यह इलाहाबाद विश्वविद्यालय के कुलपति और सम्मेलन के अबोहर अधिवेशन के सभापति, अमरनाथ झा की प्रतिष्ठा थी जिसने सम्मेलन के भीतर चल रही खींचा-तानी को हिन्दी के पक्ष में तय कर दिया और भारत की राष्ट्र भाषा बनने के हिन्दी के दावे को दोहराया। अपने सम्बोधन में अमरनाथ झा ने हिन्दी साहित्य सम्मेलन के मूल उद्‌देश्य का बलपूर्वक समर्थन किया : 'देश भर में में देवनागरी लिपि का प्रचार-प्रसार और हिन्दी को राष्ट्रभाषा बनाने का प्रयास।' इस रोशनी में हिन्दी-हिन्दुस्तानी विवाद 'अनावश्यक' ही था : सब जानते थे कि हिन्दुस्तानी एक कृत्रिम भाषा थी और हिन्दी सीधे संस्कृत से अवतरित हो कर आयी थी। अमरनाथ झा ने कहा कि उन्हें व्यक्तिगत रूप से उर्दू शायरी पसन्द थी, लेकिन इससे यह तथ्य झूठा नहीं सिद्ध होता कि हिन्दी और उर्दू दो अलग-अलग वातावरणों में साँस लेती थी। अमरनाथ झा का भाषण अत्यन्त सफल रहा ''हिन्दुस्तानी' के समर्थकों ने देख लिया कि राष्ट्र क्या चाहता है।'[140] हिन्दी साहित्य सम्मेलन के भीतर इस विजय से हिन्दी-हिन्दुस्तानी समझौते की गुंजाइश का अन्त और भाषा सम्बन्धी प्रश्न पर विशेषज्ञों तथा समितियों की रणनीति के अधिकार की पुनर्स्थापना चिह्नित होती है।[141] देश के स्वाधीनता-संघर्ष में जुटे राष्ट्रवादियों को भले ही हिन्दी-हिन्दुस्तानी विवाद मामूली जान पड़ा हो, मगर हिन्दी जगत के लिए यह एक ऐसा विषय था जो उसके अस्तित्व और अब तक के विकास से जुड़ा हुआ था। शैली और इतिहास के बारीक़ नुक़्तों पर होने वाली आवेग-भरी 'तार्किक' बहसें एक अधिक व्यापक और गहरी चिन्ता को प्रतिबिम्बित करती थीं जिस का सम्बन्ध राष्ट्रवादी आन्दोलन और भावी राज्य में हिन्दी बुद्धिजीवियों के अधिकार से था। हिन्दी समर्थक और बुद्धिजीवी यह विश्वास करते थे कि अपने दीर्घकालीन प्रयासों के माध्यम से उन्होंने राष्ट्रभाषा के रूप में हिन्दी की और सम्मानित अधिकारियों के रूप में ख़ुद अपनी दावेदारी सुनिश्चित कर ली थी। हिन्दुस्तानी के पक्ष में कांग्रेस का मत इस सब को झुठलाता जान पड़ता था।

सम्मेलन के भीतर हिन्दी की जीत एक खोखली जीत ही थी, जो 1948-50 की सम्विधान सभा में दुहरायी जाने वाली थी। उसने आज़ाद हिन्दुस्तान में हिन्दी की भावी हैसियत की जैसे पूर्व सूचना दे दी थी। पहली बात तो यह है कि इस विजय ने बाक़ी सभी दावेदारों की माँगों को ठुकरा कर उन्हें हिन्दी-हिन्दू सांस्कृतिक मुख्य धारा के अधीन ही स्वीकार किया था। इस सन्दर्भ में हिन्दी के समर्थकों ने होड़-भरी दावेदारी की उसी नीति को अपनाया जो उन्होंने उर्दू की होड़ में औपनिवेशिक सरकार के साथ अपनायी थी। हिन्दुस्तानी, उर्दू और अंग्रेज़ी पर वर्चस्व का दावा जो अंग्रेज़ी हुकूमत के अधीन रह कर असम्भव होता, राष्ट्रवादी अखाड़े में अब दायर किया जा सकता था। हालाँकि,

राष्ट्रभाषा की ऐसी निषेधवादी अवधारणा को अपना कर हिन्दी समर्थकों ने अन्ततः अंग्रेज़ी की जगह सचमुच राष्ट्र की भाषा बनने की अपनी सम्भावनाओं को कमज़ोर ही कर दिया। इस मानी में हिन्दी का भाग्य इस रूप में सम्पूर्णानन्द और टण्डन जी जैसे हिन्दी नेताओं के भाग्य जैसा ही रहा, उसका भी वर्चस्व प्रान्तीय स्तर का ही बना रहा।

हिन्दी की विजय सम्मेलन की भी विजय थी और उसने हिन्दी साहित्य जगत के भीतर उसके वर्चस्व को और प्रबल बना दिया। दूसरी, अधिक उदार शैलियों की क़ीमत पर सम्मेलन की कठोर शुद्धतावादी भाषा नीति और भी सुदृढ़ बन गयी, साथ ही साहित्य के स्वतन्त्र और आलोचनात्मक दृष्टिकोणों की क़ीमत पर सम्मेलन का शुद्धतावादी दृष्टिकोण भी पुष्ट हो गया। शैक्षणिक संस्थाओं और पाठ्य-पुस्तक उत्पादन के कर्णधार होने के बल पर, और मन्त्रियों तथा प्रमुख नेताओं की हैसियत से, हिन्दी के बुद्धिजीवी और नेता राष्ट्रभाषा के अपने ही रूप और अपने ही सांस्कृतिक और ऐतिहासिक संस्कार को लागू करने में सफल रहे और यही स्थिति आज़ादी के बाद भी बनी रही। उन्होंने मिल कर स्वतन्त्र लेखकों के अधिकार घटा दिये। अगले भाग में हम देखेंगे कि यह कैसे हुआ।

5.4.2. वर्चस्व की मुठभेड़

1937 में फ़ैज़ाबाद में हिन्दी साहित्य सम्मेलन के अधिवेशन को निश्चित रूप से दशकों के लम्बे संघर्ष के बाद हिन्दी की सफलता के प्रमाण-स्वरूप देखा जा सकता है : फ़ैज़ाबाद ही के सोशलिस्ट नेता नरेन्द्र देव स्वागत समिति के अध्यक्ष थे; प्रान्त की कांग्रेस सरकार में नये शिक्षा मन्त्री सम्पूर्णानन्द कला प्रदर्शनी का उद्घाटन करने वाले थे; सम्मेलन के पुराने स्तम्भ और अब प्रान्तीय असेम्बली के स्पीकर पुरुषोत्तम दास टण्डन सभापतित्व कर रहे थे। पहले चर्चा थी कि हिन्दी के सबसे प्रतिष्ठित आलोचक रामचन्द्र शुक्ल को सभापति बनाया जायेगा, लेकिन अन्त में उन्हें साहित्य परिषद का ही अध्यक्ष बनाया गया। भारी-भरकम जमावड़ा था। एक साहित्यिक तमाशबीन के अनुसार ज़्यादातर उपस्थित जन स्कूल मास्टर थे, नये कांग्रेसी मन्त्री के अधीन, और कुछ स्थानीय गण्य-मान्य लोग जो नरेन्द्र देव के प्रति निष्ठा रखते थे।[142] निराला जी की खुली और मुँहफट टिप्पणियों के कारण उद्घाटन समारोह साहित्य के उद्देश्य, वर्चस्व और राजनीति तथा साहित्य के आपसी सम्बन्ध के बारे में एक कड़वी बहस में पतित हो गया। वर्चस्व का जो संघर्ष उठ खड़ा हुआ था, उसकी प्रकृति और व्यापकता का संकेत हिन्दी के एक प्रमुख साहित्यकार और प्रमुख हिन्दी नेताओं के बीच इस असाधारण मुठभेड़ से मिलता है।

निराला की प्रतिक्रिया हमारे लिए ख़ास दिलचस्पी का विषय है। साहित्यिक संस्थाओं से विलग एक बाहरी व्यक्ति के रूप में उनकी हैसियत और पद-प्रतिष्ठा तथा ऊँच-नीच के भेद-भाव को ले कर विशेष रूप से सम्वेदनशील उनके स्वभाव ने उन्हें उन

गिने-चुने लेखकों की कोटि में रख दिया था जो इन मामलों पर विस्तार से लिख सकते थे और खुल्लम-खुल्ला राष्ट्रवादी नेताओं की आलोचना कर सकते थे। हम यह मान कर चल सकते हैं कि वे इस मामले को महसूस करने वाले एकमात्र लेखक नहीं थे, मगर वे उन गिने-चुने लोगों में से थे जो निहित अधिकार पर सवाल उठाते थे और उनकी परवाह नहीं करते थे। चाहे ये अधिकार परम्परागत होते या राष्ट्रवादी, राजनैतिक होते या साहित्यिक। मैं यह नहीं मान कर चल रही हूँ कि उन्होंने जो विवरण दिया, वह 'सच्चा' या निष्पक्ष था; लेकिन जहाँ तक उसमें निराला जी की दृष्टि प्रतिबिम्बित होती है, वह ऐसे कई महत्वपूर्ण बिन्दु उजागर करता है, जिनसे हमारा सरोकार है।

तो आख़िर फ़ैज़ाबाद में ऐसा क्या हुआ था जिसने निराला को इतना विचलित कर दिया था? सम्पूर्णानन्द वहाँ कला प्रदर्शनी का उद्घाटन करने के लिए मौजूद थे, मगर उन्होंने खुले तौर पर कविता के बारे में बोलना शुरू कर दिया। 'बोलना था कला-प्रदर्शनी पर, बोलने लगे कविता पर।' शुरू-शुरू में, निराला के अनुसार, वे 'संयत और शिष्ट' थे और उन्होंने माना कि कवियों को अभिव्यक्ति की स्वतन्त्रता है। लेकिन अन्ततः उन्होंने कहा कि 'लेकिन कवियों को राजनीतिज्ञों का साथ देना है।' निराला ऊँची आवाज़ में मुँहफट टिप्पणी करने से ख़ुद को नहीं रोक सके : 'हिन्दी के कवि राजनीतिज्ञों से और आगे हैं'[143] पहला पत्थर फेंका जा चुका था।

अगला दिन अध्यक्षीय सम्बोधनों का था। अपने आशु स्वागत भाषण में, नरेन्द्र देव ने उन दो 'महापुरुषों' का उल्लेख किया जो इस अवसर की शोभा बढ़ा रहे थे : 'पूज्य माननीय बाबू पुरुषोत्तम दास जी टण्डन दूसरे माननीय सम्पूर्णानन्द जी'। निराला स्तम्भित रह गये : वहाँ रामचन्द्र शुक्ल भी बैठे हुए थे, सच्चे साहित्यिक महापुरुष और नरेन्द्र देव ने उनका ज़िक्र तक नहीं किया ! इस असावधान भूल ने निराला के अनुसार, नरेन्द्र देव आन्तरिक भावना उजागर कर दी 'आप समझ सकते हैं राजनीतिक किस दृष्टि से साहित्यिक को देखता है।' उदार राजनेता भी, जो परिवर्तनकामी और सोशलिस्ट था, अचेतन रूप से केवल शक्तिशाली लोगों के प्रति सम्मान प्रकट करने के आम साँचे में ढल गया था 'उदार बनने वाले राजनीतिज्ञ ने अपने हृदय का भाव व्यक्त कर दिया।'[144] जब अन्ततः टण्डन जी ने अपना आसन ग्रहण किया जो उनका स्वागत तालियों की गड़गड़ाहट से हुआः 'जनता ने अपने त्यागी नेता को साहित्य पर सुशोभित देख कर हर्ष-ध्वनि की।'[145] लेकिन जब वे अपना भाषण देने के लिए उठे तो उनके पास भी पहले से तैयार किया गया भाषण नहीं था। साहित्य सम्मेलन के सभापति के पास भी लिखित भाषण नहीं था, यह बात उनकी लापरवाही दर्शाती है, निराला ने टिप्पणी की 'साहित्य-सम्मेलन के सभापति का भाषण मौखिक हो, यह किसी तरह क्षम्य नहीं। नैशनल कांग्रेस या प्रान्तीय कांग्रेस के सभापति का या कभी मौखिक हुआ है, मुझे मालूम नहीं।'[146] अपने भाषण में टण्डन जी ने महात्मा गाँधी से अपनी हाल की मुलाकातों की ज़िक्र किया और

बार-बार राजनीति को साहित्य के ऊपर प्राधान्य दिया—'जैसे सरस्वती राजनीति की दासी हो', निराला ने टिप्पणी की।[147] हालाँकि उन्होंने समकालीन साहित्य का उल्लेख तक नहीं किया, इसके वावजूद टण्डन ने यह ज़रूरी समझा कि हिन्दी लेखकों को कहें कि 'आप लोगों को प्रान्त के ही दायरे में नहीं रहना चाहिए।' इसने निराला का पारा चढ़ा दिया : पहले तो इसलिए कि उनकी नज़र में सम्मेलन के सभापति के आसन से साहित्य को राजनीति के अधीन रखना स्वयं उस आसन का अपमान था। दूसरे इसलिए कि इससे समकालीन साहित्यिक प्रयासों के प्रति अज्ञान और उदासीनता का पता चलता था। बाद के एक इण्टरव्यू में निराला ने अपने दृष्टिकोण को स्पष्ट किया :

> 'मैं दावे के साथ कहता हूँ, इस प्रान्त में राजनीति ने जो काम किया है, उससे अधिक काम साहित्य ने किया है। इस प्रान्त के राजनीतिक जितने बड़े हैं निस्सन्देह साहित्यिक उनसे बड़े हैं। यह है कि यहाँ के साहित्यिक आठ मर्तबा ऐटलान्टिक या सोलह मर्तबा पैसिफ़िक, फास नहीं कर चुके हैं, न एयरोपलेन पर चढ़ कर अभी पृथ्वी का आकाश पार किया है, उनमें शायद ही किसी ने यूरोप में पूर्ण शिक्षा पायी हो, लेकिन यथार्थ ज्ञान, अध्ययन, कार्य और तस्या से जहाँ तक ताल्लुक़ है, यहाँ के साहित्यिक राजनीतिकों से आगे हैं, विशेषतः इसलिए कि वे 'फ़ालोअर' नहीं, 'ऑरिजिनल' है।'[148]

हम इन तर्कों पर बाद में लौटेंगे। उस अधिवेशन में निराला और टण्डन के बीच साहित्य के अर्थ को ले कर एक झड़प हुई, जिसमें टण्डन ने कहा कि साहित्य हमेशा राजनीति का अनुसरण करता है। श्रोताओं ने जब सार्वजनिक रूप से अपने नेताओं को प्रश्नों के कटघरे में खड़ा किये जाते और नीचा दिखाये जाते देखा तो निराला को गालियाँ देनी शुरू कीं।[149] जैसे-जैसे बहस गरम होती गयी टण्डन ने कहा कि वे ऐसे लेखकों का साहित्य छूते भी नहीं, जो 'चरित्रवान' न हों। निराला को तत्काल कालिदास, टैगोर और दूसरे स्थापित रचनाकार याद आये जिन्हें पूरी तरह पवित्रतावादी नहीं कहा जा सकता थाः ऐसे ढपोरशंख का एक साहित्यिक सम्मेलन से क्या लेना-देना है ? वे यह कहते हुए बाहर चले गये कि 'ऐसी अण्ड-बण्ड बातें सुनने का मैं आदी नहीं।'[150]

निराला ने बाद में इंगित किया कि उनका विरोध व्यक्तिगत नहीं था : वे टण्डन जी के आदर्श नैतिक चरित्र और निःस्वार्थ समाज सेवा का आदर करते थे। उन्हें केवल 'महापुरुष' जैसे शब्द के विशिष्ट प्रयोग पर आपत्ति थी जो राजनेता करते थे। महापुरुष शब्द अपने आप में दिलचस्प है। उसमें संकेत और व्यक्तिगत अधिकार को जन्म, स्थिति या पद से प्राप्त अधिकार से विलग करने के प्रयास का था। महापुरुष होने का सम्बन्ध व्यक्ति के अपने गुणों या उपलब्धियों से ही था—कांग्रेसी नेता और लेखक संघर्ष और सेवा करके ही महापुरुष बने थे। निराला के अनुसार राजनीति और साहित्य समान प्रतिष्ठा के योग्य थे।[151] लेकिन फ़ैज़ाबाद में, एक साहित्यिक मंच पर, राजनीतिज्ञों और श्रोताओं,

दोनों ने साहित्यिक महापुरुषों के योगदान के बावजूद उनके प्रति अज्ञान और उदासीनता प्रदर्शित की थी। श्रोता निराला की तुलना में नेताओं को सुनने के अधिक इच्छुक थे : राजनैतिक हैसियत और प्रतिष्ठा साहित्यिक उपलब्धियों से अधिक महत्व रखती थी।

झगड़े का दूसरा मसला साहित्य की स्वायत्तता और लेखक की मौलिकता से जुड़ा हुआ था, जो किसी लेखक के व्यक्तिगत अधिकार के स्त्रोत होते हैं। निराला के अनुसार किसी लेखक में मौलिकता अपने आप में एक तरह की राजनैतिक उपलब्धि ही थी। आख़िरकार, हिन्दी साहित्य को उत्कृष्ट कृतियों से समृद्ध करने का मतलब था देश को सांस्कृतिक उपनिवेशीकरण से मुक्त कराना। इसके बावजूद टण्डन जी ने कला की स्वायत्तता के प्रति कोई सम्मान नहीं दिखाया था। इसके विपरीत सम्मेलन ने यह दिखा दिया था कि 'हिन्दी कुछ असाहित्यिकों के हाथों की पुतली है, वह भक्तों के हृदय की सप्राण देवी नहीं।'[152] सम्मेलन में अब जो बचा था, जैसा कि प्रेमचन्द ने भी पहले टिप्पणी की थी, वह एक थोथा सार्वजनिक आडम्बर था जिसका साहित्य से शायद ही कुछ लेना-देना था। 1934 में दिल्ली में सम्मेलन के वार्षिक अधिवेशन में हिस्सा लेने के लिए राज़ी किये जाने के बाद प्रेमचन्द ने जागरण में व्यंग-भरी टिप्पणी की थीः

> 'उत्थान-पतन की राजधानी दिल्ली नगर का बहुज्ञापित सम्मेलन, प्रति वर्ष के समान सानन्द समाप्त हो गया।...निराकार परमात्मा जब साकार होते हैं तब शायद संसार के ईश्वरार्थियों को ऐसी ही निराशा हुआ करती है...जो भी हो, सम्मेलन हो गया, बहुतेरे प्रस्ताव स्वीकृत कर लिये गये, परिषदें ही नहीं—यानी बिल्ले चमक गये...सम्मेलन ने चार दिन तक गैस जला कर, फूल बरसा कर और मंगलगान गा-गा कर हमें यह सुझाने की चेष्टा की कि शीघ्र-से-शीघ्र हिन्दी उन्नति कर ले...थके हुए प्रतिनिधियों और गणमान्य गणों के साथ सूचनानुसार जुलूस निकला... भोजनोत्तर विषय-निर्वाचिनी की बैठक हुई। इस बैठक में वह जोश दिखता था, जो भोजनोपरान्त किसी प्रस्ताव को बनाने में प्रकट होता है. ..कैसे सम्भव है कि केसरिये रंग से रँगी हुई साड़ियाँ पहने हुए बालिकाओं का मंगलगान उन स्वयंसेवकों को न मोह सका हो, जो पास देखने में उतना ही उत्साह दिखा रहे थे जितना उत्साह एक सार्जण्ट वारण्ट दिखाने में प्रकट करता है। पण्डाल में लगी हुई विगत सभापतियों की तस्वीरें, मोटे-मोटे अक्षरों में लिखे हुए आदर्श-वाक्य और प्रतिनिधियों, विशिष्ट व्यक्तियों के कुर्तों, कोटों पर लगे हुए लाल-असमानी फूल—सब कोई मानों मुग्ध-सा हो उठे।...'[153]

फ़ैज़ाबाद में अगले दिन निराला ने लेखक की स्पाधीनता और महत्व पर दिये गये एक भाषण से फिर से ज़मीन हासिल करने की कोशिश की। उन्होंने कहा, लेखक एक ऐसी दृष्टि से सम्पन्न ऋषि होता है जो देश, काल और लोगों के सीमित क्षितिजों को लाँघ जाती है। इस तरह सच्चा साहित्य राजनीति से ऊँचा होता है। राजनीति अनिवार्य

रूप से स्वार्थों से बँधी होती है—चाहे वे व्यक्तिगत हों या राष्ट्रीय—जब कि साहित्य निःस्वार्थ और सार्वभौम होता है और उसका उद्देश्य सिर्फ़ मनुष्य का कल्याण ही होता है।[155] अन्त में उन्होंने 1920 के दशक के आरम्भ में लिखी अपनी 'बादल राग' कविताओं में से एक सुनायी। इन कविताओं में उन्होंने लोगों के हाथों से सामाजिक और राजनैतिक क्रान्ति की लालसा प्रकट करने के लिए घिरते बादलों और मूसलाधार वर्षा के रूपकों को इस्तेमाल किया था। अन्य अवसरों की तरह, इस बार भी कविता की शक्ति और निराला के ओजस्वी पाठ ने विरोधी श्रोता गण को अपनी ओर खींच लिया था।

ऐसी ही एक मुठभेड़ 1935 में हुई थी जब जवाहर लाल नेहरू ने, जिन्हें बनारस के रत्नाकर रसिक मण्डल ने एक प्रशस्ति-पत्र देने के लिए आमन्त्रित किया था, बनारस के प्रमुख साहित्यकारों के सामने, जैसे रामचन्द्र शुक्ल, जयशंकर प्रसाद, कृष्णदेव प्रसाद गौड़, आदि, एक संक्षिप्त भाषण दिया था। अपने सम्बोधन में, जिससे हिन्दी पत्र-पत्रिकाओं में काफ़ी हलचल पैदा हुई, नेहरू ने कहा कि अब तक हिन्दी में दरबारी कविता ही रची गयी थी और स्वाधीनता के बाद सरकार इस बात की तरफ़ ध्यान देगी कि तीन-चार सौ किताबें दूसरी भाषाओं से हिन्दी में अनूदित हों। एक सम्पादकीय में निराला ने यह प्रतिक्रिया व्यक्त की :

> 'पं. जवाहर लाल नेहरु उस जगह रहते हैं जहाँ हिन्दी साहित्य सम्मेलन है, जहाँ की केवल 'सरस्वती' हिन्दी साहित्य का बहुत कुछ युगान्तर इतिहास कह सकती है। पर पण्डित जी को राष्ट्र के निर्माणोद्देश्य में इतनी तल्लीनता रही कि राष्ट्रभाषा की कभी याद न भी न हुई, उसकी शिक्षा राष्ट्र के लिए आवश्यक प्रतीत हुई ही नहीं। हमारे विचार से, राष्ट्र के लिए निकली हुई पण्डित जी की जो प्रतिभा राष्ट्रभाषा के सेवकों की समझ में कम आयी है, वहीं अगर राष्ट्रभाषा के रूप से कुछ पुस्तकों में निर्गत हो तो साहित्यिक अच्छी तरह समझ जायेंगे, पुनः पण्डित जी को भी मालूम हो जायेगा, जिन्हें वह कुछ देना चाहते हैं उन्हीं से प्राप्त करने में वह अपने को उनसे जितना आगे समझते हैं, राष्ट्रभाषा के मैदान में वे उनसे और दूर तक पहुँचे हुए हैं या नहीं।'

निराला ने आगे यह कहा कि अगर नेहरू हिन्दी से परिचित होते तो उन्हें पता रहता कि हिन्दी को अब मुश्किल ही से दरबारी साहित्य की अवस्था में कहा जा सकता है और वे सारी किताबें जिन्हें वे अनूदित कराना चाहते थे शायद बहुत पहले ही अनूदित हो चुकी थीं।[156] नेहरू के इस सुझाव पर कि अंग्रेज़ी को भी भारत की एक 'सौतेली भाषा' समझना चाहिए, प्रेमचन्द ने यह उत्तर दियाः 'हमारा ख़याल है कि अंग्रेज़ी भाषा वर्तमान परिस्थिति में इतनी लाज़िमी हो गयी है कि उसे किसी संघ या संस्था की मदद की ज़रूरत नहीं रही। वह सौतेली, भाषा नहीं, बल्कि पटरानी भाषा है, और भारत की अन्य सभी भाषाएँ उसकी दया की भिखारिणी बनी हुई हैं। हमारे शिक्षित वर्ग की यह हालत

हो गयी है कि उनमें से अधिकांश अपनी मातृ-भाषा में एक लाइन भी शुद्ध नहीं लिख सकते। दुःख तो यह है कि जो हमारे नेता कहलाते हैं, उनमें से अधिकांश अपनी मातृ-भाषा से अनभिज्ञ हैं और जिस समाज के नेता जनता से इतनी दूर हट गये हों कि उनमें भाषा का सम्बन्ध भी न हो, उस समाज की दशा जो हो रही है, वह हम अपनी आँखों देख रहे हैं'[157] हिन्दी साहित्य के प्रति जो अज्ञान नेहरू ने प्रदर्शित किया उसका कोई जोड़ बंगाल में नहीं था, निराला ने नेहरू से कहा जब वे आमने-सामने मिले : वहाँ रवीन्द्र नाथ ठाकुर को नेताओं से अधिक नहीं तो उतना ही सम्मान प्राप्त है।[158] अन्त में, अपने सम्पादकीय में निराला बनारस वाली सभा के श्रोताओं की ओर मुड़ेः

> 'जो लोग वहाँ पण्डितजी का ऐसा अद्भुत भाषण सुन कर चुप रह गये उन लोगों ने सभ्यता का विचार किया होगा। अन्यथा ऐसे विद्वतापूर्ण भाषण का उत्तर वे दे सकते थे। सम्मान देने के लिए बुला कर विरोध करना उन्होंने अपनी साहित्यिकधार के अनुसार उचित न समझा होगा। हम हिन्दी साहित्यिकों से ऐसे स्थलों के लिए निवेदन करते हैं वे इस दार्शनिक सत्य की रक्षा करें यदि अपमान से बचना चाहते हैं–जो दूसरों को बड़ा मानता है वह दूसरे से छोटा समझा जाता है।'[159]

फ़ैज़ाबाद की झड़प और बनारस का 'अपमान' सार्वजनिक क्षेत्र के प्रातिनिधिक और विमर्शात्क (डिस्कर्सिव) पहलू, दोनों से जुड़ा हुआ था : श्रोताओं के सामने प्रदर्शित किया गया ऊँच-नीच का भेद-भाव और अधिकार, दोनों से,[160] और बौद्धिक वर्चस्व से। जब दोनों पहलू जुड़ जाते थे तो संघर्ष और भी तीखा हो जाता था।

जैसा कि निराला को तकलीफ़देह ढंग से एहसास था, नेहरू जैसा अंग्रेज़ी-शिक्षित नेता हिन्दी की किसी साहित्यिक सभा में कुछ सीखने या सुनने जायेगा, यह लगभग असम्भव था। और अगर हम अधिकार की व्याख्या आदरपूर्वक सुने जाने की क्षमता में करें, तब भेद-भाव बिलकुल साफ़ था।[161] निराला ने भेद-भाव को मिटाने और गाँधी और नेहरू के कान तक पहुँचने के दो प्रयास किये, और दोनों ही बुरी तरह गड़बड़ा गये। वे उन दो हास्य-भरे लेखों में वर्णित हैं, जो उन्होंने 1939 में लिखे। पहली बात तो यह है कि निराला के लिए, जो कवि के रूप में प्रसिद्ध हो चुके थे, राजनैतिक महापुरुष तक पहुँचना लगभग असम्भव ही था: उन्हें लखनऊ में निजी भेंट का अवसर तभी दिया गया जब उन्होंने कहा कि वे हिन्दी साहित्य सम्मेलन के सभापति गाँधी जी से मिलने आये हैं।[162] एक आवेग-भरे वार्तालाप में जिससे वहाँ मौजूद अन्य लोग चकित हो गये, निराला ने भाषा पर गाँधी जी के मत को और हिन्दी साहित्य के स्वघोषित अज्ञान के बावजूद हिन्दी के साहित्यिक जगत में उनके वर्चस्व को चुनौती दी। उन्होंने इस बात के लिए गाँधी जी की आलोचना की कि वे केवल नेतृत्व की परवाह करते थे और उस स्वाभाविक प्रक्रिया को अनदेखा कर रहे थे जिससे गुज़र कर हिन्दी और हिन्दी साहित्य मौलिक,

स्वतःस्फूर्त ढंग से व्यापक बनता जा रहा था। उन्होंने 'विशेषज्ञों' पर गाँधीजी की निर्भरता को ले कर भी अफ़सोस प्रकट किया जिनके पास अधिकार जताने का एक मात्र आधार गाँधी जी और रवीन्द्रनाथ ठाकुर से उनकी निकटता ही थी। जब निराला ने गाँधी जी से आधे घण्टे की मोहलत चाही जिसमें वे कुछ हिन्दी कविताएँ सुना कर समकालीन हिन्दी साहित्य की उपलब्धियों को पेश कर सकें तो गाँधी जी ने, जैसा कि अनुमान था, समय के अभाव के कारण इनकार कर दिया।[163] यह तथ्य निराला ही की बात को साबित-सा करता था कि हिन्दी साहित्य सम्मेलन के सभापति के पास हिन्दी के वरिष्ठ कवि को सुनने के लिए आधे घण्टे का समय भी नहीं था।

निराला को यह गहरा एहसास था कि हिन्दी साहित्य के प्रति सम्मानित नेताओं के ऐसे सतही रवैये से समकालीन हिन्दी लेखक की प्रतिष्ठा को कितना नुक़सान पहुँच रहा था। उन्होंने कई लेखों में इस बात की शिकायत की और रेलगाड़ी में संयोग से भेंट हो जाने पर नेहरू से भी सीधे यह बात कही। अगर नेहरू जैसे महान नेता हिन्दी में लिखने लगे तो हिन्दी को बहुत लाभ होगा।

> 'हिन्दी के साहित्यिक साधारण श्रेणी के लोग हैं, एक हाथ से वार झेलते दूसरे से लिखते हुए; दूसरे आप जैसे बड़े-बड़े व्यक्तियों को मैदान में वे मुखलिफ़त करते देखते हैं। अगर आप या आपकी तरह के व्यक्ति एक भिन्न दृष्टिकोण ले कर दूसरे तौर-तरीके अख्तियार करते हुए आवाज़ उठायें तो स्वभावतः बीसियों साल की मारें सह कर एक चीज़ तैयार करने वाले आदमी जनता को साथ लने की जगह उसके हाथ से छूट जाते हैं। जनता समझती हैकि जनता की तरफ़दारी करने वाले आप उसके सच्चे पक्षधर हैं और बीस साल से मेदान में आया हुआ साहित्यिक उसका ग़ेर। हमने जब काम शुरू किया था, हमारी मुखलिफ़त हुई थी; अब जब हम कुछ प्रतिष्ठित हुए, अपने विरोधियों से लड़ते, साहित्य की सृष्टि करते हु तब किन्हीं मानी में हम आपको मुखालिफ़त करते देखते हैं।[164]

राष्ट्रीय विमर्श में लेखकों से बड़े-बड़े कार्यों की अपेक्षा रखी जाती थी : वे राष्ट्र के अग्रदूत, उसकी आलोचनात्मक और कल्पनाशील अन्तश्चेतना थे।[165] हिन्दी के अधिकांश साहित्यकारों की ही तरह निराला ख़ुद को भी इसी भूमिका में देखते थे और यह भी मानते थे कि समकालीन हिन्दी साहित्य इस कार्य में काफ़ी सफल रहा है। स्वयं निराला के बारे में स्वीकार किया जाता था कि उन्होंने हिन्दी कविता में क्रान्ति पैदा कर दी है, छन्द और विषय-वस्तु की पुरानी रूढ़ियों को ध्वस्त करते हुए। निराला के अनुसार ऐसी मौलिकता अपने आप में राष्ट्रीय उपलब्धि ही थी, और इसमें 'हिन्दी साहित्य राजनीति से बहुत आगे था;' जहाँ नेता सांसारिक और रणनीति सम्बन्धी विचारों से बँधे थे, साहित्यकार आगे बढ़ते जाते थे, नयी मंज़िलें तय करते हुए, न केवल अपने लिए,

बल्कि अपने पाठकों के लिए भी। इसके विपरीत, जब नेता लेखकों से यह आग्रह करते थे कि वे अब दरबारी, आश्रित कवि न बने रहें तो वे वास्तव में ख़ुद दरबारी संरक्षकों जैसा व्यवहार करते थे, संरक्षण प्रदान करके बदले में निष्ठा और आदर की माँग करते हुए।

एक हद तक हमें निराला की कुण्ठा को बुद्धिजीवी की इसी घोषित गरिमामय भूमिका के सन्दर्भ में समझना चाहिए, ख़ास तौर पर जब हिन्दी लेखकों से हिन्दी राष्ट्र भाषा के चलते अधिक व्यापक पाठक वर्ग तक और 'राष्ट्रीय लेखकों' के रूप में पहले से ऊँची भूमिका तक पहुँचने की अपेक्षा की जा रही थी। हिन्दी के अधिकांश बुद्धिजीवियों की ही तरह निराला भी इस सम्भावना को स्वीकार करने को तैयार नहीं थे कि अंग्रेज़ी ऐसी सांस्कृतिक भूमिका निभा सकेगी : किसी भी तरह के सांस्कृतिक पुनर्जीवन के लिए अंग्रेज़ी को तो साफ़ कर देना ज़रूरी था।

निराला की कुण्ठा एक सीमा तक अधिकार की उस मुठभेड़ से जुड़ी हुई थी जो साहित्यिक जगत के अन्दर चल रही थी। हम इसकी चर्चा पहले ही कर चुके हैं कि कैसे साहित्य के स्वभाव और कार्य पर मौलिक बहसें (2.2) और स्वयं आलोचना की प्रकृति पर विवादों (2.3) ने साहित्य की भूमिका और नियम-क़ायदों को ले कर सम्मति के अभाव और बौद्धिक वर्चस्व पर मुठभेड़ को उजागर किया था। ये बहसें साहित्य जगत के मौलिक परिवर्तनों से जुड़ी हुई थीं, ऐसे परिवर्तन जो 19वीं सदी के अन्त में इंगलैण्ड में घटित परिवर्तनों से बहुत भिन्न नहीं थे। इंगलैण्ड में, आलोचना की भूमिका को ले कर चली बहस उस संघर्ष को प्रतिबिम्बित करती थी जिसमें एक ओर विक्टोरियाई 'सार्वभौम मनुष्य' की और कलावादी आलोचक की मौलिकता थी और दूसरी ओर 'विशेषज्ञ का उत्थान'। यह व्यक्तिगत अधिकार और पूर्ण रूप से विशेषज्ञ वर्ग में निहित अधिकार के बीच संघर्ष भी था; और आम सार्वजनिक क्षेत्र और शास्त्रियों वाले अन्तरंग गोपनीय बाड़े के बीच भी।[166] हिन्दी में भी साहित्य के बाज़ार और साहित्यिक पाठकवर्ग ने स्वतन्त्र लेखकों के उभरने को बढ़ावा दिया था, जिनका अधिकार उनकी रचनात्मक उपलब्धियों और जनता में उनकी आवाज़ की पैठ पर आधारित था। इसी के साथ, विश्वविद्यालयों के भीतर आलोचना संस्थाबद्ध हो रही थी और साहित्य के विद्वान विश्वविद्यालय के प्रतिष्ठित पेशेवर प्रोफ़ेसरों में तब्दील हो रहे थे। किसी भी नवजात पेशे में यह प्रवृत्ति देखी जाती है कि वह किसी कार्य-विशेष की हदबन्दी करे और उस पर एकाधिकार स्थापित करे; पेशेवर ज्ञान को मूल्यवान साबित करना और केवल 'पेशेवर विद्वानों' तक सीमित रखना ज़रूरी होता है।[167] इस तरह, जब लेखक प्रयोगधर्मी पथों पर चल रहे थे, नवजात आलोचक ऐसे विशेष प्रकार के मूल्यों को पहचान कर उन्हें बढ़ावा देने की कोशिश कर रहे थे जो भारतीय साहित्य के विशिष्ट लक्षण हों (लोक साहित्य का रोमैण्टिक विचार) या युग की आवश्यकताओं के अनुरूप हों। नतीजे के तौर पर स्वतन्त्र लेखक के अधिकार

और पेशेवर विद्वानों के बीच, जिनके पास कैनन को तय करने की शक्ति थी, संकट खड़ा हो गया।

इसी संस्थागत अधिकार के विरूद्ध निराला प्रतिक्रिया व्यक्त कर रहे थे जब उन्हों ने पाठ्यक्रम की साहित्य सम्बन्धी अभिरुचियों और उस विरोध को ले कर शिकायत की थी जो उन्हें विश्वविद्यालय के प्रोफ़ेसरों की ओर से झेलना पड़ रहा था[168] नये-नये जन्मे हिन्दी विभागों से उनके सम्बन्ध तनावपूर्ण ही थे, और उनका सम्पर्क या तो छात्रों से था या निजी तौर पर कुछ ही अध्यापकों से। बहरहाल, निराला को जिस चीज़ की उत्कट इच्छा थी, वह थी साहित्यिक प्रतिष्ठा के गलियारों में सार्वजनिक स्वीकृति, और इसे हासिल करने में उन्हें मुश्किल पेश आ रही थी। मासिक 'सुधा' में अनेक लेखों और सम्पादकीय टिप्पणियों में उन्होंने विश्वविद्यालयों और महाविद्यालयों में बैठे पेशेवर आलोचकों की और जनता की रुचि तथा सर्वाधिक बिकने वाली पुस्तकों की लोकप्रियता से दो-दो हाथ किये थे। एक मूर्तिभंजक बुद्धिजीवी के रूप में उन्हें उस ख़ानेबन्दी को, उस कोटि-निर्धारण को, चुनौती देनी ही थी जिस की दुहाई वे अधिकारी, 'स्वाभाविक' कह कर देते थे ताकि ऐसी कोटियों से उत्पन्न होने वाली सर्व-सम्मति में सेंध लगा सकें; इस प्रक्रिया में वे उनकी सत्ता के स्रोतों की भी छान-बीन करते थे।[169] उनके ख़िलाफ़ वे बार-बार मौलिक लेखक के अधिकार को फिर से पुष्ट करते थे।

एक ओर निराला 'उपयोगिता' की संकीर्ण समझ के ख़िलाफ़ तर्क देते थे [170] : हालाँकि नया, प्रयोगशील साहित्य आम पाठकों के बीच तत्काल लोकप्रिय नहीं हो सकता था, तो भी वह इस नाते उपयोगी हीं था कि वह उनकी अभिरुचियों और मूल्यों को परिष्कृत करता था।[171] सच्चा साहित्य अन्ततः 'अपना सिक्का जमा ही देता है' और समय की कसौटी पर खरा उतरता है। लेखक जनता की तरफ़ अवश्य जाते हैं, लेकिन अपने मौलिक पथों का अनुसरण करते हुए। दूसरी ओर, आधुनिक हिन्दी साहित्य में इस समय आम पाठक नये लेखकों को स्वीकार नहीं कर रहे थे क्योंकि वे पूरी तरह तैयार नहीं हो पाये थे और साहित्य के प्रचारक, जिनका कर्तव्य होना चाहिए था ज़मीन तैयार करना, वास्तव में संकीर्ण-मना, दक़ियानूसी और शत्रुतापूर्ण थे। नतीजे के तौर पर आम पाठकों को उन लेखकों के प्रति जागरूक नहीं किया गया था जो सबसे अधिक मौलिक योगदान कर रहे थे। पेशेवर आलोचकों के अधिकार को स्वीकार करते हुए भी, निराला ने उनके रवैये की आलोचना कीः

> हिन्दी की साहित्यिक सीमा बहुत ही छोटी है, और कॉलेजों के अधिकांश अध्यापक साहित्य के मुक्त आकाश में उड़ने की शिक्षा विद्यार्थियों को नहीं देते, वे घोंसले में ही उन्हें बैठा हुआ देखना चाहते हैं, जिस तरह कि स्वयं बैठे हैं. .. प्रायः अधिकांश अध्यापक पुरानी लकीर के फ़कीर हैं, और जो कुछ नये हैं भी, वे नवीन संस्कृति के अनुकूल नहीं। नवीन सभ्यता में सभी अवगुण नहीं,

> उसमें गुण भी बहुत हैं। उसके मार्जन में एक ख़ास झलक है, जिससे मनुष्य की आत्मा प्रातःकाल के शिशिर से धुले हुए फूल की तरह निर्मल हो जाती हैं; पर हमारे अध्यापक उसके चित्र से अनभिज्ञ हैं। इसीलिए उनके पढ़ाये जो विद्यार्थी निकलते हैं, उनके मस्तिष्क में प्राचीन संकीर्णता की शिक्षा भरी रहती है। वे हिन्दी के मैदान में बहुत बड़ा साहित्यिक उद्देश्य, बहुत बड़ी नवीन मौलिक प्रतिभा ले कर नहीं आते। उन्हीं नायिकाभेदों और अलंकारों के कोठों में चक्कर काट कर रह जाते हैं।[172]

यह अभियोग साहित्य की एक समानान्तर धारणा को उजागर करता है और पेशेवर विद्वानों और आलोचकों द्वारा हाशिये पर धकेले जाने के ख़िलाफ़ चीख़ भी है। हालाँकि निराला का विरोध व्यक्तिगत ही था, वह हिन्दी के साहित्यिक महापुरुष की सत्ता की हिमायत भी करता था, उस विनीत 'साहित्य सेवी' की जो अधिक कष्टकर, मौलिक और संटकाकीर्ण पथ अपना रहा था—'वास्तविकता के अध्ययन,' कर्म और तपस्या का पथ।

5.4.3. हिन्दी के सार्वजनिक क्षेत्र में वर्चस्व और अधिकार

ये विवाद हमें हिन्दी के सार्वजनिक क्षेत्र में वर्चस्व और अधिकार की मुठभेड़ के बारे में क्या बताते हैं ? 'अथॉरिटी' पर स्पष्ट और सीधी बहस तथा इस शब्द के एक सीधे हिन्दी पर्याय, दोनों के अभाव का यह मतलब नहीं है कि यह अवधारणा ही अपने आप में अनुपस्थित थी। हिन्दी में वाद-विवाद राजनीति की शब्दावली और अवधारणाओं से जूझते रहे। ठीक उसी तरह जैसे सार्वजनिक 'पब्लिक' शब्द की व्यापकता और गहराई पकड़ नहीं पाता, उसी तरह 'अधिकार' शब्द अकेले-दम 'अथॉरिटी' में निहित संघर्ष और संकट को व्यक्त करने में असमर्थ है। उसके साथ प्रतिष्ठा या प्रभाव को भी जोड़ना होगा—और यह भी देखना होगा कि जैसे-जैसे सार्वजनिक क्षेत्र में अधिकार के नये स्रोत और रूप उभरे, ये शब्द और अवधारणाएँ भी उनसे प्रभावित हुईं। यहाँ इस प्रक्रिया की तरफ़ मैं सिर्फ़ इशारा कर सकती हूँ।

मिसाल के तौर पर हम, 'सरकार' शब्द के विभिन्न रेशों को टटोल सकते हैं, जिसे निर्वैयक्तिक राज्य, सत्तासीन शासन के अर्थों में भी और किसी शक्तिशाली व्यक्ति को सम्बोधित के लिए भी इस्तेमाल किया जाता है। इससे बना विशेषण 'सरकारी' का मतलब 'सार्वजनिक' भी है यानी 'शासन से सम्बन्धित, शासकीय' : जैसे राज्य कर्मचारी सरकारी नौकरी है। ख़ास तौर पर जब यह किसानों या सामान्य तौर पर अधीनस्थ वर्गो के मुँह से आये तो सरकार शब्द उनके लिए निर्वैयक्तिक और व्यक्तिगत सत्ता का मिलन प्रदर्शित करता है, चाहे यह ज़मींदार, तहसीलदार, पुलिस अधिकारी, न्यायाधीश या किसी शिक्षित व्यक्ति से बातचीत करते समय उसके लिए प्रयोग किया जाये । 'सरकार' तत्काल व्यक्तिगत अधीनता का सम्बन्ध स्थापित कर देता है। दूसरे शब्द 'स्वामी' या

'मालिक' हो सकते हैं जिनके और अभिप्राय भी हैं, क्योंकि वे शब्द ईश्वर के लिए भी प्रयुक्त होते हैं। इसी तरह 'भरोसा' ईश्वर के लिए भी इस्तेमाल होता है और किसी अधिकारी के संरक्षण या अधीनता के लिए भी (मसलन राष्ट्रीय नेताओं में भरोसा। देखिए ऊपर 5.2) । जैसा कि प्रेमचन्द के पात्रों में (उदाहरण के लिए 'गोदान' के होरी में) नज़र आता है, इस सम्बोधन में एक अनुरोध भी निहित होता है: होरी ज़मींदार को इस तरह सम्बोधित करना कभी नहीं भूलता, ताकि उसे ख़ुश रख कर उसकी कृपा और सहानुभूति प्राप्त कर सके। लिहाज़ा, ज़मींदार को जो सहज (और स्वाभाविक) वफ़ादारी का प्रदर्शन दिखायी देता है—राजा-प्रजा की पितृवादी विचारधारा के अनुसार—वह सुरक्षा और परस्पर व्यवहार का भी अनुरोध है। इसमें यह स्वीकार निहित है कि जो व्यक्ति 'सरकार' है, वह चंचल-चित्त और अस्थिर-मना होगा और अधीनस्थ व्यक्ति का कोई हक़ ही नहीं था और उसके लिए आदर और भक्तिभाव इस बात को सुनिश्चित करने का सबसे अच्छा तरीक़ा था कि यह चंचलता मेहरबानी मे तब्दील हो जाये। शिक्षित विमर्श में सरकार निर्वैयक्तिक राज्य और विधिवत शासन दोनों पर लागू होता था।

हिन्दी में राजनैतिक संस्कृति की बहसें 'राजा-प्रजा' पर ही केन्द्रित होती थीं, चाहे प्राचीन भारत में अनुबन्धपरक या सीमित राजतन्त्र के अस्तित्व का प्रश्न हो, या शासकों और शासितों के आपसी सम्बन्धों का या फिर नागरिक अधिकारों और 'प्रजातन्त्र' की बात।[173] इस तरह ज़मींदार, ताल्लुक़ेदार और रुढ़िवादी विचारक और राजनीतिज्ञ इस आपसी सम्बन्ध के पितृवादी, कल्याणकारी पहलू पर बल देते थे, जबकि उग्रतावादी बुद्धिजीवी और नेता उसके अनुबन्ध पर, अनुमति-आधारित पहलू पर। उनके अनुसार प्रभुता और अधीनता का अस्तित्व तभी तक रहता था जब तक राजा प्रजा के इष्ट के लिए काम करता था : मूल अधिकार और वैधता हमेशा प्रजा के हाथों में होती थी, और अगर राजा अपने कर्तव्यों से च्युत होता, तो प्रजा को उसकी अवज्ञा करने का अधिकार था।

मिसाल के लिए, इसी आधार पर एक लेखक ने यह तर्क दिया कि संसद, इम्पीरियल काउंसिल और लेजिस्लेटिव काउंसिल ठीक इसी कारण सार्वजनिक संस्थाएँ नहीं कही जा सकतीं, क्योंकि वे जनता के कल्याण का काम नहीं करतीं : 'पार्लियामेंट, इंपीरियल-कौंसिल और लेजिस्लेटिव-कौंसिल द्वारा जो निर्णय होता है, उससे सदा प्रजा-पक्ष का ही अनिष्ट देखा जाता है।'[174]

प्रतिष्ठा या प्रभाव का अभिप्राय आम तौर पर स्थानीय अखाड़े में लोगों के सीमित समुदाय के ऊपर अधिकार था—चाहे यह समुदाय जाति हो, समाज हो, मोहल्ला हो या फिर नगर। प्रतिष्ठा हैसियत से सम्बन्धित थी और परम्परागत रूप से ज़मीन-जायदाद वालों अथवा रईसों—'बड़े व्यक्तियों'—के लिए ही इस्तेमाल होता था। इस रूप में वह सैद्धान्तिक, राजनैतिक विमर्श का हिस्सा नहीं बना, लेकिन क्या इसका मतलब यह था कि वह लुप्त हो गया?

हिन्दी में राजनीति की राष्ट्रवादी बहसों में बड़े व्यक्तियों के आश्रय की तुलना में, 'जनता' के लोक-अधिकार और निर्वैयक्तिक सत्ता को ज़्यादा भाव मिलने लगा। पहले से ही महावीर प्रसाद द्विवेदी के नर्मपन्थी सुधारवाद के अनुसार 'अच्छे' शासक और प्रशासक वही थे जो जनता की सेवा में तत्पर रहते थे और त्याग का प्रदर्शन करते थे। बाद में, गांधीवादी राजनीति की एक आधारशिला थी—ब्रिटिश सत्ता को चुनौती देना, उसका अवमूल्यन करना और उसकी हँसी उड़ाना और मूल्यों के प्रतीक के रूप में जनता के लोकाधिकार का समर्थन करना। जैसा कि हमने देखा, साहित्य की अवधारणा के सम्बन्ध में ऐसा ही एक रूपान्तरण 'सेवा' के अर्थ में हुआ जैसे अपने को जनता से दूर रखना फ़िज़ूल-ख़र्ची और दान-दक्षिणा (2.2)। साहित्यिक, लेकिन विशेष रूप से राजनैतिक सक्रियता, सेवा, त्याग और इस तरह प्राप्त की गयी उपलब्धियों ने एक नये क़िस्म के व्यक्तिगत अधिकार को जन्म दिया, जो सामाजिक हैसियत को तो बढ़ा सकता था (जैसा मोती लाल नेहरू के मामले में देखा गया) लेकिन अनिवार्य रूप से उससे जुड़ा हुआ नहीं था। असहयोग आन्दोलन और सविनय अवज्ञा आन्दोलन से उभर कर सामने आने वाले अधिकांश हिन्दी नेता सामान्य पृष्ठभूमियों से आये थे : उनकी प्रतिष्ठा उनकी गतिविधियों से ही उपजी थी और खादी पहनना, सीधी-सादी संयमित ज़िन्दगी जीना और सबके लिए उपलब्ध रहना उनकी प्रतिष्ठा की मोहर बन गया। (देखिए 5.1 और 5.3)। इस तरह वे सामन्ती सत्ता की परम्परागत निशानियों जैसे तड़क-भड़क वाले उपभोग और सीमित पहुँच को उलट कर आये थे और कम-से-कम हिन्दी बुद्धिजीवियों की आँखों में काँग्रेस के महापुरुष 'जनता के आदमी' ही थे। इस तरह का अधिकार न सिर्फ़ रहन-सहन की शैली में झलकता था, बल्कि एक विनयशील और सबके लिए सुलभ होने वाले रवैये में भी था। जहाँ तक वे इस वैकल्पिक प्रतिष्ठा को साकार करते थे, राष्ट्रवादी महापुरुष आने वाले स्वराज के अगुआ ही माने जा सकते थे।

साहित्य के क्षेत्र में 'जनता' से सम्बन्धित विमर्श और गतिविधियों ने लेखक की स्वाधीनता और जनता के प्रति सीधी प्रतिबद्धता की धारणा को जन्म दिया। इस धारणा को मानने वाले लेखक ऐसे अवसरों से दूर ही रहते जहाँ वे आश्रयदाताओं के प्रति परम्परागत आदर-सम्मान की भावना का पालन करने के लिए बाध्य होते थे।[175]

बहरहाल, अधिकार और प्रतिष्ठा पर सवाल उठाने और वैकल्पिक आधार का विकास करने के समानान्तर संगठन की एक और 'सम्वैधानिक' प्रक्रिया चल रही थी जिसका परिणाम एक हिन्दी साहित्य-तन्त्र का गठन और राजनीति के क्षेत्र में कांग्रेस सरकार का गठन हुआ। इसका एक नतीजा यह हुआ कि कांग्रेसी महापुरुष जिनका अधिकार मूल रूप से त्याग और सेवा पर आधारित रहा था, अब व्यक्तिगत सत्ता की प्रचलित प्रथा की ओर खिसकते चले गये। सादगी और त्याग दिखावे और विचारधारा के

स्तर पर बनाये रखे गये। जैसा कि साहित्य सम्मेलन के मामले में देखा गया जब कांग्रेसी मन्त्री सार्वजनिक मंचों की शोभा बढ़ाते थे, मन्दिरों का दौरा करते थे या जातीय समारोहों की अध्यक्षता करते थे तो उनमें आश्रयदाताओं की-सी गरिमा और उच्चता का भाव झलकता था। जब वे सत्ता में नहीं थे तब ऐसा रोब-दाब ऐसे अवसरों को राष्ट्रीय रंग में रँगने की गुप्त चाल प्रतीत होती थी, लेकिन अब जब वे सत्ता में थे तो वह महज़ वर्चस्व और आपसी वैधता का मामला बन कर रह गया।

निराला और दूसरे हिन्दी बुद्धिजीवियों का ध्यान इस सब पर था और वे हैरान थे। न सिर्फ़ साहित्यिकारों और जनमत के प्रतिनिधियों के रूप में उनके अपने अधिकार और प्रतिष्ठा पर अंकुश अथवा पूरी तरह प्रतिबन्ध लगाया गया प्रतीत होता था, बल्कि इसके साथ-साथ साझेदारी पर आधारित राष्ट्रीय सत्ता की सम्भावना लुप्त होती नज़र आ रही थी। जनता के प्रति कांग्रेस की प्रतिबद्धता और उससे निकटता मानो खो दी गयी हो। 'सरस्वती' के सम्पादक देवीदत्त शुक्ल ने 1939 में इसे 'कांग्रेसी नेताशाही' कहा। इसी तरह युक्त प्रान्त में कांग्रेस की हुकूमत पर हिन्दी और हिन्दुस्तानी के सन्दर्भ में 'बहुसंख्यकों के मत को नज़रअन्दाज़ करने' का आरोप लगाया गया था। देवीदत्त शुक्ल की वक्र टिप्पणी थी –'लेकिन कांग्रेसी देशभक्तों ने कब जनता की ओर ध्यान दिया था?'[176]

1930 के दशक के अन्त तक हिन्दी के उन साहित्यकारों और बुद्धिजीवियों ने जो संस्थाओं से जुड़े हुए थे, ख़ुशी-ख़ुशील कांग्रेस की सरपरस्ती हासिल कर ली और हिन्दी के कुछ नेता महत्वपूर्ण संसदीय पदों पर भी पहुँचे। यह प्रक्रिया साहित्य के क्षेत्र में सुधार और मानकीकरण की प्रवृत्तियों के अनुकूल थी, जिसका असर उसके भीतर अधिकारों के सन्तुलन, भाषा-नीति और पाठ्यक्रम पर पड़ा। हिन्दी नेताओं ने शिक्षण संस्थाओं में आसीन बुद्धिजीवियों के अधिकार का समर्थन किया। लोक प्रचलित भाषा के रूप में हिन्दी की सम्भावनाओं को जिन्हें लोकप्रिय राजनैतिक समाचार-पत्रों और सबसे मौलिक साहित्यकारों ने विकसित किया था, दबा दिया गया और अधिकार-वंचित कर दिया गया।

इन पृष्ठों में हिन्दी के राजनैतिक क्षेत्र की जो मोटी-सी रूपरेखा प्रस्तुत की गयी है, वह साहित्यिक क्षेत्र के साथ कई समानताओं को दर्शाती है। दोनों क्षेत्र विस्तार और संस्थानीकरण की एक-सी प्रक्रिया से गुज़रे। राजनैतिक क्षेत्र में समाज के निचले तथा अन्य तबक़ों की ओर विस्तार के फलस्वरूप गुणात्मक परिवर्तन भी दिखायी दिये : भाषा और शब्दावली में इसका मतलब था लोकप्रिय मुहावरे और प्रतीकों का इस्तेमाल; राष्ट्रवादी विमर्श में विभिन्न समूह अपनी-अपनी समीक्षा और कार्यक्रम ले कर सामने आये; और राजनैतिक कर्म में ग़ैर-सम्वैधानिक मंचों, गतिविधियों और कार्यकर्ता पर विशेष बल पड़ा। इसी के साथ, साहित्य और राजनीति दोनों क्षेत्रों में हम एक क़िस्म की दुहरी लीक पाते

हैं : बुद्धिजीवियों और नेताओं ने औपनिवेशिक तन्त्र के विकल्प में और उसके विरुद्ध अपने अलग मंच बनाये, लेकिन इसके साथ-साथ वे धीरे-धीरे अंग्रेज़ी राज्य द्वारा उपलब्ध कराये गये रास्तों पर भी चलने और बढ़ने लगे। पहले मामले में बल 'बेड़ियों को तोड़ने,' नये समूहों को वाणी देने पर और नये सार्थक सम्बन्धों को निर्मित करने पर था। लेखन अपने आप में अक्सर एक राजनैतिक कर्म समझा जाता था। दूसरे मामले में जनता के प्रति रवैया उसे शिक्षित करके, प्रोत्साहन दे कर और ज़िम्मेदार नेतृत्व द्वारा उसका मार्गदर्शन करने की ओर था, और हिन्दी हिन्दू राष्ट्रवाद का प्रतीक और एक उप-अभिजन (सब-इलीट) संस्कृति की भाषा बन गयी। जहाँ अंग्रेज़ी-हिन्दी द्विभाषिकता को अवैध करार दे कर साहित्यिक क्षेत्र में त्याग दिया गया और अधिक उग्रता से, राजनैतिक क्षेत्र में कम-से-कम व्यवहार में द्विभाषिकता एक नियम, एक मानदण्ड बनी रही, ख़ास तौर पर सम्वैधानिक अखाड़े में और राष्ट्रीय स्तर की कांग्रेस के भीतर। हिन्दी नेताओं के मामले में हिन्दी के प्रति उनकी प्रतिबद्धता और द्विभाषिकता की प्रथा के बीच जो अन्तर्विरोध था, उसे व्यवहारिक ढंग से सुलझाया गया : हिन्दी वह भाषा थी जिसे वे क्षेत्रीय स्तर पर इस्तेमाल करते थे और वह निश्चित सांस्कृतिक अभिप्रायों की वाहक थी, जबकि वे अंग्रेज़ी का इस्तेमाल राष्ट्रीय और अन्तर्राष्ट्रीय राजनीति के सिलसिले में करते थे।

साहित्यिक और राजनैतिक क्षेत्र निचले तबक़ों के बहिष्कार की एक समान प्रक्रिया भी दर्शाते। जहाँ यह सच है कि शहरी बुद्धिजीवियों और नेताओं ने किसी हद तक जनता की अपनी परिकल्पना में किसानों के लिए जगह तो बनायी, और किसानों ने राष्ट्रवादी आन्दोलन में थोड़ी-बहुत पहुँच हासिल की, वह बराबरी के स्तर पर नहीं कही जा सकती थी। उन्हें सम्बोधित करने के लिए तत्पर नेता और बुद्धिजीवी उन्हें सुनने का धैर्य कम ही रखते थे। इसके अलावा, बुद्धिजीवियों और नेताओं को किसान सक्रियता के साथ अनिवार्य रूप से उपजने वाले सामाजिक संघर्ष को स्वीकार करने में बड़ी मुश्किल होती थी। उसी तरह जैसे वह व्यवहारिक स्तर पर उन बहसों और साहित्यिक क्षेत्र में आन्तरिक संघर्ष को स्वीकार करने का व्यापक और कड़ा प्रतिरोध था।

नतीजे के तौर पर इन दो दशकों की जो तस्वीर उभर कर सामने आती है, वह दो प्रतिकूल और सहगामी प्रवृत्तियों की है : एक तरफ़ नये मुखर समूहों का विस्मयकारी उद्भव, विस्तार और जीवन्त आलोचनात्मक और रचनात्मक ऊर्जा और बुद्धिजीवियों की ओर से राजनैतिक प्रतिबद्धता और सांस्कृतिक ज़िम्मेदारी की गहरी भावना; दूसरी तरफ़ सांस्कृतिक और राजनैतिक अवरोध की स्थिति जिसमें एक अंकुरित होता साहित्यिक और राजनैतिक तन्त्र सत्ता पर एकाधिकार का दावा कर रहा था और आलोचना और असहमति को हतोसाहित कर रहा था।

टिप्पणियाँ

1. राजनैतिक इतिहासों के लिए, ज्ञानेन्द्र पाण्डे 'दि असेन्डेन्सी ऑफ़ द कांग्रेस इन उत्तर प्रदेश, 1926-34;' सुमित सरकार, 'मॉडर्न इण्डिया;' फ्रांसिस रॉबिन्सन, 'सेपेरेटिज़्म अमंग इण्डियन मस्लिम्स,' केम्ब्रिज, केम्ब्रिज युनिवर्सिटी प्रेस, 1974।
2. नैन्सी फ्रेज़र, 'रीथिंकिंग द पब्लिक स्फ़ीयर,' पृ. 123।
3. श्री कृष्णदत्त पालीवाल, 'कौंसिलों द्वारा स्वराज्य,' विशाल भारत, फ़रवरी 1936, पृ. 449; कृष्णनाथ द्वारा सम्पादित 'काशी विद्यापीठ हीरक जयन्ती अभिनन्दन ग्रन्थ,' बनारस, 1983, पृ. 185 पर 'श्री सुमंगल प्रकाश के संस्मरण।'
4. आगे की चर्चा एंगेल्स और मार्क्स द्वारा सम्पादित 'कन्टेस्टिंग कोलोनियल हेजेमनी' में सकंलित सुदिप्त कविराज के लेख 'ऑन द कन्सट्रशन ऑफ़ कोलोनियल पॉवर : स्ट्रकचर डिस्कोर्स हेजेमनी,' लन्दन, ब्रिटिश एकेडमिक प्रेस, 1994 की अत्यन्त ऋणी है।
5. वही पृष्ठ 21।
6. देखिए हेन्स, 'रेटोरिक एण्ड रिचुअल इन कलोनियल इण्डिया' में 'द कलोनियल कन्टेस्ट' शीर्षक खण्ड'।
7. 1920 से पहले प्रतिबन्धित मताधिकार ने 'सम्वैधानिक राजनीति' में भागीदारी को संरचनात्मक रूप से भूस्वामी और धनी अभिजन समुदाय और शिक्षित पेशेवर लोगों तक सीमित रखा था : इनमें से पेशेवर समुदाय के लोग भूस्वामियों और धनवान लोगों से अक्सर ग्राहकों के रूप में जुड़े थे। एक ऑनरेरी मजिस्ट्रेट बनना या स्थानीय परिषद का सदस्य होना प्रतिष्ठा की निशानी बन गया और साथ ही संरक्षण और प्रभाव के एक नये क्षेत्र को उपलब्ध करने का तरीक़ा भी। नामांकन को हमेशा सरकारी कृपा की निशानी भी समझा जाता था और यह कुछ उस क़िस्म की 'सार्वजनिक प्रतिबद्धता' प्रदर्शित करने का एक तरीक़ा था जिसे अंग्रेज़ अधिकारी बहुत पसन्द करते थे; देखिये बेली, 'द लोकल रूट्स ऑफ़ इण्डियन पॉलिटिक्स' और हेन्स, 'रेटोरिक एण्ड रिचुअल इन कलोनियल इण्डिया।'
8. बैठकों में वास्तविक भागीदारी का अनुपात आम तौर पर कम था और कभी-कभी यह कहा भी जाता था कि बैठक में शामिल प्रतिष्ठित जनों या उनके दरबारियों को अंग्रेज़ी नहीं आती थी।
9. मिसाल के लिए हर साल म्यूनिसिपल बोर्ड का चेयरमैन कमिश्नर को समालोचना के लिए एक वार्षिक रिपोर्ट पेश करता था। 1920 में काशी सेन्ट्रल रेट पेयर्स असोसिएशन ने ऐसी ही एक विस्तृत रिपोर्ट 'सर्वसाधारण की ओर से' प्रस्तुत की जिसे बनारस के दैनिक समाचार पत्र 'आज' ने सितम्बर के महीने में हिन्दी में अनूदित करके कई अंकों में धारावाहिक छापा। आज, 12 सितम्बर 1920 और उसके बाद के अंक।
10. मदन मोहन मालवीय, 'स्वराज्य अथवा प्रतिनिधि शासन प्रणाली और स्वराज्य की योग्यता और उसके साधन,' अभ्युदय; 1907, पद्मकान्त मालवीय द्वारा सम्पादित 'मालवीय जी के लेख,' पृ. 62।
11. मालवीय, 'स्वराज्य की कल्पना,' अभ्युदय, 1907, वही पृ. 121-24।
12. सम्वैधानिक सुधारों के लिए देखिए सरकार, 'मॉडर्न इण्डिया।' अल्पकाल के लिए 1916 के 'युक्त प्रान्त म्यूनिसिपैलिटिज़ ऐक्ट' और 1922 के 'युक्त प्रान्त ज़िला परिषद अधिनियम'

ने स्थानीय स्तर पर चुनाव शुरू किये जिसके महत्वपूर्ण नतीजे हुए, विशेष रूप से अपेक्षाओं के अन्तर्गत आंशिक चुनाव द्वारा गठित प्रान्तीय परिषदें शुरू की गयीं; मताधिकार को विस्तृत करने के बावजूद भूस्वामी वर्ग के प्रति उसके झुकाव ने एक राजभक्त बहुसंख्या का चुनाव सुनिश्चित कर दिया। इस अधिनियम में उत्तरदायित्व के बिना प्रतिनिधित्व का भी प्रावधान था : कुछ मामले 'आरक्षित' (द्विशासित) बने रहते; गवर्नरों को वीटो और 'सर्टिफ़िकेशन' (अर्थात विधायिकाओं द्वारा अस्वीकृत क़ानूनों को पारित करने) के विशेष अधिकार थे और मन्त्री गवर्नरों के प्रति ज़िम्मेदार थे असेम्बली के प्रति नहीं; पाण्डे, 'असेन्डेन्सी ऑफ़ द कांग्रेस पार्टी,' पृ. 24।

13. मिसाल के लिए 'द लीडर' अख़बार के जाने-माने सम्पादक सी.वाई. चिन्तामणि के लिए 1920 में झाँसी में एक सीट के लिए अभियान चलाना कठिन था, क्योंकि वे हिन्दी नहीं जानते थे; अन्त में उन्हें एक सीमित सार्वजनिक सभा में कुछ वाक्य बोलने पड़े, महज़ इसलिए कि वे इस बिन्दु पर आलोचना से बच सकें : 'विरोधियों के हाथ में श्री चिन्तामणि के ख़िलाफ़ दो हथियार मुख्य थे; एक तो उनका मैडमेट-लिबरल-नरम दल का सक्रिय और सशक्त सदस्य होना, दूसरे का प्रभाव हम लोगों के सामने वोटरों के इस प्रश्न के रूप में आया—'जब वह हिन्दी नहीं जानते तो हमारे दुख-सुख की सुनेंगे ही कैसे?' मैंने भी चिन्तामणि को ज़िले भर में घुमाने की ठानी। बरबासागर गये तो वहाँ हिन्दी समझने वालों के बीच में अंग्रेज़ी में बोले। मेरी हुलिया तंग। मैंने उनकी बात को हिन्दी में समझाया। परन्तु उससे क्या होना जाना था?... फिर मैं इन्हें गरौठा ले गया... वहाँ मैंने सभा नहीं करवायी। उन्हें प्रभावशाली व्यक्तियों के घर-घर ले गया। वहाँ वह हिन्दी में ही बोले! बोले बेमुहाविरा हिन्दी में, लेकिन बोले तो।' वृन्दावनलाल वर्मा, अपनी कहानी पृ. 55।

14. इस प्रक्रिया द्वारा जो वास्तविक असमंजस और उलझनें पैदा हुईं, वे बड़े मार्मिक ढंग से निम्नलिखित प्रसंग में उजागर हो जाती हैं जिसका विवरण कांग्रेस समर्थक समाचार-पत्र 'आज' ने 1920 में 'क्षत्रियों और ग़ैर-क्षत्रियों के बीच एक झगड़ा' के शीर्षक से छापा था। एक स्थानीय ज़मींदार ने एक 'सार्वजनिक सभा' बुलायी थी ताकि अपने कांग्रेस विरोधी उम्मीदवार के लिए किसानों का समर्थन सुनिश्चित कर सके; यह उम्मीदवार ग्रामीण वर्गों के बीच एकता के नाम पर वोट हासिल करने की चाल चल रहा था; बहरहाल, चूँकि सभा सार्वजनिक थी, उसमें स्थानीय कांग्रेस समर्थक शामिल हो सकते थे, जिनमें से एक ने उम्मीदवार के विरोध में खड़े हो कर उस सत्याग्रह का उल्लेख किया जो गाँधी जी ने खीरी और चम्पारन में किसानों के लिए किया था। गाँव वाले सहमति में आवाज़ बुलन्द करने लगे। इस मुक़ाम पर सभा के अध्यक्ष ने इसे एक निजी सभा घोषित कर दिया : 'हमने 1000 रु. ख़र्च किये हैं,' उसने कहा, 'यह हमारी प्राइवेट मिटिंग है। हम तय करते हैं कि अगर हम चाहें तो दूसरों को बोलने का मौक़ा दें या नहीं।' यह सुन कर दूसरे स्थानीय कार्यकर्ता विरोध में उठ खड़े हुए और उन्होंने कहा कि यह एक सार्वजनिक सभा थी और उनके लिए किसी को रोकना या धमकाना अत्यन्त निंदनीय है; 'आज,' 22 सितम्बर 1920, पृ. 6।

15. सम्पूर्णानन्द, 'मेमोरीज़ एण्ड रिफ़्लेक्शन्स,' बम्बई, एशिया पब्लिशिंग हाउस, 1962, पृ. 46; यह ध्यान देने लायक़ है कि इस महत्वपूर्ण हिन्दी नेता ने अपनी आत्मकथा अंग्रेज़ी में

लिखने का फ़ैसला किया, शायद अखिल भारतीय पाठक वर्ग को सम्बोधित करने के उद्देश्य से।

16. कृष्ण दत्त पालीवाल, 'कौंसिलों द्वारा स्वराज्य,' पृ. 449-53।
17. वही।
18. 'इसके सिवाय कोई चारा नहीं। लेनिन भी इसी नतीजे पर पहुँचा था, गाँधी भी उसी नतीजे पर पहुँचे हैं।...हमें कौंसिलों से कोई आशा न तो है ही, न ही होनी चाहिए; परन्तु साथ ही उनके बायकाट की बात भी छोड़ ही देनी चाहिए। कौंसिल-प्रवेश को एक अनिवार्य बुराई मान कर हमें उसे बरदाश्त करना ही चाहिए;' वही।
19. 'फिर भी, हमारी धारणा है कि इस बोर्ड में कई ऐसे कर्मचारी हैं, जो बहुत ही योग्य हैं, कई ऐसे मेम्बर हैं जो बड़े परिश्रमी तथा निस्पृह सेवक हैं, पर अभी तक अनेक कारणों से उनको पर्याप्त सेवा का अवसर नहीं मिला है। राजनीतिक कारणों से नगर के प्रथम श्रेणी के नागरिक बोर्ड की ओर से उदासीन रहे हैं, कुछ को जेल यातनाओं के कारण काम करने का मौक़ा नहीं मिला हे। बोर्ड के कार्यों में पूरी दिलचस्पी स्वयं उनके सदस्य या चेयरमैन भी नहीं लेते, इसके सबसे ताज़े उदाहरण हमारे सामने कई हैं, पर यदि राजनीतिक परिस्थिति सुधरे तथा सरकार नगरवासियों की निर्वाचक योग्यता बढ़ा, पुनः निर्वाचन करा दे तो कोई कारण नहीं है कि नगर का पूरा सुधार न हो जावे, तथा बोर्ड का काम ठीक रास्ते पर आ जावे।... काशी की जो कुछ उन्नति हुई है, वह ग़ैर-सरकारी बोर्ड के ही कार्य-काल में, और हमारी सम्मति में ग़ैर-सरकारी प्रबन्ध सदैव उत्तम होता है। कम-से-कम निरंकुश नहीं होता।' वही।

    जागरण, 21 नवम्बर 1932। प्रेमचन्द, विविध प्रसंग भाग दो, पृ. 515 में संकलित। इसके अलावा 1923 के भगवानदास के नेतृत्व वाली कांग्रेसी परिषद के बाद से काशी म्यूनिसिपल बोर्ड ने इतिहास पर परिपूर्णानन्द वर्मा के लेख भी देखें, जिनमें निर्वाचित परिषद में सेंध लगाने के पीछे सरकारी हाथ होने की मिसालें दी गई हैं; आज, फ़रवरी 1933।
20. माखनलाल चतुर्वेदी, हम जनसाधारण हैं;' कर्मवरी, 14 फ़रवरी 1920, माखन लाल चतुर्वेदी रचनावली, सम्पादक श्रीकान्त जोशी, भाग 2, दिल्ली, वाणी प्रकाशन 1983, पृ. 13-14।
21. देखिए 'लॉग-डाँट,' जुलाई 1921, 'चकना' नवम्बर 1922, प्रभा में : 'जुलूस,' 'हंस,' मार्च 1930; 'समरयात्रा' बनारस, सरस्वती प्रेस 1930; 'समरयात्रा' नामक संग्रह 1930 में उस समय प्रकाशित हुआ था जब सविनय अवज्ञा आन्दोलन अपने चरम पर था और इसका प्रकाशन ढाई आने की विशेष सस्ती क़ीमत पर हुआ था; देखिए स्टेटमेन्ट ऑफ़ पब्लिकेशन्स 1930।
22. राधाकृष्ण अवस्थी, 'क्रान्ति का उद्घोष,' भाग 1, पृ. 240 में संकलित गणेश शंकर विद्यार्थी का सम्पादकीयख आगामी लखनऊ कांग्रेस पर, प्रताप, 3, जुलाई 1916। इसके अलावा देखिए बाबूराव विष्णु पराड़कर का अध्यक्षीय भाषण 1925 के सम्पादक सम्मेलन में, इसी पुस्तक में 1.3 में उद्धृत।
23. एक सूचनाप्रधान अध्ययन के लिए देखिए 'ब्रह्मानन्द भारतीय स्वतन्त्रता आन्दोलन।' सविनय अवज्ञा के बाद हिन्दी समाचार-पत्रों के प्रतिबन्ध और दमन के लिए देखिए सम्पादकीय टिप्पणी, सुधा, 4, 1, 3 अक्तूबर 1930, पृ. 434-35।
24. सम्पादकीय, प्रताप 19.1.1925, राधाकृष्ण अवस्थी, क्रान्ति का उद्घोष, भाग 2, पृ. 767।

25. गणेश शंकर विद्यार्थी, सम्पादकीय, प्रताप, 11. जनवरी 1915, वही भाग 1, पृ. 103।

26. 1880 में ही सम्वैधानिक राजनैतिक संस्कृति की प्रकृति और उसकी सीमाओं पर उसे 'पुस्तकालय की राजनीति, कह कर भारतेन्दु हरिश्चन्द्र ने अपने नाटक 'भारत दुर्दशा' के पाँचवे दृश्य में व्यंग्य-चित्र खींचा था, शिव प्रसाद मिश्र सम्पादित, भारतेन्दु ग्रन्थावली, भाग 1, बनारस नागरी प्रचारिणी सभा, 1974।

27. हिन्दी के समपादक उग्र परिवर्तन और वीरतापूर्ण आतंकवाद के लिए अन्यत्र बंगाल और महाराष्ट्र की ओर—देखते थे। छात्रों, हिन्दी के पत्रकारों और भावी नेताओं के बीच लोकमान्य तिलक की लोकप्रियता इसका प्रमाण; मिसाल के लिए गणेश शंकर विद्यार्थी और नरेन्द्र देव का दावा था कि गाँधी से पहले तिलक ही सबसे प्रभावशाली नेता थे; देखिए एम. एल.भार्गव, गणेश शंकर विद्यार्थी, दिल्ली प्रकाशन विभाग, सूचना एवं प्रसारण मन्त्रालय, 1988 पृ. 53; और केस्कर तथा मेनन, आचार्य नरेन्द्र देव, पृ. 25।

28. देखिए अमीन, 'गाँधी ऐज़ महात्मा'; तथा 'इवेन्ट, मेटाफ़र, मेमोरी, चौरी-चौरा, 1922-1992, दिल्ली, ऑक्सफ़ोर्ड युनिवर्सिटी प्रेस, 1995।

29. मिसाल के लिए प्रेमचन्द की कहानी 'जुलूस' (1930) जिसमें भिन्न प्रकार की भीड़ दिखायी देती है।अनुशासित स्वयंसेवक, उनके हमदर्द और फ़ुरसतिया राह-चलते लोग जो सरकार के वफ़ादार एक क्रूर पुलिस वाले के हाथों स्वयंसेवकों का नेतृत्व कर रहे बूढ़े मुसलमान की 'शहादत' को देखते हुए एक राष्ट्रवादी भीड़ में बदल जाते हैं। यही भीड़ फिर पुलिस वाले की बीवी के निर्भीक राष्ट्रवाद, और अन्ततः पुलिस वाले के हृदय-परिवर्तन की साक्षी बनती है।

30. पाण्डेय, 'कांग्रेस ऐण्ड द नेशन;' विनीता दामोदरन, 'ब्रोकेन प्रॉमिसेस : पॉपुलर प्रोटेस्ट, इण्डियन नैशनलिज़्म ऐण्ड द कांग्रेस पार्टी इन बिहार,' दिल्ली, ऑक्सफ़ोर्ड युनिवर्सिटी प्रेस, 1995, पृ. 230।

31. ऐग्न्यू, 'इलीट विमेन इन इण्डियन पॉलिटिक्स,' पृ. 86।

32. जेन मैन्सब्रिज, 'फ़ैमिनिज़्म ऐण्ड डेमोक्रेसी,' 'दि अमेरिकन प्रॉस्पेक्ट,' नं. 1, 1991, पृ. 127, नैन्सी फ्रेज़र, 'रीथिंकिग द पब्लिक स्फ़ियर' में उद्धृत, पृ. 119।

33. वही, पृ. 124;

34. पाण्डेय, 'ए रूरल बेस फ़ॉर कांग्रेस' और 'द कांग्रेस ऐण्ड द नेशन;' कपिल कुमार, 'पेज़ेण्ट्स इन रिवोल्ट : टेनेन्ट्स, लैण्डलॉर्ड्स, कांग्रेस ऐण्ड द राज इन अवध : 1886-1932,' दिल्ली, मनोहर, 1984; तथा सुधीर चन्द्रा द्वारा सम्पादित 'सोशल ट्रान्सफ़ॉर्मेशन ऐण्ड क्रिएटिव इमेजिनेशन्स,' दिल्ली, ऐलाइड पब्लिशर्स, 1984 और 'द रामचरित मानस ऐज़ ए रेडिकल टेक्स्ट : बाबा रामचन्द्र इन अवध' और डी. एन. पाणिग्रही द्वारा सम्पादित, 'इकोनॉमी, सोसाइटी ऐण्ड पॉलिटिक्स इन इण्डिया,' दिल्ली, विकास, 1985 में 'द कांग्रेस पेज़ेन्ट रिलेशनशिप इन द लेट नाइन्टीन थर्टीज़'; देखिये, दामोदरन, 'ब्रोकेन प्रॉमिसेस।'

35. 'किसान अंक' के मुख-पृष्ठ पर सम्पादकों की ओर से यह दावा छपा था कि इस अंक को पढ़ कर पाठक किसानों की समस्या पर विश्वास के साथ बोलने और किसी भी सवाल का मुँह तोड़ ज़वाब देने के योग्य हो जायेंगे। इस अंक में 'पूज्य मालवीय जी', पी.डी. टण्डन, कृष्ण कान्त मालवीय ('अभ्युदय' के सम्पादक), कालाकांकर और भदरी के कांग्रेस समर्थक ताल्लुक़ेदार, सरदार नर्मदा प्रसाद सिंह, मनोहर लाल गौतम (किसान संघ के सचिव), लाल

बहादुर शास्त्री (इलाहाबाद ज़िला कांग्रेस कमेटी के सचिव), ठाकुर शिवमूर्ति सिंह, पद्मकान्त मालवीय, श्रीनाथ सिंह और वेंकटेश नारायण तिवारी (इस विशेषांक के सम्पादक), के लेख शामिल थे। अभ्युदय, 25, 33, 18, नवम्बर 1931।

36. वही, पृ. 9।

37. नर्मदा प्रसाद सिंह, किसान और कांग्रेस, वही, पृ. 13-14।

38. वही, पृ. 1।

39. पुरुषोत्तम दास टण्डन, 'जीना हो तो मरना सीखो,' वही, पृ. 10-11।

40. वेंकटेश नारायण तिवारी और नर्मदा प्रसाद सिंह ने इन आशंकाओं का निराकरण किया कि किसानों का आन्दोलन एक वर्गीय युद्ध की ओर ले जायेगा और यह तर्क दिया कि : ज़मीन्दारी प्रथा अपने आप में एक वर्ग युद्ध है... समाज का वर्तमान आर्थिक आधार वर्ग-युद्ध है। वही पृ. 14।

41. बजरंग बहादुर सिंह, किसान और ज़मींदार, वही, पृ. 5-6।

42. मोहन लाल गौतम, किसान संगठन, वही, पृ. 15।

43. सामान्य ढंग से 'किसान' शब्द का प्रयोग करना समस्या से ख़ाली नहीं है; ऐसा लगता है कि 1920 और 1930 के दशकों के हिन्दी बुद्धिजीवियों की नज़रों में (जिनमें से बहुत से पूर्वी उत्तर प्रदेश से आते थे); यह शब्द उस दरिद्र कृषक या हलवाहे को या फिर भूमिहीन किसान को इंगित करता था। इस सम्बन्ध में प्रत्येक सामान्यीकरण समस्याएँ पैदा करने वाला है, ख़ास तौर पर हिन्दी पट्टी में विविध रूपी भूमि सम्बन्धी व्यवस्थाओं और सम्बन्धों को देखते हुए। निश्चय ही हिन्दी बुद्धिजीवी, जिनमें से बहुतों के पास छोटी-छोटी खेती बाड़ी थी, अपने आप को कभी किसान नहीं समझते थे, वस्तुतः ज़मीन के साथ किसी सीधे पारिवारिक सम्बन्ध के बारे में शायद ही कभी विस्तार से चर्चा की जाती। प्रेमचन्द के सिलसिले में भी, किसानों की दुनिया से उनका नज़दीकी सम्बन्ध क़ायम करना एक सक्रिय प्रक्रिया का नतीजा था। हिन्दी के कवि और प्रकाशक और हिन्दी बोलियों के लोक गीतों के अप्रतिम संग्रहकर्ता रामनरेश त्रिपाठी (1881-1962) ने एक क़िस्सा बयान किया है कि कैसे ग्रामीण दरिद्रता की वास्तविकता उनके सामने उस बूढ़ी औरत द्वारा 'उद्घाटित' हुई, जो सड़क के किनारे उस लकड़ी को बेचने के लिए बैठी हुई थी जिसे उसने इकट्ठा किया था। यह तब था जब वे जौनपुर ज़िले के एक गाँव ही में पैदा हुए थे। संयोग से हुई इस मुलाकात और उद्घाटन ने रामनरेश त्रिपाठी को लोकगीतों के माध्यम से ग्रामीण जगत का 'अन्वेषण' करने की प्रेरणा दी। रामनरेश त्रिपाठी, ग्राम गीत, इलाहाबाद, हिन्दी मन्दिर, 1930, भूमिका।

44. द्विवेदी जी ने कहा,'जिधर देखते हैं, उधर निराशा ही के चिह्न देख पड़ते हैं, आशा के बहुत कम। आशा का चिह्न इतना ही है कि हमें एक ऐसी जाति से काम पड़ा है जो व्यापार-व्यवसाय में अपना सानी नहीं रखती, जिसने सारी दुनिया से व्यापार करने का द्वार खोल दिया है; जिसने देश भर में रेलों का जाल बिछा दिया है; जिसकी पूँजी का कहीं अन्त नहीं है; जिसके साहस, व्यापार-चातुर्य, अध्यवसाय और उत्साह की जितनी प्रशंसा की जाय कम है। ऐसी अंग्रेज़ जाति के संसर्ग से यदि हम उसके कुछ सद्गुण सीख लें और देश की आर्थिक दशा सुधारने की तरफ़ थोड़ा-बहुत भी ध्यान दें, तो बिगड़ी बात बहुत-कुछ बन सकती है।' द्विवेदी जी की ख़ास शैली में अध्याय के अन्त में करने योग्य कामों की एक

सूची दी गयी थी, ऐसे काम जो 'बिना राजा की मदद के भी' हो सकते थे; महावीर प्रसाद द्विवेदी, सम्पत्ति शास्त्र, इण्डियन प्रेस, इलाहाबाद, 1907, पृ. 184-185; देखिए गौड़, 'सरस्वती और राष्ट्रीय नवजागरण' में 1920 से पहले की 'सरस्वती' में राजनैतिक और आर्थिक विषयों पर लेखों की लम्बी सूची, मुख्यतः व्यापार और बैंकिंग के सम्बन्ध में।

45. 'प्रताप' में 1913 में प्रकाशित गया प्रसाद शुक्ल 'सनेही' की कविता 'कृषक-क्रन्दन' ने द्विवेदी जी का ध्यान आकर्षित किया था और 'सनेही' सरस्वती में नियमित रूप से प्रकाशित होने लगे थे। वहीं उनकी आठ पृष्ठ लम्बी कविता 'दुखी किसान' उनके तख़ल्लुस 'त्रिशूल' के साथ अप्रैल 1918 में प्रकाशित हुई; धीरेन्द्र वर्मा द्वारा सम्पादित हिन्दी साहित्य कोष, खण्ड 2, बनारस, ज्ञान मण्डल, 1985, पृ. 116; इसके अलावा देखिए वीर भारत तलवार, किसान राष्ट्रीय आन्दोलन और प्रेमचन्द, पृ. 112।

46. यहाँ हम याद कर सकते हैं कि प्रेमचन्द के 'प्रेमाश्रम' में किसानों के इर्द-गिर्द बहस उनके 'बुनियादी तौर पर' ग़ैर-दिलचस्प चरित्र होने को ले कर चलती है, देखिए ऊपर 2.3, देखिए मैथिलीशरण गुप्त की पंक्तियाँ जो 'भारत-भारती' के दूसरे खण्ड में 'कृषि और कृषक' वाले अंश के अन्त में आती हैं : 'पाठक! न यह कह बैठना- छेड़ा कहाँ का राग है। यह फूल कैसा है कि इसमें गन्ध है, न पराग है। यह है कथा निरस तदापि इसमें हमारा भाग है।' मैथिलीशरण गुप्त, भारत-भारती, पृ. 98।

47. वीर भारत तलवार, किसान राष्ट्रीय आन्दोलन और प्रेमचन्द, पृ. 147।

49. कवि गोपाल सिंह नेपाली ने 'सरस्वती' में 1932 में लिखा कि गाँव देहात में हमें अनेक तुलसी, कबीर, सूर, गोपाल और गाँधी मिलते हैं। यहीं अतीत का सच्चा भारतवर्ष मौजूद है और भविष्य का सच्चा हिन्दुस्तान; श्रीनारायण चतुर्वेदी द्वारा सम्पादित 'सरस्वती' हीरक जयन्ती विशेषांक, इलाहाबाद, इण्डियन प्रेस, 1961, पृ. 88-9 पर उद्धृत। नवम्बर 1931 में 'अभ्युदय' के 'किसान' विशेषांक में पुरुषोत्तम दास टण्डन ने लिखा कि जब हम अपने देश के प्राचीन ग्रन्थों में गाँवों की सुखी स्थिति के बारे में पढ़ते हैं या जब हम गोकुल या वृन्दावन की कथाएँ पढ़ते हैं, जब हम पढ़ते हैं कि हिन्दू और मुस्लिम युगों में ग्रामवासी कैसा सुखी जीवन व्यतीत करते थे और उनकी तुलना आज जो दिखायी देता है उससे करते हैं तो हमारे हृदस चूर-चूर हो जाते हैं। पृ. 10।

50. मुकुटधर पाण्डे, किसान, माधुरी, 6, भाग 2, 1, फ़रवरी 1928, पृ. 333।

51. देखिए मिसाल के तौर पर गंगाधर पन्त, 'अवध के ज़मींदार और काश्तकार,' सरस्वती, जून-जुलाई 1918; 'प्रताप' का 'राष्ट्रीय अंक' (विजयदशमी, 1917) जिसमें 'भारतीय किसान' के शीर्षक से 'ध्रुव' के छद्म नाम से एक लेख छपा। विस्तृत चर्चा के लिए देखिए वीर भारत तलवार, किसान राष्ट्रीय आन्दोलन और प्रेमचन्द, पृ. 110।

52. गणेश शंकर विद्यार्थी का सम्पादकीय 'हमारे अन्नदाता', प्रताप, 31, मई 1915; इसके अलावा 'आगामी कांग्रेस', 16 दिसम्बर 1918; राधाकृष्ण अवस्थी द्वारा सम्पादित क्रान्ति का उद्घोष, पृ. 52, 448।

53. वीर भारत तलवार, किसान राष्ट्रीय आन्दोलन और प्रेमचन्द, पृ. 108।

54. देखिए मिसाल के लिए 'मर्यादा' में रमानाथ अवस्थी के लेख : 'रूसी किसान : आगामी आदर्श' (सितम्बर 1919); 'रूसी मज़दूर : आगामी विश्वकर्मा' (दिसम्बर 1919); 'रूसी सैनिक : स्वतन्त्र राष्ट्र रक्षक' (फ़रवरी, 1920); उद्धृत वही)।

55. 'प्रताप' में अवध आन्दोलन और मुंशीगंज के गोली काण्ड की जो ख़बरें छपीं उनकी वजह से एक मानहानि का मुक़दमा दायर हुआ और विद्यार्थी जी को छः महीने की क़ैद की सज़ा हुई जिसे अख़बारों में व्यापक रूप से प्रचारित किया गया। 'प्रभा' में मारे गये और घायल किसानों के चित्रों ने निश्चय ही गहरा प्रभाव छोड़ा होगा और जलियाँवाला बाग़ की स्मृतियाँ ताज़ा कर दी होंगी जो भारतीय फ़ोटो पत्रकारिता के इतिहास में एक युगान्तरकारी घटना थी।

56. एम.एल. भार्गव, गणेश शंकर विद्यार्थी, पृ. 75।

57. अज्ञात, 'हम भूखे नंगे क्यों हैं?' (1935, पृ. 5) इसके अलावा प्रेमचन्द का आख़िरी और मशहूर लेख 'महाजनी सभ्यता' भी देखिए जो उन्होंने जून 1936 में लिखा था और जिसमें वे ऐसे ही निष्कर्ष पर पहुँचे थे; प्रेमचन्द, मंगलसूत्र तथा अन्य रचनाएँ, 1946।

58. देखिए गिरजा शंकर, 'सोशलिस्ट ट्रेन्ड्स इन इण्डियन नैशनल मूवमेंट,' मेरठ, ट्वेन्टीफ़र्स्ट सेन्चुरी पब्लिशर्स, 1987।

59. गोरखपुर की पत्रिका 'साक्षात्कार' में इस लेख के हिन्दी अनुवाद ने रामचन्द्र शुक्ल की विचारधारा पर एक बहस खड़ी कर दी है; मूल लेख या अनुवाद के अभाव में मैं यहाँ वीर भारत तलवार की किताब 'राष्ट्रीय नवजागरण और साहित्य : कुछ प्रसंग और कुछ प्रवृत्तियाँ,' नयी दिल्ली, हिमाचल पुस्तक भण्डार, 1993 में 'असहयोग और अव्यापारिक श्रेणियाँ : राष्ट्रीय आन्दोलन और रामचन्द्र शुक्ल' शीर्षक अध्याय से उद्धरण दे रही हूँ।

60. वही, पृ. 27-28 और 34-36।

61. राम के मूल्यांकन के सन्दर्भ में शुक्ल जी द्वारा कलियुग का जो वर्णन किया गया है उसके लिए देखिए मेरा लेख 'तुलसी दास ऐज़ ए क्लासिक।'

62. जीवन सम्बन्धी ब्योरों के लिए देखिए परिशिष्ट; इसके साथ-साथ उनकी आत्मकथा, 'मेरा जीवन संघर्ष,' दिल्ली, प्रोगेसिव पब्लिशिंग हाउस, 1985 और वॉल्टर हाउज़र, 'स्वामी सहजानन्द सरस्वती ऐण्ड द पॉलिटिक्स ऑफ़ सोशल रिफॉर्म, 1907-50,' इण्डियन हिस्टॉरिकल रिव्यू, 18, 1-2, जुलाई 1991 से जनवरी 1992।

63. सहजानन्द सरस्वती, मेरा जीवन संघर्ष, पृ. 97, 101।

64. वही, पृ. 118।

65. 'ख़ैर, उन दिनों तो मैं समझौता, सुधार और क्रान्ति की बातें विशेष रूप से जानता भी न था। और न यही जानता था कि गाँधी समझौतावादी एवं सुधारवादी हैं। मैं तो उन्हें पक्का क्रान्तिकारी मानता था, जैसा कि आज भी कुछ अच्छे और समझदार लोग मानते हैं।'
आख़िरी मोह भंग बिहार के भूचाल के बाद आया जब सहजानन्द ने जो तब तक एक किसान नेता बन चुके थे, कांग्रेसी नेताओं की साठ-गाँठ से ज़मींदारों के हाथों राहत की धन राशि का व्यवस्थित दुरुपयोग और मुनाफ़ाख़ोरी देखी। जब उन्होंने गाँधी जी को इसका सबूत ले जा कर दिया तो उन्हें फिर अस्पष्ट-से अश्वासन दिये गये कि महाराज दरभंगा के कांग्रेस समर्थक सचिव इन शिकायतों की भरपाई कर देंगे। सहजानन्द को धक्का लगा : 'इससे मेरी आँखें खुल गयीं। उनके 'ज़मीनदार किसानों के कष्ट दूर करेंगे।' 'उनके मैनेजर कांग्रेसी हैं, इसलिए कष्टों को जरूर हटा देंगे,' इत्यादि बातों से मालूम चला कि ज़मीनदारी मशीनरी कैसे काम करती है, इसका पता उन्हें कतई नहीं था। किसानों को वह कैसे रौंदती है, वह जानते तक न थे।' वही, पृ. 224, 259।

66. सहजानन्द सरस्वती, 'किसानों के दोस्त और दुश्मन,' बिहटा, 1942, पृ. 4।
67. राकेश गुप्ता, 'बिहार पेज़ेंट्री ऐण्ड द किसान सभा (1936-47),' दिल्ली, पीपल्स पब्लिशिंग हाउस, 1982, पृ. 89-90, बल मेरा; सहजानन्द सरस्वती, 'मेरा जीवन संघर्ष,' पृ. 190।
68. सहजानन्द सरस्वती, 'मेरा जीवन संघर्ष,' पृ. 230।
69. देखिए मिसाल के लिए गया के ज़मींदार अमावल के राजा का मामला जिसके ख़िलाफ़ सहजानन्द ने 'गया के किसानों की करुण कहानी' के शीर्षक से अपनी रिपोर्ट प्रकाशित की थी; सहजानन्द सरस्वती, 'मेरा जीवन संघर्ष,' पृ. 248-50।
70. 1932 में डालमिया ने बिहटा में सहजानन्द के आश्रम की बग़ल में एक चीनी मिल लगायी थी और सहजानन्द को व्यक्तिगत ज़ोर-दबाव के माध्यम से भी और उनके परिवार के 'परम्परागत' संरक्षण द्वारा भी प्रभावित करने की कोशिश की। डालमिया ने पहले स्थानीय ज़मींदारों से मिल के लिए ज़मीन प्राप्त करने के सिलसिले में मदद के बदले आश्रम के लिए असीमित चन्दा और अनुदान का प्रस्ताव रखा, सहजानन्द का जवाब था : 'तो क्या मिलवालों की नौकरी या ग़ुलामी कर लूँ या उनकी दरबारदारी करूँ?... यदि मैं उचित या कर्तव्य समझ कर न कर सकूँगा तो पैसों के लोभ से नहीं ही कर सकता। ऐसे पैसों पर पेशाब करता हूँ।', वही पृ. 277। प्रकट रूप से यह चीनी मिल जिसके डायरेक्टरों में राजेन्द्र प्रसाद भी शामिल थे, एक आदर्श 'स्वदेशी' मिल बनने वाली थी, जिसमें मज़दूरों और उनके परिवारों के लिए सारी सुविधाएँ और उचित बर्ताव होता। सच्चाई यह थी कि मिल ने किसानों को उनके गन्ने के लिए अंग्रेज़ों की मिल से भी कम पैसे देने शुरू किये; सहजानन्द ने फिर स्थानीय किसानों को इस मुद्दे पर संगठित करना शुरू किया और 'बीसियों नोटियों और सैकड़ों सभाओं' के बाद वे उनके गन्ने के लिए उन्हें अधिक क़ीमत दिलाने में सफल रहे। 1936, 1938 और 1939 की उत्तरवर्ती हड़तालों के दौरान एक बार फिर सहजानन्द ने इस 'राष्ट्रवादी' उद्योगपति के ख़िलाफ़ मज़दूरों और किसानों का पक्ष लिया; वही पृ. 280-81; एक बार फिर मज़दूरों की ओर से 'मैदान में' सफल प्रतिरोध और आन्दोलन के बावजूद सहजानन्द सम्वैधानिक या पार्टी के अखाड़े में डालमिया से जीतने में विफल रहे : 1937 के प्रान्तीय चुनावों में कांग्रेस के अभियान के लिए डालमिया एक प्रमुख आर्थिक सहायक था और कांग्रेसी उम्मीदवारों के चुनाव में भी उसकी ही चलती थी; इसके अलावा देखिए दामोदरन, 'ब्रोकेन प्रॉमिसेस,' पृ. 62।
71. सहजानन्द सरस्वती, 'किसानों के दोस्त और दुश्मन,' पृ. 7, 10। सरकार शब्द पर एक चर्चा के लिए देखिए आगे 5.4.3।
72. सहजानन्द सरस्वती, 'मेरा जीवन संघर्ष,' पृ. 324।
73. सहजानन्द सरस्वती, 'किसानों के दोस्त और दुश्मन,' पृ. 32।
74. इस प्रश्न को गहराई से परखने और तदनुसार किसान और राष्ट्रवादी नीतियों में आवश्यक फेर-फार करने की ज़रूरत अन्य पुस्तिकाओं के अलावा उनके पैम्फ़लेट 'खेत मज़दूर' में व्यक्त की गयी है। यह पुस्तिका विशेष रूप से किसान सभा में ग्रामीण मज़दूरों को शामिल करने की ज़रूरत और उससे सम्बन्धित समस्याओं पर केन्द्रित है। वॉल्टर हाउज़र द्वारा टिप्पणियों के साथ इस पुस्तिका का अनुवाद और सम्पादन किया गया है, 'सहजानन्द ऑन ऐग्रीकल्चरल लेबर ऐण्ड द रूरल पुअर,' दिल्ली, मनोहर, 1994।
75. सहजानन्द सरस्वती, 'मेरा जीवन संघर्ष,' पृ. 263।

76. घनश्याम दास बिरला ने, जो वहाँ उपस्थिति थे, यह टिप्पणी की थी कि 'आम लोग लगता है आज़ादी और उच्छृंखलता को आपस में गड्ड-मड्ड किये दे रहे हैं;' सरकार, 'आधुनिक भारत,' पृ. 364 पर उद्धृत। 1936 में फ़ैज़पुर में अखिल भारतीय किसान सभा के दूसरे सम्मेलन में किसान 'फ़ौजी ढंग से' देहात में मार्च करते हुए इकट्ठा हुए। यह दृश्य कांग्रेस के सभी अधिवेशनों में बार-बार देखने को आया : 1938 में हरिपुरा के कांग्रेस अधिवेशन में 20,000 किसानों ने पटेल के आदेशों की अवहेलना करते हुए क़तारबद्ध हो कर कांग्रेस नगर में सार्वजनिक सभा की; सहजानन्द सरस्वती, 'मेरा जीवन संघर्ष,' पृ. 325।

77. वही, पृ. 299।

78. ज्ञान पाण्डेय द्वारा सम्पादित, 'द इण्डियन नेशन इन 1942,' कलकत्ता, पी.के. बागची, 1988, पृ. 62; इसके अलावा देखिए सहजानन्द सरस्वती, 'मेरा जीवन संघर्ष,' पृ. 242-4।

79. विनीता दामोदरन, 'ब्रोकन प्रॉमिसिज़,' पृ. 153। ज्ञान पाण्डेय ने उसी समय के यू.पी.के बारे में टिप्पणी की है कि 'भले ही समाजवादी नारे पहले से ज़्यादा ऊँची आवाज़ में लगाये जाते, कांग्रेस के नये सदस्य धनी किसानों और मध्यम दर्जे के छोटे जमींदारों से ही आते थे... इस तरह, ठीक उसी वर्ष जब कांग्रेस सोशलिस्ट पार्टी गठित हुई और उसने यू.पी. के कांग्रेसी नेताओं की अच्छी-ख़ासी संख्या को आकर्षित किया, यू.पी.कांग्रेस ने भी केन्द्रीय विधान सभा के चुनाव अभियान के दौरान एक ज़मींदार किसान पार्टी होने की दावेदारी दोबारा पेश की'; ज्ञान पाण्डेय, 'रूरल बेस फ़ॉर कांग्रेस,' पृ. 217।

80. कृषि सम्बन्धी कार्यक्रम बनाने और ज़मींदारी उन्मूलन के विषय पर सर्वानुमति के उभरने से सम्बन्धित चर्चा के लिए देखिए ज्ञान पाण्डेय, 'ए रूरल बेस फ़ॉर कांग्रेस;' शंकर, 'सोशलिस्ट ट्रेण्ड्स इन इण्डियन नैशनल मूवमेंट;' पीटर रीव्ज़, 'द कांग्रेस ऐण्ड द ऐबोलिशन ऑफ़ ज़मींदारी इन उत्तर प्रदेश,' जे.मैसेलोस द्वारा सम्पादित, 'स्ट्रगलिंग ऐण्ड रूलिंग। द इण्डियन नैशनल कांग्रेस 1885-1985,' लन्दन, ओरिएण्टल युनिवर्सिटी प्रेस, 1987; विनीता दामोदरन, 'ब्रोकन प्रॉमिसिज़।'

81. सुमित सरकार, 'मॉडर्न इण्डिया 1917 से 1947,' पृ. 338।

82. ज्ञान पाण्डेय, 'ए रूरल बेस फ़ॉर कांग्रेस,' पृ. 199।

83. इस तरह, कांग्रेसी मन्त्रिमण्डल के काल में बिहार के किसान संघर्षों को बहुत-से-बहुत संकीर्ण, आर्थिक संघर्षों के रूप में या फिर आलोचकों द्वारा 'राष्ट्रीयता-विरोधी' समझा जाता था; ज्ञान पाण्डेय, 'द कांग्रेस ऐण्ड द नेशन,' पृ. 191 विनीता दामोदीरन के अनुसार, 'कांग्रेसी नेतृत्व ने 'उत्तरोत्तर... ख़ुद को इन जनान्दोलनों से अलग कर लिया था, पहले इन कार्रवाइयों को कांग्रेसी सोशलिस्टों की साज़िशें बता कर और फिर अपने हाथों में मौजूद राज्य के सारे दमनकारी उपकरणों और हथकण्डों को अपना कर;' विनीता दामोदरन, 'ब्रोकन प्रॉमिसिज़,' पृ. 10।

84. सहजानन्द सरस्वती, 'मेरा जीवन संघर्ष,' पृ. 285। मिसाल के लिए सहजानन्द को कृषि की स्थितियों पर कांग्रेस की जाँच समिति में शामिल नहीं किया गया था, क्योंकि जैसा कि राजेन्द्र प्रसाद ने उनसे कहा : 'आपके रहने से हो सकता है कमेटी की रिपोर्ट सर्वसम्मत न हो और हम चाहते हैं कि वह सर्वसम्मत हो, ताकि उसकी कीमत हो, उसका वज़न हो। एक बात और। आपके रहने से ज़मींदारों और सरकार की भी चिल्लाहट होगी कि यह रिपोर्ट तो किसान-सभा की है। अतः आप न रहें तो अच्छा हो।', उद्धरित वही, पृ. 289।

85. ज्ञान पाण्डेय, 'द कांग्रेस ऐण्ड द नेशन।'
86. नरेन्द्र देव, 'सोशलिज़्म ऐण्ड द नैशनल मूवमेंट,' मई 1934 में पटना में पहले समाजवादी सम्मेलन में दिया गया अध्यक्षीय भाषण; उनकी पुस्तक 'सोशलिज़्म ऐण्ड द नैशनल रिवोल्यूशन,' बम्बई, पद्मा पब्लिकेशन्स, 1946, पृ. 7 में संकलित।
87. देखिए ज्ञान पाण्डेय, 'द इण्डियन नेशन इन 1942।'
88. मिसाल के लिए देखिए वैद्यनाथ मिश्र नागार्जुन की कृतियाँ, विशेष रूप से उनका उपन्यास बलचनमा (1952)
89. मदन मोहन मालवीय, 'राष्ट्र का निर्माण,' अभ्युदय, 1907, पद्मकान्त मालवीय, मालवीय जी के लेख, पृ. 126।
90. यह चुनाव कुछ हद तक उनके महत्व पर आधारित है और कुछ उसी विविधता पर जो उनमें नज़र आती है। अन्य महत्वपूर्ण स्थानीय नेताओं में जिन्होंने स्वाधीनता के बाद राजनीति में उल्लेखनीय भूमिका निभायी, श्रीकृष्ण दत्त पालीवाल, पण्डित सुन्दर लाल, कमलापति त्रिपाठी, राम मनोहर लोहिया उत्तर प्रदेश से; सेठ गोविन्द दास मध्य प्रान्त से; और राजेन्द्र प्रसाद तथा जय प्रकाश नारायण बिहार से थे; स्वामी श्रद्धानन्द और भाई परमानन्द भी महत्वपूर्ण राजनैतिक आन्दोलनकारी थे। अब भी अधिकांश हिन्दी राजनेताओं के सिलसिले में व्यक्तित्व और कृतित्वपरक गम्भीर प्रबन्धों का आभाव है। यही हाल उनके भाषणों और लेखों के समग्र संकलनों का है।
91. (इलाहाबाद के निकट) कालाकाँकर के राजा रामपाल सिंह द्वारा स्थापित और उन्हीं की आर्थिक सहायता से चलने वाले पहले और अल्पजीवी हिन्दी राजनैतिक दैनिक समाचार-पत्र 'हिन्दोस्थान' (1883) में; देखिए राम रतन भटनागर, द राइज़ ऐण्ड ग्रोथ ऑफ़ हिन्दी जर्नलिज्म, पृ. 429।
92. इस सन्दर्भ में (अंग्रेज़ी में) उनका मशहूर पर्चा 'कोर्ट कैरेक्टर ऐण्ड प्राइमरी एजुकेशन इन नॉर्थ-वेस्टर्न प्रॉविन्सिज़ ऐण्ड अवध' (1897) उल्लेखनीय है'; इस पर चर्चा के लिए देखिए किंग, 'वन लैंग्वेज, टू स्क्रिप्ट्स,' पृ. 150-2।
93. शुद्धि और संगठन के लिए देखें 3.31।
94. ब्रास, 'लैंग्वेज, रिलिजन ऐण्ड पॉलिटिक्स।'
95. लुट, 'हिन्दू नैशनैलिज़्मस इन उत्तर प्रदेश;' बेली, 'द लोकल रूट्स ऑफ़ इण्डियन पॉलिटिक्स,' विशेषकर अध्याय 4; ब्रास, 'लैंग्वेज रिलिजन ऐण्ड पॉलिटिक्स,' और सीताराम चतुर्वेदी, 'महामना मदन मोहन मालवीय,' बनारस, अखिल भारतीय विक्रम परिषद, 1948; इसके अलावा देखिए जोन्स, 'आर्य धर्म।'
96. इसका श्रेय रामपाल सिंह के संरक्षण को जाता है कि मालवीय जी अपनी परम्परागत पाठशाला वाली शिक्षा के बाद विश्वविद्यालय में मानविकी और क़ानून की डिग्रियाँ हासिल कर सके; उनकी पहली-पहली सार्वजनिक गतिविधियाँ उनके संस्कृत के प्रोफ़ेसर आदित्य राम भट्टाचार्य की छत्रछाया में हुईं; लुट, 'हिन्दू नैशनैलिज़्मस,' पृ. 148।
97. इस तरह उन्होंने कथावाचन और प्रवचन जैसे सार्वजनिक शिक्षा के परम्परागत साधनों को गोरक्षा के अभियानों में इस्तेमाल किया, यज्ञ और हवन जैसे सार्वजनिक कर्मकाण्ड किये और राजनैतिक उद्देश्यों से अन्य साधन खोज निकाले। उन्होंने ख़ुद 1927 से बनारस के दशाश्वमेघ घाट पर ब्राह्मणों, क्षत्रियों, वैश्यों और शुद्रों को मन्त्रदीक्षा देने के विराट

सार्वजनिक यज्ञ करने शुरू किये और 1930 में उन्होंने हरिजनों के बड़े समूह को वहीं दीक्षित किया; 'मालवीय जी ने शुद्धि का बीड़ा तो उठाया ही, साथ ही उन्होंने अपनी सनातन धर्म सभा में अस्पृश्यों को मन्त्र दीक्षा देने का भी प्रस्ताव स्वीकृत करा दिया। यह कोरा प्रस्ताव ही न रह गया, वरन् एक दिन सन् 1927 ई. में काशी में महाशिवरात्रि के दिन दश्वाश्वमेघ घाट पर उन्होंने ब्राह्मण, क्षत्रिय, वैश्य और शूद्र सभी को ॐ नमः शिवाय, ॐ नमो नारायणाय, ॐ रामाय नमः, ॐ नमो भगवते वासुदेवाय आदि मन्त्रों की दीक्षा दी। दीक्षा लेने वालों में ब्राह्मण भी थे और चाण्डाल भी थे।' सीताराम चतुर्वेदी महामना, पृ. 34-61।

98. मदन मोहन मालवीय, 'धर्मानुसार प्रतिनिधियों का चुनाव,' अभ्युदय, 19 फ़रवरी 1909 पद्मकान्त मालवीय, मालवीय जी के लेख, पृ. 189-91।

99. मदन मोहन मालवीय, 'भारतवासी और देशवासी,' अगस्त 1907। उपरोक्त पृ. 105, 108-9 पर उद्धृत। मालवीय जी का अनुवाद इस प्रकार था : 'वाद-विवाद में मुख्य-मुख्य शक्तियाँ हैं जो उन्नति के लिए अत्यन्त उपयोगी हैं। वाद-विवाद से बुद्धि तीव्र होती है। किसी राजनैतिक कार्य का निश्चय करने के लिए उस पर भली-भाँति अपने बुद्धि-बल के द्वारा बहस करना बुद्धि से बड़ा भारी अभ्यास कराना है जो कि उसे बढ़ायेगा। वाद-विवाद द्वारा शासन करना मनुष्य जाति की उन्नति करने का मुख्य उपाय है।' वही पृ. 106।

100. मदन मोहन मालवीय, 'उन्नति और मर्यादा-बद्ध आन्दोलन, अभ्युदय,' 1907, वही, पृ. 83। उनका सार्वजनिक भाषण भी देखिए जो 'सत्याग्रह सप्ताह। मालवीय जी का भाषण' के रूप में प्रकाशित हुआ है, कलकत्ता, हिन्दी पुस्तक एजेंसी, 1922। इस भाषण में भी उन्होंने सफल राजनैतिक अर्थशास्त्र के लिए संयम का उपदेश दिया था। इससे यह बात समझ में आती है कि अगर मालवीय जी ने सचमुच 1916 में इलाहाबाद में पहली किसान सभा स्थापित की थी तो ऐसा किसानों को संगठित या जागृत करने के लिए नहीं, बल्कि नये विस्तृत ग्रामीण मताधिकार में उनका प्रतिनिधित्व करने और विधान सभाओं में सीटें सुरक्षित कर लेने के लिए किया था।

101. बनारस मे दिया गया भाषण जो सत्याग्रह सप्ताह के रूप में प्रकाशित हुआ, पृ. 39।

102. मालवीय जी ने विवाह की न्यूनतम आयु सीमा को बढ़ाने वाले शारदा बिल का ज़बर्दस्त विरोध किया था; आलोचनात्मक रिपोर्टों के लिए देखें 'आर्य-विवाह बिल,' चाँद, 7, भाग 2, 6, अक्तूबर 1929, पृ. 737-43, और 'आर्य-विवाह बिल', चाँद, 8, भाग 1, 6, अप्रैल 1930, पृ 1007-10; देखिए मालवीय जी का लेख 'वर्णाश्रम धर्म', अभ्युदय, 1 मई 1908, पद्मकान्त मालवीय द्वारा सम्पादित 'मालवीय जी के लेख' में संकलित, पृ. 174-75।

103. 'सत्याग्रह सप्ताह,' पृ. 181 बल मेरी ओर से दिया गया है।

104. त्याग, तप और संयम का जो सन्देश सन्तों ने दिया था, वह आधुनिकीकरण की प्रक्रिया से गुज़रते नौकरी-पेशा और छोटे व्यापारिक परिवारों को बहुत रुचता था। इस सन्देश ने टण्डन जी को आध्यात्मिक शिक्षा और आधुनिक सुख-सुविधा के प्रति अरुचि और साहित्य को एक नैतिक माध्यम समझने वाला दृष्टिकोण प्रदान किया। हालाँकि टण्डन जी राधास्वामी सम्प्रदाय के दृढ़ अनुयायी नहीं थे, तो भी सम्प्रदाय का असर उनकी संयमी और ग़ैर-साम्प्रदायिक धार्मिकता में, सादे जीवन पर उनके ज़ोर और योग तन्त्र तथा अन्य आध्यात्मिक क्रियाओं में उनकी व्यक्तिगत दिलचस्पी में नज़र आता है; देखिए लक्ष्मी

नारायण सिंह, 'राजर्षि पुरुषोत्तम दास टण्डन,' इलाहाबाद, हिन्दी साहित्य सम्मेलन, 1982, पृ. 2। राधास्वामी सम्प्रदाय के लिए देखें मार्क जुएर्गन्समेयर, 'राधास्वामी रियैलिटी : द लॉजिक ऑफ़ ए मॉडर्न फ़ेथ,' प्रिन्सटन, प्रिन्सटन युनिवर्सिटी प्रेस, 1991।

105. देखिए, जोन्स, 'आर्य धर्म।'

106. इस सन्दर्भ में टण्डन जी के छोटे-छोटे लेख 'जातीय साहित्य,' 'दर्शन और साहित्य,' 'भारतीय संस्कृति का सन्देश' और 'हिन्दी साहित्य का कुंज', जो उनके लेखन के एकमात्र संग्रह में संकलित हैं, उदाहरण हैं : जिन विषयों को प्रतिपादित किया गया है, वे साहित्य, दर्शन, राष्ट्र और राष्ट्रीय संस्कृति हैं जिन्हें एकमात्र अमूर्त तत्वों के रूप में पेश किया गया, जो लोकोत्तर मूल्य और सार्वभौमिक कल्याण के क्षेत्र में आते हैं; ज्योति प्रसाद निर्मल, 'टण्डन निबन्धावली,' वर्धा, राष्ट्रभाषा प्रचार समिति, 1970।

108. पुरुषोत्तम दास टण्डन, 'जातीय साहित्य,' टण्डन निबन्धावली, पृ. 74-76।

109. सम्पूर्णानन्द, 'मेमोरीज़ ऐण्ड रिफ़्लेक्शन्ज़,' पृ. 1। अपनी पुस्तिका चेतसिंह और काशी का विद्रोह,' (कानपुर, प्रताप प्रेस, 1919) में सम्पूर्णानन्द ज़िक्र करते हैं कि उनके परदादा सदानन्द जी राजा चेतसिंह के दीवान और दरबारी रहे थे।

110. उन्होंने 1911 में इलाहाबाद विश्वविद्यालय से बी.एस-सी. की उपाधि ली; उनकी आध्यात्मिक यात्रा के लिए देखें 'मेमोरीज़ ऐण्ड रिफ़्लेक्शन्ज़।'

111. काशी विद्यापीठ में उन्होंने डॉ. भगवान दास के बाद दर्शन शास्त्र का अध्यापन किया; ज्ञानमण्डल से उन्होंने 'अन्तर्राष्ट्रीय विधान' (1924) प्रकाशित किया; सम्पूर्णानन्द के छोटे भाई परिपूर्णानन्द शिवप्रसाद गुप्त के निजी सचिव बने।

112. कांग्रेस में शामिल होने के महज़ दो साल बाद ही वे 1921 में ज़िला कांग्रेस कमेटी के सचिव बना दिये गये और नमक सत्याग्रह के समय 1930 में वे बनारस में पहले डिक्टेटर चुने गये। सम्पूर्णानन्द, 'मेमोरीज़ ऐण्ड रिफ़्लेक्शन्ज़,' पृ. 25, 53।

113. जैसा कि मुकुल केशवन ने दिखाया है, राष्ट्रीय शिक्षा के लिए वर्धा योजना को यूपी के मुसलमानों द्वारा इसलिए नापसन्द किया जाता था, क्योंकि उसमें स्थानीय भाषा (बहुत करके हिन्दी) को पढ़ाई का माध्यम बनाने और ऐसी पाठ्यपुस्तकें निर्धारित करने का प्रस्ताव था जिनमें हिन्दू वीरों और हिन्दू गुणों की तरफ़ बहुत झुकाव था; योजना का स्पष्ट अहिंसावादी रवैया और स्कूलों का 'विद्यामन्दिर' नामकरण भी मुसलमानों के अन्दर विरोध की भावना उपजाता था। एक क्षेत्रीय मुस्लिम राजनेता ने रिपोर्ट दी कि कई हिस्सों में 'वर्धा योजना के लिए प्रचार को हिन्दी प्रचार से जोड़ दिया गया है'; मुकुल केशवन, 'कांग्रेस ऐण्ड द मुस्लिम्स इन यूपी ऐण्ड बिहार, 1937-39' में उद्धृत, सामान्य निबन्ध, दिल्ली 1990, पृ. 27।

114. सम्पूर्णानन्द के ज़बरदस्त विरोध के लिए देखें 'मेमोरीज़ ऐण्ड रिफ़्लेक्शन्ज़,' पृ. 76, 78-81।

115. वही, पृ. 83।

116. देखिए एम.एल.भार्गव, गणेश शंकर विद्यार्थी, पृ. 93-96; रेणुका खोसला, 'अर्बन पॉलिटिक्स (विथ स्पेशल रेफ़रेन्स टू कानपुर), नयी दिल्ली, एस.चन्द ऐण्ड कं. 1992।

117. इटावा जैसे ग्रामीण इलाक़े में भी 'प्रताप' का असर इतना गहरा था कि एक सरकारी सर्वेक्षक ने टिप्पणी की, 'हम पाते हैं कि 1929 में इटावा के शिक्षकों के राजनैतिक विचार मुख्य रूप से स्वर्गीय श्री गणेश शंकर विद्यार्थी और पं. श्री कृष्ण दत्त पालीवाल—क्रमशः

कानपुर और आगरा के दो कांग्रेसी नेता-पत्रकारों—द्वारा गढ़े गये हैं;' श्री नारायण चतुर्वेदी, 'ऐन एजुकेशनल सर्वे ऑफ़ ए डिस्ट्रिक्ट,' पृ. 234।

118. देखिए 1930 में गोरखपुर में हिन्दी साहित्य सम्मेलन के उन्नीसवें अधिवेशन के अवसर पर उनका अध्यक्षीय भाषण, कानपुर के दंगों में मारे जाने से कुछ महीने पहले, राधाकृष्ण द्वारा सम्पादित, गणेश शंकर विद्यार्थी के श्रेष्ठ निबन्ध में उद्धृत, दिल्ली, आत्माराम ऐण्ड सन्स, 1964, पृ. 1-2।

120. नरेन्द्र देव एक समृद्ध परिवार से आये थे जिसने विभिन्न पेशे अपना लिये थे, ज़िले में ज़मींदारियाँ हासिल कर ली थीं और दो पीढ़ी पहले ही से अंग्रेज़ी शिक्षा अपना ली थी। उनका बचपन एक सुसंस्कृत और धार्मिक परिवेश में गुज़रा लेकिन वह सार्वजनिक सरोकारों और चिन्ताओं और राजनीति के लिए खुला था। उनके पिता बलदेव प्रसाद ने हालाँकि फ़ारसी और अंग्रेज़ी पढ़ी थी, लेकिन संस्कृत का भी अध्ययन किया था ताकि 'ख़ुद को अपनी संस्कृति और धर्म से परिचित करा सकें।' बलदेव प्रसाद को सत्संग पसन्द था और वे शौक़िया अंग्रेज़ी, हिन्दी और फ़ारसी में बच्चों की पाठ्यपुस्तकें लिखा करते थे। परिवार का पुस्तकालय सबके लिए खुला था और वहाँ कई समाचार-पत्र आते थे। बाद में, क़ानून पास करने से पहले नरेन्द्र देव ने बनारस के क्वीन्स कॉलेज में डॉ. वेनिस और प्रो. नॉर्मन से प्राचीन भारतीय इतिहास, पुरातत्व-शास्त्र, भाषा-शास्त्र और लिपि विज्ञान की शिक्षा प्राप्त की। केसकर और मेनन, 'आचार्य नरेन्द्रदेव' में नरेन्द्र देव, 'माई रिकलेक्शन्ज़,' इसके अलावा देखिए उसी पुस्तक में संस्कृत के विद्वान गोपीनाथ कविराज का संस्मरण 'बौद्ध और संस्कृत साहित्य का विद्वान।' तिथि भट्टाचार्य ने दिसम्बर 1998 में स्कूल ऑफ़ ओरिएण्टल ऐण्ड ऐफ़्रिकन स्टडीज़ में इतिहास की परिगोष्ठी में 'डिफ़ाइनिंग द भद्रलोक थ्रू प्रिंट' के शीर्षक से जो आलेख प्रस्तुत किया था उसमें यह चर्चा की थी कि कैसे कलकत्ता के भद्रजनों ने समृद्धि और दान-दक्षिणा के सार्वजनिक प्रदर्शन से प्रतिष्ठा प्राप्त करने वाले व्यापारी-उद्यमियों से ऐसे व्यक्तियों की दिशा में सन्तरण किया था जो संस्कृति और सार्वजनिक सुधार को महत्वपूर्ण मानते थे।

121. एक इतिहासकार के शब्दों में: 'अपनी पीढ़ी के बहुत-से शिक्षित मध्यवर्गीय युवकों की तरह नरेन्द्र देव ने किसान कांग्रेस में विरुद्धों का सामंजस्य देखा था : शहरी भारतीय की चिन्ता राजनैतिक सुधार की थी और ग्रामीण भारतीय का ध्यान कृषि सुधार की ओर केन्द्रित था;' पी.ब्रास और एफ़ रॉबिन्स द्वारा सम्पादित 'द इण्डियन नैशनल कांग्रेस ऐण्ड इण्डियन सोसाइटी, 1885-1985 : आइडॉलोजी, सोशल स्ट्रक्चर ऐण्ड पोलिटिकल डॉमिनेन्स,' दिल्ली, चाणक्य, 1987, पृ. 269 पर हैरल्ड ए गोल्ड का लेख 'द राइज़ ऑफ़ द कांग्रेस सिस्टम इन ए डिस्ट्रिक्ट पोलिटिकल कल्चर : द केस ऑफ़ फ़ैजाबाद डिस्ट्रिक्ट इन ईस्टर्न उत्तर प्रदेश।'

122. देखिए उनके भाषण 'क्लास ऑर्गेनाइज़ेशन ऐण्ड द कांग्रेस' (गुजरात सोशलिस्ट सम्मेलन, अहमदाबाद, 1935 में दिया गया अध्यक्षीय सम्बोधन) और 'नैशनल रिवोल्यूशन ऐण्ड सोशलिज़्म' (मई 1934 में, पटना के प्रथम अखिल भारतीय कांग्रेस सोशलिस्ट सम्मेलन में दिया गया अध्यक्षीय भाषण। इन दोनों में ही राष्ट्रवादी आन्दोलन और भारतीय परिस्थिति का वर्गीय विश्लेषण प्रस्तुत किया गया है। नरेन्द्र देव, 'सोशलिज़्म ऐण्ड द नैशनल रिवोल्यूशन' में संकलित; देखिए बाद के भी लेख 'भारतीय समाज और संस्कृति', 'भारतीय

धर्म' और प्रसारण 'रिलीजस मूवमेंट्स ऐज़ ए सिम्बल ऑफ़ यूनिटी', (नवम्बर 1950) केसकर ऐण्ड मेनन द्वारा 'आचार्य नरेन्द्र देव' में उद्धृत; ये लेख 'भारतीय धर्म' और संस्कृति में खुलेपन, परिवर्तनशीलता और प्रगतिशील प्रवृत्तियों पर बल देते हैं।

123. हालाँकि उनका सक्रिय राजनैतिक जीवन 1920-1 के अवध आन्दोलन के दौरान टाण्डा और अकबरपुर की तहसीलों के गाँवों में भाषण देने और काम करने से शुरू हुआ था, और उन्होंने नमक सत्याग्रह के दौरान फिर से गाँवों का दौरा किया था, मगर उनका नाज़ुक स्वास्थ्य नियमित संगठन के काम में रुकावट पैदा करता रहा।

124. यह बात शिक्षित हिन्दी समुदाय के एक बहुत बड़े हिस्से पर लागू हो सकती है जो सांस्कृतिक रूप से एक संकीर्णतावादी 'हिन्दू' दृष्टिकोण के बावजूद कांग्रेस के प्रति निष्ठावान बना रहा।

125. जैसा कि सम्पूर्णानन्द ने अपने लेख 'गाँधीवाद और साम्यवाद' में संकेत दिया था, हालाँकि दोनों विचारधाराओं के बीच प्रमुख अन्तर वर्ग-भेद और वर्ग-संघर्ष था, 'भारत में साम्यवादी भी हैं और अहिंसावादी भी। यह कोई आश्चर्य की बात न होगी, यदि वे दोनों को मिला कर भारतीय साम्यवाद का स्वरूप स्थिर करें। यह भारत का जगत के लिए महान सन्देश होगा, और गाँधीवाद तथा साम्यवाद के समन्वय का प्रथम उपाय।... साम्यवाद और गाँधीवाद के संयोग से क्या फल होगा? साम्यवाद के भी देश-काल-पात्र के भेद से रूप बदल सकते हैं। रूप का विनिमय शुद्ध मार्क्सिज़्म साम्यवाद नहीं है। भारतीय साम्यवाद का भी विशेष स्वरूप होगा। सम्पत्ति के विभाजन और राष्ट्रीयकरण में तो वह दृढ़ रहेगा, क्योंकि यही उसका अपनापन है। इस मार्ग से डिगना उसके लिए पतन और आत्म संहार होगा; परन्तु इसके अतिरिक्त उसमें परिवर्तन अवश्य होंगे। उस पर गाँधीवाद और भारतीय संस्कृति का, जो गाँधीवाद की जननी है, प्रभाव पड़ेगा, और वह अधिक आध्यात्मिक हो जायेगा, सम्भवतः अहिंसा को अपना लेगा;' विशाल भारत, राष्ट्रीय अंक, 17, 4, अप्रैल 1936 पृ. 413-16।

126. नरेन्द्र देव, 'भारतीय समाज और संस्कृति,' केसकर और मेनन, 'आचार्य नरेन्द्र देव,' पृ. 253।

127. हिन्द स्वराज (1909) में गाँधी जी पहले ही अंग्रेज़ी के प्रति विरोध और भारत की राष्ट्रभाषा के रूप में हिन्दी के प्रति अपना समर्थन प्रकट कर चुके थे। 1916 में लखनऊ के कांग्रेस अधिवेशन में जब उन्होंने हिन्दी में भाषण दिया तो उसके बाद पुरुषोत्तम दास टण्डन ने उन्हें इन्दौर में हिन्दी साहित्य सम्मेलन के आठवें अधिवेशन के सभापतित्व के लिए आमन्त्रित किया। स्टेशन पर गाँधी जी का स्वागत करने के लिए उमड़ी विशाल भीड़, स्वयंसेवकों का उत्साह जिन्होंने गाँधी जी के वाहन को अपने कन्धों पर उठा लिया, हाथियों और घोड़ों के साथ शहर की सड़कों पर जो जुलूस निकला, दस हज़ार लोगों के लिए बड़ा-सा शामियाना, और गाँधी जी के मंच पर आने के बाद देर तक होने वाली तालियों की गड़गड़ाहट सब गाँधी जी और हिन्दी के प्रति लोगों में व्याप्त उत्साह का विशाल प्रदर्शन थी। इस बैठक ने हिन्दी के अनेक साहित्यकारों को पहली बार यह अवसर दिया कि वे गाँधी जी को सुन सकें और उनसे मिल सकें; कार्रवाई के विवरण और सूचना के लिए देखें 'सम्मेलन पत्रिका,' 5, 8-9, मार्च-मई 1918, पृ. 181-206।

128. 'भारत मित्र' पत्रिका के सम्वाददाता से इण्टर्व्यू, 'सम्मेलन पत्रिका,' 4. 5, (1917), पृ. 181 पर उद्धृत।

129. गाँधी जी ने पहले टण्डन जी और फिर सम्मेलन को सुझाव दिया कि वे दक्षिण के अध्यापकों को हिन्दी सिखायें और इसके लिए हिन्दी शिक्षण की कक्षाएँ शुरू करें। सभा के सामने अपनी योजना पेश करने से पहले गाँधी जी ने इन्दौर के महाराजा से आर्थिक सहायता हासिल कर ली थी, जिन्होंने 10,000 रु. का अनुदान दिया था, और अन्य संरक्षकों ने भी सहायता का वचन दिया था,' वही पृ. 199-202। काका कालेलकर के संस्मरणों के अनुसार टण्डन जी के मन में पहले तो इस योजना को ले कर अविश्वास था, लेकिन फिर जब गाँधी जी ने उनसे कुछ ज़ोर दे कर कहा कि दूसरी हालत में सम्मेलन को अपना दावा वापस ले लेना चाहिए कि हिन्दी भारत की राष्ट्रभाषा हो सकती है या उन्हें सम्मेलन के मन्त्री पद से इस्तीफ़ा दे देना चाहिए तो टण्डन जी ने स्वीकार कर लिया था; काका कालेलकर 'राष्ट्रभाषा-प्रचार : गाँधी जी और टण्डन जी का सहयोग,' गाँधी-टण्डन स्मृति अंक, सम्मेलन पत्रिका, 55, 3-4 जून-दिसम्बर 1969, पृ. 25।

130. कुछ युवकों को प्रशिक्षण देने के लिए दक्षिण से इलाहाबाद भेजा गया था और गाँधी जी के आश्रम से हरिहर शर्मा को हिन्दी का पाठ्यक्रम शुरू करने के लिए मद्रास भेजा गया था। गाँधी जी ने अपने छोटे बेटे देवदास को (जो उस समय हिन्दी नहीं जानता था) और अनुभवी उपदेश सत्यदेव 'परिव्राजक' को भी भेजा। 18 वर्षों में 6,00,000 दक्षिण भारतीयों को हिन्दी सिखायी गयी, 42000 ने विशेष परीक्षाएँ दीं, और 600 अध्यापक तैयार किये गये जो 450 केन्द्रों में काम करते थे। यह सब कुछ महज़ 6 लाख रुपयों के सीमित ख़र्चों पर; देखिए इन्दौर में हिन्दी साहित्य सम्मेलन के चौबीसवें अधिवेशन में गाँधी जी का भाषण 1935, उद्धृत, वही, पृ. 130। तमिलनाडु और आन्ध्र में जो हिन्दी प्रचार कार्य हुआ, वैसा अन्य प्रान्तों में किये गये प्रयासों से देखने में नहीं आया।

131. 'हिन्दू धर्म-प्रचारक तथा मुसलमान मौलवी सारे हिन्दुस्तान में हिन्दी ही में व्याख्यान देते हैं। और अशिक्षित प्रजा भी उन्हें समझ लेती है।' गाँधीजी ने 'क्या अंग्रेज़ी राष्ट्रभाषा हो सकती है?' (एक गुजराती लेख का अनुवाद) में लिखा था; सम्मेलन पत्रिका, 5, 18, जून-जुलाई, 1918, पृ. 227।

132. देखिए, लेलिवेल्ड, द फ़ेट ऑफ़ हिन्दुस्तानी।

133. 1920 के दशक में लगातार शिकायतें होती रही थीं कि सम्मेलन में अकुशलता, निष्क्रियता और आन्तरिक विग्रहों ने किसी अन्य गतिविधि के लिए उसके पास समय या ऊर्जा नहीं छोड़ी है। पुरुषोत्तम दास टण्डन जो पहले दस वर्षों तक सम्मेलन के मन्त्री और सर्वे-सर्वा थे 1925 से 1929 तक पंजाब नैशनल बैंक के लिए काम करने की ख़ातिर लाहौर चले गये; इसका फ़ायदा उठा कर एक विरोधी गुट ने, जिसमें रामजी लाल शर्मा, लक्ष्मीधर वाजपेयी और दूसरे पुस्तक प्रकाशक थे, प्रबन्ध समिति और मुख्य पदों पर क़ब्ज़ा जमा लिया : प्रकाशकों की नज़र में हिन्दी साहित्य सम्मेलन की परीक्षाओं की उल्लेखनीय वृद्धि बहुत फ़ायदेमन्द थी, अगर उनकी पाठ्य पुस्तकें पाठ्यक्रम में स्वीकृत हो जातीं। 1927 में उन्होंने मद्रास शाखा का नियन्त्रण हथियाने की कोशिश की और कार्यालय पर क़ब्ज़ा करने के लिए हरिहर शर्मा के ख़िलाफ़ कुप्रचार का अभियान भ्ज़ी शुरू किया; मालवीय जी के हस्तक्षेप से शाखा गाँधी जी को वापस मिली जिन्हें 1919 में बम्बई में हिन्दी साहित्य सम्मेलन के नवें अधिवेशन में मालवीय जी ने उसको सौंपा था। सिर्फ़ बनारसी दास चतुर्वेदी ने, जिन्हें शोर-शराबे वाले विवादों में दिलचस्पी थी, अपनी पत्रिका के पृष्ठों में इस योजना

का भण्डाफोड़ कर दिया और इसमें शामिल सभी लोगों के नाम छाप दिये; बाक़ी सभी विवरणों में इसे एक 'दुखद घटना' कह कर इसकी चर्चा की गयी या फिर इसका ज़िक्र ही नहीं किया; देखिए विशाल भारत, 1, भाग 1, 4, अप्रैल 1929, पृ. 457। यह घनघोर दलबन्दी, जैसा कि समाचार-पत्रों में इसे कहा गया, एक दशक से ज़्यादा समय तक चलती रही; रामजी लाल शर्मा 1931 में दिवंगत हुए। 1930 के दशक के आरम्भिक वर्षों में 'चुनावी सम्मेलन' प्रबन्ध तन्त्र के पदों के लिए की गयी छीन-झपट और भाषणों तथा 'निर्जीव प्रस्तावों' का एक सार्वजनिक कर्मकाण्ड भर थे। मनोनीत सभापति एक भाषण देते, कार्यवाही की अध्यक्षता करते और फिर साल भर तक निष्क्रिय बने रहते। चूँकि कार्यालय इलाहाबाद में था जबकि सभापति अलग-अलग जगहों से आते थे, प्रशासन इलाहाबाद में रहने वाले मन्त्रियों के हाथ में रहता था; देखिए 'माधुरी' में सम्पादकीय टिप्पणी, 9 भाग 2, 4, मई 1931 पृ. 603।

134. सम्पादकीय 'साहित्य-सम्मेलन और हिन्दी की हत्या,' सुधा 9, भाग 1, 6 जनवरी 1936, पृ. 692-3। 'अभी तक हिन्दी वालों की यही धारणा थी कि राष्ट्र-भाषा का प्रश्न तय हो गया है और हिन्दी भारत की राष्ट्रभाषा के रूप में स्वीकार कर ली गयी है। परन्तु जान पड़ता है कि यह प्रश्न अभी तय नहीं हुआ है और हिन्दी वाले भ्रम में रहे हैं। इन्दौर के सम्मेलन के 16 वें प्रस्ताव द्वारा इस मामले पर पूरा प्रकाश पड़ता है। उस प्रस्ताव में कहा गया है कि इस सम्बन्ध में "हिन्दुस्तान के भिन्न-भिन्न प्रान्तों में कुछ ग़लतफ़हमी" फैली हुई है; अतएव "यह सम्मेलन घोषित करता है कि राष्ट्र-भाषा की दृष्टि से हिन्दी का वह स्वरूप मान्य समझा जाय जो हिन्दू-मुसलमान आदि सब धर्मों के ग्रामीण और नागरिक व्यवहार करते हैं, जिसमें रूढ़ सर्वसुलभ अरबी, फ़ारसी, अँगरेज़ी, या संस्कृत शब्दों या मुहाविरों का बहिष्कार न हो और जो नागरी या उर्दू लिपि में लिखी जाती हो।" सम्मेलन की इस घोषणा का यह मतलब निकलता है कि वह वर्तमान साहित्यिक हिन्दी या उर्दू को राष्ट्रभाषा नहीं स्वीकार करता, किन्तु उसके लिए एक ऐसी भाषा का संकेत करता है, जिसको अभी कोई साहित्यिक रूप नहीं प्राप्त हुआ है, पर सभी धर्मों के लोग जिसका बोलचाल में व्यवहार करते हैं। एक शब्द उसका नाम "हिन्दुस्तानी" या "हिन्दोस्तानी" हो सकता है। प्रयाग की "हिन्दुस्तानी एकेडमी" का भी यही उद्देश्य है और उसके प्रधान सर तेज बहादुर सप्रू ने भी अभी हाल में लन्दन में अपने एक भाषण में उक्त घोषणा-जैसी ही बात कही है। "सम्मेलन" ने अपनी घोषणा से इस सम्बन्ध की "ग़लतफ़हमी" दूर करके बहुत अच्छा काम किया है। आशा है, हिन्दी वालों का भ्रम दूर हो जायगा और वे यह बात गाँठ बाँध रक्खेंगे कि उनकी "हिन्दी" हिन्दुस्तान की राष्ट्र भाषा नहीं है, किन्तु यह भाषा राष्ट्र-भाषा होगी, जिसे सब धर्मों के ग्रामीण और नागरिक व्यवहार में लाते हैं तथा जो हिन्दी या उर्दू में लिखी जाती है। इस सम्बन्ध में खेद की बात इतनी ही है कि राष्ट्र-भाषा के इस रूप का समर्थन करने वाली भारत की एकमात्र "हिन्दुस्तानी एकेडमी" अभी तक उसको लिखित रूप में नहीं ला सकी। क्या हम आशा कर सकते हैं कि "सम्मेलन" ही इस पुनीत कार्य का भार अपने ऊपर ले कर इस जटिल प्रश्न की मीमांसा सदा के लिए कर डालने का श्रेय लेगा?' देवीदत्त शुक्ल, सम्पादक के पच्चीस वर्ष, पृ. 76-7।

135. 1936 के नागपुर सम्मेलन में गाँधी जी ने मध्य भारत में हिन्दी के प्रचार के लिए एक नयी संस्था स्थापित की—राष्ट्र भाषा प्रचार सभा—जिसका मुख्य कार्यालय वर्धा में होना था।

सम्मेलन पर क़ब्ज़ा करने में विफल होने के बाद गाँधी जी ने दक्षिण में प्रचार के लिए एक स्वायत्त संगठन शुरू करना पसन्द किया; देखिए 'गाँधी-टण्डन स्मृति अंक' में रामधारी सिंह 'दिनकर' का लेख 'हिन्दी-हिन्दुस्तानी विवाद', पृ. 36।

136. मई 1936 में राजेन्द्र प्रसाद ने नागपुर में सम्मेलन के 25वें अधिवेशन का सभापतित्व किया जबकि काका कालेलकर स्वागत समिति के अध्यक्ष बने और अप्रैल में गाँधी जी ने इलाहाबाद में सम्मेलन के नये पुस्तकालय का उद्‌घाटन किया। युवा अज्ञेय ने, जो पहली बार सम्मेलन के किसी अधिवेशन में उपस्थित थे और विशाल भारत में सम्मेलन की कार्रवाई की रिपोर्ट प्रकाशित कर रहे थे, टिप्पणी की थी कि अखिल भारतीय साहित्य सम्मेलन न तो अखिल भारतीय था और न ही साहित्यिक सभा थी। वहाँ का वातावरण साहित्यिक होने की बजाय राजनैतिक था। उन्होंने समझाया कि उनका आशय राजेन्द्र प्रसाद के भाषण से नहीं, बल्कि जोड़-तोड़ और साँठ-गाँठ के वातावरण और साहित्यकारों की बजाय राजनैतिक कार्यकर्ताओं की उपस्थिति से था। अज्ञेय, 'सम्मेलन में क्या देखा, सुना और सोचा' विशाल भारत, 18, 1 जून 1936, पृ. 674। सम्मेलन का जो अगला अधिवेशन मार्च 1937 में मद्रास में हुआ, उसमें फिर एक कांग्रेसी नेता को सभापति के रूप में चुना गया : मैथिलीशरण गुप्त की बजाय जमनालाल बजाज; देखें 'चाँद,' 15, भाग 2, 1 मई 1937 पृ. 103-5।

137. किशोरी दास वाजपेयी, साहित्यिक जीवन के अनुभव, पृ. 83।

138. इन ऐतिहासिक सत्रों की कहानी काफ़ी विस्तार से हिन्दी स्रोतों में बयान की गयी है। 1938 में हिन्दी साहित्य सम्मेलन के 27 वें अधिवेशन में जो शिमला में हुआ तीखी बहस तीन दिन तक चलती रही। चौथे दिन हिन्दी ख़ेमे के श्रीनारायण चतुर्वेदी, पुरुषोत्तम दास टण्डन और मनोनीत सभापति बाबूराव विष्णु पराड़कर के स्पष्ट समर्थन से, हिन्दी-समर्थकों की एक सूची प्रबन्ध समिति के लिए मंज़ूर करवा के नियन्त्रण को दोबारा हासिल करने में सफल रहे; किशोरी दास वाजपेयी, 'हिन्दी गंगा के भगीरथ,' गाँधी-टण्डन स्मृति अंक, पृ. 207-08। दिसम्बर 1939 में बनारस में अगले अधिवेशन में जिसके सभापति अम्बिका प्रसाद वाजपेयी थे और जिसमें राजेन्द्र प्रसाद और काका कालेलकर उपस्थित थे, वेंकटेश नारायण तिवारी ने हिन्दुस्तानी के ख़िलाफ़ एक ज़ोरदार भाषण दिया। टण्डन जी ने श्रोताओं को आश्वस्त किया कि नागरी लिपि के साथ छेड़-छाड़ नहीं की जायेगी और राजेन्द्र प्रसाद ने भी घोषणा की कि हिन्दी को हनि नहीं पहुँचायी जायेगी। 'हिन्दी-साहित्य-सम्मेलन का 28 वाँ वार्षिक अधिवेशन इस वर्ष काशी में उसी स्थान में हुआ था, जहाँ 28 वर्ष पूर्व उसका जन्म हुआ था और जहाँ से उसके प्रथम सभापति महामना पण्डित मदनमोहन मालवीय ने उसकी अभिवृद्धि के लिए अपने महत्वपूर्ण भाषण द्वारा अपनी शुभकामना प्रकट की थी। इसके सभापति हिन्दी के प्रसिद्ध पत्रकार पण्डित अम्बिकाप्रसाद वाजपेयी बनाये गये थे। इस सम्मेलन में पण्डित वेंकटेशनारायण तिवारी का "हिन्दुस्तानी" के विरुद्ध बहुत महत्वपूर्ण भाषण हुआ था। इस सम्बन्ध में मैंने दिसम्बर 39 के अंक में जो सम्पादकीय नोट लिखा था, उसका मुख्यांश इस प्रकार है—हिन्दुस्तानी को ले कर इधर कुछ समय से हिन्दी को हानि पहुँचाने का जो भयानक कार्य हो रहा है उसका सम्मेलन के इस अधिवेशन में बहुत ही ज़ोरदार विरोध किया गया, यहाँ तक कि सिवा इस एक काम के और कोई महत्व का काम ही नहीं किया गया। वास्तव में इसके आगे और कोई दूसरा कार्य भी करने को

नहीं था। और इस सम्बन्ध में सभी प्रतिनिधियों ने जिस प्रकार एकमत हो कर कार्य किया उसका तत्काल सुपरिणाम भी हुआ। स्वयं देशरत्न राजेन्द्र बाबू ने भी स्पष्ट शब्दों में यही घोषित किया कि हिन्दी के साथ अन्याय नहीं होने पायगा। इसी प्रकार लिपि के सम्बन्ध में श्रीमान टण्डन जी ने भी खड़े हो कर जनता को आश्वासन दिया। "हिन्दुस्तानी" के प्रश्न पर पण्डित वेंकटेशनारायण तिवारी ने जो महत्वपूर्ण भाषण किया था वह इतना तथ्यपूर्ण सिद्ध हुआ कि हिन्दुस्तानी के पक्षपाती अवाक हो गये। हमें विश्वास है कि सम्मेलन के इस अधिवेशन से हिन्दी की रक्षा हुई है, परन्तु इसके साथ ही हमें भविष्य के लिए सावधान और सचेत रहना चाहिए, क्योंकि केवल सम्मेलन के ज़ोरदार विरोध से ही उसकी रक्षा न हो जायगी...' देवीदत्त शुक्ल, 'सम्पादक के पच्चीस वर्ष' में उद्धृत, पृ. 104।

139. देखिए मिसाल के लिए, वेंकटेशनारायण तिवारी 'हिन्दी बनाम उर्दू,' सुधा, 12, भाग 2, 1, फ़रवरी 1939 पृ. 3,5।

140. अमर नाथ झा के भाषण के लिए देखिए अबोहर तीसवें हिन्दी साहित्य सम्मेलन का विस्तृत विवरण, इलाहाबाद, हिन्दी साहित्य सम्मेलन, 1941, पृ. 19-23। हालाँकि वे एक वर्ष पहले ही हिन्दी साहित्य सम्मेलन के सदस्य बने थे, अमरनाथ झा को, जो अंग्रेज़ी के अध्यापक और इलाहाबाद विश्वविद्यालय के कुलपति थे, राजेन्द्र प्रसाद की बजाय सभापति चुना गया था। प्रतिक्रियाओं के लिए देखें : किशोरी दास वाजपेयी, 'साहित्यिक जीवन के अनुभव,' पृ. 86।

141. काका कालेलकर की अध्यक्षता में एक लिपि-विस्तार-परिषद ने यह रास्ता आज़माया था, और टण्डन जी की अध्यक्षता में एक व्याकरण समिति ने विचित्र प्रकार के व्याकरणिक प्रस्तावों की रूपरेखा तैयार की थी जिनमें क्रियापदों के लिए लिंग-भेद को त्यागने और सभी व्यंजनान्त शब्दों को पुल्लिंग बनाने का सुझाव शामिल था(!); 'स्थायी समिति में निम्नलिखित विषय पर विचार हुआ–1. समिति सिफ़ारिश करती है कि व्याकरण-समिति की कार्य की रिपोर्ट हिन्दी विद्वानों और हिन्दी संस्थाओं के पास पहुँचायी जाय, और उनसे इस विषय पर सम्मतियाँ प्राप्त की जायें। 2. अस्थायी रूप में तीन सिद्धान्त माने जायँ–(क) जीवधारियों के लिए प्रयुक्त जिन शब्दों से लिंग स्पष्ट है, उन शब्दों का लिंग अर्थ के अनुसार हो। (ख) निर्जीव पदार्थों तथा छोटे पशु-पक्षियों और कीड़ों के सम्बन्ध में शब्दों की आकृति पर लिंग निर्णय किया जाय, और इसके लिए भाषा के वर्तमान स्वरूप का ध्यान रख कर निश्चित नियम बनाया जाय। (ग) फुटकर शब्दों के लिए अपवाद न रक्खे जायँ। किसी नियम का अपवाद भी कोई नियम ही हो, जो सामूहिक रीति से कुछ शब्दों में लागू हो। 3. जो समिति पिछले वर्ष नियत हुई थी, वह अपना काम जारी रक्खे, और विद्वानों और सभाओं की सम्मतियाँ संग्रह करने के बाद उसका समन्वय कर स्थायी समिति के सामने रक्खे। निश्चय हुआ कि सम्मेलन स्थायी समिति की सिफ़ारिश को अस्थायी रूप से स्वीकार करता है, और स्थायी समिति को अधिकार देता है कि वह लिंग के विषय में अन्तिम निर्णय करे।' सुधा, X, भाग 2, 4, मई 1937, पृ. 359 पर उद्धृत। यहाँ फिर उस प्रवृत्ति का संकेत मिलता है जो समस्याओं को खुली बहस के माध्यम से तय करने की बजाय इकतरफ़ा फ़ैसले से तय करना चाहती थी, 'विशेषज्ञों' की एक चुनी हुई समिति के अधिकार से।

142. यह विवरण निराला के एक इण्टर्व्यू पर आधारित है जो 'चकल्लस,' मई-जून 1938 में प्रकाशित हुआ और अब निराला रचनावली, खण्ड 6, पृ. 213-15 पर संकलित है।

143. वही पृ. 213।

144. वही।

145. 'आचार्य नरेन्द्र देव ने जनता को सम्बोधित कर कहा अलिखित, यही उनका स्वागताध्यक्ष-पद से भाषण था, थोड़े शब्दों में—'आपके यहाँ दो-दो महापुरुष पधारे हुए हैं; एक हैं पूज्य माननीय बाबू पुरुषोत्तमदास जी टण्डन, दूसरे माननीय सम्पूर्णानन्द जी!... मेरे मन में बड़ी ग्लानि पैदा हुई - वही आचार्य रामचन्द्र शुक्ल बैठे थे। अगर साहित्यिकों में अन्य कोई महापुरुष नहीं थे, तो साहित्य विभाग के सभापति आचार्य रामचन्द्र शुक्ल तो थे ही; लेकिन आचार्य नरेन्द्र देव ने उनका उल्लेख नहीं किया। उनकी निगाह में दो ही महापुरुष थे। आप समझ सकते हैं, राजनीतिक किस दृष्टि से साहित्यिक को देखता है।' वही।

146. भाषण हिन्द, हिन्दू और हिन्दी शब्दों पर था। 'एक मुद्दत से सम्मेलन के कर्णधार या प्राण-स्वरूप रहने वाले टण्डन जी के लिए उक्त शब्दों का सम्यक ज्ञान कोई बड़ी बात नहीं।' पृ.214।

147. वही।

148. वही।

149. निराला से कहा गया कि 'चुप रहिए, बैठ जाइए या निकल जाइए।' उन्होंने बाद में विचार किया: 'वहाँ जो लोग थे, वे साहित्य चाहते थे या अपनी रोटी, बहुत साफ़ है; वे साहित्य की प्रतिष्ठा के लिए आये थे या अपनी रोटियों की प्रतिष्ठा के लिए, साफ़ है; राजनीति ने उन्हें समझदार पुरुष बनाया है या समझदार गुलाम, स्पष्ट है।'—वही पृ.215।

150. वही, पृ.216।

151. वही, पृ. 214।

152. वही, पृ.210।

153. अमृत राय, 'प्रेमचन्द हिज़ लाइफ़ ऐण्ड टाइम्स,' पृ 302-442 उद्धत;

154. निराला रचनावली, खण्ड 6, पृ. 217।

155. वही, पृ.214।

156. निराला का सम्पादकीय, 'पण्डित जवाहर लाल नेहरू और हिन्दी,' सुधा, 1 दिसम्बर 1933, निराला रचनावली, खण्ड 6, पृ. 439।

157. प्रेमचन्द, 'भारतीय साहित्य और पण्डित जवाहर लाल नेहरू,' हंस, नवम्बर 1935, विविध प्रसंग, खण्ड 3, पृ. 106।

158. निराला, 'नेहरू जी से दो बातें' (1936) निराला रचनावली, खण्ड 6, पृ. 235। सुभाष चन्द्र बोस भी शरतचन्द्र के निधन पर शोक प्रकट करना नहीं भूले थे। हिन्दी में प्रसाद के निधन पर ऐसा कुछ भी नहीं हुआ था, और प्रेमचन्द की मृत्यु पर भी कांग्रेस में उपयुक्त शोक प्रस्ताव नहीं पारित हुआ था, निराला ने टिप्पणी की। रवीन्द्र नाथ ठाकुर भी सफलता और हिन्दी के बंगाली आलोचकों को ले कर निराला के मन में यह आग्रह कुछ तो बंगाल के साथ उनके पुराने परिचय के कारण था, और कुछ तो इस कारण कि राष्ट्रीय और हिन्दी के नेता बंगाली साहित्य के प्रति जो श्रद्धा भाव प्रदर्शित करते थे, उस श्रद्धा भाव से निराला के अनुसार पक्षपात की गन्ध आती थी और वह हिन्दी लेखकों के मूल्य के प्रति उनके अज्ञान से उपजा था।

159. निराला, 'पण्डित जवाहर लाल,' पृ. 439।

160. एक अन्य अवसर पर, 1924 में सम्मेलन के दिल्ली अधिवेशन में निराला को, जिन्हें वहाँ अपनी कुछ मुक्त छन्द की रचनाओं का पाठ करना था, सामने की 'सबसे बढ़िया कुरसी'... ख़ाली कर देने के लिए कहा गया जब बड़ौदा महारज कुछ देर के लिए वहाँ आये। निराला ने कुर्सी ख़ाली कर दी। सभापति अयोध्या सिंह उपाध्याय हरिऔध 'साफा बाँधे हुए, पेट और दोनों हाथ फैला कर बड़ी दीनता से भक्ति प्रदर्शित करते हुए।' खड़े हो गये। सभापति के अनुरोध पर बाबू पुरुषोत्तमदास टण्डन ने महाराज की प्रशंसा में कुछ शब्द कहे। निराला रचनावली, खण्ड 6, पृ. 209।

161. देखिए डी.वी. जे. बेल, 'पावर इनफ़्लुएन्स ऐण्ड अथॉरिटी,' लन्दन, ऑक्सफ़ोर्ड युनीवर्सिटी प्रेस 1975।

162. 'गाँधी जी से बातचीत' और 'नेहरू जी से दो बातें,' सबसे पहले 'प्रबन्ध प्रतिमा' नामक लेखों के संग्रह में प्रकाशित हुए थे, अब निराला रचनावली, खण्ड 6, पृ. 224-31 और 231-5 पर संकलित हैं। 1936 में गाँधी जी लखनऊ में जहाँ ठहरे थे वहाँ पहुँचना ही कष्टसाध्य था: अन्ततः जब निराला गोमती पर बने पुल पर खड़े थे तो उन्होंने एक ताँगे पर एक बकरी को ले जाये जाते देखा और अनुमान लगाया कि वह गाँधी जी की ही बकरी होगी। उसके पीछे-पीछे जाने पर वे वहाँ पहुँचे जहाँ गाँधी जी ठहरे थे। वही, पृ.227।

163. निराला, 'गाँधीजी से बातचीत,' पृ. 229-30।

164. निराला, 'नेहरू जी से दो बातें,' पृ. 234।

165. देखिए, उदाहरण के लिए, वेंकटेशनारायण तिवारी, 'साहित्य और राष्ट्रीयता,' सम्मेलन पत्रिका , 5,8,9, 1918; लक्ष्मीधर वाजपेयी, 'राष्ट्र को कैसे साहित्य की आवश्यकता है?' माधुरी,10, भाग 1,1,अगस्त , 1931; और सम्पादकीय, 'राष्ट्र और साहित्य,' 'चाँद', 17 भाग 1,5 अक्तूबर 1939।

166. 'आलोचना के बारे में बहसें ब्रिटिश बुद्धिजीवी जगत की कहीं अधिक भारी उथल-पुथल का हिस्सा थीं और आंशिक रूप से इस उथल-पुथल की देन थीं। यह उथल-पुथल तीन तरीक़ों से महसूस की गयी थी। पहले.....''मनुष्य'' के नमूनों में परिवर्तनों के साथ, जो ज्ञान की अनेक शाखाओं में, ख़ास तौर पर नये-नये उभरने वाले समाज-विज्ञानों में, व्याख्याओं और प्रथाओं को रेखांकित करने के लिए इस्तेमाल किये जाते थे। दूसरे, वे बौद्धिक सत्ता के संकट में महसूस होते थे, जिसका असर ज्ञान की सभी शाखाओं पर पड़ता था और जो इस तरह विशेष आलोचनात्मक वक्तव्य के मूल्य को बदल देता था। तीसरा....यह तथ्य था कि अन्य शाखाओं के साथ, आलोचना विश्वविद्यालयों के भीतर संस्थाबद्ध हो गयी; वस्तुतः.... 19वीं सदी के उत्तरार्द्ध में विश्वविद्यालयी सुधार का एक प्रमुख उद्देश्य बौद्धिक जिज्ञासा की बढ़ती हुई विविधता को समाहित करना था। इससे भी ज़्यादा महत्वपूर्ण था कि व्यवसायीकरण की सहयोगी प्रक्रिया भी संस्थाबद्ध होने की इस प्रक्रिया का साथ देती थी।' इयन स्मॉल, 'कण्डिशन्ज़ फ़ॉर क्रिटिसिज़्म, अथॉरिटी, नॉलेज ऐण्ड लिटरेचर इन द लेट नाइनटीन्थ सेन्चुरी,' ऑक्सफ़ोर्ड, क्लैरेण्डन प्रेस, 1991, पृ.19-20। बलाघात मेरी ओर से जोड़े गये।

167. तुलनात्मक रूप से, जिस प्रक्रिया के तहत यूरोप में व्यवसायों ने नये विषयों के रूप में (और अंग्रेज़ी उनमें से एक थी) विश्वविद्यालयों में प्रवेश करक प्रतिष्ठा अर्जित की, उसमें निम्नलिखित चीज़ें शामिल थीं; (क) सामान्यीकृत और व्यवस्थित ज्ञान की भारी मात्रा; (ख)

व्यक्तिगत स्वार्थ की बजाय सामुदायिक हित के प्रति मूलभूत अनुकूलता; (ग) कार्य के विशेषज्ञों द्वारा स्वयं संगठित और संचालित स्वैच्छिक संगठनों के माध्यम से और काम के समाजीकरण की प्रक्रिया में अभ्यन्तरित नैतिकता के नियमों के माध्यम से व्यवहार के आत्म-नियन्त्रण की भारी मात्रा; (घ) और (आर्थिक और मानद) पुरस्कारों की एक व्यवस्था जो प्रथमतः कार्य की उपलब्धि के प्रतीकों का एक समूह है और इस तरह अपने आप में एक साध्य, व्यक्तिगत स्वार्थों के किसी और साध्य का साधन नहीं;' वही पृ. 23-4; पृ.135 भी देखिए।

168. छायावाद की कड़ी आलोचना के लिए, ख़ास तौर पर सबसे प्रभावशील और सम्मानित हिन्दी आलोचक रामचन्द्र शुक्ल द्वारा, देखिए 2.2; निराला के ख़िलाफ़ अक्सर व्यक्तिगत और तीखे हमलों के लिए देखिए रामविलास शर्मा, निराला का साहित्य साधना, खण्ड 1। निराला को इस बात से शिकायत थी कि सम्मेलन के अधिकारी, जो छात्रों का मार्ग-दर्शन करने को इतने आतुर थे, उन्हें अत्याधुनिक और जीवन्त साहित्य से परिचित नहीं कराते; निराला रचनावली खण्ड 6, पृ. 211।

169. देखिए, बेल, पावर, इनफ़्लुएन्स ऐण्ड अथॉरिटी।'

170. 'प्रत्येक साहित्य में ऐसे मनुष्य हुआ करते हैं, जो स्थूल उपयोगितावाद से साहित्य के उत्कर्ष का अन्दाजा लगाते हैं। वे कहते हैं, जिस साहित्य में जनता के हित की जितनी शक्ति है, कसौटी में वह उतना ही खरा, उतना ही उपयोगी और उतना ही मूल्यवान है।' 'सौन्दर्यवाद' को 'उपयोगितावाद के बरक्स रखने की बजाय निराला ने साहित्य की अनेक शाखाओं वाले वृक्ष सरीखा कल्पित किया। और यह भी कहा कि 'प्रचलन' को 'सत्य' नहीं समझ लेना चाजिए; यह भी कि लेखक के लिए जनता में रुचियों और विचारों का प्रचार दूसरे चरण में होता है और इसमें काफ़ी शक्ति लगती है। निराला, 'साहित्य और जनता,' सुधा का सम्पादकीय ,जून 1933; निराला रचनावली ,खण्ड 6, पृ. 501-021।

171. हिन्दी में शिक्षित पाठकों की कमी के लिए, देखिए निराला, 'साहित्य तथा हमारे लेखकों का संकट,' सुधा का सम्पादकीय, सितम्बर 1934 ,पुनर्मुद्रित वही पृ. 468-69।

172. निराला, 'साहित्य की वर्तमान प्रगति,' सुधा का सम्पादकीय जून 1930, निराला रचनावली, खण्ड 5, पृ. 460-1। हिन्दी में गम्भीर साहित्यिक आलोचना के अभाव पर खेद व्यक्त करते हुए, निराला ने इसी तर्क प्रणाली का अनुसरण किया और जोड़ा कि इच्छा होती है समकालीन हिन्दी आलोचना की धज्जियाँ उड़ा दी जायें : वह इतना निर्जीव, स्थूल और मनुष्य के मस्तिष्क से इतना दूर है। हिन्दी में आलोचना, सुधा, जुलाई 1933, उद्धृत वही, पृ. 506।

173. मिसाल के लिए, मदन मोहन मालवीय, 'राजधर्म,' अभ्युदय, 1908, पद्मकान्त मालवीय, मालवीय जी के लेख, पृ.162-68; इन्द्र, 'प्राचीन भारत में राजनैतिक स्वाधीनता,' माधुरी4, भाग-2, 2 फ़रवरी 1926, पृ.180-86।

174. 'कितने ही सूक्ष्मदर्शी तो पार्लियामेंट तक को सार्वजनिक संस्था समझते हैं; किन्तु वर्तमान युग की स्थिति को देखते हुए यह निस्संकोच कहना पड़ता है कि उनकी यह धारणा आधारशून्य हैं। कारण पार्लियामेंट, इम्पीरियल-कौंसिल और लेजिस्लेटिब-कौंसिल द्वारा जो निर्णय होता है, उससे सदा प्रजा-पक्ष का ही अनिष्ट देखा जाता है। उक्त संस्थाओं में जब राजा और प्रजा के स्वार्थ में परस्पर संघर्ष हुआ है, तभी प्रजा के जन्मसिद्ध अधिकार में

बट्टा लगा है। अतएव इन संस्थाओं की स्थापना ही इस उद्देश से हुई है कि मुठ्ठी-भर शासक-वर्ग के स्वत्व की रक्षा हो। उँगलियों पर गिने जाने योग्य लोगों की स्वत्व-रक्षा के लिए असंख्य प्रजा का अनिष्ट हो जाय, कुछ मुज़ायक़ा नहीं। परिमित संख्या की रक्षा के लिए अपरिमित संख्या कुचल दी जाती है। पार्लियामेंट के विधान में साम्राज्य रक्षा को ही प्रश्रय दिया गया है, प्रजा-रंजन का नाम नहीं है। वहाँ केवल राज-सत्ता की स्थापना ही अभिष्ट है। ऐसी दशा में, उक्त संस्थाएँ, पारिभाषिक गुणों के अनुसार, सार्वजनिक संस्थाएँ नहीं हो सकतीं।' शुकदेव सिंह, 'सार्वजनिक संस्थाओं की दुरवस्था,' माधुरी 2, भाग 1, 3 अक्टूबर 1923, पृ. 342-47 इसके अलावा देखिए भदरी के ताल्लुक़ेदार राय बजरंग बहादुर सिंह, एम.एल.सी., 'ताल्लुक़ेदारों का सवाल,' सरस्वती, काँग्रेस मिनिस्ट्री विशेषांक, नवम्बर 1937।

175. देखिए, 'छतरपुर में तीन सप्ताह' में छतरपुर दरबार में निराला के अनुभव, सुधा, जुलाई 1928, अब निराला रचनावली खण्ड 6, पृ. 87-88 में संकलित और उनकी ज़ोरदार टिप्पणी कि एक अभी हिन्दी साहित्य का समय नहीं आया–जब उन्होंने 1924 में सम्मेलन के दिल्ली अधिवेशन में महत्वपूर्ण लोगों के प्रति सम्मान प्रदर्शित किये जाते देखा; निराला रचनावली, खण्ड 6, पृ. 209, लेखन में साहित्यिक परिपाटियों को तोड़ना लेखक की निजी सत्ता और सृजन करने के व्यक्तिगत अधिकार को जताने का एक तरीक़ा बन गया।

176. देवीदत्त शुक्ल, सम्पादक के पच्चीस वर्ष, पृ. 117।

उपसंहार

⌘

इस पुस्तक के आरम्भ में जिस हिन्दी जगत से हमारा परिचय हुआ था, वह विविधरूपी था : एक भाषा के रूप में हिन्दी इस पूरे भौगोलिक और सामाजिक क्षेत्र पर ऊबड़-खाबड़ ढंग से कहीं ज़्यादा, कहीं कम फैली हुई थी, उसमें अलग-अलग साहित्यिक और सांस्कृतिक परम्पराएँ थीं, और सुधारवादी प्रवृत्ति और व्यावसायिक बाज़ार एक-दूसरे से उलटी दिशाओं में चल रहे थे। 1930 के दशक के अन्त तक पहुँचते-पहुँचते हमें आधुनिक हिन्दी संस्कृति की—जैसा कि हम आज उसे जानते हैं—रूप-रेखा उभर कर नज़र आने लगी थी। मानक खड़ी बोली तब तक सभ्य समाज की स्थापित सार्वजनिक भाषा बन चुकी थी—साहित्य शिक्षा और राजनीति का माध्यम। वह एक सब-इलीट (अधीनस्थ अभिजन) वर्ग की भाषा थी और विशाल सामाजिक तबक़ों के लिए ऊपर उठने का साधन। आज तक वह इसी रूप में बनी हुई है। वस्तुतः 1920 और 1930 के दशकों में जो प्रक्रियाएँ चलीं उनमें और स्वाधीन भारत के बाद की प्रवृत्तियों में निरन्तरता के कई सूत्र हैं। साथ ही कुछ महत्वपूर्ण अन्तर भी—सब-के-सब विचारणीय हैं।

जैसा कि हम देख चुके हैं 1920 और 1940 के बीच के दशकों में साहित्यिक और राजनैतिक, दोनों क्षेत्रों में विस्तार और संस्थानीकरण की दुहरी प्रक्रिया चली जो इन दशकों को उत्तेजक और रोमांचक बना देती है ज़हाँ प्रयोग, नये परिप्रेक्ष्य, मुखर आलोचना और नये सिरे से हर चीज़ पर चर्चा करने की ललक ही इन दो दशकों को उत्तेजक बना देती है। इसी के साथ-साथ—विभिन्न अभिरुचियों और मत-मतान्तरों ने पत्र-पत्रिकाओं के पृष्ठों पर एक ही जगह पर मौजूद हो कर और हिन्दी साहित्य के इतिहास की निरन्तर प्रगति का हिस्सा प्रतीत हो कर, एक समान और एक-से हिन्दी संस्कार का निर्माण करने में मदद की—हिन्दी शिक्षित लोगों का संस्कार। यही वह काल था जिसमें धार्मिक, भाषाई और साहित्यिक परम्पराओं का राष्ट्रीयकरण पुष्पित-पल्लवित हुआ जिसका आरम्भ वसुधा डालमिया ने 19वीं सदी के उत्तरार्द्ध में खोज निकाला है।

इस नये समरूपी हिन्दी संस्कार की रीढ़ थी एक ऐसा हिन्दी राष्ट्रवाद जिसकी रूप-रेखा पिछले अस्सी वर्ष में ज़्यादा बदली नहीं है। इस राष्ट्रवादी विमर्श के अनुसार भारतीय संस्कृति एक है और वह उतने ही सामंजस्यपूर्ण हिन्दू समाज को प्रतिबिम्बित करती है। 1947 में स्वाधीन भारत के हिन्दी साहित्य सम्मेलन के पहले अधिवेशन में पुरुषोत्तम दास टण्डन ने कहा कि अगर हम राष्ट्रीय बनना चाहते हैं तो हमें अन्य व्यर्थ के विचारों और समूहों का मोह त्याग कर एक राष्ट्र, एक भाषा, एक लिपि, एक सांस्कृति के झण्डे के नीचे खड़े होना होगा[1]। जैसा कि ये शब्द स्पष्ट कर देते हैं इस तरह का राष्ट्रवाद स्वीकार करने का मतलब था भारतीय संस्कृति के बहुरूपी आयामों को ठुकरा देना। इस कल्पना में विरोध या संघर्ष हमेशा सिर्फ़ बाहर से आता है, और कोई भी (व्यर्थ) आत्मालोचन, मतभेद और विविधता स्वीकार या मूल्यवान नहीं ही है। जैसा कि हमने देखा, इस हिन्दी राष्ट्रवाद के अन्य घटक हैं, ऐसी ऐतिहासिक चेतना जिसमें उर्दू और फ़ारसी 'विदेशी' कह कर बहिष्कृत कर दी गयी हैं और शुद्धता जो लोकप्रिय और मौखिक परम्पराओं का भी घोषित निषेध करती है; शुद्धता पर इसी बल का एक और रूप है उग्र परिवर्तन के स्वरों (मिसाल के लिए कबीर) और ब्रज भाषा के दरबारी-श्रृंगार परक रीतिकाव्य जैसी 'पतनशील' अभिरुचियों को पालतू बनाना।

इस नैतिक पूर्वाग्रह का नतीजा यह हुआ है कि हिन्दी साहित्य को रचने और उसके पठन-पाठन करने का प्रोत्साहन नियमित रूप से बहिष्कारों और चेतावनियों द्वारा रोका गया—कि क्या न पढ़ा जाय और क्या न लिखा जाय। इससे कैनन अर्थात मानदण्डों के भीतर आने वाली रचनाओं और दूसरी साहित्यिक किताबों को पढ़ने का अलग-अलग ढंग निर्मित हुआ है : कैनन में शामिल रचनाएँ तो अस्मिता के स्रोत हैं, वे हमें इस बारे में सत्य बताते हैं कि 'हम कौन है' जब कि दूसरी कोटि में आने वाला साहित्य मनोरंजन के लिए पढ़ा जाता है : सम्भव है वह हमारे इर्द-गिर्द के यथार्थ का सटीक वर्णन करे लेकिन भले ही वह 'सत्य' का खण्डन करता हो, उसे झुठला नहीं सकता। मेरा तर्क है कि हिन्दी राष्ट्रवाद में अक्सर एक विभाजनपरक प्रवृत्ति अन्तर्निहित है। यह अलगाव और विभाजन अस्मिता के सार्वजनिक मुहावरों तथा अन्य मुहावरों के बीच है जहाँ तरह-तरह की पहचानें, सहज ज्ञान पर आधारित मान्यताएँ, अभिरुचियाँ और ख़ुद अपने और दूसरों से सम्बन्धित आचरण अभिव्यक्ति पाते हैं। नतीजे के तौर पर हमें हिन्दी में एक प्रकट रूप से धर्म-निरपेक्ष राष्ट्रवाद आसानी से उस तत्व के साथ-साथ नज़र आ सकता है जिसे आलोक राय ने 'साम्प्रदायिक सामान्य ज्ञान' कहा है जिसका सन्दर्भ जातीय और धार्मिक पहचान और भाँति-भाँति के 'पराये' लोगों के बारे में मान्यताओं और धारणाओं से है। इस विभाजन ने भाषा-सम्बन्धी अनोखे खेल भी पैदा किये हैं, मिसाल के लिए राजनैतिक विमर्श में, ताकि जाति जैसे घटकों पर बात की जा सके जो अर्से तक सार्वजनिक विमर्श से बाहर रहे।

हिन्दी और हिन्दू संस्कृति को समरूप बनाने के प्रबल प्रयास हिन्दी में इतने सफल रहे हैं कि राष्ट्रवादी आन्दोलन और साहित्यिक इतिहास के वृतान्तों में से सामाजिक सांस्कृतिक या ऐतिहासिक संघर्ष की स्मृति भी मिटा दी गयी है, और हमें धूल-भरे पुस्तकालयों में पत्र-पत्रिकाओं के पन्ने पलटते हुए या फिर ग़ैर-साहित्यिक स्रोतों में डुबकी लगा कर ही उनके अवशेषों की छान-बीन करना पड़ती है। सच तो यह है कि जैसा हमने देखा, 1920 और 1940 के दशकों के बीच की अनेक विविध-रूपी शक्तियाँ कार्यरत थीं और कुछ प्रक्रियाएँ एक बार गतिशील होने पर अलग-अलग रास्तों पर चलीं। मिसाल के लिए वही पत्रिकाएँ जिनमें हिन्दुत्व और 'भारतीय संस्कृति' की प्रारम्भिक क़िस्मों का प्रचार-प्रसार हुआ था, असहमति और विरोध के स्वरों को अपनी बात रखने का अवसर भी उपलब्ध कराती थीं। महिलाओं की पत्रिकाएँ जिन्होंने नारीत्व के परिमार्जित रूप को आगे बढ़ाने में प्रमुख भूमिका निभायी थी, उन्होंने भावनात्मकता और पहले से ज़्यादा गतिशीलता को व्यक्त करने की भी छूट दी, और राष्ट्रीयता आन्दोलन ने अन्ततः स्त्रियों के लिए और अधिक जगह बनायी और जितना आरम्भ में अनुमान था उससे कहीं अधिक दरवाज़े खोले।

निःसन्देह हिन्दी राष्ट्रवादी विमर्श की निरन्तरता और सफलता का एक कारण तो मान्यता-प्राप्त ज्ञान के प्रसार पर यानी शिक्षा पर उसकी संस्थागत जकड़बन्दी रही है। यहाँ, पाठयक्रम में, साहित्य के कैनन और साहित्य के इतिहास में पिछले अस्सी वर्षो की चकित कर देने वाली निरन्तरता है। आज़ादी के बाद भी परिवर्तन की कोई ख़ास ज़रूरत नहीं महसूस की गयी, भिन्न राजनैतिक और ऐतिहासिक परिस्थितियों के बावजूद। मार्क्सवादी (प्रगतिशील) आलोचकों ने भी, जो 1940 के बाद से हिन्दी में विशेष रूप से अग्रणी और प्रभावशाली रहे हैं, महज़ कैनन में वृद्धि ही की है, कुछ लेखकों को तरजीह दी है, (ख़ास तौर पर कबीर जैसे प्रखर कवि को) मगर मोटे अर्थों में उन्होंने रामचन्द्र शुक्ल की स्थापनाओं को पूरमपूर स्वीकार किया है। इस संस्थागत निरन्तरता के कुछ गम्भीर परिणाम हुए हैं। मिसाल के लिए, जहाँ बीसवीं सदी के आरम्भिक वर्षों में विशुद्ध हिन्दी-हिन्दू धरोहर का सचेत चुनाव खण्डन-मण्डन और विवाद के अखाड़ें में और उर्दू और फ़ारसी की निकट समीपता में होता था, आगामी पीढ़ियों के पाठ्यक्रम से उर्दू और फ़ारसी के ग़ायब होने से उर्दू और फ़ारसी की रचनाओं से उपलब्ध होने वाले उस अतीत की कोरी अनभिज्ञता पैदा हो गयी है। यही हाल मौखिक परम्पराओं और 'नैतिक' रूप से सन्दिग्ध साहित्यिक विधाओं का रहा, जिसका नतीजा यह हुआ कि हिन्दी में शोध प्रबन्धों की प्रवृति कैनन को फिर से दोहराने और पुष्ट करने की ही रही है। इन सभी सूत्रों को अज्ञान और नैतिक दुराग्रह की गुंजलक से निकाल कर सुलझाने और फिर से एक दूसरे से मिला कर बुनने की ज़रूरत है अगर हम सचमुच उत्तर भारत की साहित्यिक संस्कृति की अधिक सच्ची तस्वीर खींचना चाहते हैं और साथ ही उसकी साम्प्रदायिक दुराग्रहों से मुक्त समझ

भी हासिल करना चाहते हैं। ऐसे ज्ञान के लिए निश्चय ही उचित संस्थागत मंच खोजना एक महत्वपूर्ण कार्य सिद्ध होगा।

हिन्दी संस्कार की कठोरता के बावजूद उसकी सफलता का एक और कारण है। नवशिक्षितों के ऊपर उठने का माध्यम होने की उसकी भूमिका। आज़ादी के बाद के दशकों में, निचले तबक़ों के लोग सामाजिक और आर्थिक तरक़्क़ी के लिए हिन्दी के संस्कार को अपनाते रहे हैं। अधिकारी वर्ग की भाषा शुद्ध हिन्दी में दक्षता, सफ़ेदपोश नौकरियों के साथ-साथ सार्वजनिक क्षेत्र में भागीदारी के लिए एक बुनियादी आवश्यकता है। लेकिन जहाँ 1920 और 1930 के दशकों में नये समूहों तक हिन्दी का विस्तार उन्हें अपनी-अपनी स्थितियों से हिन्दी के संस्कार को चुनौती देने के लिए तैयार करता था, बाद का विरोध या तो पूरी तरह राजनैतिक हो गया या फिर उसी निष्पक्ष, अमूर्त संस्कृतनिष्ठ भाषा में व्यक्त होता रहा जो अपने भीतर सांस्कृतिक और सामाजिक निषेधों को ले कर चलती थी : हिन्दी का संस्कार इतना प्रबल रहा है कि उसने ख़ुद अपने आलोचकों के लिए ढाँचा बनाया। इस तरह, विस्तार की बजाय यह प्रक्रिया हिन्दी की मध्यवर्गीय संस्कृति में समाहित होने की और उसके समरूप बनने की हो गयी। यों, हालाँकि अंग्रेज़ी के वर्चस्व से सही तौर पर हिन्दी बार-बार दुखी रही है, उसने अपना वर्चस्ववाद भी क़ायम किया है। वह उस वर्ग की तरह जिसने उसे बनाया था, एक मध्यवर्गीय संस्कृति बन गयी है–एक अधीनस्थ, लेकिन आत्मसन्तुष्ट मध्यवर्ग की संस्कृति।

टिप्पणियाँ

1. नरोत्तम नागर द्वारा उद्धृत भाषण, स्वतन्त्र भारत और हिन्दी, हंस 18,3, दिसम्बर 1947, पृ. 2401

❒

परिशिष्ट

⌘

जीवनियाँ

आगे के पृष्ठों पर हिन्दी के प्रमुख व्यक्तित्वों की संक्षिप्त जीवनियाँ दी जा रही हैं। जानकारी विभिन्न सूत्रों से इकट्ठा की गयी है, जिसका ज़िक्र सन्दर्भ ग्रन्थों की सूची में है। नामों का चुनाव कुछ हद तक उपलब्ध जानकारी के आधार पर किया गया है, और कुछ हद तक इस इरादे से कि पाठकों को यह अनुभव हो सके कि उस काल खण्ड में वे कौन-से पैमाने थे जिनसे किसी को 'हिन्दी बुद्धिजीवी' कहा जा सकता था। इसलिए मैंने पारिवारिक पृष्ठभूमि, शिक्षा व्यवसाय, जीविका का स्रोत, सामाजिक और जातिगत स्थिति, यात्रा-प्रवास, और ज़मीन के साथ सम्बन्ध, परिवार में साहित्यिक संस्कार, साहित्यिक जगत में भागीदारी, राजनीतिक कर्मठता, द्विभाषी संस्कार, और अन्य भारतीय भाषाई क्षेत्रों से सम्बन्धों पर ध्यान केन्द्रित किया है।

जीवनियों की सूची

20 पदुमलाल/ पुन्नालाल बक्शी
21 पद्मसिंह शर्मा
22 पीताम्बर दत्त बड़थ्वाल
23 पुरुषोत्तम दास टण्डन
24 प्रताप नारायण श्रीवास्तव
25 प्रेमचन्द (धनपत राय)
26 बदरीनाथ भट्ट
27 बनारसी दास चतुर्वेदी
28 बाबूराव विष्णु पराड़कर
29 बालकृष्ण शर्मा 'नवीन'
30 बेचन शर्मा पाण्डेय 'उग्र'
31 भगवतीचरण वर्मा
31ए (लाला) भगवान दीन
31बी मदन मोहन मालवीय
32 महादेवी वर्मा
33 महावीर प्रसाद द्विवेदी
34 माखन लाल चतुर्वेदी
34ए मिश्र बन्धु (श्यामबिहारी तथा सुकदेव बिहारी मिश्र)
35 मैथिलीशरण गुप्त
36 रामकुमार वर्मा
37 (बाबू) रामचन्द्र वर्मा
38 रामवृक्ष बेनीपुरी
39 राम दास गौड़
40 रामजीलाल शर्मा
41 रामचन्द्र शुक्ल
42 रामनरेश त्रिपाठी
43 रामरख सिंह सहगल
44 रामेश्वरी गोयल
45 रामेश्वरी नेहरू
45ए रूप नारायण पाण्डेय
45बी राय कृष्णदास
45सी राहुल सांकृत्यायन
46 वियोगी हरि
47 वृन्दावन लाल वर्मा
48 विश्वम्भरनाथ शर्मा 'कौशिक'
49 वेंकटेश नरायण तिवारी
50 शिवपूजन सहाय
51 शिव प्रसाद गुप्त
52 श्याम सुन्दर दास
52ए (स्वामी) श्रद्धानन्द (महात्मा मुंशीराम)
53 श्रीकृष्ण दत्त पालीवाल
54 श्रीनारायण चतुर्वेदी
55 'स्वामी' सत्यदेव परिव्राजक
56 (स्वामी) सहजानन्द सरस्वती
57 सम्पूर्णानन्द
58 (पण्डित) सुन्दरलाल
59 सुभद्रा कुमारी चौहान
60 सुमित्रानन्दन पन्त
61 सूर्यकान्त त्रिपाठी 'निराला'
62 (लाला) सीताराम
63 हनुमान प्रसाद पोद्दार
64 हरिवंश राय 'बच्चन'
65 हरिहरनाथ शास्त्री
66 हेमचन्द्र और इलाचन्द्र जोशी

1. अम्बिका प्रसाद वाजपेयी (1880-1968)

जन्मस्थान : कानपुर।

पृष्ठभूमि : इनका जन्म संस्कृत विद्वानों के परिवार में हुआ, यद्यपि उनके पिता, थोड़ी-सी महाजनी पढ़ने के बाद काम की तलाश में कलकत्ता चले गये और पहले लिपिक

के रूप में, फिर दलाल के रूप में काम करते रहे। परिवार कानपुर में ही रहा।

शिक्षा : न्यायालय में नौकरी पाने की अपेक्षा से पहले उर्दू और फ़ारसी में शिक्षा; जब 1889 में चचेरे भाई ने पास ही में स्कूल की स्थापना की, तो बनारस और कलकत्ता और अन्ततः कानपुर ज़िला विद्यालय में वापस जाने से पहले उन्होंने वहाँ दाख़िला लिया; 1900 में मैट्रीकुलेशन हुआ; एक शिक्षक की हिन्दी प्राइमरी रीडर के कारण वे उर्दू से हिन्दी की ओर उन्मुख हुए।

पेशा : पत्रकार, राजनीतिक कार्यकर्ता।

जीविका : कुछ झिझक के बाद उन्होंने तीन साल के लिए इलाहाबाद बैंक में लिपिक के रूप में काम किया; एक रिश्तेदार के कारण, वे कलकत्ता के लोकप्रिय समाचार पत्र हिन्दी बंगवासी के सम्पादक मण्डल में शामिल हो गये और पत्रकारिता के बुनियादी सूत्र सीखने के बाद उसे छोड़ दिया। तिलक से प्रभावित हो कर 1907 से 1910 तक वे बंगालियों और यूरोपीय लोगों को हिन्दी सिखाते रहे और पत्रिका नृसिंह का सम्पादन किया। 1911 में उन्हें भारतमित्र के सम्पादन कार्य का प्रस्ताव दिया गया और शीघ्र ही दिल्ली दरबार के अवसर पर एक दैनिक संस्करण की शुरूआत की। बाबूराव विष्णु पराड़कर, यशोदानन्दन अखौरी, और अन्य साहित्यिक लोग धीरे-धीरे उनके साथ शामिल होते गये, परन्तु 1919 में सैद्धान्तिक मतभेद के कारण प्रबन्धकों से अलगाव हो गया। 1916 में तिलक की होम रूल लीग की कलकत्ता शाखा की स्थापना की; 1917 में कलकत्ता कांग्रेस की स्वागत समिति के उपाध्यक्ष थे, और 1921 में चितरंजन दास, मौलाना आज़ाद, तथा अन्य लोगों के साथ असहयोग आन्दोलन के दौरान जेल गये। 1920 और 1930 के बीच उन्होंने बनारस से राजनैतिक समाचार-पत्र स्वतन्त्र का सम्पादन किया, जो बहुत लोकप्रिय हुआ; जब ज़मानत के लिए 5000 रु. जुटाने को कहा गया तो समाचार-पत्र बन्द हो गया। 1904 और 1919 के मध्य उन्होंने हिन्दी व्याकरण की परियोजना हिन्दी कौमुदी पर कार्य किया। 1928 में उन्हें कलकत्ता विश्वविद्यालय द्वारा हिन्दी की स्नातक पूर्व परीक्षाओं का परीक्षक नियुक्त किया गया और 1930 में स्नातक का परीक्षक। जब हिन्दी-हिन्दुस्तानी विवाद चरम सीमा पर था तब 1939 में बनारस के हिन्दी साहित्य सम्मेलन के अधिवेशन के वे अध्यक्ष थे। वर्षों तक वे अखिल भारतीय कांग्रेस कमेटी के सदस्य रहे और 1947 के बाद यू.पी. विधान सभा के सदस्य।

प्रमुख कृतियाँ :

भाषागत कृतियाँ : हिन्दी कौमुदी (1919); हिन्दी पर फ़ारसी का प्रभाव (1937; अंग्रेज़ी में पर्शियन : इन्फ़्लूएन्स ऑन हिन्दी 1936)। राजनैतिक कृतियाँ : भारत शासन-पद्धति (1923-4); हिन्दुओं की राज-कल्पना। अन्य : समाचार-पत्रों का इतिहास (1953)।

2. अयोध्या सिंह उपाध्याय हरिऔध (1865-1947)

जन्मस्थान : निज़ामाबाद, ज़िला आज़मगढ़।

पृष्ठभूमि : परिवार मूलतः बदायूँ का रहने वाला था, पन्द्रहवीं शताब्दी में निज़ामाबाद चला आया, और ज़मींदारी, संस्कृत पँडिताई और पुरोहिताई से आजीविका चलाने लगा।

शिक्षा : पाँच वर्ष की आयु में विद्यारम्भ, पहले घर में संस्कृत और 1872 से निज़ामाबाद के तहसील स्कूल में शिक्षा ग्रहण की, जहाँ उन्होंने उर्दू और फ़ारसी का अध्ययन किया। 1879 में वह हिन्दी मिडल स्कूल परीक्षा में सफल हुए। बनारस के क्वीन्स कॉलेज में थोड़े समय तक अंग्रेज़ी सीखने के बाद, वे 1887 में नॉर्मल स्कूल (देशी भाषा शिक्षक) की परीक्षा और 1889 में क़ानूनगो की परीक्षा में उत्तीर्ण हुए। स्वाध्याय से बंगला भाषा सीखी।

पेशा : क़ानूनगो, कवि, शिक्षक

जीविका : 1884 में निज़ामाबाद तहसील स्कूल के शिक्षक नियुक्त होने के बाद (1882 में उन्होंने विवाह किया था), शिक्षा विभाग के अधिकारी का ध्यान उनकी ओर आकृष्ट हुआ और 1889 में वे क़ानूनगो बन गये। कई वर्षों के अर्से में वे रजिस्ट्रार क़ानूनगो से इंस्पेक्टर क़ानूनगो बन गये, पन्द्रह बरसों तक आस-पास के ज़िलों और फिर ग्यारह वर्ष तक आज़मगढ़ में दौरे किये। 1923 में सरकार से पेंशन मिलने के बाद, वे बनारस हिन्दू विश्वविद्यालय के हिन्दी विभाग में शिक्षक नियुक्त हुए, स्पष्ट रूप से उतने सफलतापूर्वक नहीं, क्योंकि श्यामसुन्दर दास ने शिकायत की थी कि वे या तो हिन्दू संगठन के बारे में पढ़ाते या अपनी कविताओं के बारे में। अन्ततः उन्हें विश्वविद्यालय की लड़कियों की शाखा में अध्यापन के लिए भेज दिया गया। उनकी साहित्यिक शिक्षा घर ही पर प्रारम्भ हुई थी और उसके बाद आज़मगढ़ के एक विद्वान के साथ, जो भारतेन्दु की हरिशचन्द्र चन्द्रिका और कवि वचन सुधा मँगाते थे। बाँकीपुर के खड्गविलास प्रेस के बाबू रामदीन के अच्छे मित्र, 'हरिऔध' जॉर्ज ग्रियर्सन के सम्पर्क में भी थे। उन्होंने ब्रज भाषा और खड़ी बोली दोनों भाषाओं में लिखा और प्रायः उन्हें कवि सम्मेलनों में भाग लेने या अध्यक्षता करने के लिए बुलाया जाता था। वे 1924 में दिल्ली में हिन्दी साहित्य सम्मेलन के पन्द्रहवें अधिवेशन के सभापति थे। उनकी लम्बी कविता प्रियप्रवास को व्यापक सराहना और ख्याति प्राप्त हुई और जब वह 1927 में देव पुरस्कार न जीत सकी तो यह विवाद का विषय बन गया, जो उस वर्ष दुलारेलाल भार्गव को मिला। उनकी कविताएँ सभी प्रमुख हिन्दी पत्रिकाओं में प्रकाशित होती थीं। 1912 में भारत धर्म महामण्डल की ओर से इस उत्साही सनातन धर्मी को 'कवि सम्राट' की उपाधि दी गयी।

प्रमुख कृतियाँ :

उपन्यास : ठेठ हिन्दी का ठाठ (1899); अधखिला फूल (1907);

अनुवाद : रिप वैन विंकल और वेनिस का बाँका के नाम से द मर्चेंट ऑफ़ वेनिस (1928); कविता : प्रियप्रवास (1914); चौखे-चौपदे (1924) और चुभते चौपदे; नागरी प्रचारिणी सभा के लिए कबीर-रचनावली (1921); पाठ्यपुस्तकें : बाल-पोथी (5 खण्ड); वर्नाकुलर रीडर (4 खण्ड) इत्यादि। शैक्षिक पुस्तकें : उपदेश कुसुम, नीति निबन्ध

3. किशोरीदास वाजपेयी (1898-1981)

जन्मस्थान : रामनगर, ज़िला कानपुर।

शिक्षा : 1915 में किशोरीलाल गोस्वामी के साथ वृन्दावन में पारम्परिक संस्कृत पाठ्यक्रम से शिक्षा की शुरूआत, गोस्वामी लोकप्रिय उपन्यासों के लेखक थे, अपना प्रकाशन खोला और पत्रिका वैष्णव सर्वस्व का सम्पादन किया। संस्कृत शास्त्री की डिग्री 1919 में।

पेशा : शिक्षक, विद्वान, कार्यकर्ता।

जीविका : शास्त्री की उपाधि प्राप्त करने के बाद जलियाँवाला बाग़ काण्ड के दौरान पंजाब चले गये। वहाँ उन्होंने करनाल ज़िले के सनातन धर्म हाई स्कूल में संस्कृत पढ़ाना प्रारम्भ किया, और राष्ट्र-भाषा के प्रति उनका प्रेम तथा राष्ट्रीय स्वतन्त्रता के प्रति उनका प्रेम दोनों मिल कर एक हो गया। उनकी काव्य शास्त्र सम्बन्धी निर्देशिका में उदाहरण के तौर पर राष्ट्रवादी पदों (रस और अलंकार 1930) के उपयोग के कारण सरकार ने पुस्तक पर रोक लगा दी। सम्मेलन कार्यों से जुड़ कर, कविता और व्याकरण पर जिसके वे विशेषज्ञ बन गये थे प्रथम हिन्दी लेख माधुरी में प्रकाशित किया। उन्होंने शिक्षण कार्य छोड़ने का फ़ैसला किया और साहित्यिक पत्रकार बन गये : सुधा के दुलारे लाल भार्गव के साथ दुखद मुठभेड़ के बाद वे इलाहाबाद में 'चाँद' से जुड़ गये। बाद में सहगल द्वारा मदन मोहन मालवीय की आलोचना करने पर उन्होंने त्यागपत्र दे दिया। माधुरी के प्रकाशन विभाग में श्रीमद्भागवत् के आलोचनात्मक अंक में कुछ समय तक काम करने के बाद, वे वापस हरिद्वार-म्यूनिसिपल स्कूल (1929-30) में अध्यापन करने चले गये, जहाँ से सविनय अवज्ञा आन्दोलन में भाग लेने के लिए उन्हें निकाल दिया गया। आन्दोलन के दौरान कृष्ण दत्त पालीवाल के साथ उन्होंने आगरा में राजनैतिक कार्य किया और फिर हरिद्वार अपनी नौकरी पर वापस आ गये। 1938 में हरिद्वार कुम्भ मेले के दौरान नागा साधुओं के ख़िलाफ़ जन अभियान छेड़ा। कांग्रेसी मन्त्रिमण्डल के दौरान सरकारी कार्यालयों में रिश्वतख़ोरी के ख़िलाफ़ एक अन्य जन आन्दोलन के लिए उनकी नौकरी चली गयी; और केवल टण्डन जी की मध्यस्थता के बाद ही नौकरी वापस मिली। पंजाब और कश्मीर में हिन्दी प्रचार में सक्रिय, उन्होंने पंजाब के भैनी साहब में 1942 में हिन्दी साहित्य सम्मेलन के वार्षिक अधिवेशन का प्रबन्ध किया।

प्रमुख कृतियाँ :

भाषागत कृतियाँ : रस और अलंकार (1931); हिन्दी शब्दानुशासन; अच्छी हिन्दी। आत्मकथा : साहित्यिक जीवन के अनुभव और संस्मरण।

4. कृष्ण कान्त मालवीय (1883-1941)

जन्मस्थान : इलाहाबाद।

पृष्ठभूमि : मदन मोहन मालवीय के भतीजे।

शिक्षा : इलाहाबाद विश्वविद्यालय से स्नातक (ऑनर्स)।

पेशा : शिक्षक, लेखक, राजनैतिक कार्यकर्ता।

जीविका : 1910 से 1935 तक वे अत्यन्त प्रभावी राजनैतिक साप्ताहिक अभ्युदय का सम्पादन और संचालन करते रहे, और 1911 से 1924 तक उन्होंने विविध सामग्री वाली मासिक पत्रिका मर्यादा का सम्पादन किया, 1930 में, जब अधिकतर सम्पादक जेल में थे, उनके छोटे पुत्र पद्मकान्त ने अभ्युदय का सम्पादन किया और 1935 में अपने पिता से अभ्युदय की बागडोर अपने हाथों में ले ली। कृष्णकान्त मालवीय ने रूसी क्रान्ति और साम्यवाद के समर्थन में लिखा; इलाहाबाद कांग्रेस और हिन्दू सभा के सक्रिय सदस्य थे और मदन मोहन मालवीय की स्वतन्त्र कांग्रेस पार्टी के महासचिव रहे और 1926 के चुनावों में उनका प्रचार किया। वे इलाहाबाद के नगरपालिका पार्षद थे, 1932 में विधान-परिषद और 1936 में विधान-सभा के लिए चुने गये। 1920 से 1932 के बीच वे चार बार जेल गये, कुल मिला कर ढाई साल। उन्होंने कई पुस्तकें लिखीं, जिनमें से अधिकतर विश्व राजनीति पर आधारित हैं और यौन सम्बन्धों तथा परिवार के विषय पर विवादित 'उपयोगी' किताबें। उस समय इलाहाबाद के कुँवर कन्हैया के नाम से जाने जाते थे।

प्रमुख कृतियाँ :

आवश्यक किताबें : सुहाग-रात (1927), मनोरमा के पत्र (1928),

5. कृष्णदेव प्रसाद गौड़ (बेढब बनारसी)(1895-1965)

जन्मस्थान : बनारस।

पृष्ठभूमि : उनके पिता बनारस न्यायाधिकरण के हेड क्लर्क (मुनसरिम) थे और कभी-कभी अंग्रेज़ी और उर्दू समाचार-पत्रों के लिए लिखते थे।

शिक्षा : सर्वप्रथम शिक्षा बनारस के क्वीन्स कॉलेज में, उसके बाद इलाहाबाद विश्वविद्यालय में, जहाँ से उन्होंने एम.ए. अंग्रेज़ी की डिग्री हासिल की; उन्होंने आगरा विश्वविद्यालय से राजनीति विज्ञान में भी एम.ए. की डिग्री प्राप्त की; बी.एच.यू. से बी. टी और प्रथम श्रेणी विशेष (ऑनर्स) के साथ हिन्दी साहित्य सम्मेलन उत्तमा परीक्षा में उत्तीर्ण हुए।

पेशा : शिक्षक, लेखक

जीविका : जीवन के पहले लेख उन्होंने तब लिखे जब वे स्कूल में थे, पहले अंग्रेज़ी में और फिर हिन्दी में, और के.पी. जायसवाल के साप्ताहिक पाटलिपुत्र (पटना) में लेखकीय योगदान किया। बाद में उन्होंने उपनाम 'बेढब बनारसी' से हास्य-व्यंग्य के लेख और कविताएँ लिखीं तथा समाचार-पत्रों में हास्य स्तम्भ भी लिखे; 1920 में उन्होंने हास्य साप्ताहिक भूत, और 1937 में ख़ुदा की राह पर का सम्पादन किया; लोकप्रिय और सफल होने के बावजूद दोनों पत्रिकाएँ व्यक्तिगत झगड़ों के कारण समाप्त हो गयीं। 1938 में उन्होंने तरंग प्रारम्भ किया, मगर आर्थिक परेशानियों की वजह से वह भी बन्द हो गया। वे अनेक वर्षों तक वे बनारस के डी.ए.वी. कॉलेज में अंग्रेज़ी पढ़ाते रहे, जय शंकर प्रसाद गुट के एक सदस्य थे और छायावादी कविता का भरपूर समर्थन करते थे। 1928 से 1930 तक वे हिन्दी साहित्य सम्मेलन के साहित्य मन्त्री थे और 1945 से 1948 तक नागरी प्रचारिणी सभा के महासचिव।

प्रमुख कृतियाँ

कविताएँ : बेढब की बहक (1954?); काव्य कमल; कहानियाँ; बनारसी इक्का (1930); गाँधी का भूत, टनाटन

6. गणेश शंकर विद्यार्थी (1890-1931)

जन्मस्थान : कानपुर

पृष्ठभूमि : साधारण कायस्थ परिवार में जन्म, उनके पिता ग्वालियर ज़िले में ऐंग्लो-वर्नाकुलर स्कूल में स्कूल-मास्टर थे।

शिक्षा : 1907 में क्राइस्ट चर्च कॉलेज, कानपुर की प्रवेश परीक्षा में सफल हुए, और कायस्थ पाठशाला, इलाहाबाद में दाख़िला लिया, जहाँ वे पण्डित सुन्दरलाल से मिले, परन्तु आर्थिक परेशानियों के चलते कुछ महीनों बाद छोड़ दिया।

पेशा : सम्पादक, पत्रकार, राजनैतिक कार्यकर्ता।

जीविका : उनकी पहली नौकरी कानपुर के मुद्रा कार्यालय में 30 रु. मासिक वेतन पर थी। 1909 में उन्होंने त्यागपत्र दे दिया। कुछ वक़्त 20 रु. वेतन पर शिक्षण कार्य करने के बाद उनका परिचय महावीर प्रसाद द्विवेदी से हुआ और 1911 में सरस्वती में 25 रु. मासिक वेतन पर द्विवेदी के सहयोगी के रूप में कार्य करने लगे; इसी बीच 1912 में उन्होंने अभ्युदय में सहायक सम्पादक के प्रस्ताव को स्वीकार कर लिया और इलाहाबाद चले गये, उन्हें 50 रु. मासिक वेतन दिया जाता था। एक वर्ष के अनुभव के बाद, 1913 में कानपुर लौट आये और घनी आबादी वाले फ़ीलख़ाना मोहल्ले में किसी प्रकार की आर्थिक सहायता के बिना साप्ताहिक प्रताप की नींव रखी। सितम्बर 1914 में प्रकाशित प्रथम विशेष अंक, राष्ट्रीय अंक ने चार आने में 60 पृष्ठों की सामग्री उपलब्ध करायी।

प्रताप कार्यालय राजनैतिक कार्यकर्ताओं और हिन्दी साहित्यकारों का मिलन-स्थल बन गया (यहाँ तक कि भगत सिंह जैसे क्रान्तिकारी के लिए भी)। प्रताप परिवार की स्थापना गया प्रसाद शुक्ल 'सनेही' (त्रिशूल), रमाशंकर अवस्थी, शिवनारायण मिश्र मैनेजर, बाल कृष्ण शर्मा 'नवीन,' कृष्णदत्त पालीवाल, इत्यादि के साथ हुई। बाद में साहित्यिक मित्रों में मैथिली शरण गुप्त, वृन्दावन लाल वर्मा, प्रेमचन्द, माखनलाल चतुर्वेदी तथा कई अन्य शामिल थे। 1920 के दशक में, प्रताप पुस्तक माला ने राजनीतिक जीवनियाँ, समाजवादी प्रचार, राष्ट्रवादी पुस्तिकाएँ और संगीत की किताबों का प्रकाशन किया। राजनीति में प्रत्यक्ष सक्रियता तब बढ़ी जब वे ऐनी बेसेंट के होम रूल लीग, कानपुर के संस्थापक सदस्य बने (तिलक की तस्वीर उनकी मेज़ के ऊपर टँगी रहती थी)। 1916 में लखनऊ कांग्रेस में भाग लिया और विस्तृत ख़बर भेजी और वहाँ एक लिपि एक भाषा सम्मेलन का प्रबन्ध किया। इसके बाद वे गाँधी के अनुयायी बन गये। उन्होंने चम्पारन की जाँच के मामले को विस्तृत रूप से छापा और 1919 में कानपुर मिल में हुई हड़ताल का समर्थन किया। किसानों की एक सभा में मुंशीगंज पुलिस द्वारा की गयी गोली-बारी के घृणित मामले की रिपोर्ट प्रकाशित होने के बाद उन्हें जेल हो गयी। 1920 में माखनलाल चतुर्वेदी से मासिक प्रभा को अपने अधिकार में ले लिया। 1921 में गाँवों के प्रतिनिधि और शहर वार्डों की उपस्थिति में हुए कांग्रेस ज़िला सम्मेलन, कानपुर के संयोजक बने, 1923 में फ़तेहपुर राजनीतिक सम्मेलन के अध्यक्ष के रूप में उनके उत्तेजनापूर्ण भाषणों के लिए उन पर मामला दायर किया गया; उनकी गिरफ़्तारी की ख़बर फैलते ही, कानपुर के अधिकतर बाज़ार बन्द हो गये। नैनी सेन्ट्रल जेल (1923-4 (जेल डायरी)) में वे रामचरितमानस के उत्साही वाचक बन गये। 1925 में कानपुर कांग्रेस की स्वागत समिति के सचिव थे। परिषद में प्रवेश के ख़िलाफ़ होने के बावजूद 1926 के चुनावों में उन्हें स्वराज्य पार्टी का उम्मीदवार चुना गया और अत्यधिक बहुमत से उनकी जीत हुई। 1927-9 के दौरान वे विधान परिषद के सदस्य थे। ज़िले में राजनैतिक और प्रचार कार्य के दौरान, उन्होंने 1929 में नरवल गाँव में कांग्रेस आश्रम स्थापित किये। फ़र्रुख़ाबाद में यू.पी. राजनैतिक सम्मेलन के अध्यक्ष के रूप में, आर्थिक प्रस्ताव को पारित करने के लिए आग्रह किया। 1931 में हुए कानपुर दंगों में मारे गये।

7. सनेही गया प्रसाद शुक्ल 'त्रिशूल' (1883-1972)

जन्मस्थान : हरहा गाँव, उन्नाव ज़िला (यू.पी.)

शिक्षा : मिडल परीक्षा तक हिन्दी और उर्दू में शिक्षा।

पेशा : शिक्षक, कवि।

जीविका : 16 वर्ष की आयु में ही मिडल स्कूल के शिक्षक बन गये, लेकिन प्राचीन हिन्दी, उर्दू और फ़ारसी साहित्य का अध्ययन जारी रखा। 1904 के उन्होंने मनोहर लाल

दीक्षित की ब्रज भाषा कविता की पत्रिका रसिकमित्र में कविताएँ प्रकाशित करना शुरू किया, और मानते थे कि कविता के लिए प्रशिक्षण आवश्यक है। 1913 में गणेश शंकर विद्यार्थी के प्रताप में उनकी खड़ी बोली कविता 'कृषक क्रन्दन' का प्रकाशन हुआ, जिसकी तरफ़ महावीर प्रसाद द्विवेदी का ध्यान आकृष्ट हुआ, और उन्होंने सनेही को सरस्वती के लिए दहेज जैसी 'कु-प्रथा' पर कविता लिखने के लिए कहा। यह सरस्वती में सामाजिक मुद्दों पर कविताओं की लम्बी श्रृंखला और पौराणिक चरित्रों तथा घटनाक्रमों का पहला मौक़ा था। विद्यार्थी जी के ज़ोर देने पर सनेही ने 'त्रिशूल' नाम से राष्ट्रवादी कविताएँ लिखनी प्रारम्भ कीं, जबकि स्वामी नारायणानन्द के कवीन्द्र के लिए वे पारम्परिक ब्रज भाषा विषयों पर ही लिखते रहे। कवीन्द्र के बन्द होने के बाद, उन्होंने स्वयं कविता की पत्रिका सुकवि (1925-50) का सम्पादन किया। 'त्रिशूल' का परिचय एक रहस्य ही बना रहा, जब तक कि 1921 में उन्होंने शिक्षण कार्य नहीं छोड़ा और कानपुर चले गये। उन दिनों के बहुत लोकप्रिय राष्ट्रवादी कवियों में से एक, उन्होंने राष्ट्रवादी उद्देश्यों के लिए कवि सम्मेलनों को दोबारा जीवनदान देने में महत्वपूर्ण भूमिका निभायी, और उनमें काफ़ी लोकप्रिय थे।

प्रमुख कृतियाँ :

कविता : प्रेम-पचीसी, कृषक-क्रन्दन (1913), राष्ट्रीय वीणा (1922), त्रिशूल तरंग (1931), कला में त्रिशूल

8. गौरीशंकर हीराचन्द ओझा (1863-1947)

जन्मस्थान : रोहिरा गाँव (सिरोही राज्य, राजपूताना)

पृष्ठभूमि : उनका जन्म ऐसे ब्राह्मण परिवार में हुआ जो सोलहवीं सदी में मेवाड़ से सिरोही राज्य चला गया था।

शिक्षा : पहले घर पर ही शिक्षा मिली। यज्ञोपवीत के बाद उन्हें गणित तथा वेद इत्यादि में पारम्परिक संस्कृत शिक्षा दी गयी; 14 वर्ष की आयु में ऊँची शिक्षा की सुविधाएँ खोजने बम्बई चले गये, और एलफ़िन्स्टन कॉलेज में नाम लिखने के क़ाबिल होने से पहले छः महीने तक उन्होंने गुजराती सीखी; 1884 में उन्होंने वहाँ मैट्रीकुलेट किया। इसी दौरान उन्होंने मशहूर पण्डित गट्टूलाल से संस्कृत और प्राकृत की शिक्षा जारी रखी। 1886 में विल्सन कॉलेज में भर्ती होने के बाद, ख़राब स्वास्थ्य के दौर ने शिक्षा को बाधित किया, परन्तु 1888 तक प्राचीन इतिहास और शिलालेख पढ़ने का अध्ययन करने के लिए वे बम्बई में ही रहे।

पेशा : संग्रहाध्यक्ष, इतिहासकार।

जीविका : 1888 में वे उदयपुर राज्य के इतिहास कार्यालय के प्रधान चुने गये; 1890 में वे विक्टोरिया हॉल के नये खुले संग्रहालय-पुस्तकालय के संचालक बन गये।

और 1908 में वे अजमेर के सरकारी संग्रहालय के संचालक नियुक्त हुए और अवकाश-ग्रहण करने तक वहीं बने रहे। 1893 में प्राचीन हस्तलिपि (प्राचीन लिपिमाला) विषय पर उनकी पहली किताब का प्रकाशन हुआ; जिससे उन्हें विद्वानों की मान्यता और कई विद्वत्तसभाओं की सदस्यता मिली; इसका संशोधित संस्करण 1918 में आया। 1902 में उन्होंने हिन्दी में कर्नल जेम्स टॉड की जीवनी लिखी और ऐंटिक्विटीज़ ऑफ़ राजस्थान के अपने अनुवाद पर टिप्पणी लिखना प्रारम्भ किया। इतिहास ग्रन्थमाला का प्रकाशन भी प्रारम्भ किया। वे नागरी प्रचारिणी सभा के शुरूआती सदस्यों में से एक थे, उन्होंने कई वर्षों तक सभा की पत्रिका नागरी प्रचारिणी पत्रिका का सम्पादन किया, और सभा से अपनी किताबों को प्रकाशित करवाया। पृथ्वीराज विजय और करमचन्द वंश का सम्पादन किया और अनेक राजपूत घरानों पर कई किताबों की रचना की। 1911 में उन्हें राय बहादुर और 1928 में महापण्डित की उपाधि से सम्मानित किया गया; 1927 में वे हिन्दी साहित्य सम्मेलन के अध्यक्ष थे, और 1933 में बड़ौदा ओरिएण्टल कॉनफ़रेन्स की इतिहास शाखा के अध्यक्ष; 1933 में उन्हें विशाल अभिनन्दन ग्रन्थ भारतीय अनुशीलन भेंट किया गया, 1937 में हिन्दी साहित्य सम्मेलन द्वारा साहित्य वाचस्पति और बनारस हिन्दू विश्वविद्यालय द्वारा डी.लिट की उपाधि से सम्मानित किये गये। वे हमेशा हिन्दी में लिखते थे।

प्रमुख कृतियाँ :

ऐतिहासिक कृतियाँ : सोलंकियों का इतिहास (1907); राजपूताने का इतिहास (1923-26); मध्यकालीन भारतीय संस्कृति (1928)

9. चन्द्रावती लखनपाल (मूलतः शुक्ल) (1904-69)

जन्मस्थान : बिजनौर

पृष्ठभूमि : आर्य समाज परिवार में जन्मी, जयनारायण शुक्ल की पुत्री, जिन्होंने कुछ उपनिषदों का अनुवाद हिन्दी में किया और समाज विज्ञान की कुछ मौलिक कृतियाँ लिखीं।

शिक्षा : क्रॉस्थवेट कॉलेज, इलाहाबाद और फिर बनारस में एम.ए. तक की शिक्षा।

पेशा : शिक्षिका, लेखिका, राजनैतिक कार्यकर्ता।

जीविका : गुरुकुल कांगड़ी के उप-कुलपति, सत्यव्रत सिद्धान्तालंकार से विवाह करने के बाद, वे महादेवी कन्या पाठशाला में पढ़ाती रहीं और बाद में कांगड़ी (बाद में देहरादून) के कन्या महाविद्यालय में आचार्य बन गयीं। उन्होंने सविनय अवज्ञा आन्दोलन में सक्रिय भाग लिया, देहरादून की महिला कांग्रेस समिति की सभापति थीं और कांग्रेस डिक्टेटर भी बनीं; वे लगातार गाँवों की यात्रा करती रहीं, जब तक कि उन्हें गिरफ़्तार करके एक साल की सज़ा न सुनायी गयी। 1932 में उन्होंने आगरा में यू.पी.राजनैतिक सम्मेलन

में सभापतित्व किया।

प्रमुख कृतियाँ :

निबन्ध : मादर इण्डिया का जवाब (1927?), स्त्रियों की स्थिति (1932, 1934 में सेकसरिया पुरस्कार से सम्मानित)' शिक्षा मनोविज्ञान (1935, मंगला प्रसाद पुरस्कार से सम्मानित)

10. बाबू जगन्नाथदास 'रत्नाकर' (1866-1932)

जन्मस्थान : बनारस।

पृष्ठभूमि : पानीपत ज़िले के जाने-माने और समृद्ध परिवार में जन्म। उनके पुरखे अकबर के दरबार में थे और मुग़लों के पतन के साथ पहले लखनऊ और फिर बनारस चले गये; परिवार को 'दिल्लीवाल अग्रवाल वैश्य' के नाम से जाना जाता था। उनके पिता साहित्य के क़द्रदान और फ़ारसी तथा ब्रज भाषा के विद्वान थे, भारतेन्दु हरिश्चन्द्र के दूर के रिश्तेदार और समकालीन थे। उनके घर पर कवियों का नियमित आना-जाना था।

शिक्षा : सबसे पहले उर्दू में शिक्षा ग्रहण की; द्वितीय भाषा फ़ारसी के साथ 1891 में बनारस के क्वीन्स कॉलेज से स्नातक, फ़ारसी में एम.ए. की शिक्षा प्रारम्भ की। व्यक्तिगत रूप से मध्यकालीन हिन्दी कविता, उर्दू, फ़ारसी, संस्कृत, प्राकृत, अपभ्रंश, बंगला, मराठी, पंजाबी, आयुर्वेद, ज्योतिष, संगीत, इतिहास, स्थापत्य-कला इत्यादि की शिक्षा ली।

पेशा : कवि, अयोध्या के महाराज के निजी सचिव।

जीविका : 1900 में सबसे पहले एक छोटे-से रजवाड़े में मुख्य सचिव के रूप में नियुक्ति हुई, और 1902 में अयोध्या के महाराज के मुख्य सचिव; 1906 में, महाराज की मृत्यु के बाद महाराज की पत्नी के निजी सचिव बने। ज़्यादातर समय प्रबन्धन कार्य में ही व्यस्त रहने के कारण, 1920 में अवकाश ग्रहण करने तक साहित्यिक गतिविधियों के लिए उनके पास बहुत थोड़ा वक़्त बचता था, यद्यपि वे काशी कवि समाज के सदस्य थे। वे पुराने उर्दू-फ़ारसी सम्भ्रान्तजनों के प्रतिनिधि थे और उन्होंने सबसे पहले फ़ारसी में कविता लिखनी प्रारम्भ की, फिर ब्रज भाषा में ही लिखने लगे और आधुनिक समय के सबसे सम्मानित ब्रज भाषा कवि बन गये। अवकाश प्राप्ति के बाद हिन्दी साहित्यिक पटल पर सक्रिय हो गये, नियमित रूप से साहित्यिक गोष्ठियों और कवि सम्मेलनों में उपस्थित होते। 1922 में कलकत्ता में हिन्दी साहित्य सम्मेलन के बीसवें अधिवेशन का और कानपुर में प्रथम अखिल भारतीय हिन्दी कवि सम्मेलन का सभापतित्व किया, विविध प्रकार के छन्दों की उनकी ब्रज भाषा कविताएँ, विशेषतः श्रृंगार रस, नियमित रूप से हिन्दी पत्रिकाओं में प्रकाशित होती थीं। रीति कवियों के कई ग्रन्थों पर उन्होंने टीकाएँ लिखीं और सम्पादित कीं; बिहारी लाल की सतसई, बिहारी रत्नाकर (1922) पर उनकी

टीका, को विस्तृत रूप से सराहा गया।

प्रमुख कृतियाँ :

कविता : हिंडोला (1894), गंगावतरण (1927); उद्धव शतक (1931)।

11. जयचन्द्र विद्यालंकार (1896-1977)

जन्मस्थान : किजकोट, ज़िला लायलपुर (पंजाब)।

पृष्ठभूमि : आर्य समाज परिवार में जन्म, जिसका प्रत्येक सदस्य राष्ट्रवादी आन्दोलन से जुड़ा था : उनके भाई धर्मचन्द्र, देवचन्द्र और इन्द्रचन्द्र नारंग ने इलाहाबाद में एक प्रकाशन, हिन्दी भवन की स्थापना की; 1908 में विधवा होने के बाद उनकी बहन पार्वती देवी ने लड़कियों के आर्य समाज स्कूल में पढ़ाना प्रारम्भ किया; और 1910 में वे जन प्रचारक बनीं, बाद में अमृतसर के वैदिक धर्म गर्ल्स स्कूल की प्रधानाध्यापिका बनीं और बंगाल, युनाइटेड प्राविन्स तथा पंजाब के क्रान्तिकारियों के सम्पर्क में रहीं।

शिक्षा : गुरुकुल कांगड़ी से स्नातक।

पेशा : इतिहासकार, कॉलेज अध्यापक।

जीविका : पहले गुरुकुल कांगड़ी, फिर गुजरात विद्यापीठ में पढ़ाया; 1921 में लाजपत राय द्वारा स्थापित नैशनल कॉलेज में इतिहास के प्राध्यापक नियुक्त हुए; भगत सिंह और सुखदेव उनके छात्रों में थे। बाद में उन्होंने बिहार विद्यापीठ के आरम्भ से वहाँ पढ़ाया। उन्होंने विशेष रूप से बच्चों के लिए भारतवर्ष की कहानी (1924) लिखी थी; भारत का भौगोलिक इतिहास (1925) पटना षड्यन्त्र मामले के दौरान पुलिस द्वारा आपत्तिजनक पाया गया, क्योंकि इससे क्रान्तिकारियों को भारतीय संचार तन्त्र के आसान लक्ष्यों की पहचान हो जाती; उनके चिरस्थायी ग्रन्थ भारतीय इतिहास की रूप-रेखा (1934) ने मंगला प्रसाद पुरस्कार जीता। 1936 में राजेन्द्र प्रसाद की सहायता से भारतीय इतिहास परिषद की नींव रखी और यदुनाथ सरकार की अध्यक्षता में बीस खण्डों में तैयार किये गये महत्वपूर्ण ग्रन्थ भारतीय इतिहास—के सम्पादन मण्डल में थे। 1942 में वे जेल गये।

प्रमुख कृतियाँ :

ऐतिहासिक कृतियाँ : भारतवर्ष का इतिहास (1924); भारत का भौगोलिक आधार (1925); भारतीय इतिहास की रूप-रेखा (1934); भारतीय वांङ्मय के अमर रत्न (1936)

12. जयशंकर प्रसाद (1889-1937)

जन्मस्थान : बनारस।

पृष्ठभूमि : इनका जन्म एक जाने-माने सुसंस्कृत अग्रवाल व्यापारी परिवार में हुआ जो नसवार के लिए सुगन्धित तम्बाकू बेचते थे और 'सुँघनी साहू' के नाम से जाने जाते

थे; उनके पिता और बड़े भाई कला तथा साहित्य के क़द्रदान थे। 1901 में पिता की मृत्यु के बाद परिवार टूट गया और व्यवसाय दीवालिया हो गया। प्रसाद के जीवन का अधिकतर समय व्यवसाय को ऋणों से उबारने के प्रयास में ही बीत गया।

शिक्षा : सबसे पहले ब्रज भाषा के एक कवि से घर पर शिक्षा मिली; 1899 में वे क्वीन्स कॉलेज, बनारस में भर्ती हुए, परन्तु वहाँ सातवीं कक्षा तक ही पढ़ पाये। पिता की मृत्यु के बाद वे घर पर व्यवसाय में हाथ बँटाने लगे और अपने बूते पर शिक्षा जारी रखी। स्वयं ही संस्कृत की शिक्षा ली और उसका गहन अध्ययन किया, पालि, थोड़ी-सी उर्दू, और अंग्रेज़ी का भी अध्ययन किया।

पेशा : लेखक, व्यापारी।

जीविका : पन्द्रह वर्ष की आयु में उन्होंने नियमित रूप से लिखना प्रारम्भ किया। तीर्थ यात्राओं को छोड़ कर, उनके जीवन का अधिकतर भाग बनारस में ही बीता। राय रायकृष्णदास के परम मित्र होने के नाते प्रसाद जी उन्हीं के माध्यम से मैथिलीशरण गुप्त के मित्र बने, और जल्द ही उन्होंने विनोद शंकर व्यास और कृष्णदेव प्रसाद गौड़ जैसे युवा लेखकों को आकर्षित किया। महावीर प्रसाद द्विवेदी की खड़ी बोली कविताओं की नीति से दुखी हो कर उन्होंने परिष्कृत रुचियों वाली अपनी पत्रिका इन्दु (1909-27) प्रारम्भ की, जिसमें उन्होंने रायकृष्णदास और अपनी कविताएँ प्रकाशित कीं। जनता से दूरी रखने वाले, प्रसाद केवल कहने भर को नागरी प्रचारिणी सभा से जुड़े थे, परन्तु बराबर सभा के पुस्तकालय जाते थे। हालाँकि उन्होंने ब्रज भाषा में नियमित रूप से काफ़ी लिखा, 1918 के बाद केवल खड़ी बोली में ही प्रकाशित किया। प्राचीन इतिहास से गहराई से जुड़े, उन्होंने इसके बारे में ढेर सारे विद्वत्तापूर्ण निबन्ध और उच्च मौलिक साहित्यिक नाटक लिखे। आँसू (1925) की सफलता के बाद उन्हें पहले छायावादी कवि के रूप में अनेक पत्र-पत्रिकाओं में प्रकाशित किया गया। अन्त के कुछ साल प्रलय प्लावन के बाद मनुष्य और सभ्यता के स्रोत पर, अपनी सर्वोत्तम रचना कामायनी महाकाव्य लिखने में लगाये। उन्होंने कई कहानियाँ और दो उपन्यास भी लिखे।

प्रमुख कृतियाँ :

कविता : झरना (1918), आँसू (1925), लहर (1933), कामायनी (1936); नाटक : विशाख (1921), कामना (1927), जनमेजय का नागयज्ञ (1926), स्कन्दगुप्त (1928), चन्द्रगुप्त (1931), ध्रुवस्वामिनी (1933); कहानियाँ : छाया (1912), प्रतिध्वनि (1926), आकाशदीप (1929), आँधी (1931), इन्द्रजाल (1936); उपन्यास : कंकाल (1929), तितली (1934)

13. जी.पी. श्रीवास्तव (1891-1976)

जन्मस्थान : छपरा, ज़िला सारन।

पृष्ठभूमि : उनके पिता रेलवे में लिपिक थे, अक्सर ही उनका तबादला होता रहता था।

शिक्षा : प्रारम्भिक शिक्षा छपरा में मौलवी के पास उर्दू में हुई; उसके बाद पिता के साथ गोण्डा गये और 1909 में वहाँ से मैट्रीकुलेशन की परीक्षा में सफलता पायी। 1910 में कैनिंग कॉलेज, लखनऊ की प्रवेश परीक्षा दी; 1913 में स्नातक और 1915 में एल-एल.बी.।

पेशा : लेखक, वकील।

जीविका : उन्होंने ईश्वरी प्रसाद शर्मा की पत्रिका मनोरंजन (आरा, 1912) के लिए हास्य कहानियाँ लिख कर लेखन की शुरूआत की। जाने-माने हास्य लेखक होने के नाते वे सभी प्रमुख हिन्दी पत्रिकाओं के लिए लिखते थे, विशेषकर 'चाँद' और सुधा। आर. सी.दत्त का द लेक ऑफ़ पाम्स (1926) का अनुवाद किया। 1937 में सरकार द्वारा राज्याभिषेक पदक से सम्मानित किये गये, और गोण्डा ज़िले के जन लेख्य प्रमाणक (पब्लिक नोटरी) थे।

प्रमुख कृतियाँ :

लघु कहानियाँ : लम्बी दाढ़ी (1914), मर मर कर हाकिम (1917), मर्दानी औरत (1920), उलटफेर (1926), दमदार आदमी (1927), विलायती उल्लू (1932)। उपन्यास : दिल की आग उर्फ़ दिलजले की आह (1933)

14. जैनेन्द्र कुमार (1905-88)

जन्मस्थान : कोरियागंज (ज़िला अलीगढ़)

पृष्ठभूमि : बहुत छोटी उम्र में ही पिता को खो देने के बाद, उनका पालन-पोषण माँ और मामा, प्रसिद्ध महात्मा भगवान दीन ने किया, जिन्होंने 1911 में हस्तिनापुर में एक गुरुकुल की नींव रखी थी और बाद में मध्य प्रान्त में कांग्रेस की गतिविधियों से संलग्न रहे।

शिक्षा : सर्वप्रथम मामा के गुरुकुल में शिक्षा पायी, जहाँ उनका नाम आनन्दी लाल से जैनेन्द्र कुमार रख गया। 1919 में पंजाब से मैट्रिक में सफल हुए और बनारस के सेन्ट्रल हिन्दू स्कूल में बी.एस-सी. में भर्ती हुए, परन्तु (मामा से प्रेरित हो कर) असहयोग आन्दोलन के कारण उन्होंने उसे छोड़ दिया। बाद में नैशनलिस्ट तिलक स्कूल ऑफ़ पॉलिटिक्स, दिल्ली में कुछ विषयों की शिक्षा ली।

पेशा : लेखक।

जीविका : असमंजस-ग्रस्त और अशान्त युवा, जैनेन्द्र कुमार स्कूल छोड़ने के बाद

जबलपुर चले गये, जहाँ उनके चाचा जेल में थे और जहाँ माखनलाल चतुर्वेदी की देख-रेख में कर्मवीर असहयोग आन्दोलन में शामिल लड़कों के लिए आश्रम सरीखा था। वहाँ उन्होंने कविता लिखना प्रारम्भ किया और दुकान में माँ की सहायता करने लगे। 1923 में उन्हें झण्डा सत्याग्रह के दौरान गिरफ़्तार किया गया। अपने पहले उपन्यास परख 1929 (1931 में हिन्दुस्तानी अकादमी सम्मान से सम्मानित) के प्रकाशित होने के बाद ही उन्हें स्थिरता मिली। बाद में प्रेमचन्द के साथ उनकी नज़दीकियाँ बढ़ीं और हिन्दी-हिन्दुस्तानी विवाद में प्रेमचन्द के साथ मिल कर उन्होंने हिन्दुस्तानी का समर्थन किया। वे शरतचन्द्र से बहुत प्रभावित थे, और हिन्दी में उन्हें महिला पात्रों और मनोवैज्ञानिक चित्रण करने के लिए वैसी ही शोहरत मिली।

प्रमुख कृतियाँ :

उपन्यास : परख (1929), सुनीता (1935), त्यागपत्र (1937), कल्याणी (1939), सुखदा (1953), विवर्त (1953), व्यतीत (1953), जयवर्धन (1956)।

14ए. दुलारे लाल भार्गव (1895-1975)

जन्मस्थान : लखनऊ

पृष्ठभूमि : मूलतः ससनी (अलीगढ़), के रहने वाले प्रकाशकों के नवल किशोर परिवार में जन्म। उनके पिता बाबू प्यारे लाल उर्दू और फ़ारसी की ओर अधिक अनुरक्त थे, परन्तु दुलारे लाल की पहली पत्नी ने (जिनकी मौत 1916 में हुइ) उनका रुझान हिन्दी की ओर किया।

शिक्षा : केवल उच्च माध्यमिक तक

पेशा : सम्पादक और प्रकाशक

जीविका : 1922 में, उन्होंने चाचा विष्णु नारायण भार्गव की मदद से, साहित्यिक मासिक पत्रिका 'माधुरी' प्रारम्भ की, जिससे हिन्दी साहित्यिक पत्रकारिता में एक नये युग का आरम्भ हुआ। वे स्वयं ब्रज भाषा के कवि थे। दुलारे लाल ने 'माधुरी' के साथ ब्रज भाषा के पुनरुत्थान में मदद की; प्रबल विवादों के मध्य उनकी पुस्तक 'दुलारे-दोहावली' के लिए 1927 में उन्हें प्रथम देव पुरस्कार से सम्मानित किया गया। वे एक उद्यमी सम्पादक एवं प्रकाशक थे। केवल समकालीन हिन्दी साहित्यिक कृतियों को बढ़ावा देने के लिए उन्होंने मासिक 'सुधा' और प्रकाशन गंगा पुस्तक माला के साथ बिना किसी सहायता के अकेले ही इस चुनौती को स्वीकार किया। इस माध्यम से उन्होंने उस समय के सभी विख्यात हिन्दी लेखकों की रचनाओं को प्रकाशित किया और इसके एवज़ में इन लेखकों को आकर्षक पारितोषिक नक़द दिये, परन्तु स्वत्वाधिकार अपने पास रख लिया। आज़ादी मिलने के समय तक ऐसा लगता है उनके सितारे मन्द होने लगे थे।

प्रमुख कृतियाँ

कविता : दुलारे दोहावली (1927)

15. देवीदत्त शुक्ल (1888-1970)

जन्मस्थान : बसकर गाँव, ज़िला उन्नाव।

शिक्षा : 1908 में हिन्दी और संस्कृत की शिक्षा के लिए बनारस चले आये, इण्टरमीडिएट की परीक्षा में फ़ेल हो गये।

पेशा : सम्पादक।

जीविका : बनारस में पढ़ाई के दौरान देवीदत्त शुक्ल के दो लेख हिन्दी बंगवासी और भारत जीवन (बनारस के पुराने साप्ताहिक) में प्रकाशित हुए। इण्टरमीडिएट की परीक्षा में फ़ेल होने पर, भारत मित्र, कलकत्ता और अभ्युदय, इलाहाबाद में आवेदन भेजा जो स्वीकार नहीं हुआ और वे बनारस में साधारण लिपिक के पद पर कार्य करने लगे, पहले यातायात अधीक्षक के कार्यलय में, फिर पुलिस अधीक्षक के कार्यालय में। वे कानपुर के निकट एक छोटे-से शहर में शिक्षण कार्य के लिए चले गये, फिर अलवर राज्य के शिक्षा विभाग में। 1914-18 में वे एक साथी ग्रामीण के साथ नौकरी के लिए और भी दूरस्थ महासमुन्द, मध्य भारत (सेन्ट्रल प्राविन्सेस) चले गये, परन्तु मर्यादा में एक लेख (संयुक्त परिवार व्यवस्था के समर्थन में) और सरस्वती में दो अनुवादित लेखों ने द्विवेदी जी का ध्यान उनकी ओर आकृष्ट किया। जब पारिवारिक सम्पत्ति की देख-रेख के लिए उन्हें बुलाया गया, तो देवीदत्त आचार्य द्विवेदी से सलाह के लिए उनसे मिले जो पास ही रहते थे और देवीदत्त के चाचा से परिचित थे। द्विवेदी जी ने उन्हें तीन सम्भावित पदों का प्रस्ताव दिया : देवीदत्त ने इण्डियन प्रेस में, द्विवेदी के नज़दीकतम परन्तु न्यूनतम वेतम वाला, एक पद चुना। काम और लेखन की उनकी संयमित शैली और किसी भी प्रकार के लेख या अनुवाद कार्य को करने के लिए हमेशा तैयार रहने की प्रवृत्ति ने द्विवेदी जी और प्रकाशक का समर्थन जीता, प्रकाशन के सभी विभागों का अनुभव करते हुए वे धीरे-धीरे उन्नति करते गये, यहाँ तक कि जब पदुमलाल पुन्नालाल बक्शी ने अन्ततः 1928 में सरस्वती के सम्पादक पद से त्यागपत्र दे दिया तो किसी अधिक नामचीन सम्पादक की खोज करने के स्थान पर द्विवेदी जी ने देवीदत्त शुक्ल का नाम सुझाया। देवीदत्त शुक्ल अपनी तरह के स्वनिर्मित हिन्दी पत्रकार थे और हिन्दी साहित्यिक जगत में उनकी उपस्थिति शन्तिपूर्ण थी। उन्होंने प्रेस में अपने पद का प्रयोग करके क्षमता हथियाने का प्रयास नहीं किया, उन्होंने धन या शक्ति में वृद्धि करने की कोशिश नहीं की, बल्कि अपने काम में केवल आत्म-सन्तोष से ही प्रसन्न थे। अवकाश प्राप्ति तक इलाहाबाद में 'ब्लैक टाउन' के घर की छत पर खपरैलों से छाया उनका कमरा ही उनका निवास था, जहाँ वे स्वयं ही अपना खाना पकाते थे। कुछ तस्वीरों में घर पर उन्हें केवल धोती पहने ही देखा जा सकता है, एक चित्र में वे भभूत से ढँके हुए ध्यानमग्न अवस्था में--वे शाक्त गुरु थे–दिखायी देते हैं जो कार्यालय में उनके रूप से बिलकुल भिन्न रूप था।

16. धनीराम 'प्रेम' (1904-79)

जन्मस्थान : दरियापुर गाँव, ज़िला अलीगढ़।

शिक्षा : सबसे पहले अतरौली डी.ए.वी.स्कूल, फिर धर्म समाज कॉलेज और अलीगढ़ मुस्लिम विश्वविद्यालय से शिक्षा। 1929 में नैशनल मेडिकल कॉलेज, बम्बई से चिकित्सक की डिग्री। 1931 में वे चिकित्सा-शास्त्र की आगे की पढ़ाई के लिए एडिनबर्ग (इंग्लैण्ड) चले गये।

पेशा : चिकित्सक, लेखक।

जीविका : 1921 में असहयोग आन्दोलन के दौरान अलीगढ़ में एक साल के लिए गिरफ़्तार हुए; वहाँ उन्होंने आर्य कुमार सभा की एक शाखा स्थापित की। कुछ साल तक इंग्लैण्ड में रहे और चिकित्सक के रूप में कार्यरत रहे; वापस आने के बाद उन्होंने बम्बई और इलाहाबाद में डाक्टरी की और 1940 के दशक में भविष्य और 'चाँद' का सम्पादन किया। बहुत लोकप्रिय 'सामाजिक' लघु कहानियाँ और एकांकी नाटकों के लेखक, उन्होंने रंजीत मूवी कम्पनी के लिए दो फ़िल्में भी लिखीं : दो बदमाश और भूलभूलैया।

प्रमुख कृतियाँ :

लघु कहानियाँ : प्राणेश्वरी (1931), वल्लरी (1932), प्रेम समाधि, वेश्या का हृदय (1933); राजनैतिक कृतियाँ : रंग और ब्रिटिश राजनीति, रूस का जागरण; जीवनियाँ : वीरांगना पन्ना, देवी जोन (जोन ऑफ़ आर्क)।

17. धीरेन्द्र वर्मा (1897-1973)

जन्मस्थान : बरेली।

पृष्ठभूमि : ज़मींदारों के आर्य समाजी कायस्थ परिवार में जन्म

शिक्षा : पहले पारम्परिक संस्कृत शिक्षा; उनके पिता उन्हें गुरुकुल कांगड़ी भेजना चाहते थे, लेकिन अन्ततः 1908 में डी.ए.वी. कॉलेज, देहरादून में उनका दाख़िला हुआ। इसके बाद वे 1910 में लखनऊ के क्वीन्स ऐंग्लो हाई स्कूल (जहाँ दुलारे लाल भार्गव उनके सहपाठी थे) चले गये। 1916 में म्योर सेन्ट्रल कॉलेज से इण्टरमीडिएट; 1918 में स्नातक और 1921 में एम.ए. संस्कृत, जहाँ वे गंगा नाथ झा के प्रिय छात्र थे और डी. लिट के लिए उन्हें दो साल की सरकारी छात्रवृत्ति दी गयी थी। 1934 में ध्वनि विज्ञान की शिक्षा के लिए यूरोप गये और वहाँ पेरिस विश्वविद्यालय ने ब्रज भाषा पर थीसिस के लिए उन्हें डी.लिट की उपाधि से सम्मानित किया।

पेशा : विश्वविद्यालय अध्यापक

जीविका : 1924 में इलाहाबाद विश्वविद्यालय के पहले हिन्दी लेक्चरर के तौर पर नियुक्ति; देवी प्रसाद शुक्ल (1924-9) के साथ मिल कर उन्होंने हिन्दी विभाग की स्थापना की, और बाद में भूतपूर्व छात्रों रामशंकर शुक्ल 'रसाल' और रामकुमार वर्मा के

साथ। उन्होंने बनारस हिन्दू विश्वविद्यालय से भिन्न पाठ्यक्रम बनाया जिसका झुकाव आधुनिक और समकालीन साहित्य, भाषा विज्ञान और भाषा के इतिहास, तथा तुलनात्मक भारतीय साहित्य की ओर था, और वे इन सभी विषयों पर शोध कार्य प्रोत्साहित करते थे। वे हिन्दी साहित्य सम्मेलन से सम्बन्धित थे, और वहाँ के परीक्षक, तथा हिन्दुस्तानी अकादमी के सचिव रहे। 1935 में वे विश्वविद्यालय के रीडर बने, 1945 में प्रोफ़ेसर, 1959 में अवकाश प्राप्ति के समय तक हिन्दी विभागाध्यक्ष रहे और कई पाठ्यपुस्तकें लिखीं। राष्ट्रभाषा के लिए हिन्दी की दावेदारी की उन्होंने आलोचना की, हिन्दी-हिन्दुस्तानी विवाद के दौरान उनकी चुप्पी ने हिन्दी ख़ेमे में बहुत नाराज़गी पैदा की।

प्रमुख कृतियाँ :

भाषागत और साहित्यिक आलोचना : ब्रजभाषा व्याकरण (1937); अष्टछाप (1938); स्मृति : मेरी कॉलेज डायरी (1951)। निबन्ध : हिन्दी राष्ट्र या सूबा हिन्दुस्तानी (1930), विचारधारा (सं.), हिन्दी साहित्य कोष (1975)

18. आचार्य नरेन्द्र देव (1889-1956)

जन्मस्थान : फ़ैज़ाबाद।

पृष्ठभूमि : उनका जन्म फ़ैज़ाबाद के एक धनी और सुसंस्कृत ज़मींदार परिवार में हुआ था, जहाँ फ़ारसी और संस्कृत दोनों भाषाओं का प्रोत्साहित किया जाता था, तीन पीढ़ियों से अंग्रेज़ी की शिक्षा प्रचलित थी और जिसके सदस्य क़ानून की ओर उन्मुख हो गये थे। उनके पिता सार्वजनिक जीवन में सक्रिय थे और उन्होंने शौक़िया तौर पर अंग्रेज़ी, हिन्दी और फ़ारसी में पाठ्यपुस्तकें लिखी थीं; पारिवारिक पुस्तकालय जनसाधारण के लिए खुला हुआ था।

शिक्षा : सबसे पहले शिक्षा निजी तौर से घर पर मिली, 1902 में स्कूल जाने से पहले उन्होंने तुलसीदास और अन्य हिन्दी लेखकों को पढ़ लिया था; 1906 में उन्होंने इलाहाबाद से मैट्रीकुलेशन की परीक्षा दी और स्वदेशी आन्दोलन के समय पण्डित सुन्दरलाल के साथ मदन मोहन मालवीय के हिन्दू बोर्डिंग हाउस में रहते थे। स्नातक की परीक्षा के बाद उन्होंने बनारस क्वीन्स कॉलेज (1913) से पुरातत्व और प्राचीन इतिहास में एम.ए. किया और वहीं उन्होंने पाली, प्राकृत और प्राचीन शिलालेख पढ़ने की शिक्षा प्राप्त की। 1915 में एल-एल.बी. की परीक्षा में उत्तीर्ण हुए।

पेशा : राजनीतिक कार्यकर्ता, शिक्षक।

जीविका : इलाहाबाद में रहते हुए नरेन्द्र देव उग्रवादी राजनीति (गरम दल), और लाला हरदयाल तथा श्री अरविन्द के शिक्षा सम्बन्धी विचारों की ओर आकर्षित हुए। 1905 से 1908 के बीच सभी कांग्रेस अधिवेशनों में उपस्थित रहे, फिर 1916 में जा कर वे कांग्रेस में दोबारा शामिल हुए। सर्वप्रथम ऐनी बेसेंट की होम रूल लीग में राजनैतिक

रूप से सक्रिय हुए, जिसकी एक शाखा की नींव उन्होंने फ़ैज़ाबाद में रखी थी (1915)। 1920 में उन्होंने वकालत छोड़ दी। बनारस के काशी विद्यापीठ में उन्हें प्राचीन भारतीय इतिहास पढ़ाने के लिए आमन्त्रित किया गया। इसके साथ-साथ उन्होंने भारतीय भाषा शास्त्र और आधुनिक भारतीय इतिहास भी पढ़ाया, और पहले उप-कुलपति फिर 1926 में कुलपति बने। अवध कृषक आन्दोलन के अन्तिम दौर में फ़ैज़ाबाद में असहयोग आन्दोलन के दौरान सक्रिय रहे। व्यक्तिगत रूप से वे जवाहरलाल नेहरू के क़रीब थे। कांग्रेस साशलिस्ट पार्टी (1934) के संस्थापक सदस्य नरेन्द्र देव यू.पी. में उसके प्रमुख नेताओं में से एक थे। 1937 में उन्हें विधान-परिषद के लिए चुना गया और उन्हें शिक्षा पुनर्गठन समिति की ज़िम्मेदारी दी गयी। 1939 से लखनऊ में समाजवादी मासिक 'संघर्ष' का सम्पादन किया। व्यक्तिगत सत्याग्रह के दौरान 1931-40 में छुपे रहे, 1942 में, जब काशी विद्यापीठ पर प्रतिबन्ध लगाया गया तथा छात्र और प्राध्यापक ग्रामीण क्षेत्रों में चारों ओर फैल गये तो उन्हें गिरफ़्तार किया गया। स्वतन्त्रता के बाद, वे बी.एच.यू. और लखनऊ विश्वविद्यालय के उप-कुलपति बने।

प्रमुख कृतियाँ

जेल में रहते हुए, उन्होंने पूसाँ द्वारा फ्रांसीसी में अनूदित 'अभिधम्मकोस' का हिन्दी अनुवाद किया; उनके अपने बौद्ध-धर्म दर्शन का प्रकाशन उनकी मृत्यु के बाद हुआ;

राजनीतिक निबन्ध : समाजवाद का बिगुल (सहयोगियों के साथ, 1940); समाजवाद और राष्ट्रीय क्रान्ति (1946)

19. मुंशी नवजादिकलाल श्रीवास्तव (1888-1939)

जन्मस्थान : बलिया के निकट एक गाँव (पूर्वी यू.पी)।

पृष्ठभूमि : पिता के साधु बन जाने के बाद छोटी उम्र से ही परिवार के लिए कमाना पड़ा।

शिक्षा : अपने आपको हिन्दी, उर्दू और बंगला की शिक्षा दी।

पेशा : पत्रकार।

जीविका : रोज़ी-रोटी की ज़रूरतों के चलते, वे कलकत्ता चले आये और सबसे पहले उन्हें डाकिये की नौकरी मिली। कई प्रकाशकों और पत्रकारों से सम्पर्क के कारण उन्होंने स्वयं को हिन्दी, उर्दू और बंगला सिखायी। महादेव प्रसाद सेठ, शिवपूजन सहाय और निराला के साथ 'मतवाला मण्डल' में शामिल होने से पहले वे साबुन और तेल कारखाने में लिपिक के पद पर कार्यरत थे; मतवाला में, वे हिसाब-किताब देखते थे और एक लोकप्रिय हास्य स्तम्भ 'मतवाले की बहक' लिखते थे। जब महादेव प्रसाद सेठ पत्रिका को मिर्ज़ापुर ले जाना चाहते थे, तो वे साबुन कारखाने में वापस चले गये और अपना मस्त मतवाला प्रारम्भ किया, परन्तु ज़्यादा दिनों तक चला नहीं सके। इलाहाबाद

के लिए कलकत्ता छोड़ दिया, जहाँ रामरख सिंह के चले जाने के बाद 1933 से 1935 तक 'चाँद' का सम्पादन किया। कलकत्ता में कुछ असफल प्रयासों के बाद भीषण ग़रीबी में उनकी मृत्यु हुई। उनके परिवार के लिए चन्दा इकट्ठा करने की पब्लिक अपील की गयी थी।

20. पदुमलाल पुन्नालाल बक्शी (1894-1971)

जन्मस्थान : खैरागढ़, मध्य भारत के रजवाड़े का एक क़स्बा।

शिक्षा : पण्डित रविशंकर शुक्ल के साथ (जो बाद में सेन्ट्रल प्रॉविन्सेस के मुख्यमन्त्री बने) स्थानीय विक्टोरिया स्कूल में शिक्षा ग्रहण की। एक बार माध्यमिक की परीक्षा में असफल हुए तथा 1922 में इलाहाबाद विश्वविद्यालय से स्नातक की उपाधि प्राप्त की।

पेशा : सम्पादक, अध्यापक

जीविका : 1916 में खैरागढ़ के निकट एक नगर के माध्यमिक स्कूल में अध्यापक बने तथा कभी-कभी हिन्दी पत्रिकाओं में अपने लेखों और अनुवादों से योगदान करते रहे। उनकी लगन और विस्तृत ज्ञान के कारण महावीर प्रसाद द्विवेदी का ध्यान उनकी ओर आकर्षित हुआ। 1920 में द्विवेदी ने युवक बक्शी को अपने स्थान पर 'सरस्वती' का सम्पादक मनोनीत किया। इस पर वे 1920 से 1925 और बाद में 1927 से 1929 तक बने रहे। उनके सहायक देवीदत्त शुक्ल का कहना था—'द्विवेदी के चले जाने के बाद लेख मिलने लगभग बन्द हो गये, प्रत्येक अंक के लिए हमें स्वयं दो-तीन लेख लिखने पड़ते थे।' बक्शी को हिन्दी पत्रिकाओं की दुनिया में कड़े विरोध का सामना करना पड़ा था, यद्यपि उनके लेख और अनुवाद अपने ही क़िस्म के अनोखे माने जाते थे। अपने प्रयासों के बावजूद, बक्शी ने 1925 और एक बार फिर 1929 में इस्तीफ़ा दिया तथा खैरागढ़ में अंग्रेज़ी पढ़ाने और लेखन-कार्य के लिए वापस चले गये। 1959 में वे राजनन्दगाँव कॉलेज में हिन्दी विभाग के अध्यक्ष बने।

प्रमुख कृतियाँ

निबन्ध : विश्व-साहित्य (1925)

21. पद्मसिंह शर्मा (1877-1932)

जन्मस्थान : नायक नागला, ज़िला बिजनौर।

पृष्ठभूमि : भूमिहार किसान परिवार में जन्म।

शिक्षा : सबसे पहले उर्दू और फ़ारसी में फिर इटावा में दयानन्द के शिष्य, पण्डित भीमसेन शर्मा की पाठशाला में संस्कृत (अष्टाध्याय) की शिक्षा। उसके बाद काव्यशास्त्र की शिक्षा पण्डित जीवराम शर्मा से ग्रहण की, और दो साल ओरिएण्टल कॉलेज, लाहौर

में बिताये, जहाँ उनकी मुलाक़ात नरदेव शर्मा से हुई। आगे पण्डित गंगादत्त शास्त्री से जालन्धर में व्याकरण पढ़ा और बनारस में काशीनाथ शास्त्री से दर्शन शास्त्र।

पेशा : विद्वान।

जीविका : 1902 से वे यू.पी.आर्य प्रतिनिधि सभा के प्रचारक थे और मुंशीराम (बाद में स्वामी श्रद्धानन्द) द्वारा सम्पादित पत्रिका सत्यवादी की सम्पादकीय परिषद में थे। 1904 में उन्होंने गुरुकुल कांगड़ी में पढ़ाया, और 1909-10 तक ज्वालापुर महाविद्यालय में, जहाँ उन्होंने भारतोदय पत्रिका का सम्पादन किया; कुछ वर्षों के लिए वे महाविद्यालय की प्रबन्धन कमेटी के सचिव भी थे। महावीर प्रसाद द्विवेदी के नज़दीकी मित्र और उनसे पत्र-व्यवहार करने वाले पद्म सिंह शर्मा ने नियमित रूप से सरस्वती के लिए ज्ञानवर्धक लेख लिखे। शुद्धतावादी होने के नाते, वे लाला हंसराज के हिन्दी पाठ्यक्रम की मिश्रित शैली से कभी सहमत न हो सके। 1918 में उन्हें ज्ञानमण्डल, बनारस के प्रकाशन विभाग में काम करने के लिए बुलाया गया; वहाँ उन्होंने बिहारी सतसई पर एक मशहूर टीका संजीवन भाष्य (1922) का प्रकाशन किया, जिसे प्रथम मंगलाप्रसाद पुरस्कार मिला। उर्दू कवि अकबर इलाहाबादी के नज़दीकी मित्र, पद्मसिंह शर्मा को पहला तुलनात्मक हिन्दी आलोचक माना जाता है। बनारसी दास चतुर्वेदी और हरिशंकर शर्मा उनके शिष्यों में से थे। 1928 में वे मुरादाबाद में हिन्दी साहित्य सम्मेलन के 18वें अधिवेशन के अध्यक्ष थे। अपने अन्तिम वर्षों में उन्होंने हिन्दुस्तानी अकादमी, इलाहाबाद के सहयोग किया; उनका भाषण 'हिन्दी, उर्दू, हिन्दुस्तानी' (1932) में प्रकाशित हुआ।

प्रमुख कृतियाँ :

साहित्यिक आलोचना : संजीवन भाष्य (1922); पद-पराग (1929); हिन्दी, उर्दू और हिन्दुस्तानी (1932)।

22. पीताम्बर दत्त बड़थ्वाल

जन्मस्थान : जहरखेल (गढ़वाल)

शिक्षा : सबसे पहले घर पर ही पारम्परिक संस्कृत शिक्षा, उसके बाद श्रीनगर राजकीय माध्यमिक विद्यालय (गवर्नमेंट हाईस्कूल) में अंग्रेज़ी और हिन्दी, तथा कालीचरण हाई स्कूल और डी.ए.वी.कॉलेज लखनऊ में शिक्षा ग्रहण की; स्नातक, एम.ए. और एल-एल.बी. बनारस हिन्दू विश्वविद्यालय से पूरी की।

पेशा : प्राध्यापक

जीविका : वे श्यामसुन्दर दास के शिष्य थे और उन्होंने कई वर्षों तक नागरी प्रचारिणी सभा विश्वविद्यालय द्वारा हिन्दी की प्राचीन पाण्डुलिपियों की खोज के निदेशक के तौर पर काम किया। प्रथम नियुक्ति 1931 में बी.एच.यू. में हिन्दी पढ़ाने के लिए

हुई। 1935 में वे लखनऊ विश्वविद्यालय में प्राध्यापक बने और वहीं मृत्युपर्यन्त शिक्षा देते रहे। उनकी मौत अल्पायु में ही हो गयी थी।

प्रमुख कृतियाँ

समीक्षा : (अंग्रेज़ी में) द निर्गुण स्कूल ऑफ़ हिन्दी पोइट्री; गोस्वामी तुलसीदास (1925) और (श्यामसुन्दर दास के साथ मिल कर) रूपक रहस्य (1931)

23. पुरुषोत्तम दास टण्डन (1882-1962)

जन्मस्थान : अहियापुर मोहल्ला, इलाहाबाद

पृष्ठभूमि : खत्री परिवार में जन्म, राधास्वामी सम्प्रदाय से सम्बन्धित एक साधारण सरकारी लिपिक के पुत्र।

शिक्षा : सबसे पहले हिन्दी में शिक्षा एक मौलवी के साथ; 1894 में मिडल की परीक्षा, 1897 में प्रवेश परीक्षा, 1899 में कायस्थ पाठशाला से इण्टरमीडिएट जब रामानन्द चटर्जी प्रधानाचार्य थे। म्योर सेन्ट्रल कॉलेज से 1904 में स्नातक, और 1906 में एल-एल. बी. तथा 1907 में इतिहास में एम.ए.

पेशा : वकील, राजनैतिक कार्यकर्ता।

जीविका : छोटी उम्र में ही टण्डन जी पर बाल कृष्ण भट्ट का सांस्कृतिक और मदन मोहन मालवीय का राजनैतिक असर पड़ा। दो साल तक वकालत करने के बाद वे 1908 में तेज़ बहादुर सप्रू के जूनियर बने और उच्च न्यायालय में 1920 तक वकालत करते रहे, 1920 में असहयोग आन्दोलन के कारण यह पेशा छोड़ दिया। 1900 में हुए नागरी अभियान के पहले से ही उन्हें राजनीति में रुचि थी, 1906 में सबसे पहले उन्होंने कांग्रेस अधिवेशन में एक प्रतिनिधि के रूप में भाग लिया। अभ्युदय (1910-11) और मर्यादा का सम्पादन भी किया, और विशेष रूप से स्त्री शिक्षा तथा हिन्दी पर लेख लिखे। 1910 में बनारस में पहले अधिवेशन के बाद उन्हें हिन्दी साहित्य सम्मेलन की ज़िम्मेदारी सौंपी गयी; वर्तमान भवन ख़ाली कराने तक, वर्षों तक सम्मेलन कार्यालय अपने घर से ही चलाया। 1914 से 1918 के बीच उन्हें मदन मोहन मालवीय की सिफ़ारिश पर नाभा राज्य में क़ानून मन्त्री की नौकरी मिली। 1918 में मालवीय जी की किसान सभा के अध्यक्ष थे; 1921 में पहली बार उन्हें जेल हुई। उसी वर्ष वे इलाहाबाद नगर पालिका के अध्यक्ष चुने गये और उन्होंने प्रयाग महिला विद्यापीठ तथा हिन्दी विद्यापीठ (1925) की स्थापना करने में महत्वपूर्ण भूमिका निभायी, यद्यपि हिन्दी विद्यापीठ पनप नहीं पाया। 1923 में कानपुर में वे हिन्दी साहित्य सम्मेलन के 12वें अधिवेशन के अध्यक्ष थे। उन्होंने हिन्दू महासभा की सदस्यता से इनकार कर दिया था। 1925 से 1929 तक लाहौर में आर्य समाज पंजाब नेशनल बैंक के अध्यक्ष का पद स्वीकार किया, जहाँ वे लाजपत राय की सर्वेण्टस ऑफ़ द पीपल सोसाइटी के सदस्य बन गये और 1928 में लाजपत राय

की मृत्यु के बाद उसके अध्यक्ष बने। लाहौर में वे राजनीतिक रूप से सक्रिय नहीं थे, लेकिन 1929 में सविनय अवज्ञा और भाड़ा-मुक्ति अभियान के दौरान उन्हें इलाहाबाद ज़िला कांग्रेस कमेटी का अध्यक्ष बनाया गया तथा एक सार्वजनिक सभा के बाद गिरफ़्तार कर लिया गया। 1936 में इलाहाबाद शहर से विधायक चुने गये, कांग्रेस की सरकार के दौरान और पुनः 1946 में विधान सभा के अध्यक्ष चुने गये। वे खेती और कृषकों की स्थिति पर यू.पी. रिपोर्ट के संयोजक और ज़मींदारी उन्मूलन के प्रमुख समर्थकों में से थे। पहले हिन्दी-हिन्दुस्तानी मुद्दे पर वह हिन्दी साहित्य सम्मेलन से गाँधी जी के सम्बन्ध ख़त्म करने में अनिच्छुक थे, अन्ततः वे हिन्दी पर ही दृढ़ रहे और गाँधी जी का त्यागपत्र स्वीकार कर लिया। स्वतन्त्रता के बाद उन्होंने मालवीय जी का स्थान ले लिया और इलाहाबाद तथा यू.पी.कांग्रेस में नेहरू के मुख्य विरोधी बने रहे; 1951 में एक मशहूर घटना में उन्होंने नेहरू को हराया और वे कांग्रेस अध्यक्ष चुने गये, परन्तु नेहरू के दबाव में त्यागपत्र देना पड़ा।

24. प्रताप नारायण श्रीवास्तव (1904-78)

जन्मस्थान : कानपुर।

पृष्ठभूमि : समृद्ध परिवार में जन्मे, जिनके पूर्वज नवाबी काल के दौरान अफ़सर थे।

शिक्षा : पहले आर्य समाज स्कूल, कानपुर में शिक्षा मिली, जहाँ भगवती चरण वर्मा उनके सहपाठी थे; 1921 में मैट्रीकुलेशन और क्राइस्ट चर्च कॉलेज से 1925 में स्नातक; 1927 में लखनऊ विश्वविद्यालय से एल-एल.बी.

पेशा : लेखक

जीविका : 1928 में एम.ए. की शिक्षा के दौरान ही उन्हें जोधपुर प्रान्त में जज का पद मिला, लेकिन वे जल्द ही कानपुर चले आये। 1924 में उन्होंने अपना पहला उपन्यास विदा ('एक मौलिक सामाजिक उपन्यास') प्रारम्भ किया, जिसे 1929 में गंगा पुस्तक माला ने प्रेमचन्द की उत्साहवर्द्धक प्रस्तावना के साथ प्रकाशित किया और उसे व्यापक प्रशंसा मिली। इसके बाद उन्होंने उपन्यासों की श्रृंखला प्रकाशित की, जिसके ज़्यादातर चरित्र उच्च मध्यम श्रेणी के थे। वे हर बार प्रकाशक को अधिकार बेच देते थे, यद्यपि किसी को भी पहले उपन्यास की तरह सफलता और आलोचनात्मक प्रशंसा नहीं मिली। वे अकेले थे, उन्होंने एक मकान बनाया था और उनकी जीविका लेखन और मकान से मिलने वाले किराये से चलती थी।

प्रमुख कृतियाँ :

उपन्यास : विदा (1929), पाप की ओर (1930), विकास (1938-39), विजय (1937-38), बयालीस (1942)

25. प्रेमचन्द (धनपत राय) (1880-1936)

जन्मस्थान : लमही गाँव, ज़िला बनारस।

पृष्ठभूमि : क़ानूनगो और लिपिकों के कायस्थ परिवार में जन्म; उनके पिता डाक विभाग के लिपिक के तौर पर सरकारी नौकरी में थे।

शिक्षा : सबसे पहले पड़ोसी गाँव के मौलवी से उर्दू और फ़ारसी की शिक्षा मिली; फिर गोरखपुर के मिशन स्कूल में, जहाँ उनके पिता कार्यरत थे, और अन्ततः बनारस में सम्मानित क्वीन्स कॉलीजिएट स्कूल से, जहाँ 1898 में उन्होंने मैट्रीकुलेशन में सफलता पायी। निःशुल्क शिक्षा की व्यवस्था न हो पाने के कारण उन्हें पढ़ाई छोड़नी पड़ी। 1902-04 में गवर्नमेंट टीचर्स ट्रेनिंग कॉलेज, इलाहाबाद में पढ़ाई की और 1919 में कहीं जा कर 39 वर्ष की आयु में इलाहाबाद विश्वविद्यालय से स्नातक की डिग्री प्राप्त की।

पेशा : लेखक, शिक्षक, सम्पादक।

जीविका : पहला शिक्षण कार्य उन्हें 1899 में 18 रुपये मासिक वेतन पर चुनार के मिशन स्कूल में मिला। टीचर्स ट्रेनिंग और अस्थाई पदों के सिलसिले के बाद, वे सरकारी नौकरी में चले गये। इलाहाबाद में कुछ समय बिताने के बाद 1905 से 1909 तक कानपुर के ज़िला विद्यालय में शिक्षक थे और दया नारायण निगम की उर्दू साहित्यिक पत्रिका ज़माना के लिए नियमित रूप से लिखते रहे। उनकी पहली कहानी 1907 में प्रकाशित हुई। 1906 में एक बाल-विधवा शिवरानी देवी से विवाह किया; यह उनका दूसरा विवाह था। 1909 से 1915 तक वह 'पिछड़े' हमीरपुर ज़िले में स्कूलों के उप-सहायक निरीक्षक थे। उर्दू में लघु कहानियों के संग्रह सोज़-ए-वतन (1909) पर पाबन्दी लगायी गयी; इसके बाद वे नवाब राय की बजाय प्रेमचन्द के उपनाम से लिखने लगे। 1913 से 1915 के बीच वे धीरे-धीरे उर्दू की बजाय हिन्दी में प्रकाशित होने लगे; उनकी पहली हिन्दी कहानी 'सौत' 1915 में सरस्वती में छपी। 1913 में उन्हें बीमारी का पहला भीषण दौरा पड़ा जिसने चिरस्थायी रूप ले लिया; ज़माना को अपने अधिकार में लेने के असफल प्रयास के बाद, 1915 में उन्हें शिक्षण कार्य की ओर वापस जाने की अनुमति मिल गयी। शिक्षा के अन्य पदों के लिए सरकारी नौकरी छोड़ने के प्रयास असफल रहे और अन्ततः उन्होंने गाँधी के गोरखपुर दौरे के बाद नौकरी से इस्तीफ़ा दे दिया। कानपुर के 'राष्ट्रीय' मारवाड़ी स्कूल और 1921-23 में बनारस के काशी विद्यापीठ स्कूल में थोड़ा समय बिताने के बाद, उन्होंने अपना प्रेस, सरस्वती प्रेस खोला। स्वतन्त्र जीविका का स्रोत बनने की जगह, जैसा कि उन्होंने सोचा था, यह एक कभी न ख़त्म होने वाली आर्थिक तंगी का स्रोत बन गया। आने वाले वर्षों में, उनकी कमाई का मुख्य भाग प्रेस और उनके द्वारा सम्पादित पत्रिकाओं, मासिक हंस (1930) और राजनैतिक साप्ताहिक जागरण (1932) में ख़र्च हो जाता था। परिणामस्वरूप, उन्हें लखनऊ जाना पड़ा और सबसे पहले गंगा पुस्तक माला (1924-25) में दुलारे लाल भार्गव के साहित्यिक

सलाहकार के रूप में काम करना पड़ा, फिर माधुरी के सम्पादक और नवल किशोर प्रेस (1927-32) के प्रकाशन विभाग में। इस दौरान प्रमुख हिन्दी पत्रिकाओं में कहानियाँ और कई उपन्यास भी लिखे। 1934 में दिल्ली में जैनेन्द्र कुमार के साथ वे हिन्दी साहित्य सम्मेलन के 24वें अधिवेशन में उपस्थित रहे और उसी वर्ष उन्हें बम्बई के फ़िल्म जगत में पटकथा लेखक के तौर पर बुलाया गया, पर न तो काम और न ही वहाँ का वातावरण उन्हें रास आया। 1934-36 में वे सक्रिय रूप से हिन्दी-हिन्दुस्तानी विवाद के दौरान हिन्दुस्तानी के समर्थन में जुड़ गये। वे अखिल भारतीय लेखकों की एक नयी परिषद भारतीय साहित्य परिषद के संस्थापक-सदस्य भी थे, और 1935 में हंस को उसके हवाले कर दिया। अपनी मृत्यु से कुछ समय पहले, लखनऊ में 1936 में प्रगतिशील लेखकों की संस्था प्रगतिशील लेखक संघ के प्रथम अधिवेशन की अध्यक्षता की।

प्रमुख कृतियाँ :

कहानियों के कई संग्रह; उपन्यास : सेवा सदन (1919), वरदान और प्रेमाश्रम (1921), रंगभूमि (1925), कायाकल्प (1926), निर्मला (1925 में 'चाँद' में धारावाहिक रूप से छपा, 1927 में प्रकाशित); ग़बन (1931), गोदान (1936); नाटक : संग्राम (1923), कर्बला (1924);

अनुवाद : अनातोले फ्रांस का थाया और गॉल्सवर्दी तथा शरर का फ़साना-ए-आज़ाद (1925)

26. बद्रीनाथ भट्ट (1891-1934)

जन्मस्थान : गोकुलपुरा गाँव (ज़िला आगरा)।

पृष्ठभूमि : संस्कृत और हिन्दी के प्रसिद्ध विद्वान तथा टीकाकार रामेश्वर भट्ट के पुत्र।

शिक्षा : स्नातक तक।

पेशा : सम्पादक, लेखक, विश्वविद्यालय में प्राध्यापक।

जीविका : 1916 में महावीर प्रसाद द्विवेदी के आदेश पर इण्डियन प्रेस, इलाहाबाद के लिए काम करना प्रारम्भ किया। 1917-9 के बीच वह बच्चों की पत्रिका 'बालसखा' के मुख्य सम्पादक थे और नियमित रूप से 'सरस्वती' के लिए लिखते थे जहाँ 1913 में ही उन्होंने हिन्दी में स्वच्छन्द कविता का समर्थन करना शुरू कर दिया था। 'प्रताप' समाचार-पत्र में 'गोलमालकारिणी सभा' नामक प्रसिद्ध हास्य स्तम्भ के लिए भी लिखते थे। वे लखनऊ विश्वविद्यालय में हिन्दी के प्रथम प्राध्यापक बने। 1921 में जाति के बाहर विवाह किया। वे केवल खड़ी बोली में ही लिखते थे, ज़्यादातर हास्य और ऐतिहासिक नाटक।

प्रमुख कृतियाँ

नाटक : चुंगी की उम्मीदवारी (1919), चन्द्रगुप्त नाटक (1920), तुलसीदास नाटक (1922), दुर्गावती (1925), विवाह विज्ञापन, मिस अमेरिकन (1929)

27. बनारसी दास चतुर्वेदी (1892-1981)

जन्मस्थान : फ़िरोज़ाबाद

पृष्ठभूमि : इनका जन्म आर्य समाजी परिवार में हुआ।

शिक्षा : उच्च माध्यमिक तक की शिक्षा आगरा कॉलेज में प्राप्त की; ब्रज भाषा के कवि एवं विद्धान सत्यनारायण कविरत्न के मार्गदर्शन में साहित्यिक शिक्षा ग्रहण की।

पेशा : सम्पादक।

जीविका : सर्वप्रथम 1913 में फ़र्रुख़ाबाद में हिन्दी के शिक्षक बने, फिर 1914 से 1920 तक इन्दौर के डाली कॉलेज में पढ़ाया, जो कि भारत के राजकुमारों का कॉलेज था (यहाँ वे सम्पूर्णानन्द के सम्पर्क में आये)। 'प्रवासी भारतीय,' भारतीय गिरमिटिया मज़दूरों, के मुद्दे पर वे मुख्यतः फ़ीजी में व्यस्त थे, 1926 में उन्हें भारतीय राष्ट्रीय कांग्रेस के प्रतिनिधिमण्डल के साथ पूर्वी अफ़्रीका भेजा गया। 1918 में इन्दौर में हिन्दी साहित्य सम्मेलन की सभा के दौरान उसके मन्त्री के रूप में, उनकी मुलाक़ात कई महत्वपूर्ण साहित्यिक और राजनीतिक शख़्सियतों से हुई 1920 और 1921 के मध्य वे सी. एफ़. एन्ड्रयूज़ के साथ शान्ति निकेतन में थे, तथा 1921 से 1925 तक उन्होंने अहमदाबाद स्थित गुजरात विद्यापीठ में पढ़ाया; 1927 में वे आर्यमित्र (आगरा) और अभ्युदय (इलाहाबाद) की सम्पादकीय परिषद में थे, जहाँ वे महावीर प्रसाद द्विवेदी, पुरुषोत्तम दास टण्डन, पण्डित सुन्दरलाल, और गणेश शंकर विद्यार्थी के सम्पर्क में आये। 1927 से 1937 तक उन्होंने रामानन्द चटर्जी के हिन्दी संस्करण मासिक 'विशाल भारत' (कलकत्ता) का सम्पादन किया, रामानन्द चटर्जी 'मॉर्डन रिव्यू' और 'बंगाली प्रवासी' के ख्यातिप्राप्त सम्पादक थे। विशाल भारत अपने तीखे सार्वजनिक अभियानों के लिए प्रसिद्ध हुआ, उदाहरणतः उग्र के चाकलेट और 'अश्लील साहित्य' (घासलेट साहित्य) के विरुद्ध तथा निराला की कठिन शैली के विरुद्ध। 1937 में वे टीकमगढ़ (मध्य प्रदेश) चले गये, जहाँ पर वे एक स्थानीय साहित्यिक संस्था का मार्गदर्शन करते थे, जिसका ख़र्चा स्थानीय राजा उठाते थे। वहीं उन्होंने मासिक मधुकर (1940-52) का सम्पादन किया। स्वतन्त्रता के बाद (1952-64) राज्य सभा के नामांकित सदस्य थे, दिल्ली में उनका घर हिन्दी साहित्यकारों का केन्द्र बन गया। गाँधी और टैगोर से अपने निजी सम्बन्धों के कारण उन्होंने हिन्दी साहित्यिक जगत में कुछ प्रभाव जमाया। वे पत्र-व्यवहार करने में बहुत तत्पर थे।

प्रमुख कृतियाँ

जीवनियाँ : सत्यनारायण कविरत्न (1906), भारत भक्त एण्ड्रयूज़ (1922), राजनैतिक और ऐतिहासिक निबन्ध : प्रवासी भारतवासी (1918); राष्ट्रभाषा (1919); हृदयतरंग (1920); फ़ीजी की समस्या (1927)

28. बाबूराव विष्णु पराड़कर (1880-1955)

जन्मस्थान : बनारस

पृष्ठभूमि : मराठी परिवार में जन्म; उनके पिता बनारस चले आये थे, वहाँ शिक्षा प्राप्त की और बिहार के कई सरकारी स्कूलों में प्रधान पण्डित रहे।

शिक्षा : पहले संस्कृत और बाद में अंग्रेज़ी की शिक्षा प्राप्त की, शिक्षा ज़्यादातर बिहार में हुई; इण्टरमीडिएट परीक्षा तेज नारायण कॉलेज, भागलपुर से दी। पिता की मृत्यु के बाद, उन्होंने अपनी पढ़ाई का ख़र्च ट्यूशनें पढ़ा कर निकाला, परन्तु प्लेग की महामारी में माँ और बहन की मृत्यु के बाद अन्ततः उन्हें पढ़ाई छोड़नी पड़ी।

पेशा : सम्पादक और पत्रकार।

जीविका : माँ और बहन की मृत्यु के बाद वे जीविका की तलाश में कलकत्ता चले गये। उनकी पहली नौकरी 1906 में हिन्दी बंगवासी में हुई; फिर 1907-10 तक वह हितवादी के हिन्दी संस्करण हितवार्ता में काम करते रहे, और मुख्यतः राजनैतिक लेख और सम्पादकीय लिखते रहे। इसी दौरान उन्होंने बंगाल नैशनल कॉलेज से हिन्दी और मराठी पाठ्यक्रमों की शिक्षा प्राप्त की, यहाँ वे कॉलेज के प्रधानाचार्य अरविन्द घोष और उनके भाई रासबिहारी घोष के सम्पर्क में आये। 1910-15 के बीच उन्होंने अम्बिकादत्त बाजपेयी के साथ दैनिक 'भारतमित्र' में सह-सम्पादक के रूप में काम किया। 1916 और 1920 के बीच उन्हें राजनैतिक कारणों से मुजरिम क़रार दिया गया। 1920 में वे बनारस लौट गये, जहाँ वे शिवप्रसाद गुप्त के राष्ट्रवादी दैनिक आज में चले गये और श्रीप्रकाश (1890-91) के साथ मिल कर उसे हिन्दी के सर्वश्रेष्ठ समाचार-पत्रों की पंक्ति में ले आये। 1930 में आज में एक लेख लिखने के कारण उन्हें गिरफ़्तार किया गया और 1000 रु. का जुर्माना भी लगा। सविनय अवज्ञा के दौरान जब आज बन्द हो गया तो उन्होंने ख़बरों के साइक्लोस्टाइल किये गये पत्र रणभेरी का सम्पादन और प्रकाशन भूमिगत रहते हुए गुप्त रूप से किया। 1937 में हंस के लिए प्रेमचन्द स्मृति अंक का सम्पादन किया। वृन्दावन में हिन्दी साहित्य सम्मेलन के प्रथम सम्पादक सम्मेलन के सभापति थे, और हिन्दी-हिन्दुस्तानी विवाद के चरम पर शिमला में हिन्दी साहित्य सम्मेलन के 27 वें अधिवेशन के सभापति थे।

29. बाल कृष्ण शर्मा 'नवीन' (1897-1960)

जन्मस्थान : भायानाम गाँव, शाजापुर ज़िला (ग्वालियर राज्य)

पृष्ठभूमि : उनके पिता एक ग़रीब वैष्णव ब्राह्मण थे जो नाथद्वारा (राजपूताना) चले गये थे।

शिक्षा : शाजापुर में अंग्रेज़ी में मिडल की परीक्षा उत्तीर्ण करने के बाद, वे उज्जैन गये और माधव कॉलेज में हाई स्कूल में भर्ती हुए। मैट्रीकुलेशन के बाद, 1910 में कानपुर के क्राइस्ट चर्च कॉलेज में स्नातक बनने के लिए दाख़िला लिया। असहयोग आन्दोलन में शामिल होने के लिए उन्होंने आख़िरी साल में कॉलेज छोड़ दिया।

पेशा : कवि, राजनैतिक कार्यकर्ता

जीविका : 1913 में पहली बार लखनऊ कांग्रेस में गये, जहाँ उनकी मुलाकात गणेश शंकर विद्यार्थी, माखनलाल चतुर्वेदी और मैथिलीशरण गुप्त से हुई; विद्यार्थीजी का व्यवहार विशेष रूप से दोस्ताना था। एक बार कानपुर जाने बाद वे 'प्रताप परिवार' का हिस्सा बन गये और भगवती चरण वर्मा, कौशिक, लक्ष्मीधर वाजपेयी इत्यादि से उनका परिचय हुआ। वे राष्ट्रवादी और प्रेम दोनों तरह की कविताएँ लिखते थे और प्रताप में कार्यरत थे, 1924 से प्रभा और 1931 में विद्यार्थी की मृत्यु के बाद प्रताप का सम्पादन किया। पहली बार 1916 में एक कहानी 'सन्तू' सरस्वती में प्रकाशित हुई। विद्यार्थी के साथ वह कांग्रेस के सभी अभियानों से जुड़े रहे; नवीन पहले गाँधी के और बाद में सुभाष चन्द्र बोस के समर्थक थे। कुछ वर्षों के लिए वे यू.पी.प्रान्तीय कांग्रेस कमेटी के भी सदस्य थे। वे संविधान सभा के भी सदस्य थे, जहाँ वह हिन्दी के समर्थन में सक्रिय रहे; 1952 में सांसद चुने गये।

प्रमुख कृतियाँ :

कविता : कुसुम (1936); अपलक (1952); उर्मिला (1957)

30. पाण्डेय बेचन शर्मा 'उग्र' (1900-67)

जन्मस्थान : चुनार, ज़िला मिर्ज़ापुर

पृष्ठभूमि : बहुत ही ग़रीब और विपदाग्रस्त परिवार में जन्म। उनके पिता को जुए की लत थी और उनके बड़े भाई रामलीला में अभिनय करने वाले निरंकुश व्यक्ति थे।

शिक्षा : चुनार में थोड़ी-सी प्राथमिक शिक्षा। झगड़े-फ़साद की आदत के कारण उन्हें स्कूल से निकाल दिया गया। बाद में बाबूराव विष्णु पराड़कर और शिवप्रसाद गुप्त के संरक्षण में बनारस में आंशिक रूप से दोबारा शिक्षा प्रारम्भ की।

पेशा : लेखक।

जीविका : छोटी उम्र में अनाथ होने के कारण, उनका पालन-पोषण बड़े भाई के 'संरक्षण' में हुआ, जो उन्हें अयोध्या के अपने रामलीला दल में अभिनय करने के लिए

साथ ले गये। यह एक कठिन अनुभव था जिसके बारे में खुल कर अपनी आत्मकथा में उन्होंने लिखा। कुछ दिन बनारस में रहने के बाद, वे स्वयं कलकत्ता चले गये, जहाँ कुछ समय के लिए एक दुकान में लिपिक का काम किया। असहयोग आन्दोलन के समय वे बनारस लौटे, आन्दोलन में शामिल हुए और जेल गये। 1920 में उन्होंने एक बड़ी राष्ट्रवादी कविता ध्रुवधारणा लिखी, और आज के लिए नियमित रूप से राष्ट्रवादी लेख लिखते रहे और बनारस में रहते हुए लाला भगवान दीन से छन्द शास्त्र की शिक्षा ली। उन्होंने गोरखपुर के समाचार-पत्र स्वदेश के जिस विशेष अंक विजयांक का सम्पादन किया उस पर प्रतिबन्ध लग गया, और उन्हें एक बार फिर से जेल जाना पड़ा। कांग्रेस अधिवेशन के लिए कलकत्ता जाने पर वे मतवाला कार्यालय से जुड़ गये; उसके मालिक महादेव प्रसाद सेठ 'उग्र' के परिवार से सम्बन्धित थे। वहाँ उन्होंने सनसनीख़ेज़ सामाजिक उपन्यास लिखने प्रारम्भ किये जो एक समकालीन के अनुसार, 'मूँगफली की तरह बिके'। पुरुष समलैंगिकता पर आधारित कहानियों के संग्रह, चॉकलेट, को ले कर बनारसी दास चतुर्वेदी ने अश्लील साहित्य के ख़िलाफ़ अभियान छेड़ा। जब मतवाला बन्द हुआ तो उग्र मूक चलचित्रों में काम करने के लिए बम्बई गये, परन्तु क़र्ज़ के बोझ से दब गये। बम्बई से कुछ समय के लिए इन्दौर चले गये, जहाँ वीणा और स्वराज्य पत्रिका, और उज्जैन में मासिक विक्रम का सम्पादन किया। 1945 से 1948 के बीच वे पुनः बम्बई में थे, फिर 1950 तक मिर्ज़ापुर में, और एक साल कलकत्ता में बिताने के बाद वे अन्ततः दिल्ली चले गये।

प्रमुख कृतियाँ :

उपन्यास : चन्द हसीनों के ख़ुतूत (1927); बुधुआ की बेटी (1928); दिल्ली का दलाल (1928); चुम्बन। कहानी संग्रह : चॉकलेट (1927); शराबी (1930); घंटा; सरकारी तुम्हारी आँखों में (1937); जीजीजी (1943)। नाटक : महात्मा ईसा। आत्मकथा : अपनी ख़बर (1960)

31. भगवतीचरण वर्मा (1903-81)

जन्मस्थान : साफ़ीपुर गाँव, ज़िला उन्नाव; बचपन पटकापुर मोहल्ला, कानपुर में बीता।

पृष्ठभूमि : उनके पिता कानपुर में वकील थे।

शिक्षा : सबसे पहले स्थानीय आर्य समाज स्कूल में फिर थियोसॉफ़िकल स्कूल में, इण्टरमीडिएट 1924 में; इलाहाबाद विश्वविद्यालय (हॉलैण्ड हॉल) से 1928 में स्नातक एवं एल-एल.बी.।

पेशा : वकील, लेखक, पटकथा लेखक।

जीविका : पिता की अकाल मृत्यु और 1920 में मार्गदर्शक गुरु की मृत्यु के बाद, दारुण आर्थिक दबाव में उन्हें परिवार की देख-रेख करनी पड़ी। वे जल्द ही गणेश शंकर

विद्यार्थी के प्रभाव में आ गये और 1917 में प्रताप में अपनी पहली कविता प्रकाशित की; उनके मित्रों में विश्वम्भर नाथ शर्मा 'कौशिक,' बालकृष्ण शर्मा 'नवीन' और रमा शंकर अवस्थी थे। गणेश शंकर विद्यार्थी के ज़ोर देने पर ही उन्होंने विक्टर ह्यूगो की किताबों को पढ़ा, और 1922-23 में प्रभा के लिए मार्क्स, मेज़िनी और प्रमुख फ़्रांसीसी क्रान्तिकारी नेताओं पर भी लेख लिखे। कम उम्र में ही उन्हें छायावादी कवि के रूप में प्रशंसा मिली, और उनके लेख हिन्दी पत्रिकाओं में विस्तृत रूप से प्रकाशित हुए; 1923 में कानपुर में हिन्दी साहित्य सम्मेलन के 13वें अधिवेशन के दौरान आयोजित कवि सम्मेलन में उन्हें पहली बार सार्वजनिक मान्यता मिली। उनका पहला उपन्यास पतन (1929) असफल रहा, परन्तु आने वाले दिनों में वे सफल लोकप्रिय हिन्दी उपन्यासकारों में शामिल हो गये और एक अच्छे कहानीकार भी। इलाहाबाद आने के बाद वे कृष्ण कान्त मालवीय के सम्पर्क में आये। विश्वविद्यालय की शिक्षा समाप्त होने के बाद, हमीरपुर और फिर इलाहाबाद में वकालत का असफल प्रयास किया। एक बार, धन की कमी के कारण गंगा पुस्तक माला के लिए एक दिन में कविताओं का संग्रह (एक दिन) लिखा। उपन्यास चित्रलेखा और उस पर आधारित फ़िल्म की सफलता के बाद, कलकत्ता की एक मूवी कम्पनी ने पटकथा लेखक के तौर पर उन्हें आमन्त्रित किया; बाद में वे बम्बई चले गये, पर अन्ततः 1947 के बाद पुस्तकों से मिलने वाली प्रचुर रॉयल्टी के बल पर लखनऊ में बस गये।

प्रमुख कृतियाँ :

कविताएँ : मधुबन (1932), प्रेम-संगीत (1937), मानव। उपन्यास : पतन (1929), चित्रलेखा (1934), तीन वर्ष (1946), टेढ़े-मेढ़े रास्ते (1946), भूले-बिसरे चित्र (1959)

31ए. लाला भगवान दीन (1879-1930)

जन्मस्थान : बरवत गाँव, फ़तेहपुर ज़िला।

पृष्ठभूमि : उनका जन्म एक कायस्थ परिवार में हुआ जो 1857 की क्रान्ति के समय रायबरेली से रामपुर चला गया था, जहाँ वे लोग बख़्शी (स्थानीय नवाब के ख़ज़ांची) बन गये थे। उनके पिता साधारण लिपिक थे और ज़्यादातर समय घर से दूर सरकारी कार्य में बिताते थे।

शिक्षा : 1887 में अपनी माँ की मृत्यु के बाद पिता के साथ बुन्देलखण्ड जाने तक उनकी प्रारम्भिक शिक्षा उर्दू और फ़ारसी में हुई; वे नरगाँव छावनी पर एक मदरसे में पढ़ते रहे और 1893 में फ़तेहपुर के अंग्रेज़ी स्कूल में भर्ती हुए, जहाँ से उन्होंने 1900 में प्रवेश परीक्षा उत्तीर्ण की। प्रान्तीय सरकार द्वारा दी गयी आठ रुपये की छात्रवृत्ति के कारण ही वे कायस्थ पाठशाला, इलाहाबाद में दाख़िला करवा सके, परन्तु प्रथम वर्ष की

परीक्षा के बाद ही उन्हें पाठशाला छोड़नी पड़ी।

पेशा : शिक्षक, साहित्यिक विद्वान, कवि।

जीविका : सर्वप्रथम उनकी नियुक्ति कायस्थ पाठशाला में शिक्षक के रूप में हुई, उसके बाद छतरपुर रियासत के राजकीय विद्यालय में जाने से पहले कुछ वक़्त के लिए ज़नाना मिशन गर्ल्स हाई स्कूल में फ़ारसी शिक्षक रहे। छतरपुर के राजकीय स्कूल में उन्होंने 1907 तक पढ़ाया। उन्हें हिन्दी के संस्कार अपने दादा से मिले, जो समर्पित भक्त थे और उन्हें तुलसीदास का रामचरितमानस पढ़ कर सुनाया करते थे। छतरपुर में स्थानीय सार्वजनिक पुस्तकालय की सहायता से हिन्दी साहित्य और ब्रज भाषा की कविता में उनकी रुचि और विकसित हुई और उन्होंने एक स्थानीय पण्डित से छन्द-शास्त्र की शिक्षा ग्रहण की; ब्रज भाषा की उनकी कविताएँ रसिकमित्र और रसिकवाटिका पत्रिकाओं में छपीं और उन्होंने स्वयं 1905 से ब्रज भाषा कविता की पत्रिका का सम्पादन किया। उन्होंने बुन्देलखण्डी भाषा सीखी और उसके पहाड़ी क्षेत्रों में घूमना उन्हें पसन्द था। श्यामसुन्दर दास के सहयोग से, उन्हें बनारस के सेन्ट्रल हिन्दू स्कूल में फ़ारसी के शिक्षक की जगह मिली, और उन्होंने नागरी प्रचारिणी सभा में पुरानी हिन्दी पाण्डुलिपियों और सभा के शब्दकोष हिन्दी शब्दसागर के सम्पादन में भी योग दिया। 1915 के आस-पास उन्होंने हिन्दी साहित्य सम्मेलन की परीक्षाओं के लिए छात्रों को तैयार करने के उद्देश्य से हिन्दी साहित्य विद्यालय की शुरूआत की। 1921 में वे बी.एच.यू. में हिन्दी के प्राध्यापक बने और मुख्यतः रीति काव्य पढ़ाते रहे। तीन बार विवाह किया, दूसरी बार उन्होंने प्रसिद्ध कवियत्री बुन्देलाबाला से विवाह किया, और उसके बाद उनकी छोटी बहन से। उन्होंने ब्रज भाषा और खड़ी बोली दोनों में लिखा, और समस्या-पूर्ति में महारत हासिल की। उन्हें केशवदास के कुछ योग्य टीकाकारों में एक माना जाता है।

प्रमुख कृतियाँ

कविता : वीर पंचरत्न (1913); नवीन-बीन (1926); साहित्यिक आलोचना : अलंकार मंजूषा (1931); व्यंग्यार्थ-मंजूषा (1927); सम्पादित : ब्रजरत्न दास और रामचन्द्र शुक्ल के साथ तुलसी-ग्रन्थावली (1923); रामचन्द्रिका, कविप्रिया, तुलसीदास की कवितावली और बिहारी सतसई पर टीकाएँ।

31बी. पण्डित मदन मोहन मालवीय (1861-1946)

जन्मस्थान : अहियापुर मोहल्ला, इलाहाबाद।

पृष्ठभूमि : धर्म-ग्रन्थों की व्याख्या करने वाले, जाने-माने व्यास के पुत्र। उन्होंने अपना नाम बदल कर मल्लई से मालवीय किया था।

शिक्षा : सबसे पहले शिक्षा संस्कृत पाठशाला में पायी और उसके बाद म्योर सेन्ट्रल कॉलेज में; 1884 में कलकत्ता विश्वविद्यालय से स्नातक हुए। उन्हें एम.ए. की पढ़ाई छोड़

कर स्थानीय राज़कीय हाईस्कूल में संस्कृत पढ़ाना पड़ा।

पेशा : वकील, राजनैतिक कार्यकर्ता

जीविका : प्रारम्भ से ही वे जन सेवा के कार्यों से जुड़ गये जिनमें प्रयाग हिन्दू समाज की स्थापना भी शामिल है। उन्होंने यह कार्य अपने संस्कृत के प्राध्यापक आदित्य राम भट्टाचार्य और कालाकाँकर के राजा रामपाल सिंह (1880) के साथ मिल कर किया; भारती भवन पुस्तकालय (1889) और हिन्दू हॉस्टल (1903) स्थापित किया, गो-रक्षा और हिन्दी के लिए नागरी बनाम फ़ारसी लेखन शैली के मुद्दे पर आन्दोलन किया। 1897 में कोर्ट स्क्रिप्ट ऐण्ड प्राइमरी एजुकेशन लिखा, और 1900 में यू.पी. में नागरी को सरकारी लिपि का दर्जा दिलाने के लिए एण्टनी मैकडॉनल पर दबाव डालने वाले दल की अगुआई की। रामपाल सिंह के बुलावे पर प्रथम हिन्दी दैनिक, हिन्दोस्थान (1877-79) का सम्पादन करने के बाद वे कानून की पढ़ाई करने के लिए वापस चले गये। 1893 में इलाहाबाद हाईकोर्ट में सफलता के साथ वकालत शुरू की; असहयोग आन्दोलन के बाद उन्होंने कुछ ही राजनैतिक मुक़दमे लड़े, जैसे कि 1922 में उन्होंने चौरी-चौरा के अभियुक्तों का बचाव किया। उन्होंने कई प्रभावशाली समाचार-पत्रों को शुरू करने में भी महत्वपूर्ण भूमिका निभायी : मासिक अभ्युदय (1907) तथा द लीडर (1909) और हिन्दी मासिक मर्यादा (1910)। इलाहाबाद नगरपालिका के पार्षद और उप-सभापति चुने गये, 1903 में वे मनोनीत हुए और बाद में यू.पी. विधान परिषद में चुने गये, वहाँ से वे सरकारी प्रतिनिधि परिषद (वाइस-रीगल काउन्सिल) में वापस भेज दिये गये, जिससे उन्होंने 1920 में त्यागपत्र दे दिया, यद्यपि शुरू में वे असहयोग आन्दोलन के विरुद्ध थे। 1920 के बाद वे मुख्य रूप से हिन्दू नेता के रूप में सक्रिय हो गये और ज़मींदार तथा धनवान उद्योगपतियों के मित्र बने। 1923 में उन्होंने अखिल भारतीय हिन्दू महासभा का पुनर्गठन किया; 1926 में वे भारतीय राष्ट्रवादी पार्टी के अलग झण्डे के नीचे, और 1935 में कांग्रेस राष्ट्रवादी पार्टी के साथ चुनाव लड़े। 1916 में बनारस हिन्दू विश्वविद्यालय को स्थापित करने के जीवन-भर के सपने को चरितार्थ करने के बाद वे बनारस हिन्दू विश्वविद्यालय के उपकुलपति के रूप में वहाँ चले गये।

प्रमुख कृतियाँ :

निबन्ध : कोर्ट कैरेक्टर ऐण्ड प्राइमरी एजुकेशन इन नॉर्थ वेस्टर्न प्रॉविन्सेज़ ऐण्ड अवध(1897)

32. महादेवी वर्मा (1902-1987)

पृष्ठभूमि : मूलतः फ़र्रुख़ाबाद के नौकरी पेशा कायस्थ परिवार में जन्म; उनके पिता परिवार में अंग्रेज़ी सीखने वाले पहले सदस्य थे, सम्भावित लिपिक की नौकरी छोड़ कर वे इ्यूइंग क्रिश्चियन कॉलेज, इलाहाबाद से स्नातक और इलाहाबाद विश्वविद्यालय

से अंग्रेज़ी में एम.ए. की डिग्री हासिल करने के लिए भाग गये। अंग्रेज़ी मानसिकता के कारण, उन्होंने भारतीय राजकुमारों को पहले दरभंगा में, फिर भोपाल और अन्ततः डाली कॉलेज, इन्दौर में पढ़ाया; बाद में वे छोटे-से राज्य नरसिंहगढ़ के मन्त्री बन गये। उन्होंने अपनी सभी बेटियों को शिक्षित किया और बाद में महादेवी के अकेले जीवन बिताने के निर्णय का समर्थन किया। महादेवी की माता शिक्षित नहीं थीं, परन्तु वल्लभ सम्प्रदाय की धार्मिक मौखिक परम्परा से भली-भाँति परिचित थीं।

शिक्षा : घर पर साहित्य (संस्कृत और ब्रज भाषा दोनों में), संगीत और चित्रकला में उदार शिक्षा मिली, और छोटी-सी उम्र में पहली कविता की रचना की। 1918 में वे क्रॉस्थवेट कॉलेज, इलाहाबाद भेजी गयीं, 1929 में स्नातक तक की सम्पूर्ण शिक्षा वहीं रह कर अंग्रेज़ी, दर्शन और संस्कृत विषयों के साथ पूरी की (1925 में इलाहाबाद विश्वविद्यालय ने सह शिक्षा समाप्त कर दी)। सुभद्रा कुमारी चौहान और रामेश्वरी गोयल वहाँ उनकी स्कूली सहेलियाँ थीं। उसी विश्वविद्यालय से उन्होंने संस्कृत में एम.ए. की डिग्री हासिल की।

जीविका : छोटी उम्र से लिखना प्रारम्भ किया और 1922 से, कॉलेज में रहते हुए ही, उन्होंने अपनी कविताएँ 'चाँद' में प्रकाशित कीं और सुकवि समाज के कुछ ख़ास कविता पाठों में उपस्थित हुईं; प्रारम्भ में वे समस्या-पूर्ति लिखती थीं, फिर पन्त से प्रभावित हो कर प्रगीत की ओर चली गयीं। महादेवी को हिन्दी साहित्यिक क्षेत्र में शीघ्र ही ख्याति मिली; और उनके संग्रह नीरजा 1934 को सेकसरिया पुरस्कार से सम्मानित किया गया। राम कुमार वर्मा और भगवती चरण वर्मा के साथ उन्हें छायावाद का 'तीन व्यक्तियों का छोटा सा समूह' माना जाता था। 1937 में उनकी अध्यक्षता में हुए लखनऊ कवि सम्मेलन की अप्रिय घटना के कारण वे सार्वजनिक सभाओं से अलग हो गयीं। 1913 में विवाह हुआ, पर उन्होंने पति के साथ रहना स्वीकार नहीं किया और उनके पति भी इस पर सहमत हो गये। 1930 में उन्होंने खादी पहनना और इलाहाबाद के बाहर दो गाँवों में अध्यापन शुरू किया। जिसका विवरण उन्होंने अतीत के चलचित्र में दिया है। 'चाँद' में प्रकाशित उनकी सम्पादकीय टिप्पणियाँ श्रृंखला की कड़ियाँ के नाम से प्रकाशित हुईं। 1932 में महिला विद्यापीठ कॉलेज के शुभारम्भ के अवसर पर महिलाओं के कवि सम्मेलन के बाद, उन्हें कॉलेज प्रधानाचार्य बनाया गया। 1935 और 1938 के बीच उन्होंने 'चाँद' का सम्पादन किया; महादेवी का विदुषी अंक विशेष रूप से सराहा गया। इलाहाबाद में सरकारी अनुदान द्वारा साहित्यकार संसद की स्थापना में उन्होंने महत्वपूर्ण भूमिका निभायी। विद्यापीठ के कारण प्रान्त के प्रायः सभी कांग्रेसी नेताओं से उनके अच्छे रिश्ते थे।

प्रमुख कृतियाँ :

कविता : नीहार (1930), रश्मि (1932), नीरजा (1934), दीप-शिखा (1942),

चित्र एवं निबन्ध : अतीत के चलचित्र (1941), श्रृंखला की कड़ियाँ (1942), स्मृति की रेखाएँ (1943) साहित्यकार की आस्था (प्रथम संस्करण 1940)

33. महावीर प्रसाद द्विवेदी (1864-1938)

जन्मस्थान : दौलतपुर गाँव, ज़िला रायबरेली।

पृष्ठभूमि : उनके दादा विद्वान पण्डित थे जो बंगाल सेना की टुकड़ियों को पुराण पढ़ कर सुनाते थे; उनके पिता एक सैनिक थे जिन्होंने 1857 की क्रान्ति में भाग लिया और उसके बाद बम्बई भाग गये, जहाँ वे किसी वल्लभ गोस्वामी की सेवा करते रहे।

शिक्षा : शिक्षा का प्रारम्भ गाँव की पाठशाला में हुआ, 1877 में अंग्रेज़ी सीखने के लिए बरेली के ज़िला विद्यालय में दाख़िला लिया, वहाँ संस्कृत नहीं पढ़ायी जाती थी, इसलिए उन्हें एक विषय के रूप में फ़ारसी पढ़नी पड़ी। अपने पिता के साथ बम्बई जाने के बाद संस्कृत, गुजराती, मराठी, बंगाली और अंग्रेज़ी भाषा सीखी।

पेशा : तार बाबू (टेलीग्राफ़ मास्टर), सम्पादक, साहित्यिक विद्वान।

जीविका : सबसे पहले बम्बई में द्विवेदी जी की नियुक्ति रेलवे में लिपिक के पद पर हुई और उनका तबादला नागपुर और अजमेर में हुआ। एक परीक्षा में सफल होने के बाद वह तार संकेतक (टेलीग्राफ़ सिग्नलर) बन गये, और कई बार की पदोन्नतियों और तबादलों के बाद वे झाँसी में ज़िला यातायात अधीक्षक (डिस्ट्रिक्ट ट्रैफ़िक सुपरिटेन्डेन्ट) के दफ़्तर में प्रधान लिपिक (हेड क्लर्क) बने। इस दौरान वे विद्वानों से संस्कृत और पुराने हिन्दी ग्रन्थों की शिक्षा ग्रहण करते रहे, और उनकी समालोचनाएँ प्रकाशित होने लगीं। इण्डियन प्रेस की एक प्रथमा पुस्तिका की ऐसी ही एक समालोचना ने उसके प्रकाशक चिन्तामणि घोष का ध्यान आकृष्ट किया, जिन्होंने द्विवेदी से मासिक सरस्वती का सम्पादन करने के लिए कहा। द्विवेदी ने अपनी नौकरी से इस्तीफ़ा दे दिया और इण्डियन प्रेस चले गये, यद्यपि वे कानपुर के निकट जूही गाँव में ही रहते रहे। उनके सम्पादकत्व में पत्रिका की प्रतिष्ठा और महत्व में अत्यधिक वृद्धि हुई। आधुनिक हिन्दी गद्य की रूप-रेखा निर्धारित करने और उसे उन्नत स्तर पर लाने का श्रेय द्विवेदी जी को दिया जाता है। इण्डियन प्रेस के साथ उनके सहयोग का नतीजा किताबों और पाठ्यपुस्तकों की लम्बी श्रृंखला के रूप में सामने आया; वास्तव में, जहाँ तक किताबों और सहायकों का सवाल है उन्होंने प्रेस की साहित्यिक नीति का मार्गदर्शन परोक्ष रूप से किया, और उन्हें जो सम्मान दिया जाता था उसके लिए वह अपने प्रकाशक चिन्तामणि घोष के सदैव आभारी रहे। इण्डियन प्रेस के लिए उन्होंने भर्तृहरि, कालिदास, जयदेव, जगन्नाथ, इत्यादि का अनुवाद हिन्दी में किया। भाषा और साहित्य पर उनके स्पष्ट और कड़े विचारों ने उन्हें हिन्दी साहित्यिक जगत में अत्यधिक प्रतिष्ठा दिलायी, और सरस्वती में प्रकाशित होना प्रतिष्ठित होने की निशानी बन गया। द्विवेदी जी ने लिखने वालों के एक स्थायी दल को

संगठित किया, वे हिन्दी विद्वानों और लेखकों के एक विशाल समुदाय के केन्द्र में थे, और युवा पीढ़ी के अनेक लेखकों ने उनसे प्रेरणा प्राप्त की। अवकाश ग्रहण करने से पहले उन्होंने अपना उत्तराधिकारी, युवा पदुमलाल पुन्नालाल बख़्शी को चुना, और उनके बाद कार्य-भार सँभालने वाले सम्पादक देवीदत्त शुक्ल को भी। 1920 में अवकाश ग्रहण करने के बाद द्विवेदी एक सम्मानित व्यक्ति बने रहे। वे अपने गाँव दौलतपुर लौट गये, जहाँ वे पारिवारिक खेती-बाड़ी की देख-भाल करते रहे। वहीं उन्होंने एक सार्वजनिक पुस्तकालय और एक छोटा हस्पताल खोला और मृत्यु पर्यन्त गाँव पंचायत के मुखिया बने रहे। उन्होंने अपने अनेक लेखों को कई पुस्तकों में सम्पादित किया। कानपुर में 1923 में हुए तेरहवें हिन्दी साहित्य सम्मेलन के दौरान वे स्वागत समिति के सभापति थे, लेकिन आम तौर पर वे हिन्दी संस्थाओं से दूर रहते थे और विशेष रूप से श्यामसुन्दर दास के आलोचक थे, फिर भी उन्होंने अपनी किताबें नागरी प्रचारिणी सभा को दीं और दान में दी गयी इन किताबों से हो रही आमदनी से एक पारितोषिक की स्थापना भी की। गाँव में उनके जीवन का आख़िरी समय, किसी आधुनिक सुविधा, बच्चों या परिवार के बिना अनेक कष्टों और गिरते स्वास्थ्य के बीच बीता।

प्रमुख कृतियाँ

हिन्दी भाषा की उत्पत्ति (1907); सम्पत्ति शास्त्र (1907); हिन्दी महाभारत (1908)। लेखों का संग्रह : कालिदास की निरंकुशता (1912); कालिदास और उनकी कविता (1920); सुकवि संकीर्तन (1924); साहित्य सन्दर्भ (1928); साहित्य सीकर (1930)

34. माखनलाल चतुर्वेदी (1889-1968)

जन्मस्थान : बवई गाँव (होशंगाबाद ज़िला, सी. पी.)

पृष्ठभूमि : राधावल्लभ सम्प्रदाय से जुड़े एक ग़रीब परिवार में जन्म हुआ।

शिक्षा : घर में संस्कृत के साथ गाँव में प्रारम्भिक शिक्षा प्राप्त की, 1903 में मिडल परीक्षा और 1904 में (स्थानीय भाषा के शिक्षकों के लिए) नॉर्मल स्कूल परीक्षा; 1906 में स्वयं अंग्रेज़ी सीखी।

पेशा : सम्पादक

जीविका : सर्वप्रथम 1904 में प्रतिमाह आठ रुपये के वेतन पर खँडवा मिडल स्कूल में शिक्षक के पद पर नियुक्त हुए। प्रभा (1913, मासिक) का सम्पादन करना प्रारम्भ किया, और 'एक भारतीय आत्मा' उपनाम से राष्ट्रवादी कविताएँ लिखने लगे। क्रान्तिकारी आन्दोलन में शामिल होने के लिए उन्होंने अध्यापन का कार्य छोड़ा और तिलक के समर्थक बन गये। कानपुर में वे गणेश शंकर विद्यार्थी के सम्पर्क में आये, 1917 में गाँधी से मुलाकात हुई और देश के कल्याण के लिए अपना जीवन समर्पित करने का संकल्प

लिया। 1919 में उन्हें जबलपुर भेजा गया, जहाँ उन्होंने माधवराव सप्रे, विष्णुदत्त शुक्ल और लक्ष्मण सिंह चौहान के साथ मिल कर मासिक 'कर्मवीर' का सम्पादन किया। उन्होंने खँडवा में एक प्रान्तीय राजनैतिक सभा का आयोजन किया और 1923 में नागपुर झण्डा सत्याग्रह में भाग लिया, और जब 1924 में विद्यार्थी को जेल ही सज़ा हो गयी तो वे 'प्रताप' का सम्पादन करने के लिए कानपुर चले गये; उन्हें मई 1925 में पहली बार गिरफ़्तार किया गया। 1926 में वह महाकोशल से कांग्रेस के टिकट पर विधान-सभा के लिए चुने गये। मध्य प्रदेश हिन्दी साहित्य सम्मेलन में सक्रिय होने के साथ-साथ, 1943 में वे अखिल-भारतीय हिन्दी साहित्य सम्मेलन के सभापति रहे। 1967 में उन्होंने पद्मभूषण सम्मान लौटा दिया जब भारत सरकार ने उस शर्त को ही स्थगित कर दिया जिसके अनुसार केवल हिन्दी को ही एकमात्र राष्ट्रीय भाषा बनना था।

प्रमुख कृतियाँ

नाटक : कृष्णार्जुन युद्ध (1918); कविता : हिमकिरीटिनी (1941); साहित्य देवता (1941), हिमतरंगिनी (1949); माता (1952)

34ए. श्याम बिहारी मिश्र (1873-1947) और शुकदेव बिहारी मिश्र (1878-1951)

जन्मस्थान : इटौंजा गाँव (ज़िला लखनऊ)

पृष्ठभूमि : उनका जन्म एक जाने-माने और ज्ञानी कान्यकुब्ज ब्राह्मण परिवार में हुआ, जिसकी जीविका ज़मींदारी और सूदख़ोरी से चलती थी।

शिक्षा : घर पर विद्यारम्भ के बाद, दोनों को पहले गाँव में उर्दू की शिक्षा मिली, उसके पश्चात बस्ती के चर्च मिशन हाईस्कूल में, और अन्ततः लखनऊ में। श्यामबिहारी पहली बार मिडल की परीक्षा मे असफल रहे, उसके बाद 1891 में जुबिली हाई स्कूल, लखनऊ की प्रवेश परीक्षा में उत्तीर्ण हुए। 1893 में, वे इण्टरमीडिएट की परीक्षा में सफल हुए, 1895 में उन्हें कैनिंग कॉलेज, लखनऊ से स्नातक (अंग्रेज़ी आनर्स) की डिग्री, और 1896 में इलाहाबाद विश्वविद्यालय से एम.ए. की डिग्री प्राप्त हुई। शुकदेव बिहारी ने 1893 में जुबिली हाई स्कूल से मिडल की परीक्षा में सफलता प्राप्त की, और 1899 में स्नातक हुए और कैनिंग कॉलेज से स्वर्ण पदक मिला। 1897 में एल-एल.बी. में उत्तीर्ण हुए।

पेशा : कलेक्टर और प्रशासक

जीविका : श्यामबिहारी पहले डिप्टी कलेक्टर बने, फिर अनेक रजवाड़ों के सचिव और दीवान बने; वे पुलिस अधीक्षक और कलेक्टर भी रहे। 1924 से 1928 तक वे राज्यों की परिषद के मानद सदस्य थे, और 1928 में उन्हें राय बहादुर की उपाधि से सम्मानित किया गया; 1933 में ओरछा के महाराजा ने उन्हें राव राजा की उपाधि दी, तथा 1937

में इलाहाबाद विश्वविद्यालय से मानद उपाधि मिली। शुकदेव बिहारी पहले वकील थे, उसके बाद सब-जज और अन्ततः छतरपुर राज्य के दीवान बने, जहाँ समय-समय पर वे हिन्दी लेखकों को आमन्त्रित करते थे। 1913 में सीतापुर में उन्होंने कान्यकुब्ज सभा का सभापतित्व किया। 1927 में उन्हें राय बहादुर की उपाधि से सम्मानित किया गया। 1930 में, यूरोप में दूर-दूर तक यात्रा की, और 1931 में अवकाश ग्रहण किया। दोनों भाई कई विश्वविद्यालयों में सीनेट के सदस्य और परीक्षक थे। नागरी प्रचारिणी सभा से उनका नज़दीकी रिश्ता था, कई वर्षों तक इन पर हिन्दी पाण्डुलिपियों की खोज की ज़िम्मेदारी थी। उनकी प्रसिद्धि बहुत हद तक दो कृतियों : हिन्दी नवरत्न (1910-11) जो हिन्दी साहित्य के 'नौ रत्नों' का परिचय सहित संकलन है, और मिश्रबन्धु-विनोद (1913), शिवसिंह सेंगर का शिवसिंह सरोज तथा खोज से निकली पाण्डुलिपियों के सूचीपत्र पर आधारित पाँच हज़ार हिन्दी लेखकों और कृतियों का बहुत बड़ा संग्रह है। रामचन्द्र शुक्ल और महावीर प्रसाद द्विवेदी ने इस दूसरी कृति की आलोचना की थी। मान्य आलोचकों और समीक्षकों के नाते, उन्होंने अंग्रेज़ी स्रोतों से हिन्दी में इतिहास की पुस्तकें, और मौलिक ऐतिहासिक उपन्यास लिखे।

प्रमुख कृतियाँ :

साहित्यिक इतिहास : हिन्दी नवरत्न (1910-11), मिश्रबन्धु-विनोद (1913)

35. बाबू मैथिलीशरण गुप्त (1886-1964)

जन्मस्थान : झाँसी के निकट चिरगाँव ग्राम।

पृष्ठभूमि : साहित्यिक रुचियों वाले व्यापारिक परिवार में जन्म।

शिक्षा : घर में ही संस्कृत और हिन्दी तथा स्थानीय गाँव के स्कूल में शिक्षा पायी। बाद में स्वाध्याय से मराठी और बंगला पढ़ी।

पेशा : कवि

जीविका : आर्थिक चिन्ताओं से मुक्त और काम करने की इच्छा के कारण गुप्त ने अपने आपको कविता के प्रति समर्पित कर दिया : उनकी खड़ी बोली की पहली कविताएँ कलकत्ता की एक पत्रिका, वैश्योपकारक में प्रकाशित हुईं, और उसके बाद सरस्वती में, जहाँ उन्होंने महावीर प्रसाद द्विवेदी के मार्गदर्शन और प्रेरणा से ऐतिहासिक और पौराणिक विषयों पर लिखा और रवि वर्मा के चित्रों की व्याख्या की। उनकी पहली बड़ी कविता, रंग में भंग (1910), के बाद भारत-भारती (1912) आयी जो बहुत सफल थीं और जिसने उन पर राष्ट्रवादी कवि का और उस समय के सबसे प्रसिद्ध कवि का ठप्पा लगा दिया। साकेत शीर्षक से लिखे गये महाकाव्य में रामायण की कहानी को पुनः कहा गया है, यह रामायण के समान ही प्रसिद्ध हुआ था और 1932 में इसे मंगला प्रसाद पारितोषिक से सम्मानित किया गया। राय कृष्णदास और जयशंकर प्रसाद के मित्र,

मैथिलीशरण गुप्त अपना काफ़ी समय बनारस में बिताते थे और वहाँ की हिन्दी साहित्यिक गोष्ठियों में नियमित रूप से उपस्थित होते थे। 1936 में उनका पचासवाँ जन्मदिवस किसी जीवित हिन्दी कवि को पहली बार सार्वजनिक बधाई देते हुए मनाया गया। राष्ट्रकवि के नाम से सम्मानित मैथिलीशरण गुप्त, स्वतन्त्र भारत में राज्य सभा के सदस्य बने। उनके भाई सियाराम शरण गुप्त भी जाने-माने लेखक थे।

प्रमुख कृतियाँ :

कविता : रंग में भंग (1910); भारत-भारती (1912); साकेत (1932); हिन्दू (1927); गुरुकुल (1929); द्वापर (1936); जयभारत (1952); विष्णुप्रिया

36. रामकुमार वर्मा (1905-?)

जन्मस्थान : सागर ज़िला (सेन्ट्रल प्रॉविन्सेज़)

पृष्ठभूमि : उनके पिता डिप्टी कलेक्टर थे, जिनका हमेशा तबादला होता रहता था।

शिक्षा : सबसे पहले माता राजरानी देवी से घर पर हिन्दी की शिक्षा, जो स्वयं एक कवयित्री थीं। मध्य भारत के कई विद्यालयों से प्राथमिक शिक्षा। 1920 में हिन्दी साहित्य सम्मेलन प्रथमा परीक्षा में प्रथम श्रेणी अंकों के साथ उत्तीर्ण की; प्रवेश परीक्षा के लिए पढ़ते हुए ही 1921 में उन्होंने स्कूल छोड़ दिया और प्रभात फेरियों के लिए गीत रचने तथा गाने लगे, खादी बेचने लगे, और सार्वजनिक भाषण देने लगे। 1925 में इलाहाबाद विश्वविद्यालय चले गये; 1927 में स्नातक और 1929 में हिन्दी में एम.ए.। बाद में पी. एच.डी. सागर विश्वविद्यालय से।

पेशा : कवि, विश्वविद्यालय लेक्चरर।

जीविका : कम उम्र से ही कविताएँ प्रकाशित कीं; रामचरितमानस बहुत पसन्द करते थे। उनकी कविता देश-सेवा से उन्हें 1922 में 51 रु. का खन्ना पुरस्कार मिला, और रामरख सिंह सहगल ने 'चाँद' के लिए उनकी कविताएँ माँगीं। एम.ए. के तुरन्त बाद इलाहाबाद विश्वविद्यालय के हिन्दी विभाग में लेक्चरर के पद पर नियुक्त हुए। सभी प्रमुख हिन्दी पत्रिकाओं में विस्तृत रूप से उनके लेख प्रकाशित हुए, महादेवी और भगवती चरण वर्मा के साथ उन्हें 'कनिष्ठ छायावादी' माना जाता है। 1935 में उनके संग्रह चित्ररेखा ने देव पुरस्कार जीता। कई नाटक और पाठ्य पुस्तकें लिखीं।

प्रमुख कृतियाँ :

कविताएँ : वीर हमीर (1922), चित्तौड़ की चिता (1929), अंजली (1931), चित्ररेखा (1935), जौहर (1941)। एकांकी नाटक : पृथ्वीराज की आँखें (1938), रेशमी टाई (1941), रूप रंग (1951)। साहित्यिक समालोचना : साहित्य समालोचना (1929), कबीर का रहस्यवाद (1930), हिन्दी साहित्य का आलोचनात्मक इतिहास (1939);

(सम्पादित सं.), आधुनिक हिन्दी काव्य (1939)

37. रामचन्द्र वर्मा (1889-1968)

जन्मस्थान : बनारस।

पृष्ठभूमि : मूलतः अकालगढ़ गाँव, ज़िला गुजराँवाला (पंजाब) के चोपड़ा परिवार में जन्म, जहाँ महाराजा रंजीत सिंह के समय से ही सभी सदस्य 'दीवान' के नाम से जाने जाते हैं।

पेशा : पत्रकार और अनुवादक।

जीविका : बहुत छोटी-सी उम्र में ही भारत जीवन प्रेस के मालिक बाबू राम कृष्ण वर्मा से परिचय हुआ, भारत जीवन के लिए लेख लिखना प्रारम्भ किया, और हिन्दी साहित्यकारों के सम्पर्क में आये। 1907-8 में नागपुर से हिन्दी केसरी का सम्पादन किया, फिर नागरी प्रचारिणी सभा के लिए महत्वपूर्ण शब्दकोष योजना पर कार्य प्रारम्भ किया; बाद में उसका संक्षिप्त रूप संक्षिप्त हिन्दी शब्दसागर (1933) सम्पादित किया। सभा से उनका नज़दीकी सम्पर्क था, 1913 से 1916 के बीच नागरी प्रचारिणी पत्रिका के सम्पादन में सहायता की। पहला विश्व युद्ध प्रारम्भ होने के बाद भारत जीवन के दैनिक संस्करण का सम्पादन किया, तथा राम कृष्ण वर्मा की मृत्यु के बाद उसे अपने हाथों में ले लिया। अंग्रेज़ी, उर्दू, मराठी, गुजराती, बंगला और फ़ारसी के अत्यन्त उर्वर, ऊर्जस्वी अनुवादक और साहित्य, राजनीति, इतिहास तथा सामान्यतः 'उपयोगी' विषयों की विस्तृत श्रृंखला पर लगभग साठ से अधिक हिन्दी पुस्तकों के संकलनकर्ता थे। राम चन्द्र वर्मा उस श्रमसाध्य कर्म के उदाहरण थे जो अपनी जीविका चलाने के लिए एक हिन्दी लेखक को करना पड़ता है। उन्होंने एक हिन्दी-उर्दू शब्दकोष (1936) का भी सम्पादन किया।

प्रमुख कृतियाँ :

अनुवाद : बर्नियर्स ट्रैवल्स, सैम्युएल स्माइल्स का 'थ्रिफ़्ट ऐण्ड सेल्फ़-हेल्प', मुहम्मद हुसैन आज़ाद का दरबार-ए-अकबरी (अकबरी दरबार, 1924-9), स्वामी रामदास का दासबोध; छत्रसाल (1919); साम्यवाद (1919) हम स्वराज्य क्यों चाहते हैं; मेवाड़ पतन (1928); हिन्दू-राज्य-तन्त्र (1928); भारतीय स्त्रियाँ (1927); सामर्थ्य, समृद्धि और शान्ति (1927); गोरों का प्रभुत्व; धर्मों का इतिहास; प्राचीन मुद्रा (1924); ग्रामीण समाज; शरतचन्द्र की सम्पूर्ण कृतियों का भी अनुवाद किया (1936-9)।

38. रामवृक्ष बेनीपुरी (अथवा रामबृक्ष) (1902-68)

जन्मस्थान : बेनीपुर गाँव, मुज़फ़्फ़रपुर ज़िला (बिहार)

शिक्षा : मैट्रीकुलेशन की परीक्षा से पहले असहयोग आन्दोलन में शामिल होने के लिए 1920 में स्कूल छोड़ा; हिन्दी साहित्य सम्मेलन विशारद परीक्षा में सफल हुए।

पेशा : सम्पादक, राजनैतिक कार्यकर्ता।

जीविका : तुलसी के मानस ने साहित्य और कविता में बेनीपुरी जी की रुचि जगायी, और उन्होंने पत्रकारिता के माध्यम से साहित्यिक क्षेत्र में प्रवेश किया। उन्होंने कई हिन्दी पत्रिकाओं का सम्पादन किया, जिनमें से अनेक बच्चों के लिए थीं : तरुण भारत (साप्ताहिक, 1921), किसान मित्र (साप्ताहिक, 1922), बालक (मासिक, 1926), युवक (मासिक, बिहार सोशलिस्ट पार्टी का मुखपत्र, 1929), लोक संग्रह (1934), योगी (साप्ताहिक, 1935), जनता (कांग्रेस सोशलिस्ट पार्टी का साप्ताहिक, 1937), और चुन्नू-मुन्नू (मासिक, 1950)। वे बिहार सोशलिस्ट पार्टी (1929) के संस्थापक सदस्यों में थे; पहले वे बिहार प्रान्तीय किसान सभा से मतभेद रखते थे, परन्तु बाद में वे उस संगठन में सक्रिय हो गये; उन्होंने 1930 और 1942 के आन्दोलनों में भाग लिया। बिहार के हिन्दी साहित्यिक जगत में काफ़ी सक्रिय थे। वे बिहार हिन्दी साहित्य सम्मेलन के संस्थापकों में से एक थे और 1946 से 1950 तक उसके प्रधानमन्त्री भी रहे; 1929 में अखिल-भारतीय हिन्दी साहित्य सम्मेलन के प्रचार मन्त्री भी रहे। उन्होंने विद्यापति की कविताओं का सम्पादन किया, बिहारी लाल की सतसई पर टीका लिखी और जयप्रकाश नारायण की जीवनी लिखी। अपनी अलंकृत भाषा और गहन भावुकता के लिए जाने जाते थे।

प्रमुख कृतियाँ

रेखाकृतियाँ : पतितों के शहर में (1930-2), माटी की मूरतें (1941-5),

लघुकथाएँ : सीता के फूल (1930-2), लाल तार (1937-9), क़ैदी की पत्नी (1940), गेहूँ और गुलाब (1948-50)। ऐतिहासिक नाटक : अम्बपाली (1941-5), सीता की माँ (1948-50)

39. रामदास गौड़ (1889-1937)

जन्मस्थान : जौनपुर

शिक्षा : पहले बनारस में और उसके बाद इलाहाबाद में शिक्षा प्राप्त की; 1903 में म्योर सेन्ट्रल कॉलेज, इलाहाबाद से स्नातक की परीक्षा उत्तीर्ण की।

पेशा : शिक्षक, पत्रकार

जीविका : हिन्दी में विज्ञान सम्बन्धी लेखों और पुस्तकों के गिने-चुने लेखकों में से एक, उन्होंने कई संस्थाओं में रसायन शास्त्र की शिक्षा दी, जिनमें बी.एच.यू. भी शामिल है, जिसे उन्होंने असहयोग आन्दोलन के दौरान छोड़ दिया। 1921 में गिरफ़्तार होने के बाद, उन्हें जुर्माने और एक साल क़ैद की सज़ा हुई। बाद में वे गुरुकुल कांगड़ी के विज्ञान विभाग के प्रधान रहे। वे शिवप्रसाद गुप्त के ज्ञानमण्डल प्रेस से भी जुड़े थे और इलाहाबाद में विज्ञान परिषद की नींव रखने में सक्रिय थे। वे गृहलक्ष्मी में महिला शिक्षा के समर्थन

में लेख-टिप्पणियाँ लिखते थे, और 'रस' तथा 'रघुपति' उप-नाम से कविता करते थे। शिवप्रसाद गुप्त के आग्रह पर उन्होंने हिन्दुत्व का एक वृहद सार 'हिन्दुत्व' के शीर्षक से संकलित किया। रामचरितमानस का अच्छा सम्पादित संस्करण तैयार किया।

प्रमुख कृतियाँ

दर्शन : वैज्ञानिक अद्वैतवाद (1920); हिन्दुत्व (1938)।

40. रामजीलाल शर्मा (1876-1931)

जन्मस्थान : हापुड़ के निकट एक गाँव, ज़िला मेरठ।

पृष्ठभूमि : ग़रीब लेकिन सुसंस्कृत ब्राह्मण परिवार में जन्म; उनके पिता संस्कृत व्याकरण के विद्वान थे।

शिक्षा : गाँव में पाँचवीं कक्षा तक अंग्रेज़ी, पण्डित के साथ संस्कृत की शिक्षा।

पेशा : पत्रकार, प्रकाशक।

जीविका : छोटी उम्र में अनाथ होने के बाद, नौकरी पाने की आशा से वे अपने परिवार के साथ हापुड़ आ गये। 1899 में मेरठ चले गये और उन्हें पण्डित तुलसीराम के आर्य समाज प्रेस में त्रुटि शोधक (प्रूफ़ रीडर) की नौकरी मिली और उन्होंने दो लघु निबन्ध पुस्तिकाएँ प्रकाशित कीं : टके सेर मुक्ति और टके सेर लक्ष्मी। वे आर्य समाजी बन गये और जन कार्यों में रुचि लेने लगे। तत्पश्चात वे प्रूफ़ रीडर की एक अन्य नौकरी के लिए अजमेर चले गये, और 1905 में इलाहाबाद आ गये, जहाँ मासिक 30 रुपये पर इण्डियन प्रेस ने उन्हें नौकरी दी। 1905 से 1913 के बीच वे इण्डियन प्रेस के साहित्य विभाग से जुड़ रहे, बच्चों की किताबें लिखीं : उदाहरणतः बाल मनुस्मृति (1907), बाल गीता (1903), बाल विनोद तथा बाला बोधिनी (1912) जैसी पाठ्य पुस्तकें। उन्होंने ईश्वर चन्द्र विद्यासागर रचित सीता बनवास (1909) का अनुवाद किया। 1913 में उन्होंने अपना हिन्दी प्रेस शुरू किया जहाँ उनकी अपनी पाठ्य पुस्तकें और बच्चों की पत्रिका विद्यार्थी (1913) और खिलौना (1924) प्रकाशित हुई। मदन मोहन मालवीय से मुलाक़ात के बाद वे मर्यादा और अभ्युदय के लिए लिखने लगे। वे शुरू से ही हिन्दी साहित्य सम्मेलन से जुड़े हुए थे, और 1923 से 1928 के बीच प्रधानमन्त्री रहे। उनके नेतृत्व वाली प्रबन्धन कमेटी हरिहर शर्मा को बाहर निकालने और दक्षिण भारत हिन्दी प्रचार सभा को अधिकार में लेने का प्रयास करती रही। विवाद सुलझाने के लिए गाँधी और मालवीय को मध्यस्थता करनी पड़ी।

41. रामचन्द्र शुक्ल (1876-1931)

जन्मस्थान : अगोना गाँव, ज़िला बस्ती।

पृष्ठभूमि : उनके पिता सदर क़ानूनगो थे, प्रवेश परीक्षा तक बनारस क्वीन्स

कॉलेज में शिक्षित और संस्कृत, उर्दू तथा फ़ारसी में अच्छी दख़ल रखते थे।

शिक्षा : राठ में विद्यारम्भ, ज़िला हमीरपुर, 1898 में मिर्ज़ापुर के एंग्लो-जुबिली स्कूल से अंग्रेज़ी और उर्दू में मिडल स्कूल परीक्षा दी, और वार्षिक परीक्षा 1901 में उत्तीर्ण की। कायस्थ पाठशाला, इलाहाबाद में वे 1901 में फ़र्स्ट ईयर (एफ़.ए.) और 1902 में लीडरशिप परीक्षा–दोनों में असफल रहे।

पेशा : साहित्यिक विद्वान, विश्वविद्यालय अध्यापक।

जीविका : मिर्ज़ापुर में केदारनाथ पाठक और बद्रीनारायण चौधरी 'प्रेमधन' के कारण ही रामचन्द्र शुक्ल के भीतर साहित्यिक अभिरुचि पैदा हुई और हिन्दी, उर्दू, संस्कृत तथा अंग्रेज़ी का ज्ञान हुआ। पहले उन्होंने कलेक्टर कार्यालय में नौकरी की, और उसके बाद स्थानीय मिशन स्कूल में चित्रकला शिक्षक के रूप में। श्यामसुन्दर दास के बुलावे पर 1908 में नागरी प्रचारिणी सभा के लिए हिन्दी शब्द-सागर पर कार्य करने के लिए बनारस चले गये और सभा की कई योजनाओं से जुड़े रहे, जिसमें नागरी प्रचारिणी पत्रिका भी शामिल है, जहाँ उन्होंने कई विद्धतापूर्ण लेख और अनुवाद प्रकाशित किये–जे.एडिसन का प्लेजर्स ऑफ़ द इमैजिनेशंस (कल्पना का आनन्द, 1905), सैम्युएल स्माइल्स का प्लेन लिविंग ऐण्ड हाई थिंकिंग (आदर्श जीवन, 1914) और ब्रज भाषा छन्द में आर्नल्ड का द लाइट ऑफ़ एशिया (बुद्धचरित्र, 1922)। 1921 में उन्हें लाला भगवान दीन के साथ बनारस हिन्दू विश्वविद्यालय का प्रथम हिन्दी लेक्चरर नियुक्त किया गया; श्यामसुन्दर दास के अवकाश ग्रहण करने के बाद वे हिन्दी विभाग के अध्यक्ष बन गये। उन्होंने लाला भगवान दीन और ब्रजरत्न दास के साथ मिल कर तुलसी ग्रन्थावली (1923) के तीन खण्ड, जायसी की सम्पूर्ण कृतियाँ (1924), और सूरदास के भ्रमर गीत (1925) का सम्पादन किया और कई पाठ्यपुस्तकें लिखीं। उनका हिन्दी साहित्य का इतिहास (1923-29, संशोधित संस्करण 1940) अब तक हिन्दी में आदर्श सन्दर्भ ग्रन्थ है। उनके निबन्धों का संग्रह चिन्तामणि दो खण्डों (1939, 1945) में प्रकाशित है।

42. राम नरेश त्रिपाठी (1889-1962)

जन्मस्थान : कोइरीपुर गाँव, ज़िला जौनपुर।

पृष्ठभूमि : एक छोटे-से रजवाड़े में सुल्तानपुर गाँव में उनके दादा की कुछ ज़मीन थी, और वे वहाँ किसी व्यवसायी के लिए काम करते थे; उनके पिता नाभा राज्य की सेना में हवलदार के पद पर थे।

शिक्षा : पहले शिक्षा गाँव में उर्दू में हुई, विद्यालय निरीक्षक (इन्स्पेक्टर ऑफ़ स्कूल्स) रामनारायन मिश्र (नागरी प्रचारिणी सभा के एक संस्थापक) ने उन्हें हिन्दी में शिक्षा ग्रहण करने के लिए प्रोत्साहित किया। गाँव में अपर प्राइमरी परीक्षा के बाद पिता की इच्छा के विरुद्ध वे जौनपुर के हाई स्कूल में अंग्रेज़ी पढ़ने के लिए चले गये, परन्तु

नवीं कक्षा के बाद उन्हें शिक्षा रोकनी पड़ी।

पेशा : प्रकाशक, कवि।

जीविका : सबसे पहले हिन्दी साहित्य से उनका सम्पर्क हिन्दी पत्रिकाओं के माध्यम से हुआ, हिन्दी पत्रिकाओं : हिन्दी बंगवासी और हिन्दी केसरी चन्दा दे कर स्कूल में मँगायी जाती थीं; उन्होंने जो पहला उपन्यास पढ़ा, वह था चन्द्रकान्ता। थोड़े समय के लिए एक पाठशाला में शिक्षक बनने के बाद, आगे की पढ़ाई के लिए वे कलकत्ता भाग गये। पहले वे आर्य समाज प्रचारक टेकचन्द के लिए पुस्तक विक्रेता का कार्य करते थे। बीमारी ने उन्हें शिक्षा ग्रहण करने से रोका, शेखावत (मारवाड़) में लम्बे समय तक आराम करने के बाद ही वे स्वस्थ्य हो सके; वहाँ, मारवाड़ी मित्रों की सहायता से उन्होंने 5000 से ज़्यादा हिन्दी, संस्कृत और अंग्रेज़ी किताबों के साथ एक सार्वजनिक पुस्तकालय खोला और आराम से पढ़े। 1915 में पिता की मृत्यु के बाद मारवाड़ से लौट आये और 1917 में इलाहाबाद में बस गये। एक शिक्षक के मार्ग दर्शन में वे ब्रज भाषा कविता लिख चुके थे; इलाहाबाद में उन्होंने प्रकाशन के क्षेत्र में सबसे पहले कविता-कौमुदी प्रकाशित की जो सात खण्डों में एक भव्य और सुसंयोजित हिन्दी, ब्रजभाषा, उर्दू, संस्कृत, बंगाली और लोक-कविता का संकलन था जो बहुत सफल रहा। 1918 में वे होम रूल लीग के सदस्य बने, 1920 में असहयोग आन्दोलन में भाग लिया और तिलक स्वराज कोष के लिए जौनपुर की यात्रा की। 1921 में उन पर जुर्माना लगा और एक साल की सज़ा हुई। कुछ अनिश्चितता के बाद, 1924 में उन्होंने अपना प्रकाशन, हिन्दी मन्दिर खोला; 1931 में उनके प्रेस से साहित्यिक पुस्तकें, बच्चों की पुस्तकें और पाठ्यपुस्तकें विशेष रूप से साहित्य सम्मेलन हिन्दी परीक्षा की किताबें प्रकाशित होती थीं; मद्रास में हिन्दी प्रचार कार्यक्रम से भी वे जुड़े हुए थे। 1919 से 1930 तक उन्होंने पूरे उत्तर भारत की यात्रा करते हुए लोक गीतों का संग्रह किया और तीन खण्डों में ग्राम गीत (1930) प्रकाशित किया, जो हिन्दी में अपनी तरह की पहली कृति थी। वे एक अच्छे पहलवान और तैराक थे। गाँधी और सत्यदेव पारिव्राजक से प्रभावित हो कर उन्होंने पाँच साल का ब्रह्मचर्य व्रत लिया। 1931 में बच्चों की पत्रिका बानर का सम्पादन करना प्रारम्भ किया, जो बहुत लोकप्रिय हुई। राम नरेश त्रिपाठी स्वयं खड़ी बोली के एक सम्मानित कवि थे। अपने सारे अधिकार सस्ता साहित्य मण्डल को बेच देने के बाद वे सुल्तानपुर चले गये, जहाँ उन्हें कुछ ज़मीन मिली थी; उस पर उन्होंने एक मकान बनाया और फलों का बाग़ लगाया।

प्रमुख कृतियाँ :

कविताएँ : मिलन (1928); मानसी (1927); स्वप्न (1929); पथिक (1932, हिन्दुस्तानी अकादमी पुरस्कृत); सम्पादक के तौर पर कविता-कौमुदी (सात खण्ड, 1917-24); ग्राम-गीत (1930)। उपन्यास : वीरांगना (1911); वीरबाला (1911), लक्ष्मी (1924)

43. रामरख सिंह सहगल (1896-1952)

जन्मस्थान : लाहौर के निकट, रखतेरहा गाँव।

पृष्ठभूमि : वन अधिकारी के पुत्र।

पेशा : सम्पादक और प्रकाशक।

जीविका : युवावस्था जौनपुर में बीती। जलियाँवाला बाग़ काण्ड के समय वे जालन्धर में ही थे, जहाँ उन्होंने विद्यावती देवी से विवाह किया, जिनकी शिक्षा आर्य कन्या महाविद्यालय में हुई और बाद में क्रॉस्थवेट स्कूल, इलाहाबाद में पढ़ाती रहीं। उन्होंने असहयोग आन्दोलन में भाग लिया और इलाहाबाद में कांग्रेस के साथ काम किया; वास्तव में वे 1920 में किसान आन्दोलन के दौरान अवध के ग्रामीण क्षेत्रों का दौरा करने वाले प्रथम कांग्रेसी प्रतिनिधिमण्डल में शामिल थे और चन्द्रशेखर आज़ाद तथा उनके दल के सम्पर्क में थे। 1923 में थोड़े-से आर्थिक साधनों, मगर दूर दृष्टि और व्यवसायिक कौशल के साथ उन्होंने 'चाँद' की नींव रखी; प्रान्त में वह सबसे अधिक बिक्री वाली पत्रिका बन गयी। विशेष अंक 'मारवाड़ी अंक' के आने के बाद कलकत्ता के एक मारवाड़ी युवक ने उन पर हमला किया। बीकानेर के सेठ राम गोपाल मोहता से आर्थिक सहायता पा कर, उन्होंने इलाहाबाद में अकेली माताओं और विधवाओं के लिए मातृ मन्दिर की स्थापना की, जिसका प्रयोग सुशीला दीदी और दुर्गा भाभी जैसी महिला क्रान्तिकारियों के मिलने के स्थान के रूप में होता था। राजनीतिक पत्रकारिता भविष्य (1927) में उनका प्रयास छः अंकों तक ही चला, 1933 में 'चाँद' से निकाले जाने के बाद सहगल ने देहरादून में एक नये प्रकाशन की स्थापना की, 1938 में लखनऊ में कर्मयोगी और मासिक गुलदस्ता (1940) में फिर से जान डाली। उनके आख़िरी दिन भयानक आर्थिक परेशानी में बीते।

44. रामेश्वरी गोयल (1911-36)

जन्मस्थान : झाँसी।

पृष्ठभूमि : इनका जन्म राष्ट्रवादी परिवार में हुआ था। वे एक रेलवे अधिकारी और प्रसिद्ध कांग्रेसी कार्यकर्ता तथा कवयित्री पिष्टादेवी की पुत्री थीं, पिष्टादेवी स्वयं देहरादून के डी.ए.वी. कॉलेज के प्रधानाचार्य की पुत्री थीं।

शिक्षा : दिल्ली के इन्द्रप्रस्थ कॉलेज में शिक्षा प्राप्त की; क्रॉस्थवेट कॉलेज से स्नातक बनीं और इलाहाबाद विश्वविद्यालय से एम.एम. किया।

पेशा : कवि, शिक्षक

जीविका : 1928 के आस-पास जब वे अभी छात्रा ही थीं तभी से सुधा में उनकी कविताएँ प्रकाशित होनी प्रारम्भ हो गयीं और उन्हें एक प्रतिभाशाली कवयित्री माना गया। अल्प अवधि के लिए लड़कियों की पत्रिका सहेली का सम्पादन किया। वे आर्यकन्या

पाठशाला, इलाहाबाद की प्रधानाचार्या और एक सक्रिय कांग्रेस प्रचारक थीं। 1935 में प्रकाशचन्द्र गुप्त से विवाह किया। उनकी मृत्यु पर झाँसी में एक भारी समुदाय ने उन्हें याद किया और उनकी बहन ने बनारस में उनके नाम पर एक स्कूल खोला, जो आज भी है।

प्रमुख कृतियाँ

कविताएँ : जीवन स्वप्न (1937)

45. रामेश्वरी नेहरू (1886-1966)

जन्मस्थान : सम्भवतः लाहौर।

पृष्ठभूमि : उनका जन्म लाहौर के दीवान आर.बी. राजा नरेन्द्रनाथ के विशिष्ट कश्मीरी ब्राह्मण परिवार में हुआ था, दीवान साहब एक समय में हिन्दू महासभा के सभापति और विधायक थे। उनके एक पूर्वज महाराजा रणजीत सिंह के सलाहकार थे।

शिक्षा : घर में ही अरबी और फ़ारसी की शिक्षा मिली, और बाद में अंग्रेज़ी की।

पेशा : राजनैतिक कार्यकर्ता, सम्पादक।

जीविका : 1920 में बृजलाल नेहरू से विवाह हुआ, बृजलाल नेहरू मोतीलाल नेहरू के भतीजे थे और पंजाब के अकाउन्टेन्ट जनरल थे। बाद में वे जम्मू-कश्मीर सरकार के आर्थिक सलाहकार बन गये। 1909 से 1923 तक श्यामलाल नेहरू की पत्नी, उमा नेहरू के साथ रामेश्वरी नेहरू स्त्री-दर्पण की संस्थापक-सम्पादिका रहीं। 1909 में उन्होंने प्रयाग महिला समिति की नींव रखी और पर्दा प्रथा के ख़िलाफ़ अभियान छेड़ा; दोनों उमा और वे ए.आई.डब्लू. (एसोसिएशन ऑफ़ इण्डियन विमेन) से भी जुड़ी थीं। 1926-7 में वे एज ऑफ़ कनसेंट कमेटी की भी सदस्य थीं, और 1930 में वह भारतीय महिलाओं की प्रतिनिधि बन कर लन्दन में राउण्ड टेबल कॉनफ़रेन्स के लिए गयीं। 1931 में वे लीग ऑफ़ नेशन्स में जिनीवा गयीं और 1932 में यूरोप की यात्रा की। 1934 में वे हरिजन उद्धार की ओर मुड़ीं और 1935 में हरिजन सेवक संघ की उपाध्यक्ष चुनी गयीं। 1937 में वे ऑस्ट्रेलिया गयीं। 1938 में उन्होंने मध्य भारत में हरिजन उद्धार के कार्यों को जारी रखा। 1942 में क़ानून तोड़ने की वजह से उन्हें नज़रबन्द किया गया और फिर जेल हो गयी। कई अप्रकाशित किताबों की लेखिका, उनका उपन्यास सूर्यदेव का आगमन मनोरमा में धारावाहिक छपा। स्वतन्त्रता के बाद वे सामाजिक कार्यों में व्यस्त हो गयीं।

45ए. रूप नारायण पाण्डेय (1884-1958)

जन्मस्थान : लखनऊ।

पृष्ठभूमि : लखनऊ में एक ग़रीब ब्राह्मण परिवार में जन्म, संस्कृत विद्वान के पुत्र।

शिक्षा : छोटी-सी आयु में अनाथ होने के बाद, एक स्थानीय विद्वान से शिक्षा प्राप्त

हुई। कैनिंग कॉलेज में संस्कृत की शिक्षा मिली और प्रथमा परीक्षा में उत्तीर्ण हुए, परन्तु मध्यमा परीक्षा देने से पहले ही उन्हें ज़ीविका की तलाश में उसे छोड़ना पड़ा। स्वाध्याय से अंग्रेज़ी, बंगाला, मराठी, गुजराती और उर्दू की शिक्षा प्राप्त की।

पेशा : अनुवादक, सम्पादक।

जीविका : हिन्दी में पहले-पहले पेशवर अनुवादकों और सम्पादकों में से एक। उन्होंने संस्कृत से पुराण और श्रीमद्भागवत् के अनुवाद से शुरूआत की; तत्पश्चात बंगला से, कृत्तिवास रामायण और कई बंगला उपन्यास और नाटक, जिनमें बंकिमचन्द्र के निबन्ध, टैगोर की कृति आँख की किरकिरी (1919) और राजा रानी (1925), तथा ज़्यादातर शरतचन्द्र के उपन्यास थे : कुल मिला कर, उन्होंने साठ किताबों का अनुवाद किया और पन्द्रह मौलिक रचनाएँ लिखीं। नौकरी की तलाश करते हुए उन्होंने कई पत्रिकाओं में काम किया—सबसे पहले नागरी-प्रचारक, निगमागम पत्रिका (भारत धर्म महामण्डल की पत्रिका, जिसके लिए उन्हें कविरत्न की उपाधि से सम्मानित किया गया), फिर प्रसाद के इन्दु में, इण्डियन प्रेस इलाहाबाद के साथ, कान्यकुब्ज में, और अन्ततः माधुरी में जहाँ कुछ अन्तरालों के साथ वे 1923 से 1935 तक बने रहे। एक अनुभवी सम्पादक होने के नाते स्थिरता और यश से उन्हें कुछ धन मिला और उनकी जीवन शैली ख़र्चीली हो गयी। वे प्रमुख साहित्यिक पत्रिकाओं में नियमित रूप से ब्रज भाषा की 'कविताएँ' और लेख लिखते थे। शिवसिंह सरोज का भी सम्पादन किया और तुलसीदास रामायण और शिवराज भूषण पर टीका लिखी।

45बी. राय कृष्णदास (1892-1990)

जन्मस्थान : बनारस।

पृष्ठभूमि : बनारस के सबसे प्रतिष्ठित व्यापारीक 'राय' परिवार में जन्म, भारतेन्दु हरिश्चन्द्र और राधाकृष्ण दास के सम्बन्धी। उनके पिता संस्कृत और कविता के प्रेमी थे।

शिक्षा : पहले घर पर शिक्षा मिली, फिर क्वीन्स कॉलीजिएट स्कूल में।

पेशा : कवि, कला-संग्राहक और कला-इतिहासकार।

जीविका : बनारस के प्रमुख साहित्यिक व्यक्तियों में से एक; कला, और कविता में पारंगत; आधी शताब्दी तक रामघाट की उनकी बैठक में विद्वान, संगीतज्ञ, लेखक और कला-प्रेमी जमा होते थे। प्रारम्भ में उन्होंने ब्रज भाषा और खड़ी बोली में कविता लिखी। महावीर प्रसाद द्विवेदी और मैथिलीशरण गुप्त से प्रेरणा पायी, और सरस्वती में उसे प्रकाशित किया। जयशंकर प्रसाद के परम मित्र, उन्होंने प्रसाद के मासिक इन्दु (1909) के सम्पादन में सहायता की। यात्रा करने और कलात्मक तथा पुरातात्विक स्थानों की खोज करने के इच्छुक थे, उन्होंने कलाकृतियों का विशाल संग्रह जमा किया था जिसे पहले नागरी प्रचारिणी सभा को और बाद में बनारस हिन्दू विश्वविद्यालय को दान में दे दिया।

उन्होंने 1927 में भारती भण्डार के नाम से सहयोगी प्रकाशन संस्था शुरू की ताकि हिन्दी की उत्कृष्ट पुस्तकें प्रकाशित हों और लेखकों को अच्छी रॉयल्टी मिले। यह संस्था 1935 में लीडर प्रेस, इलाहाबाद को सौंप दी गयी जो तब तक बिड़ला का संस्थान हो चुका था।

प्रमुख कृतियाँ :

गद्य कविताएँ : साधना (1919), छायापथ, संलाप, प्रवाल (1929)। कविताएँ : भावुक, ब्रजराज। कहानियाँ : अनाख्या (1929), सुधांशु (1929)। कला इतिहास : भारत की चित्रकला (1939), भारत की मूर्तिकला (1939)

45सी. राहुल सांकृत्यायन (केदारनाथ पाण्डेय उर्फ़ बाबा रामोदर दास) (1893-1963)

जन्मस्थान : पनडाहा गाँव, ज़िला आज़मगढ़।

पृष्ठभूमि : उनके नाना सेना में थे।

शिक्षा : औपचारिक शिक्षा केवल उर्दू मिडल श्रेणी परीक्षा तक विद्यालय में, बाद में बनारस में संस्कृत की शिक्षा प्राप्त की, आगरा के आर्य मुसाफ़िर स्कूल में आर्य समाज की शिक्षा और श्रीलंका में बौद्ध धर्म की शिक्षा मिली।

पेशा : विद्वान, राजनैतिक कार्यकर्ता

जीविका : नाना के घर से भागने के बाद उन्होंने घुमक्कड़ जीवन की शुरूआत की : सर्वप्रथम बनारस की यात्रा की, फिर कलकत्ता गये, वापस बनारस आये और हिमालय में वैरागी बन गये। उसके बाद वह रामोदर दास के नाम से एक मन्दिर के महन्त बने; दक्षिण भारत की यात्रा की। 1914 में वे आगरा में थे, फिर लाहौर में एक आर्य समाज धर्म प्रचारक के रूप में। 1920 से राजनैतिक रूप से सक्रिय, पहले छपरा में बाढ़-पीड़ितों के साथ स्वयं-सेवक थे, उसके बाद बक्सर में असहयोगी, जहाँ उन्हें पहली बार जेल की सज़ा मिली और प्रदेश कांग्रेस कमेटी के अध्यक्ष बने। नेपाल की यात्रा के बाद, 1927 में पहली बार उन्नीस महीनों के लिए श्रीलंका गये, तदुपरान्त फिर नेपाल में भूमिगत हो गये और तिब्बत चले गये। 1932-33 के बीच उन्होंने यूरोप, सोवियत यूनियन और एशिया की पहली यात्रा की। 1936 में बिहार में किसान सभा के आन्दोलनों में सक्रिय रहे, उन्हें कांग्रेसी मन्त्रिमण्डल के दौरान जेल भेजा गया और एक मशहूर मामले में, उन्हें 'राजनैतिक क़ैदी' का दर्जा देने से इनकार किया गया; 1940 में वे एक बार फिर बिहार कांग्रेस में शामिल हुए और 1940 और 1942 के बीच जेल गये। जेल में उनका नया रूपान्तरण हुआ—वे साम्यवाद और कम्यूनिस्ट पार्टी के सदस्य बन गये; सोवियत यूनियन की कई यात्राएँ कीं। प्राचीन भारतीय इतिहास और स्थापत्य कला, राजनीति विज्ञान, बौद्ध धर्म और साम्यवाद पर 150 से अधिक किताबें लिखने वाले अत्यन्त उर्वर लेखक; संस्कृत और तिब्बती मूल पाठ के सम्पादक और अनुवादक; कई यात्रा सम्बन्धी किताबों और चार

खण्डों में आत्मकथा के लेखक, राहुल काफ़ी प्रसिद्ध हुए और अपनी विद्वत्ता और मध्य तथा पूर्वेशिया की असाधारण जानकारी के कारण हिन्दी साहित्य के जगत में बहुत लोकप्रिय हुए। उन्होंने बच्चों की कई किताबें और कुछ उपन्यास भी लिखे। 1939 में वे बिहार हिन्दी साहित्य सम्मेलन के अध्यक्ष थे, और 1947 में अखिल भारतीय हिन्दी साहित्य सम्मेलन और प्रगतिशील लेखक संघ के अधिवेशनों का सभापतित्व किया; 1947 में उन्होंने उर्दू के प्रश्न पर कम्यूनिस्ट पार्टी ऑफ़ इण्डिया से अपने सम्बन्ध तोड़ दिये।

46. वियोगी हरि (हरि प्रसाद द्विवेदी) (1876-1931)

जन्मस्थान : छतरपुर राज्य (बुन्देलखण्ड)

शिक्षा : छोटी उम्र में अनाथ होने के बाद, पहले घर पर संस्कृत और हिन्दी में शिक्षा मिली; 1915 में छतरपुर हाई स्कूल से मैट्रीकुलेशन, लेकिन इण्टरमीडिएट कॉलेज में शिक्षा स्थगित करनी पड़ी।

पेशा : कवि, साहित्यिक कार्यकर्ता।

जीविका : भारतीय दर्शन में उनकी गहन रुचि का विकास, छतरपुर के दीवान बाबू गुलाबराय के संरक्षण में हुआ। रानी के आश्रित के रूप में वियोगी हरि ने रानी के साथ भारत के तीर्थ स्थलों की यात्रा की। इलाहाबाद में 1915 में पुरुषोत्तम दास टण्डन के सम्पर्क में आये और उन्होंने उनको हिन्दी साहित्य सम्मेलन की सम्मेलन पत्रिका में स्वैच्छिक कार्यकर्ता के रूप में कार्य करने के लिए कहा और वे टण्डन के निकटतम सहायकों में से एक बन गये। सम्मेलन कार्यों से जुड़ने के बाद, उन्होंने पाठ्यपुस्तकें लिखीं और सम्मेलन की परिक्षाओं के लिए गद्य-पद्य संग्रहों की टीकाएँ तैयार कीं तथा 1925 में टण्डन को हिन्दी विद्यापीठ की स्थापना में सहायता की। 1921 में दक्षिण भारत की तीर्थ यात्रा के दौरान, उन्होंने संन्यास ले कर अपना नाम बदला और वियोगी हरि रख लिया। वे विशेष रूप से तुलसी की विनय पत्रिका को पसन्द करते थे; और उन्होंने उस पर एक टिप्पणी लिखी और ब्रज भाषा में कविता की। 1932 में उन्होंने हरिजन सेवक संघ, दिल्ली में काम करने के लिए साहित्य छोड़ा और हरिजन सेवक के हिन्दी संस्करण का सम्पादन किया। बाद में वे भूदान आन्दोलन से जुड़ गये। उन्होंने कुल मिला कर चालीस किताबें लिखी।

प्रमुख कृतियाँ :

कविता : ब्रज माधुरी सार (1923); वीर सतसई (1928, मंगला प्रसाद पुरस्कार से सम्मानित), विश्व धर्म (1930)

47. वृन्दावनलाल वर्मा (1889-1973)

जन्मस्थान : झाँसी के निकट एक क़स्बा, रानीपुर।

पृष्ठभूमि : प्रतिष्ठित किन्तु अवनति की ओर अग्रसर कायस्थ परिवार में जन्म, जिनके पूर्वज राज्यमन्त्री और महाराजा छत्रसाल की सेना में थे। उनके पिता रजिस्ट्रार क़ानूनगो थे।

शिक्षा : पहले ललितपुर ज़िला स्कूल में, फिर मिडल स्कूल की परीक्षा के बाद झाँसी के हाई स्कूल में दाख़िला लिया, वहाँ उन्होंने अंग्रेज़ी और खेल-कूद में प्रसिद्धि प्राप्त की। थोड़ा-सा वक़्त क़ानूनगो कार्यालय में बिताने के बाद वे विक्टोरिया कॉलेज झाँसी चले गये, और एल-एल.बी. की शिक्षा के लिए आगरा आ गये।

पेशा : वकील, लेखक

जीविका : वे जीवन्त कल्पना शक्ति वाले जिज्ञासु पाठक के साथ-साथ जोशीले खिलाड़ी भी थे; उन्होंने कम उम्र में ही लिखना प्रारम्भ किया; 1905 में उनके आरम्भिक नाटकों को इण्डियन प्रेस ने ख़रीद लिया था, पर वे प्रकशित नहीं हुए। चाचा ने उनकी शिक्षा के लिए पैसा दिया, वे भारतेन्दु की कृतियों से परिचित हुए; स्कूल में उपहार स्वरूप आइवन हो और टैलिस्मैन किताबें मिलने पर उन्हें पढ़ा। उन्होंने टॉड, मैक्समुलर, डॉर्विन और काफ़ी यूरोपीय साहित्य का भी अध्ययन किया। आगरा में गणेश शंकर विद्यार्थी और बद्रीनाथ भट्ट से परिचय हुआ; बद्रीनाथ भट्ट के साथ मिल कर प्रताप के लिए हास्य स्तम्भ गोलमालकारिणी सभा लिखा। सार्वजनिक जीवन में सक्रिय थे, उन्होंने प्रताप के लिए रिपोर्टें लिखीं और स्थानीय कांग्रेसी कार्यकर्ताओं से असहमत हो कर 1920 में सी. वाई.चिन्तामणि का चुनाव प्रचार किया। 1924 में झाँसी में सहकारी आन्दोलन प्रारम्भ किया; और 1936 में ज़िला परिषद के सभापति नियुक्त हुए। उन्होंने कांग्रेस और हिन्दी साहित्य सम्मेलन के अधिवेशनों में भाग लिया। गणेश शंकर विद्यार्थी और मैथिली शरण गुप्त के अत्यधिक नज़दीकी मित्र थे। वे हिन्दी पत्रिकाओं के लिए कभी-कभार लिखा करते थे, परन्तु लेखन को गम्भीरता से तब तक नहीं लिया जब तक (1927) में वे हिन्दी के सबसे लोकप्रिय और मौलिक ऐतिहासिक उपन्यासकार नहीं बन गये। मध्य भारत विशेषकर बुन्देलखण्ड के विषय में उनकी विशेष पैठ थी, शिकार और भ्रमण के शौकीन थे और उन्होंने झाँसी के आसपास के क्षेत्र की विस्तारपूर्ण खोज की। उनका लेखन काल लगभग चार दशकों तक फैला हुआ है और उनकी प्रमुख कृतियों में कुछ हैं—गढ़कुण्डार (1927), चौदहवीं श्ताब्दी के जाति संघर्ष के रोमांच को पृष्ठभूमि में रखा गया—विराटा की पद्मिनी (1928), अठारहवीं शताब्दी की एक अन्य प्रेम कहानी—मुसाहिबजू (1937), 1800 के लगभग का एक लघु उपन्यास, अंग्रेज़ों की सन्धियों और विलयन की नीतियों के काल पर आधारित : झाँसी की रानी लक्ष्मीबाई (1946, प्रारम्भ में मध्य भारत में रोक लगी); माधवजी सिन्धिया (1948), मृगनयनी (1950), उनकी प्रसिद्ध कृतियों में से एक

जो पन्द्रहवीं से सोलहवीं शताब्दी के ग्वालियर की पृष्ठभूमि में है; भुवन विक्रम (1955), उत्तर वैदिक युग में असामान्य छलाँग थी, अहिल्याबाई (1955), महारानी दुर्गावती (1961); और मृत्यु के बाद प्रकाशित बारहवीं शताब्दी के कालिंजर पर आधारित कीचड़ और कमल और ग्यारहवीं शताब्दी पर आधारित देवगढ़ की मुस्कान (दोनों 1973)

48. विश्वम्भरनाथ शर्मा 'कौशिक' (1891-1942)

जन्मस्थान : अम्बाला छावनी, परन्तु मूलतः गनगोह (ज़िला सहारनपुर) के निवासी।

पृष्ठभूमि : सेना के स्टोर कीपर के पुत्र, उनके चाचा ने उन्हें गोद लिया था, जो कानपुर में वकील थे जिन्होंने शहर के बाहर ज़मीन-जायदाद बना ली थी।

शिक्षा : मैट्रीकुलेशन तक स्कूल में उर्दू और फ़ारसी में शिक्षा पायी, और हिन्दी तथा संस्कृत की शिक्षा घर में मिली।

पेशा : लेखक

जीविका : प्रारम्भ में उर्दू कविता लिखते थे, उसके बाद 1909 के लगभग वे हिन्दी की ओर मुड़े और कानपुर के साप्ताहिक जीवन में कहानियाँ तथा सरस्वती में कुछ निबन्ध प्रकाशित किये। महावीर प्रसाद द्विवेदी के सम्पर्क में आने के बाद 'कौशिक' बंगला से अनुवाद करने और मौलिक कहानियाँ लिखने के लिए उत्साहित हुए। सरस्वती में प्रकाशित होने वाली उनकी पहली कहानी रक्षाबन्धन थी। लेखक होने के नाते, उनकी कहानियाँ नियमित रूप से सभी प्रमुख हिन्दी पत्रिकाओं में प्रकाशित होती थीं और गंगा पुस्तक माला से पुस्तकाकार छपीं। उन्होंने रासपूटिन की जीवनी भी लिखी। मासिक 'चाँद' में उनका हास्य स्तम्भ 'दुबेजी की चिट्ठी' प्रकाशित होता था।

प्रमुख कृतियाँ :

कहानियाँ : गल्प-मन्दिर (1919); चित्रशाला (1924), मणिमाला (1929), कल्लोल (1933)। उपन्यास : माँ (1929), भिखारिन (1929), विविध : संसार की असभ्य जातियों की स्त्रियाँ (1924)।

49. वेंकटेश नरायण तिवारी (1890-1965)

जन्मस्थान : कानपुर।

शिक्षा : इलाहाबाद से 1910 में इतिहास में एम.ए.।

पेशा : सम्पादक, राजनैतिक कार्यकर्ता।

जीविका : गोखले की सर्वेंटस ऑफ़ इण्डिया सोसाइटी (1910-30) से जुड़े थे और इलाहाबाद कांग्रेस में सक्रिय थे। 1914 से 1918 तक वे यू.पी. प्रान्तीय कांग्रेस कमेटी के महासचिव थे, 1927-30 तक यू.पी.विधान परिषद के सदस्य थे। 1921-22 में उन्हें भारतीय प्रतिनिधित्व में सरकार का सचिव बना कर ब्रिटिश गयाना भेजा गया। वे ग्रामीण

क्षेत्रों में सविनय अवज्ञा और भाड़ा मुक्ति आन्दोलनों के दौरान विशेष रूप से सक्रिय थे। 1916 से 1917 तक और पुनः 1918 में अभ्युदय और मर्यादा का सम्पादन किया, और फिर (1929-30) तक लीडर प्रेस के हिन्दी साप्ताहिक भारत, इलाहाबाद के सम्पादक रहे। 1907 से वे इण्डियन प्रेस के लिए लिखते थे, 1920 के बाद नियमित रूप से सरस्वती के लिए लिखने लगे। 1937 और पुनः 1946 में विधायक चुने गये, 1937 के यू.पी. कांग्रेस मन्त्रिमण्डल में मुख्य सचेतक (चीफ़ ह्विप) बने। जब सम्पूर्णानन्द ने प्रान्त में उर्दू को दूसरी अधिकारिक भाषा का दर्जा दिये जाने से इनकार किया, तब मुस्लिम लीग ने विरोधों की झड़ी लगा दी थी, और तिवारी ने यह जताने के लिए कि 'जन भाषा' हिन्दी है, उर्दू नहीं सम्पूर्णानन्द के समर्थन में हिन्दी प्रेस में लेखों की लम्बी श्रृंखलाएँ प्रकाशित कीं। 1953 में वे दैनिक जनसत्ता, दिल्ली के सम्पादक बन गये।

50. शिवपूजन सहाय (1893-1963)

जन्मस्थान : उनवंस गाँव, ज़िला शाहाबाद (बिहार)

शिक्षा : सबसे पहले गाँव के गुरुद्वारे में और मौलवी के साथ, फिर 1903 में कायस्थ जुबिली स्कूल आरा में मैट्रीकुलेशन (1912)।

पेशा : पत्रकार, लेखक।

जीविका : इस पेशे के अनुरूप ही अनिश्चित, निर्धन और घुमक्कड़ स्वतन्त्र हिन्दी पत्रकार और लेखक। विद्यार्थी रहते ही उन्होंने बिहार की कई पत्रिकाओं के लिए लिखना प्रारम्भ किया था और नागरी प्रचारिणी सभा की आरा शाखा से भी जुड़े, जो सभा की प्रारम्भिक शाखाओं में से एक थी। 1916 में बनारस की दीवानी अदालत में हिन्दी में प्रतिलिपि तैयार करने का कार्य करते रहे, फिर वे इलाहाबाद चले आये, जहाँ वे लिखते और अनुवाद करते थे; 1916 में उन्हें अपने पुराने स्कूल में शिक्षक नियुक्त किया गया, और 1918 में आरा टाउन स्कूल में। सभा के पुस्तकालय के कारण ही वे साहित्यिक अध्ययन जारी रख पाये। 1920 में उन्होंने सरकारी नौकरी छोड़ दी और आरा के 'राष्ट्रीय' विद्यालय के शिक्षक बने। 1921 में आरा से एक पत्रिका मारवाड़ी सुधार, सम्पादन किया और अपने गाँव में सार्वजनिक पुस्तकालय खोला। उनके साहित्यिक गुरु ईश्वरी प्रसाद शर्मा ने उन्हें कलकत्ता जाने के लिए कहा, जहाँ 1923 में स्वैच्छिक आधार पर मुंशी महादेव प्रसाद सेठ, नवजादिक लाल श्रीवास्तव और निराला के साथ 'मतवाला मण्डल' का हिस्सा बन गये; उसी समय वे कलकत्ता की अन्य हिन्दी पत्रिकाओं के लिए लिखते थे। 1925 में थोड़े समय के लिए दुलारे लाल भार्गव के अधीन माधुरी में गये, परन्तु वहाँ का व्यवसायिक और श्रेणीबद्ध माहौल उन्हें पसन्द न आया। 1926 में वे लहरियासराय (दरभंगा) के पुस्तक भण्डार से जुड़ गये। पुस्तक भण्डार बिहार का सबसे महत्वपूर्ण हिन्दी प्रकाशन था। फिर शिवपूजन जी बनारस चले गये, 1930 में वे गंगा का सम्पादन करने

के लिए पुनः सुल्तानगंज (भागलपुर) चले गये; गंगा एक साहित्यिक पत्रिका थी, लेकिन वह भी ज़्यादा दिनों तक नहीं चली। 1931 और 1933 के बीच में वे वापस बनारस गये और जयशंकर प्रसाद के अहाते में एक कमरा किराये पर ले कर रहने लगे और साप्ताहिक जागरण का सम्पादन करने लगे; 1933 में बच्चों की पत्रिका बालक का सम्पादन करने के लिए लहरियासराय चले गये जहाँ वे 1939 तक रहे। अन्ततः 1939 में उन्हें छपरा के राजेन्द्र कॉलेज में हिन्दी का प्रोफ़ेसर नियुक्त किया गया (1949 तक) और वे बिहार हिन्दी साहित्य सम्मेलन से जुड़ गये; 1950 में वे पटना में बिहार राष्ट्रभाषा परिषद के प्रथम निदेशक बने। 1961 में पद्मभूषण से सम्मानित किये गये और 1962 में उन्हें भागलपुर विश्वविद्यालय से डी.लिट्. की उपाधि मिली।

प्रमुख कृतियाँ :

चित्र : देहाती दुनिया (1926); निबन्ध : बिहार का बिहार; विभूति; ग्राम सुधार; अन्नपूर्णा के मन्दिर में।

51. शिवप्रसाद गुप्त (1883-1945)

जन्मस्थान : बनारस

पृष्ठभूमि : बनारस के सबसे अधिक प्रतिष्ठित तीन व्यापारिक परिवारों में से एक, राजा मोतीचन्द के शाह परिवार में जन्म हुआ, आज़मगढ़ के मूल निवासी होने के कारण, भगवान दास से सम्बद्ध 'आज़मगढ़ घराना' नाम भी था।

शिक्षा : स्नातक बनने के लिए इलाहाबाद विश्वविद्यालय में दाख़िला लिया, लेकिन बीमारी के कारण परीक्षा में बैठ नहीं पाये।

पेशा : परोपकार, राजनैतिक कार्यकर्ता

जीविका : बनारस में कांग्रेस के अग्रणी समर्थक शिवप्रसाद गुप्त शिक्षा, साहित्य, पत्रकारिता, कला, राजनीति इत्यादि के क्षेत्र में कई कार्यक्रमों के केन्द्र में थे। 1914 में विश्व-भ्रमण पर निकले और यूरोप, अमरीका, जापान, चीन गये (इसका वर्णन पृथ्वी परिक्रमा में वर्णित है); 1916 में वापसी के समय अंग्रेज़ों के विरुद्ध कार्यों के लिए उन्हें मलेशिया में हिरासत में ले लिया गया और उनके चाचा राजा मोतीचन्द, बिनोय के. सरकार तथा मदन मोहन मालवीय की मध्यस्थता के बाद ही उन्हें छोड़ा गया। 1917 में उन्होंने प्रकाशन संस्था ज्ञानमण्डल की स्थापना की और, हिन्दी में विज्ञान और ऐतिहासिक रुचि की किताबों को प्रकाशित करने की विस्तृत योजना बनायी; इसके बाद दैनिक आज और राष्ट्रवादी कॉलेज काशी विद्यापीठ (1920) स्थापित किया, ज्ञानमण्डल लिमिटेड कम्पनी के रूप में और काशी विद्यापीठ एक निधि के रूप में जिसमें शपथ ली गयी थी कि कभी सरकारी सहायता नहीं ली जायेगी। शिवप्रसाद गुप्त बनारस में कांग्रेस की गतिविधियों के प्रमुख समर्थक थे; छात्रों, शिक्षण संस्थानों, कारागार में बन्द कांग्रेसियों के

परिवारों, कांग्रेस का कोष, क्रान्तिकारियों और ज़रूरतमन्द साहित्यिक लोगों की ओर उनकी उदारता सहज, प्रचाररहित और अद्वितीय थी। हिन्दी के भारी संरक्षक, शिवप्रसाद शिक्षा और सार्वजनिक प्रशासन में हिन्दी को शामिल किये जाने का समर्थन करते थे तथा राष्ट्रवादी विचार के साहित्यिक व्यक्तियों को हमेशा काम देने के लिए तैयार रहते थे; उनके निजी सचिव सम्पूर्णानन्द के छोटे भाई परिपूर्णानन्द थे। 1920 में वे सक्रिय कांग्रेसी बन गये, और क्रान्तिकारियों से हमदर्दी होते हुए भी, गाँधी के अनुयायी बने। उसी दशक के दौरान वे प्रान्तीय कांग्रेस समिति के अध्यक्ष, अखिल-भारतीय कांग्रस के कोषाध्यक्ष, तथा यू.पी.किसान और मज़दूर सभा (1927) के अध्यक्ष थे। सविनय अवज्ञा के दौरान उन्हें तीन बार दोषी पाया गया, उन्हें जेल में फ़ालिज का दौरा पड़ा। 1936 में भारत की विशाल संगमरमर की रूपरेखा के साथ भारत माता का मन्दिर बनाया

प्रमुख कृतियाँ :

भ्रमण कथा : पृथ्वी प्रदक्षिणा (1924)

52. श्यामसुन्दर दास (1875-1945)

जन्मस्थान : बनारस।

पृष्ठभूमि : इनका जन्म एक खत्री परिवार में हुआ था, उनके पिता अमृतसर से आये एक छोटे कपड़ा व्यापारी थे; पिता की मृत्यु के बाद परिवार की ज़िम्मेदारी और व्यापार में क़र्ज़ का भार भी युवा श्यामसुन्दर के कन्धों पर आ गया, जो 'कभी ऐसे मकान में नहीं रह सके जिसके मालिक वे ख़ुद हों।'

शिक्षा : सर्वप्रथम पारम्परिक गुरु शिक्षा ग्रहण की, फिर स्थानीय हनुमान सेमीनरी में अंग्रेज़ी पढ़ी; 1890 में ऐंग्लो-वर्नाकुलर मिडल परीक्षा में सफल होने के बाद, क्वीन्स कॉलिजिएट स्कूल में नाम लिखाया, जहाँ वे 1892 में प्रवेश परीक्षा में उत्तीर्ण हुए; स्नातक की डिग्री 1897 में। एम.ए. के लिए नाम लिखाने के प्रस्ताव को ठुकरा दिया और लखनऊ में न्यू टीचर्स ट्रेनिंग कॉलेज में नाम लिखाने का प्रयास किया, लेकिन सफल नहीं हुए।

पेशा : शिक्षक, सांस्कृतिक कार्यकर्ता, साहित्यिक विद्वान।

जीविका : एक स्थानीय प्रेस में थोड़े समय तक काम करने के बाद, वे चालीस रुपये मासिक वेतन पर ऐनी बेसेंट के सेन्ट्रल हिन्दू स्कूल, बनारस में पहले सहायक शिक्षक फिर सहायक प्रधानाचार्य बने। 1909 में कश्मीर के महाराजा के राज्य कार्यालय में काम करने के लिए उन्होंने अध्यापन और बनारस को छोड़ दिया, लेकिन 1912 में बनारस लौट आये। 1912 से 1921 तक वे लखनऊ के कालीचरण हाईस्कूल के प्रधानाचार्य रहे, इस हाई स्कूल को नैशनल स्कूल में परिवर्तित करने का प्रयास किया गया जिसका उन्होंने सफलतापूर्वक विरोध किया और त्यागपत्र दे दिया। 1922 में उन्हें

बनारस हिन्दू विश्वविद्यालय में नये-नये बने हिन्दी विभाग का अध्यक्ष नियुक्त किया गया, जहाँ उन्होंने रामचन्द्र शुक्ल के साथ मिल कर पाठ्यक्रम तैयार किया। नागरी प्रचारिणी सभा (1893) के वे संस्थापक सदस्यों में थे, उनकी ज़िन्दगी और क्रिया-कलाप का अधिक भाग संस्था के अनेक प्रकार के उपक्रमों को तैयार करने और उनकी देख-रेख करने के प्रति समर्पित था : वे विराट हिन्दी शब्दकोष हिन्दी शब्दसागर (1908-29) के प्रधान सम्पादक थे, जहाँ कुल मिला कर सत्रह लोग काम करते थे; हिन्दी प्रचार में, वे हिन्दी को सरकारी मान्यता दिलाने के अभियान से जुड़े रहे, साथ ही हिन्दी पाण्डुलिपियों की खोज और सभी प्रकार की प्रकाशन-मालाओं से भी। व्यापक स्कूली पाठ्यक्रम के लिए उन्होंने कई पाठ्यपुस्तकें, अभ्यास-पुस्तिकाएँ और निर्देशिकाएँ भी तैयार कीं। इलाहाबाद स्थित इण्डियन प्रेस से उनके बहुत अच्छे सम्बन्ध थे और थोड़े समय के लिए उन्होंने सभा की सभी पुस्तकों को यहीं से प्रकाशित करवाया।

प्रमुख कृतियाँ

साहित्यिक आलोचना : साहित्यालोचन (1922); गद्य कुसुमावली (1925); रूपरहस्य (1926): भाषा रहस्य (1935); आत्मकथा : मेरी आत्मकहानी (1957)।

52ए. स्वामी श्रद्धानन्द (लाला मुंशीराम) (1856-1926)

जन्मस्थान : तलवान, ज़िला जालन्धर (पंजाब)

पृष्ठभूमि : खत्री परिवार में जन्म, धर्मपरायण शैव के पुत्र।

शिक्षा : यू.पी. के अनेक शहरों : बनारस, बाँदा, मिर्ज़ापुर, पुनः बनारस और इलाहाबाद में शिक्षा मिली। गवर्नमेंट कॉलेज, लाहौर में क़ानून की शिक्षा के लिए भर्ती हुए।

पेशा : शिक्षक, कार्यकर्ता।

जीविका : मुंशीराम कम उम्र में ही स्वामी दयानन्द सरस्वती के प्रभाव में आ गये और वकालत प्रारम्भ करने के समय ही जालन्धर आर्य समाज के अध्यक्ष बने। चन्दा इकट्ठा करने के लिए लम्बी यात्रा करने के बाद उन्होंने 1890 में जालन्धर में कन्या पाठशाला की स्थापना की, जो 1896 में महाविद्यालय बना, यह आंशिक रूप से आर्य समाज महिला प्रचारकों के सहयोग से हुआ। इन महिला प्रचारकों का नया गठन स्त्री समाज के रूप में हुआ। कन्या महाविद्यालय स्त्री शिक्षा में अग्रणी संस्था थी और पंजाब में हिन्दी के प्रचार-प्रसार में उसने महत्वपूर्ण भूमिका निभायी। पाठ्यपुस्तकें लिखी गयीं और एक मौलिक पाठ्यक्रम बनाया गया। 1900 में, डी.ए.वी. कॉलेजों की अंग्रेज़ी समर्थक और समझौतावादी नीति के विरोध में, मुंशीराम ने गुरुकुल कांगड़ी की स्थापना की, पहले 1900 में गुजराँवाला की वैदिक पाठशाला में, और फिर 1902 में हरिद्वार के निकट गंगा तट की दान की हुई भूमि पर; 1902-1907 तक वे इसके प्रधानाचार्य रहे।

1907 में वैदिक आयुर्वेद और मानवता की शिक्षा (हिन्दी माध्यम) के लिए एक महाविद्यालय खण्ड खोला गया। प्रारम्भ में, राजनीति से जुड़ा न होने पर भी (डी.ए.वी. कॉलेज, लाहौर के क्रान्तिकारी गुट के प्रति रुझान के विपरीत), गुरुकुल उत्तरोत्तर राजनैतिक होने लगा। श्रद्धानन्द ने राष्ट्रवादी दैनिक विजय अपने पुत्र प्रो. इन्द्र वाचस्पति (1889-1960) के सम्पादकत्व में प्रारम्भ किया और एक उर्दू दैनिक तेज की शुरूआत भी की; तथा असहयोग आन्दोलन और ख़िलाफ़त आन्दोलन के प्रचार से भी जुड़े। 1917 में उन्होंने संन्यास ले लिया। आर्य समाज के शुद्धि कार्यों में जान डालने वाले श्रद्धानन्द ने वार्षिक गुरुकुल शताब्दी समारोह में नियमित रूप से शुद्धि सम्मेलन करवाये, जिसे 1911 में भारत शुद्धि सभा के नाम से पंजीकृत किया गया और 1923 में नयी हिन्दू महासभा के साथ सक्रिय गतिविधियों को फिर से शुरू किया। 1926 में एक क्रुद्ध मुसलमान ने उनकी हत्या कर दी।।

प्रमुख कृतियाँ :

राजनैतिक लेखन : जाति के दिनों को मत त्यागो (1918); ख़तरे का घण्टा (1926)। आत्मकथा : कल्याण मार्ग के पथिक (1924)

53. श्रीकृष्ण दत्त पालीवाल (1895-1968)

जन्मस्थान : टनोरा गाँव, आगरा ज़िला।

पृष्ठभूमि : उनका जन्म सामान्य रूप से समृद्ध किसान परिवार में हुआ था।

शिक्षा : 1920 में इलाहाबाद विश्वविद्यालय से अर्थशास्त्र में एम.ए.; असहयोग आन्दोलन के कारण विश्वविद्यालय से निकल आये। निजी तौर पर धर्मग्रन्थ का अध्ययन किया।

पेशा : राजनैतिक कार्यकर्ता, सम्पादक।

जीविका : ब्रह्ममोदय के लिए लिखना प्रारम्भ किया, फिर 1918 में वे कानपुर चले गये जहाँ वे गणेश शंकर विद्यार्थी के 'प्रताप परिवार' से जुड़ गये; उन्होंने 1921 से 1923 तक देवदत्त शर्मा के नाम से प्रभा और प्रताप का सम्पादन किया। पहले तिलक, बाद में सत्यदेव पारिव्राजक से प्रभावित, वे मैनपुरी षड्यन्त्र से जुड़े थे परन्तु सबूत के अभाव में उन्हें छोड़ दिया गया। सक्रिय कांग्रेसी होने के नाते वे आगरा चले गये, जहाँ उन्होंने 1925 में राष्ट्रवादी साप्ताहिक–सैनिक–की नींव रखी (1935 से दैनिक), जिस पर कई बार पाबन्दियाँ और जुर्माने लगाये गये। 1923-26 में यू पी विधान परिषद के सदस्य थे, और 1928-31 में वे आगरा ज़िला बोर्ड के सदस्य (और बाद में सभापति)। वे आगरा ज़िले में सविनय अवज्ञा आन्दोलन के नेताओं में से थे। उन्हें 1934 में कांग्रेस के टिकट पर यू.पी. विधान सभा के लिए चुना गया और 1940 में वे यू.पी. कांग्रेस के पहले डिक्टेटर बने और 1942 से 1945 के बीच फिर से जेल चले गये। आगरा ज़िला के प्रमुख

कांग्रेसी नेता होने के कारण 1946 में उन्हें बिना किसी विरोध के केन्द्रीय संसद के लिए चुना गया, और वे यू.पी.किसान कांग्रेस के अध्यक्ष थे।

प्रमुख कृतियाँ :

राजनैतिक कृतियाँ : सेवा मार्ग (1920); मार्क्सवाद और गाँधीवाद। हॉल केन के द इटरनल सिटी का हिन्दी में अनुवाद।

54. श्रीनारायण चतुर्वेदी (1893-1990)

जन्मस्थान : इटावा ज़िले का एक गाँव।

पृष्ठभूमि : रामनुज वैष्णव सम्प्रदाय से सम्बन्धित, चतुर्वेदी परिवार, इटावा ज़िले में बस गया था। उनके दादाजी इटावा के सबसे पहले हाईस्कूल में संस्कृत के पण्डित थे। इस स्कूल की नींव ए.ओ. ह्यूम द्वारा 1857 के बाद रखी गयी थी। 1892 में उनके पिता, चतुर्वेदी पण्डित द्वारका प्रसाद शर्मा अपनी सरकारी नौकरी के कारण इलाहाबाद चले आये और उसी अहियापुर मोहल्ले में बस गये जहाँ बाल कृष्ण भट्ट, मदन मोहन मालवीय और बाद में पुरुषोत्तम दास टण्डन भी रहते थे। हिन्दी में वॉरेन हेस्टिंग्स और रॉबर्ट क्लाइव की जीवनियाँ लिखने के बाद उनके पिता को सरकारी नौकरी से निकाल दिया गया और वे अपने लेखन के बल पर ही जीविका चलाते थे।

शिक्षा : सर्वप्रथम एक स्थानीय पाठशाला में शिक्षा प्राप्त की, जहाँ पण्डित सुन्दरलाल उनके अध्यापक थे। फिर गवर्नमेंट हाई स्कूल में जहाँ अमरनाथ झा उनके सहपाठी थे। मैट्रीकुलेशन के बाद उनका दाख़िला इ्यूइंग क्रिश्चियन कॉलेज में हो गया जहाँ वे विज्ञान से कला की ओर चले गये। थोड़ी-सी झिझक के बाद वे टीचर्स ट्रेनिंग कॉलज, इलाहाबाद में गये, जहाँ मैकेन्ज़ी उनके प्रधानाचार्य थे; बाद में मनोविज्ञान और शिक्षा शास्त्र में उच्च शिक्षा प्राप्त करने के लिए यू. पी. सरकार ने उन्हें लन्दन भेज दिया।

पेशा : सरकारी नौकरी

जीविका : कुछ समय तक अध्यापन करने और टीचर्स ट्रेनिंग कॉलेज से जुड़े रहने के बाद, शिक्षक के रूप में उनकी नियुक्ति सरकारी स्कूल में हुई, लेकिन वे लखनऊ में कान्यकुब्ज हाई स्कूल से जुड़ गये, और उसे इण्टरमीडिएट कॉलेज में बदल दिया। लन्दन में कुछ वक़्त ठहरने के बाद उन्होंने यूरोप, अमरीका और जापान की यात्राएँ कीं और 1928 में वापस आये। फ़ैज़ाबाद और गोरखपुर ज़िले में उन्हें स्कूलों का निरीक्षक बनाया गया, पूर्वी उत्तर प्रदेश के एक बड़े क्षेत्र का प्रशासन सँभालते हुए वे ऊँचे पद पर आसीन शिक्षा अधिकारी बन गये। प्रान्तीय कांग्रेस मन्त्रिमण्डल के दौरान सम्पूर्णानन्द द्वारा उनकी नियुक्ति शिक्षा प्रसार अधिकारी के रूप में की गयी। शिक्षा विभाग और रेडियो में उन्होंने हिन्दी के प्रयोग का सक्रिय समर्थन किया; 1940 में इसी लक्ष्य के लिए 'आकाशवाणी' नामक पत्रिका प्रारम्भ की। वे हिन्दी-हिन्दुस्तानी विवाद में हिन्दी-समर्थक दल के एक

नेता होने के साथ-साथ, कुशल सांस्कृतिक संगठनकर्ता रहे और हिन्दी प्रचार के लिए कवि सम्मेलन प्रारम्भ कराने में उन्होंने सहायक भूमिका निभायी। इण्डियन प्रेस के साथ अपने अच्छे रिश्तों की बदौलत उनकी सभी किताबें वहीं से प्रकाशित हुईं और सेवा निवृति के बाद 'सरस्वती' के अन्तिम सम्पादक (1955-79) बने। लखनऊ और दारागंज (इलाहाबाद) में उनका घर हिन्दी साहित्यकारों का अड्डा और सम्मिलन-स्थल था और दरबार के नाम से जाना जाता था। वे 'श्रीवर' उप-नाम से कविताएँ लिखते थे।

प्रमुख कृतियाँ

कविताएँ : चोंच महाकाव्य (1917); **शिक्षा :** भारत में ग्रामीण शिक्षा का इतिहास (1930); एक ज़िले का शिक्षण सम्बन्धी सर्वेक्षण (1935); शिक्षा विधान परिचय (1935); जीवनी : सम्राट पंचम जार्ज (1936); संस्मरण : मनोरंजक संस्मरण (1965)

55. स्वामी सत्यदेव 'परिव्राजक' (उर्फ़ सुख लाल) (1879-1961)

जन्मस्थान : लुधियाना।

पृष्ठभूमि : उदारवादी धार्मिक थापर परिवार में जन्म; उनके परदादा ने सिख धर्म को स्वीकार किया था, उनके दादा शैव थे। सनातन धर्मी होते हुए भी उनके पिता ने उन्हें डी.ए.वी.स्कूल में भेजा और चाहते थे कि वे रेलवे में नौकरी करें।

शिक्षा : 1897 में लुधियाना के डी.ए.वी.स्कूल में भर्ती होने में सफलता पायी और डी.ए.वी.कॉलेज, लाहौर में प्रवेश पा लिया, जहाँ वे लाजपत राय के क़रीब आये। बाद में उन्होंने सेन्ट्रल हिन्दू कॉलेज, बनारस से स्नातक की परीक्षा दी और सफल रहे। 1905 से 1907 तक दो वर्ष उन्होंने अमरीका के शिकागो और ओरिगॉन विश्वविद्यालयों में राजनीति विज्ञान और अर्थशास्त्र की शिक्षा ली।

पेशा : धर्मोपदेशक, पत्रकार।

जीविका : स्कूल में दयानन्द की जीवनी पढ़ने के बाद उन्होंने संन्यासी बनने का निश्चय किया और देहरादून, कानपुर तथा काशी में पाँच साल की धार्मिक शिक्षा ली। 1890 के दशक में वे आर्य समाज के प्रचारक बन गये; हिन्दी में उनका पहला लेख सरस्वती में छपा। अमरीका में अपनी आँखों का इलाज कराने के लिए और वहाँ जाने का ख़र्चा जुटाने के लिए गुजरात में प्रचार किया। अमरीका से महावीर प्रसाद द्विवेदी के साथ विचारों का आदान-प्रदान होता रहा, और सरस्वती में उनकी टिप्पणियाँ बहुत लोकप्रिय हुईं। वहाँ उन्होंने अपने 'उत्पीड़ित देश' के लिए पैसा भी जमा किया। वापस आने पर पहले अल्मोड़ा और बाद में देहरादून में बस गये, जहाँ उन्हें स्थानीय डी.ए.वी.स्कूल का प्रधानाचार्य नियुक्त किया गया। लेकिन वे जल्द ही कलकत्ता और बनारस में विभिन्न शैक्षिक और प्रकाशन सम्बन्धी उपक्रमों को शुरू करने के लिए वहाँ चले गये और कुछ राष्ट्रवादी पुस्तिकाएँ प्रकाशित कीं; 1913 और 1914 के बीच वे हिन्दी साहित्य सम्मेलन

के हिन्दी प्रचारक के रूप में काम करते रहे और उत्तर भारत का दौरा किया। 1913 और 1918 में वे फिर से आँखों के इलाज के लिए जर्मनी चले गये, ऐसी कई यात्राओं के बावजूद वे आँखों की दृष्टि खो बैठे। वे नाज़ियों से भी आकर्षित हुए और हिन्दी पत्रिकाओं में उनके तथा हिन्दू संगठन के समर्थन में लेख लिखे। वापस लौटने पर ज्वालापुर हरिद्वार में एक आश्रम खोला। समग्र रूप से बहुत ही मौलिक और बहुरंगी व्यक्तित्व, जिसने बड़ी संख्या में युवा मन को प्रभावित किया।

प्रमुख कृतियाँ :

विविध प्रकार के और राजनैतिक निबन्ध : राष्ट्रीय सन्ध्या (1911), हिन्दी का सन्देश (1914), सत्य निबन्धावली (1914), संजीवनी बूटी (1915), मनुष्य के अधिकार (1922), हमारी सदियों की ग़ुलामी (1922), संगठन का बिगुल (1922), कुरान में परिवर्तन (1924); भारतीय समाजवाद का बिगुल (1939)

यात्रा सम्बन्धी : अमरीका दिग्दर्शन (1911), मेरी जर्मन यात्रा (1924)

56. स्वामी सहजानन्द सरस्वती (नवरंग राय)(लगभग 1889-1950)

जन्मस्थान : देवा गाँव, सैयदपुर तहसील, ज़िला ग़ाज़ीपुर।

पृष्ठभूमि : ग़रीब भूमिहार ज़मींदार परिवार।

शिक्षा : परिवार में प्रथम और गाँव में पहले-पहले शिक्षित व्यक्तियों में से एक असाधारण रूप से बुद्धिमान और परिश्रमशील विद्यार्थी; 1899 में सर्वप्रथम जलालाबाद के अपर प्राइमरी स्कूल में भर्ती हुए, और 1904 में ग़ाज़ीपुर से हिन्दी मिडल शिक्षा जारी रखने के लिए छात्रवृत्ति पायी। अंग्रेज़ी पढ़ने के लिए, ग़ाज़ीपुर के जर्मन मिशन हाई स्कूल में नाम लिखाने के बाद मैट्रीकुलेशन परीक्षा के ठीक पहले वे संन्यासी बन गये। आने वाले वर्ष तीर्थयात्रा और बनारस में संस्कृत व्याकरण तथा शास्त्र पढ़ने में बीत गये।

पेशा : प्रचारक, राजनैतिक कार्यकर्ता।

जीविका : कई वर्षों की लम्बी यात्राओं और तीर्थ यात्राओं के बाद उन्हें 1914 में बलिया में ब्राह्मण भूमिहार सभा में भाषण देने और प्रचार करने के लिए बुलाया गया। यह सक्रिय कार्यकर्ता के रूप में उनके आने वाले पेशे की ओर पहला क़दम था। इस दावे को साबित करने के लिए उन्होंने पुस्तिकाएँ और दो जातीय इतिहास लिखे : भूमिहार ब्राह्मण परिचय (1916), ब्रह्मर्षिवंश विस्तार, और भूमिहारों के रीति-रिवाजों पर एक निर्देशिका लिखी, परन्तु संस्कृत के श्लोकों में भूमिहारों का इतिहास बनाने से इनकार कर दिया। फिर उन्होंने अपने आध्यात्मिक कार्य को दोबारा थोड़े समय के लिए प्रारम्भ किया, लेकिन राजनैतिक घटनाओं की जानकारी रखते रहे। पटना में गाँधी जी से मुलाकात और 1920 में नागपुर कांग्रेस में जाने के बाद वे बक्सर में सक्रिय असहयोगी बन गये : संन्यासी की तरह पद-यात्रा करने के आदी, सहजानन्द ने राष्ट्रवादी प्रचार के

लिए गाँवों की यात्रा की। ग़ाज़ीपुर, फ़ैज़ाबाद और लखनऊ में जेल की पहली सज़ा के दौरान, वे दूसरे राष्ट्रवादी नेताओं से मिले और गीता को 'खोजा', जिस पर उन्होंने बाद में एक टीका भी लिखी। बिहार प्रान्तीय किसान सभा (1929) के संस्थापक सदस्य और बाद में सभापति, उन्होंने पटना के निकट बिहटा में भूमिहार लड़कों के लिए आश्रम की स्थापना की जो उनकी किसान सम्बन्धी गतिविधि का केन्द्र बना। सविनय अवज्ञा के दौरान किसान गतिविधियों को आन्दोलन के बाद दोबारा शुरू करने के लिए स्थगित कर दिया गया। 1933 से 1935 के बीच उन्होंने किसानों के बीच 120 सभाएँ की, जिसका ज़ोर पट्टे में सुधार और लगान माफ़ी पर था। उन्होंने गया, दरभंगा और पूर्णिया में किसानों की दशा की व्यक्तिगत जानकारी ली, स्थानीय संघर्षों से जुड़े रहे, बिहार के कांग्रेसी नेतृत्व के साथ उनके तनाव-भरे रिश्ते थे। कई नज़दीकी सहयोगी कांग्रेस सोशलिस्ट पार्टी के सदस्य थे, जबकि भारतीय कम्युनिस्ट पार्टी ऑफ़ इण्डिया से धीरे-धीरे उनकी नज़दीकियाँ बढ़ीं। 1944 तक उन्होंने साम्यवादियों का साथ छोड़ दिया, और बिहार प्रान्तीय किसान सभा को पुनः कांग्रेस के निकट ले जाने का विफल प्रयास किया।

प्रमुख कृतियाँ :

आत्मकथा : मेरा जीवन संघर्ष (1985)

57. सम्पूर्णानन्द (1891-1969)

जन्मस्थान : बनारस।

पृष्ठभूमि : साधारण, शिक्षित कायस्थ परिवार।

शिक्षा : हरीशचन्द्र स्कूल में प्रारम्भिक शिक्षा, फिर क्वीन्स कॉलेज, बनारस में, 1911 में इलाहाबाद विश्वविद्यालय से बी.एस-सी.। 1916 में इलाहाबाद से टीचर्स ट्रेनिंग एल.टी.।

पेशा : शिक्षक, राजनैतिक कार्यकर्ता।

जीविका : उन्होंने स्वराज्य के आने तक सरकारी नौकरी न करने की शपथ लेने के बाद 'राष्ट्रीय' प्रेम महाविद्यालय में पढ़ाना प्रारम्भ किया; उन्होंने विदेश जाने का प्रस्ताव भी ठुकरा दिया क्योंकि वे 'बहुत धर्म परायण' थे। बनारस में अपने पुराने स्कूल में एक साल बिताने के बाद, वे टीचर्स ट्रेनिंग कॉलेज चले गये। प्रधानाचार्य श्री मैकेन्ज़ी की सिफ़ारिश के कारण उन्हें डाली कॉलेज, इन्दौर में एक पद का प्रस्ताव दिया गया, जहाँ उन्होंने 1916 से 1918 तक पढ़ाया और बनारसीदास चतुर्वेदी से मिले। 1918-21 में डूँगर कॉलेज, बीकानेर में प्रधानाचार्य बन गये। 1918 में उन्होंने इन्दौर में हिन्दी साहित्य सम्मेलन के अधिवेशन में भाग लिया, जहाँ गाँधी जी अध्यक्ष थे और हिन्दी पत्रिकाओं के लिए लिखना प्रारम्भ किया। बनारस में असहयोग आन्दोलन में भाग लेने के कारण त्यागपत्र दे दिया और अल्प समय में ही ज़िला कांग्रेस कमेटी के सचिव बन गये। जेल

जाने से पहले 1921 में कुछ समय के लिए मर्यादा का सम्पादन किया। 1922 से वे ए.आई.सी.सी. के सदस्य और काशी विद्यापीठ में नरेन्द्र देव, श्रीप्रकाश और आचार्य बीरबल के साथ दर्शन शास्त्र के प्रोफ़ेसर बन गये। ज्ञानमण्डल के प्रकाशन कार्यों से संलग्न, उन्होंने अन्तर्राष्ट्रीय विधान (1924) और समाजवाद (1936, मंगलाप्रसाद पुरस्कार से सम्मानित) जैसी पुस्तकें प्रकाशित करायीं। 1923 में वे नगर पालिका परिषद के लिए चुने गये और शिक्षा कमेटी के सभापति बन गये। 1926 में उन्हें बनारस शहर से प्रान्तीय विधान परिषद् का सदस्य चुना गया। 1932 में बनारस में नमक सत्याग्रह के दौरान प्रथम कांग्रेसी डिक्टेटर के रूप में सम्पूर्णानन्द को गिरफ़्तार किया गया, 1939 में व्यक्तिगत सत्याग्रह में गिरफ़्तार हुए और 1942 में पुनः गिरफ़्तार हुए। तीन बार यू. पी. प्रान्तीय कांग्रेस कमेटी के अध्यक्ष रहे; वे 1934 में कांग्रेस सोशलिस्ट पार्टी के भी एक संस्थापक-सदस्य थे। 1935 में फिर से यू.पी.विधानसभा में चुने गये, 1937-39 की कांग्रेस सरकार में वे शिक्षामन्त्री बन गये, और फिर 1946 में स्वतन्त्रता के बाद वे उत्तर प्रदेश के मुख्य मन्त्री बने और बाद में राजस्थान के राज्यपाल रहे।

प्रमुख कृतियाँ :

भारत के देशी राष्ट्र (1918); अन्तर्राष्ट्रीय विधान (1924); समाजवाद (1936)

58. पण्डित सुन्दरलाल (1886-1981)

जन्मस्थान : खतौली गाँव, ज़िला मुजफ्फरनगर।

पृष्ठभूमि : साधारण कायस्थ परिवार में जन्म, उनके पिता पण्डित तोताराम एक जाने-माने आर्य समाजी और मामूली सरकारी नौकर थे।

शिक्षा : सबसे पहले सहारनपुर में शिक्षा मिली, फिर डी.ए.वी. कॉलेज, लाहौर में, जहाँ लाला हरदयाल को अपना मित्र बनाया। इलाहाबाद में क़ानून पढ़ने के दौरान उन्हें 1906 में घटी एक मशहूर राजनैतिक घटना के कारण अस्थायी रूप से निकाल दिया गया और एल-एल.बी. की परीक्षा देने से भी रोका गया। धर्म ग्रन्थों में गहन रुचि और पूर्ण ज्ञान के कारण मदन मोहन मालवीय और तेज बहादुर सप्रू ने उन्हें 'पण्डित' नाम से विभूषित किया।

पेशा : राजनैतिक कार्यकर्ता, पत्रकार

जीविका : वे सबसे पहले लाला लाजपत राय की राजनीति से प्रभावित हुए और 1905-7 में अरविन्द घोष तथा अन्य बंगाली क्रान्तिकारियों के लिए धन इकट्ठा करने में सहयोग दिया। 1906 की कलकत्ता कांग्रेस में वे मोतीलाल नेहरू के सम्पर्क में आये और पूर्ण रूप से राजनैतिक कार्यकर्ता बन गये। 1909 में राजनैतिक पाक्षिक पत्रिका कर्मयोगी (18,000 प्रतियाँ) की नींव रखी, लेकिन 1910 में जेल जाने पर वह बन्द हो गयी। जेल में उन्होंने संन्यास ले लिया, और सोमेश्वरानन्द हो गये, तथा कुँवारे और

ब्रह्मचारी ही रहे। 1913 में उन्हें लाला हरदयाल के साथ दिल्ली साज़िश काण्ड में अभियुक्त बनाया गया और 1912 तथा 1916 के बीच वे भूमिगत हो गये। 1919 में कुछ दिनों के लिए रामरख सिंह सहगल के साप्ताहिक भविष्य का, और 1920 में उसी नाम से एक दैनिक का सम्पादन किया–1921 में इसे भी बन्द करने पर मजबूर हो गये। 1929 में वे यू.पी. प्रान्तीय राजनैतिक कॉनफ़रेन्स के अध्यक्ष थे, और 1931 तथा 1932 के दौरान उन्हें सेन्ट्रल प्रॉविन्सेस में कांग्रेस के कार्यों की ज़िम्मेदारी सौंपी गयी; जबलपुर में उन्होंने माखनलाल चतुर्वेदी और लक्ष्मण सिंह चौहान के साथ काम किया। वे बहुत अच्छे वक्ता थे। भाषा विवाद में वे हिन्दुस्तानी के समर्थक थे।

प्रमुख कृतियाँ :

गानें : वैदिक राष्ट्रगीत (1911, अवैध घोषित)। इतिहास : भारत में अंग्रेज़ी राज (1929, प्रतिबन्धित)

59. सुभद्रा कुमारी चौहान (1904-48)

जन्मस्थान : इलाहाबाद के निकट एक गाँव।

परिवार : उनका जन्म एक शिक्षित राजपूत परिवार में हुआ, परन्तु परिवार समृद्ध नहीं था। यह परिवार रूढ़िवादी था जहाँ परदा प्रथा मानी जाती थी।

शिक्षा : 1919 में मिडल परीक्षा तक की शिक्षा क्रॉस्थवेट कॉलेज में हुई; इसके बाद वे बनारस में ऐनी बेसेंट के थियोसॉफ़िकल स्कूल चली गयीं, परन्तु 1921 में असहयोग आन्दोलन के कारण छोड़ दिया। 1920 में वे हिन्दी साहित्य प्रथमा परीक्षा में सफल रहीं।

पेशा : कवि, राजनीतिक कार्यकर्ता

जीविका : छः साल की आयु में कविताएँ लिखना शुरू किया जो उनकी शिक्षा और राजनीतिक उलझनों के बीच जारी रहा। उनकी कविताएँ प्रमुख हिन्दी पत्रिकाओं में प्रकाशित होती रहीं। समूचे राष्ट्रवादी आन्दोलन की प्रसिद्ध कविताओं में से एक उनकी कविता 'झाँसी की रानी' थी। मिडल स्कूल परीक्षा के वर्ष ही उनका विवाह लक्ष्मण सिंह चौहान से हो गया, जो बाद में कांग्रेस कार्यकर्ता और सम्पादक बने और वे पति के साथ जबलपुर चली गयीं। वे शहर और ज़िले में महिलाओं के बीच कांग्रेस का प्रचार करने लगीं और पर्दा प्रथा को न मानने वाली कुछ मध्यवर्गीय महिलाओं में से एक थीं। पहली बार वे 1923 में झण्डा सत्याग्रह के दौरान गिरफ़्तार हुईं, 1941 में व्यक्तिगत सत्याग्रह के लिए दोबारा गिरफ्तार हुईं। वे चार बच्चों की माँ थीं और छूआछूत को नहीं मानती थीं। उन्हें उनके सरल तथा स्पष्टवादी तौर-तरीक़ों के कारण जाना जाता था; उनकी शैली भी उतनी ही सरल थी और उन्होंने बच्चों के लिए भी बहुत लिखा। 1936 में वे विधान परिषद की सदस्य चुनी गयीं। दो बार सेकसरिया पुरस्कार से उन्हें सम्मानित किया गया।

प्रमुख कृतियाँ

कविता : मुकुल (1930); बिखरे मोती (1932); त्रिधारा, सभा का खेल; लघु कथा : उन्मादिनी (1934) एवं सीधे-साधे चित्र (1946)।

60. सुमित्रा नन्दन पन्त (1900-77)

जन्मस्थान : कौसानी (ज़िला अल्मोड़ा, अब ज़िला बागेश्वर)

पृष्ठभूमि : उनके पिता कौसानी रियासत के ख़ज़ांची और एक चाय बागान के मालिक थे; बचपन ही में उनकी माता की मृत्यु के बाद, उनका पालन-पोषण पिता और दादी ने किया।

शिक्षा : सर्वप्रथम गाँव के स्कूल में; 1912 में अंग्रेज़ी सीखने के लिए अल्मोड़ा सरकारी स्कूल गये, और 1919 में बनारस के जय नारायण हाई स्कूल में भर्ती हुए, 1919 में स्नातक के लिए म्योर सेन्ट्रल कॉलेज, इलाहाबाद में दाख़िला लिया, पर द्वितीय वर्ष में ही छोड़ दिया।

पेशा : कवि।

जीविका : उनका जन्म सुसंस्कृत परिवार में हुआ। बड़े भाइयों की साहित्यिक अभिरुचि थी। वे छोटी उम्र से ही प्रचुर मात्रा में कविता लिखते थे। बनारस में उन्होंने पहली बार सरोजिनी नायडू, टैगोर और अंग्रेज़ी की रोमाण्टिक कविताओं को पढ़ा; उसके बाद उन्होंने उच्छवास और ग्रन्थि (1920) की रचना की। पदुमलाल पुन्नालाल बख़्शी के व्यक्तिगत उत्साह के कारण इलाहाबाद में उनकी कविताएँ सरस्वती में प्रकाशित होनी शुरू हुईं। वे वहाँ प्रकाशित होने वाले प्रथम छायावादी कवि थे, और उनकी कविताओं का संग्रह इण्डियन प्रेस से छपा। जल्द ही उन्हें ख्याति मिली, विशेष रूप से पल्लव (1926) के बाद। 1931 से 1941 तक वे कालाकाँकर में स्थानीय राजा के मेहमान बन कर रहे और साहित्यिक पत्रिका रूपाभ (1935) का सम्पादन करते रहे, जिसने छायावाद और बाद में, प्रगतिशील तथा प्रयोगात्मक कविता के बीच सेतु का काम किया। पन्त ने कई शैलियों का प्रयोग किया, पहले गाँधी से प्रभावित थे, फिर प्रगतिशीलों से, और अन्ततः अरविन्द घोष से जो मार्ग हिन्दी विद्वानों के लिए अनोखा नहीं कहा जा सकता। 1942 में उन्होंने अल्मोड़ा में एक सांस्कृतिक केन्द्र की नींव रखी, उदय शंकर के दल के साथ सम्पर्क बनाया और उदय शंकर की एक नृत्य नाटिका के लिए कविताएँ लिखीं। उस अवसर पर उन्होंने दक्षिण भारत की यात्रा की और पहली बार अरविन्द से मिले। 1950-1957 तक वे आकाशवाणी केन्द्र के सलाहकार थे। 1961 में साहित्य अकादमी पुरस्कार से सम्मानित किये गये।

प्रमुख कृतियाँ :

कविता : उच्छवास (1920), ग्रन्थि (1920), पल्लव (1926), वीणा (1927), गुंजन

(1932), युगान्त (1936), युगवाणी (1937), ग्राम्या (1940), युगपथ (1948), कला और बूढ़ा 'चाँद' (1958)। नाटक : ज्योत्सना (1934)

61. सूर्यकान्त त्रिपाठी 'निराला' (सूरज कुमार तिवारी)(1899-1962)

जन्मस्थान : गढ़ाकोला गाँव, अवध के बीचोंबीच, ज़िला उन्नाव में।

पृष्ठभूमि : उनके पिता बंगाल में महिषादल की रियासती सेना में मामूली अफ़सर थे और गाँव में थोड़ी-सी ज़मीन और आम के बाग़ों के मालिक थे।

शिक्षा : थोड़ी-सी औपचारिक शिक्षा; मैट्रीकुलेशन में फ़ेल हो गये। अपने आपको पत्रिकाओं के माध्यम से साहित्यिक हिन्दी की शिक्षा दी, मुख्यतः सरस्वती और मर्यादा से। बंगला और संस्कृत में दक्ष।

पेशा : लेखक, पत्रकार

जीविका : 1917 में पिता और 1918 की इन्फ्लुएंज़ा महामारी में पत्नी, भाई और भाभी को खोने के बाद, उन्हें अपने लिए, अपने दोनों बच्चों और भतीजों के लिए आजीविका का प्रबन्ध करना पड़ा। उनका जीवन पेशे की अस्थिरता और आर्थिक सुरक्षा की कमी से हमेशा पीड़ित रहा। राजा की सेवा में कुछ समय गुज़ारने के बाद, महावीर प्रसाद द्विवेदी की सिफ़ारिश पर 1921 में रामकृष्ण मिशन (कलकत्ता) की हिन्दी सामयिक पत्रिका समन्वय के सम्पादक के रूप में उनकी नियुक्ति हुई। द्विवेदी का गाँव निराला के पैतृक गाँव के निकट था। कलकत्ता में वे हिन्दी विद्वानों से भली-भाँति परिचित हुए और 1923 में 'मतवाला मण्डल' में शामिल हो गये; 1922 में उनकी कविताओं का पतला-सा संग्रह 'अनामिका' प्रकाशित हुआ (1929 में उसका पुनः प्रकाशन परिमल के नाम से हुआ)। 1924 में पहली बार मतवाला से रिश्ता टूटने के बाद, कलकत्ता में वे स्वतन्त्र रूप से अनुवाद कार्य करने लगे, फिर दोबारा मतवाला में शामिल हुए लेकिन अन्य पत्रिकाओं के लिए भी राजनैतिक और सामयिक लेख लिखते रहे। 'उग्र' को तरजीह देने के कारण मतवाला के मालिक से दूसरी बार उनका रिश्ता टूटा, लेकिन एक लम्बी बीमारी के बाद वे फिर से वहाँ वापस आये, पहली बार एक उचित वेतन के साथ। पन्त और प्रसाद के मित्र होने पर भी पन्त के पल्लव (1926) के उत्साहपूर्ण स्वागत से उन्हें खीझ हुई, और उनके तथा पन्त के बीच कटु विवाद पैदा हुआ। जब वे छायावाद की निन्दा करने वालों के विरुद्ध लड़ रहे थे तो छात्रों में उनकी लोकप्रियता बढ़ी। औपचारिक शिक्षा की कमी के कारण पहले उन्हें सुधा में नौकरी के लिए अस्वीकार किया गया, पर उसके बाद 1930 से 1940 के बीच लखनऊ में उन्होंने दुलारे लाल भार्गव की सुधा और गंगा पुस्तक माला में काम किया। 1940 के दशक के दौरान उनमें मानसिक अस्थिरता के पहले लक्षण दिखायी दिये, पर उन्होंने लिखना नहीं छोड़ा। 1945 से वे इलाहाबाद में अकेले रहने लगे। छायावाद के सबसे अधिक प्रयोगात्मक और विस्तृत कवि, और मौलिक

रेखा चित्रों, कहानियों, तथा लघु उपन्यासों के लेखक, 'निराला' को अब इस शताब्दी के सबसे अग्रणी हिन्दी साहित्यकारों में गिना जाता है।

प्रमुख कृतियाँ :

कविता : अनामिका (1922, बाद में परिमल 1929), गीतिका (1936), अनामिका (1937), तुलसीदास (1938), कुकुरमुत्ता (1942), अणिमा (1943), बेला (1943), नये पत्ते (1946), सान्ध्य काकली (1963)। उपन्यास और रेखा चित्र : अप्सरा (1930), अलका (1933), चतुरी चमार (सखी के नाम से, 1935), कुल्ली भाट (1939), बिल्लेसुर बकरिहा (1942)

62. लाला सीताराम (अवधवासी) (1858-1937)

जन्मस्थान : अयोध्या

पृष्ठभूमि : रामानन्दी सम्प्रदाय से सम्बन्धित परिवार के सदस्य, मूलतः जौनपुर के।

शिक्षा : पहले बाबा रघुनाथ दयाल से शिक्षा प्राप्त की, फिर एक मौलवी से उर्दू और फ़ारसी सीखी, और धार्मिक किताबें पढ़ कर हिन्दी में दक्षता हासिल की। थोड़ी शिक्षा विद्यालय में भी हुई, और एल-एल.बी. की डिग्री प्राप्त करने से पहले 1879 में स्नातक की डिग्री हासिल की।

पेशा : सरकारी कर्मचारी, शिक्षक, अनुवादक

जीविका : पहले अवध अख़बार समाचार-पत्र का सम्पादन किया, और बाद में सीतापुर में प्रधानाध्यापक बनने से पहले, क्वीन्स कॉलेज, बनारस में शिक्षक बने; उसके बाद फ़ैज़ाबाद में विज्ञान के शिक्षक नियुक्त हुए और फिर बनारस लौट आये। 1895 में डिप्टी कलेक्टर नियुक्त हुए और 1909 में अवकाश ग्रहण किया। हमेशा ही उन्होंने शिक्षा विभाग से नज़दीकी रिश्ता बनाये रखा, जिसकी सेवा उन्होंने परीक्षा नियन्त्रक और पाठ्य पुस्तक कमेटी के सदस्य के रूप में की। कलकत्ता विश्वविद्यालय के हिन्दी साहित्य में प्रथम विश्वविद्यालय पाठ्यक्रम के लिए हिन्दी सिलेक्शंस (1923) के कई खण्ड लिखने के लिए उन्हें नियुक्त किया गया, और वे हिन्दुस्तानी अकादमी, इलाहाबाद से जुड़ गये। 'भूप' उप-नाम से उन्होंने कविताएँ ओर कई पाठ्यपुस्तकें लिखीं।

प्रमुख कृतियाँ :

अनुवाद : मेघदूत (1883); कुमार सम्भव (1884); रघुवंश (1885); ऋतुसंहार (1893); श्रृंगारतिलक, उत्तर रामचरितमानस, मालविकाग्निमित्र, मृच्छकटिक, महावीरचरित्र, मालती माधव, हितोपदेश, इत्यादि। कुछ-कुछ शेक्सपियर की कृतियाँ भी। ऐतिहासिक कृति : अयोध्या का इतिहास

63. हनुमान प्रसाद पोद्दार (1892-1971)

जन्मस्थान : शिलांग (असम)।

पृष्ठभूमि : 1901 में कलकत्ता आ बसे, मारवाड़ी परिवार में जन्म।

शिक्षा : कलकत्ता में हिन्दी, बंगला, गुजराती, मराठी और अंग्रेज़ी की शिक्षा मिली।

पेशा : प्रकाशक

जीविका : कलकत्ता में बिपिन चन्द्र पाल और अरविन्द घोष के सम्पर्क में आये तथा 1910 में क्रान्तिकारी आन्दोलनों में हिस्सा लिया; 1916-18 में देशद्रोह के लिए गिरफ़्तार किये गये और बम्बई जाने पर रोक लगा दी गयी। जेल में उनका रुझान आध्यात्मिक विषयों की ओर गया। 1914 में हिन्दी पत्रिकाओं के लिए लिखना प्रारम्भ किया। 1915 में गाँधी से मिलने के बाद उन्होंने देश-सेवा का व्रत लिया। 1914 तक उन्होंने हिन्दी पत्रिकाओं के लिए लिखना प्रारम्भ कर दिया था। 1918 में वे बम्बई चले गये और 1921 में धार्मिक प्रचार की ओर मुड़ने से पहले तक वे तिलक के उत्साही अनुयायी बने रहे। सेठ जयदयाल गोयनका के साथ मिल कर पहले बम्बई में, फिर गोरखपुर में धार्मिक मासिक पत्रिका कल्याण की शुरूआत की जो सबसे अधिक वितरण वाली हिन्दी पत्रिका और आधुनिक हिन्दू अस्मिता के पुनरुत्थान का एक शक्तिशाली माध्यम बन गयी। 1927 में उन्होंने गोरखपुर में गीता प्रेस की स्थापना की, और 1928 में कल्याण का अंग्रेज़ी संस्करण, कल्याण कल्पतरु, प्रारम्भ किया। 1929 में गाँधी जी ने गीता प्रेस में भाषण दिया और उसी वर्ष पोद्दार ने वहाँ हिन्दी साहित्य सम्मेलन की सभा का प्रबन्ध किया। 1932 में वियोगी हरि और सेठ घनश्याम दास बिड़ला के साथ मिल कर उन्होंने हरिजन सेवक की शुरूआत की। स्वतन्त्रता के बाद उन्होंने मथुरा में कृष्ण जन्मस्थान जीर्णोद्धार आन्दोलन में भाग लिया। हिन्दू संस्कृति पर कई पुस्तकें और पुस्तिकाएँ लिखीं।

प्रमुख कृतियाँ :

निबन्ध : हिन्दू-संस्कृति का स्वरूप; सिनेमा मनोरंजन या विनाश साधन; स्त्री-धर्म-प्रश्नोत्तरी (1926); भक्त बालक (1930); भक्त नारी (1930)

64. हरिवंश राय 'बच्चन' (1907-2004)

जन्मस्थान : मोहल्ला मुट्ठीगंज, इलाहाबाद

शिक्षा : शिक्षा नगर पालिका (म्युनिसिपल) स्कूल में हुई; हाई स्कूल परीक्षा 1925 में; कायस्थ पाठशाला और इलाहाबाद विश्वविद्यालय से 1929 में स्नातक; 1930 में सविनय अवज्ञा आन्दोलन में शामिल होने के लिए अंग्रेज़ी साहित्य में एम.ए. की पढ़ाई छोड़ दी; वर्षों बाद दोबारा दाख़िला लिया और 1939 में 32 वर्ष की उम्र में बनारस हिन्दू विश्वविद्यालय से एम.ए. की डिग्री हासिल की; उसी वर्ष इलाहाबाद में टीचर्स ट्रेनिंग

कॉलेज से बी. टी. की डिग्री हासिल की; 1954 में केम्ब्रिज विश्वविद्यालय से पी.एच. डी. पूरी की।

पेशा : शिक्षक, अंग्रेज़ी में प्राध्यापक, हिन्दी अधिकारी, कवि।

जीविका : 1934 तक अनियमित रूप से 'चाँद', भविष्य, अभ्युदय प्रेस, पायनियर प्रेस के लिए काम करते रहे। प्रयाग महिला विद्यापीठ, इलाहाबाद मिडल स्कूल, और अग्रवाल विद्यालय में 1934 से 1938 के बीच हिन्दी का अध्यापन किया। 1927 में पहला विवाह हुआ और 1936 में पत्नी का देहान्त हो गया। बचपन से ही कविताएँ लिखनी शुरू कीं और 1935 में मधुशाला की मादक कविताओं से कवि सम्मेलनों में सहसा शोहरत के शिखर पर पहुँचे, जो हिन्दी खड़ी बोली कविता के ऐसे गिने-चुने संग्रहों में से है जो सचमुच लोकप्रिय हुए। इलाहाबाद विश्वविद्यालय के अंग्रेज़ी विभाग में 1939 से 1952 तक पढ़ाया। 1942 में पुनर्विवाह किया। 1955 में केम्ब्रिज से लौटने के बाद पहले इलाहाबाद के आकाशवाणी केन्द्र में हिन्दी कार्यक्रम संयोजक के रूप में नियुक्ति हुई, उसके बाद जवाहर लाल नेहरू के साथ अपने व्यक्तिगत सम्पर्कों के माध्यम से विदेश मन्त्रालय, दिल्ली में हिन्दी अधिकारी के रूप में नियुक्त हुई। कई अन्तर्राष्ट्रीय कवि सम्मेलनों और शिष्ट-मण्डलों में भारत का प्रतिनिधित्व किया। 1976 में उन्हें पद्मभूषण से सम्मानित किया गया। शेक्सपियर के कई नाटकों का अनुवाद किया।

प्रमुख कृतियाँ

कविता : तेरा हार (1932); उमर ख़ैयाम की रूबाइयों का हिन्दी अनुवाद (1937); मधुशाला (1935); मधुबाला (1936); मधुकलश (1937); निशा निमन्त्रण (1938); एकान्त संगीत (1939) आत्मकथा : क्या भूलूँ क्या याद करूँ (4 खण्ड)

65. हरिहर नाथ शास्त्री (1904-53)

जन्मस्थान : वज़ीरापुर गाँव, बलिया ज़िला (पूर्वी यू.पी.)

पृष्ठभूमि : बिहार के पुलिस सब इन्स्पेक्टर अवतार लाल के इकलौते पुत्र, छोटी उम्र में ही अनाथ हो गये।

शिक्षा : छपरा में पहली बार स्कूल गये, जहाँ वे हाईस्कूल की परीक्षा में सफल हुए। आगे की शिक्षा के लिए बनारस चले गये; 1921 में उन्होंने काशी विद्यापीठ में दाख़िला लिया।

पेशा : राजनैतिक कार्यकर्ता

जीविका : विद्यापीठ में जाने से पहले कुछ दिनों के लिए पटना और लाहौर में गाँधी आश्रम में थे, जहाँ लाजपत राय के प्रभाव के अधीन उन्होंने शिक्षक और सामाजिक कार्यकर्ता के रूप में काम किया। 1921 में असहयोग आन्दोलन के दौरान जेल गये। विद्यापीठ से स्नातक की उपाधि प्राप्त करने के बाद, पहले बनारस में लाजपत राय के

लोकसेवक मण्डल का सदस्य बन कर अछूतों के बीच कार्य किया। (लाजपत राय के कहने पर) बम्बई में ट्रेड यूनियन नेताओं के साथ प्रशिक्षण प्राप्त किया, उन्हें कानपुर मज़दूरों के साथ भेज दिया गया और ग्वालटोली के श्रमिक आवास (वर्कर्स क्वॉर्टर) में रहने लगे। मज़दूर पत्रिका का सम्पादन किया। 1929 में वह कानपुर मज़दूर सभा के साधारण सचिव बन गये, 1931-37 तक उसके अध्यक्ष बने रहे। 1933 और 1935 के बीच वे अखिल भारतीय ट्रेड यूनियन के अध्यक्ष थे, और उसकी यू.पी. शाखा (1929) की ज़िम्मेदारी भी उन्हीं पर थी। कांग्रेस सोशलिस्ट पार्टी के एक संस्थापक-सदस्य, हरिहर नाथ 1934 में उसकी यू.पी. शाखा के साधारण सचिव बने और उसी वर्ष कानपुर में एक शाखा स्थापित की। यू.पी. प्रान्तीय कांग्रेस कमेटी के सदस्य, हरिहर नाथ शास्त्री 1937-39 में विधायक चुने गये। स्वतन्त्रता के बाद उन्होंने ए.आई.टी.यू.सी. की कार्यकारिणी पर साम्यवादियों की पकड़ के कारण त्यागपत्र दे दिया।

66. हेमचन्द्र जोशी (1894-?) और इलाचन्द्र जोशी (1902-82)

जन्मस्थान : अल्मोड़ा।

पृष्ठभूमि : नैनीताल में बसे मूलतः जाजमऊ (कानपुर) के एक सुसंस्कृत कान्यकुब्ज परिवार में जन्म हुआ। उनके एक पूर्वज कुमायूँ के राजा के मुख्यमन्त्री रह चुके थे।

शिक्षा : एम.ए. की शिक्षा के बाद, हेमचन्द्र आगे की पढ़ाई के लिए यूरोप चले गये; उन्हें पेरिस विश्वविद्यालय से 'ऋग्वेद के अनुसार प्राचीन भारत के आर्थिक और राजनैतिक विचार' पर डी. लिट. की उपाधि मिली। इलाचन्द्र ने हाईस्कूल की शिक्षा ग्रहण करने के बाद अपने बल पर फ्रेंच सीखी।

पेशा : पत्रकार और लेखक

जीविका : हेमचन्द्र ने आकर्षक विदेशी साहित्यिक कृतियों का संग्रह एकत्र किया, जिससे इलाचन्द्र ने अपनी साहित्यिक शिक्षा पायी; वे हाई स्कूल के बाद कलकत्ता भाग गये। दोनों भाइयों ने हिन्दी को समकालीन विश्व साहित्य और साहित्यिक प्रवृत्तियों से परिचित कराने में प्रमुख भूमिका निभायी, और उन्हें उनकी 'आधुनिक' और परिष्कृत रुचि के लिए यश मिला; हेमचन्द्र यूरोप से हिन्दी पत्रिकाओं को सूचनाएँ और समालोचनाएँ भेजते थे। इलाचन्द्र ने छोटी उम्र में ही कविता लिखना प्रारम्भ किया, और सोलह वर्ष की उम्र तक आते-आते प्रमुख हिन्दी राष्ट्रवादी पत्रिकाओं में उनकी कविताएँ प्रकाशित होने लगीं। 1919 में वे प्रभा में नियमित रूप से लेख और लघु कहानियाँ लिखने लगे, और 1927 से सरस्वती और सुधा में। 1929 में मॉर्डन रिव्यू में अंग्रेज़ी में छपे एक लेख, 'वर्तमान हिन्दी साहित्य' ने अंग्रेज़ीदाँ लोगों के सामने समकालीन हिन्दी साहित्य की कटु आलोचना से सनसनी फैला दी। इलाचन्द्र जोशी 1936 तक कलकत्ता, इलाहाबाद और

लखनऊ के बीच घूम-घूम कर अपना जीवन बिताया, थोड़े समय के लिए 'चाँद' के सम्पादकीय मण्डल में थे, उसके बाद 1929 में सुधा के सह-सम्पादक बने; हेमचन्द्र के साथ मिल कर उन्होंने कलकत्ता में विश्ववाणी (1930) और विश्वामित्र (1931) का सम्पादन किया। 1936 में आकाशवाणी में प्रोडयूसर की नौकरी मिलने से पहले, इलाहाबाद में उन्होंने कुछ समय के लिए संगम और साहित्यकार का सम्पादन किया। हेमचन्द्र नागरी प्रचारिणी सभा के व्युत्पत्ति कोष के लिए भी लिखते थे। हिन्दी में मनोवैज्ञानिक उपन्यास प्रारम्भ करने की प्रसिद्धि इलाचन्द्र को मिली, उदाहरण के लिए घृणामयी (1929), संन्यासी (1940)

प्रमुख ग्रन्थ-सूची

1. हिन्दी पत्रिकाएँ

1. मुख्य स्रोत

जहाँ तक सम्भव है, मैंने सम्पादकत्व में परिवर्तन की तारीख़ें(जिसका उल्लेख कभी-कभी पत्रिकाओं में नहीं हुआ है), और पत्रिका के बन्द होने की तिथि दी है; अन्तिम पंक्ति यह बताती है कि कौन-कौन-सी पत्रिकाओं से जानकारी ली गयी है। सभी मुख्य स्रोत हिन्दी साहित्य सम्मेलन संग्रहालय, इलाहाबाद से एकत्र किये गये हैं।

'चाँद' (1922-4?) : मासिक, इलाहाबाद।

सम्पादक :
रामरख सिंह सहगल (1922-33),
नवजादिकलाल श्रीवास्तव (1933-35),
महादेवी वर्मा (1935-38)
चतुरसेन शास्त्री (1938-)
1, 6 (अप्रैल 1923) से 18, भाग 2, 5 (अप्रैल 1941)।

गृहलक्ष्मी (1909-29) : मासिक, इलाहाबाद।

सम्पादक : गोपालादेवी प्रभाकर (ठाकुर श्रीनाथ सिंह)। 5, 2 (अप्रैल-मई 1913) से 15, 6 (अगस्त-सितम्बर 1924)।

माधुरी (1922-50) मासिक, लखनऊ।

सम्पादक :
दुलारे लाल भार्गव और रूपनारायण पाण्डेय (1922-26),
प्रेमचन्द और कृष्ण बिहारी मिश्र (1926-31)
रामसेवक त्रिपाठी (1931-32), मातादीन शुक्ल (1933-5),
रूप नारायण पाण्डेय और बाँके बिहारी भटनागर (1935-50)
1, 6 (दिसम्बर 1922) से 10, भाग 1, 6 (जनवरी 1932)।

मर्यादा (1910-22) : मासिक, इलाहाबाद; 1921-22, बनारस। सम्पादक :
पुरुषोत्तम दास टण्डन, कृष्णकान्त मालवीय।
सम्पूर्णानन्द, प्रेमचन्द (22, 1, अक्तूबर-नवम्बर 1921 से)।
1,1 (नवम्बर 1910) से 24, 6 (चैत्र 1979, मार्च-अप्रैल 1922)

सम्मेलन पत्रिका (1913-) मासिक, इलाहाबाद।
सम्पादक : गिरिजा कुमार घोष (1913-14), वियोगी हरि (1924), रामकुमार वर्मा (1927), ज्योति प्रसाद मिश्र 'निर्मल' (1940)
1, 6 (फ़रवरी-मार्च 1913 से 29, 11-25 (मई-जुलाई 1942)।

स्त्री दर्पण (1909-28) मासिक, इलाहाबाद; 29, 4 (अक्तूबर 1923) से कानपुर।
सम्पादिका : रामेश्वरी, उमा और रूप कुमारी नेहरू; सुमति देवी और फूलकुमारी मेहरोत्रा कानपुर में।
5, 6 (दिसम्बर 1911) से 15, 6 (जून 1928) तक।

सुधा (1927-4?) मासिक, लखनऊ।
सम्पादक : दुलारे लाल भार्गव; सहायक सम्पादक : रूपनारायण पाण्डेय, निराला, इलाचन्द्र जोशी।
1, भाग 1, 5 (दिसम्बर 1927) से 14, भाग 1, 5 (दिसम्बर 1940) तक

विशाल भारत (1928-38) : मासिक, कलकत्ता।
सम्पादक : बनारसी चतुर्वेदी।
1, 1 (जनवरी 1928) से 19, 1 (जनवरी 1937) तक।

1.2. अन्य पत्र-पत्रिकाएँ

आज (1920-) : दैनिक बनारस।
सम्पादक : बाबूराव विष्णु पराड़कर, श्रीप्रकाश। चुने हुए अंक।

हंस (1930-45) : मासिक बनारस।
सम्पादक : प्रेमचन्द।
1, 1 (मार्च 1930) से 1, 5 (जुलाई 1930) तक।

कल्याण (1926-) मासिक, बम्बई, तदुपरान्त गोरखपुर।
सम्पादक : हनुमान प्रसाद पोद्दार।

2, 3 (नवम्बर 1926) से 12, भाग 10, संख्या 11।

नागरी प्रचारिणी पत्रिका (1896-) : पहले त्रैमासिक, फिर मासिक, और 1920 से फिर त्रैमासिक, बनारस।

सम्पादक : श्यामसुन्दर दास, सुधाकर द्विवेदी, काशीदास, राधाकृष्ण दास, रामचन्द्र शुक्ल, रामचन्द्र वर्मा, बेनी प्रसाद, गौरीशंकर हीरानन्द ओझा, चन्द्रधर शर्मा गुलेरी, मुंशी देवीप्रसाद। अलग-अलग समय पर, वासुदेवशरण अग्रवाल, कृष्ण देव प्रसाद गौड़ और सम्पूर्णानन्द भी सम्बद्ध रहे।

प्रभा (1913-) : मासिक, खँडवा (मध्य, भारत); 1920 से कानपुर।
सम्पादक : माखनलाल चतुर्वेदी, गणेश शंकर विद्यार्थी, बालकृष्ण शर्मा 'नवीन'।
चुने हुए अंक।

प्रताप (1913, 1920) : साप्ताहिक, दैनिक, कानपुर।
सम्पादक : गणेश शंकर विद्यार्थी, बालकृष्ण शर्मा 'नवीन'।
चुने हुए अंक।

प्रेम (1926 -) : प्रेम महाविद्यालय की पत्रिका, मासिक, वृन्दावन।
सम्पादक : आचार्य ए. टी. गिडवानी।
1, 1 (1926) से भाग, 2, 5 (जुलाई 1928) तक।

संघर्ष (1937) : कांग्रेस सोशलिस्ट पार्टी का मुखपत्र, साप्ताहिक, लखनऊ।
सम्पादक : नरेन्द्र देव, सम्पूर्णानन्द।
1, 1 (दिसम्बर 1937) से 1, भाग 2, 3 (जनवरी 1938) तक।

सरस्वती (1900-1975) : मासिक, इलाहाबाद।
सम्पादक : महावीर प्रसाद द्विवेदी (1903-1920); पदुमलाल पुन्नालाल बख्शी (1921-25 और 1927-29); देवीदत्त शुक्ल (1928-46)।
1913, 1915-16, 1930-38।

विद्यापीठ (1928-) : त्रैमासिक, काशी विद्यापीठ, बनारस द्वारा प्रकाशित।
सम्पादक : भगवान दास, नरेन्द्र देव।
1, 1 (1928) से 4, 1 (1936)।

2. अंग्रेज़ी के सरकारी त था आधिकारिक स्रोत, पैम्फ़्लेट और सन्दर्भ

ENGLISH OFFICIAL SOURCES, PAMPHLETS AND REFERENCES

Blumhardt, J.F. *Catalogues of the Hindi, Panjabi, Sindhi and Pushtu Printed Books in the Library of the British Museum,* London, Asher, Kegan and Longmans, 1893.

Catalogue of Books Printed in the North-Western Provinces (quarterly publications, variously titled), for the years 1873 to 1875, Allahabad, Oriental and India Office Library Collections (OIOLC), British Museum, London.

Chand, Tara, 'Some Misconceptions About Hindustani', pamphlet printed at the Leader Press, Allahabad, n.d., but possibly around 1935.

General Report on Public Instruction in the United Provinces of Agra and Oudh (variously titled), 1919-27, OIOLC.

Half-Yearly List of Reported Newspapers and Periodicals, Government Press, Allahabad) for the relevant years, OIOLC.

Report of the Working of the Hindustani Academy, United Provinces, Allahabad (1927-39), Allahabad, Hindustani Academy, 1939.

Shaw, Graham, ed., *Publications Proscribed by the Government of India; Catalogue of the Collections in the India Office Library and Records,* London, India Office Library and Records, 1985

Shaw, Graham and S. Quraishi, eds., *The Bibliography of South Asian Periodicals : A Union List of Periodicals in South Asian Languages, South Asian Library Group,* Brighton, Harvester, 1982.

Statement of newspapers and Perodicals Published in UP, Government Press, Allahabad, for the relevant years, OIOLC.

'The Chand Press, Limited, Allahabad, 'Directors' Report and Balance sheet for the period Ending 31 May 1933,' Allahabad 1933.

The Progress of Education in India, Quinquennial Review, Calcutta, for the years 1917-27, OIOLC.

2.1 हिन्दी पैम्फ़्लेट, सरकारी-आधिकारिक और अप्रकाशित स्रोत

47 वर्ष के मुख्य-मुख्य कार्यों का संक्षिप्त विवरण, बनारस, नागरी प्रचारिणी सभा, सम्वत 1997 (1940)

अज्ञात, *हम भूखे नंगे क्यों हैं?* कानपुर, किसान मज़दूर पुस्तक माला, 1935।

आर्यभाषा पुस्तकालय का सूचीपत्र, भाग 1, बनारस, नागरी प्रचारिणी सभा, 1958।

असहयोग आन्दोलन सम्बन्धी काशी की पत्र-पत्रिकाएँ, भाग 1, दिल्ली, नेहरू स्मारक संग्रहालय और पुस्तकालय, 1986, अभिमन्यु, पुस्तकालय, बनारस से।

कृष्ण चन्द्र बेरी, *हिन्दी प्रकाशन का इतिहास*, टंकित आलेख, तिथि रहित।

एक-लिपि विस्तार-परिषद नियमावली, कलकत्ता, तिथि रहित, बनारस, आर्यभाषा का पुस्तकालय।

हिन्दी साहित्य सम्मेलन का वार्षिक विवरण, इलाहाबाद, हिन्दी साहित्य सम्मेलन, 1910-11, 1911-12 के वर्षों के लिए।

हिन्दी साहित्य सम्मेलन की परीक्षाओं की विवरण पत्रिका, सम्वत 1982, इलाहाबाद, हिन्दी साहित्य, सम्मेलन, 1915।

हिन्दी साहित्य सम्मेलन के हिन्दी विश्वविद्यालय की परीक्षाओं की विवरण पत्रिका, सम्वत 1995-96, (1938-39) इलाहाबाद, हिन्दी साहित्य सम्मेलन, 1939।

नागरी प्रचारिणी सभा का वार्षिक विवरण, काशी नागरी प्रचारिणी सभा, 1920-21, 1921-22, 1923-24, 1924-25, 1928-29, 1929-30, 1932-1933, 1933-34, 1935-36, 1937-38, 1938-39, 1939-1940। बनारस, आर्यभाषा पुस्तकालय।

भाई परमानन्द, *आर्य समाज और कांग्रेस*, लाहौर, आकाशवाणी पुस्तकालय, 1925।

रायकृष्ण दास, *प्रसाद की याद*, अप्रकाशित पाण्डुलिपि, तिथिरहित।

हिन्दी साहित्य सम्मेलन के वार्षिक अधिवेशनों की रिपोर्टें (अलग-अलग शीर्षकों से) : 1 बनारस अधिवेशन (1910), 2 इलाहाबाद अधिवेशन (1912); 13 कानपुर अधिवेशन (1923); 18 मुज़फ़्फ़रपुर (बिहार) अधिवेशन (1928); 20 कलकत्ता अधिवेशन (1931); 24 इन्दौर अधिवेशन (1935); 27 शिमला अधिवेशन (1938); 30 अबोहर (पंजाब) अधिवेशन (1941)।

स्वामी सहजानन्द सरस्वती, *किसानों के दोस्त और दुश्मन*, बिहटा, पटना, 1942।

सम्पूर्णानन्द, *चेतसिंह और काशी का विद्रोह*, प्रताप पुस्तक माला संख्या 13, कानपुर, प्रताप प्रेस, 1919।

सत्याग्रह सप्ताह (मालवीय जी का भाषण), कलकत्ता, हिन्दी पुस्तक एजेन्सी, ज्येष्ठ, 1979 (1922)।

लाला सीताराम, हिन्दी सर्वे कमेटी का रिपोर्ट, इलाहाबाद हिन्दुस्तानी एकेडेमी, 1930।

स्वराज्य पर मालवीय जी, कानपुर, प्रताप कार्यालय, 1917।
रामनरेश त्रिपाठी, *मारवाड़ के मनोहर गीत,* इलाहाबाद, हिन्दी मन्दिर, 1930।
प्राणनाथ विद्यालंकार, भारतीय किसान, बनारस, 1921।
विश्वनाथ प्रसाद, *ज्ञानमण्डल,* टंकित आलेख, तिथि रहित।

3. हिन्दी पुस्तकें और लेख

अजित कुमार द्वारा सम्पादित, *बच्चन रचनावली,* खण्ड-6 तथा 9, दिल्ली, राजकमल प्रकाशन, 1987।
अम्बिका प्रसाद वाजपेयी, *समाचार पत्रों का इतिहास,* बनारस, ज्ञानमण्डल, 1953
अमृत लाल नागर, *जिनके साथ जिया,* दिल्ली, राजपाल ऐण्ड संस, 1973
अवधनन्दन और सत्यनारायण, *हिन्दी की दूसरी पुस्तक,* मद्रास, हिन्दी प्रचार पुस्तक माला 18वाँ संस्करण, 1939।
अयोध्या नाथ शर्मा और सद्गुरु शरण द्वारा सम्पादित, *साहित्य कुसुम,* 3 भाग, कानपुर, गौतम प्रेस, तिथिरहित।
अयोध्या सिंह उपाध्याय 'हरिऔध' और गिरिजादत्त शुक्ल 'गिरीश,' *साहित्य माला* कक्षा 5 और 6 के लिए (सचित्र), बनारस, नन्दकिशोर ऐण्ड ब्रदर्स, 1932।
ई. मार्सडन और रामचन्द्र प्रसाद, *भारतवर्ष का इतिहास,* कलकत्ता, मैकमिलन, 1920।
उर्मिला शास्त्री, *कारागार,* दिल्ली, आत्माराम ऐण्ड संस, 1980 (1931)
ऋषभ चरण जैन, *गदर,* दिल्ली, हिन्दी पुस्तक कार्यालय, 1930
कन्हैयालाल, राष्ट्रीय शिक्षा का इतिहास, बनारस, काशी विद्यापीठ, 1929
कमल किशोर गोयनका, *प्रेमचन्द का अप्राप्य साहित्य,* 2 भाग, दिल्ली, भारतीय ज्ञानपीठ, 1988।
कामता प्रसाद गुरु, *पद्य समुच्चय,* इलाहाबाद, इण्डियन प्रेस, तीसरा संस्करण, 1934।
कर्मेन्दु शिशिर द्वारा सम्पादित, *मतवाले की चक्की,* हापुड़, सम्भावना प्रकाशन, 1990।
कालीदास कपूर, *हिन्दी सार-संग्रह* कक्षा 4 और 5 के लिए, इलाहाबाद, अग्रवाल प्रेस, 1933।
––*साहित्य समालोचना,* इलाहाबाद, इण्डियन प्रेस, 1929।
किशोरी दास वाजपेयी, *साहित्यिक जीवन के अनुभव और संस्मरण,* कनखल, हिमालय एजेंसी, 1953।
केशव प्रसाद मिश्र और पीताम्बर दत्त बड़थ्वाल, *पद्य पारिजात,* बनारस नागरी

प्रचारिणी सभा, 1931।
कृष्णनाथ द्वारा सम्पादित, *काशी विद्यापीठ हीरक जयन्ती अभिनन्दन ग्रन्थ,* काशी विद्यापीठ, बनारस, 1983।
कृष्णकान्त मालवीय, *सोहाग रात,* इलाहाबाद, अभ्युदय प्रेस, 1927
कृष्ण बिहारी मिश्र, *हिन्दी पत्रकारिता : जातीय चेतना और खड़ी बोली साहित्य की निर्माण भूमि,* दिल्ली, भारतीय ज्ञानपीठ, 1985 (1968)।
गाँधी-टण्डन स्मृति अंक, सम्मेलन पत्रिका, 55, 3-4, जून-दिसम्बर 1969
गौरीशंकर हीरा चन्द ओझा, *सोलंकियों का प्राचीन इतिहास,* अजमेर, वैदिक कार्यालय 1907।
——*राजपूताने का इतिहास,* अजमेर, वैदिक कार्यालय, 1925
——*मध्यकालीन भारतीय संस्कृति,* इलाहाबाद, हिन्दुस्तानी एकेडेमी, 1928
गोपाल राय, *हिन्दी उपन्यास कोश,* 2 भाग, पटना, ग्रन्थ निकेतन, 1968
चतुरसेन शास्त्री, *हिन्दू राष्ट्र का नवनिर्माण,* दिल्ली, हिन्दी साहित्य मण्डल, 1933
चन्द्रावती लखनपाल, *स्त्रियों की स्थिति,* लखनऊ, गंगा पुस्तक माला, तीसरा संस्करण, 1941 (पहला संस्करण गुरुकुल कांगड़ी, 1932)
जगन्नाथ दास 'रत्नाकर', तुलनीय, *समस्या-पूर्ति, अर्थात काशी कवि-समाज के द्वादश अधिवेशनों पर जो पूर्तियाँ काशिस्थ तथा अनेक देश-देशान्तर के कवियों की की हुई पढ़ी गयी थीं,* भाग-1 बनारस, सम्वत् 1951 (1894)
जगमोहन सिंह और चमनलाल द्वारा सम्पादित, *भगत सिंह और उनके साथियों के दस्तावेज़,* नयी दिल्ली, राजकमल प्रकाशन, 1991(1987)
जयचन्द्र विद्यालंकार, *भारतीय इतिहास की रूप-रेखा,* 2 भाग, इलाहाबाद, हिन्दुस्तानी एकेडेमी, 1933
जी.पी.श्रीवास्तव, *दिल की आग उर्फ़ दिलजले की आह,* इलाहाबाद, चाँद प्रेस, दूसरा संस्करण, 1936 (1933)
जैनेन्द्र कुमार, *परख,* बम्बई, हिन्दी ग्रन्थ रत्नाकर, 1930 (1929)
——*सुनीता,* नयी दिल्ली, पूर्वोदय प्रकाशन, 1990 (1935)
——*त्यागपत्र,* दिल्ली, पूर्वोदय प्रकाशन, 1956 (1937)
——*मेरे भटकाव,* नयी दिल्ली, पूर्वोदय प्रकाशन, 1978
ज्योति प्रसाद निर्मल, *स्त्री कवि कौमुदी : हिन्दी में स्त्रियों के काव्य साहित्य का विस्तृत विवेचन,* इलाहाबाद, गाँधी हिन्दी पुस्तक भण्डार, 1931
——द्वारा सम्पादित, *टण्डन निबन्धावली : राजर्षि पुरुषोत्तम दास टण्डन के साहित्यिक, सांस्कृतिक, राष्ट्रभाषा सम्बन्धी तथा अन्य उपयोगी निबन्धों का संग्रह,* वर्धा, राष्ट्रभाषा प्रचार समिति, 1970

ठाकुर प्रसाद सिंह द्वारा सम्पादित, *स्वतन्त्रता संग्राम के सैनिक*, भाग 3, *ज़िला इलाहाबाद*, 1970

––*स्वतन्त्रता संग्राम के सैनिक*, भाग 11, *ज़िला देहरादून*, 1970

––*स्वतन्त्रता संग्राम के सैनिक*, भाग 16, *ज़िला मेरठ*, 1970

तीसरी 'हिन्दी रीडर (हिन्दी शिक्षावली, 1889) की समीक्षा, महावीर प्रसाद द्विवेदी, झाँसी, 1899

त्रिभुवन नारायण सिंह, *1921 के असहयोग आन्दोलन की झाँकियाँ*, नयी दिल्ली, प्रकाशन विभाग, सूचना एवं प्रसारण मन्त्रालय, 1971

दीनानाथ शरण, *बच्चन जी का जीवन तथा व्यक्तित्व*, कानपुर, साहित्य निकेतन, 1967

देवव्रत द्वारा सम्पादित, *गणेश शंकर विद्यार्थी*, दिल्ली, आत्माराम ऐण्ड संस, 193

देवीदत्त द्विवेदी, *भारत की वर्णव्यवस्था और स्वराज्य*, जिसे लेखक ने ख़ुद ग्राम सिमौरा (फ़तहपुर) से मुद्रित किया, 1929

देवीदत्त शुक्ल, *कुछ खरी-खरी*, इलाहाबाद, कल्याण मन्दिर, 1949

––*सम्पादक के पच्चीस वर्ष*, इलाहाबाद, कल्याण मन्दिर, 19561

धनीराम प्रेम, *वल्लरी*, इलाहाबाद, चाँद प्रेस, 1932

धीरेन्द्र नाथ सिंह, *आधुनिक हिन्दी के विकास में खड्ग विलास प्रेस की भूमिका*, पटना, बिहार राष्ट्रभाषा परिषद, 1986

–– द्वारा सम्पादित, शीतला प्रसाद त्रिपाठी, *जानकी मंगल नाटक*, बनारस, नागरी प्रचारिणी सभा, 1996

धीरेन्द्र वर्मा द्वारा सम्पादित, परिषद निबन्धावली, भाग 1, 1929

––हिन्दी राष्ट्र या सूबा हिन्दुस्तानी, इलाहाबाद, लीडर प्रेस, 1930

––द्वारा सम्पादित, हिन्दी साहित्य कोश, भाग 2, बनारस, ज्ञानमण्डल, 1985

नवजादिक लाल श्रीवास्तव, *मतवाले की बहक*, सं0 कर्मेन्दु शिशिर, हापुड़, सम्भावना प्रकाशन, 1988

नामवर सिंह, *छायावाद*, नयी दिल्ली, राजकमल प्रकाशन, 1955

––'पन्तजी का रूपाभ,' *आलोचना*, 43, अक्तूबर-दिसम्बर 1977

––*दूसरी परम्परा की खोज*, नयी दिल्ली, राजकमल प्रकाशन, 1982

पदुमलाल पुन्नालाल बख़्शी, *मेरी अपनी कथा*, इलाहाबाद, इण्डियन प्रेस, 1972

पद्मकान्त मालवीय द्वारा सम्पादित, *मालवीय जी के लेख*, दिल्ली, नैशनल पब्लिशिंग हाउस, 1962

पद्मसिंह शर्मा, *हिन्दी, उर्दू, हिन्दुस्तानी*, इलाहाबाद, हिन्दुस्तानी एकेडेमी, 1951 (1932)

पण्डित सुन्दर लाल, *भारत में अंग्रेज़ी राज*, इलाहाबाद, ओंकार प्रेस, 1938 (1929)

परिपूर्णानन्द वर्मा, *बीती यादें*, नयी दिल्ली, पूर्वोदय प्रकाशन,1976

पाण्डेय बेचन शर्मा उग्र, *चाकलेट*, कलकत्ता, टण्डन ब्रदर्स, 1953

——*चन्द हसीनों के ख़ुतूत*, मिर्ज़ापुर, बीसवीं सदी पुस्तकालय, 1927

——*दिल्ली का दलाल*, मिर्ज़ापुर, बीसवीं सदी पुस्तकालय, 1927

पुरुषोत्तम अग्रवाल, राष्ट्रकवि की राष्ट्रीय चेतना, *आलोचना*, नयी दिल्ली, अक्तूबर-दिसम्बर 1986, पृ. 127-36

– 'जातिवादी कौन,' राजकिशोर द्वारा सम्पादित, *हरिजन से दलित*, दिल्ली, वाणी प्रकाशन, 1994

– *संस्कृति : वर्चस्व और प्रतिरोध*, दिल्ली, राधाकृष्ण प्रकाशन, 1995

पुरुषोत्तम दास टण्डन, *टण्डन निबन्धावली*, वर्धा, राष्ट्रभाषा प्रचार समिति, 1970

प्राणनाथ विद्यालंकार, *भारतीय किसान*, बनारस, राष्ट्रीय संजीवनी ग्रन्थ माला, भाग 1, 1920

प्रेमचन्द, *सेवा सदन*, नयी दिल्ली, राजकमल प्रकाशन, 1994 (1919)

——*प्रेमाश्रम*, इलाहाबाद, हंस प्रकाशन, 1962 (1921)

——*निर्मला*, नयी दिल्ली, साधना पाकेट बुक्स, 1990 (1927)

——*समर यात्रा*, बनारस, 1930

——*मानसरोवर*, सातवाँ भाग, इलाहाबाद, सरस्वती प्रेस, 1962

——*विविध प्रसंग*, 3 भाग, इलाहाबाद, हंस प्रकाशन, 1980 (1962)

बच्चन सिंह, *आचार्य शुक्ल का इतिहास पढ़ते हुए*, नयी दिल्ली, नैशनल पब्लिशिंग हाउस, 1989

बद्रीनाथ भट्ट, *तुलसीदास नाटक*, गोकुलपुरा (आगरा), रामभूषण पुस्तकालय, 1922

—— *रानी दुर्गावती*, लखनऊ, गंगा पुस्तक माला, 1925

बिहार हिन्दी साहित्य सम्मेलन का इतिहास (1919-55), पटना, बिहार हिन्दी साहित्य सम्मेलन, 1956

बैजनाथ सिंह द्वारा सम्पादित, *द्विवेदी पत्रावली*, इलाहाबाद, हिन्दुस्तानी एकेडेमी, 1954

——द्वारा सम्पादित, *द्विवेदी युग के साहित्यकारों के कुछ पत्र*, इलाहाबाद, हिन्दुस्तानी एकेडेमी, 1958

बीना शर्मा, 'प्रगतिशील साहित्य के विकास में "रूपाभ" का योगदान,' अप्रकाशित एम. फ़िल

शोध-प्रबन्ध, भारतीय भाषा केन्द्र, नयी ल्लिी, जवाहरलाल नेहरू विश्वविद्यालय, 1980

ब्रजरत्न दास, *भारतेन्दु मण्डल*, बनारस, श्री कमल मणि ग्रन्थमाला कार्यालय, 1949

ब्रह्मानन्द, *भारतीय स्वतन्त्रता आन्दोलन और उत्तर प्रदेश की हिन्दी पत्रकारिता*, दिल्ली, वाणी प्रकाशन, 1986

वृहद हिन्दी कोश, सं0 केशव प्रसाद, रघुपति सहाय, मुकुन्दीलाल श्रीवास्तव, बनारस, ज्ञानमण्डल, 1989 (1952)

भगवती चरण वर्मा, *अतीत के गर्त से*, दिल्ली, राजकमल प्रकाशन, 1979

भवानी प्रसाद, *आर्य भाषा पाठावली*, कांगड़ी, गुरुकुल प्रेस, छठा संस्करण, 1927

मदन गोपाल, *भारतेन्दु हरिश्चन्द्र*, नयी दिल्ली, साहित्य अकादमी, 1978

मधुरेश, *देवकी नन्दन खत्री*, नयी दिल्ली, साहित्य अकादमी, 1980

मनमोहन गुप्त, *एक क्रान्तिकारी के संस्मरण*, इलाहाबाद इण्डियन प्रेस, 1969

मनु शर्मा, हिन्दी साहित्य को काशी की देन, *स्मारिका*, विशेष *मानस चतुश्शती समारोह*, बनारस जनवरी 1974

'मनोरंजन,' 'मधुशाला का सर्वप्रथम सम्मेलन : एक संस्मरण,' दीनानाथ शरण द्वारा सम्पादित, *बच्चन जी का जीवन तथा व्यक्तित्व*, कानपुर, साहित्य निकेतन, 1967

महादेवी वर्मा, श्रृंखला की कड़ियाँ, इलाहाबाद, भारती भण्डार, 1942

––*साहित्यकार की आस्था तथा अन्य निबन्ध*, इलाहाबाद, लोकभारती प्रकाशन, 1962 (मूल रूप में *महादेवी का विवेचनात्मक गद्य* के नाम से प्रकाशित, इलाहाबाद, स्टूडेंट्स फ्रेण्ड्स, 1944)

महावीर प्रसाद द्विवेदी, *सम्पत्ति शास्त्र*, इलाहाबाद, इण्डियन प्रेस, 1907

––*हिन्दी की पहली पुस्तक*, इलाहाबाद, इण्डियन प्रेस, 1911

मुकुट बिहारी लाल, *आचार्य नरेन्द्रदेव : युग और नेतृत्व*, बनारस, विश्वविद्यालय प्रकाशन, 1987

मुकुन्दी लाल श्रीवास्तव, *हिन्दी की चौथी पुस्तक*, बनारस, ज्ञानमण्डल, 1925

मुश्ताक़ अली, 'हिन्दी साहित्य के इतिहास में इलाहाबाद का योगदान, इण्डियन प्रेस के विशिष्ट सन्दर्भ में,' अप्रकाशित शोध प्रबन्ध, इलाहाबाद विश्वविद्यालय, 1989

मैथिली शरण गुप्त, *भारत भारती*, 37वीं आवृत्ति, चिरगाँव (झाँसी), साहित्य सदन, 1991 (मूल से 1912)

मोतीचन्द्र, *काशी का इतिहास*, बनारस, विश्वविद्यालय प्रकाशन, 1962

रविशंकर शुक्ल, *हिन्दीवालो, सावधान !* बनारस, नागरी प्रचारिणी सभा, 1947

राजकिशोर द्वारा सम्पादित, *हरिजन से दलित*, दिल्ली, वाणी प्रकाशन, 1994

राजीव सक्सेना, वृन्दावनलाल वर्मा, नयी दिल्ली, साहित्य अकादमी, 1985

राजेन्द्र यादव, *सारा आकाश*, दिल्ली, अक्षर प्रकाशन, 1968 (अंग्रेज़ी अनुवाद, *स्ट्रेंजर्स ऑन द रूफ़*, दिल्ली, पेंग्विन, 1994)

राधाकृष्ण द्वारा सम्पादित, *गणेश शंकर विद्यार्थी के श्रेष्ठ निबन्ध*, दिल्ली, आत्माराम ऐण्ड सन्स, 1964

राधाकृष्ण अवस्थी, द्वारा सम्पादित, *क्रान्ति का उद्‌घोष : गणेश शंकर विद्यार्थी की कलम से*, 2 खण्ड, कानपुर, गणेश शंकर विद्यार्थी शिक्षा समिति,

1978
रामचन्द्र शुक्ल, *चिन्तामणि*, भाग 1, इलाहाबाद, इण्डियन प्रेस, 1939
——*गोस्वामी तुलसीदास*, बनारस, नागरी प्रचारिणी सभा, 1983
—— *हिन्दी साहित्य का इतिहास*, बनारस, नागरी प्रचारिणी सभा, 1990 (1940)
——*प्रतिनिधि निबन्ध*, सं0 एस. पाण्डेय, नयी दिन्नी, राधाकृष्ण प्रकाशन, 1976
रामजी लाल शर्मा, *बाल विनोद*, भाग-5, इलाहाबाद इण्डियन प्रेस, 1910
——*बालाबोधिनी*, भाग-5, इलाहाबाद, इण्डियन प्रेस, 1912
रामविलास शर्मा, *निराला की साहित्य साधना*, 3 भाग, नयी दिल्ली, राजकमल प्रकाशन, 1969
——*रामचन्द्र शुक्ल और हिन्दी आलोचना*, नयी दिल्ली, राजकमल प्रकाशन, 1973
——*भारतेन्दु युग और हिन्दी भाषा की विकास परम्परा*, नयी दिल्ली, राजकमल प्रकाशन, 1975 (1942)
——*महावीर प्रसाद द्विवेदी और हिन्दी नवजागरण*, नयी दिल्ली, राजकमल प्रकाशन, 1977
राम नरेश त्रिपाठी, *ग्राम गीत*, तीन खण्ड, इलाहाबाद, हिन्दी मन्दिर, 1930
——*स्वप्नों के चित्र*, इलाहाबाद, हिन्दी मन्दिर, 1930
——द्वारा सम्पादित, *कविता कौमुदी*, 7 खण्ड, इलाहाबाद, हिन्दी मन्दिर, 1917-30
रामनारायण यादवेन्दु, *भारत का दलित समाज*, आगरा, नवयुग साहित्य निकेतन, 1940
राय कृष्णदास द्वारा सम्पादित, *इक्कीस कहानियाँ*, इलाहाबाद, भारती भण्डार, 1941
राहुल सांकृत्यायन, *मेरी जीवन यात्रा*, भाग 2, इलाहाबाद, किताब महल, 1950
लक्ष्मी नारायण गुप्त, *हिन्दी भाषा और साहित्य को आर्य समाज की देन*, लखनऊ, लखनऊ विश्वविद्यालय, 1960
लक्ष्मीनारायण सिंह, *राजर्षि पुरुषोत्तम दास टण्डन*, इलाहाबाद, हिन्दी साहित्य सम्मेलन, 1982
लक्ष्मीसागर वार्ष्णेय, *आधुनिक हिन्दी साहित्य की भूमिका*, इलाहाबाद, हिन्दी परिषद, 1952
लाला नानकचन्द, *अमर सिंह राठौर*, मुरादाबाद, 1910
लाला भगवानदीन, *वीर पंचरत्न*, कलकत्ता, बर्मन प्रेस, 1918
विद्यानिवास मिश्र द्वारा सम्पादित, *हिन्दीमय जीवन पण्डित श्रीनारायण चतुर्वेदी*, दिल्ली, प्रभात प्रकाशन, तिथिरहित
वियोगी हरि, *वीर सतसई*, गाँधी हिन्दी पुस्तक भण्डार, 1927
विश्वम्भर नाथ शर्मा 'कौशिक,' चित्रशाला, लखनऊ, गंगा पुस्तक माला, 1924
——और रामदास गौड़, *हिन्दी भाषा-सार*, गद्य संकलन, इलाहाबाद, हिन्दी साहित्य

सम्मेलन, 1927 (1916)
वीर भारत तलवार, *किसान, राष्ट्रीय आन्दोलन और प्रेमचन्द : 1918-1922 प्रेमाश्रम और अवध के किसान आन्दोलन का विशेष अध्ययन*, नयी दिल्ली, नॉर्दर्न बुक सेंटर, 1990
–– *राष्ट्रीय नवजागरण और साहित्य : कुछ प्रसंग और कुछ प्रवृत्तियाँ*, दिल्ली, हिमाचल पुस्तक भण्डार, 1993
वृन्दावन लाल वर्मा, *झाँसी की रानी लक्ष्मीबाई*, झाँसी, मयूर प्रकाशन, 1987 (1946)
––*अपनी कहानी*, दिल्ली, प्रभात प्रकाशन, 1993 (1962)
शितिकण्ठ मिश्र, *खड़ी बोली का आन्दोलन*, बनारस नागरी प्रचारिणी सभा, 1957
शिवपूजन सहाय, *स्मृतिशेष*, नयी दिल्ली, राजकमल प्रकाशन, 1994
शिव प्रसाद मिश्र द्वारा सम्पादित, *भारतेन्दु ग्रन्थावली*, भाग 1, बनारस नागरी प्रचारिणी सभा, 1974
शिव प्रसाद सिंह, *इतिहास तिमिरनाशक*, भाग 3, इलाहाबाद, गवर्नमेंट प्रेस, 1874
श्यामनारायण पाण्डे, *हल्दी घाटी*, इलाहाबाद, इण्डियन प्रेस, 1938
श्यामसुन्दर दास, *साहित्यालोचन*, बनारस, साहित्य रत्नमाला कार्यालय, 1922
––*हिन्दी गद्य संकलन*, हाईस्कूल की कक्षा 9 और 10 के लिए, इलाहाबाद इण्डियन प्रेस, 1929
––*हिन्दी के निर्माता*, भाग 2, इलाहाबाद, इण्डियन प्रेस,
––*मेरी आत्मकहानी*, इलाहाबाद, इण्डियन प्रेस, 1957
श्रीकान्त जोशी द्वारा सम्पादित, *माखन लाल चतुर्वेदी रचनावली*, भाग 2, दिल्ली, वाणी प्रकाशन, 1983
श्रीकृष्ण खत्री, सांगीत बीरमती, कानपुर, 1921
श्रीनारायण चतुर्वेदी द्वारा सम्पादित, *सरस्वती हीरक जयन्ती विशेषांक 1900-59*, इलाहाबाद, इण्डियन प्रेस, 1961
––*मनोरंजक संस्मरण*, इलाहाबाद, इण्डियन प्रेस, 1965
सत्यप्रकाश मिलिन्द द्वारा सम्पादित, *हिन्दी की महिला साहित्यकार*, दिल्ली, रूपकमल प्रकाशन, 1960
सम्पूर्णानन्द, नरेन्द्र देव, श्रीप्रकाश, जयप्रकाश नारायण, दामोदर स्वरूप सेठ, गोविन्द सहाय, *साम्यवाद का बिगुल*, बनारस, काशी पुस्तक भण्डार, 1936
सहजानन्द सरस्वती, *मेरा जीवन संघर्ष*, दिल्ली, पीपल्स पब्लिशिंग हाउस, 1985
सालिगराम श्रीवास्तव, प्रयाग प्रदीप, इलांहाबाद, हिन्दुस्तानी एकेडेमी, 1937
सीताराम चतुर्वेदी, *महामना मदन मोहन मालवीय*, बनारस, अखिल भारतीय विक्रम परिषद, 1948

सुजाता राय, *प्रभा और राष्ट्रीय जागरण*, नयी दिल्ली, अनामिका प्रकाशन, 1989
सुधा चौहान, *मिला तेज से तेज*, इलाहाबाद, हंस प्रकाशन, 1975
सुमित्रानन्दन पन्त, पल्लव, दिल्ली, राजकमल प्रकाशन, 1963 (प्रथम संस्करण, 1926)
सूर्यकान्त त्रिपाठी 'निराला,' *निराला रचनावली*, 7 खण्ड, सम्पादक, नन्दकिशोर नवल, दिल्ली, राजकमल प्रकाशन, 1992
हरप्रकाश गौड़, *सरस्वती और राष्ट्रीय जागरण*, दिल्ली, नैशनल पब्लिशिंग हाउस, 1986
हरिवंश राय बच्चन, 'कवि सम्मेलन : एक सिंहावलोकन,' अजित कुमार द्वारा सम्पादित, *बच्चन रचनावली*, खण्ड-6, दिल्ली राजकमल प्रकाशन, 1987
हेमन्त शर्मा द्वारा सम्पादित, *भारतेन्दु समग्र*, बनारस, हिन्दी प्रचारक संस्थान, 1987
क्षेमचन्द्र 'सुमन,' *दिवंगत हिन्दी-सेवी*, दिल्ली, शकुन प्रकाशन, 1981
ज्ञानवती दरबार, *भारतीय नेताओं की हिन्दी सेवा*, नयी दिल्ली, रंजन प्रकाशन, 1961

ENGLISH BOOKS, DISSERTATIONS, ETC.

Agnew, V., *Elite Women in Indian Politics,* New Delhi, Vikas, 1979.

Ahmad, Aijaz, *In Theory: Classes, Nations, Literatures,* Delhi, Oxford University Press, 1992.

Ahmad, Nazir, 'Development of Printing in Urdu, 1743-1857', unpublished M. Phil. thesis, School of Library Archive and Information Studies, University of London, 1976.

Amin, Shahid, 'Gandhi as Mahatma: Gorakhpur Djstrict, Eastern UP,1921-2', in R. Guha, ed., *Subaltern Studies III,* Delhi, Oxford University Press, 1984, pp. 1-55.

—, *Event, Metaphor, Memory: Chauri-Chaura 1922-92,* Delhi, Oxford University Press, 1995.

Anderson, Benedict, *Imagined Communities: Reflections on the Origin and Spread of Nationalism,* Verso, London, 1983.

Appadurai, Arjun, 'Number in the Colonial Imagination', in *Ct...* Breckenridge and P. van der Veer, eds, *Orientalism and the Postcolonial Predicament,* Philadelphia, University of Pennsylvania Press, 1993, pp. 314-39.

Arnold, David and David Hardiman, eds, *Subaltern Studies VIII,* Delhi, Oxford University Press, 1994.

Assayag, Jackie, *The Making of Democratic Inequality: Caste, Class,*

Lobbies and Politics in Contemporary India (1880-1995), Pondiche,rry, Pondy Papers in Social Sciences, 1995.

Auerbach, Erich, *Mimesis: The Representation of Reality in Western Literature,* Princeton, Princeton University Press, 1953.

Bagchi, N.G., *Chintamoni Ghosh: The Saga of the Indian Press,* Allahabad, Indian Press, 1984.

Baker, D.E.U., *Changing Political Leadership in An Indian Province: The Central Provinces and Serar, 1919-39,* Delhi, Oxford University Press, 1979.

Banerjee, Sumanta, *The Parlour and the Street. Elite and Popular Culture ill Nineteenth-Century Calcutta,* Calcutta, Seagull, 1989.

Barrell, John, *English Literature in History, 1730-80: An Equal, Wide Survey,* London, Hutchinson, 1983.

Basu, Aparna, *The Growth of Education and P(II{itical Development in India, 1898-1920,* Delhi, Oxford University Press, 1974. i

Baxter, Craig, *Jana Sangha: A Biography of An Indian Politica! 'Party,*

Philadelphia, Pennsylvania University Press, 1969.

Bayly, C.A., *The Local Roots oj Indian Politics, {\llahabad 1880-1920,* Oxford. Clarendon Press, 1975.

—, *Rulers, Townsmen and Bazaars,* Cambridge, Cambridge University Press, 1988.

—, *Indian Society and the Making of the British Empire: The New Cambridge History of India,* vol. II-I, Cambridge, Cambridge University Press, 1988.

—, *Empire and Information,* Cambridge, Cambridge University Press, 1996.

Bayly, Susan, 'Hindu "modernizers" and the "pubHc"arena: indigenous critiques of caste in colonial India', paper presented at the conference on 'Vivekananda and the Modernization of Hinduism', London, School of Oriental and African Studies, 1993.

Bell, D.V.J., *Power. Influence, Authority,* London, Oxford University Press, 1975.

Bhargava, M.L., *History of Secoridary Education in UP,* Lucknow, Superintendent Printing and Stationery, 1958.

—, *Ganesh Shankar Vidyarthi,* Delhi, Publications Division, Ministry of Information and Broadcasting: 1988.

Bhatia, Tej. K, *A History of the Hindi Grammatical Tradition,* Leiden, Brill,1987.

Bhatnagar, Ram Ratan, *The Rise and Growth of Hindi Journalism,* Allahabad, Kitab Mahal, 1951.

Bhattacharya, Tithi, 'Defining the Bhadralok Through Print', paper presented at the *SOAS* history seminar, University of London, December, 1998.

Blackburn, Stuart, 'The Tale of the Book: Print and Storytelling in 19th Century Tamil', in R. Dwyer and C. Pinney, eds, *Pleasure and the Nation: The History, Politics and Consumption of Public Culture in India.* Delhi, OUP, 2001.

Brass, Paul, *Factional Politics in An Indian Stute: The Co/lf;reSS Purty in Uttar Pradesh,* Cambridge, Cambridge University Press, 1962.

—, *Language, Religion alld Politics* in *North India,* Cambridge, Cambridge University Press, 1974.

Brass, Paul with Francis Robinson, eds, *The Indian National Congress and Indian Society,* 1885-1985: *Ideology, Social Structure and Political Dominance,* Delhi, Chanakya Publications, 1987.

Breckenridge, CA. and P. van der Veer, eds, *Orientalism and the Postcolonial Predicament,* Philadelphia, University of Pennsylvania Press, 1993.

Calhoun, Craig, ed., *Habermas and the Public Sphere,* Massachusetts, MIT Press, Cambridge, 1992.

Carroll, Lucy, 'Colonial Perceptions of Indian Society and the Emergence of Caste(s) Associations', *Journal of Asian Studies,* 37, 2, February 1978, pp. 233-50.

Chakrabarty, Dipesh, 'The Difference-deferral of Colonial Modernity: Public Debates on Domesticity in British Bengal', in D. Arnold and D. Hardiman, eds, *Subaltern Studies VIII,* Delhi, Oxford University Press, 1994.

Chakravarti, Uma, 'Whatever Happened to the Vedic Dasi? Orientalism, Nationalism and a Script for the Past', in K: Sangari and S. Vaid, eds, *Recasting Women,* Delhi, Kali for Women, 1989.

Chandra, Sudhir, ed., *Social Transformation and Creative Imagination,* Delhi, Allied Publishers, 1984.

—, 'Communal Elements in Late Nineteenth Century Hindi Literature', in M. Hasan, ed., *Communal and Pan-Islamic Trends in Colonial India,* Delhi, Manohar, 1986.

—, *The Oppressive Present: Literature and the Social Imagination,* Delhi, Oxford University Press, 1992. ;

Chatterjee, Indrani, 'The Bengali Bhadramahila. 1930-4', u;published M. Phil. thesis, New Delhi, Jawaharlal Nehru University, 1986.

Chatterjee, Partha, *Nationalist Thought and the Colonial World: A Derivative Discourse?,* London, Zed Books, 1986.

Chatterjee, Partha and G. Pandey, eds, *Subaltern Studies VII,* Delhi, Oxford University Press, 1992.

—, *The Nation and Its Fragments,* Princeton, Princeton University Press, 1993.

Chaturvedi, S.N., *The History of Rural Education in the United Provinces of Agra and Oudh (1840-1926),* Allahabad, Indian Press, 1930.

—, *An Educational SlInley of a District,* Allahabad, Indian Press, 1935.

Cohn, Bernard, 'The Command of Language and the Language of Command', in R. Guha, ed., *Subaltern Studies IV,* Delhi, Oxford University Press 1985, pp. 276-329.

—, 'Representing Authority in Victorian India', in E.J. Hobsbawm and T. Ranger, eds, *The Invention of Tradition,* Cambridge, Cambridge University Press, 1990; ;

Dalmia, Vasudha, *The Nationalization of Hindu Traditions: Bhiiratendu Harischandra and Nineteenth-Century Benares,* Delhi, Oxford University Press, 1997.

Dalmia, Vasudha and H. von Stietencron, e *Representing Hinduism: The Construction of Religious Traditions and National Identity,* Delhi, Sage Publications, 1995.

Dalınia, Vasudha and T. Damsteegt, eds, *Narrative Strategies,* Delhi, Oxford University Press, 1999.

Damodaran, Vinita, *Broken Promises. Popular Protest, Indian*

Nationalism and the Congress Party in Bihar, Delhi, Oxford University Press, 1992.

Dar, S.N. and S. Somaskandam, *History of Benares Hindu University,* Benares, 1966.

Das, Sisir Kumar, *Sahibs and Munshis: An Account of the College of Fort William,* Calcutta, Orion Publications, 1978.

—, *A History of Indian Literature, 1800-19/0, Western Impact: Indian Response,* vol. VIII, New Delhi, Sahitya Akademi, 1991.

Das Gupta, Jyotirindranath, *Language Conflict and National Development: Group Politics and National Language Policy in India,* Berkeley, University of California Press, 1970.

Dejean, Joan, *Tender Geographies: Women and the Origins of the Novel in France,* New York, Columbia University Press, 1991.

Dev, Acharya Narendra, *Socialism and the National Revolution,* ed. Yusuf Meherally, Bombay, Padma Publications, 1946.

Devy, Ganesh, *After Amnesia: Tradition and Change in Indian Literary Criticism,* Bombay, Orient Longman, 1992.

Dharwadker, Vinay, 'Orientalism and the Study ofIndian Literatures', in C.A. Breckendridge and P. van der Veer, eds, *Orientalism and the Postcolonial Predicament,* Philadelphia, Pennsylvania University Press, 1993, pp. 158-85.

Dittmer, Kerrin, *Die Indischen Muslims und die Hindi-Urdu Kontro versie in den United Provinces,* Wiesbaden, Harrassowitz, 1972.

Dwyer, Rachel and Chris Pinney, eds, *Pleasure and the Nation: The History, Politics and Consumption of Public Culture in India,* Delhi, OUP, 2001.

Eisenstein, Elizabeth, *The Printing Revolution in Early Modern Europe,* 2 vols, Cambridge, Cambridge University Press, 1983.

Eley, Geoff, 'Nations, Publics and Political Cultures: Placing Habermas in the Nineteenth Century', in C. Calhoun, ed., *Habermas and the Public Sphere,* Cambridge, MIT Press, 1992, pp. 289-339.

Faruqi, Shamsur Rahman, *Early Urdu Literary Culture and History,* Delhi, Oxford University Press, 2001.

Forbes, Geraldine, *Women in India,* Cambridge, Cambridge University Press, 1996.

Fraser, Nancy, 'Rethinking the Public Sphere: A Contribution to the Critique of Actually Existing Democracy', in C. Calhoun, ed., *Habermas and the Public Sphere,* Cambridge, MIT Press, 1992.

Freitag, Sandria B., ed., *Culture and Power in Benar.es: Community, Performance, and Environment, 1800-1980,* Berkeley, University of California Press, 1989.

—, *Collective Action and Community: Public Arenas and the Emergence of Communalism in North India,* Delhi, Oxford University Press, 1990.

—, ed., special issue of *South Asia* on *Aspects of the Public in Colonial South Asia,* XIV, 1, June 1991. ('Introduction', pp. 1-13; and 'Enactments of Ram's Story and the Changing Nature of the Public in British India', pp. 65-90.)

Gaeffke, Peter, *Hindi Literature in the Twentieth Century,* Wiesbaden, Harrassowitz, 1978.

Gandhi, Mohandas Karamchand, *Hind Swaraj,* Cambridge, Cambridge University Press, 1997 (1907).

Ghosh, Anindita, 'Literature, Language and Print in Bengal, *c.* 1780 1905', unpublished Ph.D. thesis, University of Cambridge, 1998.

Gerow, Edwin, *A Glossary of Indian Figures of Speech,* Mouton, Le Hague, 1971.

—, *Indian Poetics. A History of Indian Literature,* vol. 5, fasc. 3, Wiesbaden, Harrassowitz, 1977.

Goody, Jack and Ian Watt, 'The Consequences of Literacy', in 1. Goody, ed., *Literacy in Traditio,nal Societies,* Cambridge, Cambridge University Press, 1968.

Gooptu, Nandini, 'The Political Culture of the Urban Poor: The United Provinces between the Two World Wars', unpublished' Ph.D. thesis, Cambridge University, 1991.

Gopal, S., ed., *Selected Works of lawaharlal Nehru,* vol. 5, New Delhi, Orient Longman, 1973.

Gould, Harold A., 'The Rise of the Congress System in a District Political Culture: The Case of Faizabad District in Eastern Uttar Pradesh', in P. Brass and F. Robinson, eds, *The Indian National Congress and Indian Society,* 1885-1985: *Ideology, Social Structure and*

Poitical Dominance, Delhi, Chanakya Publications 1987, pp.242-313.

Grierson, George, *Bihar Peasant Life,* Patna, Government Printing Press, 1885, 2nd edn, 1926 (1885).

Guha, Ranajit, *Elementary Aspects of Peasant 1nsurgency in Colonial India,* Delhi, Oxford University Press, 1983.

—, ed., *Subaltern Studies 1V,* Delhi, Oxford University Press, 1984.

—, ed., *Subaltern Studies IV,* De.1hi, Oxford University Press, 1985.

—, *An Indian Historiography of India:* A *Nineteenth-'Century Agenda and 1ts Implications,* Calcutta, K.P. Bagchi, 1988.

Gupta, Rakesh. *Bihar Peasantry and the Kisan Sabha* (1936-47), New Delhi, People's Publishing House, 1982.

Habermas, Jiirgen, *The Structural Transformation of the Public Sphere,* Cam ridge, MIT Press, 1989 (original German edition 1962),

Haider, Syed Jalaluddin, 'Munshi Nawal Kishore (1836-95): Mirror of Urdu Printing in British India', *Libri,* XXXI, 3, September 1987.

Hansen, Kathryn, 'The Virangana in North Indian History: Myth and Popular Culture', *Economic and Political Weekly,* XXIII, 18, 30 April 1988, Women's Studies, pp. 25-33.

—, 'The Birth of Hindi Drama in Benares, 1868-85', in S. Freitag, ed., *Culture and Power in Benares,* Berkeley, University of California Press, 1989, pp. 62-92.

—, *Groundsfor Play: The Nautanki Theatre of North India,* Berkeley, University of California Press, 1992.

Hauser, Walter, 'Swami Sahajanand Sara vati and the Politics of Socia1 Reform, 1907-50', *Indian Historical Review,* 18, 1-2 (July 1991 January 1992).

—, *Sahajanand on Agricultural Labour and the Rural Poor: An edited Translation of Khet Mazdoor with the Original Hindi Text,* Delhi, Manohar, 1994.

Havnes. Douglas E" *Rhetoric and Ritual* in *Colonial India: The Shaping of a Public Culture* in *Surat City, 1852-1928,* Berkeley. University of California Press. 1991.

Hahenda!, Peter Uwe, *Institution of Criticism,* Ithaca, Cornell University Press, 1982.

Horstmann, Monika, 'Towards a Universal Dharma: Kalyal) and the Tracts of the Gita Press' , in V. Dalmia and H. von Stietencron, eds, *Representing Hinduism: The Construction of Religious Traditions and National Identity,* Delhi, Sage Publications, 1995.

Hudson, William, *Introduction to the Study of Literature,* London, Harrap,1910.

Inden, Ronald, *Imagining India,* Oxford, Basil Blackwell, 1990.

Jaffrelot, Christophe, *The Hindu Nationalist Movement and Indian Politics,* London, Hurst, 199,6.

Joshi, Priya 'Culture and Consumption: Fiction, the Reading Public, and the British Novel in Colonial India', *Book History,* 1(1998).

Joshi, Shashi and Bhagwan Josh, *Struggle for Hegemony in India: Culture, Community and Power,* vol. 3, New Delhi, Sage Publications, 1994.

Jones, Kenneth W., *Arya Dharm: Hindu Consciousness in Nineteenth Century Punjab,* Berkeley, California University Press, 1976.

—, ed., *Religious Controversy in British India: Dialogues in South Asian Languages,* Albany, University of New York Press, 1992.

Joshi, P.c., ed. *Rebellion in* 1857, Calcutta, P.c. Bagchi, 1986.

Juergensmeyer, Mark, *Radhasoami Reality: The Logic of a Modern Faith,* Princeton, Princeton University Press, 1991.

Kalsi, Amrik S., 'Realism in the Hindi Novel in the Late Nineteenth and Early Twentieth Centuries', unpublished Ph.D. thesis, Cambridge University 1975.

Kaur, Manmohan, *Role of Women in the Freedom Movement* (1857 *1947),* New Delhi, Sterling, 1986.

Kaviraj, Sudipta, 'The Imaginary Institution of India', in P. Chatterjee and G. Pandey, eds, *Subaltern Studies VII,* Delhi, Oxford University Press, 1992..

—, 'Writing, Speaking, Being-Language and the Historical Formation of Identities in India', in D. Hellmann-Rajanayagam and D. Rothermund, eds, *Nationalstaat und Sprachkonjlikte in Siid- und Siidostasien,* Stuttgart, Steiner, 1992.

—, *The Unhappy, Consciousness: Bankimchandra Chattopadhyay and the Formation of Nationalist Consciousness in India,* Delhi, Oxford University Press, 1994.

—, 'On the Construction of Colonial Power: Structure Discourse Hegemony', in Engels and Marks, eds, *Contesting Colonial Hegemon)'1* London, British Academic Press, 1994, pp. 19-54.

Kesavan, Mukul, 'Congress and the Muslims of UP and Bihar, 1937 to 1939', Nehru Memorial Museum and Library occasional papers on History and Society, second series, XXVII, 1990.

Keskar, B.V. and V.K.N. Menon, ds, *Acharya Narendra Dev: A Cdmmemoration Volume,* New Delhi, National Book Trust, 1971.'

Khosla, Renuka, *Urban Politics (with Special Reference to Kanpur),* New Delhi, S. Chand and Co.; 1992.

King, Christopher R, 'The Nagari Pracharini Sabha of Benares, 1893-1914: A Study of the Sqcial and Political History of the Hindi Language', unpublished Ph.D. Thesis, University of Wisconsin, 1974.,

—, 'Forging a New Linguistic Identity: The Hindi Movement in Benares', in S. Freitag, ed., *Culture and Power in Benares,* Berkeley, University of California Press, 1989, pp; 179-202.

—, *One Language, Two Scripts: The Hindi Movement in Nineteenth Century North India,* Bombay, Oxford University Press, 1994.

Kishwar, Madhu, 'Arya Samaj and Women's Education. Kanya Mahavidyalay, Jalandhar', *Economic and Political Weekly,* XXI, 17, 26, April 1986, Women's Studies, pp. 9-24.

—, 'Gandhi on Women', Delhi, Manushi Prakashan, 1986.

Kolff, Dirk H.A., Naukar, *Rajput and Sepoy: The Ethnohistory of the Military Labour Market in Hindustan, '450-1850,* Cambridge, Cambridge University Press, 1990; reprinfedfuDelhi, ManushiPrakashan, 1986.

Kumar, Kapil, *Peasants in Revolt: Tenants, Llmdlords, Congress and the Raj in Oudh: 1886-1932,* Delhi, Manohar, 1984.

—, The Ramcharitmanas as a Radical Text: Baba Ramchandra in Avadh', in S. Chandra, ed., *Social Transformation and Creative Imagination,* Delhi, Allied Publishers, 1984.

—, ^The Congress-Peasant Relationship in the Late 1930s', in D.N. Panigrahi, ed, *Economy, Society and Politics in India,* Delhi, Vikas, 1985, pp. 233-54.'

—, 'Rural Women in Oudh 1917-47: Baba Ramchandra and the Woman's Question', in K. Sangari and S. Vaid, eds, *Recasting Women,* Delhi, Kali for Women 1989.

Kumar. Krishna, *The PoliticalAgenda of Education: A Study of Colonialist and Nationalist Ideas,* New Delhi, Sage, 1991.

—, *Learning from Conflict,* New Delhi, Longman, 1996.

Kumar, Nita, *The Artisans of Benares: Popular Culture and Identity, 1880-1986,* Princeton, Princeton University Press, 1988.

—, 'Widows, Education and Social Change in Twentieth Century Benares', *Economic and Political Weekly,* 21 April 1991, Women's Studies, pp. 19-25.

—, 'Sanskrit pandits and the modernization of Sanskrit education in the 19th-20th centuries', paper presented at the conference on 'Vivekananda and the modernisation of Hinduism' , London, School of Oriental and African Studies, November 1993.

—, 'Oranges for the Girls, or the Half-known Story of the Education of Girls in Twentieth-Century Benares', in N. Kumar, ed., *Women as Subjects: South Asian Histories,* Charlottesville, University Press of Virginia, 1994, pp. 211-31.

—, 'Religion and Ritual in Indian Schools: Benares from the 1880s to the *1940s',* in N. Crook, ed., *The Transmission of Knowledge in South Asia,* Delhi, Oxford University Press, 1996.

Kumar, Radha, *The History of Doing: An Illustrated Account of Movements for Women's Rights and Feminism in India, 1800-1990,* Verso, London, 1993.

Landes, Joan, *Women and the Public Sphere in the Age of the French Revolution,* Ithaca, Cornell University Press, 1988.

Lebra-Chapman, Joyce, *The Rani of Jhansi: A Study in Female Heroism,* Honolulu, University of Hawaii Press, 1986.,

Lelyveld, David, *Aligarh'* s *First Generation: Muslim Solidarity and English Education in Northern India, 1875-/900,* Chicago, Chicago University Press, 1975.

—, 'The Fate of Hindustani: Colonial Knowledge and the Project of a National Language', in C.A. Breckenridge and P. van de Veer, eds, *Orientalism and the Postcolonial Predicament,* Philadelphia, University of Pennsylvania Press, 1993.

Link, E. Perry, *Mandarin Ducks and Butterjlies: Popular Fiction in Early Twentieth-Century Chinese Cities,* Berkeley, University of California Press, 1981.

Lutgendorf, Philip, *The Life of a Text: Performing the Ramcaritmanas of Tulsidas,* Berkeley, University of Caifornia Press, 1991.

—, 'The Quest for the Legendary Tulsidiis', in W. Callewaert and R. Snell, eds, *According to Tradition: Hagiographical Writing in India,* Wiesbaden, Harrassowitz, 1994.

Lutt, Jurgen, *Hindu-Nalionalismus in Uttar Prade.5,* Stuttgart, Ernst Klett Verlag, 1970.

McGregor, R.S., 'Bengal and the Development of Hindi, 1850-80', *South Asian Review,* V, 2, 1972.

—, *Hindi Literature of the Nineteenth and Early Twentieth Centuries,* Wiesbaden, Harrassowitz, 1974.

Mahapatra, Pragati, 'The Making of a Cultural Identity: Language, Literature and Gender in Orissa in Late Nineteenth and Early Twentieth Centuries', unpublished Ph.D. thesis, School of Ori ntal and African Studies, University of London, 1997.

Majeed, Javed, 'The Jargon of Indostan: An Exploration of Jargon in Urdu and East India Company English', in P. Burke and R. Porter, eds, *Languages and Jargons. Contributions to a Social History of Language,* Cambridge, Polity"Press, 1995.

Metcalf, Barbara, *Islamic Revival in British India: Deoband 1860-1900,* Princeton, Princeton University Press, 1982.

—, ed., *Moral Conduct and Authority: The Place of Adab in South Asian Islam,* Berkeley, University of California Press, 1984.

Metcalf, Thomas R, *Land, Landlords and the British Raj: Northern India in the Nineteenth Century,* Berkeley, University of California Press, 1979.

Minault, Gail, ed., *The Extended Family: Women and Political Participation in India and Pakistan,* Delhi, Chanakya Publications, 1981.

—, '*Ismat:* Rashid ul Khain's novels and Urdu literary journalism for women', in C. Shackle, ed., *Urdu and Muslim South Asia. Studies in honour of Ralph Russell,* London, School of Oriental and African Studies, 1989, pp. 129-38.

—, 'Other Voices, Other Rooms: The View from the Zenana', in N. Kumar, ed., *Women as Subjects:!"South Asian Histories,* Charlottesville, University Press of Virginia, 1994, pp. 109-24.

—, *Secluded Scholars: Women's Education and Muslim Social Reform* in *India,* New Delhi, Oxford University Press, 1998.

Misra, B.B., *The Indian Middle Classes: Their Growth in Modern Times,* London, Oxford University Press, 196L

Mukherjee, Meenakshi, *Realism and Reality: The Novel and Society in India,* Delhi, Oxford University Press, 1985.

Mukta, Parita, *The Community of Mirabai* Delhi, Oxford University Press, 1994.

Naim, C.M., 'Prize-Winning *Adab:* A Study of Five Urdu Books Written in Response to the Allahabad Government Gazette Notification', in B. Metcalf, ed., *Moral Conduct and Authority: The Place of Adab in South Asian Islam.* Berkeley, University of California Press. 1984.

Nandy, Ashis. *The Intimate Enemy: Loss and Recol'ery of Self under Colonialism,* Delhi, Oxford University Press, 1983.

Natarajan, *S., A History of the Press in India,* Bombay, Asia Publishing House, 1962.

Nehru, Jawaharlal, *An Autobiography,* Delhi, Oxford University Press, 1998 (1936).

Nurullah, S. and J.P. Naik, *A History of Education in India During the British Period,* Bombay, 1951.

Offredi, Mariola, *I primi cento anni di giornalismo hindi (1826-1926),* Venezia, ITE, Dolo, 1971. .

O'Hanlon, Rosalind" *Caste, Conflict and Ideology: Mahatma Jotirao Phule and Low Caste Protest in Nineteenth-Century Western India,* Cambridge, Cambridge University Press, 1985.

—, *A Comparison Betweeen Men and Women: Tarabai Shinde and the Critique of Gender Relations in Colonial India,* Delhi, Oxford University Press, 1994.

Omvedt, Gail, *Cultural Revolt in a Colonial Society,* Bombay, Scientific Socialist Education Trust, 1976.

—, *Dalit Visions, The Anti-caste Movement and the Construction of An Indian Identity,* New Delhi, Orient Longman, i995.

Orsini, Francesca, 'Tulsidas as a Classic', in R. Snell and I. Raeside, eds, *Classics of Modern South Asian Literature,* Wiesbaden, Harrassowitz, 1998.

—, 'Reading a Social Romance: Pal;1<;1ey Bechan Sarma Ugra's *Chand hasinom ke khutilt* (1927)', in V. Dalmia and T. Damsteegt, eds, *Narrative Strategies,* New Delhi, Oxford University Press,. 1999.

—, 'Detective Novels. A Commercial Genre in Nineteenth-century north India, in V. Dalmia and S. Blackburn, eds, *New Literary Histories for South Asia* (forthcoming).

Pandey, Gyanendra, 'Mobilization in a Mass Movement: Congress "Propaganda" in the United Provinces (India)' , *Modern Asian Studies,* 17: 2, 1975, pp. 205-26.

—, A Rural Base for Congress: The United Provinces 1920-40', in D.A. Low, ed., *Congress and the Raj, Facets of the Indian Struggle 1917-47,* London, Heinemann, 1977.

—, *The Ascendancy of the Congress in Uttar Pradesh, 1926-34: A Study* in *Impeifect Mobilization,* Delhi, Oxford University Press, 1978.

—, 'The Congress and the Nation, c.1917-47', Occasional paper no. 69, Calcutta, Centre for Studies in the Social Sciences, October 1984.

—, ed., *The Indian Nation in 1942,* Calcutta, K.P. Bagchi, 1988.

—, *The Construction of Communalism in Colonial North India,* Delhi, Oxford University Press, 1990.

Pandey, Gyanendra and P. Chatterjee, eds, *Subaltern Studies Vll,* Delhi,Oxford University Press, 1992.

Pant, Rashmi, 'The Cognitive Status of Caste in Colonial Ethnography: A Review of Some Literature of the North Western ProJmces and Oudh', *Indian Economic and Social History Review,* 24, '2, 1987.

Peabody, Norbert, 'Tod's *Rajast'han* and the Boundaries of Imperial Rule in Nineteenth-Century India', *Moclem Asian Studies,* 30, 1, 1996.

—, 'The king is dead, long live the king!: on karmic kin(g)ship in Kota', in S.c. Welch, ed., *Gods. Kings. and Tigers: The Art ofKotah,* Munich, Prestel-Verlag, 1997..

Pearson, Gail, 'Nationalism, Universalization and the Extended Female Space', in G. Minault, ed., *The Extended Family,* Delhi, Chanakya Publications, 1981.

Pinch, William R., 'Historicity and Hagiography in Gangetic India, 1918-36', paper presented at the workshop on 'Vivekananda and the Modernisation of Hinduism', School of Oriental and African Studies, University of London, November 1993.

Prasad, Madhav, 'Cinema and the Desire for Modernity' , *Journal of Arts and Ideas,* 25-6, New Delhi, December 1993, pp. 71-86.

Pritchett, Frances W., *Marvelous Encounters: Folk Romance in Urdu and Hindi,* Delhi, Manohar, 1985...

—, *Nets of Awareness: Urdu Poetry and Its Critics,* Berkeley, University of California Press, 1994.

Rahman, Munibur, 'The Musha'irah'.; in *Annual of Urdu Studies,* 3, 1983, pp. 75-84.

Rai, Alok, *Hindi Nationalism,* Delhi, Orient Longman, 2001.

Rai, Amrit, *A House Divided: The Origin and Development of Hindi! Hindavi,* Delhi, Oxford University Press, 1984.

—, *Premchand, a Life,* Delhi: Oxford University Press, 1991 (tr. of *Kalam ka sipahi*, Allahabad, Hans Prakasan, 1962).

Raychaudhuri, Tapan, *Europe Reconsidered. Perceptions of the West in Nineteenth Century Bengal,* Delhi, Oxford University Press, 1988.

Reeves, Peter, 'The Congress and the Abolition of Zamindari in Uttar Pradesh', in J. Masselos, ed., *Struggling and Ruling. The Indian National Congress* 1885-1985, London, Oriental University Press, 1987.

—, *Landlords and Governments* in *Uttar Pradesh: A Study of Their Relations until Zamindari Abolition,* Delhi, Oxford University Press, 1991.

Robinson, Francis, *Separatism Among Indian Muslims: The Politics of the United Provinces Muslims 1860-1923,* Cambridge, Cambridge University Press, 1974.

Sampurnanand [Sampun:tanand], *Memories and Reflections,* Bombay, Asia Publishing House, 1962.

Sangari, Kumkum, *The Politics of the Possible,* Delhi, Tullika, 1999,.

Sangari, Kumkum and S. Vaid, eds, *Recasting Women: Essays in Indian Colonial History,* Delhi, Kali for Women, 1989.

Sarkar, Sumit, *Modern India,* 1885 *to* 1947, Delhi, Macmillan, 1983.

Schomer, Karine, *Mahadevi Varma and the Chhayavad Age of Modern Hindi Poetry,* Berkeley, University of California Press,.1983.

—, 'Where Have All the Radhas Gone? New Images of Woman in Modern Hindi Poetry', in J.S. Hawley and D. Wulff, eds, *The Divine Consort: Radha.. and the Goddesses of India,* Berkeley, Berkeley Religious Studies Series, 1983.

Shackle, Christopher, ed., *Urdu and Muslim South Asia: Studies in Honour of Ralph Russell,* London, School of Oriental and African Studies, 1989;

—, and Rupert'Snell, *Hindi and Urdu since 1900: A Common Reader,* London, School of Oriental and African Studies, 1990.

—, and Javed Majeed, *HiiWs Musaddas,* New Delhi, Oxford University Press, 1997.

Shankar, Girja, *Socialist Trends in Indian National Movement: Being a Study of the Congress Socialist Party,* Meerut, Twenty-FitSt Century Publishers, 1987.

Shraddhanand, Swami, *Inside Congress.* Bombay, Phoenix, 1946.

Siddiqi, M.H., *Agrarian Unrest in North India: The United Provinces,* 1918-22, New Delhi, Vikas Publishing House, 1978.

Singha, Radhika, Review of *Culture and Power in Senares,* ed. S. Freitag, in *The Economic and Social History Review,* 28, 4, 1989, pp. 466-9.

Small, Ian, *Conditions for Criticism: Authority, Knowledge and Literature in the Late Nineteenth Century,* Oxford, Clarendon.Press, 1991.

Stokes, Eric, *The Peasant and the Raj: Studies in Agrarian Society and Peasant Rebellion* in *Colonial India,* Cambridge, Cambridge University Press, 1978.

Swan, Robert, *Munshi Premchand of Lamhi Village,* Durham, Duke University Press, 1969.

Talwar, Veer Bharat, 'Feminist Consciousness in Women's Journals in Hindi: 1910-20', in K. Sangari and S. Vaid, eds, *Recasting Women,* Delhi, Kali for Women, 1989, pp. 204-32.

Tarlo, Emma, *Clothing Matters,* London, Hurst, 1996. ,

Tharu, Susie and K. Lalita, eds, *Women's Writing in India,* 2 vols, Oxford University Press, 1993 and 1995.

Thomas, Rosalind, *Literacy and Orality in 4ncient Greece,* Cambridge, Cambridge University Press, 1992. .

Vedalankar, Shardadevi, *The Development of Hindi Prose in the Early Nineteenth Century (AD 1800-56),* Allahabad, Lokbharati Publications, 1969.

Viswanathan, Gauri, *Masks of Conquest: Literary Study and British Rule in India,* London, Faber and Faber, 1989.

Washbrooke, David, '"To each a language of his own": language, culture, and society in colonial ndia', in PJ. Cornfield, ed., *Language, History and Class,* Oxford, Blackwell, 1991.

Watt, Ian, *The Rise of the Novel: Studies in Defoe, Richardson and Fielding,* Harmondsworth, Penguin, 1979 (1957).

Ziegler, Norman, *'Marvari Historical Chronicles: Sources for the Social* and Cultural History of Rajasthan', Indian Economic and Social *History Review,* XII, 1976, pp. 219-50.

अनुक्रमणिका